U0857186

中国社会科学年鉴

马克思主义理论研究与学科建设

MARXIST THEORY RESEARCH AND DISCIPLINE CONSTRUCTION YEARBOOK

中国社会科学院马克思主义研究院　马克思主义研究学部　编

中国社会科学出版社

图书在版编目（CIP）数据

马克思主义理论研究与学科建设年鉴．2016：总第7卷/中国社会科学院马克思主义研究院，马克思主义研究学部编．—北京：中国社会科学出版社，2016.11

ISBN 978－7－5161－9246－7

Ⅰ.①马… Ⅱ.①中…②马… Ⅲ.①马克思主义—理论研究—中国—2016—年鉴 Ⅳ.①A81－54

中国版本图书馆 CIP 数据核字(2016)第 258025 号

出 版 人　赵剑英
责任编辑　姜阿平　彭莎莉　张昊鹏
责任校对　邓晓春
责任印制　张雪娇

出　　版　中国社会科学出版社
社　　址　北京鼓楼西大街甲 158 号
邮　　编　100720
网　　址　http://www.csspw.cn
发 行 部　010－84083685
门 市 部　010－84029450
经　　销　新华书店及其他书店

印刷装订　三河市东方印刷有限公司
版　　次　2016 年 11 月第 1 版
印　　次　2016 年 11 月第 1 次印刷

开　　本　787×1092　1/16
印　　张　49.25
字　　数　1228 千字
定　　价　235.00 元

《马克思主义理论研究与学科建设年鉴》编委会

《马克思主义理论研究与学科建设年鉴》编辑部

编辑说明

一、由中国社会科学院马克思主义研究院和马克思主义研究学部主办的《马克思主义理论研究与学科建设年鉴》是目前全国唯一一部全面反映马克思主义理论研究成果和学科建设的综合性年鉴；主要汇集上年度马克思主义理论研究与学科建设新成果、新进展、新走向；具有权威性、学术性、时效性。

二、“重点文章”部分选取的是上一年度马克思主义研究领域中知名专家的重要成果或该领域中具有较大影响的文章，具有学术前沿性。

三、“学科建设”部分由从事马克思主义研究的专家学者撰写，综合反映上一年度学科发展的情况及最新进展。

四、“热点聚焦”部分反映马克思主义理论研究学界争鸣的热点、焦点问题。

五、“论文荟萃”部分和“著作选介”部分是从全国同类文章和著作中选取有一定代表性的论著予以介绍，以期有所启发。

六、“课题概览”“会议综述”“新书索引”“论文索引”“大事记”等栏目展示了上年度本学科学术研究的成果和活动，使本年鉴的信息量更加丰富，更具有学术收藏价值。

七、“主题索引”系统，极大地方便了读者查阅年鉴中有关信息，进一步提高了年鉴编纂的规范化水平，同时也为年鉴数字化建设奠定了基础。

八、本年鉴在《中国特色社会主义年鉴》的基础上创办，积累了丰富的经验和社会资源，我们将进一步使其成为全国理论工作者、党政领导干部、高等院校有关师生、全国各级各类图书馆（资料室）必备的工具书和参考读物。

中国社会科学院

马克思主义研究院　马克思主义研究学部

《马克思主义理论研究与学科建设年鉴》编辑部

2016 年 4 月

目　录

第一篇　重要文献

第二篇　重点文章

第三篇　学科建设

第四篇　热点聚焦

第五篇　论文荟萃

第六篇 著作选介

第七篇　课题概览

第八篇 会议综述

大事记

附　录

Contents

I Important Literatures

II Key Articles

III Discipline Construction

IV Hot Topics

V Paper Assembles

VI Introduction of Some Works

VII Projects Survey

VIII Review of Symposium

Chronicle of Events

Appendix

第一篇

重要文献

在文艺工作座谈会上的讲话

习近平

今天，这里群英荟萃、少长咸集，既有德高望重的老作家、老艺术家，也有崭露头角的文艺新秀，有些同志过去就很熟悉，有些是初次见面。见到大家很高兴。

文艺事业是党和人民的重要事业，文艺战线是党和人民的重要战线。长期以来，广大文艺工作者致力于文艺创作、表演、研究、传播，在各自领域辛勤耕耘、服务人民，取得了显著成绩，作出了重要贡献。在大家共同努力下，我国文艺园地百花竞放、硕果累累，呈现出繁荣发展的生动景象。借此机会，我向大家表示衷心的感谢，向全国文艺工作者致以诚挚的问候！

今天召开这个座谈会，我早有考虑，直到现在才有机会，主要是想听听大家的意见和建议，同大家一起分析现状、交流思想，共商我国文艺繁荣发展大计。刚才，几位同志的发言都很好，有思想，有见地，听了很受启发。下面，我讲5个问题，同大家一起讨论。

第一个问题：实现中华民族伟大复兴需要中华文化繁荣兴盛

为什么要高度重视文艺和文艺工作？这个问题，首先要放在我国和世界发展大势中来审视。我说过，实现中华民族伟大复兴，是近代以来中国人民最伟大的梦想。今天，我们比历史上任何时期都更接近中华民族伟大复兴的目标，比历史上任何时期都更有信心、有能力实现这个目标。而实现这个目标，必须高度重视和充分发挥文艺和文艺工作者的重要作用。

文化是民族生存和发展的重要力量。人类社会每一次跃进，人类文明每一次升华，无不伴随着文化的历史性进步。中华民族有着5000多年的文明史，近代以前中国一直是世界强国之一。在几千年的历史流变中，中华民族从来不是一帆风顺的，遇到了无数艰难困苦，但我们都挺过来、走过来了，其中一个很重要的原因就是世世代代的中华儿女培育和发展了独具特色、博大精深的中华文化，为中华民族克服困难、生生不息提供了强大精神支撑。

德国哲学家雅斯贝尔斯在《历史的起源与目标》一书中写道，公元前800年至公元前200年是人类文明的“轴心时代”，是人类文明精神的重大突破时期，当时古代希腊、古代中国、古代印度等文明都产生了伟大的思想家，他们提出的思想原则塑造了不同文化传统，并一直影响着人类生活。这段话讲得很深刻，很有洞察力。古往今来，中华民族之所以在世界有地位、有影响，不是靠穷兵黩武，不是靠对外扩张，而是靠中华文化的强大感召力和吸引力。我们的先人早就认识到“远人不服，则修文德以来之”

的道理。阐释中华民族禀赋、中华民族特点、中华民族精神，以德服人、以文化人是其中很重要的一个方面。

历史和现实都表明，人类文明是由世界各国各民族共同创造的。我出访所到之处，最陶醉的是各国各民族人民创造的文明成果。世界文明瑰宝比比皆是，这里我举几个国家、几个民族的例子。古希腊产生了对人类文明影响深远的神话、寓言、雕塑、建筑艺术，埃斯库罗斯、索福克勒斯、欧里庇得斯、阿里斯托芬的悲剧和喜剧是希腊艺术的经典之作。俄罗斯有普希金、果戈理、莱蒙托夫、屠格涅夫、陀思妥耶夫斯基、涅克拉索夫、车尔尼雪夫斯基、托尔斯泰、契诃夫、高尔基、肖洛霍夫、柴可夫斯基、里姆斯基—科萨科夫、拉赫玛尼诺夫、列宾等大师。法国有拉伯雷、拉封丹、莫里哀、司汤达、巴尔扎克、雨果、大仲马、小仲马、莫泊桑、罗曼·罗兰、萨特、加缪、米勒、马奈、德加、塞尚、莫奈、罗丹、柏辽兹、比才、德彪西等大师。英国有乔叟、弥尔顿、拜伦、雪莱、济慈、狄更斯、哈代、萧伯纳、透纳等大师。德国有莱辛、歌德、席勒、海涅、巴赫、贝多芬、舒曼、瓦格纳、勃拉姆斯等大师。美国有霍桑、朗费罗、斯托夫人、惠特曼、马克·吐温、德莱赛、杰克·伦敦、海明威等大师。我最近访问了印度，印度人民也是具有非凡文艺创造活力的，大约公元前 1000 年前后就形成了《梨俱吠陀》《阿达婆吠陀》《娑摩吠陀》《夜柔吠陀》四种本集，法显、玄奘取经时，印度的诗歌、舞蹈、绘画、宗教建筑和雕塑就达到了很高的水平，泰戈尔更是产生了世界性的影响。我国就更多了，从老子、孔子、庄子、孟子、屈原、王羲之、李白、杜甫、苏轼、辛弃疾、关汉卿、曹雪芹，到“鲁郭茅巴老曹”（鲁迅、郭沫若、茅盾、巴金、老舍、曹禺），到聂耳、冼星海、梅兰芳、齐白石、徐悲鸿，从诗经、楚辞到汉赋、唐诗、宋词、元曲以及明清小说，从《格萨尔王传》《玛纳斯》到《江格尔》史诗，从五四时期新文化运动、新中国成立到改革开放的今天，产生了灿若星辰的文艺大师，留下了浩如烟海的文艺精品，不仅为中华民族提供了丰厚滋养，而且为世界文明贡献了华彩篇章。

历史和现实都证明，中华民族有着强大的文化创造力。每到重大历史关头，文化都能感国运之变化、立时代之潮头、发时代之先声，为亿万人民、为伟大祖国鼓与呼。中华文化既坚守本根又不断与时俱进，使中华民族保持了坚定的民族自信和强大的修复能力，培育了共同的情感和价值、共同的理想和精神。

没有中华文化繁荣兴盛，就没有中华民族伟大复兴。一个民族的复兴需要强大的物质力量，也需要强大的精神力量。没有先进文化的积极引领，没有人民精神世界的极大丰富，没有民族精神力量的不断增强，一个国家、一个民族不可能屹立于世界民族之林。

文艺是时代前进的号角，最能代表一个时代的风貌，最能引领一个时代的风气。“文变染乎世情，兴废系乎时序。”在欧洲文艺复兴运动中，但丁、彼特拉克、薄伽丘、达·芬奇、拉斐尔、米开朗琪罗、蒙田、塞万提斯、莎士比亚等文艺巨人，发出了新时代的啼声，开启了人们的心灵。在谈到文艺复兴运动时，恩格斯说，这“是一个需要巨人而且产生了巨人——在思维能力、热情和性格方面，在多才多艺和学识渊博方面的巨人的时代”。在我国发展史上，包括文艺在内的文化发展同样与中华民族发展紧紧联系在一起。先秦时期，我国出现了百家争鸣的兴盛局面，开创了我国古代文化的一个鼎盛期。20 世纪初，在五四新文化运动中，发端于文艺领域的创新风潮对社会变革产生了重大影响，成为全民族思想解放运动的重要引擎。

现在，全党全国各族人民正按照党的十八大确立的奋斗目标和党的十八届三中全会提出的改革任务，一步一步把中国特色社会主义事业向前推进。实现“两个一百年”奋斗目标、实现中华民族伟大复兴的中国梦是长期而艰巨的伟大事业。伟大事业需要伟大精神。实现这个伟大事业，文艺的作用不可替代，文艺工作者大有可为。广大文艺工作者要从这样的高度认识文艺的地位和作用，认识自己所担负的历史使命和责任。

鲁迅先生说，要改造国人的精神世界，首推文艺。举精神之旗、立精神支柱、建精神家园，都离不开文艺。当高楼大厦在我国大地上遍地林立时，中华民族精神的大厦也应该巍然耸立。我国作家艺术家应该成为时代风气的先觉者、先行者、先倡者，通过更多有筋骨、有道德、有温度的文艺作品，书写和记录人民的伟大实践、时代的进步要求，彰显信仰之美、崇高之美，弘扬中国精神、凝聚中国力量，鼓舞全国各族人民朝气蓬勃迈向未来。

第二个问题：创作无愧于时代的优秀作品

“文章合为时而著，歌诗合为事而作。”衡量一个时代的文艺成就最终要看作品。推动文艺繁荣发展，最根本的是要创作生产出无愧于我们这个伟大民族、伟大时代的优秀作品。没有优秀作品，其他事情搞得再热闹、再花哨，那也只是表面文章，是不能真正深入人民精神世界的，是不能触及人的灵魂、引起人民思想共鸣的。文艺工作者应该牢记，创作是自己的中心任务，作品是自己的立身之本，要静下心来、精益求精搞创作，把最好的精神食粮奉献给人民。

优秀文艺作品反映着一个国家、一个民族的文化创造能力和水平。吸引、引导、启迪人们必须有好的作品，推动中华文化走出去也必须有好的作品。所以，我们必须把创作生产优秀作品作为文艺工作的中心环节，努力创作生产更多传播当代中国价值观念、体现中华文化精神、反映中国人审美追求，思想性、艺术性、观赏性有机统一的优秀作品，形成“龙文百斛鼎，笔力可独扛”之势。优秀作品并不拘于一格、不形于一态、不定于一尊，既要有阳春白雪、也要有下里巴人，既要顶天立地、也要铺天盖地。只要有正能量、有感染力，能够温润心灵、启迪心智，传得开、留得下，为人民群众所喜爱，这就是优秀作品。

文艺深深融入人民生活，事业和生活、顺境和逆境、梦想和期望、爱和恨、存在和死亡，人类生活的一切方面，都可以在文艺作品中找到启迪。文艺对年轻人吸引力最大，影响也最大。我年轻时读了不少文学作品，涉猎了当时能找到的各种书籍，不仅其中许多精彩章节、隽永文字至今记忆犹新，而且从中悟出了不少生活真谛。文艺也是不同国家和民族相互了解和沟通的最好方式。去年3月，我访问俄罗斯，在同俄罗斯汉学家座谈时就说到，我读过很多俄罗斯作家的作品，如年轻时读了车尔尼雪夫斯基的《怎么办?》后，在我心中引起了很大的震动。今年3月访问法国期间，我谈了法国文艺对我的影响，因为我们党老一代领导人中很多到法国求过学，所以我年轻时对法国文艺抱有浓厚兴趣。在德国，我讲了自己读《浮士德》的故事。那时候，我在陕北农村插队，听说一个知青有《浮士德》这本书，就走了30里路去借这本书，后来他又走了30里路来取回这本书。我为什么要对外国人讲这些？就是因为文艺是世界语言，谈文艺，其实就是谈社会、谈人生，最容易相互理解、沟通心灵。

改革开放以来，我国文艺创作迎来了新的春天，产生了大量脍炙人口的优秀作品。同时，也不能否认，在文艺创作方面，也存在着有数量缺质量、有“高原”缺“高峰”的现象，存在着抄袭模仿、千篇一律的问题，存在着机械化生产、快餐式消费的问题。在有些作品中，有的调侃崇高、扭曲经典、颠覆历史，丑化人民群众和英雄人物；有的是非不分、善恶不辨、以丑为美，过度渲染社会阴暗面；有的搜奇猎艳、一味媚俗、低级趣味，把作品当作追逐利益的“摇钱树”，当作感官刺激的“摇头丸”；有的胡编乱写、粗制滥造、牵强附会，制造了一些文化“垃圾”；有的追求奢华、过度包装、炫富摆阔，形式大于内容；还有的热衷于所谓“为艺术而艺术”，只写一己悲欢、杯水风波，脱离大众、脱离现实。凡此种种都警示我们，文艺不能在市场经济大潮中迷失方向，不能在为什么人的问题上发生偏差，否则文艺就没有生命力。

我同几位艺术家交谈过，问当前文艺最突出的问题是什么，他们不约而同地说了两个字：浮躁。一些人觉得，为一部作品反复打磨，不能及时兑换成实用价值，或者说不能及时兑换成人民币，不值得，也不划算。这样的态度，不仅会误导创作，而且会使低俗作品大行其道，造成劣币驱逐良币现象。人类文艺发展史表明，急功近利，竭泽而渔，粗制滥造，不仅是对文艺的一种伤害，也是对社会精神生活的一种伤害。低俗不是通俗，欲望不代表希望，单纯感官娱乐不等于精神快乐。文艺要赢得人民认可，花拳绣腿不行，投机取巧不行，沽名钓誉不行，自我炒作不行，“大花轿，人抬人”也不行。

精品之所以“精”，就在于其思想精深、艺术精湛、制作精良。“充实之谓美，充实而有光辉之谓大。”古往今来，文艺巨制无不是厚积薄发的结晶，文艺魅力无不是内在充实的显现。凡是传世之作、千古名篇，必然是笃定恒心、倾注心血的作品。福楼拜说，写《包法利夫人》“有一页就写了5天”，“客店这一节也许得写3个月”。曹雪芹写《红楼梦》“披阅十载，增删五次”。正是有了这种孜孜以求、精益求精的精神，好的文艺作品才能打造出来。

“取法于上，仅得为中；取法于中，故为其下。”有容乃大、无欲则刚，淡泊明志、宁静致远。大凡伟大的作家艺术家，都有一个渐进、渐悟、渐成的过程。文艺工作者要志存高远，就要有“望尽天涯路”的追求，耐得住“昨夜西风凋碧树”的清冷和“独上高楼”的寂寞，即便是“衣带渐宽”也“终不悔”，即便是“人憔悴”也心甘情愿，最后达到“众里寻他千百度”，“蓦然回首，那人却在，灯火阑珊处”的领悟。

“诗文随世运，无日不趋新。”创新是文艺的生命。文艺创作中出现的一些问题，同创新能力不足很有关系。刘勰在《文心雕龙》中就多处讲到，作家诗人要随着时代生活创新，以自己的艺术个性进行创新。唐代书法家李邕说：“似我者俗，学我者死。”宋代诗人黄庭坚说：“随人作计终后人，自成一家始逼真。”文艺创作是观念和手段相结合、内容和形式相融合的深度创新，是各种艺术要素和技术要素的集成，是胸怀和创意的对接。要把创新精神贯穿文艺创作生产全过程，增强文艺原创能力。要坚持百花齐放、百家争鸣的方针，发扬学术民主、艺术民主，营造积极健康、宽松和谐的氛围，提倡不同观点和学派充分讨论，提倡体裁、题材、形式、手段充分发展，推动观念、内容、风格、流派切磋互鉴。我国少数民族能歌善舞，长期以来形成了多姿多彩的文艺成果，这是我国文艺的瑰宝，要保护好、发展好，让它们在祖国文艺百花园中绽放出更加绚丽的光彩。

繁荣文艺创作、推动文艺创新，必须有大批德艺双馨的文艺名家。要把文艺队伍建设摆在更加突出的重要位置，努力造就一批有影响的各领域文艺领军人物，建设一支宏大的文艺人才队伍。文艺是给人以价值引导、精神引领、审美启迪的，艺术家自身的思想水平、业务水平、道德水平是根本。文艺工作者要自觉坚守艺术理想，不断提高学养、涵养、修养，加强思想积累、知识储备、文化修养、艺术训练，努力做到"笼天地于形内，挫万物于笔端"。除了要有好的专业素养之外，还要有高尚的人格修为，有"铁肩担道义"的社会责任感。在发展社会主义市场经济条件下，还要处理好义利关系，认真严肃地考虑作品的社会效果，讲品位，重艺德，为历史存正气，为世人弘美德，为自身留清名，努力以高尚的职业操守、良好的社会形象、文质兼美的优秀作品赢得人民喜爱和欢迎。

互联网技术和新媒体改变了文艺形态，催生了一大批新的文艺类型，也带来文艺观念和文艺实践的深刻变化。由于文字数码化、书籍图像化、阅读网络化等发展，文艺乃至社会文化面临着重大变革。要适应形势发展，抓好网络文艺创作生产，加强正面引导力度。近些年来，民营文化工作室、民营文化经纪机构、网络文艺社群等新的文艺组织大量涌现，网络作家、签约作家、自由撰稿人、独立制片人、独立演员歌手、自由美术工作者等新的文艺群体十分活跃。这些人中很有可能产生文艺名家，古今中外很多文艺名家都是从社会和人民中产生的。我们要扩大工作覆盖面，延伸联系手臂，用全新的眼光看待他们，用全新的政策和方法团结、吸引他们，引导他们成为繁荣社会主义文艺的有生力量。

第三个问题：坚持以人民为中心的创作导向

社会主义文艺，从本质上讲，就是人民的文艺。毛泽东同志在延安文艺座谈会上指出："为什么人的问题，是一个根本的问题，原则的问题。"邓小平同志说："我们的文艺属于人民"，"人民是文艺工作者的母亲"。江泽民同志要求广大文艺工作者"在人民的历史创造中进行艺术的创造，在人民的进步中造就艺术的进步"。胡锦涛同志强调："只有把人民放在心中最高位置，永远同人民在一起，坚持以人民为中心的创作导向，艺术之树才能常青。"

人民既是历史的创造者、也是历史的见证者，既是历史的"剧中人"、也是历史的"剧作者"。文艺要反映好人民心声，就要坚持为人民服务、为社会主义服务这个根本方向。这是党对文艺战线提出的一项基本要求，也是决定我国文艺事业前途命运的关键。只有牢固树立马克思主义文艺观，真正做到了以人民为中心，文艺才能发挥最大正能量。以人民为中心，就是要把满足人民精神文化需求作为文艺和文艺工作的出发点和落脚点，把人民作为文艺表现的主体，把人民作为文艺审美的鉴赏家和评判者，把为人民服务作为文艺工作者的天职。

第一，人民需要文艺。人民的需求是多方面的。满足人民日益增长的物质需求，必须抓好经济社会建设，增加社会的物质财富。满足人民日益增长的精神文化需求，必须抓好文化建设，增加社会的精神文化财富。物质需求是第一位的，吃上饭是最主要的，所以说"民以食为天"。但是，这并不是说人民对精神文化生活的需求就是可有可无的，人类社会与动物界的最大区别就是人是有精神需求的，人民对精神文化生活的需求时时刻刻都存在。

随着人民生活水平不断提高，人民对包括文艺作品在内的文化产品的质量、品位、风格等的要求也更高了。文学、戏剧、电影、电视、音乐、舞蹈、美术、摄影、书法、曲艺、杂技以及民间文艺、群众文艺等各领域都要跟上时代发展、把握人民需求，以充沛的激情、生动的笔触、优美的旋律、感人的形象创作生产出人民喜闻乐见的优秀作品，让人民精神文化生活不断迈上新台阶。

还有，国际社会对中国的关注度越来越高，他们想了解中国，想知道中国人的世界观、人生观、价值观，想知道中国人对自然、对世界、对历史、对未来的看法，想知道中国人的喜怒哀乐，想知道中国历史传承、风俗习惯、民族特性，等等。这些光靠正规的新闻发布、官方介绍是远远不够的，靠外国民众来中国亲自了解、亲身感受是很有限的。而文艺是最好的交流方式，在这方面可以发挥不可替代的作用，一部小说，一篇散文，一首诗，一幅画，一张照片，一部电影，一部电视剧，一曲音乐，都能给外国人了解中国提供一个独特的视角，都能以各自的魅力去吸引人、感染人、打动人。京剧、民乐、书法、国画等都是我国文化瑰宝，都是外国人了解中国的重要途径。文艺工作者要讲好中国故事、传播好中国声音、阐发中国精神、展现中国风貌，让外国民众通过欣赏中国作家艺术家的作品来深化对中国的认识、增进对中国的了解。要向世界宣传推介我国优秀文化艺术，让国外民众在审美过程中感受魅力，加深对中华文化的认识和理解。

第二，文艺需要人民。人民是文艺创作的源头活水，一旦离开人民，文艺就会变成无根的浮萍、无病的呻吟、无魂的躯壳。列宁说："艺术是属于人民的。它必须在广大劳动群众的底层有其最深厚的根基。它必须为这些群众所了解和爱好。它必须结合这些群众的感情、思想和意志，并提高他们。它必须在群众中间唤起艺术家，并使他们得到发展。"人民生活中本来就存在着文学艺术原料的矿藏，人民生活是一切文学艺术取之不尽、用之不竭的创作源泉。

人民的需要是文艺存在的根本价值所在。能不能搞出优秀作品，最根本的决定于是否能为人民抒写、为人民抒情、为人民抒怀。一切轰动当时、传之后世的文艺作品，反映的都是时代要求和人民心声。我国久传不息的名篇佳作都充满着对人民命运的悲悯、对人民悲欢的关切，以精湛的艺术彰显了深厚的人民情怀。《古诗源》收集的反映远古狩猎活动的《弹歌》，《诗经》中反映农夫艰辛劳作的《七月》、反映士兵征战生活的《采薇》、反映青年爱情生活的《关雎》，探索宇宙奥秘的《天问》，反映游牧生活的《敕勒歌》，歌颂女性英姿的《木兰诗》等，都是从人民生活中产生的。屈原的"长太息以掩涕兮，哀民生之多艰"，杜甫的"安得广厦千万间，大庇天下寒士俱欢颜""朱门酒肉臭，路有冻死骨"，李绅的"谁知盘中餐，粒粒皆辛苦"，郑板桥的"些小吾曹州县吏，一枝一叶总关情"，等等，也都是深刻反映人民心声的作品和佳句。世界上最早的文学作品《吉尔伽美什》史诗，反映了两河流域上古人民探求自然规律和生死奥秘的心境和情感。《荷马史诗》赞美了人民勇敢、正义、无私、勤劳等品质。《神曲》《十日谈》《巨人传》等作品的主要内容是反对中世纪的禁欲主义、蒙昧主义，反映人民对精神解放的热切期待。因此，文艺只有植根现实生活、紧跟时代潮流，才能发展繁荣；只有顺应人民意愿、反映人民关切，才能充满活力。

人民不是抽象的符号，而是一个一个具体的人，有血有肉，有情感，有爱恨，有梦想，也有内心的冲突和挣扎。不能以自己的个人感受代替人民的感受，而是要虚心向人民学习、向生活学习，从人民的伟大实践和丰富多彩的生活中汲取营养，不断进行生活和艺术的积累，不断进行美的发现和美的创造。要始终把人民的冷暖、人民的幸福放在心中，把人民的喜怒哀乐倾注在自己的笔端，讴歌奋斗人生，刻画最美人物，坚定人们对美好生活的憧憬和信心。

说到这里，我就想起了一件事情。1982 年，我到河北正定县去工作前夕，一些熟人来为我送行，其中就有八一厂的作家、编剧王愿坚。他对我说，你到农村去，要像柳青那样，深入到农民群众中去，同农民群众打成一片。柳青为了深入农民生活，1952 年曾经任陕西长安县县委副书记，后来辞去了县委副书记职务、保留常委职务，并定居在那儿的皇甫村，蹲点 14 年，集中精力创作《创业史》。因为他对陕西关中农民生活有深入了解，所以笔下的人物才那样栩栩如生。柳青熟知乡亲们的喜怒哀乐，中央出台一项涉及农村农民的政策，他脑子里立即就能想象出农民群众是高兴还是不高兴。

第三，文艺要热爱人民。有没有感情，对谁有感情，决定着文艺创作的命运。如果不爱人民，那就谈不上为人民创作。鲁迅就对人民充满了热爱，表露他这一心迹最有名的诗句就是“横眉冷对千夫指，俯首甘为孺子牛”。我在河北正定工作时结识的作家贾大山，也是一位热爱人民的作家。他去世后，我写了一篇文章悼念他。他给我印象最深的就是忧国忧民情怀，“处江湖之远则忧其君”。文艺工作者要想有成就，就必须自觉与人民同呼吸、共命运、心连心，欢乐着人民的欢乐，忧患着人民的忧患，做人民的孺子牛。这是唯一正确的道路，也是作家艺术家最大的幸福。

热爱人民不是一句口号，要有深刻的理性认识和具体的实践行动。对人民，要爱得真挚、爱得彻底、爱得持久，就要深深懂得人民是历史创造者的道理，深入群众、深入生活，诚心诚意做人民的小学生。我讲要深入生活，有些同志人是下去了，但只是走马观花、蜻蜓点水，并没有带着心，并没有动真情。要解决好“为了谁、依靠谁、我是谁”这个问题，拆除“心”的围墙，不仅要“身入”，更要“心入”“情入”。

文艺的一切创新，归根到底都直接或间接来源于人民。“世事洞明皆学问，人情练达即文章。”艺术可以放飞想象的翅膀，但一定要脚踩坚实的大地。文艺创作方法有一百条、一千条，但最根本、最关键、最牢靠的办法是扎根人民、扎根生活。曹雪芹如果没对当时的社会生活做过全景式的观察和显微镜式的剖析，就不可能完成《红楼梦》这种百科全书式巨著的写作。鲁迅如果不熟悉辛亥革命前后底层民众的处境和心情，就不可能塑造出祥林嫂、闰土、阿 Q、孔乙己等那些栩栩如生的人物。

关在象牙塔里不会有持久的文艺灵感和创作激情。有一位苏联诗人形容作家坐在屋里挖空心思写不出东西的窘态是“把手指甲都绞出了水来”。我们要走进生活深处，在人民中体悟生活本质、吃透生活底蕴。只有把生活咀嚼透了，完全消化了，才能变成深刻的情节和动人的形象，创作出来的作品才能激荡人心。正所谓“闭门觅句非诗法，只是征行自有诗”。一切创作技巧和手段最终都是为内容服务的，都是为了更鲜明、更独特、更透彻地说人说事说理。背离了这个原则，技巧和手段就毫无价值了，甚至还会产生负面效应。

当然，生活中并非到处都是莺歌燕舞、花团锦簇，社会上还有许多不如人意之处、还存在一些丑恶现象。对这些现象不是不要反映，而是要解决好如何反映的问题。古人云，“乐而不淫，哀而不伤”，“发乎情，止乎礼义”。文艺创作如果只是单纯记述现状、原始展示丑恶，而没有对光明的歌颂、对理想的抒发、对道德的引导，就不能鼓舞人民前进。应该用现实主义精神和浪漫主义情怀观照现实生活，用光明驱散黑暗，用美善战胜丑恶，让人们看到美好、看到希望、看到梦想就在前方。

一部好的作品，应该是经得起人民评价、专家评价、市场检验的作品，应该是把社会效益放在首位，同时也应该是社会效益和经济效益相统一的作品。在发展社会主义市场经济的条件下，许多文化产品要通过市场实现价值，当然不能完全不考虑经济效益。然而，同社会效益相比，经济效益是第二位的，当两个效益、两种价值发生矛盾时，经济效益要服从社会效益，市场价值要服从社会价值。文艺不能当市场的奴隶，不要沾满了铜臭气。优秀的文艺作品，最好是既能在思想上、艺术上取得成功，又能在市场上受到欢迎。要坚守文艺的审美理想、保持文艺的独立价值，合理设置反映市场接受程度的发行量、收视率、点击率、票房收入等量化指标，既不能忽视和否定这些指标，又不能把这些指标绝对化，被市场牵着鼻子走。

有的同志说，天是世界的天，地是中国的地，只有眼睛向着人类最先进的方面注目，同时真诚直面当下中国人的生存现实，我们才能为人类提供中国经验，我们的文艺才能为世界贡献特殊的声响和色彩。说的是有道理的。中华民族5000多年的文明进步，近代以来中国人民争取民族独立、人民解放的浴血斗争，中国共产党领导人民进行的革命、建设、改革的伟大历程，古老中国的深刻变化和13亿中国人民极为丰富的生产生活，为文艺创作提供了极为肥沃的土壤，值得写的东西太多了。只要我们与人民同在，就一定能从祖国大地母亲那里获得无穷的力量。

第四个问题：中国精神是社会主义文艺的灵魂

这段时间，我集中强调了培育和践行社会主义核心价值观问题。今年2月，中央政治局专门就培育和弘扬社会主义核心价值观进行集体学习，我作了讲话，对全社会提了要求。五四青年节，我到北京大学去，对大学师生讲了这个问题。5月底，我在上海考察工作时，对领导干部弘扬和践行社会主义核心价值观提了要求。六一儿童节前夕，我在北京海淀区民族小学同师生们座谈时讲了这个问题。6月上旬，我在两院院士大会上对院士们也提了这方面要求。9月教师节前一天，我到北京师范大学同师生座谈，再次强调了这个问题。今天，我也要对文艺界提出这方面要求，因为文艺在培育和弘扬社会主义核心价值观方面具有独特作用。

每个时代都有每个时代的精神。我曾经讲过，实现中国梦必须走中国道路、弘扬中国精神、凝聚中国力量。核心价值观是一个民族赖以维系的精神纽带，是一个国家共同的思想道德基础。如果没有共同的核心价值观，一个民族、一个国家就会魂无定所、行无依归。为什么中华民族能够在几千年的历史长河中生生不息、薪火相传、顽强发展呢？很重要的一个原因就是中华民族有一脉相承的精神追求、精神特质、精神脉络。

改革开放以来，我国经济发展很快，人民生活水平提高也很快。同时，我国社会正处在思想大活跃、观念大碰撞、文化大交融的时代，出现了不少问题。其中比较突出的一个问题就是一些人价值观缺失，观念没有善恶，行为没有底线，什么违反党纪国法的事情都敢干，什么缺德的勾当都敢做，没有国家观念、集体观念、家庭观念，不讲对错，不问是非，不知美丑，不辨香臭，浑浑噩噩，穷奢极欲。现在社会上出现的种种问题病根都在这里。这方面的问题如果得不到有效解决，改革开放和社会主义现代化建设就难以顺利推进。

我们始终强调，两个文明都搞好才是中国特色社会主义。邓小平同志早就告诫我们：风气如果坏下去，经济搞成功又有什么意义？会在另一方面变质！因此，我们要在全社会大力弘扬和践行社会主义核心价值观，使之像空气一样无处不在、无时不有，成为全体人民的共同价值追求，成为我们生而为中国人的独特精神支柱，成为百姓日用而不觉的行为准则。要号召全社会行动起来，通过教育引导、舆论宣传、文化熏陶、实践养成、制度保障等，使社会主义核心价值观内化为人们的精神追求、外化为人们的自觉行动。

文艺是铸造灵魂的工程，文艺工作者是灵魂的工程师。好的文艺作品就应该像蓝天上的阳光、春季里的清风一样，能够启迪思想、温润心灵、陶冶人生，能够扫除颓废萎靡之风。“凡作传世之文者，必先有可以传世之心。”广大文艺工作者要高扬社会主义核心价值观的旗帜，充分认识肩上的责任，把社会主义核心价值观生动活泼、活灵活现地体现在文艺创作之中，用栩栩如生的作品形象告诉人们什么是应该肯定和赞扬的，什么是必须反对和否定的，做到春风化雨、润物无声。同时，文艺界知名人士很多，社会影响力不小，大家不仅要在文艺创作上追求卓越，而且要在思想道德修养上追求卓越，更应身体力行践行社会主义核心价值观，努力做到言为士则、行为世范。

在社会主义核心价值观中，最深层、最根本、最永恒的是爱国主义。爱国主义是常写常新的主题。拥有家国情怀的作品，最能感召中华儿女团结奋斗。范仲淹的“先天下之忧而忧，后天下之乐而乐”，陆游的“王师北定中原日，家祭无忘告乃翁”“位卑未敢忘忧国”“夜阑卧听风吹雨，铁马冰河入梦来”，文天祥的“人生自古谁无死，留取丹心照汗青”，林则徐的“苟利国家生死以，岂因祸福避趋之”，岳飞的《满江红》，方志敏的《可爱的中国》，等等，都以全部热情为祖国放歌抒怀。我们当代文艺更要把爱国主义作为文艺创作的主旋律，引导人民树立和坚持正确的历史观、民族观、国家观、文化观，增强做中国人的骨气和底气。

追求真善美是文艺的永恒价值。艺术的最高境界就是让人动心，让人们的灵魂经受洗礼，让人们发现自然的美、生活的美、心灵的美。一首短短的《游子吟》之所以流传千年，就在于它生动讴歌了伟大的母爱。苏东坡称赞韩愈“文起八代之衰，而道济天下之溺”，讲的是从司马迁之后到韩愈，算起来文章衰弱了八代。韩愈的文章起来了，凭什么呢？就是“道”，就是文以载道。我们要通过文艺作品传递真善美，传递向上向善的价值观，引导人们增强道德判断力和道德荣誉感，向往和追求讲道德、尊道德、守道德的生活。只要中华民族一代接着一代追求真善美的道德境界，我们的民族就永远健康向上、永远充满希望。

文艺创作不仅要有当代生活的底蕴，而且要有文化传统的血脉。“求木之长者，必固其根本；欲流之远者，必浚其泉源。”中华优秀传统文化是中华民族的精神命脉，是涵养社会主义核心价值观的重要源泉，也是我们在世界文化激荡中站稳脚跟的坚实根基。增强文化自觉和文化自信，是坚定道路自信、理论自信、制度自信的题中应有之义。如果“以洋为尊”“以洋为美”“唯洋是从”，把作品在国外获奖作为最高追求，跟在别人后面亦步亦趋、东施效颦，热衷于“去思想化”“去价值化”“去历史化”“去中国化”“去主流化”那一套，绝对是没有前途的！事实上，外国人也跑到我们这里寻找素材、寻找灵感，好莱坞拍摄的《功夫熊猫》《花木兰》等影片不就是取材于我们的文化资源吗？

中华民族在长期实践中培育和形成了独特的思想理念和道德规范，有崇仁爱、重民本、守诚信、讲辩证、尚和合、求大同等思想，有自强不息、敬业乐群、扶正扬善、扶危济困、见义勇为、孝老爱亲等传统美德。中华优秀传统文化中很多思想理念和道德规范，不论过去还是现在，都有其永不褪色的价值。我们要结合新的时代条件传承和弘扬中华优秀传统文化，传承和弘扬中华美学精神。中华美学讲求托物言志、寓理于情，讲求言简意赅、凝练节制，讲求形神兼备、意境深远，强调知、情、意、行相统一。我们要坚守中华文化立场、传承中华文化基因，展现中华审美风范。

传承中华文化，绝不是简单复古，也不是盲目排外，而是古为今用、洋为中用，辩证取舍、推陈出新，摒弃消极因素，继承积极思想，“以古人之规矩，开自己之生面”，实现中华文化的创造性转化和创新性发展。

当然，我们强调弘扬社会主义核心价值观，继承和发扬中华民族优秀传统文化，坚持和弘扬中国精神，并不排斥学习借鉴世界优秀文化成果。我们社会主义文艺要繁荣发展起来，必须认真学习借鉴世界各国人民创造的优秀文艺。只有坚持洋为中用、开拓创新，做到中西合璧、融会贯通，我国文艺才能更好发展繁荣起来。其实，现代以来，我国文艺和世界文艺的交流互鉴就一直在进行着。白话文、芭蕾舞、管弦乐、油画、电影、话剧、现代小说、现代诗歌等都是借鉴国外又进行民族创造的成果。鲁迅等进步作家当年就大量翻译介绍国外进步文学作品。新中国成立后，我们学习借鉴苏联文艺，如普列汉诺夫的艺术理论、斯坦尼斯拉夫斯基表演体系，苏联的芭蕾舞、电影等，苏联著名舞蹈家乌兰诺娃以及一些苏联著名演员、导演当年都来过中国访问。这种学习借鉴对建国初期我国社会主义文艺发展起到了促进作用。改革开放之后，我国文艺对世界文艺的学习借鉴就更广泛了。现在，情况也一样，很多艺术形式是国外兴起的，如说唱表演、街舞等，但只要人民群众喜欢，我们就要用，并赋予其健康向上的内容。

当今世界是开放的世界，艺术也要在国际市场上竞争，没有竞争就没有生命力。比如电影领域，经过市场竞争，国外影片并没有把我们的国产影片打垮，反而刺激了国产影片提高质量和水平，在市场竞争中发展起来了，具有了更强的竞争力。

第五个问题：加强和改进党对文艺工作的领导

党的领导是社会主义文艺发展的根本保证。党的根本宗旨是全心全意为人民服务，文艺的根本宗旨也是为人民创作。把握了这个立足点，党和文艺的关系就能得到正确处理，就能准确把握党性和人民性的关系、政治立场和创作自由的关系。

加强和改进党对文艺工作的领导，要把握住两条：一是要紧紧依靠广大文艺工作者，二是要尊重和遵循文艺规律。各级党委要从建设社会主义文化强国的高度，增强文化自觉和文化自信，把文艺工作纳入重要议事日程，贯彻好党的文艺方针政策，把握文艺发展正确方向。要选好配强文艺单位领导班子，把那些德才兼备、能同文艺工作者打成一片的干部放到文艺工作领导岗位上来。要尊重文艺工作者的创作个性和创造性劳动，政治上充分信任，创作上热情支持，营造有利于文艺创作的良好环境。要诚心诚意同文艺工作者交朋友，关心他们的工作和生活，倾听他们心声和心愿。要重视文艺阵地建设和管理，坚持守土有责，绝不给有害的文艺作品提供传播渠道。各级宣传文化部门要在党委领导下，切实加强对文艺工作的指导和扶持，加强对文艺工作者的引导和团结，为推动文艺繁荣发展作出积极贡献。文联、作协要充分发挥优势，加强行业服务、行业管理、行业自律，真正成为文艺工作者之家。

现在，文艺工作的对象、方式、手段、机制出现了许多新情况、新特点，文艺创作生产的格局、人民群众的审美要求发生了很大变化，文艺产品传播方式和群众接受欣赏习惯发生了很大变化。对传统文艺创作生产和传播，我们有一套相对成熟的体制机制和管理措施，而对新的文艺形态，我们还缺乏有效的管理方式方法。这方面，我们必须跟上节拍，下功夫研究解决。要通过深化改革、完善政策、健全体制，形成不断出精品、出人才的生动局面。

要高度重视和切实加强文艺评论工作。文艺批评是文艺创作的一面镜子、一剂良药，是引导创作、多出精品、提高审美、引领风尚的重要力量。文艺批评要的就是批评，不能都是表扬甚至庸俗吹捧、阿谀奉承，不能套用西方理论来剪裁中国人的审美，更不能用简单的商业标准取代艺术标准，把文艺作品完全等同于普通商品，信奉“红包厚度等于评论高度”。文艺批评褒贬甄别功能弱化，缺乏战斗力、说服力，不利于文艺健康发展。

真理越辩越明。一点批评精神都没有，都是表扬和自我表扬、吹捧和自我吹捧、造势和自我造势相结合，那就不是文艺批评了！金无足赤、人无完人，天下哪有十全十美的东西呢？良药苦口利于病，忠言逆耳利于行。有了真正的批评，我们的文艺作品才能越来越好。文艺批评就要褒优贬劣、激浊扬清，像鲁迅所说的那样，批评家要做“剜烂苹果”的工作，“把烂的剜掉，把好的留下来吃”。不能因为彼此是朋友，低头不见抬头见，抹不开面子，就不敢批评。作家艺术家要敢于面对批评自己作品短处的批评家，以敬重之心待之，乐于接受批评。要以马克思主义文艺理论为指导，继承创新中国古代文艺批评理论优秀遗产，批判借鉴现代西方文艺理论，打磨好批评这把“利器”，把好文艺批评的方向盘，运用历史的、人民的、艺术的、美学的观点评判和鉴赏作品，在艺术质量和水平上敢于实事求是，对各种不良文艺作品、现象、思潮敢于表明态度，在大是大非问题上敢于表明立场，倡导说真话、讲道理，营造开展文艺批评的良好氛围。

同志们！“等闲识得东风面，万紫千红总是春。”党中央对文艺工作和文艺工作者寄予厚望。希望文艺战线和广大文艺工作者不辜负时代召唤、不辜负人民期待，创造出更好更多的文艺精品，为推动文化大发展大繁荣、建设社会主义文化强国作出新的更大的贡献！

（原载《人民日报》2015 年 10 月 15 日）

深入学习贯彻党的十八届五中全会精神
牢固树立和自觉践行五大发展理念

刘云山

党的十八届五中全会是我们党在全面建成小康社会决胜阶段召开的一次重要会议，会议审议通过的“十三五”规划建议，明确了今后五年我国发展的指导思想、目标任务、重大举措，在发展理念、发展政策、发展体制上有一系列重大突破。习近平总书记在全会上发表重要讲话，科学回答了关系我国长远发展的许多重大理论和实践问题，以一系列富有创见的新思想新观点升华了我们党对经济社会发展规律的认识，为夺取全面建成小康社会决战胜利提供了有力思想武器。全会的成功召开，必将在中华民族发展的历史坐标中留下浓墨重彩的篇章。

这次全会取得的成果很多，其中最突出的是鲜明提出创新、协调、绿色、开放、共享的发展理念。这五大发展理念是贯穿全会精神的灵魂和主线，“十三五”规划建议就是按照这条主线来谋篇布局的。学习贯彻全会精神，重要的是牢固树立五大发展理念，切实落实到各方面实践之中。

一　深刻认识五大发展理念的重大意义

发展理念管全局、管根本、管方向、管长远，是战略性、纲领性、引领性的东西，直接关乎发展成效乃至成败。创新、协调、绿色、开放、共享的发展理念，集中体现了今后五年乃至更长时期我国的发展思路、发展方向、发展着力点，深刻揭示了实现更高质量、更有效率、更加公平、更可持续发展的必由之路。理解五大发展理念的理论意义和实践意义，应当紧密联系大势和大局来把握。

从维护和用好我国发展重要战略机遇期来看，五大发展理念是顺应时代潮流、把握发展机遇、厚植发展优势的战略抉择。当今世界，和平与发展的时代主题没有变，世界多极化、经济全球化、文化多样化、社会信息化深入发展。尽管各种不稳定不确定因素增多，但加快自身发展、提高综合实力依然是世界各国的共同追求。特别是围绕克服国际金融危机的深层影响、提高发展质量和效益，许多国家都积极创新发展理念、完善发展战略，力争以新的理念、新的战略赢得发展主动。可以说，发展问题归根到底是理念问题，发展战略竞争透射的也是发展理念之争。党的十八届五中全会提出五大发展理念，顺应了时代发展要求，汲取了各国发展的经验教训，是借鉴更是超越，有共性更有自己的特色。树立和贯彻好五大发展理念，就能使我国发展占据时代制高点，维护和用好我国发展重要战略机遇期，在日趋激烈的国际竞争中赢得更大的发展优势。

从协调推进“四个全面”战略布局、适应和引领经济发展新常态来看，五大发展理念创造性地回答了新形势下我们要实现什么样的发展、如何实现发展的重大问题。党的十八大以来，以习近平同志为总书记的党中央提出协调推进“四个全面”战略布局，这是事关长远的顶层设计，是我们党在新的形势下治国理政的总方略。在“四个全面”战略布局中，全面建成小康社会是战略目标，处于中心位置；全面深化改革、全面依法治国是战略举措，全面从严治党是战略保证。决胜全面建成小康社会，发展始终是硬道理，是必须抓好的第一要务，同时发展也应当根据新的实践而有新的理念、新的要求。还应看到，“十三五”时期我国发展环境发生了新的变化，适应和引领经济发展新常态是必须把握好的大逻辑。新常态要有新作为，新作为要有新理念。我们党提出的五大发展理念，把握了发展速度变化、结构优化、动力转换的新特点，顺应了推动经济保持中高速增长、产业迈向中高端水平的新要求，点明了破解发展难题的新路径。发挥好五大发展理念的引领作用，才能更好推动发展方式转变，提高发展质量和效益，才能如期全面建成小康社会。

从党的理论创新的发展历程看，五大发展理念是我们党关于发展理论的一次重大升华。我们党高度重视理论指导和理论创新，正是有了正确理论的指导，有了理论上的不断与时俱进，我们的发展道路才行稳致远、越走越宽广。改革开放 30 多年来，我们党总是根据形势和任务的变化，适时提出相应的发展理念和战略，引领和指导发展实践。从以经济建设为中心、发展是硬道理，到发展是党执政兴国的第一要务，到坚持科学发展、全面协调可持续发展，到坚持“五位一体”总体布局，每一次发展理念的创新和完善，都推动实现了发展的新跨越。时代在前进、实践在发展，理念创新、理论创新永无止境。党的十八大以来，以习近平同志为总书记的党中央着眼新的发展实践，深入推进党的理论创新，在发展目标、发展动力、发展布局、发展保障等方面形成了一系列新理念新思想新战略。党的十八届五中全会提出的五大发展理念，体现了对新的发展阶段基本特征的深刻洞悉，体现了对社会主义本质要求和发展方向的科学把握，标志着我们党对经济社会发展规律的认识达到了新的高度。

总而言之，创新、协调、绿色、开放、共享的发展理念，是我们党的重大理论创新成果，是对我们党关于发展理论的丰富和发展，是中国特色社会主义理论体系的重要组成部分，是我国经济社会发展必须长期坚持的重要遵循。要深刻认识五大发展理念的重大意义，使之真正成为引领发展实践、开创美好未来的一面旗帜。

二　深入把握五大发展理念的基本内涵和实践要求

对五大发展理念的基本内涵和实践要求，习近平总书记重要讲话和“十三五”规划建议作了深刻阐述。概括起来讲，就是要深刻认识创新是引领发展的第一动力，把创新摆在国家发展全局的核心位置，让创新贯穿党和国家一切工作，让创新在全社会蔚然成风；深刻认识协调是持续健康发展的内在要求，牢牢把握中国特色社会主义事业总体布局，正确处理发展中的重大关系，不断增强发展整体性；深刻认识绿色是永续发展的必要条件和人民对美好生活追求的重要体现，坚定走生产发展、生活富裕、生态良好的文明发展道路，推进美丽中国建设；深刻认识开放是国家繁荣发展的必由之路，奉行互利共赢的开放战略，发展更高层次的开放型经济；深刻认识共享是中国特色社会主义的本质要求，坚持发展为了人民、发展依靠人民、发展成果由人民共享，朝着共同富裕方向稳步前进。在学习贯彻全会精神过程中，领会好五大发展理念的基本内涵和实践要求，有这样五个方面需要深刻把握。

——五大发展理念体现着党的思想路线的本质要求，蕴含着解放思想、与时俱进的思想品格。树立和践行五大发展理念，是关系我国发展全局的一场深刻变革，意味着对传统发展思路和发展方式的根本转变，也必然伴随着思想的解放、观念的更新。要从党的思想路线的高度看待问题，注重从思想方法和思维方式上解决问题，深刻认识发展是一个不断变化的过程，发展环境、发展条件不会一成不变，发展理念自然也不会一成不变。面对新的发展实践，有些东西过去有效，现在未必有效；有些过去不合时宜，现在却势在必行；有些过去不可逾越，现在则需要突破。这就需要领导干部把解放思想作为总开关，树立与时代和实践发展相适应的思维方式，坚决破除那些片面追求 GDP、拼资源拼投入、重城市轻农村、先污染后治理、重效率轻公平等陈旧观念，以新的发展理念引领新的发展实践。树立和践行五大发展理念，不能停留在口头上，而要作为行为标尺，自觉对照检验我们的实际工作，符合的就鼓励和支持，不符合的就反对和摒弃，更好地在解放思想中跟上时代，在转变观念中赢得新的发展。

——五大发展理念来自发展经验和教训的深刻启示，蕴含着尊重规律、按规律办事的实践逻辑。在发展问题上，我们既有成功经验，也有深刻教训。成功经验在哪里，重要的是坚持从实际出发，按客观规律办事；教训也主要反映在脱离实际上。一个时期以来，一些地方片面发展、畸形发展，一些地方竭泽而渔、寅吃卯粮，一些地方与民争利、忽视民生，等等，带来了诸多矛盾和问题。习近平总书记强调：我们的发展，必须是遵循经济规律的科学发展，必须是遵循自然规律的可持续发展，必须是遵循社会规律的包容性发展。党的十八届五中全会提出五大发展理念，从根本上说，就是要把发展更好建立在把握规律、按规律办事的基础上，实现更有质量、更高水平的发展。贯彻好五大发展理念，就要增强规律意识，在研究和把握规律中认识发展的新内涵、新要求。要注重适应和引领经济发展新常态，坚持发展速度、质量和效益的有机统一，统筹做好稳增长、促改革、调结构、惠民生、防风险的各项工作；注重绿色富国、绿色惠民，尊重自然、顺应自然、保护自然，推动形成绿色发展方式和生活方式；注重加强社会建设、创新社会治理，把改革力度、发展速度与社会可承受程度统一起来，使改革发展成果更多更公平惠及全体人民。在全面建成小康社会进程中，要始终坚持从实际出发，不搞整齐划一、不搞大干快上、不搞层层加码、不作难以兑现的承诺，做到因地制宜、因事制宜，一步一个脚印地做好工作。

——五大发展理念是针对我国发展中的突出矛盾和问题提出来的，贯穿着鲜明的问题导向。在实践中发现和解决问题，是我们认识世界、改造世界的重要方法。五大发展理念以问题为牵引，直指我国发展中的突出矛盾和问题。创新发展注重解决发展动力问题，协调发展注重解决发展不平衡问题，绿色发展注重解决人与自然和谐问题，开放发展注重解决发展内外联动问题，共享发展注重解决社会公平正义问题。可以说，五大发展理念既抓住了制约发展的症结，又开出了解决问题的良方。贯彻五大发展理念，也要增强问题意识、强化问题导向，瞄着问题去、追着问题走，在破解发展难题中实现发展的新进步。抓问题还要注意抓薄弱环节，解决问题应当紧紧扭住短板、全力做好补齐短板这篇大文章。无论是制定具体规划，还是出台政策措施、完善体制机制，都要着力补短板、解难题，在攻坚克难中增强经济社会发展的协同性平衡性。

——五大发展理念坚持发展为了人民、发展依靠人民、发展成果由人民共享，彰显着人民至上的价值取向。为什么人、由谁享有的问题，是发展要解决的根本问题，也是衡量一个政党、一个国家性质的试金石。我们是共产党领导的社会主义国家，理所当然要把实现好维护好发展好最广大人民根本利益，作为发展的根本出发点和落脚点。五大发展理念贯穿着鲜明的百姓导向、民生导向，反映着我们党立党为公、执政为民的根本宗旨。要始终坚持人民主体地位，坚持以人民为中心的发展思想，把实现人民幸福作为发展的目的和归宿。越是发展到更高层次、更高水平，越要坚持人人参与、人人尽力、人人享有，越要坚持全体人民共同富裕。要全面把握和推动落实共享发展的政策措施，凡是为民造福的事情就要千方百计做好，凡是损害群众利益的事情就坚决不做，使全面建成小康社会的过程成为增进人民福祉、促进公平正义的过程。要着眼于坚决打赢“十三五”脱贫攻坚战，下大力气解决收入差距过大、公共服务供给不足、社会保障滞后、教育和就业机会不均等突出问题，使发展更具公平性、普惠性，让人民群众有更多获得感、幸福感。

——五大发展理念是具有内在联系的集合体，体现着辩证思维和统筹兼顾的科学方法论。创新、协调、绿色、开放、共享的发展理念，相互贯通、相互促进，有着深刻的内在联系。这五大发展理念，主题主旨相通、目标指向一致，统一于“四个全面”战略布局和“五位一体”总体布局中，统一于坚持和发展中国特色社会主义的实践中，统一于实现“两个一百年”奋斗目标、实现中华民族伟大复兴中国梦的历史进程中。这五大发展理念，既各有侧重又相互支撑，共同构成了一个开辟未来发展前景的顶层设计，构成了一个系统化的逻辑体系。把握好五大发展理念，要树立全面系统的思维，掌握科学统筹的方法，一起用力贯彻落实，不能顾此失彼，也不能相互替代。

三 领导干部要增强落实五大发展理念的素养和能力

落实好五大发展理念，很大程度上取决于领导干部这个“关键少数”，取决于领导干部的素养和能力。习近平总书记强调，党员干部特别是领导干部要提高贯彻五大发展理念的能力和水平，成为领导经济社会发展的行家里手。从实际情况看，现在在一些领导干部中，既有不作为、乱作为的问题，也有面对经济发展新常态无所适从、不会为不善为的问题，存在素养和能力不适应的问题。这就需要各级领导干部认真贯彻党中央要求，带头树立和践行五大发展理念，努力锻造推动经济社会发展的过硬素养和能力。

第一，增强运用党的理论创新成果指导实践、推动工作的素养和能力。理论优势是我们党的根本优势，理论创新每前进一步，理论武装就要跟进一步。贯彻好党的十八届五中全会精神，增强落实五大发展理念的能力，首先要解决好理论武装问题，真正从思想上把推动发展的目标、要求和方法搞对头。党的十八大以来，以习近平同志为总书记的党中央在深化理论和实践的双重探索中，提出了一系列治国理政新理念、新思想、新战略，其中蕴含着十分丰富的发展思想、发展观点。要把学习贯彻五大发展理念同学习贯彻习近平总书记系列重要讲话精神紧密联系起来，不断加深理解、深化认识。要坚持理论联系实际，把党的理论创新成果转化为谋划发展的具体思路，转化为落实发展任务的工作举措，转化为推动科学发展的实际成效。

第二，增强把握形势变化、把握发展趋势的素养和能力。定大局、谋大事，前提是观大势、明大势。贯彻好五大发展理念，应当认清发展形势、找准发展定位，把握好我国发展环境的基本特征。要深刻认识经济发展进入新常态蕴含的机遇和挑战，既看到我国经济长期向好基本面没有改变，随着经济发展方式加快转变、经济结构不断优化、发展动力持续转化，良好发展态势可以保持；又看到不发展有不发展的问题，发展起来有发展起来的问题，甚至更多更复杂，我们面临诸多矛盾叠加、风险隐患增多的严峻挑战，从而增强机遇意识、忧患意识、责任意识，为实现新的发展蓝图而顽强奋斗。同时，还要清醒把握我们立足的世情国情，既看到我国仍处于并将长期处于社会主义初级阶段的基本国情没有变，人民日益增长的物质文化需要同落后的社会生产之间的矛盾这一社会主要矛盾没有变，我国依然是世界上最大发展中国家的国际地位没有变，我国仍处于发展重要战略机遇期没有变；又看到这“四个没有变”中也出现许多新情况，发展环境、发展条件、发展着力点呈现出许多新的特点，从而认清我们所处的“时”与“势”，保持战略定力，坚持奋发有为，做到胸中有大势、谋事有大局，增强对五大发展理念的理解力和执行力。

第三，增强驾驭现代经济发展、提高发展质量效益的素养和能力。坚持五大发展理念，重要的是熟悉现代经济运行的特点，以符合经济规律的方式推动经济发展。应当肯定，随着社会主义市场经济的逐步建立和发展完善，各级领导干部推动经济发展的能力不断提升。但也要看到，现在我国发展领域不断拓宽、分工日趋复杂、形态更加高级、国际国内联动更加紧密，对做好经济工作提出了更高要求，需要以开阔的视野、创新的知识去研究、去应对。如果总是沿用老的思路和办法，就难以胜任现在的工作。领导干部要有本领恐慌的意识，加强学习调研，加强实践历练，努力掌握现代经济知识，努力具备较强的专业思维、专业素养、专业方法，力争有“几把刷子”。

第四，增强运用法治思维、法治方式推动发展的素养和能力。现代经济是法治经济，现代社会是法治社会。提升经济发展质量和社会治理水平，一个重要方面就是使各方面工作纳入法治化、规范化轨道。落实好五大发展理念，需要各级领导干部认真贯彻依法治国基本方略，带头尊法学法守法用法，更好运用法治思维和法治方式深化改革、促进发展、化解矛盾、维护稳定。要坚持依法决策，办事情、作决策都要考虑法律依据是什么、法定程序是什么。尤其是对一些重大工程、重大项目的决策，更要按法律规定办事，把公众参与、专家论证、风险评估、合法性审查、集体讨论决定等结合起来，提高决策的法治化、规范化和科学化水平。要积极推进多层次多领域的依法治理，健全各方面法律法规，提高法律法规的执行力，切实养成遇事找法、办事依法、解决问题靠法的行为习惯，充分发挥法治在推动发展中的引领和规范作用。

第五，增强贯彻“三严三实”要求、落实改革发展稳定任务的素养和能力。践行五大发展理念、抓好改革发展稳定任务，关键要有好的精神状态、好的工作作风。各级领导干部要以“三严三实”要求来贯彻五大发展理念，标准要严、措施要实，以“严”的精神改进工作作风，以“实”的干劲抓好发展任务。要以高度的政治自觉落实党中央的决策部署，紧紧扭住各项重点任务、重要举措，一抓到底、善作善成。要树立全局意识、强化责任担当，正确处理眼前利益与长远利益、局部利益与整体利益的关系，自觉把责任扛在肩上、把任务抓在手上，不能逃避责任、消极对待。要弘扬改革创新精神，敢啃硬骨头、敢于攻坚克难，创造性地开展工作，在破除体制机制障碍、突破瓶颈短板中推进改革发展。

提高落实五大发展理念的能力，既要靠每个领导干部的自觉努力，也需要良好环境的激励和约束。各级党委要切实抓好党的十八届五中全会精神的教育培训，把五大发展理念作为学习教育的重要内容，着力提升领导干部推动发展的本领。要发挥好干部工作指挥棒作用，深化干部人事制度改革，加强领导班子和干部队伍建设，强化守纪律、讲规矩的要求，注重培养选拔政治强、懂专业、善治理、忠诚干净担当的领导干部。要完善领导班子和领导干部政绩考核评价体系，调整优化考核评价指标，完善奖惩机制，健全追责问责机制，推动干部能上能下，更好激发各级干部干事创业的精气神。

（本文系中共中央政治局常委、中央书记处书记、中央党校校长刘云山 2015 年 11 月 12 日在中央党校 2015 年秋季学期第二批入学学员开学典礼上的讲话，发表时有删节）

（原载《学习时报》2015 年 11 月 16 日）

在纪念遵义会议80周年大会上的讲话

刘奇葆

同志们：

今天，我们在这里隆重纪念遵义会议召开80周年，回顾党的奋斗历程，重温党的光辉历史，弘扬伟大的长征精神，继承发扬遵义会议革命传统。此时此刻，我们怀着无比敬仰的心情，深切怀念毛泽东、周恩来、刘少奇、朱德、邓小平、陈云等老一辈无产阶级革命家，深切怀念为民族独立和人民解放、国家富强和人民幸福英勇牺牲的革命先烈。这里，我代表党中央，向革命前辈们表示崇高敬意！向革命先烈的亲属和后代表示亲切慰问，向英雄的贵州老区人民表示诚挚问候！

遵义会议是我们党的历史上一个生死攸关的转折点。1934年10月，由于“左”倾路线的错误指挥，中央红军第五次反“围剿”遭受严重挫折，被迫退出中央革命根据地，开始实行战略转移。中央红军长征开始后，“左”倾领导人又犯了退却中的逃跑主义错误。在连续突破国民党军队布置的四道封锁线之后，红军和中央机关人员锐减到三万多人。在严酷的事实面前，党中央果断采纳毛泽东同志的建议，到贵州开辟新的根据地。为纠正“左”倾教条主义、冒险主义错误，1935年1月15日，中央政治局在遵义召开扩大会议。会议总结了第五次反“围剿”失败和长征初期遭受严重挫折的教训，明确回答了红军战略战术方面的是非问题，解决了党内所面临的最迫切的组织问题和军事问题，在极端危急的历史关头，挽救了党，挽救了红军，挽救了中国革命，打开了中国革命的新局面。

遵义会议以其重大的历史贡献，在我们党的历史上谱写了光辉的篇章，永载史册、永放光芒。遵义会议确立了中国革命的正确战略战术，使党领导红军完成了具有伟大意义的战略转移，取得了长征的伟大胜利，奠定了中国革命走向胜利的基础。遵义会议确立了中国革命的基本方针原则，从此，中国共产党开始在全党范围把马克思主义基本原理同中国革命具体实际结合起来，独立自主地解决中国革命重大问题。遵义会议确立了毛泽东同志在党中央和红军的领导地位，开始形成了以毛泽东同志为核心的党的第一代中央领导集体，开始从根本上改变了党内生活不正常的状况，为按照民主集中制原则确立正确的领导制度和维护党的团结统一提供了宝贵经验，标志着中国共产党在政治上开始走向成熟。

80年岁月峥嵘，80年沧桑巨变。遵义会议形成的革命传统、孕育的宝贵精神，始终是推动党和国家事业发展的强大力量。当前，我们正在协调推进全面建成小康社会、全面深化改革、全面推进依法治国、全面从严治党，为实现“两个一百年”奋斗目标、实现中华民族伟大复兴的中国梦而努力奋斗。中国革命历史是鲜活的教科书，是最好的营养剂。我们要从中汲取养分、增添力量，把遵义会议形成的革命传统一代一代传下去。

1. 继承发扬遵义会议革命传统，必须推进马克思主义中国化，深入学习贯彻习近平总书记系列重要讲话精神。遵义会议一个重要历史贡献，就是准确把握中国革命战争特点，运用马克思主义的立场、观点和方法，研究解决中国革命的重大问题。马克思主义是我们立党立国的根本，坚持以马克思主义为指导，必须解放思想、实事求是、与时俱进、求真务实，紧密结合中国实际和时代特征，大力推进理论创新和实践创新，推进马克思主义中国化时代化大众化。习近平总书记系列重要讲话，是中国特色社会主义理论体系的最新成果，是指导我们进行具有许多新的历史特点的伟大斗争的最鲜活的马克思主义。我们要把学习贯彻习近平总书记系列重要讲话精神作为一项重大政治任务，坚持全面学、及时学、跟进学，做到深入学习、联系实际，推动讲话精神进机关、进学校、进社区、进乡村、进企业、进军营。要把学习讲话精神同贯彻落实中央重大决策部署结合起来，同解决改革发展稳定中的实际问题结合起来，同提高党员干部思想理论水平结合起来，切实做到学而信、学而用、学而行，用党的最新理论成果武装头脑、指导实践、推动工作。

2. 继承发扬遵义会议革命传统，必须树立崇高理想信念，坚定中国特色社会主义自信。遵义会议召开前，中央红军陷入极度困境，中国革命处于危急关头。面对严峻复杂的斗争形势，遵义会议《决议》坚定地指出，中国苏维埃革命有着它雄厚的历史的泉源，它是不能消灭的，它是不能战胜的，并发出“胜利必然是我们的”豪迈号召。正是凭着对崇高革命理想的矢志坚守，党中央和红军才得以转危为安，中国革命才得以化险为夷。“革命理想高于天”。在新的历史条件下，我们要持续推进中国特色社会主义和中国梦学习宣传教育，在党员干部中深入展开，在广大群众中深入展开，在全社会深入展开，引导人们深刻认识中国特色社会主义的历史必然、鲜明特色和显著优势，深刻把握中国梦的基本内涵、精神实质和实践要求，不断增强人们的道路自信、理论自信、制度自信，凝聚起同心共筑中国梦的强大力量。

3. 继承发扬遵义会议革命传统，必须传承革命文化，大力培育和践行社会主义核心价值观。我们党领导人民在艰苦卓绝的革命斗争中，创造了鲜明独特、奋发向上的革命文化，遵义会议形成的革命传统，是其中的重要组成部分。革命文化凝结着我们党的价值理念和精神追求，蕴含着中国共产党人的红色基因和鲜亮底色，是社会主义核心价值观建设的丰厚滋养。我们要十分珍视革命历史和革命文化，发扬红色传统、传承红色基因，用革命文化传播和滋养社会主义核心价值观，为党和国家事业发展提供强大的价值引导力、文化凝聚力和精神推动力。要广泛开展党史国史学习教育，生动鲜活地讲好革命传统故事，热情讴歌党的丰功伟绩，引导人们在缅怀革命先烈中感悟崇高，在追寻党的奋斗足迹中激发斗志，让红色基因在中华大地接续传承。今年是中国人民抗日战争暨世界反法西斯战争胜利70周年，要在全社会广泛开展爱国主义教育，加强爱国主义教育基地和抗战遗址、遗迹的保护和利用，精心组织有庄严感的典礼仪式，唱响爱党爱国爱社会主义的时代主旋律。

4. 继承发扬遵义会议革命传统，必须独立自主勇闯新路，以改革创新精神推动事业发展。毛泽东同志指出：“我们认识中国，真正懂得独立自主，是从遵义会议开始的。”回顾党的历史，正是有了独立自主的探索和实践，我们党开辟了中国革命的新天地，赢得了中国革命的伟大胜利。也正是有了改革创新的责任和担当，我们党带领人民开创了改革开放的新局面，取得了现代化建设的巨大成就。当前我国进入了实现中华民族伟大复兴的关键阶段，在前进道路上，我们既不能因循守旧、墨守成规，也不能罔顾国情、东施效颦，必须大力弘扬独立自主、改革创新的精神，依靠党和人民的力量，开拓中国特色社会主义更为广阔的发展前景。我们要深入贯彻落实党的十八大和十八届三中、四中全会精神，主动适应和引领新常态，坚持用改革精神和法治思维破解经济社会发展难题，敢于啃硬骨头、敢于涉险滩、敢于过深水区，全面深化改革、全面推进依法治国，以奋发有为的精神状态推动全面建成小康社会的伟大事业。

5. 继承发扬遵义会议革命传统，必须坚持全面从严治党，切实加强党的领导和党的建设。遵义会议最深刻的历史启示，就是必须把我们党建设成为思想上统一、政治上坚强、组织上巩固的无产阶级政党，必须在党的领导下实现全党的高度统一和紧密团结。习近平总书记指出，全面从严治党是推进党的建设新的伟大工程的必然要求，必须把加强和改进党的建设作为重大政治责任。我们要聚精会神抓党的建设，持之以恒落实中央八项规定精神，不断巩固和扩大党的群众路线教育实践活动成果，深入推进反腐败斗争，继续保持作风转变的好势头，决不让“四风”反弹。要坚定不移地同以习近平同志为总书记的党中央保持高度一致，严守政治纪律和政治规矩，强化党的观念，增强党的意识，始终与党风雨同舟、同心同德。要大力加强党的执政能力建设，保持党的先进性和纯洁性，巩固党的执政基础和执政地位，确保我们党始终走在时代前列、引领发展进步，更好地担负起历史赋予的光荣使命。

同志们，贵州是红军长征途中经历时间最长、活动范围最广的省份，贵州各族群众为迎接红军、支持长征、夺取中国革命胜利付出了巨大牺牲，作出了重大贡献，党和人民永远不会忘记。当前，贵州经济社会发展正站在新的起点上，面临着重大机遇和大好形势。我们相信，在伟大长征精神和遵义会议革命传统的激励下，贵州一定能够实现后发赶超、加快全面小康建设的目标，创造多彩贵州更加幸福美好的未来。

同志们，遵义会议召开80年来，我们党和国家发生了历史性变化，无数革命先辈用鲜血和生命矢志追求的伟大梦想，正一步步变为现实。让我们紧密团结在以习近平同志为总书记的党中央周围，发扬优良传统、奋力开拓进取，为实现“两个一百年”奋斗目标、实现中华民族伟大复兴的中国梦而努力奋斗。

（原载《贵州日报》2015 年 1 月 16 日）

第二篇

重点文章

马克思主义中国化的当代理论成果

——学习习近平总书记系列重要讲话精神

王伟光

作者简介：王伟光，教授，哲学博士。中共十八届中央委员，中国社会科学院院长、党组书记、学部主席团主席，中国地方志指导小组组长，马克思主义理论研究和建设工程咨询委员会委员、首席专家，中国辩证唯物主义研究会会长。主要研究领域为马克思主义哲学和马克思主义基础理论、马克思主义中国化和中国特色社会主义重大理论与实践等。曾任中共中央党校副校长。出版学术著作40余部，在国家级报刊上发表论文500余篇。代表作有《利益论》《社会矛盾论》《王伟光讲习录》《王伟光自选集》《哲林漫步》《社会主义通史》等。荣获国务院颁发的“做出突出贡献的中国博士学位获得者”荣誉称号，享受国务院政府特殊津贴。

党的十八大的胜利召开，标志党领导的中国特色社会主义伟大事业前进到一个新的历史起点上，党领导的伟大历史实践进入一个新的发展阶段，开始并正在进行着具有许多新的历史特点的伟大斗争。习近平总书记系列重要讲话是新起点新阶段马克思主义中国化的最新理论成果，是党在新起点新阶段团结全党、统一全党，开展伟大斗争，继而赢得伟大胜利的思想武器。

深入学习、研究、贯彻、落实习近平总书记系列重要讲话精神，是全党的重大政治任务，这对于全党全军全国人民进一步统一思想、统一行动，不断开创中国特色社会主义事业新局面，具有十分重要的现实意义和理论意义。

一 顺应世界历史时代潮流的理论应答

我国发展处在新的起点，进入新的阶段，首先是由时代大背景、世界大环境、国际大走势所决定的。习近平总书记系列重要讲话是在科学地观察、分析、判断和把握国际复杂形势、发展趋势和客观规律的基础上形成的，乃顺应世界潮流而发。把世界走势看清了、吃透了，才能深刻地把握新起点、新阶段的特征、规律和需求，才能深刻理解习近平总书记系列重要讲话的精神实质。认清国际形势，是全面理解习近平总书记系列重要讲话的前提。

习近平总书记指出，要从马克思主义关于人类社会发展规律的高度来认识当今世界的变化及趋势。马克思主义经典作家创立了唯物史观，而后又进一步不断丰富和发展了唯物史观。1879—1882 年，晚年马克思成功地运用唯物史观，把研究重心和注意力转向俄国乃至东方社会，其中形成了著名的世界历史理论。马克思主义唯物史观以及世界历史理论揭示了人类社会历史依次由原始社会到奴隶社会、封建社会、资本主义社会，最终经由社会主义社会发展到共产主义社会的演变规律，指明了自从资本主义代替封建主义以来，人类历史即进入了一个新时代，这就是马克思所揭示的资本主义的世界历史进程，该时代始终贯穿资本主义与社会主义的生死博弈。自从人类历史进入资本主义发展阶段，同时就孕育产生了埋葬资本主义的物质力量，酝酿产生了新的社会形态因素，世界历史发展展示了一系列整体性的时代变化。其特征：一是资本主义社会化大生产的发展打破了人类社会的旧的分割与隔绝，资本主义市场经济把人类社会连成一气，构成一个密不可分的统一的世界整体，谁也离不开谁。二是在资本主义发展的同时，社会主义因素产生并在发展，世界历史始终贯穿着资本主义与社会主义两个前途、两种命运、两条道路、两大力量的较量。三是资本主义与社会主义两种前途和力量呈交叉递进态势，资本主义由革命阶段的上升期经成熟阶段的发展期开始逐步衰退，资本主义虽强，仍顽强地表现自己，不可能轻易地退出历史舞台，但总体由兴盛走向衰落。社会主义由新生阶段的初生期步入成长阶段的曲折期，由小到大，在曲折中坚强地发展前进，社会主义虽弱，但代表了人类历史的新前途。四是资本主义世界历史进程必然为共产主义世界历史进程所替代，这是历史发展不可抗拒的潮流。五是实现现代化是现今世界历史发展的核心问题。实现现代化有两条道路，一条是资本主义现代化道路，另一条是社会主义现代化道路。资本主义现代化必然为社会主义现代化所替代。世界历史进程决定经济相对落后的国家选择社会主义现代化道路，可以避免资本主义现代化道路的苦难。六是马克思所判断的资本主义世界历史进程已历经三个阶段，即马克思主义产生时的自由竞争资本主义阶段，该阶段一方面是资产阶级财富的积累，另一方面是工人阶级贫困的积累，两极分化和工人阶级社会主义运动兴起，是该阶段的主题；列宁所判定的垄断资本主义阶段，该阶段的主题是战争与革命，资本主义社会基本矛盾激化引起世界性战争，战争又引起一系列社会主义革命，如十月革命、中国等东方国家的革命；邓小平所判定的美苏两个超级大国冷战结束后的和平与发展为两大世界性问题的新阶段，资本主义世界历史的总的时代性质没有改变，资本主义社会基本矛盾依然存在，仍然起作用，但和平与发展成为两大世界性问题。七是时代阶段性主题的转化，虽然没有改变马克思主义经典作家所揭示的总的时代性质，社会主义必然代替资本主义的历史总趋势依然不可逆转，资本主义内在矛盾依然不可调和，但时代主题的阶段性转换却为中国特色社会主义和平发展提供了战略机遇。

从马克思恩格斯1848年发表《共产党宣言》到今天，科学社会主义思想从被欧洲大陆看成一个幽灵尚不为人所接受，经过曲折斗争，发展到今天，已经成为现实之中正在探索建设中的社会主义新的社会形态，占世界总人口21.7%，共14.2亿人，前后不过160多年的历史，这在整个人类历史长河中只不过是瞬间，却发生了巨大的历史变迁。这雄辩地证明了马克思主义唯物史观和世界历史理论关于时代判断的真理性。

中国的发展变化与世界历史时代息息相关。邓小平同志有句名言："中国的发展离不开世界。"① 这里面包含两层含义：一是中国的现代化进程从总体上服从世界资本主义与社会主义博弈的世界历史大势，和世界资本主义与社会主义博弈的总态势息息相关；二是中国的发展必须融入世界历史发展整体，与世界经济政治发展密切相连。时代特征与世界历史走势对中国选择社会主义道路，在落后的中国实现社会主义现代化发生着深刻的、举足轻重的影响，在总结社会主义前人实践经验教训基础上，探索并创造性地走出一条中国特色社会主义的道路，催生并不断推进中国化的马克思主义。

世界历史进程决定，中国只有选择社会主义，进而选择中国特色社会主义，才能实现现代化。19世纪末20世纪初，资本主义由自由竞争阶段转入垄断资本主义阶段，西方资本主义列强把全世界殖民地瓜分完毕，西方资本主义出于自身的垄断资本利益，绝对不允许中国再像西方诸国那样独立自主地走资本主义的强国之路。鸦片战争以来，中国半殖民地半封建社会境况充分表明了这一历史逻辑。毛泽东指出："帝国主义的侵略打破了中国人学西方的迷梦。很奇怪，为什么先生老是侵略学生呢？中国人向西方学得很不少，但是行不通，理想总是不能实现。"② 从戊戌变法到辛亥革命，中国人向日本学习明治维新的办法，走西方富民强国之路不通，辛亥革命推翻封建专制，建立资产阶级共和国，走共和强国之路也不通，中国总是受西方列强的欺负。历史一再告诉我们，世界历史进程已经前进到不容许中国独立自主走西方资本主义强国之路了，对于中国人民来说，通过资本主义实现强国之梦的历史机遇已然错过。

那么中国走什么样的道路才能强盛起来呢？世界历史进程的客观逻辑，决定了中国只能顺应世界历史进程和时代发展潮流。这突出地表现在：一是只能走社会主义道路，才能成功地实现现代化，屹立于世界民族之林。二是实现社会主义现代化必须分两步走，先进行以工人阶级为领导的资产阶级新民主主义革命，然后再不间断地进行社会主义革命，建立工人阶级领导的、以工农联盟为基础的、人民民主专政的社会主义国家。三是坚持党在社会主义初级阶段"一个中心，两个基本点"基本路线，走中国特色社会主义道路，利用市场经济的优势，建立市场经济与社会主义制度相结合的社会主义市场经济体制，融入世界历史全球化进程，在相对落后的经济社会条件下走出一条新型的社会主义现代化道路，以实现中华民族伟大复兴中国梦。四是在建设社会主义道路的进程中，社会主义中国必将受到国际垄断资本主义经济的、政治的、军事的、文化的，特别是意识形态的阻杀。五是当今世界和平与发展两大问题，至今一个也没有解决。社会主义中国是实现世界和平的重要力量，中国坚定不移地走社会主义和平发展的道路，为

① 《邓小平文选》第3卷，人民出版社1993年版，第78页。

② 《毛泽东选集》第4卷，人民出版社1991年版，第1470页。

世界历史进程的和平发展将作出重大贡献。六是中国在完成新民主主义和社会主义革命任务，建设社会主义新中国和实现社会主义现代化的改革开放总体进程中，不断推进马克思主义中国化，产生了毛泽东思想、中国特色社会主义理论体系等马克思主义的创新成果。

由美国次贷危机引发的国际金融危机，是资本主义阵发性经济危机的必然产物，也是我国社会发展进入新阶段的重要国际因素。这次国际金融危机造成国际形势发生了重大转变，世界力量对比发生了深刻变化，西强我弱的局面正在悄然发生转化，形势越发有利于我，但争斗却更为激烈，西方反华反社会主义势力更加紧了对我的围攻。一方面，中国特色社会主义成功地抵御了国际金融经济危机，证明了社会主义的生命力和马克思主义的真理性；另一方面，以美国为首的西方势力在这场危机中整体实力呈下滑态势，整个敌我对比呈现彼降我升的态势，当然总体上还是西强我弱。这就迫使以美国为首的西方势力加大对我实施两手策略：一手是经济上有求于我，与我加强联络与合作；另一手是加紧集中力量运用各种手段打压我们。世界历史进程与国际环境大背景，决定中国已进入一个有着许多不同于以往特点的新的发展阶段。

习近平总书记系列重要讲话是世界历史进程国际形势新变化的反映和概括，是在对世界格局、历史走势、发展规律、时代特征的科学判断基础上，对中国究竟“举什么旗，走什么路，坚持什么样的发展方向和路线，采取什么样的改革开放的战略举措”这一带有根本性问题的科学解决。

二　新的历史起点上新发展阶段的科学指南

我国发展处在新的起点，进入新的阶段，既是国际大背景使然，也是由受国际影响的国内形势发展变化所决定的。习近平总书记系列重要讲话同样是顺国内发展大势而为，是在鞭辟入里地分析国内形势，把握发展规律的基础上形成的。认清国内局势，是全面理解习近平总书记系列重要讲话的基础。

中国特色社会主义事业的兴起和发展是世界历史进程的重要组成部分，是整个世界历史一系列事变的重要有机环节。从 1921 年中国开天辟地的大事变——中国共产党成立到今天，党所领导的中国人民事业已经经历了新民主主义和社会主义革命、社会主义建设、社会主义改革开放三十多年的快速发展，现在正在进入全面实现小康社会、全面深化改革、全面依法治国、全面从严治党，进而实现“两个一百年”目标，建设一个强大的中国特色社会主义国家改革开放新时期的新的发展阶段。每一个历史阶段，都有每一个历史阶段的历史诉求和应须完成的历史使命。毛泽东同志领导的中国共产党人完成了新民主主义革命和社会主义革命，建立了社会主义新中国，实现了“中国人民站起来”的历史使命。毛泽东同志一生追求建设一个强盛的新中国，让中国人民吃饱饭过上幸福的生活。新中国成立之后，党领导人民为此进行了社会主义建设的艰辛探索，有成功也有失败，但成绩无疑是事业的主旋律。“让中国人民富起来”的历史使命，是 1978 年以来邓小平同志发动领导，经过江泽民、胡锦涛接续领导的中国共产党人带领中国人民团结奋斗而实现的。经过三十多年社会主义改革开放的快速发展，中国人民不仅解决了温饱问题，而且普遍地相对富裕起来了，中国成功地成为世界第二大经济体。在世界强手林立的当下，坚定不移地走中国特色社会主义强国之路，真正让“中国人民强起来”，把中国建设成为社会主义现代化强国的历史使命，必然地落在以习近平为总书记的新一代中国共产党人的肩上，这是世界历史发展赋予新一代领导人的伟大历史使命。

我们党正在领导人民从事与以往历史时期有着许多新的不同特点的伟大实践。全面建成小康社会，进而实现“两个一百年”目标，把中国建设成为社会主义现代化强国，真正使中华民族伟大复兴中国梦成为现实，这是新起点、新阶段的历史性重任。今天，经过三十多年的改革开放，中国特色社会主义事业已经前进到了一个新的历史起点上，我们党领导的中国特色社会主义事业正处在发展的决定关口。一方面，经过三十多年的改革开放，中国经济实现了快速增长，中国特色社会主义取得了伟大成就，证明了中国特色社会主义道路是中国人民正确的历史选择，证明了马克思主义、中国特色社会主义理论体系是我们事业的科学的思想指南，证明了中国特色社会主义制度是我们必须始终坚持的社会制度。另一方面，中国发展又面临着国内外极其复杂多变的局面，面临着巨大的压力、挑战和风险。我国正处于经济社会发展的新阶段、关键期和转折点：一是我国经济发展进入新常态，由高速增长转为中高速增长，由增长型的经济增长方式向提质增效型的经济发展方式转变；二是由“效益优先，兼顾公平”，实现经济持续快速增长，向在坚持经济增长前提下的推进经济、社会和人的全面发展，实现环境友好、社会公平、民主文明、共同富裕转变。

国际上复杂形势必然反映到国内，各种社会力量、各种思潮在国际大背景的支撑下纷纷登台，拼命表现自己，试图影响舆论、影响民众、影响道路选择。马克思主义、社会主义的正确主张和形形色色的错误主张之间的论争格外激烈。走资本主义的邪路，走高度集中的僵化、封闭、闭关锁国搞建设的老路，还是继续沿着中国特色社会主义改革开放的新路坚定不移地走下去，这是在新的历史条件下摆在中国人民面前的重大历史抉择。

关于国内外诸条件的分析表明，我国经济社会发展正处在新起点、新阶段的重大转折点上。在这样一个关键时机，全党迫切需要在马克思主义立场、观点、方法的基础上，在科学的时代判断、形势判断、方位判断、理论判断和战略判断的基础上，在制定并实施正确的路线、方针、政策和举措的基础上，统一思想，统一行动，坚定不移地高举中国特色社会主义伟大旗帜，坚持“一个中心，两个基本点”的基本路线，坚持中国特色社会主义的道路、理论体系和制度，这是摆在全党面前的十分紧迫的政治任务。

习近平总书记站在时代的战略高度，顺应了新起点、新阶段的历史性转折与变化，把握了在新的历史起点上这一发展新阶段的基本特征，概括了这一发展新阶段的客观规律，指明了党领导的中国人民事业前进的方向，提出了实现“两个一百年”目标的中华民族伟大复兴中国梦的远大目标，提出了“四个全面”重大战略布局，形成了一整套新看法、新论断、新观点、新思想，对“面临新形势新需求新挑战，为什么坚持和发展中国特色社会主义，怎样坚持和发展中国特色社会主义”这一当代最重大课题，所引发的一系列重大理论和现实问题做出了全面的理论回答。习近平总书记系列重要讲话判断正确，理论彻底，态度坚决，旗帜鲜明，是非清楚，举措得当，“坚持什么、反对什么”“肯定什么、否定什么”“倡导什么、抵制什么”“为什么做”“做什么”“怎么做”，发出了十分明确无误的政治信号、理论定力和战略举措，使我们心中筑牢主心骨，手里握有定海神针，是指导我们党在新的历史起点上迈进新阶段，坚持和发展中国特色社会主义的政治纲领，从事更伟大斗争、取得更大胜利的行动指南。

学习习近平总书记系列重要讲话，更加有助于我们坚定对马克思列宁主义、毛泽东思想和中国特色社会主义理论体系的信仰，对共产主义远大理想和中国特色社会主义共同理想的信念，对走中国特色社会主义道路、建设社会主义现代化强国的信心。

学习习近平总书记系列重要讲话，更加有助于我们增强时代视野、世界眼光、大局观念，运用辩证唯物主义和历史唯物主义，科学地判断形势，认识规律，因事而谋，因势而动，顺势而为，一步一步地为实现既定目标而奋斗。

学习习近平总书记系列重要讲话，更加有助于我们统一全党全军全国人民思想，提高认识，达成共识，聚精定魂，团结一致，凝结力量，抓住机遇，改革开放，攻坚克难，开创事业新局面，加快推进社会主义现代化。

学习习近平总书记系列重要讲话，更加有助于我们提高理论政治素养、思想道德水准、领导工作本领和抵御风险能力，更好地保持党的先进性和纯洁性，保持党的生机活力和战斗力，切实完成党肩负的历史重任和民族重托。

三 马克思主义中国化的最新成果

习近平总书记系列重要讲话全面阐发和深度丰富了党的十八大精神，是对中国特色社会主义道路、理论体系和制度，对中国特色社会主义的基本理论、基本路线、基本纲领、基本经验和基本要求的科学论述，是全面阐述事关中国特色社会主义前途命运一系列重大原则问题的当代中国马克思主义重要文献，是对中国特色社会主义理论体系的丰富、发展和创新。

习近平总书记系列重要讲话包含以下重要且基本的理论观点。

一是关于坚持和创新马克思列宁主义、毛泽东思想和中国特色社会主义理论体系的重要观点。这是习近平总书记系列重要讲话内涵的理论基石，是理解和把握讲话精神的根本点。

习近平总书记始终强调加强思想理论建设，坚持马克思主义指导地位，坚持马克思主义根本方向，坚持不断推进马克思主义中国化、时代化和大众化，坚持用马克思列宁主义、毛泽东思想和中国特色社会主义理论体系武装全党。他指出，我们党从诞生之日起就把马克思列宁主义写在自己的旗帜上。巩固马克思主义在意识形态领域的指导地位，这是我们党的根本政治任务。马克思主义就是我们认识世界、把握世界的科学方法论。对马克思主义的信仰，对社会主义和共产主义的信念，是共产党人的政治灵魂，是共产党人经受住任何考验的精神支柱。放弃马克思主义指导是苏联垮台的重要原因。认真学习马克思主义理论，是我们做好一切工作的看家本领，也是领导干部必须普遍掌握的工作制胜的看家本领。既要把“老祖宗”的话说对，又要把“新话”说好，要把实现马克思主义中国化、时代化和大众化作为一项根本性的战略任务。中国特色社会主义理论体系是马克思主义中国化的最新成果，是当代中国的马克思主义，是坚持和发展中国特色社会主义的行动指南。要坚持用科学的理论体系武装全党，教育人民，指导工作。只有学懂了马克思列宁主义、毛泽东思想和中国特色社会主义理论体系，特别是领会了贯穿其中的马克思主义立场、观点、方法，才能心明眼亮，才能深刻认识和准确把握共产党执政规律、社会主义建设规律、人类社会发展规律，才能始终坚定理想信念，才能在纷繁复杂的形势下坚持科学指导思想和正确前进方向，才能带领人民走对路，才能把中国特色社会主义不断推向前进。马克思主义必然随着时代、实践和科学的发展而不断发展，不可能一成不变，社会主义从来都是在开拓中前进的。坚持马克思主义，坚持社会主义，一定要有发展的观点，一定要以我国改革开放和现代化建设的实际问题、以我们正在做的事情为中心，着眼于马克思主义理论的运用，着眼于对实际问题的理论思考，着眼于新的实践和新的发展，始终坚持随着时代、实践和科学的发展，不断丰富和发展马克思列宁主义、毛泽东思想，不断丰富和发展中国特色社会主义理论体系。

二是关于高举中国特色社会主义伟大旗帜，坚持和发展中国特色社会主义的重要观点。这是习近平总书记系列重要讲话内涵的政治主题，是理解和把握讲话精神的核心点。

习近平总书记把坚持和发展中国特色社会主义作为改革开放以来我们党全部理论和实践的鲜明主题。他分六个时间段对社会主义五百年的历史进行了系统回顾和梳理，展现了中国特色社会主义的历史渊源和发展进程。他强调，中国特色社会主义不是从天上掉下来的，而是党和人民历尽千辛万苦，付出各种代价取得的根本成就。中国特色社会主义是社会主义，不是别的什么主义；科学社会主义基本原则不能丢，丢了这些，就不成其为社会主义。资本主义必然灭亡、社会主义必然胜利，马克思、恩格斯关于资本主义社会基本矛盾的分析没有过时。只有社会主义才能救中国，只有中国特色社会主义才能发展中国；不论怎么改革、怎么开放，都始终要坚持中国特色社会主义道路、理论体系和制度。中国特色社会主义特就特在其道路、理论体系、制度上，特就特在其实现途径、行动指南、根本保障的内在联系上，特就特在这三者统一于中国特色社会主义伟大实践上。不能用改革开放后的历史时期否定改革开放前的历史时期，也不能用改革开放前的历史时期否定改革开放后的历史时期，本质上都是我们党领导人民进行社会主义建设的实践探索。中国特色社会主义是科学社会主义理论逻辑和中国社会发展历史逻辑的辩证统一，必须始终不渝地高举中国特色社会主义伟大旗帜，坚持中国特色社会主义制度，坚定不移地走中国特色社会主义道路。必须以发展的观点对待科学社会主义，不断有所发现、有所创造、有所前进，不断丰富中国特色社会主义的实践特色、理论特色、民族特色、时代特色。增强道路自信、理论自信、制度自信，排除和纠正各种错误思想认识，毫不动摇地坚持、与时俱进地发展中国特色社会主义。坚持和发展中国特色社会主义是一篇大文章，继续把中国特色社会主义这篇大文章写下去……这些论述在错综复杂的国际国内环境下，告诉我们要坚定共产主义和中国特色社会主义的理想信念，在事关中国特色社会主义道路的大是大非面前绝不能含糊，在涉及根本方向、根本原则问题上立场要愈加坚定。

三是关于实现"两个一百年"奋斗目标，实现中华民族伟大复兴中国梦的重要观点。这是习近平总书记系列重要讲话内涵的伟大宣言，是理解和把握讲话精神的落脚点。

习近平总书记回顾近代以来中华民族发展历程，展望中国未来发展前景，追溯了中华民族的昨天，展示了中华民族的今天，宣示了中华民族的明天，在进一步阐述党的十八大确立"两个一百年"奋斗目标的基础上，论述了中国梦的重大意义、基本内涵、精神实质、实现路径和实践要求，鲜明提出了实现中华民族伟大复兴中国梦的历史重任。他指出，中国梦的本质是国家富强、民族振兴、人民幸福，实现中华民族伟大复兴。中国梦必须紧紧依靠中国人民来实现，中国梦必须造福全体中国人民，中国梦的深厚源泉在于人民，根本归宿也在于人民。实现中国梦，必须坚持中国道路，弘扬中国精神，凝聚中国力量，靠实干，靠全国人民辛勤劳动。中国梦不仅是中国人民的梦，对世界也具有吸引力，中国梦与世界梦紧密相连。中国梦的重要论断，将共产主义的远大理想和中国特色社会主义共同理想有机地统一起来，成功地转化成了人民听得懂的语言、摸得着的未来，从而得到13亿中国人民发自内心的一致拥护，成为海内外中华儿女的最大共识，成为激励全体人民团结奋进的精神旗帜。习近平总书记关于“两个一百年”和中国梦的重要论述，确立了当代中国共产党人的奋斗目标和历史任务，升华了党的执政理念，是中华民族实现民族独立、民族自强的伟大觉醒，是党和国家面向未来的政治誓言，为坚持和发展中国特色社会主义注入了新的内涵。

四是关于全面实现小康社会、全面深化改革、全面依法治国、全面从严治党战略布局的重要观点。这是习近平总书记系列重要讲话内涵的行动纲领，是理解和把握讲话精神的基本点。

习近平总书记从坚持和发展中国特色社会主义全局出发，提出了全面建设小康社会、全面深化改革、全面依法治国、全面从严治党的战略布局。“四个全面”是总结社会主义建设的历史经验和我国改革开放新鲜经验，深入了解我国国情和发展进入新阶段的阶段性特征，科学分析我国当前面临的深层次问题而提出来的。全面建成小康社会是我们党在21世纪确定的战略任务，是社会主义现代化建设“三步走”战略具有决定意义的发展目标。全面建成小康社会涉及经济、政治、文化、社会、生态文明建设各个方面，实现这一战略目标，直接关系到“两个一百年”目标的实现，直接关系到中华民族伟大复兴中国梦的实现，直接关系到中国特色社会主义事业的成败。“四个全面”战略布局是实现全面建成小康社会的保证和举措。

全面深化改革是“关键一招”，为中国特色社会主义注入强大动力。习近平总书记全面论述了改革的必要性和重要性，明确了改革的性质、方向、目标、任务、总体思路和重大举措。他强调，进一步发展靠什么？还得靠解放思想，改革开放，靠发展，靠改革，靠创新；改革开放是当代中国发展进步的活力之源，是党和人民大踏步赶上时代的重要法宝，是事关中国命运的决定性问题。改革开放只有进行时，没有完成时，在整个社会主义现代化进程中，都要高举改革开放的旗帜，决不能有丝毫动摇；改革已进入攻坚期和深水区，全党都要坚定改革信心，以更大的政治勇气和智慧、更有力的措施和办法，不失时机地推进重要领域和关键环节的改革；要坚持把完善中国特色社会主义制度、推进国家治理体系和治理能力现代化作为全面深化改革的总目标，以促进社会公平正义、增进人民福祉为出发点和落脚点。改革是包括经济体制、政治体制、文化体制、社会体制、生态文明体制和党的建设制度等各个方面的全面改革，必须把握好全面深化改革的重大关系。要充分发挥市场资源配置的决定性作用和更好发挥政府的作用，以经济体制改革带动其他领域的改革，使各方面改革协同推进、形成合力。要坚持全面深化改革的社会主义性质和方向，坚持社会主义市场经济改革取向，中国是一个大国，不能出现颠覆性错误，既不能走僵化封闭的老路，也不能走改旗易帜的邪路，必须坚定不移地走中国特色社会主义康庄大道，坚决守住中国特色社会主义这条底线。加强和改善党对全面深化改革的领导，坚持一切从实际出发，以我为主，该改的坚决改，不能改的坚决守住，牢牢把握改革的主动权和领导权。尊重人民首创精神，尊重实践，尊重创造，做到改革不停步，开放不止步。

全面推进依法治国是根本保障，与全面深化改革如鸟之两翼，车之两轮，推动全面建成小康社会的目标实现。习近平总书记科学阐述了全面推进依法治国的意义、内涵、方针和举措。他指出，中国特色社会主义法治理论，本质上是中国特色社会主义理论体系在法治问题上的理论成果；中国特色社会主义法治体系，本质上是中国特色社会主义制度的法律表现形式；中国特色社会主义法治体系要与中国特色社会主义制度相配套；全面推进依法治国，方向要正确，政治保证要坚强；公正是法治的生命线；改革与法治相辅相成，要着力处理好改革与法治的关系；坚持法治国家、法治政府、法治社会一体建设。我国社会主义政治制度优越性的一个突出特点是党总揽全局、协调各方的领导核心作用；党和法的关系是政治和法治关系的集中体现，党的领导是中国特色社会主义法治之魂，是我们的法治与西方资本主义国家的法治最大的区别；全面推进法治建设，必须抓住党和法的关系这个根本问题，解决好必须坚持党的领导这一重大原则问题。处理好党和法的关系，则法治兴、党兴、国家兴，处理不好，则法治衰、党衰、国家衰；社会主义法治必须坚持党的领导，党的领导必须依靠社会主义法治。坚持依法治国首先要坚持依宪治国；依法治国、依宪治国，同西方“宪政”有着本质区别；在当代中国，“宪政”这个概念是不适用的；坚持依宪治国、依宪执政，就要坚持中国共产党的领导地位不动摇，人民民主专政的国体和人民代表大会制度的政体不动摇；“党大还是法大”是一个伪命题，“权大还是法大”是一个真命题。全面推进依法治国，必须抓住领导干部这个“关键少数”，任何人都不得违背党中央的大政方针，搞独立王国，自行其是；任何人都不得把党的政治纪律和政治规矩当儿戏，胡作非为；任何人都不得凌驾于国家法律之上，徇私枉法；任何人都不得把司法权力作为私器，牟取私利，满足私欲。党纪国法的红线不能逾越。领导干部要做遵法学法守法用法的模范，一定要把遵法放在第一位。我国实现现代化，必须自上而下、自下而上双向互动地推进法治化。

全面从严治党，确保党始终成为中国特色社会主义事业的坚强领导核心，是做好党和国家各项工作的根本保证。治国必先治党，治党务必从严，这是习近平总书记自始至终抓住不放松的解决中国一切问题的关键。他指出，如果管党不力、治党不严，人民群众反映强烈的党内突出问题得不到解决，那我们党迟早会失去执政资格，不可避免地被历史淘汰。从严治党，首先就要坚定党员干部的理想信念，补足共产党人精神上的“钙”。要以踏石留印、抓铁有痕的劲头抓作风建设，建立抓作风建设的长效机制，作风建设永远在路上。要按照“三严三实”要求，祛除歪风邪气，树立清风正气。坚持以零容忍态度惩治腐败，标本兼治，老虎苍蝇一起打，建设廉洁政治，建立惩治和预防腐败体系，加强全党的倡廉教育和廉政文化建设。要坚定不移地反对腐败，坚决反对特权思想、特权现象，把权力关进制度的笼子，形成不敢腐的惩戒机制、不能腐的防范机制、不易腐的保障机制。他高度重视用铁的纪律维护党的团结统一，严明党的政治纪律、组织纪律，指出遵守党的纪律是无条件的，有纪必执，有违必查，使纪律成为带电的高压线。要深入扎实开展党的群众路线教育实践活动，坚决反对形式主义、官僚主义、享乐主义和奢靡之风，对作风之弊、行为之垢来一次大排查、大检修、大扫除。习近平总书记围绕党要管党、从严治党，围绕坚持党的群众路线、密切联系群众，从思想建设、组织建设、作风建设、反腐倡廉建设和制度建设等方面，作了系统的阐述，这些重要论述深刻回答了党的建设的重大理论和现实问题，进一步明确了加强党的建设的关键和重点，为推进党的建设新的伟大工程指明了方向，为把我们党建设成为中国特色社会主义事业的坚强领导核心明确了任务和要求。

五是关于适应经济发展新常态，推动经济社会持续健康科学发展的重要观点。这是习近平总书记系列重要讲话内涵的科学判断，是理解和把握讲话精神的聚焦点。

习近平总书记站在国际国内两个大局的高度，从我国经济发展阶段性特征的科学分析出发，提出了经济发展新常态的科学论断，要求全党要认识新常态、适应新常态、引领新常态。他认为，我国发展仍处于重要战略机遇期，要增强信心，正确认识我国经济发展的阶段性特征，适应新常态，保持战略上的平常心态，共同推动经济持续健康发展。他集中阐述了我国经济发展新常态下的速度变化、结构优化、动力转化三大特点，阐述了新常态给中国带来四个新的发展机遇：中国经济增速虽然放缓，实际增量仍然可观；中国经济增长更趋平稳，增长动力更为多元；中国经济结构优化升级，发展前景更加稳定；中国政府大力简政放权，市场活力进一步释放。他从消费需求、投资需求、出口和国际收支、生产能力和产业组织方式、生产要素相对优势、市场竞争特点、资源环境约束、经济风险积累和化解、资源配置模式和宏观调控方式等九个方面，详尽分析了中国经济新常态的表现及原因。他指出，我国经济发展进入新常态是我国经济发展阶段性特征的必然反映，是不以人的意志为转移的。认识新常态、适应新常态、引领新常态，是当前和今后一个时期我国经济发展的大逻辑。

面对我国经济发展的新变化，习近平总书记强调，发展是解决中国一切问题的金钥匙，是解决我国所有问题的关键，以经济建设为中心任何时候都不能偏离；发展就要坚持以科学发展为主题，坚持稳中求进的工作总基调，扎实推动我国经济持续健康发展。要深入研究保持经济增长的举措和办法，着力解决制约经济社会持续健康发展的重大问题，挖掘增长潜力，培育发展动力，厚植发展优势，拓展发展空间，推动经济总量上台阶。要尊重经济规律，坚持有质量、有效益、可持续，在不断转变经济发展方式、优化经济结构、调整优化产业结构中实现增长，再也不能简单地以国内生产总值增长率论英雄，实现实实在在没有水分的增长。我国经济正处于增长速度换挡期、结构调整阵痛期叠加的阶段，要坚持统筹稳增长、调结构、促改革，坚持宏观政策要稳、微观政策要活、社会政策要托底。要处理好政府与市场的关系，发挥好“两只手”的作用，既要发挥市场作用，通过市场机制增强经济增长的内生活力，又要发挥宏观调控作用，善于运用政府手段实施宏观经济政策，防止增速滑出底线。坚持以提高经济发展质量和效益为中心，促进经济增长由主要依靠投资、出口拉动向依靠消费、投资、出口协调拉动转变，由主要依靠第二产业带动向依靠第一、第二、第三产业协同带动转变，由主要依靠增加物质资源消耗向主要依靠科技进步、劳动者素质提高、管理创新转变。要推进创新驱动发展，全方位推进科技创新、产业创新、企业创新、产品创新、市场创新、业态创新、品牌创新、管理创新。小康不小康，关键在老乡，要把解决好“三农”问题作为全党工作重中之重，始终把“三农”工作牢牢抓住、紧紧抓好，加快农业现代化步伐；要加大统筹城乡发展、统筹区域发展力度，促进工业化、信息化、城镇化、农业现代化；推进以人为核心的新型城镇化，提高城镇化质量，推动城乡发展一体化。

习近平总书记关于经济发展新常态和推动科学发展的论断，是对中国经济发展新的阶段性特征的科学概括，是对我国经济转型的规律性认识，揭示了中国经济发展新阶段的客观规律、发展逻辑和未来走向，指明了中国经济转型的方向，论证了中国经济全面改革的必要性、艰巨性和多样性，规划了中国经济面向未来更高的发展目标，是当前及未来一个时期我国经济发展必须遵循的原则依据。

六是关于加强和改进宣传思想工作，牢牢掌握意识形态工作领导权管理权话语权的重要观点。这是习近平总书记系列重要讲话内涵的基本原则，是理解和把握讲话精神的集中点。

习近平总书记关于加强党的宣传思想和意识形态工作，发表了一系列重要讲话，作出了一系列重要批示，强调意识形态工作是党的一项极端重要的工作，鲜明地提出能否做好意识形态工作“三个事关”，即事关党的前途命运、事关国家长治久安、事关民族凝聚力和向心力；“三个关乎”，即关乎旗帜、关乎道路、关乎国家政治安全的论断，阐明了意识形态工作对于党和国家事业的极端重要性，肯定了当前意识形态工作取得的成绩和经验，指出了意识形态领域面临的挑战和问题，指明了意识形态工作必须坚持的正确方向。他强调，在集中精力进行经济建设的同时，一刻也不能放松和削弱意识形态工作。把意识形态工作的领导权、管理权、话语权和主动权牢牢掌握在手中，任何时候都不能旁落，否则就要犯无可挽回的历史性错误。要始终不渝地坚持和巩固马克思主义在意识形态领域的指导地位，坚持正确的政治方向和学术导向，做到守土有责、守土负责、守土尽责，把思想统一到中央对意识形态工作的形势判断和工作措施上来，切实做好意识形态工作，不能片面地理解“不争论”，更不能以“不争论”为幌子躲避矛盾，当“好好先生”，当“绅士”，“过于爱护自己的羽毛”。要组织力量批判新自由主义、民主社会主义、历史虚无主义、普适价值观，资产阶级民主、自由、人权、平等、宪政观，以及质疑改革开放等错误思潮。他指出，互联网已经成为舆论斗争的主战场。一定要增强阵地意识，把网上舆论工作作为宣传思想工作的重中之重来抓，管好网络，开展积极的舆论斗争，尽快掌握这个舆论战场上的主动权。

七是关于保障和改善民生，加强社会管理创新和制度建设的重要观点。这是习近平总书记系列重要讲话内涵的执政理念，是理解和把握讲话精神的出发点。

习近平总书记系列重要讲话始终贯穿以民为本、以人为本的宗旨意识，把民生工作和社会治理工作作为社会建设的两大根本任务，高度重视，大力推进，让改革发展成果更多更公平地惠及全体人民。他指出，让老百姓过上好的生活是我们一切工作的出发点和落脚点，检验我们一切工作的成效，最终都要看人民是否得到了实惠，人民生活是否真正得到了改善。不断改善民生是推动发展的根本目的，让人民过上更好的生活是我们的奋斗目标，如果我们的发展不能实现好、维护好、发展好最广大人民的根本利益，这样的发展就失去意义，也不可能持续。增进民生福祉是坚持立党为公、执政为民的本质要求，我们党来自人民、植根人民、服务人民，是全心全意为人民服务的党，无论干革命，搞建设，抓改革，都是为了让人民过上幸福生活。要正确认识和处理经济发展和改善民生的关系，要通过发展经济，做大蛋糕，为改善民生奠定坚实的物质基础，又要通过持续改善民生，扩大消费需求，为经济发展提供强大内生动力。保障和改善民生没有终点站，只有连续不断的新起点，要按照守住底线、突出重点、完善制度、引导舆论的思路，做好保障和改善民生工作。要格外关注困难群众，对各类困难群众要格外关注、格外关爱、格外关心，千方百计帮助他们排忧解难；要办好人民满意的教育，抓好就业这个民生之本，加快住房保障和供应体系建设；要深化收入分配制度改革，使收入分配更合理、更有序；要深化医疗体制改革，提高人民健康水平；要建立更加公平可持续的社会保障制度，加强社会救助，提高社会福利水平。改善民生要立足社会主义初级阶段这个最大的国情，不能脱离这个最大的国情而提出过高目标，否则结果只会适得其反。加强社会管理创新和制度建设，改进社会治理方式，深入细致做好群众工作，正确处理社会矛盾，维护社会大局稳定，推进平安建设，保障人民安居乐业，打牢社会和谐的基础。

八是关于正确处理好经济发展同生态环境保护的关系，建设社会主义生态文明的重要观点。这是习近平总书记系列重要讲话内涵的发展理念，是理解和把握讲话精神的着重点。

习近平总书记强调，建设生态文明是关系人民福祉、关系民族未来的大计，是实现中华民族伟大复兴中国梦的重要内容。既要绿水青山，也要金山银山；宁要绿水青山，不要金山银山；绿水青山就是金山银山。生态文明是人类社会进步的重大成果，良好生态环境是最普惠的民生福祉。要以资源环境承载能力为基础，以自然规律为准则，以可持续发展、人与自然和谐为目标，建设生产发展、生活富裕、生态良好的文明社会。正确处理好经济发展同生态环境保护的关系，保护生态环境就是保护生产力，改善生态环境就是发展生产力。更加自觉地推动绿色发展、循环发展、低碳发展，决不以牺牲环境为代价去换取一时的经济增长，努力建设美丽中国。环境治理是一个系统的工程，要按照系统工程的思路抓生态建设，把生态文明建设融入经济、政治、文化、社会建设各方面和全过程。要牢固树立生态红线的观念，加大生态环境保护力度，在生态环境保护上，不能越雷池一步，实行最严格的生态环境保护制度。建设生态文明是一场涉及生产方式、生活方式、思维方式和价值观念的革命性变革，只有实行最严格的制度、最严格的法治，建立责任追究制，建立健全资源生态环境管理制度，才能为生态文明建设提供可靠保障。要加强生态文明宣传教育，增强全民节约意识、环保意识、生态意识，营造爱护生态环境的良好风气。

九是关于建设社会主义民主政治，走中国特色社会主义政治发展道路的重要观点。这是习近平总书记系列重要讲话内涵的治国方略，是理解和把握讲话精神的着眼点。

习近平总书记系列重要讲话进一步阐明了中国特色社会主义政治发展道路的本质要求，提出了科学执政、民主执政、依法执政的理念和方略。他强调，人民民主是社会主义的本质要求，是我们党始终高扬的旗帜；没有民主就没有社会主义，就没有社会主义现代化；社会主义政治文明是我们党始终不渝的追求。他指出，改革开放以来，我们党团结带领人民成功开辟和坚持了中国特色社会主义政治发展道路，为实现最广泛的人民民主确立了正确方向。坚持中国特色社会主义政治发展道路，关键是要坚持党的领导、人民当家做主、依法治国有机统一。走中国特色社会主义道路，必须继续积极稳妥推进政治体制改革，坚持和完善人民代表大会制度、中国共产党领导的多党合作和政治协商制度、民族区域自治制度以及基层群众自治制度，巩固和发展最广泛的爱国统一战线，发展更加广泛、更加充分、更加健全的人民民主。行政体制改革是政治体制改革的重要内容，转变政府职能是深化行政体制改革的核心。制度问题更带有根本性、全局性、稳定性、长期性，保证权力正确行使，必须把权力关进制度的笼子里，形成科学有效的权力制约、监管和协调机制，坚持用制度管权管事管人。

十是关于培育和弘扬社会主义核心价值观，建设社会主义文化强国的重要观点。这是习近平总书记系列重要讲话内涵的重要观念，是理解和把握讲话精神的加重点。

习近平总书记指出，对一个民族、一个国家来说，最持久、最深层的力量是全社会共同认可的核心价值观，要从巩固全党全国各族人民团结奋斗的共同思想基础，巩固党的执政地位的战略高度，持续加强社会主义核心价值体系建设，把培育和弘扬社会主义核心价值观作为凝魂聚气、强基固本的基础工程，作为一项根本任务。他强调，中华文化积淀着中华民族最深沉的精神追求，包含着中华民族最根本的精神基因，代表着中华民族独特的精神标识，是中华民族生生不息、发展壮大的丰富滋养。培育和弘扬社会主义核心价值观，必须立足中华传统文化，利用好中华优秀传统文化，使其成为培养社会主义核心价值观的重要源泉。文化软实力集中体现了一个国家基于文化而具有的凝聚力、生命力、吸引力和影响力，要努力夯实国家文化软实力的根基。

十一是关于坚决维护国家核心利益，建立以合作共赢为核心的新型国际关系的重要观点。这是习近平总书记系列重要讲话内涵的对外战略，是理解和把握讲话精神的战略点。

习近平总书记统筹国内国际两个大局，准确把握我国外交工作面临的新形势新任务，谋大势、讲战略、重运筹，开展一系列重大外交行动，努力为我国发展争取良好的外部环境，提出许多重大外交战略策略思想。他指出，走和平发展道路，是我们党根据时代发展潮流和我国根本利益作出的战略选择，是中国特色社会主义的必然选择。中国坚持开放的发展、合作的发展、共赢的发展，通过争取和平国际环境发展自己，又以自身发展维护和促进世界和平；中国坚持走和平发展道路，是从历史、现实、未来的客观判断中得出的结论，是思想自信和实践自信的有机统一。大国是影响世界和平的决定性力量，要积极运筹大国关系，共同努力构建不冲突、不对抗、互相尊重、合作共赢的新型大国关系；广大发展中国家是我国走和平发展道路的同路人，要增进政治互信，加强务实合作，不断提升整体合作水平；周边国家对我国具有极为重要的战略意义，要秉持“亲、诚、惠、容”理念打造周边外交，坚持发展睦邻、安邻、富邻的友好合作关系。中国走和平发展道路是有底线的，这就是坚决维护国家核心利益；任何外国不要指望我们会拿自己的核心利益做交易，不要指望我们会吞下损害我国主权、安全、发展利益的苦果；要始终把坚决维护国家主权、安全、发展利益作为外交工作的出发点和落脚点，坚决反对“台独”“藏独”“疆独”等分裂势力，防止国际暴力恐怖活动向境内渗透。习近平总书记对国际关系和我国外交战略的一系列重要论述，体现了我们党对国际格局和中国与世界关系变化的深刻把握，显示了我们党的远见卓识和外交智慧，引领我国外交进入一个新的活跃期和开拓期，为我国更好地走和平发展道路，争取良好的国际条件，奠定了重要战略基础。

十二是关于牢牢把握党在新形势下的强军目标，加强国防和军队建设的重要观点。这是习近平总书记系列重要讲话内涵的军事思想，是理解和把握讲话精神的重要点。

习近平总书记对坚决维护国家安全，加强国防和军队建设作出一系列重要论述，鲜明回答了在世界形势发生深刻复杂变化、我国发展进入新起点新阶段的条件下，加强军队和国防建设的重大课题。他首先回答了为什么要强军、强军目标是什么、怎样走中国特色强军之路的重大问题，体现了对新形势下军队建设的新要求，形成了我们党在新条件下建军治军的总体方略。他明确指出，新形势下的强军目标就是建设一支听党指挥、能打胜仗、作风优良的人民军队，要准确把握这一强军目标，用以统领军队建设、改革和军事斗争准备，努力把国防和军队建设提高到一个新水平。他强调，听党指挥是灵魂，能打胜仗是核心，作风优良是保证，这三条关系到军队的性质、宗旨、本色，决定着军队的发展方向，决定着军队的生死存亡。建军治军抓住了这三条，就抓住了要害，抓住了根本。

人民军队之所以有力量，根本就在于铸造凝聚军心意志的神圣军魂，必须筑牢听党指挥这个强军之魂。他指出，保证党对军队的绝对领导，关系我军的性质和宗旨，关系社会主义前途命运，必须坚持党对军队绝对领导的根本原则。要确保军队绝对忠诚、绝对纯洁、绝对可靠，一切行动听党中央和中央军委指挥。

军队首先是一个战斗队，是为打仗而存在的，军队必须能决战决胜，战场打不赢，一切等于零。他强调，要牢记能打仗、打胜仗是强军之要，必须按照打仗这个标准搞建设、抓准备，确保军队能够做到招之即来，来之能战，战之必胜。要扣住能打胜仗这个强军之要，强化官兵当兵打仗、练兵打仗思想。牢固树立战斗力这个唯一的根本的标准，军队建设离开战斗力标准，就失去根本意义；要始终坚持用打得赢的标准搞建设，坚持把提高战斗力作为全军各项工作的出发点和落脚点，坚持用是否有利于提高战斗力来衡量和检验各项工作。

作风优良是我军的鲜明特色和政治优势。古往今来，作风优良才能塑造英雄军队，作风松散可以搞垮常胜之军。作风建设关系军队全局，关系军队形象和战斗力建设。他要求，要按照标准更高、走在前列的要求，不断把军队作风建设引向深入，努力实现作风建设的根本好转。要夯实依法治军、从严治军这个强军之基，保持人民军队长期形成的良好形象。习近平总书记关于军队建设的重要论述，为在新的历史起点上加强和推进国防和军队建设现代化提供了根本遵循。

习近平总书记还提出了其他重要观点，如关于实现“一国两制”、完成祖国统一大业等。

四　灵活运用马克思主义哲学的光辉典范

马克思主义立场观点方法贯穿于马克思列宁主义、毛泽东思想和中国特色社会主义理论体系之中，是马克思主义科学思想体系的精髓。马克思主义立场观点方法，就是马克思主义的哲学世界观和方法论，就是我们通常讲的辩证唯物主义和历史唯物主义，这是管总的，是共产党人观察和解决一切问题的政治上的望远镜和显微镜，是我们党解决关系党和国家全局的一系列重大理论和现实问题的哲学依据，是全党思想统一、行动一致的最根本的思想基础。

作为工人阶级政党，我们共产党只相信真理，服从真理，为真理奋斗与献身。什么是真理？真理是人们对于客观事物本质及其固有规律的正确的、科学的反映与认识。马克思主义哲学就是真理。马克思主义哲学揭示了自然、社会和人类思维的最一般规律，是放之四海而皆准的。马克思主义是当今人类理论思维的最高峰。马克思主义是由哲学、政治经济学和科学社会主义等部分组成的严整的、科学的理论体系，马克思主义哲学是马克思主义整个科学理论体系的灵魂、基础和根据。毛泽东同志曾经指出：“马克思主义有几门学问：马克思主义的哲学，马克思主义的经济学，马克思主义的社会主义——阶级斗争学说，但基础的东西是马克思主义哲学。这个东西没有学通，我们就没有共同的语言，没有共同的方法，扯了许多皮，还扯不清楚。有了辩证唯物论的思想，就省得许多事，也少犯许多错误。”① 马克思主义最根本的东西是什么？就是马克思主义哲学。辩证唯物主义揭示了自然、人类社会和人类思维的三大规律。历史唯物主义把辩证唯物主义运用到社会历史领域，是关于社会历史领域总的历史观和方法论。辩证唯物主义与历史唯物主义是不可分割的一块整钢，构成系统完整的马克思主义哲学体系。马克思主义的哲学世界观和方法论是一致的，用什么样的观点看世界，就是世界观；把世界观运用到认识和改造世界，就是方法论。习近平总书记强调：“辩证唯物主义是中国共产党人的世界观和方法论。”② 这是对马克思主义哲学真理性的科学评价，也是对待马克思主义的根本态度。

习近平总书记系列重要讲话就是活生生的马克思主义哲学教材，为我们树立了运用马克思主义哲学的立场观点方法分析、认识、解决问题的典范。习近平总书记系列重要讲话通篇贯穿了一脉相承、一以贯之的一条红线，这也是马克思列宁主义、毛泽东思想和中国特色社会主义理论体系所贯穿的基本立场、观点和方法，这就是贯穿于习近平总书记系列重要讲话之中的活的灵魂和精神实质，即马克思主义哲学世界观和方法论。习近平总书记指出，毛泽东同志在革命战争年代写下的《反对本本主义》《实践论》《矛盾论》等著作，在社会主义建设时期写下的《论十大关系》《关于正确处理人民内部矛盾的问题》等著作，灵活运用了辩证唯物主义世界观和方法论，形成了具有鲜明中国特色的马克思主义哲学思想，为我们党掌握和运用辩证唯物主义树立了光辉典范。掌握和运用马克思主义立场观点方法来研究和解决中国的实际问题，是以毛泽东同志为代表的中国共产党人留给我们的传家宝。

不断发展的新的实践迫切需要马克思主义哲学指导。习近平总书记指出，今天，我们党要团结带领人民协调推进全面建成小康社会、全面深化改革、全面依法治国、全面从严治党，实现“两个一百年”奋斗目标、实现中华民族伟大复兴的中国梦，必须不断接受马克思主义哲学智慧的滋养，更加自觉地坚持和运用辩证唯物主义世界观和方法论。

当前意识形态斗争错综复杂，各种错误思潮，诸如历史虚无主义、民主社会主义、新自由主义、普适价值观以及资产阶级民主、自由、人权、宪政观等否定马克思列宁主义、毛泽东思想、中国特色社会主义理论体系，否定党的领导、党的历史，否定社会主义、人民民主专政、社会主义改革开放等邪说谬误，一定程度上扰乱了我们思想阵线，这些错误思潮让人特别是年轻人感到困惑，给人以莫衷一是、不知所措的感觉。靠什么来批判错误思潮，靠什么来解疑释惑，靠什么来统一思想、提高认识，靠什么来指导实践，战胜各种艰难险阻，克服各种困难，不断把人民的事业推向前进，就要靠马克思主义的立场、观点、方法，就要靠马克思主义哲学世界观和方法论。

学习习近平总书记系列重要讲话，掌握其中贯穿的哲学精要，心里就有了一以贯之的“主心骨”，就可以任凭风浪起，我自岿然不动。有了马克思主义的立场、观点和方法这个“主心骨”，掌握了这个哲学武器，筑牢了思想根基，把住了理论底线，无论遇到什么样的风险，我们都可以应对自如、从容处置，都能够找到解决难题的方针、思路

---

① 《毛泽东文集》第6卷，人民出版社1999年版，第396页。

② 《习近平在中共中央政治局第二十次集体学习时强调　坚持运用辩证唯物主义世界观方法论提高解决我国改革发展基本问题本领》，《人民日报》2015年1月25日，第1版。

和办法。深入学习贯彻习近平总书记系列重要讲话精神，最根本的是学习讲话贯穿的思想精髓即科学的世界观和方法论，学会用马克思主义的立场观点方法研究和解决我们面临的实际问题，不断提高马克思主义哲学素养和运用马克思主义哲学处理问题的能力。

实事求是，一切从实际出发，是马克思主义哲学的精髓，是我们党始终坚持的根本思想方法，掌握马克思主义哲学，最根本的一点就是牢记实事求是精髓，在一切工作中自始至终坚持实事求是思想路线。

习近平总书记深刻阐述了坚持实事求是的重大意义和基本要求。他认为，应对当前我国发展面临的一系列矛盾和挑战，关键在于一切从实际出发，尊重和把握客观规律，按客观规律办事。摸着石头过河就是摸规律，从实践中获得真知。实事求是关键在于认识和掌握客观事物固有的规律。在革命、建设、改革各个历史时期，我们党系统、具体、历史地分析中国社会运动及其发展规律，在认识世界和改造世界过程中不断把握规律、积极运用规律，推动党和人民事业取得了一个又一个胜利。他身体力行，“求客观实际之真，务执政为民之实”,[①] 客观分析我国国情实际、党情实际和世界发展变化的世情实际，从客观事物本身具有的规律出发，观察问题、认识问题，导引出解决当前中国一切复杂难题的良方益药。

实事求是思想路线是马克思主义哲学实践第一观点的中国化表述和创新。习近平总书记要求我们，坚持实事求是思想路线，就要学习掌握认识和实践辩证关系的原理，坚持实践第一的观点，不断推进实践基础上的理论创新。他指出，我们党一贯重视理论工作，强调理论必须同实践相统一。理论一旦脱离了实践，就会成为僵化的教条，失去活力和生命力。当然，实践如果没有正确理论的指导，也容易“盲人骑瞎马，夜半临深池”。实践没有止境，理论创新也没有止境。要使党和人民事业不停顿，必须在实践中推进理论创新，实践不停顿，理论也不能停顿。要根据时代变化和实践发展，不断深化认识，不断总结经验，不断进行理论创新，坚持理论指导和实践探索辩证统一，实现理论创新和实践创新良性互动，在这种统一和互动中发展21世纪中国的马克思主义。

习近平总书记强调，坚持实事求是，一定要从中国实际出发，把一切从实际出发作为我们党制定政治路线、方针、政策的根本出发点。他认为，世界物质统一性原理是辩证唯物主义最基本、最核心的观点，是马克思主义哲学的基石。坚持物质第一性的观点，最重要的就是坚持一切从客观实际出发，而不是从主观愿望出发。

当代中国最大的客观实际是什么？习近平总书记认为，就是我国仍处于并将长期处于社会主义初级阶段。这是认识当下、规划未来、制定政策、推进事业的客观基点，不能脱离这个基点，否则就会犯错误，甚至犯颠覆性的错误。一切从长期处于社会主义初级阶段这个最大国情实际出发，这是我们党的中国特色社会主义基本理论、基本路线的基本点。在实际工作中，主观主义作怪，出现这样或那样的问题，劳民伤财、得不偿失，从思想根源来看，就是没有做到一切从实际出发，背离了实事求是思想路线。当然，客观实际不是一成不变的，而是不断发展变化的。坚持一切从实际出发，既要看到社会主义初级阶段基本国情没有变，也要看到我国经济社会发展每个阶段都会呈现的新特点。经过三十多年改革开放，我国社会生产力、综合国力、人民生活水平实现了

---

① 习近平:《干在实处 走在前列——推进浙江新发展的思考与实践》，中共中央党校出版社2006年版，第450页。

历史性跨越，我国基本国情的内涵不断发生变化，我们面临的国际国内风险、面临的难题也发生了重要变化。过去长期困扰我们的一些矛盾不存在了，但新的矛盾不断产生，其中很多是我们没有遇到、没有处理过的。坚持实事求是，一切从实际出发，就要善于适应国际国内环境新变化，辩证分析我国经济发展阶段性特征，准确把握我国不同发展阶段的新变化新特点，特别要准确把握、主动适应经济发展新常态，使主观世界更好符合客观实际，按照客观实际来决定我们的工作方针。

怎样才能做到实事求是、从实际出发呢?这就必须深入实际，调查研究。习近平总书记认为，一切结论皆产生于调查研究之后，一切正确的主张皆来自调查研究，一切创新的思路皆得益于调查研究。调查研究是贯彻实事求是思想路线的最佳途径。他高度重视调查研究，指出，调查研究是谋事之基，成事之道。没有调查就没有发言权，更没有决策权。重视调查研究是我们党的重要传家宝，提高调查研究能力是做好领导干部工作的基本功，是提高领导干部素质的重要方面，调查研究有利于领导干部正确认识世界、改造世界，改造世界观，转变工作作风，增进同人民群众的感情。调查研究必须要深入实际、深入实践、深入基层、深入群众，不仅要“身入”基层，更要“心到”基层，不仅“身入”群众，更要“心入”群众，真正了解基层普通干部群众的所想、所急、所求，只有通过调查研究，发现了事物的基本面貌，才能找到事物的本质和规律，才能找到解决问题的办法和途径。他是这样说的，也是这样做的。无论在地方工作期间，还是到中央工作，担任总书记以来，他推动全党开展党的群众路线教育实践活动，大兴调查研究之风，坚持调查研究开路，深入基层和部门调查研究。在他的带领下，全党上下深入基层、深入群众，围绕改革发展中的矛盾问题问计于民，指导实践，凝聚力量，作出了一系列正确判断和科学结论，提出了一系列正确主张和重大举措。

实际上，习近平总书记系列重要讲话本身就是坚持解放思想、实事求是的思想路线，准确把握客观实际、科学掌握客观规律的创新产物，就是对当今中国实际和世界实际全面把握和实事求是分析的科学成果。学习习近平总书记系列重要讲话精神，最根本的一点，就是坚持实事求是思想路线。

毛泽东同志要求我们的领导干部“要照辩证法办事”。① 习近平总书记主张，辩证唯物主义是我们共产党人观察分析处理一切问题的思想方法。学习辩证唯物主义，最重要的是要用辩证法看问题，照辩证法办事，提高辩证思维能力。照辩证法办事，就要客观地而不是主观地、发展地而不是静止地、系统地而不是零散地、普遍联系地而不是孤立地、全面地而不是片面地、一分为二地而不是绝对地分析问题、解决问题，在矛盾双方对立统一的过程中把握事物的发展规律，这是学习和掌握辩证思想方法的基本要求。任何主观主义、形式主义、机械主义、教条主义、经验主义的观点都是形而上学的思想方法，在实际工作中不可能有好的结果。

科学判断形势是做出正确决策的前提。习近平总书记指出，要科学判断形势，就“要始终坚持全面的辩证的历史的观点，善于抓住事物的本质，在认清形势中统一思想，做到审时度势、因势利导、顺势而为、乘势而上”。② 他在谈到“统筹兼顾”问题

---

① 《毛泽东文集》第7卷，人民出版社1999年版，第200页。

② 习近平：《干在实处　走在前列——推进浙江新发展的思考与实践》，中共中央党校出版社2006年版，第22页。

时指出，这是中国共产党的科学方法论，其哲学内涵就是马克思主义辩证法，强调以辩证法来思考和解决问题。在谈到学习实践科学发展观时，他提出：“要特别注意掌握蕴含其中的辩证法”，“科学发展观是充分贯彻和体现马克思主义唯物辩证法的发展观。它所强调的发展，是正确处理局部与全局、数量与质量、速度与效益关系的又好又快发展，是正确处理人与人、人与社会、人与自然关系的协调发展，是正确处理城市与农村、发达地区与欠发达地区、国内发展与对外开放关系的统筹发展，是正确处理经济、政治、文化、社会以及生态等各方面关系的全面发展，是正确处理当前与长远、现在与未来关系的可持续发展。”① 习近平总书记灵活地运用辩证法思考和处理改革开放问题，要求从纷繁复杂的事物表象中把准改革脉搏，把握全面深化改革的内在规律。

对立统一规律即矛盾规律是辩证法的核心和实质，掌握了矛盾分析方法，也就掌握了辩证法。习近平总书记系列重要讲话通篇贯穿了对立统一的辩证法和矛盾分析方法。他娴熟地运用辩证法的“矛盾论”“两点论”“重点论”和“全面论”来观察和处理问题。他认为，矛盾是普遍存在的，矛盾是事物联系的实质内容和事物发展的根本动力，人的认识活动和实践活动从根本上说就是不断认识矛盾、不断解决矛盾的过程。要采取对待矛盾的正确态度，积极面对矛盾、解决矛盾，运用矛盾相辅相成的特性，在解决矛盾的过程中推动事物发展。他要求，要承认矛盾、分析矛盾、解决矛盾，善于抓住主要矛盾、抓住关键、抓住问题所在，找准重点。他认为，坚持问题导向就是承认矛盾的普遍性、客观性，要有强烈的问题意识，以重大问题为导向，善于把认识和化解矛盾作为打开工作局面的突破口。他主张，既要坚持两点论、全面论，又要坚持重点论，一分为二地看问题，全面把握深化改革的一系列重大关系，处理好整体推进和重点突破的关系、顶层设计和摸着石头过河的关系、胆子要大和步子要稳的关系，以及改革发展稳定的关系。他关于既要以经济建设为中心，又要重视党的意识形态工作；既要看到物质决定意识，坚持从中国社会主义初级阶段实际出发，以经济建设为中心，又要看到意识的反作用，始终把思想建设放在党的建设第一位，毫不放松理想信念教育、思想道德教育和意识形态工作，大力培育和弘扬社会主义核心价值观；既要坚定不移地抓好党的建设、反腐倡廉建设，又要坚定不移地、大胆地推进改革开放；反腐倡廉既要治标也要治本；既要在新的历史起点上全面深化改革，又必须要牢牢坚持正确方向，坚持和完善我国基本经济制度；既要重视市场资源配置的决定性作用，又要更好发挥政府作用；改革开放既要循序渐进又要竞相突破，既要胸怀全局又要抓好局部；深化改革既要胆子大，又要步子稳，战略上既要勇于进取，战术上又要稳扎稳打；社会治理既不要管得太死，一潭死水不行，又不要管得太松，波涛汹涌也不行；既要统筹兼顾又要突出重点，既要立足当前又要放眼长远，既要把握国情又要了解世界；既要看到国际形势中有利的一面，也要看到不利的一面，等等，为我们提供了成功运用辩证法的范例。

习近平总书记指出，学习和运用唯物辩证法，就要运用辩证思维方式认识问题、分析问题和解决问题，反对形而上学的思想方法，准确把握客观实际，真正掌握客观规

---

① 习近平：《深入学习中国特色社会主义理论体系　努力掌握马克思主义立场观点方法》，《求是》2010 年第 7 期。

律。习近平总书记系列重要讲话处处体现着高超的辩证思维水平。他精通辩证法，善于运用辩证思维方式分析复杂事物，全面把握事物变化及其关系，通透辩证思维方式和辩证分析方法。他反复强调，要增强辩证思维、战略思维、系统思维、创新思维和底线思维能力，正确地观察分析事物，研究解决改革发展中的困难和问题，不断增强决策的科学性、前瞻性、主动性。辩证思维，就是承认矛盾、分析矛盾、解决矛盾，善于抓住关键和重点，全面洞察事物发展规律。战略思维、系统思维、创新思维和底线思维实质上都是辩证思维。所谓战略思维，就是高瞻远瞩，统揽全局，善于从全面、根本、长远的角度看问题，善于把握事物发展总体趋势和方向。他强调，要树立全局意识、大局观念，要善于从全局看问题，放眼世界，放眼未来，放眼一切方面，也不能忘记当前；要善于观大势，谋大事，把握工作主动权；要加强战略思维，增强战略定力，做到"任凭风浪起，稳坐钓鱼船"，在重大原则问题上旗帜鲜明、态度明确，在复杂多变的国际局势中平心静气、静观其变，在制定策略时冷静观察、谨慎从事，谋定而后动。要视野开阔，胸襟博大，紧跟时代前进步伐，站在战略和全局的高度观察和处理问题，从政治上认识和判断形势，透过纷繁复杂的表面现象把握事物的本质和发展的内在规律。所谓系统思维，就是用整体的、联系的、全面的观点看问题。世界上一切事物都是系统的存在，要用系统的观点看问题。他指出，全面深化改革是一项复杂的系统工程，应有总体设计和总体规划，包括总体方案、路线图、时间表以及战略目标、工作重点、优先顺序等。要加强顶层设计，增强改革措施的系统性、协调性，对经济体制、政治体制、文化体制、社会体制、生态文明体制改革进行整体谋划，加强各领域改革的关联性、系统性、协同性研究，使改革举措具有可行性和可操作性，使各项改革举措在政策取向上相互配合、在实施过程中相互促进、在实际成效上相得益彰。所谓创新思维，就是破除迷信，超越过时的陈规，善于因时制宜、知难而进、开拓进取，不断推进思想进步、实践进步、发展进步，创新思维是辩证发展观的具体体现。习近平总书记把创新理念运用于创新发展，提出了创新发展战略。他要求，要深入实施创新驱动发展战略，加快形成以创新为主要引领和支撑的经济体系和发展模式。所谓底线思维，就是考虑问题、办事情要留有充分余地，从最坏处着眼，从最好处着手，善于做转化争取工作，掌握主动权。他指出，做决策、办事情，要善于运用底线思维的方法，凡事从坏处准备，努力争取最好的结果，做到有备无患，遇事不慌，牢牢把握主动权。

历史唯物主义是马克思主义关于社会历史发展问题的哲学总说明，是我们共产党人认识社会问题、解决社会问题、推进社会进步的思想武器。习近平总书记告诫我们，马克思主义把唯物主义原则应用于社会历史领域，揭示了人类社会的发展是一个自然历史过程，社会基本矛盾运动决定了社会主义必然代替资本主义。这个科学的理想激励和鼓舞了世界上一代又一代共产党人为之奋斗、为之牺牲，始终坚定自己的理想信念。历史和现实都充分表明，只有坚持历史唯物主义，科学分析中国社会运动及其发展规律，才能不断把对中国特色社会主义规律的认识提高到新水平，才能不断推进中国特色社会主义的发展。毛泽东同志提出以农村包围城市、武装夺取政权的革命道路，带领人民成功地进行社会主义改造运动，进行艰辛的社会主义探索，取得社会主义建设的伟大成就；邓小平同志果断决定把党和国家工作中心转移到经济建设上来，实行改革开放，成功地开创中国特色社会主义事业；我们党在改革开放实践中不断回答"什么是社会主义，怎样建设社会主义""建设一个什么样的党，怎样建设党""实现什么样的发展，怎样发展”“怎样在新的历史条件下坚持和发展中国特色社会主义”，这些发展中国特色社会主义的重大课题，都是成功正确运用历史唯物主义的结果。

历史和现实的实践表明，我们党在革命、建设、改革开放各个历史时期，运用历史唯物主义，系统、具体、历史地分析中国国情、中国社会运动及其规律，制定正确的革命、建设、改革的路线、战略和策略，推动党和人民事业取得一个又一个伟大胜利。离开历史唯物主义的指导，我们党的事业就不会有今天。习近平总书记高超的领导艺术和敏锐的历史眼光，来源于对历史唯物主义的把握和运用。他的唯物史观的历史眼光和历史思维给我们树立了榜样。

学习唯物史观，说到底就是要学会运用唯物史观历史地看问题。他指出，历史、现实、未来是相通的。历史是过去的现实，现实是未来的历史。历史是最好的教科书。“中国革命历史是最好的营养剂。”① 他大力倡导提高历史思维能力，加强对中国历史、党史、国史、社会主义发展史和世界历史的学习，这对于深刻总结历史经验、把握历史规律、认识历史趋势、坚定中国特色社会主义方向，更好地做好当前工作、走向未来，意义重大。

习近平总书记正是以唯物史观的远见卓识科学地把握了人类历史发展的总趋势，既看到历史发展的光明前景，又清醒地看到当前存在的困难和问题。他告诉我们，关于资本主义必然灭亡、社会主义必然胜利的历史唯物主义观点并没有过时。既要看到国际金融危机所体现出来的资本主义必然灭亡、资本主义内在矛盾不可逆转的历史发展总趋势，同时又实事求是地看到资本主义现在还有自我调节的能力，总体上还是资强社弱，要有长期斗争的思想准备。正因为站在彻底的历史唯物主义的立场上，正因为对人类历史发展规律和发展总趋势的彻底的历史把握，他才要求我们，必须树立坚定的共产主义理想和中国特色社会主义共同理想。习近平总书记指出，革命理想高于天。没有远大理想，不是合格的共产党员；离开现实工作而空谈远大理想，也不是合格的共产党员。要靠彻底的历史唯物主义的哲学支撑，树立对马克思主义、科学社会主义的坚定信仰，对共产主义和中国特色社会主义的坚定信念，对党和人民事业的坚定信心，对党和人民的无限忠诚；要把最高纲领和最低纲领统一起来，把远大理想和共同理想统一起来，苦干实干，扎实推进中国特色社会主义伟大实践。

他关于世界社会主义历史五百年、六个阶段的回顾分析，关于改革开放前后两个三十年关系的精辟阐释，关于对苏东剧变历史原因的分析判断，关于运用历史智慧推进反腐倡廉建设的思想观点，关于党的领袖、历史人物、党的历史的深刻论述，关于以史为鉴、知古鉴今、弘扬中华优秀传统文化的论述，关于揭示中华民族的历史命运和当代中国的发展走向中国梦的重要论述……都说明习近平总书记对唯物史观的娴熟精到，善于运用唯物史观认识社会发展规律，认识中国国情，分析国际国内形势，把握前进方向，指导现实工作。

生产的观点是唯物史观的首要观点。生产活动是人类社会存在和发展的根本前提，生产力是社会历史发展的最终决定因素，生产力标准是衡量改革成败的最终标准。用生产观点看问题是唯物史观的基本方法论。习近平总书记指出，学习和掌握物质生产是社

---

① 《党面临的“赶考”远未结束——习近平再访西柏坡侧记》，2013 年 7 月 13 日，http：//news. xinhuanet. com/politics/2013 -07/13/c_116524927. htm。

会的基础，生产力是推动社会进步的最活跃、最革命的要素，生产力是社会基本矛盾的主要方面的基本观点，就必须坚持发展生产力仍是解决我国所有问题的关键这个重大战略判断。社会主义的根本任务是解放和发展生产力，坚持聚精会神搞建设，一心一意谋发展，不断推动我国社会生产力不断向前发展，推动实现物的不断丰富和人的全面发展的统一。

群众的观点是唯物史观的根本观点。习近平总书记认为，坚持群众观点和群众路线是历史唯物主义的重要内容，是无产阶级政党的本质要求。一切为了群众，一切从人民的利益出发，是我们党的价值追求，是党开展一切工作的根本目的和宗旨。他强调，人民群众是历史的真正创造者，要相信群众，尊重群众的首创精神。他提出："群众的实践是最丰富最生动的实践，群众中蕴藏着巨大的智慧和力量"，"要解决矛盾和问题，就要深入基层，深入群众，拜群众为师，深入调查研究。"① 他多次指出："群众利益无小事"，各级领导干部要增强宗旨意识，在任何时候任何情况下，都要把最广大人民的根本利益放在首位，时刻把人民群众的安危冷暖挂在心上，多为群众办实事、办好事。他坚持走群众路线，要求以"天下大事，必作于细"的态度，抓实做细事关群众切身利益的每项工作，努力办实每件事，赢得万人心。在为群众排忧解难的过程中解开群众的思想疙瘩，这是我们党做好群众工作的一条基本经验，也是一种最实际、最普遍、最有效的群众工作方法；要自觉地把党的群众工作体现在为群众多办事、办好事、办实事的具体行动中；到群众需要的地方去问寒问暖，到群众困难的地方去排忧解难，到群众意见多的地方去理顺情绪，到出现新情况新变化的地方去总结经验，到工作推不开的地方去打开局面；要跟着群众跳火坑，要相信和依靠群众，但又不能做群众的尾巴，要教育和引导群众，但千万不能站到群众的对立面等贯彻群众路线的具体要求。他指出，要进一步实现社会公平正义，通过制度安排更好保障人民群众各方面权益。要在全体人民共同奋斗、经济社会不断发展的基础上，通过制度安排，依法保障人民权益，让全体人民依法平等享有权利和履行义务。要坚持把实现好、维护好、发展好最广大人民根本利益作为推进改革的出发点和落脚点，让发展成果更多更公平地惠及全体人民。

从群众中来、到群众中去，是建立在唯物史观基础上的党的根本工作路线。习近平总书记指出，人民群众中有的是能者和智者，要虚心向他们求教问策，把政治智慧的增长、执政本领的增强、领导艺术的提高深深扎根于人民群众的实践沃土之中，不断从人民群众中吸收营养和力量。人民是创造历史的真正主人，正是坚持一切依靠人民，一切为了人民，从群众中来、到群众中去的马克思主义群众观，习近平总书记大力倡导转变作风、密切联系群众，推动在全党深入开展群众路线教育实践活动，在全面转变作风方面取得良好效果。

社会基本矛盾的观点是历史唯物主义的基本观点，社会基本矛盾分析方法是历史唯物主义的基本方法，阶级分析方法是运用社会基本矛盾分析方法认识阶级及阶级斗争现象的延伸。习近平总书记从唯物史观社会基本矛盾原理和分析方法出发，把生产力和生产关系的矛盾运动同经济基础和上层建筑的矛盾运动结合起来观察，把社会基本矛盾作为一个整体来观察。他坚持运用阶级分析方法认识阶级社会的基本现象，主张必须坚持马克思主义政治立场，马克思主义政治立场，首先就是阶级立场，进行阶级分析。他认

① 习近平：《之江新语》，浙江人民出版社2007年版，第61页。

为，社会基本矛盾是不断发展的，调整生产关系、完善上层建筑相应地不断进行下去，要适应我国社会基本矛盾运动的新变化推进改革开放；提出要以经济建设为中心，发挥经济体制改革的牵引作用，带动全面改革，推动我国生产关系与生产力、上层建筑与经济基础相适应；提出了社会主义市场经济体制改革的总体目标、原则方针和实施步骤，以进一步解放和发展社会生产力，促进经济社会全面健康科学发展。

（原载《中国社会科学》2015 年第 10 期）

抗日战争胜利关键是中国共产党思想上政治上路线正确

——兼论抗日战争中国共两党两条路线、两个战场的关系

李慎明　张顺洪

作者简介：李慎明，研究员、博士生导师，少将军衔，中国社会科学院原副院长、党组副书记。中共十六大、十七大代表，第十届、十一届、十二届全国人大常委，第十二届全国人大内务司法委员会副主任委员。中国社会科学院世界社会主义研究中心主任。

2015 年 7 月 30 日，习近平同志在主持中央政治局第二十五次集体学习时指出："要坚持用唯物史观来认识和记述历史，把历史结论建立在翔实准确的史料支撑和深入细致的研究分析的基础之上。要坚持正确方向、把握正确导向，准确把握中国人民抗日战争的历史进程、主流、本质，正确评价重大事件、重要党派、重要人物。"这一要求十分重要。

在中国抗日战争全面爆发的第二个月，毛泽东同志在《矛盾论》中指出："一个政党要引导革命到胜利，必须依靠自己政治路线的正确和组织上的巩固。"1971 年，他在一次谈话中又指出："思想上政治上的路线正确与否是决定一切的。党的路线正确就有一切，没有人可以有人，没有枪可以有枪，没有政权可以有政权。路线不正确，有了也可以丢掉。"这是一个非常重要的科学结论。

抗日战争时期中国共产党制定并执行了正确的政治上的路线

中国共产党主张坚决抗战，彻底驱逐日本侵略者出中国。九一八事变后，中国共产

党立即发出了抗战宣言，动员全民抗战。1932 年 4 月 15 日，中国共产党领导的中华苏维埃共和国临时中央政府正式对日宣战，比国民党政府对日宣战早了 9 年。而此时国民党面对日本侵略却采取“不抵抗”和“攘外必先安内”政策，调动大军“围剿”红军。1937 年 7 月 7 日卢沟桥事变爆发。翌日，中共中央即向全国发出通电，呼吁全国同胞、政府和军队团结起来，筑成民族统一战线的坚固长城，抵抗日本的侵略；国共两党合作抵抗日本的新进攻。同日，毛泽东同志等又致电蒋介石，表示红军将士愿为国效命，以达保土卫国之目的。7 月 13 日毛泽东同志题词：“保卫平津、保卫华北、保卫全国，同日本帝国主义坚决打到底，这是今日对日作战的总方针。”在延安市共产党员与机关工作人员紧急会议上，毛泽东同志号召每一个共产党员与抗日的革命者，应该沉着地完成一切必需准备，随时出动到抗日前线。同日还转告蒋介石：红军主力准备随时出动抗日，已令各军十天内准备完毕，待命出动，同意担任平绥线国防。而 7 月 17 日，蒋介石才在庐山发表谈话，宣布准备实行对日抗战。这些事实充分说明，中国共产党从一开始就坚决抵抗日本的侵略，把抗战到底作为自己始终不渝的路线。

中国共产党紧紧依靠广大人民群众，实行全民抗战。七七事变发生 20 多天后的 1937 年 7 月 31 日，蒋介石对身边亲信透露“可支持六个月”。国民党中央宣传部部长周佛海也断言：“中国人的要素，物的要素，组织的要素，没有一种能和日本比拟，战必败。”而早在 1935 年 12 月 27 日，毛泽东同志就指出：“组织千千万万的民众，调动浩浩荡荡的革命军，是今天的革命向反革命进攻的需要。只有这样的力量，才能把日本帝国主义和汉奸卖国贼打垮，这是有目共见的真理”。1938 年 5 月，毛泽东同志发表的《论持久战》深入阐发了中国民众中蕴含的巨大能量，强调弱国要不被消灭而且战胜强国，就必须全民动员起来，进行人民战争，这样才能取得持久抗战的胜利。抗战期间，中国共产党始终坚持依靠人民群众实行全民抗战，开展人民战争。日本历史学家井上清说：“日本在第二次世界大战中不仅败于美国，而且更惨的是败于中国。正确地说，败给了中国人民。”

中国共产党积极倡导、推动建立并努力维护抗日民族统一战线。1935 年 12 月，中共中央政治局瓦窑堡会议制定了建立抗日民族统一战线的策略。1936 年 12 月 12 日，张学良、杨虎城不满蒋介石“攘外必先安内”政策，发动西安事变。中国共产党积极协调、推动西安事变和平解决，目的就是要“逼蒋抗日”“联蒋抗日”。这既避免了发生新的大规模内战，也促进了抗日民族统一战线的建立。1937 年 7 月 15 日，中共中央将《中国共产党为公布国共合作宣言》送交国民党。《宣言》提出发动全民族抗战、实行民主政治和改善人民生活三项基本要求，重申中共为实现国共合作的四项保证。同年 9 月 23 日，蒋介石才在庐山发表谈话，同意这一宣言，表示团结御侮的必要，承认中国共产党的合法地位。在抗战时期，中国共产党始终努力维护抗日民族统一战线。即使在国民党政府实行“溶共、防共、限共、反共”反动政策时的 1939 年 7 月 9 日，毛泽东同志在对陕北公学开赴华北抗日前线的同学讲话中仍指出：现在时局的特点是妥协投降分子要闹分裂，我们就以抗战的进步、全国的团结、坚持统一战线来对付。一定要坚持抗日民族统一战线，坚持国共长期合作，凡是可以多留一天的，我们就留他一天，能够争取他半天一夜都是好的，甚至留他吃了早饭再去也是好的。1941 年 1 月 6 日至 12 日，令人痛心的皖南事变发生。即使如此，中国共产党依然以抗战大局为重。毛泽东同志在会见印度援华医疗队的巴苏华时指出：中国共产党仍坚持把日本侵略者作为打击的主要敌人。如果国民党企图破坏这一全国的主要政治方向，它必将遭到反击，它的计划必将失败，但中国共产党绝不鼓励内战。皖南事变也引起了美、苏等同盟国的反对。美国立即决定将拟援华的5000万美元暂缓实施。苏联驻中国大使潘友新立即会见蒋介石，指出中国内战意味着灭亡。使馆武官崔可夫也向何应钦和白崇禧表示内战有害于反侵略斗争，暗示继续内战可能导致苏联方面停止援助。

中国共产党挺进敌后，开展独立自主的山地游击战和有条件的运动战，建立敌后根据地。这是中国共产党根据自身特点制定的正确的作战方针。抗战初期，当国民党军队大步后撤时，中国共产党领导的八路军和新四军挺进敌后，建立敌后根据地，开辟敌后战场，开展广泛的游击战。1937年12月，毛泽东同志指出：我们所谓独立自主是对日本作战的独立自主。战役战术是独立自主的。抗日战争总的战略方针是持久战。红军的战略方针是独立自主的山地游击战，在有利条件下打运动战，集中优势兵力消灭敌人一部。八路军、新四军深入敌后，在敌后牵制、打击日军，有力配合了正面战场友军作战。敌后根据地的广泛建立和敌后战场的开辟，坚定了全国人民的抗战信心，沉重地打击了日本帝国主义者和汉奸分子。

正确的思想上的路线是正确的政治上的路线的根基

红军长征到达延安后，毛泽东同志等中央领导带头学习研究马克思主义基本理论。在1938年11月发表的《论新阶段》中，毛泽东同志明确提出“马克思主义的中国化”这一口号。为使党找到并统一到正确的思想上的路线，全党开展了著名的延安整风运动，这是中国共产党历史上第一次大规模整风运动。延安整风使得全党的马克思主义理论水平与思想水平不断提高，教育全党运用马克思主义的立场、观点和方法认识、分析问题。整风运动坚持实事求是的思想路线，成功克服了党内右倾投降主义、教条主义、经验主义、宗派主义等错误思潮对党的危害，加强了党风、学风、文风建设，使党变得更加成熟、更加强大。

九一八事变后，日本侵占中国东北。中国共产党坚持正确的思想路线，深刻认识到日本帝国主义与中华民族的矛盾急剧上升。1937年3月，毛泽东同志指出：中日矛盾是主要的，国内矛盾降到次要的地位。1937年4月15日，中共中央发出《告全党同志书》，指出：“我们要求全党同志在任何曲折变化的形势下，紧紧抓住中日两国间的基本矛盾，作为自己一切行动的基点，认定中华民族的最大敌人是日本帝国主义，并坚信这个敌人我们是能够战胜的。”抗战期间，中国共产党始终把日本帝国主义与中华民族的矛盾当作中国面临的主要矛盾。而要战胜日本帝国主义，就要建立抗日民族统一战线；要建立抗日民族统一战线，根本问题是要处理好国共两党的关系。中国共产党为此付出了艰辛努力，成功地构建、维护和加强了抗日民族统一战线。即使在蒋介石掀起反共高潮时，中国共产党也以民族大义为重，竭力维护抗日民族统一战线，避免与国民党决裂，避免发生大规模内战。

在抗日战争中，无数中国共产党人冲锋陷阵，与日寇浴血奋战，英勇牺牲，成为全民族抗战的模范。1937年10月23日，毛泽东同志为陕北公学成立题词：“要造就一大批人，这些人是革命的先锋队。这些人具有政治远见。这些人充满着斗争精神和牺牲精神。这些人是胸怀坦白的，忠诚的，积极的，与正直的。这些人不谋私利，唯一的为着民族与社会的解放。这些人不怕困难，在困难面前总是坚定的，勇敢向前的。这些人不是狂妄分子，也不是风头主义者，而是脚踏实地富于实际精神的人们。中国要有一大群这样的先锋分子，中国革命的任务就能够顺利地解决。”

蒋介石政府的高级官员，往往本身就是大资产阶级，甚至是官僚买办阶级。1939年10月，日本特务机关关于国民政府官员在上海外国银行存款的一个秘密报告说，蒋介石拥有资产809万美元，宋美龄有377万美元，宋子文有637万美元，孔祥熙有635万美元。这在当时都是天文数字。蒋介石集团的抗战夹带着保卫其所代表的大官僚资产阶级大地主利益的私货。抗日战争期间，他们还冒天下之大不韪，把苏联、美国等国的一部分抗日援助攫为己有。美国总统杜鲁门曾这样痛斥说：“他们都是贼，每一个都是，他们从我们援助的数十亿美金中偷了7.5亿。他们就这样把钱偷走，然后投资在巴西圣保罗，有些甚至是我们的正脚底下——纽约的房地产。”连蒋介石自己也承认：“在没有开战以前，一切危险困苦艰难挫折的情形，我都已料到，但决不料我们的军纪，会败坏到这步田地！在北方作战的情形，我只听得说，在上海作战的实况，我亲眼看见，一切的失利溃乱，抢劫掳掠。”

从国共两党在两个不同战场上的不同作用看中国共产党思想上政治上路线的正确

从整体上说，共产党对国民党在抗战中的作用和地位是充分肯定的。对此，毛泽东同志早在1945年4月24日党的七大的政治报告《论联合政府》中就作了明确、科学的阐发。他说：“中国是全世界参加反法西斯战争的五个最大的国家之一”，“中国军队的广大官兵，在前线流血战斗，中国的工人、农民、知识界、产业界，在后方努力工作，海外华侨输财助战，一切抗日政党，除了那些反人民分子外，都对战争有所尽力。”其中所说的中国军队的广大官兵，就包括国民党军队的官兵。毛泽东同志还明确指出：“从一九三七年七月七日卢沟桥事变到一九三八年十月武汉失守这一个时期内，国民党政府的对日作战是比较努力的。在这个时期内，日本侵略者的大举进攻和全国人民民族义愤的高涨，使得国民党政府政策的重点还放在反对日本侵略者身上，这样就比较顺利地形成了全国军民抗日战争的高潮，一时出现了生气蓬勃的新气象。”

我们可以把全面抗战分为战略防御、战略相持和战略反攻三个阶段。从国民党的角度，还可以把抗战分为从1931年九一八事变到1937年七七事变，从1937年七七事变到1938年10月广州武汉失守，从1938年10月广州、武汉失守到1941年12月太平洋战争爆发，从1941年12月日军发动太平洋战争到1945年9月抗日战争胜利四个阶段。让我们看看国共两党及其军队在这四个阶段的不同表现。

一是从1931年九一八事变到1937年七七事变，这是国民党政府抗战的第一个阶段，即东北沦陷阶段。在这一阶段，共产党坚决抗战，而国民党政府却实行“不抵抗”的妥协退让政策。九一八事变时，东北军留驻东北的有近20万人，而日寇在东北各种军队包括武装在乡（退伍）军人和警察，总共才2万余人，东北军的兵力明显占优势。但蒋介石坚持“攘外必先安内”政策。《申报》主笔史量才甚至因撰文主张“安内必先攘外”，被国民党特务暗杀。结果，东北富饶的领土和丰富的资源，成了日寇全面进攻中国的前沿基地和物质基础。在这一阶段，东北的一部分爱国军队在中国共产党领导或协助下，违反国民党政府的意志，组织了抗日义勇军和抗日联军，进行了英勇的游击战争。

二是从1937年七七事变到1938年10月广州、武汉失守，这是国民党政府抗战的第二个阶段。在这一阶段，当国民党军队在正面战场节节败退时，中国共产党军队挺进敌后，建立敌后根据地，开辟敌后战场。在此阶段，国民党军队共投入80多万兵力，先后组织了淞沪、沂口、徐州、武汉等一系列大战役，可谓壮怀激烈、可歌可泣。在此阶段，国民党军队对日作战总体上是积极的，是抗击日军战略进攻的主力军。其主要原因是：蒋介石有民族主义的爱国的一面；全中国人民包括国民党及其军队内部形成了强烈要求抗日的强大压力；美、英不愿意看到中国完全沦为日本殖民地，导致自身在华利益受损；苏联不愿意看到其在远东受到日本的直接威胁；日军的进攻直接威胁国民党政府首都南京，而蒋、宋、孔、陈四大家族的财富主要集中在宁沪一带，国民党其他军政要员的财富也有很多在宁沪及平津一带，国民党迁都、转移财富都需要一定时间。这些都决定了此阶段国民党军队的正面抵抗本质上是大撤退前的阻击战和掩护战，也必然导致正面战场各个战役几乎都以退却失败而告终。即使著名的台儿庄大捷，最终结局也不能例外，仅仅是为国民党的大退却赢得了些许时间。仅一个月后，日军再整理集结夺取台儿庄直扑徐州时，国民党的军政机关已基本搬空南逃。

三是从1938年10月广州、武汉失守到1941年12月太平洋战争爆发，这是国民党政府抗战的第三个阶段。在此阶段，共产党广泛开展敌后游击战，积极创建敌后抗日根据地，陷日寇于人民战争的汪洋大海，而国民党正面战场却是妥协、退让甚至图谋投降、积极反共。广州、武汉陷落后，日本十分清楚国民党的底牌是消极抗日、积极反共，便对国民党采取以政治诱降为主、军事打击为辅的方针。国民党也投桃报李。1939年1月的国民党五届五中全会成立了“防共会”，确立了“溶共、防共、限共、反共”的方针，并把坚持抗战的内涵解释为“恢复到卢沟桥事变以前的状态”。同年6月，国民党秘密颁布《限制异党活动办法》，规定“共产党活动最烈之区域应实行联保连坐法”。1939年9月3日，英、法对德宣战，第二次世界大战在欧洲爆发。此时的日本急于解决中国问题，以便腾出兵力抢占西方列强在亚洲和太平洋的殖民地，以配合德、意两个法西斯盟国，并缓解德国对其解除对苏联威胁的不满。在此阶段，日军为巩固其占领区，在对国民党劝降的同时，也发动了若干次军事进攻。国民党政府为了保住西南、西北大后方，组织了桂南会战、枣宜会战等。国民党军队进行了一定的抵抗，但消极抗战、积极反共成为国民党政府的总基调。而这一时期，共产党的敌后游击战牵制了大量日军，有力配合了正面战场作战，并使人民抗日力量不断发展壮大。到1940年，中国共产党领导的武装力量从抗战开始时的5万多人发展到50万人；除了陕甘宁边区，在华北、华中和华南地区建立了16块抗日根据地，拥有近1亿人口，成为全国抗战重心。

四是从1941年12月日军发动太平洋战争到1945年9月抗日战争胜利，这是国民党政府抗战的第四个阶段。在此阶段，共产党放手发动群众，壮大人民力量，并于1944年春转入战略攻势作战，而国民党则是被迫抗战、片面抗战，并严重丧失民心军心，最终酿成豫湘桂战役大溃败。国民党政府对美国、英国的依附性决定了其对日本侵略者的根本态度。太平洋战争爆发、美英对日宣战时，国民党政府才正式对日宣战。为配合英、美打击日军，国民党政府命令各战区对日军发起进攻，也曾给日军以有力打击。特别是1942年元旦发起的第三次长沙会战，造成日军死伤5万余人。1942年2月，国民党政府组成远征军进入缅甸对日作战。远征军的将士英勇无畏，在中华民族抗战史上写下了气壮山河的篇章。1944 年 4 月至 1945 年 1 月，日本发动了打通大陆交通线的豫湘桂战役。日军用于这次作战的总兵力有 50 余万人，而国民党军队在豫湘桂战役前总人数已达几百万。在豫湘桂战役中，国民党损失 50 多万兵力，丢失河南、湖南、广西、广东等省的大部以及贵州省的一部，共 20 多万平方公里的国土、146 座城市。衡阳、零陵、宝庆、桂林、柳州、南宁等地空军基地和飞机场被日军侵占。6000 多万同胞沦于日寇铁蹄之下，无数资源被强占、财富被掠夺，人民生命财产遭受巨大损失。正是这次豫湘桂大溃败，使美国看清了国民党军队的作战能力是如此不堪。在此阶段，国民党政府在经济上大发国难财，扩张官僚资本；在政治上压迫人民民主运动，在天水、西安、重庆、上饶和贵州等地设置的“集中营”中，被逮捕、囚禁并施以精神肉体折磨的共产党员和各地抗日进步青年达 20 万之多；加上豫湘桂大溃败，导致更多人包括国民党阵营中许多人对国民党政府越来越失去信心。

1944 年 6 月 22 日，第十八集团军参谋长叶剑英向中外记者西北参观团作了题为《中共抗战一般情况的介绍》的长篇谈话。他指出：“中国共产党的军队，就在华北、华中、华南这三个敌后战场与十五个以上抗日根据地上，进行异常残酷的非未曾目击者所能想象的抗日战争，至七年之久。赖有这些敌后战场，才挽救了中国免于被日寇灭亡。”叶剑英同志的这篇谈话，毛泽东同志作过修改，在谈话讲到伪军处加写了一段话：“国民党之所以让这些伪军投敌，投敌之后不加讨伐，并反而暗地和他们联络，其目的，不但为着在现时反对共产党，而且含有深远计划，而准备在日寇失败退出大城市与交通要道时，好让这些伪军藏其敌旗，打起国旗宣布‘反正’，占领这些大城市与交通要道，配合正面国民党军队，进行全国的反共战争。几年来在伪军中流行的所谓‘曲线救国论’，就是为着这种叛变民族的目的，全体人民是应该现在就起来注意这种阴谋的。”

1944 年 8 月 15 日《解放日报》发表经毛泽东同志重新改写的社论《欢迎美军观察组的战友们!》。社论说：在过去，在盟国政府与盟国人民方面，他们所了解的中国抗战情形、所得的印象，是中国抗战的主力军是国民党，将来反攻日军也主要依靠国民党。“这些印象，直到现在还是统治着盟国朝野大多数人的思想的。”“所以出现了这种完全违反事实的现象的原因，主要的在于国民党统治人士的欺骗政策与封锁政策。”“但是事实胜于雄辩，真理高于一切，外国人中国人的眼睛，总有一天会亮起来的。现在，果然慢慢地亮起来了，中外记者团与美军观察组，均先后冲破国民党的封锁线，来到延安了。这是关系四万万五千万中国人反抗日寇解放中国的问题，这是关系中国两种主张两条路线谁是谁非的问题，这是关系同盟各国战胜共同敌人建立永久和平的问题。”“关于共产党的真相究竟如何这一方面，大多数的外国人与大后方的中国人，还是不明白的，这是因为国民党的反动宣传和封锁政策为时太久的缘故。但是情况已经在开始改变。大半年以来的外国舆论中，已经可以看见这种改变是在开始。这次记者团与观察组的来延，将为这种改变开一新阶段。”

抗日战争中，国民党政府丧失国土 275. 3 万平方公里。当时全国城市 1200 余座，丢弃 1100 余座；当时全国人口 4. 5 亿，遗弃同胞 2. 8 亿。据《剑桥中华民国史》记载：国民党军队“叛逃的将军 1941 年有 12 个，1942 年有 15 个，1943 年是高峰的一年，有 42 人叛逃。50 多万军队跟随这些叛逃的将军离去，而日本人则利用这些伪军去保卫其占领的地区，以对抗共产党游击队”。日军开始时并没有把八路军、新四军放在眼里，按1∶10进行战斗配置，屡吃败仗后改为1∶5配置，后再改为1∶3甚至1∶1配置。日军对国民党军队的战斗配置却是1∶10，即以一个连建制的中队或加强中队打国民党军队一个团，且几乎每每得手。全面抗战时期，协助日军作战的伪军人数高达210万，超过侵华日军人数，使中国成为唯一在第二次世界大战中伪军数量超过侵略军数量的国家。这些伪军的绝大多数来自国民党军队。而整个战争期间，共产党领导的抗日武装对敌作战12.5万次，消灭日军、伪军171.4万人，人民军队发展到120余万人，建立了约100万平方公里、近1亿人口的19块抗日根据地。

美国总统罗斯福在开罗会议期间曾对其儿子说：“假若没有中国，假若中国被打垮了，你想一想有多少师团的日本兵力可以因此调到其他地方？可以腾出手来呢？他们马上可以打下澳洲，打下印度——他们可以毫不费力地把这些地方打下来，并且可以一直冲向中东。”在这里，罗斯福清晰地描绘了中国抗战在世界反法西斯战争中的地位与作用。

抗战胜利时，共产党军队都在与日寇短兵相接之处，而国民党许多军队却在与敌相距千里的大后方。日本陆军大将、侵华日军战犯冈村宁次承认：“共军的确长于谍报（在其本国以内），而且足智多谋，故经常出现我小部队被全歼的惨状。”日本随军记者藤原彰也说：“八路军的战术是，如果看到日军拥有优势兵力就撤退回避，发现日军处于劣势时，就预设埋伏，全歼日本士兵，然后夺走他们的所有武器装备。”

再看看台湾历史学家陈永发所说：“国民政府向来自居民族主义的正统，指责中共乘其全力对付日军进攻之时，在日军未能占据的广大敌后农村地区活动，仅以一分的力量抵抗日军侵略，而以七分的力量扩大自己的实力，并以二分的力量应付反对中共‘破坏’抗战的政府当局。国民政府这种指责，预先假定应付、扩大和抗日三事可以截然划分，而相互之间是此长彼消，此消彼长的关系；中共为了扩大，故意牺牲抗日，而为了应付国民政府的反对和镇压，也故意减少抗日活动。对于中共，这一假定根本就是荒谬绝伦。他们并不讳言自己确实是在扩大实力，不过坚持扩大实力是为了抗日，以备有朝一日对日军反攻，而由于国民政府不给中共‘抗日自由’，尤其不容许中共扩大实力，所以中共必须应付。”在抗战开始时，国民党的军队已经达到200万，到抗战胜利时，竟然膨胀到600万。从一定意义上讲，这才是靠消极避战实现的。而共产党的军队从5万余人发展到120余万人，则是在敌后抗战的浴血战斗中成长壮大的。

我们是彻底的历史唯物主义者，决不否认国民党政府在抗战中应有的地位和成就。国民党政府的基本利益和民族利益有一致的地方，蒋介石不仅在抗日战争中，而且就其一生来讲，都不失为一个民族主义者，有其爱国的一面。而汪精卫一类的卖国贼，则永远被钉在了历史的耻辱柱上。但是，爱国和爱国主义是分层次和程度的，并有着不同质的内涵。蒋介石集团与广大国民党下层爱国官兵在本质上也有着不同的家国观念。共产党人的爱国和爱国主义是最高层次、最彻底的爱国和爱国主义。而蒋介石及其政府虽有民族主义的爱国的一面，但与共产党人的爱国和爱国主义有着根本性质的不同。国民党政府在抗战中的各种表现，其目的是实现他们所代表的大官僚资产阶级大地主的利益。国民党政府在抗日战争时期实行妥协、退让政策，长期消极抗战、积极反共，对抗日民族统一战线曾造成极大破坏，甚至几度与日本谈判，出现投降倾向，这是不容否认的历史事实。这也就是说，国民党政府虽然在抗日战争中不时处在“中流”的位置，但并没有起到“砥柱”的作用。当然，他们抗战和爱国的一面，对于国家、民族和人民来说，无疑也起过进步的、积极的作用。全面抗战时期，国民党的正面战场共进行过22次重大战役，歼灭日军100余万人，国民党军队伤亡321万人。国民党军队的广大爱国官兵更是在前线与日本侵略者浴血作战，表现了强烈的爱国主义精神。这些都值得全民族尊敬与纪念。

中国人民抗日战争的历史充分证明，在中华民族生死存亡的危急关头，是中国共产党坚持思想上政治上的正确路线，为抗日战争胜利提供了坚强的思想政治保障，发挥了中流砥柱作用，成功地将民族危机转化为民族复兴的契机。中国共产党为抗日战争胜利所作出的巨大贡献，永远彪炳史册。

（原载《人民日报》2015年9月15日）

“四个全面”战略布局与建设中国特色社会主义

李　捷

作者简介：李捷，《求是》杂志社社长。曾任中共中央文献研究室副主任，中国社会科学院副院长、当代中国研究所所长，研究员，博士生导师。长期从事马克思主义中国化、毛泽东生平和思想、中共党史、中华人民共和国史、中国特色社会主义重大理论和现实问题研究。著有《李捷自选集》《国史静思录》《毛泽东与新中国的内政外交》等多部专著，主持编辑《建党以来重要文献选编》《建国以来毛泽东军事文稿》等多部中共文献资料，《毛泽东传》的主要撰写者之一。在《求是》《人民日报》《光明日报》等国家级报刊发表《坚定不移走中国特色社会主义道路》《百年追梦与民族自强》《“一面旗帜、一条道路、一个理论体系”是党和国家发展的根本》等百余篇有重大影响的论文。马克思主义理论研究和建设工程《中国近现代史纲要》和《马克思恩格斯列宁历史理论经典著作导读》首席专家。

坚持和发展中国特色社会主义，是新中国成立60多年特别是改革开放30多年全部经验的总结，也是贯穿党的十八大报告的一条红线。在我们党带领全国人民实现中华民族伟大复兴中国梦的征程中，坚持和发展中国特色社会主义，具有全局的地位。如今，习近平又从坚持和发展中国特色社会主义全局出发，总结提出“四个全面”战略布局，为在新世纪新阶段扎实作好坚持和发展中国特色社会主义这篇大文章指明了方向。

一　中国特色社会主义是改革开放全部经验的结晶

中国特色社会主义是改革开放全部经验的结晶。为了深刻认识和理解这一论断，有必要回顾一下历史，看一看中国特色社会主义是怎样得来的。

首先遇到的一个问题，就是中国特色社会主义究竟是什么主义。从它出现之日起，对这个问题就有各种不同的解答。习近平指出："中国特色社会主义是社会主义而不是其他什么主义，科学社会主义基本原则不能丢，丢了就不是社会主义。"从而明确地回答了这个问题。

但中国特色社会主义不是科学社会主义既有模式的"复写本"。正反两方面的经验教训都反复证明，必须也只有将马克思列宁主义基本原理同中国实际相结合，才能探索出自己的社会主义建设道路，也就是中国特色社会主义。所以习近平指出："中国特色社会主义，是科学社会主义理论逻辑和中国社会发展历史逻辑的辩证统一，是根植于中国大地、反映中国人民意愿、适应中国和时代发展进步要求的科学社会主义，是全面建成小康社会、加快推进社会主义现代化、实现中华民族伟大复兴的必由之路。"在这段精辟的论述中，两个逻辑的辩证统一至为关键。因为，一个国家实行什么样的主义，关键要看这个主义能否解决这个国家面临的历史性课题。

从中国社会发展的历史逻辑来看，在新中国成立以前，中华民族伟大复兴面临着民族独立、人民解放、国家和平统一的历史任务。各种主义和思潮都进行过尝试，但都没能解决中国的前途和命运问题。是马克思列宁主义和毛泽东思想引导中国人民走出了漫漫长夜，取得了中国革命的彻底胜利，建立了新中国，确立了社会主义基本制度。自党的十一届三中全会以来，党领导人民在坚持和发展马克思列宁主义和毛泽东思想的基础上，不断推进解放思想、实事求是、与时俱进，在理论创新与实践创新的统一与良性互动中，成功开创中国特色社会主义，为实现中华民族伟大复兴的中国梦展现了光辉前景，把马克思主义中国化推向了新境界。正如习近平所指出的："历史和现实都告诉我们，只有社会主义才能救中国，只有中国特色社会主义才能发展中国，这是历史的结论、人民的选择。"

这里特别需要指出的是，新中国成立以后的历史，尽管以党的十一届三中全会为界，分为前后两个时期，但这两个时期是统一的，既不能割裂开来，更不能对立起来。这两个时期的历史阶段性质和目标是一致的，都是实现国家富强、民族振兴、人民幸福的中华民族伟大复兴的完整过程，都为实现这个同一目标；探索的内涵是一致的，都是探索适合中国国情的社会主义道路。因而是相互联系、前后衔接的。因此，习近平说："这是两个相互联系又有重大区别的时期，但本质上都是我们党领导人民进行社会主义建设的实践探索。"

从科学社会主义理论逻辑来看，习近平曾经科学总结过社会主义发展500年历史中经历的六个时间段。第一个时间段，空想社会主义产生和发展。第二个时间段，马克思和恩格斯创立科学社会主义理论体系。第三个时间段，列宁领导俄国十月革命胜利并在苏联初步实践社会主义。第四个时间段，苏联模式逐步形成。第五个时间段，新中国成立后我们党对社会主义的探索和实践。第六个时间段，我们党作出进行改革开放的历史性决策，开创和发展中国特色社会主义。从这六个时间段来看，科学社会主义在理论上的创立与发展以及在实践中的曲折与成功，都不是一帆风顺的，既有凯歌高奏的顺境，也有狂风暴雨的逆境。其中，马克思和恩格斯对社会主义从空想到科学的跨越和科学社会主义理论的创立，列宁对科学社会主义从理论到实践的跨越，都作出了巨大的历史性贡献。中国共产党人对科学社会主义在当代的发展，也作出了具有扭转乾坤意义的重大贡献。

有人说，由马克思和恩格斯创立、列宁发展的科学社会主义，是革命党的理论，现在已经过时了；只有中国特色社会主义，才是和平与发展时代主题下执政党所应坚持和发展的社会主义。这种观点，不仅割断了科学社会主义同中国特色社会主义的理论渊源，也割断了科学社会主义同中国特色社会主义前后衔接的历史渊源。科学社会主义的生命力，既在于始终坚持，更在于不断发展，而且只有在基于人民实践发展中的坚持才是真正的坚持。这就是科学社会主义的理论逻辑。

那么，中国特色社会主义在哪些方面坚持和发展了科学社会主义基本原理呢？正如习近平谈到新的历史条件下体现科学社会主义基本原则的内在要求时所指出的："这就包括在中国共产党领导下，立足基本国情，以经济建设为中心，坚持四项基本原则，坚持改革开放，解放和发展社会生产力，建设社会主义市场经济、社会主义民主政治、社会主义先进文化、社会主义和谐社会、社会主义生态文明，促进人的全面发展，逐步实现全体人民共同富裕，建设富强民主文明和谐的社会主义现代化国家；包括坚持人民代表大会制度的根本政治制度，中国共产党领导的多党合作和政治协商制度、民族区域自治制度以及基层群众自治制度等基本政治制度，中国特色社会主义法律体系，以公有制为主体、多种所有制经济共同发展的基本经济制度。这些都是在新的历史条件下体现科学社会主义基本原则的内在要求。如果丢掉了这些，那就不成其为社会主义了。"

由此可见，那种认为中国特色社会主义已经不是老祖宗创立的科学社会主义，科学社会主义基本原理和话语不能适应当代发展要求而已经过时了的观点，都是完全错误的。

通过回顾改革开放以来的历史，我们可以清楚地看到，坚持和发展中国特色社会主义，犹如一条红线贯穿于党的十一届三中全会以来的实践之中，凝聚着改革开放全部经验的思想理论精华，生动地体现着改革开放和现代化建设理论创新与实践创新的统一与良性互动。展望未来，坚持和发展中国特色社会主义，协调推进"四个全面"，才能实现国家富强、民族振兴、人民幸福的目标，才能实现党长期执政、国家长治久安、社会和谐稳定。

二　坚持和发展中国特色社会主义的科学内涵和基本要义

（一）从中国特色社会主义的道路、理论体系、制度层面理解和把握其科学内涵和基本要义

党的十八大阐明了中国特色社会主义道路、中国特色社会主义理论体系、中国特色社会主义制度的科学内涵及其相互联系。正如习近平在中央政治局第一次集体学习时所指出的：要深刻领会中国特色社会主义是由道路、理论体系、制度三位一体构成的。这个概括告诉我们，中国特色社会主义是实践、理论、制度紧密结合的，既把成功的实践上升为理论，又以正确的理论指导新的实践，还把实践中已见成效的方针政策及时上升为党和国家的制度。

中国特色社会主义，表面看是抽象的，透过现象看本质，又具有多重的意义。它是一面旗帜，代表着党和国家的前进方向。它是一条道路，是党、国家和民族在现代化进程中的决定性选择。它是一个理论体系，这个理论体系既是对马克思列宁主义和毛泽东

思想在当代的坚持和发展，也是围绕道路的伟大实践在思想理论形态上的升华。它还是一种制度安排，既由道路和理论体系所决定，也为道路和理论体系的实现提供长久保障。

从总体来说，中国特色社会主义代表着一种选择、一种探索。这种选择与探索，是在社会主义现代化建设中，是在实现中华民族伟大复兴中国梦的奋斗中作出的。这是由中国共产党和中国人民自主作出的选择与探索，同时又具有世界意义。中国特色社会主义的成功，为广大发展中国家实现现代化，在西式现代化道路选择之外，又提供了一种现实选择。

1. 什么是中国特色社会主义道路？

党的十八大报告作出科学概括：中国特色社会主义道路，就是在中国共产党领导下，立足基本国情，以经济建设为中心，坚持四项基本原则，坚持改革开放，解放和发展社会生产力，建设社会主义市场经济、社会主义民主政治、社会主义先进文化、社会主义和谐社会、社会主义生态文明，促进人的全面发展，逐步实现全体人民共同富裕，建设富强民主文明和谐的社会主义现代化国家。具体而言，其内涵包括三个方面。

第一，是党在社会主义初级阶段的基本路线，即“一个中心、两个基本点”。以经济建设为中心，任何时候都不能动摇，动摇了就会犯方向性、颠覆性错误。坚持四项基本原则，是我们的立国之本；坚持改革开放，是我们的强国之路。对这两点都必须坚定不移，决不能犯“一手软、一手硬”的错误。

第二，是统筹推进五大建设，以解放和发展社会生产力，促进人的全面发展，逐步实现全体人民共同富裕。经济建设是基础，是决定性的，但绝不是唯一的，不能搞“唯 GDP”，也不能搞经济建设“单打一”，必须注意五大建设相互配合、协调发展、统筹推进。这里，也一定要坚持科学发展的理念，也就是说，社会主义现代化建设同资本主义发展有本质的不同，主要体现在人的主体地位上，要做到发展为了人民、发展依靠人民、发展成果由人民共享。

第三，是奋斗目标，即建设富强民主文明和谐的社会主义现代化国家。这是需要在建党一百年之际全面建成小康社会后，继续奋斗 30 年，在新中国成立一百年之际实现的目标。这个目标，是中华民族共同的夙愿。

2. 什么是中国特色社会主义理论体系？

党的十八大报告指出：中国特色社会主义理论体系，就是包括邓小平理论、“三个代表”重要思想、科学发展观在内的科学理论体系，是对马克思列宁主义、毛泽东思想的坚持和发展。

这里，需要着重说明两个问题。

第一个问题，是如何理解中国特色社会主义理论体系同马克思列宁主义和毛泽东思想的关系。这里的关键，在于认清中国特色社会主义理论体系在哪些方面坚持，又在哪些方面进一步发展了马克思列宁主义和毛泽东思想。

可以看到，中国特色社会主义理论体系与马克思列宁主义和毛泽东思想有着共同的哲学基础，也就是世界观和方法论基础。同时，也要看到，马克思列宁主义和毛泽东思想的许多关于现代化建设、执政党建设、意识形态建设、文化建设、军队和国防建设、国际战略的论述，至今仍没有过时，具有很强的当代价值。例如，马克思主义中的社会化大生产理论、劳动价值理论、资本基本运行规律的理论、经济平衡理论等，列宁主义中的帝国主义特征理论、新经济政策理论等，毛泽东思想中的执政党建设思想、军队和国防建设思想、社会主义建设十大关系、人民内部矛盾学说、国际战略和策略理论、和平外交方针、统一战线理论、民族区域自治理论等，都在中国特色社会主义理论体系中得到了坚持和发展。此外，中国特色社会主义理论体系立足中国国情和实际，对于马克思主义基本原理也有重要的发展和完善，如社会主义初级阶段理论，社会主义本质论，社会主义市场经济理论，社会主义现代化建设全面发展、平衡发展、协调发展理论，依法治国理论，等等。

第二个问题，是要用发展的观点和变化的观点正确看待马克思列宁主义、毛泽东思想和中国特色社会主义理论体系。实践没有止境，创新也没有止境。我们要突破前人，后人也必然会突破我们，这是社会前进的必然规律。对于马克思列宁主义和毛泽东思想，一定要以发展的眼光，在坚持中发展，在发展中坚持。离开本国实际和时代发展来谈马克思列宁主义，没有意义。静止地、孤立地研究马克思列宁主义，把马克思列宁主义同它在现实生活中的生动发展割裂开来、对立起来，没有出路。

同时，对于中国特色社会主义理论体系，也一定要以发展的眼光，决不能永远停留在一个水平上。解放思想、实事求是、与时俱进，是马克思主义活的灵魂，是我们适应新形势、认识新事物、完成新任务的根本思想武器。因此，我们要坚持实践是检验真理的唯一标准，发挥历史的主动性和创造性，清醒认识世情、国情、党情的变和不变，敢于和善于分析、回答现实生活中和群众思想上迫切需要解决的问题，不断深化改革开放，不断有所发现、有所创造、有所前进，不断推进理论创新、实践创新、制度创新。

当然，对于中国特色社会主义理论体系和马克思列宁主义、毛泽东思想的关系，也一定要坚持既一脉相承又与时俱进的两点论和统一论。不能因为中国特色社会主义理论体系发展了马克思列宁主义和毛泽东思想，就武断地得出马克思列宁主义和毛泽东思想过时了和无用了的错误结论。

3. 什么是中国特色社会主义制度？

党的十八大报告指出：中国特色社会主义制度，就是人民代表大会制度的根本政治制度，中国共产党领导的多党合作和政治协商制度、民族区域自治制度以及基层群众自治制度等基本政治制度，中国特色社会主义法律体系，以公有制为主体、多种所有制经济共同发展的基本经济制度，以及建立在这些制度基础上的经济体制、政治体制、文化体制、社会体制等各项具体制度。

一个国家选择什么样的治理体系，选择什么样的国家制度，是由这个国家的历史传承、文化传统和经济社会发展水平决定的，是由这个国家的人民决定的。我国形成今天的国家治理体系和中国特色社会主义制度，是在我国历史传承、文化传统和经济社会发展的基础上长期发展、渐进改进以及内生性演化的结果。

当然，中国特色社会主义制度也还不是尽善尽美、成熟定型的。今天，摆在我们面前的一项重大历史任务，就是推动中国特色社会主义制度更加成熟、更加定型，为党和国家事业发展、为人民幸福安康、为社会和谐稳定、为国家长治久安提供一整套更完备、更稳定、更管用的制度体系。这项工程极为宏大，必须是全面的、系统的改革和改进，是各领域改革和改进的联动和集成，在国家治理体系和治理能力现代化上形成总体效应，取得总体效果。

今天，我们的主要历史任务是完善和发展中国特色社会主义制度，推进国家治理体系和治理能力现代化。没有坚定的制度自信就不可能有全面深化改革的勇气；同样，离开不断改革，制度自信也不可能彻底、不可能久远。

值得注意的是，中国特色社会主义道路、理论体系和制度统一于中国特色社会主义伟大实践，这是党领导人民在建设社会主义长期实践中形成的最鲜明特色。其中，中国特色社会主义道路是实现途径，中国特色社会主义理论体系是行动指南，中国特色社会主义制度是根本保障，三足鼎立，缺一不可。

（二）从中国特色社会主义建设的总依据、总布局、总任务层面理解和把握其科学内涵和基本要义

党的十八大报告指出，建设中国特色社会主义，总依据是社会主义初级阶段，总布局是“五位一体”，总任务是实现社会主义现代化和中华民族伟大复兴。如果说，道路、理论、制度解决的是坚持和发展中国特色社会主义的支撑点问题，即道路支撑、理论支撑、制度支撑，那么，总依据、总布局、总任务解决的则是坚持和发展中国特色社会主义的内在规律问题。

1. 怎样理解中国特色社会主义建设的总依据？

第一，社会主义建设不能超越现实发展阶段。中国正处于并将长期处于社会主义初级阶段，这是当代中国的最大国情和最大实际。我国进入社会主义的时候，就生产力发展水平来说，还远远落后于发达国家。这就决定了我们的发展必须经历一个相当长的不可逾越的初级阶段。而改革开放和现代化建设取得成功的根本原因之一，就是克服了那些超越阶段的错误观念和政策，又抵制了抛弃社会主义基本制度的错误主张。这样做，没有离开社会主义，而是在脚踏实地建设社会主义，使中国特色社会主义不断焕发出青春和活力。

我们强调总依据，是因为社会主义初级阶段是当代中国的最大国情和最大实际。我们在任何情况下都要牢牢把握这个最大国情，推进任何方面的改革发展都要牢牢立足这个最大实际。不仅在经济建设中要始终立足初级阶段，而且在政治建设、文化建设、社会建设、生态文明建设中也要始终牢记初级阶段；不仅在经济总量低时要立足初级阶段，而且在经济总量提高后仍然要牢记初级阶段；不仅在谋划长远发展时要立足初级阶段，而且在日常工作中也要牢记初级阶段。

第二，坚定不移地坚持社会主义初级阶段的基本路线不动摇。社会主义初级阶段基本路线，是用长期实践的成功经验与沉痛代价换来的。党在社会主义初级阶段的基本路线是党和国家的生命线。必须坚持把以经济建设为中心同四项基本原则和改革开放这两个基本点统一于中国特色社会主义的伟大实践，扎扎实实夺取中国特色社会主义的新胜利。我们在实践中要既不偏离“一个中心”，也不偏废“两个基本点”，把践行中国特色社会主义共同理想和坚定共产主义远大理想统一起来，坚决抵制抛弃社会主义的各种错误主张，自觉纠正超越阶段的错误观念和政策措施。

第三，科学认识社会主义初级阶段基本特征“变”与“不变”的辩证统一，清醒认识国情与世情的阶段性发展变化。要看到，社会发展是一个从量变到质变，又从质变到新的量变螺旋式上升的过程，在不同时期会呈现出相应的阶段性特征。在社会主义初级阶段基本特征没有变的情况下，也会发生阶段性特征的重要变化。

党的十八大以来，我国经济发展具有明显的阶段性特征，经济发展进入新常态。正如习近平指出的那样：这些趋势性变化说明，我国经济正在向形态更高级、分工更复杂、结构更合理的阶段演化，经济发展进入新常态，正从高速增长转向中高速增长，经济发展方式正从规模速度型粗放增长转向质量效率型集约增长，经济结构正从增量扩能为主转向调整存量、做优增量并存的深度调整，经济发展动力正从传统增长点转向新的增长点。认识新常态，适应新常态，引领新常态，是当前和今后一个时期我国经济发展的大逻辑。

我们必须清醒地认识到，社会主义初级阶段的阶段性特征的出现，是这一历史阶段呈现阶段式发展的必然结果，但不会改变社会主义初级阶段的基本特征。在相当长的时间里，我国仍处于并将长期处于社会主义初级阶段的基本国情没有变，人民日益增长的物质文化需要同落后的社会生产之间的矛盾这一社会主要矛盾没有变，我国是世界最大发展中国家的国际地位也没有变。在任何情况下都要牢牢把握社会主义初级阶段这个最大国情，推进任何方面的改革发展都要牢牢立足社会主义初级阶段这个最大实际。

2. 怎样理解中国特色社会主义建设的总布局?

第一，我们党对中国特色社会主义建设总布局的认识，从“两个文明”到“五位一体”，集中反映了对社会主义建设规律认识的不断深化。1982 年党的十二大针对“文化大革命”的严重破坏，提出物质文明和精神文明一起抓的战略方针，1986 年十二届六中全会正式提出“社会主义现代化建设的总体布局”概念。1987 年党的十三大根据经济体制改革要求政治体制改革协调推进的新情况，把“富强、民主、文明”作为建设中国特色社会主义“三位一体”的奋斗目标。进入新世纪新阶段，在深入推进经济、政治、文化改革和建设的同时，社会建设及其体制机制问题也日益突出。2004 年党的十六届四中全会明确提出构建社会主义和谐社会的战略任务，2007 年党的十七大第一次按照“四位一体”的总体布局论述中国特色社会主义道路和基本纲领。随着我国经济社会发展不断深入，生态文明建设的地位和作用日益凸显，2012 年 11 月召开的党的十八大，把生态文明建设放在突出地位，纳入中国特色社会主义事业总体布局，从而使中国特色社会主义事业总体布局从“四位一体”拓展为“五位一体”。“五位一体”总布局的确立，使得我们推进中国特色社会主义事业的发展方略更加成熟、发展目的更加明确、发展内涵更加丰富、发展道路更加广阔，为我们全面建成小康社会和实现社会主义现代化提供了基本遵循原则。

第二，推进中国特色社会主义建设“五位一体”总布局，贵在全面发展和协调发展。我们强调总布局，是因为中国特色社会主义是全面发展的社会主义。我们要牢牢抓好党执政兴国的第一要务，始终代表中国先进生产力的发展要求，坚持以经济建设为中心，在经济不断发展的基础上，协调推进政治建设、文化建设、社会建设、生态文明建设以及其他各方面建设。这是我们党对社会主义建设规律在实践和认识上不断深化的重要成果。我们要按照这个总布局，促进现代化建设各方面相互协调，促进生产关系与生产力、上层建筑与经济基础相协调。

3. 怎样理解中国特色社会主义建设的总任务?

第一，总任务的确定，使我们党在社会主义初级阶段的奋斗目标同“两个一百年”奋斗目标、实现中华民族伟大复兴中国梦的共同理想紧密结合起来。按照现代化建设“三步走”的战略部署，在中国共产党成立一百年时全面建成小康社会，在新中国成立一百年时建成富强民主文明和谐的社会主义现代化国家，是我们党和国家在整个社会主义初级阶段的奋斗目标。我们党的庄严使命、改革开放的根本目的、我们国家的奋斗目标，都聚焦于这个总任务、归结于这个总任务。

第二，及时确定总任务，提出激动人心的动员口号，是我们党的一大政治优势。我们党在不同历史时期，总是根据人民意愿和事业发展需要，提出富有感召力的奋斗目标，团结、带领人民为之奋斗。党的十八大根据国内外形势新变化，顺应我国经济社会的新发展和广大人民群众的新期待，对全面建设小康社会目标进行了充实和完善，提出了更具明确政策导向、更加针对发展难题、更好顺应人民意愿的新要求。这些目标和要求，与党的十六大提出的全面建设小康社会的奋斗目标和党的十七大提出的实现全面建设小康社会奋斗目标的新要求相衔接，也与中国特色社会主义事业总体布局相一致。

（三）从夺取中国特色社会主义新胜利基本要求的层面理解和把握其科学内涵和基本要义

党的十八大报告对中国特色社会主义作出新的理论概括，提出了“八个必须坚持”的基本要求：必须坚持人民主体地位；必须坚持解放和发展社会生产力；必须坚持推进改革开放；必须坚持维护社会公平正义；必须坚持走共同富裕道路；必须坚持促进社会和谐；必须坚持和平发展；必须坚持党的领导。深刻把握这些基本要求，才能深刻领会中国特色社会主义内在的规定性，坚定对中国特色社会主义是科学社会主义理论逻辑和中国社会发展历史逻辑的辩证统一的信心，牢固树立“三个自信”。为此，需要把握好以下要点。

第一，坚定根本方向。中国特色社会主义是亿万人民自己的事业，所以必须发挥人民的主人翁精神，更好地保证人民当家做主。解放和发展社会生产力是中国特色社会主义的根本任务，所以必须坚持以经济建设为中心、以科学发展为主题，实现以人为本、全面协调可持续的科学发展。改革开放是坚持和发展中国特色社会主义的必由之路，所以必须始终把改革创新精神贯彻到治国理政的各个环节，不断推进我国社会主义制度的自我完善和发展。公平正义是中国特色社会主义的内在要求，所以必须在全体人民共同奋斗、经济社会发展的基础上，加紧建设对保障社会公平正义具有重大作用的制度，逐步建立社会公平保障体系。共同富裕是中国特色社会主义的根本原则，所以必须使发展成果更多更公平地惠及全体人民，朝着共同富裕的方向稳步前进。社会和谐是中国特色社会主义的本质属性，所以必须团结一切可以团结的力量，最大限度地增加和谐因素，增强社会创造活力，确保人民安居乐业、社会安定有序、国家长治久安。和平发展是中国特色社会主义的必然选择，所以必须坚持开放的发展、合作的发展、共赢的发展，扩大同各方利益的汇合点，推动建设持久和平、共同繁荣的和谐世界。中国共产党是中国特色社会主义事业的领导核心，所以必须加强和改善党的领导，充分发挥党总揽全局、协调各方的领导核心作用。坚持这些基本要求不动摇，中国特色社会主义的性质就不会改变，根本方向就不会出现偏差，就能够避免发生颠覆性的失误。

第二，坚持问题导向。这些基本要求，是对当前我国经济社会发展中存在的突出问题、改革攻坚和加快转变经济发展方式面临的难点问题、干部群众普遍关注的热点问题的积极回应，进一步回答了在新的历史征程上怎样才能夺取中国特色社会主义新胜利的基本问题；是对我国进入全面建成小康社会决定性阶段改革发展稳定、内政外交国防、治党治国治军的正确指引。这些基本要求，既涉及生产力和生产关系，又涉及经济基础和上层建筑；既涉及中国特色社会主义伟大事业，又涉及党的建设新的伟大工程；同时还涉及统筹国内、国际两个大局。党的十八大对各项工作的谋划和部署都是遵循和体现这些基本要求的。抓住了这些基本要求，就能更好地凝聚力量、攻坚克难，继续推动科学发展、促进社会和谐，继续改善人民生活、增进人民福祉，完成时代赋予的光荣而艰巨的任务。

第三，坚持创新发展。这些基本要求，是根据党的基本理论、基本路线、基本纲领、基本经验，深刻总结60多年来我国社会主义建设特别是中国特色社会主义建设实践提出的，是中国特色社会主义最本质的东西。这些基本要求的概括提出，是对科学社会主义基本原理的进一步发展，是体现共产党执政规律、社会主义建设规律、人类社会发展规律的内容，表明我们党对中国特色社会主义规律的认识达到了新水平。

第四，关键在于从严治党。治国必先治党，治党务必从严。党的十八大以来提出的从严治党要求，既是着眼于继承和弘扬我们党90多年来保持和发展马克思主义政党先进性的根本点提出来的；又是着眼于顺应和应对新形势下世情、国情、党情的新变化提出来的；更是针对当前党的建设面临“四大考验”“四种危险”，严惩腐败、反腐倡廉的任务比以往任何时候都更为艰巨、更为繁重、更为紧迫的情况下提出来的。我们要按照从严治党的要求，把政治纪律和政治规矩立起来、挺起来、严格起来，“三严三实”、从严管党治党，不断提高党的领导水平和执政水平、提高拒腐防变和抵御风险能力，使我们党在世界形势深刻变化的历史进程中始终走在时代前列，在应对国内外各种风险和考验的历史进程中始终成为全国人民的主心骨，在坚持和发展中国特色社会主义的历史进程中始终成为坚强领导核心。

三 以“四个全面”战略布局为统领，坚持和发展中国特色社会主义

党的十八大以来，党的理论创新和实践创新呈现加速发展的局面。“四个全面”战略布局由此应运而生，它是以习近平为总书记的党中央从坚持和发展中国特色社会主义全局出发作出的重大战略决策部署，同时也是我们党坚持和发展中国特色社会主义的新实践、新成果，极大地提升了我们对中国特色社会主义的规律性认识。以其为依托，也正是我们将中国特色社会主义理论与实践体系不断推向发展新境界的题中应有之义。

第一，“四个全面”战略布局的提出，使坚持和发展中国特色社会主义这个主题主线，有了全面协调推进的战略总框架和战略总抓手。

坚持和发展中国特色社会主义，是改革开放以来我们党全部理论和实践的鲜明主题，也是全面贯彻党在社会主义初级阶段基本路线的一条红线。正是围绕坚持和发展中国特色社会主义这个主题主线，形成了道路、理论、制度三足鼎立的大格局，形成了揭示基本规律的总依据、总布局、总任务，形成了管根本、管方向的八项基本要求。“四个全面”战略布局的提出，又从战略总框架和战略总抓手的层面作出重大补充，使中国特色社会主义不仅有实践支撑、理论支撑、制度支撑和国情依据，而且有了全面协调推进的战略抓手，把理论与实践、顶层设计与协调推进有机结合起来。

第二，“四个全面”战略布局的提出，围绕中国特色社会主义道路、理论体系、制度的“三位一体”格局，形成了四足鼎立的态势，共同托举起中国特色社会主义和中华民族伟大复兴的中国梦。

首先，它深化了我们对战略布局同战略全局关系的认识。“四个全面”战略布局，始终有一个出发点和落脚点，这就是坚持和发展中国特色社会主义。坚持和发展中国特色社会主义是战略全局，全面建成小康社会、全面深化改革、全面依法治国、全面从严治党是围绕这个中心并为其服务的战略布局。其次，它深化了我们对战略目标和战略举措关系的把握。“四个全面”战略布局，既有战略目标，也有战略举措，每一个“全面”都具有重大战略意义。全面建成小康社会是我们的战略目标，全面深化改革、全面依法治国、全面从严治党是三大战略举措，为全面建成小康社会提供动力源泉、法治保障和政治保证。再次，它把马克思主义的统筹论和协调论运用于中国特色社会主义事业，深化了我们对“四个全面”相互关系的总体把握。“四个全面”战略布局不是简单的并列、平行关系，而是战略目标引领战略举措，是一个有机联系、环环相扣的整体。最后，全面从严治党，是推进“四个全面”战略布局的关键，全面建成小康社会、全面深化改革、全面依法治国，都必须坚持党的领导。因此，我们要把“四个全面”战略布局作为有机统一的整体来把握，努力做到相辅相成、相互促进、相得益彰。这对于全面增强治国理政和治党治军的统筹协调能力，进而推动国家治理体系和治理能力的现代化，具有十分深远的战略意义。

第三，“四个全面”战略布局的提出，进一步深化了对中国特色社会主义建设规律的认识。

“四个全面”战略布局的概括提出，使我们在中国特色社会主义建设“五位一体”总布局的基础上，从一个更高的层面来理解和把握中国特色社会主义道路、理论体系、制度的内在联系和逻辑关系，并且从更高层面来领会中国特色社会主义建设是以经济建设为中心的“五位一体”全面发展、协调发展，使我们对中国特色社会主义的认识提升到一个更高的层次。

与此同时，“四个全面”中的每一个全面，也体现了对中国特色社会主义建设规律的新认识。

全面建成小康社会，在中国特色社会主义中，具有实现路径和阶段性奋斗目标的双重意义。全面建成小康社会在实现“三步走”战略目标、战略任务中是承上启下的关键阶段。如今，距离这个目标的实现越来越近，我们对中国特色社会主义建设的全面性、系统性、协调性的认识也越来越深入。要切实落实全面建成小康社会的各项目标，就必须全面推进经济、政治、文化、社会、生态文明“五位一体”的改革与建设，就必须全面遵循改革开放以来形成的基本理论、基本路线、基本纲领、基本经验、基本要求，就必须始终坚持“三个自信”。

全面建成小康社会，又离不开全面深化改革的强大动力。这就需要我们紧紧围绕坚持和发展中国特色社会主义，勾画出最为完整的改革路线图，把五大改革和建设更加紧密地联系在一起，增强中国特色社会主义的整体性和协调性。在总目标的确立中突破就改革论改革的局限，把全面深化改革同完善和发展中国特色社会主义制度、推进国家治理体系和治理能力现代化紧密联系在一起，提升制度建设和国家治理在中国特色社会主义中的地位和作用。并通过全面深化改革与全面依法治国双轮驱动，更好地处理改革与法治的关系，要求改革要于法有据、立破并举，提升依法治国在推进改革开放中的地位和作用。

全面依法治国，是坚持和发展中国特色社会主义的本质要求和重要保障，是实现国家治理体系和治理能力现代化的必然要求。全面依法治国与全面深化改革在总目标上高度契合、高度统一，聚焦于制度建设和国家治理。它首次贯彻于中国特色社会主义建设“五位一体”总布局之中，为中国特色社会主义道路、理论体系、制度提供着稳定持久的法治支撑和法治保障。而依法治国同依规治党紧密联系在一起，又为从严治党拓展出新思路，为以完备的法律规范体系、高效的法治实施体系、严密的法治监督体系、有力的法治保障体系治党治国提供了必要依托。

全面从严治党，直接关系到党在中国特色社会主义事业中的领导核心地位。在“四个全面”战略布局中，从严治党同全面建成小康社会更加紧密地联系在一起，更加凸显党的建设在中国特色社会主义建设中的极端重要地位和关键保障作用，推动伟大事业和伟大工程相互促进、相得益彰。同时，在新时期党的建设这一新的伟大工程中，我们又进一步形成了从严治党的系统思路，即习近平总结提出的从严治党八项要求：落实从严治党责任，坚持思想建党和制度治党紧密结合，严肃党内政治生活，坚持从严管理干部，持续深入改进作风，严明党的纪律，发挥人民监督作用，深入把握从严治党规律。这些具体要求的提出和落实为我们在新的历史时期继续保持党的性质和宗旨提供了有力的参照依据。

总而言之，坚持和发展中国特色社会主义，是一篇实践、理论、制度紧密结合、深度融合的大文章，需要一代接一代地写下去。我们要紧密团结在以习近平同志为总书记的党中央周围，锐意进取，攻坚克难，谱写改革开放伟大事业历史新篇章，为全面建成小康社会、不断夺取中国特色社会主义新胜利、实现中华民族伟大复兴的中国梦而奋斗！

（原载《高校马克思主义理论研究》2015 年第 1 期）

关于西方文论历史分期问题的讨论

——当代西方文论的基本走向

张　江

作者简介：张江，男，辽宁大连人。分别在北京师范大学、清华大学获哲学学士、哲学博士学位。历任广东省委宣传部副部长，辽宁省委常委、宣传部部长等职务。现任中国社会科学院副院长、党组成员、教授。中国文学批评研究会会长、《中国文学批评》主编、《中国社会科学评价》主编、国家社科基金学科规划评审组专家、中国人民大学兼职教授、《人民日报》“文学观象”专栏主持人。长期从事文艺理论和文学批评研究工作，在中西文艺理论及中国当代诗学研究领域尤有建树，在《中国社会科学》《文艺研究》《文学评论》等各种权威学术期刊发表专业论文多篇，部分成果被《新华文摘》《中国社会科学文摘》、中国人民大学《复印报刊资料》等期刊转载，在学界引起重要反响。主持全国哲学社会科学基金重大项目“当代西方文论批判研究”。

危机孕育了革命。按照理论发展的一般规律，在经历过混沌发生期后，常态的理论生长必然是稳定共识期、震荡调整期、系统整合期这三个阶段的周期性演变。[①] 在前一篇文章中，我重点探讨了当代西方文论的基本定位问题，“如果说以浪漫主义、现实主义理论为代表的19世纪，依然算作一个有大体共识，稳定而略有震荡的理论时期，那么，以形式主义为先锋的20世纪文学理论，则由旧的稳定共识期进入新的震荡调整期。其典型特征是，短短百年的时间里，大量的思潮、学派相互否定和替代，大量的思想

① 参见张江《关于西方文论分期问题的讨论——历史分期的标准及意义》，《外国文学研究》2015年第2期。

家、理论家不断产生和消失，许多曾经宏大盛行的学说和方法不断走上顶峰并衰落，许多难以为传统所接受的观点和见解流星般升起又瞬间陨落。众声喧哗，却难有主流声音；学派林立，却只见矛盾和冲突，当代西方文论的最终价值和走向始终混沌不清”①。由此出发，我认为，经过百年多的震荡和调整，当代西方文论的发展，接下来应该进入一个稳定共识的新时期。在我看来，这既是理论发展规律衍生出的自然结果，也是当代西方文论未来发展的应有范式。

一 转型的条件已经具备

目前，当代西方文论向稳定共识期跃进的基本条件已经具备，大规模的系统融合已见端倪。

一是当代西方文论发展演进至今，一些重要的理论流派及其思想方法已经成熟、强大起来，潜移默化地影响着其他理论流派的生成和发展，逐步形成聚合效应。对当代西方文论百年多的发展而言，历史上和当下流行的各种理论，大多都有应该给予充分肯定的优势。许多重要学派和理论对文学理论的重新构建做出了独特而重要的贡献，一些优秀的理论方法，产生巨大的影响力和带动力，引领了当代西方文论的基本走向。马克思主义文论就是如此，它在文学基本理论的阐释上，不仅具有系统性和完整性，而且方法论意识鲜明，具有其他文论所不具备的广度和深度。按照齐泽克的解释，这种优势在于马克思主义能够提供一种社会科学的分析批判基体，几乎所有看上去与政治、经济无关的现象，诸如文学、艺术、道德、法律、宗教等，都能在基体中得到充分澄清②。如果用库恩的理论来说明，那就是因为马克思主义文论采用了历史唯物主义的科学范式，它的理论力量就在“应用范围和精确性两方面”凸显出来，成为左右当代西方文论发展的核心力量之一③。结构主义、后结构主义、解构主义、女性主义、后殖民主义等，无不与马克思主义文论间有着承继关系。世纪之交兴起的发生学批评、新亚里士多德主义、幽灵批评、超物质批评、空间批评等，也浓烈地透露着马克思主义文论的色彩。在某种意义上说，马克思主义文论已经成为各种新生理论的前导和基础，未来出现的文论流派几乎很难绕过它去。当然，海德格尔与伽达默尔的新解释学文论、姚斯和伊瑟尔等人的接受美学文论、萨特与雅斯贝尔斯的存在主义文论、拉康和齐泽克的新精神分析文论，等等，也都因为其新的方向性开拓和方法的进步性而取得了建树，从费耶阿本德的“理论增生”原则来说，这些具有范式引领作用的文论必将起到聚集、融合作用，引领当代西方文论走出繁杂曲折的震荡调整期，步入新的稳定共识期。

二是百年理论扩张的过程中，各种学说和观点的相互交锋与冲撞，多种思潮和学派的摩擦与融合，特别是一些重要观点的进退起伏，推动理论生长走上一条波浪式前进的

---

① 张江：《关于西方文论分期问题的讨论——当代西方文论基本定位》，《外国文学研究》2015年第3期，第8页。

② ［斯洛文尼亚］斯拉沃热·齐泽克：《意识形态的崇高客体》，季广茂译，中央编译出版社2002年版，第22页。

③ ［美］托马斯·库恩：《科学革命的结构》，金吾伦、胡新和译，北京大学出版社2003年版，第21页。

道路。一些学派和思潮经历了自身的否定之否定，偏执的结论趋向温和，狭窄的视野转向宽阔，以容纳和接受对立面的合理认知为新的生命因子，为理论的调整和丰富捕捉了重大生长机遇。根据辩证法的理论，矛盾的运动经过自身“否定之否定”，其相互对立的因素被扬弃，事物将进入一个似乎回归到原点的更高境界，新的要素占据主导位置，事物的性质发生根本变化。当代西方文论的发展也难逃这个基本规律，众多流派你来我往，各种思潮相互融合，形成相互依存又相互批判的矛盾统一体。这个矛盾统一体尽管前后抵牾、否定和批判的特征明显，但是它们在前后更迭的运动中也一定要相互搭接、借鉴，不断地改造和超越自己，形成平行四边形的合力，构成既是自身又不是的全新形态。

最明显的莫过于后结构主义和解构主义的反超与混合。解构主义以否定结构主义而自生，但是，在否定中解构对结构的“范式”借鉴十分明显。海登·怀特就曾指出德里达解构主义面具后隐藏着彻底的结构主义，甚至说他是“结构主义的俘虏”①。解构主义也同时借鉴了语言学和符号学，运用新批评的“文本细读”实现自己。这表明，理论的否定和扬弃，本身就是一种整合、否定和扬弃的结果，是新理论的生成。

另一个典型的例子是新历史主义文论。尽管新历史主义的代表人物彼此之间在理论上具有相当的差异性，但他们总体上反对形式主义、结构主义和新批评。后者强调摒弃历史语境而对文学语言和文本结构作封闭式研究，无视作者存在与读者的创造，无视文学文本的历史意义和文化精神。新历史主义也否定传统历史主义，否定所谓“历史决定论”，强调“文本的历史性”与“历史的文本性”。但就新历史主义对文艺复兴文学的研究事实看，它既没有忽视文学语言和文本结构的研究，也没有放弃马克思主义关于文学与历史的互动研究。他们只是通过理论整合提出一种新的文学分析方法，极端放大了“文本的历史性”。看看格林布拉特对莎士比亚等其他 6 位文艺复兴时期作家的研究，其不仅重视作家气质的形成及其意识形态性，而且“关注这些人物创作中字词与生存权力结构的‘错位’状态”②。由此我们也能看到新历史主义试图恢复文学研究的整体性和系统性的努力，尽管它实际上并未做到这一点。从个体文论家的理论生成来说，融合旧的理论以形成有效解决文学之谜的新理论，也成为一种趋势。罗兰·巴特从“写作的零度”起步，把结构主义、马克思主义、符号学等融为一体，开辟了后结构主义文论。雅克·拉康将精神分析、语言学和结构主义融合，拓展了后结构主义；杰姆逊的政治批评吸纳了拉康、福柯、马克思主义、后现代主义等诸多理论；米勒的解构主义批评融合了新批评、接受理论、精神分析。这样的例子数不胜数。如前所言，融合本身即扬弃和否定，即在剔除前在理论的片面性基础上，努力实现整合理论的目标，应该说是一种明显的趋势。这种扬弃、否定式融合，隐匿在剧烈的震荡表象之后，有力地催动文论生长的系统整合。这一趋势也将会引领当代西方文论步入新的稳定共识期。

三是重要的理论基点不可阻挡地趋向统一。首先，文学理论基本建构整合倾向。符

---

① Hayden White, “The Absurdist Moment in Contemporary Literary Theory,” *Directions for Criticism, Structuralism and Its Alternatives*, Ed. Murray Krieger and L. S. Dembo, Madison: The U of Wisconsin P, 1977, 85 - 110.

② 王岳川：《当代西方最新文论教程》，复旦大学出版社 2008 年版，第 395 页。

号学、哲学、社会学、心理学、政治学、人类学等，这些曾经引发当代西方文论剧烈震荡的学科为文学理论的发展提供了丰富的思想资源，一些重要的理论观点转化为以文学为对象的阐释理论，在本体论、认识论、方法论上有效地消解各方面的分歧，形成渐进统合的理论图景。海德格尔、伽达默尔的新阐释学，罗曼·英加登的文学作品层次论和价值论，荣格、弗莱的神话原型批评，尧斯、伊瑟尔的文学接受理论，福柯、拉康、巴特等人的后结构主义文学理论，或将文学作品作为精神观照的核心，或聚焦于文学的接受机制和阅读理论，或探寻文学演进的机制，文学化地推动了当代文论的扩张。如果从不是很挑剔的角度说，这些理论在很大程度上已经将哲学、符号学等学科的思维模式和经典方法内化于文学的理论。文学理论对于比邻学科的借鉴，甚至于对自然科学方法的借鉴，必须有一个文学化的过程，即将其他学科的理论转化为文学的理论和具体批评的方法；简单而生硬地套用其他学科的理论，必将造成强制阐释的后果，进而影响文学理论自身的建构。在倡导多元化实践的时代，有效吸收比邻学科的理论来系统建构文学理论，已经成为一种趋势。其次，文学理论回到文学已经成为强烈信号。拉曼·塞尔登在《当代文学理论导读》的最后部分详尽地描述了这种认识趋势：卡宁汉呼吁人们要“老练地”细读文本；乔纳森·贝特呼吁老师和学生们应当首先掌握文学研究的基本功——版本目录学，而不是什么“主义”；朱夫林和马尔帕斯则强调文学研究要突出文学“作为审美现象的独特感”①。这些观点本质上并非是怀旧，而是对文学理论内在发展趋向的一种把握，因而他们同样重视文学与社会、政治、文化之间的“正确关联”。20 世纪 90 年代末兴起的新唯美主义，同它以前的各种主流文学理论相对抗，强烈呼吁回到文学自身，其代表人物伊莎贝尔·阿姆斯特朗在 2000 年发表的专著中写道：“要提出新诗学，就必须挑战反审美的诗学，第一桶金理论基础，改变讨论的术语。”她批评伊格尔顿的《审美意识形态》是“反审美政治表达”，直接挑战把十四行诗看作“巩固阶级纽带”的“怀疑阐释学”②。这是一个不应该忽视的倾向性回归。再次，系统整合既有文论的时机趋向成熟。这种认识已经部分地体现在已有的文论流派评价中。比如人们对待西方马克思主义文论诸派别的看法，大多是肯定性的，这是因为它们不仅侧重文学与政治、社会的关系，同时也兼顾作者、读者与文本的研究。相反，那些完全否定文学研究其他可能的文论派别，如新批评、形式主义、结构主义、解构主义等，却饱受诟病，而各种“后主义”——后结构主义、后现代主义、后殖民主义、同性恋理论、酷儿理论、复杂性理论等，更是因为打断了“文学四要素”的关联而遭到更强烈的反对。这表明，文学理论的系统整合要求已经构成共识。我曾明确表示，文学研究必须走“外部研究和内部研究辩证统一”的路线③，也正是在探究各种理论流派的褊狭基础上得出的结论。

四是学界近年来对当代西方文论的深刻反思为理论整合提供了有利条件。当代文论

① ［英］拉曼·塞尔登、彼得·威德森、彼得·克鲁克：《当代文学理论导读》，刘象愚译，北京大学出版社 2006 年版，第 331—334 页。

② ［英］彼得·巴里：《理论入门：文学与文化理论导论》，杨建国译，南京大学出版社 2014 年版，第 229 页。

③ 张江：《当代西方文论若干问题的辨识——兼及中国文论重建》，《中国社会科学》2014 年第 5 期，第 34—37 页。

场内的反思激情一直未见消退，而从21世纪开始，热情和努力高潮迭起。尖锐而深刻的批评和反思不断挑战着占据舞台中心的狂舞者。首先，体现在对当代文论悖论性运行的反抗上。一个主义接着一个主义的诞生，相互之间既有借鉴又有否定；而否定甚于借鉴。后结构主义和解构主义对结构主义的质疑，提出“新阅读理论”；而意识批评、主体批评和思想分析等新社会学批评又构成了对新阅读理论的抗争。安德鲁·鲍伊直言不讳地指出：法国那种过分的后结构主义已经导致英语文论界的反击，它自20世纪70年代末期就已遭到有意的蔑视，而原先对之持有好感的人也发生了转向，文学并非单纯的意识形态，是到停止解构的时候了①。从反思的结果上看，它呈现出一枚硬币之两面：一面是“单数的、大写的理论迅速地发展成了小写的、众多的理论，……孵化出了大量的、多样的实践部落”，另一面则“出现了一种表面上更传统的立场和偏好的转向”②。21世纪初叶的文学理论似乎印证了这一点，不断扩张的散居族裔批评、身份理论、跨性别批评、空间批评、超物质批评等，无非是传统社会学批评的改头换面，它们只是戴有“后”时代的面具而已。质疑、批判、解构之后的反思总是伴随着建设性的意图，人们重新诉求，文学理论应该提供文学的阅读经验和文本的文学批评。其次，大规模反思也无例外地加入震荡与调整的过程，以震荡推动调整，以调整生产震荡，在周而复始的震荡与调整中建构新的现代文学观念。乔纳森·卡勒、米歇尔·福柯、保罗·萨特、罗兰·巴特等人，不断追溯现代文学观念如何跳离传统文论规约的范畴，在消解的历史中建构出一种现代文学概念发展史。当代文论不同观点之间的相互解构，也揭示了当代文论建构的方向，即必须进行相互包容与接纳的系统整合，生发新的共生共容理论与方法，文学理论的建构才有更大时代性成果。向什么方向建构，我们无法规定，但是，依据文学自身特征，依据文学发展的基本规律，依据文学的服务对象对于文学的本质要求，选择和决定文学及文学理论的走向，应该是个基本道理。有一个事实值得重视，就连解构主义盛行的美国文论界都开始呼喊“文学性”了，出现了一股不小的“反对……‘政治化’或‘政治正确化’的新潮流”③。当然，这种批判潮流并非一味地强调审美的“文学性”，而是强调依据文学事实的批评和理论，强调检阅文学运转的环境和机制，强调梳理文学理论的核心范畴，不仅是回归传统，而且企图在系统整合震荡期内的理论基础上建构符合共识的文学理论。

二 系统发育及其必要性

何谓系统发育？在理论层面上定义这个范畴，总的是指：（1）一个成熟学科的理论，大体上应该是一个完整有序的系统，在这个系统中，各方向的专业分工相对明确，配套整齐，互证互补。（2）在理论生成和发展的整个过程中，某个方向的理论可能走

① ［英］安德鲁·鲍伊、于尔根·恩克曼：《对德国哲学与英国批评理论之调解——访欧洲哲学教授安德鲁·鲍伊》，周晓亮译，载《差异》第2辑，河南大学出版社2004年版，第275—276页。

② ［英］拉曼·塞尔登、彼得·威德森、彼得·克鲁克：《当代文学理论导读》，刘象愚译，北京大学出版社2006年版，第9页。

③ 李欧梵：《文学理论·总序》，参见［美］勒内·韦勒克、奥斯丁·沃伦《文学理论》，刘象愚等译，江苏教育出版社2005年版，第7页。

得超前一点，快一点，具有开拓和引领的作用。但是，随之而来的，其他方向的配套理论必须接续上来，逐步构成一个能够解决本学科基本问题的完整体系。（3）同时，系统内不同方向的研究，其水平和深度应该大抵相当。某一方向的单兵突进，各方向之间的相互隔绝，会使整个系统处于不健全、不完整、不稳定的发育状态。无是非的矛盾，无标准的争论，无意义的相互诋毁，使整个学科面临常态化的危机，理论的有效性受到质疑，理论的发展成为空话。管理学上的所谓“短板理论”就是很好的说明。

当代西方文论百年多的努力，各个学派，各种思潮，诸多思想家、理论家的发明创造，让我们继承了前所未有的理论和精神财富。同样，各种理论的隔阂，各种学派的矛盾，以至于一个独立学说，一位独立的思想家自身学说内部的自相矛盾，让理论的未来走向混沌不清。对理论充满热情和自信的伊格尔顿对此也一筹莫展。这让我们想起一个学者，他在总结19世纪自然科学发展历程时留下的启示。他的大意是，每一门科学在其刚刚开始创立的时期，其主要工作是掌握现有的材料，这是一项基础性工作，在每一个领域都必须从头做起。然后，经过漫长的努力，经验的科学获得了巨大的发展和极其辉煌的成果，达到了一个可以证实自己各个领域之间联系的水平。进入这个阶段，科学家要做的另外一件事情是，在深入掌握全部已有材料的基础上，展开全面的归纳、概括、整合，把以往的经验科学提升为理论科学，转化、跃升为完整的知识系统。由此，一个重要的时代就要庄严开启，在这种概括与综合当中，新的伟大的发现将喷薄而出。在19世纪的当时，影响人类历史命运的三大发现（能量守恒定律、细胞学说、进化论），就是遵循这一过程和路径产生的。我认为，这个总结是对人类一般认识进程的总结，是对理论生成、发展、上升路径及其规律的总结。这是不是可以启示我们，当代文论的构建、发展也进入了这样一个时代，一个归纳、概括、整合前人伟大成果的时代？

“19世纪后期的文学批评呈现了一种前所未有的多元化格局。还从未有过以往哪个时代，像这一时期的文坛那样派别林立，意见纷呈；也从未有过以往哪个时代，像这一时期的批评那样充满对峙，争执不已。现实主义、自然主义、唯美主义、象征主义、科学主义、印象主义……各种文学思潮和批评方法在一时间纷纷登场，而且每一种见解都被推向了极端，使19世纪后期文学批评成了一个人声鼎沸的争论场所，一个行情动荡的证券交易市场。”① 这是一位中国学者在描述和评价19世纪后期西方文论状况时写下的一段话。事实上，这仅仅是当代西方文论的一个序曲，正式演出的大幕尚未开启。在此后一个多世纪内，当代西方文论纷乱复杂的局面远超于此。从积极的意义上说，这种流派林立、思潮迭起、众声喧哗的局面，极大地释放了理论的活力，没有权威，没有遮蔽，人人皆可发声，话语权平等。但是，其消极意义也显而易见。在这样一个嘈杂的话语场中，躁动和偏执成为普遍的症候，没有人愿意理智而客观地回望既往的理论成果，进而从中汲取合理的要素，寻找新的突破口，建立一套新理论，成为最大的诉求。结果，推翻，重建，再推翻，再重建，成了理论发展的常态。自身的内耗严重阻碍了理论向纵深发展。正如有学者总结的那样，“当今西方的各种文学理论和批评不仅呈现出碎片化、杂糅、拼贴的特征，而且都极力表明自身与众不同的特色，力图成为‘马赛克’中的一种色彩，既不愿意吸纳他者，也不愿意被他者吸纳。这种各自为政的

---

① 杨冬：《文学理论：从柏拉图到德里达》（第2版），北京大学出版社2012年版，第220页。

‘马赛克’局面，正是极力追求‘多元化’的后现代的典型特征，也是当今西方思想和文化的基本面貌”①。基于此，在我看来，文艺理论发展至今，我们目前最迫切的任务不是再创出几个流派，也不是再造出一套或几套迥异于以前的理论，而是将心态放平和，重新检省和打量以往取得的成果，开放视野，打通壁垒，让文艺理论在汲取以往成果的基础上走向系统发育。

需要说明的是，从震荡调整到系统发育，这个理论演进的路线不仅是一个成熟学科的演进规律，而且也是一种成熟理论、一个有成就的理论家的进步路线。当然，前提是这个理论和理论家是始终处于进取和上升状态，这个演进路程也是有限的，基本只能是一个周期。为说明这个理论生长的完整周期，我们可以一位理论家的成熟理论做一比较。按照海克尔个体发育与系统发育一致性的理论，个体发育过程重演系统发育历程，个体发育与系统发育历程呈现平行关系，我们来看希利斯·米勒的理论生长路线，是怎样完成从稳定共识到系统整合的。米勒的文学批评是从新批评起步的。在此之前的学习积累，如何走上新批评的道路，我没有考察。但有一点可以肯定，他是经过比较、选择而确定了新批评的方向。对米勒的学术生涯而言，这是一个稳定的时期，在这个时期里，他的各种思想和观点，他对文学及文本的认识和分析，都共识于新批评的框架之内。然而，这个过程不长，新的思想、新的理论、新的观点，在他的稳定期中不断产生，震荡和调整悄然发生，大约在他 25 岁以后，受法国现象学批评家布莱的影响，他转向了意识批评。《狄更斯的小说世界》是这个时期的代表作。这个转向是一个过渡，是他最终形成自己解构主义立场和思维方式的震荡调整。大约 15 年的时间，他的理论倾向实现了从意识批评向解构批评的转化，一些文章和著作鲜明表露了他的演变和进化。20 世纪 60 年代的后半期，米勒与艾布拉姆斯展开论战，完成了他解构主义转向的宣言书《作为寄主的批评家》，终于开始了他的解构主义的进程，以《小说与重复》著作为代表，成为耶鲁四人帮的重要成员、美国解构主义学派的代表人物。

从希利斯·米勒的思想演变进程看，第一，他的理论进程是完整的。从稳定共识开始，经过震荡调整，达到自身理论的系统整合。特别是在 60 年代末到 70 年代初的这一段时间里，从意识批评到解构主义的震荡与调整是明显的。第二，这个过程是连续的，具有合理的否定和继承，由文本细读到作品整体分析再到解构的颠覆，新批评的传统和方法贯穿始终，这在他著名的解构主义代表作《小说与重复》中体现出来。有学者评述：“如果说，他的批评生涯从语言开始（新批评），尔后离开语言而走进意识（意识批评），那么，当他接受解构主义之后，他重新回到了语言，用米勒自己的话来说，就是‘运用语言谈语言’。”② 这个轮回与调整是很鲜明的。第三，作为理论家个体，他的周期完整性已经实现，生命和限制、理论创造性的限制使理论进步的无限周期得以终止。米勒的个体理论发生及演进与系统的文艺理论发生及演进方式是一致的，可以从一个侧面证明我们的理论分期的正确意义。

---

① 阎嘉：《导论：21 世纪西方文学理论和批评的走向与问题》，载［法］热拉尔·热奈特、琳达·哈琴、拉尔夫·科恩、霍米·芭芭等著，阎嘉主编《文学理论精粹读本》，中国人民大学出版社 2006 年版，第 2 页。

② 朱立元：《前言》，载［美］J. 亨利斯·米勒《小说与重复——七部英国小说》，王宏图译，天津人民出版社 2008 年版，第 4 页。

我们还可以从一条独立的理论线索来证明理论分期与定位的合理性。以叙事学为例，远在2500年前，柏拉图在他的《理想国》第三卷中就给“纯叙事”下了定义。亚里士多德的《诗学》中的文学六要素，情节就在首位。用现在的眼光看，亚氏的情节就是叙事。但这个叙事是史诗的叙事。19世纪以后，法国的福楼拜、美国的亨利·詹姆斯为代表的现代小说理论奠基人，将小说创作的注意力转向叙事技巧。但这也没有形成气候。早年的形式主义注重了这方面的研究，但历时不长；新批评对叙事的研究重在诗歌而小说叙事的影响很小。从整个叙事学的生成和发展历史看，直至20世纪60年代结构主义兴起以前，小说叙事学处于一个混沌生成时期，也就是一种独立的理论生长的第一阶段。叙事学的真正成熟，按照伊格尔顿的评价，应该以格雷马斯、托多洛夫、罗兰·巴尔特，以及热拉尔·热奈特的理论建树为标志①。我认为，这就是叙事学理论生长的第二阶段。在这个阶段，以热奈特为代表的叙事学理论完成的早期的探索，形成了成熟且被普遍接受的理论形态，学科建设进入了稳定共识阶段。然而，因为结构主义的退场、解构主义的兴盛，叙事学的稳定共识期就很快过去。对于这个时期的叙事理论，20世纪末就被称作经典叙事学了。所谓经典，是因为它坚持了形式主义以来的传统，仅仅聚焦于文本的形式技巧的研究和分析，而隔断了作品与社会、历史、文化的联系。近20年来国内外学界有一个共识：结构主义叙事学即经典叙事学脱离文本语境的偏执立场是错误的。解构主义对单一的普遍的理论模式深恶痛绝。对结构主义叙事学做出重大贡献的巴尔特就这样嘲笑自己过去的立场：“据说某些佛教徒凭着苦修，终于能在一粒蚕豆里看出一个国家。这正是前期的作品分析家想做的事：在单一的结构里……见出全世界的作品来。他们认为，我们应该从每个故事里抽出它的模型，然后从这些模型里得出一个宏大的叙事结构。我们（为了验证）再把这个结构应用于任何故事。”② 新的震荡和调整由此开始，解构主义要彻底颠覆经典的叙事学理论，更重要的是立场，经典的叙事学要维护自己的学说，坚持自己的立场。就是这种震荡，这种相互冲突中的调整，让充满困惑的叙事学面临新的道路和选择。它的未来应该向哪里去？我们不能预测。但有一点我们满怀信心：按照理论生长发展的基本规律，它必将进入一个新的历史阶段，这就是系统整合阶段。在这个阶段里，叙事学会将以往的全部理论精华及合理因素集合熔炼起来，创造新形态，达成新的共识。进而又是新的震荡和调整，以至无穷。

三　如何走向系统发育

系统发育是我想为理论之后的理论提供的一个思路，也可以称作理论的系统发育思想。这个系统发育体现在两个方面。从历时性上说，它应该吸取历史上一切有益成果，并将它们贯注于理论构成的全过程；从共时性上说，它应该融合多元进步因素，并将它们融为一体，铸造新的系统构成。理论的系统发育不仅是指理论自身的总体发育，而且是指理论内部各个方向、各个层面的发育，相对整齐，相互照应，共同发生作用。系统

---

① ［英］伊格尔顿：《二十世纪西方文学理论》，伍晓明译，北京大学出版社2007年版，第100页。

② ［法］罗兰·巴尔特：《S/Z》，转引自朱立元《当代西方文艺理论》，华东师范大学出版社1999年版，第298页。

发育是理论成长的内生动力，也是一个理论、一个学科日趋成熟的重要标志。这一思想，在我之前的系列文章和访谈中，已有零散的呈现①。

我曾经在文章中提出过本体阐释这一概念②。本体阐释和系统发育在基本理路上是一致的。本体阐释无意缔造体系，但希望给出正确的认识和阐释路线，以及多学说共生发育的理论系统。本体阐释的基本思路是：坚持以文本和文学为本体，核心阐释、本缘阐释、效应阐释等三重阐释互补互证，对文本的原生话语、次生话语、衍生话语做确当阐释。指出正确的阐释路线，确定恰当的阐释边界，承认和肯定再生话语的界外发生意义，刻画一个相对完整、自洽的整体批评方法。也许会有一种误解，以为本体阐释只是将已有的各种理论杂糅起来，重走前人的老路。这是可以理解的。本体阐释的目标之一，就是尽可能地汲取各学派之优长，努力克服其所短，并充分考量理论和批评面临的矛盾和困境，提出具有系统性、规范性意义的理论和批评方法。本体阐释是为跨越理论断崖，消除理论鸿沟，推动理论持续共生进步，提供可能的思路。本体阐释主张的各方向的阐释，历史上都有过极端的理论和实践。但是，真理迈多一步就是谬误。任何好的理论和方法，单兵突进，不及其余，终究要走向末路。系统发育是优化理论、最大限度发挥理论潜力和作用的根本之道。本体阐释拟构稳定共生的发育系统不是简单的理论综合，而是多方面成熟理论的融合共生。社会历史研究、读者接受研究、传统的承载与延伸、文本的形式艺术研究，等等，都不是孤立的、分裂的，而是相互融合，相互照应和相互补充并证明的。正因为如此，我们希望，本体阐释能够成为一个具有系统发育构成和超强张力的优长理论，是一个有前途的理论。

关于系统发育，有三个问题必须说明。

其一，如何吸纳不同流派、不同学科的思想成果？不同流派之间思想成果的吸纳似乎容易一些，同一学科之内，面对的研究对象相同，面临的基本问题相通。在这里我着重谈一下如何吸纳不同学科的思想成果。近年来，跨学科的研究范式成为新趋势。文学理论也加入到这一趋势当中。我们承认，文学理论的发展需要借鉴学习其他学科理论和方法。在一些语境下，其他学科理论的应用是必需的，具有重要而积极的意义。但是，要注意的是，其他学科理论及其研究方法被引渡到文学学科之内，必须立足于一个正确的前提，即其他学科理论的文学理论化。否则，生硬的嫁接和移植很难给文学及其理论的发展以更多的、积极的意义。比如，自然科学领域内的诸多理论和方法，因其严整性和普适化，晚近以来常被挪用于文学场域，淬炼成文学批评的有力武器。符号学移植数学矩阵方法，生态批评使用混沌理论概念，空间理论起点于天文学和物理学时间与空间范畴等，都属于此类。但是，这些借用并不都是成功的。法国结构主义文论家格雷马斯借用数学的方法，设立了叙事学上著名的“符号矩阵”：任何一部叙事作品，都可以将其内部元素分解成思想因子，纳入这个矩阵。矩阵的四项因子交叉组合，构成多项关系，全部的文学故事就在这种交叉和关系中展开。詹姆逊曾用这一方法分析过中国古典小说《聊斋》中的篇章，结果令人失望。究其原因，就是因为在将数学研究方法纳入到文学过程中，并没有进行文学理论化。

① 参见毛莉《当代文论重建路径：由“强制阐释”到“本体阐释”——访中国社会科学院副院长张江教授》，《中国社会科学报》2014年6月16日。

② 参见张江《本体阐释论》，《中国社会科学内部文稿》2015年第5期，第26—46页。

其二，对研究者个人而言，系统发育不是要求做面面俱到的研究。系统发育更多强调的，是作为宏观的文学理论，各个维度之间、各个理论流派之间要形成有机的整体，构建一个健全而完整的体系。而不是彼此割裂，互相隔绝，或者单支茂长，畸形膨胀。这种系统性，对于全面完整地把握文学的本质、特征、规律具有非常重要的意义。但是，对于单一的研究者个体，不能做这样的苛求。从文学研究的自身规律来讲，无论是阐释文学的本体属性，还是形成一篇批评文章，都需要确定一个角度，企图囊括所有角度、博取所有研究方法，是根本不可能的。换言之，在实践中，面对一部文学作品，研究者可以从形式的维度去阐释它，分析它的语言、韵律、节奏等，进而将这些规律上升为理论。也可以从神话原型的角度去探寻文本的历史秘密，揭示某一文学母题的历史轨迹。还可以从读者接受的视点重点考察作品的阅读接受规律，等等。这都是允许的，合理的。重要的是，研究者一定要明白，这仅仅是切入和阐释作品的一种方式，而不是偏执地认为这是唯一方式。并且，以接受美学理论为例，如果研究者在立足读者接受这一视点同时，能够更加理性和客观地认知到世界、作者、文本、受众之间不可割裂的内在关联，认识到作者在文本意义赋予中所占据的地位，而不是狂傲地宣称“作者死了”，我相信，这对他自身的研究也会大有裨益。

其三，系统发育不是要用一元取代多元。有人可能会产生误解，以为倡导系统发育，就是要打造出一种囊括所有理论和方法优长的研究范式或批评模式，进而用它来取代当下多元并存的格局。从一元到多元，这是历史的进步，我们不可能推历史的倒车，逆历史潮流而动。在前文中我就强调过，无论是本体阐释，还是系统发育，都无意缔造体系。系统发育不是一种理论，而是理论发展的一种状态，一种超越震荡调整期芜杂、繁乱、无序的新状态，是理论发展的更高阶段。对现有的理论和学说，它不是替代，而是充盈，即通过有机的系统发育，让各种流派、各种理论、各种思潮都能在捍卫自身的前提下彼此借鉴、吸纳，最终更好地发展自己。在人文社会科学领域，没有任何一种理论是十全十美的，无论这种理论诞生于哪位大师之手。打破狭隘的单一视角，从横向和纵向的更广阔领域汲取智慧，这是理论自我完善、自我发展的必由之路。多元胜于一元。但是，当下文学理论的多元并存，徒有其多，多而无序。多元并存应有的彼此砥砺、相互促动效应并没有真正发挥出来。引入系统发育的思想，不但不会将多元扼杀为一元，相反，还会更加有利于多元的发展，从而在整体上推进文学理论的繁荣。

当代文论发展到今天，繁荣喷薄的局面并没有给人带来多少欣喜，相反，疑虑和困惑越来越多。“理论已死”的宣告，“理论向何处去”的追问，已成20世纪末以来文学理论界屡见不鲜的话题。就连在文学理论上耕耘一生的伊格尔顿，面对理论之后的理论发展，也不无苦恼地发问：“新的时代要求什么样的新思维呢？”[①] 我们似乎能够听到他苍老的声音，忧心忡忡又满怀期望。历史决定论有其偏颇之处，这个早已被历史所证明。但是，历史之于当下仍然有价值和意义。从历史中梳理出文学理论发展的基本规律，以此作为指导，给文学理论的未来走向做一个预判，这是理论研究的题中应有之义。并且，理论研究者有责任和义务，积极主动地推动理论尽早尽快地迈向系统发育。这个时代要求我们，以极大的理论勇气和宽广视野，对包括中国文论在内的以往一切有益成果，对20世纪西方文论狂飙突进的理论遗产，以科学的概括和总结，形成一个完

① ［英］伊格尔顿：《理论之后》，商正译，商务印书馆2009年版，第4页。

整的理论和批评方法的体系，或许是我们解决伊格尔顿困惑的有效途径。

百多年的纵横激荡，当代文论在这个周期内停留的时间已经足够长，它在这一阶段的历史任务已经完成。今天，它向下一个周期跨越的条件和时机已经成熟。但是，这仅仅是条件和时机。系统发育的真正实现还有赖于整个学界有意识的推动。需要说明的是，系统发育虽然包含诸多合理要素，也是当前理论发展的必要选择，但是，这并不意味着它永远是理论发展的理想状态。当系统发育形成的新的稳定共识期达到成熟，再一次的震荡调整又将形成。如此周而复始，不断前进。按照分期论的观点，这是理论发展的必然规律。中国文学理论的发展也迫切需要引入系统发育思想。长久以来，我们一直在呼吁和期盼中国文学理论体系的建构，但时至今日，收效甚微。有学者曾不无自豪地讲，新时期以来的三十多年，我们终于完成了对当代西方文论的追赶，也就是说，我们今天的理论发展已经达到了与西方同步。细究起来，这里面存在很大的问题。其一，我们所谓的追赶，仅仅限于对西方理论的搬运和移植，所谓的同步，无非是西方流行什么，我们也在第一时间引入了什么。真正源于本土、富有自己民族特色的文学理论还相当匮乏。其二，国内对当代西方文论的引入，基本是历时性的。从 20 世纪 80 年代开始，精神分析批评、存在主义、西方马克思主义文论、结构主义、符号学、接受美学、解构主义、后殖民主义，等等，潮水一般轮番登场。这其中虽然也有共时性的交叉和重叠，但主体是历时性的浪浪相逐，一种学说进来没几年，旋即被另外一种学说洗刷替代。这就导致了中国文学理论在横向和纵向的有机性、系统性方面更为薄弱的结果。浪潮涌过，即成历史，不停地在追逐所谓的“新”，对“旧”的东西缺少反思的兴趣。中国文学理论体系的建构要吸纳一切有益成果。在理论上，没有所谓的新和旧，每种理论都是一种独特的看取世界和文学的角度和方法，都有合理的因子存在。尤其要积极吸纳中国传统文论的智慧和精华。中国五千年的历史积累了大量文学理论遗产，这是打造中国文学理论体系的重要思想资源。要做到这些，必须实现文学理论的系统发育。事实上，所谓体系，本身就包含了系统发育的意指。

（原载《外国文学研究》2015 年第 4 期）

着力解决全面建成小康社会的民生“短板”

李培林

作者简介：李培林，法国巴黎第一大学（索邦大学）博士。现任中国社会科学院副院长、学部委员、学部主席团成员、研究员、博士生导师。兼任国务院学位委员会委员，中央文明委委员，中国地方志指导小组常务副组长，国家规划专家委员会委员，国务院深化医疗卫生体制改革专家咨询委员会委员，人力资源和社会保障部、民政部、卫生和计划生育委员会等部委咨询专家、国家社会科学基金评审委员会委员，马克思主义理论工程社会学专家组首席专家，《社会学研究》主编。获国家有突出贡献中青年专家、国务院特殊津贴专家、百千万工程国家级人选、全国留学人员先进个人、“四个一批”人才、哲学社会科学领军人才等称号。主要著作有：《另一只看不见的手：社会结构转型》《村落的终结》《社会转型与中国经验》《和谐社会十讲》《当代中国民生》《当代中国城市化及其影响》《李培林自选集》等。主编《中国社会形势分析与预测》年度报告（社会蓝皮书）。

全面建成小康社会、全面深化改革、全面依法治国、全面从严治党，在这“四个全面”的战略布局中，全面建成小康社会是我们的战略目标。中国特色社会主义的制度优越性，归根结底要体现为国家综合实力不断增强和人民生活较快改善。现在，我国距离 2020 年实现全面建成小康社会的目标还有 5 年多的时间，如期实现全面建成小康社会的目标，为到 21 世纪中叶基本实现现代化打下坚实的基础，是进一步体现中国特色社会主义制度优越性的重要任务。

从目前的实际发展进程来看，在社会建设和民生方面，要实现全面建成小康社会的目标还有一些“短板”，我们必须认清这些“短板”的症结所在，拿出有力的措施切实加以解决，让人民群众有更多获得感。

一 民生“短板”发生的阶段性变化

改革开放37年来，我国人民生活发生了天翻地覆的变化，代表生活水平的“三大件”，从改革开放初期的自行车、手表、缝纫机，到20世纪90年代的电视机、电冰箱、洗衣机，再到现在的住房、汽车、保险，变化之快超出想象。与此同时，民生的“短板”也发生了深刻的阶段性变化。

1. 民生“短板”从温饱问题向生活质量问题转变

我国已经跨越生活的温饱阶段，解决13亿多人口的吃饭问题，对一个发展中的人口大国来说，是一项了不起的成就。随着人民生活水平的不断提高，人们对生活质量提出更高的要求。居民生活消费层级不断提升，以房、车、休闲、旅游、通信、网购引领的新型大众消费此起彼伏，健康、食品安全、水和空气清洁、满意度、幸福感等都成为衡量生活质量新指标，一个更加注重生活质量的新阶段已经开始。

2. 民生“短板”从收入增长速度向收入分配机制转变

20世纪80年代中期以后，相当长一个时期内，我国城乡居民的收入增长速度一直低于GDP的增长，近几年这种情况开始发生变化，城乡居民的收入增长出现与GDP增长同步和跑赢GDP的情况。在劳动力供求关系发生深刻变化的背景下，劳动工资的平均水平，特别是初级劳动力市场的平均工资水平在快速增长。但收入差距过大、有效激励不足、分配不合理不公平现象比较突出、中等收入者比例较低等始终是一个“短板”问题，到2020年实现橄榄型分配格局任务艰巨。建立公平合理的收入分配机制，理顺收入分配的秩序，关乎民生大事，关乎发展方式转变，关乎中国特色社会主义的制度完善。

3. 民生“短板”从就业总量问题向就业结构问题转变

我国就业总量的压力目前已有所缓解，一是政府采取有效措施促进就业取得明显成效；二是就业弹性较大的第三产业快速发展，我国经济产出总量中第三产业比重超过了第二产业，发挥了就业拉动作用；三是劳动力市场的供求关系发生深刻变化，劳动年龄人口的比重和劳动力人口总量都已开始下降。但就业结构问题进一步凸显，以大学生为主的青年就业面临严峻形势，农村富余劳动力转移由于农村劳动力的普遍老龄化遇到更大的困难。在我国经济增长下行的情况下，就业政策选择必须高度关注这一新的变化趋势。

二 民生“短板”的焦点、热点、难点问题

1. 收入差距过大是民生“短板”的焦点问题

改革开放以后，为了打破长期以来低效率的“大锅饭”分配体制，我国实行了“让一部分人和地区先富起来”的大政策，极大地激发起广大群众的生产积极性，资源配置效率大幅度提高。但与此同时，城乡、地区和社会成员之间的收入差距也不断扩大，成为引发各种社会问题的深层原因，也引起广大群众的不满，解决收入差距问题的呼声很高。近年来，我国采取了一系列措施调整收入分配，衡量收入分配差距的基尼系数2008年达到最高点0.491之后开始回落，到2014年已经连续6年收入差距在缓慢缩

小。这种回落得益于三个重要因素：一是作为收入差距主因的城乡差距开始缩小，农民人均纯收入已经连续4年增长速度快于城镇居民人均可支配收入，2014年城乡收入差距13年来首次降至3倍以下；二是区域差距得到控制，相对发展滞后的中西部地区已经连续近10年经济增长速度快于比较发达的东部地区；三是在初级劳动力供给出现结构性短缺的背景下，农民工工资出现持续增长的态势。这种收入差距缩小趋势是否能够稳定持续还不是很确定，如何在效率和公平之间达成均衡难度很大。调整收入分配结构会触动一些刚性利益格局，但目前无论从改善民生、维护社会和谐稳定，还是从转变发展方式、激发社会活力来说，解决收入分配机制这一民生“短板”的焦点问题都已势在必行。

2. 大学生为主的青年就业是民生“短板”的热点问题

温饱问题解决以后，就业成为我国最大的民生问题。我国劳动力市场的一个突出特点，就是所谓“蓝领”就业市场与“白领”就业市场的分割。一方面，目前“蓝领”就业市场的供求关系出现深刻变化，供大于求的局面开始扭转，中国的失业率在经济增长速度下行的情况下并没有出现显著恶化，反映真实失业情况的城镇调查失业率，与统计口径有一定局限的城镇登记失业率非常接近，约为5%，这在过去经济增长速度下行的时候是从未有过的，可以说是一种惊喜。另一方面，“白领”就业市场仍然呈现明显的供大于求，尽管我国服务业快速发展，但现代服务业增加的就业岗位仍然满足不了不断增长的大学毕业生求职需求，以大学生为主的青年就业，成为扩大就业的重点人群。

3. 减贫是民生“短板”的难点问题

习近平总书记强调，“全面建成小康社会，最艰巨最繁重的任务在农村，特别是在贫困地区。没有农村的小康，特别是没有贫困地区的小康，就没有全面建成小康社会”。改革开放以来，中国数亿人摆脱了贫困，为全球反贫困事业作出重要贡献，得到相关国际组织和世界舆论的高度评价。进入21世纪后，中国的农村扶贫开发工作进入了一个新的阶段。从2011年开始，中国把农村扶贫标准大幅度提高到人均纯收入2300元/年，这大概已经相当于按购买力平价计算每人每天收入2美元的国际贫困标准。按此新标准计算，我国贫困人口从2012年的9899万人减少到2014年的7017万人，年均减贫1400多万人。按此速度计算，到2020年可以实现基本消除贫困的目标。但目前我国7000多万贫困人口，大部分分布在18个集中连片贫困地区，这些地区或是自然资源贫乏，或是生态环境脆弱，或是生存条件恶劣，而且往往基础设施落后，产业发展严重滞后，减贫难度比过去大幅度增加。

4. 老龄化是民生“短板”的新问题

我国的人口结构正在发生巨变，老龄化的速度比原来预测的要快许多，老龄化问题从一个中长期问题演变成需要立即着手解决的新问题。目前60岁以上老年人数量已超过2亿人，占总人口的近15%，而且现在每天有2.5万人迈入老年，改革开放以来社会负担系数（老人和儿童占总人口的比例）持续下降的趋势出现转折。人口老龄化对中国的养老保障体制提出严峻挑战，面对家庭的小型化趋势和独生子女的新一代，中国千百年来的家庭养老模式和社会伦理规范都在发生变化。庞大的养老规模需要巨额资金，但我国必须迅速建设广泛覆盖的社会养老安全网，同时又要防止福利的快速增长成为经济增长的沉重负担，处理好养老保障水平刚性增长与经济发展周期波动的矛盾，成为中国在发展中要应对的重要挑战。

三 解决民生“短板”的政策选择和举措

1. 深化改革，下大力气理顺收入分配的秩序

我国收入分配的调整面临很好的时机，城乡和区域收入差距扩大的趋势开始扭转，民众对收入差距的态度趋于理性。要抓住有利时机，全面深化改革，争取用五年的时间，调整收入分配结构，理顺收入分配的秩序，促进社会公平正义与社会和谐。一是在今后的发展中要确保城乡居民收入增长与经济增长同步，如期实现到2020年城乡居民收入水平比2010年翻一番的目标；二是千方百计提高农民的收入，特别是提高农民的财产性收入，大胆试点，分布有序进行，努力盘活乡村沉淀的资产，基础设施建设和公共服务要下乡，国土规划不能忘掉农村，要让农村居民逐步过上城镇生活质量的日子；三是要逐步建立全国统一的公务员薪酬标准，在参照企业管理人员工资水平、地方平均工资水平和物价指数的基础上建立公务员的工资正常增长机制。

2. 就业和创业相结合，努力增加就业岗位

就业是民生之本，要千方百计扩大就业，就业一旦出现问题，会造成社会问题的连锁反应。一是要进一步完善劳动力就业市场，拆除劳动力进入市场的各种门槛；二是进一步转变产业结构，增加新型服务业和制造业的就业岗位；三是实施大力扶持吸纳就业较多的中小企业和小微企业的信贷、税收等政策；四是把农民工技术培训放在重要位置，提高农民工纵向流动的能力；五是把鼓励创业放在与鼓励就业同等重要的位置，积极发展以互联网、物联网等为平台的新型灵活就业形式。

3. 以减贫结果为导向，实施精准扶贫战略

以减贫结果为导向，就是要将扶贫资金分配与扶贫目标任务、减贫效果挂钩，扶贫资金不能以任何理由被挪用，更不能“打水漂”。所谓精准扶贫，一是要精准识别贫困对象，扶贫资金要落实到户，不能冒领，不能随意扩大扶贫范围，也不能把贫困县帽子当作获取扶贫资金的路子，让扶贫资金在阳光下运行；二是要精准实施扶贫措施，认真总结扶贫经验，根据不同情况因地制宜，抓住关键“短板”，采取开发扶贫、生态扶贫、移民扶贫、教育扶贫、基础设施建设扶贫、信贷扶贫、项目扶贫等不同措施；三是精准制定减贫目标的路线图、时间表，决不能让贫困地区和贫困群众在全面建成小康社会中掉队。

4. 发展“银发”事业产业，积极应对人口老龄化

随着我国老龄化水平的提高，人口的平均预期寿命、人均受教育水平、人均经济社会发展产出能力也在提高，所以不能完全把老龄化看作负面因素，要积极发掘老龄人口的潜力。要认真研究人口结构的深刻变化和变化速度，充分考虑抚养成本和生育观念的转变对生育意愿和生育行为的影响，适时采取全面放开二孩生育政策。要精准评估就业要求与延长退休年龄之间的均衡，分步骤、分阶段实施渐进延长退休年龄政策，从脑力工作岗位向体力工作岗位延伸。

（原载《求是》2015年第7期）

为马克思主义政治经济学创新发展贡献中国智慧

程恩富

作者简介：程恩富，教授，博士生导师，中国社会科学院学部委员、学部主席团成员，马克思主义研究学部主任。

习近平总书记在中共中央政治局第二十八次集体学习时强调，立足我国国情和我国发展实践，发展当代中国马克思主义政治经济学，学习马克思主义政治经济学基本原理和方法论，掌握科学的经济分析方法，认识经济运动过程，把握社会经济发展规律，提高驾驭社会主义市场经济能力，提高领导我国经济发展能力和水平。学习马克思主义政治经济学，既要坚持其基本原理和方法论，又要同我国经济发展实际相结合，不断形成新的理论成果，为马克思主义政治经济学创新发展贡献中国智慧。

马克思主义政治经济学是马克思主义的重要组成部分，也是坚持和发展马克思主义的必修课

马克思主义是关于自然、社会和思维发展一般规律的学术思想和科学体系，是工人阶级及其政党进行社会主义革命和建设以及过渡到共产主义社会的指导思想和科学体系，是关于人生信仰和核心价值的社会思想和科学体系。列宁认为，马克思主义有马克思主义哲学、马克思主义政治经济学和科学社会主义三个主要组成部分。从这三个部分的关系来看，马克思主义政治经济学具有独特的地位和作用。首先，它批判地借鉴英国、法国资产阶级古典政治经济学，在人类经济思想史上第一次建构了科学阐明人类经济活动、经济关系、经济制度和经济运行的理论体系。其次，《资本论》的问世，使唯

物史观不是假设，而是科学地证明了的原理。唯物辩证法和唯物史观在政治经济学变革中的创造性成功运用，加深了马克思主义的哲学和政治经济学的有机融合。再次，剩余价值规律的发现和唯物史观的创立，使社会主义从空想变成了科学，确立了科学社会主义的基本框架。最后，马克思主义政治经济学的创立和发展，为马克思主义的政治学、社会学、法学等其他社会科学提供了相关理论和方法。比如，经济基础概念的政治经济学分析为上层建筑概念的政治学分析给定了科学前提，生产关系概念的政治经济学分析为财产关系概念的法学分析奠定了科学基础，阶级阶层概念的政治经济学分析为阶级阶层概念的社会学分析提供了科学启迪。

当前，我们要深刻认识和践行马克思主义政治经济学这门坚持和发展马克思主义的必修课，消除一些错误观点和做法。

比如，忽视马克思主义政治经济学在国民教育体系中的重要性，一些高校的财经类研究生入学考试只考西方经济学，不考政治经济学。其实，马克思主义政治经济学与西方主流经济学一样，既具有学术性，又具有意识形态性和阶级性。诺贝尔经济学奖获得者索洛坦言："社会科学家和其他人一样，也具有阶级利益、意识形态的倾向以及一切种类的价值判断。不论社会科学家的意愿如何，他对研究主题的选择，他提出的问题，他的分析框架，很可能在某种程度上反映了他的利益、意识形态和价值判断。"因此，必须高度重视马克思主义政治经济学的设置和教研，用马克思主义政治经济学指导西方经济学的教学研究活动。

再如，淡化马克思主义政治经济学对于改革开放的作用，认为改革开放以来的经济社会发展成就主要受西方经济学理论指导和影响。习近平总书记明确指出，改革开放以来，中国特色社会主义经济理论"不仅有力指导了我国经济发展实践，而且开拓了马克思主义政治经济学新境界"。事实已经证明，如果放弃马克思主义政治经济学的理论指导，一味强调和奉行西方经济学理论，很容易产生严重问题。因此，要学好用好政治经济学，自觉认识和更好遵循经济发展规律，不断提高推进改革开放、领导经济社会发展、提高经济社会发展质量和效益的能力和水平。

改革开放新的实践，形成了当代中国马克思主义政治经济学的许多重要理论成果

习近平总书记指出："党的十一届三中全会以来，我们党把马克思主义政治经济学基本原理同改革开放新的实践结合起来，不断丰富和发展马克思主义政治经济学，形成了当代中国马克思主义政治经济学的许多重要理论成果。"在我国，不仅有新民主主义经济纲领、社会主义社会的基本矛盾理论，还有改革开放以来形成和不断发展的新的政治经济学理论。

——关于社会主义本质的理论。包括三个方面内容：解放生产力、发展生产力是社会主义的根本任务，是最终达到共同富裕的基础；消灭剥削、消除两极分化是社会主义的根本方向，是最终达到共同富裕的制度保证；最终达到共同富裕是社会主义的根本目标，是前两者的终极目标。这一理论体现了生产力与生产关系、目标与手段、过程与结果的辩证关系，丰富了马克思主义政治经济学的理论宝库。

——关于社会主义初级阶段基本经济制度的理论。这一理论要求毫不动摇巩固和发

展公有制经济，毫不动摇鼓励、支持、引导非公有制经济发展，坚持公有制主体地位不能动摇，国有经济主导作用不能动摇。这是保证我国各族人民共享发展成果的制度性保证，也是巩固党的执政地位、坚持我国社会主义制度的重要保证。这是对政治经济学的所有制和产权理论的发展。

——关于树立和落实创新、协调、绿色、开放、共享的发展理念的理论。创新是发展的第一动力，具体表现在经济制度、科技等领域；协调城乡、区域、产业等之间的关系，属于平衡与不平衡发展的基本经济理论问题；绿色发展理论涉及生态马克思主义关于经济的低碳化、循环化和生态环境良性化问题；更高层次的开放型经济，与国际分工、国际贸易、国际金融和国际价值规律等一些政治经济学理论发展密切相关；改革发展成果的合理共享，体现了以人民为中心的发展思想和政治经济学的根本立场。

——关于发展社会主义市场经济、使市场在资源配置中起决定性作用和更好发挥政府作用的理论。社会主义市场经济理论是我国现代政治经济学的最基本、最核心的理论。从一般市场经济的内在要求看，市场应在资源配置中起决定性作用，而从社会主义基本制度和国外现代市场经济的内在要求看，又必然要更好地发挥政府作用。

——关于我国经济发展进入新常态的理论。经济新常态理论涉及经济增长、经济发展、经济结构、经济效益、需求侧与供给侧管理等理论的审视和创新问题，要求经济发展方式从规模速度型粗放增长转向质量效率型集约增长，经济结构从增量扩能为主转向调整存量、做优增量并存的深度调整，经济发展动力由要素驱动、投资驱动等传统增长点转向以创新驱动为代表的新增长点。

——关于推动新型工业化、信息化、城镇化、农业现代化相互协调的理论。该理论强调“四化同步”，深入推动信息化与工业化深度融合，工业化与城镇化良性互动，城镇化和农业现代化相辅相成；关联到工业经济理论、信息经济理论、城市经济理论、农业经济理论、国土经济理论等一些政治经济学和应用经济学的基本理论。

——关于用好国际国内两个市场、两种资源的理论。它属于政治经济学有关市场经济、资源经济、国际经济和开放经济的理论范围。这一理论强调适应经济全球化新形势，必须推动对内对外开放相互促进、引进来和走出去更好结合，促进国际国内要素有序自由流动、资源高效配置、市场深度融合，加快培育参与和引领国际经济合作竞争新优势，以开放促改革。

——关于促进社会公平正义、逐步实现全体人民共同富裕的理论。这一理论要求紧紧围绕更好保障和改善民生、促进社会公平正义深化社会体制改革，改革收入分配制度，促进共同富裕，推进社会领域制度创新，推进基本公共服务均等化，加快形成科学有效的社会治理体制，确保社会既充满活力又和谐有序；要求坚持和完善以按劳分配为主体、多种分配方式并存的社会主义基本分配制度，努力推动居民收入增长和经济增长同步、劳动报酬提高和劳动生产率提高同步，调整国民收入分配格局，持续增加城乡居民收入，不断缩小财富和收入差距。

简言之，上述中国特色社会主义经济理论，既坚持了马列主义和毛泽东思想的基本原理和方法论，又同我国新时期经济发展实际紧密结合，书写了马克思主义政治经济学的新篇章。

要深入研究世界经济和我国经济面临的新情况新问题，为马克思主义政治经济学创新发展贡献中国智慧

要深入研究世界经济面临的新情况新问题，为马克思主义政治经济学创新发展贡献中国智慧。目前，西方资本主义世界正处于金融危机、经济危机、财政危机和贫富对立中，急于摆脱困境的西方发达国家继续推行新自由主义和新帝国主义的金融霸权和经济霸权政策，加大了全球经济发展的不稳定性、不确定性、不平衡性，加剧了全球贫富分化，加大了改善民生的难度。同时，西方主流经济学的新自由主义和凯恩斯主义两大流派，均无法科学解释和真正解决这些问题。对此，中外现代马克思主义政治经济学已进行大量科学研究，形成了当代资本主义经济矛盾论、经济危机论、金融资本论、资本累积论、经济调节论、世界体系论等，但政治经济学还有很大的理论创新空间。

今后，我国现代政治经济学的资本主义部分，应进一步加强对当代资本主义经济的规范分析，注重概念、规律和定理的提炼；应加强对当代资本主义的实证和定量分析，运用大数据和长时段的客观史料来揭示制度变迁和演化的规律和结果；应加强系统论、控制论、博弈论等方法对当代资本主义经济的深层次研究；应加强完善依据《资本论》等体系所构建的现代政治经济学新体系，构建对当代资本主义研究的马克思主义微观经济学和宏观经济学分析体系。

要深入研究我国经济面临的新情况新问题，为马克思主义政治经济学创新发展贡献中国智慧。目前，我国经济社会发展稳中有进，经济增长和运行保持在合理可控的区间。“十三五”规划建议提出的五大发展新理念及相应的举措，将进一步推动富民强国的改革开放和小康社会的全面建成。不过，城乡和区域发展不平衡、产能过剩和产业结构不合理、金融服务实体经济和监管不到位、民生保障能力不足、贫富差距较大等现象依然存在，亟须马克思主义政治经济学给予科学的理论解释和政策建议。尽管中国马克思主义政治经济学已经提出如社会主义市场经济优势论、公平效率同向变动论、公有制高绩效论、产权决定分配论、市场型按劳分配论、经济利益核心论等，但还需继续创新发展。

今后，现代马克思主义政治经济学的社会主义部分，应继续加强社会主义基本制度与市场经济有机结合的理论研究和创新，以便坚持社会主义市场经济改革方向，坚持辩证法、两点论，继续在社会主义基本制度与市场经济的结合上下功夫，把两方面优势都发挥好；应继续加强完善社会主义基本经济制度的理论研究和创新，以便在支持、引导非公有制经济发展的同时，确保和发挥公有制主体地位和国有经济主导作用；应继续加强完善社会主义基本分配制度的理论研究和创新，以便不断缩小财富和收入差距，促进包容性发展和社会公平正义；应继续加强社会分工和国际分工、对外贸易、对外金融、对外投资、经济全球化区域化伙伴化的基本理论研究和创新，以便发展更高层次的开放型经济，积极参与全球经济治理，坚决维护我国发展利益，积极防范各种风险，确保国家经济安全。

综上所述，我们要深入研究世界经济和我国经济面临的新情况新问题，积极构建和

完善具有中国特色、中国风格、中国气派的现代政治经济学学科体系和话语体系，为马克思主义政治经济学创新发展贡献中国智慧，为中国和世界经济的持续健康发展与增进人民福祉献计献策。

（原载《光明日报》2015 年 12 月 2 日）

坚持人民民主专政，完全合理合情合法

李崇富

作者简介：李崇富，中国社会科学院学部委员，马克思主义研究院教授，中国历史唯物主义学会原会长。

党的十八届三中全会通过的《中共中央关于全面深化改革若干重大问题的决定》指出："全面深化改革的总目标是完善和发展中国特色社会主义制度，推进国家治理体系和治理能力现代化。"① 2014 年 2 月 17 日，习近平总书记在省部级主要领导干部学习贯彻十八届三中全会决定的专题研讨班开班式上的讲话中指出：这是两句话组成的一个整体，必须完整理解和把握全面深化改革这个总目标。他还强调，看待政治制度模式，必须坚持马克思主义政治立场。马克思主义政治立场，首先就是阶级立场，进行阶级分析。我们治国理政的根本，就是中国共产党的领导和社会主义制度。推进国家治理体系和治理能力现代化，绝不是西方化、私有化、资本主义化。我国的人民民主专政与西方所谓的"宪政"在本质上是不同的。

近期有些人挑起了一场与此相关的争论。其中，有极少数人公开反对我国人民民主专政的"国体"，并对论述《坚持人民民主专政，并不输理》的文章，疯狂地加以围攻、歪曲和无限上纲。这种反常举动，恰好体现了我国人民民主专政与主张西方"宪政"之争的实质，事关我国全面深化改革的大方向，是旨在争夺推进治理体系和治理能力现代化的解释权和话语权的一场政治博弈。这些人反对人民民主专政的言论，违背了四项基本原则，是根本站不住脚的。而我国坚持人民民主专政，则是完全合理合情合法的。

---

① 《党的十八大以来重要文献选编》（上），中央文献出版社 2014 年版，第 511 页。

一 坚持人民民主专政，必须理直气壮

我们说人民民主专政“合理”，是指其符合马克思主义所揭示的客观真理。人民民主专政即无产阶级专政，是新中国的国体和根本的政治制度，是开创和坚持中国特色社会主义的政治前提。其理论根据，是马克思主义的阶级观点及其国家观，是邓小平提出并成为党在现阶段基本路线的“两个基本点”之一的“坚持四项基本原则”中的一项基本原则。

1. 坚持无产阶级专政符合阶级斗争的发展规律之“理”

关于现代社会中存在阶级和阶级斗争，是由一些资产阶级学者在其革命时期发现和论述过的客观事实。马克思的新贡献，是立足于历史唯物主义，对之做出科学解释，从而揭示了人类阶级社会产生、发展和经过无产阶级专政，走向消灭阶级和实现共产主义的客观规律。马克思对于阶级和阶级斗争的发展规律，曾做出过精辟概括。1852 年 3 月 5 日，马克思在致约瑟夫·魏德迈的信中，高度评价这位学生和友人此前在《纽约民族主义者报》上，针对海因岑把“阶级斗争”说成“共产主义者的无聊捏造”，嘲笑马克思主义者“玩弄阶级”等谬论所发表的一篇批驳文章，进而对阶级斗争学说做出了简明的科学概括。他写道：“至于讲到我，无论是发现现代社会中有阶级存在或发现各阶级间的斗争，都不是我的功劳。在我以前很久，资产阶级的历史学家就已叙述过阶级斗争的历史发展，资产阶级的经济学家也已对各个阶级作过经济上的分析。我的新贡献就是证明了下列几点：（1）阶级的存在仅仅同生产发展的一定历史阶段相联系；（2）阶级斗争必然要导致无产阶级专政；（3）这个专政不过是达到消灭一切阶级和进入无阶级社会的过渡。”①

马克思这三句话，作为对整个阶级社会历史的高度概括，深刻地揭示了阶级和阶级斗争产生、发展和灭亡的客观规律。其中第一句话——“阶级的存在仅仅同生产发展的一定历史阶段相联系”——所内蕴的历史逻辑是：阶级“这种划分是以生产的不足为基础的，它将被现代生产力的充分发展所消灭”②。无产阶级专政的整个政治前史，都是源于生产力逐步有所发展之推动，才导致原始公社解体后家庭、私有制和阶级社会，即奴隶社会、封建社会、资本主义社会的先后产生、发展和更替。随着社会形态这种历史发展和更替，相应地也使奴隶与奴隶主、农民与地主、工人与资本家之间的阶级矛盾和阶级斗争先后产生、发展和更替，都成为客观和必然的历史事实；直至最终形成无产阶级埋葬资产阶级、社会主义代替资本主义，以使人类社会经过无产阶级专政进入无阶级社会所必需的物质前提，即“现代生产力的充分发展”。

马克思的第二句话——“阶级斗争必然导致无产阶级专政”——是由资本主义生产方式的基本矛盾，即社会化生产与私有制的矛盾运动的客观经济逻辑，所必然衍化出的政治逻辑。它表现为代表现代化生产力发展要求的工人阶级，要摆脱其受剥削、受压迫的雇佣奴隶地位，以争得无产阶级和人类的彻底解放，就必须使反抗资本家剥削的阶级斗争，发展为社会革命。而“工人革命的第一步就是使无产阶级上升为统治阶级，

① 《马克思恩格斯全集》第 28 卷，人民出版社 1973 年版，第 509 页。

② 《马克思恩格斯文集》第 3 卷，人民出版社 2009 年版，第 563 页。

争得民主”①，即用革命手段，打碎剥削阶级国家机器，建立无产阶级国家，由无产阶级专政取代资产阶级专政。这是无产阶级捍卫革命政权，“剥夺剥夺者”，开创和发展社会主义事业，最终消灭一切阶级和过渡到共产主义社会的根本政治前提，是防范和制止资本主义复辟的唯一法宝。

马克思的第三句话——“这个专政不过是达到消灭一切阶级和进入无阶级社会的过渡”——是对无产阶级历史使命及其实现途径的简明概括。据此，实行无产阶级专政的历史正当性就在于：一是作为工人阶级劳动结晶的现代大工业，为“消灭一切阶级和进入无阶级社会”提供了必需的物质基础；二是现代无产阶级作为“大工业本身的产物”和资产阶级的“掘墓人”②，作为最具先进性和革命彻底性的领导阶级，才能在马克思主义理论武装下，认识和运用历史规律，以自觉承担起完成无产阶级专政的历史使命；三是无产阶级国家“向前发展，即向共产主义发展，必须经过无产阶级专政，不可能走别的道路，因为再没有其他人也没有其他道路能够粉碎剥削者资本家的反抗”③。因此，实行无产阶级的革命和专政，是人类由阶级社会走向无阶级社会的历史必由之路。

2. 坚持无产阶级专政符合自己国家的阶级实质之“理”

马克思主义国家学说，依据历史唯物主义及其阶级分析，科学地揭示了国家政权与其统治阶级的根本利益之间的本质联系，并阐明了区别于一切剥削阶级国家的无产阶级国家，在发展社会主义民主的基础上，必须承担和履行无产阶级专政职能。

唯物史观认为，“国家”是一个与阶级产生和存在密切相关的历史性范畴。当原始公社后期有了生产力和商品交换的一定发展，因而在有了少量剩余产品可供上层人物剥削的条件下，就导致了家庭、私有制的产生和阶级分化。于是在历史上，首先出现了反抗剥削和压迫的奴隶阶级同奴隶主阶级的矛盾与斗争。而奴隶主阶级为了维护其阶级利益和统治秩序，用以镇压奴隶们反抗，就需要和建立奴隶制国家。后来，社会生产力的发展，又使封建制国家和资本主义国家，先后代替了奴隶制国家和封建制国家。必须肯定，家庭、私有制和国家的出现、发展和社会更替，是以生产力发展及生产关系变革为基础的社会进步，是文明时代的重要标志。但这种历史进步性，并不能否定一切剥削阶级国家，都要为维护其阶级利益和阶级统治而履行专政职能。

马克思主义在国家学说史上，第一次阐明了“超阶级”国家的虚伪性，从而揭示了国家起源和本质的“历史之谜”。对此，恩格斯概括说：“国家是社会在一定发展阶段上的产物；国家是承认：这个社会陷入了不可解决的自我矛盾，分裂为不可调和的对立面而又无力摆脱这些对立面。而为了使这些对立面，这些经济利益互相冲突的阶级，不致在无谓的斗争中把自己和社会消灭，就需要有一种表面上凌驾于社会之上的力量，这种力量应当缓和冲突，把冲突保持在‘秩序’的范围以内；这种从社会中产生但又自居于社会之上并且日益同社会相异化的力量，就是国家。”④ 列宁对此作出了更为简

① 《马克思恩格斯选集》第1卷，人民出版社1995年版，第293页。

② 《马克思恩格斯文集》第2卷，人民出版社2009年版，第41、43页。

③ 《列宁专题文集·论社会主义》，人民出版社2009年版，第28—29页。

④ 《马克思恩格斯文集》第4卷，人民出版社2009年版，第189页。

明的概括："国家是阶级矛盾不可调和的产物和表现"①，即"系统地使用暴力和强迫人们服从暴力的特殊机构……就叫作国家"②。国家的这种专政职能，同现代资产阶级共和国所宣扬的人人平等、多党竞选和议会民主等光鲜外表，以及在日益强化中的社会管理职能，似乎是不太一致的。然而，这并不矛盾。因为，历来剥削阶级的"政治统治到处都是以执行某种社会职能为基础，而且政治统治只有在它执行了它的这种社会职能时才能持续下去"③，才能更好地维护剥削阶级的根本利益和统治秩序。正如恩格斯所说："实际上，国家无非是一个阶级镇压另一个阶级的机器，而且在这一点上民主共和国并不亚于君主国。"④ 虽然当代西方国家总是宣扬其"民主"和"人权"，但在镇压劳动人民反抗之时，从来都是毫不手软的。

当然，无产阶级革命在推翻剥削阶级统治以后，也需要建立新型的国家和新型的专政，才能为消灭剥削制度、建设社会主义社会提供政治前提。马克思说："在资本主义社会和共产主义社会之间，有一个从前者变为后者的革命转变时期。同这个时期相适应的也有一个政治上的过渡时期，这个时期的国家只能是无产阶级的革命专政。"⑤ 不过，社会主义国家已经不是原来意义上的国家。因为，此前所有国家都只有极少数剥削者才真正享有阶级特权，而对广大劳动人民实行专政，以维护其剥削阶级利益；恰恰相反，无产阶级国家则是在广大人民内部实行民主，而只对反抗社会主义的极少数剥削者实行专政。当"无产阶级上升为统治阶级"和"争得民主"以后，为了解放和发展生产力，必须"一步一步地夺取资产阶级的全部资本，把一切生产工具集中在国家即组织成为统治阶级的无产阶级手里，并且尽可能快地增加生产力的总量"⑥。只有创造出高于资本主义的劳动生产率，社会主义才能最终战胜资产阶级。但在这之前，正如列宁所说："从资本主义过渡到共产主义是一整个历史时代。只要这个时代没有结束，剥削者就必然存在着复辟希望，并把这种希望变为复辟尝试。被推翻的剥削者不曾料到自己会被推翻，他们不相信这一点，不愿想到这一点，所以他们在遭到第一次严重失败以后，就以十倍的努力、疯狂的热情、百倍的仇恨投入战斗，为恢复他们被夺去的'天堂'、为他们的家庭而斗争。"⑦ 因此，社会主义国家必须在发展人民民主的基础上，实行无产阶级专政，捍卫社会主义事业。否则，其初创的社会主义制度，就会在国内外敌人联合进攻下而夭折。苏联和东欧国家被颠覆，就是前车之鉴。

所以，不承认无产阶级国家具有镇压反社会主义敌对势力的专政职能，在理论和实践上都是错误与有害的。当然也应看到，随着社会主义事业在更多国家的开创、巩固和发展，包括社会主义民主和法治的逐步扩大和健全，相应的，该社会的阶级斗争也将逐步趋向和缓。故而从长远看，社会主义国家是走向自行消亡中的"新型民主的"和

① 《列宁选集》第3卷，人民出版社2012年版，第114页。

② 《列宁全集》第37卷，人民出版社1986年版，第62—63页。

③ 《马克思恩格斯选集》第3卷，人民出版社2012年版，第559—560页。

④ 《马克思恩格斯文集》第3卷，人民出版社2009年版，第111页。

⑤ 同上书，第445页。

⑥ 《马克思恩格斯文集》第2卷，人民出版社2009年版，第52页。

⑦ 《列宁选集》第3卷，人民出版社2012年版，第612页。

“新型专政的”国家，列宁称之为“半国家”①。

3. 坚持无产阶级专政符合社会主义“不断革命”之“理”

在新时期，由于“彻底否定‘文化大革命’”和“无产阶级专政下的继续革命理论”，有些人就走向另一个极端，出现了“告别革命”的错误思潮。例如，对于我们党已由“无产阶级革命党”转变为“马克思主义执政党”，就有个如何理解的问题。因为“无产阶级革命党”与“马克思主义执政党”，以及社会主义的革命与建设、民主与专政，在本质上是一致和统一的。体制改革就是“中国的第二次革命”②。如果有人把这两者割裂开来、对立起来，那就曲解了无产阶级及其政党的历史使命，从而否定和违背了马克思主义的“不断革命论”。

马克思在《1848年至1850年的法兰西阶级斗争》一文中，把《共产党宣言》中关于“共产主义革命”必须同“传统的所有制”及其“传统的观念”实行“最彻底的决裂”的思想，发展为“不断革命论”。所以，科学社会主义就是不断革命的社会主义。对此，马克思写道：“这种社会主义就是宣布不断革命，就是无产阶级的阶级专政，这种专政是达到消灭一切阶级差别，达到消灭这些差别所由产生的一切生产关系，达到消灭和这些生产关系相适应的一切社会关系，达到改变由这些社会关系产生出来的一切观念的必然的过渡阶段。”③ 在共产党人看来，必须坚持马克思主义不断革命论与革命发展阶段论的统一，必须通过无产阶级专政把无产阶级的“共产主义革命”进行到底。而这个“底”，就是实现马克思所讲的这“四个达到”。只要社会主义中国尚未实现这“四个达到”，那么，我国无产阶级革命就不能停步，就不能放弃无产阶级专政。相反，如果我们不坚持马克思的不断革命论、不坚持无产阶级专政，那么我国改革开放和中国特色社会主义，就会变形走样，就会无法保护劳动人民的根本利益，同时也势必会抛弃马克思主义。

因此，从理论和实践上看，无产阶级专政与消灭阶级的革命过程是共始终的，而且它在马克思主义科学体系中居于核心地位。对此，列宁说：“只有懂得一个阶级的专政不仅对一般阶级社会是必要的，不仅对推翻了资产阶级的无产阶级是必要的，而且对介于资本主义和‘无阶级社会’即共产主义之间的整整一个历史时期都是必要的，——只有懂得了这一点的人，才算掌握了马克思主义国家学说的实质。”这还是判别真假马克思主义者的“试金石”。他指出：“只有承认阶级斗争、同时也承认无产阶级专政的人，才是马克思主义者。马克思主义者同平庸的小资产者（以及大资产者）之间的最深刻的区别就在这里。必须用这块试金石来检验是否真正理解和承认马克思主义。”④

故而，我国在阶级和阶级差别完全消灭以前，中国共产党人、马克思主义信奉者都应理直气壮地坚持无产阶级专政，即人民民主专政。

① 《列宁选集》第3卷，人民出版社2012年版，第140、124页。

② 《邓小平文选》第3卷，人民出版社1993年版，第113页。

③ 《马克思恩格斯文集》第2卷，人民出版社2009年版，第166页。

④ 《列宁选集》第3卷，人民出版社2012年版，第139—140页。

二 坚持人民民主专政，完全切合国情和世情

我们说人民民主专政“合情”，是指其完全切合我们的国情和世情。新时期，我国在改革开放和社会主义现代化建设中坚持人民民主专政，是源于当代国情和世情的需要。如果我国不坚持社会主义道路，不坚持人民民主专政，不坚持共产党的领导，不坚持马列主义、毛泽东思想，那么，社会主义中国就会被国内外敌对势力所西化、分化和颠覆。这绝不是危言耸听！

恩格斯在《共产主义原理》中曾指出：“无产阶级革命将建立民主的国家制度，从而直接或间接地建立无产阶级的政治统治。在英国可以直接建立，因为那里的无产阶级现在已占人民的大多数。在法国和德国可以间接建立，因为这两个国家的大多数人民不仅是无产者，而且还有小农和小资产者，小农和小资产者正处在转变为无产阶级的过渡阶段，他们的一切政治利益的实现都越来越依赖无产阶级，因而他们很快就会同意无产阶级的要求。”① 毫无疑问，恩格斯这里讲的“直接地……建立无产阶级的政治统治”，即其后马克思和他表述为“无产阶级专政”的主张，并直接适用于像当时英国那样工业化国家的革命；至于像当时法国和德国那样尚未完成工业化国家的革命，可以“间接地建立无产阶级的政治统治”。至于这究竟宜于采取何种实现形式，马克思恩格斯尚未有过明确预见。

从理论上切合国情看，毛泽东首先提出和阐明新中国必须实行人民民主专政，是他对马克思主义的坚持、运用和发展。新中国成立前夕，毛泽东在《论人民民主专政》中得出结论说：“总结我们的经验，集中到一点，就是工人阶级（经过共产党）领导的以工农联盟为基础的人民民主专政。这个专政必须和国际革命力量团结一致。这就是我们的公式，这就是我们的主要经验，这就是我们的主要纲领。”② 这正是通过对无产阶级专政理论的坚持、运用和创新，而找到了切合我国国情的无产阶级专政的实现形式。

毛泽东关于我国“人民民主专政”的“国体”设计的真理性和创新性就在于：第一，这充分体现了“无产阶级专政”的实质性要求，因为这个专政坚持“工人阶级（通过共产党）领导”，从而实际地建立起“无产阶级的政治统治”；第二，同样根据中国“大多数人民不仅是无产者，而且还有小农和小资产者”的国情，这个专政“以工农联盟为基础”，就意味着其“最高原则就是维护无产阶级同农民的联盟，使无产阶级能够保持领导作用和国家政权”③，同时也是“间接地建立无产阶级的政治统治”的最好形式；第三，“人民民主专政”更明确地表达了对人民实行民主、对敌人实行专政的科学内涵，这样更容易为人们所理解和接受。

在新时期，邓小平结合我国国情和具体实践，坚持和发展了毛泽东人民民主专政的理论和实践。在改革开放之初，他针对刚刚露头的资产阶级自由化而提出坚持“四项基本原则”，就包括“必须坚持无产阶级专政”。邓小平指出：“中央认为，我们要在中

---

① 《马克思恩格斯文集》第1卷，人民出版社2009年版，第685页。

② 《毛泽东选集》第4卷，人民出版社1991年版，第1480页。

③ 《列宁全集》第42卷，人民出版社1987年版，第49—50页。

国实现四个现代化，必须在思想政治上坚持四项基本原则。这是实现四个现代化的根本前提。"① 其后，在改革和建设的实践探索中，所逐步形成的党在社会主义初级阶段基本路线中，"坚持四项基本原则"作为其中的"两个基本点"之一，而成为我们的立国之本。

邓小平认为，"四项基本原则"是一个有机整体。"在四个坚持中，坚持人民民主专政这一条不低于其他三条。"② "如果动摇了这四项基本原则中的任何一项，那就动摇了整个社会主义事业，整个现代化建设事业。"③ 1992年初，邓小平在南方谈话中指出："依靠无产阶级专政保卫社会主义制度，这是马克思主义的一个基本观点。马克思说过，阶级斗争学说不是他的发明，真正的发明是无产阶级专政理论。历史经验证明，刚刚掌握政权的新兴阶级，一般来说，总是弱于敌对阶级的力量，因此要用专政的手段来巩固政权。对人民实行民主，对敌人实行专政，这就是人民民主专政。运用人民民主专政的力量，巩固人民的政权，是正义的事情，没有什么输理的地方。"他强调，党的"基本路线要管一百年，动摇不得"，"关键是坚持'一个中心、两个基本点'。"他还要求："在整个改革开放的过程中，必须始终注意坚持四项基本原则。"④ 可见，坚持党的基本路线，就必须把包括"坚持人民民主专政"在内的"四项基本原则"，贯穿于我国改革开放和现代化建设的全过程。

邓小平在晚年，还结合发挥"社会主义市场经济优越性"和"防止两极分化"的问题，再次强调"四个坚持"。他说道："社会主义市场经济优越性在哪里？就在四个坚持。四个坚持集中表现在党的领导。这个问题可以敞开来说，我那个讲话没有什么输理的地方，没有什么见不得人的地方。当时我讲的无产阶级专政，就是人民民主专政，讲人民民主专政，比较容易为人所接受。现在经济发展这么快，没有四个坚持，究竟会是个什么局面？……没有人民民主专政，党的领导怎么实现啊？四个坚持是'成套设备'。"鉴于能否防止和解决"两极分化"问题，事关改革开放和中国社会主义的前途命运，所以邓小平说："我们讲要防止两极分化，实际上两极分化自然出现。要利用各种手段、各种方法、各种方案来解决这些问题。"⑤ 当然，这只能主要靠经济手段，同时也要适当运用国家政权的力量，来逐步加以解决。

从理论和实践的深层次看，坚持人民民主专政的现实根据，是我国的阶级斗争在一定范围内仍将长期存在。党的十一届六中全会通过的《中国共产党中央委员会关于建国以来党的若干历史问题的决议》认定："在剥削阶级作为阶级消灭以后，阶级斗争已经不是主要矛盾。由于国内的因素和国际的影响，阶级斗争还将在一定范围内长期存在，在某种条件下还有可能激化。"⑥ 这种正确的政治估量，以及我国现阶段实行公有制为主体、多种所有制经济共同发展的基本经济制度等基本国情，都表明：我国要在生

---

① 《邓小平文选》第2卷，人民出版社1994年版，第164页。

② 《邓小平文选》第3卷，人民出版社1993年版，第365页。

③ 《邓小平文选》第2卷，人民出版社1994年版，第173页。

④ 《邓小平文选》第3卷，人民出版社1993年版，第370—371、379页。

⑤ 《邓小平年谱（1975—1997）》（下），中央文献出版社2004年版，第1363—1364页；引文中说"我那个讲话"，是指邓小平1979年3月在党的理论工作务虚会上的讲话《坚持四项基本原则》。

⑥ 《改革开放三十年主要文献选编》（上），中央文献出版社2008年版，第213页。

产力高度发展的基础上，逐步消灭私有制和一切阶级，完成人民民主专政的历史任务，仍然任重道远，需要长期奋斗。

据此可以说，“阶级斗争还将在一定范围内长期存在”是我国现阶段的基本国情之一。正如邓小平所说：“社会主义社会中的阶级斗争是一个客观存在，不应该缩小，也不应该夸大。实践证明，无论缩小或者夸大，两者都要犯严重的错误。”① 在阶级斗争中，往往是“树欲静而风不止”。尽管我们主观上想回避和淡化阶级斗争，但不管人们承认与否，阶级斗争该来的总要到来。即使我们不想斗，可国内外敌对势力照样会找上门来，同马克思主义斗、同社会主义斗。

例如，我国意识形态领域的斗争，一直十分复杂、尖锐和激烈。这是阶级斗争在思想领域的反映。国内“左”和右的种种错误思潮总是时隐时现、此起彼伏，企图干扰和误导改革开放和现代化建设。特别是日益坐大的资产阶级自由化，虽然25年前在“八九风波”中严重受挫，但并未销声匿迹、偃旗息鼓，而是在西方敌对势力渗透、鼓动和操纵下，利用有些媒体想淡化意识形态的心态，一再变本加厉地在歪曲、篡改和抹黑我们党的历史和革命史，在诋毁、丑化和“妖魔化”共产党、党的领袖和英模人物，在攻击、否定和反对马克思主义、党的领导和社会主义制度的同时，千方百计地宣扬和鼓动在我国搞“全盘西化”。这包括鼓吹和推销经济上的私有化，政治上的资产阶级多党制和西方“宪政”，在思想文化上的“新自由主义”“历史虚无主义”和“普世价值”，如此等等。党和人民同这些错误思潮所进行的交锋和较量，从未停止过。

又如，全党全国各族人民为了维护国家主权、领土完整和民族团结，正在同企图西化和分化我国的国内外敌对势力和民族分裂势力所进行的斗争，既是一种严重的政治斗争，也是一种特殊的阶级斗争。尽人皆知，“台独”“藏独”“疆独”到“港独”势力的衍生，不仅都有当年帝国主义侵略中国的历史背景，而且这些民族分裂势力之所以至今尚能苟延残喘，有些人还在搞“暴恐”式的民族分裂活动，就在于有国外敌对势力在豢养、鼓动和支持。中华民族的团结统一和繁荣富强，是全国各族人民的共同心愿。假如没有外部势力为了阻挠我国富强起来而为其后盾，这些民族败类在伟大祖国面前，都是一天也混不下去的。

再如，改革开放以来，在如何看待我们党员干部中出现大面积腐败及其原因的看法上，只有坚持马克思主义的阶级观点和阶级分析，才能揭示问题的本质。但现在比较流行的，往往是用西方的犯罪成本理论即“寻租”来解释，这属于偏颇之理，更未触及问题的要害和本质。即便以体制有漏洞和监督有缺失，来解释腐败现象的滋生蔓延，虽然有一定的解释力，即看到了问题产生的外部条件，但也没有揭示腐败现象产生的根本原因和政治实质。其实，这个问题并不复杂，而且在党的文献中早有明确论断，只是出于某种顾虑而不愿正视和深究而已。

江泽民多次指出：“从本质上说，腐败现象是剥削阶级和剥削制度的产物。”“这些消极腐败现象是资产阶级和其他剥削阶级思想作风在党内的反映。”② 这就是说，正是

---

① 《邓小平文选》第2卷，人民出版社1994年版，第182页。

② 《江泽民论有中国特色社会主义（专题摘编）》，中央文献出版社2002年版，第425、433页；另见江泽民《论党的建设》，中央文献出版社2001年版，第101—102、244页。

由于作为资产阶级等剥削阶级思想之集中表现的拜金主义、享乐主义、极端利己主义等腐朽没落意识的恶性膨胀，逐渐腐蚀了一些党员干部的思想和灵魂，才使其丧失了应有的阶级立场、党性原则和理想信念，从而抵挡不住权欲、金钱、美色等“糖弹”的诱惑和攻击，以致有些人“前腐后继”地走上以权谋私、违法犯罪、腐化堕落的不归之路。我们在反腐斗争中，如果抓不住问题的本质和要害，从而无法有效地遏制其迅猛蔓延，那就不只是使党脱离群众和形象受损问题，而且可能导致亡党亡国的特大政治问题。因此，我们党和国家的反腐败斗争，是国内外一定范围内的阶级斗争，特别是意识形态斗争在党内的表现和反映。

鉴于“阶级斗争还将在一定范围内长期存在”是我国现阶段的基本国情之一，鉴于我们党要完成消灭阶级的任务——“就是要造成使资产阶级既不能存在也不能再产生的条件”，“这个任务是重大无比的”① ——在短期内既不可能提上议事日程，更不可能实现。所以，坚持人民民主专政完全切合我国国情。

从世界战略态势看，我国坚持人民民主专政也完全切合当今之世情。和平与发展是当代世界的主题。经济全球化、世界多极化、社会信息化是历史性趋势。我国作为社会主义国家，又处于改革开放、现代化建设、实现中华民族伟大复兴的关键性发展阶段，所以始终不渝地坚持和平共处五项原则，继续奉行独立自主的和平外交政策，坚定地走和平发展之路，以达到平等合作、互利共赢之目的。这样，既有利于营造我国现代化建设所必需的国际和平环境，维护地区稳定和世界和平，以利于团结世界人民，反对霸权主义和强权政治，谋求发展中国家平等发展和人类社会进步。

但是，当今世界并不太平和安宁。自从东欧剧变和苏联解体以来，世界社会主义运动仍将长期处于低潮和战略守势。而面对美国“一超独大”、谋求“单极化”和世界霸权，却缺乏遏制它的力量。当今世界 190 多个国家大体上可分为三类：一类是 5 个社会主义国家，这是俄国十月革命以来硕果仅存的新型国家；另一类是以美国为首的西方少数垄断资本主义大国，其社会上层对社会主义事业大多持有本能的对立乃至敌视态度；而介于这两者之间的，则是广大发展中的民族资本主义国家。由于其中多数国家都有过受西方殖民剥削和欺凌的历史，至今还在遭受西方大国不同程度的歧视，所以它们既有同情社会主义的一面，也有易受西方国家笼络和利用的另一面。虽然这三类国家本身以及它们之间，都可能从本国利益出发，而实际发生多种形式和多方面的分化组合、纵横捭阖。但贯穿其中的历史主旋律，则是世界各国无产阶级与资产阶级、社会主义与资本主义、马克思主义与反马克思主义这样两个阶级、两种社会制度、两种思想体系之间的本质对立、反复较量、政治博弈和力量消长。这个大背景，既要求我国加强国防建设，也需要我们运用马克思主义的阶级观点和阶级分析方法，来观察和对待与之相关的国际现象。否则，我们就是自我解除理论武装，也就不易看清国际政治的实质和底蕴，而可能缺乏正确的政治估量和长远的战略眼光。

目前，尽管我们社会主义国家代表着人类未来，但当今世界在总体上仍旧是受丛林法则支配的阶级社会。对于我国来说，来自外部的严重威胁，就是以美国为首的西方敌对势力企图对我国实施西化和分化即“和平演变”的战略图谋。我国真诚希望构建同西方平等交往、合作共赢的新型大国关系。然而，老练狡诈的美国垄断资

① 《列宁专题文集·论社会主义》，人民出版社 2009 年版，第 85 页。

产阶级和主政者，却对我国存心不良、虚与委蛇。他们实行“接触和遏制”的两手政策：一方面，他们在“接触”和“战略对话”中，声称欢迎一个繁荣和负责任的中国“和平崛起”，以捞得巨量的经济利益；另一方面，美国当局在关键时刻和关键问题上，却凶相毕露，作梗添乱。其集中表现是：近几年，美国把战略重点从西欧转向东亚，宣布把60%的舰艇及其兵力部署到亚太地区，重点是西太平洋地区，公然在中国大门口实施“再平衡战略”，并想拼凑“东方北约”，围堵我国，企图“以压促变”。

其实，邓小平对美国等西方大国的战略图谋，早就洞若观火。他在苏联解体之前，当不少人为美苏缓和、“冷战”结束而欢呼之际，就已指出：“我希望冷战结束，但现在我感到失望。可能是一个冷战结束了，另外两个冷战又已经开始。一个是针对整个南方、第三世界的；另一个是针对社会主义的。西方国家正在打一场没有硝烟的第三次世界大战。所谓没有硝烟，就是要社会主义国家和平演变。”① 鉴于其主谋是美国，故而他又揭露说：“美国，还有西方其他一些国家，对社会主义国家搞和平演变。美国现在有一种提法：打一场无硝烟的世界大战。我们要警惕。资本主义是想最终战胜社会主义，过去拿武器，用原子弹、氢弹，遭到世界人民的反对，现在搞和平演变。”② 实际情况正是这样。当今地球人都知道，美国和其他西方敌对势力，对中国社会主义事业，历来是两手交替，软硬兼施，从未间断。苏联和东欧被搞垮以后，他们把“和平演变”的主要矛头转向中国。对此，我们要牢记毛泽东和邓小平的有关教导，提高警惕，正确应对，严密防范。

坚持人民民主专政，是无产阶级国家政权的一项政治职能。这就是在工人阶级（经过共产党）领导下，在必要时运用人民民主专政的力量，用以捍卫和保障国家安全，维护中国特色社会主义事业。这包括国家运用人民军队、警察、法庭、监狱和整个社会主义法制体系，依法镇压和改造一切反抗社会主义的敌人、预防和惩处一切犯罪活动，维持法制秩序和社会稳定，保护人民的和平劳动。同时，要严格区分和正确处理两类不同性质的矛盾：对于犯有一般过错的人，要进行教育和批评；而对于在反动思潮鼓动下，所引发的社会动乱等反抗社会主义的违法犯罪活动，则必须运用人民民主专政来应对。邓小平对此早有明示：“我不止一次讲过，稳定压倒一切，人民民主专政不能丢。你闹资产阶级自由化，用资产阶级人权、民主那一套来搞动乱，我就坚决制止……坚持社会主义就必须坚持无产阶级专政，我们叫人民民主专政。”③

三　坚持人民民主专政，就是坚持我国法定的国体

我们说人民民主专政“合法”，就是指它既符合我国现行宪法和整个中国特色社会主义法律体系，也符合中共党章的根本政治规范。我们作为公民就要守法，首先要遵守宪法；凡是共产党员，都必须遵守党章；凡是国家公职人员，以及他们所在的党政机关，都要带头“依宪治国”“依法办事”。任何人的言行，都不能违宪和违法。

---

① 《邓小平文选》第3卷，人民出版社1993年版，第344页。

② 同上书，第325—326页。

③ 同上书，第364—365页。

《中华人民共和国宪法》规定了“国体”：

“第一条 中华人民共和国是工人阶级领导的、以工农联盟为基础的人民民主专政的社会主义国家。社会主义制度是中华人民共和国的根本制度。禁止任何组织或者个人破坏社会主义制度。”

宪法既规定人民的民主权利，也规定了专政对象和主要职能：

“第二条 中华人民共和国的一切权力属于人民。人民行使国家权力的机关是全国人民代表大会和地方各级人民代表大会。人民依照法律规定，通过各种途径和形式，管理国家事务，管理经济和文化事业，管理社会事务。”

“第二十八条 国家维护社会秩序，镇压叛国和其他危害国家安全的犯罪活动，制裁危害社会治安、破坏社会主义经济和其他犯罪活动，惩办和改造犯罪分子。”

“第二十九条 中华人民共和国的武装力量属于人民。它的任务是巩固国防，抵抗侵略，保卫祖国，保卫人民的和平劳动，参加国家建设事业，努力为人民服务。”①

所以，一切反对我国人民民主专政的言行，都是违宪的，为法理所不容。我国宪法遵循了马克思主义国家观。因为它如实地揭穿了剥削阶级政治家和御用学者把“国家”说成“超阶级”的“全民国家”的政治骗局，从而才能以“国体”的科学概念，进一步阐明国家的阶级实质。对此，毛泽东指出：“这个国体问题，从前清末年起，闹了几十年还没有闹清楚。其实，它只是指的一个问题，就是社会各阶级在国家中的地位。”“至于还有所谓‘政体’问题，那是指的政权构成的形式问题，指的一定的社会阶级取何种形式去组织那反对敌人保护自己的政权机关。”②

这就从“国体”上表明，当代所有西方国家，都是资产阶级特别是垄断资产阶级作为统治阶级的国家，是资产阶级对广大劳动人民实行专政的资本主义国家；所谓“多党制”、两院制和“三权分立”的制衡制等体制，则是资产阶级国家所采取的“政权构成的形式”，“去组织那反对敌人保护自己的政权机关”。而社会主义中国在“国体”上，规定了“工人阶级领导”地位，并形成“工人阶级（经过共产党）领导的以工农联盟为基础的人民民主专政”，即是使工人阶级“上升为统治阶级”的社会主义国家。我国的人民代表大会制度作为一项根本的政治制度，则是社会主义国家的“政体”。因此，当今世界，从根本上说，只有工人阶级领导的和资产阶级统治的两类国家，即或者是无产阶级专政（我国称之为人民民主专政）的社会主义国家，或者是资产阶级专政的资本主义国家两类。社会主义国家是取代资本主义而建立的新型民主和新型专政的国家，从长远看，还是处于“自行消亡”中的国家。这就是说，一切国家都是具有阶级性的。将来在“国体”上一旦丧失阶级性之日，也就是国家完全“自行消亡”之时。

就我国全体人民（公民）而言，人民民主专政作为社会主义中国的“国体”，是宪法赋予和保障的作为领导阶级的工人阶级、以工农联盟作为基础的全体人民、各级人民政府、人民武装力量等专政的主体力量，都必须依法履行其神圣的权力和职能。因此，从理论和实践上坚持人民民主专政，是拥护宪法、实施宪法的合法行为，是我国宪法和整个中国特色社会主义法律体系所要求、所保护的行为。相反的，凡是反对、违反人民

① 《改革开放三十年主要文献选编》（上），中央文献出版社 2008 年版，第 300、304 页。

② 《毛泽东选集》第 2 卷，人民出版社 1991 年版，第 676、677 页。

民主专政的所有言行，都是违宪和违法的言行。有些所谓“公知”主张以所谓“人民民主宪政”，来取代我国“人民民主专政”。其实质，就是要否定我国宪法所规定的社会主义“国体”，即“人民民主专政”。因为，任何时候都没有“超阶级”的国家；所以，我国一旦抛弃了人民民主专政即无产阶级专政，就只能是资产阶级专政。显然，有些“公知”和“精英”所讲的“宪政”，绝不是要实践社会主义中国宪法的“民主宪政”，而是要照搬西方资本主义的“宪政”；而其所谓的“民主”，是要照搬西方资产阶级的“多党制”“议会民主”“三权分立”及其所谓“宪制民主”，并且主张对广大劳动人民实行资产阶级的、法西斯的野蛮专政。这从他们一听到别人讲“坚持人民民主专政，并不输理”，一听到别人讲要坚持马克思主义的“阶级观点”和“阶级分析”，就气急败坏地发出要对之进行“审判”，要施“绞刑”等类似法西斯的论调，就足见他们主张的“宪政”，到底是何货色！

“人无信不立”。所有共产党员既要带头守法，又要把党章作为更高的行为规范。这是我们入党宣誓时所做出的庄严而神圣的政治承诺。共产党的先进性和战斗力，来源于“中国共产党党员是中国工人阶级的有共产主义觉悟的先锋战士”①，来源于党的组织性和纪律性，是工人阶级先进性和革命性的集中表现。所以，共产党员都必须遵守党章和党纲，以指导和约束自己的言行。任何共产党员如果发表反对“人民民主专政”的言行，那不仅是违宪和违法的，而且是违背党章的。因为《中国共产党章程》的“总纲”规定：“坚持社会主义道路，坚持人民民主专政，坚持中国共产党的领导，坚持马克思列宁主义毛泽东思想这四项基本原则，是我们的立国之本。在社会主义现代化建设的整个过程中，必须坚持四项基本原则，反对资产阶级自由化。”②

坚持包括“人民民主专政”在内的“四项基本原则”，之所以是“我们的立国之本”，不仅在于它是我们社会主义国家立足的政治基石，而且从根本上说，工人阶级政党——共产党的历史使命，就是通过创建和执掌无产阶级国家政权，以带头履行工人阶级的历史使命。这是共产党成为无产阶级革命的领导核心，成为社会主义国家执政党之合法性的政治基础。而工人阶级的历史使命，就是利用“无产阶级的政治统治”，在领导人民发展生产力的前提下，逐步消灭私有制和一切阶级，以建成社会主义和共产主义社会。所以，假如一个共产党员反对运用马克思主义的阶级观点和阶级分析，反对人民民主专政，那么这就既否定了共产党存在的历史正当性，同时也否定了他们作为共产党员的历史资格和政治资格。因为，当一个社会不存在阶级和阶级差别之时，才不需要阶级观点和阶级分析，因而也就不需要任何政治国家，当然就更不需要任何政党了。所以，只有当工人阶级及其政党正处于履行其历史使命之时，才必须去研究、宣传和实践包括“坚持人民民主专政”在内的“四项基本原则”；同时这也是党章赋予每个党员的政治权利和神圣义务。故此，凡是否定、攻击和损害包括“坚持人民民主专政”在内的“四项基本原则”，凡是鼓吹“资产阶级自由化”的言行，都是违背党章和党的基本理论的错误言行，都应该受到批评、教育和追究。

在我国社会主义初级阶段，当我们党在马克思列宁主义、毛泽东思想和中国特色社会主义理论指导下，坚持“一个中心、两个基本点”的基本路线，团结和带领全国各

---

① 《中国共产党第十八次全国代表大会文件汇编》，人民出版社2012年版，第73页。

② 同上书，第66页。

族人民，为建成“够格”的社会主义而努力之时，也就是要创造条件，朝着逐步消灭私有制、消灭阶级和阶级差别，最终实现共产主义的方向前进之际，有些人明目张胆地散布歪曲和攻击马克思主义、诋毁和谩骂人民民主专政的张狂言论本身，就是当前我国在一定范围内存在的阶级斗争在意识形态上的表现与反映。

（原载《马克思主义研究》2015 年第 1 期）

自信源于马克思主义正确指导

邓纯东

作者简介：邓纯东，中国社会科学院马克思主义研究院党委书记、院长，研究员。

科学理论是成功经验和规律性认识的提炼与升华，对价值观具有重要的形塑和导航作用。马克思主义是经历史与实践证明的颠扑不破的科学理论，是社会主义核心价值观的理论基础和源泉。我们今天之所以有底气讲核心价值观自信，主要是因为社会主义核心价值观坚持以马克思主义为指导。

马克思主义的核心价值取向具有最广泛认同度

马克思主义自创立以来，就把实现工人阶级和广大劳动人民的幸福生活作为自己的奋斗目标，其核心价值取向是为广大人民群众谋利益。因此，社会主义革命得到了广大人民群众的支持。马克思主义政党在领导人民建立社会主义社会后，其价值目标同样是为广大人民群众谋利益。马克思曾指出，人们奋斗所争取的一切，都同他们的利益有关。可见，促进广大人民群众根本利益的实现，是马克思主义永葆生机和充满活力的关键。

中国化马克思主义认同并坚持马克思主义的这一核心价值取向。在中国革命、建设中，毛泽东同志提出了全心全意为人民服务的根本宗旨。改革开放以来，邓小平同志把是否有利于提高人民的生活水平作为是否坚持社会主义道路的重要评判标准，“三个代表”重要思想强调始终代表中国最广大人民的根本利益，科学发展观的核心是以人为本。党的十八大以来，以习近平同志为总书记的党中央坚持以人民对美好生活的向往为我们党的奋斗目标，提出了共享发展的新理念。显然，马克思主义的核心价值取向在中国化马克思主义中一脉相承、与时俱进，为中国广大人民群众所认同和支持，成为我们增强核心价值观自信的坚强支撑。

“中国奇迹”彰显马克思主义价值理想的实践威力

20世纪初，当中国人民对国家的前途命运感到困惑和迷茫时，“十月革命”的胜利给中国送来了马克思主义这一强大思想武器。伴随着中国共产党的成立，马克思主义成为中国革命事业的指导思想。从此，中国革命有了明确方向和奋斗目标：为广大人民群众谋利益，建立社会主义社会和共产主义社会。

正是在这一理想信念和价值追求指引下，中国共产党人领导广大人民群众取得了新民主主义革命胜利，建立了人民当家做主的新中国；顺利完成“三大改造”，确立了社会主义基本制度。改革开放以来，我们始终坚持社会主义、共产主义的理想追求，中国特色社会主义事业取得巨大成就，创造了举世瞩目的“中国奇迹”。党的十八大以来，以习近平同志为总书记的党中央坚持“最低纲领”与“最高纲领”有机统一，强调实现“两个一百年”奋斗目标和中华民族伟大复兴的中国梦。“中国奇迹”的创造、中国梦的提出和伟大实践，彰显了马克思主义价值理想的强大实践威力，进一步增强了我们的核心价值观自信。

马克思主义对核心价值观建设具有根本指导意义

促进国家富强文明是马克思主义的一贯追求。在肯定生产力发展和社会财富积累的进步意义时，马克思、恩格斯指出：“资产阶级在它的不到一百年的阶级统治中所创造的生产力，比过去一切世代创造的全部生产力还要多，还要大。”同时，马克思、恩格斯对生产力在未来共产主义社会的高度发达充满期待：“只有在那个时候，才能完全超出资产阶级权利的狭隘眼界，社会才能在自己的旗帜上写上：各尽所能，按需分配！”今天，我们将富强作为社会主义核心价值观的重要范畴，就是要努力实现马克思主义提倡的生产力极大发展、人民群众共同富裕。此外，马克思主义经典作家还对社会主义国家在经济、政治、文化等多方面的价值追求作出阐述和论证，是社会主义核心价值观倡导的国家层面价值目标的重要理论来源和未来发展的方向指引。

追求社会公平正义是马克思主义的题中应有之义。马克思深刻揭示了资本主义社会的剥削和压迫本质，指出资本主义社会自由平等和公平正义理念的虚假性和伪善性。同时指出，共产主义社会必然是自由、平等与公正的社会，而实现这一价值目标的关键是发展社会生产。“通过社会生产，不仅可能保证一切社会成员有富足的和一天比一天充裕的物质生活，而且还可能保证他们的体力和智力获得充分的自由的发展和运用。”马克思主义经典作家将社会公平正义作为社会主义、共产主义的基本价值追求，并强调社会生产对实现这一价值追求的基础作用，对我们今天把握和践行社会主义核心价值观在社会层面的价值追求、价值标准具有重要指导意义。

实现人的自由全面发展是马克思主义的终极价值追求。“代替那存在着阶级和阶级对立的资产阶级旧社会的，将是这样一个联合体，在那里，每个人的自由发展是一切人的自由发展的条件。”这是马克思主义的终极价值追求，也是中国共产党人的终极奋斗目标。恩格斯还认为，科学社会主义是“人类从必然王国进入自由王国的飞跃。”可见，马克思、恩格斯都认为社会主义社会发展的目标是为人的自由全面发展提供良好条件。社会主义核心价值观关于个人层面的价值准则，无论爱国、敬业还是诚信、友善；以及国家、社会层面的各个价值范畴，归根到底都是为了实现马克思主义关于人的自由全面发展的价值目标和追求，也需要在实现这一目标和追求的实践中得到确认和彰显。

（原载《人民日报》2015 年 12 月 27 日）

共产主义：马克思主义哲学之魂

侯惠勤

作者简介：侯惠勤，中国社会科学院马克思主义研究院教授、博士生导师，中国历史唯物主义学会会长。

为什么要强调共产主义是马克思主义哲学之魂？这针对的是一段时间以来出现的试图以非意识形态化的方式“创新”马克思主义哲学的倾向。不难看出，这种创新将把马克思主义哲学引向“普世哲学”，并最终消解在当代西方哲学的诸多流派中。从近年来关于马克思主义哲学的当代形态、研究范式的转换、价值哲学以及中西马哲学的关系等讨论中，都可以看到这一倾向。纠正这一倾向，不仅决定了马克思主义哲学学科的健康发展，而且关系到科学看待作为国家意识形态理论基础的马克思主义。邓小平在谈到马克思主义的根本特征时指出：“马克思主义的另一个名词就是共产主义。我们多年奋斗就是为了共产主义，我们的信念理想就是要搞共产主义。”① 马克思主义作为共产主义思想体系这一点这些年被淡化了，而作为马克思主义世界观基础的哲学，则更是长期疏远了共产主义。这种疏远尽管在某些方面是出于误解，从而只把共产主义视为一个与哲学没有什么关系的政治概念，但从根本上说，则是用非意识形态化的观点解读马克思主义哲学的必然结果。从学理上说，讨论马克思主义哲学的共产主义底蕴，关系到对于马克思主义哲学几乎所有重大原理和概念、范畴的正确把握，是我们推进马克思主义哲学所首先要加以关注的。

---

① 《邓小平文选》第3卷，人民出版社1993年版，第137页。

一 马克思主义哲学两个标志性成果的“重叠现象”

学界公认，《德意志意识形态》是马克思主义哲学基本形成的标志，而《共产党宣言》则是马克思主义哲学公开问世的标志。值得注意的是，两个马克思主义哲学变革的标志性著作都以“共产主义”为基调，出现了哲学与共产主义的“重叠现象”，这并非偶然。苏联学者巴加图利亚曾指出，作为马克思主义哲学形成标志的《德意志意识形态》有许多“第一次”，其中之一就是，马克思和恩格斯在这里已经承认自己是共产主义者了，而在《神圣家族》中，他们还自命为“现实人道主义者”。《共产党宣言》更是以“不屑于隐瞒自己观点”的鲜明立场，把自己的全部学说定位在“共产主义”这一基点上。因此，列宁特别指出：“我们应该像马克思恩格斯那样称自己为共产党。我们应该重复说，我们是马克思主义者，我们是以《共产党宣言》为依据的。”[①] 马克思主义与共产主义不可分割的内在联系，为我们研究马克思主义哲学提供了基本依据。

首先，这一联系使得马克思主义哲学唯物主义同旧唯物主义以及所有传统哲学划清了界限。在被恩格斯称为“新世界观天才萌芽的第一个文件”《关于费尔巴哈的提纲》中，马克思有这样的论断：“旧唯物主义的立脚点是市民社会，新唯物主义的立脚点则是人类社会或社会的人类。”[②] 这里深刻揭露了包括旧唯物主义在内的传统哲学之所以只能“解释”而不能“改变”世界的原因，就在于它们不能超越“市民社会”，即现存的资产阶级社会，而各种“解释世界”的哲学归根到底就是换一种方式承认现存的社会。而在新唯物主义看来，资产阶级社会是人类社会划分为阶级以来的历史发展的最后阶段，是一个把阶级压迫和剥削推向极致的社会形态，是应该而且必然会被消灭阶级、消灭剥削的共产主义超越的社会。新唯物主义是以超越资产阶级社会，实现共产主义、解放全人类作为自己的目标，而由于无产阶级是超越资产阶级社会、实现共产主义、解放全人类的历史主体，因而这一哲学以代表无产阶级利益、为无产阶级争取解放斗争服务作为自己的价值取向。反过来，现代无产阶级只有借助新唯物主义这一利器，才形成了表达自己客观历史使命的阶级意识，形成了本阶级自觉的世界观，并用以指导改造世界。马克思主义哲学的形成标志和马克思成为共产主义者两者具有同时性，揭示了无产阶级和新唯物主义之间不可分割的联系，从而表明一切企图超越阶级立场的解读，都是对于新唯物主义的误解。

其次，这一联系使得马克思的“实践的唯物主义”同形形色色的实践哲学划清了界限。马克思在第一次提出“实践的唯物主义”的《德意志意识形态》中，对于这一概念有着明确的界定，他指出：“对实践的唯物主义者即共产主义者来说，全部问题都在于使现存世界革命化，实际地反对并改变现存的事物。”[③] 很清楚，马克思的实践的唯物主义不是形形色色主观主义、意志主义的实践哲学，因为要使现存世界革命化，不能靠宗教式的幻想和幻想的力量，甚至也不能仅靠道德激情及其所引发的群众热情，而必须靠科学的理论和为真理而奋斗的精神去引发人民的持久历史活动。同样，马克思的

---

① 《列宁全集》第29卷，人民出版社1985年版，第178页。

② 《马克思恩格斯文集》第1卷，人民出版社2009年版，第502页。

③ 同上书，第527页。

实践的唯物主义也不是仅关注当下个人生存状况的生存论哲学、存在主义哲学，因为要正确地认识和解决个体生存的现存状况，必须立足于超越现存的历史高度，从未来汲取实践的力量。这样，个人生存问题的解决，就不是一种生命的感悟，而是改造世界的解放活动，是革命阶级的行为。马克思因此断言：无产阶级代表的“社会革命不能从过去，而只能从未来汲取自己的诗情”。① 哲学实践观的形成和科学共产主义观的形成在青年马克思那里具有同步性，揭示了马克思主义哲学世界观和科学社会主义观的内在一致性，从而表明，离开工人阶级的解放实践这一基点，都是对于马克思主义实践观的误读。

马克思主义哲学和共产主义的这种内在联系，在一定意义上也就是马克思主义哲学的阶级性和实践性的统一。强调这一联系，也就是强调要坚持从马克思主义哲学阶级性和实践性的统一上去推进这一理论，而不是对此加以割裂。近年来很强劲的对于马克思主义阶级斗争理论的否定，在哲学上的表现就是否定马克思主义哲学的阶级性、努力“洗刷”其共产主义印记。如果说 1983 年马克思诞辰一百周年时，围绕着马克思 1844 年手稿争论的焦点是“马克思主义是否可以同时也是人道主义”的话，那么近年来则是有一种复活人本主义的现象，其幌子是“马克思主义的人本主义”，或者叫“马克思主义世界观指导下的人本主义”。他们力图推倒 1983 年关于人道主义和异化问题大讨论中关于区分人道主义两个层面（即历史观层面和伦理道德层面）的结论，提出这种区分“在逻辑上是自相矛盾的，在理论上是不周密的，是讲不通的”。否认这种区分，就是要把人本主义作为历史观，把人性论作为历史叙事的基本框架。这不仅使客观地、科学地认识历史成为泡影，而且使超越一定时代的统治思想成为不可能，从根本上取消了“改变世界”的理论依据。

共产主义作为马克思主义哲学之魂表明，这一哲学本质上是工人阶级世界观，是通过工人阶级的解放实现人类解放的行动指南。只有在这一过程中，哲学才能走出书斋和精神贵族的狭小圈子，成为广大人民创造生气勃勃的新生活的实践力量，从而实现哲学向人民的回归。这一以唯物辩证法、历史辩证法为标志的新型世界观，实现了认识论、逻辑和辩证法的统一，以及自我意识、阶级意识和人类意识的统一，是认识世界和改造世界相统一的哲学，从而实现了哲学向现实生活的回归。它不但根本区别于自我封闭的传统“体系”哲学，也根本区别于西方现当代形形色色的“生存论”哲学。

共产主义作为马克思主义哲学之魂决定了：马克思主义哲学真正占据了历史制高点和道德制高点，因此能够超越以往哲学“解释世界”的局限，成为能够“改变世界”的新哲学；马克思主义哲学的实践概念不仅是突破了人的感性存在的感性活动，而且是以工人阶级实践为基础的人类解放活动，因而本质上是“革命的”“实践批判的”活动；马克思主义哲学的人类性、人道性是工人阶级阶级性的拓展，不是抽象人性引领和创造历史，而是人民群众创造历史、先进阶级引领历史，在改造客观世界的同时改造主观世界，在推动社会进步的同时促进人性的改善和升华，最终实现每一个人的自由全面发展。

---

① 《马克思恩格斯选集》第 1 卷，人民出版社 1995 年版，第 587 页。

二　把共产主义从马克思主义哲学中清除会导致什么？

无论如何定义马克思主义哲学，都不能抹杀这一哲学的以下性质：它把对于时代精神的阐释建立在对于客观世界和历史规律的科学认识之上，把对于人的关注和现实苦难的解救奠立在科学批判资本主义并依托无产阶级革命实现人民群众自己解放自己之上，把哲学的实践品格归结为以“生活的生产”活动的内在矛盾为源泉的现实的人及其发展规律的历史过程之上。这样，共产主义在马克思主义哲学中的位置就是再明确不过的了：共产主义是时代之谜的解答和时代精神的集中体现，共产主义不仅是超越资本主义的人类历史不可改变的必然趋势，而且是推动当代人类实践活动最强大的动力和运动方式。共产主义的科学阐发还是马克思完成从抽象的人向现实的人转变的关键性环节，因而是新唯物主义世界观形成的重要基石。

毫无疑问，把共产主义基因从马克思主义哲学中剔除，就会从根本上阉割和颠覆这一哲学：它就必然从工人阶级及人民大众认识世界、改造世界的思想武器和行动指南蜕变为有闲阶级的“思想把玩品”和“文化鉴赏品”，从以真理为追求、人民利益为根本的科学世界观、方法论蜕变为“个人独白”和流行思想的附庸（也就是当代西方强势文化的附庸），从有着严格无情的实践检验和客观标准的思想逻辑蜕变为见仁见智、莫衷一是的主观感悟。如果把这种蜕变视为“马克思主义哲学的现代化”，那么它将在这一现代转型中丧失自己的根基，最终混杂在当代西方诸多流派中而被消解。

从学理上看，把共产主义基因从马克思主义哲学中剔除，会直接导致将马克思主义哲学的出发点“现实的个人”等同于生存论哲学的“此在”，从而消解了批判和超越资本主义的人学根据。实际上，作为唯物史观出发点的现实的个人，是马克思哲学变革的重大成果，是超越“抽象的个人”的结果。它既从根本上推倒了各类只存在于哲学家头脑中幻想的“思辨的个人”，也从根本上推倒了只存在于历史某一时段却被永恒化的“经济人”一类设定，上述两者都是“抽象的人”。因此，“现实的个人”不是“自然人”，他的生存条件连同他的本性（或“自然”）都是其实践的结果，因而他是历史的；然而“现实的个人”又不等同于“现存的个人”，或者说，“现存的个人”只是“现实的个人”的一种形态，前者总是被历史超越的，而后者则是一切历史活动的绝对前提，是不可能被历史所超越的。“现实的个人”也不是没有个体性的共性人，而总是以有着非常具体社会关系类型和自主活动类型为其表现形式。同样，“现实的个人”不是“孤立的个人”，不是“唯一者”，而是必然要与他人形成各种联系并因而总是属于一定社会形态的个人。因此，在马克思看来，抽象的、“孤立的个人”不过是资本主义社会形态的产物。

把“现实的个人”混同于现存的个人，根子在于迷失了历史的方向，否定了使“现存革命化”的根据。当海德格尔着力消解传统形而上而指认“此在的本质在于他的存在”时，他实际上消解了对于现存的一切进行革命批判和改造的依据。类似海德格尔这样的话费尔巴哈早就说过，理所当然地也被马克思所批判否定。马克思恩格斯指出：“我们举出《未来哲学》中的一个地方作为例子说明既承认存在的东西同时又不了解存在的东西——这也还是费尔巴哈和我们的对手的共同之点。费尔巴哈在那里阐述道：某物或某人的存在同时也就是某物或某人的本质；一个动物或一个人的一定生存条件、生活方式和活动，就是使这个动物或这个人的‘本质’感到满意的东西。任何例外在这里都被肯定地看作是不幸的偶然事件，是不能改变的反常现象。这样说来，如果千百万无产者根本不满意他们的生活条件，如果他们的‘存在’同他们的‘本质’完全不符合，那么，根据上述论点，这是不可避免的不幸，应当平心静气地忍受这种不幸。可是，这千百万无产者或共产主义者所想的完全不一样，而且这一点他们将在适当时候，在实践中，即通过革命使自己的‘存在’同自己的‘本质’协调一致的时候予以证明。"① 显然，马克思虽然不赞成先于或游离于存在的人的本质，但并没有把人的现存和其本质加以等同。存在不是凝固和僵死的，而是存在着内在矛盾的运动，而当矛盾处在激烈对抗并形成革命的客观条件时，使千百万受压迫者感受到的就是自己的存在与本质间的分裂，即"异化"。这时马克思主义者不是要求人民去消极地"认命"（即承认"你的存在就是你的本质"），而是通过对"现存"的革命改造去掌握和改变自己的命运。因此，马克思恩格斯毫不留情地将费尔巴哈"存在即本质"的观点斥责为"对现存事物的绝妙的赞扬"。②

把现实的人限于"此在"，会使我们在一系列重大价值上发生误判。由于剔除了对于社会的革命变革的探索，清除了实践的历史指向，于是在哲学社会科学研究中什么是学问、如何辨别学术水平的高低就必然出现偏差。马克思主义哲学作为真理性的思想体系，毫无疑问具有知识性，但是这一知识不是无价值偏好的客观知识，而是以无产阶级的立场为基础，以实现人民和民族的利益为追求，因而能否回答、解决重大现实问题就成为判断其水平高低的根本尺度。"如果你能应用马克思列宁主义的观点，说明一个两个实际问题，那就要受到称赞，就算有了几分成绩。被你说明的东西越多，越普遍，越深刻，你的成绩就越大。"③ 抛弃了马克思主义知识的这一根本性质，马克思主义研究就会走入死胡同。时下那种鄙视对于中国现实问题的关注、热衷于在西方话语圈子讨生活的倾向，表现在马克思主义研究上，就是不以中国问题为中心、不以解决实际问题为导向、不以推进马克思主义理论创新和理论武装主线，而是力图把"西马"以致西方哲学的研究，或者纯文本研究，作为马克思主义研究和学科建设的主体。似乎只有西化式的研究才有"学术性"，而关注和解决现实问题的研究只是"意识形态"，就是这一倾向自以为有力的支撑。实际上，当一些人陶醉于从西方搬来的一些词句，甚至将广大群众以致学界都看不懂作为"学术"来炫耀时，我们不禁想起了毛泽东批评那些"仅仅把箭拿在手里搓来搓去，连声赞曰：'好箭！好箭！'却老是不愿意放出去。这样的人就是古董鉴赏家，几乎和革命不发生关系。"④ 须知道，能否中的，不仅检验箭手的水平，也检验着箭的质量。现在有些被视为"好箭"的东西，实际上不过是陈词滥调的翻版。

概括起来，马克思通过对于传统形而上的批判，在告别思辨哲学传统的同时，并没有否定历史发展的逻辑、切断历史进步的未来、屈从于现存的事物而泯灭自身革命的、实践批判的本性，没有向折中主义、相对主义、实证主义和形形色色的"解释世界的

① 《马克思恩格斯选集》第1卷，人民出版社1995年版，第97页。

② 《马克思恩格斯全集》第42卷，人民出版社1979年版，第362页。

③ 《毛泽东选集》第3卷，人民出版社1991年版，第815页。

④ 同上书，第820页。

哲学”倒退，这里的关键就在于辩证唯物主义、历史唯物主义和共产主义远大理想实现了有机的统一。由此也不难看出，把马克思主义哲学引向生存论哲学方向，用海德格尔的“此在”阐释马克思的“现实的个人”是多么严重的误读。我们正在进行的马克思主义哲学创新，和中央倡导的坚定共产主义理想信念是相得益彰，还是渐行渐远，的确值得反思。

三　从马克思主义哲学和共产主义的统一上推进哲学创新

从马克思主义哲学史上说，阐明马克思主义哲学和共产主义的关系可以更为深入地推进马克思主义哲学变革和形成研究，从而更准确地把握马克思主义哲学的精神实质。比如，马克思的共产主义立场和他自称共产主义者的关系，这里有个时间差。按列宁的说法，从1843年底发表在《德法年鉴》上的“这些文章可以看出马克思开始从唯心主义转向唯物主义，从革命民主主义转向共产主义”。[①] 但是，此时马克思并没有自认为是共产主义者，在这种客观判断和主观认同的距离背后是什么？从中可以找到马克思对于早期共产主义各种流派的思考和取舍的线索，发现马克思共产主义观的精髓。又如，哲学观点和共产主义观在马克思哲学形成中的关系问题，这里存在着相互促进的共生关系。从青年马克思思想转变看，大体上有一个规律：当他直接介入实际斗争时，阶级立场、政治观点的转变起着引领作用；而当其退居书房研究问题时，实际知识的驾驭则引领着世界观的转变。从时间段上看，1843年4月前，马克思处在“善良的前进愿望大大超过实际知识”的状况，其政治观点的急剧转变，推动着其哲学主题及其论证方式的转变；而此后的历史研究、经济学研究又成为推动其哲学观点、政治观点转变的主要力量。这种状况告诉我们，不要片面地把青年马克思思想演进中的某一因素夸大为一个阶段的特征，例如所谓的“哲学共产主义”阶段或“实证人道主义”阶段。

但是，阐明马克思主义哲学和共产主义的内在关系，更为重要的是现实的马克思主义哲学创新的需要。近年来，套用西方哲学从近代以来的“认识论哲学”向现当代的“生存论哲学”的转向，提出了当代马克思主义哲学研究要有一个“生存论转向”问题的风气很盛，上述把马克思“现实的个人”解读为海德格尔的“此在”就是一例。在力促这一转向中，高调地提出了打破“主客体二分”的对立思维模式问题，值得认真思考。

从马克思主义哲学史看，费尔巴哈的错误并非在于坚持唯物主义认识路线，运用“主宾原则”进行主客二分，而在于没有完成历史实践领域的主客二分，根子在于不懂得实践的辩证法。“费尔巴哈想要研究跟思想客体确实不同的感性客体：但是他没有把人的活动本身理解为对象性的［gegenständliche］活动。因此，他在《基督教的本质》中仅仅把理论的活动看作真正人的活动，而对于实践则只是从它的卑污的犹太人的表现形式去理解和确定。因此，他不了解‘革命的’‘实践批判的’活动的意义。”[②] 实际上，主客体的区分不仅是认识的前提，也是实践的前提。如果不是主观唯心主义的认识，不是唯意志论的实践，主客体的界限是不可能抹去的。主客体的相互作用不仅表现

① 《列宁全集》（第二版）第26卷，人民出版社1990年版，第83页。

② 《马克思恩格斯选集》第1卷，人民出版社1995年版，第54页。

在实践的过程，也表现在认识的过程（马克思主义所强调的认识论、辩证法和逻辑相一致就是经典的表述），因此不能用主客体的相互作用抹杀两者的本质区别。即便是既作为主体又作为客体的人，在具体的历史条件和矛盾关系中，其界限也是分明的。正是基于这种区分，才有唯物主义哲学和唯心主义哲学之分，以及辩证唯物主义、历史唯物主义和旧唯物主义之分。而这一区分，在今天的哲学研究中依然是基本问题。

实践哲学、生存论哲学为什么取代不了认识论哲学？原因在于，任何面向未来的哲学，其论题并不都是实践的，其论证更不都是能够直接依托实践检验的，就是说不能得到充分的经验证明的，因而通过科学认识而揭示的理论逻辑就必不可少。对于开创性实践而言，正确的认识是实践成功的前提，“没有革命的理论，就不会有革命的运动”。解决共产主义理想信念问题，关键在树立马克思主义世界观、确立历史唯物主义观点。如果真的用生存论哲学取代了认识论哲学、用“此在”取代了“现实的个人”，就从根本上取消了马克思主义理论的指导作用，也实实在在地挖空了培育理想信念的基础。这就和我们那些试图通过生存论哲学创新马克思主义哲学的学者的初衷南辕北辙了。

（原载《红旗文稿》2015 年第 18 期）

2014年意识形态领域十个热点问题

樊建新　等

作者简介：樊建新，中国社会科学院马克思主义研究院副院长，中国社会科学院世界社会主义研究中心副主任，中华人民共和国国史学会常务理事。

2014年，国内意识形态领域总体态势积极向上，主旋律响亮，正能量强劲。同时，也出现了一些涉及重大是非原则且讨论比较集中的热点问题，反映出当前舆论斗争形势尖锐复杂、极具挑战的一面。现选取以下十个热点问题加以评析：（1）关于党的领导与依法治国；（2）关于阶级斗争理论；（3）关于香港非法“占中”与颜色革命；（4）关于混合所有制与国有企业改革；（5）关于市场的决定性作用；（6）关于“辽报事件”与高校意识形态安全；（7）关于学术评价导向和部分学科教育西化；（8）关于社会主义核心价值观；（9）关于如何对待中国传统文化；（10）关于历史虚无主义思潮新特点。

一　关于党的领导与依法治国

党的十八届四中全会提出了全面推进依法治国、建设中国特色社会主义法治体系、建设社会主义法治国家的总目标，正确阐释了党的领导和依法治国的关系。在如何处理党和法治的关系这个法治建设的核心问题上，全会明确提出，党的领导是中国特色社会主义法治的本质特征和根本要求，是全面推进依法治国的题中应有之义；党的领导和社会主义法治是一致的，社会主义法治必须坚持党的领导，党的领导必须依靠社会主义法治。习近平总书记在对全会决定的说明中进一步指出，全面推进依法治国最关键的是方向正确、政治保证坚强有力，具体讲就是要坚持党的领导，坚持中国特色社会主义制度，贯彻中国特色社会主义法治理论。其中，党的领导是中国特色社会主义最本质的特征，是社会主义法治最根本的保证。

然而，在这一“本质特征”和“核心问题”上，舆论界的认识并不一致，甚至存在激烈交锋。一些宣扬西方宪政思潮的人，打着法治的幌子，渲染西方法治理念和法治模式的“普世性”和“优越性”，将矛头指向党的领导和社会主义制度。其表现之一是，以西方资产阶级宪法思想和文本样式为圭臬，攻击我国宪法。有人说我国宪法“论证功能优于规范功能”“党在宪法法律范围内活动的条款从未获得具体的法律支撑”，因此党的领导成了“凌驾于国家常规权力之上的领导权”；还提出所谓“党章宪法论”①，否定我国现行宪法的合法性。其表现之二是，将党的领导与依法治国对立起来，提出所谓“《党章》大还是《宪法》大”“党大还是法大”“党治还是法治”等伪命题。有人公开撰文说：“革命党建立的国家，依照革命党原则进行统治……这与依宪治国、依宪执政的法治机制是悖反的。”“在中国的国家治理体系中，要解决党权独大、其他权力弱化的问题，需要确立党权、国权、政权、法权四边均衡结构。只要存在独大的权力，四中全会强调的依法治国就很难实施下去。”② 有人说，“党总揽全局，协调各方”，“通过国家政权机关实施党对国家和社会的领导”“这与其说是法治，不如说是党治”③。表现之三是，以树立宪法权威为由，把“司法独立”作为否定、架空党的领导的突破口。一些人把党的领导歪曲为某一个人的领导，把“依法独立公正行使审判权和检察权”歪曲为西方式的“司法独立”，把“任何党政机关和领导干部不得违法干预司法活动”歪曲为党不能领导司法。有人说，司法独立的含义是，“整个司法系统对外界是独立的，它不受行政机关、政党等任何组织或者个人的影响”④。这实际上是主张司法要脱离党的领导。

近年来，西方不断向我国植入挑战我国政治制度的“思想病毒”，培养和扶持“吃共产党的饭，砸共产党的锅”的各类异己分子，搞乱思想，搞乱人心，比如“爱国不等于爱党”“法大还是党大”“有宪法无宪政”“三权分立”“司法独立”“军队国家化”“普世价值”，等等。其本质就是“去中共化”，就是质疑、削弱和推翻党对中国特色社会主义法治的领导。

坚持党的领导、人民当家做主、依法治国有机统一是我国社会主义法治建设的一条基本经验。我国宪法以根本法的形式反映了党带领人民进行革命、建设、改革取得的成果，确立了在历史和人民选择中形成的中国共产党的领导地位。习近平总书记强调说：“对这一点，要理直气壮讲、大张旗鼓讲。要向干部群众讲清楚我国社会主义法治的本质特征，做到正本清源、以正视听。”⑤

---

① 田龙飞：《宪法的美好与纠结》，共识网，http://www.21ccom.net/articles/china/ggzl/20141204117091_all.html。

② 任剑涛：《建设法治国家是中国政治转轨的需要》，《炎黄春秋》2014年第12期。

③ 梁治平：《2014版法治地图探径》，共识网，http://www.21ccom.net/articles/china/ggzl/20141210117338.html。

④ 《大梅沙创新论坛系列访谈之四：王建勋谈法治》，共识网，http://www.21ccom.net/articles/china/ggzl/20141103115665.html。

⑤ 习近平：《关于〈中共中央关于全面推进依法治国若干重大问题的决定〉的说明》，《人民日报》2014年10月29日。

二　关于阶级斗争理论

2014 年 9 月 23 日，《红旗文稿》刊发了《坚持人民民主专政，并不输理》（以下简称《坚持》）的文章，该文阐述了马克思主义的国家学说和无产阶级专政学说，分析了民主与专政的辩证关系，重申了党章和《宪法》关于"阶级斗争还将在一定范围内长期存在"的科学论断，并引用了邓小平"坚持人民民主专政并不输理"[①] 的语句。

应该说，《坚持》一文是一篇阐述马克思主义基本理论的学术文章，既没有"以阶级斗争为纲"的意思，更没有"回到'文化大革命'"的蕴涵。但是，文章发表后，却受到一些人和媒体近乎疯狂的攻击和围剿。一些人故意歪曲，上纲上线，恶毒攻击作者"为'文化大革命'复辟""姚文元重生""鼓动底层造反""幽灵""反动权威""纳粹""走资派"，并用耸人听闻的话语威胁作者会"死得很惨""应该绞刑""强烈要求中央追究他的政治责任"，等等。在天则经济研究所"双周论坛"上，一位教授在"改革开放与阶级斗争"的主题讲座里，一口咬定作者要"复辟以阶级斗争为纲"。他说，"至少有两种阶级斗争：一个是权贵斗百姓，这是一种阶级斗争。再一个是百姓斗权贵，这是另一种阶级斗争"。他说，断定作者"主张的阶级斗争就是百姓对权贵的斗争，这是幼稚的"。他吹嘘说，他们已经通过写文章把"以阶级斗争为纲"再次搞臭了，以至于"四中全会的公报里面没有提阶级斗争，也没有提专政"，"这是捍卫基本路线的胜利"[②]。天则经济研究所荣誉理事长说，作者的文章之所以还有市场，其根子在"马克思的劳动价值论"，"那个东西绝对的错误。这个理论不取消的话，这个社会恐怕稳定不下来"[③]。他认为现在"不存在剥削，也没有剥削阶级，更没有阶级斗争"[④]。

针对一些人的无端指责和错误观点，不少学者撰文对《坚持》一文表示支持，对一些人在阶级问题上的混乱认识作了澄清。大家认为，在阶级问题上，要像邓小平指出的那样："社会主义社会中的阶级斗争是一个客观的存在，不应该缩小，也不应该夸大。实践证明，无论缩小或者夸大两者，都要犯严重的错误。"[⑤] 因此，既要反对把阶级斗争扩大化的观点，又要反对认为阶级斗争已经熄灭的观点。

值得深思的是，为什么这样一篇文章会引起如此轩然大波，会遭到如此肆无忌惮的攻击？为什么一些人一看到"阶级""阶级斗争""专政"等字眼，就如此敏感？有网民一针见血地指出："王伟光之所以被攻击，不是把阶级斗争问题讲得不清楚，相反，正是讲得太清楚了，矛头对的太准了，便把那群主张西化、分化、私有化、资本主义化

---

① 王伟光：《坚持人民民主专政，并不输理》，《红旗文稿》2014 年第 18 期。

② 王占阳：《改革开放与阶级斗争》，见"天则双周论坛"第 512 期，http：//www. unirule. org. cn/index. php？ c = article&id = 3501。

③ 茅于轼：《改革开放与阶级斗争》见"天则双周论坛"第 512 期，http：//www. unirule. org. cn/index. php？ c = article&id = 3501。

④ 茅于轼：《到底是什么创造了财富?》，天则网，http：//www. unirule. org. cn/index. php？ c = article&id = 3500，2014 年 12 月 9 日。

⑤ 《邓小平文选》第 2 卷，人民出版社 1994 年版，第 182 页。

的群体给惹怒了。"① 我们知道，阶级观点、阶级斗争理论、阶级分析方法是马克思主义的一个核心理论，是否承认阶级斗争理论和无产阶级专政学说，是判断真假马克思主义的试金石。对一个时期以来出现的诸如历史虚无主义、新自由主义、普世价值论、西方宪政论、公民社会论、新闻自由等错误思潮，抛开学术争鸣和认识问题不说，不管它们如何变换花样，不管它们怎样学术包装，只要坚持阶级观点，拿起阶级分析的武器，它们的政治实质就会暴露无遗。这就是为什么《坚持》一文会引起他们如此强烈的反应并拼命围剿的一个重要原因。正如列宁说的那样："马克思主义提供了一条指导性的线索，使我们能在这种看来扑朔迷离、一团混乱的状态中发现规律性。这条线索就是阶级斗争的理论。"②

关于阶级斗争理论在整个科学社会主义的理论和实践中的地位，美国驻苏联最后一任大使马特洛克有着极其深刻的洞察。他在《苏联解体亲历记》一书中说："阶级斗争理论是列宁主义者的国家结构演进观及同西方发生冷战所依据的中心概念，没有它，冷战的理由就不复存在，一党专政的理论基础就随之消失。"③"如果苏联领导人真的愿意抛弃阶级斗争观念，那么他们是否继续称他们的指导思想为'马克思主义'，也就无关紧要了，这已是一个在别样的社会里实行的别样的'马克思主义'，这个别样的社会则是我们大家都能认可的社会。"④ 可见，抛弃了阶级斗争理论，就从根本上抛弃了科学社会主义、抛弃了马克思主义，从而必然导致向资本主义演变。

三 关于香港非法"占中"与颜色革命

2014 年 9 月香港爆发"占中"以来，国内外围绕"占中"爆发的原因、"占中"活动的性质和实质等问题出现激烈争论。

一些人将"占中"说成是反抗"专政"、争取"民主"的"公民抗命"运动。有人把"占中"的责任推到所谓中央政府这两年"收紧"对意识形态的管理上，说香港的不稳主要来自内地的施政，"内地言路越是紧缩，管控越是严厉，港人的担忧就越是强烈"。有人声称"英国的殖民统治给香港带来了法治，但是内地的法治在倒退，这让珍惜法治环境的香港人对自己的未来捏一把汗，因此他们争取的是法治"⑤。凤凰卫视某主持人说，"既然一个不接受'西方歪路'的中央政府不容香港民主，那就是干脆把'支联会'多年来'结束一党专政'的口号化作行动，真正干起支援内地民运的革命大业"。他把"占中"视为公民抗命、一次不计成效的道德运动，庆幸于"占中""也为

---

① 温碧书：《要将王伟光处以绞刑的人用心何在?》，四月网，http：//opinion. m4. cn/2014 - 09/1246976. shtml。

② 《列宁专题文集 · 论马克思主义》，人民出版社 2009 年版，第 15 页。

③ ［美］小杰克 · F. 马特洛克：《苏联解体亲历记》（上），吴乃华等译，世界知识出版社 1996 年版，第 162 页。

④ 同上书，第 169 页。

⑤ 张鸣：《香港稳定的秤砣》，共识网，http：//www. 21ccom. net/articles/tgzc/20140903112458. html。

港府和北京带来了日后许多年都不可能彻底解决的危机”①。有人说，大陆提出的普选方案就是“大陆实行了数十年的‘民主集中制’，香港人连夜上街‘抗命’抗的就是这个‘民主集中制’”②。有人还对“爱国爱港”的要求嗤之以鼻，说“人大提出此要求合否基本法，要存疑。爱国爱港标准何在，谁界定？大难!”③

实际上，少数人不顾多数港人的反对，迫不及待地推动“占中”的重要原因，是全国人大常委会关于香港特区行政长官普选问题和2016年立法会产生办法的决定。这个决定给西方多年扶持的反对派势力代言人成功上位夺取最高香港治权设置了难以逾越的门槛。因此，港内外一些势力妄图“绑架”大多数港人，采取“占中”这种极端对抗的方式，不惜破坏香港的经济稳定和社会秩序，欲使中央政府屈服，实现其把香港变成某种独立的政治实体的真实目的。

可见，打着“民主”“自由”旗号的香港“占中”运动，其本质是西方在中国发动的一场“颜色革命”，它具备了“颜色革命”的一切要素，如敌对势力精心组织策划、所设议题和口号蛊惑性强、西方势力提供资金支持和骨干培训、媒体煽风点火聒噪等。难怪自香港“占中”爆发以来，西方不少媒体就将其称作“颜色革命”的香港版，并用“雨伞革命”来命名。比如，美国《时代》周刊亚洲版封面就有“雨伞革命”的标题，英国《金融时报》以“雨伞革命让人质疑一国两制”进行报道，《华尔街日报》以“香港民主觉醒”为题进行报道，等等。④

然而，国内一些人绝口不提“占中”策划者、组织者以“争取真普选”为借口，实要夺取香港治权、建立亲西方香港政权的目的，也无视西方敌对势力妄图以香港为基地预演“颜色革命”，再通过共振效果将“颜色革命”推向大陆的野心，却公然为“颜色革命”正名，为“占中”背书。国内一位很有名气的教授说，把“占中”说成“颜色革命”是没有根据的，因为“颜色革命有合理性，不然为什么中国政府会承认那些政权变更的国家?”“有压迫就有反抗，革命是有合理性的，不能说那个东西全部都是外国势力搞的，不能简单地妖魔化颜色革命。”他断言：“中国不存在颜色革命问题，腐败才是问题，‘带枪的腐败’最吓人。”他还说，如果有“颜色革命”的话，那就是共产党内部腐败造成红党变成黑党的“黑色革命”⑤。

显然，这样的观点和言论是极端错误的。我们所说的“颜色革命”，指的是西方一些国家在目标国以所谓“和平和非暴力”的“街头政治”方式进行的政权变更运动。具体到社会主义国家，“颜色革命”就是要颠覆党的领导和社会主义制度。而上述为“颜色革命”正名的观点，却混淆概念，掩盖“颜色革命”的实质，具有极大的欺骗性。正如有人分析的那样，它错在“把中国奉行不干涉别国内政原则与‘颜色革命’

---

① 梁文道：《他们为什么害怕占中》，价值中国网，http：//yd. sina. cn/article/detail-iazpqypm6463708. d. html？ vt = 4&mid = cfkptvx3654229。

② 苍天一浮尘专栏，博客中国，http：//lxming19630124. blogchina. com/2236203. html。

③ 贺卫方专栏，博客中国，http：//heweifang. blogchina. com/2232759. html，2014年12月26日。

④ 华益文：《美国对“颜色革命”为何乐此不疲?》，《人民日报（海外版）》2014年10月10日。

⑤ 王占阳：《不能简单地妖魔化颜色革命》，搜狐新闻，http：//news. sohu. com/20141206/n406712607. shtml。

两个不同性质的问题混为一谈，把西方颠覆别国政权与中国革命混为一谈，把反腐败与反对‘颜色革命’对立起来”①。这里，最大的危险是国内一些人对西方敌对势力西化、分化中国的战略图谋认识不清、丧失警惕，否认中国存在“颜色革命”的可能性。

四 关于混合所有制与国有企业改革

党的十八届三中全会提出“积极发展混合所有制经济”后，舆论界围绕混合所有制和国有企业改革问题展开激烈争论。争论的焦点是要不要坚持和巩固公有制的主体地位和国有经济的主导作用，即：是坚持马克思主义为指导，把混合所有制作为巩固和加强公有制主体地位、成为基本经济制度的实现形式，还是以新自由主义为指导，把混合所有制作为私有化国有企业的工具。

比如，有人错误解读三中全会精神，否定公有制经济的主体地位，说三中全会提出“公有制经济和非公有制经济都是社会主义市场经济的重要组成部分”，就意味着今后在所有制问题上“不分老大老二了”②。一位“著名学者”说：“有些人认为在国有企业主导经济的情况下，仍然可以建一个所谓的市场经济，他没有认识到市场经济的要求跟国有体制基础是有冲突和矛盾的。”③“保持国有经济的主导地位，民企无法成长。”④一些人还以三中全会《决定》中有“鼓励非公有制企业参与国有企业改革，鼓励发展非公有资本控股的混合所有制企业”的话，将三中全会决定说成私有化的宣言书。

更让人忧虑的是，政府一些决策部门的同志和地方干部也误读中央精神。比如，某权威政策研究机构企业研究所的一位同志说，中国占国有企业总数90%以上的13多万家国有中小企业，“应该彻底民营化”“国有企业比重完全可以退到零”；其余8000多家大型和特大型国有企业可以搞混合所有制经济，其中除了“对带有资源租金和垄断资金的企业主要是整体上市，逐步来释放国有股，稀释国有股”外，“其他的企业都可以将国有股降到50%以下、20%以下甚至0”⑤。某省统计局的一位领导说，他对三中全会《决定》最不满意的地方是，仍然“强调国有经济的主体地位”。他说：“国有企业是个怪胎，官不像官、企不像企，而且跟私营企业争夺资源。”他认为，现在到了发展民营经济的“黄金期”“民营企业第一个机遇就是对国有企业改造”。⑥

针对上述一些人对“积极发展混合所有制经济”的不当解读，一些学者撰文疾呼，避免混合所有制改革成运动，绝不能让“疯狂卖国企”重演，要全面准确地理解三中全会精神，防止在国企改革问题上犯颠覆性错误。他们说，要彻底批驳“要混合就得

① 彭光谦：《撼山易 撼解放军难——驳王占阳的歪理邪说》，《中国社会科学报》2014年12月22日。

② 杨伟民：《句句是改革 字字有力度》，《人民日报》2013年11月15日。

③ 见张维迎《国企并不真赚钱》，凤凰财经网，http：//finance. ifeng. com/news/special/caizhidao189/。

④ 见张维迎《保持国企主导地位 民企无法成长起来》，中国行业研究网，http：//www. chinairn. com/news/20140117/100312856. html。

⑤ 见张文魁《13万多家中小国有企业应该彻底的民营化》，凤凰财经网，http：//finance. ifeng. com/a/20140303/11792944_ 0. shtml。

⑥ 见《信息与辅导》，2014年8月1日。

卖，不卖不能混合”的歪理，坚决杜绝借改革之机搞国企私有化、化公为私，牟取暴利。如果以改革之名，强制要求国企向外资、私资出卖产权，那就不是为了加强国企，而是为了搞掉国企，必然威胁到基本经济制度和政体的稳定。

其实，中央提出发展混合经济的目的非常明确。习近平总书记在三中全会上对《决定》作的《说明》强调指出：“提出要积极发展混合所有制经济，强调国有资本、集体资本、非公有资本等交叉持股、相互融合的混合所有制经济，是基本经济制度的重要实现形式，有利于国有资本放大功能、保值增值、提高竞争力。这是新形势下坚持公有制主体地位，增强国有经济活力、控制力、影响力的一个有效途径和必然选择。”① 可见，发展混合经济是为了巩固公有制的主体地位、加强国有经济主导作用，绝不是为了削弱公有制，更不是为了私有化国有企业。

2014 年两会期间，习近平总书记再次发表讲话予以强调。3 月 5 日他在参加上海团讨论时说：“国有企业不仅不能削弱，而且还要加强……在深化改革中通过自我完善，在凤凰涅槃中浴火重生。”② 3 月 9 日，他在参加安徽代表团讨论时说：“发展混合所有制经济，基本政策已明确，关键是细则，成败也在细则。要吸取过去国企改革的经验和教训，不能在一片改革声浪中把国有资产变成谋取暴利的机会。”③ 这些讲话具有很强的针对性。

当前，混合所有制改革在各地正如火如荼地展开，地方国企改革已经进入加速期，不少省份陆续公布了国企改革指导意见。但是，有迹象表明，一些地方以急功近利的心态和锦标主义的政绩观来对待混合所有制和国企改革，把混合所有制改革简单地变成一场运动。比如据报道，某省刚刚通过的国企改革方案决定，2020 年之前所有省属国企百分之百实行混合所有制，并且包括煤炭、钢铁等企业在内的全部竞争性国有企业，在混合所有制改革中国企不设持股比例④。这意味着该省所有竞争性国企都有可能被彻底私有化。

巩固和壮大公有制主体地位、强化国有经济主导作用，是解放和发展生产力的根本要求，是消除两极分化、实现共同富裕的重要条件，也是构建社会主义和谐社会和实现自主发展的重要保障，关系到社会主义的性质和党的执政地位，不能不察。因此，对发展混合所有制经济的错误解读和私有化言论，我们应该表明态度，不能视而不见。对这样的言论不表明态度，就是默认了他们对三中全会的误读，也会误导实际工作。在实际工作中要准确理解中央精神，制定政策要有利于保证公有制主体地位和国有经济主导作用的实现，杜绝中央精神和实际工作的“两张皮”现象。

---

① 习近平：《关于〈中共中央关于全面深化改革若干重大问题的决定〉的说明》，《人民日报》2013 年 11 月 16 日。

② 见《国企改革：在凤凰涅槃中浴火重生》，人民网，http：//theory. people. com. cn/n/2014/0310/c40531 – 24583800. html。

③ 见习近平《不能在一片改革声浪中把国有资产变成谋取暴利的机会》，人民网，http：//politics. people. com. cn/n/2014/0309/c1024 – 24580769. html。

④ 见《河北国企改革：2020 年省属国企均须为混合所有制》，中国财经网，http：//finance. china. com. cn/news/dfjj/20141028/2755402. shtml。

五 关于市场的决定性作用

党的十八届三中全会提出“发挥市场在资源配置中的决定性作用”后，舆论界就如何理解“市场的决定性作用”、如何认识市场和政府的关系等问题展开讨论，讨论中的一个核心问题，是坚持社会主义市场经济改革方向，既发挥市场对资源配置的决定性作用，又发挥社会主义制度的优势和政府的积极作用，还是以西方新自由主义为指导，进一步削弱政府的宏观调控职能。

一些人认为，市场从“基础性作用”到“决定性作用”提法的变化，是对改革开放30多年来形成的“半市场经济、半统制经济”的校正，是向所谓现代市场经济的转型，意味着西方新自由主义“大市场小政府”理念的确立，意味着市场的胜利。他们按照新自由主义的“市场原教旨主义”和“市场经济万能论”来解读三中全会精神，认为在经济领域中政府不再具有调节功能了，计划不再起作用了，一切都由市场来决定。更有甚者，一些人认为市场不仅决定经济资源的配置，还应该决定所有资源的配置，包括政治资源、思想资源，如国内一位学者就歪曲三中全会精神，认为提出市场决定性作用后，“中国下一个十年需要发展‘思想市场’”①。他们认为，公有制为主体、国有经济为主导抑制了市场在资源配置中的作用，要让市场起决定性作用，国企就要实行彻底的市场化，全部转变为“公众公司”，且国有股不能再控股。比如有学者就主张，“大型国企的改革最好还是变成公众公司，就是完全上市。国家有股份但是慢慢减少，减少到最后几乎没有”。②

从上述这些解读看，一是把市场的作用无限放大，二是把政府的经济调节作用与市场对资源配置的决定性作用完全对立，三是把发挥市场的决定性作用与发展公有制经济相冲突。这些解读是值得商榷的。有学者说，市场起决定性作用是有一定范围的，不能把市场起决定性作用的范围不恰当地任意扩大。要区分经济领域与政治思想领域和公益领域，物质生产领域与精神生产领域。让市场起决定作用的只能是经济领域，而且是经济微观领域的资源配置，而不是所有领域都要让市场起决定作用。同时，要清醒把握中央提出这一论断的现实针对性。习近平总书记在关于三中全会《决定》的说明中，列举了在发展社会主义市场经济过程中存在的一些主要问题，比如市场秩序不规范，以不正当手段谋取经济利益的现象广泛存在；生产要素市场发展滞后，要素闲置和大量有效需求得不到满足并存；市场规则不统一，部门保护主义和地方保护主义大量存在；市场竞争不充分，阻碍优胜劣汰和机构调整，等等。这些问题不解决，完善的社会主义市场经济体制是难以形成的。离开所要解决的问题去解读中央的这一决策，是不得要义的。

在市场与政府的关系上，不能片面夸大某一方的作用，必须把市场的决定作用同政府的职能结合起来。在这个问题上，习近平总书记特别指出：“我们实行的是社会主义市场经济体制，我们仍然要坚持发挥我国社会主义制度的优越性、发挥党和政府的积极

① 张维迎：《中国下一个十年需要发展“思想市场”》，《新京报》2013年11月15日。

② 姚洋：《大型国企应完全上市成为公众公司　担心民企成陪衬》，金融界网，http://finance.jrj.com.cn/people/2014/09/22150918055042.shtml。

作用。市场在资源配置中起决定性作用，并不是起全部作用。”① 也就是说，我们在强调充分发挥市场在资源配置中的作用的同时，也要清醒地看到市场本身也有其不足之处，比如，市场调节具有短期性、滞后性、不确定性，在有些领域，也存在“市场失灵”的情况。正是由于市场调节具有自身难以克服的缺陷，因此，在社会主义市场经济条件下，还必须由政府对经济进行宏观调控。

在充分发挥市场的作用与大力发展公有制经济的关系问题上，有学者指出，发挥市场的决定性作用必须为巩固和发展基本经济制度服务。公有制为主体、多种所有制经济共同发展的基本经济制度，是由生产力的性质和发展要求决定的，而不是由经济运行机制决定的。市场经济作为发展生产的方法、调节经济的手段，应该服务于基本经济制度，不能把二者的关系颠倒过来，更不能从市场对资源配置起决定性作用的论断中得出私有化的结论来。

总之，我们要全面准确理解社会主义市场经济条件下市场的作用，特别要分清中国特色社会主义的“市场决定作用论”与西方新自由主义的“市场决定作用论”的本质区别，在学术研究、理论宣传和实践操作中防止犯颠覆性错误。

六　关于“辽报事件”与高校意识形态安全

2014 年 11 月 14 日，《辽宁日报》刊发署名为本报编辑部的致高校哲学社会科学老师的一封公开信《老师，请不要这样讲中国》。信中披露了部分高校教师对社会主义中国缺乏理论认同、政治认同、情感认同，在课堂上随意抹黑现实、丑化历史、“呲必中国”的怪象。信中说，一些教师“在授课过程中，每当结合现实问题，常常会表达出一些消极负面的情绪，谈到好的，都是外国的，不好的，都是中国的，中国成了负面典型的案例库”。应该说，信中反映的课堂乱象是客观存在的，虽然并非多数教师如此，但是也绝非个别现象，具有一定的普遍性，因此该信引起舆论广泛而热烈的共鸣。

然而，该信却遭到一些人的轮番炮轰和围剿。有人指责《辽宁日报》是“把知识人应有的批判精神说成是抹黑中国”②。有人将《辽宁日报》揭露课堂乱象的做法说成“收集罪证，最终治这些教师的罪……是文化特务和间谍之行……把教师当敌人”，说这预示着一场“新的反右斗争”的到来，“这回，要抓多少右派呢?”③ 有人质问，“抹黑祖国？祖国多大了？……《辽宁日报》编辑部稍微有点脑子就不会写这种东西，一个不黑的东西是别人可以抹黑的吗?”④ 有人说，“教室是思想传播的城堡，教师是城堡的国王”。“教师传播思想，无论反对与支持，有理有据便无罪可言。”辽报“通过暗

① 中共中央文献研究室编：《习近平关于全面深化改革论述摘编》，中央文献出版社 2014 年版，第 57 页。

② 贺卫方：《辽报诸公真可笑！马克思主义不是西方刻度？居然把知识人应有的批判精神说成是抹黑中国，实在太抹黑中国媒体!》，新浪微博，http：//tw. weibo. com/weifanghe/3776953368720984。

③ 张鸣微博，新浪微博，http：//ent. sina. com. tw/weibo/user/1707683373/3777199985380454。

④ 孙立平：《关于辽宁日报公开信等几则》，新浪博客，http：//blog. sina. com. cn/s/blog_ 641fa19f 0102v6vw. html。

访”“搜罗证据”，“该证据获得程序不当，因此不得采信”。有人称辽报是“预设结论”“主题先行”“专挑负面的例子”，并质疑辽报在被调查者不知情的情况下“暗访”课堂的正当性①。有人说辽报是在“向高校教师发出强烈的政治指控”②。有人说辽报所言是“‘文化大革命’陈货”，是“一场新运动的先声”③，等等。

同时，也有很多学者和主流媒体对《辽宁日报》公开信给予了高度评价，对自由派“公知”的声讨进行驳斥。兰州大学新闻学院院长林治波说：“《辽宁日报》做得对！”“披露不是来得太凶猛，而是出现得太晚了。”“这些年来，在和平演变背景下，许多教师公知化，唯美国马首是瞻，把自己祖国说得一无是处、一团漆黑，严重误导学生。有人诡辩说，批评是爱国的表现，问题是他们的所为不是善意批评，而是恶意抹黑。这是两码事。”④ 11月16日，人民网刊发《“呲必中国”算哪门子“学术自由”》，文章指出：“呲必中国”与“学术自由”完全不相干，罔顾客观事实、缺乏基本科学精神的内容讲授，根本不是什么“学术自由”“学术研究”，而是缺少职业操守的表现。12月3日，《光明日报》刊发陈先达文章《批评、抹黑及其他》，文章指出，“批评”与“抹黑”，其根本区别在于“价值导向”的对立！12月14日，求是杂志社《红旗文稿》第23期刊发李艳艳文章《维护微博意识形态安全必须纠正的几种倾向》，文章指出，“一些自诩为公共知识分子的微博大V对此文断章取义，以‘言论自由’为托词炮轰《辽宁日报》，试图把高校讲台变成无须监督的‘自由高地’”。

诚然，课堂上可以有问题意识，可以提批评意见，但是不能恶意抹黑。正如中国人民大学陈先达教授告诫的那样，“教员，尤其是思想政治课教员，面对社会的各种问题，应该以马克思主义为指导直面现实的热点、难点问题，发表意见，提出批评和建议。不能以一己之偏见‘骂堂’，以获取一些缺少生活经验和辨别力的学生的掌声。如果这样，是在害人，而不是育人”⑤。

高校是党的意识形态的重要阵地。加强高校意识形态建设，对于巩固马克思主义的指导地位，巩固全党全国人民团结奋斗的共同思想基础，培养中国特色社会主义事业的建设者和接班人具有重大意义。高校课堂是大学生思想政治教育的主渠道，是帮助大学生树立正确的世界观、人生观、价值观，确立中国特色社会主义道路自信、制度自信、理论自信的重要途径。当前，国际国内意识形态斗争尖锐复杂，西方敌对势力一直把我国高校作为意识形态渗透的重点，极力传播西方价值理念和制度模式，大学生面临着大量西方文化思潮和价值观念的冲击。因此，需要加强党对高校的领导，牢牢掌握高校意识形态工作领导权、话语权、管理权，切实贯彻《关于进一步加强和改进新形势下高校宣传思想工作的意见》，大力提高高校教师队伍思想政治素质，以维护高校意识形态

---

① 见《呲必中国》，新浪专栏，http://news.sina.com.cn/zl/zatan/2014-11-18/09412659.shtml。

② http://weibo.com/1195347197/Bwm18vjk4?type=comment.

③ 引自“新浪专栏观察家”文章《“呲必中国”》，http://news.sina.com.cn/zl/zatan/2014-11-18/09412659.shtml。

④ 詹万承：《辽宁日报遭围剿事件的前前后后：公知坐不住了》，红歌会网，http://www.szhgh.com/Article/news/politics/2014-11-19/68174.html。

⑤ 陈先达：《批评、抹黑及其他》，《光明日报》2014年12月3日。

安全。

七 关于学术评价导向和部分学科教育西化

2014年，一篇题为《从某重点高校论文评级看意识形态之争》的网文和中国人民大学邱海平教授发表在《环球时报》的题为《中国经济学教育严重西化》的文章，重新勾起了人们对长期以来国内高校等教学科研单位存在的学术评价导向西化、部分哲学社会科学学科教育西化等问题的议论。

这方面问题的严重程度，可以从2014年国内某大学的一个学院的期刊排名略见一斑。据《从某重点高校论文评级看意识形态之争》的网文披露，这个学院规定，在64本英文刊物上发表一篇论文最低可以奖励15万元，在另外202本英文刊物上发表一篇论文最低可以奖励6万元，在另外44本英文刊物上发表一篇论文最低可以奖励2万元。这300余本刊物几乎囊括了经济管理类的所有英文刊物，成为该学院职称晋升的核心指标。而在《光明日报》《人民日报》《马克思主义研究》《政治学研究》《历史研究》等发表一篇文章只奖励300元①。这种不顾常理，严重的“重国外轻国内”的学术导向的做法，在国内绝非个案。

中国人民大学邱海平教授在《中国经济学教育严重西化》一文中介绍，在“国际化”有关政策的导向下，许多大学所制定的职称晋升或科研奖励标准中，都将教师在SSCI（美国科学情报研究所建立的综合性社科文献数据库）期刊上发表的论文数量作为最重要的考核标准和评定依据，在许多高校认定的核心期刊或重点期刊中，SSCI期刊都排在第一位，并且有重奖措施。他说，这种政策导致教师尤其是青年教师无法进行自由的科学研究，而是把更多的甚至主要精力用于撰写符合SSCI标准的学术论文上②。

另外，不少高校为了体现所谓“国际化”，在职称晋升中硬性要求申报者必须满足“在国外取得硕士或以上学位”或者“具有连续一年以上国外学习或工作经历”等条件。这类政策的实行将极大冲击马克思主义学科的教学和研究，使大家不能安心于马克思主义理论的教学与研究。因为国外马克思主义方面的研究很少，能够接收中国马克思主义类访问学者的地方更少，为了得到访问学者的机会，马克思主义学科的教师不得不改变自己的专业方向，向国外的相关学科靠拢，导致“不务正业”，弱化了马克思主义学科的实力。这也必然影响到马克思主义学科博士生的培养问题，部分博士生在选题时不得不考虑今后的职业和职称发展需要，更倾向于选择与西方学术话语相同或相近的题目作研究。这对马克思主义学科来说，是极为不利的，其直接后果是使马克思主义学科进一步被边缘化。

众所周知，学术评价标准和评价方向是科研教学人员的指挥棒，直接决定着他们的职称评定和职务晋升，因而很大程度上决定着他们的科研领域和科研方向。很长一段时间以来，不少高校和科研单位在选任干部和职称评审上一味注重有无海外留学背景，一味以在国外刊物上发表文章来评价学者的学术水平，或者有意贬低和边缘化马克思主义

① 朱富强：《从某重点高校论文评级看意识形态之争》，红歌会网，http://www.szhgh.com/Article/opinion/zatan/201405/52018.html。

② 邱海平：《中国经济学教育严重西化》，《环球时报》2014年6月27日。

理论研究，造成一种严重的错误导向，特别是意识形态强的学科比如马克思主义、经济学、政治学、法学、新闻学、史学等学科，很多著述出现去意识形态化倾向，热衷于用西方思想理论的话语来分析中国问题。

早在2005年，著名经济学家刘国光就曾撰文批评过我国经济学教学和科研中存在的严重西化倾向，然而近10年过去了，情况不仅没有好转，甚至还有进一步加剧的趋势。美籍华裔著名学者黄宗智这样描述新自由主义在我国高校的泛滥状况：“在‘国际接轨’的大潮流下，新自由主义已经在制度上深入教科书、核心刊物等，而由此也在研究生的遴选、教员的聘任与评审中占据霸权地位。一个具体的例子是，我自己这几年所在的国内单位，虽然是在一位认同于‘另类’学术的非常能干的院长的领导之下，并且附带有新左派的倾向，但事实上，在关键性的招生、招聘以及评审方面，实际上几乎完全由占据霸权地位的‘主流’经济学所左右——依据它们的标准而选定必读书目，设计考卷问题，规定要在哪些刊物发表论文等，几乎完全臣服于新自由主义知识体系之下。因此，在实际操作中，学科的未来其实完全被新自由主义所掌控。”①

这些问题关系到高校教学和科研的政治方向和学术导向，关系到教学和科研“培养什么人”和“为什么人服务”，关系到具有中国特色、中国气派、中国风格的哲学社会科学学科体系和话语体系的构建，是意识形态工作的一个极其重要的方面，需要高度重视，认真解决。

八 关于社会主义核心价值观

党的十八大报告提出：“倡导富强、民主、文明、和谐，倡导自由、平等、公正、法治，倡导爱国、敬业、诚信、友善，积极培育和践行社会主义核心价值观。”2013年12月，中央印发《关于培育和践行社会主义核心价值观的意见》，正式将上述“三个倡导”24个字确立为社会主义核心价值观的基本内容。目前，学习、宣传、积极培育和践行社会主义核心价值观，正在成为当前思想政治教育的重要内容，从中央到地方都在积极推动核心价值观的入脑入心工作。但是，在实践中，也面临一些不容忽视的问题。比如，如何划清“三个倡导”的社会主义核心价值观与西方“普世价值观”的区别与界限，如何阐明社会主义核心价值观与社会主义核心价值体系的关系，如何回应学界和社会对“三个倡导”的社会主义核心价值观的误读和质疑，如何用社会主义核心价值观有效引领社会思潮、凝聚社会共识，等等。其中最大的难点是如何对这24个字的社会主义属性作出解释，真正把广大人民团结凝聚在中国特色社会主义旗帜之下。

早在十八大之前，在如何凝练社会主义核心价值观的讨论中，就有一种流行的观点认为，价值观没有社会主义和资本主义之分，不应用“中国特色”拒绝“普世文明”。一些人公开宣扬“普世价值观”，称“普世价值”是对全人类有普遍意义的制度文明元素，反映了“历史前进的方向”，代表了“人类文明的主流”“具有世界意义”。有人说，“社会主义和资本主义均以富裕、自由、民主、法治、人权、公平、正义、平等、博爱等作为自己的基本价值取向，在这个意义上，这些基本价值并不是资本主义所特有

① 黄宗智：《我们要做什么样的学术？——国内十年教学回顾》，《开放时代》2012年第1期。

的，而是人类共同追求的普世价值观"[①]。有人还说，"改革开放就是实践普世价值"，反对"普世价值""就是和对外开放、政治改革的方针政策唱反调"；认为改革开放出现的一些问题"最根本的原因是没有找对改革开放的指导思想，没有找准改革开放的前进方向，就是没有从指导思想上确立普世价值的观念"[②]。十八大后，一些人认为这是"普世价值观"的胜利。有人说，十八大"最大的亮点就是将民主、自由、平等、公正等普世价值列入社会主义核心价值观，标志着中共在理念上开始向现代社会靠拢"[③]。中央正式将"三个倡导"确立为社会主义核心价值观的基本内容之后，海外有媒体评论说，"民主自由在官方语境中成为合法词汇"，"官方将西方普世价值中的民主、自由、平等、公正、法治等重要理念都纳入'社会主义核心价值观'，是对中共传统意识形态的一次大胆突破，展示了中共在意识形态和治国理念上试图'与时俱进'的意愿"[④]。直到现在，一些人仍然将社会主义核心价值观混同于西方"普世价值观"。

实际上，24 个字的社会主义核心价值观与资本主义核心价值观有着本质的不同。正如中央《关于培育和践行社会主义核心价值观的意见》中所说："社会主义核心价值观是社会主义核心价值体系的内核，体现社会主义核心价值体系的根本性质和基本特征，反映社会主义核心价值体系的丰富内涵和实践要求，是社会主义核心价值体系的高度凝练和集中表达。"[⑤] 因此，以马克思主义指导思想、中国特色社会主义共同理想、以爱国主义为核心的民族精神和以改革创新为核心的时代精神、社会主义荣辱观为基本内容的社会主义核心价值体系，决定了这 24 个字的方向和性质是社会主义的，而不是别的什么主义的，它的指向是社会主义、爱国主义、集体主义价值观。而"普世价值观"的指向是资本主义、个人主义价值观，其宣扬的所谓民主、自由、平等具有抽象性、虚幻性甚至殖民性、侵略性。

虽然如此，这 24 个字的表述仍然受到一些学者和民众善意的质疑。一是认为社会主义"核心"价值观的内容必须是社会主义所独有的，必须体现社会主义本质特征和发展方向，必须体现社会主义从理论到实践的历史经验，反映社会主义社会中居统治地位、起支配作用的核心理念和社会主义社会必须长期普遍遵循的基本价值准则。因此，提炼出来的"核心价值观"应该是社会主义全部价值观的逻辑起点和指导思想，并能够逻辑推演和解读其他全部社会主义的价值观内容。否则，就容易混淆两种不同价值观的根本区别，甚至容易为一些人用资产阶级的"普世价值观"解读社会主义的价值观造成不必要的思想混乱。二是认为这 24 个字当然可以成为社会主义价值观的内容，但是作为社会主义的"核心"价值观必须有"社会主义"的统领。有学者说，这 24 个字

---

① 见王占阳《普世价值是立党之本、建国之基、改革之源》，共识网，http：//www. 21ccom. net/articles/zgyj/xzmj/article_ 2010081715919. html。

② 杜光：《普世价值：一个时代性的重大课题》，《炎黄春秋》2009 年第 1 期。

③ 于泽远：《十八大的阴影与亮点》，联合早报网，http：//www. zaobao. com/special/report/politic/ccp18th/story20121115 – 102160。

④ 《中共加强宣传"社会主义核心价值观"纳入普世价值》，大公网，http：//news. takungpao. com/mainland/focus/2014 – 02/2274685. html。

⑤ 《关于培育和践行社会主义核心价值观的意见》，人民网，http：//cpc. people. com. cn/n/2013/1223/c64387 – 23924110. html。

看起来面面俱到，但恰恰缺少“社会主义”的核心，起码从字面上看不出“社会主义”的特征来，把这24个字的定语换作“资本主义”也讲得通①。三是认为应当在24个字的基础上精练一个从思想内容到文字表述都能既明确体现社会主义意识形态的本质，又为广大人民群众耳熟能详、广泛认同且没有歧义的观念的减缩本。比如，有学者建议，根据毛泽东思想活的灵魂的三个方面，可以将以人为本、实事求是、独立自主作为核心价值观。有人建议把“人民至上、劳动伟大、共同富裕”作为核心价值观的精髓②。有的建议将核心价值观表述为“确保人民当家做主，坚持人民民主专政，发展壮大公有经济，始终坚持共同富裕，精心维护民族团结，努力捍卫世界和平”③。还有的认为，社会主义核心价值观可以用一句话概括，就是“为人民服务”④。

可见，无论是在用社会主义核心价值观引领社会思潮、批驳错误解读上，还是在塑造民众认同、凝聚社会共识方面，我们还有很多工作要做。

九 关于如何对待中国传统文化

一年多来，习近平总书记在多个场合表达了对中华优秀传统文化的重视。2013年11月26日，习近平在孔子故乡曲阜参观孔府和孔子研究院，翻看了《孔子家语通解》《论语诠解》；2013年12月30日，习近平在主持中央政治局第12次集体学习时指出，提高国家文化软实力，要努力展示中华文化独特魅力，继承和弘扬我国人民在长期实践中培育和形成的传统美德；2014年2月17日，习近平在省部级主要领导干部学习贯彻十八届三中全会精神全面深化改革专题研讨班开班式上强调，要加强对中华优秀传统文化的挖掘和阐发，努力实现中华传统美德的创造性转化、创新性发展；2014年2月24日，习近平在主持中央政治局第13次集体学习时指出，博大精深的中华优秀传统文化是我们在世界文化激荡中站稳脚跟的根基，培育和弘扬社会主义核心价值观必须立足中华优秀传统文化；2014年4月，习近平在欧洲学院演讲时，着重介绍了老子、孔子、墨子等思想家提出的很多理念；2014年5月4日，习近平在北京大学与87岁的国学泰斗汤一介交谈，了解《儒藏》编纂情况，在与师生座谈时说，我们提倡的社会主义核心价值观，就充分体现了对中华优秀传统文化的传承和升华；2014年9月9日，习近平在看望教师时说，我很不赞成把古代经典诗词和散文从课本中去掉，“去中国化”是很悲哀的；2014年9月24日，习近平在纪念孔子诞辰2565周年国际学术研讨会上指出，中国优秀传统思想文化最核心的内容已经成为中华民族最基本的文化基因，是中华民族有别于其他民族的独特标识，蕴藏着解决当代人类面临的难题的重要启示；2014

① 白头翁：《漫谈核心价值观》，红歌会网，http：//www. szhgh. com/Article/opinion/zatan/201402/45638. html。

② 见《侯惠勤做客阳江周末大讲堂 培育社会主义核心价值观十分必要》，阳江新闻网，http：//news. yjrb. com. cn/news/yw/630592. shtml。

③ 张嘉国：《社会主义核心价值观之我见》，红歌会网，http：//www. szhgh. com/article/netizens/201310/34537. html。

④《社会主义的核心价值观是一个“公”字，是“为人民服务”》，人民网强国论坛，http：//bbs1. people. com. cn/post/2/1/2/137222786. html。

年10月13日，习近平在主持中央政治局第18次集体学习时强调，中华优秀传统文化是我们最深厚的文化软实力，也是中国特色社会主义植根的文化沃土；2014年10月15日，习近平在文艺工作座谈会上指出，中华优秀传统文化是中华民族的精神命脉，是涵养社会主义核心价值观的重要源泉，也是我们在世界文化激荡中站稳脚跟的坚实根基。

习近平总书记上述一系列讲话，引起了外界的诸多猜想。一些海外媒体歪曲说，习近平表现出了“对儒家文化异乎寻常的浓厚兴趣”“习近平‘尊孔崇儒’具有深远的政治和社会动员意义”[①]；马克思主义不灵了，习近平只能向中国传统“求医问药”；“中国社会‘尊孔崇儒’的时代已经掀开序幕”[②]；习近平是“红色新儒家”[③]；等等。国内也有一些人把习近平看望汤一介说成“习近平牵手新儒学”，把习近平关于传统文化的系列讲话解读为“去马归儒”，复归中华道统。2014年12月，一些活跃多年的“大陆新儒家”还召开了一个座谈会，以“习大大尊儒，儒门如何评估应对”为主题，煞有介事地进行评估，商讨对策。有的表示乐观，认为官方对意识形态的调整“使得儒家在领导的视野里面有了一个不同的面貌，这对儒家彰显了一种可能性”；有人说，要对“可能出现的儒家社会治理秩序究竟是什么样子”做到心中有数，提出“儒家不拒绝权力，而要引导和改造权力”“要制君行道，又要以道导君”。有的表示悲观，因为“习大大”“实际上是法家，是儒表法里的”，“尊儒或者不尊儒都是根据政治需要”，因此“当代儒者对政治应该始终保持一种距离”。有人说，习近平之所以向儒学靠近，“一个最重要的原因，他特别想对这个意识形态做一个重构”。他说，中共的第一套话语系统是毛泽东建构的“阶级斗争”话语，第二套是邓小平建构的“现代化”话语，“我在课堂面对学员讲，习近平很可能要构建中共的第三套话语系统”[④]。

其实，上述这些解读完全是一些人的一厢情愿，与习近平总书记讲话精神南辕北辙，背道而驰。通观总书记关于传统文化的讲话，他始终强调要坚持马克思主义在意识形态领域的指导地位，始终强调要对传统文化进行科学分析，对有益的东西、好的东西予以继承和发扬，对负面的、不好的东西加以抵御和克服，取其精华去其糟粕，而不能采取全盘接受或者全盘抛弃的绝对主义态度。他说，要坚持古为今用、以古鉴今，坚持有鉴别的对待、有扬弃的继承，而不能搞厚古薄今、以古非今，努力实现传统文化的创造性转化、创新性发展。

当前，要全面准确地理解和宣传习近平总书记关于传统文化的系列讲话精神，警惕一些人故意曲解，打着弘扬中华传统文化的旗号，宣扬文化复古主义思潮，与马克思主义争夺阵地，欲图实现其“儒化共产党”“儒化中国”“儒化社会”的政治主张。

---

① 《港媒评红色新儒家习近平：孔府“点赞”语被印上图书腰封》，大公网，http：//news. takungpao. com/mainland/focus/2014－05/2487701. html。

② 林永福：《尊孔崇儒　习近平开启新时代》，中时电子报，http：//www. chinatimes. com/newspapers/20140926001098－260301。

③ 见《国际社会对“习大大谈孔子弟”的几大猜想》，人民网，http：//world. people. com. cn/n/2014/0926/c1002－25745272. html。

④ 陈明、朱汉民、秋风等：《习大大尊儒，儒门如何评估应对》，共识网，http：//www. 21ccom. net/articles/thought/bianyan/20141223117948. html。

十　关于历史虚无主义思潮新特点

历史虚无主义思潮是20世纪90年代中期以来国内出现的一种政治思潮。这种思潮否定以马克思主义为指导形成的全部历史认识体系，否定中国人民的进步史和中国共产党领导的革命、建设和改革史，其突出表现是：主张“告别革命”，否定中国近现代史上的革命；美化中国近代统治阶级，为近代中国统治阶级翻案；借中国共产党的错误而否定其全部历史；借毛泽东晚年的错误而否定毛泽东的一生；借国际共产主义运动史上的错误和苏联模式的缺陷，全盘否定国际共产主义运动的历史和苏联社会主义的理论和实践，等等。

在这股思潮泛滥的这些年里，虽然思潮的宣扬者们多表现为对我们党已有明确定论的一个个历史人物、历史事件、历史结论进行颠覆性评价，却很少聚焦于“历史虚无主义”这个概念，很少对“历史虚无主义”这个反映这股思潮实质和性质的总概括进行理论梳理和系统言说。然而，这股思潮在2014年出现了一种新的动向。

《炎黄春秋》杂志2014年第5期刊发了一组“历史虚无主义”笔谈，笔谈的三篇文章分别是：《历史虚无主义的来龙去脉》《要警惕什么样的历史虚无主义》《历史虚无主义的实与虚》。笔谈从理论上“重新解释”了历史虚无主义的内涵，“系统梳理”了历史虚无主义的来龙去脉和表现。其核心观点是：把马克思主义称为历史虚无主义，把马克思主义的历史认识体系称为教条主义历史虚无主义，把反对历史虚无主义者称之为最大的历史虚无主义者。笔谈的一位作者说：“马克思的历史图式与基督教历史图式十分相似。他虽然肯定了资本主义的成就，但他最终还是以一个设想中的未来社会阶段把资本主义的历史否定了。资本主义无论取得了怎样的成就也是异化的，它的政治制度、经济制度、社会组织与道德观念等都将要被彻底抛弃。这显然脱离了启蒙的思想路线，陷入历史虚无主义。”“在这个理论体系中，它把一个不存在的、仅仅是想象中的共产主义作为评判事物的唯一标准，不仅否定了奴隶社会、封建社会、资本主义社会这个漫长的人类历史，也否定了现实世界中的文明榜样。”接着，他以苏共垮台、苏联解体为例分析了马克思主义这种“教条主义历史虚无主义”在实践中“带来了巨大的灾难”。他说，教条主义历史虚无主义“在一开始就与政治行动结合在一起，一开始就是一种政治意识形态，而不是简单的学术倾向或认识偏差。由于这个原因，它的社会影响和后果也是任何其他的历史虚无主义所不能比拟的”，“它严重地扭曲了社会历史观，使人们不能对历史和现实作出恰当的理解和判断，从而构成改革开放和社会进步的巨大思想阻力”①。另一位作者还说，在我国，那些反对历史虚无主义的人具有某种“强力意志”，“但这种强力并非来自批判者本身，而是来自只允许一种声音存在的举国宣传体制的支撑”②，等等。

上述笔谈的这种“重新解释”，“颠覆”了人们对历史虚无主义的明确界定，他们“超越”了对具体历史事实的选择性虚无，直接将马克思主义及其指导下的历史认识体系扣上“历史虚无主义”的帽子，欲图从“理论制高点上”夺取批判历史虚无主义的

① 尹保云：《要警惕什么样的历史虚无主义》，《炎黄春秋》2014年第5期。

② 郭世佑：《历史虚无主义的实与虚》，《炎黄春秋》2014年第5期。

旗帜和话语权，以彻底挣脱加在他们身上的这个“魔咒”。然而，事与愿违，这样做的结果是这股思潮的政治实质更加显露。《马克思主义研究》2014 年第 9 期发表的《谁是真正的历史虚无主义者》一文，将笔谈作者的假面具撕得粉碎。历史虚无主义思潮的宣扬者主动接过“历史虚无主义”的概念，将其反过来扣向他们的批评者的做法，是当前历史虚无主义思潮的一个新特点。它意味着我们与历史虚无主义思潮的理论斗争进入了一个新的领域。

（原载《马克思主义研究》2015 年第 2 期）

马克思主义和中国传统文化

陈先达

作者简介：陈先达，1930 年生，江西鄱阳人，著名哲学家。现为中国人民大学哲学院教授，博士生导师，全国哲学社会科学基金规划哲学组组长，教育部社会科学委员会委员，中国历史唯物主义学会名誉会长。从 1991 年起享受政府津贴。著有《走向历史的深处》《被肢解的马克思》《漫步遐思》《静园夜语》等。

目前在中国大地上，传统文化研究和宣传热潮高涨，儒学重新成为显学。当年孔子风尘仆仆周游列国，实际上齐、鲁、郑、卫、陈、蔡诸国不过是山东河南几个县，而今随着孔子学院正在周游世界。国外汉学家渐多，中国传统文化声望日隆。这本是大好事，是中华民族复兴在文化上的一种表现。

有些理论工作者感到迷茫，意识形态领域中坚持以马克思主义为指导的方针是否发生了变化？有些极端的儒学保守主义者误判形势，拔高之论迭出。乱花迷眼，议论各异，意识形态领域陷于两难：似乎强调坚持马克思主义思想指导，就是贬低以儒学为主导的中国传统文化，反之，则应把马克思主义请下指导地位的“神坛”，重走历史上尊孔读经以儒治国的老路。这种非此即彼、冰炭不可同炉的看法，理论上是错误的，实践上是有害的。

应该站在社会形态更替的高度来审视马克思主义和中国传统文化的关系

如何理解马克思主义和以儒学为主导的中国传统文化之间的关系，我想起“周虽旧邦，其命维新”。冯友兰是中国现代史上杰出的思想家、哲学家和哲学史家，也有的学者尊他为现代新儒家。他在历经多年编写的《中国哲学史新编》中的序言中说，“诗经上有句诗说，‘周虽旧邦，其命维新’。旧邦新命，是现代中国的特点。我要把这个特点发扬起来。我所希望的，就是用马克思主义的立场、观点和方法重写一部中国哲学史。”冯先生由于专业写作的需要把它仅限于以马克思主义观点重写中国哲学史，我从冯先生的话中得到启发，以“旧邦新命”为廓清迷雾、解开马克思主义与中国传统文化关系争论的一把钥匙。

社会主义中国，是具有五千年历史的古老中国的当代存在。中国是旧邦，是一个古老的国家，可当代中国是不同于传统中国的社会主义形态下的新的中国。中国共产党负有新的历史使命，这就是中华民族的伟大复兴。它包括创立社会主义新中国的民族复兴，也包括中华民族的文化复兴。这是一条既要坚持马克思主义思想理论指导，又要正确处理马克思主义与中国传统文化关系的道路。这条路历经90多年的摸索，在艰难曲折中跋涉前行。有经验，也有教训。只有站在社会形态变革的高度进行审视，才能牢固确立中国共产党和社会主义社会以什么为指导思想，以及如何处理马克思主义与中国传统文化关系这个重大问题。这个问题仅仅局限在文化范围内是说不清楚的。

中国社会主义制度的建立是社会形态的根本变化，这是中国历史上几千年未有的大变化。自秦始皇统一中国之后的两千多年，中国历史的变化本质上是同一社会形态内部的变化。王朝易姓，改朝换代，都没有改变中国社会形态的本质。经济结构、政治结构、文化结构当然有变化，但都具有同一社会形态的历史继承性和延续性。中国封建社会是在一治一乱、王朝易姓中走向发展和成熟的。在中华民族的开化史上，有素称发达的农业和手工业，有许多伟大的思想家、科学家、发明家、政治家、军事家、文学艺术家，有丰富的文化典籍。历史上出现过儒释道的相互吸收，也出现过新儒家，但儒学道统未变。在两千多年中，孔子是王者师，是素王，这个至高无上的圣人地位没有因为王朝易姓而发生根本变化。新王朝依然是尊孔读经，依然是看重儒家学说作为维护社会正常秩序和统治合理性的首要思想功能。

任何有点历史知识的人都知道，相信“水可载舟，亦可覆舟”的皇帝多，因为这是历史的经验；真正信奉“民贵君轻”，实行王道、仁政者极为罕见。这不是皇帝个人的罪恶。历史上皇帝并不都是坏皇帝，有不少对中国历史作出过贡献。这也不是儒家思想存心欺骗或愚民，封建社会的政治现实不能否定儒家学说精华中的思想价值。这是封建社会的经济关系和阶级关系使然。理想永远高于现实，现实从未完全符合理想，这是历史上一切伟大思想家的共同宿命，孔子也是如此。

只有以马克思主义为指导才能变革中国社会

清末，中国社会处于崩溃前夕。近代历史上出现过不少以身许国流血牺牲的仁人志士，可是中华民族的命运并没有改变。面临西方资本主义列强入侵，处于风雨飘摇没落时期的中华民族，无论藏书楼中有多少传世的经典宝鉴，传统文化中有多少令世人受用无穷的智慧，儒学中的正心诚意、修齐治平的道德修养和治国理政观念如何熠熠生辉，都不可能避免中华民族被瓜分豆剖的命运。历经失败，最终实现中华民族复兴这个伟大任务，落在中国共产党的肩上。中国这个旧邦要想复兴，改变中华民族的命运，救人民于水深火热之中，不可能再沿着历代改朝换代的道路走，沿着历史上尊孔读经的道路走。

中国共产党成立的首要任务是革命，是推翻压在中国人民头上的三座大山，打倒帝国主义、封建主义和官僚买办，解放全中国，建立一个和历代王朝不同的社会主义新中国。这已经不再是历代封建王朝的延续和更替，而是社会形态的变化。要实现这个任务，从思想理论指导角度说，只有马克思主义才能发挥这个作用，因为马克思主义就是关于社会形态革命的学说。它的辩证唯物主义和历史唯物主义哲学、劳动价值论和剩余价值学说，以阶级斗争和无产阶级专政为核心的科学社会主义学说，是一个严整的、科学的思想理论体系。只有它才能为中国共产党如何解决中国问题，照亮处于危亡之际的中国，为沦为半封建半殖民地的中国找到一条中华民族复兴之路。中国民主革命的胜利，就是马克思主义中国化的胜利，就是马克思主义与中国实际相结合的胜利。这条道路是通过阶级斗争和武装斗争，通过血与火的斗争，生与死的决战，以千百万人的流血牺牲取得的。这是一条推倒既有社会秩序、等级、法统、道统的“犯上作乱”、革命造反之路，是与儒家和新儒家倡导的修齐治平、内圣外王、返本开新迥异的道路。

在革命胜利之后，中国共产党用了60多年寻找中国社会主义建设和改革之路。同样只有运用马克思主义的基本理论和方法，结合中国的实际才逐步弄清社会主义初级阶段中的生产力与生产关系、经济基础与上层建筑的关系，解决什么是社会主义、如何建设社会主义的问题，找到建设中国特色社会主义之路。中国特色社会主义理论、道路、制度的建设，就其指导思想理论来说都是马克思主义，是马克思主义和中国实际的结合。

在讨论马克思主义和以儒学为主导的中国传统文化关系时，决不能忘记社会形态变革这个重大的历史和现实，不能忘记“旧邦新命”。马克思主义是无产阶级的阶级主义，是为无产阶级和人类解放而斗争的主义；马克思主义立足点是阶级、阶级关系和阶级斗争，而儒学是处理以宗法制度为基础，以血缘为纽带，以家庭为细胞的人与人的关系。儒学学说中没有阶级，只有君子与小人之别。这是以道德为标准的区别，而不是阶级区别。封建社会也有穷人和富人，这种区别在儒家看来只是贫和富的区别，而非阶级区别。儒家处理等级关系的方法，是正名；处理贫富关系的方法，是“贫而无怨，富而无骄”。马克思主义处理的是阶级关系，儒学处理的是同一社会内部的君臣、父子、夫妇、兄弟、朋友关系，即所谓五伦关系，而非阶级对抗关系。因此马克思主义强调阶级斗争和夺取政权；而儒家强调“仁”与“和”稳定既成的社会关系。如果不懂得这个根本出发点，就无法理解登上中国政治舞台的中国共产党，为什么不能继续沿着儒家铺就的道路作为中华民族复兴之路，而要举起马克思主义旗帜。

“领导我们事业的核心力量是中国共产党。指导我们思想的理论基础是马克思列宁主义。”我们应该重新温习毛泽东当年这两句话。它包含为什么要以马克思主义为指导，以及如何处理马克思主义与中国传统文化关系的回答。

只有继承中国传统优秀文化，马克思主义才能在中国取得胜利

中国要革命，要变革，要走出民族存亡绝境，就必须以马克思主义为思想理论指导。但马克思主义不能取代中国传统文化。中国共产党人即使在激烈的革命时期，无论是在中央苏区，还是后来在延安，都关注文化建设，也关注中国传统文化的教育。毛泽东在《中国革命和中国共产党》《新民主主义论》《改造我们的学习》等著作中都论及

如何对待中国传统文化的问题。尤其是《中国共产党在民族战争中的地位》一文中在讲到学习时，毛泽东强调："学习我们的历史遗产，用马克思主义的方法给以批判的总结，是我们学习的另一任务。我们这个民族有数千年的历史，有它的特点，有它的许多珍贵品。对于这些，我们还是小学生。今天的中国是历史的中国的一个发展；我们是马克思主义的历史主义者，我们不应当割断历史。从孔夫子到孙中山，我们应当给以总结，承继这一份珍贵的遗产。这对于指导当前的伟大的运动，是有重要的帮助的。"①说句实在话，从孔夫子到孙中山应当给以总结，继承这一份珍贵遗产，这个任务仍然任重而道远。

马克思主义的强大力量就在于它与中国实际的结合，其中包括与中国历史和传统文化的结合。中国共产党是中国的共产党，而不是别的什么国家的共产党；是在中国建设社会主义，而不是在别的什么国家建设社会主义。无论是共产党，还是社会主义社会都是植根在这块具有深厚历史传统和文化传统的13亿人口的中国，当然应该重视中国的历史和文化遗产，重视中国传统文化尤其是长期处于主导地位的儒家学说对中国社会结构、对中国人的民族性格、对中国人的思想和价值观念的深刻影响。马克思主义要在思想和情感上为中国先进知识分子和以农民为主的中国人民所接受，必须植根于中国的历史和文化。中国革命需要马克思主义，中国文化和历史传统能接纳马克思主义。

依靠武力可以夺取政权，但仅仅依靠武力不能建设新社会。按照毛泽东当年的话，革命胜利只是万里长征第一步。新中国成立以后，需要解决的问题更多。这些问题包括社会生活各个领域，尤其是在精神方面，在软实力的建设方面，仅仅依靠马克思主义作思想理论指导，而不充分发掘、吸取与运用中华民族丰富的文化资源来进行社会治理、人文素质的培养、道德教化，是不可能完成的。如果说，在以军事斗争为中心的武装夺取政权时期，处理马克思主义与中国传统文化的关系问题还没有那么急迫，那么革命胜利之后，随着社会主义建设的发展，特别是改革开放后社会转型期的道德、信念、理想、价值中呈现出的某种程度的紊乱，就成为一个亟待正确处理的问题。

"攻守易势"和"马上得天下，不能马上治之"，是中国历史的两条重要经验。在革命时期，中国共产党处于攻势，主要是推翻旧中国和改变旧秩序，夺取政权，一句话是攻；革命胜利之后，中国共产党掌握全国政权，不能只破还必须立。现在不是我们向原来当政者进攻的时代，我们自己就是当政者，就处在时刻"被攻"的地位。国家治理如何，社会状况和社会秩序如何，人民生活提高如何，生态环境如何，全国人民的眼睛都望着中国共产党，一切都要由我们当政者自己负责。从这个角度说，革命的胜利，取得全国政权的开始，同时就是攻守易势的开始。

"马上得天下，不能马上治之。"通过革命斗争打出的天下，不可能在治国理政、调整内部矛盾时照样沿用革命的方法，照用武装斗争的方法。正心诚意修齐治平，不是中国革命胜利之路，却是取得政权后当权者的修养和为政之道。以儒家学说为主导的传统文化包含有丰富的治国理政、立德化民的智慧。必须研究中国历史上治国理政的经验和中国传统文化，尤其是儒家学说中注重社会和谐和民本的治国理政的智慧，研究如何立德兴国、教民化民。如果说前三十年有什么教训的话，我认为我们缺少这个方面。从

① 《毛泽东选集》第二卷，人民出版社1991年版，第533—534页。

反“右”斗争到“文化大革命”发动全国进行群众性的斗争，仍然可以看到“马上得天下，马上治之”的方式。党内党外仍然处在紧绷的斗争之中，剑拔弩张，伤害了一些人。正是从这个教训中，我们理解了依法治国的重要性，理解了中国传统文化中优秀治国理政智慧的重要性，大力倡导树立和践行社会主义核心价值观，构建社会主义和谐社会，实现“马上”夺权到“马下”治国的精彩转身，对于一个民族来说，最有效的学习就是从自己的错误中学习。中国特色社会主义建设就是在不断总结经验中发展和前进的。

正确评价儒家在中华民族文化中的地位

中国传统文化博大精深。它流动于中华民族的生活方式之中、传统的风俗民情之中，凝集于包括儒墨道法诸子百家经史子集的经典之中。儒家不是中国传统文化的全部，但处于主导地位。中华民族文化复兴具有极其丰富的内容，包括多方面的任务，不能简单理解为仅仅是复兴儒学。

儒家哲学主要是人生伦理哲学。梁启超把儒家哲学归结为八个字：修己安人，内圣外王。修己安人是儒家哲学的功用。它的作用就是修己，即个人的道德修养或说是修身。修己达到极处就是内圣，安人达到极处就是外王，即治国平天下。正因为儒家哲学是人生伦理学，因此，儒学中的命题都离不开人生问题。从孟荀讨论的性善恶问题、告子与孟子讨论的仁义之内外问题、宋儒讨论的理欲问题、明儒讨论的知行问题，都离不开做人的问题。修齐治平，都是道德修养的结果，都是内圣外王的表现。

陈寅恪关于冯友兰《中国哲学史》的审查报告说：“故二千年来华夏民族所受儒家学说之影响，最深最巨者，实在制度法律公私生活之方面，而关于学说思想之方面，或转有不如佛道二教者。如六朝士大夫号称旷达，而夷考其实，往往笃孝义之行，严家讳之禁。此皆儒家之教训，固无预于佛老之玄风也。”儒家学说由于它在中国封建社会的政治作用，无疑长期处于中国传统文化的主导地位。以儒家学说为主导的中国传统文化的重要性，是毋庸置疑的。它是中华民族的血脉和文化之根。我们不可能也不应该割断中华民族的文化脐带，否定中国传统文化。

中国传统文化中的哲学智慧深如汪洋、高如崇山，尤其是其中的辩证智慧和丰富的生态观念。儒家学说虽然不能等同于中国传统文化，但与中国传统文化的基本精神是一致的，具有辩证性。任何片面性都会导致曲解。儒家既讲和，和为贵，又讲礼，“知和而和，不以礼节之，亦不可行也”。礼就是原则，因此“和”是有原则的，而不是无条件的和。既讲“以德报德”，又讲不能“以德报怨”；既讲“仁者爱人”，又讲“惟仁者，能好人能恶人”。有爱有憎，不是只爱无憎。既提倡“穷则独善其身”，孔颜乐处，也倡导“达则兼济天下”。既倡导服从，不能犯上，也倡导“匹夫不可夺志”的独立人格，倡导“富贵不能淫，贫贱不能移，威武不能屈”的大丈夫精神。既讲富民，也讲教民。既讲尊君，也讲民本：居庙堂之高，则忧其民；处江湖之远，则忧其君。既讲向善，也讲向上。既讲民富，也讲国强。既讲厚德载物，也讲自强不息。既讲向善，也讲求真。儒家提倡“杀身成仁”“舍生取义”，仁和义是付出生命代价的原则，而不是把自己变为盲目的杀人机器。这是与所谓“武士道”精神完全不同的中华民族精神。

中华民族传统文化是中华民族的精神家园。推翻具有半封建半殖民地社会性质的旧中国，建立社会主义形态的新中国，必须坚持马克思主义思想理论指导，必须有一个科学的世界观和方法论。可要使马克思主义在中国有生长的思想文化土壤，要保持中国人的中华民族特性，要使中国人有颗中国心，必须继承中国传统优秀文化和优秀道德。如果不以中华民族传统优秀文化和优秀道德来涵养中国人，没有对中国传统文化和优秀道德传统的继承，就培养不出有高度文化素质和道德素质的有教养的中国人。即使取得政权，也不可能建设一个具有高度发达文明和文化的新中国。

中国是多民族国家，我们重视民族文化的多样性，但更要重视中华民族文化一元性的认同。这是维护民族团结、国家统一的思想文化黏合剂。习近平总书记说："一个国家，一个民族的强盛，总是以文化兴盛为支撑的，中华民族伟大复兴需要以中华文化繁荣为条件。"历史证明了这个真理，凡以军事力量建立的大帝国，如罗马帝国、蒙古帝国、奥斯曼帝国、波斯帝国，都不可能单纯依靠军事力量来维系。一旦解体，就会分裂为许多各自拥有自己民族文化的国家。一个国家没有占主导地位的统一的文化、没有能相互交流的统一的语言，就没有向心力和凝聚力。苏联解体后的情况，就是如此。原来互为一家，现在有些以邻为壑。

中国传统文化创造性转化和发展

民族是文化的主体，文化是民族的血脉。清末中华民族传统文化的危机，与中华民族的困境相伴而行。而中华民族的复兴，则是中华民族文化复兴的前提。一个民族文化的命运与民族自身的命运不可分。毛泽东曾经说过："伟大的胜利的中国人民解放战争和人民大革命，已经复兴了并正在复兴着伟大的中国人民的文化。"① 没有中华民族的复兴，就不会有中华民族的文化复兴。

只要看看世界文化史，看看当今战火纷飞民不聊生的伊拉克、叙利亚、利比亚，看看内乱不已的埃及，想想巴比伦文明、两河流域文明、埃及尼罗河文明昔日的辉煌，就可以明白这个道理。一个民族自身的盛衰兴亡决定这个民族的文化命运。任何国家处于分裂，民族处于危亡之际，文化不可能独自辉煌。正是因为中华民族的崛起，孔子才能周游世界，以中国传统文化为内核的国学才能兴起，儒学才能重放异彩。

只有从民族复兴是文化复兴前提的角度看，我们才能理解"五四"时期先进知识分子，面对千年从未有之变故，为求民族之生存，把中国传统文化称为旧文化，而把自己追求的科学和民主称为新文化的合理性和必然性。传统文化的载体最主要的是儒家经典。反对"尊孔读经"是"五四"时期先进知识分子的普遍思潮。其实，他们都是具有最丰厚旧学修养、熟稔中国古籍的人。发端于 1915 年逐步酝酿而爆发的五四新文化运动之所以称新文化运动，如果脱离当时历史条件而只就文化自身来划分新旧界限，必然导致文化虚无主义。新文化运动的新，并非针对整个中国传统文化，而是在民族处于存亡之际，把矛头指向服务于封建制度的旧道德、旧的思想传统。五四新文化运动是一次倡导科学和民主的启蒙运动，在文化运动背后包含着追求民族复兴的期待。当然，五四运动留下一个负面影响，这就是把传统文化笼统称为旧文化，而把民主和科学称为

---

① 《毛泽东选集》第四卷，人民出版社 1991 年版，第 1516 页。

新文化，这种新旧文化二元对立的观念，堵塞了由传统文化向当代先进文化转化的可能性和途径。

中华民族文化如黄河长江，不可能抽刀断流简单区分为新与旧，而是民族精神中的源与流。中国传统文化是中国社会主义文化之源，是文化母体。没有源，河流必然干涸，必然断流。中国文化的特点是源远流长，具有持久性、不间断性和累积性。魏徵《谏太宗十思疏》曾讲到源与流的关系，说“欲流之远者，必浚其泉源。”“源不深而望流之远”“塞源而欲流长”根本不可能。当代中国文化同样存在“浚源”与“塞源”的问题，要“浚源”而不能“塞源”。这当然不是说，我们可以原封不动地保持中国传统文化。源是文化母体，流是文化的延续。文化是流动的水，它不会停止。可是它往哪个方向流，是与政治道路选择密不可分的。

中国传统文化在近代的流向有不同的主张：往回流、往东流、往西流、往前流。往回流，是辛亥革命后的复辟派，以及当代中国个别新儒家中主张“儒化社会主义”“儒化共产党”的思潮。这是往回流的复古思潮。往东流是甲午中日战争后，中国败于自己的学生日本而引发的留学东洋的热潮，但很快就为西流所取代。往西流是主张“全盘西化”。这种思潮，是反对“中国文化优越”论的保守旧思想，其中包含向西方学习的某些合理主张，可“全盘西化”的政治道路是走不通的。在当代社会主义中国，“全盘西化”则是与中国特色社会主义道路逆向而行的思潮，其中不乏“西化”和“分化”的诱饵，是为在中国推行“颜色革命”从思想上铺路。可以说，往回流、往东流、往西流，都是中国传统文化的断流。只有继承和发扬中国传统优秀文化，吸取西方先进的优秀文化，建立社会主义先进文化，才能使中华民族文化滚滚前流。保持中国传统文化滚滚前流的机制，就是习近平总书记提出的以马克思主义为指导的创造性转化和创新性发展。

可不可以“尊孔读经”

中国传统文化创造性转化中，有一个重要问题就是文化复兴与文化复古的界限问题。其中最尖锐最具争论性的问题，就是要不要尊孔读经，可不可以尊孔读经。按照历史唯物主义观点，没有抽象的真理，真理是具体的。为维护封建制度或复辟封建帝制的“尊孔读经”，无论是清末的中体西用还是袁世凯们提倡的“尊孔读经”，都是我们必须反对的。某些文化保守主义者提倡的以对抗马克思主义为目的、以抵制西方文明优秀成果为旨归的“尊孔读经”，也是我们不能赞同的。

在社会主义条件下，“尊孔读经”是另一种性质的问题。此一时，彼一时。经，要不要读？这是毫无疑问的。“经”是中国传统文化的文本载体，要深入研究和理解传统文化，读经是必经之路。“孔”，要不要尊？孔子是中国伟大的思想家、教育家，是中国传统文化的整理者、继承者和创造者，理应受到尊敬。关键不在于是否“尊孔读经”，而在于为什么读，如何读；为什么尊，如何尊。创造性转化，是文化复兴和文化复古的界线。文化复兴立足点是今，是古为今用；文化复古的立足点是古，是今不如古。

只有创造性转化，才是正确处理马克思主义与中国传统文化关系的枢纽。而创造性转化的理论和方法论原则，就是坚持马克思主义的基本理论和方法论指导。我们不可能依然按照封建统治者的态度对待孔子和儒家学说。中国的变革，不是沿着原有的改朝换代方式向前发展，而是社会形态的变化。这种变化，不可能不改变孔子和儒学在封建社会原来的地位和功能。中国共产党人从中国历代帝王对孔子加封的那些“阔得吓人的头衔”中，既看到孔子在中华民族的地位，同时也看到历代统治者尊孔的政治意图。中国共产党人同样尊重孔子，但不是把他作为维护既定社会秩序的思想工具。中国共产党人是革命者、是改革者，是一切既得利益和等级制度的反对者。我们要真正恢复孔子作为中国伟大文化整理者、创造者、伟大思想家、伟大教育家的地位，还原一个在中华民族文化创建中具有至高无上地位的真实的孔子。对于儒家学说，我们也不是像历代封建王朝那样看重论证等级制度合理性、维护既定社会秩序的政治职能，而是吸取其中治国理政、道德教化的哲学智慧和人生伦理智慧，清洗它在中国传统文化中处于主导作用的浓重的政治性因素，重视它对中华民族特性塑造的文化功能，并与中国传统文化中博大精深的多种智慧相结合。

我们提倡中华民族的文化复兴，祭拜孔子，阅读经典，不是简单呼唤回归儒学，回归传统，更不是独尊儒术。祭孔，是国家大典，表示我们国家对中华民族伟大先圣孔子的尊敬，并非要在所有地方、所有学校普遍开展全民的祭孔运动；读经，深入研究经典是国学家的专业，也并不需要学校普遍开展全民读经活动。在中国传统文化的教育中，我们当然要注重经典的学习。但终究不是所有学生都是国学家或准备当国学家。在当代世界，我们应该引导学生的目光关注世界，关注世界形势和科学技术的新发展；关注现实，关注中国特色社会主义的建设。我们不能把学生的全部注意力和兴趣引向“古书”。专业研究是一回事，传统文化教育是另一回事。

传统文化教育更不能取代马克思主义教育。马克思主义教育完全能够与中国传统文化教育相结合，并行不悖，相得益彰。如果社会主义国家的青年学生不学习马克思主义，对什么是辩证唯物主义、什么是历史唯物主义、什么是资本主义、什么是社会主义，对马克思主义最基本的原理，如生产力和生产关系、经济基础和上层建筑等一点常识都没有，那请问，他们拿什么去观察当代世界，观察当代社会，观察我们的国家呢？而且可以断言，不懂马克思主义基本理论和方法，对中国传统文化的精髓也很难把握。

在中国传统文化教育中，应该区分学生文化程度和接受水平，有选择性地阅读“经典”，包括某些骈散名篇，诗词佳作。这有利于文化素质和道德水平的培养。但对没有分辨能力的青少年，要加强引导。我不赞同不加区分地宣扬用《女儿经》去造就现代的淑女和闺秀，用《二十四孝》中的“埋儿得金”“卧冰求鲤”作为孝道的榜样，用《弟子规》把我们的孩子培养成“中规中矩”“低眉下目”没有创造性的小大人，更反对不问是非只讲温良恭俭让的绵羊性格。

中国传统文化是阴阳合一、刚柔相济的文化。当代世界并不平静，波涛汹涌，要有忧患意识。我们要重视培养我们青少年的爱国主义传统，刚健有为，有血性、有刚性、有韧性。这是中华民族复兴伟大事业代代相续不会中断的保证。“加强爱国主义、集体主义、社会主义教育，引导我国人民树立和坚持正确的历史观、民族观、国家观、文化观，增强做中国人的骨气和底气。”习近平总书记这段话，应该是我们重视中国传统文化教育的根本目的。

结　语

不要抽象地争论马克思主义指导和中国传统文化的关系，尤其是非历史主义地争论马克思主义与儒学的高下优劣抑扬褒贬。一个是中国革命和社会主义建设的思想理论指导，一个是中华民族的精神血脉和中华民族的文化之根。应该用历史唯物主义观点处理马克思主义与中国传统文化的关系，反对蔑视以儒学为主导的中国传统文化的文化虚无主义，中国的马克思主义可以从中国传统文化的精髓中得到思想资源、智慧和启发，但也要防止以高扬传统文化为旗帜，反对马克思主义、拒斥西方先进文化的保守主义思潮的沉渣泛起。

（原载《光明日报》2015 年 7 月 3 日）

恩格斯关于英国工人阶级状况的研究

——读恩格斯的《英国工人阶级状况》

张雷声

作者简介：张雷声，中国人民大学马克思主义学院教授、博士生导师。

在马克思主义发展史上，恩格斯《英国工人阶级状况》一书有着很重要的地位。19世纪40年代上半期，工人阶级的状况成为“当代一切社会运动的真正基础和出发点”，也是资本主义社会灾难的“最尖锐、最露骨的表现”①，英国工人阶级的状况在当时具有“典型的形式”，表现得最完备。因此，1844年秋至1845年3月中旬，恩格斯改变了他利用在英国收集和调查的材料撰写英国社会史著作的“最初打算”，而将英国工人阶级状况单独作为一个专题来研究，写出了《英国工人阶级状况》一书。恩格斯引用英国工人阶级的劳动条件、生活状况及阶级斗争等方面的大量材料，“主要是描述了资产阶级和无产阶级之间的相互关系以及这两个阶级之间的斗争的必然性”②。恩格斯关于英国工人阶级状况研究的这一主导思想，源自他的政治立场和世界观根本转变的完成，是一个坚定的唯物主义者和共产主义者对资本主义制度的理性思考。

一　关于工业革命及其后果的分析

在《英国工人阶级状况》一书中，恩格斯深刻论述了工业革命的世界历史意义，并评价了这种取代中世纪的宗法社会而创造了现代资本主义工业社会剧变的整个影响。他认为，工业革命的世界历史意义就在于，机器即蒸汽机和棉花加工机的发明和使用推动了工业革命的发展，工业革命的发展又推动了整个社会生产方式的变革，同时，工业

---

① 《马克思恩格斯文集》第1卷，人民出版社2009年版，第385页。

② 《马克思恩格斯全集》第42卷，人民出版社1979年版，第278页。

革命越发展，无产阶级也就越发展，英国正是发生这种变革的典型地点，也是发生这种变革的最主要的结果即无产阶级发展的典型国家。正是因为英国的这种典型性，才使恩格斯能够搜集到完整的并为官方的调查所证实的、反映工人阶级实际状况的必要材料。

恩格斯关于工业革命及其后果的分析，蕴含着唯物史观的重要原理。首先，恩格斯分析了生产工具的变革带来生产力的巨大增长。从18世纪后半叶开始的英国工业革命，是引起近代英国社会经济和政治状况发生巨大变化的根本原因。这场革命首先开始于纺织工业。1764年，织工哈格里沃斯制造的珍妮纺纱机，靠手摇纺纱的人力发动，比旧式纺纱机的纺纱能力提高了8倍，大大减少了工人的数量，也降低了纱的价格，提高了织工的工资。1767年，阿克莱发明的翼锭纺纱机成为18世纪最重要的机械发明，1785年走锭纺纱机，以及梳棉机和粗纺机的问世，使工厂制度成为棉纺业中唯一占统治地位的制度，生产工具的变革、工厂制度的建立，带来了生产力的迅速发展。到1785年，将瓦特在1784年发明的蒸汽机用来发动纺纱机，从而引起了纺织工业的巨大变革。由于这些发明，机器劳动在英国工业的各主要部门战胜了手工劳动，带来了工业生产的迅速发展。“推动力一旦产生，它就扩展到工业活动的一切部门。”① “一切都被卷入了运动的这个大旋涡。农业也发生了变革”，“在交通建设方面也进行了同样的活动。”② 因此，恩格斯说：“六十年至八十年以前，英国和其他任何国家一样，城市很小，只有很少而且简单的工业，人口稀疏而且多半是农业人口。现在它和其他任何国家都不一样了：有居民达250万人的首都，有巨大的工厂城市，有向全世界供给产品而且几乎全都是用极复杂的机器生产的工业，有勤劳智慧的稠密的人口，这些人口有三分之二从事工业”“工业革命对英国的意义，就像政治革命对法国，哲学革命对德国一样。”③

其次，恩格斯分析了社会关系的深刻变化和社会阶级的分化、组合。他认为，工业革命在英国引起的最重要的后果就是社会关系的深刻变化和社会阶级的分化、组合。恩格斯指出：工业革命带来的，“一方面是一切纺织品迅速跌价，商业和工业日益繁荣，一切没有实行保护关税的国外市场几乎全被占领，资本和国民财富迅速增长；另一方面是无产阶级的人数更加迅速地增长，工人阶级失去一切财产，失去获得生计的任何保证，道德败坏，政治骚动”，④ 等等。新的工业之所以能够获得如此重要的意义，关键就在于它把工具变成了机器，把作坊变成了工厂，从而把中间阶级中的劳动者变成了工人无产者，把以前的大商人变成了工厂主；它排挤了小的中间阶级，并把居民的一切差别化为工人和资本家的对立。因此，社会关系的深刻变化和社会阶级的分化、组合就表现在：“大资本家和没有任何希望上升到更高的阶级地位的工人代替了以前的师傅和帮工；手工业变成了工厂生产，严格地实行了分工，小的师傅由于没有可能和大企业竞争，被挤到了无产者阶级中去。同时，由于迄今为止的手工业生产被废除，由于小资产阶级被消灭，工人已没有任何可能成为资产者。以前，他们总还有希望作为有固定住所的师傅自己开一个作坊，也许日后还可以雇几个帮工；可是现在，当师傅本人也被厂主排挤的时候，当独立经营一个企业必须有大量资本的时候，工人阶级才第一次真正成为

① 《马克思恩格斯文集》第1卷，人民出版社2009年版，第398页。

② 同上书，第400页。

③ 同上书，第402页。

④ 同上书，第393页。

居民中的一个固定的阶级，而在过去，它往往只是通向资产阶级的过渡。现在，谁要是生为工人，那他除了一辈子当无产者，就再没有别的前途了。所以，只是现在无产阶级才能组织自己的独立运动。"[①] 可见，中间阶级急剧地衰落了，发生了两极分化。工人阶级的队伍迅速地扩大了，不仅工人成群结队地从农业地区涌入城市成为无产者阶级，而且小土地所有者、佃农、手工业者小厂主、小商人等在日益激烈的竞争中不断走向破产，一批一批地转到工人阶级队伍中来。恩格斯在分析工业革命在英国所引起的社会关系的深刻变化和社会阶级的分化、组合的后果中，强调了工人阶级是贫苦的阶级，也是最革命的力量。

最后，恩格斯关于工业革命及其后果的分析，也反映了他关于物质生产及其发展是社会历史发展基础的思想。这一思想在他之前写的《英国状况》一组文章中已初见端倪，他指出，英国工业革命不只是一次重要的技术革命，同时也是社会关系的深刻革命，而"英国工业的这一次革命化是现代英国各种关系的基础，是整个社会的运动的动力"[②]。《英国工人阶级状况》关于工业革命的世界历史意义的分析，以及工业革命决定了无产阶级的产生、状况、发展和使命的分析，更是表明恩格斯已经形成了物质生产的发展是推动社会发展的根本动因的思想。

二　关于英国工人阶级状况的研究

《英国工人阶级状况》一书对英国工人阶级生活状况恶化的事实作了极为深刻的叙述和描绘，恩格斯的分析是极其鲜明的，也非常犀利尖锐。他说："让我们看看，生活在这种状况下的工人本身变成了什么样子，这是些什么样的人，他们的身体、智力和道德状况是怎样的。"[③]

首先是工人的身体状况。在住宅方面，城市的贫民窟杂乱无章、破烂不堪，空气污浊，通风、排水、卫生状况恶劣。许多人住的是阴暗潮湿的房屋，不是下面冒水的地下室，就是上面漏雨的阁楼。住宅非常拥挤，每一个角落都塞满了人，病人和健康人睡在一间屋子里，睡在一张床上。甚至屋子里都不具备栖身的条件，家具破损不堪，往往一下雨就漏水。房屋内外，其肮脏程度难以形容。在穿衣方面，工人们穿的衣服是坏的、破烂的或不结实的，他们没有保暖的衣服。大多数人的衣服本来就不好，还得常常把比较好的衣服送到当铺里去。许多工人特别是爱尔兰人的衣服简直就是一些破布，往往连再打一个补丁的地方都没有了。在饮食方面，工人们吃的事物是劣质的、掺假的和难消化的。许多工人只能靠土豆充饥，而且土豆多半是质量很差的，干酪是质量很坏的陈货，猪板油是发臭的。有些人甚至食用已经半腐烂的病畜或死畜的肉。商人和厂主昧着良心在食品里掺假，如糖里掺米粉、咖啡里掺菊苣、可可里掺有捣得很细的褐色黏土、酒精里加上颜料冒充红葡萄酒，等等。在劳动方面，工人们必须从早到晚做事情，工作是被迫的。在大多数劳动部门，工人的活动都局限在琐碎的纯机械性的操作上，一分钟一分钟地重复着，年年如此，妇女每天要工作 18 小时，繁重的劳动，使她们的脊椎骨

---

① 《马克思恩格斯文集》第 1 卷，人民出版社 2009 年版，第 403 页。

② 同上书，第 105 页。

③ 同上书，第 408 页。

和骨盆都变形了。婴儿无人照顾，只好灌麻醉剂让他们安静。儿童从九岁就开始劳动，每天工作 12—14 小时，青少年中患拘楼病的特别多。生活在如此恶劣条件下并且连最必需的生活资料都如此缺乏的阶级，是不可能保持健康、不可能活得长久的。这一切，使工人的健康迅速恶化，流行病不断发生，结核病、伤寒、猩红热十分猖獗，由于治疗上存在的困难，工人们只能经受着肉体上的痛苦。“这一切影响所引起的后果就是工人的身体普遍衰弱。”“他们几乎全都身体衰弱，骨瘦如柴，毫无气力，面色苍白，由于患有热病，他们身上除了那些在工作时特别用劲的肌肉以外，其他肌肉都是松弛的。几乎所有的人都消化不良，因而都或多或少地患着忧郁症，总是愁眉苦脸，郁郁寡欢。他们的衰弱的身体无力抵抗疾病，因而随时都会病倒。所以他们老得快，死得早。”[①] 死亡率是十分惊人的。

其次是工人的精神状况。在智力教育方面，英国的教育设施和人口数目相比少得很不相称，工人阶级可以进的为数不多的日校，只有少数人能去就读，而且这些学校都是很差的；没有一个地方是真正实行义务教育的；大批儿童要在工厂或家里做工，不能上学；而在教派学校中，宗教教育则成了主要的课程，孩子们头脑里塞满了各种无法理解的教条和神学上的奥义，缺少理性的、精神的、道德的教育。在道德教育方面，工人也遭到统治阶级的摒弃和忽视。恩格斯指出：“资产阶级为工人考虑的唯一的东西就是法律，当工人向资产阶级步步进逼的时候，资产阶级就用法律来钳制他们；就像对待无理性的动物一样，资产阶级对工人只有一种教育手段，那就是皮鞭，就是残忍的、不能服人而只能威吓人的暴力。”[②] 工人的整个状况和周围环境都强烈地促使他们道德堕落。他们穷，生活对他们没有任何乐趣，享受也与他们无缘，法律的惩罚对他们也没有什么可怕的，他们为什么一定要克制自己的欲望，为什么一定要让富人去享受他们的财富呢！因此，他们有什么理由不去偷呢？所以，他们蔑视一切道德秩序，在他们的面前只有饿死，或是自杀，或是偷盗这几条路，因为他们找不到别的摆脱贫困的方法。他们穷，生活没有保障，一旦失业更使他们丧失对生活的信心，他们驾驭不住自己的命运。因此，他们在得到较多的工资的时候，在可能的时候去享受一下生活，“这不仅是十分自然的，甚至是完全合理的。但是这种生活方式比别的任何生活方式都更使人堕落”。[③]

恩格斯用他所看到的、听到的和读到的这些关于英国工人阶级状况的事实，向资本主义制度提出了起诉，向英国资产阶级发起了挑战，他不是猎奇，也不是简单地出于道德伦理、生态伦理，而是站在一个共产主义者的立场上对资产阶级的残酷性的抨击，对资产阶级剥削无产阶级真相的揭露。不仅如此，恩格斯还明示了一个极为重要的道理，即“工人阶级处境悲惨的原因不应当到这些小的弊病中去寻找，而应当到资本主义制度本身中去寻找”。[④] 恩格斯遵循唯物辩证法的发展思路，对资本剥削雇佣劳动的资本主义制度作了深入的分析，即工人将自己的劳动力卖给资本家，所获得的工资的价值在短短的几个小时内就已经生产出来了，但资本家则让工人必须再工作好几个小时，而这附加的几小时剩余劳动生产出来的价值就是剩余价值。剩余价值是资本家不破费一文钱

---

① 《马克思恩格斯文集》第 1 卷，人民出版社 2009 年版，第 418 页。

② 同上书，第 428 页。

③ 同上书，第 430—431 页。

④ 同上书，第 368 页。

就落入腰包的价值。“这就是这样一个制度的基础，这个制度使文明社会越来越分裂，一方面是一小撮路特希尔德们和万德比尔特们，他们是全部生产资料和消费资料的所有者，另一方面是广大的雇佣工人，他们除了自己的劳动力之外一无所有。”① 资本主义制度造成了工人阶级的悲惨境地，这个事实已经在英国资本主义的发展过程中十分鲜明地显示了出来。

“了解了这一切之后，我们对于英国工人阶级逐渐变成一种和英国资产阶级完全不同的人，也就不会感到惊奇了。资产阶级和地球上所有其他民族的相近之处，都要多于它和它身边的工人的相近之处。工人比起资产阶级来，说的是另一种方言，有不同的思想和观念，不同的习俗和道德原则，不同的宗教和政治，这是两种完全不同的人，他们彼此是这样的不同，好像他们属于不同的种族。在大陆上，至今我们还只知道这两种人中的一种，即资产阶级。但是，恰恰是由无产者组成的另一种人显然对英国的未来最为重要。”② 恩格斯在分析了英国工人阶级状况的基础上，指出了工人阶级虽然受苦受难，但它却是一个能够担负着解放全人类历史使命的革命的阶级；工人阶级虽然道德堕落，但它在斗争中却是一个能够不断提高觉悟、不断清除历史加给他们的污浊、具有高尚品德的阶级。工人阶级的地位必然促使它去争取自身的最终解放，只有通过暴力革命，推翻资产阶级罪恶的剥削和政治统治，推翻资本主义制度，工人阶级才能改变现状，阶级斗争是历史发展的强大动力。

三　关于无产阶级和资产阶级斗争的论述

《英国工人阶级状况》一书关于工业革命的发展及其后果，以及社会历史变化根本动因的分析，使恩格斯对无产阶级的历史地位和历史使命有了较为深入的把握。当时，英国社会已形成了资产阶级和无产阶级两大阶级的尖锐对立，随着阶级矛盾的激化，无产阶级的斗争形式也不断发展，斗争水平不断提高。恩格斯阐明了无产阶级的阶级斗争是必然的合理的。他说：“工人必须设法摆脱这种非人的状况，必须争取良好的比较合乎人的身份的地位。如果他们不去和资产阶级本身的利益（它的利益正是在于剥削工人）作斗争，他们就不可能做到这一点。”③ 但是，资产阶级却用他们的财产和他们掌握的国家政权所能提供的一切力量来维护自己的利益，因此，双方必然形成对峙。工人除了为改善自己的整个生活状况而进行反抗，再也没有任何其他表现自己的人的尊严的余地，那么，工人在这种反抗中就自然会显现出自己最动人、最高贵、最合乎人性的特点。

恩格斯具体描述了无产阶级和资产阶级两大阶级斗争的发展过程。他高度评价了工人罢工斗争的意义，认为工人的罢工斗争“最确凿地证明了无产阶级和资产阶级之间的决战已经迫近。罢工是工人的军事学校，他们在这里为投入已经不可避免的伟大斗争做好准备；罢工是各个劳动部门关于自己参加伟大的工人运动的宣言”。④ 作为军事学

---

① 《马克思恩格斯文集》第1卷，人民出版社2009年版，第368页。

② 同上书，第437—438页。

③ 同上书，第448页。

④ 同上书，第459页。

校，罢工起着无与伦比的作用，英国工人阶级的英勇气概已经通过罢工展现出来。但是，恩格斯也明确指出："在工会的活动和罢工中，这种反抗总是分散的，是个别的工人或个别部门的工人同个别的资产者作斗争。即使斗争普遍化了，这多半也不是由于工人的自觉；当工人自觉地这样做的时候，这种自觉的基础就是宪章运动。"宪章运动是反抗资产阶级的强有力的形式，是由分散的、个别的和自发的斗争向联合的、普遍的和自觉的斗争的转化。"在宪章运动旗帜下起来反对资产阶级的是整个工人阶级，他们首先向资产阶级的政权进攻，向资产阶级用来保护自己的法律围墙进攻。"① "宪章派过去也没有隐瞒他们要用一切手段来实施他们的宪章，甚至通过革命。"② "宪章运动本质上具有社会性质。"③ 恩格斯认为，宪章派虽然提出了要推翻资产阶级的政治统治，建立无产阶级政权，实现全社会的普遍幸福，但他们却缺乏实践方面的具体措施。与此不同，英国社会主义的创始人欧文，虽然在实质上超越资产阶级和无产阶级的对立，在实践方面有着具体的建议，但是，在形式上仍然以很宽容的态度对待资产阶级，以很不公平的态度对待无产阶级，等等。因此，在恩格斯看来，"社会主义和宪章运动的融合，法国共产主义以英国方式的再现，将会在最近发生，而且已经部分地发生了。只有实现了这一点，工人阶级才会真正成为英国的统治者；那时，政治和社会的发展也将向前推进，这种发展将有利于这个新生政党，有利于宪章运动的继续发展"。④ 在这里，恩格斯实际上也说明了工人阶级不是一个目光短浅，只看到眼前一些细小、具体的利益的阶级，而是一个逐步从自发走向自觉、从经济斗争走向政治斗争的眼界宽广、前途远大的阶级。这为当时确立工人阶级的历史地位、明确工人阶级的历史使命奠定了重要的基础。

恩格斯揭示了无产阶级推翻资本主义制度、争取人类解放的历史使命。在他看来，工业革命创造了物质和精神的条件，使无产阶级能够登上历史舞台，从事革命活动。大城市和大工业的发展促进了人口的集中，也促进了工人的发展，从而促进了他们和资产阶级的分离。机器大生产把许多工人聚集在一个厂房里共同劳动，使他们拥挤在城市里，这种特有的劳动和生活的条件也迅速地推动了工人阶级意识的发展。"工厂制度渗入某个劳动部门越深，这个部门的工人参加运动的也就越多；工人和资本家的对立越尖锐，工人中的无产阶级意识也就越发展。"⑤ 工人们开始感到自己是一个整体，是一个阶级，他们已经意识到自己分散时是软弱的，但联合在一起就是一种力量；他们也意识到了自己的受压迫的地位，开始在社会上和政治上发生影响和作用。"他们构成了同一切有产阶级相对立的、有自己的利益和原则、有自己的世界观的独立的阶级，在他们身上蕴蓄着民族的力量和推进民族发展的才能。"⑥ 无产阶级之所以能承担推翻资本主义制度、争取人类解放的历史使命，还在于无产阶级的利益是和人类的利益是一致的，无产阶级是能代表人类利益的最伟大的阶级，他们仰慕一切伟大的美好的事物，同情每一

① 《马克思恩格斯文集》第1卷，人民出版社2009年版，第463页。
② 同上书，第468页。
③ 同上书，第470页。
④ 同上书，第473页。
⑤ 同上书，第475页。
⑥ 同上。

个为人类的进步而真诚地献出自己力量的人。恩格斯称颂英国工人不是普通的英国人，英国工人阶级不是孤立的民族的成员，而是认识到自己的利益和全人类的利益相一致的人，是伟大的人类大家庭的成员。这也说明了工人阶级的事业是全人类的事业，工人阶级的解放是与全人类的解放相一致的。这为人们理解现代社会主义奠定了坚实的基础。正如恩格斯 1885 年 10 月在《关于共产主义者同盟的历史》中回忆自己这个时期的思想时所提到的："我在曼彻斯特时异常清晰地观察到，迄今为止在历史著作中根本不起作用或者只起极小作用的经济事实，至少在现代世界中是一个决定性的历史力量；这些经济事实形成了产生现代阶级对立的基础；这些阶级对立，在它们因大工业而得到充分发展的国家里，因而特别是在英国，又是政党形成的基础，党派斗争的基础，因而也是全部政治史的基础。"①

在马克思主义发展史上，恩格斯关于英国工人阶级状况的研究，完全是以自己的研究方式在与马克思不同的研究领域，对唯物史观的基本原理作出了杰出的贡献。马克思对此有过明确论述。在 1859 年的《〈政治经济学批判〉序言》中，马克思在阐述自己的唯物史观思想时明确提到：恩格斯"他从另一条道路（参看他的《英国工人阶级的状况》）得出同我一样的结果。当 1845 年春他也住在布鲁塞尔时，我们决定共同阐明我们的见解与德国哲学的意识形态的见解的对立，实际上是把我们从前的哲学信仰清算一下"。② 列宁对恩格斯的这一著作也作过高度的评价。他指出："在恩格斯以前有很多人描写过无产阶级的痛苦，并且一再提到必须帮助无产阶级。恩格斯第一个指出，无产阶级不只是一个受苦的阶级，正是它所处的那种低贱的经济地位，无可遏止地推动它前进，迫使它去争取本身的最终解放。而战斗中的无产阶级是能够自己帮助自己的。工人阶级的政治运动必然会使工人认识到，除了社会主义，他们没有别的出路。另一方面，社会主义只有成为工人阶级的政治斗争的目标时，才会成为一种力量。……现在，这些思想已为全体能思考的和正在进行斗争的无产阶级所领会，但在当时却完全是新的。"③由此可见，恩格斯的《英国工人阶级状况》一书是我们研究马克思主义发展史、研究马克思主义基本原理的一部重要文献。

（原载《思想理论教育导刊》2015 年第 9 期）

---

① 《马克思恩格斯文集》第 4 卷，人民出版社 2009 年版，第 232 页。

② 《马克思恩格斯文集》第 2 卷，人民出版社 2009 年版，第 592—593 页。

③ 《列宁专题文集·论马克思主义》，人民出版社 2009 年版，第 55 页。

恩格斯晚年策略思想再研究

张　新

作者简介：张新，中国人民大学马克思主义学院教授、博士生导师。

近些年来，有些国内外学者在研究恩格斯晚年的策略思想过程中，提出恩格斯晚年完全抛弃了他和马克思一道制定的旧的暴力革命斗争策略，转而主张工人阶级通过合法斗争取得政权，和平过渡到社会主义，是和平长入社会主义的首倡者，是一个民主社会主义者。不仅如此，还有人认为恩格斯此举是对马克思主义的整个理论体系进行了彻底“修正”，抛弃了其不成熟时期所憧憬的共产主义幻想的结果。因此，他与伯恩施坦相比，是最大的修正主义者。我们认为，这种说法将恩格斯晚年根据历史条件变化对无产阶级革命策略的调整歪曲成对科学社会主义根本原则的放弃，从而将他与伯恩施坦的修正主义混为一谈，彻底否定了他对马克思主义的杰出贡献。事实上，恩格斯晚年的策略思想充分体现了原则坚定性和策略灵活性的辩证统一，深入研究这些思想对我们坚持和发展中国特色社会主义具有十分重要的启示意义。

一　恩格斯晚年对革命策略进行调整的依据和原因

一些国内外的研究者提出，恩格斯晚年抛弃了他和马克思在《共产党宣言》中制定的暴力革命的旧策略，主张通过合法的议会道路，在保留资本主义生产方式的基础上和平长入社会主义；发生这种根本转变的原因就在于，恩格斯抛弃了早年不切实际的共产主义幻想。按照这种说法，是恩格斯在无产阶级革命的根本目标上发生了根本性改变，才导致了他在策略方面的根本改变。我们认为这种观点歪曲地解读了恩格斯晚年调整无产阶级策略的原因和依据，从而也歪曲了恩格斯晚年的策略思想。

众所周知，恩格斯和马克思一生奋斗的根本目标就是推翻资产阶级的统治，争取无产阶级和人类的解放，最终实现共产主义。但是对如何实现这个目标的策略，他们则会根据不同的历史条件进行调整，绝不是一成不变的。客观现实和社会历史条件的变化以及由此决定的无产阶级革命实践的需要，是他们制定和调整革命策略的根本依据和原因。正如恩格斯自己所说："我们的策略不是凭空臆造的，而是根据经常变化的条件制定的。"①

在19世纪70年代以前，马克思和恩格斯认为，用无产阶级暴力革命推翻资产阶级统治，建立无产阶级专政是实现共产主义的唯一途径，这是他们对历史上历次社会革命进行深入考察，特别是对近代英国和法国资产阶级革命以及1848年欧洲大革命进行经验总结，并客观地分析了无产阶级革命所处的现实环境和条件后得出的结论。因此，他们在《共产党宣言》中曾明确宣布：无产阶级的目的只有用暴力推翻全部现存的社会制度才能达到。1871年巴黎公社因资产阶级的残酷镇压失败的事实，更坚定了马克思和恩格斯关于暴力革命是无产阶级取得胜利的唯一途径的信念。

此后，资本主义经历了一个比较长期的和平发展过程，无产阶级进行暴力革命的条件和时机再也没有出现，同时资产阶级民主政治得到了巩固和发展，以普选制为基础的代议制开始在政治生活中显示出重要作用。根据这种历史条件的新变化，恩格斯和马克思在强调暴力革命重要性的同时，也开始认识到在个别国家用和平手段取得政权的可能性。他们指出，在少数议会民主比较发达而且无产阶级占人口多数的国家，如英国和美国等国度里，无产阶级的斗争策略需要进行必要的调整，可以尽可能地利用普选制来为本阶级谋取利益，甚至不排除在一定条件下通过和平和合法的途径来实现社会革命并取得政权的可能性。进入19世纪80年代以后，马克思和恩格斯对普选制的作用日益重视，提出了普选制是测量工人阶级成熟性标尺的重要论断。

马克思逝世后，恩格斯根据新的历史条件的深刻变化，在总结一些国家工人党，特别是德国社会民主党利用普选权开展议会斗争的成就和经验的基础上，对以往革命策略进行了比较全面深入的反思，提出了自己的策略思考，认为在新的历史条件下，无产阶级革命的策略必须进行调整。这主要体现在他于1895年发表的一生中的最后一篇文章《卡尔·马克思〈1848年至1850年的法兰西阶级斗争〉一书导言》（以下简称《导言》）中。

《导言》最集中体现了恩格斯晚年的策略思想，也是引起很大争议的一个焦点。对恩格斯晚年思想的所有歧义，都是由对《导言》的不同理解所引起的。

在这篇文章中，恩格斯对1848—1849年革命中制定的斗争策略进行了总结，指出由于受到历史的经验，特别是法国大革命经验的影响，尤其强调了暴力革命对于无产阶级胜利的重要性。但是1871年巴黎公社革命之后历史的发展，完全改变了无产阶级借以进行斗争的条件，1848年的斗争方法，旧式的起义，在1848年以前到处都起过决定作用的筑垒巷战，现在大大过时了。因为在新的条件下，巷战十分不利于无产阶级，而对政府军却十分有利。而且各国无产阶级自巴黎公社失败之后已有数十年没有掌握武器了，无产阶级丧失了物质的保卫手段，相反，各国政府军的武器装备却得到了很大的改进。因此，"在起义者方面，一切条件都变坏了。人民各个阶层都同情的起义，很难再

① 《马克思恩格斯文集》第10卷，人民出版社2009年版，第630页。

有了"①。虽然暴力革命在少数发达国家已经很难发挥作用，但工人阶级却有了新的斗争方式——普选权。如在德国，由于工人阶级充分利用了1866年实行的普选权，德国社会民主党的选票逐年增加，虽然当局对此十分恐慌而实行了反社会党人法，从而使选票暂时有所下降，但很快又得到了猛增。德国社会民主党充分利用普选权一步步地扩大了自己的阵地并取得了重大胜利。对此，恩格斯给予了高度评价，认为德国工人的一个伟大贡献就在于，"他们给了世界各国的同志们一件新的武器——最锐利的武器中的一件武器，向他们表明了应该怎样使用普选权"②。恩格斯充分肯定了普选权对工人阶级的意义，指出由于无产阶级有成效地利用了普选权，并将它作为自己一种崭新的斗争方式发挥了作用，"结果弄得资产阶级和政府害怕工人政党的合法活动更甚于害怕它的不合法活动，害怕选举成就更甚于害怕起义成就"③。

从《导言》的论述可以看出，恩格斯关于调整和改变无产阶级斗争策略必要性以及对利用合法斗争方式及其作用的肯定，完全是以巴黎公社以后无产阶级斗争的条件及其发展变化为根据的。从中根本看不出恩格斯放弃了无产阶级革命的根本目标——共产主义而根本改变了斗争策略。相反，他是为了在新的历史条件下更好地实现无产阶级革命的目标才调整斗争策略的。

二 恩格斯晚年改变的究竟是原则还是策略

从前文中我们可以看出，恩格斯和马克思是依据历史条件的变化而调整和改变无产阶级的斗争策略的。但不管怎样调整，他们都始终坚持科学社会主义的根本原则和共产主义的奋斗目标。恩格斯晚年对革命策略的调整也同样如此。那种因恩格斯晚年调整革命策略而认为他和伯恩施坦一样是修正主义的观点，其错误在于将策略和原则混为一谈，将恩格斯革命策略的调整和改变说成原则的放弃。

要说明这一点，就必须要澄清一个基本问题：暴力革命究竟是原则还是策略？在当前肯定或否定恩格斯晚年策略思想的不同观点中，有一点却是共同的，即认为只有通过暴力革命才能实现共产主义是马克思和恩格斯早年坚持的根本原则。那些说恩格斯晚年是修正主义和民主社会主义者的人，主要依据就是恩格斯晚年主张利用普选制，通过合法斗争，和平长入社会主义，这表明他彻底放弃了他和马克思早年所坚持的基本原则，即只有通过暴力革命才能实现共产主义，因而对整个马克思主义理论体系进行了彻底的修正。与此相反的观点则认为，恩格斯晚年虽然主张利用合法斗争的方式来实现无产阶级的利益，但这只是他策略的变化，有充分的根据说明他并没有放弃暴力革命的主张，仍然坚持了通过暴力革命实现共产主义的基本原则。

我们认为，把暴力革命与共产主义目标联系在一起，认为二者密不可分，从而把暴力革命与共产主义目标一样看成科学社会主义根本原则，并以此来判断恩格斯晚年改变的是策略还是原则的论调，是值得商榷的。

第一，马克思和恩格斯的确曾经认为通过无产阶级暴力革命推翻资产阶级统治是实

① 《马克思恩格斯文集》第4卷，人民出版社2009年版，第548页。

② 同上书，第544页。

③ 同上书，第545页。

现共产主义的唯一途径，但是，他们后来也承认了一些发达资本主义国家的无产阶级通过和平的方式夺取政权的可能性。马克思指出：“我们从来没有断言，为了达到这一目的，到处都应该采取同样的手段。我们知道，必须考虑到各国的制度、风俗和传统；我们也不否认，有些国家，像美国、英国，——如果我对你们的制度有更好的了解，也许还可以加上荷兰，——工人可能用和平手段达到自己的目的。”[①] 因此，他们从来没有把暴力革命作为科学社会主义的基本原则，而是将其视为实现社会主义的一种路径，是达到无产阶级斗争目标的一种方式和手段，而且在一定条件下还不是唯一的路径、方式和手段。在马克思和恩格斯那里，最根本的原则是实现无产阶级和全人类的解放，实现共产主义。也就是说，在马克思和恩格斯那里，根本原则属于目的的范畴，而策略则属于手段的范畴，目的决定手段，手段为目的服务。正如恩格斯指出的那样：“对于我这个革命者来说，一切达到目的的手段都是可以使用的，不论是最强硬的，还是看起来最温和的。”[②] “对每一个国家说来，能最快、最有把握地实现目标的策略，就是最好的策略。”[③] 为达到无产阶级和人类解放的根本目的，暴力与和平的斗争方式都是可以使用的手段和策略，关键要视条件而定。

第二，有人提出，马克思、恩格斯把暴力革命看作原则，是因为暴力革命是一般规律，合法斗争只是在特殊条件下无产阶级所采用的特殊策略。恩格斯晚年所主张的合法斗争就是在特殊历史条件下所采用的特殊策略。这种认为马克思和恩格斯把暴力革命看作普遍规律和根本原则的观点，是缺乏根据的。马克思和恩格斯只是在一定条件下将暴力革命看作实现社会制度更替的基本途径，但他们从来没有将暴力革命看作普遍规律和科学社会主义的根本原则。因为即便是在他们比较坚定地主张通过暴力革命推翻资产阶级统治，实现共产主义时，也不排除用和平方式实现向共产主义过渡的可能性。而且他们有时还将和平方式看作无产阶级夺取统治权十分有效的途径和手段，即无产阶级革命也有可能以和平的方式进行并达到社会制度更替的目标。正如恩格斯所说：“如果旧的东西足够理智，不加抵抗即行死亡，那就和平地代替；如果旧的东西抗拒这种必然性，那就通过暴力来代替。”[④] “如果没有必须加以反对的反动的暴力，也就谈不上什么革命的暴力。”[⑤] 因此，将暴力革命视为普遍规律和根本原则无疑是把暴力方式绝对化了。在马克思和恩格斯那里，暴力革命和合法斗争一样只是手段和策略，而不是普遍规律和根本原则。恩格斯晚年主张并强调一定历史条件下的合法斗争，并不必然否定科学社会主义原则，更不是对马克思主义整个理论体系的根本否定。

第三，革命必然是通过暴力实现的，和平方式只是改良，这是一种比较传统的也是主流的理解，但这种理解现在看来也是有其片面性的。应当承认，从历史的经验来看，一些国家社会制度的更替往往是通过暴力途径实现的，因为统治者绝不会自动让出自己的统治权，会利用国家暴力机器镇压革命的阶级，革命阶级只能用革命的暴力对付反革命的暴力并推翻统治阶级，如1789年的法国大革命。但是，历史上的确也有通过资产

---

① 《马克思恩格斯全集》第18卷，人民出版社1964年版，第179页。

② 《马克思恩格斯文集》第10卷，人民出版社2009年版，第579页。

③ 同上书，第652页。

④ 《马克思恩格斯文集》第4卷，人民出版社2009年版，第269页。

⑤ 《马克思恩格斯全集》第38卷，人民出版社1972年版，第490页。

阶级和封建统治阶级的妥协来实现制度更替的，如英国和日本资本主义制度的建立就是如此，即便是德国资本主义制度的建立也不完全是通过暴力革命来实现的。历史发展的过程是极为复杂的，很难一概而论。对于无产阶级革命来说也是如此。俄国、中国等经济文化落后国家的无产阶级革命无疑是以暴力革命的形式进行，并取得了伟大胜利。这是由这些国家的具体国情和特定的历史条件决定的。现在一些认为十月革命和中国革命是暴力社会主义并加以否定的观点是十分错误的。但我们也不能就此得出结论说，无产阶级革命只能以暴力革命的形式来进行，随着社会历史条件的变化，用和平方式达成革命的目的也并非没有可能。就如恩格斯晚年所预想的那样："可以设想，在人民代议机关把一切权力集中在自己手里、只要取得大多数人民的支持就能够按照宪法随意办事的国家里，旧社会有可能和平长入新社会，比如在法国和美国那样的民主共和国，在英国那样的君主国。"① 但是，要把这种预想变成现实是需要前提和条件的。可见，将暴力与革命画等号，将合法斗争或和平方式与改良画等号是不合适的。通过以上的分析，不论从什么角度看，恩格斯晚年改变的只是策略，而不是科学社会主义的根本原则。那种将恩格斯晚年对无产阶级革命策略的调整说成对科学社会主义原则的放弃或改变的观点是缺乏根据的。

三 恩格斯晚年策略思想与伯恩施坦修正主义的本质区别

将恩格斯晚年的策略思想看作修正主义观点是没有根据的，因为这种观点没有看到恩格斯和伯恩施坦的根本区别在于，恩格斯是在坚持科学社会主义根本原则的前提下调整策略的，而伯恩施坦则在调整策略的借口下背弃了科学社会主义的根本原则，放弃了共产主义的奋斗目标。

恩格斯逝世后，伯恩施坦在《社会主义的前提和社会民主党的任务》等书中，提出了一整套修正主义纲领，完全背弃了科学社会主义的基本原则。他认为由于时代的变化，马克思主义的基本原则已经过时，因为资本主义本身发生了本质性的改变。如随着资本主义机能的发展和完善，经济危机已不再有现实性，不再存在马克思和恩格斯所预言的崩溃的可能性；另一方面，社会主义的因素在资本主义的内部越来越多地生长起来，所以不再需要通过马克思和恩格斯所主张的暴力革命来推翻资本主义，资本主义可以和平长入社会主义。他还宣称，在社会主义的现实运动中，人们对社会主义的"通则"不再感兴趣，而是着眼于运动的本身和具体细节，因此，"我对于人们通常所理解的'社会主义的最终目的'非常缺乏爱好和兴趣。这个目的无论是什么，对我来说都是微不足道的，运动就是一切"②。伯恩施坦在放弃社会主义和共产主义根本目标的同时，特别对无产阶级暴力革命和无产阶级专政进行了否定和攻击。他提出，无产阶级暴力革命和无产阶级专政理论是马克思和恩格斯以法国大革命时期为典型例证概括出的理论，随着资本主义社会民主的发展，德国社会民主党完全可以通过议会等合法形式来实现社会主义，因此无产阶级专政的概念已经过时。而且他还认为，在走向社会主义的过

① 《马克思恩格斯文集》第4卷，人民出版社2009年版，第414页。

② ［德］爱德华·伯恩施坦：《社会主义的历史和理论》，东方出版社1989年版，第188—189页。

程中，已不再需要“炸毁”现存的国家机器和社会政治制度，因为现代社会自由制度具有伸缩性，具有变化和发展能力，所以“用不着炸毁它们，只需要继续发展它们，为此需要组织和积极的行动，但不一定需要革命的专政”①。为说明自己这些观点的合理性，伯恩施坦力图用恩格斯晚年特别是《导言》中的论述来为自己辩护。他认为，恩格斯在《导言》中以前所未见的认真态度，把普选和议会行动推崇为工人解放的手段，并放弃了以革命的袭击来获得政权的理想。“在这以前，恩格斯从来没有像在这篇导言里那样毫无保留地承认普选权的价值。这篇导言毫无疑问是对德国社会民主党迄今所采取的策略的批准……这就是我从这篇导言得出的结论。”②

正是依据伯恩施坦的这些说法，当代一些研究者认为恩格斯晚年思想为伯恩施坦提供了理论根据，二人都主张放弃暴力革命，和平长入社会主义，都是民主社会主义者，在思想本质上是一致的。这种观点完全抹杀了恩格斯晚年策略思想与伯恩施坦修正主义的本质区别，是对恩格斯思想的曲解。

首先，恩格斯始终坚持科学社会主义的根本原则，认为不论是采取暴力或者是合法斗争的策略，目的都是实现无产阶级革命的根本目标，即实现社会主义和共产主义。恩格斯在1893年就曾对此作出了十分清楚的阐述：“工人运动的最近目标就是由工人阶级自己为工人阶级夺取政权。如果在这一点上我们是一致的，那么，在为实现这一目标所应采取的斗争手段和斗争方法上的不同意见，就不大可能使诚实的人们之间发生原则上的分歧，只要他们都有理智的话。依我看，对每一个国家说来，能最快、最有把握地实现目标的策略，就是最好的策略。”③ 他虽然也认为资本主义发生了新的重大变化，但资本主义的本质没有改变，资本主义的基本矛盾及其发展趋势没有改变，社会主义取代资本主义的历史必然性没有改变。他始终对社会主义的胜利充满信心。他虽然认识到，在当时的历史条件下一些发达国家无产阶级有和平取得政权的可能性，但他同时并没有完全放弃暴力革命的主张，他既反对主张完全放弃暴力，将议会斗争绝对化的改良主义，也坚决反对把暴力革命绝对化的“左”倾盲动主义，这与伯恩施坦的“和平长入社会主义”论显然有着本质区别，是决不能混为一谈的。

其次，《导言》没有为伯恩施坦修正主义观点提供任何根据。恩格斯在承认合法斗争在当时德国的历史条件下依然为主要革命策略的同时，并没有像伯恩施坦所宣称的那样完全放弃通过暴力革命夺取政权的理想。他似乎早已预计到《导言》所表达的观点在他身后可能会受到这种歪曲，在临终前他特别声明：“我认为，如果你们宣扬绝对放弃暴力行为，是决捞不到一点好处的。没有人会相信这一点，也没有一个国家的任何一个政党会走得这么远，竟然放弃拿起武器对抗不法行为这一权利。”④ 也正如恩格斯本人在批评李卜克内西过分热衷于宣传和平的和反暴力的策略时所说，他在《导言》中所“谈的这个策略仅仅是针对今天的德国，而且还有重要的附带条件。对法国、比利时、意大利、奥地利来说，这个策略就不能整个采用。就是对德国，明天它也可能就不

---

① ［德］爱德华·伯恩施坦：《社会主义的前提和社会民主党的任务》，生活·读书·新知三联书店1965年版，第209页。

② ［德］爱德华·伯恩施坦：《社会主义的历史和理论》，东方出版社1989年版，第318页。

③ 《马克思恩格斯文集》第10卷，人民出版社2009年版，第652页。

④ 同上书，第686页。

适用了"[1]。显然，恩格斯在这里所强调的思想就是，无产阶级革命策略的制定必须以时间、地点、条件为转移，根本就不存在一成不变的革命策略。如果具备和平变革社会制度的条件，就采用和平的方式，如果不具备，那么就采用暴力革命的方式。暴力革命仍然是无产阶级夺取政权，实现社会主义的基本途径之一。

伯恩施坦用来说明恩格斯完全放弃了通过暴力革命夺取政权的理想的根据，就是恩格斯在《导言》中所说的，历史证明他和马克思在1848年关于无产阶级和资产阶级伟大决战已经开始的看法只是一个幻想。"历史走得更远：它不仅打破了我们当时的错误看法，并且还完全改变了无产阶级进行斗争的条件。1848年的斗争方法，今天在一切方面都已经过时了。"[2] 但很明显，伯恩施坦曲解了恩格斯的原意。因为《导言》并没有他完全放弃通过暴力革命夺取政权的理想的任何根据。恩格斯在《导言》中主要是说明：第一，历史证明他和马克思当时认为无产阶级和资产阶级之间的伟大决战已经开始的判断是缺乏根据的，因为自1848年以后的几十年历史充分说明，当时欧洲经济发展的状况还远没有成熟到可以消灭资本主义生产方式的程度。决战的时机还远没有到来。第二，1848年以后的几十年历史改变了无产阶级进行斗争的条件，当时无产阶级的斗争方法已经过时，即"旧式的起义，在1848年以前到处都起过决定作用的筑垒巷战，现在大大过时了"[3]。因为在新的历史条件下，这种斗争方法对无产阶级已变得不利，所以无产阶级必须改变斗争策略，即更多地利用普选权等各种合法斗争的形式来实现无产阶级革命的目标。但我们应当看到，恩格斯并没有完全否定街垒巷战的作用。他指出："这是不是说，巷战在将来就不会再起什么作用了呢？绝不是。这只是说，自1848年以来，各种条件对于民间战士已经变得不利得多，而对于军队则已经变得有利得多了。所以说，将来的巷战，只有当这种不利的情况有其他的因素来抵消的时候，才能达到胜利"。[4] 恩格斯并没有像伯恩施坦所说的那样，完全放弃了暴力革命取得政权的理想，他想说明的是，虽然现在采取街垒巷战等暴力革命的斗争方法已不适用，但并不排除将来无产阶级还会采取这种暴力革命的方法，关键是要看将来条件的变化是否有利于无产阶级能够利用这种方法取得胜利。

通过上述分析，我们可以看出，恩格斯是一个善于运用辩证唯物主义制定无产阶级革命策略的大师。他在为无产阶级制定策略时所遵循的就是实事求是的根本原则，所要达到的根本目的就是使无产阶级能够最快、最有把握地实现社会制度的彻底变革。因此，他绝不是伯恩施坦之类的修正主义者，也不是主张保留资本主义制度的民主社会主义者。恩格斯晚年的策略思想不仅对于制定无产阶级革命的斗争策略具有十分重大的指导意义，而且对于我们今天制定中国特色社会主义建设和发展策略也具有极大的启发意义。如在计划和市场及其与社会主义关系的问题上，邓小平就非常明确地区分出，前者只是手段，后者才是目标和原则，以往将计划经济和社会主义画等号，把市场经济与资本主义画等号，就完全混淆了策略和原则的区别。在他看来，计划和市场都是建设和发展社会主义的手段，而不是社会主义的本质规定或根本原则。邓小平在发展利用非公有

---

① 《马克思恩格斯文集》第10卷，人民出版社2009年版，第700页。

② 《马克思恩格斯文集》第4卷，人民出版社2009年版，第538页。

③ 同上书，第545页。

④ 同上书，第548—549页。

制经济以及经济特区等一系列问题上，都既坚持了社会主义的根本原则，也体现出科学的策略灵活性。邓小平的策略思想无疑是对恩格斯等经典作家思想的继承、丰富和创造性发展。

（原载《当代世界与社会主义》2015 年第 5 期）

《德意志意识形态》的国家理论及其当代启示

辛向阳

作者简介：辛向阳，中国社会科学院马克思主义研究院研究员、博士生导师。

在马克思主义波澜壮阔的发展史上，《德意志意识形态》有着独特的历史地位。有的学者认为《德意志意识形态》“形成了完整的科学的历史唯物主义的体系”①，有的学者称之为“里程碑式的重要著作”②，有的学者则说《德意志意识形态》“引发了欧洲政治社会思潮的一次主要剧变”③“这本著作标志着人对于自身思考上的史无前例的转折点”④。不管如何评价，《德意志意识形态》这本写作于170年前的巨著确实是一座蕴含着丰富宝藏的思想矿脉，目前其中的国家理论尤其值得我们关注。

一　《德意志意识形态》国家理论的思想来源

《德意志意识形态》包含着非常丰富的国家理论。这些理论的产生不是偶然的，是有客观历史条件和深厚的思想渊源的，是马克思恩格斯思想发展的必然结晶。

第一，历史唯物主义的形成必须要科学回答关于国家的基本问题，国家问题是历史唯物主义形成不能跨越、绕开和回避的重大问题。在历史唯物主义形成之前，旧唯物主义者几乎都涉及过国家问题。旧唯物主义之所以不能走向历史唯物主义，很重要的原因就是国家问题成了他们的“绊脚石”。旧唯物主义者看待国家问题基本上都是唯心主义的，就像马克思恩格斯所言：“当费尔巴哈是一个唯物主义者的时候，历史在他的视野之外；当他去探讨历史的时候，他不是一个唯物主义者。”⑤ 在国家问题上同样如此。这些旧唯物主义者往往把国家看作自古就有的东西，是永恒存在的，不是社会发展到一定阶段的产物。他们把国家看作普遍利益的代表，是决定社会发展的关键力量，是国家决定财产权，而不是相反。例如，施蒂纳认为：“财产问题只决定于政权，既然只有国家是掌权者，不管这是市民的国家还是游民的国家或者只是人的国家，那么只有国家才

---

① 中国人民大学马列主义发展史研究所：《马克思恩格斯思想史》，上海人民出版社1982年版，第128页。

② 侯惠勤：《〈德意志意识形态〉的理论贡献及其当代价值》，《高校理论战线》2006年第3期。

③ ［法］雅克·阿塔利：《卡尔·马克思》，刘成富等译，上海人民出版社2010年版，第78页。

④ 同上书，第80页。

⑤ 《马克思恩格斯文集》第1卷，人民出版社2009年版，第530页。

是所有者。”[①] 费尔巴哈认为，唯心主义的思辨哲学同神学一样，都是颠倒了主语和谓语的关系，他致力于把这种颠倒的关系颠倒过来。但实际上，在国家问题上，费尔巴哈依然没有能够把国家与社会的关系颠倒过来。马克思恩格斯正是正确理解了国家的起源、国家同市民社会的关系，才确立了唯物史观。马克思恩格斯指出：“受到迄今为止一切历史阶段的生产力制约同时又反过来制约生产力的交往形式，就是市民社会。”[②]“从这里已经可以看出，这个市民社会是全部历史的真正发源地和舞台。”[③] 马克思恩格斯把国家看作生产力和交往方式发展的产物，而不是相反，这是理解历史发展逻辑的关键问题之一。如果不能正确理解国家产生的基础及本源，就无法正确把握历史逻辑，就无法从历史唯心主义的窠臼中走出来。马克思恩格斯在《德意志意识形态》中明确指出：市民社会包括各个人在生产力发展的一定阶段上的一切物质交往，是国家产生的基础，“市民社会这一名称始终标志着直接从生产和交往中发展起来的社会组织，这种社会组织在一切时代都构成国家的基础以及任何其他的观念的上层建筑的基础”[④]。

第二，国家问题是一个被资产阶级学者搞得十分混乱的问题，不弄清这一问题就不能超越资产阶级学者的狭隘视野，就无法形成代表工人阶级的新世界观。1919 年 7 月 11 日，列宁在斯维尔德洛夫大学发表过一个题目叫《论国家》的演讲。他说：“国家问题是一个最复杂最难弄清的问题，也可说是一个被资产阶级的学者、作家和哲学家弄得最混乱的问题。”[⑤] 而在马克思恩格斯科学理论创立的时期，正是国家问题被资产阶级学者、作家和哲学家弄得最复杂、最混乱的时期，各种抽象的国家理论充斥于现实生活中。德国 19 世纪初著名哲学家费希特坚持国家是理性王国的观念现实，认为国家的出现是由于自由正义矛盾运动的结果。黑格尔则提出国家就是“地上行走的精神”，国家是绝对自在自为的理性的东西，是“地上的神”。他说：“在谈到国家的理念时，不应注意到特殊国家或特殊制度，而应该考察理念，这汇总现实的神本身。”[⑥] 黑格尔还认为，国家是道德全体和自由的现实，国家应当是自由目的与自由手段的统一。他指出：“我们在前面提出了两个因素：第一，自由的观念是绝对的、最后的目的；第二，实现‘自由’的手段，就是知识和意志的主观方面，以及‘自由’的生动、运动和活动。我们于是认为‘国家’是道德的‘全体’和‘自由’的‘现实’，同时也就是这两个因素客观的统一。”[⑦] 这种国家观渗透于当时的工人运动之中，工人中流行着诸如“国家神物论”“国家至上论”等观念，很多人膜拜国家，把国家看作拯救自己灾难的“救物主”。例如，19 世纪 40 年代初在工人运动中有很大影响的路易·勃朗就认为国家可以通过创办社会工场来消除一切灾难：在未来社会中，应该由国家拨款创办社会工场，首先在国家最重要的工业部门内创办，然后普及到其他部门；国家制定社会工场的

---

① ［德］施蒂纳：《唯一者及其所有物》，金海民译，商务印书馆 2009 年版，第 275 页。

② 《马克思恩格斯文集》第 1 卷，人民出版社 2009 年版，第 540 页。

③ 同上。

④ 同上书，第 583 页。

⑤ 《列宁选集》第 4 卷，人民出版社 1995 年版，第 24 页。

⑥ ［德］黑格尔：《法哲学原理：或自然法和国家学纲要》，范扬、张企泰译，商务印书馆 2011 年版，第 259 页。

⑦ ［德］黑格尔：《历史哲学》，王造时译，上海书店出版社 1999 年版，第 51 页。

章程，交由全国代表大会讨论，讨论通过后就发生法律效力；社会工场的利润分为三部分，第一部分由社团成员平均分配，第二部分专门用来抚养老、病和残疾者，第三部分用来扩大工场发展，资本家也可以被邀请参加社会工场，并且可以支取他们投资的利息。显然，不确立科学的国家观，就无法使工人阶级形成新的世界观，就不能摆脱改良主义的影响。19 世纪 30 年代以来蓬勃兴起的工人运动要健康发展，需要正确的国家理论的指导。

第三，国家问题是马克思恩格斯长期思考的重要问题，《德意志意识形态》的国家理论是马克思恩格斯从 1843 年以来一系列政治思想观点逻辑化的必然结果。马克思在《莱茵报》工作时接触到的客观现实，同他自己头脑中的黑格尔的观念发生了矛盾，而焦点就是国家问题。根据黑格尔的看法，国家是理性的体现，是正义的化身，而实际上普鲁士国家竭力维护林木所有主的利益，并使摩塞尔地区农民陷于贫困破产。为了解决使他苦恼的这个问题，1843 年 3 月，马克思退出《莱茵报》。在此后的大半年时间里，在克罗茨纳赫，马克思研读了所能获得的全部历史和政治著作，做了五本详细的笔记即“克罗茨纳赫笔记”。马克思的笔记分为三组相对独立的内容，其中第三组论述的就是国家与法的问题，包括立法权与行政权、同专制主义形成相联系的官僚机构及其产生、官员与国王权力间的相互关系、国王的特权、代议制和人民主权等问题。在这一基础上，马克思在 1843 年夏天写了《黑格尔法哲学批判》，正确地考察了市民社会和国家的辩证关系，第一次批判了黑格尔的国家观。在马克思看来，黑格尔的法哲学把国家看作自在自为的最高理性的本质，这样，私人利益体系（家庭以及市民社会）和普遍利益体系（国家）就处于一种颠倒状态，即不是由市民社会决定国家，而是由国家决定市民社会。把两者关系颠倒过来即由市民社会决定国家而不是相反，正是《德意志意识形态》完成的一项重要工作。1843 年 10 月到 12 月马克思撰写的《论犹太人问题》进一步阐述了政治国家与市民社会的关系，认为应该是政治国家服从并服务于市民社会，政治国家尤其是资产阶级的政治革命“把国家事务提升为人民事务，把政治国家组成为普遍事务，就是说，组成为现实的国家”①，资产阶级国家通过承担起社会性职责而维护资本的利益。之后经过马克思《1844 年经济学哲学手稿》和马克思恩格斯 1844 年合著的《神圣家族，或对批判的批判所做的批判》对国家问题的思考，最终形成了《德意志意识形态》的国家思想。特别是在《神圣家族》一书中，马克思恩格斯谈到了资产阶级国家实质上是资本奴役广大民众的现代奴隶制，“现代国家承认人权和古代国家承认奴隶制具有同样的意义”②。“正如现代国家是由于自身的发展而挣脱旧的政治桎梏的市民社会的产物，而今它又通过人权宣言承认自己的出生地和自己的基础。”③ 现代国家以宣布资产阶级的人权为基础而发展起来。

二 《德意志意识形态》国家理论的基本内容

由于有了成熟的唯物史观，形成了历史唯物主义系统的逻辑架构，《德意志意识形

① 《马克思恩格斯文集》第 1 卷，人民出版社 2009 年版，第 44 页。

② 同上书，第 312 页。

③ 同上书，第 313 页。

态》在分析国家问题上有很多独到的观点，为马克思主义国家理论的大厦奠定了坚实基础。

第一，国家不是从来就有的，而是历史发展的产物，国家产生的原因首先是分工的发展促进生产力的提高，更重要的是剩余产品的增加导致私有制的发展。马克思恩格斯在《德意志意识形态》中明确指出："由于私有制摆脱了共同体，国家获得了和市民社会并列并且在市民社会之外的独立存在。"① 国家的萌芽、发展以及成熟程度从根本上讲取决于私有制发展的水平。在原始社会，没有私有制，所以没有国家的存在基础。随着进入古典古代世界，就出现了罗马人由战争决定的部落所有制，也出现了日耳曼人由畜牧业决定的部落所有制，这种带有一定程度私有制性质的所有制具有了国家所有制的形式，为国家的产生提供了基础。与此同时，在古典古代世界和中世纪，随着动产的出现，真正的私有制开始不断发展壮大，这形成了国家的所有制基础。可以说，私有制的出现和发展是国家产生的最重要的基础，《德意志意识形态》明确指出："法国、英国和美国的一些近代著作家都一致认为，国家只是为了私有制才存在的，可见，这种思想也渗入日常的意识了。"② 这一点，就连当代的西方学者也是承认的。美国哈佛大学教授、苏俄史学家和政治思想家、曾经担任过里根总统顾问的理查德·派普斯在 1999 年出版的《财产论》一书中就说："不少人类学家仍然坚持马克思主义的解释。根据这一观点，作为在部落社会中调整阶级之间矛盾的一种手段，政治权力是随着私有财产的出现而出现的，使得财产所有者阶级能够保护他们的财产并且掌握政治权力。"③ 其实，回顾一下自摩尔根以来人类学的历史发展进程，我们可以看到，主流的人类学家都强调国家的私有制起源。

第二，国家尽管会采取共同体之类的相对独立的形式，但它实质上具有强烈的阶级性，是在阶级基础上产生的，其中一个阶级统治着其他一切阶级。马克思主义创始人认为，在阶级社会中，国家具有强烈的阶级性，国家总是与一定阶级紧密联系在一起的，没有超阶级和超民族的国家。在《德意志意识形态》中，马克思恩格斯明确指出："正是由于特殊利益和共同利益之间的这种矛盾，共同利益才采取国家这种与实际的单个利益和全体利益相脱离的独立形式，同时采取虚幻的共同体的形式。"④ 而国家之所以要采取虚幻的共同体的形式，是由于存在着统治阶级特殊利益与被统治阶级特殊利益的矛盾，还存在着统治阶级内部特殊利益与特殊利益的矛盾，为了使这些错综复杂的矛盾不会把社会毁灭，要找到一种共同体即国家组织，否则，社会就无法存在下去了。但不管采取什么样的共同体形式，国家的本质就是一个阶级对其他阶级的统治，国家"是在我们以后将要阐明的已经由分工决定的阶级的基础上产生的，这些阶级是通过每一个这样的人群分离开来的，其中一个阶级统治着其他一切阶级。从这里可以看出，国家内部的一切斗争——民主政体、贵族政体和君主政体相互之间的斗争，争取选举权的斗争等等，不过是一些虚幻的形式——普遍的东西一般说来是一种虚幻的共同体的形式——，在这些形式下进行着各个不同阶级间的真正的斗争（德国的理论家们对此一窍不通，

---

① 《马克思恩格斯文集》第 1 卷，人民出版社 2009 年版，第 584 页。

② 同上。

③ ［美］理查德·派普斯：《财产论》，蒋琳琦译，经济科学出版社 2003 年版，第 116 页。

④ 《马克思恩格斯文集》第 1 卷，人民出版社 2009 年版，第 536 页。

尽管在《德法年鉴》和《神圣家族》中已经十分明确地向他们指出过这一点）”①。在无产阶级的国家政权产生之前的所有国家形式，包括奴隶社会的贵族政体、封建社会的君主政体以及资本主义的民主政体，都只是奴隶主阶级、封建主阶级和资产阶级对广大民众进行统治的政治形式。

第三，国家具有明显的社会性和公共性，通过履行公共职能使社会秩序得到有效维护，使统治阶级能够顺利统治下去。在《德意志意识形态》中，马克思恩格斯提出，国家具有一般的社会性和公共性，即具有维护社会发展的基本秩序和履行一定社会职责的公共职能。国家的起源与它履行公共职能是密切联系在一起的。马克思恩格斯认为，城市和乡村的分离是物质劳动和精神劳动的最大的一次分工，城乡之间的对立是随着野蛮向文明的过渡、部落制度向国家的过渡、地方局限性向民族的过渡而开始的，它贯穿着全部文明的历史并一直延续到现在。于是，“随着城市的出现，必然要有行政机关、警察、赋税等等，一句话，必然要有公共机构，从而也就必然要有一般政治”②。城乡对立造成部落制度向国家发展，城市的出现产生了城邦国家，这些国家建立了维护公共秩序的制度体系与管理机构。政治统治到处都是以执行某种社会职能为基础，而且政治统治只有在它执行了这种社会职能时才能持续下去。恩格斯后来在《反杜林论》中对此作了清晰的论述：“第一，一切政治权力起先都是以某种经济的、社会的职能为基础的……第二，政治权力在对社会独立起来并且从公仆变为主人以后，可以朝两个方向起作用。或者按照合乎规律的经济发展的精神和方向去起作用，在这种情况下，它和经济发展之间没有任何冲突，经济发展加快速度。或者违反经济发展而起作用，在这种情况下，除去少数例外，它照例总是在经济发展的压力下陷于崩溃。”③ 国家要想发挥作用，就必须按照符合社会经济规律的趋势和基本方向履行其公共职能。

第四，资产阶级国家是私有制国家中最发达的国家形态，它的阶级职能与公共职能也是最完善的，这种国家制度最有利于维护资本家的阶级利益。近代以来，伴随着生产力的进步和科学技术的迅猛发展，工场手工业逐步发展成为大工业，再加上日益完善的市场经济竞争，工场手工业资本转变成了现代资本，“即变为抛弃了共同体的一切外观并消除了国家对所有制发展的任何影响的纯粹私有制”④。这种纯粹的私有制，完全是为了追求和实现个人利益最大化的私有制，正是资本主义国家产生与发展的基础，资本主义国家的本质就是维护这种纯粹的私有制。所以，马克思恩格斯在《德意志意识形态》中强调指出：“现代国家是与这种现代私有制相适应的”⑤，“实际上国家不外是资产者为了在国内外相互保障各自的财产和利益所必然要采取的一种组织形式。”⑥ 马克思恩格斯对此从四个方面进行了论述：现代国家的税收体系逐渐被私有制所操纵，资本家能在很大程度上决定国家税收的变化；政府发行的国债完全归资本家阶级所掌握，资本家阶级通过控制政府发行的国债大发横财；国家政策的变化受到交易所内国家证券行

---

① 《马克思恩格斯文集》第1卷，人民出版社2009年版，第536页。

② 同上书，第556页。

③ 《马克思恩格斯选集》第3卷，人民出版社1995年版，第526页。

④ 《马克思恩格斯文集》第1卷，人民出版社2009年版，第583页。

⑤ 同上。

⑥ 同上书，第584页。

市涨落的调节，资本家以资本交易来控制国家政策的制定；国家基本上依赖于私有者即资产者提供给它的商业信贷，离开了资本家私人银行商业信贷的支持，国家是无法支撑下去的。于是国家就成为资本获得更多利益的有效政治力量，每当工业和商业的发展创造出新的交往形式和利益获得方式，国家便会以法律的形式承认资产者获得这些财产的方式。

三 《德意志意识形态》国家理论的当代启示

从马克思恩格斯开始撰写《德意志意识形态》到现在，已经经历了170年，人类从19世纪进入了21世纪，从工业文明进入了信息文明，马克思主义创始人提出的国家理论还有用吗，是否已经过时了？从我们所处时代来看，马克思主义国家理论不仅没有过时，而且仍然有很强的生命力。

第一，国家的阶级职能没有消失，而是以特殊的形式和特殊的逻辑表现出来，现代化国家治理不意味着国家就没有阶级职能了。当前在我们国家，有个别学者否认国家阶级职能的存在，认为国家尤其是资本主义国家，其阶级专政的职能基本上消失了。有的学者提出：无产阶级专政的历史使命已经完成了，今后就是国家治理体系和治理能力现代化的时代。这就把国家治理现代化与国家履行专政职能对立起来了。还有一种观点提出：专政是人治的特定形式，以现代世界国家治理的基本趋势为参照系，由人治走向法治是一种合乎规律顺乎民心的选择，因此，建设法治国家就要放弃无产阶级专政①。这是把法治国家建设与人民民主专政对立起来。其实，无论是把国家治理现代化与人民民主专政对立起来，还是把法治国家与人民民主专政对立起来，都是错误的，都是没有看到国家的阶级职能在当今世界上依然是客观存在的。国家的阶级性告诉我们：推进国家治理现代化，建设法治国家，一刻也不能放弃人民民主专政。2001年，江泽民指出：对西方敌对势力的破坏和渗透活动，对敌对分子颠覆共产党领导和社会主义制度的政治图谋，对民族分裂主义势力的分裂活动，对暴力恐怖活动，对严重危害人民生命和财产安全的严重刑事犯罪，对残害生命和危害国家政权的邪教，对严重危害国家和人民利益的腐败现象等，我们必须依法坚决予以防范和打击，用人民民主专政来维护人民的政权，维护人民的根本利益。“在这个问题上，要理直气壮。我们社会主义政权的专政力量不但不能削弱，还要加强。在这个问题上，切不可书生气十足。”② 他还指出，任何国家要保持政权巩固和社会稳定发展，都要履行专政的职能。西方国家不但有专政职能，而且很重视运用这个职能。在西方，资产阶级统治了几百年，他们深知国家的专政职能的重要性，掌握得牢牢的，从来就没有放弃和放松过，西方国家的政府、法院、警察和军队，也都要运用法律、行政和先进的技术手段，履行专政职能。事实正是如此，旅美学者、春秋发展战略研究院研究员寒竹在一篇题为《政府改革应强化公共管理职能》的文章中讲到美国政府的硬力量：“据美国公布的数据，2006年美国共有警察92万人，现在已超过100万人，警民比例约为1∶300。2009年中国共有警察197万人，

① 郑成良：《专政的源流及其与法治国家的关系》，http://www.guancha.cn/zhengchengliang/2014_12_26_304498.shtml。

② 《江泽民文选》第3卷，人民出版社2006年版，第223页。

今天警民比例大约是1∶700。就占比而言，中国执法机关的规模，还不到美国的一半。在美国大城市的街头和高速公路上，荷枪实弹的武装巡逻警察十分常见，这在中国是非常罕见的。"① 所以，江泽民说："在这方面，我们千万不可天真啊！千万不要因为忙于繁重的经济工作，而忽视了政治这个极端重要的问题。不然，哪一天我们的政权丢了，还不知道是怎么丢的！"② 有的学者提出，中国已经没有阶级斗争了，不需要国家的专政职能了。果真如此吗？我们与那些疯狂颠覆社会主义制度和共产党领导的"颜色革命"制造者、那些极端的民族分裂主义者、那些血腥的暴力恐怖犯罪者的斗争，难道不是一种特殊形式的阶级斗争吗？既然阶级斗争没有消失，国家的专政职能就不能削弱。我们坚持人民民主专政，要注意阶级斗争形式的变化，一方面不能把阶级斗争形式的变化等同于阶级斗争的消失，另一方面要研究和分析阶级斗争的新形态、新现象，弄清其变化的内在机理，使国家更好地履行它的阶级职能。

第二，当代国家的公共职能不断扩大，一方面是社会经济发展复杂性的要求，另一方面也是国家阶级职能强化的要求。公共职能的加强并不意味着国家阶级性的消失，相反，它是阶级性的特殊表现。这一点，马克思恩格斯在《德意志意识形态》中早就指出："因为国家是统治阶级的各个人借以实现其共同利益的形式，是该时代的整个市民社会获得集中表现的形式，所以可以得出结论：一切共同的规章都是以国家为中介的，都获得了政治形式。"③ 显然，国家的公共职能是依附于阶级职能的。在当代，国家的阶级职能不再像19世纪以前那样直接或者经常性表现为"镇压"这样的职能，而是以越来越明显的公共职能来体现。当代西方资本主义国家公共职能的扩大，本质上依然是维护资本的核心利益。美国马萨诸塞大学阿默斯特分校经济学教授、马克思主义经济学家大卫·科茨在其新著《新自由主义的兴衰》一书中就提出，随着20世纪80年代以来美国政府对市场管制的放松，社会收入分配差距不断扩大，2009年时，美国最富裕的1%的人口的收入占比已经超过1929年美国大萧条时期。科茨强调，分配不公问题之所以愈发严重，一个重要原因就是政府不断下调商业税和富人税，使得富人在社会分配中占据更加有利的地位④。法国著名经济学家托马斯·皮凯蒂在2013年出版的《21世纪资本论》中更是以大量的事实证明：西方发达国家20世纪以来用财政金融税收以及国际贸易等公共政策的制定促使私人财富巨量增长，而公共财富日益萎缩。皮凯蒂说："无论如何，毫无疑义的是英法两国的公共财富相当少，与私人财富相比微不足道。净公共财富在英国不足国民财富的1%，在法国仅为5%……从现有的最新数据看，2010年，英法两国的私人财富在全部国民财富中占据绝大部分，在英国超过99%，在法国约为95%。"⑤ 在美国，政府通过法律的制定和公共政策的调整为资本集团谋利益的例子举不胜举。微软胜诉的事例一方面说明美国法律体系对于产权制度保护的完善

① 寒竹：《政府改革应强化公共管理职能》，http://www.guancha.cn/politic&/2012_07_30_87837.shtml。

② 《江泽民文选》第3卷，人民出版社2006年版，第223页。

③ 《马克思恩格斯文集》第1卷，人民出版社2009年版，第584页。

④ 褚国飞、闫勇：《制度性改变或在西方发达国家萌芽》，《中国社会科学报》2015年1月14日。

⑤ ［法］托马斯·皮凯蒂：《21世纪资本论》，巴曙松等译，中信出版社2014年版，第98页。

性，另一方面说明资本力量的强大。2000 年，美国联邦司法部和 19 个州政府联合起诉微软公司，认为其垄断市场。2000 年 6 月，主审法官杰克逊正式裁决，将微软一分为二（操作公司和应用公司），并且规定分拆后的两家公司在 10 年内不得合并。2001 年 6 月，联邦上诉法院以 7∶0 的投票结果，以证据不足为由，驳回了联邦地方法院的初审判决。该院认为，微软的做法不是垄断，而是合法的创新。2001 年 9 月，联邦司法部发表声明，不再要求分拆微软。微软 2001 财年的收入为 253 亿美元，到了 2013 财年收入就达到了 779 亿美元。自 2008 年以来，美国在金融危机中直接救助的依然是那些大的金融资本和实业集团，在 99% 对 1% 的“占领华尔街”运动中胜利的依然是 1% 的人。

第三，中国推进国家治理体系和治理能力现代化，一方面要坚持马克思主义的国家治理理论，另一方面要着眼于解决国家治理中的重大现实问题。中国推进国家治理体系与治理能力现代化既是全面深化改革总目标的要求，也是全面推进依法治国总目标的要求，为此，要做好以下几方面工作。首先，必须坚持马克思主义国家理论。马克思主义国家理论是我们实现国家治理体系与治理能力现代化的指导思想，马克思主义国家理论告诉我们：国家治理必须真正为了人民的根本利益，能够不断使劳动大众实现政治、经济和社会的解放。国家治理就要做到政府公职人员没有当官发财的愿望，而是努力为人民服务。1871 年的巴黎公社对所有公务员，不论职位高低，都只付给与其他工人同样的工资。对公务员薪金的这种规定可以有效地防止政府公职人员利用职权追求升官发财。“从前国家的高官显宦所享有的一切特权以及公务津贴，都随着这些人物本身的消失而消失了。”① 政府公职人员失去了追求升官发财的途径，国家就变得纯粹了，就会真正成为为人民服务的权力机构。144 年后的 2015 年 1 月 12 日，习近平总书记在同中央党校第一期县委书记研修班学员进行座谈时发表讲话指出：当官就不要发财，发财就不要当官。这正是社会主义国家治理应当从制度上解决的问题。其次，必须不断完善和发展社会主义初级阶段的基本经济制度，强化公有制的主体地位，为国家治理现代化奠定雄厚的公有制基础。公有制是能够为绝大多数人带来利益的所有制，是一种公共性、社会性、人民性的所有制，这种所有制不仅具有通过调动积极性发展经济的高效率，而且具有维护社会普遍正义的公平性。集公平与效率于一体的公有制正是实现中国国家治理体系与治理能力现代化的极为重要的基础，不能脱离社会主义公有制来谈国家治理，以为国家治理体系和治理能力现代化不需要所有制基础的看法是片面的。党的十八届三中全会指出：必须毫不动摇巩固和发展公有制经济，坚持公有制主体地位，发挥国有经济主导作用，不断增强国有经济活力、控制力、影响力。增强国有经济活力、控制力、影响力，很重要的路径就是要通过发展国有资本、集体资本、非公有资本等交叉持股、相互融合的混合所有制经济，放大国有资本的覆盖功能、保值增值、提高竞争力，带动其他形式所有制资本共同发展。再次，要推进依法治国。依法治国是坚持和发展中国特色社会主义的本质要求和重要保障，是实现国家治理体系和治理能力现代化的必然要求。全面推进依法治国，要在中国共产党领导下，充分发挥中国特色社会主义制度的独特优势，以中国特色社会主义法治理论为指南，以完备的法律规范体系、高效的法治实施体系、严密的法治监督体系、有力的法治保障体系和完善的党内法规体系为根本，以

① 《马克思恩格斯选集》第 3 卷，人民出版社 1995 年版，第 55 页。

共同推进依法治国、依法执政、依法行政为依托，以法治国家、法治政府、法治社会一体建设为基础，实现科学立法、严格执法、公正司法、全民守法，从而实现国家治理体系和治理能力法治化。

雅克·阿塔利在《卡尔·马克思》一书中用五个方面的证据证明了《德意志意识形态》引发了欧洲政治社会思潮一次主要剧变："首先，书里第一次说明了意识形态的形成以及革命不可或缺的精神条件；其次，即使占据主导的是统治阶级和经济巨头的意识形态，人的思想和行动也不会因此就被经济社会因素所囚禁；第三，资本主义是共产主义的必要准备；第四，共产主义并非一成不变的理想社会，而是'运动变化'的，并不断趋向于力求征服或创造的个人自由；最后，共产主义是世界性的。"① 其实，还应该增加一个证据，就是马克思主义的国家理论：国家不是从来就有的，而是历史发展的产物。

（原载《马克思主义研究》2015 年第 3 期）

① ［法］雅克·阿塔利：《卡尔·马克思》，刘成富等译，上海人民出版社 2010 年版，第 78—79 页。

恩格斯晚年给我们留下了什么理论遗产

——1883年并不是马克思主义发展史上的休止符

徐觉哉

作者简介：徐觉哉，上海社会科学院国外社会主义研究中心主任、《国外社会科学前沿》常务副主编。

1883年马克思的逝世并不是马克思主义发展史上一个历史性的休止符，而是对恩格斯的一生具有决定性意义的节点。他一直认为“马克思是天才，我们至多是能手”①，“突然要我在理论问题上代替马克思的地位去拉第一小提琴”，担心“要出漏洞”②。这是一种谦卑，其实国外已有学人把马克思主义称作“马克思恩格斯主义”，实际上这并不为过。尤其是马克思逝世以后的12年中，这位唯物主义历史观的创始人、1848年革命的老战士、国际工人协会的主要顾问对马克思主义作出了突出的贡献。恩格斯生前最后几年对来自世界各国广泛问题的发言、对德国党内纷争的仲裁、为各种版本的《共产党宣言》（以下简称《宣言》）作序、加速马克思早期著作和文本的出版、发表了带有重要历史结论的政治著作，旨在强调和告诫社会民主党以及国际工人阶级政党的不是具体意见，而是唯物主义历史观的基本原则和基本方法。其中，有对唯物主义历史观的重要阐述和补充，有对俄国农村公社未来发展道路的进一步探索，有对欧洲大陆资本主义扩展能力的重新认识，有对股份制的资本主义新特征的科学预见，有对资本主义和平发展时期无产阶级斗争策略的重大调整等，为我们留下了一份宝贵的理论遗产，从中可以得到重要的启迪。

一　把唯物史观一以贯之于人类的史前社会

在马克思留下的文稿中，恩格斯发现了一份对摩尔根《古代社会》所做的详细摘要和批语。这位美国社会学家用田野调查加推理的方式为人类的史前史建立了一个分析框架，其著作受到了马克思的密切关注，表明马克思打算写一部把唯物史观一以贯之于整个人类社会发展历史的著作。恩格斯进而证明，摩尔根以北美印第安人为例，把野蛮时代与文明时代作了对比，研究了古代社会的结构，“重新发现了40年前马克思所发现的唯物主义历史观……在主要点上得出了与马克思相同的结果”③，并找到了一把解

---

① 《马克思恩格斯文集》第4卷，人民出版社2009年版，第297页。

② 《马克思恩格斯文集》第10卷，人民出版社2009年版，第525页。

③ 《马克思恩格斯文集》第4卷，人民出版社2009年版，第15页。

开古代希腊、罗马和德意志古史上那些极为重要而至今尚未解决的哑谜的钥匙。这就证明这本书"对于原始历史所具有的意义，正如达尔文的进化理论对于生物学和马克思的剩余价值理论对于政治经济学的意义一样"①。

次年，为了补偿"亡友未能完成的工作"，恩格斯在马克思《L. 摩尔根〈古代社会〉一书摘要》的基础上，写成了《家庭、私有制和国家的起源》（以下简称《起源》）。这部著作使马克思的唯物史观贯穿于人类文字记载以前的社会，成为认识人类社会历史更加完整的科学体系。七年之后，他又根据人类学的最新研究成果，尤其是科瓦列夫斯基的《公社土地占有制，其解体的原因、进程和结果》，对原著"用心地加以修订和补充"，修改竟达 144 处之多。可以说，它是恩格斯探索原始社会史的辉煌成果，同时也完成了马克思对古代社会研究的夙愿。

《起源》是马克思主义关于社会发展史和国家学说的重要文献，它论述了家庭的产生和演变，氏族制度的发生、发展和解体过程，以及私有制、阶级和国家的起源等重大问题。恩格斯根据摩尔根等民族学家提供的有关原始社会的材料及其研究成果，描绘了人类社会由蒙昧时代历经野蛮时代而进入文明时代的历史图景；阐明了原始社会从血缘家族起历经普那路亚家庭而进入氏族社会，并由氏族社会经历一系列中间阶段而进入阶级社会的历史进程；从氏族组织和国家组织的比较中，论证了国家产生的条件、途径、职能及其实质，从而宣告了马克思主义关于原始社会理论体系的形成。

通过对原始社会的进一步考察，恩格斯发现人类自身的生产和再生产即人种的繁衍，在人类社会的发展中同生产力一样也起着重要的作用。尽管两种生产有很大的区别，但相对于人的主观意愿来说，都具有不以人的意志为转移的客观性。在他看来，在人类社会的发展过程中，物质资料生产和人类自身的生产缺一不可，"一定历史时代和一定地区内的人们生活于其下的社会制度，受着两种生产的制约：一方面受劳动的发展阶段的制约，另一方面受家庭的发展阶段的制约。劳动越不发展，劳动产品的数量，从而社会的财富越受限制，社会制度就越在较大程度上受血族关系的支配"②。恩格斯不仅提出了"两种生产"的理论，而且通过考察婚姻和家庭的起源与演化，具体说明了人类自身生产是如何决定原始社会的进化发展的。这一分析使唯物史观扩展到对史前社会的解释中，无疑是对唯物主义历史观的重要补充。同时，这部经典著作还系统地对各阶段的人类社会史作了科学的、唯物主义的阐述，说明了各种社会经济形态中家庭发展的历史，以及原始公社制瓦解和以私有制为基础的阶级社会形成的过程，揭示了国家的起源和实质，即"国家是承认：这个社会陷入了不可解决的自我矛盾，分裂为不可调和的对立面而又无力摆脱这些对立面"③ 的产物，因而"它照例是最强大的、在经济上占统治地位的阶级的国家"④，并证明了国家消亡和代之以无阶级的共产主义社会的历史必然性。可见，《起源》不只是以"原始历史"研究成果来阐述唯物主义历史观的一次尝试，更是以唯物主义历史观来审视前资本主义生产方式的一次创举。

---

① 《马克思恩格斯文集》第 4 卷，人民出版社 2009 年版，第 28 页。

② 同上书，第 16 页。

③ 同上书，第 189 页。

④ 同上书，第 191 页。

二 唯物主义历史观在何种意义上是科学的

马克思的唯物主义历史观在世界一切文明语言中找到了拥护者，这就促使在英国和斯堪的那维亚各国流行的“新黑格尔主义”和在德国流行的“新康德主义”加快了复活的步伐。他们鼓吹把黑格尔的“绝对精神”改造为具有主观唯心主义倾向的“绝对经验”，否认感觉以外的客观存在，还抛弃了康德哲学中的唯物主义因素，宣扬他的先验论和不可知论，并诬蔑马克思主义哲学仅仅是费尔巴哈唯物论和黑格尔辩证法的简单拼凑。1885 年，丹麦哲学家施达克发表《路德维希·费尔巴哈》一书，《新时代》杂志邀请恩格斯写一篇评论，这就给了恩格斯一个批驳和回击反马克思主义思潮、系统阐述唯物主义历史观与德国古典哲学关系的契机，于是便有了 1886 年《路德维希·费尔巴哈和德国古典哲学的终结》一文的诞生。在这个大的结构中，恩格斯只是以费尔巴哈为契机来解释唯物主义历史观在何种意义上是科学的，并对之作了“目前最为详尽的阐述”。

在这篇著作中，恩格斯试图“把我们同黑格尔哲学的关系，我们怎样从这一哲学出发又怎样同它脱离，作一个简要而又系统的阐述”[①]，论述了马克思主义哲学形成和发展的历史过程，具体说明了它的理论来源和自然科学基础，详细论证了马克思主义哲学同德国古典哲学之间的批判继承关系和本质区别，深刻地分析了马克思主义哲学的诞生在哲学领域中引起革命变革的实质和意义，系统地阐述了辩证唯物主义和历史唯物主义的基本原理。他第一次提出“全部哲学，特别是近代哲学的重大的基本问题，是思维和存在的关系问题”[②]，哲学家依照对思维和存在、精神和物质何者为本原这一问题的不同回答而分成唯物主义和唯心主义两大阵营。恩格斯同时指出，思维和存在的关系问题还有另一个方面，即我们的思维能不能正确认识世界的问题，对这一问题的不同回答形成可知论和不可知论。

恩格斯在此文中提出了一个十分尖锐的问题，那就是关于社会历史发展到底有没有规律、如何认识这个规律的问题。这个问题历来被历史唯心主义弄得混乱不堪。恩格斯指出，出现这种情况既有客观原因，又有主观原因。客观原因是社会发展与自然界发展存在着明显的差别。在自然界发展过程中是一种盲目的、无意识的力量在起作用，自然界中不断生死交替，向前发展是有规律的。这种发展规律是自发实现的。相反，在社会历史领域，参与活动的是有意识的，经过思虑或凭激情行动的、追求某种目的的人。这就容易使人们产生一种错误的认识，似乎社会历史发展规律是受人的主观思想所支配的。唯心主义者只看到了那些参与社会历史发展的人们的思想动机，而没有看到隐藏在人们思想动机背后的动因。恩格斯指出：“历史事件似乎总的说来同样是由偶然性支配着的。但是，在表面上是偶然性在起作用的地方，这种偶然性始终是受内部的隐藏着的规律支配的，而问题只是在于发现这些规律。”[③] 这篇著作还系统地论述了生产方式是社会发展的最终原因、经济基础决定上层建筑、阶级斗争是阶级社会发展的动力、人民

---

① 《马克思恩格斯文集》第 4 卷，人民出版社 2009 年版，第 266 页。

② 同上书，第 277 页。

③ 同上书，第 302 页。

群众是历史的创造者等基本原理。恩格斯这一系列重要理论的提出，大大丰富和发展了马克思主义的唯物史观，说明了唯物主义历史观在何种意义上是科学的。

到19世纪90年代，以莱比锡大学教授保尔·巴尔特为代表的资产阶级学者竟然把唯物史观歪曲为“经济唯物主义”“技术经济史观”“社会静力学”，他们攻击历史唯物主义只承认经济因素对社会生活起决定作用，根本否定思想的能动性，并污蔑马克思、恩格斯用机械决定论、历史宿命论把人变成了只受经济条件摆布的傀儡。同时，德国社民党内以保尔·恩斯特为首的“青年派”则把唯物史观庸俗化、简单化，认为在马克思那里历史是完全自动形成的，丝毫没有人的参与，经济关系就像玩弄棋子一样玩弄这些人。他们还刻板地理解马克思主义，把它当作标签、套语和现成的公式，以此来裁剪历史事实。面对这些歪曲，恩格斯在给康·施密特、约·布洛赫、弗·梅林以及瓦·博尔吉乌斯等人的五封通信中，回击了庸俗唯物主义者对唯物史观的责难和片面理解，对唯物史观的基本理论内涵作了进一步阐发和补充，丰富和发展了马克思的唯物史观。

在给布洛赫的回信中，恩格斯指出：“根据唯物史观，历史过程中的决定性因素归根到底是现实生活的生产和再生产。无论马克思或我都从来没有肯定过比这更多的东西。如果有人在这里加以歪曲，说经济因素是唯一决定性的因素，那么他就是把这个命题变成毫无内容的、抽象的、荒诞无稽的空话。经济状况是基础，但是对历史斗争的进程发生影响并且在许多情况下主要是决定着这一斗争的形式的，还有上层建筑的各种因素。”① 同时，他坦言，青年们有时过分看重经济方面，其中一部分原因应当归于他本人和马克思。在唯物史观创立的初期，由于当时反对唯心史观斗争的需要，马克思和他本人着重论述的是经济基础的决定作用，但是对其他参与相互作用的因素并都不是始终有时间、地点和机会给予应有的重视，这就给一些人歪曲唯物史观留下了可乘之机。

在恩格斯看来，经济状况是基础，影响了历史斗争的进程，而且在许多情况下还决定了斗争的形式以及上层建筑的各种因素。不过，恩格斯也指出了上层建筑对经济基础具有反作用：“总的说来，经济运动会为自己开辟道路，但是它也必定要经受它自己所确立的并且具有相对独立性的政治运动的反作用，即国家权力的以及和它同时产生的反对派的运动的反作用。”② 但是，“这些先生们常常几乎是故意地忘记，一种历史因素一旦被其他的、归根到底是经济的原因造成了，它也就起作用，就能够对它的环境，甚至对产生它的原因发生反作用”③。

在回答历史是如何创造的问题时，恩格斯提出并论证了“平行四边形理论”和“中轴线理论”。他认为，历史的最终结果总是从许多单个的意志的相互冲突中产生的，而其中每一个意志又是由于许多特殊的生活条件，才成为它所成为的那样。这样就有无数互相交错的力量，有无数个力的平行四边形，由此就产生出一个合力，即历史结果，而这个结果又可以看作一个作为整体的、不自觉地和不自主地起着作用的力量的产物。所以，到目前为止的历史总是像一种自然过程一样地进行，而且实质上也是服从

---

① 《马克思恩格斯文集》第10卷，人民出版社2009年版，第591页。

② 同上书，第597页。

③ 同上书，第659页。

于同一运动规律的。① “平行四边形”理论是恩格斯晚年具体运用唯物史观研究社会历史发展规律的重要成果。

同时，恩格斯还指出，社会发展规律作为一种历史必然性只能通过与人们活动及其相互作用所形成的无数偶然事件来表现自己。他曾经把历史必然性比喻为中轴线，把人们活动所形成的偶然事件间的连线比喻为曲线，曲线总是摆动在中轴线的两侧。在恩格斯看来，我们所研究的领域越是远离经济，越是接近纯粹抽象的意识形态，我们就越是发现它在自己的发展中表现为偶然现象，它的曲线就越是曲折。“如果您画出曲线的中轴线，您就会发现，所考察的时期越长，所考察的范围越广，这个轴线就越是接近经济发展的轴线，就越是同后者平行而进。”② 恩格斯的这个比喻，形象地说明了历史发展中必然性和偶然性之间的关系。他告诫人们，唯物史观只是人们研究社会和历史的指南，而不是剪裁各种历史事实的公式；在唯物史观指导下研究社会，决不意味着解一个最简单的一次方程式。可见，晚年恩格斯为马克思主义宝库补充了很多精彩的篇章，回答了唯物主义历史观在何种意义上是科学的，无形中建立起了一座伟大的丰碑。

三　对俄国农村公社未来发展道路的探索

随着 1872 年《资本论》在俄国的出版发行，马克思就开始通过与丹尼尔逊的书信来往，获取有关俄国社会的各种材料，在继续研究资本主义政治经济学的同时，特别关注俄国的土地关系及其社会发展的道路问题。他既不同意民粹派宣扬俄国的“独特性”和“优势”、断言农村公社可以轻而易举地使俄国社会实现革命的变革，也不同意自由派把西欧资本主义的起源变成一般发展道路的宿命论思想，强调各民族要视不同的历史环境而选择适合自己民族的发展道路。1874 年，当他阅读到革命民粹派代表特卡乔夫给恩格斯的公开信后，将自己的意见告诉了恩格斯，并建议予以回击。于是，恩格斯先撰写了《流亡者文献》中的第四篇，批驳了特卡乔夫散布的盲动的无政府主义观点。不久，为了表明自己对俄国 1861 年改革以后经济和社会发展问题以及俄国革命发展前景所持的态度，他又撰写了《流亡者文献》中的第五篇《论俄国的社会问题》。马克思把它看作恩格斯 19 世纪 70 年代为《人民国家报》撰写的最重要的一篇论文。在该文中，恩格斯批驳了特卡乔夫关于俄国可能比西欧更容易实现社会革命的观点，详细论述了社会主义革命必须具备无产阶级、资产阶级和充分发展的生产力三个必要的条件，指出在俄国占有优势的劳动组合和土地公社所有制并不能说明可以通过它们直接进入社会主义，而只能说明俄国还处于落后的农村社会状态中。

关于俄国农村公社的未来，比任何时候都更引起所有考虑自己国家经济发展的俄国人的注意，他们对 1877 年马克思《给〈祖国纪事〉杂志编辑部的信》作了各种极不相同的解释，并再三请求恩格斯再次发表对这个问题的看法。于是，1894 年 1 月，恩格斯在把《论俄国的社会问题》一文收入《〈人民国家报〉国际问题论文集（1871—1875）》时，专门为之撰写了一篇《跋》，试图“尝试从对俄国当前经济状况的历史比

① 《马克思恩格斯文集》第 10 卷，人民出版社 2009 年版，第 592 页。

② 同上书，第 669 页。

较研究中得出某些结论”①。

在这篇《跋》中，恩格斯谈到了特卡乔夫，指出自己的抨击就是针对他“据说旧的经济世界不是从西欧无产阶级的斗争中而是从俄国农民的最内在的东西中得到它的新生”② 这种幼稚观点的；恩格斯又谈到了车尔尼雪夫斯基，认为这位比赫尔岑们和特卡乔夫们高明的人，也把俄国农村公社看作从现存社会形式过渡到新的发展阶段的手段。结果，恩格斯断然否定了农村公社本身存在着向较高的公有制形式过渡的因素。他指出，俄国的公社存在了几百年，在它内部从来没有出现过要把它自己发展成高级的公有制形式的促进因素。由于公社在一个欧洲国家里保持相当的生命力到了这样一个时刻，这时西欧的资本主义正由于内部矛盾及其所造成的阶级冲突而走向灭亡。“由这一点就已经可以得出结论，对俄国的公社的这样一种可能的改造的首创因素只能来自西方的工业无产阶级，而不是来自公社本身。西欧无产阶级对资产阶级的胜利以及与之俱来的以社会管理的生产代替资本主义生产，这就是俄国公社上升到同样的阶段所必需的先决条件。”③ 这表明，恩格斯强调的是西方无产阶级革命的决定性意义，而不赞成东方社会跨越资本主义制度“卡夫丁峡谷”的看法。

在肯定俄国公社发展的两种可能性时，恩格斯更强调社会发展道路的一般规律。他指出：“较低的经济发展阶段解决只有高得多的发展阶段才产生了的和才能产生的问题和冲突，这在历史上是不可能的。在商品生产和单个交换以前出现的一切形式的氏族公社同未来的社会主义社会只有一个共同点，就是一定的东西即生产资料由一定的集团共同所有和共同使用。但是单单这一个共同特性并不会使较低的社会形式能够从自己本身产生出未来的社会主义社会，后者是资本主义社会的最独特的最后的产物。每一种特定的经济形态都应当解决它自己的、从它本身产生的问题；如果要去解决另一种完全不同的经济形态的问题，那是十分荒谬的。”④

这就是说，社会的发展是一个自然的历史过程，未来社会只能是现代社会发展的结果，超越社会发展阶段去提出社会发展的任务是不可能的。但是，恩格斯承认落后国家在一定条件下可以缩短发展的进程。关于这一点，他留下了下面的解释：“当西欧各国人民的无产阶级取得胜利和生产资料转归公有之后，那些刚刚进入资本主义生产而仍然保全了氏族制度或氏族制度残余的国家，可以利用公有制的残余和与之相适应的人民风尚作为强大的手段，来大大缩短自己向社会主义社会发展的过程，并避免我们在西欧开辟道路时所不得不经历的大部分苦难和斗争。但这方面的必不可少的条件是：目前还是资本主义的西方作出榜样和积极支持。……这不仅适用于俄国，而且适用于处在资本主义以前的阶段的一切国家。”⑤

恩格斯还根据形势的发展，要求俄国革命者用历史唯物主义的观点对待马克思的那封信。他指出，早在 1877 年马克思在他的一封寄往俄国的信里就“劝告俄国人不必急

① 《马克思恩格斯文集》第 4 卷，人民出版社 2009 年版，第 449 页。

② 同上书，第 452 页。

③ 同上书，第 457 页。

④ 同上书，第 458—459 页。

⑤ 同上书，第 459 页。

急忙忙地跳进资本主义，是不奇怪的"[①]。因为当时资本主义革命的形势已见端倪，民粹派成立了恐怖主义密谋家的秘密执行委员会，且势力日益壮大，推翻沙皇制度似乎指日可待，而俄国革命一旦发生，就会给西方的政治运动以有力的支持，并为之创造无比顺利的斗争条件。所以，恩格斯也认为，如果我们在10年或20年以前就能推翻资本主义制度，那么俄国也许还来得及切断它向资本主义演变的趋势。但是，到了19世纪90年代，情况就发生了很大的变化，"在马克思写了那封信以后的17年间，在俄国，无论是资本主义的发展还是农民公社的解体都大有进展。……这样，俄国在短短的时间里就奠定了资本主义生产方式的全部基础。但是与此同时也就举起了连根砍断俄国农民公社的斧头"[②]。所以，在这种情况下，要保存农村公社向高级形式过渡已经没多大可能。根据17年前后俄国形势发生的变化，从而得出不同的结论，正是历史唯物主义分析方法的要旨所在。

可见，在俄国革命和社会发展道路问题上，马克思侧重于指出不同民族在不同历史环境下可以抓住历史机遇探求适合本民族发展的独特道路；恩格斯则在此基础上强调历史发展的一般规律，动态地、具体地分析了民族国家谋求发展的历史条件局限及可能的途径，并指出这一理论对落后国家的适用性。从方法论看，马克思、恩格斯是一致的。当从逻辑上来反映世界历史过程的统一性和普遍性时，他们没有由此排除各个民族在历史上所表现出来的特殊性，只是恩格斯并不孤立地看待这些特殊性，而是把它们置于世界历史当中加以考察；当他们具体考察一个特定民族的独立发展道路时，也没有由此排除人类社会发展的普遍规律对任何一个民族发展所起的制约作用。

四 对欧洲大陆资本主义扩展能力的重新认识

在《宣言》和《资本论》中，马克思、恩格斯都曾经预言"资本主义的丧钟要敲响了"，"剥夺者要被剥夺了"。但是，随着第二次工业革命的兴起，资本主义生产的社会化程度日益扩大，自由竞争逐渐走向垄断，资本的个体经营越来越被股份公司的经营所替代。到了19世纪90年代，欧美主要资本主义国家已开始向垄断资本主义过渡，并呈现出一系列新的社会现象。恩格斯敏锐地观察到了这些新的时代变化，对资本主义和社会主义发展过程中的一系列问题作了深层次的思考，用新的判断修正和取代了过时的结论。这在他晚年的许多著作和序言中都有所涉及和反映。

谈到恩格斯晚年对资本主义的新判断，不能不提1888年他的美国之行及其观察的独特视野。他在《美国旅行印象》中写道："这个新世界由于藐视一切继承的和传统的东西而远远超过了我们这些旧式的、沉睡的欧洲人；这个新世界是由现代的人们根据现代的、实际的、合理的原则在处女地上重新建设起来的。"[③] "而他们这个前进最快的民族（the most go ahead nation），对于每一个新的改进方案，会纯粹从它的实际利益出发马上进行试验，这个方案一旦被认为是好的，差不多第二天就会立即付诸实行。"[④] 从

---

① 《马克思恩格斯文集》第4卷，人民出版社2009年版，第463页。

② 同上书，第463—464页。

③ 《马克思恩格斯全集》第21卷，人民出版社1965年版，第534页。

④ 同上。

此，他一直关注整个资本主义世界的新变化。

在撰写《英国工人阶级状况》1892 年德文第 2 版序言时，恩格斯也敏锐地觉察到了世界资本主义的新变化。他指出，“这本书里所描写的那些最令人触目惊心的恶劣现象，现在或者已经被消除，或者已经不那么明显”。① 随着新的交通工具在国际范围内的应用，创造了以前只是潜在的世界市场，资本主义生产和经营的方式也获得了巨大和空前的发展，以致 1844 年的状况现在看来已经显得微不足道，几乎可以说是原始的了。“与这样的发展程度相一致的是，大工业从表面看来也变得讲道德了。”在生产领域，对资本家来说，“事业的发展已经不允许再使用这些低劣的谋取金钱的手段；拥资百万的工厂主有比在这些小算盘上浪费时间更为重要的事情要做”②。早年资本家对工人使用的那种小规模的额外勒索不但已经毫无意义，而且成了其大展宏图的严重障碍。在商业流通领域，那些低劣的手腕和花招曾被看作本国生意场上的智慧顶峰，但已不适用于彼此紧密联系和制约的广阔市场。“资本主义生产越发展，它就越不能采用作为它早期阶段的特征的那些小的哄骗和欺诈手段。”③ 这是现代政治经济学的规律之一。恩格斯以波兰犹太人和德国人为例，说明在大工业时代，过去那条先给人家送上好的样品，再把蹩脚货送去的老规矩，已经声誉扫地。因为“那里时间就是金钱，那里商业道德必然发展到一定的水平，其所以如此，并不是出于伦理的狂热，而纯粹是为了不白费时间和辛劳”④。这也正是资本主义市场经济中信用制度的秘密所在。恩格斯承认这是一种手段，这种手段可以使资本加速积聚在少数人手中，并且压垮那些没有这种额外收入就活不下去的小竞争者。但他也不得不承认，所有这些都是“对正义和仁爱的让步”，因为工厂主日益清楚地了解到：“没有工人阶级的帮助，资产阶级永远不能取得对国家的完全的社会统治和政治统治。”⑤

在研究恩格斯晚年对资本主义经济现象的观察与思考时，还要重视研究他于 1891 年批判《爱尔福特纲领草案》的一段重要论述。他写道：“由股份公司经营的资本主义生产，已经不再是私人生产，而是由许多人联合负责的生产。如果我们从股份公司进而来看那支配着和垄断着整个工业部门的托拉斯，那么，那里不仅没有了私人生产，而且也没有了无计划性。”⑥ 这段论述指明了资本主义正在转化为垄断资本主义的新趋势。在编辑出版《资本论》第 2、3 卷的过程中，我们还可以看到恩格斯根据资本主义的新发展作出的许多重要增补，预示着资本主义将进入新的发展阶段。

正是在这样的分析基础上，已到 75 岁高龄的恩格斯在为马克思《1848 年至 1850 年的法兰西阶级斗争》一书写的导言中，重新认识了那段斗争的岁月。在欧洲 1848 年革命失败将近半个世纪之后，他分析了当时自己和马克思提出无产阶级与资产阶级大决战已经开始的历史背景。他这样说：1848 年时我们很多人都以为可以用“一次简单的

---

① 《马克思恩格斯文集》第 1 卷，人民出版社 2009 年版，第 368 页。

② 同上书，第 367 页。

③ 同上书，第 366 页。

④ 同上。

⑤ 同上书，第 373 页。

⑥ 《马克思恩格斯文集》第 4 卷，人民出版社 2009 年版，第 410 页。

突然袭击"[1]来消灭资产主义，实现社会主义的社会改造。但是，恩格斯承认这一判断是错误的："历史表明我们也曾经错了，暴露出我们当时的看法只是一个幻想。历史走得更远：它不仅打破了我们当时的错误看法，并且还完全改变了无产阶级进行斗争的条件。1848 年的斗争方法，今天在一切方面都已经过时了。"[2]

这是因为资本主义还有很大的扩展能力和发展空间："历史表明，我们以及所有和我们有同样想法的人，都是不对的。历史清楚地表明，当时欧洲大陆经济发展的状况还远没有成熟到可以铲除资本主义生产的程度；历史用经济革命证明了这一点，从 1848 年起经济革命席卷了整个欧洲大陆……可见这个基础在 1848 年还具有很大的扩展能力。"[3]他指出，1847 年危机以后的工商业复苏，事实上是新的工业时代的开始：在英国，谷物法的废除以及由此引起的进一步的财政改革，给它的发展提供了条件，使它成为世界市场的中心；德国经过 1866 年到 1870 年的革命才扫除了最严重的政治障碍，从而充分发展起来，使农业经济转化为工业经济；美国只是在最近几十年才发展起来，成为发展最快的国家。事实证明，他们当时对资本主义发展的潜力估计不足。

五　股份制将为由整个社会实行剥夺做好准备

马克思生前对他的女儿爱琳娜说过，要她和恩格斯共同处理自己的全部文稿，并关心出版那些应该出版的东西，特别是《资本论》还未出版的手稿，希望他忠实的挚友根据这些材料"做出点什么"来。[4]在伦敦海格特公墓安葬了马克思之后，恩格斯和爱琳娜回到了马克思生前的工作室。他们在这间堆满书报和手稿的房间里，仔细地翻阅了厚厚的笔记本、散乱的纸张和各类图表，结果德穆特发现了一包《资本论》第 2、3 卷的手稿，并且查明其中只有第 2 卷是写完的，第 3 卷只有一个初稿，而且极不完整。每一篇的开端通常都相当细心地撰写过，甚至文字多半也经过推敲。但是越往下，文稿就越是带有草稿性质。既然恩格斯是活着的人中唯一能辨认这种字迹、这些缩写的字以及整个缩写句子的人，《资本论》编辑出版的全部工作就只能由他承担了。

1885 年，当恩格斯刚着手整理这项庞大的遗产时，就对其中所蕴藏的丰富多彩的发现赞叹不已。他写信给拉法格说："我钻研得越深，就越觉得《资本论》第三册伟大……一个人有了这么巨大的发现，实行了这么完全和彻底的科学革命，竟会把它们在自己身边搁置 20 年之久，这几乎是不可想象的。"[5]同时，他告诉左尔格，如果说第 2 卷是"纯学术性"著作的话，那么"第三卷则又如雷鸣电闪，因为它第一次从总的联系中考察了全部资本主义生产，完全驳倒了全部官方的资产阶级经济学"[6]。他坚持每天白天口授，晚上进行初步的加工，而且结合马克思逝世后出现的经济现象，补撰写了某些片断，并在卷末撰写了两个增补。

---

① 《马克思恩格斯文集》第 4 卷，人民出版社 2009 年版，第 541 页。

② 同上书，第 538 页。

③ 同上书，第 540 页。

④ 《马克思恩格斯文集》第 6 卷，人民出版社 2009 年版，第 9 页。

⑤ 《马克思恩格斯文集》第 10 卷，人民出版社 2009 年版，第 530—531 页。

⑥ 同上书，第 535 页。

我们知道，19 世纪 70 年代以后，马克思看到了“信用制度是资本主义的私人企业逐渐转化为资本主义的股份公司的主要基础”[1]，于是在《资本论》第 3 卷第 27 章《信用在资本主义生产中的作用》中，逐步形成了关于在经济上通过股份制实现社会主义的设想。马克思认为，股份资本是在资本主义生产方式范围内对私人资本的一种扬弃，使资本更加社会化；其次，股份公司最重要的特征是资本所有权和经营权的分离；再次，马克思认为，资本主义股份公司是一个自行扬弃的过程，是通向一种新的生产方式的单纯过渡点。在这里，马克思以股份公司为基点，进一步探讨了资本所有权由私人性质向联合生产者性质转变的过渡问题。至于过渡的形式，马克思认为，有股份公司和合作工厂两种形式。可以看出，马克思在 19 世纪 60 年代以前认为资本主义基本矛盾的对立和对抗是不可克服的，而到了 90 年代《资本论》第 3 卷出版时，至少可以看到一种积极的、非对抗的解决这一矛盾的形式。

因此，恩格斯在整理《资本论》第 3 卷时，对马克思生前还未能看到却已初见端倪的证券交易所和股份公司的新发展作了重要补充。在他看来，自从 1865 年《资本论》第 3 卷写成以来，交易所的作用大大增加了，它的发展趋势是“要把全部生产，工业生产和农业生产，以及全部交往，交通工具和交换职能，都集中在交易所经纪人手里，这样，交易所就成为资本主义生产本身的最突出的代表”[2]。由于积累的不断增加，到处都有新的股份公司出现，工业部门、商业部门、银行等逐渐转变为股份企业，而股份企业又在转变为托拉斯；同样的过程在农业领域中也在进行着，“地产的实际的最高所有权被转移到了交易所手中”，“一切国外投资都已采取股份形式”。[3] 在作出这种分析之后，他在马克思有关股份公司的论述上加了一个注释。这个注释说明了两点：一是股份公司作为资本主义发展的垄断组织，其规模已今非昔比，已经是马克思曾经提及过的那种股份公司的“二次方”或“三次方”；二是作为资本主义垄断组织的股份公司的出现，必将发挥出一种重要的历史作用，那就是“为将来由整个社会即全民族来实行剥夺做好了准备”[4]。

六 在新的历史条件下制定无产阶级斗争的新策略

1895 年 1 月 30 日，《前进报》经理费舍打算把马克思 1850 年在《新莱茵报・政治经济评论》上发表的三篇论述法国 1848 年革命的文章印成小册子出版。他写信给恩格斯，请求恩格斯同意并为这个单行本写一篇导言。这项建议符合恩格斯的夙愿，他早就认为有必要出版 1842—1852 年时期马克思和自己的作品，因为马克思这些文章“有巨大价值”。所以，在复信中，恩格斯基本同意了这一计划，并写下了著名的《卡・马克思〈1848 年至 1850 年的法兰西阶级斗争〉一书导言》（以下简称《导言》）。这是他一生中所写的最后一篇重要政治论文，对新形势下无产阶级革命的策略作了精辟论述。

---

① 《马克思恩格斯文集》第 7 卷，人民出版社 2009 年版，第 499 页。

② 同上书，第 1028 页。

③ 同上书，第 1030 页。

④ 同上书，第 496—497 页。

1892 年 11 月 3 日，恩格斯在写给法国马克思主义者拉法格的一封信中就谈到“街垒和巷战的时代已经一去不复返了；如果军队作战，进行抵抗就是发疯。因此，必须制订新的革命策略。一个时期以来，我一直在考虑这个问题，但是还拿不出一个定见”①。现在，恩格斯可以以他才华横溢的生动笔调，描绘这个正在酝酿之中还没有最后成型的新策略。1895 年 2 月 26 日，恩格斯在致拉法格的信中，提到了这篇导言的基本内容：“导言相当长，因为除了对那时以来发生的事件加以概述外，还应说明为什么我们那时会寄希望于无产阶级取得最近和最终的胜利，为什么这一点没有实现，以及后来发生的事件在什么程度上改变了我们当时的看法。由于德国要实行危及我们的新法律，这点很重要。”②

巴黎公社以后的历史表明，德国工人在斗争中善于利用普选权，得到的选票逐年增长，普选权正由欺骗的手段变为解放的手段。恩格斯目睹了这些变化，充分肯定了普选权这种崭新的斗争方式开始发挥作用。在《导言》中，恩格斯指出，公社的失败并不意味着战斗的无产阶级的灭亡；恰恰相反，无产阶级最强有力的进展，是从公社的时候开始的。此后，欧洲工人运动的重心从法国移到了德国。德国社会民主党利用 1866 年实行的普选权，取得了惊人的成就。“他们给了世界各国同志们一件新的武器——最锐利的武器中的一件武器，向他们表明了应该怎样使用普选权。”③ 恩格斯认为，普选权是无产阶级斗争的一种新方式，它“由向来是欺骗的工具变为解放的工具”④。这表明：“在资产阶级用来组织其统治的国家机构中，也有一些东西是工人阶级能够用来对这些机构本身作斗争的。”⑤

恩格斯认为，普选权之所以成为无产阶级的一种崭新的斗争方式，最主要的是因为斗争的条件已发生了本质上的变化。由于军队的组织状况、军事技术的发展、先进武器的运用、城区新建街道等条件发生了对军队有利而对起义者不利的重大变化，1848 年革命时期的巷战方式已经陈旧了。“实行突然袭击的时代，由自觉的少数人带领着不自觉的群众实现革命的时代，已经过去。凡是要把社会组织完全加以改造的地方，群众自己就一定要参加进去，自己就一定要弄明白这为的是什么，他们为争取什么而去流血牺牲。”他们必须“明白应该做什么”。⑥ 因此，党进行长期而坚忍的工作，对人民群众进行启发、教育、组织和训练，具有重要的意义。利用普选权和议会斗争，就是为了达到这个目的。恩格斯指出：如果这样继续下去，我们在 19 世纪末就能夺得大部分人民群众。“我们的主要任务就是不停地促使这种力量增长到超出现行统治制度的控制能力，不让这支日益增强的突击队在前哨战中被消灭掉，而是要把它好好地保存到决战的那一天。”⑦

他认为，从最低的要求看，可以通过选票的增长，“每三年计算一次自己的力量”，

---

① 《马克思恩格斯全集》第 38 卷，人民出版社 1972 年版，第 505 页。

② 《马克思恩格斯全集》第 39 卷，人民出版社 1974 年版，第 389 页。

③ 《马克思恩格斯文集》第 4 卷，人民出版社 2009 年版，第 544 页。

④ 同上书，第 545 页。

⑤ 同上。

⑥ 同上书，第 549—550 页。

⑦ 同上书，第 551 页。

这“既加强工人的胜利信心”，“又增加对手的恐惧”，“成为我们最好的宣传手段”，“既可避免不适时的畏缩，又可避免不适时的蛮勇”；更进一步看，它便于我们“到人民还疏远我们的地方去接触群众，并迫使一切政党在全体人民面前回答我们的抨击，维护自己的观点和行动；此外，它在帝国国会中给我们的代表提供了一个讲坛”，代表可以“更有权威和更自由得多地向自己在议会中的对手和议会外的群众讲话”。① 正是由于普选权在政治生活中的运用和发展，结果弄得资产阶级和政府害怕工人政党合法活动更胜于害怕它的不合法活动，害怕选举成就更甚于害怕起义成就。

恩格斯认为，无产阶级政党应当充分利用资产阶级民主以加强社会主义运动，但他仍然毫不动摇地坚持这样的信念：“不言而喻，我们的外国同志们没有放弃自己的革命权。须知革命权是唯一的真正‘历史权利’——是所有现代国家无一例外都以它为基础建立起来的唯一权利。”② 利用合法斗争的一切可能性并由此积聚力量来尽快地进行必要的不合法斗争，是为将来的决战作准备的最好方法。

当德国社民党的领导们看到恩格斯《导言》的手稿后，对其中明显的革命词句感到担忧，唯恐被政府用做实行新的反社会党人法的口实，希望删去这些敏感的文字。恩格斯接受了他们的部分意见，同意出于策略考虑，对文中直接谈及革命的那些地方做一些删节，但“我不能容忍你们立誓忠于绝对守法，任何情况下都守法，甚至在那些已被其制定者违犯的法律面前也要守法，简言之，即忠于右脸挨了耳光再把左脸送过去的政策。……我认为，如果你们宣扬绝对放弃暴力行为，是决捞不到一点好处的”③。然而未经恩格斯许可，李卜克内西主编的《前进报》在一篇题为《目前革命应怎样进行》的社论中，对《导言》作了断章取义的、有利于作改良主义解释的摘录，仿佛恩格斯是“无论如何要守法”的捍卫者。恩格斯对《前进报》这种不光彩的行为极感不满，指出“在这篇经过修饰整理的摘录中，我成了一个温顺平和、无论如何都要守法的人”。并希望在考茨基主编的《新时代》上全文发表《导言》，“以消除这个可耻印象”④。

根据恩格斯的要求，考茨基在 1895 年 4 月出版的《新时代》第 13 卷第 2 册第 27 期和第 28 期两期上，连载发表了这篇《导言》。在这一文本中，关于“前哨战”“决战”和“决定性的搏战”这些提法和有关词句被删去了，但保留了关于决不放弃革命权的声明和关于德国党及其拥护者构成国际无产阶级大军的决定性“突击队”之类的提法；还删去了关于将来进行巷战可能性的整整一段文字和关于“流血牺牲”的词句，但保留了关于群众应当参加改造社会制度的斗争，并且应该明白自己为什么进行斗争，以及为了做到这一点必须进行长期而坚忍的工作等论述。

恩格斯在高度估计德国和其他国家社会主义政党在议会选举中取得的伟大成就、在强调无产阶级利用普选权作为新的武器和斗争策略的同时，没有忘记提醒各国党保持“革命权”，以便为将来的决战作准备。这是在新的历史条件下，晚年恩格斯对无产阶级斗争策略的灵活运用。

---

① 《马克思恩格斯文集》第 4 卷，人民出版社 2009 年版，第 545 页。

② 同上书，第 550—551 页。

③ 《马克思恩格斯文集》第 10 卷，人民出版社 2009 年版，第 686 页。

④ 同上书，第 699 页。

从上述恩格斯晚年给我们留下的理论遗产可以看出，作为一个对社会发展历史和现实都具有深刻洞察力和预见力的思想大师，恩格斯是一位清醒的、与时俱进的马克思主义者，1883年绝不是马克思主义发展史上的休止符。

（原载《当代世界与社会主义》2015年第5期）

世界社会主义运动的谱系、现状与未来

[埃及] 萨米尔·阿明　朱美荣　编译

作者简介：萨米尔·阿明（Samir Amin），新马克思主义理论家，著名的全球化问题专家，国际政治经济学家。

本文所反思的是所有抵抗资本主义的群众运动迄今已经遇到的，并且以后还会遇到的基本挑战。这里所谓的“运动”，是指那些以废除私有制而准备代之以社会主义所有制的运动，也指那种以真正、实质性改变劳资关系为目的的运动。这两种运动都在不同程度上让人质疑资本主义，但是也可能只会造成朝向社会主义的虚假运动，事实上它可能只会迫使资方做出适当的改变来迁就某些劳方的诉求而已。我们都明白，就这些运动所实行的策略来讲，很难划清有效和无效之间的界限，也很难判断策略的目的是否与实际情形相冲突。总的来说，许多运动都可以被称作“朝向社会主义的运动”（movements toward socialism），这个词语是近几十年来一些南美国家（如智利、玻利维亚等）的政党发明的。这些南美政党放弃了传统共产党的目标（夺取并掌握政权，建设社会主义），而代之以明显较为温和的目标，即耐心创建走向社会主义的社会和政治条件。这种目标调整可以用两点概括，即民族化和国家计划。至于用什么样的具体方法使现代经济管理社会化，这些选择了“朝向社会主义的运动”的政党并没有给出界定。这些将自己刻画成社会主义者甚至共产主义者的组织和政党有一些声称是马克思的继承者，有一些甚至声称是苏联共产主义以及（或者）毛泽东思想的继承者。

事实上，自工业革命以后，资本主义的胜利以及随着帝国主义扩展而带来的资本主义全球化，已经为一种更高层次的全球社会主义/共产主义文明形式的崛起创造了条件，许多流派为了这种崛起而走到一起。恩格斯及其后来的列宁为此提出了一种非常著名的马克思主义版本，但是这种版本将现实简单化了，忽略了许多在马克思之前以及之后的贡献。当然，在提出社会主义/共产主义方案上，马克思起到了关键性的突破作用。事实上，马克思思想的基础是严格、科学、批判地分析资本主义，将其历史事实的一切方面都考虑进去的，而其之前或之后的社会主义构想却不是如此。

我认为，在现代世界的建构中，法国革命起到了中心作用。它界定了一套价值观——自由、平等、博爱（按照今天的话，即团结），这套价值观将现代性建立在根本性的矛盾之上。归根结底，这套价值观是资本主义能够接受却无法实现的，如果要真正实现这些价值观，则需要更高层次的社会文明。在这个意义上，法国革命远非一个“资产阶级革命”，它随着雅各宾派的上台提出了超越资产阶级革命的诉求。在这套资本主义价值观的激励下，美国也提出了革命口号：自由和私有财产。这两者一起界定了“自由企业精神”，除了在法律面前一律平等之外，他们不承认任何超越该原则的平等诉求。自由和私有财产二者结合起来让不平等成为合法：不平等似乎成为个人才能和勤奋的结果。他们让人忽略团结的美德，而只承认相反的一面，即个人和企业之间的竞争。究其本质，自由和平等是彼此冲突的两种价值观，只有资产阶级财产被压制的时候，这两种价值观才能和解。法国革命即使在其最激进的雅各宾阶段，也没有压制资产阶级财产，而是仍旧保护私有产权，视之为神圣不可侵犯，并认为这种产权可以通过家庭小农场和手工企业的方式进行普及。它还不能理解资本主义会怎样发展，会如何强调现代资本主义财产的集中化。社会主义/共产主义，一个被理解为优越于资本主义的文明阶段，正是在逐渐认识到“自由、平等、团结”这些口号的真正含义的过程中被提炼出来的，它要求以工人集体财产权代替少数资产阶级私有制的财产形式。

一 社会主义运动的不同谱系

现代人民发起斗争运动的根源是资本主义社会关系带来的挑战，以及随之而来的对工人的剥削。这些运动有些是自发的，有些则是受到社会主义团体的推动而发起的。这些运动在工业革命的欧洲出现甚早，尤其是在英国、法国和比利时，稍后也在德国、欧洲其他地方以及美国的新英格兰地区出现。它们在整个19世纪持续扩展，并在20世纪走向了不同的方向——革命的或改良的。还有其他一些运动爆发于资本主义发展的边缘地区，比如那些作为服从资本主义统治中心的积累需求而被纳入全球资本主义体系的国家。随着资本主义向全球扩展，世界也呈两极化的发展态势，即控制中心和被控制的边缘地带，两者之间呈现非对称的发展态势，这种不对称因资本主义的制度逻辑而逐步恶化。资本主义和帝国主义构成一个事实的两个不可分割的方面，在这种情况下，反抗既定资本主义体制的斗争通常都是反抗帝国主义的，运动主体的目的不是建立一个后资本主义社会，而是“复制、赶上”富裕的资本主义中心地带。然而这些国家的资产阶级在诞生之初就受困于一种依附关系（他们本质上就是“买办”，该称呼最早是中国共产主义者提出的），因此他们不能重塑自身，使自己成为可以担负起真正资产阶级革命的民族资产阶级，按照第三国际共产主义的话来说，就是“反封建”。这种由自称社会主义、共产主义的政党领导，由广泛的反帝反封建社会联盟所执行的反帝国主义战争，常常可能成为反资本主义的战争。为此，这些民族和国家的解放运动也常常超越反帝、反封建的人民民主革命的目标，可以被算作“朝向社会主义的运动”。

我们需要研究“朝向社会主义的运动”的三种谱系：第一种是在资本主义中心发起并扩散的，第二种是在资本主义发展的半边缘地带发起的，第三种是在资本主义发展的真正边缘地带发起的。这三种运动从未标榜自己是“朝向社会主义的运动”，但是它们中有些可能会成为这种运动。

1. 世界资本主义中心地带的社会主义运动谱系

在19世纪，法国比欧美更早产生了废除资本主义而代之以社会主义社会组织的新观念。执行这种进步观念的人来自雅各宾派的继承者，他们的理论也为法国革命工联主义者所信奉。在这些最初的理论者看来，自治生产合作制能够为财产社会化提供制度和法律框架。

“法国社会主义”与马克思主义的社会主义的区别在于其理想主义的特征。它源自18世纪的启蒙哲学，并给予这类哲学的伦理价值最为激进的阐释，如正义、公民权、平等、自由和团结。但是它依然不清楚如何科学地解释资本的积累过程，而阐释这一过程却是马克思关于社会主义理想之原理和本质构建的最初和唯一的动因。因此，我们不难理解马克思以及后来的第二、第三国际都批判“法国社会主义”的理论和做法。当然，欧洲除了法国之外还有其他传统，尤其是英国，他们或有效或虚假地推动了社会主义运动。

正是这些运动流派，在马克思有生之年的积极参与下，融入了第一国际。为此，马克思在第一国际的成立宣言中写道，国际的任务是推广并联合工人阶级的自发运动，但是不对他们设定或强加任何教条。第一国际集合了信奉不同“理论体系”的组织，有信奉马克思的，也有信奉普鲁东和巴枯宁的。虽然马克思在国际内部也为批判那些他认为没有科学根据的、可能会传播幻想、瓦解工人运动的理论而发起过政治和意识形态上的斗争，但是在第一国际成立之时，马克思还是提出了基本原则（笔者也信奉此原则）：接受并承认差异，以便在运动中加强团结。但是在欧洲，在 19 世纪的最后 30 年里，尤其是在马克思去世之后而恩格斯还活着的那段时间里，社会主义运动恰恰偏离了这个原则。

第二国际是由具有群众基础的工人政党发起建立的，这种党事实上每个国家各有一个。随着群众工会的形成，偏离马克思最初原则的做法变得愈发严重，每个国家都有“自己”的党。虽然国与国之间有所不同，但是所有的党都具有同一个理想，就是成为所在国的“唯一工人党”。对于当时的许多人来说，这种偏离似乎是积极而有道理的，但历史表明并非如此。从那以后，“统一性”与差异性不再是互为补充的关系，而是互不相容。工人党的表面统一性似乎因看似一致联合的工会而得到加强。“群众工会主义”（mass unionism）为自己扫清了道路，它的目标就是每个企业或行业的所有工人都被组织于或隶属于同一个工会，只有法国没有顺从这种趋势。在法国，每个工会按照革命工团主义的传统，只招募政治上的先锋，并尽力领导工人大众，组织他们斗争，支持自发的运动。法国的工会视自身为准政党，为工人党的一个同盟或竞争者。相比之下，群众工会主义则不喜欢让自己的普通成员政治化，而是希望他们被动地服从，喜欢他们去政治化。群众工会还坚持它最基本的共同特点，即进行纯粹的经济斗争。除此之外，群众工会或许还对它的同盟即社会民主党给予选举方面的支持。如我们所看到的，第一次世界大战揭露了第二国际各党和工会的无能。列宁自己也被考茨基的“背叛”所震惊。然而由伯恩施坦提出的“修正主义”路线及其成功应该让他们明白，这些党和工会已经不再能组织“社会主义运动”了。修正主义路线产生的主要原因不是领导人的背叛，不是一小撮工人贵族的腐败，也不是这些组织中官僚们的野心，而是因为建立在帝国主义掠夺基础之上的社会富裕化了。修正主义路线在两次世界大战期间（1920—1939 年），甚至第二次世界大战之后的 30 年的快速发展期间（1945—1975 年）都占统治地位。奉行修正主义路线的各党和工会（他们已经放弃了对资本主义的质疑）仍然得到大部分工人阶级的信任，从而令列宁式共产主义者成为少数派。

两次大战期间的某些时候，反抗法西斯、保护（资产阶级）民主的斗争是与改善工人生存状况的斗争相结合的。在那个时候，人民阵线提供了一种可能会将这些斗争重新扭转成社会主义运动的机会。第二次世界大战后，因为欧洲资产阶级曾与纳粹德国进行过阶级合作，而工人阶级却在抵抗运动中发挥了决定性的作用，红军在击败纳粹的过程中也声望大涨，因此当时社会主义运动又一次有望复兴，尤其是在法国和意大利。工人阶级在英国、西欧甚至美国都取得了很大成就：社会保障、充分就业政策以及工人年度工资的增长要与社会劳动的平均生产力的提高相一致等，这些都不容小觑，它们都使社会向更好的方向发展。但是我们也不得不认识到，这些成果的取得之所以可能，是因为帝国主义掠夺的加强。在整个战后快速发展时期，能源事实上成为不用花钱的物资。因此，在帝国主义的中心地带，对于1975年开始的资本主义反击、快速发展期的终结以及工人获益的结束，工人阶级没有给出有力的抵抗。同样，对于前第二国际各党和工会仍然奉行的修正主义路线也没有任何抵抗。因此，这些党和工会之后就仅仅是社会—自由主义的了。路已经走到了尽头：一个达成“共识”的社会接受了“永远的资本主义”、去政治化，代替工人/市民的是一群旁观者和消费大众。然而，在帝国主义中心地带，资本的胜利和社会主义运动的消失并非如人们所相信或假装相信的那样不可改变，伴随着资本统治而来的反抗斗争的再度兴起，预示着社会主义运动可能会再度崛起。

2. 世界资本主义半边缘地带的社会主义运动（列宁主义谱系）

第一场以社会主义名义实施并取胜的革命是在俄国，在资本主义发展的半边缘国家发生，并非偶然。建立于19世纪末的俄国社会民主工党（RSDLP）视自己为欧洲马克思主义家庭的一分子，这个大家庭的导师就是考茨基（Karl Kautsky）。事实上，俄国社会民主工党不是欧洲的，它标志着朝向社会主义运动的重心由帝国主义中心地带转移到边缘地带，这种转移将贯穿整个20世纪。因此，俄国社会民主工党的激进派（布尔什维克）能占上风并非偶然，妥协派（孟什维克）则处在了不利地位，其他的欧洲党则呈现相反的态势。

然而，在社会主义运动各流派的统一性和差异性的关系上，列宁一直都信守第二国际的思维，他甚至还强调了它的两个重要问题：第一，他相信不应有多个工人阶级党，而是一个阶级、一个党。除了得到第三国际承认的政党之外，其他政党都算不上从事社会主义运动。其他的党都只不过是叛徒，而工人党的任务就是争取被这些党所欺骗的大众。第二，他不允许独立于党之外的工会存在。因为没有党的领导，工会永远不会跳出为了眼前经济需求的修正主义斗争模式，所以有必要将工会纳入社会主义运动体系之中，让他们服从于担任革命政党的策略传送带的角色。然而，真实的欧洲工人运动史驳斥了列宁和第二国际关于工会的观点。目前，“大众工会”（big mass unions）（比如德国的）在达成共识的基础上坚决支持“左翼议会性政党”（比如德国社会民主党），他们不仅对金融寡头的资本进攻没有采取任何反抗，还帮助后者达成了目标。相反，法国革命工团主义传统的剩余力量，因为允许草根革命有大尺度的自由，则在抵抗资本的进攻中表现得更有力量，这一点让法国金融寡头非常沮丧，他们更喜欢“德国模式”。

如上所示，列宁主义激发了20世纪社会主义运动的主要派系，而欧洲派系则如前文所指出的越来越公开地走向机会主义。他们充其量仅仅提出了工会的要求，选择了永远维护基本的资本主义关系，因此也就告别了任何可以被看作社会主义的运动。那么列宁个人是否应对后来苏俄和全世界的“列宁主义”继承者负责呢？应当负责，又不应当负责。说应当负责，是因为他的所有继承者，包括斯大林，都坚持了列宁主义关于处理统一性/差异性二者关系的教条。说不应当负责，是因为列宁仅仅活过了俄国革命的最初几年，因此他对之后发生的一切不应负什么个人责任。而之后的历史发展也有积极的一面，它对社会主义运动的未来具有举足轻重的意义。列宁主义与欧洲中心论决裂，即与那种认为社会主义革命仅在发达的资本主义国家才能被提上日程的说法决裂。列宁考虑到了这种转移，从中心到边缘，考虑到了要为社会主义的中心（center of gravity）而战斗。这一点列宁也曾在1920年出席巴库东方各民族大会上提出过，而且第三国际是全世界性质的，而第二国际则只存在于欧洲。

苏联社会由列宁主义——布尔什维主义所领导的社会主义运动受到了该国客观条件的限制，它的落后及其具有的半边缘性资本主义性质，迫使它不得不将“建设社会主义”降格为建设国家社会主义。当然，国家社会主义有别于国家资本主义。国家资本主义（如戴高乐领导下的法国）仍然是服务于垄断资本的体制，而国家社会主义则具有两点非常不同的本质：一是它至少能通过大胆的社会政策让自己合法化，是工人权力的代表；二是它与世界资本主义体系保持相独立的关系。这种国家社会主义充满了逐渐向社会主义进化的可能，但它也具有很大的僵化风险，最后可能会伴随着资本主义的复辟而向右转，正如叶利钦和戈尔巴乔夫治下的苏联所发生的。如果是托洛茨基，那么历史会向好的那面发展吗？对此，笔者持怀疑态度。这也是第四国际（实际上只是第三国际的第二版）一直不过是一群演说者在那不停唠叨列宁主义的原则，却不能超越这些原则的原因。斯大林以及后斯大林体制甚至从未尝试超越国家社会主义（经济分层化和中央计划）阶段。铁托领导下的南斯拉夫却做出了这种尝试，但是遭到了莫斯科的排斥。这种排斥不是偶然，就其在世界舞台上的行动水平来看，第三国际当时已经逐渐将社会主义运动的所有战略服从于苏联的策略需求，而后者只关心抵制资本主义的包围需要什么。万隆时期形成的“非资本主义道路”理论要求放弃任何战略，只服从手段。现今，在资本主义发展的边缘地区，只能由以毛泽东为代表的中国共产主义者来提出一种不同的社会主义运动概念，不是与列宁主义的传统决裂，而只是超越它。这就构成了另一种社会主义运动的谱系。

3. 世界资本主义边缘地带的社会主义运动谱系

1871年的巴黎公社和1851—1864年的太平天国运动开启了人类的现代历史阶段，它们打破了那种认为资本主义是进步的幻想，宣告了其鼎盛时代的终结。根据其长期的重要性来判断，这两者是大型革命。前者在发达资本主义大都市展开，后者则在刚刚（以被统治的边缘地带的身份）被纳入全球帝国主义的地区爆发。太平天国的目标是推翻清朝的专制统治，同时也反抗当时渗入封建制度之中的资本主义，它废除了私人商业，也同样强硬地拒绝通过帝国资本实施的外国统治。太平天国运动唤醒了亚非拉民族，也激励了毛泽东，它展示出来的是处于现代全球资本主义体系边缘地带的人们所发起的一种民族革命道路，这条道路引导他们进入一个长期的向着社会主义转折的阶段。巴黎公社和太平天国运动均具有世界性的意义。前者赋予无产阶级国际主义实质，而后者的世界性意义体现在它所利用的基督人物。对于太平天国来说，它信奉的基督并非那些传教士们所灌输的形象，而是一个为了人类解放而斗争的形象代表：勇于赴死。这一点证明了团结是斗争成功的秘密所在。这两场革命还证明了资本主义只是一个短暂的历史时期，证明了资本主义仅仅能够创造超越其自身的条件，使社会朝更进步的人类文明阶段迈进。可以说它们为人类开启了新篇章，这一篇章将在20世纪和21世纪继续发展，它们开启了各民族的春天，与之相应则预示着资本主义的冬天。因此这两场伟大的革命在资本主义的中心和边缘地带，在全球体制的两个薄弱环节发生了。马克思和历史中的马克思主义是否能把握全球资本主义的现实，从而形成“改变世界”的有效策略，即消灭资本主义呢？答案既是也否。在资本主义向全世界扩展的过程中，马克思看到了其间存在一种可以让经济和社会条件趋同的力量，这能让全世界的工人都沦为同样受资本剥削的雇佣工人。因此，他认可殖民主义具有进步意义，这一点在马克思的著作中不乏证据。而对英国殖民爱尔兰，他则没看到一点进步意义，相反他不遗余力地谴责这种殖民对英国的工人阶级产生的毁灭性后果。至于俄国这个对他来说不像中国那么陌生的国家，他本能地觉得这是世界资本主义链条上的一个薄弱环节，因此有可能爆发反资本主义的革命并为社会主义的前进扫清障碍。

相比之下，列宁和列宁主义（或称列宁主义的马克思主义）前进了一大步，列宁谴责“帝国主义”。虽然他可能是出于对马克思的尊重，称帝国主义是资本主义的新阶段。他认为，“革命”不在“西方”的日程上，而是列在“东方”的日程上的。列宁不是一下子得出这个结论的，他曾经犹豫过。他曾希望薄弱环节（俄国）的革命会在发达中心（德国）的革命发生之后再进行，他也曾认为资本主义的第一场系统性危机就是垂死的资本主义的“最后”一场危机。但是列宁很快发现他是在自欺欺人，欧洲（德国）革命已经失败，将要发生的革命必会在东方（中国、伊朗、前奥斯曼帝国、殖民地和半殖民地）爆发。但是列宁没能借助他对马克思主义的新看法来深刻领会俄国在全球资本主义体系中的地位，他视俄国的“半亚细亚”身份为障碍而非王牌，他也没有看到“农民问题”是未来革命的关键环节，他认为俄国资本主义的发展抹去了俄国村社内含革命的可能性。因此，列宁得出结论：俄国革命会给农民带来土地，但是只是让他们成为土地所有者而已。

因此，是毛泽东，这个太平天国运动的后人提出了社会主义革命的战略和目标：在全球体制的边缘地带推行反帝反封建的革命。毛泽东思想执行的是一个有条理的社会主义战略，它对于亚非拉等边缘地带的民族来说有一定的启发意义。这里我们又回到了前面所说的基本问题：统一性和差异性的关系。反帝反封建的人民民主革命涉及各种社会、意识和文化力量，它不可能仅仅是“无产阶级革命”。这场革命必须是被压迫被剥削的大多数农民的革命，它必须是受过教育的大部分中产阶级参加的革命。中国从1950年发展到今天，笔者认为最大的经验就是它对统一性和差异性的处理。因为在这一点上中国处理得非常好，所以足以使北京的权力具有一定的合法性，也能保证其社会稳定。相比其他当代的发展中国家，比如巴西和印度，中国崛起就证明了它很好地处理了统一性和差异性的关系。其他在这一点上较为成功的国家还有越南和古巴。而在过去几十年里，南美各国如委内瑞拉、巴西、玻利维亚和厄瓜多尔，他们虽然赢得了选举，也通过了初始阶段，但是若要继续前进并成为真正的社会主义运动，他们还需找到应对统一性/差异性矛盾的有效方案。

回望过去，万隆时期是亚非民族解放运动胜利开始的时期，他们本来充满了成为社会主义运动的机会，但是结果呢？这个问题不能笼统回答。的确，在先进的民众运动扩展的某个时刻，社会主义运动似乎成为可能。比如，也门和苏丹就曾经是这样。在非洲，许多组织和领导了民族解放的执政党都自称是社会主义的，有的甚至自称是马列主义的，这种宣称并非为了蛊惑人心，它表达了进步团体的目标和其群众基础。然而这些执政党都强调“人民的统一”，却否定了社会利益的差异性。不善于处理这种矛盾关系导致这些政党止步不前，丧失合法性，并最终回到当代帝国主义及其帮凶的羊圈中。

在狂躁的历史中，这些自称为马列主义的政党没能使运动朝向社会主义发展。最主要是因为他们坚持国际共产主义内的莫斯科阵营：他们投身莫斯科所倡导的“非资本主义路线”就是最有力的证明。结果，这些党最终只成为整体右倾的权力体系中的左翼而已。就印度来说，前印度共产党的分裂、与国会结盟、组建以毛主义为指导的印度共产党（马克思主义）也没能带来质的飞跃，没能成为中国共产党的印度版。印度共产党的失败有多种原因，比如种姓制度的神圣性以及印度民族的多样性。但是印度共产党在西孟加拉和喀拉拉邦都已经通过选举进入了政府，取得了不容忽视的进步，却没能将印度联邦的力量对比扭转为朝着有利于社会主义运动的方向发展。它没能超越业已取得的成绩，而是逐渐被体制所“吸收”。我们不得不承认它失败了，这个党分裂了。值得注意的是同样的行动却在尼泊尔取得了一些成果，并粗略地勾勒了一场可能的社会主义运动。

二 社会主义运动的未来：承认差异，统一行动

没有将与主流资本主义体制对抗的各种社会力量串联起来的统一战略行动，就不可能有社会主义运动的革命性推进。然而我们仍需正确区分有关差异的性质，要区分重要的差异和次要的差异，差异的来源和形式也是多种多样的。非简单化的阶级分析有助于深入理解这个问题。毋庸置疑，在资本主义体制下，存在资产阶级和无产阶级之间的对抗。但是这种对抗也是以不同形式表现出来的，有雇佣工人、小资产者、大企业家以及大寡头等。而根据所处社会的不同，基本阶级的差异也极其不同。此外，边缘地带国家的阶级构成远不同于核心地带，而发展中国家各自的农民阶级结构也各不相同。

按照资本积累的逻辑，很容易将社会结构简单化，关于这一点有几个错误观念：一是认为资产阶级/无产阶级的对抗会消除其他社会力量的政治表达，二是认为资产阶级和无产阶级会成为具有微小内部差异的同类阵营，三是认为资本的全球扩展会使发达国家与落后国家的社会结构趋于相似。过去30年来，在新自由主义的“欺骗”下，垄断资本主义以这种方式在全球传播：（1）普遍但是呈碎片化的无产阶级化；（2）在中心和边缘都处处实行压制，削减各种独立于垄断之外的经济行为；（3）以抽象的资本统治形式替代以前的资本主义组织。① 从此以后，资产阶级已经成为一个由金融寡头雇佣、持有高额薪水的雇佣工人组成的阶级。垄断资本主义的新发展并没有带来相对的社会稳定，反而导致社会退步，引发大众反抗。它也没能带来新的中心、边缘关系的相对稳定，相反它导致对抗和冲突升级。以美、日、欧三巨头为代表的帝国主义中心不再能维持它们对全球的统治，只能对全球强化军事控制。面对华盛顿及其同盟的地缘战略部署，新兴国家和民族也通过伸张主权施以抵抗，从而导致南北冲突升级。而在边缘国家，垄断资本主义国家通过与缺乏民族和民众合法性的国家权力机构结盟，进而控制这些国家，这又是导致各民族抵抗的另一原因。

在我们面前，普遍化的垄断资本主义正以多种形式内爆，一个新的革命时期正在展开。我们该如何行动才能将可能变成现实，以推进社会主义运动的发展呢？回答这个问题也需要我们再次反思这个关系：行动上的战略统一和参与运动的各民族在社会、政治

---

① 参见Samir Amin，*The Implosion of Contemporary Capitalism*，New York：Monthly Review Press，2013.

构成上的差异。在过去，只要对统一、差异这对辩证矛盾关系做出具体的回应，社会主义革命就会有所前进。解决这两者并不是要求否定其中一个，而是要将两者的对立转化为互补。成功处理这两者关系的案例有 1917 年的俄国革命，列宁向参与暴动的各派民众提出一个共同的战略目标：和平和土地，从而将各股势力统一起来。而在中国，早在 20 世纪 30 年代，毛泽东就通过联合贫农重振中国共产党，从而有了 1949 年的胜利。俄中两个案例都是对挑战做出具体的回应，抓住了关键性差异。解决这种矛盾不存在统一的公式，当代各国的关键性差异也各不相同。对处理这种矛盾关系，在此总结两点提议：（1）在帝国主义中心，激进左翼必须勇于提出将垄断性财产通过民族化、国有化充公，同时制定措施将这些财产的管理民主化、社会化。这就要在每个阶段找出共同的阶段性目标，从而构建统一行动；（2）在边缘地带，激进左翼必须能认清组成社会联盟的不同成分，为此它首先必须知道这个联盟的共同阶段性目标。只有满足了这些条件，社会主义运动才能稳步、渐进地改变现有社会。

三　推进社会主义运动的新崛起

现在，边缘地带的国家、人民和民族到了第二波崛起的时候了。社会主义运动的目标就是要在与资本主义不同的基础之上重建人类社会，它将是更高阶段的人类文明，不仅仅是一个更“正义”甚至更“高效”的文明模式。我们最好要明白我们需要的是什么模式的文明，建立在什么原则之上：毁灭性的竞争还是强调统一的利益？将不平等合法化的自由还是与平等紧密关联的自由？不顾未来地耗尽地球资源还是照顾到地球生态的再生？

社会主义应该是民主的，否则它就不会存在。但是我们必须首先明白：社会的民主是一个无止境的过程，而非将多党选举代议制的公式作为“真正的民主”。西方媒体向发展中国家宣称“民主第一”，也就是它所指的立刻举行多党制选举，而许多南部国家也认可了这个提议。但是实践已经反复表明，这只是帝国主义国家操纵的手段。在帝国主义的核心地带，代议制选举一直只不过是有效阻止劳工运动激进化的武器，西方的公众想不出代替这种政治管理体制的方案，甚至有的共产党现在也被它说服了。社会主义运动有责任开辟阵地，寻找更高级的政治民主管理方式，同时也有责任发明经济管理的新方式，将社会关系的民主社会化与人类生存空间的再生产相结合，将人类的共同遗产一代接一代地传下去。现今，各种革命或社会主义运动所面临的关键问题是现代经济管理的社会化，资本主义的传播已经为之打下基础。在资本主义的边缘地带，为了发展生产力和建设社会主义也要从根本上处理好这个问题。解决这个问题在于是建设“国家社会主义”还是“国家资本主义”，两者之间的界限是模糊不定的。事实上，在宣称社会主义的各党的理论阐释中，经济管理的社会化和政治管理的民主化向来被认为是不可分割的。要做到这些，社会主义运动必须避免 19 世纪乌托邦社会主义的老路，必须回答：（1）我们现今具有什么样的人类学和社会学知识去质疑以前的“乌托邦”思想？（2）对于再造人类的生活条件，我们具备什么样的科学知识？（3）这些知识能被一种开放的马克思主义思想所容纳吗？

发展中国家的第一波（1950—1980 年）崛起已经结束了，怎样进行第二波崛起呢？笔者认为，最主要的是要认识到，在当前既定的全球模式框架下，没有社会主义运动施展的空间，因此必须制定能走出这个框架的短期和长期目标。我们常听到："问题是世界性的，因此解决方案也必须是从世界着手。"但是，这句话只有前半句是对的。自上而下地，比如通过在联合国的框架下解决全球化就绝对行不通。全球体制向来不能自上而下地解决，而必须自下而上地解决，即先从地方、国家层面上着手。简单地说，就是不再服从全球化扩展的需求，而是优先发展"主权建设"（sovereign projects），迫使全球体制适应国家项目的建设需求。在某些情况下，从事主权建设可以为社会主义运动开启发展空间。有效的主权建设能顺利展开，首先它必须真正得到民族、大众的支持，能让他们都受益。目前在进行主权建设的发展中国家主要有中国、俄罗斯、印度、巴西和南非。

当代资本主义的发展取决于对全球自然资源的抢夺。美国对资源的依赖与中国日益增长的资源需求对南美、非洲和中东都是一个挑战。能否提出合适的国家和地方政策以保证合理公平地分配地区资源，让所有民族都受益？可否将中国利用这些资源与对相关国家的工业化的支持联系起来考虑？社会主义运动应该支持什么样的主权建设？笔者认为，应该在经济和政治层面找出最重要的环节。在经济层面，首先应该走出金融全球化，应该考虑的问题有：美元作为通用货币的问题，美元的未来，美国日益增长的外债；实行人民币、卢布、卢比的完全可兑换性原则，等等①。在政治层面，首先应该执行一些能够遏制美国及其盟友的地缘政治和策略的战略方案，应该达成什么样的国际政治联盟以迫使美国放松对全球的军事控制？在这一点上取得进展具有非常重大的意义。现在，金砖四国以及支持它们的发展中国家已经不愿意支持美国的军事冒险，并且敢于利用否决权来对抗华盛顿了。我们有必要以一种更开放、更系统的方式继续推进这种行动。

（原载《马克思主义研究》2015 年第 10 期）

① Samir Amin, "The Chinese Yuan and HSBC Bank," *Pambazuka*, No. 643, August 13, 2013.

战役成功与战略困局：2008 年金融危机以来的世界社会主义运动发展态势

聂运麟

作者简介：聂运麟，华中师范大学国外马克思主义政党研究中心主任、教授、博士生导师，中共中央对外联络部世界研究中心特约研究员，中国社会科学院世界社会主义研究中心特邀研究员。

2008 年夏天爆发的金融危机将资本主义再次推上了历史的审判席，从而使人们不得不重新认识马克思主义，重新认识社会主义。这一新的发展形势为世界社会主义运动的复兴提供了新契机。在危机时期，资本主义国家工人运动表现出新的觉醒，社会主义运动取得了战役性的成功。然而，发达资本主义国家共产党在政治生活中被“边缘化”的处境并没有得到根本改变，世界社会主义运动仍然处于低潮，资本主义国家共产党仍然面临严峻的局面，斗争并没有取得战略性的胜利。

一　战役成功与反思

2008 年夏天的金融危机爆发后，资本主义国家共产党立即行动起来，积极开展应对严重危机及其后果的斗争，在理论与实践中都迈出了新的步伐。

第一，坚持马克思主义的基本原理，科学地揭示当代资本主义经济危机的一系列重大理论问题。如 2008 年经济危机的性质、根源及特点，经济危机的发展阶段及发展趋势，共产党应对经济危机的战略和策略，经济危机对资本主义社会的深刻影响，社会阶级结构的新变化与工人阶级等。资本主义国家共产党认为，此次经济危机并不会导致资本主义的终结，但它却宣告了“新自由主义”和“资本主义最终胜利”论的破产，宣告了反对帝国主义斗争的新时期的到来，宣告了用社会主义取代资本主义是可能的。

第二，勇敢地投身反对垄断资本转嫁经济危机的斗争中。资本主义国家共产党积极参与和领导了反对将经济危机后果转嫁给工人阶级和劳动群众的斗争：一是参与和领导工人阶级的罢工斗争和群众抗议集会；二是在议会中投票反对资产阶级政府转嫁危机的政策，提出应对经济危机的正确途径和办法；三是反对国际垄断资本将经济危机的后果转嫁到第三世界国家，反对帝国主义的侵略扩张政策，维护各国人民的主权和独立，保护生态环境和维护基本人权等。

第三，加强共产党自身的建设。主要是加强党的马克思主义研究和宣传；运用信息化手段改进党的群众工作；加强党与工会、青年、妇女组织等的联系与合作；加强各国共产党和工人党之间的国际团结与合作，积极举办和参与共产党和工人党的国际会议和地区性会议等。

在2008年爆发的经济危机中，资本主义国家共产党表现出了新的斗争姿态，这就是党的活动更加积极主动，党参与和领导的反对转嫁危机后果的斗争产生了积极的效果，共产党在群众中的声望有所提升，党员队伍基本稳定，有些国家共产党的队伍还有所发展。例如在经济危机时期，印度共产党（马克思主义）虽然失去了西孟加拉邦和喀拉拉邦的执政党地位，但其党员人数却保持在100万以上，稳居非执政共产党党员人数的第一位。俄罗斯联邦共产党、日本共产党和美国共产党等也改变了党员人数不稳定甚至下滑的态势，出现了一定程度的增长。可以毫不夸大地说，在此次经济危机时期，工人运动和社会主义运动与过去比较都有了显著的进步，斗争取得了战役性的胜利。

虽然资本主义国家共产党在经济危机时期的斗争取得了积极的成果，但是人们预期的世界社会主义运动的高涨并未出现，运动仍然处于低潮，发达资本主义国家共产党在政治生活中被"边缘化"的处境并未得到根本改变，世界社会主义运动仍然面临着严峻的局面，斗争并没有取得战略性的胜利。参加第十一次共产党和工人党国际会议的代表对产生这一状况的原因进行了实事求是的分析。

第一，2008年经济危机到来时，绝大多数国家共产党还没有从苏东剧变的打击中恢复元气，"资强社弱"的国内外大格局并没有发生根本性的改变，这种历史大背景有利于资本主义应对危机而不利于世界社会主义运动的发展。卢森堡共产党代表阿里·吕克尔特指出："具有重大战略意义并给各国共产党和全世界的共产主义运动带来巨大损失的社会主义的失败，至今仍对欧洲大陆有着非常严重的影响。反共产主义的思想清洗无处不在，这不仅仅存在于几个星期前我们所目睹的所谓纪念'柏林墙倒塌'的宣传活动中，而且还存在于资产阶级的社会结构、学校和资产阶级的大众媒体中。"① 土耳其共产党代表穆罕默德·克祖鲁吉尔将2008年的经济危机与历史上的经济危机作了对比，他指出：此前资本主义世界曾爆发过两次大的经济危机（19世纪末的经济危机和1929年的经济大萧条），由于面对这两次危机时劳苦大众具有高昂的战斗士气，所以工人运动得到了增强。工人阶级事先在阶级斗争中所取得的经验，为工人阶级以一种更具战斗精神的姿态应对危机提供了条件。与资本主义经济世界所爆发的前两次大危机不同，当前的这场危机发生在一个反对革命的时代，这意味着工人阶级的战斗经验相对薄弱。这一因素对危机期间阶级斗争的发展和阶级意识的增强产生了不良影响。这就给资产阶级通过思想手段和政治手段控制劳苦大众留下了更大的发展空间②。

第二，发达资本主义国家政府所实行的社会福利政策，弱化了经济危机对工人的影响，造成工人阶级的政治意识的滞后。荷兰共产党代表威廉·凡克拉任伯格着重论述了欧洲工人阶级在经济危机中的表现及其根源，他指出："荷兰许多工人还能够量入为出，甚至有时沉溺于生活中的许多美好事物，比如去剧院、听音乐会、去博物馆、出国度假，等等，逃避现实世界的现象在不断增长。工人阶级的相当大部分倾向于继续过这种有点质量的生活，而对于这一生活背后的进程却不感兴趣。这些思想在支持保守的民族主义政治运动（这一运动害怕放宽对伊斯兰教徒的移民政策，并积极推动贸易保护

---

① 聂运麟、刘卫卫、杨成果：《冷静的分析 热切的期待：第十一次共产党和工人党国际会议综述》，《马克思主义研究》2010年第6期。

② 同上。

主义的措施）中找到了寄托，因此这导致人民大众不想通过发动工人运动来保护被破坏的社会福利事业。在欧洲各国的政治日程中，工人政治上的无权阶段还将继续。不管是我们的朋友还是敌人都必须承认，相对美国而言，迄今欧洲的社会福利措施已经弱化了经济危机的影响。”卢森堡共产党代表阿里·吕克尔特也指出：“当今工人阶级的政治意识比过去几十年前差了很多，虽然有些工人正在改变对资本主义的认识并开始了完全不同的思考。然而，在大多数工人眼里，资本主义仍然在为他们提供比较舒适的物质生活，所以他们看不出有任何理由需要寻求其他的经济秩序。”①

第二，资本主义国家共产党自我变革和创新能力不足，拿不出改变现状的有效对策，是妨碍工人运动在经济危机时期得到增强的重要原因。德国共产党代表海因茨·施特尔指出：在一些受到这场危机影响的工厂、工业行政部门和机构的员工中，以及受到危机影响的人群中存在着反抗的思想。但是迄今仍缺乏一种全面的、团结的反抗。出现这种现象的原因之一，是在上班族和失业人群中广泛存在着对失去工作或者遭遇社会倒退的恐惧。另一个原因就是反共产主义宣传的影响，这种宣传确保不进行有关替代资本主义制度方案的讨论，并使人们认为他们自己应对这场危机的爆发负有个人责任并应受到谴责。面对这种情况，“反资本主义力量、社会主义以及共产主义力量的影响力还不够，他们拿不出改变这种状况的有效策略，至少当今是如此”②。

第四，不少国家共产党自身处于分裂的状态，宗派主义成为社会主义运动发展的严重障碍，这也是经济危机时期阻碍社会主义运动发展的一个重要原因。卢森堡共产党代表阿里·吕克尔特认为，在有关社会主义“问题上的共识乃是社会主义运动发展的一个最重要前提”。然而“直到今天，共产主义运动仍然对社会主义失败的原因、社会主义运动的经验和成就、社会主义运动的缺点和不足、社会主义建设时期的社会矛盾等都缺乏基本的分析和共识；同时，有关社会主义替代方案的标准和特征、社会主义生产力的发展、社会主义市场的发展、各种不同的经济管理方式、行之有效的社会主义计划，社会主义生产资料所有制的形式，政权机构建设和司法机制建设，以及在经济和社会中捍卫人民群众当家做主地位的途径等方面，也都缺乏应有的共识”。以色列共产党代表凡特恩·加特斯对社会主义运动在理论上的分歧甚感迷茫，他指出：“特别是在苏联解体后，我们也期望澄清什么是社会主义。”③

二　战略困局与破解

20 世纪社会主义运动的巨大功绩，就是在俄国这个中等发达的帝国主义国家和在中国这个经济文化落后的半殖民地半封建国家，先后实现了胜利的社会主义革命，揭开了人类历史发展的新纪元。然而，正如 1988 年邓小平在对罗马尼亚共产党总书记齐奥塞斯库的谈话中所指出的：“现在的情况和过去大不一样了。我们走的是十月革命的道路，其他国家再走十月革命的道路就难了，因为条件不一样。没有执政的共产党正在寻

① 聂运麟、刘卫卫、杨成果：《冷静的分析　热切的期待：第十一次共产党和工人党国际会议综述》，《马克思主义研究》2010 年第 6 期。

② 同上。

③ 同上。

找其他的、新的途径，但还没有找到一个成熟的观点、成功的办法。”① 日本共产党2004年的纲领也指出：“在迄今为止的世界上，还没有在资本主义时代高度发达的经济和社会的基础上真正开展社会主义变革的经验。在发达资本主义国家中实现向社会主义和共产主义社会的迈进是21世纪世界上的新课题。”② 今天的情况仍然如此，“寻找其他的、新的途径”和解决“新课题”的战略任务，并没有在经济危机时期获得实质性的推进。

当前，后经济危机时期已经到来，资本主义国家共产党在探索走向社会主义道路的战略目标的过程中，不仅要承受比经济危机时期更大的外部压力，而且还将继续被自身发展的诸多问题所困扰。要破解战略发展的困难局面，资本主义国家共产党必须从解决自身存在的问题做起。

1. 解决历史遗留的和现实产生的内部分歧，实现社会主义运动自身的团结和统一

由于历史的和现实的原因，不少国家的共产党还处在分裂的状态。例如在英国，就存在三个共产党：英国共产党、英国共产党（马列）、英国共产党（晨星报派）；在印度也存在四个共产党：印度共产党、印度共产党（马克思主义）、印度共产党（马克思列宁主义）、印度共产党（毛主义）。在土耳其有六个共产党：土耳其共产党、土耳其工人党、土耳其共产党（马列）、人民共产党，还有两个是毛主义共产党。社会主义运动的分裂在苏联东欧地区表现得尤为突出，如在俄罗斯就有多个共产党，比较有影响的是俄罗斯联邦共产党、俄罗斯共产主义工人党—共产党人党、全联盟布尔什维克共产党、俄罗斯共产党—苏共、全俄罗斯未来共产党等。

除了一国范围内有多个共产党组织之外，在一个共产党的内部还存在不同的政治派别。例如，2007年，俄共开展了反对“新托洛茨基主义”的斗争；2008—2009年，俄共中央改组了圣彼得堡市委领导机构，撤换了市委主要负责人；2010年，俄共中央改组了莫斯科市委领导机构，撤换了市委主要负责人③。其他国家共产党内也存在类似的派系斗争。

资本主义国家共产党组织上的不断分裂，其结果必然是共产党组织力量的不断削弱。因此能否克服宗派主义、山头主义和自由主义，用正确的方法解决历史遗留下来的和现实存在的政治和思想分歧，在共同指导思想和共同战略目标的原则基础上，实现各国共产党自身的团结与统一，就成为关系社会主义事业成败的重大问题，也是对这些国家共产党的党性、智慧和能力的严峻考验。

2. 排除“左”倾和右倾思潮的干扰，创造性地制定马克思主义的理论与策略

正确的理论与策略是党的生命。在当代世界社会主义运动中，有两种倾向干扰了创造性地制定马克思主义的理论和策略。

一种是“左”的干扰。由于受传统社会主义模式的束缚，有些国家的共产党理论创新不足，战略策略僵化保守，严重脱离了现实的社会生活。它们在党纲的制定中，只能抽象地分析资本主义的社会矛盾和种种弊病，而对资本主义在全球化、信息化时代所出现的新变化却视而不见；在规划未来社会主义的蓝图时，仍被束缚于苏联的传统社会

---

① 《邓小平年谱（1975—1997）》（下），中央文献出版社2004年版，第1254页。

② 刘洪才主编：《当代世界共产党党章党纲选编》，当代世界出版社2009年版，第124页。

③ 参见李兴耕《2007年以来俄共的党内斗争评析》，《当代世界与社会主义》2011年第4期。

主义模式的窠臼而不能自拔，对社会主义市场经济体制和公有制主导下的多种经济成分并存的制度采取排斥或敌视的态度；在议会斗争策略方面，则以与现政权对抗为己任，一味扮演不妥协的反对派角色，而无视政府的某些改革措施的积极意义及社会成效；在发展党员的工作中，无视传统产业工人队伍严重萎缩、新兴产业工人和知识型劳动者日益壮大的现实，继续追求党的阶级基础的所谓“纯洁性”；虽然也堂而皇之地制定了与左翼政党联盟的政策，但对联盟的对象仍旧采取敌对的态度，结果连一个左翼政党也没有能够联合起来；面对中产阶级日益壮大的现实，制定了团结中间阶级的政策，却收效甚微，等等。持这种立场的党还热衷于给兄弟党贴上“机会主义”“修正主义”的标签，影响社会主义运动的团结与合作。

另一种是右的干扰。即对传统的理论和政策缺乏辩证的分析，采取全盘否定的态度，“超越”马克思主义过了头，在有些问题上放弃了马克思主义的原则立场，其所谓“新理论”也经不起实践的检验。例如，它们在党的指导思想上，全盘否定列宁主义；在社会发展阶段上，否定社会主义的发展阶段；在党的组织建设上，片面强调民主，全盘否定民主集中制；在规划未来的社会主义社会时，一味强调自由、平等、博爱等民主革命的一般价值追求，而对社会主义社会的本质及特征却不愿触及，等等。持这种立场的党也喜欢将“斯大林主义”的帽子随意扣在兄弟党的头上，影响社会主义运动的团结与合作。

理论与策略正确与否关系党的生存和发展，关系社会主义事业的成败。因此，能否克服来自“左”的或右的错误思想的干扰，坚持马克思主义的基本原理，并将其创造性地运用于本国实践，在有关现时代的特征、有关当代资本主义的发展阶段、有关本国社会发展的性质、阶段与特点，有关社会主义革命的主力军、同盟军和革命对象，有关革命的和平与非和平的发展形式，有关走向社会主义的发展阶段，有关社会主义社会的基本特征等一系列基本问题上，制定出正确的理论与策略，引导本国工人阶级和广大人民群众胜利开展争取民主、进步和社会主义的斗争，这是新时期资本主义国家共产党要解决的一个基本问题。

3. 坚持和发展民主集中制，不断加强党的组织建设

民主集中制是马克思主义工人政党的组织原则，这一组织原则保证了 20 世纪社会主义事业的胜利发展。但是，民主集中制在其执行过程中也产生过一定的偏差，这就是权力过度集中而损害了社会主义民主。然而，我们不能因此全盘否定这一被社会主义实践所证明的行之有效的组织原则，正确的态度是在坚持这一原则的基础上，不断改革、发展和完善党的民主集中制。

苏联东欧剧变后资本主义国家共产党的实践证明，凡是能够不断恢复和发展自己力量的马克思主义工人政党，都坚持了民主集中制的基本原则，并在实践中进一步发展和完善了民主集中制，如印度共产党（马克思主义）、日本共产党、葡萄牙共产党、希腊共产党、巴西共产党、南非共产党、尼泊尔联合共产党（毛主义）等。当然，这些党的发展并不能仅仅归功于坚持民主集中制，还有其他的多方面因素。然而，如果没有民主集中制的组织保证，这些党就不可能坚强有力，也不会有今天的发展。

同样，苏联东欧剧变后资本主义国家共产党的实践还证明，凡是党员人数越来越少、政治影响越来越小并日益被边缘化的共产党，基本上是放弃了民主集中制组织原则的党，如法国共产党、西班牙共产党、意大利重建共产党等。当然，这些国家共产党的

发展在客观上遇到了很大的困难，其力量的削弱有多方面的原因，但民主集中制的废止所带来的组织日益涣散、内部纷争不断、政策议而不决和决而不行、党的领导机构缺乏必要权力和权威等，则是削弱这些马克思主义工人政党的组织上的原因。

因此，能否辩证地看待民主集中制，既认识民主集中制对马克思主义工人政党的不可或缺性，又看到传统马克思主义工人政党在执行民主集中制过程中的缺陷和不足；并用科学的态度对待民主集中制，即坚持民主集中制作为共产党的组织原则，同时又根据近一个世纪共产党践行民主集中制的丰富实践经验，不断改革、发展和完善民主集中制，从而使党组织在21世纪能够坚强有力并获得新的发展，这是关系资本主义国家共产党在组织上进一步巩固和发展的重大问题，也是对资本主义国家共产党的一个严峻考验。

4. 巩固党的阶级基础，扩大党的群众基础

从事伟大的社会主义事业，没有一个强大的群众性的马克思主义工人政党是不可能成功的。当前资本主义国家共产党经过苏东剧变的冲击，除少部分国家共产党的力量得到一定的恢复和发展以外，大部分国家共产党的力量都不同程度地削弱了。苏东剧变以前，资本主义各国共产党总共有党员2000万—2400万人，而现在资本主义各国共产党只是过去党员总数的1/3左右，有些国家共产党的党员不足万人。这样缺乏党员群众的党，是不能称为真正的现代群众性政党的。

资本主义国家共产党党员流失的原因非常复杂：如工人阶级结构的新变化削弱了党固有的阶级基础，工人阶级内部分层的加剧使工人阶级的阶级意识弱化，苏东剧变的消极影响和右翼势力的思想渗透使工人阶级产生政治冷淡主义或思想右倾化，等等。能否克服这些不利因素的影响，重整工人阶级对社会主义的信念和热情，吸收广大工人阶级和劳动群众到共产党中来，从而巩固党的阶级基础，这是建设强大的马克思主义工人政党的又一个重要问题。资本主义国家共产党不仅要巩固其阶级基础，还需要进一步扩大党的群众基础。这中间最关键的是要解决好党与工会的关系和团结广大中间阶级的问题。

苏东剧变极大地破坏了共产党与工会的历史联系。有些原来与共产党有密切关系的工会，纷纷宣布与共产主义脱离关系，或投奔社会民主主义的工会国际，或投奔自由主义的工会国际，或宣布自己在政治上中立。这就意味着大多数国家的共产党已经失去了联系工人阶级的重要桥梁和纽带。今天，仍然与工会保持联系并能够影响工会发展的，主要是一些发展中国家的共产党，如印度共产党（马克思主义）、巴西共产党和南非共产党等。有鉴于此，在金融危机爆发以来的历次共产党和工人党国际会议上，都提出了要加强与各国工会、青年、妇女组织的联系，加强与国际工会、青年和妇女组织的团结与合作的倡议和行动计划。

现阶段，中间阶级是资本主义国家举足轻重的社会力量，无论哪个阶级的政党要问鼎国家政权，都必须取得中间阶级的支持。中间阶级由于在经济上摆脱了困境，故而持温和的、中性的观点，采取中间或中间偏右的政治立场，这妨碍了他们成为社会主义运动的基础。然而，中间阶级的地位又极不稳固，特别是在经济不景气和经济危机到来的年代，无情的失业又把他们抛上街头，甚至使其变得一贫如洗，这种发展前景又使中间阶级的政治立场左倾，并倾向社会主义。中间阶级在经济上和政治上的不稳定性，增加了共产党制定其相应政策的难度。

马克思主义工人政党要争取群众，就必须争取工会和中间阶级的群众。能否根据形势的发展变化，制定正确的理论和策略，将广大工会会员和中间阶级团结在自己的周围，扩大党的群众基础，这是关系资本主义国家共产党巩固和发展的重大问题，也是对资本主义国家共产党的严峻考验。

5. 坚持左翼联盟政策，不断巩固和发展广泛的统一战线

社会主义运动是人民群众自己的运动，需要广大人民群众的积极参与，因此领导社会主义运动的工人阶级政党必须与左翼进步力量结成联盟，才能取得社会主义事业的胜利。

自苏东剧变以来，资本主义国家共产党与左翼进步力量结成联盟，共同开展社会运动和革命斗争，既有成功，也有失败。

在发展中国家，共产党与左翼力量联盟并开展社会革命运动，取得了明显的成果。例如，南非共产党、巴西共产党、尼泊尔联合共产党（毛主义）、尼泊尔共产党（联合马列）、印度共产党（马克思主义）等。

但在发达资本主义国家中，共产党与左翼联盟所取得的成效却不甚理想。例如法国、西班牙、意大利等国的共产党，由于种种复杂的原因，它们在与社会民主党等左翼政党的合作中，非但没有发展自己的力量和扩大自己的影响力，反而削弱了自身的力量和影响力。

共产党在左翼联盟中的地位，是与共产党自身的力量以及党对工会运动的影响力这两个因素密切联系的。共产党越是坚强有力，越是能够得到大多数工会特别是主流工会的支持和拥护，它在左翼联盟中就越能处于重要地位，甚至是主导的或领导的地位，这便有利于共产党自身力量的壮大和社会主义事业的发展；反之亦然。问题是自苏东剧变以来，原来受共产党领导或影响的工会大多已经离去，这对共产党在左翼联盟中取得强有力的地位十分不利。

因此，能否坚持广泛的联盟政策，在联盟中巩固和发展自己，这是关系资本主义国家共产党能否进一步巩固和发展的重大问题，也是对资本主义国家共产党的能力和智慧的一个严峻考验。

6. 突破现行政治体制的禁锢，扩大共产党的政治影响力，扭转被边缘化的状态

当前资本主义国家共产党一般都选择了通过议会民主和平取得政权的社会主义发展道路。这条道路是否能够成功，将取决于许多复杂的因素和条件，而其中最直接面对的现实问题，就是突破资本主义政治体制的自我保护功能及其对社会主义力量的制约、排斥功能，实现共产党在政治上的发展，摆脱被边缘化的状态。

资本主义政治制度对社会主义的排斥与制约主要表现在：在资本主义现行选举制度下，共产党很难通过选举角逐而进入政治舞台的中心；在资本主义国家成熟的两党制下，共产党很难在政治上获得长足发展；在三权分立和制衡制度下，资本主义国家共产党即使掌握了政权，也难以对国家进行社会主义改造。

资本主义国家共产党争取社会主义的斗争是在资本主义体制内进行的，是在资本主义宪法和法律框架内进行的。因此，突破资产阶级政治体制的制度性禁锢，求得自身的立足和发展，是资本主义国家共产党通过和平、民主方式走向社会主义的政治前提，也是对资本主义国家共产党的智慧和能力的严峻考验。

总之，资本主义国家共产党在金融危机时期的战役成功，仅相当于我们井冈山斗争

时期黄洋界保卫战的胜利，它还必须经过一系列艰难的斗争历程，才能最终打破战略的困局，实现战略目标。对资本主义各国共产党来说，后经济危机时期是一个新的历史征程的开始，其主要战略任务就是要探索各具本国特色的社会主义发展道路。然而，在实现这一战略任务征程中的困难和问题不是短时间内就能轻易解决的，其间必然要经历一个艰难探索的历史过程，才能最终实现战略困局的破解。而当前最关键的是解决各国共产党自身发展存在的诸多问题。

（原载《马克思主义研究》2015 年第 10 期）

国际共产主义运动在世界反法西斯战争中的历史作用

姜　安

作者简介：姜安，深圳大学社会科学学院教授、东北师范大学马克思主义学部兼职教授。

如何评价国际共产主义运动在世界反法西斯战争中的历史地位、作用及其时代价值，在国内外学术界一直存在广泛而激烈的争议。[①] 产生这一争论的主要原因在于：一是，在反法西斯战争期间，国际共产主义运动本身发生多次历史性变化，它与这场战争的关系一直处于复杂的政治纠结和历史矛盾之中，容易影响到人们的历史梳理和事实判断；二是，对国际共产主义运动这一行为主体的认知存在较大分野，尤其是苏联、共产国际与国际共产主义运动之间始终存在复杂的历史关系，辨识、考量彼此关系并进行科学合理的学术评价，一直存在许多技术难题；三是，受意识形态、历史价值观、政治立场和力量体制等因素的影响，不同派别、不同势力在不同历史时期对此问题亦有不同的理解和解释，难有统一的定论，并存在较大的价值分野，甚至形成强烈的意见对立局面。时值世界反法西斯战争胜利 70 周年之际，个别欧美国家仍有一些政治势力出现“去苏联化”和“反共产主义化”等倾向，以此否定国际共产主义运动在反法西斯战争中的历史性贡献，本文认为有必要重新梳理和挖掘这一重大历史问题，以求在学术意义上进行再思考。

一

国际共产主义运动是 19—20 世纪最重要的世界性历史潮流之一。第二次世界大战爆发前，国际共产主义运动以其坚定而独特的政治信念、严密的组织体系、广泛的统一战线以及高效的政治行动方式，形成了遍布欧洲、亚洲及至世界各地的政治力量体系，成为世界格局中不可忽视的重要政治力量。在世界反法西斯战争中，国际共产主义运动展现了自身的存在价值：国际共产主义运动以积极的民主和平力量，成为反对法西斯战争坚定的政治基石。国际共产主义运动以巨大的牺牲和贡献，成为终结法西斯政治秩序

① 该命题在学术界一直存在时空意义的争论：在时间意义上讲，因战争期间国际共产主义运动前后期存在较大的政治波动，学术界对其在战争中的作用和影响的评价均有激烈的争论；同时，在战争期间和战后两个不同时态中，学术界对此问题的观点亦存在较大分歧。在空间意义上讲，西方学者与苏联学者的观点一直相左对立，即使在国际共产主义运动内部也存在不同的声音。

的终极力量之一。国际共产主义运动以人本主义关怀，为人类提供了反对战争恐怖主义，倡导和平理想主义的正义指向，成为有效推动民主与和平事业发展的主体力量。

第一，国际共产主义运动以相对独立的力量体制和组织体系，成为反法西斯战争格局中最重要的政治主角之一。按照卡伦·明斯特的说法，“世界经济处于崩溃状态；德国经济瘫痪不堪；美国证券市场暴跌；日本 1931 年长驱直入中国东北，1937 年入侵中国其他地区；意大利 1935 年侵占埃塞俄比亚；法西斯主义、自由主义和共产主义彼此冲突。所有这些构成了两次大战之间间歇期的综合征”。[①] 这说明，早在新的世界大战爆发之前，在围绕改变还是护持凡尔赛体制以及是否建立新的国际秩序的博弈中，国际社会已经形成了不同的力量体制和组织体系。实际上，在世界法西斯主义、自由主义和共产主义三大政治势力版图中，法西斯侵略集团一直将国际共产主义运动视为一大敌对势力，并将打击国际共产主义运动视为谋取战争合法性和发动战争的主要理由之一。早在二战爆发前，继德国和意大利秘密签订《德意议定书》，形成“柏林—罗马轴心”后，日本和德国于 1936 年 11 月 25 日签订了《反共产国际协定》。1937 年 11 月 6 日，意大利加入这一协定，德、意、日轴心国正式形成。此后，“反共产国际协定”组织又吸收了匈牙利、西班牙、保加利亚、芬兰、罗马尼亚、丹麦、斯洛伐克、克罗地亚傀儡政权和中国的伪满、汪伪政权，在战争期间形成了超大型的反对国际共产主义运动的政治势力。这一政治势力在共同反对国际共产主义运动中达成了基本政治认同。反映在《反共产国际协定》中，这一认同的基本理念，即“认为共产国际（即第三国际）之目的在采取一切手段以破坏及威胁现存国家”；“忽视共产国际对于各国国内关系的干涉，不但将危及其国内安宁及社会福利，且将威胁全世界的和平”。[②] 法西斯势力之所以如此对待共产国际，一个重要原因在于，法西斯主义与国际共产主义的价值理想和政治信仰存在本质上的不可调和的矛盾。在帝国主义垄断资本逻辑负效应引爆第一次世界大战和 1929—1933 年经济危机，并导致国际社会出现新的社会动荡的背景下，国际共产主义反对垄断与独裁，追求正义与平等政治运动的迅猛发展，必然引起法西斯主义的仇视。根据威廉·麦克尼尔的说法，“希特勒在意识形态方面蔑视共产主义”，“崇尚意志和英雄主义，认为 1918 年以后德国被犹太人、马克思社会主义者还有国家‘叛徒’所中伤”。[③] 杰里·本特利、赫伯特·齐格勒也指出：希特勒在上台后，即“指责犹太人、共产党人和所有自由党人为德国内部的敌人”。[④] 希特勒曾公开叫嚣：“我必须……利用

---

① ［美］卡伦·明斯特、伊万·阿雷奎恩—托夫特：《国际关系精要》，潘忠岐译，上海人民出版社 2012 年版，第 41 页。

② 由日本帝国特命全权大使武者小路公共子爵和德国特命全权大使里宾特洛甫签署的《反共产国际协定》，目的就是“协力防止共产主义的破坏”，同时强调缔约国“对于共产国际的活动相互通报，并协议关于必要的防止措置，且紧密合作，以完成上述措置”；“对于因共产国际的破坏工作而国内安宁感受威胁的第三国，应根据本协议的旨趣，采取防止措置，或共同邀请其加入本协定”。（参见王绳祖主编《国际关系史资料选编》上册（第二分册），武汉大学出版社 1983 年版，第 636 页。）

③ ［美］威廉·麦克尼尔：《世界史——从史前到 21 世纪全球文明的互动》，施诚、赵婧译，中信出版社 2013 年版，第 450、448 页。

④ ［美］杰里·本特利、赫伯特·齐格勒：《新全球史：文明的传承与交流》（下），魏凤莲等译，北京大学出版社 2007 年版，第 1095 页。

布尔什维克的幽灵来遏制凡尔赛诸国，要使它们相信，德国是反对赤祸的决定性堡垒。这是我们渡过危机，摆脱《凡尔赛和约》和重新武装的唯一方法。"[①] 这充分说明，"自哲学意义上来看，苏联与纳粹德国的意识形态冲突，属于共产主义与资本主义的整体对立。"[②] 毋庸置疑，早在二战爆发前，法西斯势力已经将共产主义运动列为战争格局中主要打击的力量单位。事实上，在反法西斯战争中已经形成了多元政治单位和力量体制组成的结构式政治体系。除了美国、英国等西方盟国自由主义政治力量，以及各国不同类型的抵抗组织和各政治派别，共产国际、苏联、欧亚各国共产党及其影响的反战抵抗运动，以一个相对集合和独立的政治单位，成为反法西斯战争的政治主角之一。战争期间，国际共产主义运动构筑了系统的政治体系：既有系统的反思和批判战争的思想体系，又有自上而下的严密的组织体系，还有较为系统的战争动员机制，并由此成为反法西斯战争政治体系中的重要的军事堡垒、力量体制和政治单位。

第二，国际共产主义运动以巨大的牺牲和贡献，成为反对法西斯战争的抗击者。在欧亚战场上，在决定反法西斯战争胜负的数次重大战役中，苏联以其艰苦卓绝的努力和代价，对世界和平作出了巨大的牺牲和贡献。苏联通过莫斯科保卫战、斯大林格勒保卫战、库尔斯克战役和第聂伯河战役等英勇的抗击，为反法西斯战争贡献了"一场为全人类的未来而战的"伟大的卫国战争。[③]"据统计，二战期间，苏联军民伤亡 6000 万人以上，其中死亡 2700 万人，1700 多个城市和 7 万多个村镇遭到洗劫，物质损失达 6790 亿卢布。苏联一国的全部损失占二战参战国总损失的 41%。"[④] 早在战前，法共就同国内社会党、激进党等 69 个党派和团体达成协议，建立反法西斯的人民阵线。1941 年 7 月，法共成立了民族阵线秘密委员会，并设立了律师民族阵线、店主民族阵线、农民民族阵线和妇女民族阵线等机构，在其领导下，工人、农民、手工业者和教师等纷纷加入民族阵线。1942 年 2 月，法共将原有的"青年战斗营""国际工人运动""特别工作队"等战斗组织合并成立了"法兰西义勇军游击队"，积极开展武装斗争。同年，法共决定与"战斗法国运动"（前身为戴高乐领导的"自由法国运动"）开展紧密合作，共同抗击法西斯势力。在 1944 年 8 月 19 日的巴黎人民起义中，法共扮演了重要角色。汤因比总结道：在法国，共产党致力于组成抗击法西斯的民族运动并成功地在全国抵抗委员会中取得强有力的地位。除了在战斗的抵抗运动中具有影响，他们还控制了赛扬领导下的法国总工会。共产党组织成为法国抵抗运动的各个派系中最强大的组织之一。[⑤] 法共不畏牺牲，积极开展武装斗争，以牺牲 7 万多人的代价，牵制了德国法西斯 60 万人的兵力，为世界反法西斯战争的胜利作出了巨大贡献。[⑥] 在比利时，"在战争的最后几年

---

① 王绳祖主编：《国际关系史（十七世纪中叶——一九四五年）》（上册），武汉大学出版社 1983 年版，第 437 页。

② ［美］亨利·基辛格：《大外交》，顾淑馨、林添贵译，海南出版社 1998 年版，第 291 页。

③ 参见普京《在纪念卫国战争胜利 70 周年红场阅兵式上的演讲》，http：//news. ifeng. com/a/20150510/43724471_ 0. shtml（访问日期：2015 年 5 月 9 日）。

④ 唐晋：《大国崛起》，人民出版社 2006 年版，第 368 页。

⑤ 参见［英］阿诺德·汤因比主编《希特勒的欧洲》，王智星等译，上海译文出版社 2007 年版，第 560—561 页。

⑥ 参见过亦林《论反法西斯抵抗运动中的法国共产党》，《军事历史研究》1995 年第 2 期。

里，共产党的人数有了惊人的增加，威望也有了惊人的提高，主要原因之一就在于它组织严密、积极开展‘地下活动’，因而吸引了一些比利时人，这些比利时人并不一定是倾向于共产主义，而是因为他们看到共产党人比其他团体更全面地展开积极的抵抗活动。……最后，共产党人终于支配了最大的积极抵抗者的团体，即独立阵线”。① 1940年4月27日，当意大利法西斯势力占领斯洛文尼亚时，共产党与一些左翼分子组成了解放阵线。② 到1942年6月，斯洛文尼亚游击队已经大大地扩展了控制区，甚至还成立了一些为时不长的共产主义小共和国。③ 在南斯拉夫，铁托及其领导的南斯拉夫游击队“在法西斯军队逼近莫斯科、斯大林格勒、列宁格勒的艰难日子里”，“在极其困难的条件下英勇地同占领者展开斗争，牵制了法西斯军队的大量兵力”。④ 在希腊，“希腊共产党是对占领当局展开抵抗的第一个团体”。1941年9月27日，希腊共产党与人民民主联盟、社会党、联合社会党、农民党和共和党共同组成民族解放阵线。⑤ 在越南，1941年，越南共产党组建了“越南独立同盟”。1942年，越南安南民族主义领袖们开始组建“越南革命同盟会”，其政治纲领的目的之一就是抵抗日本。⑥ 特别需要说明的是，西班牙内战是第二次世界大战前世界民主进步力量同法西斯势力的一次大较量。尽管这场战争并没有按照民主进步力量的意愿走向胜利，但是，由苏联与共产国际组织和影响的国际纵队，在战争中展现的政治勇气、牺牲精神以及对法西斯主义运动的批判和反击，成为世界共产党人和民主和平力量反对法西斯主义伟大斗争的悲壮序曲。正如斯大林所言：“共产党人的势力之所以增长是因为在欧洲法西斯主义统治的黑暗年代，共产党人是反对法西斯制度、争取各国人民自由的可靠的、勇敢的、奋不顾身的战士。”⑦

第三，国际共产主义运动积极策划国际统一战线，成为反对法西斯主义战争的积极参与者。面对德国的入侵，斯大林于1941年7月阐明了建立反法西斯同盟的战略思想：“我们为保护我们祖国自由而进行的战争，定会与欧美各国人民为他们的独立、为他们的民主自由而进行的战争汇合起来。这将是那些拥护自由反对希特勒法西斯军队之奴役及奴役威胁的各国人民所结成的统一战线。”⑧ 接着，在斯大林等世界政要的积极斡旋下，以1942年1月1日《联合国家宣言》的签署为标志，世界反法西斯统一战线最终建立。随着战争的发展，法国需要组织更加广泛的抵抗运动。1943年5月，法国共产

---

① ［英］阿诺德·汤因比主编：《希特勒的欧洲》，王智星等译，上海译文出版社2007年版，第651—652页。

② 同上书，第891页。

③ 同上书，第892页。

④ ［南］米·波波夫斯基：《世界论铁托和南斯拉夫革命》，杨元恪译，人民出版社1985年版，第117页。

⑤ ［英］阿诺德·汤因比主编：《希特勒的欧洲》，王智星等译，上海译文出版社2007年版，第914页。

⑥ 1942年“越南革命同盟会”在中国广西柳州开始组建，“越南独立同盟”领导人胡志明后来成为该组织的领袖。（参见阿诺德·汤因比主编《1942—1946年的远东》，复旦大学外文系英语教研组译，上海译文出版社2007年版，第35页。）

⑦ 《斯大林论战后国际形势》，人民出版社1956年版，第34页。

⑧ 转引自方连庆主编《国际关系史》（现代卷），北京大学出版社2001年版，第406页。

党、社会党、激进社会党、人民民主党、共和联盟、民主联盟6个政党，“民族阵线”“军民组织”“抵抗”“解放南方”“解放北方”“战斗”“自由射手”“解放”8个抵抗组织共同组建全国抵抗运动委员会。1944年2月，全国抵抗运动委员会通过了关于建立法国国内武装部队（简称“内地军”）的决议。至1944年6月，内地军总人数达到50万人，其中法共控制的法兰西义勇军游击队就占了一半。内地军的建立，标志着法国国内抵抗力量在政治上和军事上取得了联合。这对加强反法西斯的协调行动，扩大抵抗运动的影响，准备1944年全民族大起义具有重大意义。[①] 在中国，国共合作抗日成功的外部因素与苏联的影响存在极大的关联。[②] 1937年10月至1939年9月，中国共得到苏联飞机985架、坦克82辆、火炮1300多门、机枪14000多挺及其他作战物资。[③] 来华的2000多名苏联飞行员中，有700多名直接参加了对日作战。他们除远征台湾和武汉空战外，还和中国飞行员一起参加了奥北、归德、广州、南昌、重庆、成都、兰州和西安等地的重要空战，共击毁日机1049架。库里申科、拉赫曼诺夫等200多名苏联志愿飞行员为中国人民的反侵略战争献出了宝贵的生命。[④] 这一时期，苏联提出的抗日援华前提条件是，国民党必须停止内战和任何敌视中共的行动，同时也不赞同中共在军事上反击顽固派。1945年8月8日，苏联对日本宣战。150多万苏联红军进入中国东北，远东地区反法西斯战争形势迅速明朗化。对此，毛泽东指出：“由于苏联这一行动，对日战争的时间将大大缩短。对日战争已处在最后阶段，最后地战胜日本侵略者及其一切走狗的时间已经到来了。”[⑤] 习近平总结道：“俄罗斯人民给予了中国人民抗日战争宝贵的政治和道义支持，支援了大批物资、装备。2000多名苏联飞行员参加了援华志愿飞行队，帮助中国抗击日本侵略者，有200多人牺牲在中国战场。在中国抗日战争后期，苏联红军开赴中国东北战场，同中国军民一道对日作战，为中国人民赢得抗日战争的最终胜利提供了重要支援。”[⑥]

第四，国际共产主义运动以人本主义关怀为价值理想追求，成为反对法西斯主义战争的思想自觉者。“共产国际最早认清并揭示了法西斯的反动本质及其对世界的危害，给各国共产党和民众与法西斯作斗争指明了目标和方向。”[⑦] 早在1922年11月，即墨索里尼上台推行法西斯政策不久，共产国际在第四次代表大会和翌年6月召开的共产国际执委会第三次扩大会议上，就开始揭露法西斯的根源和本质，并号召各国共产党联合

---

① 参见过亦林《论反法西斯抵抗运动中的法国共产党》，《军事历史研究》1995年第2期。

② ［俄］A. M. 列多夫斯基：《中国命运中的苏联和斯大林——1937—1952年事件参加者的文献和证明》，莫斯科：历史思维的丰碑出版社1999年版，第251页。（А. М. Ледовский，*СССР и Сталин в судьбах Китая. Документы и свидетельства участника событий 1937 - 1952*，Москва：Памятники ист. мысли，1999，стр. 251）

③ 参见［苏］Г. А. 德波林主编《第二次世界大战史》第2卷，潘咸芳、李霞芬、董进泉、王志平译，上海译文出版社1981年版，第117页。

④ 参见高向远《论苏联在中国抗日战争中的作用和影响》，《人文杂志》1998年第3期。

⑤ 《毛泽东选集》第3卷，人民出版社1991年版，第1119页。

⑥ 《习近平在俄媒体发表署名文章〈铭记历史，开创未来〉》，http：//news. e23. cn/content/2015-05-07/2015050700760. html（访问日期：2015年5月7日）。

⑦ 陈叶军：《正确评价共产国际在第二次世界大战中的作用》，《中国社会科学报》2015年3月25日。

起来同法西斯势力作斗争。1933年12月，共产国际执委会第十三次全会明确指出，法西斯是“金融资本中最反动、最沙文主义和最抱有帝国主义野心的金融资本的公开的恐怖专政”。[①] 尽管共产国际对法西斯运动的认识经历了一段波折，但随着形势的发展，特别是法西斯运动的猖獗，共产国际重新擦亮了眼睛。1935年共产国际第七次代表大会上，季米特洛夫作关于《法西斯的进攻以及共产国际在争取工人阶级团结起来反对法西斯的斗争中的任务》的报告，他指出：“法西斯是肆无忌惮的沙文主义和侵略战争；法西斯是疯狂的反动和反革命；法西斯是工人阶级和全体劳动人民最恶毒的敌人。”“执政的法西斯是金融资本的极端反动、极端沙文主义、极端帝国主义分子的公开恐怖独裁。”[②] 这是对法西斯主义的阶级实质和政治本质所作的重要的科学的分析，既纠正了共产国际以往关于法西斯主义是一种小资产阶级运动的错误看法，又批驳了社会民主党人关于法西斯运动的错误观点，从而为制定正确的反法西斯斗争的政策和策略，建立反法西斯主义国际统一战线指出了正确方向。其间，各国共产党都投入批判、揭露法西斯战争本质及其危害的政治运动中，开启了人类历史上最伟大的和平主义运动。如同1848年马克思和恩格斯向资本主义开启批判的炮火，并展示无产阶级未来理想，从而成就了伟大的《共产党宣言》一样，时隔100年左右，世界各国共产党以国际共产主义运动的名义，以对法西斯主义深刻批判的文化自觉和反战实践，共同汇成了新的历史时代的又一部《共产党宣言》。

第五，国际共产主义运动以反对法西斯主义战争的文化信仰和政治意志，成为展示人类追求和平、反对侵略战争的政治传播者。赢得话语权，是二战期间一场没有硝烟的战争。以法西斯的“生存空间论”“优等民族论”“反犹太论”以及“东亚共荣圈”等为标志，二战期间已经形成了美化法西斯战争的“文化生态”。因此，揭露法西斯战争本质，倡导和平，觉醒反战意志，奠定战争胜利信心成为共产国际在战争期间的一项主要工作。为此，共产国际把无线电广播等作为从事宣传工作的主要手段，在欧洲广大地区建立了广播电台和广播站，其中包括保加利亚的“赫里斯托·鲍特夫电台”、波兰的“塔德乌什·科斯久什科电台”、匈牙利的“科苏特·拉约什电台”、“自由南斯拉夫”和“德国人民广播电台”等。[③] 共产国际的广播宣传工作主要包括以下内容：及时通报有关国标形势、前线战况；揭露法西斯侵略者的政策实质和暴行，驳斥法西斯的反动宣传；介绍和推广欧洲各个相关国家反法西斯的斗争经验；对各国的反法西斯抵抗运动提出具体的政策导向和建议。应当说，共产国际通过反对战争的政治传播，及时地揭露了法西斯主义的战争本质和政治危害，鼓舞了反法西斯力量战胜法西斯的信心和勇气，极大地促进了各国抵抗运动的发展。法共机关报《人道报》[④] 在占领区每周至少出版一期，到1944年共发行316期、1530万份。“1944年10月，《人道报》拥有45.6万名读者，而《费加罗报》只有38万名读者，法共的报刊数量大大超过了天主教的报刊，

① 宋洪训主编：《共产国际专题系列讲座》，北京师范大学出版社1989年版，第196页。

② 《季米特洛夫选集》，人民出版社1953年版，第41页，第45—46页。

③ 参见［保］维·哈吉尼科洛夫等《季米特洛夫传》，余志和、马细谱译，人民出版社1982年版，第168页。

④ 《人道报》为法共中央机关报。

法共广泛地控制了‘第四权力（指舆论工具）’。”① 卢沟桥事变发生后，苏联的新闻舆论率先以鲜明的立场揭露日本的侵略政策和侵略罪行，同情、鼓励和支持中国军民的抗日斗争。仅《真理报》在1937年7月到1940年9月，就刊载了170多篇有关中国抗日的稿件。②

二

“人类是矛盾性的存在。”③ 在一定意义上，人类历史就是一部战争与和平相互交错、冲突融合的历史。战争与和平之争，本质上是人类理想的恶与善的冲突。如果说民主与自由是人类文明的终极关怀，那么和平就是人类达到这一理想目标最根本的运动法则和生成方式。如果说法西斯主义战争是人类通往民主与自由最大的邪恶力量，那么国际共产主义运动则是在时代的潮流中以批判逻辑、建构逻辑和发展逻辑积极抵制邪恶力量，并为人类展示具有理性意义的价值向度和新文明范式。在目前国际社会发生新的重大调整和组合的时代性变革之际，70年前国际共产主义作为以追求民主、独立与自由，反对战争、专制与独裁为政治指向的反法西斯主义运动，对当下反对以新的法西斯主义方式改变战后秩序，以及以新的霸权主义建立单极世界的企图，建立公正、合理、平等的国际新秩序具有巨大的启发意义。

1. 基于批判逻辑，国际共产主义运动首先以一种对法西斯主义的批判性反思，为当今时代建立国际新政治秩序提供了价值向度

在一定意义上讲，法西斯主义运动是人性恶的最极端的政治释放，其所制造的破坏力造成了人类历史上空前的灾难，成为人类文明进程中最耻辱的记录。在人类文明最危难的历史时刻，国际共产主义者进行了最伟大而壮烈的抗争，其时代价值在于：

其一，以对法西斯战争恶性理论和价值观的批判，追问人类道义的政治哲学。德意日之所以能够进行战争动员，并发动了法西斯战争，其中一个最重要的原因在于，法西斯主义者拥有了系统的战争理论和发达的战争理论传播手段，并通过一系列有计划的高效率的政治组织机制，确保其战争意志的实现。如同日本法西斯扩张理论“既有对于传统武士道、日本主义、天皇中心论等思想的兼收并蓄，更有一批现代法西斯理论家、活动家提出各种论述，以及军部各决策机构制定策案纲要的指导思想，表述形式五花八门，呈现出大杂烩的模样”一样，④ 德意法西斯主义者也是通过理论家、政客和国家机器等系统推行“种族优秀”“国家至上”“领袖至上”“意志至上”“强权理论”等，为侵略战争提供合法性和正当性基础和依据。⑤ 可见，这是“以全面的多方位的社会运动

---

① 转引自过亦林《论反法西斯抵抗运动中的法国共产党》，《军事历史研究》1995年第2期。

② 参见高向远《论苏联在中国抗日战争中的作用和影响》，《人文杂志》1998年第3期。

③ 孙正聿：《哲学通论》，辽宁人民出版社1998年版，第286页。

④ 徐勇：《两战间的日本法西斯主义及其对外扩张理论》，《抗日战争研究》2002年第3期。

⑤ 普京认为，“种族优越和种族排他思想是引起这场血腥战争的罪魁祸首”。[参见《普京在莫斯科红场阅兵式上演讲全文》，http://news.ifeng.com/a/20150510/43724471_0.shtml（访问日期：2015年5月10日）。]

以推行其扩张思想与战争理论"。[1] 毋庸置疑，法西斯战争理论的本质是独裁、垄断和反动。而法西斯主义战争就是以人性恶的哲学观和价值观为思想基础，以极恶的、暴力的行动方式对人类道义的历史性反动。国际共产主义运动以革命的勇气和巨大的牺牲全面揭露法西斯战争思想，深刻批判军国主义强权逻辑，反对牺牲和残害人类道义的暴力精神，同时广泛倡导和传播马克思主义战争观，崇尚以人类的自由与平等、公正与和谐、解放与幸福为主旨的正义战争。这种政治价值观在当今国际社会仍然具有存在的正当性和普适性。

其二，以反对法西斯战争的暴力行动，反思人类文明的运动方式。如果说，政治运动是人类社会最重要的发明之一，那么，战争就是这项发明的重要权柄。战争以双向，即正向和反向两种运动方向给人类社会带来不同的政治命运。仅就法西斯战争而言，它以恶性政治原点出发，释放最大的人类恶性，以国际垄断、扩张政策、强权政治为手段，对人类文明实行最残忍的摧毁运动，以逆动和毁灭的方式，成为人类进步的最恐怖的政治异己的力量。国际共产主义运动以独特的政治运动方式正面抗击法西斯主义政治运动，以巨大的牺牲抵抗法西斯主义运动的政治暴行，并给予人类进步以反思的力量，是对人类政治文明的巨大贡献。国际共产主义运动给予我们一个重要的政治启发：对法西斯主义运动的反思应当成为人类永恒的主题，这也是人类文明能够永续的政治逻辑。然而，战后70年来，法西斯主义的余烬仍然没有被完全消除。从本质意义而言，战后出现的新干涉主义、新纳粹主义等所推崇的世界秩序乃是法西斯主义国际秩序观的重新表达，是对国际法理秩序的反动、对国际伦理原则的反动、对真正人道主义的反动，而且对国际社会的和平与福祉仍起着巨大的破坏作用。[2] 因此，反对法西斯战争的暴力行动，就是反思人类文明的运动方式，维护正义与公平的政治秩序，探索人类运动的基本政治运动方式。

其三，以反对法西斯主义的政治组织形式，建构人类文明的全新的政治生态。在本质上讲，法西斯主义就是以独裁与垄断为主轴的反民主的极权的权力机制和政治组织形式。这套组织形式以军国主义、封建主义和独裁政治为混合矛盾统一体，向一切民主组织程序和集体安全机制宣战，成为战争或者冲突不断发生的最大动力源，构成了人类文明最大的威胁。彻底打败法西斯主义，铲除战争和冲突根源，构建民主与自由的和谐社会就成为人类的主要政治诉求。国际共产主义运动从消除私有制、铲除资本主义恶性竞争，再到反对法西斯主义运动所贯彻的一个基本主题，就是期望构建一个崭新的理想社会，这个社会的宗旨在于建立自由人的联合体，建构一个民主、平等与正义的国际体系和国际秩序，实现全人类的解放。这场政治运动的意义，不仅关乎当代人类文明是否能够建构全新的政治生态，更在于这种政治生态是否能够为人类未来文明永续提供政治保证。

2. 基于建构逻辑，国际共产主义运动秉承的国际和平伦理主义，成为当今国际社会建立新秩序的思想基石

---

① 徐勇：《两战间的日本法西斯主义及其对外扩张理论》，《抗日战争研究》2002年第3期。

② 新干涉主义，即当今国际社会出现的一种以人道主义或者西方价值观为借口，推行霸权主义，干涉别国内政，构筑西方主导的国际秩序的思潮和外交模式。新纳粹主义，即战后兴起并在20世纪90年代以来日益猖獗的一种复辟纳粹精神，鼓吹极端种族主义的政治思潮和社会运动。

以国际视角而言，马克思曾以世界历史理论、资本逻辑的辩证批判和东方社会理论等提出了无产阶级国际秩序观，列宁曾以帝国主义批判理论、殖民地和民族解放运动理论等，在新的时代丰富了马克思的国际秩序观。其基本价值向度在于，致力于在世界上构建通向正义与民主社会的政治方程式，实现一个新的自由人联合体。这是国际共产主义所追求的最基本的政治伦理目标。这一马克思主义国际秩序观引发了一场持续一个半世纪的新的世界性的政治运动。自 19 世纪 40 年代以来，这场运动即开始不断地冲击旧的资本主义主宰的国际秩序，不断地改变着国际体系的基本形态和运行机制。同时，这场运动在 20 世纪中叶遭遇到历史上最大的挑战——法西斯主义势力的崛起。法西斯战争是以最灭绝人性的暴力形式对人类实施的反人道主义运动，也是对恶的最大释放。如果说法西斯德国推行的纳粹主义是极权独裁体制和战争伦理，并肆意地摧残人类正义的理想追求，那么“日本法西斯主义是法西斯化的军国主义”。“它是近代军国主义达到极限形态，具有了极权主义特质……”[①] 法西斯主义贯彻的一个基本政治法则是毁灭道德良知的伦理主义、极端的反人类主义和狭隘的民族主义，并以此形成独裁性政体、垄断性专制和暴力性秩序。在文化意义上讲，法西斯战争与反法西斯战争之间的斗争，实际上是政治伦理意义的战争。相对于法西斯主义者的战争理念和政治伦理，国际共产主义运动以和平、民主、独立和自由等全新的政治伦理主义，提出了关于治理世界新的政治方程式，对建构未来世界新秩序具有积极的启发意义。

其一，国际共产主义运动的正义伦理关怀，为新时代国际政治伦理秩序的建立提供了理论前提。“正义是社会制度的首要价值，正像真理是思想体系的首要价值一样。”[②] 人的生命的存在价值是一切正义社会的基础和前提。国际共产主义运动强调的无产阶级解放就是最大的正义伦理关怀，因为它始终秉持一个基本原则：人类解放的前提是无产阶级解放，而无产阶级的解放前提是这个阶级享有最基本的生命存在权利以及自由权和平等权。可以讲，无产阶级的和平生活和自由解放，是人类文明进程中最大的正义。战争期间，国际共产主义运动之所以获得了巨大发展，与其反对法西斯战争，追求国际正义与良知，并因此赢得国际权威和感召力存在密切关系。国际共产主义运动于战争中的不断胜利与日益强大，迎合了一个基本法则：正义是胜利的护法使者。这同时昭示：国际共产主义运动秉承的正义伦理，始终应当是时代所必须敬畏的人类道德标尺。当代及未来新的国际秩序的生成和护持，应当建立在以正义伦理为基石的道德平台之上。

其二，国际共产主义运动构筑的反战理论，以一种神圣的伦理坐标，成为反对新法西斯主义的价值参照。第二次世界大战是人类历史上一场正义与邪恶、光明与黑暗、自由与奴役的殊死战斗，为了正义、光明和自由，国际共产主义运动和世界和平力量付出了巨大牺牲，但是，现在国际社会上仍然存在否认、歪曲、篡改第二次世界大战历史的图谋，仍然存在企图颠覆、改变战后秩序的行径。“长期以来，日本国内总有一些势力矢口否认日本发动侵略战争的性质和罪行，竭力美化军国主义战争，并为已经被历史钉在耻辱柱上的甲级战犯扬幡招魂。”[③] 其中一个重要根源在于，法西斯主义战争和历史

---

① 蒋立峰、汤重南主编：《日本军国主义论》，河北人民出版社 2005 年版，第 27 页。

② ［美］罗尔斯：《正义论》，何怀宏等译，中国社会科学出版社 1988 年版，第 1 页。

③ 胡锦涛：《在纪念中国人民抗日战争暨世界反法西斯战争胜利 60 周年大会上的讲话》，《人民日报》2005 年 9 月 4 日。

价值观在作祟。对非正义战争的批判和反思与对非正义战争的膜拜和歌颂，实际上是两种战争价值观和两种国际政治观的剧烈对抗。战争期间，国际共产主义运动站在人类道德制高点给予法西斯主义本质的揭露、对法西斯战争的伦理批判，就是对法西斯势力的最坚决的回击。以国际共产主义运动构筑的反战理论，回击当下新的法西斯主义思潮和行动，具有鲜明的时代参照价值。

其三，打造新和平主义成长方程，建构新世界和平主义文明理路。建构怎样的国际体系与秩序，才能促使具有正义性和平世界的永续，这是人类文明的最大命题。在国际共产主义运动的政治旋律中，始终贯穿一个基调，即致力于世界和平，实现共同繁荣发展。国际共产主义运动在战争中付出了巨大牺牲，其政治目的不是为了战争而战争，而是用正义的战争抗击和埋葬非正义战争，并在日后的历史长河里，通过国际秩序与体系的新变革，根除战争根源和战争机制，通过设计新的社会制度和完善国际治理模式，避免新的恐怖、冲突与杀戮。因为，“第二次世界大战的惨痛教训告诉人们，弱肉强食、丛林法则不是人类共存之道。穷兵黩武、强权独霸不是人类和平之策。赢者通吃、零和博弈不是人类发展之路。和平而不是战争，合作而不是对抗，共赢而不是零和，才是人类社会和平、进步、发展的永恒主题”。① 如果说，“打败法西斯侵略，成为当时拯救人类文明最紧迫的任务”，那么，秉承国际和平伦理主义，反思和批判战争逻辑，就应当成为现代国际社会建构新世界和平主义文明理路的政治诉求。②

3. 基于发展逻辑，国际共产主义运动追求的世界文明新范式，成为当今追求国际和平的政治典范

国际共产主义运动是在资本主义达到极致化的腐朽、寄生和堕落后的社会再造或者重生运动，是与资本主义、帝国霸权主义相生相克的时代运动，是与资本和战争恶性政治逻辑不可调和的实践运动。国际共产主义运动的每一次大发展都是以改变社会矛盾的剧烈冲突或者抗击邪恶的世界战争为前提的。国际共产主义运动从来都不是战争的鼓动者或发起者，恰恰相反，它却是以非正义战争对立者的面目出现，并成为遏制战争的重要的积极的政治力量。面对世界邪恶力量的存在及其破坏，国际共产主义通过社会正义价值的诉求，努力实践和谐社会治理模式的全世界拓展，校正了被法西斯势力扭曲的世界历史发展方向，打破了帝国主义、霸权主义和殖民主义的一统天下，促成了民族独立解放运动的发展，实现了社会主义由一国到多国的胜利，推进了国际社会多元化，推动了战后国际和平秩序的完善，这便是其存在的全部价值所在。国际共产主义运动的价值理念和社会实践运动对当代人类具有积极的政治启发意义。

其一，面对人类社会发展的新的文明周期，如何站在全世界的新高度，共同打造命运共同体。全球化时代一个最大的世界性话题，是人类能否在已经拥有巨大能量和技术，完全能够毁灭自己的历史时刻，再创新的文明周期。这个文明周期与以往的不同之处在于：在世界大战以前，往日的世界还是由相对隔绝的经济单位组成，不同的文明被相对隔阂的文化边界隔离，不同政治和军事组织尚未拥有足以迅速毁灭地球的能力。现

---

① 《习近平在俄媒体发表署名文章〈铭记历史，开创未来〉》，http：//news. e23. cn/content/2015-05-07/2015050700760. html（访问日期：2015 年 5 月 7 日）。

② 参见胡锦涛《在纪念中国人民抗日战争暨世界反法西斯战争胜利 60 周年大会上的讲话》，《人民日报》2005 年 9 月 4 日。

在的世界则被科技、网络、经贸、核武器等完全一体化。全球化意味着人类进入比之以往最辉煌的时代，同时也意味着人类进入最脆弱的危机时代。当代人类文明的基本存在方式已经呈现出跨越地域、文化，甚至国家利益和民族利益的超共同体形态。这个共同体将在新的历史时态中，面对崭新的生存危机和发展危机，这场危机不仅仅体现在国际公共领域的物理意义的生态危机、政治领域的合作与安全危机，更体现为文化价值观和精神信仰的危机。如何站在全世界发展的新高度，如何站在全人类利益的新高度，避免战争和冲突，共同理性打造命运共同体，迎接和建设人类社会发展的新的文明周期，是时代赋予人类的最高使命。这个共同体应当以独立与平等、可持续与包容、合作与共赢为最高政治哲学或者价值观，寻找利益契合点和合作增长点；拒绝零和博弈和“丛林法则”，避免战争、杀戮和仇视，谋求共同发展，而“共同发展是持续发展的重要基础，符合各国人民长远利益和根本利益”，“应当牢固树立命运共同体意识”。①

其二，面对两次世界战争的巨大灾难，如何站在人类生存利益的角度，打造合理的社会制度设计和社会治理模式。历史规律和法则昭示：遏制战争的前提在于，世界上必须存在合乎和平发展的国际秩序及国际体系，而合理的社会制度设计和社会治理模式及其运行机制则是根本的政治基础。这个社会制度设计和治理模式以相互尊重和平等相待为多元世界的相处之道，以共同合作和可持续发展超越冷战思维，以理性反思历史和国际责任为政治担当，以不同文明兼容并蓄和交流互鉴为政治底色，以合作安全、集体安全和共同安全为国际目的，建构全新的国际社会秩序和国际体系。“我们共同的任务应当是建立一个所有国家平等安全的体系，一个足以应对现代威胁的、建立在地区化、全球化、非集团化基础上的体系。只有这样，我们才能捍卫全球的和平与安定。”②

其三，面对人类的各种发展危机，如何使合作共赢理念成为各国处理国际事务的基本政策取向。战争期间，基于人类利益的长远永续，国际共产主义者跨越了意识形态分歧和政治哲学的对立，积极地推进反法西斯战争统一战线，与世界各国和平力量组成了历史上规模最大的政治联盟。这充分表明，在人类文明是否能够存续的关键时刻，国际社会可以抛弃以往的利益分歧，在最大的国际利益面前取得最大政治公约数，展开跨越空间和时间的全方位合作。面对当下国际社会遇到的新的全球性危机，“我们应该把本国利益同各国共同利益结合起来，努力扩大各方共同利益汇合点，树立双赢、多赢、共赢新理念，坚持同舟共济、权责共担，携手应对气候变化、能源资源安全、网络安全、重大自然灾害等日益增多的全球性问题，共同呵护人类赖以生存的地球家园”。③

其四，面对国际关系的重大调整，如何建构互利共赢的新型国际关系，确保和平永续。两次世界大战爆发的一个重要原因在于，旧的国际关系体系和秩序的文明生态恶化，国际社会没有自然地诞生一个全新的和谐的政治经济生态和道德生态，却出现巨大的权力落差，以及试图改变现状的邪恶势力。霸权性的冒险主义、独裁性的机会主义和恐怖性的战争主义以无政府主义的面目出现，成为破坏和平国际秩序的政治单位。因

---

① 《习近平谈治国理政》，外文出版社2014年版，第330页。

② 《普京在莫斯科红场阅兵式上演讲全文》，http://news.ifeng.com/a/20150510/43724471_0.shtml（访问日期：2015年5月10日）。

③ 《习近平在俄媒体发表署名文章〈铭记历史，开创未来〉》，http://news.e23.cn/content/2015-05-07/2015050700760_2.html（访问日期：2015年5月7日）。

此，避免战争就要根除产生霸权性的冒险主义、独裁性的机会主义和恐怖性的战争主义的根源。国际共产主义运动所秉承的政治逻辑，恰恰是以无产阶级的自由解放这一人类最根本的人道主义为原点，努力制造新的和谐的社会基础和国际生态，在人类平等与公正的政治诉求中，成为抗击和反对霸权意志、独裁主义和战争精神的最坚决的力量。这便是国际共产主义运动能够始终存在和持续发展的根本原因。世界政治文明的历史流程应当遵循一种符合人道主义的发展逻辑。这种逻辑既体现为将和平主义和人本主义作为两大基石，彰显历史演进的正义基调，也体现为以和平与发展为动力机制，凸显历史整合的和谐秩序。

三

国际共产主义运动与世界反法西斯战争问题是一个非常复杂的历史性命题，同样也是一个极具时代感的命题。这一问题的研究不仅具有学术意义，更具有非凡的政治意义。从最终意义上看，这个问题不仅涉及意识形态和历史价值观的争论，更是关乎世界政治发展运动的秩序重构和未来政治的根本方向问题。笔者认为，关于国际共产主义运动与世界反法西斯战争问题的研究，应当首先置于一种方法论建构和价值观评价。就方法论而言，既应当将这一命题放置于整个人类政治文明进程中研究，更应当放置于世界大战这一具体历史背景中研究。我们反对简单的抽象的历史观，应当尊重整个历史过程，从客观历史本体出发，依靠历史逻辑来得出合理的客观的结论。

综观国际共产主义运动与世界反法西斯战争问题，有三大争论焦点无法回避：一是反法西斯战争与苏联外交政策的变化，二是反法西斯战争与共产国际的政策变化，三是中国共产党在世界反法西斯战争的地位和作用。

第一，反法西斯战争与苏联外交政策的变化。

这一问题在学术界一直存在激烈争论。① 本文集中探讨一个争论话题：苏联与法西斯德国签订《苏德互不侵犯条约》② 是否存在正义性与正当性？本文认为，首先，签订《苏德互不侵犯条约》是苏联在谋求与英法等国家建立集体安全体系，避免本国国家安全遭受侵害的外交努力无法实现后，被迫采取的外交平衡策略。20 世纪 30 年代，面对法西斯德国的崛起和战争危险的临近，苏联曾试图以建立集体安全体系来确保国家安全。1933 年 12 月，联共（布）中央曾通过为建立集体安全而斗争的决议。为此，苏联谋求以缔结互不侵犯条约与美国、中国、英国、法国等建立集体安全体系，但未得到任何回应。③ 即使后来法国表示过对苏联倡导的集体安全体系构想的积极意向，并于 1935 年 5 月 2 日签订了《法苏同盟条约》，但是双方并没有建立起具有实质意义的集体安全

---

① 其中，最大的争论点集中在 20 世纪 30—40 年代苏联政府所推行的外交政策及其对战争走势的影响。诸如，苏联与法西斯德国签订《苏德互不侵犯条约》、与日本签订《苏日中立条约》是否存在正义性与正当性？苏联是否为了自身国家利益，牺牲共产国际的利益，并影响了共产国际反法西斯战争的政治路线和政策导向？战争期间和战后苏联占领了欧亚其他国家大片领地，是否存在大国沙文主义和社会帝国主义的问题？

② 1939 年 8 月 23 日，苏联与德国签订了《苏德互不侵犯条约》。

③ Меж дуна Родная ж из нь, no . 6, 1963, c. 152.

机制，反而“出于各种原因（英国和法国都因为第一次世界大战而在经济上遭到重创），英国和法国默许了德国的重新崛起”。[①] 直到1939年3月，德国吞并捷克斯洛伐克后，英法两国才开始加强与苏联的接触，但是，三国在建立安全合作外交活动中并没有任何实质性的进展。在苏、英、法举行莫斯科三国谈判时，英国甚至提出《英德合作纲领》，建议英德两国互不干涉，并进行经济和军事领域的合作。[②] 由于英法两国领导人对三国谈判毫无诚意，对苏联极不信任并摇摆不定，终于导致苏、英、法三国外交谈判失败。[③] 按照伏罗希洛夫的说法，苏德之所以签订互不侵犯条约，“除其他原因外，系英法苏谈判发生不可克服之分歧致以使谈判成为僵局之结果”。[④] 毛泽东在1939年9月1日答《新华日报》记者时明确指出：“英法苏三国谈判所以没有成功，完全由于英法政府没有诚意。”[⑤] 斯塔夫里阿诺斯也强调，面对德国无限制扩张这一前景，英法本应依靠苏联建立一条有效的东方战线进行牵制，“但是，由于彼此间的极不信任，它们没能这样做。英、法担心苏联利用与西方的条约向东欧扩张，而苏联则怀疑英法不会在希特勒侵略时兑现援助苏联的诺言，结果就是留下苏联单独对抗希特勒”，“因此，斯大林做出了转向以往一向是他的不共戴天的敌人——轴心国的重大决定”。[⑥] 关于这一点，亨利·基辛格的分析是：其一，西方各国的外交作为丝毫不能化解斯大林对资本主义反苏阴谋的疑虑；其二，慕尼黑会议无疑证实了斯大林对民主国家的疑虑，并改变了斯大林的战术；其三，在建立集体安全问题上，英国等西方国家与苏联之间始终相互猜忌，是造成彼此无法进行实质性合作的重要原因。[⑦] 在这个意义上讲，是英国等西方国家将苏联逼到了和德国签署《苏德互不侵犯条约》的地步。[⑧]

其次，签订《苏德互不侵犯条约》是苏联面对德日法西斯西东夹击紧张形势的一种安全选择。面对法西斯主义的崛起，苏联建立集体安全体系的努力“一一被英法所

---

① ［美］卡伦·明斯特、伊万·阿雷奎恩—托夫特：《国际关系精要》，潘忠岐译，上海世纪出版集团2012年版，第42页。

② 参见李局廉、王斯德《第二次世界大战起源历史文件资料集》，华东师范大学出版社1985年版，第752—755页。

③ 参见［英］丘吉尔《第二次世界大战回忆录》第1卷（上）第2分册，商务印书馆1974年版，第556页。

④ 王绳祖主编：《国际关系史资料选编》上册（第二分册），武汉大学出版社1983年版，第697—698页。

⑤ 中华人民共和国外交部、中共中央文献研究室编：《毛泽东外交文选》，中央文献出版社、世界知识出版社1994年版，第21—22页。

⑥ ［美］斯塔夫里阿诺斯：《全球通史——从史前史到21世纪》，吴象婴等译，北京大学出版社2005年版，第710—711页。

⑦ 参见［美］亨利·基辛格《大外交》，顾淑馨、林添贵译，海南出版社1998年版，第293—295页。

⑧ 英国首相张伯伦曾写道：“我必须承认，对俄罗斯怀有非常深刻的怀疑。我认为即使它有心也无力于维持有效的攻势。我也不信任其动机，在我看来，苏联的动机似与我国的自由观念毫无关联，而且一味只想挑拨离间。”（［美］亨利·基辛格：《大外交》，顾淑馨、林添贵译，海南出版社1998年版，第298页）

回绝”。[①] 接着，《慕尼黑协定》[②] 对苏联建立集体安全体系构想带来了“一个沉重打击”。[③] 同时，日本在远东的“侵略接连不断，并进一步扩大”，“也使苏联变得更加谨慎”。[④] 远东地区日本法西斯主义的猖獗与德国法西斯主义遥相呼应，对苏联形成了东西夹击之势。[⑤] 面对德日两国的夹击，苏联不得不通过签署相关外交条约来缓和紧张形势。

最后，《苏德互不侵犯条约》的签订为苏联避免了国家损失，赢得了战争的最后胜利。一方面，相关国家签署外交互助或互不侵犯条约已经成为一种新的“外交生态”，苏联与德国签订的《苏德互不侵犯条约》只是适应紧张化国际局势，并求得国家利益自保的外交技术或“外交时尚”而已。事实上，这一期间世界格局呈现两大趋向：一则德国、日本和苏联均出于不同的目的力图改变凡尔赛—华盛顿体制与秩序；二则英法美等国家图谋维护凡尔赛—华盛顿体制与秩序。在战争爆发前，为了尽量降低战争风险并使国家利益最大化，相关国家都在试图通过外交手段，特别是缔结条约的方式固化双边或者多边关系。[⑥] 另一方面，我们可以从三个维度理解和解释《苏德互不侵犯条约》签订的“正常性”：一是化解了英法国家试图将战争祸水东移的战略意图，首先确保自身国家和民族利益的维护。二是体现了“斯大林独立自主的外交路线和高超的外交博弈艺术”。[⑦] 三是使苏联以灵活的弹性外交在异常紧急情况下获得了巨大的战略时间和空间，赢得了必要的国家利益和国家安全。按照亨利·基辛格的说法，“苏德协定为他（指斯大林——笔者注）争取到两年时间，苏日互不侵犯条约则使它在六个月后，得以将远东军全部投入莫斯科的保卫战，奠定他赢得对德之战的基础。”[⑧] 当然，《苏德互不侵犯条约》的签订在客观上确实带来了一系列复杂的负效应。它直接或间接地“确保”德国东线的相对国家安全，使其能够放心大胆地开启对西部战场的全攻模式。在这个意义上讲，苏联的外交行为充分体现了现实主义和功利主义的外交政策。综上所述，这场争论的关键，实际上是理想主义与现实主义之间的辩争。基于理想主义考虑，作为国际共产主义运动的苏联与法西斯德国之间进行政治交易，有违无产阶级政治伦理和国家道德。但从现实主义出发，苏联的外交政策又存在一定的历史必然性。

---

① 金重远：《苏联外交和第二次世界大战》，《俄罗斯研究》2005 年第 2 期。

② 1938 年 9 月 29 日至 30 日，英、法、德、意 4 国在德国慕尼黑签订了关于肢解捷克斯洛伐克的《慕尼黑协定》，协定的签订破坏了苏联建立集体安全体系的战略构想，纵容了法西斯的侵略扩张，标志着英、法政府推行绥靖政策达到了顶峰。

③ 金重远：《苏联外交和第二次世界大战》，《俄罗斯研究》2005 年第 2 期。

④ ［美］保罗·肯尼迪：《大国的兴衰》，陈景彪等译，国际文化出版公司 2006 年版，第 327、330 页。

⑤ 日本于 1936 年 11 月 25 日曾与德国签订《反共产国际协定》，1938 年 7、8 月间日本向苏联挑起张鼓峰冲突，1939 年 5 月至 8 月，日本再次向苏联挑起诺门坎冲突。

⑥ 1938 年 9 月 30 日，希特勒与张伯伦签订《英德宣言》；1938 年 12 月 6 日，法国外长庞纳与德国外长里宾特洛甫签订《法德宣言》。在此背景下，苏联与法国签订了《互不侵犯条约》，与捷克签订了《苏捷互助条约》，同时与德国、日本签订了相关外交条约。

⑦ 张文木：《全球视野中的中国国家安全战略》（中卷上），山东人民出版社 2010 年版，第 412 页。

⑧ ［美］亨利·基辛格：《大外交》，顾淑馨、林添贵译，海南出版社 1998 年版，第 321 页。

第二，反法西斯战争与共产国际的政策变化。

关于共产国际与反法西斯战争问题，西方学者评价的主色调是消极的甚至是批判的。其主要观点认为，战争期间，共产国际是斯大林主义的副产品或者说是苏联政策的简单工具。国内学者将这一时期共产国际的政治活动进行了不同的区分，即认为共产国际基本上以苏联外交政策为主轴，以苏联国家利益为圆点，对反法西斯战争实行了不同政治逻辑的政策，产生了正反两方面的影响。本文认为，关于共产国际与反法西斯战争问题有四个问题需要进一步思考。

首先，关于共产国际阶段性的政治转折或政策变化。这里，学术界关注到几个重要的时间和事件节点。一是共产国际“七大”召开（1935 年 7 月 25 日—8 月 20 日）。以季米特洛夫的大会报告《法西斯的进攻与共产国际在争取工人阶级统一、反对法西斯的斗争中的任务》和大会通过的《关于建立反法西斯统一战线的决议》为标志，是共产国际反对法西斯主义运动的政治爆发点。其中，共产国际提出的反法西斯斗争策略，指明了国际共产主义运动的政治方向，推动了世界人民的反法西斯斗争。二是《苏德互不侵犯条约》签订（1939 年 8 月 23 日）。共产国际放弃了“七大”以来奉行的反法西斯战争政策，国际共产主义运动出现新的转折。三是法西斯德国进攻苏联，卫国战争开始（1941 年 6 月 22 日）。共产国际再次进行政治转舵，全面地投入反法西斯战争中。正是共产国际在最重要的战争期间的矛盾性波动式的政治转舵和再转舵，造成了反向和正向的双面政治影响。共产国际也由此被贴上政治机会主义和政治修正主义的标签，其国际政治声誉和威信均受到极大影响。

其次，关于共产国际的解散。对于这一“划时代的大事”，[①] 学术界在两个问题上争论较为激烈，即共产国际解散的原因及其国际影响。本文认为，共产国际解散的主要原因是两大政治逻辑的当然结果：就国际共产主义运动内部而言，面对各国以及各国共产党实际情况的变化，统一的国际组织已经无法适应这一变化，共产国际的解散是当然的政治选择，“是为了加强各国共产党，使各国共产党更加民族化，更加适应于反法西斯战争的需要”；[②] 就世界反法西斯统一战线而言，苏联为了避免美英等反法西斯盟国的猜忌，揭穿法西斯阵营对苏联的谎言和污蔑，以利于进一步加强国际统一战线力量，赢得战争胜利的政治博弈。这两种政治逻辑导致了两大政治影响：一方面推动了各国共产党独立自主发展的历史进程，推进了各国共产党多元政治发展的历史向度；一方面进一步巩固了世界反法西斯战争统一战线的团结，加速了第二战场的开辟和反法西斯战争的胜利。当然，共产国际的解散一度造成了国际共产主义运动内部方向性和政策性的政治混乱，产生了一定的消极影响。

再次，关于共产国际在战争中的影响和作用。本文认为，由于共产国际在该阶段的政治“双向性格”，其在战争中的影响和作用亦呈现出正反两方面态势。一方面，一段时间内，共产国际自身混乱的政治态度和政策变化，造成了各国共产党思想和组织的严重混乱，极大地损害了国际共产主义运动的声誉，同时对战后国际共产主义运动的发展产生了长久的不利影响。另一方面，尽管在特殊时期存在一些政治模糊和盲目的困境状态，但从整体表现而言，共产国际在战争中扮演了积极的反法西斯主义的政治角色。其

---

① 《毛泽东文集》第 3 卷，人民出版社 1996 年版，第 19 页。

② 同上书，第 22 页。

中，共产国际是最早揭露法西斯战争本质的政治单位，对当时的反法西斯主义的启蒙运动起到了开启性作用。同时，共产国际积极建立和推进反法西斯统一战线，积极指导、援助和支持各国抵抗运动，对反法西斯战争起到了历史性的积极作用。

最后，关于共产国际的经验和教训。作为一个政治共同体，在战争期间如何将无产阶级国际主义与各国的民族独立运动进行有机结合，建立一种既符合战争规律，又符合各国国情的政治联盟，真正实现各国无产阶级的政治解放，是摆在共产国际运动面前的重要政治命题。应当说，共产国际这篇大文章的运作存在许多经验和教训。“真正的国际主义无疑应当以独立的民族组织为基础。”① 然而，一段时间内，共产国际以苏联为中心，简单地将国际主义与民族独立运动等同对待或者绝对区别，忽视各国具体国情，过于强调所谓国际主义的义务，影响了国际共产主义运动的健康发展，这是不能回避的政治责任。铁托就曾批评20世纪30年代的共产国际，“这个国际无产阶级的领导机构正在演变成为推行苏联政策的工具”。② 共产国际的经验和教训揭示了一个基本的政治规则，即无论在战争年代，还是在和平时期，无产阶级政党之间的国际联合或者政治合作，必须根据各国不同的历史条件和各国政党的发展实际，采取符合时代需要并尊重各个政治单位自主意志的联合形式和组织机制，才能实现国际共产主义运动的真正政治目的。

第三，中国共产党在世界反法西斯战争的地位和作用。

作为反法西斯战争的重要政治力量，中国共产党对于世界政治民主和平发展作出巨大牺牲和贡献。

其一，中国共产党人以其积极批判和深度反思，成为抗击法西斯主义及其侵略战争的政治启蒙者与思想觉醒者。毛泽东在《论持久战》中指出“法西斯主义就是战争”，并认为“这次战争，将比二十年前的战争更大，更残酷，一切民族将无可避免地卷入进去，战争时间将拖得很长，人类将遭受很大的痛苦”。③ 法西斯战争“是反对一切民族的自由和独立的”。④ 德、意、日法西斯侵略者是“人类公敌”，日本人侵造成中国历史上最大的损失，“日本帝国主义是我们第一个大敌”。⑤ 中国共产党对法西斯主义本质及其危害的定位和定性，对中国人民能够及时认清法西斯战争，勇敢地投入战争洪流中，是最有效最有力的战争思想动员。相对于以往的历次中外战争而言，抗日战争对中华命运的影响被毛泽东置于历史上从未有过的高度，是“生死存亡的关头”，⑥ “存亡绝

---

① 《马克思恩格斯选集》第2卷，人民出版社1972年版，第456页。

② 《铁托选集（1974—1980）》，人民出版社1980年版，第241页。

③ 中华人民共和国外交部、中共中央文献研究室编：《毛泽东外交文选》，中央文献出版社、世界知识出版社1994年版，第10页。这个观点与共产国际第七次代表大会的精神是一致的。1935年8月，季米特洛夫在共产国际第七次代表大会上所做的报告中说：“法西斯是肆无忌惮的沙文主义和侵略战争。”1937年7月，他又发表了题为《法西斯主义就是战争》的论文。（参见中华人民共和国外交部、中共中央文献研究室编《毛泽东外交文选》，第607页）

④ 中华人民共和国外交部、中共中央文献研究室编：《毛泽东外交文选》，中央文献出版社、世界知识出版社1994年版，第32页。

⑤ 《毛泽东文集》第3卷，人民出版社1996年版，第28、432页。

⑥ 中华人民共和国外交部、中共中央文献研究室编：《毛泽东外交文选》，中央文献出版社、世界知识出版社1994年版，第6页。

续的关键”。[①]

其二，中国共产党人积极广泛组建反法西斯主义统一战线，有效地壮大了民族解放与独立的政治力量。早在1938年2月11日，毛泽东在延安反侵略大会上就指出：“现在有三个反侵略的统一战线：中国的统一战线，世界的统一战线，还有一个是日本的统一战线……这三个统一战线的目标是一样的，就是一致反对日本帝国主义的侵略战争。”[②] 1941年6月23日，毛泽东作出新指示：“中国共产党在全中国的任务是：（一）坚持抗日民族统一战线，坚持国共合作，驱逐日本帝国主义出中国，即用此以援助苏联。……（三）在外交上，同英美及其他国家一切反对德意日法西斯统治者的人们联合起来，反对共同的敌人。”[③] 1941年12月9日，中共中央发出指示：“我全国人民，全体海外侨胞，及南洋各民族在抗日战争中的中心任务就是建立与开展太平洋各民族反日反法西斯的广泛统一战线”，“中国人民与中国共产党对英美的统一战线特别有重大的意义”。[④] 在这一思想指导下，中国共产党积极开展与美国的政治合作。1943年3月，周恩来对美国驻华使馆官员戴维斯强调，中共欢迎美军官员到陕西、山西等敌后根据地收集情报。[⑤] 1944年9月9日，毛泽东指出：“放手与美军合作，处处表示诚恳欢迎，是我党既定方针。”[⑥] 据统计，战争期间中共为美军提供了120多份军事情报，营救了102位美军人员。[⑦] 中国共产党在反法西斯战争的贡献和建立统一战线的政治主张，得到了共产国际总书记季米特洛夫的高度赞扬：“我们赞成我们英勇的中国兄弟党的创议……来建立一个反对日本帝国主义及其中国代理人的非常广泛的统一战线。”[⑧] 中国共产党开明的政治情怀和国家道德理想成为建立反法西斯战争统一战线的重要动力机制。

其三，中国共产党及其领导的力量成为制约法西斯势力，缩短反法西斯战争周期的加速器。相对于苏联是第二次世界大战欧洲主战场，中国是第二次世界大战亚洲主战场。中国人民抗日战争起始最早，持续时间最长，条件最艰苦，付出的牺牲最惨重，为世界反法西斯战争胜利作出了巨大贡献。[⑨] “中国国民党和中国共产党领导的抗日军队，分别担负着正面战场和敌后战场的作战任务，形成了共同抗击日本侵略者的战略态势。”[⑩] 中国共产党领导的敌后战场，广泛发动群众，开展游击战争，逐渐成为中国人

---

① 《毛泽东文集》第2卷，人民出版社1993年版，第353页。

② 中华人民共和国外交部、中共中央文献研究室编：《毛泽东外交文选》，中央文献出版社、世界知识出版社1994年版，第7页。

③ 同上书，第32—33页。

④ 王绳祖主编：《国际关系史资料选编》上册（第二分册），武汉大学出版社1983年版，第735页。

⑤ The U. S Department of State, *Foreign Relations Of the United States: Diplomatic Papers, 1943, China*, Washington, D. C.: Government Printing Office, 1957, pp. 197, 214.

⑥ 逄先知主编：《毛泽东年谱（1893—1949）》中卷，人民出版社2013年版，第613页。

⑦ 胡乔木：《胡乔木回忆毛泽东》，人民出版社1994年版，第361页。

⑧ 《季米特洛夫选集》，人民出版社1953年版，第102页。

⑨ 《习近平在俄媒体发表署名文章〈铭记历史，开创未来〉》，http: //news. e23. cn/content/2015-05-07/2015050700760. html（访问日期：2015年5月7日）。

⑩ 胡锦涛：《在纪念中国人民抗日战争暨世界反法西斯战争胜利60周年大会上的讲话》，《人民日报》2005年9月4日，第2版。

民抗日战争的主战场。中国共产党领导的“敌后军民广泛开展的伏击战、破袭战、地雷战、地道战、麻雀战等游击战的巧妙战术和作战方法创造了人类战争史上的奇观，使猖獗一时的日本侵略者陷入了人民战争的汪洋大海之中”。[①]“在俄罗斯西部大草原与南斯拉夫和中国的山区，游击部队——游击队和毛泽东的红军——证明越来越能消耗敌人的资源和拖垮敌人的军事行动，从而为很快发生的冲突方式的重大转变奠定了基础。”[②]根据保罗·肯尼迪研究，日本在二战期间“奉行的是由陆军左右的‘大陆战略’，它在太平洋和东南亚投入的作战部队很少，仅仅 11 个师。相比之下，它在满洲则有 13 个师，在中国内地驻有 22 个师。即使美国在中太平洋开始反攻之后，日军向该地区增派去的部队和飞机也很晚才到达，且数量少得可怜。相比之下，日本 1943—1944 年在中国实施大规模进攻时却投入了大量资源”。[③] 这主要是因为中国形成了全民族统一战线，从而有效地牵制和打击了日本法西斯势力。

其四，中国共产党人科学地揭示了世界政治运动的发展方向，给予中国人民以巨大的信心支持。反对法西斯战争的思想前提是对战争性质的理解。毛泽东认为，“历史上的战争分为两类，一类是正义的，一类是非正义的”，抗日战争“是神圣的、正义的，是进步的，求和平的”，“包含着为争取永久和平而战的性质”。[④] 反对法西斯侵略战争，“这就是今天世界政治的总方向”。[⑤] 这对中国人民坚定战争胜利的意志和信心，形成战争文化自信和文化自觉，指引了明确的政治方向。特别需要说明的是，中国共产党在反法西斯战争中以勇气与信心、牺牲与贡献，成功地塑造了中华民族自强不息正义之师的政治形象，形成了巨大的政治感召力和向心力，成为影响中国社会于历史最危难、最悲壮中涅槃重生的最有前途和最光明的力量，并由此成为影响战后国际共产主义运动和世界秩序民主化发展不可忽视的政治力量。

余　论

“从一定意义上说，批判性是反思的最本质的特性。”[⑥] 我们必须尊重一种基本的政治逻辑：理性正视和深刻反思历史，是致力于人类文明进化的永久的道德义务。作为一种特殊的政治存在，法西斯主义是一种极端的反人道的思想、运动和组织形态的集合体，其本质在于以暴力征服为手段，以垄断与独裁为目的的反人类的恐怖与灾难性现象。国际共产主义运动对法西斯主义的批判性反思和革命性抗击，为人类文明于灾难中的重生点燃了新的希望。这成为我们反对法西斯战争，反思人类行为，弘扬光明道德，

---

① 胡锦涛：《在纪念中国人民抗日战争暨世界反法西斯战争胜利 60 周年大会上的讲话》，《人民日报》2005 年 9 月 4 日，第 2 版。

② ［美］卡伦·明斯特、伊万·阿雷奎恩—托夫特：《国际关系精要》，潘忠岐译，上海人民出版社 2012 年版，第 45 页。

③ ［美］保罗·肯尼迪：《大国的兴衰》，陈景彪等译，国际文化出版公司 2006 年版，第 345 页。

④ 中华人民共和国外交部、中共中央文献研究室编：《毛泽东外交文选》，中央文献出版社、世界知识出版社 1994 年版，第 11 页。

⑤ 同上书，第 8 页。

⑥ 孙正聿：《哲学通论》，辽宁人民出版社 1998 年版，第 169 页。

建立国际新秩序的基本出发点。当二战后的历史行至70年后，我们仍然要对法西斯主义进行时代性拷问。这主要是因为，尽管战后经历了世纪性的战争大审判（例如东京审判、纽伦堡审判等），但是，战争的余烬仍没有得到根本性消除。战后以来，新的法西斯思潮和右倾化保守主义的时时猖獗表明，法西斯主义在当代仍然不时地重现或回放。从思想根源和政治文化信仰上考量，一个最重要的原因在于，一些战争主义者及右倾势力缺乏对法西斯侵略历史的真诚反省和理性反思，缺乏对侵略历史的道德追问和责任担当。反思反法西斯战争就是要铭记历史，警示未来，就是要以史为鉴，面向未来。因此，在当代国际政治图谱中，对右倾保守主义势力的警觉、对新的法西斯思潮的抵制应当上升为一种政治图腾或者文化信仰，对法西斯战争的持续的批判性反思仍是当今国际政治的运动方向之一。

回眸世界历史发展进程可以发现一个基本的事实，即人类历史的转舵与战争之间存在密切的联系。国际共产主义运动在两次世界大战中获得了历史性的突破和发展或许不是偶然现象，这里涉及一个基本的命题：战争与国际共产主义运动命运的关系。国际共产主义运动之所以在战争中获得了巨大发展，其内在逻辑机理在于：在历史性转舵中，国际共产主义运动的内在政治品质锻造出功能强大的和平价值驱动系统，以神圣性、正当性和正义性制衡和抗击战争与邪恶、恐怖与杀戮的各种努力，站在国际伦理和道德的制高点上，把控历史罗盘和政治枢纽，给世界未来新的光明和希望，因而获得了巨大的号召力和感召力，赢得了时代，也赢得了历史。当然，在世界反法西斯战争中，国际共产主义运动仍存在许多错误和教训，值得深刻反思。今天，在纪念反法西斯战争70周年之际，国际共产主义运动在战争中的巨大牺牲、贡献以及经验教训，仍然是人类必须尊重和珍惜的宝贵的政治遗产。

以国际关系视角而言，“中国人民抗日战争，是近代以来中国反抗外敌入侵第一次取得完全胜利的民族解放战争”。“中国人民抗日战争是世界反法西斯战争的重要组成部分，是世界反法西斯战争的东方主战场。”① 它深刻地影响和改变了世界格局和国际秩序的发展走势，同时也深刻地改变了中国与世界的关系。中国的现代发轫——独立、自主、和平的国家——正是开启于伟大的反法西斯战争。现在，我们面临着时代性考验：于世界政治文明秩序的重构中，中国开启了和平崛起的旅程。比较世界各国的崛起历程，可以发现：一国崛起的方式是多种类型的（或者战争霸权型、垄断专制型，或者和平型、民主型等），不同国家崛起的价值观和方式给世界带来了不同的命运。中国倡导通过和平崛起的方式，推动人类的和谐与进步，既是以往新中国外交传统的辩证承继，又是符合时代脉动需要，展示新的治国方略，担当大国国际责任的外交谋划。这是因为：其一，和平与发展是一国崛起的理性方式，这是国际政治脉动的基本方程式。相反，“纵观世界历史，依靠武力对外侵略扩张最终都是要失败的。这就是历史规律”。② 其二，“中国人民对战争和动荡带来的苦难有着刻骨铭心的记忆，对和平有着孜孜不倦的追求”，“我们将坚定维护亚洲和世界和平稳定”。③ 其三，中国走和平发展的道路，

---

① 胡锦涛：《在纪念中国人民抗日战争暨世界反法西斯战争胜利60周年大会上的讲话》，《人民日报》2005年9月4日。

② 《习近平谈治国理政》，外文出版社2014年版，第248页。

③ 同上书，第333页。

“是从历史、现实、未来的客观判断中得出的结论，是思想自信和实践自觉的有机统一”。[①] 其四，基于大国的政治责任和国际担当。当今世界文明秩序仍然面临许多新的困境，遵循全球化时代的发展逻辑，有效抵御新恐怖主义、新极端民族主义、新帝国主义的威胁，积极建构世界文明体系的新范式，以和平发展方式对国际社会作出最大的贡献，应当成为中国担当的国际责任。

（原载《中国社会科学》2015 年第 9 期）

① 《习近平谈治国理政》，外文出版社 2014 年版，第 267 页。

把握全面从严治党的特点和规律

虞云耀

作者简介：虞云耀，中共中央党校原常务副校长、全国党建研究会会长。

认真研究和深刻把握新形势下全面从严治党的特点和规律，对于我们党提高党的建设科学化水平，协调推进“四个全面”战略布局，带领人民进行具有许多新的历史特点的伟大斗争，具有重要意义。

把握新特点，提高管党治党成效

全面从严治党的实质，就是以高标准严要求全面保持和发展党的先进性、纯洁性，全面提高党的领导水平和执政能力，全面增强党的自我净化、自我完善、自我革新、自我提高能力，确保党始终成为中国特色社会主义事业的坚强领导核心。回顾党的十八大以来加强党的建设的历程，新形势下全面从严治党呈现许多新特点。

内容更加全面深入。从严治党从来都不是一个单项工作，而是一个系统工程。党的十八大以来，在思想建设方面，我们党强调坚定理想信念，补好共产党人精神上的“钙”；在组织建设方面，强调培养选拔党和人民需要的好干部，整顿软弱涣散的基层党组织；在作风建设方面，严格落实中央“八项规定”精神，深入开展党的群众路线教育实践活动；在反腐倡廉方面，抓“老虎”、打“苍蝇”，以零容忍态度反对腐败；在制度建设方面，积极推进党的建设制度改革，强调把权力关进制度的笼子里；等等。从严治党的全面性、系统性、长期性、复杂性越来越为人们所认识，党的各项建设需要同向发力、同时发力越来越受到重视。

要求更加严格具体。党的十八大以来，针对一些地方和单位管党治党失之于宽、失之于软的状况，中央政治局作出表率，中央领导同志带头严格执行“八项规定”，为各级党组织和党员干部树立了榜样；以整风精神开展党的群众路线教育实践活动，坚持高标准、严要求，解决了一些群众反映强烈的突出问题；在反腐败斗争中，坚持有腐必反、有贪必肃，不管是谁，不管地位多高、权力多大，只要触犯国家法律和党的纪律就一查到底，决不手软、决不姑息；把“严”字作为管党治党的主基调，制度约束越织越密，监督措施越来越严，党风建设越抓越紧，管党治党松、软、散的现象得到有效纠正。

重点更加突出鲜明。坚持问题导向，聚焦党的建设热点难点问题，确立从严管党治党的重点任务。比如，在干部队伍建设领域，着力破解“唯票、唯分、唯 GDP、唯年龄”问题；在作风建设领域，聚焦形式主义、官僚主义、享乐主义和奢靡之风进行集中整治；在反腐倡廉领域，正确处理治标与治本的关系，狠抓治标，为治本赢得时间；在制度建设领域，聚焦党的建设制度改革和制度执行，提高制度的系统性和执行力；等等。由于坚持问题导向，全面从严治党指向明确、靶向精准，问题解决到点子上，得到党内外的广泛认同。

决心更加坚定不移。从严治党是攻坚战，也是持久战。习近平同志指出，“这么多年，作风问题我们一直在抓，但很多问题不仅没有解决、反而愈演愈烈，一些不良作风像割韭菜一样，割了一茬长一茬。症结就在于对作风问题的顽固性和反复性估计不足，缺乏常抓的韧劲、严抓的耐心，缺乏管长远、固根本的制度”。事实告诉我们，必须充分估计问题的严重性、顽固性和反复性，把从严治党具体地而不是抽象地、认真地而不是敷衍地落实到位，必须以踏石留印、抓铁有痕的劲头持续加力，久久为功，善作善成。

按规律办事，抓住管党治党关键

党的十八大以来，我们党进一步深化了对新形势下全面从严治党规律的认识，在实践中的运用也更加自觉。概括起来，主要有以下六条。

坚定理想信念是全面从严治党的核心和关键。坚定理想信念对于加强党的建设具有根本性意义和不可估量的作用。正因为有坚定的理想信念，我们党才有战无不胜、攻无不克的强大力量。现实生活中，一些党员干部出问题，归根到底是理想信念出了问题。全面从严治党，必须牢牢抓住坚定理想信念这个核心和关键。应抓住思想理论建设这个根本，不断加强理论创新和理论武装，真正做到知之深、信之笃、行之实；抓住党性教育这个核心，教育引导党员干部自觉加强党性修养，挺起共产党人的精神脊梁；夯实道德建设这个基础，教育引导党员干部认真践行社会主义核心价值观。在新的历史条件下，坚定理想信念不是一件容易的事。有的党员路走远了，忘记了自己是从哪里出发的，忘记了将向哪里去，也忘记了当年在党旗下的宣誓。新形势下，每个党员都要坚持让理想信念的火炬照亮前行的路，保持正确前进方向。

坚持思想建党和制度治党紧密结合，同向发力、同时发力。重视从思想上建党，是我们党的显著特点和巨大优势。坚持制度治党，是我们党对自身建设正反两方面经验教训的深刻总结，也是时代的要求。国家要依法治国，执政党要靠制度治党，这是现代治理的铁律。新形势下，我们要树立法治思维，认认真真抓制度建设，努力形成一整套科学完备的制度体系，把党的一切活动置于制度规范之中，并不断增强制度执行力。要把思想建党和制度治党紧密结合起来，通过思想建党使党在思想理论上不断保持生机活力，解决党员干部理想信念、价值追求问题；通过制度治党解决行为规范、约束监督问题，以强制手段规范党员干部的行为。实践证明，制度治党离不开科学思想的引领，否则就会迷失方向、成效不彰；思想建党的成果和经常性要靠制度治党来保障和巩固，否则就难以为继，不能落地生根。坚持思想建党和制度治党紧密结合，二者一柔一刚，同向发力、同时发力，全面从严治党必将展现新的面貌、显示巨大威力。

紧紧抓住领导干部这个“关键少数”，坚持从严治党首先从严治吏。历史和现实都告诉我们：党要管党，首先是管好干部；从严治党，关键是从严治吏。党员干部特别是各级领导干部是治国理政的骨干力量，对他们理应有更严格的要求。全面从严治党，必须把从严要求贯穿到干部队伍建设全过程和各方面。要严格干部选拔标准，真正把那些信念坚定、为民服务、勤政务实、敢于担当、清正廉洁的干部选准用好；严格选拔程序，紧密结合干部工作实际，形成系统完备、科学规范、有效管用、简便易行的制度机制；切实加强对领导干部的监督，特别是对“一把手”的监督；始终保持惩治腐败的高压态势，坚决查处领导干部违纪违法案件，使干部心有所畏、言有所戒、行有所止。在从严管理的同时，完善干部激励机制，把对干部的严格要求和激励关心结合起来，充分调动广大干部爱岗敬业、干事创业的积极性。

严肃党内政治生活，营造良好政治生态。通过严格的党内政治生活来抵制各种政治灰尘和腐朽思想的侵蚀，是我们党的优良传统。实践证明，党内政治生活是党组织教育管理党员和党员进行党性锻炼的主要平台，有利于营造良好政治生态。政治生态主要是指政治生活的环境和状态，尤其是指从政环境。实践证明，政治生态良好，风清气正，就会出干部、出人才；政治生态恶化，潜规则盛行，就会毁干部、毁事业。营造良好政治生态，主要应从这几个方面着力：一是提高党内政治生活的政治性、原则性、战斗性，党内政治生活不能随意化、平淡化，更不能庸俗化。二是严肃党的纪律，特别是严肃政治纪律和组织纪律，全党必须坚持“四个服从”，自觉维护中央权威。三是形成民主、团结、和谐的上下级关系和人际关系，决不能搞团团伙伙、帮帮派派，决不能搞庸俗的人身依附。四是用好批评与自我批评这个武器，开展积极健康的思想斗争。

依靠自身力量和人民群众的监督帮助解决自身问题。我们党是一个善于依靠自身力量和人民群众的监督帮助解决自身问题，坚持真理、修正错误，始终走在时代前列的马克思主义政党。党的十八大后开展的党的群众路线教育实践活动，继承和发扬以往相关活动的成功经验，根据新的形势任务要求进行创新，取得了明显成效，是党依靠自身力量和人民群众的监督帮助解决自身问题的一次成功实践。人民是党的力量源泉，群众满意是党做好一切工作的价值取向和根本标准。全面从严治党，必须紧紧依靠人民，发挥人民的监督作用，让人民支持和帮助我们从严治党。这个优势是我们党独有的。运用和发挥好这个优势，党就会始终保持生机活力，团结带领人民战胜前进道路上的任何困难和挑战。

增强管党治党意识，落实全面从严治党责任。经过这些年的努力，各级都建立了党建工作责任制。然而，一些领导干部总认为抓党建比抓发展要虚、要空，不容易出成绩。还有一些人认为，在发展社会主义市场经济条件下，治党过严会束缚手脚、影响活力。这些认识都是错误的。正如习近平同志指出的：“如果我们党弱了、散了、垮了，其他政绩又有什么意义呢?”落实全面从严治党责任，首先是各级各部门党委（党组）要树立正确政绩观，把抓好党建作为最大的政绩，强化党建主业意识，树立抓好党建是本职、不抓党建是失职的理念，对全面从严治党工作主动担责、认真履责、扎实尽责，坚持党建工作和中心工作一起谋划、一起部署、一起考核。各级党委（党组）主要负责人对党建工作要亲自抓、负总责，班子其他成员要切实落实党建工作责任和工作部署，以良好的工作作风和实实在在的党建工作业绩凝聚智慧力量、赢得群众信任、推动事业发展。

（原载《人民日报》2015 年 5 月 20 日）

党的十八大与“四个全面”提出和形成的历史过程

曲青山

作者简介：曲青山，中共中央党史研究室主任。

2014年12月，习近平总书记在江苏调研时发表重要讲话，第一次提出了“四个全面”的战略思想和战略布局。他强调，要全面贯彻党的十八大和十八届三中、四中全会精神，落实中央经济工作会议精神，主动把握和积极适应经济发展新常态，协调推进全面建成小康社会、全面深化改革、全面推进依法治国、全面从严治党，推动改革开放和社会主义现代化建设迈上新台阶①。2015年2月，习近平总书记在省部级主要领导干部学习贯彻十八届四中全会精神全面推进依法治国专题研讨班开班式上作重要讲话，又对“四个全面”的定位和相互关系，进行了深刻阐发。他指出，党的十八大以来，党中央从坚持和发展中国特色社会主义全局出发，提出并形成了全面建成小康社会、全面深化改革、全面依法治国、全面从严治党的战略布局。这个战略布局，既有战略目标，也有战略举措，每一个“全面”都具有重大战略意义。全面建成小康社会是我们的战略总目标，全面深化改革、全面依法治国、全面从严治党是三大战略举措。②

自江苏调研第一次明确提出“四个全面”以来，至2015年2月底，习近平总书记已在不同时间、地点、场合阐发论述这一问题达十多次。现在，在党中央和国务院有关文件中，在党和国家其他领导同志讲话中，都在广泛使用这一概念和提法，这一命题在全党全国人民中已引起强烈反响和共鸣，形成广泛共识，也得到国际舆论的高度关注。当前，全党正在认真学习领会并贯彻落实“四个全面”的战略思想和战略布局。那么，“四个全面”是怎样提出的，又是如何形成的，就成为我们必须搞清楚、弄明白的一个重要问题。这个问题既是一个理论研究问题，也是一个党史研究课题。本文根据新闻媒体的公开报道，以及已公布的党的文献资料，力求对这一问题做一系统梳理，厘清楚“四个全面”提出和形成的历史过程，弄明白“四个全面”的来龙去脉，以帮助广大党员、干部、群众学习领会这一战略思想和战略布局的重大意义、科学内涵和基本要求，增强在实践中贯彻落实的自觉性和坚定性。

“四个全面”是怎样得出来和提出的呢？2015年2月11日，习近平总书记在与各

---

① 霍小光、王骏勇、兰红光、李学仁：《主动把握和积极适应经济发展新常态　推动改革开放和现代化建设迈上新台阶》，《人民日报》2014年12月15日。

② 《领导干部要做尊法学法守法用法的模范　带动全党全国共同全面推进依法治国》，《人民日报》2015年2月3日。

民主党派中央、全国工商联负责人和无党派民主人士喜迎新春·联欢茶话会上发表重要讲话时指出，“四个全面”是从我国发展现实需要中得出来的，是从人民群众的热切期待中得出来的，也是为推动解决我们面临的突出矛盾和问题提出来的①。这就为我们深刻揭示出了“四个全面”提出的社会历史条件和时代背景。结合学习习近平总书记关于“四个全面”的多次重要讲话，查阅党的文献资料，我们研究“四个全面”提出和形成的历史过程，可以得出这样一个基本判断和结论：党的十八大精神是“四个全面”的总源头。

下面，我们就分别对“四个全面”的每一个“全面”提出和形成的历史过程，详细全面地进行一下考察和论证。

一 “全面建成小康社会”提出和形成的历史过程

论述“全面建成小康社会”，首先要从“小康”的概念说起。“小康”概念是1979年邓小平会见日本首相大平正芳时首先提出和使用的。他用这一概念来表述我国实现四个现代化所要达到的目标水准。他说，我们要实现的四个现代化，是中国式的四个现代化，不是像你们那样的现代化概念，而是“小康之家”，即到20世纪末，“达到第三世界中比较富裕一点的国家的水平，比如国民生产总值人均一千美元”②。根据邓小平的建议，1982年党的十二大制定了我国经济发展“两步走”的战略。十二大报告提出：“从1981年到本世纪末的二十年，我国经济建设总的奋斗目标是，在不断提高经济效益的前提下，力争使全国工农业的年总产值翻两番，即由1980年的7100亿元增加到2000年的28000亿元左右。实现了这个目标，我国国民收入总额和主要工农业产品的产量将居于世界前列”，“为了实现二十年的奋斗目标，在战略部署上要分两步走：前十年重要是打好基础，积蓄力量，创造条件，后十年要进入一个新的经济振兴时期”③。1987年邓小平再次从现代化战略的意义上丰富了这个概念，提出了“三步走”的规划：20世纪走两步，解决温饱，达到小康；到21世纪用30—50年时间再走一步，达到中等发达国家水平④。同年召开的党的十三大，根据邓小平的思想，又提出了“三步走”的经济建设战略。第一步，实现国民生产总值（从十三大开始以国民生产总值替换了工农业总产值的计算方法）比1980年翻一番，解决人民温饱问题。十三大指出，这个任务现在已经基本实现。第二步，到20世纪末，使国民生产总值再增长一倍，人民生活达到小康水平。第三步，到21世纪中叶，人均国民生产总值达到中等发达国家水平，人民生活比较富裕，基本实现现代化。然后，在这个基础上继续前进。⑤

1992年党的十四大提出，在20世纪90年代，我们要初步建立起新的经济体制，

---

① 徐隽、姚大伟：《习近平同党外人士共迎新春》，《人民日报》2015年2月13日。

② 《邓小平文选》第2卷，人民出版社1994年版，第237页。

③ 胡耀邦：《全面开创社会主义现代化建设的新局面——在中国共产党第十二次全国代表大会上的报告》，《人民日报》1982年9月8日。

④ 参见《邓小平文选》第3卷，人民出版社1993年版，第251页。

⑤ 参见赵紫阳《沿着有中国特色的社会主义道路前进——在中国共产党第十三次全国代表大会上的报告》，《人民日报》1987年11月4日。

实现达到小康水平的第二步发展目标。再经过20年的努力，到建党100周年的时候，我们将在各方面形成一整套更加成熟更加定型的制度。在这样的基础上，到21世纪中叶建国100周年的时候，就能够达到第三步发展目标，基本实现社会主义现代化。①

1997年党的十五大在展望21世纪时，提出了这样一个目标："第一个十年实现国民生产总值比2000年翻一番，使人民的小康生活更加宽裕，形成比较完善的社会主义市场经济体制；再经过十年的努力，到建党一百年时，使国民经济更加发展，各项制度更加完善；到世纪中叶建国一百年时，基本实现现代化，建成富强民主文明的社会主义国家。"十五大指出，从现在起到十六大的五年，"将是全面完成'九五'计划，为实现2010年远景目标奠定基础的五年。现在完全可以有把握地说，我们党在改革开放初期提出的本世纪末达到小康的目标，能够如期实现。在中国这样一个十多亿人口的国度里，进入和建设小康社会，是一件有伟大意义的事情。这将为国家长治久安打下新的基础，为更加有力地推进社会主义现代化创造新的起点"。② 在这里，党的十五大实际上在对我国21世纪进行展望的时候，在党的十三大提出的"三步走"战略的第二步与第三步之间，又增加了一个"两步走"战略，形成了一个新的"三步走"战略，即党的十三大提出的大"三步走"发展战略中的新的小"三步走"发展战略，这就是第一步到2010年，国民生产总值比2000年翻一番；第二步到建党100年时国民经济更加发展；第三步到新中国成立100年时达到大"三步走"战略的第三步发展目标。十五大强调，新的"三步走"的前两步十分关键。"我们要在本世纪头二十年，集中力量，全面建设惠及十几亿人口的更高水平的小康社会，使经济更加发展、民主更加健全、科教更加进步、文化更加繁荣、社会更加和谐、人民生活更加殷实。这是实现现代化建设第三步战略目标必经的承上启下的发展阶段，也是完善社会主义市场经济体制和扩大对外开放的关键阶段。"③"两个一百年"的奋斗目标，即建党100年和新中国成立100年的奋斗目标，最早就是在党的十四大上正式提出的，从十五大开始对其内涵进行了充实和完善。

到21世纪初的时候，经过全党和全国人民共同努力，我国现代化建设"三步走"发展战略的第一步、第二步目标已顺利实现，人民生活水平总体上达到小康水平。"2001年，我国国内生产总值达到95933亿元，比1989年增长近两倍，年均增长9.3%，经济总量已居世界第六位。人民生活总体上实现了由温饱到小康的历史性跨越。"但是，"必须看到，我国正处于并将长期处于社会主义初级阶段，现在达到的小康还是低水平的、不全面的、发展很不平衡的小康，人民日益增长的物质文化需要同落后的社会生产之间的矛盾仍然是我国社会的主要矛盾"。④ 因此，在2002年召开的党的十六大上，大会报告正式提出了"全面建设小康社会"的奋斗目标，这个目标就是党的十五大设想的新"三步走"的第二步目标，即建党100年时的奋斗目标："在优化结构和提高效益的基础上，国内生产总值（从十六大开始又以国内生产

---

① 江泽民：《加快改革开放和现代化建设步伐夺取有中国特色社会主义事业的更大胜利——在中国共产党第十四次全国代表大会上的报告》，《人民日报》1992年10月21日。

② 《十五大报告辅导读本》，人民出版社1997年版，第4、52页。

③ 《十六大报告辅导读本》，人民出版社2002年版，第17页。

④ 同上书，第6、16页。

总值替换了国民生产总值的计算方法）到2020年力争比2000年翻两番，综合国力和国际竞争力明显增强。”经过这个阶段的建设，再继续奋斗几十年，到21世纪中叶新中国成立100年时，基本实现现代化，把我国建成富强民主文明的社会主义国家。十六大将“全面建设小康社会”写入大会主题，并专列一个问题加以论述和强调。“全面建设小康社会”还上了十六大报告的标题，即《全面建设小康社会，开创中国特色社会主义事业新局面》。十六大报告确定的“全面建设小康社会”的奋斗目标，除国内生产总值和综合国力的目标外，还包括“社会主义民主更加完善”“社会主义法制更加完备”“全民族的思想道德素质、科学文化素质和健康素质明显提高”，以及“可持续发展能力不断增强”等。[①] 因此，“全面建设小康社会”成为党的十六大最鲜明和突出的主题。

2007年党的十七大仍然坚持和使用“全面建设小康社会”奋斗目标的概念和提法，但是，对其内容进行了充实和调整，提出了新的要求。最突出、最重要的表述变化是：“转变发展方式取得重大进展，在优化结构、提高效益、降低消耗、保护环境的基础上，实现人均国内生产总值到2020年比2000年翻两番。”[②] 这里，与十六大报告相比，一是减少了“力争”二字，二是增加了“人均”二字，这就意味着十七大提高了“全面建设小康社会”的经济发展指标的标准和要求。另外，在整个论述过程中主要使用的还是“全面建设小康社会”的提法，在大会主题中仍然保留这个概念。但是，在阐述“全面建设小康社会”奋斗目标新要求的过程中，有一处直接、一处间接使用了“全面建成小康社会”的提法和概念。这两处表述是：“我们已经朝着十六大确立的全面建设小康社会的目标迈出了坚实步伐，今后要继续努力奋斗，确保到2020年实现全面建成小康社会的奋斗目标”；“今后五年是全面建设小康社会的关键时期。我们要坚定信心，埋头苦干，为全面建成惠及十几亿人口的更高水平的小康社会打下更加牢固的基础。”[③] 从十七大报告使用“全面建成小康社会”的概念来看，其直接的一处表述从其内涵和意义上去理解，也仅仅是字面形式与十八大报告相同，没有实质性要表达和阐述的内容。但这一概念在党的全国代表大会报告中出现是第一次。

2012年党的十八大将我国经济社会发展目标的表述做了重大调整和完善。一是将“全面建设小康社会”的提法改变为“全面建成小康社会”的提法。这个改变，虽然两者只有一字之差，但其内涵却发生了深刻变化甚至是质的变化。十七大报告中所提到的“全面建成小康社会”讲的是，到2020年完成“全面建设小康社会”的目标任务；而十八大报告阐述的“全面建成小康社会”则强调的是，我们已经进入了“全面建成小康社会”的倒计时。因为每一届党代会的届期是五年，十八大的届期是2012年至2017年。这五年是我国实施国民经济和社会发展第十二个五年规划的完成时期和第十三个五年规划的开始时期（十三五规划实施的时间是2016年到2020年）。也就是我们所讲的到2020年实现国内生产总值比2010年翻一番的目标内容。当时在十六大上最早提出的是到2020年国内生产总值比2000年翻两番，而2012年召开十八大时，已经翻了一番，而后的提法就是比2010年翻一番。这个指标与十七大相比，从“人均国内生

① 参见《十六大报告辅导读本》，人民出版社2002年版，第17—18页。

② 《中国共产党第十七次全国代表大会文件汇编》，人民出版社2007年版，第19页。

③ 同上书，第18、20—21页。

产总值”又恢复到了“国内生产总值”的提法。但发展目标中增加了比较硬的一项指标，就是“城乡居民人均收入”也要比2010年翻一番。这个指标体现了以人为本的思想，贯彻了科学发展观的要求。党的十九大的届期是2017年到2022年，这个时间超越了第十三个五年规划完成的时间（2020年），所以在党的十八大上将“建设”改成了“建成”，就是一个深谋远虑的考虑，也是一个统筹了各方面因素而作出的重大决策。

二是在阐述经济社会发展和改革开放目标时，十八大与以前党代会报告表述不同的是，将“全面建成小康社会”目标和“全面深化改革开放”目标放在一起并列提出，这在以往是没有过的。这样做和这样的设计一方面表明，我们要以改革开放为动力，将改革开放作为“全面建成小康社会”目标实现的动力保障；另一方面表明，报告不仅是对发展目标作出了规划，同时也对改革开放要达到的目标作出了规划。对“全面建设小康社会”的目标内容，十七大报告从十六大报告的四个方面，增加到五个方面，增加了社会建设的内容。而十八大报告对“全面建成小康社会”的内容仍然延续十七大报告的做法分列了五个方面的内容，即经济持续健康发展，人民民主不断扩大，文化软实力显著增强，人民生活水平全面提高，资源节约型、环境友好型社会建设取得重大进展①。这五个方面是从中国特色社会主义事业总布局的经济建设、政治建设、文化建设、社会建设、生态文明建设分别来论述的。这五个方面的具体内容与十七大报告相比，各项指标和要求都更高了、更全面了。

由此我们可以得出这样一个结论，“小康社会”的概念可以追溯到20世纪改革开放之初的80年代。十六大提出了“全面建设小康社会”的概念，十七大使用了“全面建成小康社会”的概念，但真正赋予“全面建成小康社会”丰富内涵，并对这一工作作出全面战略部署的是党的十八大。用我们今天对这一概念和范畴的定位看，“全面建成小康社会”作为新形势下党治国理政战略布局中的战略目标、“四个全面”中的第一个“全面”，是党的十八大所确定的，它直接来源于、来自于党的十八大。

二 “全面深化改革”提出和形成的历史过程

前面我们谈到，党的十八大在确定经济社会发展和改革开放目标时，同时将改革开放的目标与发展的目标一起并列提出。十八大报告的提法是“全面建成小康社会和全面深化改革开放的目标”②。在阐述了“全面建成小康社会”的目标后，报告继而阐述了“全面深化改革开放”的目标。对“全面深化改革开放”的目标，十八大报告是这样论述的：“必须以更大的政治勇气和智慧，不失时机深化重要领域改革，坚决破除一切妨碍科学发展的思想观念和体制机制弊端，构建系统完备、科学规范、运行有效的制度体系，使各方面制度更加成熟更加定型。”“全面深化改革开放”的目标与“全面建成小康社会”的目标相对应也是五个方面：一是要加快完善社会主义市场经济体制，完善公有制为主体、多种所有制经济共同发展的基本经济制度，完善按劳分配为主体、多种分配方式并存的分配制度，更大程度、更广范围发挥市场在资源配置中的基础性作用（十八届三中全会的决定将其调整完善为“决定性作用”），完善宏观调控体系，完善开

① 参见《中国共产党第十八次全国代表大会文件汇编》，人民出版社2012年版，第16—17页。

② 同上书，第15页。

放型经济体系，推动经济更有效率、更加公平、更可持续发展。二是加快推进社会主义民主政治制度化、规范化、程序化，从各层次各领域扩大公民有序政治参与，实现国家各项工作法治化。三是加快完善文化管理体制和文化生产经营机制，基本建立现代文化市场体系，健全国有文化资产管理体制，形成有利于创新创造的文化发展环境。四是加快形成科学有效的社会管理体制，完善社会保障体系，健全基层公共服务和社会管理网络，建立确保社会既充满活力又和谐有序的体制机制。五是加快建立生态文明制度，健全国土空间开发、资源节约、生态环境保护的体制机制，推动形成人与自然和谐发展现代化建设新格局。①

党的十八届三中全会确定的主题是全面深化改革。从改革开放以来，我们党的每一次代表大会中的三中全会，确定的主题基本上都是要解决比较重要的、比较急迫的突出问题。正像习近平总书记指出的那样："改革开放以来，历届三中全会研究什么议题、作出什么决定、采取什么举措、释放什么信号，是人们判断新一届中央领导集体施政方针和工作重点的重要依据，对做好未来5年乃至10年工作意义重大。"② 因为从一般意义上看，一中全会的主要任务是党代会开过后要选举中央政治局委员和政治局常务委员会委员以及党的总书记。二中全会则主要是研究讨论推荐国家政权机关的领导人员的建议人选，为第二年召开的全国人大会议和全国政协会议作人事组织准备。紧接下来要召开的三中全会就是要研究党和国家比较重大紧迫的问题。从党的十一届三中全会以来的各次三中全会主题看，这个问题就一目了然了。十一届三中全会的重要意义毋庸赘言，它开创了党在改革开放新时期的历史，是党在新时期历史起点的标志。十二届三中全会确定的主题是经济体制改革，全会通过了《关于经济体制改革的决定》。十三届三中全会确定的主题是将1989年和1990年两年改革和建设的重点突出地放到治理经济环境和整顿经济秩序上来。十四届三中全会确定的主题是建立社会主义市场经济体制，全会通过了《关于建立社会主义市场经济体制若干问题的决定》。十五届三中全会确定的主题是农业和农村工作，全会通过了《关于农业和农村工作若干重大问题的决定》。十六届三中全会确定的主题是完善社会主义市场经济体制，全会通过了《关于完善社会主义市场经济体制若干问题的决定》。十七届三中全会确定的主题是农村改革和发展，全会通过了《关于推进农村改革发展若干重大问题的决定》。

从十一届三中全会到十七届三中全会，党中央召开的这7次三中全会，都是研究讨论深化改革问题。当然，有的涉及的是全局性的改革，有的涉及的是局部性的改革。这次十八届三中全会所确定的主题是全面深化改革，与十八大报告中的提法有一点不同的是，少了"开放"二字，因为按邓小平关于改革开放的思想和观点来讲，"开放也是改革"。所以，为突出改革这个主题，将改革开放简化为改革，则更为简明扼要。十八届三中全会通过了《关于全面深化改革若干重大问题的决定》，确定了五加一加一的7个方面的改革，这些改革是与覆盖中国特色社会主义事业总布局"五位一体"的建设相对应的，即经济体制改革、政治体制改革、文化体制改革、社会体制改革、生态文明体制改革，以及党的建设制度改革和国防与军队改革。具体内容涉及15个领域、330多

---

① 参见《中国共产党第十八次全国代表大会文件汇编》，人民出版社2012年版，第17—18页。

② 《〈中共中央关于全面深化改革若干重大问题的决定〉辅导读本》，人民出版社2013年版，第61—62页。

个项目。确定的改革总目标是："完善和发展中国特色社会主义制度，推进国家治理体系和治理能力现代化。"① 对此，也有人称之为是我国的第五个现代化。

如果我们将十八届三中全会对"全面深化改革"作出的战略部署与党的十八大对"全面深化改革开放"确定的目标相比较，就会发现，后者仅仅是一个总的、大体的设想，只是提出了一个大体的任务目标。而前者是在广泛听取全党全国人民意见，广泛集中民智、集思广益的基础上，对"全面深化改革"作出了全面的战略部署，其涉及的领域之广，采取的措施之多，以及面临的艰难复杂程度之大，都是前所未有的。实际上体现了习近平总书记所强调的，要敢于涉险滩、敢于啃硬骨头、敢于过深水区的问题。但是，从改革任务的提出来看，从其所要达到的目标任务来看，从其要解决的突出问题来看，从其与"全面建成小康社会"的目标配套的"五位一体"来看，显而易见，"四个全面"中的第二个"全面"即"全面深化改革"，也是直接来源于、来自于党的十八大。

三 "全面依法治国"提出和形成的历史过程

改革开放以来，我们党一贯高度重视法治。1978 年 12 月，邓小平就指出："应该集中力量制定刑法、民法、诉讼法和其他各种必要的法律，例如工厂法、人民公社法、森林法、草原法、环境保护法、劳动法、外国人投资法等等，经过一定的民主程序讨论通过，并且加强检察机关和司法机关，做到有法可依，有法必依，执法必严，违法必究。"② 党的十五大提出依法治国、建设社会主义法治国家，强调依法治国是党领导人民治理国家的基本方略，是发展社会主义市场经济的客观需要，是社会文明进步的重要标志，是国家长治久安的重要保障③。党的十六大提出，发展社会主义民主政治，最根本的是要把坚持党的领导、人民当家做主和依法治国有机统一起来④。党的十七大提出，依法治国是社会主义民主政治的基本要求，强调要全面落实依法治国基本方略，加快建设社会主义法治国家⑤。如果我们认真细致研究党的十八大报告就会发现，"全面推进依法治国"的提法和概念，在十八大报告中正式使用并出现。不仅如此，十八大报告的第五部分即"坚持走中国特色社会主义政治发展道路和推进政治体制改革"中，专门列了一个问题来阐述"全面推进依法治国"。十八大报告指出："全面推进依法治国。法治是治国理政的基本方式。要推进科学立法、严格执法、公正司法、全民守法，坚持法律面前人人平等，保证有法必依、执法必严、违法必究。完善中国特色社会主义法律体系，加强重点领域立法，拓展人民有序参与立法途径。推进依法行政，切实做到严格规范公正文明执法。进一步深化司法体制改革，坚持和完善中国特色社会主义司法制度，确保审判机关、检察机关依法独立公正行使审判权、检察权。深入开展法制宣传

① 《〈中共中央关于全面深化改革若干重大问题的决定〉辅导读本》，人民出版社 2013 年版，第 3 页。

② 《邓小平文选》第 2 卷，人民出版社 1994 年版，第 146—147 页。

③ 《十五大报告辅导读本》，人民出版社 1997 年版，第 31—32 页。

④ 参见《十六大报告辅导读本》，人民出版社 2002 年版，第 8 页。

⑤ 《中国共产党第十七次全国代表大会文件汇编》，人民出版社 2007 年版，第 30 页。

教育，弘扬社会主义法治精神，树立社会主义法治理念，增强全社会学法尊法守法用法意识。提高领导干部运用法治思维和法治方式深化改革、推动发展、化解矛盾、维护稳定能力。党领导人民制定宪法和法律，党必须在宪法和法律范围内活动。任何组织或者个人都不得有超越宪法和法律的特权，绝不允许以言代法、以权压法、徇私枉法。”[①]

由此我们看到，党的十八大对“全面推进依法治国”的工作已经作出了部署。十八届四中全会所确定的主题就是“全面推进依法治国”，全会通过的《关于全面推进依法治国若干重大问题的决定》，提出的任务是：在中国共产党的领导下，坚持中国特色社会主义制度，贯彻中国特色社会主义法治理论，形成完备的法律规范体系、高效的法治实施体系、严密的法治监督体系、有力的法治保障体系，形成完善的党内法规体系，坚持依法治国、依法执政、依法行政共同推进，坚持法治国家、法治政府、法治社会一体建设，实现科学立法、严格执法、公正司法、全民守法，促进国家治理体系和治理能力现代化。全面推进依法治国的总目标是“建设中国特色社会主义法治体系，建设社会主义法治国家”。[②] 从十八届四中全会提出的“全面推进依法治国”的战略任务看，四中全会的部署是对依法治国的全面部署、系统部署，而且着眼于长远，着眼于建立一整套基本定型的制度体系，为党和国家长治久安谋，为中华民族子孙万代计。

以党的十八大为一个主轴，向前展开，我们可以清楚看到，十八届三中全会和十八届四中全会是“姊妹篇”，或者换一句话也可以说，“全面深化改革”和“全面推进依法治国”也是“姊妹篇”，相辅相成，相互依赖，相互促进。我们注意到，在“四个全面”中提的是“全面依法治国”，而党的十八大报告中的提法是“全面推进依法治国”，在十八届四中全会通过的决定中也是表述为“全面推进依法治国”，“四个全面”中的表述少了“推进”二字。我以为，这两个概念和提法可以交叉、交替使用，如果单独讲这项工作是可以继续使用“全面推进依法治国”的提法的，这给人以动态、运动、前进之感。比如，今年在第十二届全国人民代表大会第三次会议上，李克强总理代表国务院所作的《政府工作报告》中，就继续使用这个提法[③]。在表述党中央提出的治国理政的战略思想和战略布局时，省略“推进”二字，使用“全面依法治国”这个提法，则更加精准、精确。这个使用就如同我们将十八大报告中的“全面深化改革开放”简化为“全面深化改革”的做法和道理是一样的。

从党的十八大我们党提出“全面推进依法治国”，对这项工作提出要求，到四中全会确定为中央全会的主题，专题研究，整体部署，大力推进，形成了我们党对这个问题的完整工作思路、方针、措施和部署。四中全会的决定也涉及众多改革问题，具体改革项目有190多项。三中全会“全面深化改革”的决定和四中全会“全面推进依法治国”的决定形成了“破”和“立”的辩证统一关系。因此，“四个全面”中的第三个“全面”即“全面依法治国”，它也直接来源于、来自于党的十八大。这也是毫无疑义的。

---

① 《中国共产党第十八次全国代表大会文件汇编》，人民出版社2012年版，第25—26页。

② 《〈中共中央关于全面推进依法治国若干重大问题的决定〉辅导读本》，人民出版社2014年版，第4页。

③ 参见《李克强作的政府工作报告（摘登）》，《人民日报》2015年3月6日。

四 “全面从严治党”提出和形成的历史过程

以上所述，我们可以得知，“全面建成小康社会”“全面深化改革”“全面依法治国”，我们都能从党的十八大报告中找到它们的提法、概念的来源和出处，而且是很明确、很直接的。而“全面从严治党”则在十八大报告中找不到直接来源和出处，那么，这能不能说“全面从严治党”与党的十八大精神没有关系呢？我们的回答是否定的。它虽然不像其他三个“全面”直接来源于、来自于党的十八大，但至少也是间接来源于、来自于十八大。下面我们就来全面展开详细论述这个问题。

通读党的十八大报告，在“全面提高党的建设科学化水平”这个部分中，我们可以感受到“全面从严治党”的灵魂、精神和意蕴的存在。十八大报告中就此强调了两个“全面”，一是“以改革创新精神全面推进党的建设新的伟大工程”，二是“全面提高党的建设科学化水平”①。十八大报告在党的建设的总体部署中讲到了我们党自十五大以来一直强调的坚持党要管党、从严治党的方针。在这一部分中讲了党的建设的八个方面的工作，即坚定理想信念，坚守共产党人精神追求；坚持以人为本、执政为民，始终保持党同人民群众的血肉联系；积极发展党内民主，增强党的创造活力；深化干部人事制度改革，建设高素质执政骨干队伍；坚持党管人才原则，把各方面优秀人才集聚到党和国家事业中来；创新基层党建工作，夯实党执政的组织基础；坚定不移反对腐败，永葆共产党人清正廉洁的政治本色；严明党的纪律，自觉维护党的集中统一②。与十六大、十七大报告就加强和改进党的建设所列的问题相比，十八大报告是列的最多的一次，共列了八个问题，十六大、十七大报告都只列了六个问题。对三次报告作一比较可以发现，十八大报告专门就“严明党的纪律”单列了一个问题。这在过去党的全国代表大会的报告中是不多见的，足见十八大对严明党的纪律问题的高度重视。

还特别值得关注和一提的是，十八大在党的建设这个问题中还确定了“围绕保持党的先进性和纯洁性，在全党深入开展以为民务实清廉为主要内容的党的群众路线教育实践活动，着力解决人民群众反映强烈的突出问题”③。十八大结束后不久，党中央就对这一活动的开展作了全面部署，紧接着全国各地区、各部门按照中央的统一部署，分期分批开展了教育实践活动。这次活动的开展不像以往是安排在两次党代会之间的时间进行，而是安排在十八大后的第二年进行，而且这次活动确定了“照镜子、正衣冠、洗洗澡、治治病”的总要求，自上而下，以上率下，从严从实全面展开，取得了显著的成效，得到广大党员、干部和人民群众的广泛认可和好评。在这次活动结束的时候，习近平总书记在党的群众路线教育实践活动总结大会上发表重要讲话，对活动进行了全面总结，特别是对活动中好的做法和经验进行了总结，并对党的十八大以来我们党在开展党风廉政建设和反腐败斗争以及党的其他各项工作实践中取得的经验和形成的理论成果进行了归纳和概括，还对今后党的建设需要继续从严抓好做好的工作提出了要求。习近平总书记在总结教育实践活动取得的新成效、积累的新经验时，强调了六个必须，即

---

① 《中国共产党第十八次全国代表大会文件汇编》，人民出版社2012年版，第45页。

② 同上书，第46—51页。

③ 同上书，第47页。

必须突出重点、聚焦问题，必须领导带头、以上率下，必须以知促行、以行促知，必须严字当头、从严从实，必须层层压紧、上下互动，必须相信群众、敞开大门。对新形势下坚持从严治党提出了八个方面的要求，即落实从严治党责任，坚持思想建党和制度治党紧密结合，严肃党内政治生活，坚持从严管理干部，持续深入改进作风，严明党的纪律，发挥人民监督作用，深入把握从严治党规律。[①] 虽然这个时候我们党还没有对“全面从严治党”的命题、概念、范畴进行提炼和概括，但是“四个全面”中“全面从严治党”的指导思想、路径、要求、措施已经基本阐发出来了，已经形成了成熟的“全面从严治党”的基本思想和方略。

2014 年 12 月习近平总书记在江苏调研时强调指出：“全面从严治党是推进党的建设新的伟大工程的必然要求。从严治党的重点，在于从严管理干部，要做到管理全面、标准严格、环节衔接、措施配套、责任分明。从严治党是全党的共同任务。”[②] 这里所阐发的内容和要求与在教育实践活动总结大会上所讲的内容和要求是完全一致的。同时，就是在这次调研中，他在十八届四中全会后我们党所讲的三个“全面”的基础上，又增加了一个“全面”即“全面从严治党”，将“四个全面”进行了有机组合，终于形成了“四个全面”的战略思想，将这个命题、概念和范畴固定化、定型化了。在 2015 年 2 月省部级主要领导干部学习贯彻十八届四中全会精神全面推进依法治国专题研讨班开班式上，习近平总书记发表重要讲话，再次论述了“四个全面”，并将“四个全面”定位为新形势下我们党治国理政的战略布局。我以为，以这次讲话为标志，我们党在新形势下治国理政的战略思想和战略布局就完全正式形成了。从“四个全面”中的第四个“全面”即“全面从严治党”的提出和形成来看，它虽然不是直接来源于、来自于党的十八大，但是，它与十八大有着密不可分的关系，是间接来源于、来自于党的十八大。

五　余论

从“四个全面”提出和形成的历史过程看，有三个问题和三个要点值得我们思考和关注：一是习近平总书记在江苏调研时，对“三个全面”增添了“全面从严治党”的内容，从而形成了“四个全面”的理论概念、命题和范畴，这是一个神来之笔，这一个“全面”的增加，对这一概念起到了画龙点睛的作用。二是“四个全面”关键在于要理解透、把握住、掌握好它们之间的内在联系。整体不等于部分的简单相加。只有将这“四个全面”有机组合到一起，成为一个相互联系、相互促进、相辅相成、相得益彰的有机统一体，它们才会更有意义。“四个全面”的有机组合，已经不仅仅是原来意义上各自独立的那四个“全面”了，而且实现了整体的升华，具有了完整系统的理论形态，有了生机、有了活力、有了生命了，这样它也就上升到了一个较高的理论层面，成为对党和国家各项工作具有指导作用的战略思想了。三是“四个全面”将中国

---

① 习近平：《在党的群众路线教育实践活动总结大会上的讲话》，《人民日报》2014 年 10 月 9 日。

② 霍小光、王骏勇、兰红光、李学仁：《主动把握和积极适应经济发展新常态推动改革开放和现代化建设迈上新台阶》，《人民日报》2014 年 12 月 15 日。

特色社会主义伟大事业“五位一体”的总布局和党的建设新的伟大工程“五位一体”的建设紧密结合，把它们二者统一到了具有许多新的历史特点的伟大斗争的实践之中，为实现中华民族伟大复兴的中国梦提供了强力支撑和战略指引。“四个全面”立足治国理政全局，抓住了改革发展稳定关键，统领中国发展总纲，确立了新形势下党和国家各项工作的战略方向、重要领域和主攻目标。我们相信，“四个全面”来自于实践，又回到实践，在循环往复以至于无穷的发展过程中会不断丰富、不断完善，一定会发挥科学理论对人们的引导作用，对实践的指导作用。“真理的闪电”一旦射入人民的园地，武装起全党和全国人民，就会产生推动历史前进的巨大物质力量。

（原载《中共党史研究》2015 年第 3 期）

认清历史虚无主义思潮的真实用意

刘书林

作者简介：刘书林，清华大学教授，博士生导师。

历史虚无主义思潮在中国起伏发展几十年，人们对它越来越熟悉了。它最显著的特点就是以西方“普世价值”为标准，以“重新评价”为名，歪曲和否定党的历史和新中国历史。其主要表现为：否定中国共产党领导的人民革命史，否定中国共产党领导的新中国建设的历史成就，否定和贬损革命前辈，诋毁党的领袖。无论历史虚无主义思潮怎样改换手法，只要看清这几点，就能够深刻认识历史虚无主义思潮的真实用意。

歪曲中共党史、中国革命史的用意在于否定中国共产党的执政地位

在马克思主义者和人民大众的眼里，自鸦片战争以来的中国历史，是一代代仁人志士和人民群众反帝反封建，为救亡图存而英勇奋斗、艰苦探索的历史，是在中国共产党的领导下的人民大众，经过新民主主义革命、社会主义革命和建设、改革开放和现代化建设，实现民族复兴的历史，也就是中华民族从苦难走向辉煌的历史。但是这种历史在历史虚无主义者的眼里全是颠倒的。

历史虚无主义思潮以西方资产阶级的世界观方法论，从颠覆性的政治目的出发，提出否定革命、“告别革命”的主张，认为凡是革命就不好，革命只起破坏性作用，没有任何建设性意义。他们批评五四爱国运动是“救亡压倒了启蒙”；他们否认创建中国共产党的伟大历史意义，否认中国共产党领导的土地革命，硬说中国共产党领导的中国人民进行的土地革命是在穷山沟里“瞎胡闹”；他们否认中国共产党在抗日战争中的中流砥柱作用，否认中国共产党领导的敌后抗日根据地与人民武装队伍在抗击日军中的重要作用，硬说八路军、新四军是“游而不击”，是“坐大”的。相反，他们极力吹捧蒋介石的地位与作用，说什么中国如果没有共产党领导的人民革命，中国会发展快一些，现代化的质量也会更好些等。其实，他们根本看不到半殖民地半封建社会的生产关系对发展中国社会生产力的严重阻碍作用。当中华民族在帝国主义、封建主义和官僚买办资本主义掠夺、凌辱、重压之下，现代化建设是无从谈起的。毛泽东同志说：“没有独立、自由、民主和统一，不可能建设真正大规模的工业。没有工业，便没有巩固的国防，便没有人民的福利，便没有国家的富强。”[①] 中国共产党领导的新民主主义革命和社会主义革命的历史充分证明：革命是历史的火车头，是现代化建设的助推器。没有中国共产

① 《毛泽东选集》第3卷，人民出版社1991年版，第1080页。

党领导的人民革命的胜利，就不可能有中国现代化建设的成功。中国共产党自1921年成立以来，领导中国人民完成和推进了三件大事：一是完成了新民主主义革命，实现了民族独立和人民解放，建立了人民当家做主的中华人民共和国。二是创造性地实现了从新民主主义到社会主义的转变，完成了社会主义革命，确立了社会主义基本制度。三是进行了改革开放新的革命，开创、坚持和发展了中国特色社会主义。这三件大事，不可逆转地改变了中国人民和中华民族的前途命运，不可逆转地开启并推进了中国社会主义现代化建设。那种不顾历史事实，拼命歪曲中国共产党领导的人民革命史，其本质用意在于制造思想混乱，否定中国共产党的领导地位。

丑化新中国建设历史的用意在于否定党的执政能力

在马克思主义者和人民大众的眼里，新中国的历史，就是在中国共产党的领导下，经过60多年的努力奋斗和建设，不断探索社会主义建设道路，不断走向世界强国前列，不断在国际舞台发挥更大进步作用的历史。这段历史，无论是改革开放前的30年或者是之后的30多年，都是走向辉煌的实践探索。这段历史的前30年虽然不是直线一条，出现过曲折和失误，但是比起资本主义初期发展的曲折和动荡，简直就算不了什么。特别是经过60多年的发展到今天，中国共产党人领导的新中国，取得了举世瞩目的伟大成就，经济总量位居世界第二，人民的物质文化生活水平有了质的提高，中华民族伟大复兴的光明前景已经展现在眼前。

但是在历史虚无主义者的眼里，这种历史全被颠倒了。首先，他们否定指导新中国建设实践的科学社会主义理论，甚至将其称为“极左教条”。有的宣称经济文化落后的中国没有资格搞社会主义，新中国成立以后搞的社会主义不过是小资产阶级的空想社会主义，实际上是“民粹主义”。其次是采用“攻其一点、不及其余”的手法，歪曲和丑化新中国建设的伟大实践，无视新中国社会主义建设的本质和主流，硬是对新中国的重大历史事件进行逐一否定。比如，有的以所谓“口述史”和个人“回忆”的方式，否定党领导的“一化三改”，看不到它在奠定社会主义制度与开创人类历史新纪元的重大历史意义；有的极力渲染甚至编造“大跃进”期间发生的失误，以证明中国共产党不懂经济，根本没有抓经济建设的能力；有的无限夸大某些历史事件的“细节”和感受，涂黑历史，欺骗善良人们的感情，甚至捏造出“饿死几千万人”的谎言，企图煽起对党的领导的不满；有的以批判“文化大革命”为名，把党和新中国的历史说成是一系列“左”的错误的延续和叠加，以此否定中国共产党的执政能力；有的无视新中国的思想文化建设成就，把爱国主义说成“民族自大的封闭观念”，把集体主义说成“压抑人的个性”，把社会主义说成“乌托邦”。与此相反，他们把媚外卖国当成全球化的自然现象，把极端自私自利当成“人的本性”和“自由权利”，把资本主义当成唯一的永恒制度等。历史虚无主义思潮在否定新中国历史中制造的种种谎言，已经激起广大人民群众的强烈反感和义愤。

怎样科学对待社会主义国家发展史？早在1956年12月中央政治局讨论通过的文章就已经说得很清楚：“无产阶级初次担负国家的管理，迟的只有几年，早的也只有几十年，要求他们不遭到任何失败是不可能的。短时间的、局部范围的失败，不但过去有，现在有，将来也还会有。但是任何有远见的人决不会为此而感觉失望和悲观……如果拿英国资产阶级革命和法国资产阶级革命的历史来比较，我们事业中的这些失败就简直算不得什么。”① 这才是对待社会主义国家发展史的科学态度。我们今天对中国特色社会主义道路、理论和制度的选择和自信，正是从那个时代探索的历史经验中总结出来的。

贬损共产党领袖的用意在于否定我们党的政治品格

在颠覆社会主义制度方面，历史虚无主义在苏联的表现，就是从否定斯大林开始的。苏联的历史虚无主义思潮曾经把攻击的矛头集中对准斯大林，宣扬“批判坏的斯大林是为了保护好的列宁”。然而，在批判斯大林的声浪中，历史虚无主义思潮的矛头很快转向了列宁主义和社会主义基本制度。“民主纲领派”的头领阿法纳西耶夫宣扬：“斯大林主义的实质在于列宁主义。”“现在社会上有一种说法，应当从坏的斯大林转向好的列宁……我感到最主要的是要揭露斯大林主义所包含的列宁主义实质。”这种否定党的领袖的行为最终导致了苏联亡党亡国，教训是极其深刻的。

历史虚无主义思潮企图让中国重蹈苏联的覆辙。20 世纪 70 年代末一股否定毛泽东历史地位和毛泽东思想指导地位的思潮就曾出现，受到邓小平同志的尖锐批评。近年来，一些人一边喊着加强宪法的权威，一边却否定宪法中载明的毛泽东思想的指导地位，同时否定以毛泽东同志为核心的党的第一代领导集体领导人民建立的人民民主专政的国体。这是自相矛盾、不合逻辑的。这不是尊重宪法，而是企图另立西方资本主义式的宪法。

历史虚无主义思潮否定毛泽东和毛泽东思想的指导地位，有几个特点：其一，完全从个人私利、个人恩怨出发来评判历史、评价领袖，全无一点实事求是的态度。对于领袖人物，我们应该像习近平总书记在纪念毛泽东同志诞辰 120 周年座谈会上所说的那样：不能因为他们伟大就把他们像神那样顶礼膜拜，不容许提出并纠正他们的失误和错误；也不能因为他们有失误和错误就全盘否定，抹杀他们的历史功绩，陷入虚无主义的泥潭。其二，以反历史的方法，不是把历史人物放到一定的历史环境下进行考察，而是以现在的情况与今天的认识水平去衡量、苛求昔日领袖，这是完全违背历史唯物主义的。列宁曾经指出：“判断历史的功绩，不是根据历史活动家没有提供现代所要求的东西，而是根据他们比他们的前辈提供了新的东西。”② 毛泽东同志是伟大的马克思主义者、无产阶级革命家、战略家、思想家，是新中国的缔造者，他留给中国人民的东西太多了。我们应该像爱护自己的眼睛一样爱护伟大领袖的历史地位和毛泽东思想的指导地位。否则，就会犯历史性的大错误。这一点邓小平同志早就讲明白了。其三，历史虚无主义者完全不顾广大人民群众对伟大领袖的深厚情感。毛泽东同志是一位把自己的一切都贡献给人民的革命领袖，人民爱戴他、维护他完全在情理之中。历史虚无主义者企图通过对领袖人物的诋毁，达到否定我们党的政治品格的目的，这是绝不可能得逞的。习近平总书记在纪念毛泽东同志诞辰 120 周年座谈会上指出：“毛泽东同志属于中国，也属于世界。他不仅赢得了全党全国各族人民爱戴和敬仰，而且赢得了世界上一切向往进步的人们敬佩。毛泽东同志的革命实践和光辉业绩已经载入中华民族史册。”习近平总

---

① 《人民日报》1956 年 12 月 29 日。

② 《列宁全集》第 2 卷，人民出版社 1984 年版，第 154 页。

书记对毛泽东同志的高度评价，代表了中国各族人民的心声，也是指导我们清除历史虚无主义影响的重要指南。

事实证明，历史虚无主义思潮的产生是有深刻的历史背景与现实企图的，其要害就是企图通过否定中国共产党历史、否定新中国建设的历史成就和中国共产党的领袖，达到其从根本上否定中国共产党的领导的合法性的目的，对此我们必须高度警惕。中国共产党的领导，是历史的选择，人民的选择，是中国特色社会主义最本质的特征，也是实现中华民族伟大复兴的根本保证。任何企图否定党的执政地位、改变党的领导做法，都是根本错误的。这就是我们研究中国共产党与新中国全部历史所得出的科学结论。

（原载《求是》2015 年第 9 期）

加强马克思主义理论学科建设的思考

张耀灿

作者简介：张耀灿，华中师范大学教授，博士生导师。

2005年，国务院学位委员会和教育部下发了《关于增设和调整马克思主义理论一级学科及所属二级学科的通知》（以下简称《通知》），将马克思主义理论学科从政治学学科中分离出来，升格为法学门类下一个独立的一级学科，迄今马克思主义理论学科建设已走过了十年的历程。在加强马克思主义理论学科建设过程中，高校纷纷将思想政治理论课教学科研机构设置为由学校直接领导的独立的二级机构，绝大多数称为“马克思主义学院”；思想政治理论课依托马克思主义理论学科，马克思主义理论学科为思想政治理论课提供理论支撑和人才支撑服务，从而理顺了二者的关系。这一顶层设计的改革创新意义重大，从此，我国马克思主义理论研究不仅有分门别类的哲学、政治经济学、科学社会主义等学科，而且有了从整体上进行研究的学科，从而大大加强了马克思主义理论研究，有利于人们更好地领会马克思主义基本原理、掌握其精神实质，有利于推进马克思主义与中国实际紧密结合，推进马克思主义中国化、时代化、大众化，有利于巩固马克思主义在意识形态领域里的指导地位、巩固全国各族人民大团结的思想基础，成为有中国特色的重大战略决策。

目前，高校马克思主义学院多数以马克思主义理论一级学科为主体主导学科，不少马克思主义学院还有政治学学科所属的中共党史、政治学理论、国际政治等二级学科，一部分马克思主义学院还有公共管理学科所属的行政管理等二级学科。在条件成熟的时候，为了集中精力搞好马克思主义理论学科建设以及促进这些相关学科更好地发展，这些相关学科以分离出去为宜。无论如何，马克思主义学院都应当把马克思主义理论学科建设作为根本和基础来抓，通过大力加强马克思主义理论学科建设发挥其引领作用，以带动马克思主义学院的教学、科研、师资队伍建设等各项工作。

总的来说，加强马克思主义理论学科建设，应当坚持马克思主义的整体性原则，处理好以下一些关系。

一　从整体上研究马克思主义理论与分门别类研究马克思主义理论的关系

马克思主义主要有三大来源和三个组成部分，分门别类研究很有必要。2005年之前，我们主要在分门别类研究上下功夫，取得了很大成绩，今后，在继续搞好分门别类研究的同时，还要认识到从整体上进行研究更有必要，并重点加强对马克思主义理论的整体性研究。

分门别类研究是基础，整体性研究是根本，二者相辅相成、相互促进。比如，当前承担马克思主义基本原理教学和研究生培养任务的教师，过去多是学哲学、政治经济学出身的，或曾教过马克思主义哲学、政治经济学等课程，今天，他们深化马克思主义几个组成部分及其内在有机联系的研究，能更好地把握马克思主义基本原理，引导学生深刻领会精神实质，学会用马克思主义的立场、观点、方法去观察事物、分析问题和解决问题。

从整体上研究马克思主义，除研究三个组成部分及其有机联系外，还应当按照《通知》附件二的规范要求，加强对马克思主义科学体系、形成发展规律和主要范畴等的研究，从而建设好马克思主义基本原理等二级学科，不断提高教学、科研和人才培养的质量和水平。但至今仍有个别教师没有这样做，基本上仍按照教马克思主义哲学、政治经济学的办法去教马克思主义基本原理，诸如此类的做法怎能适应改革发展形势、把课教好呢?

二　马克思主义理论学科与政治学、公共管理学等相关学科的关系

在相关学科如政治学、公共管理学等尚存在于马克思主义学院的高校，要处理好马克思主义理论学科与这些相关学科的关系。这里的关键在于要坚持以马克思主义指导政治学、公共管理学等相关学科的建设，同时，要多抓相关学科与马克思主义基本原理学科、马克思主义中国化研究学科的交叉点、结合部的课题研究。比如，华中师范大学马克思主义学院缺马克思主义发展史师资，我们安排教国际政治、带该专业研究生、知识面宽的教师招收培养马克思主义发展史专业的博士生，侧重建设马克思主义与当代世界政治方向，并从列宁主义专题史做起逐步拓展，经过近十年建设，马克思主义发展史学科建设成绩显著，博士生培养质量得到保证。

三　马克思主义理论一级学科与所属二级学科的关系及各二级学科之间的关系

笔者主张，硕士研究生、博士研究生的招生和培养，应在二级学科招生，在一级学科培养。这一主张并非取消二级学科专业，而是强调在打牢马克思主义理论基础、筑牢“看家本领”的基础上突出二级学科专业特色。为此，要明确马克思主义理论一级学科所属各二级学科之间的内在逻辑关系。在二级学科中，马克思主义基本原理学科是龙头，它和马克思主义发展史学科共同构成“史论结合”的学科基础，二者相辅相成、相互促进，合作建设有利于实现互动双赢；国外马克思主义研究学科研究国外对马克思主义的运用及发展状况，以资借鉴有益经验为我所用；在打牢基础、吸取国外成果和经验的同时，重点应是研究马克思主义中国化的历程、经验和理论创新成果，以便用以指导我国社会主义现代化建设各项事业，解决遇到的理论和实际问题；中国近现代史基本问题研究学科与马克思主义中国化研究学科“史论结合”，构成马克思主义中国化研究的学科基础，以促成人们对中国特色社会主义的道路自信、理论自信和制度自信；思想政治教育学科是马克思主义思想政治教育学科的缩写，是马克思主义理论一级学科中唯

——一个应用性学科，它运用上述五个二级学科的基础理论来研究人们思想政治素质特别是世界观、人生观、价值观的培育塑造问题，研究如何用马克思主义特别是马克思主义中国化理论创新成果来武装人们的头脑，探讨马克思主义的理论教育、政治教育、道德教育等“内化于心，外化于行”的规律。

既然六个二级学科内在有机联系十分紧密，那么，在专业教学和人才培养中，各二级学科专业就都应开好六个二级学科的首门主干课与马克思主义经典著作和重要文献选读课，在打牢这个基础的前提下进一步深入研究本专业的问题，这样才有利于在广博基础上做到专深。尤其是思想政治教育学科要明确，马克思主义是指导思想、理论基础和根本教育内容，如不用大量课时首先学好马克思主义理论课程，而去孤立研究思想政治教育，就会本末倒置。

四 马克思主义理论专业人才培养与思想政治理论课教学的关系

马克思主义理论专业人才培养与思想政治理论课教学的关系，即专业建设与公共政治课教学的关系，是支撑和依托的关系。马克思主义理论学科要自觉强化引领和服务意识，为思想政治理论课教学提供理论支撑、人才支撑，思想政治理论课教学则要自觉依托马克思主义理论学科，教师要将教学中的重点、难点、热点问题作为研究的课题，主动参与学科建设，不断增强教学的科研含量，提高教学质量和水平，从而把思想政治理论课建设成为学生喜爱、终身受益的课程。为此，专业课教师和公共课教师都应树立和强化马克思主义理论学科意识和有关二级学科的学科意识。

在师资队伍建设上，从领导管理来看，在引进人才时要坚持高标准严要求，不能只看有无博士学位，还要看是不是共产党员、是否对马克思主义真学真信真用、是否具有理论与实践统一的优良学风。不少学校对新进教师首先安排教思想政治理论课和兼任辅导员，还安排专业课教师兼教公共课、公共课教师兼教专业课、专业课教师与公共课教师适时轮岗。对这些举措，应认真总结经验，使之逐步完善，以便提升为制度，构建起学科专业建设与公共课教学合作共赢的长效机制。

五 理论教研与实践育人的关系

马克思主义具有阶级性、科学性、实践性的特点，坚持马克思主义整体性原则要求我们反对教条主义，而把它看作世界观、方法论的学问，看作行动指南。正如毛泽东所说，学习理论完全是为了应用。因而，坚持和弘扬理论与实践统一的马克思主义优良学风，便成为学科建设和人才培养质量保证的关键。

要把理论联系实际落到实处，除首先提高理论研究和教学的质量、水平外，还要着力构建实践育人的长效机制。当前，不论是专业课还是公共课，在落实实践教学环节、构建实践育人长效机制上，多数学校仍存在薄弱环节，成为提高育人质量的瓶颈制约。为改变这一状况，需要深化改革。有的学校在全面深化改革中，开展了构建实践育人长效机制的研究和试验，既系统研究实践育人的理论，又全面开展试验实践，整合了实践育人的力量和资源，既按年级段设计各种实践育人活动，又按各门思想政治理论课设计实践教学活动，并编写了系列实践教学指导手册，使实践教学及其考评都实现了科学化、标准化、规范化。通过几年的改革试验，改变了过去实践教学不落实、多头分散、效益低下、受益面窄等弊端，学生按教学指导手册规定参与实践活动达到了“全覆盖”，在构建实践育人长效机制的理论指导和操作规范上都取得了实质性的突破。此类经验值得推广。如果在顶层设计上进一步改革创新，从政策法规上解决好社区、企业等相关部门支持配合以及多渠道经费支持等问题，那么，实践育人长效机制构建便因能得到更有力的保障而趋于完善。

六 马克思主义理论专业人才培养本硕博各层次的衔接关系

目前，马克思主义理论学科只有思想政治教育学科有本科点，其他五个二级学科都只招收、培养硕士、博士研究生。一些高校（主要是师范院校）本硕博三个层次都有专门人才的培养任务。处理好三个层次的衔接关系，才能保证人才培养的规格和质量。

在专门人才的正规化培养中，应坚持以本科为本，全面打好基础，既培养出合格的思想政治教育初级人才，又为硕士点、博士点输送优质生源。为此，本科培养方案和教学计划既要设置马克思主义经典著作和党的重要文献、马克思主义基本原理、中国化马克思主义等专业基础课，又要设置思想政治教育学原理、思想政治教育方法论、中国共产党思想政治教育史、比较思想政治教育等专业课，还应设置宣传思想工作、理论教育等技能性课程和文、史、哲、政、法、管等相关课程。应精简并强化主干课、必修课，扩大选修课，按不同方向安排系列选修课，扩大学生自主权，倡导和推行研究型教学，发展学生的创新能力，以利于在保证基本规格、质量的前提下，使学生各有特色地发展。个别学校的本科教学计划中马克思主义类的课程偏少偏弱，甚至连马克思主义经典著作选读课都不设，这是个大弊端。要扭转马克思主义类的课程普遍较过去弱化的弊病，各本科教学点不仅要重视开好开足马克思主义类的课程，而且要充实此类课程的师资力量，搞好梯队建设，确保学生学好马克思主义、增强“看家本领”。

硕士研究生层次，要继续重点学好马克思主义类的课程和各二级学科专业课程，在本科基础上深化学习和研究，特别是马克思主义经典著作和党的重要文献的学习要加宽加深，培养合格的思想政治教育中级专门人才。由于跨学科招收入学的硕士研究生较多，按制度要求凡跨专业录取的硕士研究生应补修2—3门本科主干专业课且不计学分，但有的学校未严格按此要求安排研究生认真补修。个别学校甚至把本科生教材当作研究生教材来教学，降低了硕士研究生的培养质量和水准。这些现象不扭转，便难以培养出合格的中级专门人才，也影响到为博士研究生层次输送优质生源。

博士研究生层次，要培养博士研究生成为思想政治教育高级专门人才、马克思主义理论骨干。在招生中要严把入学门槛，选拔具有硕士学位的优秀分子入学，应招收共产党员、马克思主义信仰坚定者予以深造。要强调系统阅读马克思主义经典著作和中国化马克思主义理论成果，坚持以独立研究为主，跟踪理论与实践前沿，承担或参与重要课题的研究。目前，中国社会科学院和中共中央党校每年各招收100名“马克思主义理论骨干人才培养计划”博士研究生。该计划是招广义的马克思主义理论博士研究生，不仅有马克思主义理论一级学科各专业，而且有分门别类研究马克思主义的各专业，还有马克思主义政治学、新闻学、文艺学、宗教学等专业，面向高校和党政机关、企事业单位的宣传思想工作部门。这一举措意义重大，但由于数量有限，远不能适应我国各地、各条战线对宣传思想工作、思想政治教育骨干人才的广泛需求。因此，从“两个巩固”的战略高度，全国所有马克思主义理论博士点都应增强使命感、紧迫感，将培养目标定位在马克思主义理论骨干人才上，以此来谋划博士点的建设和发展。

本硕博学历层次不同，既要拉开档次，又要相互衔接，朝着培养青年马克思主义者和思想政治教育专门人才的共同目标，搞好接力赛。国家已出台研究生培养质量保障体系的有关政策规定，如能持之以恒地坚决贯彻，经过数年必见成效。

上述几个重要关系的正确认识和处理，是十年来马克思主义理论学科建设的主要经验，既是坚持马克思主义整体性原则的具体体现，又是马克思主义理论学科加强规范化建设的必然要求，反映了马克思主义理论学科建设发展的客观规律。只有不断深化对上述关系的研究和认识，才能使马克思主义理论学科建设逐步提高到新的水平。

（原载《思想理论教育》2015 年第 7 期）

论坚持辩证唯物主义世界观和方法论

——学习习近平总书记在中共中央政治局第二十次集体学习时的讲话

田心铭

作者简介：田心铭，教育部社会科学发展研究中心教授，博士生导师。

1 月 23 日，十八届中央政治局进行 2015 年第一次集体学习，学习内容是辩证唯物主义基本原理和方法论。习近平总书记在主持学习时发表讲话，强调我们党必须不断接受马克思主义哲学智慧的滋养，更加自觉地坚持和运用辩证唯物主义世界观和方法论。他还指出，2013 年，我们进行第十一次集体学习时安排了历史唯物主义基本原理和方法。安排这两次学习，目的是推动我们对马克思主义哲学有更全面、更完整的了解。习近平的讲话，指导着我们全面、完整地了解马克思主义哲学，自觉地坚持和运用辩证唯物主义世界观和方法论。本文就此谈一些学习体会。

一　辩证唯物主义是中国共产党人的世界观和方法论

习近平强调：辩证唯物主义是中国共产党人的世界观和方法论。这一论断再次明确指出了我们党对马克思主义哲学的理解，宣示了中国共产党人的世界观和方法论。这一宣示具有根本性的理论意义和重要现实意义。

中国共产党是一个建立在马克思主义理论基础上的党，从成立之日起就把马克思主义作为自己的指导思想。什么是我们党所理解的马克思主义呢？毛泽东 1955 年在党的全国代表会议上说：“马克思主义有几门学问：马克思主义的哲学，马克思主义的经济学，马克思主义的社会主义——阶级斗争学说，但基础的东西是马克思主义哲学。”[①] 什么是我们党所理解的马克思主义哲学呢？毛泽东说：“马克思主义的理论基础，即辩证唯物论和历史唯物论。”[②] 他还说：“我劝同志们要学哲学。”马克思主义哲学没有学通，“我们就没有共同的语言，没有共同的方法，扯了许多皮，还扯不清楚。有了辩证唯物论的思想，就省得许多事，也少犯许多错误。”[③] 马克思主义的哲学就是辩证唯物主义和历史唯物主义，这是中国共产党人始终坚持、反复强调的一个重要思想。1945 年党的七大在确立毛泽东思想指导地位的同时，在《中国共产党章程》中明确规定：

---

① 《毛泽东文集》第 6 卷，人民出版社 1999 年版，第 396 页。

② 同上书，第 395 页。

③ 同上书，第 396 页。

“中国共产党以马克思主义的辩证唯物主义与历史唯物主义为基础。”[①] 邓小平说：“马克思、恩格斯创立了辩证唯物主义和历史唯物主义的思想路线，毛泽东同志用中国语言概括为‘实事求是’四个大字。”[②] 江泽民强调：“努力学习和掌握贯穿在小平同志著作中的辩证唯物主义、历史唯物主义的科学世界观和方法论。”[③] 胡锦涛说：“毛泽东思想、邓小平理论和‘三个代表’重要思想虽然形成于我国革命、建设和改革的不同历史时期，面对着不同的历史任务，但都贯穿了辩证唯物主义和历史唯物主义的世界观和方法论”。[④] 我们党把马克思和恩格斯创立的新的哲学世界观理解为辩证唯物主义和历史唯物主义，既有充分的马克思主义的文献依据，又经受了长期社会实践的反复检验，是完全正确的。但是，一个时期以来，辩证唯物主义遭受了许多责难和质疑。有些论者以马克思的著作中没有“辩证唯物主义”一词为由否定辩证唯物主义。有人说辩证唯物主义不是马克思的哲学，而是来自恩格斯、列宁和斯大林的哲学。也有人说它来自苏联哲学教科书，必须摆脱它的影响。还有人称辩证唯物主义是“冒牌的假的马克思主义哲学”，要对它“进行彻底清算”。一些论者提出了自己关于什么是马克思主义哲学的不同主张，如实践唯物主义、实践本体论、实践一元论、实践存在论、实践的人本主义、实践唯心主义等，要用来取代辩证唯物主义。

把马克思主义哲学称为辩证唯物主义是否正确，归根到底并不是取决于“辩证唯物主义”这个名称究竟出自何人，而是取决于它是否正确表达了马克思主义哲学的性质和内容。一种哲学的名称不是来自其创立者而是来自他人，这种现象在哲学史上屡见不鲜。先有孩子后取名，原本是非常自然的事情。马克思和恩格斯的全部著作表明，他们始终坚持唯物主义，又始终坚持辩证法，并且将唯物主义和辩证法完全结合在一起。在人类哲学思想史上，只有他们创立的新世界观才达到了这种高度的统一。因此，当列宁说“马克思主义哲学即辩证唯物主义”[⑤]“辩证唯物主义即马克思主义”[⑥] 时，他是用“辩证唯物主义”这个名称准确地表达了马克思主义哲学的精神实质。更重要的是，中国共产党成立90多年来的实践，已经反复检验了党对马克思主义哲学的理解，证明党把辩证唯物主义作为自己的世界观和方法论是完全正确的。正如毛泽东所指出的：“辩证唯物论之所以为普遍真理，在于经过无论什么人的实践都不能逃出它的范围。”[⑦] 1945年党中央《关于若干历史问题的决议》总结党24年的历史，得出一个结论：“一切政治路线、军事路线和组织路线之正确或错误，其思想根源都在于它们是否从马克思列宁主义的辩证唯物论和历史唯物论出发，是否从中国革命的客观实际和中国人民的客观需要出发。”[⑧] 那些试图以自己的某种主张取代辩证唯物主义的论者，他们的观点不

① 《中共中央文件选集（1945—1947）》，中共中央党校出版社1987年版，第52页。

② 《邓小平文选》第2卷，人民出版社1994年版，第278页。

③ 《毛泽东邓小平江泽民论党的建设》，中央文献出版社、中共中央党校出版社1998年版，第628页。

④ 《十六大以来重要文献选编》上，中央文献出版社2005年版，第644页。

⑤ 《列宁选集》第2卷，人民出版社1995年版，第15页。

⑥ 同上书，第13页。

⑦ 《毛泽东选集》第1卷，人民出版社1991年版，第293页。

⑧ 《毛泽东选集》第3卷，人民出版社1991年版，第987页。

尽相同，笔者不拟讨论；在强调实践和实践观点重要性的意义上称马克思主义哲学为实践的唯物主义也并无不可。但是，且不论他们提出的各种主张在理论上是否说得通，一个无可争辩的事实是：这些据说直到今天才由他们从马克思的书本中解读出来的思想，从来没有经受过社会实践的检验，从来没有同中国人民的实践发生联系。既然社会实践是检验认识真理性的唯一标准，有什么理由要求人们相信他们的这些思想呢？在中国共产党的全部重要文献中，马克思主义哲学都被称为辩证唯物主义和历史唯物主义（或称辩证唯物论和历史唯物论），从无例外。只有辩证唯物主义和历史唯物主义才是被我们党用来指导实践并接受了实践检验的哲学。党领导中国人民取得的革命、建设和改革的胜利，闪耀辩证唯物主义和历史唯物主义的光辉。马克思说："关于离开实践的思维的现实性或非现实性的争论，是一个纯粹经院哲学的问题。"① 那些离开实践去解读书本而提出的各种被用来取代辩证唯物主义的观点，就是这种经院哲学的问题。我们对讨论这样的问题没有兴趣。邓小平说得好："离开自己国家的实际谈马克思主义，没有意义。"② "辩证唯物主义是中国共产党人的世界观和方法论。" 习近平这一论断以最简洁明快的形式指出了中国化马克思主义的哲学理论基础，没有丝毫模糊之处，容不得任何曲解。如果否定辩证唯物主义，就是从根本上颠覆中国共产党人全部理论和实践的世界观、方法论基础和话语体系。

坚持辩证唯物主义的世界观和方法论，必须学习掌握它的基本原理。习近平在讲话中论述了辩证唯物主义的一系列基本原理，我们应该深入学习和领会。

二　学习掌握世界统一于物质、物质决定意识的原理

习近平强调，要学习掌握世界统一于物质、物质决定意识的原理，坚持从客观实际出发制定政策、推动工作。这里所说的"世界统一于物质、物质决定意识"的原理，是马克思主义的唯物主义最基本的原理。马克思从创立新世界观时起，就把自己的哲学称为"新唯物主义"。③ 他声明"我是唯物主义者"。④ 马克思和恩格斯把共产主义者称为"实践的唯物主义者"⑤ "共产主义的唯物主义者"。⑥ 恩格斯提出了著名的哲学基本问题的理论。他指出，思维和存在的关系问题是全部哲学特别是近代哲学的基本问题，哲学家们依照如何回答这个问题而分成了唯物主义和唯心主义两大阵营。"凡是认为自然界是本原的，则属于唯物主义的各种学派。"⑦ 恩格斯还明确提出了世界统一于物质的原理，他说："世界的真正的统一性在于它的物质性"，这种物质性"是由哲学和自然科学的长期的和持续的发展所证明的"。⑧ 列宁在他的名著《唯物主义和经验批

---

① 《马克思恩格斯文集》第1卷，人民出版社2009年版，第504页。
② 《邓小平文选》第3卷，人民出版社1993年版，第191页。
③ 《马克思恩格斯文集》第1卷，人民出版社2009年版，第502页。
④ 《马克思恩格斯文集》第10卷，人民出版社2009年版，第280页。
⑤ 《马克思恩格斯文集》第1卷，人民出版社2009年版，第527页。
⑥ 同上书，第530页。
⑦ 《马克思恩格斯文集》第4卷，人民出版社2009年版，第278页。
⑧ 《马克思恩格斯文集》第9卷，人民出版社2009年版，第470页。

判主义》中对马克思主义的唯物主义作了系统论证，阐明了唯物主义和唯心主义两条认识路线的对立。他回答了“什么是物质”的追问，把“物质”定义为“标志客观实在的哲学范畴”，[①] 为唯物主义的理论大厦奠定了一块基石。中国共产党人一贯坚持世界统一于物质、物质决定意识的原理。毛泽东在1937年写的《辩证法唯物论（讲授提纲）》中说：“唯心论与唯物论的根本区别在哪里呢？在于对哲学的根本问题，即精神与物质的关系问题（意识与存在的关系问题）之相反的回答。”[②] 他指出，唯心论认精神、意识、观念为世界一切的根源，唯物论认物质离精神而独立存在，精神不过为其附属物，从这个根本问题的相反的回答出发，就生出一切问题上的分歧意见来。毛泽东论述了世界的物质统一性，他说，唯物论“认宇宙的统一就在它的物质性。精神（意识）是物质的本性之一，是物质发展到一定阶段时才发生的”。[③] 唯物主义哲学并不都是马克思主义哲学。列宁根据恩格斯的论述，把包括费尔巴哈在内的旧唯物主义的主要缺点概括为三点，阐明了辩证唯物主义与旧唯物主义的区别。其一，旧唯物主义主要是机械的唯物主义，它没有考虑到化学、生物学、物理学的最新发展。其二，旧唯物主义是非历史的、非辩证的（反辩证法意义上的形而上学的）唯物主义，它没有彻底和全面地贯彻发展的观点。其三，旧唯物主义抽象地理解人的本质，它只是“解释”世界，不理解“革命实践活动”的意义。马克思既批判了唯心主义，又揭露和批判了从前的一切唯物主义的主要缺陷，才实现了哲学上的变革，创建了新的世界观。因此，坚持马克思主义，既要反对唯心主义，又要同旧唯物主义划清界限。毛泽东说：“马克思主义的世界观（或叫宇宙观），是辩证法的唯物论，不是形而上学的唯物论（或叫机械的唯物论），这一点区别，是一个天翻地覆的大问题。”[④] 毛泽东历来强调，要坚持辩证唯物论，反对唯心主义和形而上学。但是，也有一些论者把物质决定意识当成旧唯物主义的观点轻蔑地撇在一旁。他们主张世界的“本体”是实践而不是物质。有的论者认为，本体只能是实践中的本体，实践构成了人类世界的真正本体，离开人的世界的自然界对人说来是“无”，在人的实践之外世界本身是否存在的问题是没有意义的问题。这样的观点，实际上是要用他们主观臆造的“世界统一于实践”（这明显地表现于有些论者把自己的主张称为“实践本体论”“实践一元论”“实践存在论”）否定和取代“世界统一于物质”的原理。应该看到，物质决定意识的观点虽然不是马克思主义所特有的，但也绝不是旧唯物主义所专有的，而是整个唯物主义基本派别共同的基本观点，是马克思主义必须坚持的基本原理。习近平强调要学习掌握世界统一于物质、物质决定意识的原理，给了我们批评错误观点、坚持辩证唯物主义的思想武器。

学习马克思主义基本原理，是为了用它指导实践。习近平论述了如何坚持从客观实际出发制定政策、推动工作。他说，当代中国最大的客观实际，就是我国仍处于并将长期处于社会主义初级阶段，这是我们认识当下、规划未来、制定政策、推进事业的客观基点，不能脱离这个基点。既要看到社会主义初级阶段基本国情没有变，也要看到我国

---

① 《列宁专题文集·论辩证唯物主义和历史唯物主义》，人民出版社2009年版，第35页。

② 《毛泽东著作专题摘编》上，中央文献出版社2003年版，第13页。

③ 同上书，第13—14页。

④ 同上书，第14页。

经济社会发展每个阶段呈现出来的新特点。这些论述指引着我们在新的历史条件下运用好世界统一于物质、物质决定意识的原理。坚持这一原理，必须坚持党的实事求是的思想路线。邓小平多次指出，“马克思主义的辩证唯物主义和历史唯物主义，也就是毛泽东同志概括的实事求是，或者说一切从实际出发”。[①] 实事求是是毛泽东思想的精髓，是毛泽东思想的活的灵魂。坚持实事求是，就要一切从实际出发，理论联系实际，坚持实践是检验真理的标准。这就是我们党的思想路线。指引中国革命、建设和改革不断取得新胜利的中国新民主主义革命总路线、过渡时期总路线、社会主义初级阶段的基本路线，都是把马克思主义基本原理同中国具体实际相结合的产物，都是坚持实事求是、从实际出发而制定的正确路线。经过三十多年的改革开放，我国基本国情的内涵不断发生变化，我们面临的国际国内风险、面临的难题也发生了重要变化。党中央提出要准确把握、主动适应经济发展新常态，就是适应国际国内环境变化、辩证分析我国经济发展阶段性特征作出的判断。习近平强调，准确把握我国不同发展阶段的新变化新特点，使主观世界更好符合客观实际，按照实际决定工作方针，这是我们必须牢牢记住的工作方法。否定世界统一于物质、物质决定意识的原理，就从根本上否定了党的思想路线的哲学理论基础。物质和意识是在物质决定意识的基础上相互作用的。习近平指出，辩证唯物主义并不否认意识对物质的反作用，而是认为这种反作用有时是十分巨大的。毛泽东说：“物质可以变成精神，精神可以变成物质。”[②] “代表先进阶级的正确思想，一旦被群众掌握，就会变成改造社会、改造世界的物质力量。”[③] 习近平强调始终把思想建设放在党的建设第一位，强调“革命理想高于天”，就是坚持精神变物质、物质变精神的辩证法。他还提出，经济工作是党的中心工作，意识形态工作是党的一项极端重要的工作。我们学习贯彻习近平讲话精神，必须毫不放松理想信念教育、思想道德建设、意识形态工作，大力培育和弘扬社会主义核心价值观，用富有时代气息的中国精神凝聚中国力量。

三　学习掌握事物矛盾运动的基本原理和唯物辩证法的根本方法

习近平指出，要学习掌握事物矛盾运动的基本原理，不断强化问题意识，积极面对和化解前进中遇到的矛盾。事物矛盾运动的基本原理，即对立统一规律，是唯物辩证法最根本的规律，是辩证法的核心。恩格斯把辩证法的规律概括为三个规律，即量转化为质和质转化为量的规律、对立的相互渗透的规律、否定的否定的规律。列宁认为，就本来的意义说，辩证法就是研究对象的本质自身中的矛盾。他写道：“可以把辩证法简要地规定为关于对立面的统一的学说。这样就会抓住辩证法的核心，可是这需要说明和发挥。”[④] 毛泽东继承和发展了列宁的思想，明确指出：“事物的矛盾法则，即对立统一的法则，是唯物辩证法的最根本的法则。”[⑤] 他说，如果把这一法则涉及的广泛的哲学问

① 《邓小平文选》第3卷，人民出版社1993年版，第118页。
② 《毛泽东文集》第8卷，人民出版社1999年版，第321页。
③ 同上书，第320页。
④ 《列宁全集》第55卷，人民出版社1996年版，第192页。
⑤ 《毛泽东选集》第1卷，人民出版社1991年版，第299页。

题都弄清楚了，就在根本上懂得了唯物辩证法。毛泽东在《矛盾论》中抓住辩证法的这个核心作了深入的说明和发挥，全面系统地阐述了对立统一规律。《矛盾论》和《实践论》一起，为马克思主义中国化奠定了哲学世界观和方法论的基石。我们学习辩证唯物主义基本原理和方法论，一定要抓住事物矛盾运动的原理这个核心。习近平指出：问题是事物矛盾的表现形式，我们强调增强问题意识、坚持问题导向，就是承认矛盾的普遍性、客观性，就是要善于把认识和化解矛盾作为打开工作局面的突破口。

承认矛盾的普遍性、客观性，是对立统一规律的重要内容。唯物辩证法所说的矛盾，是事物自身固有的而不是人们头脑中幻想出来加之于对象的矛盾。人类实践和科学的发展证明，矛盾存在于一切事物的发展过程中，并且贯穿每一事物发展过程的始终。矛盾无处不在，无时不有。对立统一规律不论在自然界、人类社会和人们的思想中都是普遍存在的。马克思主义哲学揭示了这一客观规律，形成了事物矛盾运动的基本原理。既然事物的矛盾具有客观性、普遍性，并且正是事物中包含的矛盾方面的相互依赖和相互斗争决定着一切事物的生命，推动了一切事物的发展，那么，我们就应该从实际出发正确认识和处理矛盾，而不应该回避矛盾。习近平指出，对待矛盾的正确态度，应该是直面矛盾，并运用矛盾相辅相成的特性，在解决矛盾的过程中推动事物发展。实际工作和人们思想中的各种问题，都是事物矛盾的表现形式。因此，直面矛盾，也就是要增强问题意识、坚持问题导向。毛泽东说："什么叫问题？问题就是事物的矛盾。哪里有没有解决的矛盾，哪里就有问题。"① 他在延安整风中批评了那种不提出问题、不分析问题、不解决问题的主观主义的学风和文风，指出，要使大家学会应用马克思主义的方法去观察问题、提出问题、分析问题和解决问题，这样我们所办的事情才能办好，我们的革命事业才能胜利。我们党领导人民干革命、搞建设、抓改革，从来都是为了解决中国的现实问题。习近平论述了抓主要矛盾和矛盾的主要方面的原理，指出：面对复杂形势和繁重任务，首先要有全局观，对各种矛盾做到心中有数，同时又要优先解决主要矛盾和矛盾的主要方面，以此带动其他矛盾的解决。对立统一规律告诉我们，事物中的各种矛盾以及每一矛盾的两个方面，其地位和作用是不平衡的，不可以平均看待。复杂事物的发展过程中，必定有一种矛盾起着领导的决定的作用，规定或影响着其他矛盾的存在和发展，这就是主要矛盾，其他矛盾则是非主要的矛盾。因此，必须用全力找出主要矛盾。捉住了这个主要矛盾，一切问题就迎刃而解了。这就是抓主要矛盾的方法。事物每一矛盾的两个方面也不平衡，必有一方处于支配地位，起主导作用，这就是矛盾的主要方面，其他方面则是矛盾的次要方面。事物的性质，主要是由取得支配地位的矛盾的主要方面所规定的。所以，学习掌握事物矛盾运动的原理，要在通观全局的基础上优先解决主要矛盾和矛盾的主要方面，牵住"牛鼻子"。党中央提出要协调推进全面建成小康社会、全面深化改革、全面依法治国、全面从严治党，这就是抓住当前党和国家事业发展中必须解决好的主要矛盾。由于主要矛盾和次要矛盾、矛盾的主要方面和次要方面是相互影响并且在一定条件下相互转化的，所以对次要矛盾和矛盾的次要方面也不能忽视。习近平指出，在任何工作中，我们既要讲两点论，又要讲重点论，没有主次，不加区别，眉毛胡子一把抓，是做不好工作的。既要看到主要矛盾又要看到次要矛盾，既要看到矛盾的主要方面又要看到矛盾的次要方面，这是两点论；优先解决主要矛盾和矛盾

---

① 《毛泽东选集》第3卷，人民出版社1991年版，第839页。

的主要方面，这是重点论。唯物辩证法要求把两点论和重点论统一起来，反对一点论和均衡论。在两点中要看到重点，而强调重点又不能忘记两点。习近平强调，要学习掌握唯物辩证法的根本方法，不断增强辩证思维能力，提高驾驭复杂局面、处理复杂问题的本领。

马克思主义哲学是世界观和方法论的统一。它揭示了物质世界的本质和规律，是世界观；拿了这样的世界观转过来去看世界，去研究问题，去做工作，这就是方法论。学习辩证唯物主义的基本原理，是为了把它当作方法论来运用，增强辩证思维能力，提高处理问题、做好工作的本领。作为方法论，事物矛盾运动的原理要求我们用对立统一的观点去观察一切事物，分析矛盾，解决矛盾。对立统一规律是宇宙的根本规律，所以矛盾分析方法是辩证思维的根本方法。毛泽东说："这个辩证法的宇宙观，主要地就是教导人们要善于去观察和分析各种事物的矛盾的运动，并根据这种分析，指出解决矛盾的方法。"①

我们的事业越是向纵深发展，就越要不断增强辩证思维能力。当前我国社会各种利益关系十分复杂，要求我们学习掌握矛盾分析方法，善于处理局部和全局、当前和长远、重点和非重点的关系，在权衡利弊中趋利避害、作出最为有利的战略抉择。唯物辩证法是与形而上学相对立的发展观和思维方式。毛泽东说："所谓形而上学的或庸俗进化论的宇宙观，就是用孤立的、静止的和片面的观点去看世界。"② 相反，唯物辩证法是用联系的、发展的和全面的观点去看世界。唯物辩证法与形而上学的根本分歧，在于是否承认事物的内部矛盾以及矛盾是事物发展的动力。习近平强调，要反对形而上学的思想方法，坚持发展地而不是静止地、全面地而不是片面地、系统地而不是零散地、普遍联系地而不是单一孤立地观察事物，准确把握客观实际，真正掌握规律，妥善处理各种重大关系。这一论述高度概括了唯物辩证法和形而上学两种思维方式的对立，为我们在中国特色社会主义建设中坚持辩证思维、反对形而上学指明了方向。

四　学习掌握认识和实践辩证关系的原理

习近平指出，要学习掌握认识和实践辩证关系的原理，坚持实践第一的观点，不断推进实践基础上的理论创新。为什么要强调学习掌握认识和实践辩证关系的原理？马克思主义哲学认为十分重要的问题，不仅是要解释世界，更是要改变世界。辩证唯物主义既揭示了客观世界的本质和发展规律，又阐明了人类认识和改造世界的规律。人的认识是在社会实践中对客观世界的能动的反映。人类是在改造世界中认识世界、在认识世界中改造世界的。认识与实践的矛盾，是人们实践—认识活动中的一对基本矛盾。无论认识或实践，都是在这一矛盾运动中发展的。所以学习辩证唯物主义，一定要抓住这一对矛盾，深入领会认识和实践辩证关系的原理。毛泽东的名著《实践论》，副标题就是"论认识和实践的关系——知和行的关系"。《实践论》围绕认识和实践的关系这个主题，系统地阐述了辩证唯物主义的认识论，并且用一个简明的公式对认识规律作出精辟概括："实践、认识、再实践、再认识，这种形式，循环往复以至无穷，而实践和认识

① 《毛泽东选集》第1卷，人民出版社1991年版，第304页。

② 同上书，第300页。

之每一循环的内容，都比较地进到了高一级的程度。这就是辩证唯物论的全部认识论，这就是辩证唯物论的知行统一观。”①《实践论》是我们学习认识和实践辩证关系原理的教科书。

为什么要坚持实践第一的观点，不断推进实践基础上的理论创新？这是由实践和认识的关系决定的。以生产劳动为最基本内容的实践，是人类社会存在和发展的基础，也是人的认识的基础。社会实践是人的认识的来源、推动认识发展的动力、检验认识的真理性的标准，也是人们认识的目的。人的正确思想既不是天下掉下来的，也不是自己头脑中固有的，只能从社会实践中来。人的全部认识都是建立在实践的基础之上的。所以列宁说：“生活、实践的观点，应该是认识论的首要的和基本的观点。”② 毛泽东指出，实践性是马克思主义的哲学辩证唯物论两个最显著的特点之一，它“强调理论对于实践的依赖关系，理论的基础是实践，又转过来为实践服务”。他说：“实践观点是辩证唯物论的认识论之第一的和基本的观点。”③ 这就是习近平讲话中强调的“实践第一”的观点。我们推进各项工作，要靠实践出真知。理论必须同实践相统一。社会实践是不断发展的，人的认识也是不断发展的。客观现实世界的变化运动永远没有完结，人们在实践中对于真理的认识也就永远没有完结，所以我们必须不断推进实践基础上的理论创新。强调坚持实践第一的观点绝不是轻视理论的作用。习近平指出：必须高度重视理论的作用，增强理论自信和战略定力，对经过反复实践和比较得出的正确理论，要坚定不移坚持。理论来源于实践，依赖于实践，理论又指导实践，能动地反作用于实践。看不到理论的反作用和二者的相互作用，就离开了辩证法。列宁说：“没有革命的理论，就不会有革命的运动。”④ 毛泽东进一步指出：“当着如同列宁所说‘没有革命的理论，就不会有革命运动’的时候，革命理论的创立和提倡就起了主要的决定的作用。”⑤

中国共产党就是马克思主义理论与中国工人运动相结合的产物，党又成为中国人民拿起马克思主义理论武器的倡导者和组织者。马克思主义一经同中国实际相结合，就使中国革命的面貌为之一新。多年的历史经验证明了理论工作的重要性。党在把马克思主义同中国具体实际相结合中创立了毛泽东思想和中国特色社会主义理论体系两大成果。习近平说：“是马克思列宁主义、毛泽东思想引导中国人民走出了漫漫的长夜、建立了新中国，是中国特色社会主义使中国快速发展起来了。”⑥ 90 多年来党领导中国人民革命、建设和改革的实践证明了马克思主义基本原理是普遍真理，具有永恒的思想价值；也证明了中国化马克思主义的科学真理性和伟大力量。中国共产党人的理论自信是建立在社会实践检验的基础之上的，具有充分可靠的客观根据，所以我们要增强理论自信和战略定力。

实践检验理论的真理性是一个充满矛盾的复杂过程。一时一地的实践都是有限的，

① 《毛泽东选集》第 1 卷，人民出版社 1991 年版，第 296—297 页。
② 《列宁专题文集·论辩证唯物主义和历史唯物主义》，人民出版社 2009 年版，第 49 页。
③ 《毛泽东选集》第 1 卷，人民出版社 1991 年版，第 284 页。
④ 《列宁全集》第 6 卷，人民出版社 1986 年版，第 23 页。
⑤ 《毛泽东选集》第 1 卷，人民出版社 1991 年版，第 326 页。
⑥ 《十八大以来重要文献选编》上，中央文献出版社 2014 年版，第 109 页。

所以作为检验真理的标准具有相对性、不确定性的一面，不能对一切理论都作出完全的检验。马克思主义基本原理的基础不是一时一地的实践，而是千百万人民群众长期反复的社会实践。如果一遇到实践中发生了问题，就以为是理论不正确，那就把实践对理论的检验简单化了。在具体的实践过程中，当理论与实践不一致的情况发生时，问题并不一定是出在理论方面。既可能是理论有错误或落后于实践，需要改正理论或发展理论；也可能是实践脱离了科学理论指导，需要用理论去批判和纠正实践中的错误。不能以一时一地有限的实践为根据否定在长期实践中形成的理论。因此，对经过反复实践和比较得出的正确理论，要坚定不移地坚持。对于马克思主义的基本原理，如辩证唯物主义和历史唯物主义的基本原理、马克思主义政治经济学的劳动价值论和剩余价值论、科学社会主义的基本原则，以及毛泽东思想和中国特色社会主义理论体系的基本原理，尤其应该有坚定的理论自信。习近平的论述，对于我们坚定对马克思主义的信仰，筑牢共产党人的政治灵魂和精神支柱，具有重要的意义。习近平最后指出，要根据时代变化和实践发展，不断深化认识，不断总结经验，不断实现理论创新和实践创新良性互动，在这种统一和互动中发展21世纪中国的马克思主义。

笔者认为，这里提出的“实现理论创新和实践创新良性互动”这一新的命题，根据新的实践丰富了辩证唯物主义关于认识和实践辩证关系的原理。理论与实践是在实践归根到底起决定作用的基础上相互作用的，二者在不同的意义上互为因果。它们之间不是单向作用的关系，而是双向互动的关系。它们的互动有不同的情况，需要加以区分。人的认识有真理也有谬误，理论有正确的也有错误的。科学的理论可以指引人们在实践中获得成功，错误的理论会误导实践，导致实践中的挫折。这两种相反的情形，都是理论对实践反作用的表现。人们的实践活动也并不都是天然合理、符合客观规律的。既有自觉地以一定理论为指导的实践，也有自发的盲目的实践；既有科学理论指导下的实践，也有错误理论影响或支配下的实践。所以理论与实践之间的相互作用、相互影响，既有积极的，也有消极的，并不都是良性的。这就要求我们增强理论自觉和实践自觉，自觉地以科学理论指导实践，又自觉地在新的实践中检验理论、发展理论，用实践创新推动理论创新，又用创新的理论指导实践的创新，将两方面统一起来，使二者相互促进，而不是相互牵制。这就是理论和实践、理论创新和实践创新的良性互动。

习近平一贯重视并多次强调在实践中不断推进理论创新和实践创新。他说，马克思主义必定随着时代、实践和科学的发展而不断发展，不可能一成不变。“坚持和发展中国特色社会主义是一篇大文章。”“我们这一代共产党人的任务，就是继续把这篇大文章写下去。”[①] 对社会主义这个我们只搞了几十年的东西，我们的认识和把握还是非常有限的。我们的事业越发展，新情况和新问题就会越多，面对的不可预料的事情就会越多。所以我们必须坚持马克思主义的发展观点，坚持实践是检验真理的唯一标准，发挥历史的主动性和创造性，锐意进取，大胆探索，“不断深化改革开放，不断有所发现、有所创造、有所前进，不断推进理论创新、实践创新、制度创新”。[②] 我们续写坚持和发展中国特色社会主义这篇大文章，必须学习掌握认识和实践辩证关系的原理，在理论

---

① 《十八大以来重要文献选编》上，中央文献出版社2014年版，第114页。

② 同上书，第115页。

创新和实践创新的良性互动中发展21世纪中国的马克思主义。综上所述，习近平讲话中阐述的世界统一于物质、物质决定意识的原理，事物矛盾运动的原理，认识和实践辩证关系的原理，都是辩证唯物主义最基本的原理。深入学习掌握这些原理，才能自觉地坚持中国共产党人的世界观和方法论。

（原载《思想理论教育导刊》2015年第4期）

论社会意识形态与思想政治教育的内在联系

郑永廷

作者简介：郑永廷，中山大学教授，博士生导师。

人类历史自阶级社会产生以来，就形成了统治阶级的思想统治，即主流社会意识形态的主导，并随之形成了与主流社会意识形态相适应的思想政治教育，二者形影不离，不可分割。在理论与实际的结合上，按照历史发展的逻辑来论述二者的内在联系，旨在揭示主流社会意识形态主导社会格局，以及思想政治教育维护并巩固主流社会意识形态的主导地位，是一个既有普遍性又有特殊性的历史发展趋向。认识和把握这一趋向，有利于我们坚持社会主义意识形态的主导地位，自觉开展并接受思想政治教育。

一　社会意识形态与思想政治教育内涵的融通

（一）社会意识形态概念与相关概念

社会意识形态，是指社会意识在社会现实生活中的表现和表述形式。政治、法律、哲学、道德、历史、宗教等各种社会意识形态之间是互相影响、互相作用的，其中政治、法律思想起决定作用，哲学思想起指导作用。社会意识形态在一定社会经济基础上形成和发展，反映一定阶级的根本利益，指导这一阶级或集团的行动。统治阶级的意识形态，是占统治地位的意识形态，具有鲜明的阶级性和主导性。先进阶级的意识形态对社会发展起推进作用，落后阶级的意识形态对社会发展起阻碍作用。马克思主义是无产阶级的意识形态，代表无产阶级的根本利益，对社会发展具有巨大促进作用。

简而言之，社会意识形态就是一种思想观念，这种思想观念具有群体性，即不是个别人的思想观念，而是已经被某个阶级或社会集团所接受的思想观念；具有系统性，即不是支离破碎的想法和观点，而是形成了思想体系；具有历史性，即在一定的社会经济基础上形成，其核心内容是价值观。

社会意识形态，也可称之为“观念上层建筑”或“思想上层建筑”。马克思和恩格斯在《德意志意识形态》一文中谈到市民社会时说：“市民社会这一名称始终标志着直接从生产和交往中发展起来的社会组织，这种社会组织在一切时代都构成国家的基础以及任何其他的观念的上层建筑的基础。”① 这里所说的“观念的上层建筑”，就是指意识形态。观念上层建筑或思想上层建筑，也可称之为意识形态上层建筑，都指适应经济基础的社会观点、思想体系。

① 《马克思恩格斯选集》第1卷，人民出版社2012年版，第211页。

社会意识形态，按其阶级内容和所反映的社会经济基础，可分为奴隶主意识形态、封建主意识形态、资产阶级意识形态、无产阶级意识形态。每个社会的统治阶级的意识形态，也可称之为“统治阶级的思想”。每个社会、国家的意识形态领域，都不是单一的，而是多样、多变的：一定社会或国家要坚持占主导地位的意识形态；存在反映已被消灭的旧经济制度和政治制度的意识形态残余；反映现存社会里孕育着的新社会因素并为建立新的经济制度和政治制度服务的新的意识形态内容。

（二）思想政治教育概念及内涵

思想政治教育包括思想教育、政治教育和道德教育，是具有社会主义性质与中华民族特色的专门概念。其他社会与国家虽然没有思想政治教育这一概念，但都在事实上存在着思想教育、政治教育和道德教育，只不过使用的名称或概念不同而已。

所谓思想政治教育，“是教育者与受教育者根据社会和自身发展的需要，以正确的思想、政治、道德理论为指导，在适应与促进社会发展的过程中，不断提高思想、政治、道德素质和促进全面发展的过程”。[①] 这一界定，强调思想政治教育是社会发展与人的发展需要，体现了以人为本的精神；强调教育者与受教育者都要以正确思想、政治、道德理论为指导，规范了共同的价值取向和遵循准则；强调教育者与受教育者都要把适应与促进社会发展和不断提高思想、政治、道德素质、促进全面发展作为目的。

思想政治教育的内涵，其一是人本性。任何思想政治教育都是以人为主体的活动，“思想政治教育说到底是做人的工作，必须坚持以人为本。既要坚持教育人、引导人、鼓舞人、鞭策人，又要做到尊重人、理解人、关心人、帮助人”。[②] 也就是说，思想政治教育的对象是人，教育者也是人，坚持育人为本是思想政治教育的本质属性。其二是意识形态性。意识形态性是思想政治教育性质的规定性。思想政治教育只有按照主导意识形态确立的方向、目标并运用主导意识形态的内容开展教育，才能适应和推进社会发展的需要。其三是目的性。思想政治教育的意识形态性决定了思想政治教育的目的性。思想政治教育既要立足于现实，又要超越现实，即以现实为基础，推进社会发展和人的发展，实现一定的目标。

（三）社会意识形态与思想政治教育的内涵融通

从社会意识形态和思想政治教育的概念、内涵可以看出，两者有相互联系、相互衔接之处：社会意识形态的性质决定思想政治教育的性质；社会意识形态所确定的方向和目标，规定着思想政治教育的方向和目标；社会意识形态的内容，规范着思想政治教育的内容。同时，思想政治教育是面向社会、面向广大群众的，学习、理解、认同社会意识形态，并以其为指导，在社会实践中坚持社会意识形态的方向、遵循社会意识形态的准则、实现社会意识形态的目标是不可缺少的途径。因而，思想政治教育实际上是意识形态教育。

---

① 教育部思想政治工作司组编：《大学生思想政治教育理论与实践》，高等教育出版社2009年版，第2页。

② 胡锦涛：《在全国宣传思想工作会议上的讲话》，《人民日报》2003年12月8日。

二 马克思主义关于社会意识形态与思想政治教育内在联系的论述

马克思主义经典作家，对社会意识形态与思想政治教育的内在联系，从不同层面进行了深入论述。学习、领会这些论述，不仅可以深化我们对社会意识形态与思想政治教育的本质认识，而且能够加深对社会意识形态与思想政治教育内在联系的把握。

（一）统治阶级在坚持占统治地位思想的同时，必须“调节着自己时代的思想的生产和分配”

马克思和恩格斯根据历史唯物主义原理，提出了著名论断：“统治阶级的思想在每一时代都是占统治地位的思想。这就是说，一个阶级是社会上占统治地位的物质力量，同时也是社会上占统治地位的精神力量。支配着物质生产资料的阶级，同时也支配着精神生产资料……占统治地位的思想不过是占统治地位的物质关系在观念上的表现，不过是以思想的形式表现出来的占统治地位的物质关系；因而，这就是那些使某一个阶级成为统治阶级的关系在观念上的表现，因而这也就是这个阶级的统治的思想。”① 在这段论述中，“占统治地位的思想”，就是统治阶级的意识形态。马克思和恩格斯既阐述了一个阶级“占统治地位的物质力量”与“占统治地位的精神力量”的辩证关系，又充分肯定了占统治地位的思想具有相对独立性，即占统治地位的思想不仅反映占统治地位的物质关系，而且反作用于占统治地位的经济基础。因而，统治阶级为了维护其根本利益，巩固其统治，无一例外地都要坚持和发展占统治地位的意识形态，排斥和反对其他意识形态的影响与冲击。这是马克思和恩格斯站在人类社会发展的高度，揭示、归纳的治国理政基本原理。

怎样才能有效坚持和发展占统治地位的意识形态呢？马克思和恩格斯接着说：“构成统治阶级的各个个人也都具有意识，因而他们也会思维……他们还作为思维着的人，作为思想的生产者进行统治，他们调节着自己时代的思想的生产和分配；而这就意味着他们的思想是一个时代的占统治地位的思想。”② 这一段话，把统治阶级的思想统治，回归、落实到人，通过“一切领域中”的人，“调节着自己时代的思想的生产和分配”。

所谓“思想的生产”，就是人们为认知世界和满足精神文化生活方面的需要所进行的探索、创作、生产活动；就是以社会实践为基础，更新思想观念、充实精神生活，促进物质生产与社会文明发展，丰富、发展占统治地位的意识形态。思想生产要以物质生产为基础，但思想生产也可以相对独立地存在，“思想、观念、意识的生产最初是直接与人们的物质活动，与人们的物质交往，与现实生活的语言交织在一起的。人们的想象、思维、精神交往在这里还是人们物质行动的直接产物。表现在某一民族的政治、法律、道德、宗教、形而上学等的语言中的精神生产也是这样。人们是自己的观念、思想等等的生产者……”③ 人们自己生产观念、思想，是物质生产的发展与需要，是人们思想、精神具有相对独立性的标志。

---

① 《马克思恩格斯选集》第1卷，人民出版社2012年版，第178页。

② 同上书，第179页。

③ 同上书，第151—152页。

思想政治教育是满足人们思想生产或精神生产需要的途径与方式。因为思想政治教育既要组织人们学习、理解、内化主导意识形态的内容，形成自己的思想，并以形成的思想在实践中外化为行动，而这种内化与外化的过程，以及所形成的思想与行动，是人们理论联系实际的思考与行动，是他人不能替代的活动，蕴含着思想生产与实践创新；同时，人们又要在实践过程中，“根据于一定的思想、理论、计划、方案以从事于变革客观现实的实践，一次又一次地向前，人们对于客观现实的认识也就一次又一次地深化”。[①]“人们对于客观现实的认识”的不断深化，就是在实践过程中的“思想生产”和对意识形态的丰富。

所谓“思想分配”，是指按一定规定把思想分配给社会、社会集团以及社会成员的过程和形式。意识形态是一种文化资源，统治阶级占统治地位的意识形态是统治阶级治国理政的重要财富。统治阶级及其政党为了发挥占统治地位意识形态的作用，首先要向社会各个领域及全体社会成员，通过大众传媒宣传、思想政治教育、各种文化活动等途径广泛持久地开展意识形态工作，让广大群众接受主导意识形态教育，明确社会与国家的性质、方向与发展目标，这是主导意识形态的广泛性“分配”，它旨在形成社会思想基础与社会凝聚力。其次，社会及其人员是分类型与层次的，正如列宁所说：“谁都知道，群众是划分为阶级的；……阶级是由政党来领导的；政党通常是由最有威信、最有影响、最有经验、被选出担任最重要职务而称为领袖的人们所组成的比较稳定的集团来主持的。”[②] 列宁这一论述阐明了领袖、政党、阶级、群众之间不可分割的关系，科学说明了社会的层次与结构。这就是说，一个社会统治阶级的成员，特别是掌握国家党、政、军权力的各级领导，担负着治国理政的重大职责，代表着国家根本利益，理所当然要更加自觉地学习统治阶级的意识形态，维护主导意识形态的主导地位。同时，社会的上层建筑的有关机构，也应通过主导意识形态的系统教育、专题培训、典型示范、重要会议等途径加强主导意识形态资源的重点“分配”，使领导成员拥有主导意识形态的资源优势。再次，社会是不断发展变化的，统治阶级的意识形态，既要传承也要发展，既要始终坚持主导也要不断排除其他意识形态的干扰与冲击。因此，任何统治阶级都把年轻一代作为意识形态教育的重点，系统开设主导意识形态课程，灌输主导意识形态内容，帮助青少年辨析、批判、抵制错误思想观念，形成与主导意识形态相一致的世界观与价值观。

（二）理论既源于群众的实践，又必须掌握群众指导实践

在讲理论与实践的关系之前，先要说明“理论”与“意识形态”的关系。所谓理论，是指在实践基础上关于自然界和人类社会的系统理性认识，也指辩论是非、争论和讲道理；所谓意识形态，是指在一定的经济基础上形成的、对世界和社会的系统认识和见解。“理论”与“意识形态”两个概念，都强调认识和结论是理性的、系统的；都必须以客观实际、社会实践、经济条件为基础，这是相同之处。相比较而言，理论涵盖的面更宽泛一些，理论既包括自然科学理论、社会科学理论，也包括某种具体的理论观点。意识形态一般不包括自然科学理论，也不是单一理论观点，而是系统理论，如马克思主义理论可称之为马克思主义意识形态，科学社会主义理论可称之为社会主义意识形

---

① 《毛泽东选集》第1卷，人民出版社1991年版，第295—296页。

② 《列宁选集》第4卷，人民出版社2012年版，第151页。

态。因为这些系统理论，是由政治、法律、道德、哲学等思想观念组成的整体。

理论与实践的关系，是一种辩证关系。总体来讲，就是理论源于实践，理论又指导实践。马克思在《〈黑格尔法哲学批判〉导言》一文中说："理论需要是否会直接成为实践需要呢？光是思想力求成为现实是不够的，现实本身应当力求趋向思想。"① 马克思在这里讲的就是理论对实践的指导性。理论之所以具有超越性与指导性，是因为"人是现实性的存在，但人又总是不满足于自己存在的现实，而总是要求把现实变成更加理想的现实。理论正是以其理想性的世界图景和理想性的目的性要求而超越于实践，并促进实践的自我超越"②。毛泽东借用斯大林的话对理论与实践的关系进行了辩证论述，他说："理论若不和革命实践联系起来，就会变成无对象的理论，同样，实践若不以革命理论为指南，就会变成盲目的实践。"③

马克思关于理论与实践、理论与群众的关系，体现在他提出的一个著名论断："理论一经掌握群众，也会变成物质力量。理论只要说服人［ad hominem］，就能掌握群众；而理论只要彻底，就能说服人［ad hominem］。所谓彻底，就是抓住事物的根本。而人的根本就是人本身。"④ 马克思在这里所说的"理论"，显然是指抓住事物根本的、彻底的理论，也就是毛泽东所说的"真正的理论"或揭示事物发展规律的科学理论，"真正的理论在世界上只有一种，就是从客观实际抽出来又在客观实际中得到了证明的理论，没有任何别的东西可以称得起我们所讲的理论"。⑤ 马克思的这段话，既肯定了理论或意识形态的重要性，又强调了思想政治教育的作用。

其一，"理论一经掌握群众，也会变成物质力量"，讲的是理论在指导实践过程中的反作用和精神向物质的转化。科学理论的形成源于实践，但科学理论并不是实践的附属物，而是具有相对独立性并能指导实践。马克思说："哲学把无产阶级当做自己的物质武器，同样，无产阶级也把哲学当做自己的精神武器。"⑥ 恩格斯指出："根据唯物史观，历史过程中的决定性因素归根到底是现实生活的生产和再生产……但是对历史斗争的进程发生影响并且在许多情况下主要是决定着这一斗争的形式的，还有上层建筑的各种因素：阶级斗争的各种政治形式及其成果——由胜利了的阶级在获胜以后确立的宪法等等，各种法的形式以及所有这些实际斗争在参加者头脑中的反映，政治的、法律的和哲学的理论，宗教的观点以及它们向教义体系的进一步发展。"⑦ 恩格斯运用经济基础与上层建筑辩证的原理，在强调"现实生活的生产和再生产"决定作用的同时，也肯定了"政治的、法律的和哲学的理论"对历史斗争的进程发生影响并且在许多情况下起决定作用。列宁则从理论与实践辩证关系的层面，论述了理论指导实践的重要性，他说："没有革命理论，就不会有革命的运动。"⑧ 毛泽东则更明确地强调了"正确思想"

---

① 《马克思恩格斯选集》第1卷，人民出版社2012年版，第11页。

② 孙正聿：《理论及其与实践的辩证关系》，《光明日报》2009年11月24日。

③ 《毛泽东选集》第1卷，人民出版社1991年版，第293页。

④ 《马克思恩格斯选集》第1卷，人民出版社2012年版，第9—10页。

⑤ 《毛泽东选集》第3卷，人民出版社1991年版，第817页。

⑥ 《马克思恩格斯文集》第1卷，人民出版社2009年版，第17页。

⑦ 《马克思恩格斯选集》第4卷，人民出版社2012年版，第604页。

⑧ 《列宁专题文集·论无产阶级政党》，人民出版社2009年版，第70页。

对实践的反作用，以及思想与物质的转化："人们的社会存在，决定人们的思想。而代表先进阶级的正确思想，一旦被群众掌握，就会变成改造社会、改造世界的物质力量。"①

其二，"理论只要说服人，就能掌握群众"，就是要以理论说服群众、教育群众、武装群众，开展思想政治教育。前面已经阐明，理论有相对独立性与反作用。理论要发挥反作用，只有通过掌握群众并指导实践才能实现。群众理解、认同和运用理论，有一个学习、思考、联系实际解决问题的过程，这个过程就是思想政治教育。思想政治教育的主要任务，就是引导、帮助人们辨别是非、明确方向、付诸实践；就是要坚持以理服人，即以揭示事物本质与规律的真理说服人；以遵循规律性与正确价值性的实际事理启发人；以教育者真学、真信、真用的情理感化人。群众掌握了理论并自觉运用理论指导实践，就能产生改造社会、推进发展的强大力量。

其三，"理论只要彻底，就能说服人。所谓彻底，就是抓住事物的根本"，讲的是理论符合规律性与价值性。理论彻底，就是理论透过现象，揭示了事物的本质与规律，深刻而透彻，经得起实践的检验。追求彻底的理论，一定具有影响力、说服力与指导作用；理论要有力量，必须追根溯源、探求根底。要使理论具有彻底性，就不能让理论趋附于不能反映事物本质的某些现象，也不能让理论屈从于某种不切实际的主观意愿与臆想。思想政治教育要有影响力、说服力与渗透力，必须运用"彻底的理论"，即科学的理论教育人、武装人。

马克思主义理论是由马克思和恩格斯创立，后来在实践中不断发展的科学理论。马克思主义的科学性和真理性，在于它具有辩证唯物主义和历史唯物主义世界观与方法论；在于它能以无可辩驳的事实和严密的逻辑揭示人类社会的发展规律；在于它始终代表并致力于实现无产阶级和广大劳动人民的根本利益；在于它富有与时俱进的理论品质和崇高的理想信念。所以，早在1920年11月25日，27岁的毛泽东在写给新民学会会员向警予、欧阳泽、罗章龙等人的信中就这样说道："主义譬如一面旗子，旗子立起了，大家才有所指望，才知所趋赴。"② 毛泽东这里所说的"主义"，就是马克思主义理论。邓小平在苏东剧变之后，坚定地认为："我坚信，世界上赞成马克思主义的人会多起来的，因为马克思主义是科学。它运用历史唯物主义揭示了人类社会发展的规律。"③

（三）先进理论不会自发产生，阶级政治意识只能从外面灌输给人们

马克思在《〈黑格尔法哲学批判〉导言》中强调，先进理论不会自发产生，共产党必须加强对工人阶级的思想理论灌输。列宁提出了"灌输论"并进行了深刻的阐述。列宁说："工人本来也不可能有社会民主主义的意识。这种意识只能从外面灌输进去，各国的历史都证明：工人阶级单靠自己本身的力量，只能形成工联主义的意识……"④并强调："没有革命理论，就不会有坚强的社会主义政党，因为革命理论能使一切社会主义者团结起来，他们从革命理论中能取得一切信念，他们能运用革命理论来确定斗争

---

① 《毛泽东著作选读》下，人民出版社1986年版，第839页。

② 中共中央文献研究室等编：《毛泽东早期文稿》，湖南出版社1990年版，第554页。

③ 《邓小平文选》第3卷，人民出版社1993年版，第382页。

④ 《列宁选集》第1卷，人民出版社2012年版，第317页。

方法和活动方式。"[①]"从外面"是指从工人群众头脑的外面,"阶级政治意识只能从外面灌输给工人,即只能从经济斗争外面,从工人同厂主的关系范围外面灌输给工人。"[②]"从外面"灌输就是指向工人灌输他们原来并不了解和掌握的社会主义思想,指导工人明确无产阶级的历史使命。因而,列宁提出灌输社会主义思想,是指这种先进思想体系对人来说不可能不学而知、不用就会,只能通过灌输、引导工人群众自觉学习、运用,才能掌握科学的世界观和方法论。列宁的"灌输论"是针对自发论提出的一种自觉性理论,灌输论是思想政治教育的理论,灌输是思想政治教育的重要范畴。

毛泽东早在抗日战争时期就指出:"军队的基础在士兵,没有进步的政治精神贯注于军队之中,没有进步的政治工作去执行这种贯注,就不能达到真正的官长和士兵的一致,就不能激发官兵最大限度的抗战热忱,一切技术和战术就不能得着最好的基础去发挥它们应有的效力。"[③]这里所说的"贯注",实际上就是灌输。新中国成立后,在谈到农村思想政治工作时,毛泽东提出:"政治工作的基本任务是向农民群众不断地灌输社会主义思想,批评资本主义倾向。"[④]因此,灌输这个范畴是思想政治教育的特定范畴,就是说,正确、先进的思想体系不可能在头脑中自发产生,只有通过学习、教育、实践才能自觉形成。

由于思想、政治、道德教育具有普遍性,所以,古今中外的各个社会发展阶段,各个不同性质的国家都十分强调灌输。在我国古代社会,孔子提出了治理国家、教化民众的两种主张:"道之以政,齐之以刑,民免而无耻;道之以德,齐之以礼,有耻且格。"[⑤]前一主张强调刑罚制约,虽可使民众避免犯罪,但会使民众留下无耻后患;后一主张强调道德、政治灌输,可引领民众增强耻感、遵循规范,使社会运行有序。显然,孔子主张后者而不主张前者。孟子说得更为明确:"善政不如善教之得民也……善政得民财,善教得民心。"[⑥]所谓善教,就是善于进行道德、政治灌输与教化。

很多人以为美国没有政治思想灌输,完全是个人的自由选择。事实上,资本主义制度优越性教育、美国历史教育、美国公民权利和义务教育、美国国民精神教育,在美国是一以贯之从不含糊的。美国还提出了政治教育的特定概念——"政治社会化",就是要把民众融合到美国政治体系中去。美国政治学家格林斯泰因明确承认:"政治社会化是正式负责教育的机构有目的地对政治意识、政治价值和政治习惯的灌输。"[⑦]美国另一位社会学教授安东尼·奥勒姆也坦言:"任何社会为了生存下去都必须成功地向社会成员灌输适合维持其制度的思想。"[⑧]可以肯定,西方资本主义国家都要对他们的民众灌输资本主义思想和政治信条。

---

① 《列宁选集》第1卷,人民出版社2012年版,第203页。

② 同上书,第363页。

③ 《毛泽东选集》第2卷,人民出版社1991年版,第511页。

④ 《建国以来重要文献选编》第7册,中央文献出版社1993年版,第213页。

⑤ 《论语·为政》。

⑥ 《孟子·尽心上》。

⑦ 王浦劬主编:《政治学基础》,北京大学出版社1995年版,第356页。

⑧ [美]安东尼·奥勒姆:《政治社会学导论》,董云虎、李云龙译,浙江人民出版社1989年版,第6页。

（四）坚持理论联系实际的原则，克服教条主义与经验主义

理论联系实际，既是无产阶级政党的根本作风，又是思想政治教育的基本原则。理论联系实际的基本精神，是要坚持辩证唯物主义和历史唯物主义世界观，坚持主观与客观、理论与实践、知与行的具体的历史的统一。

早在1843年，马克思就明确宣布："新思潮的优点就恰恰在于我们不想教条式地预料未来，而只是希望在批判旧世界中发现新世界。""所以我不主张我们竖起任何教条主义的旗帜。"① 马克思在《评普鲁士最近的书报检查令》一文中，强调要用事物本身的语言来说话，表达事物的本质特征，要按照事物本质的要求去对待各种事物，使思维与存在统一、理论与实际结合。恩格斯则反复强调："马克思的整个世界观不是教义，而是方法。它提供的不是现成的教条，而是进一步研究的出发点和供这种研究使用的方法。"② 列宁在领导俄国革命实践的过程中，更是反复强调理论联系实际的原则与作风，他说："马克思和恩格斯多次说过，我们的学说不是教条，而是行动的指南，我想我们应当首先和特别注意这一点。""我以前说过，现在还要再三地说，这个学说不是教条，而是行动的指南。"③

毛泽东遵循理论联系实际的原则，在把马克思列宁主义普遍原理同中国革命具体实际相结合的过程中，在反对主观主义和教条主义的斗争中，对理论联系实际的思想作了深刻的论述和发挥。1941年9月10日，毛泽东在《反对主观主义和宗派主义》一文中首次提出了"学风"概念，后来在《整顿党的作风》一文中强调："反对主观主义以整顿学风"，学风问题实际上是要坚持理论联系实际、反对脱离实际的问题，"所谓学风，不但是学校的学风，而且是全党的学风。学风问题是领导机关、全体干部、全体党员的思想方法问题，是我们对待马克思列宁主义的态度问题，是全党同志的工作态度问题。"④ 在《论联合政府》一文中，毛泽东又把理论联系实际上升到作风高度，他说："以马克思列宁主义的理论思想武装起来的中国共产党，在中国人民中产生了新的工作作风，这主要的就是理论和实践相结合的作风，和人民群众紧密地联系在一起的作风以及自我批评的作风。"⑤ 毛泽东早在第二次国内革命战争时期，就写下了《关于纠正党内的错误思想》一文，他针对脱离实际的倾向指出："主观主义，在某些党员中浓厚地存在，这对分析政治形势和指导工作，都非常不利。因为对于政治形势的主观主义的分析和对于工作的主观主义的指导，其必然的结果，不是机会主义，就是盲动主义。"⑥ 毛泽东针对脱离中国实际、把马克思主义理论作为教条的错误态度，写下了《反对本本主义》，提出了"没有调查，没有发言权"的著名论断，并指出："马克思主义的'本本'是要学习的，但是必须同我国的实际情况相结合。我们需要'本本'，但是一

---

① 《马克思恩格斯全集》第1卷，人民出版社1956年版，第416页。

② 《马克思恩格斯选集》第4卷，人民出版社2012年版，第664页。

③ 《列宁全集》第35卷，人民出版社1985年版，第219页。

④ 《毛泽东选集》第3卷，人民出版社1991年版，第813页。

⑤ 同上书，第1093—1094页。

⑥ 《毛泽东选集》第1卷，人民出版社1991年版，第91页。

定要纠正脱离实际情况的本本主义。”[①] 在抗日战争时期，党在延安开展了整风运动，毛泽东的《改造我们的学习》《整顿党的作风》《反对党八股》等重要文章，批判了脱离实际的主观主义、照搬书本的教条主义，系统、深刻阐述了理论联系实际的思想内涵。他说：“这种态度，就是实事求是的态度。‘实事’就是客观存在着的一切事物，‘是’就是客观事物的内部联系，即规律性，‘求’就是我们去研究……而要这样做，就须不凭主观想象，不凭一时的热情，不凭死的书本，而凭客观存在的事实，详细地占有材料，在马克思列宁主义一般原理的指导下，从这些材料中引出正确的结论。”[②] 他强调：“对于马克思主义的理论，要能够精通它、应用它，精通的目的全在于应用。”[③] 这些论述，从理论与实际相结合的高度，明确阐述了学习马克思主义理论的目的就是要运用理论解决实际问题。

三 各种主流意识形态与不同形态思想政治教育的贯通

奴隶社会、封建社会、资本主义社会，都有主流意识形态。统治者为了维护统治地位，不仅巩固经济基础，维护物质利益，而且采用思想政治教育维护思想统治。在我国和西方古代，都经历过奴隶社会和封建社会。到了近代资本主义社会，尽管资产阶级极力标榜“思想自由”，但以个人主义为主要内容的世界观和价值观，始终是资本主义社会占统治地位的思想。分析这些社会的主流意识形态与思想政治教育的关系，可以帮助我们更加深入认识意识形态与思想政治教育的本质及它们之间的内在联系。

（一）中国古代社会意识形态与思想政治教育

马克思在论述人类社会发展形态时指出：“现代家庭在萌芽时，不仅包含着奴隶制（servitus），而且包含着农奴制，因为它一开始就是同田间耕作的劳役有关的。它以缩影的形式包含了一切后来在社会及其国家中广泛发展起来的对立。”[④] 马克思的论述说明了古代奴隶社会的存在。

中国古代社会分为奴隶社会和封建社会两个阶段。一般认为，中国的奴隶社会从公元前21世纪至公元前476年，形成于夏，发展于商，强盛于西周，瓦解于春秋。中国奴隶制国家由黄河流域的各个主要氏族部落之间的冲突、联盟、兼并、融合而逐步形成，其政权与意识形态特征，表现为“大一统”的专制色彩。所谓“普天之下，莫非王土；率土之滨，莫非王臣”，正是大一统的写照。在国家治理上，夏、商、西周三朝都有礼治，尤其西周比较系统。《说文解字》称：“礼，履也，所以事神致福也”，即礼义之兴，源于敬神，敬神以礼，求神赐福。可见“礼”一开始就和神权、族权紧密联系并蕴含行为规范的意义。到西周，“礼”成为一套以维护宗法等级制为核心的礼制，其主导意识形态是宗法思想，尊神、祭祀，把政权神化是为礼制服务的。所谓“宗法”，就是以血缘为纽带，调整家族内部关系，维护家长、族长的统治地位和世袭特权

① 《毛泽东选集》第1卷，人民出版社1991年版，第111—112页。

② 《毛泽东选集》第3卷，人民出版社1991年版，第801页。

③ 同上书，第815页。

④ 《马克思恩格斯全集》第21卷，人民出版社1965年版，第70页。

的行为规范，也就是把国家治理和个人宗族的血缘姻亲联系在一起，实质上是人治。

中国奴隶社会的教育，伴随着奴隶社会的形成、发展，逐步形成体系。《周礼·保氏》对奴隶社会的教育作了一个概括："养国子以道，乃教之六艺：一曰五礼，二曰六乐，三曰五射，四曰五驭，五曰六书，六曰九数。""一曰五礼"中的礼，指礼节或礼教，实际上是当时社会的思想政治教育，因为它对维护、巩固奴隶社会主导意识形态起重要作用，所以放在第一位。所谓"五礼"，包括"吉礼、凶礼、军礼、宾礼、嘉礼"，这些礼包含着维护国家统治的尊神祭祀、等级制度、政治规范等内容。"二曰六乐"中的乐，是指音乐、诗歌、舞蹈等"乐教"，六乐包括云门、大咸、大韶、大夏、大濩、大武等古乐。"三曰五射""四曰五驭""五曰六书""六曰九数"主要是知识、技能教育，这些教育中也渗透着"礼"的思想观念，都是为巩固奴隶社会的统治服务的。

中国封建社会一般指从公元前 475 年的战国时期到辛亥革命推翻清王朝并成立中华民国，经历了 2000 多年的历史。儒家思想是中国封建社会的主流意识形态。

生活在春秋末期的孔子是中国儒家思想的创始人。孔子思想的核心是"仁"和"礼"。孔子对"仁"的解释是"仁者爱人"，对"礼"的解释是"克己复礼"即克制约束自己，使言行归于西周之礼。[1] 战国时期的孟子继承发展了孔子的学说，是儒家思想的重要奠基人。荀子杂取百家，对儒家思想产生了重要影响。儒家思想经过孟子和荀子的总结和改造，体系更加完整。西汉武帝时期，董仲舒以儒家思想为基础，融合阴阳家、黄老之学以及法家思想，把神权、君权、父权、夫权联系在一起，形成了新儒学思想体系，把"天人感应"和"大一统"思想结合起来，适应了封建社会维护政权统治的需要，汉武帝采用了"罢黜百家，独尊儒术"的主张。从此，儒学成为占主导地位的意识形态。在中国封建社会意识形态的发展变化中，虽然经历了儒学与道教的互补，儒、释、道"三教"合流，但这些都没有改变儒学的主导地位。儒家思想被历朝历代的统治者、学者不断地阐释和注解，使其体系越来越坚固，内容越来越庞杂，支配着中国封建社会的政治制度和教育制度，成为统治中国封建社会的正统思想。

中国儒学理论，其形态是伦理与政治的合一，其内涵主要有"三纲""五常"和"五伦""八德"。"三纲"，即君为臣纲、父为子纲、夫为妻纲的等级制度与思想；"五常"即仁、义、礼、智、信的价值规范；"五伦"即君臣关系、父子关系、夫妻关系、兄弟关系和朋友关系要合乎道德要求；"八德"即孝、悌、忠、信、礼、义、廉、耻的品德追求，其中"礼义廉耻"被称为"国之四维"。这些伦理与政治合一的内容，简明扼要，既是制度，也是规范，还是思想，共同构成了中国封建社会的统治模式。

中国封建社会统治者为了维护、巩固其统治地位，建构了一整套适应封建社会需要的道德教育体系，该体系在《大学》一书中得到集中表达。《大学》在开篇就讲："大学之道，在明明德，在亲民，在止于至善。"强调道德教育、修心炼己是治理人心和德治社会的前提，其目的是以德治国，安定社会，使民众复归于道德社会的秩序。《大学》之意，在于说明唯有"以德治心"，才是修身齐家、治国平天下的根本方略；修心炼己与治国平天下具有内在与外在的一致性和协调性。《大学》的要义，就是教人"知书达礼"。知书，就是学习和掌握封建社会意识形态的理论、原则，并转化为自己的思想、智慧与行为，净化和升华心灵的德性品格，"修之身，其德乃真；修之家，其

① 《论语·颜渊》。

德有余；修之乡，其德乃长；修之邦，其德乃丰；修之天下，其德乃博”。[①]《大学》的教育、修养方法集中为“八条目”，即“古之欲明明德于天下者，先治其国。欲治其国者，先齐其家。欲齐其家者，先修其身。欲修其身者，先正其心。欲正其心者，先诚其意。欲诚其意者，先致其知。致知在格物”。这段话，是封建社会进行道德教育与道德修养的经典理论与方法，“格物、致知、诚意、正心、修身、齐家、治国、平天下”的过程，是一个把个人与国家、人的内在与外在、道德与政治结合起来的逻辑体系，其中心环节是修身，只有以德修身，才能实现齐家、治国、平天下的政治目的。

（二）西方古代社会意识形态与思想政治教育

西方古代社会，也分为奴隶社会与封建社会两个阶段。

1. 古希腊、古罗马奴隶社会的意识形态与思想政治教育

古希腊从公元前8世纪至公元2世纪，古罗马从公元前6世纪至公元5世纪，都经历了奴隶社会的发展。恩格斯指出：“奴隶制是古希腊罗马时代世界所固有的第一个剥削形式；继之而来的是中世纪的农奴制和近代的雇佣劳动制。”[②] 在奴隶社会中，奴隶主在经济和上层建筑领域居于统治地位。奴隶主不仅占有生产资料，支配生产方式，而且占有奴隶的人身，并可以任意宰杀自己的奴隶。奴隶被称为“会说话的工具”，他们是主人的财产和商品，没有任何权利，连子女也属于主人。“在奴隶制关系下，劳动者属于个别的特殊的所有者，是这种所有者的工作机。劳动者作为力的表现的总体，作为劳动能力，是属于他人的物，因而劳动者不是作为主体同自己的力的特殊表现即自己的活的劳动活动发生关系。”[③]

奴隶主对奴隶在政治、经济上的压迫与剥削关系，必然导致分工的对立。随着奴隶社会经济、科技的发展，出现了脑力劳动与体力劳动的分工，从事脑力劳动成为奴隶主的特权；奴隶则只能从事体力劳动并被剥夺了接受文化教育的权利。奴隶主还利用所占有的科学文化知识、宗教，加强对奴隶的统治。这种脑力劳动与体力劳动的对立，是剥削阶级与被剥削阶级之间阶级对立的体现。古希腊为奴隶社会提供理论根据的著名哲学家柏拉图在《理想国》一书中认为，正义的城邦或理想国必须具备三个条件，一是统治者应从有才能的人中挑选出来；二是统治者阶层应过公社生活；三是国王应该是哲学家，因为只有哲学家才具备治理国家应有的知识。显然，柏拉图不仅论证了奴隶主阶级统治的合法性，而且论证了奴隶主阶级思想统治的合理性。

古希腊另一个著名代表人物是亚里士多德，他在《政治学》一书中提出了一个有名论断：“人是天生的政治动物”，意思是说，人有政治身份，天生离不开政治生活。他认为政治社会的存在是为了高贵的行为，而不是仅仅为了单纯的共同相处；国家存在的目的是造就有文化的君子，即把贵族精神与爱好学艺结合在一起的人。显然，亚里士多德所说的政治，就是奴隶主的政权统治与思想统治。亚里士多德还认为，有些人生来就注定应该服从，另外有些人生来就注定应该统治；一个天生就不属于自己而属于别人的人，生来就是一个奴隶；奴隶是精神低劣的下等种族，只有创立国家的人才是最伟大

① 《老子》。

② 《马克思恩格斯选集》第4卷，人民出版社2012年版，第192页。

③ 《马克思恩格斯全集》第30卷，人民出版社1995年版，第457页。

的恩主。所以，亚里士多德认为奴隶制是有利的、正当的。亚里士多德运用唯心论、等级制，为奴隶社会的政治、经济、思想统治作论证，成为奴隶社会比较系统的主导意识形态。

古罗马社会最发达、最完备的是法律体系，其主旨是全面维护生产资料私有制，保证奴隶社会的经济发展与社会稳定。统治者在各征服地区强制推行罗马法，许多国家的统治者为了维护统治者的利益，也都积极采用罗马法。罗马法的功能是维护、巩固罗马奴隶制强有力的上层建筑，为后来社会加强法治奠定了基础。所以恩格斯对罗马法予以高度评价：认为“一切后来的法律都不能对它做任何实质性的修改”。[①]

古希腊古罗马的教育，总体而言是为奴隶主阶级维护思想统治和培养人才服务的。其教育目的、内容、方式，经历了不断充实与完善的过程。古希腊最先有影响的是斯巴达的教育，教育目的就是要通过严酷的军事体育训练，顽强坚韧、绝对服从品质的培养，把贵族成员训练成为维护奴隶社会的统治者。后来雅典形成了世界最早的德、智、体、美和谐发展的教育体系，强调把德育即思想政治教育放在首位。古罗马初期的教育，主要是家庭教育，中心是道德教育，目的是培养忠于罗马的合格公民，维护奴隶制统治。古罗马共和时期的教育，逐步形成了培养罗马贵族接班人的学校教育体系。古罗马帝国时期的教育，其目的更加注重培养效忠帝国的顺民与官吏。统治者还把基督教定为国教，一方面皈依宗教神灵，神化政权统治，另一方面用宗教麻痹人民，使民众甘心情愿接受压迫与剥削。柏拉图在《理想国》一书中描述了建立在奴隶制基础上的乌托邦式的国家。他把国家的人分为三个等级：哲学家、军人和劳动者。他认为教育的最终目的，就是要培养、造就哲学家和军人，即培养国家的统治者和保卫者；奴隶因没有接受教育的权利，因而始终是被统治的对象。亚里士多德提出了教育的灵魂论，认为人有理性灵魂、非理性灵魂和植物性灵魂。理性灵魂主要表现为思维、理解、判断等方面，是最高级的理智灵魂。教育和训练理性灵魂，实际上是要用奴隶社会的主流意识形态净化思想、铸塑灵魂，使言行符合奴隶社会的要求。

2. 西方古代封建社会意识形态与思想政治教育

公元476年西罗马帝国的灭亡到14世纪文艺复兴，是欧洲封建社会统治时期。意大利人文主义史学家比昂多于15世纪提出，西欧5世纪至15世纪称之为中世纪，因而也可以说欧洲中世纪是封建社会。恩格斯说：“中世纪的历史只知道一种形式的意识形态，即宗教和神学。”[②] 这种单一的意识形态，使得欧洲中世纪成为欧洲史上最专制最黑暗的时期。

在欧洲中世纪的漫长历史中，基督教神学在意识形态领域占据主导地位，君权神授、天国至上、教会至尊是其主要特征。教权支配、制约王权，统治者把政权神化，形成神权政治统治。所谓神权政治统治，是指社会直接依托超自然力量统治和管理社会的政治形态，并认为政治是一种上帝安排人世的力量，是对上帝的服从，而君主是上帝派往人间的代表，因而人们要无条件地服从君主的统治，这就是中世纪融教会与国家、教权与王权于一体的神权政治。对这种以神权政治为核心的意识形态，奥古斯丁和托马斯·阿奎那都进行了系统论述。

---

① 《马克思恩格斯全集》第21卷，人民出版社1965年版，第454页。

② 《马克思恩格斯选集》第4卷，人民出版社2012年版，第242页。

奥古斯丁、阿奎那都是西欧中世纪基督教的理论家、思想家，也是重要的政治家。他们是西欧封建社会基督教神学的最高权威，构筑了神权政治理论体系。奥古斯丁发挥《圣经》中关于亚当偷吃智慧果的故事，提出了所谓的“原罪”说，即所有的人生来就有罪，人降生到人间就是要接受惩罚、赎原罪；社会的不平等、不公平，一些人受压迫、受剥削都是上帝的安排和对人的惩罚，任何反抗都是徒劳的，只能逆来顺受，接受惩罚，到死后进入天国才能摆脱苦海。奥古斯丁还提出了“上帝之城”和“世人之城”（就是天堂与国家）的“双城”概念，并认为双城混合在一起，世俗国家必不可少，其职能是提供人们的物质需要，保证有序的社会交往。阿奎那则把宇宙设计为一个等级体系，体系中最高级者是上帝，其次是天使，再就是人、动物、植物和其他东西。阿奎那认为，上帝构建等级体系，一是为了区别宇宙间各种事物，“上帝爱每一个人，亦爱每一受造物……然而他不是要所有的事物都获得同样的福气”；二是使低级的事物服从于高级的事物，“天命使高级的东西统治低级的东西”。所以，每个人赎罪、拯救灵魂应首先服从宗教权力，然后再服从世俗权力。① “教皇的权力在世俗问题和宗教问题上都是至高无上的”。②

基督教会为了培养僧侣，宣传宗教，除向民众广泛传播宗教信仰、举行宗教仪式外，还举办了多种教育机构，其中水平较高的有僧院学校和大主教学校。僧院学校分内学和外学，内学培养未来僧侣，外学对俗人的子弟进行宗教教育。大主教学校则以培养主教为目的。

（三）资产阶级意识形态与思想政治教育

资产阶级意识形态，是在资本主义国家中占统治地位的、反映资产阶级的利益和要求的各种思想理论和观念的总和。它包括资产阶级的政治、法律、哲学、经济、教育、文学艺术、宗教思想等各种理论形式，涵盖世界观、人生观、价值观、道德观、宗教观等各种思想观念，渗透在资本主义社会生活的各个领域。尽管各资本主义国家的理论流派各种各样，思想观念异彩纷呈，但资产阶级意识形态的核心，即包括资产阶级民主、个人奋斗的政治思想，保护个人私有财产、个人权利的法律体系等，是一致的。这些核心内容表现形式多种多样，有所谓“粗陋的”“公开的”“合理的”利己主义、享乐主义等，集中体现为资产阶级个人主义。

资产阶级意识形态以抽象的人性论为理论基础，企图避开人的社会性和阶级性，抽象规定人的共同本质。资产阶级意识形态的本质是维护资产阶级根本利益的思想体系。当资产阶级掌握政权成为统治阶级并建立资本主义制度以后，特别是无产阶级作为独立的政治力量登上历史舞台以后，资产阶级意识形态更加公开地为资本主义制度辩护，更加疯狂地攻击社会主义意识形态，并采取各种方式企图演变社会主义国家的性质。所以列宁说：“所有一切压迫阶级，为了维持自己的统治，都需要两种社会职能：一种是刽子手的职能，另一种是牧师的职能……牧师的使命是安慰被压迫者，给他们描绘一幅在保存阶级统治的条件下减少苦难和牺牲的远景……从而使他们顺从这种统治。”③ 马克

---

① 《阿奎那政治著作选》，马清槐译，商务印书馆1963年版，第25页。

② 同上书，第27页。

③ 《列宁全集》第26卷，人民出版社1998年版，第248页。

思也指出，资产阶级国家的意识形态如法律、道德等，作为资产阶级意识形态家的精神产物，不过是掩盖资产阶级利益的资产阶级的偏见。[①] 资产阶级与其他剥削阶级一样，当它推翻封建社会成为统治阶级之后，“为了达到自己的目的不得不把自己的利益说成是社会全体成员的共同利益，就是说，这在观念上的表达就是：赋予自己的思想以普遍性的形式，把它们描绘成唯一合乎理性的、有普遍意义的思想”。[②] 因而，资产阶级为了维护和巩固资产阶级意识形态的统治地位，采取了一系列强有力的教育措施，尽管资本主义国家没有思想政治教育这一概念，但政治教育、思想教育、道德教育在各个资本主义国家始终存在。

最早进行资产阶级革命并建立资本主义制度、进入资本主义社会的英国，其著名的政治思想家与教育学家洛克，不仅第一次系统提出天赋人权观点，第一个倡导国家权利分配，而且主张在各种教育中，首先要进行绅士教育。绅士教育实际上是符合英国传统的政治教育，其目的是培养有强健体魄、有高雅风度举止、能在上流社会周旋、有智慧和才干的资产阶级“事业家”和“国家要人”。在英国的各类学校中，个人与社会教育通常每星期上1—2节课，该课程是英国学生接受政治教育相对集中的课程。英国有一些学校还将政治学列为高级水平课程之一，有一些学校则在历史、英语、宗教教育中开展一些政治教育。在第二次世界大战结束后，德国逐渐形成以联邦政府为主导、以中小学校为主要政治教育场所、以校园外的政治教育机构为必不可少的补充的政治教育体系。德国政治教育机构体系的构成，有社会成员接受政治教育的终身性、进行政治教育的全社会性及政治教育工作的创新性等特点。联邦政府关于政治教育具体的组织和管理则由“联邦政治教育中心”及其设在各州的“州政治教育中心”承担。德国学校政治教育的根本目的和任务，是通过系统地、循序渐进地传授参与政治过程所需的知识，使学生认同资产阶级民主政治的基本价值，形成价值判断，培养政治参与能力，为学生将来参与民主政治生活做好准备。美国的政治教育被称为“政治社会化”教育。所谓政治社会化，是指美国社会把政治文化一代一代往下传，即能使社会政治现状永存的模型。美国之所以把政治社会化作为全国的重要问题进行研究与推进，目的是要探讨美国历史对成年人政治态度和行为举止的影响，维护和巩固美国的政治制度。美国十分注重公共政策在民众教育中的作用，认为政府的主要功能之一就是用公共精神教育人，更多地发挥公民的主动性，使公民真正能够感受、行使自己的基本权利，增强公民对政治体系的认同感和信任感。

与政治教育紧密相关的公民教育，是所有资本主义国家都十分重视的教育。公民教育理论是由德国教育家乔治·凯兴斯泰纳提出的。他认为公民教育的目的是培养“有用的国家公民”，这样的公民应具备的条件是：对国家的政治任务有相当的理解；具有从事某种职业的技能；具有国家所要求的道德品质。国家意识教育是公民教育中最重要的内容，公民一定要了解国家的任务，要激发公民的责任感及对国家的热爱。乔治·凯兴斯泰纳的公民教育，一方面要强化对资本主义国家的忠诚，另一方面则十分仇视社会主义与革命运动，把无产阶级思想意识作为敌人来对抗。美国公民教育的实质是培养具有资产阶级民主理念和民主行为的公民。美国从公民自身的利益出发进行教育，

① 《马克思恩格斯选集》第1卷，人民出版社2012年版，第411页。
② 同上书，第180页。

巧妙地掩盖了公民教育的政治性，容易得到民众的接受和认可。美国的公民教育不仅重视思想观念的渗透，而且更注重行为引导，以培养公民的行动能力。在美国学校，公民教育主要通过“公民与政治”课程进行。曾任中国驻纽约总领事馆教育领事的王定华先生认为，美国制定的《公民与政治课程标准》的目标是“培养认同美国宪法民主制度基本价值观和基本原理的合格公民，并使他们有见识、负责任地参与到政治生活中”，如《公民与政治课程标准》规定：“开设‘公民与政治’的正式教育机构，应该为学生提供关于公民生活、政治学和政治体制的基本知识；还应该帮助学生理解自己国家和其他国家的政治体制，以及美国政治活动、政体与世界事务之间的关系。”[①] 英国一向重视公民教育，1990 年出台重要文件，把公民教育正式列入国家课程计划之中。英国前国家课程委员会的一份课程指导规定，公民教育作为五个交叉课程主题之一，被正式纳入国家课程。公民教育的目的，是在发展学生作为一个公民所应具备的技能、价值观和态度的基础上，帮助学生获得并理解公民的基本知识。法国的公民教育目标，侧重于学生追求自由并能自律，具有集体观并成为有教养的公民。在此基础上，法国进行了新公民课的改革，增强了爱国主义教育，同时也加强了学生对法律与自由、权利和义务关系的教育，使公民教育更富有资产阶级意识形态性。

重视宗教教育，既是西方资本主义国家的传统，也是西方资本主义国家维护资产阶级意识形态的举措。英国是一个具有浓厚宗教传统的国家，英国有三分之一的学校是教会开办的，宗教教育是所有学校基础课程中的必修课，集体礼拜是法定的学校活动。“现代英国宗教教育已经与早期的宗教教育大不相同，它早已摆脱了排他性的特征，不再以灌输基督教教旨为主体内容和以培养圣职人员为目的了，而是将宗教教育作为促进英国年轻一代的人生观、价值观以及精神、道德发展的必要手段，并以开放性、多元性的宗教教育为依托培养他们宽容、理解的国际公民素质。”[②] 欧洲虽是基督教的发源地，但欧洲其他国家的宗教形式既不单一，也不统一，各个国家和地区的宗教形式及发展趋势十分多元，各不相同，基督教在国民生活中一般不占主导地位。与欧洲国家相比较，宗教在美国的影响更广泛和深远。美国居民主要信仰基督教与天主教，犹太教、佛教、伊斯兰教、东正教、道教也有一定信众，信仰宗教的公民占总人口的 91%。基督教是美国的立国之教，对美国的政治、经济、社会等各个层面具有十分重要的影响。50% 以上的美国人认为上帝是美国民主道德的引导力量，美钞上印着“我们信仰上帝”，国歌里有“上帝保佑美国”的歌词。在政界，没有宗教信仰的人缺乏群众基础，参加竞选时不能获高票；总统就职时，要手按《圣经》进行宣誓。美国基督教非常重视宣传，全国有 1200 多家宗教广播电台播放宗教节目，每 12 家电视台中就有一家宗教电视台，有宗教报纸杂志 5000 多种。美国宪法第一修正案明确规定：国会不得制定禁止信教自由的法律，禁止联邦和州干预宗教组织活动。美国政府实行政教分离制度和宗教信仰自由政策，视宗教道德为社会道德的基础，将宗教当成和谐社会不可缺少的重要力量，甚至带有政治色彩。

这里有必要提一下美国历史教育与美国高校的通识教育。美国虽然只有 200 多年的

---

① 王定华：《美国加强爱国主义教育　增进新一代对国家的认同》，腾讯教育网，http://edu.qq.com/a/20120210/000217.htm。

② 蓝维等：《公民教育：理论、历史与实践探索》，人民出版社 2007 年版，第 161 页。

建国历史，但历史教育一直受到美国政府的高度重视。在美国的小、中、大学中，都必须开设美国历史课程，规定每个学生必须接受美国历史教育，经过考试必须合格。美国历史，既是美国统治者的奋斗史，也是资产阶级的发展史。资产阶级意识形态，集中体现在美国独立宣言、美国第一部宪法等开国文件之中。因而，进行美国历史与开国文件的教育，是传承美国传统、维护和巩固美国意识形态的关键。美国大学的通识教育，由1945年哈佛大学《自由社会中的通识教育》报告最先提出来，这一教育对美国其他大学影响深远，至今各个高校各具特色的通识教育，已经成为美国大学教育的重要组成部分。通识教育是一种非职业性和非专业性教育，对其教育目的的概括虽然各有说法，但比较一致的是："通识教育旨在给学生灌输关于好公民的态度和理解"；"通识教育作为大学的理念应该是造就具备远大眼光、通融识见、博雅精神和优美情感的人才的高层的文明教育和完备的人性教育"。[①] 显然，通识教育是一种政治观、价值观、道德观教育。可以肯定，通识教育作为美国大学的一种专门性教育，而且是非职业性和非专业性教育，它无疑要受美国性质的制约，也就是要为巩固美国的政治制度、维护资产阶级意识形态服务，这是其"质"的规定性。同时，它以丰富的知识、广阔的视野开展教育，受教育者接受通识教育后，能以一定的知识领域为基础，吸收各种文化领域的营养，形成人文精神，不至于成为受专业束缚的奴隶。

（原载《中国高校社会科学》2015年第5期）

① McGrath E., *General Education and the Plight of Modern Man* Indianapolis, Ind.: The Lilly Endowment, Inc., 1976, p. 131.

什么是“宗教信仰自由”？
——学习《全面推进依法治国若干重大问题的决议》，重读宪法的体会

杜继文

作者简介：杜继文，中国社会科学院荣誉学部委员，《科学与无神论》杂志主编。

在我们观察、研究和处理宗教问题时，一般要遵循两个原则，一个是以马克思主义的立场观点和方法为指导，不应该用狭义的“马克思主义宗教观”或“宗教学的立场观点和方法”作指导；另一个是贯彻和实行宗教信仰自由，不应该促使“宗教服务社会”，或要求宗教去“发挥积极作用”。前者是坚持马克思主义的哲学唯物主义——辩证唯物论和历史唯物论，不能用什么“宗教观”“宗教学”抽掉它的无神论前提和基石，也不能限于唯物史观，只讲宗教在社会历史中的地位和作用，而无视或忽视宗教对世界观、人生观、价值观以至伦理道德的侵蚀；后者坚持“依法治国”，让宗教信仰回归到《宪法》规定的“自由”的权威之下，既保护公民个人充分享受这一自由的权利，也防止宗教被利用于从事社会政治、渗入文化教育领域，甚至蜕变为邪教和暴恐的现实可能性。

就笔者个人接触的范围感觉，在事涉宗教问题上，我们的主流话语很少提及“宗教信仰自由”。这有点怪异，为什么？而国内外多种势力却经常挥舞这面旗子，向我们国家发难，作为谴责我们“迫害”宗教的借口；我们的辩解则往往用我国宗教人口和宗教设施之多，说明他们的指责不是事实——事实还可以这样说，就历史上看，我国宗教增长速度从来没有像近几十年这么快过；海外基督教得以向国内渗透的立论的前提，就是自20世纪80年代以来“共产党文化制度”更适合基督教的扩展，理由是“在大学建制中已经出现基督教课程，由国家出版社出版基督教学术书籍，在台、港也是少见的”，或“根本不可能的”①。——为什么洋教自身都认为是它们进入中国大发展的最好时机，反而指责我们没有宗教信仰自由呢？这里可能存在一个对“宗教信仰自由”的诠释问题。这次中共中央四中全会的决议，重申了我们“依法治国”的决心和意志，并提出了一系列可行性和必行性的措施，也为我们正确理解和践行《宪法》的这一原则提供了一个良机。以下是笔者个人的认识。

---

① 《文化基督徒现象与论争》，香港汉语基督教文化研究所1997年版，第65页。

一

首先看看我国《宪法》的规定：

> 第三十六条　中华人民共和国公民有宗教信仰自由。
>
> 任何国家机关、社会团体和个人不得强制公民信仰宗教或者不信仰宗教，不得歧视信仰宗教的公民和不信仰宗教的公民。
>
> 国家保护正常的宗教活动。任何人不得利用宗教进行破坏社会秩序、损害公民身体健康、妨碍国家教育制度的活动。
>
> 宗教团体和宗教事务不受外国势力的支配。

总共四段，连同标点是140个字。其中只有第一段即第一句话采取的是肯定句："中华人民共和国公民有宗教信仰自由"；第三段第一句"国家保护正常的宗教活动"，是个有限制词的肯定句；其余则用了三个"不得"和一个"不受"等否定句表达，没有一句是规定宗教应该如何去从事社会活动的。也就是说，要求宗教发挥这种作用或那种作用，"积极"的也好，"道德"的也好，"和谐"的也好，均于宪法无据；至于去"促使宗教服务社会"，恐怕是在扭曲或冲击《宪法》了。

仅从字面看，"宗教信仰"，是没有限制的——因为信仰是一种思想活动，思想的特质就是自由；对于"宗教的活动"，却有这么一个限定："国家保护正常的宗教活动"——因为"活动"必然要与他人他事发生关系，必然是社会性的，所以用"正常的"三个字为它在社会的活动画了个圈，意下就是不保护"不正常的"宗教活动。那么什么是"正常的"或"不正常的"？宪法规定的"不得""不受"就是衡量这一界限的原则尺度。我们现在有些舆论，突出地要求宗教发挥社会作用，亦即让"宗教活动"走进社会。但极少去分辨这些活动是"正常的"还是"不正常的"。

问题是，宪法为什么这么规范"宗教信仰自由"？这是一个很大的问题，笔者不是法律专家，更没有解释宪法的权利，以下只是个人的理解。

我们的现行《宪法》是1982年12月通过并公布的。中共中央于同年4月就印发了著名的19号文件《关于我国社会主义时期宗教问题的基本观点和基本政策》，可以说，《宪法》的规定是反映了19号文件精神的。《文件》对"宗教信仰自由的政策"有个极其重要的界说：

> 还应当强调指出，宗教信仰自由的政策的实质，就是要使宗教信仰问题成为公民个人自由选择的问题，成为公民个人的私事。

这一界说，有充分的马克思主义理论和国际共产主义运动实践的根据。恩格斯在《〈法兰西内战〉一书导言》中说巴黎公社：

> 它所通过的决议也就完全是无产阶级性质的。有些决议把共和派资产阶级只是由于怯懦才不肯实行的，然而是工人阶级自由活动的必要基础的那些改革以法令形

式确定下来，例如实行宗教对国家来说仅仅是私人事情的原则。①

列宁在1905年和1909年先后发表《社会主义和宗教》与《论工人政党对宗教的态度》两文，都重述了“实行宗教对国家来说仅仅是私人事情的原则”。他说，

> “宣布宗教是私人的事情”——这是爱尔福特纲领（1891年）的一个有名的条文，这一条确定了社会民主党的上述政治策略。②

实际上，“宣布宗教为私人的事情”，就是宣布“宗教信仰自由”，也就是“教会与国家完全分离”。

> 任何人都有充分自由信仰任何宗教，或者不承认任何宗教，就是说，像通常任何一个社会主义者那样做一个无神论者。在公民中间，完全不允许因为宗教信仰而产生权利不一样的现象。在正式文件里应当根本取消关于公民某种信仰的任何记载。……教会与国家完全分离，这就是社会主义无产阶级向现代国家和现代教会提出的要求。③

就是说，“实行宗教对国家来说仅仅是私人的事情的原则”本是资产阶级革命为工人阶级政党和社会主义国家留下的一笔优秀的遗产，从马列主义的创建者到我们党的19号文件，都接受它、强调它、要求实现它。为什么？恩格斯认为它“是工人阶级自由活动的必要基础”；列宁说它是俄国公民获得“政治自由的必要的组成部分”，也就是让政治从宗教的支配中解放出来，让人的独立精神或人性的自觉，从神学教条的束缚中解放出来，这在我们共和国宪法中，就体现在“中华人民共和国公民在法律面前一律平等”，也就是“不分民族、种族、性别、职业、家庭出身、宗教信仰”等差别限制的平等。这样，不论作为统一国家的国民、整体社会的公民以及泛称的人民，都有多重身份：一是信教者或不信教者，二是公民、国民、人民等。信教和不信教是有差别的，宪法用宗教信仰自由来确保他们各自信教和不信教的权利，其他没有区别。作为公民，在法律面前一律平等；作为国民，都对自己的祖国认同；作为人民，都是执政党依靠和服务的对象，一视同仁。这样，宗教信仰作为个人自由选择的私事，就不得以宗教身份从事任何社会政治和文化教育活动，而一切社会政治经济文化活动，都可以作为公民、国民、人民的身份平等地参与，既可以充分又自由地发挥个人的才能，对社会、国家、民族也可能最大而又最有效地担当责任，发挥当家做主的作用。

从西方历史上说，宣布宗教信仰是私人的事情，也就彻底终结了宗教曾经侵入并控制全部社会生活、政治运行以及扮演文化教育、哲学科学等诸多学科的主宰的角色，国家由此堵塞了宗教干预社会政治，参与公共事务的渠道，保证了一切权力归于全体公民以及政令的统一和有效；对社会来说，一切公民在法律面前一律平等，防范了由宗教

---

① 《弗·恩格斯写的导言》，见马克思著《法兰西内战》，人民出版社1961年版，第7页。

② 《论工人政党对宗教的态度》，见《列宁选集》第2卷，人民出版社1960年版，第377页。

③ 《社会主义和宗教》，见《列宁全集》第12卷，人民出版社1987年版，第2版，第132页。

信仰原因可能导致的社会不和与社会分裂；对公民个人来说，他从宗教的束缚中解放了出来，获得了信教或不信教随意选择的自由，使个人主权、人权归于人自身。所谓民主、平等、自由、个性解放、人道主义以及人权等响亮的口号，追根溯源，主要是针对宗教专制和宗教枷锁讲的。而在这一意义上的“宗教信仰自由”，也就是西方发达国家宪法普遍实行的“政教分离”（包括“教育与宗教相分离”），而且实行的比马恩时期要认真得多，和成功得多：国家宪法的权威已经飙升到至高无上，任何社会组织和个人，包括宗教组织和教徒，宗教活动、宗教经典文书，都必须无条件地在宪法和法律允许的范围存在，绝不许超越这条底线，否则就得消失。由于这种法制的推行，加上科学的普及和世俗化不可阻挡的推进，宗教的政治功能与社会功能，在它们国内是基本上处于消退状态，有的连宗教形态都变了。

但是，在对外战略上就不完全相同了。特别是美国，从19世纪后半叶起，一直是西方国家中宗教力量最强势的国家。发动“基督教征服世界运动”与“基督教占领中国运动”（即“中华归主”）都是美国在20世纪初就操办起来的，迄今未停。到了20世纪和21世纪之交，美国更拉着一帮欧洲国家的宗教势力，将“宗教自由”当作对外扩张和政治渗透的重要工具。其中1991年苏东的全部解体，美国的舆论之一就归因为西方实施宗教颠覆的作用；1993年亨廷顿正式提出“文明的冲突”论，在理论上论证宗教（文明）差别之导向冲突是必然的，不可调和的；于是1998年美国的《国际宗教自由法案》出笼了，进一步把“宗教自由”当作推行霸权主义的有效武器，用以干涉他国内政，特别用于非西方国家，制造宗教麻烦，挑起宗教对立，致使宗教信仰作为私人的自由选择成为不可能，对社会的世俗化趋向进行了恶劣的干扰。最严重的是，大大刺激了世界性宗教之间的敌意和冲突，强化了人的宗教意识，尤其是在中东和中亚一带。2001年的“9·11”事件，标志着宗教传统间的差别急剧地恶化为血腥暴恐的行动，出现了“宗教市场”论者期望的宗教大爆发、大高潮，并显示基督教优越的时机。也就在“9·11”事件的同年，美国以“反恐”名义开始了阿富汗战争，2003年又发动了伊拉克战争；美国总统在向其国内人民进行战争动员时，竟发出了第二次十字军东征的“口误”——于是，本来是作为私人信仰的宗教，被迅速地政治化：而宗教一旦与政治结合，整个社会也难免被宗教化。由此产生了一种假象，似乎宗教昌盛的日子又到了，以致一些基督教学者清算启蒙运动，歌颂中世纪；国人中也出现了一些“高等”人物清算“五四运动”的趋势，并为三教的复兴游说和实验。一个最清晰的理由是，凡统治者，谁不利用宗教谁就是大傻瓜！一个以“马克思主义宗教观”必须与时俱进的理由，指出执政党与革命党的不同处，就是要从批判宗教转向利用宗教，用宗教道德的“敬畏”补救“人性”的缺陷；还有网上疯传的一位将军演说：中国三教全不行，只有西方的上帝才能引领我们民族的复兴。

诸如此类，不论就国际局势和国内舆论，都使人感到，不积极引导宗教与社会主义社会相适应，不强调发挥宗教的积极作用，就会让它与美国的“宗教自由”接轨，那后果是可怕的。然而，《文明的冲突》的作者用“文明冲突”的观点去反思美国本身，2004年又出版了一部可谓姊妹篇书：《我们是谁——对美国国家认同的挑战》——因为美国是个移民国家，多种族、多文化、多宗教是它的显著特点。如果种族认同或宗教认同超越了国家认同，那美国的动荡和分裂就是不可避免的。美欧的许多国家出现了不少参加反西方的暴恐活动的穆斯林，而执刀处决西方白人的穆斯林，正是西方的国籍。国家认同完全被宗教认同取代了。按亨廷顿的观点，美国的思想文化建立在盎格鲁—撒克逊新教的基础上，这个基础已经动摇——例如高度的世俗化和科学知识、科学理性的普及，如果再加上非新教的宗教因素，甚或有了全面溃颓的可能。据此，亨廷顿还为美国的前途设想了好几个方案，但悲观的多，乐观的少。

亨廷顿关于“我们是谁”的忧虑，实出于他对新教的情有独钟，他把美国同新教捆绑在一起，就像许多犹太人把犹太民族同犹太教捆绑在一起，因而错以为新教退出社会生活和政治生活，就意味着美国的陷落。他更大的错误是忽视了世俗化和科学理性对于所有宗教的冲击，而只突出了异教信仰对新教的威胁，所以实质在呼唤强化新教在推行国家认同上的功能，也就是发挥宗教对美国趋同的“积极”作用，而非适应世俗化和科学理性的发展方向，让宗教回归个人信仰的本位，结果只能激醒已经沉睡了的宗教意识，特别引起伊斯兰教的反弹。从这个意义上说，“9·11”事件也是这种反弹的极端残忍的表现。笔者想，亨廷顿的这类错误，我们不应该重复。即使宗教再极端，向邪教滑，向暴恐滑，在政策上确实应该与“正常的”宗教严格区别开来。但从科学的认识和客观考察上，不应该将“正常的”和“不正常的”绝对隔离开来。《宪法》保护的是“正常的”宗教活动，并没有否认被利用于“破坏社会秩序、损害公民身体健康、妨碍国家教育制度的活动”不是宗教活动。亨廷顿高调的“文明冲突”，并非只指“不正常”的文明，恰巧相反，正是在被视为正常的文明中，蕴含着冲突的必然性——这种必然性的说法，笔者并不认同，但确实是历史已经证明了，现实仍在证实着的——尽管这种冲突的原因，只是一种现象，它另有更深层的社会经济和政治的根源。此外，这还有政治立场上的分歧：我们取缔的邪教，美国却把它收容起来；我们认定的宗教恐怖主义，美国也不都承认，甚或在豢养着，培植着。

当前的一种舆论，令人担忧，那就是邪教、暴恐越猖獗，呼唤宗教起积极作用的声音越高，理由越充分，而宗教信仰自由的实质不是被遗忘，就是被扭曲。岂不知，凡宗教发挥作用的领域，哪怕是积极的，必须让宗教首先进入，而其可能发挥的资源，除了宗教，哪怕是宗教道德，也不会是另外的东西。宗教道德的功能只能是维护和规范宗教自身以及它怎样在社会上生存和发展，这一点翻翻《圣经》就知道了。即以当前最新的动作“促使宗教服务社会”为例来看。有份《简报》记：

> 2014年2月19日，由……中国社会科学院基督教研究中心温州柳市调研基地协办的“宗教慈善与社会关爱”学术研讨会在温州乐清柳市镇召开——×××在致辞中指出，宗教界应该“以‘出世之境’来为‘入世之事’，以‘社会关怀’来表达‘终极关怀’，以人的努力来体现‘神’的恩典和关爱”，同时期待宗教界在中国的社会服务和公益慈善事业中更多、更积极地参与。①

此处只说明一点：“服务社会”是基督教青年会的口号，而今中国基督教青年会又正在这个口号下恢复了集聚青少年活动，首先是在上海，据说效果极佳，要向全国推广了。这对共产主义青年团提出了挑战；是让青年皈依基督教还是把青年团结在党的周围?

① 《世界宗教研究情况简报》2014年第2期。

二

> 任何国家机关、社会团体和个人不得强制公民信仰宗教或者不信仰宗教，不得歧视信仰宗教的公民和不信仰宗教的公民。

宪法的这一规定的正面的解释，19 号文件有个界说，大家可以去看看。这里可以扼要地介绍：

> 每个公民既有信仰宗教的自由，也有不信仰宗教的自由。这是同一个问题两个不可缺少的方面——我们共产党人是无神论者，应当坚持不懈地宣传无神论。

那么，用这些明确的表达检验一下我们的主流舆论怎么样？却是没有见到公开反对不信教自由的，因为一部分护教者不是隐瞒就是不知道“宗教信仰自由”包含不信教的自由；而在有关的权力部门主管下的报刊图书和实际举措上却难得看到不信教自由的影子，它不是被模糊了，就是被消失了，以致无神论学会在新疆开个年会都被斥为违反宗教信仰自由。宗教工作部门的某个领导能够发文，要求国人“善待宗教”，却没有善待“非宗教”的意思，而从特定意义上看，善待非宗教的重要性绝对不比善待宗教更低——特请注意：19 号文件中写的是“尊重和保护宗教信仰自由”，这才是准确的，合乎宪法精神的。在这里有没有“自由”这个字眼关系异常重大，是删不得也忽略不得的。

近些年来，我国的宗教发展速度、传播的广度、渗入的深度是空前的，而且没有遇到强力的学界阻击与教育界应有的抗拒，令人感叹。这与人体特异功能风行 20 年相仿，或许就是神化气功的演化和延续。但它的杀伤力和损害程度，特异功能又算是“小巫”了。只就某些地区和群体中不信教群众遭受的待遇可见一斑。譬如说，婚姻自由是受《婚姻法》保护的，可有在些地方、有些族群，硬是享受不到这种自由，其中不得与非教徒或异教徒通婚就是众所周知的严重现象，由此造成的后果，堪与梁祝同悲。《中华人民共和国妇女权益保障法》特别规定：“国家保护妇女的婚姻自主权”，我们是怎样保护的？这个法案还规定：“国家保障妇女享有与男子平等的文化教育权利”；衣着打扮也是一种文化，爱美之心人皆有之，而一些地方和族群硬是不许妇女抛头露面，甚至遮盖全身，令她们与世隔绝，这是否是对妇女人身自由的侵犯？古哲有言：妇女的解放是衡量社会普遍解放的尺度，这足以令人警醒了！又，国家有《义务教育法》，是所有适龄公民不可剥夺的权利，但有些地方和族群硬是要送孩子们去读经，或者强制他们去受洗、受戒，这算不算是对儿童的摧残？我们的下一代被诱迫参与种种宗教活动，夏令营也正在被各色宗教掌控，灵性教育也在向少年儿童推行，那鲜红可爱的红领巾还能在孩子身上持续飘动多久？追究造成这类严重破坏法治、损害公民权益的现象，是否与只讲信教自由而不同样讲不信教自由的片面有关？这些不是小问题，值得认真考虑。

在这类语境之下，无神论被当作反对宗教、反对宗教信仰自由的邪恶。最常见的罪名就是“极左”，而一“极左”就是“文化大革命”，一提“文化大革命”，好像就是迫害宗教、消灭宗教——这其实是对宗教的过分抬举，因为白纸黑字，“文化大革命”

是针对“党内走资本主义道路的当权派”，是反对“修正主义”的“路线斗争”，不是搞反宗教斗争的，持有无神论观点的知识分子的遭遇也许比有神论者更惨，因为他们不但是“老九”，而且不少都在“党内”，是挨整重点，这里不去细说了。因此，把无神论作为“‘文化大革命’余绪”，戴上“极左”帽子，其实是泼污，思维惯性与“文化大革命”相似，不过把动辄指人为“极右”现在又改为“极左”而已。但是这种惯性似乎占据了舆论的制高点，一些高等人士一听到无神论就皱眉，相关机构则拒绝、冷漠、边缘化；所谓人文神学家和护教吃教的人群相互呼应，更与之不共戴天，丑化、压制、包围，让无神论不得发声，没有活动空间，然后还讽刺讥笑没钱没权，像个临时城管工；没学问，论著没处发表，没钱发表，不敢发表。反观有神论，一路风顺，官运亨通，什么垃圾也是宝。宣教的报刊有多少？有关神学的论著、译著就成丛、成批、成堆地推向社会——尽管19号文件说得异常清楚：

> 任何宗教组织和教徒也不应当在宗教活动场所以外布道、传教，或者散发宗教宣传单和其他未经政府主管部门批准出版发行的宗教书刊。

遗憾的是，限于当时宗教传播的情势，19号文件没有载明，政府主管部门主管的出版社或出版物，是否也适用这一规定；更没有明确，并不以“宗教组织和教徒”名义在宗教场所以外布道、传教，出版发行宗教书刊是否合法。

关于宣传无神论，进行无神论教育，19号文件只讲到这是共产党员的义务，而没有明确这也是宗教信仰自由的应有之义，1982年宪法中也没有特别提出无神论的自由。对于这个问题一直存在争议。笔者的理解，宗教信仰自由当然包括有无神论的自由。最近我们了解到“联合国宗教或信仰自由问题特别报告员”发布一份报告，内称：

> 宗教信仰自由作为人权的一部分有着广泛的应用。然而人们往往忽略了一点，那就是：无神论者、人文主义者和自由思想家及其他们的信念、实践和组织也具有这一权利。①

这番话是对一份《无神论者的人权报告》作出肯定评价时讲的。按照这份报告，那些歧视和迫害无神论和非宗教人士的作为，是违反人权的；我们的中央领导明确支持无神论的宣传教育和研究，则应该被评为人权卫士。

三

与宗教信仰自由有关的阐释，19号文件还有个规定，即：

> 绝对不允许利用宗教“破坏国家统一和国内各民族之间的团结”。

宪法中也没有这样的明文，因为它已经包含在三个“不得”和一个“不受”的范

① 《西方无神论掠影》，内部交流资料，中国无神论学会资助项目。

畴之中了，就像宪法中并没有明文提及“无神论”，因为它已经包含在“宗教信仰自由”的规定中。然而，现在需要特别谈谈这一阐释。

多年来，发布中国宗教信教人数的统计，往往把某些民族视为全民信教，所以民族的人口也就等于信教的人数。笔者以为这不妥，甚或是一个违宪的失误。因为在宪法中，对待和处理民族问题与宗教问题的原则是完全不同的。宗教就是上述讲的：“中华人民共和国公民有宗教信仰自由。”民族则是“中华人民共和国各民族一律平等”。——不同点在哪儿？第一，面对的主体不同：宗教的主语是“公民”，即个人；民族则以“各民族”为主体，主语不是个人。第二，作为公民个人，享有宗教信仰的“自由”；作为“各民族”，则“是一律平等”——公民个人享有的这一自由，是不受民族身份限制的，任何机构、任何人，如果剥夺、限制或妨碍个人的这一自由，就是违法。民族则是一种稳定的集合体，个人的民族身份是先天的，如果有谁强迫改变这种民族成分，那是犯罪，而个人也没有随意选择的权利；这种民族身份享受的是与其他族群平等的权利，不因民族身份受到歧视和不平等对待。质言之，民族不是由个人选择的；宗教必须由个人选择。将这两种不同的权利混为一谈，应该说是违宪的。它的恶果有二：第一，把特定的宗教强加到特定的民族身上，既有违背该民族意愿的嫌疑，也剥夺了民族成员享有宗教信仰自由的权利。第二，巩固了“教族一体”论的谬误，并将其合法化，会导致一系列不良的后果。

1. 不符合史实。任何民族都有数千年演化的历史，除了原始宗教，一般宗教大都是后来才被接纳的，教与族有个极大的时间差，绝不能说，某一民族在接受某一宗教之前就不存在，或者只有接受了宗教之后才存在。

2. “教族一体”导致三不利，不利民族、不利宗教，不利个人。民族是主体，宗教只是民族的一种文化附丽，一个民族有多种文化形态：文艺、医学、教育、哲学、科学等，西方中世纪把这所有学科都收拢在基督教神学的框架中，政教合一，也可谓教族一体；但史称黑暗时代：民族得不到发展，个人得不到自由，宗教受到诅咒和批判。因此，民族不得不从宗教中解放出来，宗教不得不适应时代进行改革，个人把宗教作为自愿的一个选项。于是民族得以不受宗教束缚地发展繁荣，宗教回归到了它的信仰本位，而个人独立了，自由了，个性解放了，可以自主地学习和思考，能动地掌握自己的命运，自觉地创造自己的生活方式。每个人都发展了，民族也就有了生命力。

3. 容易被坏人利用。“教族一体”论的最大弊端是导致民族封闭；因为宗教的一大属性是排他；排他是对外的，对内就是禁制。一个神，一部经，一种教义，上千年不变，将信仰者的视野压缩在这个狭窄的谷底里，既看不到山外有山，也看不到眼前还有未来；把人的劳动成果奉献于神恩，把生活的幸福寄托在死后。更严重的后果，是堵塞了获取知识的通道；而“知识就是力量”。对于一个民族来说，知识短缺是积弱之道，只能导向蒙昧；对个人来说，短缺知识是弱智之道，导致的是愚昧。所以中外先进人士，多把利用宗教统治人民的行为斥为愚民政策，而文明发展的方向，是维护人的尊严，提高人的主体地位，普及教育，普及科学知识，用人的双手和头脑为人自身谋幸福，求发展——世俗化是不可避免的；世俗化中会出现许多新的问题，但这些新的问题与宗教统治下的问题，不是一个层次，不是同类的性质，因而也不需要宗教出手——资本主义提出了一些方案，使社会和人都有了进步；科学社会主义又提出一套方案，去解决资本主义产生的问题。在求知的路上，也学点马克思主义吧，它也会让我们变得更聪明一些，教我们如何正确解决当代的民族问题和宗教问题。

值得特别注意的是，近些年来中外都有一批别有用心的人，竭尽其力，想用特定的宗教把特定的民族捆绑在一起，让民族浸透宗教的特质，再将宗教极端化，制造成民族暴恐的假象。然而，物极必反，最近一系列杀人放火，残害无辜的血腥事件，正在唤醒国人的警惕。居玛·塔伊尔大毛拉阿吉，就是宗教界的杰出代表。他是民族的英雄，爱国的烈士，他的牺牲，也是给我们敲起的一声觉醒的洪钟。且看一批民族青年知识隽秀对极端思潮和暴恐行为表达的强烈反应吧：

我们要团结，各民族要团结！
不能再沉默了，不会再沉默了！
我们，并肩，向暴恐分子出拳！[①]

这既是民族希望之星，也是祖国未来的栋梁之材。中华民族56个民族，血肉相连，命运相依："要团结，各民族要团结"，这也是实现中华民族伟大复兴之梦的基础和条件！

四

宪法是适用所有公民的，"宗教信仰自由"也不例外，绝不是专为信教群众的设置。我们宗教工作中有个"五性"之说，后来压缩为"三性"，长期性、群众性，复杂性。其实，作为对宗教的一种认识和分析，五性三性，一性六性，都无不可。问题在于解释。

首先看一些权威对于"群众性"的解释：大意说，"为人民服务"也是我们国家的核心价值观；体现在宗教工作中，就应该是为信教群众服务，因为信教群众也是人民群众；因此，要"深刻认识宗教问题本质上是部分群众的思想信仰问题"。这类论述的"要义"，是把"宗教信仰自由的实质"改称"宗教问题的本质"，最终推出党和国家宗教工作的任务，就是为部分信教群众服务，包括"积极主动地帮助信教群众解决生产生活中的实际困难"[②]：——于是问题来了：为"不信教"的人民群众服务不？给予解决"实际困难"不？最低限度，是保障这部分人民群众享有的"不信教"的自由不？说白了，这种解释中的宗教"群众性"，含有扭曲宪法，分裂人民群众，制造不平等的嫌疑。

其次，对于宗教"长期性"的解释——同样令人怀疑。相对于宗教的"关键是群众性"，"宗教的根本是长期性"——不明白这"根本"和"关键"有什么不同。就"根本"来说，宗教有深刻的认识论根源："深刻认识宗教以超自然幻想的方式反映自然和社会支配的本质、根源和规律，才能深刻认识宗教长期存在的客观必然性"[③] ——遗憾的是，这两个"深刻认识"都很难懂。宗教的幻想就是鬼神，怎么"幻想"一旦

---

① 中新网2014年5月1日电：《我们，不会再沉默》。

② "社会主义的宗教论"课题组：《和谐社会的宗教论》，宗教文化出版社2010年版，第55页。

③ 同上。

成为“方式”就能够反映出“自然和社会支配的本质、根源和规律”？有机会还可以细细品味其中的奥妙，这里暂时指出，此说当脱胎于某些喜爱基督教或神学者的一大发现，即马克思认为宗教是一种“掌握世界的方式”，因此，宗教理应与人的认识一样长期存在。但上述引文的发挥，“掌握”变成了“反映”，问题就麻烦了。“反映”是主体对客体的摄取，主体已经是“幻想的方式”了，怎样再去“反映”客体的自然和社会？“掌握”是以主体的既有认识去反观客体、改变客体；所以说宗教“掌握”的方式，即是用幻想中的鬼神去观察世界、去改变世界就讲得通，譬如用上帝这个幻想去掌握，那世界和人都是上帝的所造物，人就是上帝的罪犯；上帝说他的任务是让世界不得太平，而是动刀兵的，于是从把家庭成员视作仇敌开始，一路仇杀下来，世界必然大乱——这些发现家，很可能弄巧成拙；而复述者，则有失马克思的本意。

实际上，讲“宗教的掌握”是从马克思的一句话中拆出来的。整句是这么说的：

> 整体，当它在头脑中作为被思维的整体而出现时，是思维着的头脑的产物，这个头脑用它所专有的方式掌握世界，而这种方式是不同于对世界的艺术的、宗教的、实践—精神的掌握的。①

这段话很难读，按笔者的理解，所谓头脑中的整体，指的是概念；人的最大的特点是运用概念；概念既是客观世界的抽象反映，也是思维复杂运作过程的扭结，以及重新观察世界和支配人的行动的基础，马克思此处称其为“掌握”，中心不是突出反映，而是概念的运作和在再认识中的反作用。艺术的掌握不是概念，而是形象，像绘画、音乐、跳舞等。这样问题又来了，为什么只说幻想的掌握方式是“长期”的，不说抽象思维更是长期的，或许长到与人类共存亡？这个说和不说，关系重大。因为人之所以能区别幻想与事实，不被宗教幻想所迷蒙而沉溺于其中，关键就在于抽象思维，也就是理性的存在。任凭宗教幻想自由奔驰的是信仰，因为信仰即“以不思考为美德”，而理性的特点就是思考，把宗教的性质和作用，放到理性的评判台上审视。

当然，事实胜于雄辩。纵观世界，究竟是宗教比此前的历史更发展了，还是衰退了？就邪教猖獗、宗教冲突和宗教暴恐来看，现象是相对严重了，但反对之声也空前高涨了，这算是发展了的标志还是衰退的表征？我们不争论；但从宗教曾经一统天下的西方发达国家来看，宗教铁定的是衰退了，而且近乎消亡：国家民主法制化，社会在世俗化，宗教只是私人的一个选项，而且那虔诚的程度也要大打折扣。所谓“信仰危机”，正是西方自己针对此种趋向发出的哀叹，现在莫名其妙地横架在中国身上——这连研究所里的基督教神学家都会摇头，认为中国宗教资源之多，多到足够他们打造出一个“信仰中国”来。

当前的情况有些特殊，宗教热到了席卷社会上层和文化教育领域，至今还不知道要热到哪年哪月，但可以肯定，结果可以比照神化气功热，再远一些，可以比照“无限信仰、无限崇拜”热——顺便指出，认为宗教活动“不能用行政手段发展或压制”，这是老生常谈，但是经不住历史的检验。波斯产最古老的世界性宗教琐罗亚斯德教基本消亡了，主要就是被压制；印度是佛教的故乡，从叙利亚到新疆，也都曾是佛教活跃的天

① 《政治经济学批判》导言，《马克思恩格斯选集》第2卷，人民出版社1972年版，第104页。

下，现在不是残余挣扎，就是一扫而光了；再看看三大一神教的历史版图，就会知道它们是怎么发展变化的。

最后，要再提醒一次《宪法》的这一规定：

> 任何人不得利用宗教进行……妨碍国家教育制度的活动。

这一否定性规定，在1995年通过的《教育法》第八条中增添了一句肯定性法令："国家实行教育与宗教相分离。"科学无神论工作者根据"有法必依"的精神，为落实宪法和教育法的这些条款，调查研究，上下呼号，可以说不遗余力，此处不想再啰唆了。问题是，中央领导有批示，相关部门有文件，而且不是一件，不是一个部门签署，实行起来为什么这么难？笔者想，这次四中全会的决议之所以震动中外，从这条"教育与宗教相分离"实行艰难中可见一二。

有同志反映，宗教知识的教育和宗教的科学研究，都不可或缺，怎样与宗教宣传和宗教信仰活动区分开来？诚然，这是一个实际问题。不过我们的前辈教育家和国家实践，有一些是很明确的。譬如蔡元培先生提出的：1. "大学中不必设神学科"，而今不但在某些大学和国家科研机构中大讲神学，而且还在理直气壮地构建神学；2. "在各学校中，均不得有宣传教义的课程，不得举行祈祷式"，那么宣讲宗教道德，吹嘘禅文化、禅人生，是不是宣传教义？教学生修禅、算卦看风水，成立聚会点，是不是可以允许？3. "以传教为业的人不必参与教育事业"，那么请了那么多外国神学家和传教士担任诸多大学的什么教授，行吗？

借四中全会决议的东风，我们还要继续为实行教育与宗教相分离的法令呼号。办教育不能无法无天，离开国人的重托，离开中国特色社会主义的大道，倒退萎缩成为宗教布道和构建神学的场所。

（原载《科学与无神论》2015年第2期）

第三篇

学科建设

马克思主义基本原理

一　学科概况

2015年，马克思主义基本原理学科设立十周年，在已取得的成果基础上，学科在理论研究与学科建设各方面均取得重要进展。

（一）学术活动丰富多彩，学术交流广泛深入

学科设立10年来，在学术交流方面，以全国高校和科研单位为主体的系列论坛会议逐步形成影响。2015年度召开的会议主要有：

全国高校马克思主义理论学科研究会主办的系列学术会议，如9月17—19日在武汉召开的“意识形态安全与马克思主义理论学科建设”学术研讨会，来自中国社会科学院、中国人民大学、武汉大学等全国部分高等院校、科研机构和学术刊物的100余名专家学者参加了论坛，论坛主要围绕意识形态安全与马克思主义理论学科建设、马克思主义意识形态基础理论和社会主义意识形态建设的发展与创新进行了研讨；再如，11月7—8日，由全国高校马克思主义理论学科研究会主办，江西师大马克思主义学院承办的2015年全国高校马克思主义理论学科博导论坛在南昌举行，来自中国社会科学院、北京大学、浙江大学、中国人民大学、中山大学及江西师范大学、《思想理论教育导刊》杂志社等全国70余所高校博导教授、杂志社编辑共计130多人参加了会议，本次论坛围绕“加强马克思主义理论学科规范性建设”这一主题，对马克思主义理论学科学术规范、人才培养、课程体系建设、学科建设的经验教训和展望以及与思想政治理论课的关系等问题进行了深入交流与研讨。

2015年1月26日，中国社科院马克思主义研究院主办的“第三届马克思主义基本原理学科年会”在北京召开，来自中国社科院、北京大学、中国人民大学等全国80多所高等院校和科研院所的90多名专家学者围绕“马克思主义整体性研究”“马克思主义基础理论及具体原理研究”“马克思主义基本原理应用研究”等主题展开了研讨。

8月11—12日，第十届全国高校马克思主义基本原理暨第三十三届马克思主义哲学教学与学术研讨会在广西科技大学举办，此次研讨会，一是在马克思主义理论研究方面进行了深入交流，二是就马克思主义原理课的教学方面作了深入探讨。

8月22—23日，由中国历史唯物主义学会、东北师范大学和中国社会科学院国家文化安全与意识形态建设研究中心联合主办的“2015年中国历史唯物主义学会年会暨21世纪中国的马克思主义与历史唯物主义”理论研讨会在吉林长春召开，来自中国社会科学院、北京大学、南京大学、中国人民大学等全国高校、科研机构的100余位专家学者参加了研讨会，此次研讨会以“21世纪中国的马克思主义与历史唯物主义”为主

题，围绕“历史唯物主义的基本原理”“习近平总书记系列重要讲话精神”“21世纪的中国马克思主义”以及“马克思主义意识形态思想与发展”等理论及现实问题，展开了多视角的深入探讨与交流。

6月19—21日，由世界政治经济学学会主办、由南非克里斯·哈尼研究所（Chris Hani Institute）和夸祖鲁—纳塔尔大学（University of Kwazulu-Natal）共同承办的“资本主义的不均衡发展与危机——世界政治经济学学会第10届论坛”在南非约翰内斯堡举行，来自中国、南非、美国、日本、英国、德国等十多个国家的百余名学者出席。

10月10日，由北京大学主办的首届世界马克思主义大会在京开幕，来自五大洲的近400位中外马克思主义研究学者汇聚北大，围绕“马克思主义与人类发展”主题，从马克思主义的起源、发展到文本研究，从中国道路、话语体系到习近平治国理政思想，从世界文明走向、经济全球化到人类命运共同体，立足中国道路、中国理论和中国制度，直面当今国际社会面临的共同问题，探讨马克思主义、中国经验和人类发展中的重大问题，彰显马克思主义的世界影响力，产生广泛影响。

除了学术研讨会，本年度还有马克思主义基本原理“研修班”等学术交流形式，如由中国社科院马克思主义研究院与河南大学马克思主义学院联合举办的“全国首届马克思主义基本原理概论研修班”于7月11—16日在河南大学召开，来自南开大学、四川大学、重庆大学等全国20多所高校的40余名“马克思主义基本原理概论”课程教师参与了此次研修。研修班主要是对《马克思主义基本原理概论》（2013修订版，高等教育出版社）各章节的要点内容进行通讲，并对该门课程教学和研究中存在的疑难问题进行研讨，以促进马克思主义理论的整体性教学，提高马克思主义基本原理概论课程的教学实效。通过对《马克思主义基本原理概论》教材的串讲，从整体性角度深化对马克思主义基本原理的认识和理解，提高授课教师的理论素养。此外，由北京市教育工作委员会主办的“北京高校马克思主义经典著作读书会”首场活动于2015年11月29日在北京湖北大厦举办，此次系列活动以“阅读经典、关注现实、思考问题、提高水平、提升境界”为主线，服务于思想政治理论课教学、马克思主义理论学科及高校意识形态建设，通过发挥名师凝聚、示范、引领作用，带动中青年教师共同研究和破解当前高校思想理论课教学中的重难点问题，从而达到加强北京高校思想政治理论课教师队伍建设、提升教学技能和教学实效的目的。

上述这些学术会议对促进马克思主义基本原理学科建设和理论交流，全面推进学科健康发展，起到了重要作用，产生了积极影响。

（二）教学实践与教材建设与时俱进

马克思主义基本原理教学实践与教材建设是学科建设的一个重要内容。“马克思主义基本原理概论”课作为对大学生进行思想政治理论教育的重要课程，其教学内容、教学模式和方法以及实效性等问题是高校教师们关注的一个热点，本年度仍然是教师们讨论最多的一个话题。

首先，关于当前马克思主义基本原理概论教学存在的问题以及如何提高教学实效性等，很多老师进行了更深入的思考。一般认为，当前马克思主义基本原理概论课教学效果不甚理想，离预期的目标和要求还存在差距。究其原因，概括起来有三个主要方面：一是学生的认知和兴趣方面，二是老师的理论素养方面，三是教学方法和手段方面。广东财经大学马克思主义学院岳丽艳认为，影响教学实效性的因素包括：一是价值观形成的关键时期与美国世界范围内价值观的推广，二是技术理性的凸显与价值理性的遮蔽，三是内容的重复导致大学生学习缺乏新鲜性，四是个别老师缺少对学科的敬畏。[①] 关于如何提高马克思主义基本原理课的教学实效性，2015 年度，教师们普遍强调两个方面的内容，一是创新教学模式；二是提高教师自身的理论素质。福州大学马克思主义学院副教授黄永清认为："为了提升该课程的教学效果，就必须加强大学生对该课程的正确理解和认识，提高教师的教学方法和水平，改进课程的考核方式，充分调动大学生的课堂积极性。"[②] 河北大学政法学院讲师冯燕芳认为，马克思主义理论本身具有强大的理论魅力，这对任课教师提出了很高的要求：不仅需要提升自身的知识素质，还要改变教学理念，而且要着力消除学生对马克思主义的偏见和误解。[③]

关于如何创新教学模式和教学方法，是多年来老师们讨论最多的话题。2015 年度，学者们在深刻总结教学实践经验、继承以往研究的基础上，对参与式教学、研究性教学、互动式教学、案例教学法、问题引导式教学法、情景教学法、大班小组法教学等模式和方法继续进行深入探讨，同时，又提出了一些新的模式和方法。2015 年度，很多学者关注了在"慕课"（MOOC）时代马克思主义基本原理教学模式的变化、特点、关键点等问题。"慕课"（MOOC）的全称是大规模在线开放课程（Massive Open Online Course，简称 MOOC），它以数字化、信息化的全新教学模式颠覆着传统课堂教学。一般说来，慕课教学规模大、范围广，上课更方便、灵活，学习更快捷、新颖，学习效率更高。贵州工程应用技术学院马克思主义教学部蔡雯雯认为，马克思主义基本原理概论的教学应该跟上时代发展的步伐，利用慕课倡导的先进教学理念，引导学生自主学习，增加马克思主义基本原理概念课堂教学实效性。[④] 此外，还有学者针对马克思主义基本原理概论课的特点，探讨了一些新的教学方法，如演讲教学方式、探究"生成式"课堂模式，等等。辽宁科技学院副教授孙淑军等提出了原理课的"'3×3'交叉立体教学模式"，包括构建"研究、互动与实践"三位一体的总体教学模式、构建"问卷调查、因材施教与情景虚拟"三位一体的研究型教学模式、"师生互动、生生互动与师师互动"三位一体的互动型教学模式、构建"课内实践、校内实践与校外实践"三位一体的实践型教学模式和构建"学生评教、教师互评与督导评教"三位一体的教学评价模式。[⑤] 无疑，这些探讨对促进教学、提高实效等都具有重要意义。

在教学内容方面，《马克思主义基本原理概论》课程是高校"两课"中的主干课程，担负的不仅是知识传授的任务，还有价值观培育、理论联系实际能力的培养等，从

---

① 岳丽艳：《推进〈马克思主义基本原理概论〉内容进头脑的策略研究》，《山东高等教育》2015 年第 9 期。

② 黄永清：《马克思主义基本原理概论课教学效果探索》，《当代教育理论与实践》2015 年第 1 期。

③ 冯燕芳：《彰显理论魅力　提升教学质量——以"马克思主义基本原理概论"课教学为例》，《北京教育学院学报》2015 年第 4 期。

④ 蔡雯雯：《慕课背景下马克思主义基本原理概论创新性教学探究》，《科教导刊》2015 年 9 月（上）。

⑤ 孙淑军、王大威：《马克思主义基本原理概论课程"3×3"交叉立体教学模式的构建研究》，《辽宁科技学院学报》2015 年第 2 期。

而促进学生的全面发展。很多学者研讨了如何在《马克思主义基本原理概论》课上培育学生们的民主意识、平等意识、人文精神、社会主义价值观，等等。本年度，许多学者结合时事热点及当前思想政治教育的重点，提出了如何把中国梦、廉政思想教育等融入马克思主义基本原理概论课的问题。例如，中国地质大学马克思主义学院讲师王晓磊提出，以整体性的教学模式开展"中国梦"融入式教学，可以从实践观、理想观、群众观、价值观等方面讲授二者之间的理论关联，从教学思路、教学内容与教学方法三方面探讨将"中国梦"思想整体融入"原理"课教学的路径，力求实现以"中国梦"引领"原理"课教学的目标，提升"中国梦"教育的水平。①

在教材建设方面，为了使教材更具有时代性、趣味性和可读性，中宣部、教育部组织编写的《马克思主义基本原理概论》多次进行修订，不断完善。本年度，南开大学马克思主义教育学院逄锦聚教授总结了《马克思主义基本原理概论》2015 年修订版着力解决的问题，包括四个方面的重点难点问题：一是如何进一步做到既全面准确地阐述马克思主义基本原理，又突出教学重点；二是如何进一步贴近实际，增强教材的时代性、实践性、现实针对性；三是如何既进一步体现马克思主义理论的整体性，又妥善处理与几个重要组成部分的关系；四是如何进一步增强教材的可读性和吸引力。② 逄锦聚、吴倬、石云霞、郝立新等共同写作了《"马克思主义基本原理概论"课重点难点问题研究》，共选择了 30 个问题，力图使大家了解问题产生和发展的来龙去脉，以及学术界一些不同观点的争鸣，从而对问题理解得更深刻更全面一些。③

（三）学科设立 10 年的回顾与反思

2015 年是马克思主义理论一级学科设立十周年，学界以各种形式进行了总结、回顾、反思工作。全国高校马克思主义理论学科研究会等单位主办了专题论坛会，就学科设立 10 年来所取得的成果、学科现状及未来发展规划等进行了研讨。会议认为，马克思主义理论学科设立 10 年来，凝聚了相对稳定的马克思主义理论队伍，在高校构筑起了马克思主义理论学科建设的高地；但也存在一些不足，主要是研究型人才缺乏，学科研究领域宽泛但不够专深，聚焦基础理论、重大理论和现实问题还不够，研究成果数量不少但精品不多，学科影响力不强，等等。④ 尽管这些总结、回顾是从马克思主义理论学科总体上来谈的，但马克思主义基本原理学科作为马克思主义理论一级学科中处于基础性、核心地位的二级学科，成绩及不足也都是存在的。

中国社科院马克思主义研究院研究员张建云撰写了专题论文，总结了马克思主义基本原理学科 10 年来在制度建设、人才培养、学术研究等各个方面取得的成绩，指出了

---

① 王晓磊：《论"马克思主义基本原理概论"课教学与"中国梦"的整体性契合》，《思想政治教育研究》2015 年第 3 期。

② 逄锦聚：《〈马克思主义基本原理概论〉（2015 年版）修订中着力解决的重点难点问题》，《思想理论教育导刊》2015 年第 9 期。

③ 逄锦聚等：《"马克思主义基本原理概论"课重点难点问题研究》，高等教育出版社 2015 年版。

④ 吴新宇：《马克思主义理论一级学科设立 10 周年　全国高校马克思主义理论学科研究会在人民大学举行论坛》，人大新闻网，news. ruc. edu. cn/archives/107376，2015 年 6 月 15 日。

当前学科存在总体水平低、高水平成果少、辐射力和影响力弱等不足，并对未来学科发展从加强学科认同、形成学术共同体、深化整体性研究、增强现实解释力度，以及加强专业人才培养、不断提升学科队伍总体素质等方面提出了建议。① 武汉大学马克思主义学院石云霞教授回顾了学科设立十年来《马克思主义基本原理概论》的修订情况。“05方案”实施十年来，《马克思主义基本原理概论》教材出版了六版，十年来，该教材作为中央马克思主义理论研究和建设工程的重点教材，在使用过程中，不断听取广大师生的意见，不断吸取理论界研究的新成果，不断从马克思主义基本原理的层面充实党的创新理论的新发展，及时修订，增加和充实了包括关于“什么是马克思主义基本原理”，关于世界物质统一性的哲学论证、唯物辩证法，关于事物普遍联系的原理及其现实意义，关于增强辩证思维能力，关于虚拟实践这一新的实践形式，关于评价、评价标准及社会主义核心价值观，关于认识路线、思想路线、群众路线及其相互关系，唯物史观关于社会意识诸形式，历史人物特别是无产阶级领袖评价，关于前资本主义社会形态演进和更替、资本主义历史地位及其局限性，关于科学社会主义的基本原则、基本原理层面的中国特色社会主义理论体系等内容。②

二　重大问题研究进展

2015 年马克思主义基本原理学科在基础理论研究、重要原理研究、原理现实应用研究等方面继续推进，取得重要进展。

（一）基础理论研究

1. 马克思主义基本原理研究

马克思主义基本原理学科设立 10 年来，理论界关于马克思主义基本原理的研究不断深化。2015 年度，学者们在深入阐释马克思主义基本原理的内涵、特征等的基础上，着重探讨了如何正确把握和运用马克思主义基本原理等问题。

关于如何深刻认识、理解马克思主义基本原理及其与经典著作的关系。中国人民大学哲学院陈先达教授认为：“马克思主义基本原理当然具有抽象性，但它不是思辨性的原理，而是一种以事实为依据，以规律为内容，以实践为标准的理论，既具实证性又具有高度的理论性。”“马克思主义基本原理，就存在于马克思和恩格斯的著作之中，是他们在自己著作中反复出现并一再论述的具有规律性的基本观点。无论是与对手论战，还是对重大历史事件的评述，或对某个专门问题的研究，都有一以贯之的思想。这个一以贯之的‘一’，就是我们必须把握的马克思主义基本原理。”③ 中国人民大学周新城教授指出：“马克思主义的基本原理，反映了自然界、人类社会和思维的一般规律，它是工人阶级观察世界的科学的世界观和方法论，因而它是普遍真理。这即是说，马克思主

① 张建云：《马克思主义基本原理学科 10 年建设回顾与反思》，《沈阳师范大学学报》（社会科学版）2015 年第 6 期。

② 石云霞：《〈马克思主义基本原理概论〉教材修订情况回顾》，《思想理论教育》2015 年第 9 期。

③ 陈先达：《马克思主义基本原理、文本及其解读》，《光明日报》2015 年 8 月 12 日，第 13 版。

义基本原理是正确的，不是有对有错的，它具有普遍意义，既不会由于国情不同而不适用，也不会由于历史条件的变化而过时。任何时候我们都必须坚持马克思主义基本原理，不能有丝毫动摇。”“同时还要看到，马克思主义基本原理是一个完整的理论体系，各个基本观点之间有着密切的有机联系，它们是一个系统，而不是孤立的、相互之间没有联系的各种论断的汇集，如果抛弃、否定了其中一个论断，其他论断就会随之被否定，整个马克思主义基本原理的体系也就瓦解了。”① 中国社会科学院学部委员靳辉明认为，“马克思主义基本原理具有以下特征：其一，充分体现马克思主义的根本性质和整体功能，是科学性和革命性高度统一的世界观和方法论。其二，相对于个别原理和特殊原理而言，是对更为广阔时空领域的事物本质和发展规律的概括。其三，更具稳定性和有效性，不会因为具体条件的变化而发生质的改变。其四，对于人们的实践活动具有普遍和根本的指导意义。可以说，马克思主义基本原理是对客观事物本质和规律的高度概括，是一种抽象的理论形态；但它又寓于个别事物之中，只有与不同领域、不同阶段的具体实际紧密结合，才能发挥指导功能。”②

关于当今时代如何学习、研究、掌握和运用马克思主义，中国人民大学哲学院陈先达教授深刻指出：“马克思主义哲学的每条基本原理，看似简单，实际内容无限丰富，都具有无可辩驳的理论力量和实践力量，只是我们不少理论工作者对这一点并未达到自觉理解的水平。他们不是在原理的应用中理解原理，而是把原理当成教条。大道至简，真理是平凡的，可真理的力量是无穷的。”同时，“决定马克思主义在当代命运的并不是某一本马克思主义的经典原著，或者马克思和恩格斯的某一句话，而是马克思主义的基本原理，是马克思主义的科学理论体系。所有反对马克思主义的人，都不是只反对某本著作，而是反对马克思主义基本原理。围绕马克思主义基本原理的斗争才是马克思主义理论领域斗争的实质，而某本书、某句引语都只是斗争的引线，是重新立论的所谓文本根据，而不是目的。因此，要坚持马克思主义在意识形态中的指导地位，我们首先应该坚持和维护的是马克思主义基本原理。”③ 中国人民大学周新城教授认为，要厘清各种歪曲、反对和否定马克思主义的错误观点和论调，“关键是把马克思主义基本原理与它的具体运用分开。当务之急是要认真阅读马克思主义经典著作，牢牢掌握马克思主义基本原理，从而创造性地运用马克思主义的立场、观点和方法去分析和解决实际问题，不断把中国特色社会主义事业推向前进”。④ 中国社会科学院学部委员靳辉明认为：“马克思主义作为一种理论体系转化为现实政策和实践活动，有许多中间环节需要研究、论证和再创造，不能把马克思主义基本原理直接等同于现实政策。”⑤

关于深入挖掘、阐释马克思主义基本原理的当代价值。本年度，一方面，很多学者结合当前我国思想文化建设的实际需要，通过以马克思主义基本原理来分析、阐述宗教信仰、经济新常态等现实问题，彰显马克思主义基本原理的世界影响力和时代价值。另一方面，还有很多学者从马克思主义基本原理本身出发来讨论其价值性和当代意义。如

① 周新城：《关于怎样理解马克思主义的几个问题》，《思想教育研究》2015 年第 8 期。

② 靳辉明：《科学把握运用马克思主义基本原理》，《人民日报》2015 年 10 月 14 日，第 7 版。

③ 陈先达：《马克思主义基本原理、文本及其解读》，《光明日报》2015 年 8 月 12 日，第 13 版。

④ 周新城：《关于怎样理解马克思主义的几个问题》，《思想教育研究》2015 年第 8 期。

⑤ 靳辉明：《科学把握运用马克思主义基本原理》，《人民日报》2015 年 10 月 14 日，第 7 版。

西华师范大学马克思主义学院程璞森等认为，“马克思主义基本原理的使用价值远远超过其产生的年代，它能够推动社会和人类文明的发展，随着时代的发展，具有不同的意义。马克思主义为人类社会文明的发展指明了方向”。①

2. 马克思主义整体性研究

整体性问题是学科设立10年来理论研究的重点问题，也是难点问题。本年度整体性研究包括两大方面的内容。

一是关于什么是马克思主义整体性、如何理解马克思主义整体性。学者们在以往研究成果基础上，从更新的视角、更深的层次继续深入研究了这个问题。本年度，有很多学者以实践为基石，认为马克思主义整体性来源于实践，实践整体性决定了马克思主义整体性。如中国社科院马克思主义研究院研究员张建云指出：“实践普遍性与具体性的统一，决定了马克思主义哲学、政治经济学、科学社会主义的辩证统一；实践真理性与价值性的统一，决定了马克思主义科学性和阶级性辩证统一；实践创造性与享受性、理想性与现实性的统一决定了马克思主义是变革资本主义、建设社会主义、追求共产主义辩证统一的理论。马克思主义的整体性不仅体现在整体性理论来源于整体性实践并随着实践发展而发展，还体现在整体性理论对整体性实践的具体指导和践行，它要求把马克思主义一般原理转化为具体理论、方针和政策，全面推进实践协调发展。以马克思主义指导的社会主义革命和建设实践充分体现了这一整体性原则。”② 西安交通大学马克思主义学院副教授马文保认为，实践维度是把握马克思主义整体性的根本维度。马克思确立了实践观点，他才能够接触到真正的现实：“一方面他才可能把感性的人的生活世界作为真正的现实来加以说明，即在被说明的现实上实现根本变革；另一方面他才可能通过感性的人的生活世界自身的矛盾运动展开来说明之，即在说明现实的方式上实现根本变革。”“只有通过实践或在实践中根据感性的人的生活世界的内在矛盾运动展开来说明这个世界，马克思主义才能真正被把握为一个思想有机体。”③

多数学者还从综合角度讨论了马克思主义整体性问题。北京大学哲学系赵家祥教授认为：“应该从马克思主义产生的社会历史条件、马克思主义的理论来源、马克思主义理论体系的内容、马克思主义发展的历史过程、马克思主义经典著作的实际情况五个方面阐明马克思主义的整体性。”④ 中共中央党校马克思主义理论教研部教授贾建芳从马克思主义理论结构和理论演进动力、马克思主义的主题和基本理论、广义马克思主义整体性等方面阐明整体性马克思主义。唯物史观、剩余价值学说和科学社会主义既是马克思主义理论演进的三个重要环节，又从不同角度和层面阐明了马克思主义的理论主题，三者共同构成马克思主义的内在结构；整体性马克思主义的基本理论即马克思主义是关于人的解放和发展的理论，是由一系列基本原理构成的逻辑体系，阐明了人的解放和人的自由全面发展的过程、条件等基本问题。广义马克思主义的整体性即中国共产党把马克思主义和以马克思主义为指导形成的列宁主义、毛泽东思想和中国特色社会主义理论

---

① 程璞森、李星：《马克思主义基本原理的价值性以及特征性分析》，《经济研究导刊》2015年第18期。

② 张建云：《实践整体性与马克思主义整体性》，《江汉论坛》2015年第10期。

③ 马文保：《把握马克思主义整体性的根本维度：实践维度》，《教学与研究》2015年第11期。

④ 赵家祥：《也谈马克思主义的整体性》，《理论视野》2015年第7期。

体系统称为马克思主义。①

二是关于如何把握马克思主义整体性，本年度很多学者提出了很好的建议。如中央党校哲学教研部教授胡为雄提出从文本的关联角度，认真阅读马克思、恩格斯为著作再版时撰写的序言或导言，是全面理解经典、把握马克思主义整体性的必要一环："从文本关联的角度看，恩格斯的序言或导言已各自构成这些著作的一部分，甚至成为一个不可分割的整体。这些后来所写的序言或导言，或是对原著的补充和扼要解释，或是根据社会历史条件的变化对其内容做出新的评价，甚至对其中一些论点做出改变或对当时工人运动一些措施做出否定。反之，阅读原著则可以了解其序言或导言的思想走向，它们是在何种理论基础上得以发展。显然，认真研读这些序言和导言，了解它们与原著的关联性，是全面理解经典、把握马克思主义整体性的必要一环。这种关联性阅读，也适用于马克思主义的各学科的著作群及整个马克思主义著作。"② 上海师范大学马克思主义学院教授汪青松认为，马克思主义整体性体现在横向有机构成和纵向历史发展上，实质在于立场观点方法的统一性，因此，"把握马克思主义整体性，要从哲学、政治经济学和科学社会主义的理论体系上全面把握马克思主义的逻辑性，从一脉相承和与时俱进上系统把握马克思主义的完整性，从立场、观点、方法上准确把握马克思主义的统一性。中国梦引领下的'四个全面'战略布局对整体性马克思主义具有学理上的继承性与实践上的创新性"。③

此外，本年度还有一些学者深入探讨了马克思主义整体性问题产生的原因，中山大学马克思主义学院教授钟明华认为："马克思主义在其传播和发展过程中，由于其框架体系新增了许多元素，衍生出了新的线索和诉求，某种分谱系繁衍或'分延'的现象便发生了，主要体现为门类性态、对立性态、割裂性态、断取性态等四大性态，以及对思想发展进程的划断、对理论内容的分解、对思想逻辑的割裂等三大形式。其原因主要有，一是出于政治传播的简明性需要，将马克思主义理论体系简约为三个组成部分；二是出于学术研究的需要，将马克思主义理论按分学科研究的门类建制。"④

3. 经典作家和经典著作研读

习近平总书记多次要求精读马克思主义经典著作，要"原原本本学习和研读"。近年来，全国高校、科研单位及机关事业单位积极组织读书会、研修班等，取得了显著成效。本年度，一些新的读书会成立，例如北京教工委举办高校马克思主义经典著作读书会，旨在唤起青年学生对经典的兴趣，激发青年学生的主动性、创造性，也为北京其他高校的思政课教师和学生理论社团骨干提供了交流机会。⑤ 而坚持多年的如南京政治学院、中国社科院马克思主义研究院的原著读书会，亦取得重要成果。南京政治学院 1980 年初即建

---

① 贾建芳：《论整体性的马克思主义》，《马克思主义研究》2015 年第 3 期。

② 胡为雄：《从文本的关联看马克思主义的整体性——以 1871 年后恩格斯的相关"序言""导言"为例》，《理论视野》2015 年第 9 期。

③ 汪青松：《论中国共产党人对马克思主义整体性的全面把握》，《马克思主义研究》2015 年第 7 期。

④ 钟明华：《马克思主义理论整体性问题的发生学解读》，《南京大学学报》2015 年第 4 期。

⑤ 李翠、程志浩：《"北京高校马克思主义经典著作读书会"举办》，《中国民族报》2015 年 12 月 4 日第 5 版。

立起了一整套涵盖马克思主义哲学、政治经济学、科学社会主义的经典著作教学研究体系，经过38年的不懈探索与主动创新，目前这套教研体系内容齐全、重点突出、层次多样，并已结出丰硕成果。[①] 中国社科院马克思主义研究院的原著读书会开始于2009年，从《马克思恩格斯全集》第1卷读起，每个月一次，一年十次；至今已经坚持7年，50卷本的《马克思恩格斯全集》已经读完，目前正在读《列宁全集》。每位参加读书会的科研人员都在研读原著、学习经典的过程中不断成长，理论水平不断提高。

本年度《资本论》仍然是最受关注的著作，研究的内容涉及方方面面，另外，《共产党宣言》《1844年经济学哲学手稿》《德意志意识形态》等经典名篇的研读亦取得重大成果。本年度关于《资本论》研究的突出特点是多角度、多层面、多学科、多维度，除了经济学原理，还包括哲学原理、政治学原理等的梳理和挖掘，同时《资本论》这部巨著在当代的价值和意义受到特别关注。关于《资本论》的唯物史观视角解读，上海财经大学鲁品越指出，作为唯物史观的科学形态的《资本论》既是关于资本主义生产关系的学说，也是关于这种生产关系所产生的生态系统的哲学。《资本论》的生态哲学以劳动的自然性与社会性的统一为基础，以吮吸生态"自然力"的资本逻辑的正反馈循环圈为中心，以资本逻辑的时空展现对生态逻辑循环圈的撕裂为基本机制，同时也包含如何通过市场建立循环经济的理论，以及对于惠及后代的可持续发展思想的萌芽。[②] 北京大学哲学系教授丰子义认为在《资本论》中，唯物史观与经济学研究是内在地结合在一起，即唯物史观不再是从外部表现为经济学分析和批判的哲学前提与尺度，而是直接转化为经济学研究的内在方法和内在思维方式。《资本论》在具体的分析与研究过程中，唯物史观虽然没有以"显性"的方式出场，但它以"隐性"的观点和方法在发挥着重要的作用，在《资本论》中，唯物史观既是一种运用，又是一种证明、深化和发展。[③] 北京大学哲学系仰海峰指出：劳动力成为商品，是从资本逻辑的现象界到本质界的重要一环。劳动与劳动力的区分揭示了剩余价值的来源，揭示了马克思哲学与西方近代以来的哲学的重要区别，同时也有助于说明马克思思想发展的内在变迁。以劳动本体论来建构或反对马克思哲学，都没有意识到劳动与劳动力的区分的意义。"劳动力"范畴的提出，更能揭示出资本逻辑的结构化特性。[④] 李佃来探讨了《资本论》的叙事结构与马克思正义思想之间的关系。他认为《资本论》从抽象到具体的叙事方法并非是一个一般的、无关紧要的认识论步骤，更深刻的问题在于，马克思凭借这个方法，开辟出批判的哲学视野及超越英国经济学传统的政治哲学问题域，从而为阐发正义问题奠定了坚实基础。[⑤] 丁堡骏等认为，作为《资本论》逻辑起点的商品，既可以看成是资

① 姜延军、宋艳丽：《一往情深爱经典　凝神静气学经典　皓首穷经研经典　与时俱进用经典——南京政治学院坚持38年开展马克思主义经典著作教学与研究述要》，《中国社会科学报》2015年8月6日，第8版。

② 鲁品越：《〈资本论〉的生态哲学思想研究》，《学习与探索》2015年第1期。

③ 丰子义：《〈资本论〉唯物史观的呈现方式与独特作用》，《中国高校社会科学》2015年第6期。

④ 仰海峰：《劳动力成为商品意味着什么——关于〈资本论〉的经济学—哲学研究》，《中国高校社会科学》2015年第2期。

⑤ 李佃来：《〈资本论〉的叙事结构与马克思正义思想》，《华中师范大学学报》（人文社会科学版）2015年第4期。

本主义商品抽象掉了资本关系所剩下的一般商品，也可以看作历史上存在的作为资本主义历史前提的简单商品；正确认识作为《资本论》逻辑起点的商品不仅是逻辑的成分，而且包含历史的因素。[①]

关于如何研读原著，是本年度学者关注的重点问题。很多学者提出了自己的心得和体会，给人很大启发。例如中国人民大学陈先达教授提出的“以原理为指导来阅读原著”方法，强调掌握基本原理是我们学习马克思主义经典著作的目的，也是我们衡量并判断对原著某句话、某段话，包括上下文的解读是否符合原意的一种标尺。[②] 北京大学哲学系赵家祥教授总结了学习原著存在的一些不良倾向，包括教条主义、简单套用、过度解读、片面理解原著，全盘接受西方马克思主义的观点和方法等等，亦给人很多启发。[③] 由此，他提出原著研读要把握以下几点，即把“史”“论”“著”有机结合，把马克思主义各个组成部分有机结合，等等。[④] 北京大学哲学系聂锦芳教授认为要澄清对文本研究的误解：即文本研究只是做版本考证而不研究思想；文本研究只是复述原著思想而没有理论建树；文本研究有意回避现实问题因而体现不出马克思主义的当代性。强调完整的文本研究应该包括前后相续、层层累积而又相互支持和融通的三个步骤、三个阶段，即版本考证、文本解读和思想研究。而版本研究只是文本研究工作的一个部分，并不是文本研究的全部内容。它只是更为重要的文本解读和思想阐释的前提性、基础性条件。文本研究的意旨和归宿仍然是思想研究，但与过去的研究路数不同的是，马克思思想的理解和把握绝不能再靠思辨和想象，不能离开对具体文本写作过程、刊布情形和版本源流等方面的考察和梳理，不能离开对构成文本的各个具体章节所进行的翔实剖析和解读，单纯依据作品中的片言只语便对马克思的观点进行无限制的概括和提炼，对其思想做出随意的阐释和评论，更不能天马行空地“制造”出一个“没有马克思的马克思主义”。[⑤] 上海师范大学哲学学院高惠珠等提出，弘扬马克思主义哲学经典著作现实性的路径是：冲破“前见”束缚，揭示被“前见”遮蔽的理论资源；以新的视角重新理解以往的“定见”；聚合散见文本各处的理论亮点，回应新的现实问题。推动马克思主义哲学经典著作研究的深化需坚持“三互动原则”，即“中西互动”“理实互动”和“点面互动”三原则。[⑥]

（二）重要原理研究

1. 历史唯物主义

本年度，学界关于历史唯物主义原理研究延续以往传统，内容包括基础理论问题、

---

① 丁堡骏、王金秋：《〈资本论〉的逻辑起点及当代意义》，《经济纵横》2015 年第 1 期。

② 陈先达：《马克思主义基本原理、文本及其解读》，《光明日报》2015 年 8 月 12 日，第 13 版。

③ 赵家祥：《对马克思主义经典著作解读的几种不良倾向》，《人民日报》2015 年 6 月 8 日。

④ 赵家祥：《准确解读马列经典著作——纪念恩格斯逝世 120 周年》，《党政干部学刊》2015 年第 6 期。

⑤ 聂锦芳：《文本研究与对马克思思想的理解——澄清对文本研究的三重误解》，《光明日报》2015 年 8 月 20 日，第 16 版。

⑥ 高惠珠、赵建芬：《时空转换并不能遮蔽真理的光芒——探究弘扬马克思主义哲学经典著作现实性的路径》，《理论视野》2015 年第 8 期。

具体原理研究及运用历史唯物主义解读和解决现实问题等几大方面。

关于基础理论研究。本年度，学者关注的热点，一是关于实践唯物主义的争论。如何认识实践在马克思主义理论中的地位和意义、如何评价实践唯物主义观点，这是一个老话题，本年度引起许多学者的关注和思考。中山大学哲学系教授刘森林认为，“实践唯物主义的思想核心是主体性。人们一开始更多是在‘个人’‘心灵’‘尊严’意义上理解‘主体’，20 世纪 90 年代才在其中注入社会性、制度性内容”。“实践唯物主义研究的深化，意味着对实践主体性内含的这些问题的深入探究，意味着中国马克思主义哲学研究的深入和拓展。”① 中国人民大学哲学院段忠桥强调，实践唯物主义绝非历史唯物主义，“历史唯物主义的出发点是由人的肉体组织所决定的物质生活资料的‘生产’，而不是使人的本质力量得以确证和实现的对象化‘劳动’；历史唯物主义是基于经验的‘真正的实证科学’，而不是形而上学意义上的‘社会生产关系本体论’”。② 黑龙江大学马克思主义学院隽鸿飞认为，实践唯物主义是在中国马克思主义哲学发展特定进程中出现的概念，其内涵本身是多义性的。这种多义性，既容纳了对马克思思想的多种不同的理解，在一定程度上推动了思想的解放，另一方面也由于其内容的含混影响和制约了马克思主义哲学的发展。③ 吉林大学哲学社会学院教授刘福森认为，在研究马克思哲学的总体性质时必须超越西方传统哲学的形而上学本体论的思维逻辑，坚持从“现实性”出发的思维逻辑；必须坚持实践的历史性，从历史唯物主义出发去解释实践唯物主义；必须从实践唯物主义与历史唯物主义的内在统一去理解马克思哲学。只有从“现实的实践”（即在特殊的社会历史条件下进行的特殊的生产、实践）出发去理解人，才能真正把人理解为在特定历史条件下存在的“现实的人”。④

二是关于人的问题，包括人的本质、人的尊严和自由等的讨论。黑龙江大学哲学学院张奎良教授对人的本质问题进行了深入研究，指出，“从 1844 年夏至 1845 年春，马克思连续作出人的本质的五重规定，在哲学史上第一次全面地阐发了人的类本质、发展本质、共同体本质、社会联系本质和社会关系总和本质。这五重本质在形式上是平行的、分立的，但是它们之间存在着必然的逻辑联系，是人的更深层次的实践本质和社会本质的展开和说明。马克思对人的本质的执着探索植根于他对全人类彻底解放和人的全面发展的深切关怀，他所阐发的人的本质的五重规定及其逻辑系统不仅是哲学上划时代的伟大创新，而且在今天也有重要的实践指导意义”。⑤ 武汉工程大学马克思主义学院教授张三元认为，人的尊严和人的自由一起构成了唯物史观的主线、主题或最高命题。人的尊严是唯物史观的“绝对命令”，人的自由是未来社会的“基本原则”。人的自由

① 刘森林：《作为孵化器的主体性：实践唯物主义的反思与推进》，《现代哲学》2015 年第 4 期。

② 段忠桥：《实践唯物主义绝非历史唯物主义———质疑俞吾金的两个新论据》，《山东社会科学》2015 年第 2 期。

③ 隽鸿飞：《实践唯物主义的困境与出路》，《人文杂志》2015 年第 6 期。

④ 刘福森：《马克思哲学研究中的方法论问题——实践唯物主义与历史唯物主义之争的理论实质》，《现代哲学》2015 年第 4 期。

⑤ 张奎良：《人的本质：马克思对哲学最高问题的回应》，《北京大学学报》（哲学社会科学版）2015 年第 5 期。

是人的尊严的本质；人的尊严是人的自由的基础。必须以人的尊严促进人的自由。物质生产和文化生产是实现人的尊严的两条基本路径。①

关于马克思主义公平正义理论是近几年学界关注的热点问题。武汉大学哲学学院教授李佃来认为，“马克思正义观实现了从道德正义到历史正义、从法权正义到制度正义、从分配正义到生产正义的深刻扭转。马克思之所以能够在对正义的理解上实现这三方面之转向，主要因为他是从历史唯物主义的视域中来检视和把握政治原则的，历史、制度以及生产，就是其历史唯物主义从广义到狭义、从抽象到具体的三个落脚点。历史唯物主义不是外在于正义理论的内容，相反它是马克思正义思想得以呈现的有效载体”。② 而中国人民大学哲学院教授段忠桥认为，马克思实际上持有两种不同的分配正义观念：一种是涉及资本主义剥削的正义观念，即资本主义剥削的不正义，另一种是涉及社会主义按劳分配弊病的正义观念，即由非选择的偶然因素所导致的人们实际所得的不平等是不正义的。历史唯物主义与马克思的正义观念在内容上互不涉及、在来源上互不相干、在观点上互不否定。③ 华东师范大学哲学系孙亮则通过对德语版《资本论》中“正义”概念的检索、词频统计以及语境分析，研究了《资本论》中“正义”一词的含义，并认为，马克思在否定的意义上论及正义时，是马克思对现实社会中人们将资本主义制度本身看作“天然正义”的进行否定与嘲讽。而在正面意义表述正义时，着意强调“正义”是与特定的资本主义生产方式相适应。④

关于历史唯物主义原理的应用研究。本年度，运用历史唯物主义原理解释和解决现实问题仍是一个重要内容，如关于历史唯物主义视野下的经济新常态、社会主义核心价值观、中国梦、十八大以来治国理政思想等的分析和解读。中共福建省委党校、福建行政学院副教授王斌认为，坚定中国特色社会主义的道路自信、理论自信、制度自信，是中共十八大凝聚全党奋斗共识的风向标，习近平总书记在发表重要讲话时曾多次阐释和强调这“三个自信”，在他的话语体系中“三个自信”的升华以历史唯物主义为基础，主要体现在三个维度：“尊重客观真实的历史发生过程；强调人民群众创造历史的主体地位；顺应符合社会发展规律的历史趋势。”⑤ 厦门大学经济研究所教授吴宣恭认为，我国当前阶段最重要的特点是社会主义和资本主义的生产资料所有制、生产关系、经济规律和社会主要矛盾同时并存和互相影响。要学习和践行总书记的重要讲话，从这些关系的二元化去认识我国经济运行出现的各种问题，在新的形势下，抓住主要矛盾，调整战略部署，谋取新发展。⑥ 关于历史唯物主义的基本原理的应用研究，总体来说，研究能力还有待提高，要防止历史唯物主义被简单地抽象化为可以随处套用的万能公式。

---

① 张三元：《唯物史观视阈中的人的尊严与人的自由》，《广东社会科学》2015年第5期。

② 李佃来：《历史唯物主义与马克思正义观的三个转向》，《南京大学学报》2015年第5期。

③ 段忠桥：《历史唯物主义与马克思的正义观念》，《哲学研究》2015年第7期。

④ 孙亮：《重审〈资本论〉中的“正义”概念——基于“事物化”与“物化”界划的视角》，《学术月刊》2015年第3期。

⑤ 王斌：《论“三个自信”的历史唯物主义基础》，《中共福建省委党校学报》2015年第3期。

⑥ 吴宣恭：《运用唯物史观 提高对中国特色社会主义经济规律的认识——领会践行习近平关于加强学习历史唯物主义的重要讲话》，《当代经济研究》2015年第11期。

2. 马克思主义政治经济学创新研究

新中国成立特别是改革开放以来，我国经济持续快速发展，取得了举世瞩目的丰功伟绩。在这个背景下，用什么样的经济学科指导中国特色社会主义经济发展，如何创新和构建中国特色社会主义政治经济学，是中国经济学界需要认真思考的问题。本年度学者们从指导思想、理论基础、创新思路和方法、创新的内容和方向等多个角度探讨了中国特色社会主义政治经济学的构建与创新问题。

关于创新过程中“变”与“不变”的问题。中国人民大学教授胡钧认为，政治经济学的研究对象只能是社会生产关系，而不能是生产力。构建新的政治经济学的根本任务，就是研究以怎样的新的社会生产关系，决定性地推动生产力进一步发展，最大限度地满足全体社会成员的物质文化需要。中国要构建新的政治经济学，应以《资本论》为根本指导思想，遵循《资本论》的研究思路和建立科学体系的道路，即要研究以怎样的新的社会生产关系决定性地推动生产力进一步发展[①]。北京大学经济学院副教授方敏更具体地探讨了这个问题，他将马克思主义经济学分成了“硬核”与“保护带”两个部分，其中以唯物史观为根本的方法论，以生产关系为政治经济学的研究对象，构成了马克思主义经济学研究纲领的“硬核”；而按照“从抽象上升到具体”的阐述方法构建的理论体系，构成了该研究纲领的“保护带”。当代马克思主义者要维护和发展马克思主义经济学，需要在坚持其硬核的基础上，从理论和经验两方面不断丰富和完善马克思主义经济学的理论命题或辅助性学说，在与西方经济学的对话中，保持自身研究纲领的开放性和进步性。[②]

关于创新与传承关系的问题。北京信息科技大学政教学院教授石冀平认为唯物主义历史观是马克思主义经济学的基础，但在研究中因为它的基础地位反而容易成为盲点而被忽略。他认为在一般意义上讲这种忽略在研究中是允许的或无关宗旨的，但如果研究是以发展理论内容或拓展理论解释为主旨的话，忽略甚而无视理论体系的立论基础则有可能使这种研究偏离本来的目的，由此拓展出的内容也可能与整个理论体系有相容性的问题。目前在社会主义市场经济理论的构建中最大的问题就是如何使这种理论真正体现马克思主义经济学的理论传承，使这种理论建立在唯物史观的基础上，使这种理论具有历史主体性和社会主义价值取向。唯有如此，这种理论才可能真正成为马克思主义中国化的理论成果[③]。

关于创新的方向。中国社会科学院学部委员程恩富指出了我国现代政治经济学的创新方向：如在资本主义部分，加强对当代资本主义经济的规范分析、实证分析和定量分析；加强系统论、控制论、博弈论等方法对当代资本主义经济的深层次研究；构建对当代资本主义的马克思主义微观经济学和宏观经济学分析体系。社会主义部分，应加强社会主义基本制度与市场经济有机结合、完善社会主义基本经济制度、完善社会主义基本

---

① 胡钧：《〈资本论〉是构建当代中国政治经济体系的根本指导思想——端正构建思想应当划清的几个重要界限》，《改革与战略》2015年第8期。

② 方敏：《作为科学研究纲领的马克思主义经济学》，《当代经济研究》2015年第4期。

③ 石冀平：《马克思主义经济学与社会主义市场经济理论研究中的一些问题——基于唯物史观的经济学》，《海派经济学》2015年第3期。

分配制度以及国际经济等方面的理论研究和创新①。

关于创新的思路。重庆邮电大学马克思主义学院闵绪国、徐仲伟总结了关于中国特色社会主义经济学理论构建和创新应坚持“马学为魂、中学为体、西学为用、国学为基”的基本思路。他们认为中国经济学的综合创新应认真研究中国经济的现实问题，只有在探寻中国经济良性发展有效策略的过程中，才能更加丰富、更为科学。综合创新是“创造的综合”，不是“平庸的调和”，是为着促进中国经济的发展，在马克思主义指导下，充分利用一切有价值的经济学说，解决中国经济发展的实际问题，在此过程中，实现中国经济学的创造性转换，赋予其全新意义，构建中国经济学的新理论、新形态、新体系，而不是将“马学”“中学”“西学”和“国学”弄成经济理论的大杂烩，将古今中外经济学说优秀成分简单叠加②。

关于具体的理论创新。尹敬东、周绍东探讨了马克思主义政治经济学资源配置理论的构建问题。他们认为，由于马克思的研究重点是重在解剖资本主义基本矛盾和资本主义过程，这就决定了政治经济学的理论特征是资本主义经济的解剖学而不是现实经济的决策学，在分析方法上主要表现为唯物辩证法而不是基于市场主体行为的均衡分析。要将其由解剖学转变为决策学，需要对马克思相互联系的经济整体观进行补充：在引入经济主体优化观的基础上，将其改造为具有可操作性的一般均衡理论体系，从而实现马克思主义政治经济学资源配置理论的构建③。南京大学政府管理学院教授李滨认为在国际政治经济学中，马克思主义的逻辑就是，以世界范围内具体历史阶段的资本主义生产结构为研究的出发点，探讨各个历史阶段国际生产的不同特征，从这种特征中去分析国际贸易、金融和发展（分配）的本质，探讨国际生产关系和阶级结构，分析国家和世界政体的形态，研究资本主义大国之间的关系，资本主义大国对发展中国家的控制和剥削、冲突与合作、战争与和平、不同时期帝国主义的特点等。同时，在具体环境下分析政治结构与因素对生产组织方式及其实现要素的影响。依据这些逻辑可以判断出什么是马克思主义的国际政治经济学理论以及马克思主义成分有多大④。

3. 科学社会主义理论研究

本年度，科学社会主义理论研究包括两个方面内容。

一是关于科学社会主义基本原则的马克思主义解读。习近平总书记指出：“中国特色社会主义是社会主义而不是其他什么主义，科学社会主义基本原则不能丢，丢了就不是社会主义。”⑤ 2015 年度，学者们就科学社会主义基本原则的内涵、特性等问题展开了研究。中央党校王怀超教授认为，科学社会主义的基本原则是指科学社会主义基本原理中蕴含的世界观和方法论，它比科学社会主义的基本原理更接近社会主义本质，更具有概括性。因此，科学社会主义的基本原则大致可以概括为：一是人民主体原则；二是

---

① 程恩富：《为马克思主义政治经济学创新发展贡献中国智慧》，《光明日报》2015 年 12 月 2 日，第 16 版。

② 闵绪国、徐仲伟：《推进中国经济学综合创新的再认识——从程恩富、杨承训等学者相关论述说起》，《毛泽东邓小平理论研究》2015 年第 5 期。

③ 尹敬东、周绍东：《基于劳动价值论的资源配置理论研究》，《经济学动态》2015 年第 5 期。

④ 李滨：《马克思主义的国际政治经济学研究逻辑》，《世界经济与政治》2015 年第 7 期。

⑤ 《习近平谈治国理政》，外文出版社 2014 年版，第 22 页。

公平正义原则；三是普惠共享原则；四是社会和谐原则；五是人的自由全面发展原则。[①] 中国人民大学奚广庆教授认为，“科学社会主义基本原则”的理论内涵是在深入学习与研究科学社会主义全部实践经验与理论成果基础上，从科学社会主义基本原理丰富繁复的论述中总结概括出来的，对探索中国社会发展历史逻辑，探索植根于中国大地、反映中国人民意愿、适应中国和时代发展进步要求的中国特色社会主义具有全面系统的指导作用的那些理论逻辑和历史规律，是理论认识的一个重要飞跃。[②] 中国人民大学周新城教授在批驳把中国特色社会主义看作科学社会主义之外的四种社会主义流派之一的观点的过程中，阐述了科学社会主义的基本原则，包括：在政治上，工人阶级组织自己的政党，即共产党，并在党的领导下，推翻资产阶级统治，建立无产阶级专政；在经济上，消灭私有制，建立生产资料公有制，在生产资料公有制基础上组织生产，实行按劳分配原则，消灭剥削、消除两极分化，逐步实现共同富裕；在思想上，工人阶级的世界观——马克思主义处于指导地位，在马克思主义指引下，与传统的观念彻底决裂。[③] 中央党校刘海涛教授认为，在运用科学社会主义理论去指导社会主义实践时，共产党人必须拥有自己的立场、态度和行为准则，这就是“科学社会主义基本原则”。科学社会主义基本原则在不同的时代有不同的内涵。在无产阶级反对资产阶级的斗争中，革命就是科学社会主义基本原则本身。一旦社会主义革命完成，社会主义的基本原则就是“各尽所能，按劳分配”。坚持这一原则，在当代中国体现为，以解放和发展社会生产力为前提，与按要素分配相结合，通过市场交换劳动，发挥国家的宏观调控作用，以“公平正义”为价值取向。[④] 辽宁省委党校宋萌荣教授将科学社会主义的基本原则概括为科学社会主义的总原则、价值原则、主体原则、根本经济改造原则和过程原则五个方面。科学社会主义的总原则是否定资本主义，创建新的社会主义文明；科学社会主义的价值原则是人的自由、全面的发展，实现人与自然、人与社会、人与自身的和谐发展，最终实现“自由人的联合体”；科学社会主义的主体原则是以工人阶级政党为领导核心、以工人阶级为物质力量的主体原则；根本经济改造原则是生产资料的社会所有和支配的原则，通过生产资料的社会所有、经济民主，最终实现全体人民对经济发展成果的共享；过程原则是随着生产力的发展和世界普遍联系的推进，实现经济社会全面进步和人的自由全面发展的社会主义必然要经历一系列的、分阶段的过渡过程。[⑤]

二是关于中国特色社会主义与科学社会主义关系的进一步研究。学者们对这一问题的研究已经持续数年。2015 年度，学者们在批判一些错误思潮的过程中，进一步阐述了科学社会主义与中国特色社会主义的关系。复旦大学陈学明教授认为，中国道路把科学社会主义的一般原理运用于当代中国实际，摆脱那种对科学社会主义、马克思主义的教条式的理解，摆脱那种超越历史发展阶段的实践，提出了一系列新的理论和原则，其

---

① 《中国科学社会主义学会 2015 年年会综述》，《科学社会主义》2015 年第 5 期。

② 奚广庆：《坚持科学社会主义基本原则》，《中国特色社会主义研究》2015 年第 3 期。

③ 周新城：《科学社会主义基本原则不能丢，丢了就不是社会主义》，《贵州师范大学学报》（社会科学版）2015 年第 5 期。

④ 刘海涛：《论科学社会主义基本原则》，《科学社会主义》2015 年第 2 期。

⑤ 《中国科学社会主义学会 2015 年年会综述》，《科学社会主义》2015 年第 5 期。

中许多理论和原则是对科学社会主义的创新和发展。中国特色社会主义道路使科学社会主义理论宝库增添了许多新的内容，把科学社会主义理论推进到了一种新的境界、一个新的阶段。中国道路在“证实”科学社会主义关于社会主义必然战胜资本主义这一基本判断的同时，对人类社会特别是落后国家如何走向社会主义做出了原创性的探索。在一定意义上说，中国特色社会主义理论体系就是当代世界的科学社会主义理论，是科学社会主义原理在当代的重大发展，是新的时代主题和格局中的科学社会主义理论。[①] 中国人民大学周新城教授批判了一些把科学社会主义与中国特色社会主义相并列或相对立的观点，提出判断一个社会是否是社会主义的标准，是看它是否坚持科学社会主义基本原则。作为科学社会主义历史发展进程一个辉煌阶段的中国特色社会主义，是在坚持科学社会主义基本原则的前提下，继承苏联等国社会主义建设的成功经验、扬弃不恰当的东西，吸取教训，结合当前中国的实际创立起来的。理解中国特色社会主义，关键是要在方法论上把科学社会主义基本原则与它的具体实现形式区分开来，科学社会主义基本原则是社会主义的共性；科学社会主义基本原则怎么在本国具体实现，这需要根据本国国情进行探索基本原则的实现形式。[②] 河南财经政法大学杨承训研究员指出，现阶段坚持和创新科学社会主义理论，必须用马克思主义经济学说扫除“政治思潮”“思想市场”的迷雾；必须坚持和创新马克思主义时代判断的科学理论，正确认识世界深层次矛盾；必须科学分析我国新时期阶级斗争的特殊性，扫除“阶级斗争熄灭论”，避免“以阶级斗争为纲”的倾向；必须坚持和创新马克思主义国家学说，驳斥取消人民民主专政的种种谬论，以大安全的视阈加强和完善中国特色社会主义政治制度。[③] 中国社会科学院龚云研究员驳斥了“社会主义就是普遍幸福主义”“公有或私有并不是社会主义的界限”等错误观点，指出这些观点实际上背离了科学社会主义原则，把对社会主义的认识拉回到空想社会主义的水平上，这是一种历史的倒退，对社会主义实践也是有严重危害的。中国特色社会主义既坚持了科学社会主义的基本原则，又根据时代条件赋予其鲜明的中国特色，是一百多年来科学社会主义理论与实践发展的结晶，是当代中国的科学社会主义。[④]

（三）现实应用研究

1. 关于社会治理的马克思主义研究

社会治理现代化是当前理论界探讨的一个热点问题，一些学者从马克思主义视角和立场研究了与此相关的一些问题。

一是关于马克思主义经典作家社会治理思想的梳理。沈阳工业大学高健等人从社会

---

① 陈学明：《论中国道路对科学社会主义理论的发展》，《中国浦东干部学院学报》2015 年第 6 期。

② 周新城：《科学社会主义基本原则是中国特色社会主义的“源”和“根”》，《红旗文稿》2015 年第 23 期。

③ 杨承训：《坚持和创新科学社会主义——当前需要廓清的几个重大认识问题》，《马克思主义研究》2015 年第 7 期。

④ 龚云：《中国特色社会主义是科学社会主义而不是其他主义——与王占阳商榷》，《马克思主义研究》2015 年第 3 期。

治理主体、客体、目标、原则、方法等方面梳理了马克思社会治理思想的核心内容。他们认为，马克思社会治理思想是以国家、市民社会和人民为治理主体，在遵循人民主权、社会公仆、议行合一、廉价政府等原则的基础上，通过社会政策的制定、社会治理的监督、利益关系的协调、公共服务的提供，来满足人民的教育、劳动就业、社会保障等需要，从而维护社会的公平正义，实现社会的自我管理和人的自由而全面发展。[①] 河海大学沈杰从社会治理的性质、特征等方面归纳了马克思恩格斯社会治理思想：国家履行社会治理和政治统治的双重职能，具有社会性和阶级性的双重特征，随着生产资料由私人占有交归社会公有，社会治理最终由阶级性转变为服务性。未来社会治理是体现人民主体地位、注重民生导向的具体实践，是需要全体成员共同参与、追求公平正义和社会共治的民主化治理。这个民主化治理需要政治、经济、思想和制度等条件，需要通过有计划地运行公共权力回应公共利益的诉求。[②] 南京审计学院顾玉兰教授探讨了列宁的国家治理思想，她指出，列宁在领导苏维埃俄国社会主义建设过程中形成了一系列国家治理思想：社会主义国家治理必须坚持党的总领导及党政分工原则；必须拥有一支素质优良的干部队伍；必须发挥人民群众的主体作用；必须实现法治化；必须弘扬先进的无产阶级文化与共产主义道德。[③]

二是对当前中国社会治理创新的理论研究。中央党校王道勇副教授从社会结构视角研究了社会治理创新问题。他认为，从实践角度看，社会治理实现现代化的标志是社会既充满活力又和谐有序；从理论角度看，社会治理实现现代化的标志则是社会结构实现现代化。当前，来自财富配置结构、人口结构、阶层结构、组织结构和社会心理结构等社会结构层面的挑战，是社会治理现代化过程中面临的主要难题。为此，实现社会治理现代化需要着力消解利益固化，在中产化进程中积极引导社会中层，并在此基础上完善以促进阶层和谐为核心的社会政策体系建设。[④] 中央党校康晓强副教授探讨了经济新常态下社会治理的新趋向，他认为，在经济新常态下，社会治理呈现出三大趋向：社会组织和社会企业等新兴组织形态获得前所未有的成长契机并将崛起为社会治理主体结构的重要一极；法治日益成为社会治理的主导性方式；社会创新逐渐成为激发社会活力的轴心机制。[⑤] 山西师范大学赵跃先教授等人研究了国家治理体系和治理能力的法制化问题，他提出，实现国家治理体系和治理能力法制化的“实践重心”应当在于落实“三个坚持”（坚持党的领导，确保正确方向；坚持社会主义法治与德治并举；坚持“国家治理”与“从严治党”的协调推进）和“三个准备”（转变政府职能的准备，长期全面反腐倡廉工作的准备，做好突发事件应急管理的准备）。[⑥]

---

① 高健、秦龙：《论马克思社会治理思想的核心内容》，《中共福建省委党校学报》2015 年第 10 期。

② 沈杰：《马克思恩格斯社会治理思想探微》，《河海大学学报》（哲学社会科学版）2015 年第 4 期。

③ 顾玉兰：《列宁社会主义国家治理思想及其当代启示》，《马克思主义研究》2015 年第 10 期。

④ 王道勇：《社会结构视角下的社会治理现代化》，《科学社会主义》2015 年第 4 期。

⑤ 康晓强：《经济新常态下社会治理的新趋向》，《科学社会主义》2015 年第 4 期。

⑥ 赵跃先、姜延博：《国家治理体系与治理能力法治化的理论探析》，《马克思主义研究》2015 年第 10 期。

2. 关于协商民主的理论研究

协商民主作为中国社会主义新型民主的一种实现形式，是近年来理论界研究较多的一个重大现实问题。《科学社会主义》2015 年第 6 期围绕协商民主刊登了一系列文章，对此问题进行了较为全面和深入的探讨。中央党校刘学军教授对人民政协协商民主建设的现实基础、根本方向、鲜明指向和隐形支撑等问题进行了研究。他指出，当下我国的现代化状况，总体上相当于发展中国家现代化进程由早期阶段向后期阶段“转段”的时期，面临的一个带有普遍性的压力，就是如何主动提升国家治理体系和治理能力，以缓解诸多同时涌现的社会矛盾和问题。面对这种压力，我们党不断推进政治体制改革，加强社会主义民主政治建设，成功开辟和坚持了中国特色社会主义政治发展道路。根据社会主义民主建设的基本要求，加强我国人民政协协商民主建设也必须相应地从两个方面予以注意：其一，完善其作为准国家意义上民主的运作，与人民代表大会制度这一国家意义上的民主形式互为补充，更好地保证国家权力掌握在绝大多数人手中；其二，充分利用人民政协协商民主具有的社会属性一面，推动国家意义上的民主向社会本身回归。人民政协协商民主建设首先必须满足民主化要求，其次还必须要满足法律化要求。在新的历史起点上加强人民政协协商民主建设，除了建构必要的显性组织机构，通过有关法律保障这些机构协调运行外，还必须注意与此相适应的协商民主文化建设。① 清华大学谈火生副教授总结了 2000 年以来协商民主理论研究出现的一些新趋势。第一，从规范研究到经验研究。在协商民主理论产生的早期，其目标是探讨政治应该如何运作，而不是描述政治实际是如何运作的。很多学者认为，建立在哈贝马斯式话语伦理基础上的这种协商民主理想是一种纯粹哲学式的协商概念，在很大程度上是一种反事实的构想，缺乏经验基础。面对来自实证研究领域的批评，协商民主理论的倡导者们认为，应该直面问题，做扎实的经验研究。这一经验转向的目的是检验其规范性诉求的有效性和适用性。既有的研究表明，对协商民主的一些批评是站不住脚的，尽管协商的作用有限，但是，它确实在政治生活中发挥着重要而积极的作用，至少在某些情况下是如此。第二，从理想设计到制度构建。关于协商民主制度化的研究主要集中以下三个方面：一是对协商民主的各种实践形态的发掘。这方面的努力沿着两个方向展开，一个方向是发掘体制内的协商资源，另一个方向是探索公共领域的协商民主实践。二是探索不同的协商领域之间如何相互衔接。协商民主理论家们在这方面的努力关注的是不同协商制度之间的相互作用，要解决的是体制内的协商资源和公共领域的协商制度创新之间的衔接问题。三是研究协商制度创新如何与既有的制度安排进行对接。这是协商民主研究中一个非常重要的议题，其核心问题是：协商如何实现与决策的对接？第三，从协商转向到民主转向。这个新动向包含三个方面的内容：协商主体的民主化、协商方式的民主化和协商传统的民主化。② 中央党校齐惠副教授研究了中国社会主义协商民主形成的历史资源。第一，中国社会主义协商民主源自“天下为公”的思想和实践。社会主义协商民主既有“天下为公”的文化基因，也有与时俱进的时代特征。首先，中国共产党传承着“天下为公”的思想，社会主义协商民主建设必须在中国共产党的领导下进行。其次，让老百姓有序地参与协商，才能真正实现“天下为公”，才能防止化公为私。再

① 刘学军：《关于加强人民政协协商民主建设的几个问题》，《科学社会主义》2015 年第 6 期。

② 谈火生：《协商民主理论发展的新趋势》，《科学社会主义》2015 年第 6 期。

次，坚持协商于决策之前和决策实施之中进行。第二，中国社会主义协商民主源自“兼收并蓄”的思想和实践。兼收并蓄的思想体现了中华传统文化博大包容的胸襟与气象，也体现了客观理性观察和认识事物的能力。社会主义协商民主传承着“兼收并蓄”的政治文化特质，并在新的历史条件下不断丰富发展。作为发展社会主义协商民主重要渠道的人民政协，是中国民主政治的一个创造。第三，中国社会主义协商民主源自“求同存异”的思想和实践。中国共产党领导的多党合作与政治协商制度创造性地继承了“求同存异”这一独特的历史遗产。[①] 中国社会科学院李妍等人研究了协商民主的制度化法治化建设问题。他们认为，我国的协商民主作为中国社会主义民主的一种重要形式，除了具有坚持党的领导、立足于社会主义初级阶段、多层次、广渠道等特点之外，制度化法治化也同样是一个突出特点。与党的十八大要求相比，目前我国协商民主的制度化法治化还存在很大距离。就国家生活层面而言，我国的协商民主制度化法治化还需要进一步健全和完善。目前，除了《宪法》序言、《国旗法》和《公务员法》等相关条文中写有共产党领导的多党合作和政治协商制度的法律地位外，更多的是见于全国代表大会的报告以及有关决定和意见（或中国共产党重要领导人的讲话）中。这显然与该制度在当下中国的地位与作用是不相称的。从社会层面看，协商民主的制度化法治化同样十分紧迫。从全国范围看，地方党委和基层组织在领导群众开展协商民主实践中创造的一系列经验如听证会等基层社会协商民主活动缺乏应有的条例和规章，更谈不上立法。推进中国式协商民主制度化法治化面临的任务主要有：第一，逐步建立健全发展协商民主的制度体系和法律框架；第二，切实以法治维护和保障协商民主；第三，加强全社会的民主法治文化建设。[②]

3. 混合所有制改革研究

十八届三中全会决议中提出混合所有制改革后，混合所有制的研究再度受到学者们的重视。总的来讲，混合所有制与基本经济制度的关系是本年度关于混合所有制研究的重点。因为两者的关系直接涉及混合所有制改革的目的、方向和具体措施。中国人民大学经济学院卫兴华、何召鹏等分析了混合所有制的经济性质、发展混合所有制的目的。他们认为，十八届三中全会提出的“积极发展混合所有制经济”是从“基本经济制度的重要实现形式”着眼的，而“基本经济制度”所指的是公有制为主体，多种所有制经济共同发展的“社会主义初级阶段的基本经济制度”，而不是“社会主义基本经济制度”。发展混合所有制最终是要让中国的社会主义由初级阶段走向中级阶段和高级阶段[③]。北京理工大学人文与社会科学学院贾利军、中国社会科学院马克思主义研究院杨静等运用马克思主义经济学的分析范式，以生产关系与技术创新的内在逻辑为研究的出发点，通过回顾资本主义发展史与我国社会主义建设实践中系统考察生产关系变革对生产力的发展包括技术进步所起的作用，来分析认识当前的混合所有制改革。认为只有坚持国有控股的混合所有制改革，才能保证国有经济的社会主义性质，从而体现出社会主义的生产关系，唯有如此混合所有制才能发挥其优势，才能促进技术创新，建设好创

① 齐惠：《中国社会主义协商民主的历史基因探析》，《科学社会主义》2015 年第 6 期。

② 李妍、梁东：《论协商民主的制度化法治化建设》，《科学社会主义》2015 年第 6 期。

③ 卫兴华、何召鹏：《从理论和实践的结合上弄清和搞好混合所有制经济》，《经济理论与经济管理》2015 年第 1 期。

新型国家，形成中国特色社会主义制度的竞争力[①]。程恩富等认为社会主义市场经济条件下的混合所有制经济与西方国家的混合所有制具有不同的质，具体表现在目的、行为特征、经济效应等方面。提出我国发展混合所有制经济过程中要做到“六个防止”：防止国有资产流失、防止外国资本垄断、防止非公资本单向参控股、防止削弱人民币国际化、防止只讲混合所有制、防止削弱国有经济主导作用。发展混合所有制经济的终极目标是更好地发展生产资料公有制，更好地发展社会主义生产方式，更好地发展社会主义[②]。清华大学马克思主义学院刘震、张祎嵩等从所有制理论出发，认为公有制的主要特征是生产的计划性与劳动者的决策参与两个方面。他们在考察我国改革开放以来的所有制关系变化的基础上，论证了不断增长的私有制因素已经日益阻碍生产力的发展。因此需要明确混合所有制改革中的公有制方向，这不仅符合社会主义初级阶段基本经济制度的制度要求，同时符合我国当前经济发展阶段的特点[③]。复旦大学马克思主义学院教授顾钰民认为，把发展混合所有制经济作为基本经济制度的重要实现形式，需要注意不仅要在宏观层面上把握公有制为主体、多种经济成分共同发展的所有制结构，也要在微观领域把握积极发展混合所有制经济的改革基本方向。这既是对中国特色社会主义基本经济制度的深化认识，也是微观领域企业所有制全面深化改革的重点。混合所有制经济作为基本经济制度的重要实现形式，必须与基本经济制度的性质和特征相一致。离开了微观领域国有资本占控股地位，实际上就架空了基本经济制度的实体内容，使基本经济制度的社会主义性质只是在宏观领域的抽象意义上存在[④]。

三　总体述评

2015 年，马克思主义基本原理学科设立整整十年，十年来，经过社会各界的共同努力，学科建设取得了令人满意的成绩，为学科未来发展奠定了坚实的基础。当然，当前马克思主义基本原理学科建设还存在一些问题，主要是理论研究亟须增强现实解释力和说服力。这个问题的解决也为学科未来发展指示了方向。

（一）马克思主义基本原理学科十年建设取得的成绩

第一，学科基本建设搭建完成。

基本原理学科设立后，学科建设即成为高度关注的问题。各高校和科研单位通过组建或依托实体机构，引进人才，建立相关制度，迅速将学科建设的硬件设施搭建起来。与此同时，各学科点结合自身优势确定学科发展方向，制定学科发展规划。学科建设，

① 贾利军、杨静：《从生产关系与技术创新的内在逻辑认识混合所有制改革》，《教学与研究》2015 年第 4 期。

② 程恩富、董宇坤：《大力发展公有资本为主体的混合所有制经济》，《政治经济学评论》2015 年第 1 期；程恩富、谢长安：《论资本主义和社会主义的混合所有制》，《马克思主义研究》2015 年第 1 期。

③ 刘震、张祎嵩：《试论混合所有制改革中的公有制方向——基于马克思的所有制理论反思我国改革开放以来的所有制变迁》，《思想理论教育导刊》2015 年第 3 期。

④ 顾钰民：《发展混合所有制经济的理论思考》，《中国高校社会科学》2015 年第 4 期。

人才是关键，各学科点或通过整合各个方面资源吸纳、聚拢人才，或通过各种形式的培训、深造等提高现有人员的科研素质和能力，或通过承担教学、课题研究等任务，在实践中培养人才。经过十年发展，基本原理学科建设取得了重要成绩，积累了丰富经验。如今，马克思主义基本原理与马克思主义理论学科其他二级学科一起形成了全国性的学科布局，在六个二级学科中基本原理学科学位点设置数量和质量排在前列。

第二，相关学术会议与交流活动逐渐常态化。

学科设立后，学界即开始通过各种形式的学术会议、理论研讨等，就学科建设和理论研究进行了积极广泛的交流，推动学科建设和发展。从2006年开始，“世界政治经济学学会”“全国高校马克思主义理论学科研究会”“全国高校马克思主义基本原理教学与学术研讨会”“马克思主义基本原理学科学术年会”等相继成立，每年都组织召开大量相关学术会议，就基本原理学科建设和理论研究重大问题，以及运用马克思主义原理分析、解释世界和中国经济问题，等等，进行深入研讨，在学界产生广泛影响。这些会议与已有的全国各地《资本论》研究会、历史唯物主义学会、马克思主义哲学史学会等组织的相关会议一起，对促进学科建设和学术交流等起到了重要作用。

第三，基本原理教学与课程建设实践不断推进。

随着基本原理学科建设的推进和思想政治理论课“05方案”在高校的落实，《马克思主义基本原理概论》课从2007年秋季学期开始在全国各高校普遍开设。为了把“马克思主义基本原理概论”讲成学生真心喜爱、终身受益的“精彩一课”，增强教育时效性，老师们花尽心思，学者们见仁见智。一方面，在教材建设方面，通过不断修订教材，增强时代感和教学的适用性、可读性，既从基本原理的高度充分体现马克思主义中国化最新成果，又有助于学生从整体上学习理解马克思主义。另一方面，教师们结合教学实践经验，就如何改进教学模式、提高教学效果，从各个方面、各个层次进行了多方探讨，提出了诸如研究性教学、参与式教学、导向性教学、问题式教学、体验式教学、立体式教学、案例教学、互动式教学等教学模式和方法。这些探索对提高原理课教学实效具有重要启示。

第四，理论研究全面展开。

理论研究是学科建设的核心内容。马克思主义基本原理学科设立后，学界即就学科的对象、边界、地位、意义等问题展开广泛探讨。如何加强原理研究？自学科设立起，学界就通过加强整体性研究深化对马克思主义原理的认识和理解方面取得普遍共识，整体性成为马克思主义原理研究的指导思想和总体原则。十年来，就马克思主义基本原理的界定、马克思主义整体性问题、经典著作研读等方面取得了重要成绩，并在以往研究的基础上，推进了历史唯物主义、科学社会主义、劳动价值论等重要原理的研究。同时，在深化对马克思主义基本概念、基本范畴研究基础上，以时代和实践发展需求为导向，注重运用基本原理阐释和解决现实问题。当然，当前马克思主义原理研究还存在一些问题，增强现实解释力和说服力就是亟须解决的问题。

（二）互联网时代如何增强原理研究的现实解释力和说服力

增强理论研究的现实解释力和说服力，无疑是当前马克思主义原理研究亟须解决的问题。而要增强现实解释力和说服力，就要对当今时代的社会现实、社会实践有深刻的认识和理解。当今时代，人类正在经历一个什么样的社会实践？引领生产力发展的前沿科技成果是什么？它怎样改变了社会生产和生活？社会物质生产方式发生了哪些根本改变？当前人类实践如何证明马克思主义原理的科学性？面临的问题如何运用马克思主义原理解决？等等。马克思主义基本原理研究，一方面，要总结当今时代科学技术发展对人类生产方式的根本性变革，以及生产方式变革对社会结构、社会生活和人们思想的革命性影响；另一方面，要通过人民群众刚刚经历的和正在经历的实践来检验、证明马克思主义原理的真理性；要运用马克思主义原理解决当前社会存在的问题、指明未来社会发展的方向。围绕上述问题，以下三个方面的研究至关重要。

第一，要深入了解互联网技术的核心内容，把握其本质。

当今时代，没有哪项科技成果比得上互联网给人类带来的如此深刻而广泛的变化。特别是20世纪90年代以来，随着互联网技术的迅猛发展和深度普及，互联网日益渗透到社会经济、政治、文化等各领域的每一个细胞之中，成为人类生产和生活的基础和平台。万物互联、信息互通，互联网正在从根本上改变人类的生产和生活。马克思主义原理研究要抓住根本、增强现实解释力和说服力，就是要通过深刻分析互联网所引领的生产方式根本变革，分析互联网的本质，通过运用马克思主义原理解释和解决现实问题来证明马克思主义原理的科学性和真理性。

当前马克思主义理论研究中，关于互联网研究很少，对互联网信息技术革命的核心内容和本质了解不够深入。有人认为，互联网数字技术属于理工科专业性问题，我们搞社会科学研究的简单了解一下就行了。事实上，要利用自然科学成果发展马克思主义，没有对自然科学的深入理解是不行的。马克思当年对自然科学的研究非常广泛，虽非某一自然科学学科的专家，但每科都不是浅尝辄止，他精通许多门自然科学。恩格斯在追述马克思科学研究成就时有一段话意味深长："在马克思看来，科学是一种在历史上起推动作用的、革命的力量。任何一门理论科学中的每一个新发现——它的实际应用也许还根本无法预见——都使马克思感到衷心喜悦，而当他看到那种对工业、对一般历史发展立即产生革命性影响的发现的时候，他的喜悦就非同寻常了。例如，他曾经密切注视电学方面各种发现的进展情况，不久以前，他还密切注视马赛尔·德普勒的发现。"①

互联网的本质是建立在信息数据化基础上的信息的广泛流动、全民共享和便捷使用。人为了生存，必须要通过自身的活动从外界获取物质资料，在这一过程中，人对事物、对象的认识程度以及相关信息的掌握程度对保证人的活动成功至关重要。在传统时代，信息是一种权力，掌握和控制在生产者和传播者手中，信息流通是单向的、线性的、分割式的。电力技术发明后，人们以电为介质传输信号，实现了信息的数字化。所谓数字信号，通常是二进制码的信号，幅值表示被限制在有限个数值之内，由"1"和"0"两位数组成，数位简单、进位原则也简单，适合计算机运算；同时，基本单元电路简单，允许元件参数有较大的分散性，只要能区分两种截然不同的状态即可。数字信号的优点很多：抗干扰能力强，精度高，便于长期存贮，保密性、通用性强，等等。随着电子技术的飞速发展，数字信号得到了广泛应用，尤其是需要和计算机相连的仪器都从原来的模拟信号表示方式改为使用数字信号表示方式。信息数字化是互联网的基础和核心内容。正是因为实现了信息数字化，缤纷的现实世界被描述成可以计算、可以度量

---

① 《马克思恩格斯选集》第3卷，人民出版社1995年版，第777页。

的数字、数据，复杂的信息才可以被大量、便捷地收集、储存、分析、利用。如果理论研究不深入了解互联网的核心内容和本质，与数字化技术相关的很多事物和现象就会变得神秘，马克思主义原理研究也会难以深入。

第二，要研究互联网对当前社会物质生产方式的根本变革。

物质生产方式的变革对人类社会发展具有根本性意义。理论研究只有深刻把握住时代发展、物质生产方式变革的根本内容，才能抓住根本。互联网信息革命对人类生产方式的影响才刚刚开始，但是其巨大力量已经显现，人们在生活中也时时能感受到。目前相关研究还处于经验层面，大量感性现象被人们捕捉到，大量经验事实被人们陈述出来。但是，互联网对人们生产和生活变革的研究，目前还处于现象描述性阶段，亟须理性总结和提升。透过现象看本质，通过纷繁复杂的感性经验揭示出互联网时代生产方式变革的本质内容，这是当前理论研究亟须解决的问题。马克思主义原理研究需要对互联网时代社会物质生产方式的根本改变进行科学总结和理论提升，对这一伟大变革进行总体性的深刻把握，才能抓住根本，促进理论研究。

互联网对人类物质生产方式的变革最为根本的，就是实现了需求与消费为主导的供给与需求、生产与消费的一体化。在传统模式中，生产与消费是相对独立、彼此分离的，生产的直接目的是获取利润，在一定程度上背离了消费；生产与消费之间隔着重重的批发、分销、配送等环节，产品要经过多个中介者：投机者、代理人、出口商、转运商、批发商、零售商等才能到达消费者手中。造成生产与消费分离，生产、流通与消费领域形成相对封闭板块的原因，主要是信息（数据）缺乏沟通、交流和共享，信息作为一种权力，是结构化的、集中式的、少量的、零散的、独占的。在大数据互联网时代，信息数字化使互联网成为人类知识、信息沉淀的宝库，信息日益公开、共享，获得信息日益便捷、低成本。互联网根本改变了生产者与消费者的关系，贯通了生产和消费两个领域，横亘在二者之间的中介者、商人的性质发生了根本改变，有形的市场不断萎缩，生产与消费日益融合为一体。一方面，以互联网为平台，生产者可以真正及时、全面、准确地了解社会需求情况和整个社会的生产情况等，极大地削减了产销之间的信息不对称，无限提高生产的目的性，降低盲目性。另一方面，以互联网为平台，消费者参与设计并决定生产成为可能和现实。消费者的需要是极具个性化的，而互联网释放了消费者的个性化消费，也催生了新的销售模式和生产方式，私人定制、个性化生产，基于市场需求的拉动式、柔性化生产颠覆了传统的生产理念，生产回归到它本来的目的。在互联网时代，人人都是消费者，同时，人人也都参与到物质生产的过程之中，成为生产者。作为消费者不再被动接受生产者生产的产品，而直接参与到生产过程中，这对人类生产的改进和发展将是莫大的推动。作为生产者，通过延伸至每一个家庭或个体的互联网系统，社会生产将能够及时、准确、充分、全面地了解社会成员的各种具体需求，据此来安排社会生产，从而从根本上解决生产和需求之间的矛盾，使得社会生产真正建立在社会需求的基础之上，社会生产的计划性、自觉性愈来愈强，整个社会向着真正的有目的、有计划的社会化大生产迈进，向着日益完善的社会主义生产方式迈进，因而也是向着共产主义生产方式迈进。这在人类历史发展进程中无疑具有划时代意义。

把握互联网时代生产方式变革的本质，深入研究生产与消费一体化的深远意义，对从根本上促进马克思主义原理研究具有重要意义。

第三，要通过探讨互联网对人的生活方式等的变革深化马克思主义原理研究。

互联网革命对人的生活方式的改变，在社会生活方面，互联网提升了公共管理和公共服务的能力和水平，随着信息公开、全民参与社会管理的渠道越来越便捷、有效，那些依赖信息不对称建立起来的社会管理模式不断土崩瓦解，人民群众越来越直接参与社会管理和社会建设。互联网使人类历史上第一次广大民众之间的普遍横向联系成为可能，使社会结构从等级层次结构过渡到网络扩散结构，从而从根本上保证了人民群众成为社会的真正主人和社会发展主体，这将是人类文明发展进程中的一次质的飞跃。从社会关系方面，随着互联网的普及，人们的社会关系更加丰富，交往更加密切，驾驭社会关系的能力都无限提升，人也愈来愈成为社会的主人。互联网的普及和拓展应用，超越了人们交往的时空限制，允许人们跨时空沟通，促进了更多和更广阔范围的关系，使更多潜在关系成为积极联系。在个人生活方面，互联网为每个人获得知识、信息等提升个人能力创造了便捷条件，为每个人自由活动和自由创造提供了广阔的平台，为个人生活获得各种服务提供了可能，个人生活获得了前所未有的方便、快捷、自由，个人全面自由发展变成经验现实；个人全面自由发展又从根本上促进了社会的全面进步，等等。

互联网对人的生活和思维的影响表现在方方面面，通过对这些问题的挖掘和整理，马克思主义基本原理，如，生产力与生产关系、经济基础与上层建筑辩证关系原理，人民群众历史作用原理，人的本质，人的自由与人的解放理论、社会主义的先进性、共产主义的历史必然性等都可以在这里找到经验证明。如此，对资本主义以及民主社会主义等非马克思主义、反马克思主义的批判，也不必停留在单纯的对马克思主义理论的重申上；对消灭私有制、争取民主和自由等的要求，更不必停留在道义的要求上，而可以完全立足于经验现实。立足于经验现实的证明才是最根本的证明，立足现实时代实践的解释才是最令人信服的解释。如此，马克思主义原理研究才是最有价值的和最值得去做的。

（供稿：张建云、彭五堂、张伟）

马克思主义中国化

一 学科概况

（一）全国“马克思主义中国化研究”学科建设概况

1. 学科建设进展情况

2015 年学科研究和建设紧扣“马克思主义中国化”的主线和“中国化的马克思主义”的主题，研究和建设的内容更多地集中在马克思中国化研究的内涵和边界、马克思主义中国化史、马克思主义具体理论的中国化、马克思主义中国化与中国传统文化、马克思主义中国化最新成果等方面，在学科话语体系构建、学科的应用研究和社会服务方面取得进展。

关于马克思主义中国化研究学科内涵的界定。学术界对本学科内涵和边界的认识虽然还存在一些分歧，但总体看已有广泛共识。学者们认为，马克思主义中国化研究学科建设要系统化、立体化，要多维而不是单维构建。基础研究主要研究马克思主义中国化研究学科的基本理论，包括学科本质、基本学理、基本范畴及相互关系、基本研究方法，进而确立马克思主义中国化研究学科的基本框架，构建其理论的完整体系；历史研究包括马克思主义中国化的历史进程、基本经验和基本规律，重要历史事件和历史人物。马克思主义中国化历史资料研究、自身的学术史研究，等等；应用研究主要研究中国化的马克思主义理论成果在中国社会实际中的运用及其发展规律。应坚持一切从实际出发，努力运用马克思主义的世界观和方法论，研究新情况，解决新问题，总结新经验，尤其应当注重研究社会实践中提出的重大而紧迫的问题，注重研究经济、政治、文化、社会生活发展中提出的热点和难点问题；比较研究主要指马克思主义在不同区域、不同国度、不同流派中的异同研究。包括经典译著、思想渊源、原理阐释、发展流向、理论观点的比较，马克思主义在不同国度运用中所形成的本土化发展道路、理论、制度和政策的比较，各国之间相互影响和互动的研究，等等。

关于马克思主义中国化研究的基本问题。有学者认为，构成马克思主义中国化研究的基本问题主要包括，马克思主义为什么需要中国化、马克思主义为什么能够中国化、马克思主义是怎样中国化的、怎样推进马克思主义中国化最新成果的研究、如何继续推进马克思主义中国化、中国化马克思主义成果如何大众化与国际化等。学者们普遍认为，马克思主义中国化基本问题与马克思主义中国化研究的基本问题内涵并非完全等同，马克思主义中国化研究学科应该像其他学科一样明确自己所研究的基本问题。目前关于马克思主义中国化研究到底包括哪些基本问题，还需要进一步的深入探讨。

关于马克思主义中国化研究学科的话语体系构建问题。学者们认为，坚持和发展中国特色社会主义迫切要求与之相适应的哲学社会科学话语体系。绝不能自说自话，更不能走自己的路说别人的话。如何在学习借鉴人类文明成果的基础上，用中国的理论研究和话语体系解读中国实践、中国道路，不断概括出理论联系实际的、科学的、开放融通的新概念、新范畴、新表述，打造具有中国特色、中国风格、中国气派的哲学社会科学学术话语体系，是理论界和学术界面临的重大而紧迫的时代课题，需要理论界学术界长期的扎实的不懈努力。学科话语体系构建包含学科建设过程中概念、范畴、理论构建的独有化，也包括学科建设结果的大众化。为此，应该吸取其他学科在构建自己话语体系过程中的成功经验和失败教训，既要构建自己的话语体系又要避免学科画地为牢、自我封闭。

关于中国化马克思主义成果的大众化问题。学术界早在学科正式确立之初就注意到了这一问题。2015 年更多中青年学者加入这一领域的研究，他们中的很多人结合大众传播学理论，从新媒体、大数据等新视角探讨如何推进中国化马克思主义的大众化问题。有学者认为，以互联网、手机为代表的媒介产品，以独特的手段与信息资源为马克思主义大众化的发展提供新的契机。同时，马克思主义大众化也面临网络话语差异消解大众认同感、不良信息滋生干扰等挑战。学者们认为，网络传播是马克思主义大众化传播的重要途径。切实提升马克思主义大众化传播实效性，必须建立相应的传播机制，包括契合需求转换传播话语机制、聚焦重点完善动力机制、及时反馈建立效果评价机制，以此推动马克思主义大众化传播机制的不断完善。

关于马克思主义中国化研究的方法论问题。学者们普遍认为，深化马克思主义中国化研究，需要视野和方法的转变，处理好世界视野和中国视野、历史视野和现实视野。要把中国的马克思主义放到世界马克思主义哲学发展的图景中加以探讨，揭示中国马克思主义的形态及其特征。还要把中国马克思主义哲学放到 20 世纪中国思想的背景中，通过考察它与中国其他哲学和社会思潮之间的论争、互动、交流与融合，多层面地展开中国马克思主义的理论内容。2015 年，学术界继续从全球化、思想史等更开阔的视野来研究马克思主义中国化问题。有的学者从视野、论域和方法等方面探讨马克思主义哲学中国化的方法问题，虽然论述的是马克思主义哲学中国化的方法问题，但也反映了马克思主义中国化的整体方法。学者们一致认为，本学科需要继续开阔视野、多维度思考、多种研究方法综合运用。

关于马克思主义中国化应用研究和服务社会问题。应用研究是学科发展的重要组成部分，对马克思主义中国化研究学科而言，就是要研究本学科在社会中的应用和实践效果。党的十八届三中全会《决定》提出“加强中国特色新型智库建设，建立健全决策咨询制度”，2015 年初，中办、国办联合印发《关于加强中国特色新型智库建设的意见》，我国智库建设迈上了快速发展轨道。智库建设的快速发展，客观上推动了马克思主义中国化研究学科的发展。如，2015 年中国社会科学院率先启动 11 个专业智库，其中马克思主义理论创新智库与马克思主义中国化研究学科密切相关，相辅相成、互为依托。

学科建设与学术期刊相互支撑、相互促进。2015 年，国家新闻出版广电总局批准创办了一批与学科建设密切相关的学术期刊，主要有《马克思主义理论学科研究》《社会主义核心价值观研究》《高校马克思主义理论研究》《邓小平研究》《当代中国价值观研究》等。

2. 学术成果

2015 年，学术界围绕马克思主义中国化史（历史起点、历史过程等）、内涵和实质、经验和规律、研究方法、研究主体等基本问题，尤其是围绕中国传统文化与马克思主义中国化、习近平治国理政思想与马克思主义中国化等方面进行了较深入的讨论，提出了许多重要的理论观点，发表出版了一批有价值的代表作品。

经中国知网检索，截至2015年12月，本年度国内期刊发表的论文（包括博硕士论文）中，以“马克思主义中国化”为主题的文献数量为692篇；以“中国特色社会主义”为主题的文献共有1457篇；篇名含“毛泽东”的论文共计2198篇，篇名含有“中国特色社会主义理论体系”的有497篇；含有“邓小平理论”的有144篇；含有“‘三个代表’重要思想”的有3篇；含有“科学发展观”的有273篇；含有“习近平治国理政”的有65篇（含有“习近平”的有5760篇），含有“中国道路”的有858篇。

经国家图书馆中文普通图书检索，截至2015年12月，本年度国内出版的图书中，正题名中含有“马克思主义中国化”一词的约有39种，含有“中国特色社会主义”一词的有112种，含有“毛泽东”一词的有150种，含有“邓小平”一词的有31种，含有“江泽民”或“‘三个代表’重要思想”的有1种，含有“胡锦涛”或“科学发展观”的有9种，含有“习近平”一词的有39种。

如果将那些篇名、主题和题名没有体现但具体内容有所涉及的研究成果以及其他学科领域的相关研究考虑在内，则实际研究内容会更加丰富，文献数量也会更多。总体看，更多成果集中于对毛泽东思想、邓小平理论、科学发展观和习近平治国理政思想的研究，关于“三个代表”重要思想的研究成果比前几年有所减少。

3. 学术活动

2015年，国内学术界举办了多次理论研讨会，其中有代表性的如下。

——4月11日，由中国社会科学院马克思主义理论学科建设与理论研究工程领导小组主办，中国社会科学院马克思主义研究院承办的“第二届中国社会科学院毛泽东思想论坛”在北京举行。论坛以“毛泽东与中国特色社会主义道路”为主题，来自全国各地的70余位专家学者或从人类发展视野角度，或从理想性与现实性的双重维度，或从毛泽东政治遗产的当代价值层面进行了广泛深入的探讨。

——6月26日，由中国社会科学院马克思主义研究院、山东社会科学院、广西师范大学出版集团联合举办的“全国第二届中国特色社会主义发展论坛”在济南召开。会议以“‘四个全面’与中国特色社会主义发展”为主题，国内近百位专家学者参加了此次论坛。

——7月20日，由中央党校马克思主义理论教研部和辽宁省委党校共同主办的“第七届中国特色社会主义论坛”在沈阳举行，论坛的主题是“四个全面”与马克思主义中国化的新发展。来自全国党校系统、高校马克思主义学院以及其他研究机构的百余名专家学者参加会议。论坛围绕“四个全面”与马克思主义中国化的关系、“四个全面”与“习近平治国理政思想”的关系、“四个全面”与“五位一体”的关系等重大理论和实践问题，进行了交流。

——9月20日，由中国社会科学院马克思主义研究院和浙江省社会科学院联合举办的“执政党建设理论与实践研讨会”在杭州举行。来自全国各地社会科学院、党校和高校等教学研究机构的专家以及党建工作者140多人参加了大会。

——9月23日，由中国社会科学院中国特色社会主义理论体系研究中心、山东省社会科学院联合主办的全国社会科学院系统中国特色社会主义理论体系研究中心第二十届年会暨理论研讨会在山东济南召开。会议主题为“中国特色社会主义理论创新发展与新型智库建设”。来自全国各省（直辖市、自治区）社会科学院及部分城市社会科学院和高校的代表130多人参加会议。

——10月10—11日，首届世界马克思主义大会在北京大学召开。大会的主题是“马克思主义与人类发展”，其宗旨是直面当今人类社会面临的复杂问题，研究和分享中国经验，促进马克思主义在世界范围内的交流、传播与发展，推动世界文明的进步和人类命运共同体的建设。共有来自世界各地的400余位中外学者与会。

——10月16—17日，教育部社科中心和山东师范大学联合举办的“中国特色社会主义理论体系研讨会暨第五届马克思主义理论学科博士生论坛”在济南召开。来自全国各地80余名专家学者和40多名博士生参会。这次会议也是“中国特色社会主义理论体系研究”专项任务项目推进会，全国80余所高校承担“中国特色社会主义理论体系研究”专项任务的课题负责人参加会议。

——10月25日，由中国社会科学院马克思主义研究院与曲阜师范大学共同举办的“第六届马克思主义中国化学术论坛”在山东省日照市召开。论坛以“马克思主义与中国优秀传统文化”为主题，围绕马克思主义与中国传统文化的比较、中国特色社会主义的文化支撑、社会主义核心价值观与中国优秀传统文化的关系等问题展开讨论。来自中国社会科学院、中共中央党校、中国人民大学等国内高校与科研机构的百余位学者参加此次论坛。

——11月27日，北京市委宣传部、北京市中国特色社会主义理论体系研究中心、北京市社会科学界联合会与北京大学马克思主义学院、清华大学马克思主义学院、中国人民大学马克思主义学院、北京师范大学马克思主义学院等单位共同举办的“马克思主义中国化论坛·2015”在北京召开，此次研讨会的主题是“‘四个全面’：中国特色社会主义的理论与实践创新”。论坛围绕马克思主义中国化的现实逻辑与中国问题、“四个全面”统领下的五个发展理念、“四个全面”战略布局与国家治理现代化等问题进行了探讨。来自全国高校、党校等单位的260多名专家学者参加了论坛。

——12月5—6日，由暨南大学社会科学部举办的“马克思主义与当代中国”学术研讨会在广州召开。来自全国50多所高校、研究机构的60余位专家学者参会，就马克思主义前沿理论与当代中国社会发展等问题进行了深入研讨。

（二）中国社会科学院“马克思主义中国化研究”重点学科建设情况

2015年，在中国社会科学院马克思研究院马克思主义中国化部组织领导下，在学科带头人金民卿研究员带领下，“马克思主义中国化研究”学科在学术研究、科研队伍建设、人才培养、学术交流等方面做了大量工作。

1. 参与创新工程及完成课题情况

本年度，“马克思主义中国化研究”学科有10余人参与中国社会科学院创新工程项目。以金民卿为首席研究员主持的“马克思主义中国化思想通史”、以赵智奎为首席研究员主持的“社会主义核心价值体系引领社会思潮”、以龚云为首席研究员主持的“坚持改革的社会主义方向”等创新工程项目顺利结项。此外，学科成员承担及参与国家社科基金青年课题和一般课题各1项，参与国家社科基金重大课题1项，承担中国社科院重大课题1项、重点课题2项，参与社科院国情调研课题和委托课题共4项。

2. 举办大型学术研讨会，努力扩大学科的影响

4月11日，马克思主义中国化研究部和“马克思主义中国化研究”学科负责承办了“中国社会科学院第二届毛泽东思想论坛”。10月15—19日，在日本东京举办第四届中日社会主义学者论坛：“中国道路及其世界意义”。10月25日，在山东召开以“马克思主义与中国优秀传统文化”为主题的第六届马克思主义中国化学术论坛。这些学术研讨会在国内外产生了积极的影响，《马克思主义研究》《马克思主义文摘》《人民日报》《光明日报》《中国社会科学报》等报刊以及人民网、光明网等国内网站作了相关报道。此外，学科成员积极参加各种国内外学术会议，提交论文并作会议发言。

3. 支持学科成员作学术报告，搭建培养学科青年人才的平台

学科在平时课题研究中，安排老、中、青学者结合，鼓励青年学者积极参与各种课题研究。将青年学者学习经典著作和举办学术讲座制度化，加快青年科研人员成长的步伐。2015年度，学科成员先后作了反对历史虚无主义思潮、以社会主义核心价值体系引领社会思潮等方面的学术报告。学科成员还先后应约为北京、湖南、广东、广西、江西等地党政机关、高校等单位作党的十八大精神、全国两会精神、党的十八届五中全会精神和习近平总书记系列重要讲话等方面的辅导报告。

4. 继续推进学科建设“走下去、走出去”，参与国情调研和国际学术交流

学科成员赴德国、法国和意大利参加第二届“中国道路”欧洲论坛；赴日本进行学术访问，并参加第四届“中日社会主义学者论坛”；赴安徽调研土地流转等农村全面深化改革情况；赴新疆调研宗教事务管理情况。学科成员还接受了光明网、中国社科网等媒体采访。

5. 发表高质量研究成果，发挥好思想库和智囊团作用

2015年，学科共有4部专著出版。包括金民卿的《青年毛泽东的思想转变之路》《邓小平改革开放思想与全面深化改革》，赵智奎的《中国特色社会主义》（中文版、英文版），龚云的《毛泽东与人民》等。在《光明日报》《马克思主义研究》《红旗文稿》等有较大影响的刊物上发表论文40余篇，另有调研报告、访谈文章、学术资料10余篇（卷）。此外，学科成员参与著作多部。其中多篇文章被《人大复印报刊资料》《马克思主义文摘》等转载。金民卿在《毛泽东思想研究》发表的《毛泽东是1975年整顿的首倡者、推动者和终结者——关于毛泽东与1975年的全面整顿关系的思考》和在《中国特色社会主义研究》发表的《马克思主义与中国文化关系演变的反思与展望》，龚云在《马克思主义研究》发表的《谁是真正的历史虚无主义者》，贺新元在《中国社会科学报》发表的《阶级斗争理论没有丢，也不能丢》，陈志刚在《浙江社会科学》发表的《现代性批判：权力和资本的不同视角——福柯与马克思现代性批判思想的比较》，朱继东在《红旗文稿》发表的《苏联亡党亡国过程中的几次法治改革陷阱及警示》等，影响较大。此外，学科成员在中国社科院要报《思想理论动态》等发表文章多篇。

二 重大问题研究进展

2015年，国内理论界继续围绕“马克思主义中国化”主线和“中国化的马克思主义”主题，从不同角度和视野深入研究党的几代领导集体不断推进马克思主义中国化

的历史进程和基本经验，深化对马克思主义中国化两大理论成果的主要内容和精神实质的研究，揭示马克思主义中国化和中国化的马克思主义不断发展的基本规律。

（一）马克思主义中国化基本问题

马克思主义中国化史，是近年来学术界比较关注的问题。这一研究领域涉及马克思主义中国化的历史起点与逻辑起点、重要历史节点以及发展过程的研究。渤海大学马克思主义学院院长师吉金教授认为，马克思主义中国化史的分期要综合考虑马克思主义中国化的含义、马克思主义中国化的主体、马克思主义中国化的理论形态。可将马克思主义中国化史分为两个大的历史阶段：第一个阶段，从1920年共产党组织出现到1978年真理标准讨论之前，这是以毛泽东思想为主要理论形态的时期；第二个阶段，是从1978年真理标准问题讨论至今，这是以中国特色社会主义理论体系为主要形态的时期①。中央财经大学马克思主义学院张世飞教授认为，马克思主义中国化史的逻辑起点和历史起点问题，是一个关系到马克思主义中国化史以及马克思主义中国化是否成为科学的重大问题。马克思主义中国化史的逻辑起点，应以李大钊在《再论问题与主义》文章中提出的“马克思主义基本原理与中国实际相结合”的著名论断为标志。要在正确界定马克思主义中国化史逻辑起点的概念基础上，结合历史起点的概念来正确界定马克思主义中国化历史起点的概念。马克思主义中国化史的历史起点与逻辑起点是一致的，解决马克思主义中国化史的逻辑起点和历史起点问题，可以为马克思主义中国化史研究、马克思主义中国化研究奠定坚实的基础②。

马克思主义哲学中国化问题，是理论界十分关注的学术前沿话题。近年来，学术界围绕“化与被化”“结合”“融（契）合”“批判继承、能动选择、扬弃提升”“哲学形态与哲学新形态构建”等方面提出了一些新观点。北京大学马克思主义学院郭建宁教授认为，马克思主义产生于德国，作为西方的主义要在中国生根，就要由西方形态变为东方形态，由欧洲形态变为亚洲形态，由德国形态变为中国形态，即和中国社会、中国实践、中国文化相结合，实现马克思主义的中国化，而在马克思主义中国化的过程中其关键则是马克思主义哲学中国化。“四个全面”战略布局是马克思主义哲学在当代中国的生动体现，反映了马克思主义哲学的实践性本质，凸显了马克思主义哲学的人民性特征，体现了马克思主义哲学的整体性要求。它是当前坚持和发展中国特色社会主义的重大的战略思想、战略部署和战略布局，是治国理政的总方略，也是马克思主义哲学在当代中国的具体运用，体现了马克思主义哲学的立场、观点、方法和思想精髓。要在理论与实践的互动中进一步推进马克思主义哲学中国化。③ 北京师范大学杨耕教授认为，马克思主义哲学的理论主题是无产阶级和人类解放，马克思主义中国化的实质，就是使马克思主义同中国面临的实际问题相结合，使现实问题上升为理论问题，在这个过程中批判地继承中国传统文化，并对之进行创造性转换、创新性发展，使其中的理论要素进入马克思主义理论中，从而使马克思主义取得民族形式；历史规律的重复性是在一个个

① 师吉金：《对马克思主义中国化史的学科性质、研究对象和分期的思考》，《探索》2015年第3期。

② 张世飞：《马克思主义中国化的逻辑起点与历史起点》，《求索》2015年第12期。

③ 郭建宁：《马克思主义哲学中国化的当代思考》，《哲学研究》2015年第9期。

不可重复的历史事件中实现的。[①]

把马克思主义中国化研究引向深入，还要贯通马克思主义基本理论、中国化马克思主义历史、理论与实践，从马克思主义中国化自身的逻辑出发，坚持正确的立场，掌握科学的方法。中国社会科学院马克思主义研究院金民卿研究员认为，马克思主义中国化既是马克思主义的理论要求，也是中国具体实际的实践要求，是理论与实践共同作用的产物。马克思主义本身包含着理论性与实践性、真理性与发展性、世界性与民族性等内在张力，构成了马克思主义中国化发生的内在理论依据，即理论上的可能性和必要性。中国近代社会的危机演变和思想裂变，改造中国的实践任务以及由此产生的理论需求，构成了马克思主义中国化的现实依据，即实践上的可能性和必要性。这两种可能性和必要性通过十月革命、五四运动和中国共产党成立等历史事件转化为现实必然性。十月革命架起了马克思主义同中国实际相结合的桥梁，五四运动推动了马克思主义中国化的初步奠基，中国共产党的成立启动了马克思主义中国化核心要素之间的互动，马克思主义中国化的历史进程由此展开。[②]

马克思主义中国化话语体系，是学术界研究的一个新领域和新视角。学术界围绕马克思主义中国化话语体系的概念、研究的必要性、构建的途径等方面进行了研究。北京大学马克思主义学院孙熙国教授认为，中国化马克思主义学术话语体系建构要把握三个原则：一是源于实践，讲真故事。要从特殊性当中发现普遍性，讲好中国故事。二是正道而行，不绕着走。最高的道、最高深的理论应该是最简约、最明白的。中国化马克思主义，要入耳入心入脑，关键是用现实来激活理论。三是不忘本来，综合创新。学术话语体系创新不能离开传统文化，这是“本”。综合创新就是要用哲学、法学、经济学等各种不同的学科来解决一个共同的问题。[③]

关于马克思主义中国化与中国传统文化，中国人民大学陈先达教授认为，不要抽象地争论马克思主义指导和中国传统文化的关系，尤其是非历史主义地争论马克思主义与儒学的高下优劣抑扬褒贬。一个是中国革命和社会主义建设的思想理论指导，另一个是中华民族的精神血脉和中华民族的文化之根。应该用历史唯物主义观点处理马克思主义与中国传统文化的关系，反对蔑视以儒学为主导的中国传统文化的文化虚无主义，中国的马克思主义可以从中国传统文化的精髓中得到思想资源、智慧和启发，但也要防止以高扬传统文化为旗帜，反对马克思主义、拒斥西方先进文化的保守主义思潮的沉渣泛起。[④] 中共湖南省委党校林国标教授认为，从社会主义核心价值观建设视域来研究马克思主义与中国传统文化相结合，也就是探讨马克思主义如何吸收中国传统文化的优秀成分来构建和培育社会主义核心价值观，从而巩固其在意识形态领域中的主导地位。具体对策是：将意识形态分为宏观、中观、微观三个层面，分别对应于国家、社会与个人。

---

① 杨耕：《重新理解哲学的职能与马克思主义中国化的实质》，《南京政治学院学报》2015 年第 1 期。

② 金民卿：《马克思主义中国化的发生逻辑》，《南京大学学报》（哲学·人文科学·社会科学）2015 年第 6 期。

③ 孙熙国：《中国化马克思主义学术话语体系建构的基本原则》，《光明日报》2015 年 12 月 7 日。

④ 陈先达：《马克思主义和中国传统文化》，《光明日报》2015 年 7 月 3 日。

马克思主义与中国传统文化在这三个层面上各有自己的优长，如果把传统文化中相关层面的话语资源，特别是有关中华传统价值观话语资源分别进行新的阐释或现代转化，整合进马克思主义话语中去，无疑可以增强社会主义核心价值观的大众认同，同时增强马克思主义意识形态的主导功能。① 辽宁大学房广顺教授认为，马克思主义中国化的成功实践来自于马克思主义的科学性，更来自马克思主义与中国优秀传统文化的契合性。马克思主义与中国优秀传统文化的契合，源自马克思主义的科学性、价值性和中华优秀传统文化的特殊品质，中国共产党的领导是实现二者契合的决定性因素。推动马克思主义与中国优秀传统文化的进一步契合，实现当代中国马克思主义的丰富发展，既要坚定不移地坚持马克思主义的指导地位，又要坚定不移地立足于中华优秀传统文化的深厚根基。②

马克思主义中国化、时代化、大众化是“三位一体”的，是同一个过程的密切联系的三个方面。中国社会科学院院长王伟光认为，马克思主义哲学，不仅是认识世界的学问，更是改造世界的学问，从本质上来讲是属于人民群众的哲学。习近平同志的系列重要讲话，是马克思主义中国化、时代化、大众化的最新理论成果，那些体现其哲学思想的重要讲话，则是马克思主义哲学中国化、时代化、大众化的最新理论成果。不仅对马克思主义哲学基本原理做出了准确、生动而又带有时代特征、民族特色的梳理和解释，运用马克思主义哲学的基本立场、观点和方法对中国现实做出了深刻而令人信服的分析，对随着中国特色社会主义伟大实践而不断发展的马克思主义哲学做出了新的概括和总结，对马克思主义哲学应充分吸收世界文明的优秀成果特别是中国传统文化和哲学的优秀成果表达了明确而自信的态度，而且，还提出了一些新的理论观点，从而发展了马克思主义哲学。③ 山东师范大学马克思主义学院李爱华教授认为，增进马克思主义大众化的实效性，是推进马克思主义大众化进程的实质要求所在。增进马克思主义大众化的实效性，要以科学态度对待马克思主义，这是马克思主义大众化的基本准则；要以中国特色社会主义理论武装全党和教育人民，这是马克思主义大众化的现实要务；要以实际问题为中心研究马克思主义，这是马克思主义大众化的应然基点；要以人民利益为基准践行马克思主义，这是马克思主义大众化的根本旨归。只有这样，才能使马克思主义大众化真正“化”得实、“化”得好。④ 电子科技大学马克思主义学院博士研究生王迁、教授邓淑华认为，理论创新发展的马克思主义大众化和理论宣传教育阶段的马克思主义大众化的有机统一，构成马克思主义大众化的科学内涵。实现党的自觉自信与人民大众的自觉自信的有机统一，是马克思主义大众化的基本功能。实现改造主观世界与改

---

① 林国标：《从意识形态发展看马克思主义与中国传统文化相结合》，《中国井冈山干部学院学报》2015 年第 6 期。

② 房广顺、郑宗保：《马克思主义与中国传统文化相契合的当代选择》，《社会主义研究》2015 年第 2 期。

③ 王伟光：《深入学习习近平总书记系列重要讲话，不懈探索马克思主义哲学中国化、时代化、大众化——在〈新大众哲学〉出版云南（昆明）发布会上的讲话》，《哲学研究》2015 年第 9 期。

④ 李爱华：《增进马克思主义大众化实效性的思考》，《思想理论研究》2015 年第 6 期。

造客观世界的有机统一，是马克思主义大众化的主要目的。[①] 广西师范大学政治与行政学院凌小流副教授认为，改革开放后我国马克思主义大众化传播面临的新问题实质上是传播运行模式的合理运用问题。需要采取融合新媒体和传统媒介，打造线上线下马克思主义大众化传播媒介统一战线；增进马克思主义大众化队伍与传播媒介队伍的对话与合作；加强传播媒介的监督和管理；协同发挥新媒介与多媒体优势等举措，推进马克思主义大众化的传播媒介协同创新。[②]

（二）毛泽东思想研究

2015 年恰逢中国人民抗日战争胜利 70 周年、毛泽东寻乌调查 85 周年。国内毛泽东思想研究继续系统性地研究毛泽东思想形成发展的历史轨迹、剖析毛泽东思想的体系结构，阐述毛泽东的新民主主义革命、统一战线、武装斗争、党的建设、社会主义改造等理论为马克思主义中国化作出的卓越贡献；同时，重点在毛泽东思想与中国特色社会主义、抗战时期毛泽东思想的发展及其对实践的指导意义、毛泽东思想与中华优秀传统文化等若干问题上深入研讨。

1. 深入探讨毛泽东与中国特色社会主义道路的关系

毛泽东是中国特色社会主义的伟大探索者、先行者和奠基者，他对中国特色社会主义道路作出了艰苦卓绝的开创性探索，为新时期中国特色社会主义道路的创立和发展奠定了坚实的理论基础。

2015 年 4 月召开的第二届中国社会科学院毛泽东思想论坛，以“毛泽东与中国特色社会主义道路”为主题，《求是》杂志社社长李捷作主旨演讲，中国社会科学院马克思主义研究院党委书记、院长邓纯东，北京大学的沙健孙教授、梁柱教授等专家作大会发言。李捷从毛泽东思想三个活的灵魂、三大梦想、理论和实践的良性互动三个方面，指出毛泽东思想没有过时，在当今时代仍具有特别重要的指导意义。沙健孙认为，中国特色社会主义是党和人民 90 多年奋斗、创造、积累的根本成就，其开创和发展同毛泽东、毛泽东思想、毛泽东领导时期党的历史是分不开的。梁柱从坚持科学社会主义、适合中国国情、坚持实事求是的马克思主义思想原则三个方面论述了毛泽东与中国特色社会主义道路之间的继承和发展关系。邓纯东表示，我们要响应习近平总书记的号召，不割裂前后两个三十年的内在联系，坚决抵制和批判以否定党的历史、党的领袖，包括歪曲党的历史文献、党的指导思想为内容的历史虚无主义。

梁柱教授指出，坚持科学社会主义的基本原则，是毛泽东和中国特色社会主义相统一的前提。在新时期探索形成的中国特色社会主义，其内在含义就包含了适合中国国情的社会主义建设道路这一主题，这表现了毛泽东的探索与中国特色社会主义内在统一的一个重要特点。坚持和发展毛泽东创立的实事求是的思想路线，是毛泽东与中国特色社会主义相连接的又一个重要问题。[③] 中央文献研究室副主任陈晋认为，《毛泽东年谱（1949—1976）》从三个方面反映了毛泽东对中国社会主义建设道路的探索，可以说，

---

① 王迁、邓淑华：《关于马克思主义大众化内涵、功能和目的的新认识》，《毛泽东思想研究》2015 年第 2 期。

② 凌小流：《马克思主义大众化的传播媒介协同创新探析》，《社科纵横》2015 年第 6 期。

③ 梁柱：《毛泽东与中国特色社会主义关系的几点思考》，《毛泽东研究》2015 年第 4 期。

毛泽东那一代人的理论探索，为中国特色社会主义的开创作了理论准备，而中国特色社会主义理论体系，则是对毛泽东艰辛探索社会主义建设规律的重要思想成果的继承和发展。①

金民卿研究员认为，毛泽东是马克思主义中国化史上的思想大师，是马克思主义中国化事业的历史元勋，在发展主体培育、本质内涵分析、根本原则揭示、科学方法制定等方面，为马克思主义中国化的奠基和开拓作出了独创性贡献；他创造性地完成了马克思主义同中国实际的第一次伟大结合并开启了第二次伟大结合，实现了马克思主义中国化的第一次历史性飞跃，开辟了具有中国特色的新民主主义革命和社会主义改造道路，创立了毛泽东思想的理论体系，开创了中国特色社会主义的探索之路，是中国特色社会主义的理论探索者、道路开拓者、实践先行者。②

此外，北京大学马克思主义学院仝华教授等就毛泽东对中国社会主义道路的探索③，中国社会科学院马克思主义研究院朱继东副研究员就毛泽东意识形态思想中突出强调的三大特性及其当代启示④，中国社会科学院马克思主义研究院戴立兴副研究员就毛泽东人民观主要内容及其启示意义⑤，等等，均出版著作或发表文章进行了研究阐述。

2. 继续深入研究毛泽东思想与中国传统文化的关系

毛泽东思想与中国传统文化的关系，从20世纪80年代中期开始就成为学术界讨论的热点话题；党的十八大以来，习近平总书记对传统文化的关注与重视，引发了学界对这一论题的再认识和再思考。

梁柱指出，毛泽东在对待中国传统文化问题上的重要思想，不但为马克思主义中国化提供了丰富的具有中国特色的文化资源，而且对于我们今天坚持社会主义文化的正确发展方向，识别和抵制诸如民族虚无主义、文化虚无主义以及“儒化中国”的复古主义等错误思潮，都有重要的指导作用。⑥

湖南省社会科学院欧阳雪梅研究员认为，毛泽东毕生重视研究中国传统文化，主张应当对中国的文化遗产充分地利用，批判地利用，使之古为今用、推陈出新。他对中华优秀文化传统的把握和吸纳，是成功创立中国化马克思主义的前提与基础。他注意从传统文化中吸取治国理政的智慧。新中国成立后，他把挖掘传统文化思想资源放在第二

① 陈晋：《毛泽东与中国道路三谈——〈读毛泽东年谱（1949—1976）〉》，《党的文献》2015年第2期。

② 金民卿：《毛泽东对马克思主义中国化的重大贡献及其当代启示》，《毛泽东研究》2015年第4期。

③ 仝华等：《毛泽东对中国社会主义道路的探索》，载张海鹏主编《历史学者眼中的毛泽东小丛书》，中国社会科学出版社2015年版。

④ 朱继东：《毛泽东意识形态思想中突出强调的三大特性及启示》，《思想教育研究》2015年第4期。

⑤ 戴立兴：《毛泽东人民观主要内容及其启示意义》，《毛泽东邓小平理论研究》2015年第9期。

⑥ 梁柱：《毛泽东对待中国传统文化的科学态度具有重要的指导意义》，《思想理论教育导刊》2015年第5期。

位，与中国的发展阶段有关。应该吸取他晚年对传统文化中的糟粕放松警惕的教训[①]。

教育部原社科司司长、现教育部人文社会科学研究专家咨询委员会委员杨瑞森教授指出，毛泽东对弘扬和创新中华优秀传统文化的杰出贡献在于：创造性继承、弘扬、发展和创新了中华优秀传统文化，实现了中华优秀传统文化与马克思主义这一科学世界观和方法论的紧密结合，形成了具有中国特色的马克思主义即毛泽东思想，从而推进了马克思主义中国化这一伟大事业的胜利发展。[②]

此外，有学者对近年来毛泽东与中国传统文化的研究进行了述评，认为关于毛泽东与中国传统文化关系的问题，是中共党史及当代思想史研究中一个非常重要的议题。自1951年相关的研究面世以来，有关此议题的研究不断深入。其中关于毛泽东思想与中国传统文化的渊源、毛泽东思想与中国传统文化的批判继承关系、中国传统文化对毛泽东的影响等是该研究领域的热点。已有的研究成果丰富了毛泽东思想各方面的研究，但也存在着一些不足之处。[③]

3. 研究毛泽东为中华民族抗日战争伟大胜利作出的卓越贡献

为纪念中国人民抗日战争暨世界反法西斯战争胜利70周年，学者们纷纷撰文，深切缅怀毛泽东在抗日战争中提出的战略思想和作出的卓越贡献。

中央文献研究室副主任陈晋认为，毛泽东和中国共产党在抗日战争中的一个突出贡献，是实施了正确的战略领导，可谓是居窑洞之侧，观天下之变，谋战略之策，指抗战之路，取胜利之势，实际担负起了他自己在战前说的“抗日救国的总参谋部”的职责。强化战略思维，善做战略谋划，是我们党的一个优良传统。体会毛泽东对抗日战争的战略领导，有利于我们更深入地理解和更坚定地相信，在走向未来的具有许多新的历史特点的伟大斗争中，战略领导将发挥多么重要的作用。[④]

中共中央党史研究室原副主任石仲泉提出，毛泽东在抗战中提出的思想理论和战略策略对于抗战胜利起到了极其重要的作用。主要体现在：高举抗日民族统一战线大旗，坚持全民族抗战，为抗战胜利奠定了最广泛的民族精神基础；创造性地提出持久战理论，为抗战胜利奠定了最深刻的科学理论基础；将游击战争提到战略地位，坚持广泛而又持久的人民游击战争，为抗战胜利奠定了最坚实的军事斗争基础；正确把握两国三方（中日两国、国共日三方）关系不断变化的特殊格局，适时调整政策和策略，为坚持国共合作夺取抗战胜利奠定了最富远见的政治谋略基础。[⑤]

中共中央文献研究室曹应旺研究员认为，抗日战争时期针对如何打败日本侵略者的问题，毛泽东论述了战略上“以一当十”和战术上“以十当一”及其相互关系，提出并研究了人民战争战略、持久战战略、游击战争战略，以及战略预见和战略转变等重大战略问题，分析了由战术到战略的方法及具体战术，对夺取抗日战争的胜利发挥了重要

① 欧阳雪梅：《毛泽东与中国传统文化》，《毛泽东研究》2015年第2期。

② 杨瑞森：《毛泽东对弘扬和创新中华优秀传统文化的杰出贡献》，《毛泽东研究》2015年第2期。

③ 董龙：《毛泽东与中国传统文化研究述评》，《延边党校学报》2015年第5期。

④ 陈晋：《毛泽东对抗日战争的战略领导》，《中共党史研究》2015年第9期。

⑤ 石仲泉：《毛泽东与中华民族抗战的伟大胜利》，《中共中央党校学报》2015年第8期。

的指导作用。[①] 原中国革命博物馆馆长、研究馆员夏燕月出版《毛泽东与中国抗战》一书，用详尽的史实呈现了毛泽东等第一代中国共产党人在领导抗战进程中的艰苦卓绝的斗争和伟大贡献。[②]

4. 坚决回击攻击、抹黑毛泽东的历史虚无主义论调

在纪念抗战胜利70周年期间和毛泽东逝世39周年之际，针对一些历史虚无主义观点，特别是网上所谓“公知”的抹黑言论，学界和网友进行了立场鲜明的反击。

《求是》杂志社社长李捷撰文指出，毛泽东和中国共产党的历史和20世纪中国人的历史密不可分。历史是人民写的，公道自在人心。尽管各种“非毛化”言论不绝于耳，但不可能抹杀最基本的历史事实，也不可能撼动毛泽东的历史地位和丰功伟绩。从马克思主义发展的坐标，从科学社会主义发展的坐标，从中华民族伟大复兴发展的坐标，从中华文明发展的坐标，从世界文明发展的坐标，这五大坐标来审视，毛泽东都是一位对国家、民族、人民作出巨大历史性贡献的英雄，中国人民和中华民族现在和将来都会永远铭记在心。[③]

曾经在毛泽东身边工作的谢静宜撰写《毛泽东身边工作琐忆》一书由中央文献出版社出版，该书记述了作者在毛泽东主席身边工作的回忆，通过一件件亲身经历的往事，展现了伟大领袖毛泽东的风采、睿智，具有较强的史料研究价值，也击碎了一些曾在一定范围内流传的不实传言。

直接、集中攻击共产党的领袖是敌对势力惯用手段，在纪念抗日战争胜利70周年活动中，历史虚无主义者把矛头主要对准了领袖人物毛泽东，大肆抹黑、丑化毛泽东。如有人造谣称毛泽东为首的中国共产党和日本有“密约”，称毛泽东的《论持久战》是抄袭蒋百里的《国防论》、陈诚《持久抗战论》，等等。针对这些问题，《思想理论教育导刊》和中国社会科学院国家文化安全与意识形态建设研究中心专门举办了纪念抗日战争胜利70周年系列活动之一——历史虚无主义研讨会，邀请梁柱、刘书林、朱继东、祝念峰、李方祥等专家学者深入展开研讨，并分别写成论文在《思想理论教育导刊》2015年第11期上作为封面专题特别推出，对借纪念抗日战争胜利70周年活动攻击、抹黑毛泽东的错误思潮进行了有理有据的反击。

（三）中国特色社会主义理论体系研究

1. 中国特色社会主义理论体系研究应坚持的历史观和方法论

学术界围绕中国特色社会主义理论体系研究应秉持的历史观、研究视角、基本取向等重要问题展开研究和讨论。

中国社会科学院院长王伟光深入分析和论证了马克思主义的世界历史理论和中国特色社会主义道路的基本特征和主要内涵，从马克思主义的立场观点出发，回答了理论和实践中的许多重大问题。他指出：用唯物史观和世界历史理论来看，发现时代并没有过逝，科学社会主义并没有过世，马克思主义并没有过时。马克思主义，仍然是中国人民独立自主地前进于世界历史大道的指导思想；中国特色社会主义道路，是中国人民在世

---

① 曹应旺：《毛泽东关于抗日战争战略问题的思考》，《毛泽东研究》2015年第4期。

② 夏燕月：《毛泽东与中国抗战》，河北人民出版社2015年版。

③ 李捷：《从五大坐标审视毛泽东的历史地位和伟大贡献》，光明网，2015年8月21日。

界历史进程中实现现代化的唯一正确选择。①

中央文献研究室主任冷溶指出，从马克思主义世界观、方法论这个根本上加以学习，对“四个全面”才能理解得更深透、落实得更有力。这就要求我们：必须坚持一切从客观实际出发，把握现阶段发展的新变化新特点；必须正确认识物质与精神、社会存在与社会意识的辩证关系；必须坚持问题导向，敢于面对矛盾，及时化解矛盾；必须坚持全局观，同时把握重点，做到两点论和重点论的统一；必须坚持唯物辩证法的根本方法，反对形而上学；必须坚持生产力标准，全面准确理解、正确运用生产力标准；必须不断适应社会基本矛盾运动的变化来推动社会发展，着力解决发展起来后出现的新问题；必须注重全面性要求，不能单打一；必须坚持马克思主义群众观和党的群众路线；必须坚持认识与实践相统一，积极推动理论创新。②

从基本取向和研究视角出发，求是杂志社社长李捷阐明：当前科学社会主义研究出现了“变”与“不变”的双重现象。社会主义研究，必须打破孤立的、静止的、割裂的、就社会主义论社会主义的研究状况，从上述变化中的研究实际和研究需求出发，拓展自己的研究视角，重构研究的时空观，从而在打通中国与世界、打通过去现在与未来的基点上，在当代社会主义国家与当代资本主义国家的对立、竞争、合作、借鉴的基点上，尤其是在中国特色社会主义实践创新与理论创新的基点上，不断深化对共产党执政规律、社会主义建设规律、人类社会发展规律的认识。通过习近平总书记系列重要讲话，我们既可以找到社会主义研究理论创新的突破口，也可以充分发挥科学社会主义理论对解决中国特色社会主义改革发展中的重大现实问题和难点问题的指导作用。③

2. 中国特色社会主义理论体系整体性研究

中国特色社会主义理论体系整体性研究是中国特色社会主义理论体系学科的一项基础理论研究，始终是学科研究的重点。中国特色社会主义理论体系的主题，是学术界近30年来一直在争论的问题。

中国人民大学马克思主义学院秦宣教授分析了学术界对这一问题的几种不同认识，认为，中国特色社会主义理论体系的主题是在中国这样的经济文化比较落后的国家如何建设、巩固和发展社会主义。邓小平理论、“三个代表”重要思想和科学发展观均是围绕这一核心问题展开的，中国共产党面向未来的理论创新也将继续围绕这一主题。④

中共中央党校哲学部韩庆祥教授着重从理论化、系统化和大众化层面，进一步提炼中国特色社会主义理论体系所包含的基本原理等方面进行研究。他运用抽象概括、理论与实际相结合、历史与逻辑相统一等研究方法，从中国特色社会主义理论体系的大量的概念、论断、观点等理论成果以及政策、措施中，挖掘、分析、提炼出具有根本性、稳

---

① 王伟光：《马克思主义的世界历史理论与中国特色社会主义道路——学习马克思1879—1882年期间研究笔记札记》，《哲学研究》2015年第6期。

② 冷溶：《“十个必须”带你读懂习近平“四个全面”哲学思维》，《理论导报》2015年第5期。

③ 李捷：《热话题与冷思考——关于“新时期社会主义研究理论创新”的对话》，《当代世界与社会主义》2015年第1期。

④ 秦宣：《论中国特色社会主义理论体系的主题》，《中国特色社会主义研究》2015年第1期。

定性、普遍性、高度抽象性、逻辑性的基本原理。①

中共中央党校马克思主义理论教研部贾建芳教授认为，以问题为导向构建中国特色社会主义话语体系有助于强化对“主义”的认识，并超越各种极端的社会思潮，从而利用一切有益的现代文明成果来解决中国问题。构建中国话语体系的前提是明确“中国问题”，包括总问题及其派生的大中小问题。不同时期的问题有别，解决问题的主张有异，因而就形成不同的理论和话语。中国特色社会主义话语体系就是在不断解答“中国问题”的过程中形成和发展的。中国特色社会主义话语体系是围绕实现中国社会主义现代化这个主题展开的思想逻辑体系。所谓“讲好中国故事”，实际上就是讲清楚中国现代化建设的历史方位、价值取向和价值观、总体布局、根本保障、内在机制、世界眼光和对外战略、核心领导力量和依靠力量等主张。这套话语体系在国内外有没有力量和话语权，关键要看中国社会主义现代化的进展和成就。②

在当前历史虚无主义思潮活跃的背景下，各种针对中国特色社会主义的非议和挑衅随之而来。关于中国特色社会主义的本质，中国社会科学院马克思主义研究院龚云研究员从科学社会主义的基本原则出发，批驳了“社会主义就是普遍幸福主义”“公有或私有并不是社会主义的界限”等错误观点，指出，中国特色社会主义既坚持了科学社会主义的基本原则，又根据时代条件赋予其鲜明的中国特色，是一百多年来科学社会主义理论与实践发展的结晶，是当代中国的科学社会主义。③

3. 厘清意识形态领域关于邓小平理论的误读

意识形态领域的各种争论，是中国特色社会主义理论体系学科研究中必须面对的问题。一些学者试图运用马克思主义的基本立场和观点厘清邓小平理论研究中的一些基本理论问题。

清华大学人文学院教授冯虞章阐述了邓小平在开创中国特色社会主义过程中如何看待现阶段的阶级斗争问题。关于资产阶级自由化和“四个坚持”的对立的概括，深刻揭示这种斗争的实质是围绕着中国走什么样的道路进行的；既涵盖了平常时期斗争的内容和实质，又涵盖了某种条件下矛盾激化时期斗争的内容和实质，直接指明了必须高度重视意识形态领域的斗争，要认识这种斗争的复杂性和深刻性。回顾邓小平对于现阶段阶级斗争认识的深化，把握资产阶级自由化和四个坚持的对立，对于澄清有关的思想混乱，加强党的建设和意识形态工作，具有重要意义。④

天津社会科学院张景荣研究员针对当前微信帖中几种否定邓小平理论的做法提出批评。他认为，邓小平理论是在新的历史条件下对马克思列宁主义、毛泽东思想的继承和发展，是一个完整的理论体系。邓小平理论坚持社会主义道路，揭示社会主义的本质；

---

① 韩庆祥：《论中国特色社会主义基本原理》，《北京大学学报》（哲学社会科学版）2015 年第 1 期。

② 贾建芳：《以问题为导向的中国特色社会主义话语体系》，《上海师范大学学报》（哲学社会科学版）2015 年第 9 期。

③ 龚云：《中国特色社会主义是科学社会主义而不是其他主义——与王占阳商榷》，《马克思主义研究》2015 年第 3 期。

④ 冯虞章：《邓小平对我国现阶段阶级斗争认识的深化及其重要意义》，《马克思主义研究》2015 年第 2 期。

坚持先富共富的辩证统一；提出社会主义市场经济就是把坚持社会主义基本制度同发展市场经济结合起来；我国现在处于并将长时期处于社会主义初级阶段是当前最大的实际。我们要历史地完整地把握邓小平理论，不能割断邓小平理论与马克思列宁主义、毛泽东思想的内在联系，不能割裂邓小平理论各个基本理论观点之间，以及基本观点各种内容之间的有机联系。唯有如此，才能把握邓小平理论的真谛。①

浙江省社科联原主席、党组书记雷云针对社会上对邓小平社会主义本质理论的歧见、疑惑和误读，指出社会主义本质论是邓小平社会主义观的核心，是全部邓小平理论的科学基础，是对我们过去关于社会主义内涵认识的重要修正和深化，也是邓小平理论正式成为一个科学思想体系的基本标志。邓小平的社会主义本质论克服了传统社会主义观的缺陷，使我们对社会主义的认识有了很大深化；把解放和发展生产力放在首位，不等于完全体现了社会主义的本质；社会主义本质论未列入公有制，不等于否定或排除了公有制；社会主义就是要消灭剥削，与现行政策允许剥削并无矛盾；新党章没有写上社会主义本质论，也并不意味着不再坚持这一理论。②

4. 关于坚持和发展中国特色社会主义理论体系的研究

坚持和发展中国特色社会主义，是习近平总书记系列重要讲话的突出主题，是贯穿系列重要讲话的一条红线。2015 年学术界进行了探讨，发表了一些有独到见解的文章。关于以习近平为总书记的党中央如何推进中国特色社会主义新发展，济南大学政治与公共管理学院院长包心鉴教授认为，这突出体现在：把培育和践行社会主义核心价值观作为凝魂聚气、强基固本的基础工程，进一步建构中国特色社会主义新发展的价值坐标；把提升制度现代化水平、推进国家治理现代化作为全面深化改革的总目标，进一步强固中国特色社会主义新发展的制度支撑；把全面推进依法治国、建设社会主义法治国家作为治国理政的基本方式，进一步夯实中国特色社会主义新发展的法治基石；把凸显制度治党、优化政治生态作为全面从严治党、从严管理干部的关键环节，进一步强化中国特色社会主义新发展的政治保障。这四大战略，相互促进、整体实施、成效卓著，集中展示了以习近平为总书记的党中央治国理政的新理念、新方略。从这个意义上，我们可以将十八大以来习近平的理论贡献概括为优化治国理政重要思想。③ 关于习近平治国理政思想在中国特色社会主义理论体系中的历史地位，中共中央党校科学社会主义教研部原主任严书翰教授认为，习近平治国理政思想是当代中国共产党人在新的历史起点上续写中国特色社会主义新篇章的最新理论成果，是当代中国马克思主义的新发展。④ 李捷指出，“四个全面”战略布局是习近平总书记系列重要讲话精神中最具创新性的理论成果之一。它使坚持和发展中国特色社会主义这个主线有了全面协调推进的战略总框架和战

---

① 张景荣：《历史地完整地把握邓小平理论——兼评当前某些微信帖中的几个观点》，《毛泽东思想研究》2015 年第 11 期。

② 雷云：《再论完整准确理解社会主义本质论——评对邓小平社会主义本质论的若干歧义和误读》，《科学社会主义》2015 年第 3 期。

③ 包心鉴：《优化治国理政的重大战略思想——以习近平为总书记的党中央如何推进中国特色社会主义新发展》，《科学社会主义》2015 年第 1 期。

④ 严书翰：《习近平治国理政思想是当代中国马克思主义的新发展》，《红旗文稿》2015 年第 20 期。

略总抓手；进一步深化了对中国特色社会主义建设规律的认识；拓展了中国特色社会主义的考察视域，坚持和发展了中国特色社会主义。①

（四）习近平治国理政思想研究

2015年，国内外理论界学术界对习近平总书记系列重要讲话非常重视，形成研究热点。以“习近平总书记系列重要讲话”为关键词在中国知网进行全文搜索，可以检索到2015年度的相关文章45000多篇。2014年度是45000多篇、2013年度是13000多篇，以“习近平总书记系列重要讲话”为关键词在中国知网进行主题搜索，可以检索到2015年度的相关文章3800多篇，相关研究在2015年达到一个新高峰。相关研究成果不仅有全面梳理的学习研究文章，也有从某一领域深入探讨的理论文章，还有一批相关的研究课题、博士论文、博士后研究工作报告，并且有系列书籍出版，推动着对习近平总书记系列重要讲话的研究不断深入。但是，真正优秀的成果不是很多，这是个值得注意的问题。

1. 学习习近平总书记系列重要讲话研究的文章较多，这些文章大都从整体上进行学习和把握，视野开阔、研究全面，一些优秀文章解读深入、深刻，产生较大影响。其中有王伟光的《马克思主义中国化的当代理论成果——学习习近平总书记系列重要讲话精神》，时任安徽省委书记张宝顺的《深入践行“三严三实” 奋力推进“四个全面”——学习习近平总书记系列重要讲话精神》，云南省委常委、宣传部部长赵金的《思想纲领 行动指南——深入学习习近平总书记系列重要讲话精神》，中央党校严书翰的《习近平治国理政思想是当代中国马克思主义的新发展》，北京交通大学韩振峰的《习近平治国理政思想的基本内容及内在逻辑》，重庆行政学院张新华的《在新的起点上实现新的奋斗目标的基本遵循——学习习近平总书记系列重要讲话精神》和中共山西省委李高山，山西省社会科学院贾桂梓的《当代中国最鲜活的马克思主义——学习习近平总书记系列重要讲话体会》等。

《中国社会科学》2015年第10期刊发的王伟光文章《马克思主义中国化的当代理论成果——学习习近平总书记系列重要讲话精神》最具代表性。他在文章中提出，党的十八大以来，习近平总书记系列重要讲话是新起点新阶段马克思主义中国化的最新理论成果，是党在新起点新阶段团结全党、统一全党，开展伟大斗争，继而赢得伟大胜利的思想武器。习近平总书记系列重要讲话科学地观察、分析、判断和把握国际复杂形势、发展趋势和客观规律，是顺应世界历史时代潮流的理论应答，同时鞭辟入里地分析国内形势，科学把握发展规律，顺国内发展大势而为，是指引中国特色社会主义发展的科学指南。习近平总书记系列重要讲话全面阐发和丰富了党的十八大精神，是对中国特色社会主义道路、理论体系和制度，对中国特色社会主义的基本理论、基本路线、基本纲领、基本经验和基本要求的科学论述，是全面阐述事关中国特色社会主义前途命运一系列重大原则问题的当代中国马克思主义重要文献，是对中国特色社会主义理论体系的丰富、发展和创新。习近平总书记系列重要讲话通篇贯穿了一脉相承、一以贯之的一条红线，就是马克思列宁主义、毛泽东思想和中国特色社会主义理论体系所贯穿的基本立

① 李捷：《“四个全面”战略布局坚持和发展了中国特色社会主义》，《江海学刊》2015年第5期。

场、观点和方法，为我们树立了灵活运用马克思主义哲学的光辉典范。

《理论探索》2015 年第 2 期刊发的李高山、贾桂梓在《当代中国最鲜活的马克思主义——学习习近平总书记系列重要讲话体会》则认为，习近平总书记系列重要讲话是当代中国最鲜活的马克思主义，主要体现在以下几方面：将马列主义毛泽东思想与中国特色社会主义理论体系融会贯通，形成了我们党和国家完整的思想理论体系；将中国共产党的指导思想与中华优秀传统文化融会贯通，形成了我们党、国家、民族共同的思想文化；将中国文化与世界文化特别是西方优秀文化融会贯通，开辟了中华文化走向世界和不同文化交流互鉴的通道；将理论形态与现实实践融会贯通，使科学理论直接变成人民群众手中的锐利武器，转化为巨大的物质力量。

关于习近平总书记治国理政的核心理念和根本主题，中央党校韩庆祥认为，习近平总书记把“为人民担当”作为治国理政的核心理念，这是贯穿于习近平同志治国理政思想之中的灵魂；根本主题是坚持和发展中国特色社会主义，这是为人民担当的内在要求。①《光明日报》2015 年 12 月 7 日发表韩振峰的《习近平治国理政思想的基本内容及内在逻辑》一文，提出了习近平治国理政思想的基本内容及内在逻辑：一条主线——坚持和发展中国特色社会主义；两个百年目标——实现中华民族伟大复兴的中国梦；三个价值引领——社会主义核心价值观；“四个全面”战略布局——治国理政的战略重点；五大发展理念——治国理政的思想指南。

关于“四个全面”相互之间的关系，中国社会科学院马克思主义研究院贺新元研究员认为，四者不是简单并列关系，而是有机联系、相互贯通的顶层设计。全面建成小康社会是实现中国梦的内在发展要求与关键一步，全面深化改革是实现中国梦的不竭动力，全面依法治国是实现中国梦的法治保障，全面从严治党让实现中国梦的领导核心更加坚强。这四个方面从发展、改革、法治、治党“四维”上勾绘出了中华民族伟大复兴中国梦的未来图景。② 关于“四个全面”的现实意义，韩振峰认为，“四个全面”战略布局确立了新形势下党和国家各项工作的战略方向、重点领域、主攻目标，作为马克思主义中国化的最新理论成果，体现了我们党对执政党建设规律、社会主义建设规律和人类社会发展规律的新认识，开辟了我们党治国理政的新境界，实现了马克思主义与中国实践相结合的新飞跃，为实现“两个一百年”奋斗目标和中华民族伟大复兴的中国梦提供了理论指导和实践指南。③

2. 专注于某一方面进行研究，从不同角度研究习近平总书记系列重要讲话的文章，与那些全面研究的文章形成互补。中共中央党史研究室主任曲青山的《以习近平总书记系列重要讲话统领党史工作》，时任陕西省委常委、宣传部部长的景俊海的《中国梦：深刻理解习近平总书记系列重要讲话的主线》，求是杂志社社长李捷的《以忠诚、干净、担当的精神认真贯彻落实习近平总书记关于意识形态工作系列重要讲话精神》，中央党校韩庆祥的《习近平总书记治国理政的核心理念和根本主题》，中国社会科学院朱继东的《“政治新常态”视角下改与不改的辩证统一》，济南大学包心鉴的《优化治国

---

① 韩庆祥：《习近平总书记治国理政的核心理念和根本主题》，《中共党史研究》2015 年第 6 期。

② 贺新元：《“四个全面”——实现中国梦之“四维”》，《理论导报》2015 年第 3 期。

③ 韩振峰：《“四个全面”战略布局与中国特色社会主义》，《科学社会主义》2015 年第 5 期。

理政的重大战略思想——以习近平为总书记的党中央如何推进中国特色社会主义新发展》，南京大学徐荣的《习近平人民主体思想探析——学习习近平总书记系列重要讲话精神》，河南大学欧健的《习近平全面从严治党思想对中国特色社会主义党建理论的创新与发展》，国家行政学院张占斌的《习近平总书记创新发展思想论析》，广西机电职业技术学院李杰的《习近平基层党建思想的理论特征分析》，广西大学王磊和肖安宝的《习近平生态文明建设思想探论》以及山东大学张士海、王国龙的《习近平“全面从严治党”思想研究》等比较有代表性。《前线》杂志连续推出了学习习近平总书记系列重要讲话体会的系列理论文章100篇。《社会主义研究》2015年第6期刊发欧健的《习近平全面从严治党思想对中国特色社会主义党建理论的创新与发展》提出，党的十八大以来，在继承和发展马克思列宁主义从严治党理论的基础上，渐次形成习近平全面从严治党思想，发展和创新了中国特色社会主义党建理论。在思想建设方面，强调理想信念教育，提出理想信念是共产党人精神之“钙”；在组织建设方面，强调高素质的干部队伍建设，严明政治纪律和政治规矩；在作风建设方面，坚决反对“四风”，净化党的政治生态；在反腐倡廉建设方面：坚持“老虎”“苍蝇”一起打，以零容忍的态度惩治腐败；在制度建设方面：坚持用制度治党、管权、治吏，把权力关进制度的笼子。习近平全面从严治党思想体现了历史性与现实性的统一；党性与人民性的统一；继承性与创新性的统一，是马克思主义党建理论中国化的最新成果，是新时期党的建设的科学指南。《中共党史研究》2015年第6期发表韩庆祥的《习近平总书记治国理政的核心理念和根本主题》则提出，习近平总书记把“为人民担当”作为治国理政的核心理念，这是贯穿于习近平同志治国理政思想之中的灵魂；根本主题是坚持和发展中国特色社会主义，这是为人民担当的内在要求。《理论导刊》2015年第12期刊发王磊、肖安宝的《习近平生态文明建设思想探论》提出，党的十八大以来，习近平提出了一系列生态文明建设思想论断，在继承弘扬中国传统生态文化、汲取借鉴马克思主义生态思想以及反思中西方经济社会发展实践的基础上产生，其主要内容包含四重视域，即促进人与自然和人与人二维和谐的主题视域；普惠民生生态福祉的民本视域；实现经济社会协调可持续发展的目标视域；利用生态制度和生态红线保护环境的路径视域。

3. 一些相关的研究课题、博士论文、博士后研究工作报告聚焦习近平总书记系列重要讲话，推动研究越来越深入、越来越系统，产生了一批有深度的理论成果。2015年6月公布的2015年国家社科基金年度项目，立项名单中有《习近平总书记的战略思维及其对马克思主义中国化的新贡献研究》《习近平总书记改革方法论研究》《习近平总书记治国理政思想与党的思想政治教育发展研究》《习近平总书记全面从严治党重要论述研究》《习近平总书记治国理政的战略思维研究》等；2015年7月公布的2015年度国家社科基金重大项目（第一批），立项名单中有《习近平总书记系列重要讲话精神对中国特色社会主义理论创新和实践创新研究》《习近平总书记意识形态建设系列重要讲话的理论贡献和实践要求研究》《习近平总书记关于全面深化改革的方法论思想研究》《习近平总书记全面从严治党重要思想研究》《习近平总书记治疆方略与新疆长治久安研究》等；2015年6月公布的中国博士后科学基金第八批特别资助项目中，有《习近平意识形态思想及其理论创新》等相关项目。这些项目将大大推进习近平总书记系列重要讲话的研究。此外，清华大学、武汉大学等高校的博士论文、博士后研究工作报告中也有一部分主题聚焦习近平总书记系列重要讲话，从意识形态、从严治党、“四个全面”等领域展开深入研究。

4. 一系列相关书籍聚焦习近平总书记系列重要讲话，通过理论联系实际的梳理、解读，推动更多人关注习近平总书记系列重要讲话，也吸引着更多人加入研究行列中来。其中，中国社会科学出版社推出的中国人民大学杨光斌的专著《习近平的国家治理现代化思想：中国文明基体论的延续》，提出习总书记的治国理政思想是从中华文明基体论出发，以改革为方法、以公正价值为导向，努力将制度体系与治理能力相适应，使以民主集中制为内核的中国模式更有竞争力。国家治理现代化思想至少包括了中国文明基体论的认识论、以改革为方法的方法论、以公正为导向的价值论、以制度体系和治理能力相协调的制度论、以中国模式为宗旨的目的论。连接国家治理体系与治理能力的中介机制是民主集中制，没有民主集中制，再好看的治理体系都不可能转化为治理能力。江苏人民出版社推出罗志军主编的《“四个全面”战略布局研究丛书》，包括《总论》《全面建成小康社会》《全面深化改革》《全面依法治国》《全面从严治党》5 本，丛书紧扣以习近平同志为总书记的党中央从坚持和发展中国特色社会主义全局出发，提出并形成的全面建成小康社会、全面深化改革、全面依法治国、全面从严治党的战略布局，系统研究“四个全面”的理论缘起、科学内涵、逻辑结构、现实根据、哲学基础、理论创新、实践指向和未来展望等。该丛书注重强调政治性、学术性与可读性的统一，广泛吸收借鉴国内该研究领域最新成果和观点，体现了一定的前瞻性、创新性和实践特征。中共中央文献研究室编辑的《习近平关于协调推进“四个全面”战略布局论述摘编》，共分 6 个专题，收入 287 段论述，摘自习近平同志 2012 年 11 月 15 日至 2015 年 9 月 3 日期间的讲话、报告、批示、指示等 110 多篇重要文献。其中部分论述是第一次公开发表。

总之，关于习近平总书记系列重要讲话的学习和研究在 2015 年已经逐渐进入高潮。

三 学科建设有待进一步发展的几个问题

经过 10 年的努力，“马克思主义中国化研究”学科在马克思主义理论一级学科中的地位已经确立。学术界在学科对象、学科性质、研究范畴、研究体系等问题的研究，取得了较大进展。作为一个独立的二级学科，毕竟建设时间还不很长，仍有少数问题需要进一步厘清和明确，存在的薄弱环节需要进一步加强和矫正。

（一）学科研究和建设涉及的问题和内容繁多，如何从其中整理、归纳出基本问题和主要内容，还需要学术界继续探讨，以达成基本共识。本学科研究所涉及的问题很多，其中哪些是基本问题、哪些是具体问题、哪些是具体观点、哪些是主干部分、哪些是枝节部分，目前学术界还缺少科学而细致的分析、分类和逻辑加工。换言之，本学科还尚未形成科学、清晰的逻辑架构。《关于调整增设马克思主义理论一级学科及所属二级学科的通知》（以下简称《通知》）提出：马克思主义中国化研究，是专门研究马克思主义中国化的基本经验、基本规律，以及马克思主义中国化理论成果的学科。这可以看作对学科基本问题和主要内容的原则性规定。它只是明确了本学科的研究对象是马克思主义同中国具体实践相结合的过程，基本问题和主要内容包括两方面：一是马克思主义中国化的发展进程、基本经验、基本规律；二是马克思主义中国化的理论成果。但问题在于：马克思主义中国化研究学科也应像马克思主义理论一级学科和它所属的其他二级学科一样，对学科研究的基本问题达成共识。从已有的成果看，很少有文章或著作直接论述马克思主义中国化研究学科中哪些是基本问题、哪些不是基本问题。学术界在这一方面需要达成共识。

（二）进一步突出“中国特色社会主义的理论和实践”这个重点，仍然是学科研究和建设需要重视的问题。

2015 年本学科研究的精力和成果更多地集中在两个方面——毛泽东思想和十八大以来习近平系列重要讲话精神。早在 2005 年学科设立之初，《通知》就明确了它将“以建设中国特色社会主义的理论和实践为重点”。显然，这个“重点”从时间上看，主要是指十一届三中全会至今的理论和实践。从研究对象上看，不仅要研究中国特色社会主义理论的最新进展——十八大以来习近平同志系列讲话精神，还要研究邓小平理论、“三个代表”重要思想、科学发展观；不仅要研究不同历史时期的研究成果，还要研究它们之间的内在关系。今后应该加强对中国特色社会主义理论的贯通研究和整体性研究，还要加强中国特色社会主义理论史研究。

（三）仍然需要处理好学术性与政治性、民族性和世界性、文本研究与现实研究的关系。这是本学科研究和建设中的老问题。马克思主义中国化的理论成果是一门科学，同时也是中国共产党指导思想的重要组成部分，这决定了它既具有学术性又具有意识形态性（政治性）。在学科建设过程中，要把政治性和学术性统一起来。马克思主义是世界性和民族性统一的开放体系，马克思主义中国化的理论成果首先是民族的，同时也是世界的，要把它的民族性和世界性统一起来。此外，马克思主义中国化研究过程“钻文本”的现象比较普遍。在马克思主义中国化过程中，一直存在真“本本主义”和“反对本本主义”的较量，重大实践和理论进展往往是在突破文本的“条条框框”中实现。所以，既要重视文本研究，更要关注重大现实问题研究。

（四）学科在应用研究和服务社会方面，需要加大力度。学科的本质含义就是学术分类，学术的要义在于研究客观世界的知识，发现真理并用真理指导实践、解决实际问题。梁启超先生说：“学也者，观察事物而发明真理者也；术也者，取所发明之真理而致诸用者也。”① 从 10 余年的研究和建设情况看，本学科存在注重“学”而忽视“术”的现象。学科研究和建设如果没有“术”的研究，缺乏应用研究部分，不仅会使它失去其作为一个学科的完整性，也会大大削弱其存在的必要性。

应用研究作为学科构建的重要组成部分，对以解决中国现实问题为己任的马克思主义中国化研究学科来说，显得尤为重要。具体讲，就是要研究中国化的马克思主义理论成果在中国社会实际中的运用及其发展规律。理论研究归根到底是问题研究，相对于其他学科，马克思主义中国化研究与党和国家的方针政策有着更为紧密的联系，因而具有更为强大的理论支撑功能和更为直接的咨询功能。对马克思主义中国化理论成果及由此产生的党和国家方针政策进行理论诠释和普及化宣传，在这方面有着不可替代的作用。应用性研究课题应坚持一切从实际出发，努力运用马克思主义的世界观和方法论，研究新情况，解决新问题，总结新经验，尤其应当注重研究

---

① 梁启超著，吴松、卢云昆等点校：《饮冰室文集点校》第 4 集，云南教育出版社 2001 年版，第 2246 页。

社会实践中提出的重大而紧迫的问题，注重研究经济、政治、文化、社会生活发展中提出的热点和难点问题，力求给予中肯的分析和科学的说明，从而为中国特色社会主义事业提供理论支持。

本学科研究还存在一些“短板”。如，重视马克思主义中国化进程中领导核心思想的研究，但对“集体智慧”的研究不太多；关于马克思主义中国化与中国优秀传统文化的关系，还不能说已经完全讲清楚，等等。客观地说，学科研究和建设中存在“短板”现象是正常和暂时的，有待于在今后的学科建设中逐步解决。

（供稿：陈亚联、王佳菲、彭海红、朱继东）

马克思主义发展史

一　学科概况

（一）2015 年马克思主义发展史学科在以下几个方面有所推进

第一，马克思主义研究资料和经典著作的重新编辑和出版。中共中央编译局对已经出版多年的《马克思主义研究资料》做了分类，分为“经典著作研究”“基本理论研究”“版本和传播、编译以及生平事业研究”和“国外马克思主义研究”四个部分，重新编辑出版。这套资料的第二批共 13 卷的平装本于 2015 年 4 月由中央编译出版社出版发行。2015 年是恩格斯《自然辩证法》发表 90 周年，中共中央编译局原常务副局长、中国马克思恩格斯研究会名誉会长顾锦屏介绍，《自然辩证法》完整的新译本已收入 2014 年出版的《马克思恩格斯全集》中文第 2 版第 26 卷，2015 年年底新版的《自然辩证法》单行本将作为“马列主义经典作家文库”的一种面世。这个单行本附有马克思恩格斯有关《自然辩证法》的 5 封书信，是《自然辩证法》的最新译本。这个新译本吸收了国内外的编译和研究成果，在手稿的编排方式上有较大变化，收文更完备，资料更翔实，译文进一步完善。①

第二，以纪念恩格斯诞辰 120 周年为契机，国内外围绕恩格斯与马克思哲学的关系、恩格斯早年思想与晚年思想的关系、恩格斯与修正主义的关系、恩格斯对暴力革命与民主改良的认识等问题进行了再讨论，召开了一系列研讨会。2015 年 8 月 22 日，恩格斯自然辩证法思想及其当代意义——纪念《自然辩证法》发表 90 周年学术研讨会在北京召开；2015 年 9 月 5 日，中共中央编译局《当代世界与社会主义》杂志编辑部与东华大学人文学院在东华大学召开“恩格斯晚年政治思想及其当代价值”学术研讨会。主要研究成果有徐觉哉《恩格斯晚年给我们留下了什么理论遗产》（《当代世界与社会主义》2015 年第 5 期），张新《恩格斯晚年策略思想再研究》（《当代世界与社会主义》2015 年第 5 期），王治东《正本清源与现实关照——对恩格斯晚年政治思想及其当代价值的研讨与反思》（《当代世界与社会主义》2015 年第 5 期），高放、黄帅《热话题与冷思考——关于恩格斯思想研究若干重要问题的对话》（《当代世界与社会主义》2015 年第 5 期）等。

第三，关于发展 21 世纪中国的马克思主义。2015 年 1 月 23 日，习近平总书记在中共中央政治局第二十次集体学习时指出，“要根据时代变化和实践发展，不断深化认识，不断总结经验，不断实现理论创新和实践创新良性互动，在这种统一和互动中发展 21 世纪中国的马克思主义”。为推进对这一问题的研究，学术界召开了一些会议。2015

---

① 顾锦屏：《谈谈〈自然辩证法〉的最新译本》，《自然辩证法研究》2015 年第 11 期。

年5月11日，中国社会科学出版社主办的“21世纪中国的马克思主义——学习习近平总书记系列重要讲话精神座谈会”在北京召开；“2015年中国历史唯物主义学会年会暨21世纪中国的马克思主义与历史唯物主义”理论研讨会在吉林省长春市召开。《求是》2015年第8期刊载笔谈“发展21世纪中国的马克思主义”。指出，必须完整准确理解马克思主义特别是中国化马克思主义最新成果，必须在坚持中发展、在发展中坚持；中国特色社会主义伟大事业要求我们把马克思主义与当代中国实际结合起来，不断推进理论创新；中国特色社会主义是马克思主义与当代中国实际相结合的产物，是在中国的土壤上生长起来的科学理论，其内容是中国的，其话语体系也应该是中国的；强调21世纪中国的马克思主义话语体系的中国特色，不是要阻断我们与他国人民的交流和沟通，而是破除对西方话语体系的盲目崇拜，改变我们在国际话语中的弱势状态，形成与我们的大国地位相匹配的话语地位和话语体系。

（二）2015年马克思主义发展史理论研究与学科建设的重要学术活动

1. 2015年7月14日，由北京大学“中国道路与中国化马克思主义”协同创新中心和中国人民解放军南京政治学院马克思主义学院主办的“经典与时代——马克思主义经典著作教学与研究”研讨会在南京召开。南京政治学院王树院长、佟海青副院长、院部领导，教育部高等学校社会科学发展研究中心、总政治部宣传部理论局等军地领导，《求是》《光明日报》《解放军报》《中国社会科学报》等中央级媒体代表，北京大学“中国道路与中国化马克思主义”协同创新中心各协同单位领导、专家，国内从事马克思主义经典著作教学与研究的知名学者，以及军队中青年理论骨干研修班全体学员共百余人参加本次会议。与会人员紧扣“经典与时代”这个主题，围绕马克思主义经典与中国特色社会主义、马克思主义经典与当代中国马克思主义理论建设、马克思主义经典所蕴含的立场观点方法的时代魅力等专题，展开了广泛深入地研讨交流。部分与会代表还就马克思主义理论的传播规律，经典著作的教学传播方法和传播策略，马克思主义经典著作的思想意蕴与当代社会发展等问题展开研讨。与会代表认为：马克思主义经典就在于其蕴含着科学的世界观方法论，虽历经时空变迁而历久弥新，始终保持着其作为科学指南的意义和价值，是我们开辟现代化道路过程中矫正偏差的强大思想理论武器。

2. 2015年8月22—23日，由中国历史唯物主义学会、东北师范大学和中国社会科学院国家文化安全与意识形态研究中心联合主办，东北师范大学马克思主义学院承办的“2015年中国历史唯物主义学会年会暨21世纪中国的马克思主义与历史唯物主义”理论研讨会，在吉林省长春市举行。来自中国社会科学院、北京大学、国防大学、南京大学、中国人民大学等全国高校、科研机构的100余位专家学者参加了研讨会。中国历史唯物主义学会会长、中国社会科学院国家文化安全与意识形态建设研究中心主任侯惠勤，国防大学原副校长、中国历史唯物主义学会副会长许志功，吉林省社会科学院副院长邵汉明，东北师范大学党委书记杨晓慧，党委副书记兼纪委书记、马克思主义学部部长李忠军等出席了会议开幕式。此次研讨会以“21世纪中国的马克思主义与历史唯物主义”为主题，围绕“历史唯物主义的基本原理”“习近平总书记系列重要讲话精神”“21世纪的中国马克思主义”以及“马克思主义意识形态思想与发展”等理论及现实问题，展开了多视角的探讨与交流。

3. 2015 年 8 月 22 日，由中国自然辩证法研究会、中国马克思恩格斯研究会联合举办的“纪念《自然辩证法》发表 90 周年学术研讨会”在京举行。与会学者围绕恩格斯自然辩证法思想及其当代意义进行研讨。中共中央编译局原副局长、中国马克思恩格斯研究会原常务副会长顾锦屏，中国自然辩证法研究会原副理事长、中国社会科学院荣誉学部委员李惠国等出席研讨会。与会学者认为，《自然辩证法》所体现的理论价值之一就是对自然科学的哲学分析；恩格斯对自然科学问题的哲学思考，在自然生态问题的讨论中得到充分的体现。恩格斯对人和自然的相互关系，人和自然应该处于什么样的和谐发展状态，都有非常精彩的论述。现在我们进入了生态文明这样一个新时代，需要我们传承马克思恩格斯的辩证自然观。

4. 2015 年 10 月 10 日，首届世界马克思主义大会开幕式在北京大学举行。大会的召开，得到世界各国马克思主义研究学者和中国问题研究专家的热烈响应，共有来自五大洲的 400 余位中外学者与会。本届大会的主题是“马克思主义与人类发展”，宗旨是直面当今国际社会面临的复杂问题，研究和分享中国经验，促进马克思主义在世界范围内的交流、传播与发展，推动世界文明的进步和人类命运共同体的建设。此次大会上北京大学“中国道路与中国化马克思主义”协同创新中心主任顾海良、埃及经济思想家萨米尔·阿明、国防大学刘亚洲、哈佛大学教授罗德里克·麦克法夸尔、中共中央党校副校长徐伟新、北京大学常务副校长刘伟和北京大学马克思主义学院执行院长孙熙国等 7 位学者分别发表了主旨演讲，设有“马克思主义的起源与发展”“马克思主义文本研究及其编译”“中国道路和中国话语体系”“习近平治国理政思想与中国马克思主义的发展”“马克思主义与世界文明的未来走向”“马克思主义与经济全球化”“马克思主义与科学文化”“马克思主义与人类命运共同体”8 场分论坛，3 场专场对话，140 多位国内外马克思主义研究者踊跃发言。世界马克思主义大会学术委员会主任、北京大学“中国道路与中国化马克思主义”协同创新中心主任顾海良在闭幕式上宣读了与会学者一致通过的《首届世界马克思主义大会学者共识》（以下简称《共识》）。《共识》阐述，马克思主义是人类文明发展的产物，它揭示了社会历史发展的一般趋势，指明了人类文明发展的方向，也是影响当今世界最重要的思想之一；马克思主义具有鲜明的实践品格和时代精神；中国化马克思主义是对马克思主义的创造性发展；面对困扰当今国际社会的各种复杂问题，马克思主义是引领人类走出困境、走向光明未来的指路明灯。《共识》倡议，面对各种误解、非议和挑战，马克思主义者需要直面人类发展的尖锐问题，高扬马克思主义固有的批判精神与变革意识，把马克思主义同各国具体实际和时代精神相结合，在对现实问题做出探索性回应中实现重大理论创新。根据《共识》，北京大学将在会后出版中英文《世界马克思主义研究》期刊和“世界马克思主义研究文库”，交流研究成果；下一届世界马克思主义大会在 2018 年马克思诞辰 200 周年之际召开。

5. 2015 年 10 月 16—17 日，“第六届世界社会主义论坛：话语权与领导权——‘颜色革命’与文化霸权国际学术研讨会”在北京举行。中国社会科学院院长、党组书记王伟光在开幕式上致辞并作主旨报告。中国社会科学院原副院长、世界社会主义研究中心主任李慎明做报告。出席会议并作大会发言的还有中组部原部长张全景、中央政策研究室原副主任郑科扬、中国社会科学院原副院长汝信、国防大学原政委赵可铭上将、国防大学原副政委李殿仁中将等。开幕式由中国社会科学院马克思主义研究院院长、党委书记邓纯东主持。会议期间，来自越南、老挝、古巴、埃及、美国、俄罗斯、英国、法国、德国等20多个国家和中组部、中宣部、中央政策研究室、中央文献研究室、中央党史研究室、中国社会科学院、中联部、中国文化软实力研究中心、中央编译局、中央党校、新华社、北京大学、清华大学、中国人民大学、复旦大学、南开大学、《人民日报》、《光明日报》、中新社、《红旗文稿》等单位的200多位专家学者，就如何看待话语权与领导权、发展中国家怎样防范“颜色革命”、西方文化霸权的危害等议题进行了深入探讨。

6. 2015年12月12日，由中国历史唯物主义学会与长沙理工大学共同主办，长沙理工大学马克思主义学院承办的全国“马克思主义与当代中国社会发展”学术研讨会在长沙隆重举行。来自中国社会科学院、武汉大学、南京大学、湘潭大学、复旦大学、东北大学、国防科学技术大学、中山大学、华南理工大学、江西社会科学院、上海财经大学、大连理工大学、中国矿业大学、上海大学、南京林业大学等38所高等院校及研究机构的100多位专家学者，参加了此次学术会议。中国历史唯物主义学会会长、中国社会科学院马克思主义研究院侯惠勤教授代表学会发言。他阐释了本次学术研讨会的主题是运用马克思主义理论的思想、观点和方法来分析当代中国社会发展的主要问题。他鼓励研究者辨析和破解意识形态领域的“伪命题”，以准确地认识与解决当下中国社会发展存在的实际问题。学术研讨会上，专家学者们直面当前中国社会发展所遇到的各种现实问题，深入阐发了马克思主义理论研究和实践导向及与时俱进的探索精神。

7. 2015年11月27日，由中国社会科学院马克思主义理论学科建设与理论研究工程领导小组办公室、中国社会科学院马克思主义研究院和山东师范大学共同主办的“中国社会科学院第三届科学社会主义论坛”在济南召开。来自全国高校、科研院所的100多名专家学者围绕“科学社会主义视野下的‘四个全面’战略布局”主题展开研讨。中国社会科学院院长、党组书记王伟光在题为“‘四个全面’战略布局是马克思主义中国化的最新理论成果”的书面讲话中指出，“四个全面”战略布局是新的历史阶段的重大思想创新，是指引中国特色社会主义发展的科学指南，是对“三大规律”认识的科学升华。协调推进“四个全面”战略布局，必须坚持马克思主义指导，必须坚持科学社会主义基本原则，必须高举中国特色社会主义伟大旗帜，坚定不移地走中国特色社会主义道路。中国社会科学院马克思主义研究院党委书记、院长邓纯东强调，学术界、理论界要把对“四个全面”战略布局的探讨与科学社会主义的基本原理、中国特色社会主义理论体系以及中国道路结合起来，深刻理解“四个全面”战略布局的理论意义和实践意义。中国科学院大学马克思主义教研中心主任王庭大研究员阐述了“全面从严治党”在“四个全面”战略布局中所具有的重要地位。中国社会科学院马克思主义发展研究部主任辛向阳研究员分析并阐述了全面建成小康社会之后路该怎么走，如何跳出“历史周期律”、实现长期执政以及如何实现党和国家的长治久安等三个重大问题。中国社会科学院信息情报研究院党委书记姜辉研究员基于对20世纪以及21世纪初世界社会主义形势的分析，总结了21世纪世界社会主义的新格局和新走向。山东师范大学马克思主义学院院长高继文教授、山东大学马克思主义学院副院长徐艳玲教授也分别作了主题发言。

二 重大问题研究进展

2015 年马克思主义发展史研究在下列问题上着力颇多。

（一）恩格斯历史贡献研究的新进展。

2015 年是马克思的伙伴和革命战友恩格斯逝世 120 周年。学界将文献学与恩格斯的个人学术研究相结合，作了较为深入的分析和阐发。《光明日报》2015 年 7 月 29 日刊文《恩格斯的三大贡献》，依据 MEGA2（《马克思恩格斯全集》历史考证版第二版）等新文献，梳理了这位科学共产主义共同创立者的伟大贡献。

第一，恩格斯与马克思共同创立了新唯物主义世界观。有文章认为，马克思恩格斯合著的第一本著作《神圣家族》，对青年黑格尔派进行批判，“不仅对黑格尔辩证法作了正反两方面的具体分析与评价，而且对历史唯物主义的重要原理，包括生产方式在社会发展中的决定性作用、人民群众的历史作用等都作了基本的阐发”①。《神圣家族》的问世，表明马克思恩格斯距离唯物主义世界观的发现仅一步之遥。

《德意志意识形态》的学术价值和历史地位如马克思所说，文章因为外部原因未能出版，但是就其本身而言，清算了以往的哲学信仰。“在《德意志意识形态》中，马克思恩格斯首次完整地、详细地阐发了唯物史观的基本原理，论述了自然存在的先在性、现实的人的前提性、社会存在对社会意识的决定作用、生产力与交往关系（生产关系）的相互作用，等等。可以说，唯物史观是马克思恩格斯共同的理论成果。”②

马克思恩格斯合作的第三本著作《共产党宣言》，阐释了科学共产主义的革命纲领，标志着马克思主义新世界观公开问世。

第二，恩格斯的第二大贡献是全力支持马克思撰写《资本论》。从 19 世纪 50 年代，撰写《资本论》成为马克思的一项主要工作。在此过程中，恩格斯给予马克思巨大的物质与精神支持。“MEGA2 第Ⅱ部分即关于‘《资本论》及其准备材料’部分在 2012 年全部出齐，恩格斯在编辑《资本论》第二、三卷方面的历史功绩亦通过 MEGA2 的文本直观地显现了出来”③。

文章以《资本论》第二卷为例，通过 MEGA2 收录的马克思手稿（第Ⅱ/4.1、Ⅱ/4.3、Ⅱ/11 卷）和恩格斯编辑稿（第Ⅱ/12 卷）的比较研究发现：从宏观上说，恩格斯确立了第二卷的总体内容和结构，不但确定了马克思手稿的顺序，且设置了第二卷的总体章节划分和标题设置；从微观上说，恩格斯对第二卷的文本内容进行了保持原意的、细致的修订与完善，而绝非有人所非议的篡改与歪曲。

第三，恩格斯移居伦敦之后的理论研究和革命实践活动丰富和发展了马克思主义。

这主要表现在三本著作上。在马克思的帮助下，恩格斯在 1878 年出版了论战性的著作《反杜林论》，从哲学、政治经济学和社会主义三个方面对所谓“社会主义的行家”杜林的思想作了根本批判，全面阐发了马克思主义的基本观点，极大地削弱了杜

---

① 王东、赵玉兰：《恩格斯的三大贡献》，《光明日报》2015 年 7 月 29 日。

② 同上。

③ 同上。

林小资产阶级社会主义思想在德国社会民主党内的影响，捍卫了马克思主义的指导地位，该书被誉为“马克思主义的百科全书”。晚年自然科学研究的成果《自然辩证法》丰富了唯物主义辩证法的内容。1884 年恩格斯出版了研究人类史前史的杰作《家庭、私有制和国家的起源》一书，极大地拓展了唯物史观。

2015 年 10 月 14—15 日，由马克思恩格斯研究会与南京师范大学联合主办的“马克思恩格斯与当代社会主义暨纪念恩格斯逝世 120 周年国际学术研讨会”在南京召开，与会各国专家对马克思恩格斯，尤其是恩格斯对马克思主义事业发展的伟大贡献作出了详细的总结与深刻的评价。学者普遍认为，恩格斯晚年提出了历史合力论，丰富和发展了唯物史观，同时不知疲倦地编辑出版《资本论》，使马克思主义政治经济学得以完整呈现。

有学者认为，恩格斯的理论贡献不仅在于系统提出了“自然辩证法”思想，而且深刻阐述了“历史辩证法”的思想。有学者提出，恩格斯的国家理论对当今国家治理和治理国家有重要的价值，国家作为一种历史的产物，具有阶级性、工具性等特性，国家治理与治理国家应该结合并沿着同一方向推进，实现国家治理体系和治理能力的现代化。①

（二）抵制历史虚无主义，端正历史研究的科学立场。

无论是马克思主义发展史的研究还是历史研究，都离不开史料的占有和研究方法的运用，而历史观归根结底是一个研究方法和立场的问题，马克思主义区别于其他主义的重要特点就是唯物史观。无论是学术研究还是对于历史真相的认识，所持的历史观不同，直接决定了研究者或观察者的立场和方法的差异，最终得出的结论也是千差万别。中国共产党党史与新中国的国史是广义的马克思主义发展史的重要组成部分。作为严肃的学术研究，采取什么样的研究立场和方法，持什么样的历史观，决定了学术研究的科学性和前途。

近一二十年，随着一股以探寻所谓的历史真相的思潮涌起，在 2015 年直接表现为历史唯物主义和历史虚无主义在历史观上的激烈交锋。

历史虚无主义思潮是企图通过对个案的展示和研究，颠覆中国革命和建设的历史，否定马克思主义的指导地位和中国走向社会主义的历史必然性，从而否定中国共产党执政合法性的一种社会思潮。从思想理论和思想方法上说，历史虚无主义的本质是历史唯心主义。

2015 年 2 月，《中国社会科学报》组织笔谈，邀请武汉大学梅荣政等著名专家学者对历史虚无主义进行剖析。专家们明确指出，历史虚无主义最大的噱头也是它最大的弱点就是“虚”“实”的错置。“劳动人民物质和精神力量的发展是推动人类历史从低级向高级发展的根本动力，是历史的主干。从这一立场观察统治阶级人物的历史地位和历史作用，主要是看他们的作为在哪些方面和在何种程度上有利还是有害于劳动大众物质和精神力量的发展。”② 在历史唯物主义看来，“人民群众”构成了历史的“实”，英雄

① 参见洪光东、刘旺旺《“马克思恩格斯与当代社会主义暨纪念恩格斯逝世 120 周年国际学术研讨会”综述》，《马克思主义与现实》2015 年第 6 期。

② 梅荣政等：《再评历史虚无主义思潮》，《中国社会科学报》2015 年 2 月 11 日。

人物是历史的“虚”。而以历史虚无主义为代表的历史唯心主义则将其颠倒，本末倒置，以细节取代整体，以个体淹没历史洪流。合肥工业大学教授王志红认为，这种颠倒的逻辑根源“是西方现代理性逻辑预设最根本的内在矛盾，也是近现代欧洲理性主义文化与历史状态的难解之谜，隐蔽在人们对两次世界大战等社会危机的反思之中”①。而这一逻辑颠倒的困境在于西方的理性始终没有突破唯心主义历史观的束缚，在马克思发现唯物主义历史观的同时，西方的理性却不愿认同和接受这一科学的历史观。

2015 年 8 月 30 日，新浪微博某认证账户发表了一篇微博，标题是“北大副校长梁柱：盲目追求真相不讲立场就是历史虚无主义!”并配发了一张梁柱教授讲话的照片。该微博经任志强、崔永元等“大 V”转发，引发舆论强烈关注，甚至引起部分网友对梁柱的人身攻击。对此，北京大学原副校长梁柱教授接受光明网采访，表明这是一起非常严重的恶意篡改文章原文原意的造谣事件，披着学术的外衣，行人身攻击之实。在采访中，梁柱表示，他文章的原标题是《怎样才能做到真正的历史清醒》，却在微博上被篡改成《北大副校长梁柱：盲目追求真相不讲立场就是历史虚无主义!》。除此之外，内容也被无理歪曲。从这一典型事件中，我们可以看到，历史虚无主义的一个鲜明特点就是“虚构历史”，从而歪曲历史和言论，看似追求历史的真实，实际上是将既有的立场套入他们编造的历史。梁柱教授认为，“历史虚无主义就是指对我们自己的历史、对民族的文化采取轻蔑、否定的态度，否认历史的规律性，承认支流而否定主流，透过个别现象而否认本质，孤立的分析历史中的阶段错误而否定整体过程。历史虚无主义者们往往打着‘反思历史’‘还原历史’的旗号，任意歪曲史实，颠覆科学的历史结论，制造思想混乱，具有很大的欺骗性、迷惑性和渗透性”②。

9 月 21 日，《中国社会科学报》发表署名为钟社文的文章《历史虚无主义的破产》，直指历史虚无主义的政治本质，认为历史虚无主义“从根本上讲就不是一种学术思潮，而是一种反动的政治思潮。其所反映的也不是历史问题或文化问题，而是地地道道的政治问题”③。该文列举了历史虚无主义抹黑中国共产党领导人和英雄人物的三种惯用手段，对历史虚无主义的危害性进行了深刻揭露，论证和揭示了历史虚无主义一定会走向破产的结局。9 月 23 日，《中国社会科学报》组织一批专家学者就《历史虚无主义的破产》一文进行学术讨论。专家学者纷纷表示，这是一篇立场鲜明、伸张正义的好文章。陈先达教授认为，这篇文章能够做到从历史事实和历史评价两个方面对历史虚无主义进行批判，并以苏联解体的教训，指出了历史虚无主义的破坏性和危险性。

学者们的一个共识就是历史虚无主义必然破产。东北师范大学副校长韩东育教授通过对比日本和苏联人对中国共产党抗战历史的纪念，表明中国共产党的光辉历史不会因为历史虚无主义的抹杀被遗忘和损伤；历史虚无主义形象上是奴颜婢膝，政治上是反动的，思想上是肮脏的，理论上是荒谬的，必将走向灭亡与破产。

思想界从各个角度对历史虚无主义进行了揭批。中国文联原副主席、中国文艺评论家协会主席仲呈祥在《红旗文稿》上发文，提出要尽快清理文艺作品中的历史虚无主义倾向。“历史虚无主义思潮沉渣泛起，不仅染指哲学观点、历史观点、政治观点、法

---

① 梅荣政等:《再评历史虚无主义思潮》,《中国社会科学报》2015 年 2 月 11 日。

② 梁柱:《对历史虚无主义必须旗帜鲜明地亮剑》,光明网 2015 年 9 月 11 日。

③ 钟社文:《历史虚无主义的破产》,《中国社会科学报》2015 年 9 月 21 日。

学观点，而且也顽固地渗透于文艺创作之中，严重扭曲着人们的历史观，并颠覆着附着于历史观之上的民族观、国家观和价值观，理应引起我们高度警醒与关注。”[①] 近些年，我国文艺作品创作，尤其是影视剧的创作上呈现随意改变和篡改历史的倾向，从根源上说是历史虚无主义立场在作祟。从浅层次来说，是哗众取宠，迎合低级趣味；从深层次说，是在历史虚无主义的驱使下，对西方文化逢迎谄媚，危及并削弱马克思主义意识形态与中华民族优秀的历史传统、历史意识和历史精神。文艺作品对于整个民族的历史观、文化观、审美观的形成至关重要。坚持唯物史观就要反对唯心史观，坚持实事求是就要反对形而上学，要严肃、认真地清除文艺创作中的历史虚无主义。

梁柱教授所遭遇的历史虚无主义攻击具有典型的新媒体时代的特点，有学者从这一角度进行详细的论述。“一些所谓的公知和大 V 只看文章标题（梁柱教授发表的文章《怎样才能做到真正的历史清醒》被任意篡改为《北大副校长梁柱：盲目追求真相不讲立场就是历史虚无主义!》），便进行了转发。这种主观臆断在先，罔顾文章内容的行为让人瞠目。知识分子身上应具备的最基本的治学习惯，比如查找出处、核对原文、推敲文义等都了无踪影，使人喟然。这些所谓公知和大 V 平素都以真理追求者和捍卫者的面孔示人，却舍本逐末，忽视了梁柱教授文章最核心的内容和观点，用捏造的标题吸引眼球、制造噱头，形成了极坏的社会影响。”[②] 在新媒体时代，网络隐匿了现实生活中人的真实身份、立场，以网友的面目出现，发言具有极大的随意性和不确定性，往往为了追求网络上的点击，或者出风头背后隐藏的经济利益不择手段地传播甚至捏造，对于网络中的历史虚无主义的应该保持清醒、不断清理。网络公众人物在发布信息之前，应核实真伪，再三甄别，不传播不负责任的信息。

历史虚无主义必然破产是学界的共识，但是在学术研究和政治立场上，学界却不能对此有须臾的放松和宽容，必须不断深入揭批，高举历史唯物主义的旗帜，把全面、准确认识和把握唯物史观的基本立场、观点和方法作为根本认识前提，从指导思想上捍卫和运用唯物史观的科学体系。

（三）关于民主集中制问题的研究。

民主集中制作为无产阶级政党的根本组织原则和领导制度，是最重要的政治纪律和组织纪律。坚持民主集中制是保证无产阶级政党的创造力、凝聚力、战斗力，保证党的团结统一的重要法宝。民主集中制是马克思主义发展史研究的重要问题。

第一，关于民主集中制起源和内涵的研究。

2015 年，围绕民主集中制研究取得了一些新成果。中国社会科学院马克思主义研究院辛向阳研究员出版了新著《马克思主义民主集中制思想与当代中国政治发展》，这是 2010 年国家社科基金一般项目的最终结项成果。这一成果对民主集中制思想产生的时代条件、基本内涵、精神实质进行多学科的、实践性、综合性阐释。

英国基尔大学欧洲研究中心的迈克尔·沃勒（Michael Waller）教授 1981 年出版了专著《民主集中制：一个历史的评价》（*Democratic Centralism: An Historical Commentary*, Manchester University Press, 1981），《国外理论动态》2015 年第 8 期刊载了该书第二

---

① 仲呈祥：《清除文艺创作中的历史虚无主义刻不容缓》，《红旗文稿》2015 年第 21 期。

② 赵诚：《警惕新媒体时代历史虚无主义的新表现》，求是网，2015 年 9 月 2 日。

章的删节译文，重点阐述了“民主集中制”这一概念的起源。文章认为，1905 年俄国发生的一系列事件，导致沙皇被迫让步，沙俄第一次出现了非常乐观的政治局面。为了应对新形势，1905 年 11 月，孟什维克率先提出了民主集中制原则，同年 12 月，布尔什维克也提出了民主集中制原则。1906 年，在孟什维克和布尔什维克联合召开的社会民主工党统一代表大会上，民主集中制原则被写入组织章程。由于面临的环境不同，列宁在 1902 年与 1905 年关于党组织的观点有很大的不同，但 1905 年的列宁并没有完全摒弃他早年关于党组织的观点。民主集中制是特定历史环境下的产物，一直到 1921 年，布尔什维克不仅在口头上而且在实践中都坚持了民主集中制原则。①

同济大学马克思主义学院院长丁晓强明确认为，民主集中制原则是列宁提出的。列宁根据当时俄国处于高度专制的沙皇统治的基本国情，认为无产阶级政党只有按照民主集中制原则严密地组织起来，才能真正成为一个有组织的先锋部队。列宁在布尔什维克创建之初，强调建立一个“统一的集中制”的党。经过几年的实践，在 1906 年 4 月俄国社会民主工党第四次代表大会，“民主集中制”首次写入党章。②

有学者探讨了民主集中制的由来和存在的问题，并对完善党的民主集中制提出了建议。认为从马克思、恩格斯时期创建“民主制”，到列宁时期发展为民主从属于集中的“民主的集中制”，再到毛泽东时期发展为民主与集中相并列的“民主集中制”，中国共产党现行的民主集中制理论正式得来并沿用至今。中国共产党对民主集中制的运用和曾在革命时期以及社会主义建设初期出现的偏差，在改革开放新时期得到理性回归。当前民主集中制仍存在亟待完善之处，针对民主集中制在理论规定和现实运作中存在的问题，应认真思考对策加以解决。③

第二，关于中国共产党对民主集中制的理论认识和制度创新。

丁晓强教授认为，民主集中制是马克思主义中国化的主要内容之一。中国共产党经过对民主集中制的长期探索、改进与逐步调适，有了创新性发展：中国共产党对民主与集中的关系作出了精准的政治定位，提出了民主与集中相统一的思想；中国共产党把民主集中制从政党延伸到国家与社会领域，找到了以党内民主示范、带动人民民主的道路；中国共产党变革与调整了民主建设的策略选择，实现了从民主作风建设到民主制度建设的转变。④ 中国共产党在贯彻民主集中制原则的实践中，进行了重要的理论和制度创新。第一，党在坚持民主集中制原则的基础上创造性地提出了“从群众中来、到群众中去”的群众路线，这是中国共产党对民主集中制的中国式解读和运用，并且作为党的根本组织路线和工作路线，成为民主集中制的灵魂。第二，把民主集中制全面推进到军队建设和政权建设之中。第三，明确提出民主集中制是党执政的基本的国家政权制度。⑤

① ［英］迈克尔·沃勒：《民主集中制概念的起源》，颜杰峰译，《国外理论动态》2015 年第 8 期。

② 丁晓强：《运用民主集中制全面推进依法治国》，《红旗文稿》2015 年第 17 期。

③ 董沐夕、杨振华：《民主集中制：由来、问题与思考》，《观察与思考》2015 年第 7 期。

④ 周鎏刚、丁晓强：《中国共产党对民主集中制的创新与发展》，《中共福建省委党校学报》2015 年第 5 期。

⑤ 丁晓强：《运用民主集中制全面推进依法治国》，《红旗文稿》2015 年第 17 期。

中共中央党校培训部原巡视员韩光宇认为，邓小平关于完善民主集中制、改进和加强党的领导与执政方式，提出了许多意见建议，主要可以概括为以下三项：用宪法、法律和党章，确保民主权利；用党章更加明确地规定了党委集体领导的含义；建立从上到下强有力的行政工作系统。[①]

中国社会科学院马克思主义研究院辛向阳研究员认为坚持民主集中制这一根本制度，在党的十八大以后鲜明地体现在以习近平同志为总书记的中央领导集体的治国理政实践中。首先，习近平同志十分重视民主集中制对于我们党发展的现实意义；其次，十八大以来，以习近平同志为总书记的中央领导集体在协调推进全面建成小康社会、全面深化改革、全面推进依法治国、全面推进从严治党的过程中，始终把贯彻落实民主集中制放在突出位置来看待，把贯彻落实民主集中制作为一个系统工程来抓；再次，习近平同志指出，新形势下，我们党的自身建设面临一系列新情况新问题新挑战，落实党要管党、从严治党的任务比以往任何时候都更为繁重、更为紧迫。要想从容迎接挑战，就要从多个方面、多个层次上把民主集中制原则贯彻好落实好。[②]

第三，关于坚持民主集中制与治理权力、健全政治生态的问题。

《求是》2015 年第 16 期刊文《坚持民主集中制》指出，总的来看，当前各级党组织和党员干部贯彻民主集中制的情况是好的和比较好的，但也存在一些问题。一些领导班子屡屡出现家长制、“一言堂”的现象和议而不决、决而不行的现象；有的领导干部个人主义、本位主义思想严重，只讲民主不讲集中；有的一把手只讲集中不讲民主，重大问题不经班子成员充分酝酿和讨论就拍板，甚至对多数人的意见置之不理。一些党员干部政治纪律意识不强，在原则问题和大是大非面前立场摇摆，对涉及党的理论和路线方针政策等重大政治问题公开发表反对意见；有的地方和部门对中央方针政策和重大决策部署阳奉阴违，对维护党的政治纪律重视不够。这些问题和现象，对党和党的事业造成了严重影响，必须高度重视，切实加以解决。[③]

国家行政学院许耀桐教授认为，权力腐败的根源主要在于权力存在盲区、权力过分集中、权比法大等问题。治理权力，把权力关进制度的笼子，归根到底，必须把民主集中制坚持好、完善好。民主集中制就是管住管好权力的制度笼子。为此应采取三个措施：一是进行分权治理，二是进行限权治理，三是进行控权治理。为了对领导者权力进行有效的管控，应着手从四个方面实施独立的监督。[④]

中共中央党校高新民教授认为，要以健全民主集中制为核心重构政治生态。政治生态所包含的基本的要素，如政治行为主体、价值、制度等，需要依据特定规则才能联结为相互影响、相互作用的整体。联结的基本规则就是民主集中制。民主集中制的最大功能就是调节党内关系。党内个人与组织、各部分组织、上下级、各级党委与同级党代表大会之间的关系，均靠民主集中制来维系。健全以民主集中制为核心的政治生态，需按照党章的规定，完善选人用人机制，进一步改革干部人事制度；健全以民主集中制为核心的政治生态，需要增加党内政治生活透明度；健全民主集中制为核心的政治生态，需

---

① 韩光宇：《邓小平完善民主集中制三项重要建议》，《学习时报》2015 年 1 月 26 日。

② 辛向阳：《习近平民主集中制思想的科学内涵》，《前线》2015 年第 3 期。

③ 仲祖一：《坚持民主集中制》，《求是》2015 年第 16 期。

④ 许耀桐：《坚持和完善民主集中制，扎牢关住权力的制度笼子》，《探索》2015 年第 2 期。

要遵守政治纪律和组织纪律。①

（四）关于2015年《21世纪资本论》的研究与争论。

2014年，法国经济学家托马斯·皮凯蒂（Thomas Piketty）出版了《21世纪资本论》，此书一经出版就引发了一场思想风暴。如今，这场思想风暴仍在持续，并蔓延扩展到各个领域。《21世纪资本论》在国外引发的论争，已将著名经济学家克鲁格曼、索洛、曼昆、萨默斯、阿西莫格罗等悉数卷入，在中国国内也引发不小的震动。在国内著名的购书网站亚马逊或当当网上，读者们对这本书的评价呈现两极化趋势：说它好的认为它非常好，说它差的认为它非常差。而学术界对此书的评价也褒贬不一。支持皮凯蒂的学者，如著名经济学家克鲁格曼认为，这本书可以成为最近十年最重要的一本经济学著作。专门研究《资本论》的美国学者大卫·哈维（David Harvey）认为，这是一本"以资本论为题却没有在真正谈论资本"的书，他说："皮凯蒂从未真正读过《资本论》。"② 有人将《21世纪资本论》视为《资本论》的续篇，但有人认为《21世纪资本论》完全脱离了马克思的论点、立场和研究方法，混淆了马克思主义政治经济学和西方经济学的界限。③

《21世纪资本论》最核心的思想是关注了人类长期的不平等发展历史，试图找出解释的理论和解决的方案。皮凯蒂指出，贫富差距主要来自资本收入不平等，不同社会阶层的收入结构和财富结构相差悬殊。在发达国家，收入最高的10%的人拥有全社会财富的60%，而其中收入最高的1%占有全社会财富的35%。要消除贫富差距，应该对资本征收累进税。通过征税改变规则、提高金融数据的透明度、防范金融危机、巩固民主社会。

应当辩证地看待这个结论：首先我们要看到这本书从资本主义内部提出了一个资本主义不愿意正视和回应的话题，即收入分配不平等带来的财富不平等，为宏观经济学的研究打开了一个缺口。虽然该书主要研究范围在欧美发达资本主义国家，并没有直接涉及发展中国家的收入不平等问题，却点到了包括中国在内的发展中国家在发展中同样存在的痛点和不可回避的现实。其次，这本书虽然在很多经济学家眼中在经济逻辑上不那么严密，尤其是它忽视储蓄率而仅由 $r>g$ 就得出资本集中、不平等加剧的结论不能令人十分信服；混淆资本和财富的概念，也令人对资本收入在国民收入占比会随资本/GDP比重的提高而提高的推断存有疑虑。④ 但该书强调必须综合经济学、政治学、历史学、社会学等各学科来研究收入分配问题；从数据、从宏观变量的关系入手会为宏观经济学的研究开出一条新路。

另外，我们还要看到《21世纪资本论》在意识形态立场上与马克思主义政治经济学的鲜明区别。尽管皮凯蒂声称自己"没有意识形态"，但他始终强调他不反对资

① 高新民：《健全以民主集中制为核心的政治生态》，《学习时报》2015年10月8日。

② Harvey, David, "Taking on Capital Without Marx: What Thomas Piketty Misses in His Critique of Capitalism", In These Times, May 20, 2014.

③ 杨军：《关于〈21世纪资本论〉若干评论的辨析》，《马克思主义研究》2015年第9期。

④ 参见何帆、罗知《围绕皮凯蒂〈21世纪资本论〉的争论》，《国际经济评论》2014年第6期。

本主义，“一向对‘反资本主义’那些传统而粗糙的论调免疫”，他“没有兴趣去谴责不平等和资本主义本身——特别是，只要是合乎情理的，社会不平等本身不是一个问题”①。

其次，皮凯蒂心目中的马克思和马克思主义者心目中的马克思有着鲜明的区别。皮凯蒂在书中自述他的研究秉承了大卫·李嘉图和马克思的传统。《21世纪资本论》虽然按照马克思的传统，将目光集中于贫富分化上，但他的研究始终没有触碰资本主义生产过程，没有触碰资本主义制度，也没有使用剥削、阶级和阶级矛盾等概念，而是基于社会阶层的划分，讨论了不同阶层的财富占有、职业分布和收入来源等，具体直观地描述了社会分配的总体情况。从这个角度说，他不但没有追随马克思的脚步，而且没有达到马克思看问题的深度。

从内容上讲，皮凯蒂和其他西方经济学家一样，将分配制度置于经济学的核心，认为分配制度是造成财富不均、贫富分化的根源，从而“巧妙地”避开了所有制问题。而在马克思看来，所有经济问题的核心都在于所有制。马克思曾批判李嘉图等“专门把分配规定为经济学的对象”，把所谓分配看成事物的本质并视为重点是根本错误的，马克思指出：“分配本身是生产的产物，不仅就对象说是如此，而且就形式说也是如此。就对象说，能分配的只是生产的成果，就形式说，参与生产的一定方式决定分配的特殊形式，决定参与分配的形式。”② 因此，从核心内容上看，也不宜将《21世纪资本论》等同于《资本论》的续篇。

在保守的西方经济学家看来，皮凯蒂无疑是左翼势力的代言人，而在西方左翼经济学家那里，也存在批评他的声音，比如前述提到的新马克思主义的代表人物大卫·哈维。虽然皮凯蒂在书中多次向马克思遥致敬意，而且多次引用马克思的著作，但在大卫·哈维看来，皮凯蒂对不平等深层原因的解释存在着重大缺陷，忽视了问题的本质和根源。比如哈维提到的一个非常普遍的现象：石油公司通过制造短缺的假象来哄抬油价的做法。哈维认为皮凯蒂把资本的定义搞错了。那些闲置的钱、土地、不动产、房产等都不能算作资本，因为它们没有进入流通领域生利。这也正是资本家能够长期保持高额回报的秘诀：通过限制一部分资本供给来保证那些仍在流通领域中资本的回报，所以不能将贫富分化看作市场经济的自然结果，而应该考虑到其中深刻的政治因素，因此贫富分化也不是仅仅依靠征收累进税就可以解决的。

（五）关于开拓当代中国马克思主义政治经济学新境界的相关研究。

政治经济学是马克思主义的重要组成部分。恩格斯说，无产阶级政党的“全部理论来自对政治经济学的研究”。2014年7月8日，习近平总书记在主持召开经济形势专家座谈会时强调指出，发展必须是遵循经济规律的科学发展，必须是遵循自然规律的可持续发展。各级党委和政府要学好用好政治经济学，自觉认识和更好遵循经济发展规律。

2015年11月23日，中共中央政治局就马克思主义政治经济学基本原理和方法论进行第二十八次集体学习。习近平总书记在主持学习时强调：“要立足我国国情和我国

---

① ［法］托马斯·皮凯蒂：《21世纪资本论》，巴曙松等译，中信出版社2014年版，第32页。

② 《马克思恩格斯选集》第2卷，人民出版社1995年版，第13页。

发展实践，揭示新特点新规律，提炼和总结我国经济发展实践的规律性成果，把实践经验上升为系统化的经济学说，不断开拓当代中国马克思主义政治经济学新境界。”2015年12月21日结束的中央经济工作会议提出：要坚持中国特色社会主义政治经济学的重大原则，坚持解放和发展社会生产力，坚持社会主义市场经济改革方向，使市场在资源配置中起决定性作用，是深化经济体制改革的主线。这是“中国特色社会主义政治经济学”首次出现在中央层面的会议上，它的提出是对马克思主义政治经济学说的巨大创新，极大地丰富了中国特色社会主义理论体系，具有鲜明的时代意义和深远的理论意义。

为深入推进中国马克思主义政治经济学的新发展，理论界召开了一系列学术研讨会，2015年12月12日，中国社会科学院马克思主义研究学部、经济社会发展研究中心和广东省社会科学院国有资产监管研究中心在京举办“学习习近平关于马克思主义政治经济学重要讲话研讨会”。学者们认为，提炼和总结我国经济发展实践的规律性成果，把实践经验上升为系统化的经济学说，不断开拓当代中国马克思主义政治经济学新境界，是我国领导人和学者义不容辞的历史使命；必须正确认识坚持马克思主义政治经济学与推进全面深化改革的关系；开拓马克思主义政治经济学的新境界需要“中国智慧”。2015年12月26日，第二届中青年马克思主义政治经济学研讨会在北京召开，学者们围绕“开拓当代中国马克思主义政治经济学新境界”主题进行了深入探讨。

有学者提出马克思主义政治经济学时代化的问题，认为党政干部学习马克思主义政治经济学，要将我国社会主义事业60多年来经济理论与实践得失成败的经验与教训，与马克思主义经济学的有关原理结合起来，认识和把握社会经济发展的一般规律和社会主义经济发展的特殊规律；要深入理解科学社会主义与中国特色社会主义在经济理论与实践上源与流的关系，认知和把握马克思关于社会主义的根本原则和本质特点及其在中国特色社会主义理论与实践中的坚持与发展；要将发展生产力和发展社会主义生产关系统一起来。①

也有学者提出坚持马克思主义政治经济学理论自信的问题，认为我们党领导的经济体制改革，一开始就是以马克思主义政治经济学为指导的。而在全面深化改革的今天，学习和坚持马克思主义政治经济学基本原理和方法论，既是解决现实经济问题的紧迫需要，也是全面建成小康社会的战略性新要求。开拓政治经济学的新境界，实质上是要求端正深化经济改革和一切经济工作的指导思想。政治经济学已经揭示出，公有制与市场经济的一般关系不是根本对立的，可以实现有效结合；只要坚持以公有制为主体的基本经济制度，坚持按劳分配为主的分配制度，广大人民群众就能走共同富裕之路；在此基础上，应用劳动二重性的原理，抓好宏观经济计划调控，发挥国有经济的主导力量，市场供求关系就有条件实现基本平衡，国民经济就有条件实现可持续的科学发展。②

（六）马克思主义话语权与互联网阵地上的斗争与研究。

随着世界进入互联网时代，互联网，这种当代最发达的信息传播技术，与意识形

① 卫兴华：《马克思主义政治经济学时代化的几个重要问题》，《中共贵州省委党校学报》2015年第4期。

② 何干强：《坚持马克思主义政治经济学理论自信》，《中国社会科学报》2015年12月17日。

态、价值观之间的关系问题逐渐显现。作为集中体现阶级或社会集团利益、意志的观念体系，意识形态发挥作用的方式绝不是单独孤立的说教，也不是寂寞的独白，而是要不断地利用、借助各种各样适合时代发展需要的信息传播载体，进行形式多样的传播、教育和灌输，扩展和稳固它在社会各方面的领导力与影响力。互联网在世界绝大多数国家普及以来，极大地加快了信息传递的速度，在一定程度上打破了国与国之间、国家内部的信息壁垒，从而加强了国家间、各社会组织间与公民个体之间的交流，既为我国的主流意识形态发展提供了机遇，同时也构成了一定挑战，机遇与挑战集中体现为马克思主义话语权和非马克思主义话语权在网络阵地上的交锋，并且这种交锋随着互联网的普及与低门槛性变成了意识形态斗争的最前沿。

意识形态话语权是一个传统的话题，在互联网时代，意识形态话语权的争夺并没有像有些人认为的那样边缘化、淡化，而是凭借互联网平台，话语权争夺态势愈发激烈。

第一，互联网时代的意识形态斗争，尤其是话语权斗争并未消失，反而愈演愈烈。在互联网时代，经济、政治、社会都在不断地被改变着，但是无论立场和阶级地位如何，互联网都不曾也不能消灭经济、政治与社会。意识形态作为上层建筑，不仅仅被改变着，而且遭到被颠覆和消灭的风险。西方马克思主义曾经寄希望于用科学技术的矛盾来取代对资本主义社会经济政治基础的批判，希望用科学技术来执行意识形态的功能，间接达到消解马克思主义关于资本主义社会基本矛盾预言的目的。在互联网时代，西方政府及其知识分子从中发现了更有利的契机，直接用科学技术来消灭“意识形态”，当然这个意识形态是打引号的，特指以中国为代表的社会主义国家所坚持的马克思主义意识形态。然而，科学技术不仅没有办法消灭意识形态，反而在与意识形态的缠斗中，被深深地打上了意识形态的烙印，具备了意识形态的属性。因此，科学技术也好，其现阶段最发达的产物互联网也好，都不是一种绝世独立的存在，不是驱逐了意识形态的场域，相反，它们构成了意识形态新的生存空间。互联网空间里的价值秩序构建，是现阶段意识形态工作的新常态。互联网的意识形态属性具有鲜明的时代特征和重要的现实意义。在互联网时代，坚持马克思主义在我国意识形态领域的话语领导权，不仅是历史发展的必然要求，也是现实的呼唤。

第二，依托于互联网平台的思想混乱所折射出来的不仅仅是一种社会思潮的混乱交织和社会风气的败坏，更是对一个国家意识形态建设的重大挑战和对一个政权统治无形的进攻。习近平同志强调：“一个政权的瓦解往往是从思想领域开始的，政治动荡、政权更迭可能在一夜之间发生，但思想演化是个长期过程。思想防线被攻破了，其他防线就很难守住。”意识形态阵地，如果正确的思想不去占领，错误的思想就会去占领；马克思主义、无产阶级的思想不去占领，各种非马克思主义、非无产阶级的思想甚至反马克思主义的思想就会去占领。在互联网时代，基于网络而来的开放性、多元性和交互性，一方面为人们提供了获取信息和言论表达的新途径，一定程度上成为化解社会矛盾、疏导社会不良情绪的减压阀；另一方面，开放、多元、交互的信息传播方式加大了我国意识形态的掌控难度，人们在海量的信息面前不再被动接受主导媒体的灌输和教育，不再简单追随主流意识形态。[①] 从某种意义上说，互联网意识形态话语权的争夺，处理不好是“心头之患”，处理得当就是党和政府“公共治理”和基层民主的新平台。

---

① 李兴选：《全媒体时代的网络意识形态话语权建构》，《理论导刊》2015 年第 2 期。

第三，网络时代意识形态话语权的斗争彰显出西方意识形态在我国思想领域的渗透与扩张。有人说，20 世纪 60 年代之前，谁掌控了纸质媒体，谁就拥有话语权；20 世纪 90 年代之前，谁掌控了电视媒体，谁就拥有更多话语权；而在 21 世纪，谁掌控了互联网，谁就拥有最大的话语权。互联网时代，使得原本就在经济科技领域拥有明显优势的西方国家，因掌控信息权而固化并扩张了意识形态话语权。有学者统计，美国控制了世界 75% 的电视节目和 60% 以上的广播节目的生产和制作，每年向国外发行的电视节目总量多达 30 万小时。美联社、路透社和法新社已经基本上主宰了全球国际新闻的报道。当今互联网上 80% 以上的信息来自美国，英文网页占到了 90% 以上。借助互联网平台，西方国家轻而易举地在文化和意识形态冲突中占据了绝对优势地位。在中国，以美国为首的西方国家借助网络将他们所渲染过的生活方式、价值观和意识形态以各种或隐晦或直白的途径渗透到中国网民心中，同时以资助网络大 V 的方式培育意识形态代理人，配合网络所需要的时时刻刻“创新”的“爆点”，以耸人听闻的标题，或捏造子虚乌有的故事，或对真相添油加醋，极尽渲染，以颠覆性为使命，创造出种种无理质疑中国革命史、中国共产党史，推动“历史虚无主义”的浪潮，以期达到冲击马克思主义主流意识形态的目的。

互联网领域的思想论争不仅仅是一群网民的争论，而且是这个国家意识形态话语权的斗争，折射出国与国之间意识形态实力的较量和一个国家思想长城的建设，折射出一个社会思潮激荡的脉络。

三　关于目前马克思主义发展史学科建设需要重视的几个问题

自 2005 年设立马克思主义发展史二级学科以来，学科建设的基础问题、重点问题、热点问题等的研究进展都不大。马克思主义发展史的通史、阶段史、专题史、传播史的研究和出版，代表性的成果从数量上本就欠缺，也就难以从质量作出比较。就当前来看，马克思主义发展史学科建设还需要在以下方面加强研究。

第一，要加强关于马克思主义话语权与互联网阵地的研究。2013 年 8 月 19 日，习近平总书记在全国宣传思想工作会议上强调，必须把意识形态工作的领导权、管理权、话语权牢牢掌握在手中，任何时候都不能旁落，否则就要犯无可挽回的历史性错误。把意识形态领导权与话语权相提并论值得思考。思想领导权的实现路径就是话语权，坚持马克思主义在我国意识形态的指导地位，首先要维护马克思主义的话语权，推进具有中国特色的哲学社会科学话语体系的建设。如何维护马克思主义的话语权包括提问权、论断权、解释权和批判权等，如何构建具有中国特色、中国风格、中国气派的话语体系是重大而紧迫的时代课题。与此同时，随着网络信息技术的迅速发展和互联网的普及流行，牢牢掌握网络阵地的领导权、话语权、管理权是对马克思主义意识形态建设的重大挑战。

第二，需要把习近平治国理政的思想和实践放在国内国外两方面的马克思主义发展这样一个大背景下加以研究和阐述。党的十八大以来，以习近平同志为总书记的党中央围绕改革发展稳定、政治经济文化、内政外交国防、治党治国治军等提出一系列新理念新思想新战略。要把这些新理念新思想新战略作为中国特色社会主义理论体系的最新成果进行研究，放在马克思主义发展史的大脉络中进行研究，积极构建 21 世纪中国的马克思主义思想体系和话语体系。

第三，要从世界和中国两个空间凸显马克思主义发展史的问题意识和写作意识。马克思主义发展史是研究马克思主义形成、发展过程及其规律的科学，历史维度是研究马克思主义发展史的基本视野，历史研究是马克思主义发展史的基础研究。马克思主义发展史研究也要有问题意识，因为问题是时代的声音，以问题为导向回溯历史，探索马克思主义发展的规律，是马克思主义发展史研究的内在要求之一。

第四，要整合力量进行马克思主义发展史的研究。目前，国内马克思主义发展史的研究力量既缺乏又分散。马克思主义发展史涉及170多年马克思主义发展的历史，这是一个大工程，在进行阶段史、专题史、传播史等研究的同时，更需要整合力量在马克思主义发展通史方面下功夫，形成有影响、有分量的通史性著作。因此，既分工，又合作，成了解决力量缺乏、分散的一个主要办法。2014年，以中国人民大学马克思主义学院为主体的多位专家学者，在北京召开了《马克思主义发展史》（多卷本）的编写讨论会，倡导作通史性的宏观研究、史诗叙述。期待马克思主义发展史学科再出版一部新的《马克思主义发展史》著作。

（供稿：任洁、夏一璞）

国外马克思主义

2015年国外马克思主义研究的学科综述仍主要从国外共产党研究、西方马克思主义研究和国外左翼思想研究三大部分展开。国外共产党研究的关注点主要集中在国际共运、世界社会主义运动以及当代资本主义、政党政治发展上；西方马克思主义研究立足于社会现实，在许多方面展开了深入研究；国外左翼思想研究既有老话题的继续深入，也有新问题、新状况、新特点的重点揭示，新老问题的交织与互接构成了热点问题的现实性与多样性。

一 学科概况

（一）国外共产党研究概况

2015年国外共产党研究在跟踪研究基础上，聚焦国际共运、世界社会主义运动以及当代资本主义、政党政治发展的热点问题，出版发表了不少研究成果。

在国外学界，全球激进左翼政党研究仍然是一个重要的研究话题。《社会主义与民主》杂志2015年第3期特刊专题研究了近20年间欧洲激进左翼政党发展状况，尤其对西班牙、葡萄牙、希腊、英国、法国、爱尔兰、北欧、比荷卢经济联盟等国激进左翼政党进行了国别研究和个案分析，为相关研究提供了最新的一手资料。[①] 同时，随着欧洲第一个反紧缩政党希腊激进左翼联盟上台执政以及西班牙“我们能”党的崛起，相关研究明显多了起来，比如《希腊激进左翼联盟：走出迷宫》[②] 等著作，“变革网”“国际视点”等在线网站以及《国际社会主义》杂志等发表的相关文章，比如《为什么激进左翼联盟失败了?》[③]《位于民粹主义和社会运动之间的“我们能”党》[④]，等等。西亚非洲地区激进左翼政党研究也有新进展。罗莎·卢森堡基金会继出版阿拉伯文的《阿拉伯地区左派》一书之后，又出版了英文版本，对突尼斯、埃及、阿尔及利亚、也门、苏丹、摩洛哥的左翼运动和政治进行了全方位解析。在俄罗斯学界，《团结还是分裂：探索工会统一的乌拉圭共产党和共产国际（1920—1938）》[⑤]《1957年共产党工人

---

① The Radical Left in Europe, *Socialism and Democracy*, Vol. 29, No. 3, 2015.

② Kevin Ovenden, *Syriza*: *Escaping the Labyrinth*, Pluto Press, 2015.

③ http: //isj. org. uk/? s = syriza.

④ http: //www. internationalviewpoint. org/spip. php? page = recherche&recherche = podemos.

⑤ А. С. Андреев Обединять или разделять? Коминтерн и Компартия Уругвая в поисках профсоюзного единства (1920 – 1938). Латинская Америка, № 3, Март 2015, С. 88 – 95.

党国际代表会议》[①]《共产国际、英国共产党和第一届英国工党政府》[②]《1989 年 11 月以“更好的社会主义”的名义进行的捷克斯洛伐克资产阶级革命》[③]《新古巴的形成与发展历史》[④] 等文章，展示了相关共产党历史研究的新进展。而在现实的视域内，乌克兰共产党[⑤]、希腊共产党[⑥]都是俄学者关注的焦点。

本年度国内学界的共产党研究稳步推进。4 月 25 日在华中师范大学举办的第三届国际共产主义运动论坛“金融危机以来的世界社会主义”，10 月 15—17 日在宁夏理工大学举办的中国国际共运史年会，10 月 30 日—11 月 1 日在广东肇庆举办的当代世界社会主义专业委员会即“时代变迁与当代世界社会主义”学术委员会，都有相关国外共产党研究的专题讨论。同时，关于巴西共产党[⑦]、尼泊尔共产党（毛主义）[⑧] 的专著以及 50 余篇相关研究论文，分国别、历史、理论等不同方面对国外共产党进行了系统考察和评析。

（二）西方马克思主义研究概况

1. 2015 年西方马克思主义学科发展情况概述

2015 年，国外的马克思主义学者立足于社会现实，在许多方面展开了深入研究。除了专业领域的探讨，如西方马克思主义辩证法研究，对历史唯物主义的反思，列宁、斯大林的马克思主义观点再分析，阿尔都塞的思辨现实主义研究等，学者们也把目光投向金融危机、欧洲难民危机、石油危机、环境危机；法国、苏格兰、意大利、土耳其、希腊、委内瑞拉、阿根廷、乌克兰等国的激进运动；新形势下资本主义的不平等、马克思主义女性主义、种族主义、数字鸿沟；以马克思主义指导意识形态的中国的崛起意味着什么、古巴社会主义的新问题等。与此同时，国外的马克思主义研究者还关注出现于新时代的一些非宏大的具体问题，例如：我们从世界银行的文献中可以了解到什么？华尔街杂志会告诉我们什么？新自由主义国家所采用的确切的治理风格是什么？广州一家工厂是如何发挥工人的主观能动性的？在新通信技术日新月异的时代，我们可以学到什

---

① Б. С. Новосельцев Международные совещания представителей коммунистических и рабочих партий в Москве（ноябрь 1957 г.）. Отечественные архивы，№ 1，2015，С. 120 – 122.

② А. Ю. Прокопов Коминтерн，английские коммунисты и первое лейборстское правительство Великобритании. Новая и новейшая история，№ 3，2015，С. 51 – 64.

③ Александр Бобраков-Тимошкин Буржуазная революция во имя “лучшего социализма”. Ноябрь 1989 года в Чехословакии. Неприкосновенный запас，№ 4，2015，С. 100 – 123.

④ М. П. Торшин，В. В. Шабрин К истории становления и развития новой Кубы. Латинская Америка，№ 10，Октябрь 2015，С. 94 – 101.

⑤ Евгений Федуненко История Компартии независимой Украины. Коммерсант. Daily，№ 62，09 апреля 2015，С. 6.

⑥ Татьяна Пашкова Парламент Греции одобрил необходимый для новой сделки с ЕС пакет реформ. SLON. RU，№ 7 – 16，16 июля 2015.

⑦ 王建礼：《巴西共产党探索“走向社会主义的巴西式道路”研究》，社会科学文献出版社 2015 年版。

⑧ 汪亭友：《尼泊尔共产党（毛主义者）的历史、执政及其嬗变研究》，社会科学文献出版社 2015 年版。

么？资本如何改变城市空间的逻辑？等等。① 国内的西方马克思主义研究者与国外马克思主义研究者所处的社会环境和理论氛围有所不同，因此二者的思想旨趣也有区别，但由于二者的内在关联，共识与研究方式的共同之处还是明显可见：都关注基础理论和现实问题，如辩证法问题、历史唯物主义问题、生态问题、公正正义问题；都对苏联的马克思主义展开了深入反思；都对阿多诺、阿尔都塞等西方马克思主义哲学家的理论展开了深入研究，等等。

2. 年度学科发展特点

（1）学科视野得到扩展

本年度学科视野的扩展形式多样。3 月 6—8 日，法国著名哲学家、巴黎蓬皮杜文化发展中心主任贝尔纳・斯蒂格勒（Bernard Stiegler）受邀到南京大学进行学术交流。斯蒂格勒与南京大学的西方马克思主义研究学者们分享了他对当代科学技术的理解。此外，语言学也被引入学科探讨中。2015 年 5 月 23—24 日，西方马克思主义学者专门就马克思主义语言学在华南师范大学召开研讨会，与会学者探讨了国外马克思主义语言哲学理论的相关问题，如国外马克思主义语言哲学发展史、国外马克思主义语言哲学与当代世界哲学语言转向的关系、马克思主义语言哲学体系的构建和基本原则等。

（2）创新成为学科建设的重点

创新是今年马克思主义学科的重头戏，无论是"首届当代中国马克思主义研究创新论坛"，还是"马克思主义哲学创新的国际视野——第十四届马克思哲学论坛"都把创新摆在一个前所未有的突出位置。作为马克思主义学科之下的一个重要二级学科，创新也自然成为西方马克思主义学科建设的重点。关于创新的路径，学者们普遍认为，西方马克思主义研究首先要以西方马克思主义为重点关注领域，同时重视与中国当代社会的关联；其次要立足于国际视野进行比较研究，比如在国际视野中考察资本主义与社会主义的关系。

（三）国外左翼思想研究概况

1. 论坛和集会

2015 年世界社会论坛在突尼斯召开，来自约 120 个国家的 4000 多个组织的 7 万名代表就气候正义、移民问题、媒体自由和妇女权力等问题展开了广泛的讨论。在论坛的一份宣言中明确提出保卫第三世界的土地和水资源，揭露帝国主义及其当地的精英代理人打着保护生态、阻止气候变化、生产清洁能源以及所谓的发展计划的名义，把当地的土地划归私人企业所有，把土地上的原住民驱逐出去，使得他们面临着丧失食物和水等生活资源的困境，大约每天有 3000 人因缺水而死。如果土著民进行反抗，他们就进行镇压并将他们定罪，或投入监狱，或者直接杀害。这种帝国主义的行径不仅是对自然资源的掠夺和破坏，而且也是对他们一直所标榜的自由民主人权的践踏。

2015 年 7 月 29 日至 8 月 1 日，圣保罗论坛第 21 届会议在墨西哥城举行，会议由墨西哥左翼政党民主革命党和劳工党主办，来自 26 个国家 105 个政党的 200 多位代表与会。全会通过的《最后声明》指出，目前帝国主义和各国寡头正在对左翼发动进攻，企图恢复右翼保守政权。因此，加强拉美左翼的团结具有特别重要的意义。2014 年 9

---

① ［加］L. 济曼：《西方马克思主义的迷失与复苏》，《马克思主义与现实》2015 年第 3 期。

月和2015年9月，在厄瓜多尔主权祖国联盟的主持下，拉美、欧、亚、非左翼政党先后在厄瓜多尔首都基多举行了两次“拉美进步会晤”，重点讨论如何应对拉美右翼保守势力对拉美进步势力和政府的攻击。①

2015年5月29—31日，全球左翼论坛在美国纽约城市大学召开，4000多名左翼学者、社会活动家、青年学生等参加了论坛。论坛主题为：没有正义就没有和平：直面资本主义及其民主的危机。随着金融危机在西方造成的恶果的加重，新自由主义主导的资本主义体系遭到各地人民越来越强大的抵制，论坛认为应该抓住这个发展机遇，团结支持民主、可持续发展、平等以及反对资本主义剥削和压迫的进步力量，争取基本的社会正义。论坛研讨了左翼运动的现实问题，比如希腊激进左翼联盟、西班牙的“我们能”党、欧洲左翼联盟等，同时也关注了中国的发展。②

2015年在北京召开了世界范围内的左翼论坛：世界马克思主义大会和第六届世界社会主义论坛。世界马克思主义大会目标是打造一个世界级论坛，以此汇集世界各国顶尖的马克思主义理论研究者和社会主义运动实践者，共同探讨人类文明发展中的重大问题，推动中国的进步和世界文明的发展。2015年10月10—11日首届世界马克思主义大会在北京召开，主题为：“马克思主义与21世纪人类文明秩序的建构”，以后每两年召开一次。每年一次的世界社会主义论坛2015年10月16—18日在北京召开，主题是“话语权与领导权——‘颜色革命’与文化霸权国际学术研讨会”，来自中国、美国、俄罗斯等21个国家的200余位代表共聚一堂，围绕如何看待话语权与领导权、发展中国家怎样防范“颜色革命”等议题进行了深入探讨。这两次具有世界影响的左翼论坛在中国召开，进一步提高了中国在世界范围内左翼思想和实践中的影响力。

2. 西方左翼亟须突破发展瓶颈

（1）西方左翼知识分子陷入“批判危机”。20世纪90年代以来，左翼知识分子经历了一个学院化、体制化和精英化的过程③，越来越脱离现实的社会运动，越来越成为“自足的学术左翼”。其理论上的激进性无法掩盖现实中的无能为力，甚至越来越蜕变为资本主义的同谋，批判的武器无法代替武器的批判。

（2）金融危机为左翼创造了崛起的机会，但是西方左翼政党的实践却不容乐观。资本主义金融危机演变为经济危机，进而发展为全面的政治社会危机，表现为国家信用的破产和整个制度体系的崩溃，这为左翼政党参与政权或执政创造了机会，但是由紧缩政策引发的福利削减以及难民潮和暴恐事件等，也为主张民族主义的右翼上台提供了机会。在这种情势下，左右翼极端势力、边缘势力都有崛起的趋势。除了这种外部因素，还有左翼自身存在的问题阻止了它的崛起。有学者认为左翼之所以没有崛起在于以下几个原因，“一是经历了长期的去意识形态化之后，左翼面临着丧失独立性，身份缺失的问题。二是西方左翼理论准备不足，难以适应重大社会变革，三是左翼批判有余而建设性方案不足，四是虽然具有各左翼政党派别进行联合的意愿和行动，但是左翼阵营内部分裂分化严重。左翼能不能重新振兴取决于其是否能处理好以下几个关系，即左翼与

---

① 徐世澄：《拉美左翼政权面临严峻挑战》，《当代世界》2015年第12期。

② 《中央编译局研究人员参加2015年全球左翼论坛》，《国外理论动态》2015年第6期。

③ 朱彦明：《西方左翼的学术化征程及其危机》，《中国社会科学报》2015年6月24日，第B2版。

社会主义的关系、左翼运动与阶级运动的关系、议会选举与群众运动的关系，以及民族国家内部的活动与世界范围联合活动的关系”。①

二　重大问题研究进展

（一）国外共产党研究进展

2015 年国内学界的国外共产党研究主要关注下述几个问题。

1. 共产党与世界反法西斯斗争

2015 年是世界反法西斯战争胜利 70 周年，国内发表了不少回顾和反思共产国际和各国共产党人在反法西斯斗争中的作用的文章。《人民日报》《光明日报》《中国社会科学报》等刊发系列文章，从不同层面阐述世界共产党在反法西斯斗争中的历史作用。《中国社会科学》发表了深圳大学教授姜安的文章，高度评价了国际共产主义运动对世界反法西斯斗争胜利的巨大意义。他认为，国际共产主义运动与世界反法西斯战争问题是一个重大的历史时代性命题。国际共产主义运动以积极的民主和平力量，成为反法西斯战争坚定的政治基石；以巨大的牺牲和贡献，成为终结法西斯政治秩序的终极力量之一；以人本主义关怀，为人类提供了反对战争恐怖主义，倡导和平理想主义的正义指向，成为有效推动民主与和平事业发展的主体力量。基于批判逻辑，国际共产主义运动对法西斯主义进行的批判性反思，为构筑当今国际安全体系提供了价值向度。基于建构逻辑，国际共产主义运动秉承的国际和平伦理主义，成为铸造国际新秩序的思想基石。基于发展逻辑，国际共产主义运动追求的世界文明新范式，成为当今追求国际和平的政治典范。②

《国际共产主义运动在世界反法西斯战争中的历史作用》一文中提出了要辩证地看待共产国际在反法西斯斗争中的作用问题，指出在世界反法西斯斗争中，共产国际一方面对动员、推动和组织各国共产党和世界进步力量建立反法西斯斗争国际统一战线，特别是在积极发动世界各国共产党和进步力量支援西班牙和中国人民抗击法西斯侵略斗争中做出了应有贡献；另一方面也应看到共产国际过多考虑苏联的国家利益，强调配合苏联斗争，而忽视别国无产阶级的利益，出现过干涉一些党的活动的情况。但总体上看，共产国际在世界反法西斯斗争中的作用是积极的，不能因存在的问题就全面否定其积极意义。作者强调国际主义当今仍具有生命力，团结与合作是世界社会主义运动的发展趋势，认为针对当前世界社会主义多样化的发展趋势，共产党应坚持尊重差异、包容多样的原则，善加引导，调动和利用各种积极因素，制定正确的战略与策略，扩大左翼统一战线。只有这样，才能团结一切可以团结的力量，从而争取世界社会主义从低潮中复兴并不断发展壮大。③

2. 共产党国际联合的现状与问题

共产党的国际联合是近年国内理论界关注的一个焦点问题。而一些共产党围绕国际

---

① 姜辉:《西方左翼何去何从？——21 世纪西方左翼的状况与前景》,《国外社会科学》2015 年第 3 期。

② 姜安:《国际共产主义运动在世界反法西斯战争中的历史作用》,《中国社会科学》2015 年第 9 期。

③ 柴尚金:《共产国际在世界反法西斯斗争中的作用及评价》,《当代世界》2015 年第 8 期。

社会主义理论问题的争论，及其在国际和地区性联系与合作中出现的矛盾和分歧，更是引发了人们对共产党国际联合未来出路的深入思考。《西欧共产党的“新国际主义”观及其当代实践困境》一文，以作为当代世界社会主义运动重要组成部分的西欧共产党为研究对象，以其国际主义观的演进为切入点，考察分析了当前西欧共产党三种国际联合组织形式的实践困境，认为其争论的关键是如何建立国际联合，实质是共产党内部“改革”与“保守”力量间理论观点的冲突和对立，而问题的化解之道在于坚持“新国际主义”的党际关系准则，即在独立自主、相互尊重、求同存异基础上进行沟通和联系，但这一准则在实践中的落实仍然面临很大困难和挑战。①

《当代共产党和工人党国际团结合作的几个问题》一文，从分析世界社会主义运动的历史发展和当代资本主义现实出发，考察了世界共产党和工人党国际会议的历史由来、产生和发展，并围绕有些共产党提出的发展一个联合的共产党组织，以便构建“同质化”理论和“单一革命战略”的观点进行分析，强调世界社会主义运动的发展有赖于各国社会主义革命条件的成熟，共产党和工人党国际团结合作的形式是历史形成的，建立一个国际性的联合的共产党组织的愿望是不实际的。此外，作者还提出了加强各国共产党和工人党团结与合作的具体建议，比如遵循党际关系的四项基本原则，运用好历史业已形成的多边交流国际平台，坚持实践是检验各国党的理论与策略是否正确的唯一标准以避免无谓争论，等等。②

3. “泛社会主义”的思考与争论

2015 年初，中国人民大学教授周新城发表文章《必须坚持科学社会主义基本原则——警惕所谓“泛社会主义”》，提出了应该如何认识当代西方形形色色社会主义政党和思潮的问题，引发广泛关注。作者认为，问题的核心在于什么是“社会主义”。在作者看来，科学社会主义是社会主义的基本原则，必须正确理解社会主义模式，社会主义的不同模式就是社会主义的共性与特殊性的统一。否定了科学社会主义本质特征和基本原则的，就不能叫作社会主义。比如民主社会主义所说的各种各样的社会主义，理论上都是违背科学社会主义基本原则的，实践上都只是局限于对资本主义做点改良，而未触及资本主义的根本制度。究其本质不是社会主义的一种模式，而是资本主义的一种模式。不能打着“泛社会主义”的旗号，模糊民主社会主义的根本性质，把资本主义改良主义看作社会主义，这是一件非常危险的事，是涉及举什么旗、走什么路的大问题。③

柴尚金研究员的《如何看待世界社会主义“泛化”现象?》一文则认为，当今世界无论是西方发达国家，还是亚非拉广大发展中国家，都存在着向往和追求社会主义的左翼力量。除共产党外，还有社会党、工党、绿党及新兴左翼党也打着社会主义旗号，社会主义力量组成日益多样化，“泛社会主义”已成为一种客观现象。社会主义“泛化”

---

① 于海青:《西欧共产党的“新国际主义”观及其当代实践与困境》,《科学社会主义》2015 年第 3 期。

② 聂运麟:《当代共产党和工人党国际团结合作的几个问题》,《当代世界与社会主义》2015 年第 1 期。

③ 周新城:《必须坚持科学社会主义基本原则——警惕所谓“泛社会主义”》,《毛泽东邓小平理论研究》2015 年第 1 期。

现象，有着深厚复杂的历史和现实原因。主张世界社会主义具有包容性和开放性，我们应以开阔心胸和全新视野对待当前“泛社会主义”现象，既要坚持科学社会主义，但也绝不能因此一概否定其他社会主义力量和流派对推动社会进步的意义和作用。当前，世界社会主义与国际资本主义力量仍悬殊，各种不利于社会主义发展的环境和因素依然存在，应加强各社会主义力量的团结与合作。①

4. 国外共产党党建经验与教训反思

对国外共产党党建经验和教训进行总结和历史反思，是本年度国外共产党研究的重要内容。其中，前苏共和社会主义国家执政党成为学界关注的焦点，研究者从不同角度探讨了这些共产党党建和执政的经验教训。《论苏联共产党思想建设的三种错误倾向》认为，苏联剧变解体的深刻内在原因之一，是作为执政党的苏共在不断发展壮大的同时忽视了自身的建设问题，特别是在思想建设中断裂化、形式化和停滞化等错误倾向，严重影响了苏共党员队伍的纯洁性与战斗力，最终走上了偏离马克思主义的邪路，导致了悲剧的上演。②《戈尔巴乔夫改革时期苏联共产党组织路线调整的历史镜鉴》指出，戈尔巴乔夫实行以民主化、自由化、选举制为核心的组织路线是苏共败亡的组织因素。苏共的经验教训在于，在改革的重要转折时期，应当采取科学正确的组织路线，不能全盘否定广大干部，要努力培育坚持社会主义改革的干部队伍，防止组织工作中的个人集权化和极端民主化，防止干部选任中的个人专断和自由放任；要坚持民主集中制原则，改变干部监督缺位、乏力的状况，完善以选举制为核心的选任制度，建立健全全面有效的干部监督制度；要清除封建主义的官僚文化，培育社会主义公仆文化。③《民心流失与政党衰败的逻辑探析》从争取民心与政党兴衰的角度，以苏共为例，分析了因民心流失而导致政权更迭的历史镜鉴。作者认为，政党作为人民利益的代表，其权力基础根植于人民，民心流失就决定了政党衰败。苏联共产党执政后逐步脱离群众、忽视民主、权力异化，使其丧失了执政之本。前车之鉴、后事之师，执政的中国共产党应以此为鉴，警钟长鸣。④《国外共产党政权垮台的历史教训和启示》总结了 11 个执政共产党垮台的经验教训，认为特权和腐败严重损害了党同人民的血肉联系；经济结构的长期畸形发展严重影响了民生的改善；民主法治的缺失和肃反扩大化严重削弱了共产党执政的合法性；思想的僵化和保守严重制约了党的活力。作者强调，共产党要确保执政地位，必须努力做到严厉反腐，政府清廉；经济发展，人民幸福；健全民主法治，把公权力关进制度的笼子；党的指导思想要与时俱进。⑤

对现实社会主义国家执政党和非执政共产党党建经验的梳理，也是学界的一个主要视域。《20 世纪 90 年代以来越南、古巴共产党的意识形态建设》通过对 90 年代以来越

① 柴尚金：《如何看待世界社会主义“泛化”现象?》，《新视野》2015 年第 4 期。

② 丁军、李碧石：《论苏联共产党思想建设的三种错误倾向》，《上海行政学院学报》2015 年第 3 期。

③ 王立新：《戈尔巴乔夫改革时期苏联共产党组织路线调整的历史镜鉴》，《南京师大学报》（社会科学版）2015 年第 4 期。

④ 尹业香：《民心流失与政党衰败的逻辑探析》，《江汉论坛》2015 年第 3 期。

⑤ 郝士宏、贾秀梅：《国外共产党政权垮台的历史教训和启示》，《山西大同大学学报》（社会科学版）2015 年第 5 期。

南和古巴共产党意识形态建设举措的总结，提出了四个可资借鉴的基本经验，即把马克思列宁主义与本国实际结合，实现理论的与时俱进；二是加强主流意识形态的宣传教育，提高宣传教育的实效性；三是同各种错误思想作斗争，巩固主流意识形态阵地；四是保障群众利益，提高民众对主流意识形态的认同。[①]《古巴共产党严明党纪的经验及其对中国共产党从严治党的启示》阐释了古巴共产党加强纪律和规章制度建设的经验，认为正是通过以严明的党纪规范和约束党组织及党员的行为，强调党章在规范和约束党组织中的基础性作用；将道德软约束纳入国家法律体系之中；发挥思想政治工作的传统优势；健全党纪监督机构，构筑约束权力的严密网络等措施，大大提高了古巴共产党的凝聚力和战斗力，有效保障了古巴共产党长期执政，这些做法和经验对中国共产党具有重要启示意义。[②]《国外共产党加强政治纪律的主要做法及启示》强调共产党是靠共产主义理想和严明纪律组织起来的马克思主义政党，指出国外一些共产党发挥思想政治工作的传统优势，以理想信念鼓舞人心，通过强化政治纪律，以维护党的团结与统一，从而实现党的力量不断发展。中国共产党应汲取国外共产党的历史经验与教训，严明政治纪律和政治规矩，维护党章和党的政治路线的权威性，走出一条共产党自身建设和改革发展的成功之路。[③]《冷战后日本共产党组织建设的经验与启示》一文，通过对冷战后日本共产党组织变革及其运作的分析，提出要建设一个强大的共产党，党的建设必须与时俱进，要有新思路新办法，要注意整合和吸引社会各方面力量，同时也要处理好民主与集中的关系。[④]

5. 国外共产党理论与实践的个案研究

本年度国外共产党的国别研究继续稳步推进。在发达国家共产党研究方面，相关研究重点关注共产党思想理论战略的发展。爱尔兰共产党[⑤]、希腊共产党[⑥]、加拿大共产党[⑦]、英国共产党[⑧]、日本共产党[⑨]、葡萄牙共产党的相关理论主张进入了研究视野。《葡萄牙共产党构建社会联合体系思想评析》[⑩]一文以20世纪80年代中后期葡共制定

---

① 蒯正明：《20世纪90年代以来越南、古巴共产党的意识形态建设》，《上海党史与党建》2015年第4期。

② 袁倩、刘鹏：《古巴共产党严明党纪的经验及其对中国共产党从严治党的启示》，《中共珠海市委党校珠海市行政学院学报》2015年第6期。

③ 柴尚金：《国外共产党加强政治纪律的主要做法及启示》，《党政研究》2015年第5期。

④ 王文龙：《冷战后日本共产党组织建设的经验与启示》，《山西师大学报》（社会科学版）2015年第S1期。

⑤ 王子凤、王喜满：《帝国主义双重危机与爱尔兰共产党的新战略》，《江西师范大学学报》2015年第3期。

⑥ 王晓红、张恬瑞：《希腊共产党论当代帝国主义的战争本质》，《江西师范大学学报》2015年第3期。

⑦ 刘卫卫：《新时期加拿大共产党走向社会主义的理论与主张》，《上海党史与党建》2015年第1期。

⑧ 杨艳：《英国共产党关于建立反垄断联盟的探索》，《社会主义研究》2015年第3期。

⑨ 张博：《日本共产党在20世纪50年代路线错误的教训》，《华北水利水电大学学报》（社会科学版）2015年第2期。

⑩ 张文化：《葡萄牙共产党构建社会联合体系思想评析》，《社会主义研究》2015年第2期。

的“先进民主”纲领为依据，分析了葡共构建社会联合体系，建立由民主进步力量、爱国志士广泛参加的反帝反垄断社会斗争阵线，在实现“先进民主”的基础上逐步过渡到社会主义的思想，指出这一思想是灵活运用马克思主义关于无产阶级革命策略思想的有益尝试。《现代日本共产党的政治主张》[①] 阐释了日共的主要政治主张，即反对霸权主义，反对修宪以及主张和平，以建立社会主义、共产主义社会为目标。日本共产党认为当今世界，虽然社会主义在发展过程中出现了许多曲折，有时还出现一时或较长时间的倒退，但是社会主义终究会战胜帝国主义、资本主义。《新时期加拿大政治局势与共产党的应对》[②] 阐释了经济危机以来加拿大共产党的思想认识和应对主张，提出必须开展更有力的党建工作，建立强大的共产主义政党，才能推动人民抵抗运动向进步的方向发展。

在前苏东地区共产党研究方面，俄罗斯联邦共产党、保加利亚共产党[③]、摩尔多瓦共产党人党[④]、乌克兰共产党[⑤]成为重点研究对象。周杰的相关文章[⑥]梳理了俄共对苏联社会主义的认识和评价，认为苏联社会主义的失败是因为后期作为执政党的苏共自身出现了严重的问题，僵化保守、故步自封，偏离了原有的社会主义发展道路，同时西方资本主义国家通过长期和平演变，并加以戈尔巴乔夫背叛性的改革，最终导致了苏联社会主义的失败。陆轶之的文章阐释了俄共关于苏联经验、社会主义未来以及资本主义经济危机的相关观点。[⑦] 《俄罗斯联邦共产党青年工作述评》[⑧] 指出，俄共多年来被称为“老年人”党，反映出在其队伍中老年党员居多的实际情况。但近年来，俄共队伍老化问题得到一定程度的缓解，青年党员人数持续增加。这与该党开展的以实现队伍年轻化为目标的青年工作密不可分，具体工作包括重视以共青团为代表的青年组织的后备军作用、大力推进各级干部年轻化、修改面向青年公民的党的《青年方案》、建立组织员和青年协会制度等。《当代俄罗斯左翼激进政治组织的报刊出版活动》[⑨] 考察了当前俄罗斯一些左翼激进组织的情况，指出这类组织产生于苏联末期社会政治生活的“民主化”，它们大力开展包括报刊出版在内的各种活动，反对“苏联共产党机会主义领导人的反人民政策”，要求戈尔巴乔夫下台。苏联解体后，这类组织至今依然是俄罗斯政坛上的一支重要力量。其鲜明特征，是不承认久加诺夫领导的俄罗斯联邦共产党属于共产主义政党。作为左翼激进政治组织的喉舌，它们的报刊积极宣传其思想主张，刊

---

① 史少博：《现代日本共产党的政治主张》，《社科纵横》2015 年第 5 期。

② 杨艳：《新时期加拿大政治局势与共产党的应对》，《人民论坛》2015 年第 6 期。

③ 马细谱：《保加利亚共产党人对马克思主义本土化的理解和贡献》，《中国延安干部学院学报》2015 年第 1 期。

④ 杜宝玲：《摩尔多瓦共产党人党研究》，《俄罗斯学刊》2015 年第 1 期。

⑤ 梁强：《乌克兰共产党的理论主张及其历史性落败》，《国外理论动态》2015 年第 1 期。

⑥ 周杰：《俄罗斯联邦共产党对苏联社会主义失败的原因分析》，《思想理论教育导刊》2015 年第 5 期；周杰：《俄罗斯联邦共产党对苏联社会主义再认识及其启示》，《人民论坛》2015 年第 10 期。

⑦ 陆轶之：《俄罗斯联邦共产党论苏联经验和社会主义的未来》，《社会科学论坛》2015 年第 5 期；陆轶之：《俄罗斯联邦共产党论资本主义经济危机》，《社会科学论坛》2015 年第 6 期。

⑧ 李世辉：《俄罗斯联邦共产党青年工作述评》，《当代世界与社会主义》2015 年第 1 期。

⑨ 曲延明：《当代俄罗斯左翼激进政治组织的报刊出版活动》，《当代世界与社会主义》2015 年第 5 期。

载号召进行革命的鼓动宣传材料，努力影响和争取群众，扩大社会影响。左翼激进政治组织报刊的存在，已经成为俄罗斯社会政治生活中的固定现象。《原苏联地区的社会主义国际性组织》[①] 介绍了成立于1993年的“共产党联盟—苏共”近年的情况。在近十多年的发展过程中，该组织采取了一系列措施，为推动自身发展创造条件。现在，“共产党联盟—苏共”已经成为拥有18个成员党、在原苏联地区有一定影响力的社会组织，在引导地区社会主义力量的发展中发挥着不可替代的作用。

在发展中国家共产党研究方面，南亚地区毛主义共产党的综合研究成为一个关注焦点，多篇文章探讨了南亚毛主义的历史、理论、特点和发展态势。[②] 这些研究大多认为，近几年南亚地区毛主义共产党力量正在不断增强，目前除马尔代夫与巴基斯坦外，尼泊尔、印度、不丹、孟加拉国、斯里兰卡五国都有毛主义共产党，他们活动能力日渐增强，相互联系，活动范围不断扩大。他们的发展壮大既与南亚地区特有的经济、社会、地理、历史等密切相关，也与毛主义共产党近几年政策策略调整紧密联系。同时，尼泊尔和印度共产主义政党的研究也比较活跃。《尼共（联合马列）的发展演变探析》[③] 探讨了尼共（联合马列）在推进尼泊尔的民主化进程和社会转型方面取得的巨大成就，及其在发展演变的过程中面临的身份特征模糊和宗派主义等问题。《政党结盟视域下发展中国家的共产党转型探析——以尼联共（毛）为例》[④]，通过尼联共（毛）传统结盟阶段和结盟策略的转型尝试，探讨了发展中国家的共产党在扩大社会基础问题上遭遇的困境。《印共（马）对社会主义公正观的实践及启示》[⑤] 考察了印共（马）在国内地方执政过程中通过推行社会政策对其社会公正理论进行的具体实践，认为这一实践提高了执政地区（西孟加拉邦和喀拉拉邦）的社会公正度及其人文社会发展指数，值得社会主义国家执政的共产党以及当代资本主义发展中国家尚在谋求发展的社会主义政党借鉴。《印共（毛）的思想理论与战略战术》[⑥] 分析了印共（毛）关于时代、革命目标、阶段的基本观点及其战略战术，提出印共（毛）目前能否走出与印度政府的战略相持阶段并取得成功，一定程度上取决于其能否在坚持马列主义的原则下进行理论创新，特别是军事理论创新。《马来亚共产党及其武装斗争的兴起与沉寂》[⑦] 阐释了曾经在国际共运史上产生过巨大影响的马来亚共产党的成立及其初期活动、早年参与抗日战争、战后和平发展之路、重新开展武装斗争、与中苏等国共产党的党际联系、党内的矛盾与纷争及最终选择和谈并放弃武装斗争的原委和脉络。《金融危机以来拉美左翼运动

---

① 魏芦华、张良：《原苏联地区的社会主义国际性组织》，《理论视野》2015年第10期。

② 吴国富：《当代南亚地区毛主义及其发展态势》，《中国矿业大学学报》2015年第4期；韩冰：《南亚五国毛主义共产党的历史发展、特点及动因》，《南亚研究季刊》2015年第1期；王静：《21世纪南亚毛主义运动：现实图景、理论焦点及未来挑战》，《南亚研究》2015年第4期。

③ 袁群：《尼共（联合马列）的发展演变探析》，《当代世界与社会主义》2015年第2期。

④ 祁雷：《政党结盟视域下发展中国家的共产党转型探析——以尼联共（毛）为例》，《河北省社会主义学院学报》2015年第1期。

⑤ 张万杰：《印共（马）对社会主义公正观的实践及启示》，《学术论坛》2015年第7期。

⑥ 王静：《印共（毛）的思想理论与战略战术》，《重庆邮电大学学报》（社会科学版）2015年第1期。

⑦ 于洪君：《马来亚共产党及其武装斗争的兴起与沉寂》，《当代世界与社会主义》2015年第2期。

和共产党的新动向》[①] 探讨了21世纪第二个十年拉美20多个共产党努力坚持将马克思主义普遍真理同本国实际相结合，探索本国革命道路的实践，以及其他左翼力量在金融危机以来的发展动向。作者认为，自2014年以来，由于国际金融危机的影响，包括社会主义古巴在内的拉美大多数左翼政府都面临着程度不同的政治、社会压力和经济困难。

6. 共产党国际国内会议述评

作为冷战后世界共产党国际联合的一种新形式，从世界共产党和工人党国际会议召开伊始就引起国内学者的关注。2014年11月，世界共产党和工人党第16次会议在厄瓜多尔的瓜亚基尔召开。周国平、吴国富的《帝国主义剥削加剧、共产党人的作用与我们的共同行动——第十六次共产党和工人党国际会议述评》[②]，以及杨成果的《第16届共产党和工人党国际会议述评》[③]，对该会议进行了跟踪介绍。这次会议共有来自世界各地49个国家的53个党派共85名代表出席。其主题是：共产党与工人党在反对帝国主义、资本主义剥削制度斗争中的作用；帝国主义和资本主义剥削引起了危机和战争、扩大了法西斯主义和反动势力；为了保障工人和人民的权利的斗争，为了民族和社会解放，为了社会主义。作者认为，同2013年在葡萄牙召开的第15次国际会议一样，会议没有发布《最终声明》，而是分别由厄瓜多尔共产党、希腊共产党、巴西共产党、巴勒斯坦共产党等党发布了《新闻公报》，从而进一步印证了我们对各国共产党工人党之间仍然存在着分歧的判断。会议最终通过了一个由厄瓜多尔共产党牵头制订的《共产党和工人党共同行动计划》，同时与会代表们选择性地签署通过了《与坚持斗争的工人阶级和拉丁美洲人民团结一致》和《与塞浦路斯团结一致》等4个决议。

刘春元的《2014年欧洲共产党会议述评》[④] 对2014年10月2日在布鲁塞尔召开的欧洲共产党会议进行了分析。文章指出，这次会议有来自欧洲各国的32个共产党和工人党参加，与会代表围绕着“第一次世界战争结束100年后的欧洲；资本主义：危机、法西斯主义和战争；共产党和工人党为争取实现一个社会主义的、和平的、社会公正的欧洲而进行的斗争”的主题进行了深入的讨论。会议对欧洲和世界其他地区的形势进行了深刻的分析，指出广大人民为资本主义发展道路的僵局买单，帝国主义不断发动战争和干涉，民族主义、种族主义和法西斯主义沉渣泛起。在此基础上，大会还提出了欧洲共产党人的斗争任务和策略，强调要加强反对欧盟和北约、反对资本主义的群众斗争，加强反对帝国主义战争和侵略的斗争，并要建立统一战线和加强共产党人的国际合作。

2014年，一些共产党召开了全国代表大会，相关文章对这些会议的情况进行了介绍评析。刘雅贤的《美国共产党第三十次全国代表大会观察》[⑤] 和刘春元的《建设一个现代、成熟、富有战斗性的群众性政党——美国共产党三十大述评》[⑥] 介绍了美共30

---

① 徐世澄：《金融危机以来拉美左翼运动和共产党的新动向》，《求实》2015年第4期。

② 周国平、吴国富：《帝国主义剥削加剧、共产党人的作用与我们的共同行动——第十六次共产党和工人党国际会议述评》，《社会主义研究》2015年第2期。

③ 杨成果：《第16届共产党和工人党国际会议述评》，《当代世界与社会主义》2015年第2期。

④ 刘春元：《2014年欧洲共产党会议述评》，《江西师范大学学报》2015年第4期。

⑤ 刘雅贤：《美国共产党第三十次全国代表大会观察》，《人民论坛》2015年第12期。

⑥ 刘春元：《建设一个现代、成熟、富有战斗性的群众性政党——美国共产党三十大述评》，《上海党史与党建》2015年第3期。

大情况。文章指出，这次会议在党主席、党的战略、党建基调等方面实现了新旧变奏，确定了以低薪运动为切入点，促进劳工运动复兴与壮大的新战略，基调是建设一个现代化、成熟的、有战斗力的群众性政党，旨在摆脱当年苏共“革命党”的特征，力图向现代化政党转型，从而谋求自身政治地位从边缘向主流转变。袁群、方文的《尼共（联合马列）第九次代表大会评析》[①] 梳理了尼共（马列）第 9 次代表大会情况，指出会议分析了当前的世界形势和尼泊尔的国内局势，提出了党的建设的具体措施，并以党的百年梦想的方式就尼泊尔宪法起草问题制定了纲领性政策，还选举了党的新一届领导机构。然而，尽管九大进一步明确了党的政治立场，但党内民主制度化问题仍没有得到有效地解决，其未来发展仍面临严峻的挑战。张志海、房嫒的《日本共产党逆势跃进的原因分析及其选举策略调整——基于日本共产党第 26 次代表大会决议》对 2014 年 1 月召开的日共 26 大情况进行了介绍和评析。[②]

（二）西方马克思主义研究进展

1. 辩证法研究

唯物辩证法与历史辩证法是马克思主义哲学的基础，近年来西方马克思主义学科在辩证法研究上也加大了力度，2015 年的西方马克思主义辩证法研究无论在论题扩展上，还是在基础问题的深化上都有值得关注的进展。有学者对弗雷泽命题进行了考察，认为以弗雷泽为代表的一些西方学者试图消解马克思哲学变革的功绩，其核心思想是三个递推的逻辑命题：1. 黑格尔的范畴充斥着实在性；2. 范畴通过意志的活动成为现实；3. 在辩证法问题上马克思误解了黑格尔。批判弗雷泽命题序列的关键在于深度解析黑格尔的关键概念（范畴和精神），在此基础上提取黑格尔思想体系的要旨并与新版的《德意志意识形态》的核心逻辑进行比对，从而以另一个路径推出补证和拓展传统颠倒说的结论：在辩证唯物主义和历史唯物主义领域，马克思用现实的人为主体的实践辩证法分别对黑格尔以精神为主体的实践辩证法进行了两次颠倒，这一结论对解决黑格尔和马克思思想关系难题有所启示。[③] 有学者重新思考了晚年恩格斯对唯物主义辩证法的理解，指出，被恩格斯称作“最好的工具和最锐利的武器”的唯物主义辩证法是对黑格尔辩证法的唯物主义重置，恩格斯这样称呼他和马克思的哲学并无不妥，问题是对自然观具有浓厚兴趣的恩格斯以唯物主义自然观理解唯物主义历史观引来众多争议。以《自然辩证法》为代表的这项研究不仅没有得到德国社会民主党内部的重视，而且遭到西方马克思主义的严重质疑。解析这个问题，需要理解自然辩证法与自然哲学以及历史辩证法的关系，需要分析晚年恩格斯界定的哲学的最后存在样态意味着什么。恩格斯以形式逻辑和辩证法替代包罗万象的旧形而上学，并将哲学的应用论域融入历史科学。后者已经在当代哲学的发展进程中得到很大程度的证实，而前者等同于追问“哲学是什么”，

---

① 袁群、方文：《尼共（联合马列）第九次代表大会评析》，《江西师范大学学报》2015 年第 4 期。

② 张志海、房嫒：《日本共产党逆势跃进的原因分析及其选举策略调整——基于日本共产党第 26 次代表大会决议》，《当代世界与社会主义》2015 年第 5 期。

③ 代利刚、陈永杰：《马克思误解了黑格尔的辩证法吗？——对弗雷泽命题的批判与“黑格尔—马克思”思想关系难题的求解》，《江淮论坛》2015 年第 4 期。

值得每个哲学研究者终生探索。①

2. 法兰克福学派研究

2015年的法兰克福学派研究内容丰富，包括总体性研究、专题研究、代表人物研究与重要理论观点研究等。《法兰克福学派经典著作导读》一书在内容上囊括了法兰克福学派的经典著作，基本上反映了整个法兰克福学派的重要思想。②《受众的再现——法兰克福批判理论中的大众、精英与公民》一书专门研究了法兰克福法学派的传播理论。作者试图用伯明翰学派中的多元受众分析模型重新解读法兰克福学派受众理论的多种维度。书中将广义的受众刻画为三种形象：受宰制的受众、反抗的受众、协商的受众，其所对应的三类人群即大众、精英和公民。其中他将大众描画为受虐狂、蒙昧者与单面人三种面相。关于精英，则主要有批评家、拯救者与造反派等三种形象。第二代法兰克福批判理论中的受众形象主要呈现于多元资本主义社会，他们是公共领域中具有同等的符号权利和传播权利的平等公众。具有语言交往资质和遵守语用学伦理规范的公众是公众中的合格公民。关于公民，主要有协商者、立法者和公共知识分子等三种形象。公共知识分子则是公民中的精英。③《走出政治孤立——新法兰克福学派及其政治哲学转向》一文从“走出政治孤立”的角度出发，指出发生在新、旧法兰克福学派之间的是一种政治哲学的转向，并描述了这种转向的内在逻辑。与霍克海默、阿多诺和马尔库塞等早期批判理论家相比，新一代的学者在坚持社会批判理论对公共政治的批判性的同时，也致力于挖掘社会理论本身的政治维度。哈贝马斯的语言学转向就体现了这种关切，他通过对固化在语言结构中的规范性潜能的提炼，为批判理论提供了规范的基础。这种重新奠基的尝试恰恰呼应了本雅明、纽曼等边缘人物为克服封闭的功能主义和还原主义方法论倾向所做的努力，体现了对早期法兰克福学派理论缺陷和盲点的检讨，以及对自身内部理论资源的重新挖掘。不仅如此，新法兰克福学派也积极地介入与英美政治哲学的互动之中，通过批判路径和规范性路径的重新结合，在某种程度上指向了对规范正义理论之意识形态批评的重新考量。④

3. 西方马克思主义的文化批判理论

如何理解西方马克思主义的文化批判理论？有学者提出，从马克思的异化理论到卢卡奇、葛兰西的“物化”与文化革命理论，再到法兰克福学派的技术理性与社会心理分析批判，这种逻辑演进一方面凸显了20世纪人类深重的文化—历史困境，拓展了马克思主义文化批判理论，但另一方面这一理论也从历史唯物主义宏观视域走向日渐孤立的形而上学的窠臼。⑤ 也有学者探讨了西方马克思主义文化批判理论中的领导权问题，认为西方马克思主义的文化领导权思想，从本质上说是一种“文化批判理论”。还有学者

---

① 臧峰宇：《重思晚年恩格斯视域中的“唯物主义辩证法”——兼及〈自然辩证法〉手稿解读》，《教学与研究》2015年第4期。

② 阎孟伟、孟锐峰主编：《法兰克福学派经典著作导读》，广西人民出版社2015年版。

③ 王健：《受众的再现——法兰克福批判理论中的大众、精英与公民》，广西师范大学出版社2015年版。

④ 应奇：《走出政治孤立——新法兰克福学派及其政治哲学转向》，《贵州大学学报》（社会科学版）2015年第5期。

⑤ 方丽：《西方马克思主义文化批判的逻辑演进及其理论得失》，《阅江学刊》2015年第5期。

研究了詹姆逊的文化全球化理论。詹姆逊认为，文化全球化是技术、政治、文化、经济与社会相互交融作用的结果，其实质是为资本逻辑服务；其结果是消费文化在全球盛行，破坏、摧毁了各民族国家的经济基础和文化传统。在传统的民族主义无法与全球资本的强大力量相抗衡的情况下，真正的出路在于充分发挥“认知图绘”功能，建立起抵抗资本和文化全球化的联合。①

4. 西方生态马克思主义

有学者认为我们应该把西方生态马克思主义与一般生态论区别开来，一般生态论很大程度上是生态中心论和现代人类中心论的生态文明理论，它脱离制度维度，拘泥于抽象价值观维度抽象探讨生态危机的根源及其解决途径，具有浓厚的文化价值决定论和西方中心论的价值立场。② 也有学者持不同观点，认为生态学马克思主义的特征就是制度批判，资本的逻辑决定了资本主义的生产必然是反生态的，任何企图在资本主义内部修复生态危机的说法都是不彻底的。③ 还有学者挖掘了生态马克思主义的社会运动性质，指出当代生态马克思主义不仅注重环境正义的理论研究，而且根植于生态运动的新社会运动中。④ 生态马克思主义也是今年世界历史唯物主义大会的重要议题，有学者提出马克思的晚年笔记提供了丰富的理解马克思主义生态观的思想，马克思对资本主义的批判从来没有离开过“自然”这一维度，而西方马克思主义研究对此重视得不够。⑤

5. 阿尔都塞研究

学者们对阿尔都塞的意识形态理论进行了不同角度的研究。有学者提出，作为西方马克思主义的领军人物之一，阿尔都塞的意识形态理论是其思想中最具创新性并影响后世最为深远的部分，他试图透过各种具体化的意识形态的表象，透过具身个体之中的意识形态的实现场所，展示出一种无所不在的、弥散的意识形态存在的状态。阿尔都塞的“意识形态无历史”命题揭示了意识形态的永恒性，直接驳斥了西方学者的“意识形态终结论”的看法，并敦促我们时刻对形形色色的资产阶级意识形态的渗透保持清醒，在意识形态的斗争中，坚决捍卫马克思主义的正统地位，走马克思主义大众化和普及化的道路。⑥ 有学者强调阿尔都塞的意识形态理论的影响远非科学主义能包含。认为阿尔都塞的意识形态理论是近年来先锋理论最为流行的灵感来源之一。意识形态从特拉西的客观主义到被马克思视为德国唯心主义旧哲学，乃至泛指整个上层建筑，其定义迄今众说纷纭。阿尔都塞在结构主义和马克思主义交相辉映的20世纪六七十年代，立足科学区分所谓镇压性国家机器和意识形态国家机器，由此提出一整套意识形态理论，其

---

① 张佳：《试论詹姆逊文化全球化理论》，《山东社会科学》2015年第11期。

② 王雨辰、黄小妹：《论生态学马克思主义与后发国家的生态文明理论》，《学习与探索》2015年第10期。

③ 冯雪雪：《论生态危机的社会历史原因与对策——以生态马克思主义为视角》，《德州学院学报》2015年第5期。

④ 叶海涛、吕卫丽：《从环境正义研究走向生态社会运动——析西方生态学马克思主义的最新发展走向》，《东南大学学报》（哲学社会科学版）2015年第2期。

⑤ Kohei Saito, *The MEGA and New Insights into Marx's Ecology*, Twelfth annual conference of historical materialism , SOAS central London, 5－8, November, 2015.

⑥ 李岚：《作为世界本身的意识形态——阿尔都塞意识形态理论评析》，《贵州社会科学》2015年第10期。

影响远非科学主义可一言蔽之。意识形态没有历史，意识形态无所不在，意识形态就是主体性，我们通过观照自己的意识形态镜像获得身份。这些阿尔都塞意识形态理论的基本命题，其后续意义很显然超越了阿尔都塞本人的期望。① 也有学者认为，阿尔都塞的意识形态理论在强调意识形态的物质性的同时，忽视了观念和象征的作用；在强调了意识形态支配作用的同时，没有关注意识形态中反抗和斗争的作用；在强调了意识形态国家性的同时，忽视了非国家意识形态的作用。②

6. 阿多诺研究

有学者认为，从历史哲学的角度看，阿多诺哲学是马克思的批判的历史哲学传统的继承和发展。马克思的批判的历史哲学具有两个原则：一是资本批判的原则，或理性批判的原则；二是道德批判的原则，或文化批判的原则。阿多尔诺把这两个原则运用于考察晚期资本主义的文化工业和反思奥斯维辛现象，通过批判启蒙精神，在微观层面上发展了马克思的批判的历史哲学观。在此基础上，他建构了以否定概念为核心的文化的形而上学，彰显了马克思的批判的历史哲学的文化批判品格。③ 也有学者认为，阿多诺的“否定辩证法”思想是法兰克福学派理论发展的制高点。在这个制高点上，西方全部哲学传统的核心假设都被质疑，其主体中心主义、理性中心主义（罗格斯中心主义）的统一性假设被悬置，哲学本身变成一种不受任何事实或逻辑标准制约的自由思想和表达。阿多诺以一种反体系的否定性思想活动直接展现了与早期人本主义批判异质的哲学经验，西方马克思主义的人本主义框架也由此从内部瓦解了。④ 还有学者从阿多诺的唯物辩证法思想出发来反思马克思主义哲学中的实证化倾向，认为阿多诺强调概念的自我否定就是要更好地接近客体的丰富的质的特性。这种概念的自我否定的辩证法不是黑格尔意义上的辩证法，而是关注客体的质的特性的唯物辩证法。阿多诺的这种唯物辩证法思想对于我们重新反思马克思主义哲学中的实证化倾向具有重要的意义。⑤ 国外也有学者认为，阿多诺的否定辩证法是对传统哲学，包括马克思主义哲学的彻底反思，为了更好地坚持马克思主义，我们应该借助阿多诺的辩证法重新理解共产主义。⑥

7. 有机马克思主义研究

有机马克思主义是2015年西方马克思主义研究的一个见仁见智的话题。有学者认为，有机马克思主义力图坚持马克思主义的基本精髓，借鉴生态学马克思主义和中国马克思主义的理论成果和实践智慧，结合有机哲学发展经典马克思主义。在精神实质上，有机马克思主义认同中国生态文明建设的理论和实践，这对我国生态文明建设不无启发，也有望对全球生态文明转型产生广泛影响。⑦ 有学者认为，有机马克思主义与生态

---

① 陆扬：《论阿尔都塞的意识形态理论》，《中国人民大学学报》2015年第1期。

② 汪行福：《意识形态辩证法的后阿尔都塞重构》，《哲学研究》2015年第5期。

③ 何萍：《阿多尔诺与马克思的批判的历史哲学传统》，《哲学研究》2015年第5期。

④ 朱玉、金镶玉：《浅析阿多诺与否定辩证法》，《商》2015年第4期。

⑤ 王晓升：《让概念指称非概念——阿多诺的哲学观及其启示》，《吉林大学社会科学学报》2015年第3期。

⑥ Roland Boer, *Marxism and Transcendence*, Twelfth Annual Conference of Historical Materialism, SOAS Central London, 5－8, November, 2015.

⑦ 杨志华：《何为有机马克思主义？——基于中国视角的观察》，《马克思主义与现实》2015年第1期。

马克思主义的重要区别之一在于，前者认为导致当前生态危机的深层原因是“现代性”，而不仅仅是资本主义制度。有机马克思主义积极吸收借鉴中国传统智慧和中国化马克思主义思想，格外关注中国发展尤其是生态文明建设，认为人类实现生态文明的最大希望在社会主义中国。[①] 也有学者提出，有机马克思主义虽然揭示了以现代性为基础的机械论、个人主义和经济主义价值观的实质与危害，强调建立共同体价值观的必要性和重要性，但它把脱离全球化的自给自足的农庄共同体的本土经济发展看作生态文明的未来，本质上是把生态文明建设理解为脱离全球化的地方生态自治，这也是他们赞扬中国儒家以共同体为重的思想，并把中国农庄经济的发展看作生态文明的希望的根源，这无疑是一种浪漫主义的幻想。有机马克思主义提出的所谓有机价值观实际上是与个人主义价值观相对立的共同体价值观。但人类之外的存在物的内在价值如何科学确认，有机马克思主义没有做出有效证明。有机马克思主义不仅误读了马克思主义，而且没有找到生态文明建设的根本途径，是一种力图解决生态危机和生态文明建设问题的探索中的理论。[②] 有学者强调，有机马克思主义并不像它的一些主张者们所说的那样“超越”了经典马克思主义或马克思的马克思主义，但它对于在当代条件下坚持和发展马克思主义仍然具有多方面的意义。[③]

（三）国外左翼思想研究进展

1. 2015 年国外左翼批判资本主义的新进展

金融危机促进了马克思主义的复兴与世界范围内的民众抗议运动，国外左翼也将关注的重点投向马克思的政治经济学，并在此指导下重新认识到阶级力量与阶级斗争的重要性。

（1）金融危机促使国外左翼重视马克思的政治经济学

有学者认为当前的这场危机并非资本主义新发展的产物，即并非金融资本全球化并占据资本主义经济主导地位的产物，而是一次仍然符合马克思理论的盈利能力危机。马克思的危机理论认为，资本主义危机的最终原因在于资本主义的生产过程，尤其是其谋求利润的生产。[④] 英国著名的左翼学者阿列克斯·卡利尼科斯与伊格尔顿一起为马克思辩护，他们认为，这次金融危机证明，马克思主义没有过时，它对当代资本主义的新变化仍具有解释力[⑤]。加拿大学者 I. 济曼指出，金融危机不仅使人们再次重视马克思的理论，而且使人们不再满足于对资本主义的文化和意识形态的批判，而是重建了对于经济形式的兴趣。而且发达资本主义国家世界范围内不断进行的干涉主义、资本主义全

---

① 冯颜利、孟献丽：《有机马克思主义：融通“中”“西”“马”的新范式》，《社会科学家》2015 年第 11 期。

② 王雨辰：《有机马克思主义的生态文明观评析》，《马克思主义研究》2015 年第 12 期。

③ 汪信砚：《有机马克思主义与马克思的马克思主义》，《哲学研究》2015 年第 11 期。

④ ［英］迈克尔·罗伯茨：《从全球大衰退到长期萧条》，宋阳旨译，《国外理论动态》2015 年第 2 期。

⑤ 刘明明：《为什么马克思是对的：论卡利尼科斯的三个辩护》，《马克思主义研究》2015 年第 5 期。

球化引发的生态危机使得人们萌发了对于列宁的帝国主义论的兴趣①。

（2）国外左翼思想家重视经济学意义上的资本主义批判以及全球化批判

国外左翼批判理论的传统来自法兰克福学派，但是在苏东剧变之后，它具有了更为宽泛的意义内容，包括朱迪斯·巴特勒的北美女性主义，阿兰·巴迪欧的事件哲学，詹姆逊的后现代主义，霍米巴巴和斯皮瓦克的后殖民主义，21 世纪逐渐流行的大卫·哈维的历史—地理唯物主义，齐泽克的黑格尔式的拉康主义以及意大利思想家奈格里、阿甘本的思想，等等。对于这些左翼批判理论，国内学界大多是从哲学的角度进行研究的，但我们发现，在马克思主义政治经济学复兴的影响下，学界越来越重视从经济学的视角对这些批判理论进行阐释。比如，有学者从马克思的资本逻辑批判出发，研究了大卫·哈维的空间生产理论，认为哈维秉承了马克思的资本批判，对于当代资本主义获取剩余价值的生产方式的空间化、资本扩张的空间化以及危机缓解途径的空间化进行了尖锐的批判，提出了“弹性生产”“当代全球化”“不平衡地理发展”与“时空修复”等空间生产理论②，这是马克思资本批判逻辑的当代发展。还有的学者从政治经济学批判的视角研究了齐泽克的商品拜物教和意识形态理论③，实际上，在国外左翼哲学家中，齐泽克是唯一将资本主义经济置于本体论地位的，他也批评同为当代激进左翼哲学盟友的朗西埃、巴迪欧、拉克劳等人没有重视经济问题，而使既有的批判堕入改良主义的陷阱。

有学者研究了左翼学者威廉·罗宾逊的全球化理论，罗宾逊指出全球化的实质是全球资本主义化，全球资本主义主要特征是全球经济的出现以及跨国资本家阶级和跨国国家的崛起，这些都加剧了全球资本主义的矛盾和危机，具体表现为积累过剩的危机、贫富差距拉大的危机以及由经济危机导致的资本主义国家政权执政合法化危机④。虽然罗宾逊主张对全球资本主义进行替代，但仍然沦为民主社会主义的窠臼。从马克思主义的视角来看，民主社会主义的替代方案最终只是一种改良的资本主义，只有在马克思主义指导下的共产主义运动（社会主义）才是对于全球资本主义现实可行和科学的替代方案。著名左翼学者萨米尔·阿明撰文《当代帝国主义》剖析了资本主义从垄断资本主义到一般垄断资本主义以及积累的金融化的演进，认为当前已经出现了一个全球化的生产体系。但是，阿明并不认为这种全球化的生产体系就必然产生全球化的资产阶级和全球化的国家，因为这种推论是以资本主义生产体系的全球化是以一个连贯的、不矛盾的体系为前设的，但实际上这种全球化的生产体系却并非如此，而且也正因为它的混乱无序才证明它是不可行的。⑤ 阿明的论文是《每月评论》杂志 2015 年第 3 期以新帝国主义批判为主题的系列文章中的一篇，其中还包括约翰·贝拉米·福斯特的《全球垄断

① ［加］I. 济曼：《西方马克思主义的迷失与复苏》，《马克思主义与现实》2015 年第 3 期。

② 韩淑梅：《资本逻辑的空间化批判——大卫·哈维空间生产理论实质评析》，《山西师大学报》（社会科学版）2015 年第 3 期。

③ 周嘉昕：《齐泽克与政治经济学批判》，《哲学动态》2015 年第 7 期。

④ 王金宝：《全球资本主义批判及其替代方案的探寻——威廉·罗宾逊全球化理论述评》，《学习与探索》2015 年第 7 期。

⑤ Samir Amin, *Contemporary Imperialism*, Monthly Review 2015, Volume 67, Issue 03 (July-August).

金融资本的新帝国主义》、苏万迪的《全球化面纱之下》、约翰·史密斯的《21 世纪的帝国主义》，以及其他批判新帝国主义的论文（比如 Torkil Lauesen & Zak Cope《帝国主义与价值向价格的转型》、Utsa Patnaik & Prabhat Patnaik《帝国主义与全球化时代》等），对我们研究当代资本主义的新变化与批判当代资本主义的新发展提供了启示。

（3）在反对资本主义的运动中重新诉诸阶级力量

从理论和实践的交互作用和演进历史来看，反抗资本主义的指导思想与其现实运动之间存在着一种密切的对应关系。在资本主义发展到一般垄断资本主义阶段，马克思列宁主义是指导反对资本主义的主导思想时，对资本主义的批判使用的是政治经济学的方法，在实践上表现为以共产党领导的阶级斗争和暴力革命，而当历史发展至资本主义全球化阶段，西方社会进入“后工业社会”，对资本主义的批判从注重经济批判转向注重文化与意识形态的批判，使用的是抽象思辨的、“人文的”方法，反抗资本主义的阶级主体也被销蚀了，往往以资本主义在当代出现了新变化、阶级构成也随之出现了新变化为托词，使得新的反抗资本主义的民众基础转变为“新社会运动”，出现了形形色色的身份政治、群众运动和边缘反抗。这些反抗运动虽然也能取得一些效果，但面临着被资本家阶级瓦解、收编的命运，原因就在于他们不是建立在共同的阶级利益之上、具有强烈的阶级认同、具有严密组织、具有科学的指导思想，又有先锋党的领导的社会运动，所以在结果上新社会运动对于资本主义具有改良作用，新社会运动的主体是靠不住的反资本主义主体。

历史的辩证法发展到今天，金融危机不仅催生了马克思主义政治经济学的复兴，而且重新使人们重视与之相应的阶级斗争，如果说与新社会运动相对应的后现代主义是反本质主义的，那么这种重新诉诸阶级政治的倾向可以说是后本质主义，是否定之否定的阶段。这种新的阶级斗争倾向对新社会运动有了一种批判性的重新认识，认为“新社会运动倡导立足现实本身的变化和了解现实去重新规划时代革命的方向虽然对了，却对劳动与财产权分离这一‘历史的本质性维度’产生了误判”。[①] 工人阶级并没有消失，只是新社会运动的烟雾遮挡了人们的视线，使人们看不到他。借用卡利尼科斯的话来说，“界定一个人的阶级属性，不是通过他所从事的工作类型，而是由他在生产关系中所处的地位决定”[②] 的，白领工人仍然是工人，因为它在生产关系中所处的位置与蓝领是一样的。而且，发达国家的“去工人阶级化”是以发展中国家和落后国家的整体“工人阶级化”为条件的。有学者指出，金融危机以来，“西方国家的阶级矛盾和阶级冲突日益凸显，呈现尖锐化、复杂化的特征。一方面，工人阶级规模较大的实际抗议活动和阶级意识的逐渐增强，标志着工人阶级的新觉醒；另一方面，资本家阶级更加巧妙、更加隐蔽同时也程度更深地加强对工人阶级的剥削和控制，淡化或抹杀阶级矛盾和阶级斗争的策略和手段也日益隐蔽，更加具有迷惑性”。“就目前状况来说，工人阶级的联合还有着漫长而艰辛的路要走。在这个过程中，阶级与阶级冲突将不断得到彰显，暗潮汹涌的斗争也将逐渐走向表象化、激进化。工人阶级的成熟需要经历一场革命性的

① 孙亮：《西方“新社会运动”的出场、特点及其局限》，《山东社会科学》2015 年第 7 期。

② 刘明明：《为什么马克思是对的：论卡利尼科斯的三个辩护》，《马克思主义研究》2015 年第 5 期。

洗礼。"①

2. 拉美左翼研究的新进展

（1）拉美左翼：迎接严峻的挑战

2013 年查韦斯去世对于拉美的左翼力量是一个沉重的打击，但是综观拉美政局仍然是中左翼政权占有优势。然而，近两年的选举却明显见到中左翼的优势遭到削弱，主要有以下几方面的原因：一是国内因素。拉美这两年经济增长乏力，政府只好削减开支，紧缩政策造成福利减少，引发了民众的不满。同时，政权内部官员腐败严重，遭到民众不信任。近两年，民众大规模的抗议活动已成常态，这给觊觎执政的右翼保守势力带来可乘之机，对拉美左翼政权形成一定的威胁。二是国外因素。美国利用各种手段对拉美进行颜色革命的企图一直都存在，这两年又增加了分化瓦解拉美左翼阵营这一招，比如对古巴示好，而对委内瑞拉等用强，而且美国还与拉美各国国内的右翼保守派联合起来制造事端，妄图推翻左翼政权。② 三是拉美左翼自身的原因。徐世澄指出，左翼政党和执政联盟各政党之间、左翼政党内部以及左翼政党与新社会运动之间存在分歧。③ 沃勒斯坦认为，拉美左翼一直都是两种，而不是一种，即一种是"现代化"左翼，他们主张借助国家力量使得本国经济现代化，赶上发达国家的水平，另外一种"更好的生活"左翼，它们由底层阶级组成，抵制所谓的现代化，认为那只会让国家的处境更糟，并扩大贫富差距，他们主张维持处于本地人掌控之中的传统生活方式。刚开始，现代化左翼在选举中得到了更好生活左翼的支持，但是随着时间的推移，两种左翼发现彼此之间的分歧越来越大，而且二者都倾向于与右翼结成联盟。在这种情况下，两种左翼之间的不团结很可能导致拉美左翼走向自毁的道路，因此左翼之间必须团结起来。④

（2）拉美左翼构成与社会基础的复杂性

不可否认，拉美左翼的构成是非常复杂的。学者从不同的视角尝试对这种复杂的构成进行分类，卡斯特内达的"正确左翼"和"错误左翼"划分影响较为广泛，但也有人认为这种划分过于简单化⑤，而从政府与市场的关系来划分，即市场取向的自由左翼和强调政府调控的干预型左翼⑥。拉美左翼的复杂性还来自他们社会基础的异质性，他们广泛吸纳来自社会各个阶层中的、与工人处于同等经济地位的主体，包括农民、小商业者、非正规经济的成员等，但是并不反对以阶级为基础的分析，一部分左翼倾向于以规模经济为基础的战略。拉美左翼深深受到民粹主义、激进民主、后殖民主义等理

---

① 童晋：《当代西方资本主义国家的阶级冲突和阶级斗争》，《马克思主义研究》2015 年第 8 期。

② 徐世澄：《拉美左翼政权面临严峻挑战》，《当代世界》2015 年第 12 期；徐世澄：《金融危机以来拉美左翼运动和共产党的新动向》，《求实》2015 年第 7 期；朱幸福：《拉美政坛左翼力量正在步入下行通道》，《文汇报》2015 年 11 月 3 日，第 6 版；范剑青：《拉美中左翼政党面临执政挑战》，《人民日报》2015 年 10 月 29 日，第 21 版；周淼：《现代化发展模式转型与拉美激进左翼的兴起与发展》，载《变动世界中的国外激进左翼》，吕薇洲主编，广西师范大学出版社 2015 年版。

③ 徐世澄：《拉美左翼政权面临严峻挑战》，《当代世界》2015 年第 12 期。

④ ［美］沃勒斯坦：《拉美左派向右转》，林丹文编译，《天涯》2015 年第 5 期。

⑤ ［委］史蒂夫·埃尔纳：《执政的拉美激进左翼：21 世纪的复杂性与挑战》，刘玉、孙雁编译，《当代世界与社会主义》2015 年第 4 期。

⑥ 官进胜：《拉美新左翼：类属、缘起与未来》，《上海行政学院学报》2015 年第 6 期。

论的影响，强调民众的直接民主或参与式民主、代议制民主，许多人认为不间断的社会冲突和政治差异只要不演变成正面冲突都是正常的①，这种民主作风有积极作用，但是对于拉美左翼进行统一有效的政治行动的视角分析，也成为一种掣肘因素。

（3）对于拉美左翼的评价

21 世纪拉美左翼执政以来在经济、政治、外交等方面都进行了很多改革。在政治上实行民众参与民主，在经济上反对新自由主义，提出替代模式，促进了经济增长，注重社会公平，提高人民福利，外交上与帝国主义强权政治做不妥协的斗争，总体来说取得了很大的成绩。有很多人对拉美的“社会主义”寄予厚望。但是很多国外研究者认为，本质上，拉美左翼的作为“仍旧处于资本主义国家发展的框架内，没有从根本上动摇其国家的资本主义制度并试图推翻当前的全球资本体系。在指导思想上，它们没有完全坚持马克思主义的立场，某些思想甚至带有鲜明的地缘特点和宗教色彩；在具体政策上，尽管一些国家鲜明地喊出了社会主义口号，比如，实行经济国有化，让穷人有更多发展机会，但是实质上，这也是以不动摇国家的私有制为前提的；在领导力量方面，无产阶级没有在其革命中真正占据主导地位。总结起来，他们认为，当前绝大部分拉美新左翼的主张和实践都是在对其国家固有的资本主义体制进行改良，差别只是在于是否更加重视国有经济、强调民众直接参与政治、注重社会公平、反对绝对的私有化和市场化，等等。在国际社会，拉美新左翼从未脱离主流国际体系，或试图摆脱国际分工，只是更加注意维护自身合法利益、努力实现独立自强等”。② 这些评价有助于我们更加客观地分析拉美左翼的政策和发展。

3. 中东欧与俄罗斯的左翼政党与组织：低潮中的希望

可以说，中东欧左翼的整体情况落后于欧盟老成员国，左右翼政党轮流执政，而且即便是左翼政党执政，也更倾向于联合中右翼政党，这是受到了左翼政党指导思想深深的影响，因为中东欧的左翼党大多奉行的是民主社会主义。③ 左翼政党更亲欧洲，主张欧洲化，右翼政党更多的主张以国家利益为中心，民粹主义倾向更强，但总体来说，左右翼之间的认同是模糊和不明确的，而且从总体上看，2008 年全球金融、经济危机爆发之后，许多中东欧国家陷入了深刻的社会危机。④ 但是在这种晦暗的形势中，有学者也从中看到了马克思主义和真正的左翼复兴的希望之光。金融危机以来，斯洛文尼亚和保加利亚的社会抗议活动就是标志。这些抗议活动认识到借用自由主义意识形态的左翼思想的不足，重新诉诸马克思主义，主张精英阶层与下层的融合，吸引了大批年轻人加入到左翼的队伍中来，为中东欧的左翼政治注入了新的活力。⑤ 这标志着在中东欧严峻

---

① ［委内瑞拉］史蒂夫·埃尔纳：《执政的拉美激进左翼：21 世纪的复杂性与挑战》，刘玉、孙雁编译，《当代世界与社会主义》2015 年第 4 期。

② 黄忠、郑红：《近年来国内外拉美新左翼研究评述》，《当代世界与社会主义》2015 年第 5 期。

③ 高歌：《中东欧国家政治舞台上的左翼政党》，《中国社会科学报》2015 年 6 月 24 日，第 B3 版。

④ 朱晓中：《中东欧国家转型过程中的三重危机》，《俄罗斯学刊》2015 年第 6 期。

⑤ 赵司空：《近年来中东欧一些国家社会抗议运动与左翼运动的新特点——以斯洛文尼亚和保加利亚为例》，《当代世界与社会主义》2015 年第 5 期。

的经济社会政治复合危机的形势下，新自由主义意识形态以及所谓的民主转型的理念正在越来越多的丧失民心。中东欧的左翼力量应该抓住这个有利形势，抛弃民主社会主义的意识形态，在马克思主义的指导下，有效组织和动员社会力量，争取对中东欧的政治发展发挥较大的影响力。

在俄罗斯，有学者注意到左翼激进政治组织仍然是俄罗斯政治中的一支重要力量，主要有全苏联共产主义布尔什维克党（ВКПБ）、俄罗斯共产主义工人党—苏联共产党（РКРП-КПСС）、“劳动俄罗斯”社会政治运动（ТР），他们鲜明的特色是不承认久加诺夫领导的俄罗斯联邦共产党，同时也是当前俄罗斯资本主义制度坚定的反对派，他们主张消灭私有制，通过阶级斗争重建社会主义苏联。但是其内部缺乏团结，意识形态光谱包括正统的马列主义、保守的斯大林主义及托洛茨基主义，等等。①

4. 生态社会主义研究的新进展

（1）绿色左翼批判绿色资本主义，却仍然沉溺于改良的资本主义

金融危机以来，资本主义体系的危机不仅在经济社会和政治层面暴露出来，而且以全球生态危机的形式表现出来，新自由主义在第三世界的蔓延不仅造成了严重的经济社会问题，更是极大地破坏了所及之处的自然环境，以当前全球最为关注的气候变化为例，由于发达资本主义国家不愿意为此承担责任，因此在资本主义体系下不管达成多少协定，都没有实质性的扭转，这使得资本主义的合法化危机暴露无遗。对于这种挑战，资本主义抛出了“绿色资本主义”进行应对。绿色资本主义以绿色经济为主导，主张在生产消费等经济活动中以节能环保为核心。绿色资本主义的确具有较大的迷惑人心的作用，但是不管是什么颜色的，资本主义的基础即资本主义的生产方式和经济关系没有改变，最终也只能死路一条。

绿色左翼认识到资本主义如果停止增长就会死亡，正如奥地利维也纳大学政治系乌尔里希·布兰德教授所指出的，资本主义条件下的经济增长是一种社会关系，它与社会统治和社会结构的再生产紧密结合在一起，因此在资本主义条件下，任何关于“有质量的增长”“稳态经济”“去增长”的看法都是虚假的。而且绿色经济带来的增长很可能会以其他部门或者产业、地区或者人群所付出的代价为前提，欧美发达资本主义国家之所以有可能发展“绿色资本主义”，是以全世界不平等的经济政治秩序为前提的，一句话，没有第三世界的这个边缘存在为他们提供血液，他们就没有在国际贸易、国际分工、自然资源获取和环境空间的使用方面的一种整体优势，这就是所谓的“帝国式生活方式”的霸权。② 但尽管如此，布兰德依然主张社会生态转型既要使得现存的工业体制不受影响（以免工人为转型付出代价），同时又要建构和形成替代性的生产生活方式。由此可见，布兰德绿色经济批判最终仍然沦为绿色资本主义的辩护词。

（2）生态社会主义批判绿色资本主义

生态社会主义是我们批判绿色资本主义的同盟军。比如萨兰·萨卡指出，资本主义存在着“内嵌式的增长冲动”，资本家不会违背资本主义的法则或工业经济模式而去保护环境，而且“如果生态资本主义由民族国家来实现的话，那么必须反对市场逻辑，

① 曲延明：《当代俄罗斯左翼激进政治组织的报刊出版活动》，《当代世界与社会主义》2015年第5期。

② 郇庆治：《布兰德批判性政治生态理论述评》，《国外社会科学》2015年第1期。

约束这种全球化的动力，同时也要约束资本跨越边界的自由流动”，而这与资本的逐利逻辑是矛盾的。① 针对气候危机而达成的各个协定是绿色资本主义最唬人的说辞，但克沃尔一针见血地指出了自《京都议定书》以来所有的气候协定的虚伪性和欺骗性。《京都议定书》将碳排放变成一种商品，为发达国家运用金钱和权力控制碳交易市场、为自己谋利创造了条件。“《京都议定书》不仅没用足够的能力控制发达国家的碳排放，而且为发达国家继续破坏生态环境、逃避监督和欺骗公众，提供了种种借口。”而2007年印尼巴厘岛联合国气候大会“回避了由顶尖的气候科学家所提出的2050年减少90%碳排放的目标……在减少碳排放的过程中，世界银行手握监管权，发展中国家的人民只能受到资本的摆布，同时使得碳污染的抵消和补偿更为容易。”② 2015年12月14日，《联合国气候变化框架公约》的近200个缔约方达成新的全球气候协定——《巴黎协定》。然而，前美国国家航天局的科学家、气候变化认识之父詹姆斯·汉森却尖锐地指出：“这是个骗局，假的……他们说‘我们将完成2摄氏度的目标，每五年会做得更好。’这些都是废话。没有行动，只有期望。只要化石燃料还是最便宜的，他们还是会继续烧石油。”③ 无论如何，资本家是因为赚取利润而且也只是为了赚取利润才存在的，他们不是拯救世界的人道主义者，这是常识。既然如此，资本主义体系与生态环境之间的悖论就无法在资本主义框架下来解决。

（3）从马克思主义的角度分析生态社会主义

生态社会主义的代表人物之一科威尔认为，资本主义发展的未来只能是生态社会主义，同时他也指出生态社会主义运动和思潮面临着各种诱惑和陷阱，包括来自社会民主党的、深生态学的绿色替代方案。在一篇文章中④，他提出了用“自然内在价值”理论补充马克思的“使用价值”和“交换价值”理论，而“自然内在价值论”正是深生态学的核心理念之一。克沃尔也受到深生态学的影响？我们认为，生态社会主义的发展方向不应是屈从于深生态学以及形形色色的“人文”理论，而应该自觉运用马克思主义的科学方法和基本原理使得生态社会主义理论更加成熟，在生态社会主义运动的组织和开展方面更有系统、有战斗力，沉溺于对资本主义的人文主义或者人道主义的生态批判只会削弱生态社会主义的发展。我们在研究分析生态社会主义的时候，需要更加自觉地运用马克思主义的立场观点和方法。有学者指出，从马克思主义的视角来看，生态社会主义存在着以下几方面的缺陷：第一，它在社会主义替代资本主义的本质原因方面认识不清；第二，它的反生产主义倾向与马克思主义基本精神不相容；第三，它与马克思主义在社会变革所依托的阶级力量方面有差别；第四，它的斗争策略有一定的空想

① 黄传根：《论萨卡生态社会主义思想》，《青海师范大学学报》（哲学社会科学版）2015年第2期。

② 张才国、张昊克：《沃尔生态社会主义的价值诉求——从〈生态社会主义宣言〉到〈贝伦生态社会主义宣言〉》，《教学与研究》2015年第2期。

③ 《2015巴黎气候大会结果如何？关于巴黎气候大会达成协议不得不说的事》，http://www.mrcjcn.com/n/78952.html。

④ ［美］乔尔·科威尔：《生态社会主义：一种人文现象》，马特译，《国外理论动态》2015年第9期。

性。[①] 从马克思主义角度对于生态社会主义的分析也有助于我们建设社会主义生态文明，其中最基本的就是要坚持社会主义的生产资料公有制，坚持实行社会主义生产方式，这是马克思主义批判生态社会主义中最为根本的方面，同时也是我们建设社会主义生态文明的基本前提。

5. 左翼思想家关注欧洲难民潮与暴恐战争

伊斯兰问题、暴恐事件和欧洲难民潮成为2015年度世界范围内的热门词汇。左翼思想家也纷纷对这些事件发表看法，他们认为，美国对于难民潮和暴恐事件难逃其责，左翼思想家倡导用共产主义替代资本主义。

沃勒斯坦认为，20世纪70年代以来，伊斯兰主义进入反体系时期：“伊斯兰主义”不仅反对世俗的民族国家，也反对处于世界体系中心区的西方国家，并希望重构世界体系。美国出兵打击“伊斯兰国”抱有明显的政治目的，政客们希望以此笼络民心，在大选中获胜。沃勒斯坦在题为《美国将毁灭于中东》的评论说道，频繁插手中东事务的美国已经在中东国家中丧失了信任，中东国家不会再对美国言听计从。因此，美国的干预将无助于缓解中东及相关各方面临的威胁，只会使局势恶化，他的结论是美国主导中东的能力在衰退。[②] 乔姆斯基指出：“事实上，伊拉克战争导致了教派冲突，将这一地区撕成碎片。这也是中东专家、前中情局分析师格雷厄姆·富勒所说的‘美国是IS的主要创立者之一’。”[③] 巴迪欧认为，“资本主义世界与种族—宗教主义的匪徒之间的冲突看似激烈，实则存在共同利益，其共同利益就是在世界上传播战争的种子。年轻人不应该在这看似冲突实则本质相同的两种野蛮形式之间进行选择，而应该选择共产主义”[④]。

左翼思想家认为美国应为欧洲难民潮负主要责任，欧洲因为追随美国的外交政策而自食其果。齐泽克认为，“如果真的想要遏制难民潮，关键在于承认难民中的大多数是来自‘失败国家’，即那些地方公共权威或多或少是失效的国家，如叙利亚、伊拉克、利比亚、索马里、刚果民主共和国等。这种国家权力的瓦解是国际政治与全球经济系统的产物，在一些国家，如利比亚和伊拉克，更是西方干预的直接后果”。齐泽克提出，难民问题是全球化经济的代价，必须进行激进的经济变革，他认为共产主义是解决（难民危机）的唯一办法。[⑤]

三 学科发展应注意的若干问题

（一）国外共产党研究方面

2015年度的国外共产党研究取得了很大进展，但总体上看还存在不少问题，目前

---

① 张剑：《生态社会主义的新发展及其启示》，《马克思主义研究》2015年第4期。

② 《美国学者沃勒斯坦有关中东问题的最新评论》，http：//www. xuexila. com/lunwen/philosophy/sinology/330640. html。

③ 乔姆斯基：《西方的鸵鸟心态对付不了IS》，http：//www. cssn. cn/hqxx/201511/t2015 1126_ 2714276. shtml。

④ 巴迪欧：《应对恐怖袭击，还要考虑共产主义》，http：//culture. ifeng. com/a/20151124/46372439_ 0. shtml。

⑤ 齐泽克：《共产主义是解决难民危机的唯一方法》，邢春燕、罗昕编译，http：//www. thepaper. cn/news Detail_ forward_ 1373414。

尤其表现为研究视野不够开阔，侧重于围绕某一具体共产党进行个案评析，以及具体发展情况的介绍比较多，综合性研究相对薄弱。从 2015 年的整体情况看，相关研究中跟踪报道占很大比重，理论分析尤其发人深省的理论思考少之又少。这些研究成果虽然有助于了解当前共产党的发展动态，但由于缺少宏观的背景把握和整体性分析，我们很难对整个地区的发展状况、特点、趋势和前景有一个总体概观。共产党研究不只是情况介绍，更应着眼于世界社会主义运动宏观背景的深入理论分析和探讨。把研究化约为介绍，只会将这一研究领域越做越窄。对国外共产党研究而言，需要突破传统思维定式，不断拓展研究的“问题”意识，强化理论思考的切入点。从这个意义上说，当前国外共产党研究的关键问题是亟须转换研究思路。只有这样，我们的视野才会变得更加宏观，思考问题也会变得更加深入，国外共产党研究也才能够有更大收获。

（二）西方马克思主义研究方面

综观 2015 年的西方马克思主义研究，其在取得丰硕成果的同时，也存在一些多年积累的问题，以下两个方面的问题尤其值得反思。

1. 缺乏进行有效取舍的思想框架

从马克思主义立场、方法出发研究西方马克思主义是西方马克思主义学科发展的基础，但要做到这一点必须有一个完善的马克思主义思想框架。中国马克思主义或者说是当代中国马克思主义，是当代中国的“道统”，不仅仅是现在宪法赋予道统的地位，而且中国马克思主义在近百年和其他主要的学术思想论战中，成为当代中国思想的主体或者主流。然而，从目前的状况看，我们缺少可以用来完善马克思主义的经典的、原创的理论建构，中国马克思主义经过了创建的时期，现在需要思想和理论的深度研究，还有理论的原创建构，这是我们的学者当做未做的事情。这种状况也间接地影响到国外马克思主义研究，也引发了一些学科争论，如对西方马克思主义是否是马克思主义的争论，要解决这一争论就需要一个为大家公认的衡量标准，一个完善的马克思主义思想框架，否则只能是“公说公有理，婆说婆有理”。

2. 西方马克思主义基础理论研究存在问题

借鉴西方马克思主义研究成果来丰富马克思主义基础理论，这是近年来此学科学者们所致力从事的工作，但是从效果看，显然不尽如人意。以辩证法的研究为例，马克思主义辩证法本是囊括了主体与客体的动态系统，然而，在我们的研究中总是存在要么把辩证法归结为主体，要么把辩证法归结为客体的倾向，这种倾向固然是受国外学者的影响，但同时也说明国内同行的思辨深度欠缺，在基础理论研究上需要打破思维定式，开辟新的研究路径。

（三）国外左翼思想研究方面

1. 对“国外左翼”需要进行概念界定，有助于指导我们对之采取相应的对策

一般认为“左翼”概念来源于法国大革命，左翼指革命派，右翼指保守派，左翼强调平等、民主，右翼倾向于等级制和传统。在历史的长河中，左翼观念几经演化，比如由开始的自由主义者算作左派，发展到现代自由保守主义是右派的典型代表，同时，许多学者也从不同的角度对左右进行界定，有的从对国家和市场的关系角度，有的从平等和自由价值观的偏好角度，有的从革命与保守的态度角度，也有的从注重国家主权还

是国际联合的角度对左右派进行划定。尤其是自从马克思主义在世界范围传播和发挥影响以来，极大地改变了左翼的光谱，在欧洲影响广而深的民主社会主义就是一个变种，它开始作为左翼对自由资本主义纠偏，而发展至当代，却成为“名左实右”的改良资本主义意识形态，成为我们批判的对象。

从马克思主义的角度来看，当代的左翼概念至少应该适用于这样一个标准，即它不再承认资本主义制度的合法性，并努力超越资本主义制度。左翼是与资本主义制度的激进变革联系在一起的。实际上，资本主义自产生以来从未停止对自身体制的修修补补，资本主义甚至有一种超强的吸纳和整合反资本主义力量的能力，比如它能把民主社会主义、绿色运动、性别运动、种族运动等都整合到自身的政党政治中去。但是这种调整都是以承认资本主义经济私有制为前提的。左翼运动、思想、党派的反资本主义应是在一种激进的意义上进行的，何谓激进呢？概括而言，就是不再承认资本主义体制的合法性和有效性，用自己的行动和思想使这一点大白于天下，并在可能的条件下争取发动对资本主义整体替代的革命或者说致力于一种社会主义的革命，尽管很多社会主义革命并非科学社会主义意义上的，比如以阶级力量为主体的暴力革命、非暴力不合作运动、民族解放运动、保护本土利益反抗资本主义全球化的革命行动，等等。这些行动大多数都受到马克思主义阶级斗争理论和资本主义学说的影响。当然，我们必须记得一点就是，只有在与右翼的关联中我们才能够谈论左翼，左右翼之间是如何相互对抗或者彼此影响的，应该是我们对国外左翼研究中关注的一个问题。

国外左翼是一个抽象的概念，它必须有相应的载体，我们概括为政党、运动和思想者。激进左翼政党是国外左翼中的重要力量和领导者，反抗资本主义全球化的工人、群众、是国外左翼的群众基础，激进左翼的思想者是国外左翼中的知识分子，他们的思想理论对于左翼政党和运动的发展具有较大的影响力。要颠覆资本主义体系，必须要有科学理论的指导（马克思主义），有先进政党的领导（共产党），有靠得住的阶级力量（新时代的无产阶级），以及能够运用马克思主义，并结合当代资本主义的新发展，阐发当代资本主义批判理论的知识分子队伍（当代批判理论家）。但是，在目前看来，左翼政党与左翼知识分子、左翼群众运动和工人运动之间实现有效的整合，形成一个统一的、有组织的斗争力量仍然有很长的路要走。

我们应该针对左翼的不同情况采取不同的态度。对那些以马克思主义为指导的党派、思想者采取联合、支持、协助的态度；把那些虽然具有强烈的反抗资本主义全球化愿望，却缺乏科学理论指导的运动、党派、思想者作为教育和争取的对象，作为潜在的同盟军伙伴。世界社会主义运动的复兴不是一国一党可以完成的，我们应该看到国外左翼运动、党派和思想者都是我们应该团结和争取的对象，只有建成更广泛的革命统一战线，才能实现社会主义在世界范围内的大发展。这都是我们需要加强研究的课题。

2. 在对国外左翼的研究中应加强马克思主义的指导

这些年来国内学界对国外左翼的研究已经具备了相当的深度和广度，对左翼政党、左翼运动、左翼思想者的研究和分析都取得了不错的成绩。但是仍然普遍存在着现象描述多、理论分析少的现象。我们认为，在对国外左翼的研究中，应该加强马克思主义基本原理的指导，从马克思主义的角度对左翼现象或者理论进行分析和评价。同时应该注意宏观分析与微观描述的结合，避免两极化，比如有的宏观分析过于大而化之，而有的微观描述又只见树木不见森林。

3. 在对国外左翼运动或者政党的分析中应结合实际给出具有操作性的建议

这里涉及我们研究国外左翼的目的。为什么研究国外左翼？因为作为世界社会主义复兴运动的主要力量，国外左翼是我们应该联合的力量。对国外左翼中存在的不科学的因素、不符合马克思主义的因素，我们应该批判性地分析并给出相应的可操作性建议，以有助于国外左翼抓住资本主义周期性经济危机的低迷形势，迅速崛起，成为我国社会主义建设的同盟军。

（供稿：冯颜利、李瑞琴、于海青、陈慧平、张剑）

国际共产主义运动

一　学科概况

2015 年，“国际共产主义运动”学科一方面围绕国际共产主义运动史、当代资本主义和世界社会主义等方面，举办了形式多样的学术交流活动，对学科发展起到了直接的推动作用；另一方面，继续深化和拓展研究领域，推出了一系列有价值的研究成果。总体上看，本年度国际共产主义运动学科既能跟踪研究一些重大现实问题，又能深入探讨一些重要历史和理论问题；既立足于中国国情，又具有国际视野；既进行深入的理论研究，又联系中国实际，积极服务于中国特色社会主义建设实践。

（一）学术会议

2015 年，围绕着国际共产主义运动的研究内容，国内外各界召开了形式多样的学术交流活动。

1. 围绕社会主义的发展道路、历史教训与现实成就举办了多场论坛

21 世纪以来尤其是 2008 年国际金融危机发生以来，中国等社会主义国家的发展备受瞩目，因而社会主义道路的发展历程及现实成就也成为学术研讨的重点。2015 年 5 月 19 日在中国社会科学院举行的第六届“中国—古巴社会科学研讨会”，中、古学者围绕中古两国在拉美区域一体化中的作用、社会主义思想文化建设与意识形态安全等议题展开了学术交流。7 月 12 日在越南古城顺化召开了第三届“社会主义国际论坛”，来自中国、老挝、越南三国的专家学者围绕“当前条件下如何加强党的执政能力和提高国家的管理能力”的主题开展了深入而富有成效的研讨。9 月 4—6 日，在清华大学举行了“20 世纪苏联和中国的社会主义：理论与实践”国际学术研讨会，围绕中国与苏联关于社会主义革命道路的争论乃至争斗，国际主义革命理念的兴衰，马克思主义与社会现实的想象，中苏两国的经济制度、工业化道路，20 世纪社会主义的伟大实践在科教文卫领域的贡献等七个议题进行了探讨。9 月 25 日—10 月 3 日，由中国社会科学院马克思主义研究院和德中协会、德国左翼党、法国共产党、法国加布里埃尔·佩里基金会、意大利共产党人党、意大利马克思二十一世纪政治文化协会等共同主办的“2015 中国道路欧洲论坛”分别在德国柏林、法国巴黎和意大利罗马举行，主题为“中国道路：成就、原因、问题、对策”，与会中国学者与欧洲议会议员、德法意三国国会议员、政党成员、欧洲多所大学及研究机构的学者围绕这一主题进行了深入研讨，在许多问题上取得广泛共识，增进了欧洲社会对中国道路的认知和认同。11 月 27 日在济南举行了中国社会科学院第三届科学社会主义论坛，主题为“科学社会主义视野下的‘四个全面’战略布局”。

2. 围绕世界社会主义运动、理论和思潮进行了多次研讨

4 月 25 日，由中国社会科学院马克思主义研究院与华中师范大学主办的“第三届国际共产主义运动论坛——金融危机以来的世界社会主义”学术研讨会在湖北武汉召开。与会专家学者围绕金融危机以来的世界社会主义运动、国外共产党的发展动态、世界左翼思潮与左翼运动、当代国外主要社会主义流派的发展现状与前景、中国特色社会主义的新发展等专题进行了深入的研讨。8 月 30 日在上海市中国浦东干部学院举行第二届“当代世界与社会主义研讨会”，主题为“时代发展与社会主义理论创新”。10 月 10 日首届世界马克思主义大会在北京大学开幕，来自中国、美国、俄罗斯、比利时、越南等国家的 400 余位学者围绕“马克思主义与人类发展”这一主题进行了研讨。10 月 14—17 日，中国国际共运史学会 2015 年年会暨学术研讨会在宁夏石嘴山市举行，主题为“二战胜利与战后世界社会主义的新发展和新亮点”。10 月 31 日在广东肇庆市委党校举行了“时代变迁与当代世界社会主义”学术研讨会。11 月 21 日在武汉大学召开了第二届“马克思主义与 21 世纪社会主义”国际学术研讨会。

3. 围绕当代资本主义及国外共产党和工人党展开研讨

5 月 29—31 日，全球左翼论坛在美国纽约城市大学召开，主题为“没有正义，就没有和平：直面资本主义及其民主的危机”。来自世界各地的学者、社会活动家、青年学生 4000 多人参加了论坛。10 月 16—17 日，在中国社会科学院召开了“第六届社会主义论坛：话语权与领导权——‘颜色革命’与文化霸权国际学术研讨会”，围绕西方文化霸权的危害、发展中国家怎样防范“颜色革命”等进行了深入探讨。10 月 30 日—11 月 1 日，第十七次共产党和工人党国际会议在土耳其伊斯坦布尔举行，主题为“共产党和工人党的主要任务：为了工人和人民的解放，为了社会主义，加强工人阶级反抗资本主义剥削、帝国主义战争和法西斯主义的斗争”，来自全球 53 个国家 62 个共产党和工人党的代表参加了会议。

从整体来看，2015 年的学术研讨会呈现出如下特点：一是各类学术会议的参与单位与参会人员众多，会议规模大。二是各类学术会议的议题既有广度也有深度，对资本主义的新动向、社会主义面临的新形势和存在的新问题等都进行了探讨，对拓展学科研究视野起到了重要的推动作用。三是中外交流常态化，众多学者关注社会主义的话语权和中国特色社会主义的国际影响。由中国社会科学院主办的“社会主义国际论坛”“中国—古巴社会科学研讨会”“中国道路欧洲论坛”“世界社会主义论坛”等国际学术会议已经连续举办了几届，成为制度化的交流平台，国内外影响很大。这些会议围绕左翼思潮发展以及当代世界社会主义运动的策略等问题展开深入研讨，形成了很多有影响力的观点和见解，为国际共产主义运动研究的深化提供了重要的支撑。

（二）研究成果

2015 年度，学界对国际共产主义运动的历史与现实问题进行了深入而多角度的研究，取得了丰硕的成果。

1. 加强和深化对国际共运史重要历史人物、事件和组织的研究

一是注重对国际共运史上的重要人物及其思想进行深刻挖掘。本年度对国际共运史重要人物的研究与突破主要集中在列宁和布哈林的思想探索上。对列宁思想的研究主要集中在文化建设、党建、治国理政等方面，如宋喆、朱宗友的《列宁文化建设思想形

成的主观条件探析》，董学文的《论列宁对马克思主义文艺理论的发展》，丁国旗的《列宁文艺反映论与建国后我国文论的历史缘分》，刘娜娜的《列宁党内民主思想研究》，丁俊萍的《列宁的反腐倡廉思想建设及其启示》，王晶雄的《列宁对“恩格斯命题”的探索及其当代意义》，顾玉兰的《列宁社会主义国家治理思想及其当代启示》，王奇才、黄文艺的《列宁社会主义法制建设思想与当代中国法治建设》。对布哈林的研究包括社会主义多样性理论、社会有机体理论，消除“无产阶级专政的对立物”的思想等，如申海龙的《布哈林的社会主义多样化思想及其启示》，周建超、李欢的《论布哈林的社会有机体理论》等。

二是加强对苏联解体等国际共产主义运动史上重大历史事件的反思性研究和持续考察。对苏联解体问题，本年度学界分别从苏联共产党自身放弃政治安全防线、苏联领导层的因素以及苏联体制模式因素，社会思潮，欧美遏制战略等不同视角进行了深入探讨。相关著述有李慎明的《苏联放弃政治安全防线的悲剧》、马龙闪的《从普京版历史教科书大纲解读苏联解体原因》以及《苏联计划经济走过的坎坷道路》、安竣谱的《遏制战略、新思维政策与苏联解体》、韩雪的《苏联解体中的宗教因素分析》，蒋红的《对苏联解体的另一种探索与求证——〈来自上层的革命——苏联体制的终结〉读书心得》、黄星清的《从苏联解体看新自由主义对社会主义改革的危害性》、王立新的《戈尔巴乔夫时期的社会思潮失控与苏联剧变》等。

三是对国际共产主义运动一些重要组织进行深入研究。学界对第一国际和第二国际以及共产国际在世界社会主义运动史上的地位和作用进行了探讨。同时，由于 2015 年是世界反法西斯战争胜利 70 周年，共产国际和各国共产党对反法西斯战争的影响和贡献，也成为学界研究的重点。在研究中，学界还对国际共运史上一些颇具争议性的问题——如共产国际在战争期间的政策变化等进行了探讨和分析。相关研究成果有：姜安的《国际共产主义运动在世界反法西斯战争中的历史作用》，柴尚金的《共产国际在世界反法西斯斗争中的作用及评价》，郭芷安的《第一国际处理党际关系的原则及现实意义》，孟飞与姚顺良合著的《第二国际的思想裂变与奥地利马克思主义》，张吉勇的《第二国际与当代中国历史境遇的异同及其反思》等。

2. 深化对当代资本主义制度的整体反思与批判

一是关于资本主义制度的整体性反思。当前资本主义经济发展乏力，金融主导型的经济危机在资本主义国家持续发酵，并引发了一系列社会问题。对此，国内外学者集中反思和剖析资本主义制度，并从《资本论》等马克思主义经典著作出发论证了资本主义制度的弊端及其必然灭亡的历史命运。此类著述主要有：法国经济学家、调节学派创始人之一罗伯特·布瓦耶的《资本主义的经济政策》①，法国左翼经济学家保罗·博卡拉的《论危机与资本的过度积累与贬值：选集Ⅱ，系统长周期危机及资本主义的转变》②，法国左翼社会学者乔治·科尔尼茨的《资本主义：人类的癌症》③，法国马赛大

① Robert Boyer, *Économie politique des capitalismes*, La Découverte, 2015.

② Paul Boccara, *Théories sur les crises, la suraccumulation et la dévalorisation du capital*: *Volume 2, Crises systémiques et cycles longs, transformations du capitalisme jusqu'aux défis de sa crise radicale*, Editions Delga, 2015.

③ Georges Kornheiser, *Le capitalisme, cancer de l'humanité*, L' Hachette, 2015.

学经济系学者贝尔巴尔·巴朗克等的《另一种金融？——对当代金融制度的批判性反思及前景预测》[①]，理查德等主编的《金融危机之后的资本主义未来：论紧缩时期资本主义的多样性》[②]，沃尔夫冈·施特雷克的《购买时间：资本主义民主国家如何拖延危机》[③]，雅克·朗班的《资本主义新论》[④]，乔纳森·克拉里的《24/7：晚期资本主义与睡眠的终结》[⑤] 等。

二是加强对资本主义政治制度的揭露和批判。随着金融危机和债务危机的持续以及世界范围内恐怖活动和武装冲突的日益猖獗，资本主义的政治制度及其在全球的贩卖越来越受到包括全球左翼学者的质疑和拷问。他们普遍认为，资本主义的政治模式存在着严重的缺陷和弊端。此类著作及文章包括：丹·优舍的《选举经济学：个人主义、交易、权利与义务》[⑥]，阿莱克·阿尼瓦、克莱姆·尼桑斯格鲁的《西方世界曾如何制定规则：资本主义地缘政治的起源》[⑦]，陈明富的《“虚幻共同体”批判视野下马克思资本主义国家观》，葛宇宁的《“塔克——伍德命题”的破解——马克思对资本主义的正义批判》等。

三是从生态与可持续发展角度批判资本主义。2015 年第 21 届世界气候大会在法国巴黎召开，国内外学者以此为契机集中探讨了生态可持续发展的迫切性以及资本主义发展模式不可持续性，并深刻揭示“绿色资本主义”“生态资本主义”的虚伪性，主张人类社会的新发展必须找出新的替代方案。这类著述包括：菲利普·克莱顿的《有机马克思主义——生态灾难与资本主义的替代选择》、乔尔·科威尔的《自然的敌人：资本主义的终结还是世界的毁灭?》、任铃的《从西方环境运动看当代资本主义的社会矛盾》、郇庆治主编的《当代西方生态资本主义理论》、杰森·摩尔的《生活网络中的资本主义：生态学与资本的积累》[⑧]、诺奥米·克莱恩的《这改变一切：资本主义与气候的对决》[⑨] 等。

四是全面梳理资本主义发展历史。金融危机以来，国内外学者除了考察当代全球资本主义发展新动向，也对资本主义发展历程进行了回顾和研究。这类著作和文章主要包

---

① Bernard Paranque etc, *La finance autrement ?: Réflexions critiques et perspectives sur la finance moderne*, Presses Universitaires du Septentrion, 2015.

② Richard Westra, Denis Badeen, Robert Albritton, *The Future of Capitalism After the Financial Crisis: The Varieties of Capitalism Debate in the Age of Austerity*, Routeledge, 2015.

③ ［德］沃尔夫冈·施特雷克（Wolfgang Streeck）：《购买时间：资本主义民主国家如何拖延危机》，常暄译，社会科学文献出版社 2015 年版。

④ ［法］雅克·朗班：《资本主义新论》，车斌译，东方出版社 2015 年版。

⑤ ［美］乔纳森·克拉里：《24/7：晚期资本主义与睡眠的终结》，沈清译，中信出版社 2015 年版。

⑥ Dan Usher, *The Economics of Voting: Studies of self-interest, bargaining, duty and rights*, Routeledge, 2015.

⑦ Alex Anievas, Kerem Nisancioglu, *How the West Came to Rule: The Geopolitical Origins of Capitalism*, Pluton Press, 2015.

⑧ Jason W. Moore, *Capitalism in the Web of Life: Ecology and the Accumulation of Capital*, Verso Books, 2015.

⑨ Naomi Klein, *This Changes Everything: Capitalism vs. The Climate*, Penguin, 2015.

括：埃伦·米克辛斯·伍德的《资本主义的起源：一个更长远的视角》、周建明的《从“市场社会”到“社会市场经济”——对20世纪西欧资本主义的考察》、美国著名马克思主义经济学者大卫·科茨的《新自由资本主义的兴衰》①、陈祥勤的《当前西方左翼思潮对世界资本主义体系的分析、研判和展望》等。

3. 继续加强世界社会主义动态与理论研究

一是继续关注各社会主义国家的发展现状。除对中国特色社会主义的发展持续关注外，学界对越南、古巴、老挝和朝鲜的发展尤其是其改革举措给予了高度重视。主要成果有：潘金娥的《越南马克思主义理论创新的路径与成果》，杜明坚、张文松、吴海兵的《中国与越南的经济改革比较分析》，李闯、王筱宇、张逸的《越南政治体制改革的启示》，徐世澄的《古巴的国家治理转型观察》，王承就的《论古巴改革的价值导向》，张登文的《古巴：在新自由主义中建设社会主义》，王璐瑶的《老挝人民革命党对社会主义的认识与实践》，齐英艳的《马克思主义在老挝发展的经验启示》，谭红梅的《“经济与核武并行路线”及朝鲜经济政策走向》等。

二是对世界社会主义运动现状及世界社会主义发展趋势进行深入研究和探讨。代表性著述有：李慎明主编的《社会主义是人类历史的必然》、《世界社会主义黄皮书：世界社会主义跟踪研究报告（2014—2015）》、聂运麟的《战役成功与战略困局：2008年金融危机以来的世界社会主义运动发展态势》、姜辉的《西方左翼何去何从？——21世纪西方左翼的状况与前景》、徐世澄的《金融危机以来拉美左翼运动和共产党的新动向》等。

（三）学科发展特点

本年度，国际共产主义运动学科在研究方法、研究内容等方面，呈现出以下特点。

一是更加注重历史与现实相结合，增强学科研究的现实针对性。对国际共产主义运动史的研究是本学科的重要内容，本年度在对国际共产主义运动历史人物、事件、组织等深入研究和探讨的基础上，更为注重对共运史经验教训的回顾和总结，并提出对建设中国特色社会主义的相关启示，由此使本学科研究的现实针对性以及理论价值更为凸显。譬如，通过对国际共运重要历史人物在无产阶级政党建设、社会主义经济建设、社会主义国家法治建设、文化意识形态建设、治国理政等方面思想的阐发，为当前中国特色社会主义经济、政治、文化意识形态、生态文明及反腐倡廉建设提供科学的理论依据和丰富的历史经验。

二是更为强调动态跟踪与理论研究相结合。国际共产主义运动学科的研究除包含对国际共运史的深入挖掘外，还包含对当代资本主义的反思与批判，对当代社会主义国家和世界社会主义运动现状及发展趋势的研究与探索。在这些方面的研究上，本年度不仅更为注重对动态的跟踪研究，如对现有社会主义国家、资本主义国家共产党等的持续关注和研究，也更为注重运用马克思主义基本理论对世界社会主义运动的现状进行分析，以求更为科学地把握世界社会主义发展的现状和未来。

三是更为注重学术交流与研讨。学术交流与研讨对于拓展研究视野、提升学科影响、推进学科研究等具有重要作用。与以前相比，本年度与国际共产主义运动相关的学

① David M. Kotz, *The Rise and Fall of Neoliberal Capitalism*, Harvard University Press, 2015.

术会议无论是在举办次数还是在参会人数上，都有明显的增加。学术交流和研讨为学科研究，尤其是一些重要问题的深入研究提供了重要平台，也为研究人员更广泛的交流与合作创造了重要条件。

二 重大问题研究进展

（一）国际共产主义运动史重大历史事件和理论研究

1. 苏联模式和苏联解体原因

苏联模式和苏联解体原因仍是本年度国内学界研究的重点之一。学者们分别从苏联共产党自身放弃政治安全防线、苏联领导层的失误、苏联模式的弊端、苏联国内出现的各种反社会主义思潮以及欧美遏制战略等不同视角，对该问题进行了深入探讨。中国社会科学院李慎明研究员指出，苏联放弃政治安全防线，最终酿成了解体的悲剧。早在20世纪50年代，美国就意识到了意识形态领域是与苏联进行战争的重要战场。因此，他们非常关注苏联国内出现的各种社会思潮和政治流派，并努力与之建立对话的渠道。他们希望苏联出现一种“内部力量”，以便促进苏联进行有利于西方的“改革”。戈尔巴乔夫时期，苏共在意识形态领域的战略失误，更是加速了苏联舆论阵地与思想政治阵地的失守。[①] 中国社科院陆南泉研究员则从苏联社会主义体制模式的视角，对剧变的原因进行了分析。他认为，斯大林模式本质上是高度集中的计划经济体制与政治上的集权的结合，与马克思主义经典作家的设想相距甚远，由于弊病过多而长期未能实行有效改革，最终悲剧地走向了解体。[②]

2. 《联共（布）党史简明教程》研究

《联共（布）党史简明教程》（以下简称《教程》）对苏联时期意识形态的塑造产生了深远的影响，一度被视为“共产主义的圣经”。近几年学界对该教程的关注逐渐提升，对其理论价值及影响充满了争议。华南师范大学许冲认为“为政治而党史”“为政策而理论”“为普及而灌输”才是《教程》内含的根本性的文本逻辑，因而难以将其“判定为‘马克思列宁主义基本知识的百科全书’，是‘对联共（布）历史和马克思列宁主义基本问题的正式解释’，抑或是对马克思主义在苏联取得伟大成功的历史书写”。[③] 中国人民大学蒲国良教授则多次提出要重新研究《联共（布）党史简明教程》：一是《教程》作为一个时代极具代表性的著作，是研究苏共党史、苏联历史、国际共产主义运动史、马列主义传播史等都无法回避也无法绕开的话题，但反观中国学术界的相关研究，可以说重视度还不够，研究力度也不够，研究成果远不够充分；二是就《教程》对中国的影响而言，严格说来，学术清理工作至今还不能说已经完成。他还指出，《教程》也是打开斯大林迷宫的一把钥匙，是对斯大林模式最系统最完整的论证，而读懂斯大林又是读懂苏联历史、苏共党史最起码的条件。同时，也要认识到《教程》

---

① 李慎明：《苏联放弃政治安全防线的悲剧》，《国防参考》2015年第2期。

② 陆南泉、李建民：《关于苏联社会主义体制模式与苏联剧变原因问题的看法——访中国社会科学院荣誉学部委员陆南泉》，《历史教学问题》2015年第2期。

③ 许冲：《论〈联共（布）党史简明教程〉的文本逻辑及其影响——基于中共领导人政治实践性阅读的考察》，《科学社会主义》2015年第3期。

的复杂性，研究时应该与马克思、恩格斯、列宁和斯大林等原著结合，应该有多学科和跨学科的多元性视角。①

（二）国际共产主义运动重要历史人物和组织研究

1. 国际共产主义运动重要人物研究

本年度对列宁和布哈林的思想和理论的突破性研究比较集中，相对而言，对其他历史人物的创新性研究则少得多，如对斯大林的研究仍主要集中在对其的功过评价方面②，对伯恩施坦的关注在于其对马克思主义的批判与重构方面③。

列宁思想内容丰富多样，学界的研究既有从列宁主义整体建构的角度出发，也有从列宁某一具体思想的内容出发，但最终落脚点都是对当代问题的启示。从研究领域看，本年度主要集中在文化建设、党建思想、治国理政思想等方面。对于列宁的文化建设思想，学界主要从其思想形成的主观条件④、与马克思文艺理论的关系⑤、对我国文化文艺建设的影响⑥等方面进行了阐发。对于列宁的党建思想，学界主要从党的纯洁性⑦、党内民主思想⑧、反腐倡廉建设⑨等方面进行了探讨，还有学者从“恩格斯命题”入手，对列宁在克服共产党员官僚主义作风方面的探索进行了深入剖析⑩。

本年度对列宁思想研究的最大突破在于对其治国理政思想有了初步的思考与探索，并对其当代价值有所发现。南京审计学院顾玉兰教授将列宁社会主义国家治理思想的主要内容归纳为：（1）必须坚持党的总领导及党政分工原则；（2）需要一支素质优良的干部队伍；（3）必须发挥人民群众的主体作用；（4）必须实现法治化；（5）必须弘扬先进的无产阶级文化与共产主义道德。她还指出，虽然对列宁治国理政思想的探索是初步的，但这些成果是富有启示意义的：当代中国推进国家治理现代化必须坚持党的领导；现代国家治理的基本路径应当是官民共治；社会主义国家治理应当坚持法治与德治相结合。⑪ 此外，吉林省社会科学院王奇才等从社会主义国家法治建设的必然性、规律、模式等方面对列宁社会主义国家法治建设思想进行了探讨和总结，并认为对我国的

---

① 蒲国良、曹珏娟：《关于重新研究〈联共（布）党史简明教程〉的若干思考》，《聊城大学学报》（社会科学版）2015年第2期。

② 周尚文：《我们今天如何看待斯大林》，《东方早报》2015年6月28日。

③ 陈爱萍：《论伯恩施坦对马克思主义的重构及其启示——从理论与实践双重维度的考察》，《社会科学战线》2015年第7期。

④ 宋喆、朱宗友：《列宁文化建设思想形成的主观条件探析》，《南京政治学院学报》2015年第5期。

⑤ 董学文：《论列宁对马克思主义文艺理论的发展》，《文艺理论与批评》2015年第1期。

⑥ 丁国旗：《列宁文艺反映论与建国后我国文论的历史缘分》，《山东社会科学》2015年第3期。

⑦ 蔡亚志：《列宁关于党的纯洁性思想及其当代价值》，《马克思主义研究》2015年第2期。

⑧ 刘娜娜：《列宁党内民主思想研究》，《求实》2015年第1期。

⑨ 丁俊萍：《列宁的反腐倡廉思想建设及其启示》，《马克思主义研究》2015年第1期。

⑩ 王晶雄：《列宁对“恩格斯命题”的探索及其当代意义》，《南京政治学院学报》2015年第6期。

⑪ 顾玉兰：《列宁社会主义国家治理思想及其当代启示》，《马克思主义研究》2015年第10期。

启示主要在于：建设社会主义法治国家，不仅要尊重客观规律，探索科学模式，而且要认识到党的领导是最根本保证，必须处理好党与法治的关系。①

布哈林被列宁誉为“学识卓越的”苏联马克思主义理论家，本年度探索布哈林思想的成果相当丰富，学界分别对布哈林的社会主义多样性理论、社会有机体理论，消除“无产阶级专政的对立物”的思想等进行了探讨，并对其当代价值进行了探索。扬州大学周建超教授等认为，探讨布哈林的社会有机体理论，将有助于我们从整体上把握和认识布哈林在传播、继承和发展马克思主义唯物史观方面的重要贡献，同时也将大大拓宽布哈林思想研究的领域。② 中国人民大学李先灵将布哈林的“无产阶级专政的对立物”归纳为庞大的官僚机构、庞杂的行政管理费用、各种官僚主义和蜕化变质现象；而布哈林提出的组织和文化两个方面的应对措施，如全面团结，反地方本位主义，大胆、坚决的党内民主，说服教育等工作方法，治理改善国家机关，用舆论切断官僚主义，培养“新管理人”，提高群众素质和参政议政能力等，为我们当前深刻理解并贯彻落实“全面从严治党”提供了重要的思想启示。③ 郑州师范学院申海龙认为，布哈林的社会主义多样化思想，既是对当时苏俄社会主义发展路径和实现方式的理性思考，同时对于我们科学看待现实社会主义，辩证评判社会主义的不同实现方式，尤其是联系当下社会主义发展之实际，具有重要的启示意义。④

2. 国际共产主义运动重要组织研究

对第一国际、第二国际、共产国际等国际共产主义运动史上的重要组织，本年度学界都有研究。

第一国际是世界上第一个国际性的工人联合组织，在加强工人组织性和提高工人觉悟上起了重要作用，正如列宁所说的，“第一国际是不会被人遗忘的，它在工人争取自身解放的斗争史上是永存的”⑤。中央党校郭芷材从处理党际关系原则的视角对第一国际进行了研究。他认为，第一国际在处理同各国工人组织的关系时坚持了国际合作上的联合统一与各国工人运动中独立自主相结合的原则，以及在统一联合的基础上恰当地处理了第一国际内部不同工人组织和各种流派之间的关系。第一国际组织形式和组织原则及其处理党际关系的实践，对我们当前处理党际关系具有重要的现实意义。⑥ 还有学者从人物研究的角度对第一国际进行了分析。比如，中国人民大学黄帅认为在第一国际的前期、中期和后期，恩格斯分别在思想理论、组织行政和政治宣传三个方面做出了独立的杰出贡献。如果说第一国际的首脑是马克思，那么副帅就是恩格斯。

学界对第二国际的分析与探讨与现实的结合更为紧密。第二国际在当时面临着资本

---

① 王奇才、黄文艺：《列宁社会主义法制建设思想与当代中国法治建设》，《马克思主义与现实》2015 年第 2 期。

② 周建超、李欢：《论布哈林的社会有机体理论》，《江苏社会科学》2015 年第 2 期。

③ 李先灵：《布哈林消除“无产阶级专政的对立物”思想及其启示》，《贵州师范大学学报》（社会科学版）2015 年第 6 期。

④ 申海龙：《布哈林的社会主义多样化思想及其启示》，《社会主义研究》2015 年第 4 期。

⑤ 《列宁全集》第 36 卷，人民出版社 1985 年版，第 218 页。

⑥ 郭芷材：《第一国际处理党际关系的原则及现实意义》，《上海市社会主义学院学报》2015 年第 4 期。

主义发展的新变化，马克思主义者内部出现修正主义等诸多困境。因此，有学者认为，当代中国处于第三次科技革命和资本主义社会逐步成熟稳定的历史环境下，与第二国际有相似的时代境遇和历史任务。对第二国际与当代中国发展的相似及差异性研究，能使当代中国马克思主义研究对第二国际进行正确扬弃，以促进当代中国社会主义正确发展。第二国际的理论缺陷之一是没有领悟到“实践”是马克思哲学的根本特征这一深刻内涵。当代中国的马克思主义学者应该在实践上进一步探索和发展，在国家宏观发展层面上、群众的社会生活中，大力倡导理论和实践紧密结合。正确掌握马克思的实践观，避免第二国际的理论错误。① 还有学者从第二国际的社会保障思想视角进行了考察，认为第二国际时期的社会保障思想，是第二国际理论家在批判资本主义制度给人类带来普遍贫困和大量工人失业的基础上，在领导工人阶级为争取自身权益进行艰巨斗争的过程中提出来的，研究第二国际时期理论家的社会保障思想，对于丰富和发展马克思主义社会建设思想具有重要的理论价值。

本年度对共产国际的研究，更多的是与反法西斯战争相结合。中联部柴尚金研究员认为，应该辩证看待共产国际在世界反法西斯战争中的作用。首先，不能抹杀其积极建立和推进反法西斯统一战线，积极指导、援助和支持各国抵抗运动，对反法西斯战争起到的历史性积极作用。其次，也应该看到共产国际在重要战争期间矛盾性波动式的战略变换以及集中原则造成的不利影响。共产国际政策的转舵与再转舵，造成了各国共产党思想和组织的严重混乱，也因此被贴上政治机会主义和政治修正主义的标签，其国际政治声誉和威信均受到极大影响。最后，应该看到，国际主义仍具有强大的生命力，团结与合作仍是当今社会主义运动的发展趋势。② 对于共产国际解散的原因，学界也进行了探讨。深圳大学姜安教授认为，共产国际的解散是顺应历史潮流的做法，并将其原因归结为两个方面：首先，就国际共产主义运动内部而言，面对各国以及各国共产党实际情况的变化，统一的国际组织已经无法适应这一变化，共产国际的解散是当然的政治选择；其次，就世界反法西斯统一战线而言，苏联为了避免美英等反法西斯盟国的猜忌，揭穿法西斯阵营对苏联的谎言和污蔑而解散共产国际，是进一步加强国际统一战线力量，赢得战争胜利的政治博弈。③

（三）对资本主义制度的全面反思及批判

当下资本主义国家在新自由主义财政紧缩政策和量化宽松政策无效的情况下，展开了新一轮对劳工及其民主权利的压制，导致社会差距进一步加大，危机进一步加深。在这种情况下，学界围绕资本主义制度的实质及其当代演化、资本主义发展趋势等问题进行了深入的分析和讨论。

1. 当前资本主义体系性危机的特点及表现

爆发于2008年的资本主义经济危机持续至今，并仍在深化，已成为资本主义历史上最为严重的周期性经济危机。对于此次资本主义危机的特点，学界进行了深入探讨。

---

① 张吉勇：《第二国际与当代中国历史境遇的异同及其反思》，《改革与开放》2015年第19期。

② 柴尚金：《共产国际在世界反法西斯斗争中的作用及评价》，《当代世界》2015年第8期。

③ 姜安：《国际共产主义运动在世界反法西斯战争中的历史作用》，《中国社会科学》2015年第9期。

南京师范学院政治与公共管理学院杨艳讲师认为：此次资本主义危机的特点主要体现在以下三个方面：（1）资本主义经济的过度金融化、国际化和虚拟化使本次危机成为一个货币资本过度积累的危机。（2）在资本主义背景下，全球性金融危机合并资本主义体系的结构性危机引发了一系列其他危机。（3）危机在全球范围的爆发，同时困扰了美、日、欧洲三个垄断资本主义中心，并迅速阶梯式地渗透到其他国家和区域经济中。①

还有学者通过分析当下资本主义国家应对危机的政策及其效果，进一步指出，（1）实体经济与虚拟经济的脱节仍然严重。经济金融化空前强化了金融资本的力量，加剧了虚拟经济与实体经济之间的脱节，也使资本主义国家经济空心化现象严重。（2）金融化为引发大规模甚至全球范围的金融危机提供了更多的方式和手段：一是投机性资本对一些国家和地区的金融市场进行冲击；二是金融资本会加剧危机的国际传导和扩散；三是金融市场的羊群效应会造成金融恐慌迅速传播。②

美国学者迈克尔·哈特着重对这次危机表现出来的一种“债务资本主义”进行了批判。他在《债务纽带——反对公共善的借贷》一书中指出，债务不仅是一个狭隘的经济概念，而且是一个广义的社会概念。在资本主义体系中，债务是攫取的工具，也是人与人相互依赖关系的纽带和渠道，“一切未来之道都是借助巨大债务的叠加”，债务在不断的资本化乃至货币化的自我增殖中，本身就蕴含无法自我偿付的危机，所以，我们必须寻找一种途径或方法，用以克服债务体系带来的偿付危机。③

2. 资本主义体系危机的根源

2008 年金融危机以来，资本主义体系不断受到挑战，各领域均出现了问题。在这一背景下，西方主流舆论针对危机的根源也展开了一系列的分析，诸如政府监管不力，金融自由化过度，资本家过度贪婪等，国内一些学者沿袭了这一思路，把引发此次危机的原因归纳为金融监管外部滞后、华尔街的贪婪、通货膨胀、美元贬值、风险管理、低利率与宽松信贷体系、信用评级机构、不合理的会计制度、超前消费，等等。④ 另一种更具说服力的分析思路采用了马克思主义经济学的方法，即从资本主义制度入手分析危机的根源。例如，中国社会科学院马克思主义学部主任程恩富教授认为，当今世界资本主义经济的基本矛盾是经济不断社会化和全球化，与生产要素的私人所有、集体所有和国家所有的矛盾，与国民经济的无政府状态或无秩序状态之间的矛盾。这个扩展了的全球基本经济矛盾通过以下四种具体矛盾和中间环节导致了次贷危机、金融危机和经济危机的发生。其一，从微观基础分析，私有制及其企业管理模式容易形成高级管理层为追求个人巨额收入极大化而追求利润极大化，日益采用风险较大的金融工具以及次贷方式，从而酿成各种危机。其二，从经济结构分析，私有制结合市场经济容易形成生产相对过剩、实体经济与虚拟经济比例失衡，从而酿成各种危机。其三，从经济调节分析，私有制垄断集团和金融寡头容易反对国家监管和调控，而资产阶级国家又倾向于为私有制经济基础服务，这就导致市场和国家调节的“双失灵”，从而酿成各种危机。其

① 杨艳：《论世界资本主义体系危机的持续加剧》，《马克思主义研究》2015 年第 3 期。

② 邢文增：《经济金融化必将加剧资本主义经济社会动荡》，《红旗文稿》2015 年第 20 期。

③ Michael Hardt, *The Bonds of Debt: Borrowing Against the Common Good.*

④ 张作云：《〈资本论〉与当代资本主义金融和经济危机研究》，中国社会科学出版社 2015 年版，第 235—236 页。

四，从分配消费分析，私有制结合市场经济容易形成社会财富和收入分配的贫富分化，导致生产的无限扩大与群众有支付能力需求相对缩小的矛盾，导致群众被迫维持生计的含次贷在内的过度消费信贷，从而酿成各种危机。①

此外，与不少西方左翼学者把2008年经济危机的根源归结为新自由主义和资本主义金融化不同，美国佩斯大学经济学教授安德鲁·克莱曼利试图回到马克思的“利润率下降规律”，并用这个规律来分析当下的资本主义经济危机。他得出的结论是，“资本主义大失败”是20世纪70年代以来资本主义生产体系的一种“新常态”，即一种正在进行中的不完全衰退状态。金融危机的原因之一在于资本主义生产持续脆弱的状况，或者说，“由于资本主义生产的脆弱性，衰退及其引发的后果随时都可能发生”。②

葡萄牙学者罗伯特·库尔茨同样利用马克思的分析方法剖析当前危机的成因。他指出，资本主义不是相同状况的永恒循环，而是一个历史的驱动，每一次危机相比前一次危机都是在具有更高的积累率和生产力的前提下爆发，每一次危机都呈现出新的特征，但是资本主义始终有它的自身限制，这一内在限制就是资本本身。③

3. 资本主义的替代方案

随着资本主义体系危机的深入，有关社会主义作为资本主义的替代方案开始重新成为国内外学者热议的话题。

江苏理工学院商学院李济广教授认为，分析金融危机必须要看到资本主义市场经济是这一危机产生的基础。市场经济的扰动因素是金融危机的助推器和导火索，不恰当的监管和调控是金融危机的引发和加剧因素。因此，建立和发展社会主义公有制经济是遏制金融危机的根本途径。因为公有制经济可以从社会需要出发而不是单纯从利润出发调节企业和金融机构的经济活动，可以克服生产过剩。国家可以对国有金融机构的运行实行有力度调控。社会主义公有制国家如果实行市场经济虽然同样存在金融的独立性和经济、金融的不稳定性，但其公有制性质及其生产目的可以抑制贪婪性、投机性和欺诈性。④

中国电子科技大学马克思主义教育学院副教授欧阳彬强调，在消灭资本主义私有制以根除经济危机的同时，塑造“以人为本”的财富价值观与生活方式也是寻求替代性的重要环节。他指出，马克思在“抛掉狭隘的资产阶级形式”的前提下，强调了财富的主体发展向度，即社会能够在财富的物的生产过程中不断提升人的发展自我的能力、丰富人的社会关系、满足人的多层次的需要，发掘人的多方面的潜力。整个社会形成良好的理性的财富心态与生活方式，有助于将追求财富的欲望与行动限定在合理的界限，避

① 张作云：《〈资本论〉与当代资本主义金融和经济危机研究》，中国社会科学出版社2015年版，序言，第1—2页。

② ［美］安德鲁·克莱曼：《大失败：资本主义生产大衰退的根本原因》，周延云译，中央编译出版社2013年版。参见钱箭星、肖巍《克莱曼对经济危机的马克思主义分析——利润率下降趋势规律的再证明》，《当代经济研究》2015年第5期。

③ Robert Kurz, “Marx's Theory, the Crisis and the Abolition of Capitalism”, http://libcom.org/library/marxs-theory-crisis-abolition-capitalism-robert-kurz. 参见陈祥勤《当前西方左翼思潮对世界资本主义体系的分析、研判和展望》，《毛泽东邓小平理论研究》2015年第7期。

④ 李济广：《私有制与市场经济的结合是金融危机的根源》，《毛泽东邓小平理论研究》2015年第10期。

免人们在社会经济活动中的种种狂热、盲目与利令智昏。①

与此同时，一些发达资本主义国家的左翼学者也展开了对资本主义替代方案的新的思考与探索。他们主要从以下三个方面做出展望：（1）数字社会主义或网络共产主义。随着互联网、通信和数字技术的发展以及第四次工业革命所展现的数字化、网络化和机器自组织化等产业前景，激发了西方左翼对数字社会主义的想象和对网络共产主义这一替代方案的探索。（2）生态社会主义或绿色资本主义。随着国际金融危机的爆发，生态环境危机和资本主义体制性问题再次成为舆论焦点。“生态主义”“生态社会主义”“绿色资本主义”等思潮对国家、市场所扮演的角色，以及资本主义体制提出了不同的建议、分析与批判。（3）21 世纪的社会主义模式。社会主义是资本主义社会矛盾运动的产物，因此社会主义是消除社会不公正的最佳解毒剂。当代西方三大社会主义思潮（即民主社会主义、市场社会主义和生态社会主义）之间既非完全排斥，又不完全等同，它们都有共同的核心观念——平等原则、团结和共同体原则，正是这些原则构成了 21 世纪社会主义模式的支柱。②

（四）资本主义制度与生态危机

尽管发达资本主义国家倡导发展绿色经济，努力促成世界各国签署环保协议，但实际上，自资本主义金融危机爆发以来，发达资本主义国家对世界自然资源展开了新一轮的攫取与争夺，甚至不惜动用军事力量夺取资源。就此，国内外左翼学者对资本主义模式下绿色经济的现实性及其局限性、当下生态危机的制度性根源等进行了深入的讨论。

1. 绿色资本主义的现实性及其局限性

有学者认为，绿色经济及其所支撑的绿色资本主义仍然是欧美世界维持霸权秩序或战略的一部分，很难说反映了广大发展中国家的利益。作为绿色经济核心概念的“气候友好”或“低碳”，其实都是服务于欧美国家的核心利益和霸权战略的。作为“绿色经济”及其“绿色资本主义”先声的“可持续发展”概念，事实上也是以欧美西方国家为中心的，或者对于发展中国家来说是歧视性的。因为，无论是发展还是不发展，可持续还是不可持续，都是依据欧美国家的发展阶段或理念来确定的。因此，对于广大发展中国家来说，首要的问题不是解决发展程度的高低，而是能够主动选择一种替代性的发展观念。③

奥地利维也纳大学政治系教授乌尔里希·布兰德教授认为，绿色经济可以在一定程度上导向绿色资本主义。在“红绿联盟”倡导的生态社会主义社会还没有系统替代资本主义社会之前，在生态马克思主义指导下的实践还无法改变以交换价值为基础的资本主义生产方式之前，新自由主义仍是我们必须面对的现实。但是，帝国式生活方式以及以此为依托的绿色资本主义是不可持续的。这种生活方式伴随着资本主义全球化，不仅造成对自然资源特别是第三世界的自然资源的过度开发和掠夺，而且已经在支配全世界

---

① 欧阳彬：《金融化时代资本主义经济危机批判：马克思经济哲学的向度》，《求实》2015 年第 6 期。

② 陈祥勤：《当前西方左翼思潮对世界资本主义体系的分析、研判和展望》，《毛泽东邓小平理论研究》2015 年第 7 期。

③ ［巴西］卡米拉·莫雷诺：《超越绿色资本主义》，《鄱阳湖学刊》2015 年第 3 期。

绝大多数普通人的日常生活观念或实践。①

著名的生态社会主义者米歇尔·洛维指出，从哥本哈根到里约以至多哈的国际气候大会与京都议定书的失败，就是资本主义体系的必然结果。在资本主义制度之下，所有的企业、政府以及像WTO、国际货币基金组织、世界银行之类的国际组织，其行为准则只有一个，就是资本的绝对律令，即资本的无限扩张、谋取最大化的利润、不顾一切地投入争取更大市场份额的竞争。这种刚性法则是无情而盲目的，这就是资本主义体系本身的“刚性法则”，资本主义真的在践行“我死后哪怕洪水滔天”这句名言。②

对于资本主义能否解决全球气候变暖问题，安格斯明确指出，关键在于如何理解“解决”？应对全球变暖的方法包括两个层面：一个是减缓，另一个是适应。前者意味着减少温室气体排放，减缓全球变暖的趋势并实现最终的逆转；而后者却意味着，全球变暖已经不可逆转地发生了，人们只能适应新的气候条件以及与之伴随的气候混乱与灾难。安格斯认为，由于资本主义追求增长的嗜血本性，它只能将化石能源作为自己的主要能源，这就意味着资本主义基本上不可能在减缓气候变化方面取得任何进展。换言之，资本主义可以“解决”全球变暖，但是资本主义的解决方式对于世界绝大多数人口而言将是灾难性的。③

2. 生态危机的根源及解决方案

奥康纳指出，资本主义积累是资本主义生态危机的根源，其原因在于资本的本性是增殖和追逐最大化的利润，然而，自然界是无法进行无限的自我扩展的。这样，自然界本身的有限性与资本的无限扩张性之间就存在着无法克服的矛盾，资本主义生产条件的商品化必然会导致人类与自然界的分离。为解决这一危机，奥康纳指出，必须放弃对“分配性正义”的追求，恢复对“生产性正义”的追求，使社会生产以使用价值而不是交换价值为目的。④

福斯特也表达了同样的观点，认为资本主义对利润的无限追求必然会导致资源枯竭和环境恶化。资本与生态之间之所以存在不可调和的矛盾，是因为资本价值观的影响。福斯特从三个方面分析了资本价值观对生态的灾难性影响。第一，资本价值观派生出控制自然的世界观，这种观念使资本把自然视为一种外在的事物而毫无顾忌地对其进行掠夺，从而造成人与自然之间物质变换的断裂。第二，在资本价值观统治之下，资本主义的技术进步在给生产力带来极大发展的同时，也造成了严重的生态破坏。第三，人在资本价值观的支配下异化成一种“机器”，盲目地追逐虚假的物质需求，导致大量消费物质和污染环境，并自己“吃下污染”。要解决全球性生态危机，必须进

① 刘仁胜：《绿色资本主义的现实性及其局限性》，《鄱阳湖学刊》2015年第3期。

② Bernard Hioux, Michael Lwy, “It is necessary to propose a radical fanti-systemic, anti-capitalist alternative ecosocialism”, http://www.Internationalviewpoint.org/spip.php?Article2965. 参见张剑《生态社会主义的新发展及其启示》，《马克思主义研究》2015年第4期。

③ Ian Angus, “Three Meanings of Ecosocialism”, http://www.Internationalviewpoint.org/spip.php?Article1366. 参见张剑《生态社会主义的新发展及其启示》，《马克思主义研究》2015年第4期。

④ James O’Connor, “Natural Causes”, *Essays in Ecological Marxism*, New York: The Guilford Press, 1998. 参见万冬冬、王平《资本与生态：生态马克思主义的多位审视》，《学术交流》2015年第1期。

行社会和生态革命，建立一种不是由追逐无限的利润而是由满足人类的真正需要所支配的社会。①

日本学者岩佐茂从资本逻辑与生活逻辑的对立来剖析资本主义的环境问题，认为资本主义社会是一个资本逻辑占支配地位的社会，资本主义的生活方式是一种大量生产、大量消费、大量废弃的生活方式，正是这种生活方式造成了严重的环境破坏。为了实现经济与环境的协调共存，从大量废弃型社会走向循环型社会，必须变革社会经济制度，把“硬途径”技术转变为“软途径”技术，废除资本逻辑，构筑一个基于生活逻辑的生态社会主义社会。②

伯克特指出，马克思从三个方面分析了资本主义生产是如何造成人类社会发展危机的。第一，资本主义生产的不断发展造成城市中工业和人口的大量聚集，这不仅破坏了自然环境，而且还对人类健康造成了危害。第二，伴随着城市中工业和人口的大量聚集，生产排泄物和消费排泄物不断增加，从而严重影响了城市的环境。第三，资本主义工业城市与农业乡村之间的差别所造成的物质循环破坏了工业生产与农业生产的自然条件。资本主义的基本矛盾表现在“为利润而生产与为人类需要而生产之间的冲突，生产条件与生产者及其共同体之间的异化，以及社会化生产与私人占有之间的矛盾”③，它是造成资本积累危机和人类社会发展危机的根源。所以，为了解决资本主义产生的两类环境危机，实现更少限制、更新生态的人类发展，必须要消除资本主义的基本矛盾，建立共产主义的联合生产。

上海财经大学任瑞敏认为，生态危机表征了人与自然关系的危机。从本质上看，生态危机导源于人性中欲望的复归和释放，是“欲望支配世界”的现代性后果。因此，透视生态危机产生的原因，要将“欲望”纳入历史的通道，作为考量人与自然关系演变的依据。近代主体性哲学构建了一个由“征服自然的欲望”“追求财富的欲望”和“过度消费的欲望”内在勾连的逻辑框架，并构成了生态危机的三个向度。因而，消费只是生态危机的表象，并不是其根源。消解由欲望高度张扬所导致的人与自然关系的紧张，需要建立伦理规制，从思想意识上提高人与自然和谐相处的自觉性。④

（五）世界社会主义运动发展现状和发展前景研究

2015 年，学界围绕着世界社会主义运动的特点、各国共产党的发展策略、中国特色社会主义及其他社会主义国家的发展等进行了深入研究，力求对世界社会主义运动的发展态势及前景作出科学分析和判断。

---

① John Bellamy Foster, *Ecology Against Capitalism*, New York: Monthly Review Press, 2002, p. 59. 参见万冬冬、王平《资本与生态：生态马克思主义的多位审视》，《学术交流》2015 年第 1 期。

② ［日］岩佐茂：《环境的思想：环境保护与马克思主义的结合处》，韩立新译，中央编译出版社 2006 年版。参见万冬冬、王平《资本与生态：生态马克思主义的多位审视》，《学术交流》2015 年第 1 期。

③ Paul Burkett, “Marx and Nature”, *A Red and Green Perspective*, New York: St. Martin’ s Press, 1999, p. 178. 参见万冬冬、王平《资本与生态：生态马克思主义的多位审视》，《学术交流》2015 年第 1 期。

④ 任瑞敏：《消费是生态危机的根源吗？——人类“欲望”的三个向度分析》，《上海财经大学学报》2015 年第 2 期。

1. 世界社会主义运动进入新常态时期

(1) 世界社会主义进入“多元化”的新常态时期

中央编译局季正矩研究员认为，世界社会主义运动趋于多元化、多样化、自主性。这突出表现在中国特色社会主义的示范效应不断增长，拉美社会主义有了新发展，发达国家社会主义运动逐步兴起，左翼运动、国际联合的合作趋势得到加强。①

中联部柴尚金研究员认为，当今世界社会主义具有包容性和开放性，力量组成日益多样化，“泛社会主义”已是客观现实。他指出，面对这一态势，我们既要坚持科学社会主义，也应肯定其他社会主义力量及流派对推动社会进步的意义和作用，推动各左翼力量互动合作，促进世界社会主义多样性发展，从而最终推动世界和平发展与人类社会进步。②

北京大学闫志民教授指出，世界社会主义进入了“新常态”，主要表现在三个方面：一是时代主题由战争与革命转为和平与发展，时代潮流是人心所向，它决定了世界社会主义环境的改变，以及主要问题、任务、活动的方式方法都要改变。二是世界格局发生根本变化，最重要的就是世界一体化格局出现，呈现出你中有我，我中有你的互利竞争的紧密联系状态。三是世界社会主义本身发生了巨大的变化。中国特色社会主义蓬勃兴起，社会主义的主旋律在中国特色社会主义，世界社会主义的主要代表在中国，这对世界社会主义产生了极大影响。③

(2) 世界社会主义运动在新时期的发展策略

华中师范大学聂运麟教授认为，金融危机以来，世界社会主义运动在战役层面取得了一些成功；在理论上各国共产党深刻揭示了当代资本主义经济危机的性质、根源等一系列理论问题；实践中它们积极投身反对垄断资本转嫁经济危机的斗争中，工人运动有新的觉醒；党的建设上也取得新的进展。然而，世界社会主义运动仍然处于低潮，发达资本主义国家共产党在政治生活中被“边缘化”的处境并没有得到根本改变。要破解战略发展的困局，资本主义国家共产党必须从解决自身存在的诸多问题做起。一是要解决历史遗留和现实产生的内部分歧；二是要排除“左”和右倾思潮的干扰；三是坚持和发展民主集中制，加强党的组织建设；四是巩固党的阶级基础，扩大群众基础；五是坚持左翼联盟政策，不断巩固和壮大自己；最后是要突破现行政治体制的禁锢，扩大共产党的政治影响力，扭转被边缘化的状态。④

中国人民大学李景治教授从当前世界社会主义运动所面临的时代背景视角进行了分析，指出，在新科技革命浪潮中，社会主义国家和世界社会主义运动面临新的挑战。社会主义运动应顺应这股潮流，迎接挑战，促进自身的发展。⑤

---

① 王建国、刘苑东、杨林刚：《金融危机以来的世界社会主义》，《社会主义研究》2015 年第 3 期。

② 柴尚金：《如何看待世界社会主义“泛化”现象》，《新视野》2015 年第 4 期。

③ 王建国、刘苑东、杨林刚：《金融危机以来的世界社会主义》，《社会主义研究》2015 年第 3 期。

④ 聂运麟：《战役成功与战略困局：2008 年金融危机以来的世界社会主义运动发展态势》，《马克思主义研究》2015 年第 10 期。

⑤ 李景治：《新科技革命与社会主义运动的发展》，《科学社会主义》2015 年第 2 期。

2. 各国工人党、共产党独立自主探索解决本国革命和建设问题，呈现出多元化和多样化的特点

聂运麟从总体上分析了各国共产党的新变化，认为，当前世界社会主义运动的目标、策略、阶级力量配置、国际合作与团结的形式以及与其他社会运动的关系等发生了深刻的全面的变化，各国共产党对当代资本主义、马克思主义的认识也发生了变化，与此相适应各国共产党的工作方式和工作方法等方面都发生了新变化。①

还有许多学者对西方左翼政党的变化进行了分析。如有学者对澳大利亚工党在二战后的变革进行了研究，指出，针对党组织存在的党员结构失衡、中央权威不足、党内民主不充分等问题，二战后的澳大利亚工党从改善党员结构、调整党内权力分配结构、扩大基层党员直接参与党内事务的范围、加强党内各层级的交流沟通和良性互动入手，对党组织展开了一系列变革。澳大利亚工党组织变革的经验教训对现代政党的组织建设具有重要的启示意义。维护中央权威是政党组织建设的根本前提；发展党内民主是政党组织建设的基本要求；优化党员队伍结构是政党组织建设的重要任务；推行网络党建是政党组织建设的创新举措。②

也有学者对欧洲左翼政党的发展进行了研究。中央编译局林德山研究员指出，按照欧洲左翼政党在左右政治光谱中的位置，大致可以将其归为三类：中间偏左的社会民主党，更为激进的激进左翼，以及极左力量。这三类左翼力量在欧洲既有政治体系中的地位不等，作用方式也各不相同。面对持续的经济危机，这些不同的左翼力量的表现也各不相同。社会民主党经受了更大挑战，但已稳住了下滑趋势；激进左翼和极左力量表现相对活跃，但未来前景不容乐观。③ 中国社会科学院张莉助理研究员等则认为，总体而言，欧洲左翼党在欧洲议会中的力量逐步壮大，其议会党团欧洲联合左翼联盟/北欧绿色左翼提出“另一个欧洲是可能的”政治主张，即彻底改革当前欧盟的体制，使欧洲实现真正的完全民主；中止新自由主义货币政策；发展共同发展与公平公正的合作政策。党团内的凝聚力和在《欧盟宪法》草案上的立场充分体现了欧洲联合左翼联盟/北欧绿色左翼是代表激进左翼政党质疑或反对欧盟一体化进程的新自由主义议程、力图改革和塑造欧盟一体化进程和发展方向的一种左翼政治。④

在对各国共产党和左翼政党分析的基础上，有学者对共产党的国际联合问题进行了思考，指出，近年来，一些共产党围绕社会主义理论问题的争论，及其在国际和地区性联系与合作中出现的矛盾和分歧，引发了人们对共产党国际联合未来出路的思考。作为当代世界社会主义运动重要组成部分的西欧共产党有其独特的国际主义观。这种“新国际主义”确立了西欧共产党国际联合的基本原则，但其当代实践却一直矛盾分歧不断，争论的关键是如何建立国际联合，实质是共产党内部“改革”与“保守”力量间

---

① 王建国、刘苑东、杨林刚：《金融危机以来的世界社会主义》，《社会主义研究》2015 年第 3 期。

② 董沐夕：《二战后澳大利亚工党的组织变革及其现实启示》，《山东大学学报》（哲学社会科学版）2015 年第 2 期。

③ 林德山：《欧洲左翼政党的现状与前景》，《当代世界》2015 年第 8 期。

④ 张莉、徐家林、单超：《欧洲联合左翼联盟/北欧绿色左翼的政治主张及其凝聚力》，《当代世界与社会主义》2015 年第 5 期。

理论观点的冲突和对立，问题的化解之道在于坚持“新国际主义”的党际关系准则，但在实践中的落实仍然面临很大困难和挑战。①

3. 中国特色社会主义是世界社会主义的最新发展，它在世界社会主义中的地位和作用将进一步提升

中国特色社会主义的蓬勃发展，向世人展示了社会主义与本国国情相结合焕发出的强大生命力，越来越引起全世界的广泛关注，预示了社会主义广阔的发展前景。

季正矩认为，中国特色社会主义的示范效应在不断增长，辐射力在增强。中国社会科学院姜辉研究员认为，中国特色社会主义成为世界社会主义的旗帜，其引导、示范作用处于上升期。强调21世纪初期中国当之无愧成为世界社会主义运动发展的中流砥柱和引领旗帜。中央编译局许宝友研究员认为，资本主义与社会主义长期共存，中国特色社会主义在世界社会主义中的地位和作用不断提升。中国社会科学院张福军副研究员认为，作为世界社会主义运动的主要组成部分，中国的社会主义实践不仅是我国在实践中不断探索的结果，而且也是世界社会主义运动逻辑发展的结果。②

同济大学金瑶梅认为，改革开放30多年来，中国特色社会主义道路、理论体系和制度在全球范围内受到广泛关注，中国特色社会主义伟大事业取得的一系列成就为世界社会主义运动释放了强大的“正能量”，在经济、政治与文化等主要领域为广大发展中国家，尤其是为拉美国家提供了良好的示范效应。③

4. 世界社会主义理论的发展

教育部社科司奚广庆研究员指出，当前形式多姿多彩、道路多种多样，具有民族、国家和地域特色的社会主义实验和运动在地球各大洲纷纷亮相。从民主社会主义到发展中社会主义，从民族社会主义到21世纪社会主义，从市场社会主义到生态社会主义，正汇集成不可阻挡的世界历史潮流。④

（1）生态社会主义理论的发展

自20世纪90年代末以来，生态社会主义在绿色红化过程中发展到了一个新的阶段——“红绿交融”阶段。在这一阶段，生态社会主义试图将生态环境运动引向社会主义，积极运用马克思主义来解决现实中的生态问题。中国社会科学院张剑副研究员认为，生态社会主义作为世界社会主义运动中一支非常有潜力的发展力量，提出了许多颇具价值的思想观点和理论主张。生态社会主义认为，生态危机根源于资本主义的社会经济制度，资本主义在对资本积累的无止境追求中造成了巨大的浪费，产生了严重的生态危机。通过系统考察资本主义国家及其生产条件的官僚化和政治化、资本主义积累、不平衡和联合的发展以及资本主义技术对生产条件的破坏，生态社会主义论证了资本主义

---

① 于海青：《西欧共产党的“新国际主义”观及其当代实践困境》，《科学社会主义》2015年第3期。

② 王建国、刘苑东、杨林刚：《金融危机以来的世界社会主义》，《社会主义研究》2015年第3期。

③ 金瑶梅：《浅析中国特色社会主义对拉美国家的示范效应》，《当代世界与社会主义》2015年第4期。

④ 王建国、刘苑东、杨林刚：《金融危机以来的世界社会主义》，《社会主义研究》2015年第3期。

的反生态性及其发展的不可持续性，主张以生态社会主义替代现存的资本主义，并提出了对未来生态社会主义社会的设想。①

（2）“21 世纪社会主义”的历史源流及其本质

自 20 世纪末以来，“21 世纪社会主义”在拉美蔚然兴起。中国社会科学院贺钦助理研究员认为，拉美“21 世纪社会主义”是杂糅了地区历史和现实多重元素的新政治运动，是变化发展中的新社会主义流派，是更加强调本土特色、替代色彩和地区合作的社会主义。拉美“21 世纪社会主义”的出现既有历史必然性，也含有一定的历史局限性，被称为未曾革命的“革命”。未来，拉美“21 世纪社会主义”仍有待突破和超越外围资本主义的生产关系、经济结构和制度形态。②

（六）现有社会主义国家研究

2015 年，越南、古巴、老挝和朝鲜四国政局总体平稳，宏观经济向好，社会有序发展。在深化结构改革与开展特色外交的同时，各国执政党继续加强党建，为 2016 年新一届党代会做准备。本年度，越、古、老、朝社会主义研究的热点问题主要有理论创新与党的建设、社会主义经济改革、外交战略与国际关系等。

1. 越南马克思主义本土化和经济政治体制改革

2015 年，越南经济 GDP 增速高达 6.5% 以上，五年来首次超额完成全年经济计划。据世界银行 2015 年 12 月 2 日发布的《越南经济发展情况最新报告》显示，越南经济应对挑战的能力较强，2016 年 GDP 预增长 6.6%，经济中期前景乐观，通胀率有望保持在较低水平。另据澳新银行，越南经济被评为新兴国家经济暗淡景象中的一个罕见亮点，是亚洲地区有望实现经济增长的三个经济体之一。③ 2015 年 2 月，越南共产党隆重举行了建党 85 周年纪念大会。越共总书记阮富仲强调，党建工作是越共的中心任务，十一届四中全会以来的越共党建与整顿运动，取得了重要的阶段性成果；2015 年是落实越共十一大决议和 2011 年至 2015 年经济社会发展计划的最后一年，是推进十年经济社会发展战略的一年，是各级党委迎接党的十二大的准备之年。④

2015 年，越南社会主义研究的主要议题有越南马克思主义本土化和越南政治经济体制改革等。中国社会科学院潘金娥研究员的《越南马克思主义理论创新的路径与成果》《越南社会主义过渡时期：理论沿革及其与中国的比较》等文，对越南社会主义过渡时期、越南社会主义特征、越南社会主义定向的市场经济和越南社会主义法权国家等越南马克思主义本土化的理论成果进行了评述与比较。她认为，越南实行革新近三十年来，在发展马克思主义理论方面作了很多有益的探索，形成了胡志明思想和越南关于社会主义的一系列观点；目前，越南理论界正致力于将这些观点进行综合构建，形成越南

---

① 张剑：《生态社会主义的新发展及其启示》，《马克思主义研究》2015 年第 4 期。

② 贺钦：《试析拉美“21 世纪社会主义”的历史源流及其本质》，《当代世界与社会主义》2015 年第 3 期。

③ 越南《人民报》：《2015 年越南经济亮点和 2016 年展望》，http：//www. ccpit. org/Contents/Channel_ 3430/2015/1214/516573/content_ 516573. htm，2015 年 12 月 14 日。

④ 王健：《越南共产党成立 85 周年纪念大会在首都河内隆重举行》，http：//world. chinadaily. com. cn/2015 －02/02/content_ 19470305. htm.

本国的马克思主义和社会主义系列理论成果。[①] 海南大学秦晓华与王舵的《中国化马克思主义与越南化马克思主义比较》、桂林理工大学蒋晓俊的《马列主义越南本土化的早期探索——略论胡志明思想形成及其精髓》、辽宁大学房广顺教授与阮维程的《当代越南政治思想教育工作研究》、张辰钰的《越南马克思主义理论对中国的借鉴与启示》等文，对越南马克思主义理论发展与实践探索的诸多方面进行了深入剖析。在深化改革方面，北京交通大学杜明坚、张文松和吴海兵的《中国与越南的经济改革比较分析》，北京吉利学院李闯、王筱宇、张逸的《越南政治体制改革的启示》等文，通过实证研究对越南社会主义改革的相关特点进行了评析。

2. 古巴经济模式更新、政党建设和对外关系

自 2014 年年底美古两国重启破冰之路以来，古巴国内社会经济及周边地缘格局发生了一系列深刻变化。首先，古巴宏观形势较 2014 年明显向好。2015 年上半年，古巴经济实现了 4. 7% 的增长，较 2014 年仅 1. 3% 的经济增长率有大幅改善。其次，在迈出美古关系改善步伐的同时，美国实则强化了对古巴的经济、贸易和金融封锁，古巴国内人员大量外流，教会在美反古势力的煽动下兴风作浪，企图搅乱古巴社会秩序。再次，委内瑞拉形势急转直下，马杜罗政府在 2015 年年底的国会中期选举中落败。委内瑞拉是古巴最为重要的政治与经济盟友，马杜罗政府一旦难以为继，将对古巴经济构成重大打击。2016 年，古巴共产党计划召开七大，以商讨古美破冰后经济模式更新的新议程。

本年度，古巴社会主义研究的主要焦点有古巴经济模式更新研究、古巴共产党建设研究和美古关系研究等。中国社会科学院徐世澄研究员的《古巴的国家治理转型观察》、广西大学王承就研究员的《论古巴改革的价值导向》、北京市社会科学院张登文副研究员的《古巴：在新自由主义中建设社会主义》等文，对古巴改革的历史与现状等进行了述评。徐世澄认为，“更新”模式已成为古巴举国上下的共识，已成为不可逆转的趋势，但“更新”也面临着观念更新、体制更新、经济基础较薄弱、美国封锁禁运、国家补贴负担过重、人口老化和减少等现实挑战。[②] 王承就认为，劳尔主政古巴以来，开启了古巴改革的新进程，“捍卫与完善社会主义”“公平与效率”“经济建设与社会建设两手抓”等改革价值导向，确保了古巴改革的顺利推进。[③] 中国社会科学院江时学研究员的《美国与古巴改善关系的动因及其影响》，则对美古关系改善面临的挑战与地缘影响进行了分析。

3. 老挝的人民革命党建设和经济建设

2015 年，老挝经济稳步发展，经济增速达 6. 7% ，基础设施建设取得了显著进步。继 2013 年成为世界贸易组织成员后，2015 年底老挝拟加入东盟经济共同体（AEC），为此老挝进行了一系列法律法规的修改工作，反垄断法、互联网法等将陆续出台。2015 年 12 月，中老铁路正式开工奠基，老挝历史上第一颗卫星“老挝一号”也在中国西昌成功发射。2015 年，老挝还在中国的援助下进行了第四次人口普查。2015 年 3 月和 12 月，老挝分别举行了人民革命党成立 60 周年和人民民主共和国成立 40 周年庆祝活动。2015 年 12 月，老挝颁布了新修订的国家宪法，这是继 1991 年、2003 年以来第三次修

---

① 潘金娥：《越南马克思主义理论创新的路径与成果》，《马克思主义研究》2015 年第 6 期。

② 徐世澄：《古巴的国家治理转型观察》，《国家治理》2014 年第 14 期。

③ 王承就：《论古巴改革的价值导向》，《重庆理工大学学报》（社会科学版）2015 年第 3 期。

究。新宪法反映了老挝不断变化的国情、党的改革政策和2020年摆脱最不发达国家地位的愿望。2016年，老挝拟召开人民革命党十大，选举产生新一届党政领导班子。

2015年，老挝社会主义研究的热点有老挝人民革命党研究和老挝经济建设研究。中联部王璐瑶和北京邮电大学齐英艳副教授等从党的建设和理论发展角度对老挝社会主义的历史与现实进行了总结。王璐瑶认为，建国40年来，老挝人民革命党带领老挝人民不断探索社会主义建设发展规律，逐步形成了一条具有自身特色的向社会主义过渡的道路；面对成就与挑战，老挝领导人对坚持走符合本国国情的社会主义道路有高度共识和决心。① 齐英艳认为，马克思主义在老挝发展的历史进程、理论成果和经验教训，对于当代中国马克思主义的发展的启示意义包括：坚持马克思列宁主义以夯实党的理论基础；进行革新开放以探寻适合本国国情的发展道路；提高人民生活水平以坚定社会主义信念；发扬独立自主精神以转变经济发展方式；坚持党的领导以确保社会主义不断取得成功。② 此外，云南农业大学董向诗杰的《老挝农业及经济社会发展情况》、苏州大学商学院傅绍华的《老挝对外贸易结构分析及政策探讨》、安徽大学佟湾的《中国—东盟自贸区构建对老中贸易及老挝经济增长的影响》等文，从实证视角分析了老挝经贸现状与未来走势。

4. 朝鲜的先军政治和经济改革

金正恩主政以来，朝鲜通过扩大经济特区、保障企业自主权、灵活运用“市场因素”等举措，实现了经济小幅增长、居民生活局部改善等利好。2015年4月，朝鲜最高权力机关最高人民会议第十三届三次会议在平壤召开，会议强调2015年的主要任务是发展农业、畜牧业、水产业，以解决人民吃饭问题，新的年度预算旨在强化自卫型国防力量、优先发展科技、建设社会主义经济强国和文明国家，其中国防支出占比15.9%，与2014年持平。2015年12月13日，朝鲜时隔25年首次召开全国财政银行工作者大会，以应对金融领域的迅速发展与诸多挑战。

2015年10月，朝鲜劳动党举行了盛大的建党70周年庆祝活动。2015年12月，朝鲜最高领导人金正恩宣布，朝鲜劳动党第七次全国代表大会将于2016年10月10日建党日举行。

2015年，朝鲜在对外关系领域依然坚持“拥核自保”的战略出发点和特立独行的外交风格。为摆脱西方制裁，减少对中国的经贸依赖，应对东北亚自贸区挑战，朝鲜试图与俄罗斯及欧亚经济联盟密切经贸关系，以拓展外交空间。本年度，美韩联合军演依然频繁，朝鲜曾在年初提议“不核试换不军演”，半岛局势总体可控。2015年8月，因韩国军人在军事分界线被朝鲜地雷炸伤而不断升级的双边军事冲突，经两国高层密谈而意外平息。2015年12月18日，联合国大会以119票赞成、19票反对、48票弃权通过决议，谴责朝鲜人权现状，主张将朝鲜问题移交国际刑事法院，并对相关责任人予以制裁，中国、古巴、俄罗斯、叙利亚等19国予以反对。2015年12月，金正恩对外宣称朝鲜拥有氢弹，从而再度引发外界热议与猜疑。

2015年，朝鲜社会主义研究成果主要围绕两个问题，一是主体思想和先军政治研究，二是经济改革与前景研究。延边大学金祥波教授对朝鲜政治体制特征与地缘影响进

---

① 王璐瑶:《老挝人民革命党对社会主义的认识与实践》,《当代世界》2015年第8期。

② 齐英艳:《马克思主义在老挝发展的经验启示》,《思想战线》2015年第5期。

行了分析，认为，“先军政治”作为朝鲜内政外交的基本战略，是其对内、对外政策的核心，今后将继续作为朝鲜国家的指导思想并会长期存在，其对朝鲜外交走向影响深远。①《东北亚论坛》刊发的朝鲜社会科学院金哲教授等人的《朝鲜学者再论朝鲜经济》、吉林省社会科学院谭红梅副研究员的《“经济与核武并行路线”及朝鲜经济政策走向》、延边大学副教授崔文等的《金正恩时代朝鲜的经济改善政策及其评价》、朝鲜金日成综合大学教师金明哲与延边大学权哲男教授的《试论朝鲜对外经济关系现状及其发展策略》等文，直面朝鲜经济现实，对朝鲜经济改善的原因与前景进行了分析。谭红梅指出，2013 年 3 月，朝鲜提出金正恩时代的“国家运行基本政策”——“经济与核武并行路线”，然而不涉及计划经济本身的弊端的经济改革仍将是有限度的，加之核开发问题、投资环境等一系列制约性因素，未来朝鲜在经济领域所推行的任务仍将面临各种障碍和挑战。②

除分别对上述四个社会主义国家所进行的研究外，中共上海市委党校林洁、温州大学蒯正明副教授等学者还从历史纵向与国别横向的角度对上述社会主义四国的建设经验进行了梳理与比较。林洁认为，越南、老挝、古巴等社会主义国家执政党在社会治理过程中形成了诸如增强执政党责任感以获取合法性认同、构建全面系统的法治框架、引入公共服务与激励机制、优化公共管理机制、构建有限政府与责任社会等特点；在我国全面推进社会治理，实现国家治理能力和治理体系现代化的大背景下，三国执政党社会治理实践对中国共产党更好地推进社会治埋具有良好的借鉴意义。③ 蒯正明认为，20 世纪 90 年代以来，越南、古巴共产党意识形态建设的经验借鉴有：一是把马克思列宁主义与本国实际结合，实现理论的与时俱进；二是加强主流意识形态的宣传教育，提高宣传教育的实效性；三是同各种错误思想作斗争，巩固主流意识形态阵地；四是保障群众利益，提高民众对主流意识形态的认同。④

三 学科发展需要注意改进的问题

2015 年以来，国际共产主义运动学科积极开展各类学术活动，促进了交流，活跃了思想，研究成果不断涌现，从而在学科建设和理论研究方面都取得了比较大的进展，学科总体水平不断提高。但从目前学科发展现状来看，依然存在一些需要改进的问题。

（一）对国际共产主义运动历史的整体性研究和对当代共产主义运动的理论分析仍需加强

一方面，从国际共产主义运动史的研究来看，目前仍呈现出碎片化状态，对国际共

---

① 金祥波：《“先军政治”及其对朝鲜外交的影响》，《延边大学学报》（社会科学版）2015 年第 5 期。

② 谭红梅：《“经济与核武并行路线”及朝鲜经济政策走向》，《辽东学院学报》（社会科学版）2015 年第 6 期。

③ 林洁：《越南、老挝、古巴等社会主义国家执政党社会治理特点探析》，《上海党史与党建》2015 年第 11 期。

④ 蒯正明：《20 世纪 90 年代以来越南、古巴共产党的意识形态建设》，《上海党史与党建》2015 年第 4 期。

运史进行系统整体研究的著述较少。当前对国际共产主义运动历史事件、历史人物和组织的研究，主要集中于对第二国际人物、第三国际人物以及苏联史的研究上，对第一国际，对二战后西欧地区共产主义运动中的重要历史人物和共产党领袖如陶里亚蒂、多烈士、贝林格等及其思想缺乏深入的探索；对阿拉伯地区，非洲、拉美、东欧等地区的共产主义运动历史与现实的关注度低，对重大历史事件如匈牙利事件、布拉格之春等近几年也没有给予深入的研究。

另一方面，国际共产主义运动学科，不管是对历史还是现实的研究，目前还是缺少科学的、相对稳定的基本理论体系。对共运史的研究偏重于苏联，尤其偏重对苏联模式与苏联解体原因的争论与探索，而对当代共产主义运动的研究则偏重于对发达国家的共产党工人党动态的追踪与介绍，缺乏对其进行深入的理论分析，并在此基础上探寻国际共产主义运动的发展规律。

（二）需进一步整合研究力量，推出更多创新性的成果

2015 年度，国际共产主义运动学科一如往年，研究成果不少，但低水平重复、浅层面介绍的成果比较多，能够真正从历史与现实相结合、理论与实践相联系的角度，对一些国际共产主义运动重大理论和实践问题做出创新性探索的研究不多。正如有学者提出的：当前，国际共运学科亟待形成适应时代发展的新命题，在基础文献和跨学科综合研究等方面，存在理论创新力度不够问题，亟待推出有影响力的创新性成果。由于本学科是一个跨学科、多维度的研究领域，因此，必须进一步整合研究力量，增强各研究单位、学科之间的交流与合作，通过团队力量对国际共产主义运动学科的重大问题进行集体攻关，避免研究工作低水平重复，推出具有创新性的高水平理论成果。

（三）增强问题意识，进一步推进学科与社会主义发展现实之间联系的研究，为中国特色社会主义提供参考与借鉴

为坚持和发展中国特色社会主义提供学理支撑，是国际共产主义运动学科研究的一个重要目标。所以，对于中国特色社会主义的研究，尤其是对于中国道路与国际共产主义运动双重互动影响的研究，也应该是本学科的一个重要研究内容。从本年度的研究来看，学界对国际共产主义运动进行了深入研究，对中国特色社会主义也阐发颇丰，但对国际共产主义运动史重大事件和理论对中国的启示等问题的关注度依然不足，相关研究显得有些薄弱，是今后学界需要关注和着力之处。

（供稿：李凯旋、遇荟、雷晓欢、张福军、贺钦、邢文增）

中国近现代史基本问题*

一 研究概况

（一）学科研究状况

1. 关于近代史研究

2015 年的中国近现代史研究学者们分别从不同视角出发，在政治、经济、社会、思想文化等诸多领域发表了一批高质量的学术成果，进一步推动了该学科研究的繁荣。

新的研究史料不断推出。关于中国近代史研究的新资料的不断挖掘和占有推动了研究工作的深化。2015 年 11 月，《孙中山全集》由人民出版社出版。全集收录了孙中山的 20 余篇从未在大陆出版过的文章，收集整理稿件 11500 余篇，计 10106 千字，为读者提供了一部全面反映孙中山政治思想文化的全集。

2015 年中国近现代史的研究，紧跟社会的热点问题展开。新文化运动是近代中国思想文化变革的节点。中国马克思主义学者应当如何看待新文化运动？如何看待其他思潮对新文化运动的评价？在其百年之际，学界对新文化运动进行了再认识、再评估，新文化运动百年反思已成为中国学术界的一个热点。学术界举行了很多研讨会，发表了诸多文章，从不同的角度对相关的史实做了新的厘定，对新文化运动的意义及其对当代中国的影响有了新的认识。关于中国为什么选择马克思主义、社会主义和中国共产党的问题，一直是近现代史研究中的重点问题之一。社会主义为什么在中国得到了巨大发展？对于这个问题，习近平总书记明确指出：社会主义在中国“具有深厚的历史渊源和广泛的现实基础”。这就是说，社会主义在中国蓬勃发展的根源要到中国的历史传统中去寻找，要在中国的现实基础中去寻找。《红旗文稿》发表文章：中国社会对公平正义的追求是中华民族最强大的历史基因，因此，社会主义在中国有着深厚的历史渊源。同时，社会主义是现代中国的救国之道和立国之本，中国选择社会主义道路是现实的需要。①

研究工作中的正能量继续增加。2015 年我国思想界对历史虚无主义思潮的批判更加深入，历史虚无主义走投无路，居然从概念上改变历史虚无主义的定义，反诬马克思主义是历史虚无主义。中央和地方的理论报刊发表了大量充分说理的文章，有学者指出：与历史虚无主义的斗争进入了一个新的阶段——学术氛围逐渐淡去，政治本质逐渐凸显。在党中央指引下，马克思主义理论界 2015 年对历史虚无主义的批判高歌猛进，

---

* 为了避免与中国近现代史学科重复，本报告主要关注党建党史学科问题的研究。

① 上海市中国特色社会主义理论体系研究中心：《中国走社会主义道路的历史渊源和现实基础》，《红旗文稿》2015 年第 24 期。

历史虚无主义思潮乱了阵脚，陷入困境。

2. 关于中共党史研究

2015 年，以纪念重大历史事件和重要人物为契机，党史研究呈现出新的特点。

第一，更加注重基础性的理论和方法研究。社会上和学术界总有人不能正确看待党和国家的历史，主要原因之一是没有树立起唯物主义的立场、观点和方法。习近平总书记发表的一系列关于党史国史的论述，蕴含着丰富的历史唯物主义原理，对于批驳历史虚无主义、正确看待党史国史上的重大事件和重要人物，具有深刻的方法论意义。党史学界对如何开展党史研究进行了深入的理论探讨。比如，中共中央党史研究室主任曲青山认为，做好党史工作应该把握好的基本原则和基本要求是：把住一个方向——“党史姓党”；坚持一个原则——实事求是；明确一个任务——资政育人；传承一个作风——脚踏实地。这四个方面的要求是相互联系、不可分割的统一整体，是做好党史工作的四个法宝，一个也不能少，必须始终不渝地坚持。[①] 中国社科院当代中国研究所副研究员王爱云阐述：实事求是“永远是中国共产党人应该遵循的思想方法”；把历史人物和事件“放在其所处时代和社会的历史条件下去分析”；看待历史，“既要讲两点论，又要讲重点论”，“分清主流和支流”；“历史一脉相承，不可割裂”，把历史事物置于历史发展过程中考察；“历史、现实、未来是相通的”，要以联系的观点评价历史现象的产生和发展。[②]

第二，中共党史作为一门政治性很强的学科，要求史料准确、可靠。史料发掘取得了新的进展，不仅有大量珍稀的历史图片、影像资料问世，越来越多的学者开始注重实地调查和口述史的发掘和抢救，出版了不少口述记录。专题史料、区域史料整理和个案史料的整理出版也取得显著进步。如何使用这些资料，有学者指出，研究党史必须严谨踏实，认真阅读分析，不割裂史料，不歪曲史料；诚实注释，正确解读，应用资料。只有这样，党史才能成为信史，党史研究才会有真正的繁荣。

第三，研究视角不断拓宽，新领域不断开辟。党史研究者站在全民族和整个国家乃至国际视野的角度，来研究中国共产党的历史。政治制度、人物往来、中外关系、法制建设、财政经济、商业贸易、交通通信、工农生产、军事作战、人口流动、婚姻家庭、文化教育、医药卫生、社会生活等，均被纳入研究的视野，出版了一批有影响的学术著作和论文。同时，史料深度开放，资料日益丰富。党史研究不仅应将党史与国史问题置于国际视野下研究，而且应关注国际学界的最新研究成果和档案资料。目前中共党史的史料不仅国内档案对外开放，研究者还从国外的很多机构获得大量的文献资料。国内学界认为，应继续拓展史料源头，加强对海外资料的运用，加强国内外资料证补，这将大大促进国内研究。

3. 关于党建研究

2014 年年底，习近平总书记提出了全面从严治党，遂成为 2015 年党建理论研究的重中之重。全面从严治党这一党建战略思想，开创了党建新格局，表明我们党对新形势下党建规律、治国理政规律有了新探索、新认识、新创见。在“四个全面”战略布局

---

① 曲青山：《漫谈理论学习和党史工作——在广东省委党史研究室的讲座》，《红广角》2015 年第 7、8 期。

② 王爱云：《习近平关于正确看待党史国史论述的方法论意义》，《党的文献》2015 年第 9 期。

中，全面从严治党体现了伟大事业与伟大工程的统一，体现了党的建设与治国理政的统一。协调推进“四个全面”，最根本的是坚持党的领导不动摇。[①] 坚持突出全面从严治党这条主线，理论界深化了对新形势下党的建设的规律性认识，增强研究的前瞻性、针对性和实效性。

对全面从严治党思想的研究不断深入。在中国知网上，以“全面从严治党”为“关键词”，检索2015年1月1日至12月31日时间段论文，显示数据为有各类文章131篇，含有“习近平党建思想”的有15篇，比去年同期的3篇增加了12篇。科研成果数量的变化，表明全面从严治党已成为中国共产党加强自身建设的一大关键词。

对党建现实问题的研究不断深化。围绕推进全面从严治党的新的实践要求，2015年全国党建研究会确定的重点研究课题有7项：“习近平总书记全面从严治党思想研究”“思想建党与制度治党问题研究”“落实党建工作责任制问题研究”“防止干部‘带病提拔’问题研究”“防治‘为官不为’问题研究”“提高党员干部法治思维和依法办事能力问题研究”“充分发挥基层党组织政治功能问题研究”。在中国知网上，检索2015年1月1日至12月31日时间段论文，篇名含有“党建”的各类文章有8775篇，较上年同期的6104篇增加2671篇。

（二）主要活动

2015年，围绕学习研究习近平总书记重要讲话精神和抗日战争胜利70周年等纪念活动，全国范围开展了众多的活动和学术研讨。主要活动有：

1. 2014年年底至2015年年底，在一年跨度内，“新文化运动百年反思”系列学术会议先后召开。会议由北京大学等国内高校联合发起召开，分别由“文学与社会”“问题与主义”“科学与民主”“中国新思想：历史与方法”“人：观念与自由”五个专场组成。海内外学者共同探讨、研究和反思这场伟大运动及其深远影响。

2. 2015年1月15日，中宣部、中央文献研究室、中央党史研究室、解放军总政治部、贵州省委在遵义隆重纪念遵义会议召开80周年。中共中央政治局委员、中央书记处书记、中宣部部长刘奇葆出席会议并发表讲话。

3. 2015年4月8日，全国党史研究室主任会议在北京召开。中共中央政治局委员、中央办公厅主任栗战书出席会议并讲话。与会者一致认为，要深入学习贯彻习近平总书记关于党的历史和党史工作的重要论述精神，牢牢把握党史工作的正确方向，统筹推进党史工作全面发展，掌握做好党史工作的看家本领，不断开创党史研究和宣传工作新局面。

4. 2015年9月3日上午，纪念中国人民抗日战争暨世界反法西斯战争胜利70周年大会在北京天安门广场隆重举行。中共中央总书记、国家主席、中央军委主席习近平发表重要讲话并检阅受阅部队。

5. 2015年9月20日，由中国社会科学院马克思主义研究院和浙江省社会科学院联合举办的第二届执政党建设理论与实践论坛在杭州举行。来自全国各地社科院、党校、高校的专家以及基层党建工作者140多人参加了会议。会议围绕“全面从严治党理论

---

① 《从严治党锻造坚强领导核心——五论协调推进“四个全面”》，《人民日报》2015年3月1日，第1版。

与实践创新研究”主题展开了热烈的讨论。

6. 2015 年 12 月 1 日，中央企业党的建设工作座谈会在京召开，中共中央政治局委员、中组部部长赵乐际出席会议并讲话。赵乐际强调，要深入学习贯彻习近平总书记系列重要讲话精神，坚定不移坚持党对中央企业的领导，坚定不移加强中央企业党的建设，为推动中央企业深化改革、做强做优做大提供坚强保证。

（三）中国社会科学院党建党史学科建设状况

2015 年，中国社会科学院党建党史学科建设平稳有序运行，在学术研究、科研队伍建设和人才培养等方面取得良好成绩。

1. 学科成员概况

中国社会科学院党建党史学科主要依托于党建党史研究室，现有学科成员 6 名，其中研究员 2 名、副研究员 2 名、助理研究员 2 名。学科带头人系金民卿研究员。3 名学科成员参加了中国社会科学院创新工程。

2. 主持或参与课题情况

2015 年，戴立兴主持的国家社科基金项目“毛泽东人民观及其当代意义研究”完成结项，评为良好；陈志刚主持的中国社会科学院创新工程项目“习近平党建思想研究”已经结项；刘海飞主持的国家社科基金项目“中国共产党干部任用中的五湖四海原则研究”，进展顺利；邓纯东、戴立兴、于晓雷承担的“习近平全面从严治党思想的理论特色”子课题荣获 2015 年中央组织部重点课题“习近平总书记全面从严治党思想研究”评比一等奖。此外，学科成员参与委托课题、智库课题等重大学术课题 3 项。

3. 组织大型学术活动、进行学术讲座、接受媒体采访

2015 年 9 月 20 日，由中国社会科学院马克思主义研究院和浙江省社会科学院联合举办的第二届“执政党建设理论与实践研讨会”在杭州举行。来自全国各地社会科学院、党校和高校等教学研究机构的党建专家以及党务工作者 140 多人参加了会议。金民卿、陈志刚、戴立兴等学者就全面从严治党思想、抗日战争的意义、党对深化改革的领导等问题多次接受媒体采访，并应邀举办学术讲座。

4. 发表科研成果

中国社会科学院党建党史学科在 2015 年度取得丰硕科研成果。出版专著 1 部：金民卿著《青年毛泽东的思想转变之路》，社会科学文献出版社 2015 年 4 月出版。在《红旗文稿》《人民论坛》《毛泽东邓小平理论研究》《浙江学刊》《南京大学学报》《中国社会科学报》等刊物、报纸上公开发表各种学术论文 30 余篇，其中核心期刊 8 篇。此外，收集编写《中华思想通史》资料 120 多万字；撰写《要报》等内部文稿 10 多篇；参加各类调研课题撰写调研报告 5 万多字。

二　党建党史学科若干重大问题研究

2015 年党建党史研究在下列问题上着力较多。

（一）习近平“全面从严治党”思想研究

十八大以来，习近平总书记高度重视党的建设，在多个场合强调了党要管党、从严

治党。2014年12月，习近平总书记在江苏调研时指出，要“协调推进全面建成小康社会、全面深化改革、全面推进依法治国、全面从严治党，推动改革开放和社会主义现代化建设迈上新台阶”，将“从严治党”首次提升到“全面从严”的高度。学界围绕“全面从严治党”思想展开了集中的研究和论述。辽宁大学马克思主义学院教授刘宁宁等认为，“全面从严治党”是党面临严峻形势的必然选择，构建了党建新常态。[①]

对于“全面从严治党”思想的深刻内涵，中央党校教授辛鸣认为：全面从严治党，从转变作风入手，通过反腐败发力，用制度作保障，用信仰塑灵魂，标本兼治、固本培元，勾勒出了习近平总书记管党治党的实践逻辑。[②] 湖南科技大学马克思主义学院副院长、教授吴怀友则认为：党的十八大以来，以习近平为总书记的党中央提出全面从严治党的一系列新思想、新观点、新论断，形成了以“原因论”“意义论”“旧标论”“系统论”“责任论”“重点论”“核心论”“方法论”“常态论”“规律论”等为主要内容的系统严密的全面从严治党思想体系。[③]

对于“全面从严治党”思想的特点，华东师范大学政治学系教授齐卫平认为：习近平总书记全面从严治党思想具有“把权力关进制度的笼子”“三严三实”等十个主要创新观点，体现了敢担当展魄力、重问题求实效、谋大略有思路、显务实接地气的主要特点。[④] 中国人民大学教授杨德山认为：全面从严治党在“四个全面”战略布局中起着根本保证作用，从理论建构和实践表现看，它具有关键性与整体性相统一、重点性和全面性相结合、严肃性与规范化相协调、创造性与继承性相联系、开放性与自主性相适应等特征。[⑤] 中国浦东干部学院教授奚洁人认为，“全面从严治党”是习近平治国理政的重大战略思想之一，“打铁还需自身硬”是“全面从严治党”战略思想富有个性的标志性用语。打铁还需自身硬是“全面从严治党”的战略定位，治党先治吏是全面从严治党的战略重点，聚焦作风建设是全面从严治党的战略切入点，制度治党是全面从严治党的战略支持。[⑥]

对于“全面从严治党”思想的意义，中南财经政法大学教授赵凌云等认为，习近平总书记关于管党治党的思想“已经基本形成面向长期执政党建设的全面从严治党理论体系。这一理论体系回答了如何建设长期执政党的一系列重大理论问题，是中国共产党党的建设理论的新发展，具有重大理论与实践意义”。[⑦]

---

① 刘宁宁、汪海燕：《论“全面从严治党”思想的理论与实践》，《马克思主义研究》2015年第7期。

② 辛鸣：《全面始能从严，从严更要全面——“全面从严治党”思想的深刻内涵》，《人民论坛》2015年第6期。

③ 吴怀友：《习近平全面从严治党思想论纲》，《毛泽东研究》2015年第4期。

④ 齐卫平：《全面从严治党的基本思想和主要特点》，《新疆师范大学学报》（哲学社会科学版）2015年第5期。

⑤ 杨德山：《准确把握全面从严治党的特征》，《中国特色社会主义研究》2015年第3期。

⑥ 奚洁人：《习近平“全面从严治党”思想的战略思维——“打铁还需自身硬”的理论内涵与战略特征》，《中国浦东干部学院学报》2015年第5期。

⑦ 赵凌云、李景友：《习近平全面从严治党思想的基本观点与时代意义》，《湖北社会科学》2015年第9期。

（二）关于“坚持人民主体地位”的研究

2014年10月，中共十八届四中全会通过了《中共中央关于全面推进依法治国若干重大问题的决定》（以下简称《决定》），将“坚持人民主体地位”作为法治建设的基本原则。2015年“坚持人民主体地位”的研究是党建学科的一个热点话题。

研究者认为，坚持人民主体地位具有重要意义。全国政协办公厅研究室主任刘佳义认为：人民群众是社会生产力、社会生活和社会历史的主体，这是马克思主义的基本原理。“坚持人民主体地位”这一重要原则，同我们党在此前提出的人民群众是先进生产力和先进文化的创造主体，是科学发展的主体，是依法治国的主体和力量源泉一样，都体现了坚持马克思主义和尊重人民主体地位的一致性。[①] 广东省委党校教授吴灿新则认为：之所以要将“坚持人民主体地位”作为第一原则，首先是社会主义国家性质所决定；其次是执政党的最高宗旨所决定；再次是马克思主义的群众史观所决定；最后是科学发展观所决定。而坚持人民主体地位原则，必须实现共享理念，必须解决和克服官僚主义、分配不公和官本位等主要问题。[②]

研究者认为，坚持人民主体地位必须依法治国。中国社科院马克思主义研究院研究员金民卿认为：《决定》提出要从依法治国的目标主体、过程主体、运用主体等层面，把人民主体地位贯彻到依法治国的各个环节中，并努力使之落实到全面推进依法治国的实践当中。[③] 苏州大学教授胡玉鸿则认为：将“坚持人民主体地位”作为法治建设的基本原则，对于保障法的主体性、目的性和有效性有着极为重要的理论意义和现实价值；在强调人民主体地位的同时，必须注意将尊重人民群众的集体智慧与发挥专家的专业特长相结合；吸纳人民群众参与法治事业，必须实际考量普通民众的法律能力；要引导人民群体跳出自我利益的窠臼，理性地表达自己的正当诉求。[④]

研究者认为，坚持人民主体地位必须贯彻好党的群众路线。济南市委党校教授张爱军等认为：群众路线是党的生命线和根本工作路线，本质上体现的是党和人民群众的关系，解决的是党的事业“为了谁、依靠谁、怎么做”的根本问题。[⑤]

（三）关于思想建党与制度治党的关系研究

理论界普遍认为，思想建党必然要落实到制度治党上来。山东社会科学院党建研究中心副主任韩冰认为，这是解决党建问题的必然选择。要管好党员众多的中国共产党，不靠思想教育不行，光靠思想教育也不行；不靠制度不行，光靠制度也不行，必须坚持思想自律和制度他律的有机统一；无论思想建党还是制度治党，都是依据时代特征和党所肩负的历史使命提出来的，都是问题导向下的必然选择。[⑥] 北京市委党校教授姚桓认

---

① 刘佳义：《坚持人民主体地位》，《光明日报》2015年11月20日。

② 吴灿新：《坚持人民主体地位原则　实现共享理念》，《岭南学刊》2015年第6期。

③ 金民卿：《全面推进依法治国与坚持人民主体地位》，《江西社会科学》2015年第1期。

④ 胡玉鸿：《人民主体地位与法治国家建设》，《学习论坛》2015年第1期。

⑤ 张爱军、孙希良：《坚持人民主体地位是践行党的群众路线的关键》，《中共济南市委党校学报》2015年第1期。

⑥ 韩冰：《把思想建党和制度治党紧密结合起来》，《人民日报》2015年11月19日。

为，思想建党与制度治党相结合，是科学总结历史经验的结果，也是系统思维、辩证思维在党的建设上的创造性运用。① 从思想建党到制度治党，再到思想建党和制度治党紧密结合，深化了我们党对加强自身建设规律的认识，是对执政党建设理论的进一步丰富和发展。

思想建党与制度治党是辩证统一的。大多数学者都认为，不能把思想建党与制度治党看作孤立的、彼此分割的两项任务。国防大学马克思主义教研部副主任马占魁认为，从本质上讲，思想和制度是有机统一的整体，当制度体现为规则时，必然要反映思想的价值追求，而思想要对人的行为起规范作用，必然以制度规则的形式呈现出来。② 青岛市委党校讲师牛月永认为，思想建党与制度治党具有同一性。从目标性来看，思想建党与制度治党具有同向一致性，即思想建党与制度治党统一在从严治党中，同向于从严治党。从功能性来看，思想建党与制度治党具有互补性，教育突出柔性，以说服为核心；制度突出刚性，以惩戒为根本。当然二者之间从运行性来看，思想建党与制度治党具有时代侧重性。③ 姚桓认为，思想建党是制度治党的前提和基础，它影响着、规定着制度建设的方向。制度治党则是在思想建党引领下解决如何建设党、管好党的问题，对思想建党具有不可缺少的支撑和保障作用。因为把思想的影响力转化为刚性的约束力，只能靠制度来实现。④

思想建党与制度治党相结合要同向发力、同时发力。习近平同志强调，从严治党靠教育，也靠制度，二者一柔一刚，要同向发力、同时发力，要使加强制度治党的过程成为加强思想建党的过程，也要使加强思想建党的过程成为加强制度治党的过程。泉州市委副书记周银芳认为，同向发力要坚持“三个着眼”：一是着眼共同目标，二是着眼共同要求，三是着眼共同任务。同时发力要坚持“三个相互”：一是部署相互配套，二是举措相互衔接，三是作用相互促进。同时，同向同时发力要力戒“三种倾向”：一是注意克服“两张皮”的倾向，二是注意克服重制度建设、轻思想建设的倾向，三是注意防止制度流于形式的倾向。⑤ 牛月永认为，必须构建思想建党与制度治党相结合的协同机制，一是构建利益保障机制，二是构建制度意识养成机制，三是构建思想教育监督机制，四是构建有效协同评价机制。⑥

（四）对新文化运动的百年反思

百年前的新文化运动是近代中国思想文化变革的关键节点，学界对新文化运动进行了再认识、再评估，新文化运动百年反思是2015年中国学术界的一个热点。围绕这一热点，不同思潮发出了不同声音。中国马克思主义学者应当如何看待新文化运动？如何看待其他思潮对新文化运动的评价？学术界举行了很多研讨会，很多文章从不同的角度对相关的史实做了新的厘定，关于新文化运动的意义及其对当代中国的影响成为研究的

① 姚桓：《从严治党需将思想建党与制度治党结合》，《学习月刊》2015年第7期。
② 马占魁：《坚持思想建党和制度治党》，《解放军报》2015年1月26日。
③ 牛月永：《构建思想建党与制度治党协同机制的思考》，《领导科学》2015年第20期。
④ 姚桓：《从严治党需将思想建党与制度治党结合》，《学习月刊》2015年第7期。
⑤ 周银芳：《坚持思想建党与制度治党紧密结合》，《求是》2015年第12期。
⑥ 牛月永：《构建思想建党与制度治党协同机制的思考》，《领导科学》2015年第20期。

焦点问题。

由北京大学哲学系、复旦大学哲学学院、台湾大学哲学系、浙江大学人文学院和安徽大学文学院等联合发起的“新文化运动百年反思”系列学术会议于2014年12月至2015年底在上述五校举办。该系列学术会议邀集海内外学者共同探讨、研究和反思这场伟大运动及其深远影响。此次系列学术会议分别由“文学与社会”“问题与主义”“科学与民主”“中国新思想：历史与方法”“人：观念与自由”五个专场组成。学术界认为，新文化运动的主要参与者不仅提出了面向中国社会及文化本根和基础的问题，也在很大程度上影响了近百年来学术思想的走向及问题意识。新文化运动产生的关于文化现代化、中西文明冲突与融合、传统文化定位、个体与自我意识的觉醒、民主与科学的价值观念等，至今仍有重大的理论价值，值得在当代中国社会发展及文化复兴的大背景下重新梳理。

武汉大学李维武教授在《中国社会科学报》上刊发了3篇对于新文化运动百年再思考的评论：《割裂五四运动与新文化运动有违史实》（2015年4月3日）、《以学术展现前所未有的新型理想和人生理想：中国早期马克思主义者对新文化运动的学术贡献》（2015年4月20日）、《以历史主义看待新文化运动的“反传统”》（2015年5月22日）。这些评论从不同视角入手，以马克思主义的立场和历史主义的态度，对近年来新文化运动研究中出现的重要问题做了辨析和评价，针对自由主义和文化保守主义在看待新文化运动性质上的不同声音和认识误区做了回应和批评。

（五）关于遵义会议涉及的人物角色及其贡献的研究

遵义会议涉及较多人物，对于他们在其中的作用，有不同的观点和看法，特别是对遵义会议是否确立了毛泽东的领导地位存在分歧，围绕这些问题，在遵义会议召开80周年之际，学者们进行了探讨。

关于毛泽东的贡献。湖南省委党校教授戴安林认为主要表现在三个方面：一是提出向敌军力量薄弱的贵州转兵的战略方针，为遵义会议的召开创造了条件。二是在遵义会议上深刻分析和批判了“左”倾错误路线，开始形成以毛泽东为核心的新的中央领导集体，是党和红军历史上一个生死攸关的转折点。三是遵义会议以后，在毛泽东的正确指挥下，开创了中国革命的新局面。[①] 安徽省社科院研究员邸乘光则认为，遵义会议的地位源于会议取得的重要成果，而这些成果的取得与毛泽东的主导作用和重要影响是分不开的。[②]

关于周恩来的贡献。遵义会议纪念馆李琴认为，周恩来在遵义会议召开前在党内曾多次主持召开中央会议，在会议上对毛泽东的主张和思想进行了肯定和采纳，这些会议是遵义会议召开的铺垫。此外，周恩来对“左”倾错误进行了纠正，使得毛泽东的正确思想逐渐被接受和理解，为在遵义会议上毛泽东重回党内领导地位做好了铺垫。周恩来对遵义会议召开进行了积极的组织和筹备。与此同时，周恩来在遵义会议上的自我批评，对于遵义会议的成功召开起到了极其重要的作用。总的来说，周恩来对遵义会议的

---

① 戴安林：《论毛泽东对遵义会议的历史性贡献》，《毛泽东研究》2015年第1期。

② 邸乘光：《毛泽东在遵义会议进程中的作用及影响》，《毛泽东研究》2015年第1期。

成功起到了推动作用。①

关于张闻天的贡献。河南大学马克思主义学院副教授王成元等认为主要体现在：一是在长征出发时，他同毛泽东、王稼祥结成“中央队三人团”，后来“中央队三人团”在政治局内部开展了对错误军事路线的斗争，促使政治局作出召开遵义会议的决定；二是在遵义会议上，他反对“左”倾错误军事路线的报告，对遵义会议的胜利起到了决定性的作用；三是他担任总书记后，立即起草了《遵义会议决议》并召开政治局会议予以通过，为引导全党全军的战略转变作出了贡献。②

关于王稼祥的贡献。遵义会议纪念馆馆员徐恒认为，对遵义会议有重要贡献的人物当中，王稼祥的贡献是最大的，主要表现有几点：首先，他深入调查实际，认真学习军事理论，丰富自身的军事修养，因而最早从“左”倾阵营里脱身出来，走上了正确的归途，并积极帮助其他同志认清“左”倾和右倾两条路线的实质。其次，他重视观察思考，重视自己眼睛和耳朵同时见证的东西，他不顾自己生命安危，坚持参加各种会议，在会议上他明确表示支持毛泽东的主张，竭力帮助毛泽东获得党的核心领导人的地位，帮助红军找到领路人。最后，王稼祥在遵义会议上投出的“关键一票”，起到了别人无法代替的作用。③

关于遵义会议是否确立了毛泽东的领导地位，中央党史研究室主任曲青山指出：我们看历史，不能简单地认为某个人担任了党的最高领导职务就叫核心，关键要看他在党的领导集体当中核心作用发挥得如何，是不是带领领导集体完成了历史所赋予的重要使命。④ 徐恒则认为，近年来，有人认为毛泽东在遵义会议上没有担任最高负责人这一职务，就不认可在遵义会议上确立了毛泽东在党中央的领导地位，这是一种错误的观点，严重违背历史的实况。⑤

关于张闻天在遵义会议后的称谓，曲青山在接受采访时指出：遵义会议上决定由张闻天代替博古负中央总的责任。在我们党的历史上，“总书记”称谓出现之后逐渐成为大家一个习惯的称呼。负中央总的责任实际上担负的就是中央总书记的职责。两种说法都可以使用，但最准确的表述应该按照新版党史基本著作《中国共产党历史》中“根据毛泽东的提议，决定由张闻天代替博古负中央总的责任（习惯上也称之为总书记）”的表述。⑥

关于邓小平是否参加了遵义会议问题，从20世纪六七十年代起就众说纷纭。遵义会议纪念馆原副馆长、研究员石永言在“梳理”这段往事时，从多方面的证据证实邓小平是参加了这次会议的。⑦

---

① 李琴：《浅析周恩来对遵义会议的历史贡献》，《改革与开放》2015年第10期。

② 王成元、杜君：《张闻天对遵义会议的历史贡献》，《长白学刊》2015年第3期。

③ 徐恒：《试论王稼祥对遵义会议的重要贡献》，《传承》2015年第3期。

④ 林晨光：《正确认识和把握遵义会议这段历史——访中共中央党史研究室主任曲青山》，《上海党史与党建》2015年第2期。

⑤ 徐恒：《遵义会议确立毛泽东领导地位的争议与辨证》，《传承》2015年第5期。

⑥ 林晨光：《正确认识和把握遵义会议这段历史——访中共中央党史研究室主任曲青山》，《上海党史与党建》2015年第2期。

⑦ 石永言：《邓小平与遵义会议》，《中国人才》2015年第4期。

（六）关于改革开放史相关问题的研究

改革开放史研究是中共十八大前后兴起的，2015 年学界围绕改革开放史相关问题的研究论文也不在少数。

华东师范大学兼职研究员萧冬连认为，中国改革开放史已经可以进入历史研究者的视野了。当代人研究当代史有独有的优势：一是有鲜活的史料，二是研究者有“现场感”。观察中国改革，有几个维度很重要：第一，应当承认理性的局限。第二，改革是有成本的，没有免费的午餐，没有不付出成本的改革，一项改革可能产生多重后果。第三，改革是一个利益调整的过程，有人受益有人受损。第四，整个改革过程始终存在复杂的利益博弈。对于改革开放至少应在两方面作反思。一方面是指导思想存在偏差。另一方面是，政治体制改革滞后，始终没有形成有效制约权力的制度，公权力私有化，腐败愈演愈烈，直至危及政权的根基。①

广西民族大学政治学与国际关系学院党委书记、教授陆世宏认为，划分的依据不一，以致改革开放史的时期划分不尽一致。基于党代会、重大历史事件、领导集体的作用、现代化战略、形成的理论成果及指导作用等标志性的因素，改革开放史可划分为三个时期：以市场为取向的经济改革时期（1979—1992）、建立社会主义市场经济体制时期（1992—2002）和全面建设小康社会时期（2003 至今）。②

中国社会科学院当代中国研究所研究员张星星认为，在中华人民共和国 60 多年的发展历程中，改革开放史研究的重要地位和意义愈益凸显，成为国史、党史、马克思主义中国化史中最主要的部分，是国史、党史、马克思主义中国化史等学科发展和创新的最重要内容。加强和深化改革开放史研究，应努力开阔研究视野，准确把握中国改革开放史的历史主流，紧紧围绕中国特色社会主义的时代主题，深入总结中国改革开放的宝贵经验，科学分析改革开放进程中遇到的新问题，不断拓展中国改革开放史的研究领域。国史工作者有责任，也有义务，以改革创新精神推进和深化中国改革开放史研究，为坚持、完善和发展中国特色社会主义做出更积极的贡献。③

中国社会科学院当代中国研究所王蕾认为，深入总结改革开放以来我们党治国理政的宝贵历史经验，寻求社会全面发展顺利推进之路，是党史研究的题中应有之义。在研究中真正秉持马克思主义群众史观，才能全方位地描绘改革开放的历史脉络，分析认识改革共识的凝聚过程，把握住改革开放的主题和主线、主流和本质，为新一轮改革提供理论指导和智力支持：一是必须重视研究群众的首创精神；二是必须重视群众社会生活史的研究；三是必须重视对群众利益诉求的研究。④

---

① 萧冬连：《关于中国当代改革开放史研究若干问题的思考》，《中共党史研究》2015 年第 1 期。

② 陆世宏：《关于改革开放史分期研究的相关问题》，《桂海论丛》2015 年第 6 期。

③ 张星星：《深化改革开放史研究　增强中国特色社会主义信念》，《当代中国史研究》2015 年第 6 期。

④ 王蕾：《改革开放史研究必须注重马克思主义的群众史观》，《北京党史》2015 年第 1 期。

三　关于当前近代史和党建党史需要深入研究的若干问题

2015 年，理论界在近代史和党建党史的研究中主要存在以下的问题。

（1）近代史研究有重史料轻理论、重实证轻分析和部分个案史研究趋于“碎片化”的倾向。特别是在近代史研究中还存在着较为严重的历史虚无主义倾向，“重写中国近代史”的声音不绝于耳。存在着诸如淡化和否定反帝反封建革命的正义性、过分推崇和宣扬近代化、不断在“假如”中叙说历史发展的可能性的错误看法。这些观点看似“新颖”和“深刻”，但与基本事实大相径庭甚至完全背离。其本质，是一些人妄图通过重新解读中国近代历史，进而否定中国人民“选择马克思主义，选择中国共产党，选择社会主义道路”是中国社会和中国革命发展的必然要求这样的根本历史结论。

（2）加强问题意识，回应学科发展和人民群众关注的热点、难点问题。党史研究的大量成果中，叙述史实多，研究问题少；历史描述和资料堆积多，理论剖析少，是深化党史研究亟待解决的问题。应加强实证研究、个案研究，通过多样性的地方知识及鲜活生动的历史让人产生感悟，让读者在身临其境中激活文献知识中有关历史场景的信息，感悟历史。另外，须研究和把握历史的规律性，而这种规律性是所谓的“细节崇拜”解决不了的。“细节崇拜”的结果，只能是以个别替代一般，以细节否定整体，在迷信考据方法的氛围下，往往给各种历史唯心主义打开了方便之门。

（3）当前党建研究须把历史作为最好的教科书，着眼马克思主义理论的运用，着眼对实际问题的理论思考，使党建研究在新的历史起点上有所建树。须从世界执政党的经验教训中拓宽研究视野，在比较中鉴别优劣、在鉴别中明白得失，为作好中国特色社会主义这篇大文章出计献策。要加强对党的建设改革方向、方式、方法的研究，真正搞清楚哪些需要改、哪些不能动。把握党建研究的正确方向，坚持唯物史观，着眼马克思主义理论的运用，着眼对实际问题的理论思考，使党建研究既有深度又有现实意义。

（供稿：戴立兴、于晓雷、刘海飞）

思想政治教育

一　研究概况

（一）学科学术交流活动活跃而丰富

2015 年，思想政治教育学科在回顾、总结学科设立 30 年成绩和经验的基础上，继续稳步推进，开展各种学术活动，以一系列主题鲜明的学术论坛和学术会议有力促进了学界的学术交流。

2015 年 1 月 9 日，中国社会科学院首届“马克思主义学院博士生高峰论坛”在京举行。中国社会科学院院长、党组书记王伟光出席论坛开幕式。论坛旨在通过对马克思主义理论和中国发展研究前沿课题的深入探讨，提高博士生的理论水平以及分析和解决实际问题的能力，从而有效地提高全国马克思主义理论专业博士生的学术能力和水平。论坛面向全国高校马克思主义学院博士生征集论文 286 篇，评出 48 篇为优秀论文。中国社会科学院马克思主义学院博士生王钰鑫的《社会主义初级阶段理论的形成及其接续问题研究》一文获得一等奖，复旦大学、华东师范大学、清华大学等高校的 6 名博士生获得二等奖。

2015 年 4 月 24—26 日，第三届全国重点高校思想政治教育本科专业协同建设研讨会在中南大学举行，来自武汉大学、华东师范大学、南开大学、兰州大学等 20 多所高校的近百名专家学者参加了会议。与会专家和学者就思想政治教育专业的学科属性定位、如何促进思政专业建设创新、思政专业培养方案的制定和课程设计以及如何将专业建设探讨的理论成果应用于具体的思政课教学实践等问题进行了广泛而深入的交流研讨。“全国重点高校思想政治教育本科专业协同建设研讨会”，是全国拥有思想政治教育本科专业的 6 所重点高校于 2013 年提议每年召开的旨在办好高校本科思想政治教育专业的研讨会。目前已经成为全国思想政治教育本科专业建设的交流平台，对思想政治教育本科专业的规范化建设起到了重要的促进作用。

始于 2008 年的《思想理论教育导刊》论坛，目前已成为推进思想政治教育学术交流的重要平台。2015 年 5 月 15—16 日，第八届《思想理论教育导刊》论坛——“培育和践行社会主义核心价值观”理论研讨会在广西民族大学召开。来自全国各地的 120 多位专家学者出席研讨会。会议围绕社会主义核心价值观三个层面的内涵及其关系；社会主义核心价值观与弘扬中国传统文化、与中国梦的关系；培育与践行社会主义核心价值观的途径及如何将社会主义核心价值观融入高校思想政治理论课教育教学等问题展开了深入研讨。

（第三届全国重点高校思想政治教育本科专业协同建设研讨会）

（第八届《思想理论教育导刊》论坛——“培育和践行社会主义核心价值观”理论研讨会）

2015 年 7 月 11—12 日，北京科技大学《思想教育研究》编辑部与福建师范大学共同举办的“全国高校思想政治理论课教学方法改革研讨会”在福州召开。来自中国人民大学、北京师范大学、南开大学、山东大学及福建师范大学等 70 余所高校的百余名专家学者参加会议，共同探讨高校思政课教学方法改革问题。会议旨在贯彻落实中央关于加强高校思想政治理论课建设的指示，着力提升高校思想政治理论课教师的教育教学水平，总结交流高校思想政治理论课教学方法改革创新的有效经验。与会专家学者围绕如何进一步推进高校思政课教学方法改革、教材体系向教学体系转化等问题进行了深入的研讨交流。中国人民大学王易教授介绍了中国人民大学正在重点建设的高校思想政治理论课高精尖创新中心的建设意义、基础和优势、建设目标与任务、研究领域和团队等方面的基本情况。

（全国高校思想政治理论课教学方法改革研讨会）

中国共产党的思想政治教育本质上是马克思主义理论教育，而高校的“马克思主义基本原理概论”课教学，是目前唯一一个向青年学生系统灌输马克思主义基本理论的渠道，珍惜和把握好这个渠道十分重要。但目前这门课程效果并不理想。原因固然很多，但关键还在于教师本身。2015 年 7 月 11—16 日，为解决当前高校“马克思主义基本原理概论”课教学中的老大难问题，培养具有马克思主义整体性理论素养的教学与科研队伍，中国社会科学院马克思主义研究院马克思主义基本原理研究部，联合河南大学马克思主义学院举办首届全国“马克思主义基本原理概论”通讲研修班。来自南开大学、四川大学、重庆大学等全国 20 多所高校的 40 余名“马克思主义基本原理概论”课程教师参加了研修。研修班主要对《马克思主义基本原理概论》（2013 年修订版，高等教育出版社）各章节的要点内容进行通讲，并对该门课程教学和研究中存在的疑难问题进行研讨，以促进马克思主义理论的整体性教学，提高马克思主义基本原理概论课程的教学实效。研修班由中国社会科学院马克思主义研究院原理部主任余斌研究员主讲，参会的专家学者、一线任课教师进行集体讨论。并邀请河南大学经济学院许兴亚教授对教材第四章“资本主义的形成及其本质”中关于“资本主义的概念、资本主义和社会主义的关系、资本主义生产关系和资本主义生产方式、在新的历史条件下如何深化对劳动价值论的认识”等问题进行讲解。

（首届全国“马克思主义基本原理概论”通讲研修班专家与学员合影）

2015 年 8 月 22—24 日，教育部研究生思想政治理论课分教学指导委员会 2015 年第一次工作会议暨“中国特色社会主义理论与实践研究”教学研讨会在新疆石河子大学召开。来自教育部社科司、新疆维吾尔自治区教育厅、新疆生产建设兵团教育局、教育部高校思政课教学指导委员会、研究生思政课分教指导委员会、高等教育出版社社政出版事业部、《教学与研究》编辑部、《中国教育报》、北京大学、清华大学、国家教育行政学院、武汉大学、中国人民大学、中山大学等单位的近 100 位专家学者参加了会议。会议围绕《中国特色社会主义理论与实践研究》2015 年修订情况及课程建设的情况进行了交流。顾海良以“‘四个全面’战略布局思想与硕士研究生教学大纲的新的修订”为题对《中国特色社会主义理论与实践研究》2015 年修订情况做了总体介绍。

2015 年 10 月，中国社会科学院马克思主义研究院与扬州大学联合举办了“2015 年全国思想政治教育学术研讨会”。这是中国社会科学院马克思主义研究院自成立思想政治教育学科以来举办的第五届全国性学术研讨会。会议旨在深入贯彻习近平总书记给第二十三次全国高等学校党的建设工作会议所作的重要指示和《关于进一步加强和改进新形势下高校宣传思想工作的意见》，主题是“立德树人与高校思想政治教育”。来自全国各地的思想政治教育领域的百余名专家学者，就“高校培育和践行社会主义核心价值观研究”“高校宣传思想工作的理论与实践创新研究”“思想政治教育基础理论与学科建设研究”“新媒体与高校思想政治教育研究”“高校思想政治理论课教学改革研究”等问题进行了深入研讨与交流。会议经学术委员会专家评审，评选出了 16 篇优秀论文并进行了表彰。

（教育部研究生思想政治理论课分教学指导委员会 2015 年第一次工作会议暨
“中国特色社会主义理论与实践研究”教学研讨会）

（2015 年全国思想政治教育学术研讨会）

2015 年 10 月 31 日—11 月 1 日，由社会主义核心价值观协同创新中心、清华大学高校德育研究中心、清华大学马克思主义学院和东北师范大学马克思主义学院联合主办的“全国思想政治教育高端论坛暨社会主义核心价值观学术研讨会”在吉林长春召开。

来自北京大学、清华大学、中国人民大学、复旦大学、国防大学等高校的主管领导、马克思主义学院院长、专家学者等百余人参加论坛。论坛以“社会主义核心价值观”为主题，与会专家学者围绕“社会主义核心价值观的本质特性和内在逻辑”“社会主义核心价值观与立德树人的关系”“社会主义核心价值观与中华优秀传统文化相承接”以及“社会主义核心价值观融入高校思想政治理论课有效性”等理论与现实问题进行了深入的探讨和交流。

（全国思想政治教育高端论坛暨社会主义核心价值观学术研讨会）

2015 年 12 月 12 日，“思想政治教育学原理体系创新论坛暨《思想理论教育》杂志创刊 30 周年论坛”在华东师范大学举行。论坛由上海市高等学校思想理论教育研究会、《思想理论教育》编辑部和华东师范大学马克思主义学院联合举办，来自全国 20 多所高校的近 60 名思想政治教育领域的知名专家学者和优秀青年学子参加论坛。论坛围绕“思想政治教育学原理体系创新”这一主题，就“思想政治教育学原理研究的拓展与深化，思想政治教育学理论体系演变与优化创新，思想政治教育学原理内容体系更新、话语体系转换、研究范式拓展”等问题展开了广泛而深入的探讨，具有较强的理论性、前瞻性和创新性。这是本年度唯一以“思想政治教育学原理”为主题的全国性学术研讨会。

2015 年 12 月 18—20 日，“全国高校思想政治理论课创新体系建设研讨会”在四川大学召开。研讨会以深入贯彻落实中共中央办公厅、国务院办公厅印发的《关于进一步加强和改进新形势下高校宣传思想工作的意见》和《普通高校思想政治理论课建设体系创新计划》精神为指导，围绕“思想政治理论课创新体系建设”“推进全国高校马克思主义学院的建设”“增强思想政治理论课建设的针对性和实效性”等相关问题进行了深入探讨。

（思想政治教育学原理体系创新论坛暨《思想理论教育》
杂志创刊30周年论坛专家与参会者合影）

（全国高校思想政治理论课创新体系建设研讨会）

综上可见，目前思想政治教育学界学术研讨会和学术论坛丰富多样，各类研讨会主题鲜明，研讨内容丰富。研讨会关注思想理论领域重大理论问题与现实问题，并将综合研究与专题研究相结合，为专家学者和广大教师提供学术研究平台和学习交流渠道，对于深化学科理论研究和推进学科建设起到了积极作用。

（二）关注马克思主义学院建设

建设好马克思主义学院对于思想政治教育学科建设十分重要。2015 年中宣部提出建设理论工作“四大平台”：马克思主义理论研究和建设工程、中国特色社会主义理论体系研究中心、马克思主义学院、报刊网络理论宣传阵地。如何加强马克思主义学院建设成为备受关注的话题。学者们强调马克思主义学院的重要地位和建设好马克思主义学院的重要意义。武汉大学佘双好认为，在高校设立马克思主义学院，建立思想政治理论课独立二级教学科研单位，是新的历史发展阶段加强思想政治理论课建设的重要举措。作为特殊学院，马克思主义学院肩负着学习、研究和宣传马克思主义，巩固马克思主义在高校意识形态领域的指导地位，培育和弘扬社会主义核心价值观，培养中国特色社会主义建设者和接班人的重要使命。① 复旦大学高国希认为，作为在高等教育中从事思想政治理论教育的马克思主义学院，肩负着科学、系统地推进马克思主义理论教育的责任，以帮助学生形成正确观察分析社会的立场与方法；肩负着马克思主义理论学科建设的责任，以深入推进马克思主义学理研究；肩负着马克思主义理论人才队伍培养的责任，以造就青年马克思主义者。②

对于如何加强马克思主义学院建设，研究者们从不同角度进行了探讨。对此，中国人民大学郝立新指出，提升马克思主义理论学科的学术生命力和影响力的关键是：要强化问题意识和国情意识，拓展时代视野和世界眼光，遵循科学发展规律和学术规范，创新马克思主义理论研究。当前推动和加强马克思主义理论学科发展必须注意几个重要抓手：在体制上，要以改革学科评价方式为重要突破口，以对国家、社会、人民的贡献为主要权重指标，把理论创新放在重要位置，避免形式主义、技术主义的评价方式；在人才培养上，要把重点放在学科带头人、理论教育家的培养上；在学科机构和学术平台建设上，要加大对重点马克思主义学院的建设力度，以点带面，推动全国高校马克思主义学院的建设，同时要建设一批学术高地，如建设一批马克思主义理论协同创新基地，建设一批思想智库。只有这样，才能全方位地促进马克思主义理论学科的整体发展。③

中山大学的李辉认为，马克思主义学院建设只有坚持从马克思主义属性出发，才能保持其特色。科学取向是马克思主义学院的学术价值取向，政治取向是马克思主义学院的国家价值取向，服务取向是马克思主义学院的社会价值取向。④ 上海交通大学胡涵锦认为，马克思主义学院建设是作为马克思主义学院主体的思想政治理论课教师“安身立命”的“共同担当”。马克思主义学院建设要充分调动广大思想政治理论课教师的积极性、主动性和创造性，加强思想政治理论课教师的担当意识和责任意识，加强教师的能力建设。在马克思主义学院建设进程中，基于历史经验教训，切忌“一阵热”“热一阵”“一阵风”“一窝蜂”，而是要切实推进马克思主义理论学科和思想政治理论课教育

① 佘双好：《高校马克思主义学院建设需要处理的一些关系》，《思想理论教育》2015 年第 2 期。

② 高国希：《高校马克思主义学院的责任》，《思想理论教育》2015 年第 2 期。

③ 郝立新：《关于高校马克思主义学院建设的若干问题》，《思想理论教育》2015 年第 3 期。

④ 李辉：《准确把握高校马克思主义学院的建设取向》，《国家教育行政学院学报》2015 年第 3 期。

教学的实质性发展，同时应增强马克思主义学院的“亲和力”和思想政治理论课教师的“归属感”。[①]

佘双好认为，当前在马克思主义学院建设过程中存在着思想政治理论课教学任务与学科发展、马克思主义理论学科的中国特色与学科建设的普遍性要求、学院功能的单一性与学科要求的多样性、学科和课程的综合性与教师的专业培养和专业发展、学院建设的高要求与自身发展能力不足的矛盾性，需要处理好学院建设的特殊性和一般性、学院的核心任务与多元职能、学院发展模式的内向性与外向性、学院发展的依附性与自我发展的关系，以实现马克思主义学院的持续协调发展。[②] 南京师范大学的王跃、王永贵认为，要建设好马克思主义学院，首先要在实际工作中充分认清和处理好马克思主义学院建设与思想政治理论课教学改革的内在关系，既要从整体上把握和推进马克思主义学院建设，又要把思想政治理论课教学改革摆在马克思主义学院建设和发展的首位。在实践中我们探索出了运用网络教学平台全面改革思想政治理论课教学，并以思想政治理论课教学改革促进学院教研团队、科学研究和学科建设全面发展，从而带动马克思主义学院全面发展的新路子，不仅扩大了马克思主义学院的社会影响力，也成为我们继续深化思想政治理论课教学改革的新动力。[③] 西南大学的白显良则认为，推进高校马克思主义学院建设，要加强思想政治理论课建设，把思想政治理论课建设成为学生真心喜爱、终身受益的优质课程，也要强化马克思主义理论学科的学科建设、人才培养和科学研究，努力提升马克思主义理论学科的引领作用，发挥马克思主义学院的示范影响。[④]

（三）思想政治教育基础研究成果出版情况

2015 年度，学者们围绕思想政治教育学科的建设和发展领域，相继出版了一些新的著作。代表性的有：《思想政治教育现代转型研究》[⑤]《中国大学生思想政治教育发展报告 2014》[⑥]《坚持马克思主义在意识形态领域指导地位研究》[⑦]《思想政治教育若干重大问题研究》[⑧]《改革开放以来马克思主义理论教育思想发展研究》[⑨]《思想政治教育审美问题研究》[⑩]《马克思主义基本原理与当代中国思想政治教育专题研究》[⑪]《解构与诠

---

① 胡涵锦：《马克思主义学院建设：思想政治理论课教师的共同担当》，《思想理论教育》2015 年第 5 期。

② 佘双好：《高校马克思主义学院建设需要处理的一些关系》，《思想理论教育》2015 年第 2 期。

③ 王跃、王永贵：《以思想政治教育理论课教学改革促进马克思主义学院建设》，《思想理论教育》2015 年第 5 期。

④ 白显良：《推进高校马克思主义学院建设的几个关键词》，《思想理论教育》2015 年第 6 期。

⑤ 孙其昂等：《思想政治教育现代转型研究》，学习出版社 2015 年版。

⑥ 沈壮海等：《中国大学生思想政治教育发展报告 2014》，北京师范大学出版社 2015 年版。

⑦ 陈先达等：《坚持马克思主义在意识形态领域指导地位研究》，经济科学出版社 2015 年版。

⑧ 李春华等：《思想政治教育若干重大问题研究》，中国社会科学出版社 2015 年版。

⑨ 刘艳：《改革开放以来马克思主义理论教育思想发展研究》，中国书籍出版社 2015 年版。

⑩ 祖国华：《思想政治教育审美问题研究》，人民出版社 2015 年版。

⑪ 刘建军：《马克思主义基本原理与当代中国思想政治教育专题研究》，中国人民大学出版社 2015 年版。

释：思想政治教育的基本问题研究》[①]《思想政治教育生态分析引论》[②]《社会主义核心价值观与大学生思想政治教育研究》[③]《思想政治教育理论与实践若干问题研究》[④]《思想政治教育转型论》[⑤]《学科视域中的思想政治理论课教学研究——教学内容创新设计与实践教学模式建构》[⑥]《思想政治教育社会整合论》[⑦]《新中国高校思想政治理论课程体系演进研究》[⑧]“思想政治教育研究文库”（第二辑）、《大教学观下的思想政治理论研究》[⑨]《现代化视域下思想政治教育发展研究》[⑩]《思想政治教育载体有效运用的困境及其消解》[⑪]《艺术院校思想政治理论课教学论》[⑫]《高职院校思想政治教师实践智慧研究》[⑬]《思想政治理论课话语体系生成与发展研究》[⑭]《中国共产党思想政治教育特色论》[⑮]《多学科视角下的思想政治教育研究》[⑯]《科学实践观视域中思想政治教育价值论》[⑰]《新民主主义革命时期党的思想理论教育研究》[⑱]《伦理视域下高校思想政治教育体系》[⑲]《当代中国大学生主流政治意识及其形成机制研究》[⑳]《思想政治教育先在结构研究》[㉑]《政治教育学范畴研究》[㉒]《马克思主义思想政治教育主要方法论》[㉓]《思想政治教育学导论》[㉔]《思想政治教育理论前沿论略》[㉕]。

---

① 李合亮：《解构与诠释：思想政治教育的基本问题研究》，人民出版社 2015 年版。

② 杨增岽：《思想政治教育生态分析引论》，中国社会科学出版社 2015 年版。

③ 艾四林：《社会主义核心价值观与大学生思想政治教育研究》，中国文史出版社 2015 年版。

④ 赵兴宏：《思想政治教育理论与实践若干问题研究》，社会科学文献出版社 2015 年版。

⑤ 盛跃明：《思想政治教育转型论》，人民出版社 2015 年版。

⑥ 刘冠军：《学科视域中的思想政治理论课教学研究——教学内容创新设计与实践教学模式建构》，首都经济贸易大学出版社 2015 年版。

⑦ 戚如强：《思想政治教育社会整合论》，上海三联书店 2015 年版。

⑧ 孙秀芳：《新中国高校思想政治理论课程体系演进研究》，合肥工业大学出版社 2015 年版。

⑨ 刘冠军：《大教学观下的思想政治理论研究》，首都经济贸易大学出版社 2015 年版。

⑩ 廖启云：《现代化视域下思想政治教育发展研究》，中国社会科学出版社 2015 年版。

⑪ 张园园：《思想政治教育载体有效运用的困境及其消解》，社会科学文献出版社 2015 年版。

⑫ 周泉润：《艺术院校思想政治理论课教学论》，中山大学出版社 2015 年版。

⑬ 李宏昌：《高职院校思想政治教师实践智慧研究》，浙江大学出版社 2015 年版。

⑭ 何理：《思想政治理论课话语体系生成与发展研究》，人民出版社 2015 年版。

⑮ 孙洪波：《中国共产党思想政治教育特色论》，中国社会科学出版社 2015 年版。

⑯ 谢晓娟：《多学科视角下的思想政治教育研究》，中国书籍出版社 2015 年版。

⑰ 武步成、王海建：《科学实践观视域中思想政治教育价值论》，山西人民出版社 2015 年版。

⑱ 周耀宏：《新民主主义革命时期党的思想理论教育研究》，人民出版社 2015 年版。

⑲ 刘钊：《伦理视域下高校思想政治教育体系》，社会科学文献出版社 2015 年版。

⑳ 姚念龙：《当代中国大学生主流政治意识及其形成机制研究》，北京交通大学出版社 2015 年版。

㉑ 隋宁：《思想政治教育先在结构研究》，人民出版社 2015 年版。

㉒ 黄少成：《政治教育学范畴研究》，知识产权出版社 2015 年版。

㉓ 王平：《马克思主义思想政治教育主要方法论》，东北师范大学出版社 2015 年版。

㉔ 宋锡辉：《思想政治教育学导论》，民族出版社 2015 年版。

㉕ 张澍军：《思想政治教育理论前沿论略》，人民出版社 2015 年版。

（四）高校思想政治理论课教学改革研究继续推进

高校思想政治理论课教学是系统地对大学生进行马克思主义理论教育和思想政治教育的主渠道和主阵地。思想政治理论课教学实践、课程建设与教材建设是思想政治教育学科建设的一个非常重要的内容，因而始终是学科建设重点讨论的问题。2015 年中宣部和教育部下发了《普通高校思想政治理论课建设体系创新计划》《高等学校思想政治理论课建设标准》，为高校思想政治理论课和马克思主义理论学科建设提供了有力抓手。学界就围绕如何增强教学实效等问题进行了更深入的探讨。

学界普遍认为，“05 方案”实施十年来，思想政治理论课建设取得了显著的成绩，积累了重要的经验，但问题仍有待解决。中国矿业大学的边和平认为，思想政治理论课“05 方案”实施以来，教学方法的改革与探索实现了由单向灌输向双向互动，由教师为主向学生研讨，由课堂讲授向课外延伸，由传统教学手段向现代教育技术的转变，尽管也存在表面化与浅层化、符号化与碎片化、呆板化与狭隘化、娱乐化与媚俗化等倾向。[①] 东北师范大学郭凤志认为，思想政治理论课教学方法改革要直面问题，以破解问题为牵引，着力“基于学”而设计“教”的教学方法改革，改革学生的“学法”，以激发学生学习兴趣，培养学生独立自主学习的热情和能力。思想政治理论课教学方法改革应锁定“入脑入心”这一关节点。[②] 北川医学院的何理认为，思想政治理论课教学创新应以话语体系为突破口。思想政治理论课话语体系是由话语主体、话语客体、话语内容、话语方式和话语语境五个要素构成，它们在思想政治理论课话语体系中分别承担不同的角色，起着十分重要的作用，同时又彼此联系、相互匹配、协调发展构成思想政治理论课话语完整体系。[③] 研究普遍认为，教师队伍建设对于提升思想政治理论课教学质量起着重要作用。十年来，思想政治理论课教师队伍的整体素质发生了重大变化。有研究者认为其中的原因在于，思想政治理论课教师全员参加了教材和教学培训、优秀人才不断加入思想政治理论课教师队伍中来、中青年思想政治理论课骨干教师受到特殊关爱。

改进教学方式和方法，始终是教师们关注和讨论最多的一个问题。2015 年度对教学模式和教学方法改革研究取得一些新的进展。教师们结合新的教研实践，又总结了一系列教学体会和方法，例如，问题引导式教学法，分类教学模式，案例教学法，专题教学法，行知课堂，“大班授课、小班研讨”的教学改革模式，都各具特色。总体来看，本年度引人注目的是如何利用新媒体来创新思想政治理论课教学方法问题。武汉大学的王双群认为，当前高校思想政治理论课教学方法创新要转变思想政治理论课教学理念，适应新媒体特点、运用新媒体技术、融入新媒体环境、开发新媒体平台。[④] 与此相联系

---

① 边和平：《高校思想政治理论课教学方法改革的实践探索与理性反思》，《思想政治教育研究》2015 年第 5 期。

② 郭凤至、热合木江·巴拉提：《关于高校思想政治理论课教学方法改革的思考》，《思想理论教育》2015 年第 1 期。

③ 何理：《思想政治理论课话语体系生成与发展研究》，人民出版社 2015 年版。

④ 王双群：《新媒体环境下思想政治理论课教学方法创新的思考》，《思想理论教育导刊》2015 年第 11 期。

的是微课、慕课教学方式的应用于研究。[①] “慕课”（MOOCS），即大规模开放在线课程。这种教学方式充分利用先进互联网技术，将网络学堂作为丰富教学资源、深化师生互动的重要载体，对思想政治理论课进行全新的探索。但思想政治理论课教学的实效性重在内容的接受度，而慕课只能作为一种形式和载体。对此，南京审计学院的强飙强调，思想政治理论课慕课设计要注重内容，加强对意识形态的把关。要通过慕课的教学环节结合当前流行的新自由主义、“普世价值”、历史虚无主义、极端个人主义等错误思潮进行逐个辨析，以马克思主义和中国特色社会主义理论进行比较研究，以案例公开回答学生的疑问，加强引导，占领阵地。[②]

此外，本年度对高等职业院校的思想政治理论课教学改革研究也取得丰富成果，主要围绕“工学结合”模式[③]、协同视阈[④]、整体性视阈[⑤]、“涉身认知”视阈[⑥]、“期待视野”[⑦]、“X+1”模式[⑧]、PBL教学模式[⑨]、社会化教育引导[⑩]、地方红色文化运用[⑪]、BLACKBOARD平台应用[⑫]、菜单式教学[⑬]、“问题导向”与“专题教学”[⑭] 等方面进行了有益的探究和摸索。

---

① 汗倩倩：《慕课视阈下高校思想政治教育理论课教学改革刍议》，《高教探索》2015年第7期。

② 强飙：《思想政治理论课慕课设计的思路与策略》，《思想理论教育导刊》2015年第11期。

③ 赵巧军、马海陆：《“工学结合”人才培养模式下高职思想政治理论课专题化教学改革探索》，《中国教育学刊》2015年第S1期。

④ 梁家峰：《协同视阈下高职思想政治理论课教学改革》，《中国高等教育》2015年第20期。

⑤ 张妍：《整体性视阈下高校思想政治理论课教学方法改革探究》，《思想理论教育导刊》2015年第6期。

⑥ 崔晖、张海涛：《“涉身认知”视阈下的高校思想政治理论课教学改革》，《北京劳动保障职业学院学报》2015年第4期。

⑦ 史晓眉等：《“期待视野”下艺术院校思想政治理论课教学改革》，《渭南师范学院学报》2015年第16期。

⑧ 弓兰秀等：《思想政治理论课教学改革X+1模式探索与思考》，《河北工程大学学报》（社会科学版）2015年第4期。

⑨ 孙志爽：《PBL教学模式在思想政治理论课教学改革中的应用研究》，《济南职业学院学报》2015年第1期。

⑩ 熊晓琳、李海春：《以社会化教育引导思想政治理论课实践教学改革》，《思想教育研究》2015年第3期。

⑪ 张智、王芝华：《地方红色文化在高校思想政治理论课教学中的运用——以湘南学院思政课程改革为例》，《中南林业科技大学学报》（社会科学版）2015年第6期。

⑫ 郭凤至：《新媒体环境下利用BLACKBOARD平台加强思想政治理论课教学改革》，《思想教育研究》2015年第8期。

⑬ 许海东、吴先源：《菜单式教学：高校思想政治教育理论课教学模式的改革取向》，《广西教育学院学报》2015年第3期。

⑭ 杨志刚、刘铎：《“问题导向”与“专题教学”设计——论高校思想政治理论课“两分两专”改革思路在“概论”课专题教学中的实践》，《思想理论教育导刊》2015年第9期。

二　重大问题研究进展

2015 年思想政治教育学科在以往研究的基础上，在基础理论研究、重大理论问题与重大现实问题研究等方面继续推进，取得重要进展。

（一）基础理论研究

1. 关于思想政治教育学基本问题研究

在思想政治教育基础理论研究方面，学科定位、学科建设等基本问题依旧是本年度关注点。针对目前思想政治教育学科所存在的问题，西南大学的黄蓉生认为，走过而立之年的思想政治教育学科建设，须处理好学科与专业、主渠道与主阵地、应用学科与基础学科、教育教学与科学研究等关系，实现学科与专业间的互助互存，夯实思想政治教育学科建设的发展基础，彰显思想政治教育学科的应用特性。①

关于思想政治教育本质的研究。思想政治教育的本质是思想政治教育理论与实践的最基本问题，对这一问题的回答直接关系到思想政治教育理论与实践的深化。30 多年来，学界对思想政治教育本质问题的探讨持续不断，学者们提出了诸多有见地的观点。

一是“意识形态本质说”，学者们从不同角度作了阐述。如：东北师范大学的李忠军认为，信仰、价值和精神构成思想政治教育意识形态性的核心要素，其“三位一体”构成思想政治教育意识形态性的基本结构。② 再如，把思想政治教育本质界定为一种包含个人、社会与历史发展三个相关维度的社会意识形态教育实践③；把思想政治教育的本质看作是核心价值观④；认为从思想政治教育目标、内容、过程三个维度进行分析，思想政治教育的本质是政治信仰教育⑤；从思想政治教育价值主体角度审视，其本质为满足个人、群体在思想观念、政治观点、道德规范等方面需要的一种教育实践活动⑥等，都属于“意识形态本质说”。

二是“属性说”，很多研究者强调从思想政治教育的属性上理解其本质。如“文化属性说”，即从文化角度来探讨思想政治教育的本质。如，西北工业大学赵志业认为，从文化建构视角探讨思想政治教育文化本质，更容易把握思想政治教育的结构、规律、过程、方法等的内在规定性。思想政治教育的文化本质可以表述为：思想政治教育是特定阶级或集团用特定文化的价值和意义对人们进行文化建构的过程和活动。思想政治教

---

① 黄蓉生：《推荐思想政治教育学科建设必须处理好几个关系》，《思想理论教育》2015 年第 2 期。

② 李忠军：《“铸魂育人”是思想政治教育本质核心内涵的探讨》，《思想理论教育导刊》2015 年第 10 期。

③ 朱逸、吴建成：《个人、社会与历史发展——再论思想政治教育的本质》，《思想教育研究》2015 年第 6 期。

④ 陈新根：《从核心价值观看思想政治教育的本质》，《学理论》2015 年第 26 期。

⑤ 王孝如、王立仁：《思想政治教育的本质是政治信仰教育》，《思想教育研究》2015 年第 10 期。

⑥ 钟义锟、吴敏英：《价值主体视角下思想政治教育本质研究》，《乐山师范学院学报》2015 年第 10 期。

育的文化本质具有内在的生成理路，思想政治教育的文化价值是其文化本质生成的逻辑起点；思想政治教育的文化世界与人的心理机制的契合使其文化本质的生成得以可能；思想政治教育文化本质生成的过程表现为人与文化双重建构。思想政治教育的文化本质通过内容表现和形式表现而得以体现。思想政治教育濡化、涵化与自育的结合使思想政治教育的文化本质得以实现。[①] 再如，天津师范大学的李月玲、王秀阁认为，思想政治教育价值的本质特征体现在：个体性与社会性、现实性与超越性、主体性与客观性的辩证统一。[②] 中南大学郭鹏飞、肖磊认为，人民性也是思想政治教育的本质属性之一，它与思想政治教育的价值性、科学性、主导性、实践性辩证统一，协同创新。人民性是思想政治教育本质属性的兜底维度，现代思想政治教育的创新发展需要紧紧围绕人民性来做文章。[③]

关于思想政治教育内容的研究。这个问题也是思想政治教育基础理论研究的前沿课题，正如浙江大学的代玉启认为，现阶段，思想政治教育内容与方法既面临时代、环境层面的有利条件，也面临着来自时代、环境、教育对象的严峻挑战。就思想政治教育内容而言，集中体现于泛化倾向与主导性要求、层次混乱倾向与科学性要求。在此基础上，需要着力推进思想政治教育内容确定与方法选择的协同，发挥协作效应。[④]

从本年度研究情况来看，研究的重点主要围绕如何确立内容，以及内容形态、特征、效度等问题。比如，武汉大学熊建生认为，必须不断深化思想政治教育内容研究，以人民性为核心立场，以科学性为学理要求，以时代性为内生动力，以超越性为应然品质，以实践性为检验标准，鲜明彰显思想政治教育内容创新发展的价值指向。[⑤] 关于如何确立思想政治教育内容，南京师范大学的王珍认为，在科学立法背景下，思想政治教育内容的确立也需要符合合理性、合法性、合逻辑性的标准，才能更加彰显思想政治教育的科学性，提高思想政治教育的自信。[⑥] 东北师范大学上官苗苗和王立仁认为，无论是社会发展的需要，还是教育的目标，抑或是学生个体的实际，都是学生思想政治教育内容确定时所必须认真考量的重要因素。[⑦] 有研究强调高校思想政治教育要结合时代发展要求充实思想政治教育内容，有效地融入全球化、信息化、市场化等重大现实内容。[⑧] 也有研究者从教学角度出发提出，为了提升学生对教学内容的接受、内化和理解程度，教师应当从课前备课、课中讲授、课后评价等环节中，加强与学生的

---

① 赵志业：《思想政治教育的文化本质及其实现》，《理论与改革》2015 年第 1 期。

② 李月玲、王秀阁：《科学实践观范式下思想政治教育价值的本质特征》，《思想教育研究》2015 年第 2 期。

③ 郭鹏飞、肖磊：《人民性与思想政治教育属性本质之关系辩证》，《学校党建与思想教育》2015 年第 21 期。

④ 代玉启：《新时期思想政治教育内容与方法面临的挑战与发展要求》，《思想教育研究》2015 年第 12 期。

⑤ 熊建生：《思想政治教育内容研究的价值指向》，《思想理论教育》2015 年第 2 期。

⑥ 王珍：《科学立法背景下思想政治教育内容的确立》，《胜利油田党校学报》2015 年第 1 期。

⑦ 上官苗苗、王立仁：《确定学生思想政治教育内容的影响因素探析》，《东北师大学报》（哲学社会科学版）2015 年第 4 期。

⑧ 黄琼、陈谦：《高校思想政治教育内容探析》，《新经济》2015 年第 20 期。

互动合作，以互融共生的方式，创新思想政治教育内容的建构策略。[①] 南京师范大学的刘云林认为，思想政治教育的内容从表现形态而言，可以分为价值和规范两个方面。这逻辑地决定了思想政治教育的两重功能：作为价值形态的思想政治教育，其功能主要表现为对社会主导价值的合义性论证和社会生活的引领；作为规范形态的思想政治教育，其功能主要表现为对社会成员行为路径的设定。[②] 中国人民大学布超认为，高校思想政治教育内容有效性的三个维度设定为：教育内容能否合理地对时代及政治的要求作出反应、教育内容的层次是否合理、教育内容的实施途径与契机是否合理。[③]

从以上研究来看，思想政治教育面临着巨大的“需求侧”。如何从“供给侧”提供更多的思想政治教育内容，无疑成为广大思想政治教育研究和教学一线工作者所关注的问题。但是，对该问题的研究无疑是直接受制于思想政治教育是什么这个问题的。思想政治教育和思想政治教育学科之间的相对明确的划分，无疑能使思想政治教育工作者完成属于自身业内的工作，而不是直接被要求来做许多工作。这无疑也会要求在研究思想政治教育内容问题的时候，要不停地回头看看思想政治教育的本质问题。

关于思想政治教育价值的研究。众多研究者坚持思想政治教育价值是社会价值与个人价值相统一的观点。如，聊城大学的李合亮认为，在各种可能的表现形式中，社会价值与个人价值最能体现思想政治教育价值的基本特性与关系实质。思想政治教育社会价值与个人价值之间保持着适度张力，既紧密联系、相互交结，又互为工具与目的。思想政治教育的个人价值是基础，是社会价值的主体组成因素，社会价值包括了个人价值，是个人价值的延伸与保证，社会价值的实现必须建立在个人价值充分实现的基础之上，个人价值的实现必须以维护社会价值为前提，必须是社会认可的价值。[④] 华东师范大学的王海建从价值与个体价值同构的角度进一步阐述这一点：思想政治教育价值是其社会价值和个体价值构成的矛盾统一体。思想政治教育社会价值和个体价值的统一性体现在：本质的一致性、作用的相互性和过程的共生性。思想政治教育社会价值和个体价值的矛盾性体现在：整体性与局部性之间的矛盾、持久性与暂时性之间的矛盾、发展性与适应性之间的矛盾。可以通过提高思想政治教育社会价值的包容性、增强思想政治教育社会价值的认同度、扩展思想政治教育个体价值的自由度进行矛盾性转化，实现思想政治教育社会价值与个体价值的阶段性同构，通过不断解决思想政治教育社会价值和个体价值的矛盾，不断在更高层面上实现思想政治教育的价值。[⑤] 西南大学的周琪也进一步论述这一观点并认为将思想政治教育价值规定为社会价值与个人价值的统一具有重要意义。思想政治教育价值具有社会发展和人的发展的双重指向，分别指向思想政治教育在社会发展和人的发展中的“如何”和“何为”，体现为社会价值共识建设和引领个体多

① 张浩：《互融共生：思想政治教育内容构建研究》，《河南师范大学学报》（哲学社会科学版）2015 年第 6 期。

② 刘云林：《思想政治教育内容的形态及其功能向度》，《学校党建与思想教育》2015 年第 19 期。

③ 布超：《论高校思想政治教育内容有效性的三个维度》，《学校党建与思想教育》2015 年第 7 期。

④ 李合亮：《思想政治教育社会价值与个人价值关系新解》，《教学与研究》2015 年第 5 期。

⑤ 王海建：《思想政治教育社会价值与个体价值的同构》，《思想教育研究》2015 年第 6 期。

元价值观念。思想政治教育价值实现是在社会核心价值观与多元个体价值观之间、社会群体与个体之间的互动，既用社会核心价值观构建凝聚社会共识的“最大公约数”，又从个体多元价值观中吸收合理成分，生成社会价值认同的基础，在个体信仰驱动、社会共识引领、国家价值导航层面实现有效整合。①

但也有研究者强调思想政治教育的个人价值，淄博师范高等专科学校的付安玲和华中师范大学的张耀灿认为，高度关照每一个人的精神世界和思想品德行为是思想政治教育个体价值的基本遵循。从价值的概念出发，可以阐释思想政治教育个体价值的科学内涵，从哲学层面深入，可知思想政治教育个体价值的实质在于客体主体化。并提出思想政治教育个体价值的四个层次：形成正确的价值观念，唤醒应有的价值理性，达成高度的价值自觉和实现全面的价值自由。把握思想政治教育个体价值的层次性，对于开展有针对性的思想政治教育，提高思想政治教育实效具有重要意义。② 华中师范大学龙静云、黄光学进一步指出，在我国公民素养及精神需求不断提高、人的主体性迅速发展的今天，必须科学认识思想政治教育与人的生存和发展的关系，合理地关注思想政治教育个体价值。思想政治教育个体价值的实现既需要主客体间的和谐，也需要良好的教育环境，是各种因素共同作用的结果。思想政治教育是做人的工作，必须将人本理念贯穿教育的全过程，同时对影响思想政治教育个体价值实现的因素进行优化，才能有效促进个体价值的实现。③

与上述研究相联系的是将思想政治教育的价值取向分为工具性和人本性，并认为，改革开放以后，思想政治教育价值经历了由工具性向以人为本的转变。如，有论者认为，思想政治教育作为满足社会发展需要的工具，具有权力性；作为满足人的发展需要的方式，具有权利性。思想政治教育的权力性与权利性分别决定了其工具性与目的性价值取向。改革开放前，由于新中国建立和社会稳定的需要，政治权力处于中心地位，大学生思想政治教育采取工具性价值取向。改革开放后，随着市场经济的发展和民主政治的推行，权力逐渐向权利偏移，大学生思想政治教育的价值取向也发生转换，即由工具性向以人为本转变。④ 有的研究者认为思想政治教育具有人文价值，这种价值可还原为对人的生活（包括精神生活和社会生活）的积极正面的价值，可助推人的生活智慧的生长和发展，助力于人的精神生活的平衡与充盈，作为人达致美好（社会）生活的导引与动力是思想政治教育人文价值的具体表现。⑤

有研究者对思想政治教育价值的实现过程进行了探讨，认为这一过程包括教育者、受教育者、价值内容、价值实现的方法和载体等基本要素，各要素在这一过程中相互配

① 周琪：《思想政治教育价值在现代社会中的二重维度和实现方式》，《思想理论教育》2015年第8期。

② 付安玲、张耀灿：《论思想政治教育个体价值的层次性》，《思想教育研究》2015年第8期。

③ 龙静云、黄光学：《思想政治教育的个体价值及其实现论略》，《学校党建与思想教育》2015年第23期。

④ 吴爱菊、梁宏杰：《从权力到权利——大学生思想政治教育价值取向的转变》，《当代教育理论与实践》2015年第1期。

⑤ 李岩：《思想政治教育人文价值的具体表现解读——兼论思想政治教育惠于人的精神生活和社会生活的方式》，《湖北社会科学》2015年第1期。

合、相互作用，通过一定的关系形成合力，共同促进思想政治教育价值最大化的实现。与此同时，这一过程包含价值目标的确定、实施、反馈评估三个阶段，这三个阶段是相互依存的。价值目标的确立阶段是价值实现的基础阶段，目标的实施阶段是价值实现的关键阶段，反馈调控阶段通过对结果的考察，反思目标和手段，从而使思想政治教育价值实现过程更为顺畅。①

2. 关于马克思主义理论与思想政治教育研究

马克思主义是思想政治教育的理论基础，思想政治教育则是马克思主义理论价值体现。目前关于马克思主义理论与思想政治教育关系的研究越来越受到重视。本年度有两项重要成果值得推荐，一是中国人民大学刘建军所著的《马克思主义基本原理与当代中国思想政治教育专题研究》，该书认为，马克思主义基本原理是当代中国思想政治教育的理论基础，这是一个不言而喻的事实。在书中揭示了马克思主义基本原理与当代中国思想政治教育的对应性联系。如，“世界物质性与唯物主义科学世界观教育”“‘两个必然’与社会主义理想信念教育”“无产阶级历史使命与社会主义意识灌输”“意识形态理论与改进意识形态工作”，等等，论证了思想政治教育工作所具有的马克思主义基本原理依据。二是江南大学刘艳所著的《改革开放以来马克思主义理论教育思想发展研究》，该书认为马克思主义理论教育活动是无产阶级及其政党为实现或巩固统治，保障社会和谐有序发展，有计划地向社会成员施加一定的意识形态影响，以引导社会成员形成共有的政治觉悟、政治意识、政治观念和政治信仰，达成普遍的思想共识，并最终实现全体社会成员的全面自由发展的教育活动。这实际上是认为，在中国思想政治教育实际上是马克思主义理论教育。

同时，众多研究者从某一马克思主义基本原理出发来研究思想政治教育。如，有研究者认为，马克思劳动价值观在高校思想政治教育中具有重要意义，对大学生实现自身的个体价值有着重要的帮助作用。思想政治教育中，加强马克思劳动至上的价值理念，加强马克思劳动价值论的学习，帮助学生树立正确的荣辱观，加强社会实践活动让学生体验劳动的乐趣。② 也有研究者从马克思交往实践观出发研究思想政治教育的主体间性问题，认为马克思把人的交往作为人的实践活动的基本形式，不仅揭示出主体间性思想政治教育本质上是在人的实践基础上构成的交往活动，而且也指出了克服主体性思想政治教育困境的途径，帮助我们揭示出了主体间性思想政治教育的存在之基，为确立主体间性思想政治教育的真正内涵奠定了理论基础。③ 河南师范大学闫立超从马克思主义的现代性批判理论出发研究思想政治教育问题，认为思想政治教育的现代性建构必须坚持马克思主义的现代性批判，尤其是马克思对资本和现代形而上学所做的双重批判。在理论层面，思想政治教育的现代性建构要反对资本话语霸权、坚持对现代形而上学的继续

---

① 张婷、张慧芳：《思想政治教育价值的实现过程》，《山西高等学校社会科学学报》2015 年第 1 期。

② 孙宇：《马克思劳动价值观在高校思想政治教育中的启示》，《中国教育学刊》2015 年第 S2 期。

③ 杨克平、李奇：《基于马克思主义交往实践观的主体间性思想政治教育》，《中南民族大学学报》（人文社会科学版）2015 年第 2 期。

清算、坚持用马克思主义启西方现代性之蒙蔽。①

从马克思主义人学理论来研究思想政治教育，依然是本年度研究的热点。天津师范大学王秀阁，在分析“社会取向”与“个人取向”两种主要研究取向的合理性与局限性的基础上，提出以马克思主义实践观为指导是扬弃和超越两种研究取向的根本出路，意图阐明思想政治教育马克思主义实践观研究取向的基本内容与特点。并认为，马克思主义实践观所坚持的个人与社会或社会与个人不可分离的观点，反映了社会历史的本真面貌，为我们正确认识社会历史中的各种现象，特别是思想政治教育研究取向问题，提供了科学的方法论。② 有研究者认为，马克思主义人学理论是现代思想政治教育的来源和基础，为现代高校思想政治教育理论和实践提供了新的内涵和新的思路。它通过“人的存在”理论、“人的本质”理论、“人的主体性”理论、“人的需求”理论、“人的个性”理论、“人的理想信念”理论等的研究与拓展，可以促进高校思想政治教育的效能和质量提升。③ 也有研究者认为，马克思主义人的全面发展理论蕴藏着丰富的思想，对大学生思想政治教育具有重要指导意义，也是推进大学生全面发展的重要途径。大学生思想政治教育的目的和归宿就是要实现人的全面发展，新时期高校思想政治教育需要以马克思主义人的全面发展理论为指导，大力推进大学生思想政治教育的改革创新，不断促进大学生的全面发展进步。④ 另有研究者认为，马克思人的本质理论对思想政治教育提供了方法论指导，即要把握思想政治教育的方向性、注重思想政治教育的人本性、增强思想政治教育的整体性、体现思想政治教育的灵活性。⑤ 或者认为，在社会主义和谐社会理论背景下，基于马克思主义的人际理论，针对高校思想政治教育和谐构建进行研究具有积极的理论发展价值和现实指导意义。⑥

从上述论述中不难看出，关于马克思主义理论与思想政治教育的研究方面，论者多是基于从对马克思主义某一种理论入手，如马克思主义人学理论、需求理论、劳动价值论等，来力图实现理论与实践在某种意义上的联系或结合，而关于马克思主义与思想政治教育关系的总体性研究则较为少见，在今后的研究中，应加强在该方面的研究。

3. 关于思想政治教育现代转型问题研究

思想政治教育的现代转型问题，近年来一直为思想政治教育学界所关注。基本有两种观点，一是思想政治教育的公民教育转型。中国农业大学董亚云认为，高校作为对公民进行思想政治教育的摇篮，是实现思想政治教育转型的枢纽。公民教育缘起于西方社

---

① 闫立超：《马克思现代性批判与思想政治教育的现代性建构》，《广西社会科学》2015年第2期。

② 王秀阁：《论思想政治教育研究取向的问题——马克思主义实践观视角》，《马克思主义研究》2015年第5期。

③ 宫建伟：《马克思主义人学视角下的现代高校思想政治教育理论建构》，《学校党建与思想教育》2015年第3期。

④ 裴文庆：《马克思主义人的全面发展理论与大学生思想政治教育创新》，《牡丹江教育学院学报》2015年第1期。

⑤ 黄岩、刘利娟：《马克思人的本质理论及其对思想政治教育的启示》，《南昌师范学院学报》2015年第2期。

⑥ 谢爱莲、刘应君：《试论高校思想政治教育的和谐构建——基于马克思主义的人际理论视角》，《黑龙江高教研究》2015年第3期。

会，但其中的合理内核是值得我们学习和借鉴的。思想政治教育的公民教育转型，不仅具有可能性，也具有必然性。在转型的过程中，首先要对教师队伍进行公民教育建设；其次，挖掘高校现有思想政治教育资源，从原有教学资源中寻找与公民教育相契合的内容；再次，高校应当鼓励学生积极参与社会经济建设、政治建设、文化建设、社会建设和生态文明建设，提高学生的公众参与度，使学生在参与中提升自我认知，在加强自身主体性的过程中促成高校思想政治教育的公民教育转型，实现高校思想政治教育的和缓过渡。[①] 江南大学的侯勇认为，思想政治教育作为一种政治社会化公共性实践和意识形态性政治活动，具有公共性的内在品质，包括“涉及公众、实现公众和依靠公众”三个方面含义和“理论—组织—实践形态”三个方面内在结构。思想政治教育系统化建设面临思想政治教育理论的公共性式微、思想政治教育学科的公共性焦虑、思想政治教育实践的公共性失位等公共性困境。从而认为，可以通过实现思想政治教育公共化理论研究拓展、公共化治理参与、公共化媒介传播、公共化言论发声和公共化利益维护的转型路径来缓解该难题。[②] 河南师范大学岳杰勇认为，思想政治教育公共化作为在总体性层面上推进思想政治教育公共化特色的一个过程，是思想政治教育现代转型的总体趋势之所在，其目标在于社会主义公共人的培养。思想政治教育公共化是彰显教育之本质意蕴、满足人类生活需要、推进社会发展以及马克思主义理论发展等的根本要求。鉴于当前的条件和状况，要推进思想政治教育公共化转型，应切实做到：更新教育理念，拓展教育领域；拓展教育空间，提高资源利用；优化教育载体，注重空间再造；开展教育活动，强化价值引导。[③]

二是从中国的社会转型的角度来研究思想政治教育的转型问题。认为当代中国正经历着从传统社会走向现代社会的深刻变革。社会转型是现代化的必经之路，其过程是多维度的，涉及政治、经济、文化和社会生活等各个方面。思想政治教育作为社会大系统的组成要素，肩负着推进观念现代化的使命，其现代转型是当代中国社会转型的应有之义。[④] 中共江苏省委宣传部双传学、范美香等学者提出思想政治教育权威的现代转型问题。所谓“思想政治教育权威”，是在思想政治教育实践中形成的主客体间的支配与服从认同的关系，思想政治教育权威具有社会历史性、政治性、层次性、多维性。思想政治教育权威的现代转型，是从一元到多元的权威结构转型、从宏观到微观的权威运行方式转型、从先在赋予到现场后致的权威生成机制转型以及从规训性到解放性的权威特性转型。在社会转型期，思想政治教育权威因外部环境的改变面临诸多现实挑战：执政党权威流失消解思想政治教育权威的合法性基础；主流意识形态认同困境阻滞思想政治教育权威的纽带建构；社会现代性解构思想政治教育权威的稳定性；大数据时代多元选择干扰思想政治教育权威的塑造。因此，应加强思想政治教育权威研究，以此提升思想政治教育的影响力和吸引力。[⑤] 陕西师范大学的郗波认为，思想政治教育价值根植于社会

---

① 董亚云：《论高校思想政治教育的公民教育转型》，《北京城市学院学报》2015 年第 6 期。

② 侯勇：《论思想政治教育公共性困境与公共化转型》，《理论与改革》2015 年第 4 期。

③ 岳杰勇：《试论思想政治教育的公共化转型》，《河南师范大学学报》（哲学社会科学版）2015 年第 5 期。

④ 盛跃明、孙其昂：《思想政治教育的现代转型及其路径》，《求实》2010 年第 2 期。

⑤ 双传学、范美香：《思想政治教育权威的现代转型》，《探索》2015 年第 2 期。

价值体系。社会转型期，社会价值体系面临前所未有的价值困惑和价值冲突。作为传播社会意识形态的思想政治教育，也面临着现代转型过程中的价值选择。反思思想政治教育现代转型过程中的价值矛盾，探讨思想政治教育现代转型过程中价值选择的思维路径，应把社会主义核心价值体系作为思想政治教育现代转型过程中对价值选择的自觉把握。①

我们认为，对于思想政治教育转型问题，要进一步深入研究，厘清“向哪里转型”的根本问题。党的思想政治教育本来就包括公民教育的内容，如果理解为向“公民教育”转型，不仅会把党的思想政治教育与公民教育割裂开来甚至对立起来，而且很容易陷入“公民社会”思潮的陷阱；而“社会转型”也是一个复杂或含混不清的概念，以社会转型推出思想政治教育转型，也容易造成党的思想政治教育发展阶段的对立。对此，河海大学孙其昂认为，思想政治教育转型包含转型和发展两个要素，由此显得复杂，出现现代性的风险。以中国共产党思想政治工作为起点，我国思想政治教育处于转型阶段，转型的目标是发展，实现思想政治教育现代化。现阶段思想政治教育具有传统思想政治教育和现代思想政治教育同时存在、思想政治教育新因素不断产生、思想政治教育分化、思想政治教育体系建构、存在思想政治教育现代性风险等特点，需要思想政治教育学者从科学研究角度发挥积极作用。② 因此，所谓“思想政治教育转型”，无非就是思想政治教育要随着社会的变化而不断丰富和发展，用一些西方的所谓“转型”“现代化”的话语，表面上增加了学术性，但如果不厘清界限反而会引起混乱。

（二）思想理论领域重大现实问题研究

1. 意识形态领域的相关问题研究

当前，我国正处于全面深化改革时期，经济发展进入新常态，对外开放进一步扩大，同时，西方加紧对我国实施“西化分化”战略，意识形态领域斗争尖锐复杂。

东北师范大学的任志锋和中山大学郑永廷认为，当前意识形态领域呈现出新的阶段性特征，面临许多新的挑战和任务。当前我国意识形态领域一定程度上存在着结构性失衡、功能性失衡、传播性失衡等现象。这些现象既根源于现代人类文明形态的普遍精神危机与我国经济社会发展中的特殊矛盾，又根源于西方文化价值观渗透与意识形态建设中的错误倾向。③ 北京外国语大学的韩震认为，当前，我国意识形态的影响力出现了某种程度的弱化现象，其成因有当代中国的历史、社会、经济、政治、文化等方面。随着国际交往联系日益密切、中国社会结构发生深刻变化、信息传播产生颠覆性改变，我国意识形态工作的环境和方式出现了根本性变化。④

近年来，西方敌对势力攻击、渗透和破坏我国社会主义意识形态的手段和方法不断

---

① 郗波：《论思想政治教育现代转型的价值选择》，《思想教育研究》2015 年第 6 期。

② 孙其昂：《论思想政治教育转型的风险与对策——兼论思想政治教育学者的使命》，《思想理论教育》2015 年第 7 期。

③ 任志锋、郑永廷：《当前我国意识形态领域的失衡现象及对策研究》，《教学与研究》2015 年第 1 期。

④ 韩震：《我国意识形态工作困难的成因及其破解方法》，《中国高校社会科学》2015 年第 4 期。

变换花样。第一，借助经济全球化进行意识形态渗透。中国社科院朱继东认为，通过经济全球化来控制经济并影响人们的消费理念，引导其消费方式，通过文化全球化进行文化渗透来影响改变人们的文化取向和价值观念，语言优势和教育优势是美国等西方国家对中国等发展中国家进行文化渗透、西化的重要手段和强力武器，通过政治领域的渗透来宣扬西方政治制度并采取多种手段培养反对势力，人权问题是美国在全球化进程中用来诋毁、攻击中国的又一个重要武器，并且具有更加强烈的意识形态色彩。[①] 第二，借助文化交流与学术交流进行意识形态渗透。中国浦东干部学院刘昀献认为，西方意识形态渗透表现为：推销新自由主义，进行学术理论渗透；推行文化霸权主义，进行思想文化渗透；以信仰自由为借口进行宗教渗透；利用大众传媒对我国形成全方位包围圈，进行“妖魔化”宣传；利用非政府组织进行“文化交流”，培养西方国家需要的“西化精英”。[②] 第三，借助于互联网进行意识形态渗透。这也是当前研究普遍关注的问题。中国文化软实力研究中心的张国祚认为，现在绝大多数错误思潮和错误观点，都是借助互联网在不断地炒作、放大和扩散，释放出不容忽视的负能量。其表现主要有以下几个方面：一是假借考证历史，杜撰故事，危言耸听地“揭秘”所谓的党史逸闻轶事，编造莫须有的情节，以假乱真，歪曲党的历史，丑化党的领袖，抹杀党的丰功伟绩，质疑党的执政合法性。二是削弱国家意识，嘲讽英雄模范，消解爱国主义、集体主义、社会主义教育，宣扬极端“民主”和绝对“自由”，刻意夸大和渲染当前我国快速发展中出现的社会问题，误导人们“看破红尘”，淡化党的意志、理想信念、爱国意识、组织纪律、敬业精神。三是炒作花边绯闻，冲淡思想舆论宣传的主旋律。一些违背传统道德、社会伦理甚至是淫秽污浊的传闻，经常被炒作成“头条新闻”，转移网友对党和国家重大事件和重要精神的关注，妨碍社会主义核心价值观的培育。四是扭曲热门话题，夹带错误观点的私货。评点“打虎灭蝇”的反腐斗争，不是强调我们党的反腐决心和力度，而是渲染我国政治体制和政治制度的问题，企图将反腐败斗争涂抹上所谓“权力斗争”的色彩。五是抹黑和围攻敢于坚持原则、坚持真理，敢于旗帜鲜明维护党和国家利益的专家学者，使他们因“污名”而被孤立，使党的理论队伍受到削弱，使主流意识形态阵地受到挤压和蚕食。[③] 南京师范大学杨嵘均认为，网络虚拟社群能形成相对有效的对国家主流意识形态符号系统的侵蚀、对国家主流意识形态政治社会化能力的侵蚀、对国家主流意识形态权威的侵蚀和对国家主流意识形态话语权的侵蚀。[④] 南京政治学院上海校区朱东来认为，网络空间意识形态斗争已逐渐成为意识形态斗争的主战场。在网络空间意识形态斗争总体上敌强我弱的态势下，我们需要深入研究和把握网络意识形态斗争的隐蔽性、多元性和现实性等特点，争取巧妙利用网络的社会性、娱乐性、交互性和融合性进行意识形态宣传，努力实现意识形态网络空间由“坐而论”向现实社会“起而行”的转化，将有助于提升执政党对现实社会意识形态的管控能力。[⑤]

---

① 朱继东：《全球化的本质及其对中国意识形态的挑战》，《前线》2015 年第 2 期。

② 刘昀献：《当前我国主流意识形态面临的风险和对策研究》，《中国浦东干部学院学报》2015 年第 1 期。

③ 张国祚：《怎样看待意识形态问题》，《红旗文稿》2015 年第 8 期。

④ 杨嵘均：《论网络虚拟空间的意识形态安全治理策略》，《马克思主义研究》2015 年第 1 期。

⑤ 朱东来：《网络空间意识形态斗争的特征分析》，《南京政治学院学报》2015 年第 1 期。

面对复杂而严峻的形势，学者们呼吁亟待加强意识形态工作的创新，尤其是做好理论、舆论、互联网、国际意识形态与文化工作，进一步增强意识形态工作的主动性、预见性和创造性，坚持先进文化发展方向、弘扬民族精神和主流文化、增强民族凝聚力。[①] 辽宁师范大学杨秀香、陈永亮强调，执政党的意识形态必然成为国家意识形态、国家意志。执政党意识形态的凝聚力或政府的合法性、公信力被认同为现代社会政府治理的基础。一旦民众失去了对执政党的意识形态的信仰、失去了对政府的信任，就会产生不服从意识，使政府不能有效行政。道德是意识形态的核心，意识形态作为价值观体现的是道德原则。中国共产党和中国政府的意识形态、执政理念一开始就建立在道德的制高点上，解决中国社会出现的政府信任问题，最重要的是让政府的行政重新站上道德高地。[②]

2. 社会主义核心价值观问题研究

2015 年，思想政治教育学界关注社会主义核心价值观的热度不减，从中国知网以“社会主义核心价值观”为题名搜索的结果来看，2014 年度有 4576 篇文章关注该主题，2015 年度有 4952 篇文章参与讨论。关于社会主义核心价值观的研讨内容广泛，但总体看来研究的重点集中在几个方面：一是关于社会主义核心价值观的科学内涵；二是关于社会主义核心价值观与西方“普世价值”观的辨析；三是如何培育和践行社会主义核心价值观。

从研究内容来看，当前对社会主义核心价值观的研究，呈现出由总体性研究向具体化研究逐渐深化的态势。如，刘建军认为，要准确把握“社会主义核心价值观”的科学内涵，须从概念层次上加以区分和澄清。首先要区分社会主义核心价值观的一般与特殊，即区分“一般的社会主义核心价值观”和“特殊的社会主义核心价值观”，明确我们现在所说的“社会主义核心价值观”其实是中国特色社会主义核心价值观。前者指的是不分民族和国别的世界社会主义共同价值观，它来源于各个国家社会主义运动，但又不能归结于某个国家的社会主义运动。后者指的则是个别社会主义国家的核心价值观，比如中国特色社会主义的核心价值观。其次是要把作为客观存在的“社会主义核心价值”与作为主观反映的“社会主义核心价值观”区分开来，明确“社会主义核心价值观”24 个字表述的绝对性和相对性。再次是要把社会主义核心价值观的“制度建构”作用与“公民行为规范”作用区分开来，避免把培育践行社会主义核心价值观简单地归结于公民教育层面。[③] 再如，复旦大学的张庆熊提出，以马克思劳动价值理论来建构社会主义核心价值观，将“劳动光荣”作为社会主义核心价值观的重要内容。劳动光荣的价值观来自马克思历史唯物主义的基本观点，而注重实效的准则与坚持实践是检验真理的唯一标准的辩证唯物主义基本观点相吻合。把劳动光荣和注重实效相配合，坚持实然与应然、理想与现实的统一，能阐明国家富强、民主、法治、公正、爱国、文明、和谐、自由、平等、敬业、诚信、友善等价值观的意义，并说明它们在建设经济、

---

① 姚亚平：《当前我国意识形态工作的阶段性特征与主要任务》，《江西社会科学》2015 年第 7 期。

② 杨秀香、陈永亮：《用道德的高度增强执政党意识形态的凝聚力——一种提高社会治理有效性的思路》，《辽宁师范大学学报》（社会科学版）2015 年第 1 期。

③ 刘建军：《“社会主义核心价值观”的三种区分》，《思想理论教育导刊》2015 年第 2 期。

政治、社会、文化、生态五位一体的社会主义事业中各自的作用和互相联系。[①] 针对培育和践行社会主义核心价值观实践和研究中存在的“去政治化”现象，北京大学范鹏认为，核心价值观是意识形态的内核和本质，具有显著的意识形态属性，由此决定了核心价值观具有高度的“政治性”。“政治性”是核心价值观的本质规定性。社会主义核心价值观“去政治化”意在消解其“政治性”，这与核心价值观的本质规定性是毫不相容的。这种主张一旦成为社会主流观念，势必造成极其严重的危害。我们必须保持清醒政治意识，坚决拒斥“去政治化”的倾向，构建具有广泛感召力的社会主义核心价值观，为中国特色社会主义提供强有力的价值支撑。[②]

自2013年年底中央正式确定社会主义核心价值观的基本内容以来，一些人将社会主义核心价值观与西方“普世价值”观混为一谈。对此，很多研究者进行了对二者辨析的研究。北京大学李健从四个方面进行了辨析。一是在理论基础上，社会主义核心价值观基于唯物史观，西方“普世”价值则基于抽象人性论。二是在逻辑结构上，社会主义核心价值观来自于对四重传统的历史归纳，即是百年来的民族复兴传统，60多年来的社会主义传统，30多年来的改革开放传统，五千年中国文化传统；而西方“普世”价值则来自契约想象的非历史演绎。三是在形式特点上，社会主义核心价值观具备民族性、时代性和自主性，是中国特色社会主义性质的，而西方“普世”价值有抽象性、模糊性和扩张性，是帝国主义性质的。四是从结果上看，盲从西方“普世”价值只会导致民族复兴受挫，践行社会主义核心价值观则有助于实现“中国梦”。必须旗帜鲜明地抵制西方“普世”价值，自觉践行社会主义核心价值观。[③]《光明日报》的包霄林认为，中国的核心价值观体现社会主义本质，重在整体观念，强调国家社会个人的全面价值提升，其落脚点是为人民服务；西方“普世价值”体现资本主义本质，强调个人的自由和权利等，其落脚点是个人。对于反对封建制度而形成发展的资产阶级“普世价值”，无产阶级在争取自身解放和建立社会主义制度后，可以而且应当吸取这些价值理念中的合理因素。同时，社会主义核心价值观在突出中国“特色”的同时，也蕴含着人类社会“一般”的价值理想。需要进一步完善丰富这种价值观，使它对于全人类的生存与发展发挥应有的贡献和作用。[④]

2015年9月28日，习近平总书记在联合国大会讲话中指出的“和平、发展、公平、正义、民主、自由，是全人类的共同价值”，对此，中宣部思想政治工作研究所戴木才认为，我们要运用马克思主义的基本立场、观点和方法，去认识和把握全人类共同的文明成果和“共同价值”中的科学内容，区分什么是它的普遍性要求，什么是它的特殊性形式，在此基础上构建适合于我国基本国情的具体的价值内容和价值形式。恩格斯曾深刻地揭示了人类社会发展的“共同价值”理想与社会主义价值观念之间的这种

---

① 张庆熊：《“劳动光荣”：以马克思劳动价值理论建构社会主义核心价值观》，《毛泽东邓小平理论研究》2015年第1期。

② 范鹏：《社会主义核心价值观构建不能“去政治化”》，《云南社会科学》2015年第1期。

③ 李健：《社会主义核心价值观与西方“普世”价值的四大区别》，《思想理论教育导刊》2015年第3期。

④ 包霄林：《社会主义核心价值观与西方“普世价值”比较研究》，《科学社会主义》2015年第1期。

“源流”关系。社会主义核心价值观是全人类共同价值的具体表现形式，是一种能够代表全人类共同的文明成果和“共同价值”的核心价值观，是全人类共同的文明成果和“共同价值”的升华和具体体现。社会主义核心价值观与全人类共同价值是辩证统一的关系。积极培育和践行社会主义核心价值观，既要传承中华民族传统核心价值观的精髓，凸显中国特色、中国风格、中国气派，又要承接全人类共同的文明成果和“共同价值”，凸显世界潮流、国际视野、全球共识，坚持普遍性和特殊性、世界性和民族性的辩证统一。[①] 我们必须强调，马克思主义辩证法揭示了事物都是存在着普遍性与特殊性的统一，我们从不否认人类有共同的价值关系、价值追求和价值观念。但我们必须明确，所谓的“普世价值”不是“全人类的共同价值”。“普世价值”是指把西方资产阶级价值观视为任何民族都必须遵循的价值标准，其目的在于把自己的制度模式和发展道路强加给别人。

社会主义核心价值观一旦确立，如何培育和践行就成为关键问题。因此，如何培育和践行社会主义核心价值观依然是本年度研究的重点，研究者们从不同角度提出自己的见解。如，河南师范大学孟轲认为，实现全社会的广泛认同是培育和践行社会主义核心价值观的基本前提。从实践的角度来看，基层工人、农民群体，知识分子群体，党员、干部群体，青少年群体，社会公众人物群体，新生社会阶层群体是社会主义核心价值观的六大认同主体，在认同过程中发挥着实践建构、阐释传播、倡导示范、培育践行、导向引领、参与开拓等重要作用，并呈现一定的务实性、分化性、分离性、缺失性、脱节性、选择性等特征，需要通过强化利益引导、担当意识、行为约束、知行统一、行业自律、规范引导等方式，有效发挥其相应的主体作用。[②] 南京政治学院上海校区刘芳认为，培育和践行社会主义核心价值观，应从中华优秀传统文化中汲取养分。中华优秀传统文化是社会主义核心价值观的深厚源泉，不断从中华优秀传统文化中汲取养分，自觉传承优秀传统文化中的道德理念，就能不断丰富社会主义核心价值观的内涵，更加有效地培育和践行社会主义核心价值观，进而使之真正成为国家、社会和个人三个层面共同自觉遵守的行为规范和道德准则。[③]

2005 年值得一提的是，很多研究者重视研究传承良好的家风对培育和践行社会主义核心价值观的意义。如苏州大学的陆树程、郁蓓蓓认为，家庭作为社会的细胞，是培育和践行社会主义核心价值观的重要场所和基本阵地。家风传承，指的是以家风为载体传承优秀传统文化、社会伦理道德以及社会核心价值观。家风和社会主义核心价值观具有文化同根性，其中蕴含的价值取向和精神追求与社会主义核心价值观有着内在的契合性。家风作为一个家庭的主旋律，是给家中成员及后人树立的价值准则。我们是马克思主义的历史主义者，我们不应当割断历史。以家风传承为切入点，从中国优秀传统文化、社会主义核心价值观的认知和认同等方面探索社会主义核心价值观的培育和践行问

---

① 戴木才：《全人类“共同价值”与社会主义核心价值观》，《光明日报》2015 年 10 月 28 日，第 13 版。

② 孟轲：《论社会主义核心价值观的认同主体》，《马克思主义研究》2015 年第 4 期。

③ 刘芳：《中华优秀传统文化：社会主义核心价值观的精神滋养》，《思想理论教育》2015 年第 1 期。

题具有现实意义。①

湖南大学柳礼泉、庞申伟从“先进典型”的带动作用出发来讨论社会主义核心价值观的培育和践行问题。他们认为，社会主义核心价值观个人层面的“爱国、敬业、诚信、友善”，是对公民价值观要求的集中体现，也是公民应当树立和遵循的根本道德准则和基本价值追求。先进典型作为公民中脱颖而出的楷模，是社会主义核心价值观的人格化。他们的思想行为和模范事迹承载着社会主义核心价值观的价值取向，是“爱国、敬业、诚信、友善”精神的有力倡导者与模范践行者，先进典型精神是社会主义核心价值观的生动诠释。②

3. 新媒体与大学生思想政治教育研究

新媒体的出现和迅猛发展，既给大学生思想政治教育带来了机遇，又为大学生思想政治教育提出了挑战。新媒体与大学生思想政治教育一直是普遍关注和研究的领域。研究一致认为，当今时代，新媒体已经介入社会的各个领域，给人类带了巨大的影响，思想政治教育当然离不开新媒体，新媒体的传播速度快，内容丰富，共享性强，为大学生的思想政治教育提供了丰富的资源，拓宽了大学生思想政治教育的渠道，给大学生思想政治教育带来了有利条件，必须抓住大好机遇，利用好新媒体。正如有的研究者所认为的，作为培养学生树立正确人生观、世界观、价值观的主阵地，思想政治教育必须走与互联网技术相结合、积极参与教育领域的技术变革的道路，让互联网和信息技术的发展更好地服务于思想政治理论课和马克思主义在青年大学生中的传播与影响，推动大学生价值观教育的网络化发展，这可以通过建立基于共享、共建、共进的专业发展自组织，建立“微视频”代表下的翻转课堂教学模式，利用流行的网络社交平台进行随机教育，重视实践环节、弥补翻转课堂教学模式不足的方式，从而实现一切从实际出发，在借鉴中有所创新的方式来逐步在思想政治教育领域实现“互联网＋”的效果。③

但是，更多的研究者还是重点关注如何应对新媒体对大学生思想政治教育带来的挑战。有研究者运用问卷调查法、访谈法、文献分析等方法，结合作者在学生工作中的实践经验，以2005—2015年十年间新媒体的发展给大学生思想带来的影响进行的调查显示，目前不少思想教育工作者也能运用新媒体开展工作，但普遍存在着内容单一、知识陈旧枯燥、更新速度慢等问题，教学变成了念课件，很难引起学生们的兴趣。由于传播信息的质量参差不齐，大学生还缺乏辨别是非对错的能力，容易被错误的观点和舆论引导，沉迷网络的学生数量在上升，近两成的大学生存在不同程度的心理问题。④

如何利用好新媒体来提高思想政治教育成效？中南民族大学赵泽林、赵伟认为，有效应对新媒体对高校思想政治教育的影响，需要高校革新教育理念，加强教师能力建设，强化对受教育者的正面引导，全社会共同来关心、关注新媒体对高校思想政治教育

① 陆树程、郁蓓蓓：《家风传承对培育和践行社会主义核心价值观的意义》，《苏州大学学报》（哲学社会科学版）2015年第3期。

② 柳礼泉、庞申伟：《先进典型精神：社会主义核心价值观的生动诠释》，《学术论坛》2015年第1期。

③ 刘慧：《“互联网＋”背景下思想政治教育教学模式改革研究》，《亚太教育》2015年第27期。

④ 侯静：《新媒体对大学生思想政治教育的影响研究》，《中国教育学刊》2015年第S2期。

的影响及其应对。[①] 华中师范大学毕红梅认为要注重话语体系转换，通过构筑生活化的话语体系、构建对话式话语新范式、提升教育者的媒介素养，使之接地气、涵生气、蕴底气，增强自身的吸引力。[②] 广西师范学院的曾令辉强调新媒体环境下思想政治教育主客体关系的重要性，认为这是建构新媒体环境下思想政治教育理论和实践的逻辑起点和"元题域"，直接决定新媒体环境下思想政治教育内容与方法的选择，是影响新媒体环境下思想政治教育实效性的核心因子。[③] 有的研究者认为应该尊重个体差异，提高大学生思想政治教育的针对性；创新教育手段，理顺大学生社会主义核心价值观的养成教育机制；强调依法治校，建立大学生思想政治教育的系列制度安排。[④] 有的则认为要提升师生媒体素养，以加强校园网络等阵地建设为重点，着力构筑思想政治教育立体化平台，将社会主义核心价值观通过信息载体融入大学生的日常学习和生活，这是新时期高校牢牢占领意识形态阵地的重要举措。[⑤] 还有的强调加强管理，构建"互联网+"大学生思想政治教育的长效机制，认为这是新常态下加强和改进大学生思想政治教育的有力保障。[⑥] 有的提出可以通过利用、依托高校服务器，建立健全的网络思想政治教育信息资源库，创新"网站""微博""IM"等网络交互工具来加强思想政治教育的互动性，充分利用手机媒体来实现思想政治教育方法的创新。[⑦] 对新媒体进行合理规划和管控，利用其疏导并建立"学生粉丝"、积极与学生互动、组织话题讨论和各种创意性活动，可以将新媒体转换为开展思想政治教育工作的新阵地。[⑧]

4. 关于思想政治教育与社会治理研究

近年来，关于思想政治教育在化解社会矛盾中的作用、在社会管理中的作用一直是思想政治教育学界研究的一个重要问题。党的十八届三中全会提出推进国家治理体系和治理能力现代化，随着从"社会管理"到"社会治理"的转变，关于思想政治教育与社会治理研究成为热点。

研究一致认为，思想政治教育具有社会治理功能。中国人民武装警察部队学院杜旭宇等认为，现代社会中，思想政治工作不仅是独特的社会治理工具，而且是重要的社会治理方式，这是现代社会赋予思想政治工作的新功能、新定位。思想政治工作的社会治

---

① 赵泽林、赵伟：《新媒体对高校思想政治教育的影响及其应对》，《学校党建与思想教育》2015年第18期。

② 毕红梅、付林溪：《新媒体语境下高校思想政治教育话语体系转换探析》，《思想教育研究》2015年第5期。

③ 曾令辉：《新媒体环境下思想政治教育主客体关系问题研究》，《学校党建与思想教育》2015年第17期。

④ 刘博敏：《新媒体背景下大学生思想政治教育趋势探究》，《内蒙古师范大学学报》（教育科学版）2015年第1期。

⑤ 刘明海：《新媒体视阈下加强大学生思想政治教育策略浅析》，《学校党建与思想教育》2015年第7期。

⑥ 钱国军：《"互联网+"背景下大学生思想政治教育长效机制的构建》，《学校党建与思想教育》2015年第22期。

⑦ 邓晖：《试论新媒体环境下大学生思想政治教育方法创新》，《中国教育学刊》2015年第S1期。

⑧ 高莹：《新媒体与青年大学生思想政治教育工作探析》，《北京青年研究》2015年第2期。

理功能就是将思想政治工作的基本功能延伸运用到社会治理领域，发挥社会治理的作用，社会控制、社会协调、社会动员等是这种功能和作用的重要表现。[①] 郑州大学包红梅认为，思想政治教育的社会治理功能是指思想政治教育以社会治理为实现目标和创新动力，在社会治理活动的场域中所发挥的一系列内在功效和作用的总和。它与社会治理功能、思想政治教育的社会功能、思想政治教育的社会管理功能等概念关系密切但又各不相同。其特性是政治性与社会性相统一、管理性与服务性相统一、继承性与创新性相统一、柔软性与强制性相统一。[②]

那么，思想政治教育作为社会治理的有效方式之一具有哪些作用？淄博师范高等专科学校付安玲和华中师范大学张耀灿认为，思想政治教育在整合社会思想、引领主流价值、疏导社会心理、规范社会行为、协调社会关系、维护社会稳定等方面的价值更加凸显。[③] 也有的研究者认为，思想政治工作的社会治理功能在于社会动员。社会动员需要以聚焦公共责任为目标，以扩大公众有效参与为途径，以政府公信力为助力剂，表现出明显的动员功能拓展。[④]

如何发挥思想政治教育的这种重要作用？安徽财经大学张斌、汪玲提出应注重思想政治教育社会治理功能实现的理论基础，并认为马克思主义关于人的需要理论、正确处理人民内部矛盾理论、社会主义核心价值观以及公共治理理论，是促进社会治理目标实现的重要理论基础。深化对理论基础的认识，是提高社会治理水平和创新社会治理体制的前提和保证，对积极提升思想政治教育在治理体系和治理能力现代化进程中的重要作用有积极意义。[⑤] 中南大学胡凯认为，要根据我国社会主义意识形态治理的目标和要求做好学科建设的顶层设计；创新学科的理论研究，推进社会主义意识形态与时俱进，提高凝聚力；创新学科的实践研究，增强社会主义意识形态的接受性，提高统治力；创新学科人才培养，实现国家社会主义意识形态治理能力的现代化；自觉规范学科的研究内容和方法，加强学科队伍的思想建设。[⑥] 华中师范大学秦在东、王昊则认为，应从多元主体和管理模式多样化两个方面探索思想政治教育管理的理论创新路径；从高校与中小学、高校与社会组织的思想政治教育管理衔接两个维度探索思想政治教育管理的实践创新路径。[⑦] 武警学院程洪宝认为，在社会治理创新视阈下，思想政治工作的导向、整合、沟通、规范、危机管理等功能会直接或间接地对社会控制产生影响，从而具有了社

① 杜旭宇等：《思想政治工作的社会治理功能——基于社会控制、社会协调和社会动员的分析》，《湖北社会科学》2015 年第 7 期。

② 包红梅：《思想政治教育社会治理功能的科学内涵及其特性》，《学校党建与思想教育》2015 年第 21 期。

③ 付安玲：《社会治理视阈下思想政治教育的价值及其实现》，《思想理论教育》2015 年第 10 期。

④ 何丽艳：《社会治理中的思想政治动员研究》，《人民论坛》2015 年第 11 期。

⑤ 张斌、汪玲：《思想政治教育社会治理功能实现的理论基础》，《湖北社会科学》2015 年第 7 期。

⑥ 胡凯：《社会主义意识形态治理新时期的思想政治教育学科建设》，《思想理论教育》2015 年第 4 期。

⑦ 秦在东、王昊：《社会治理的理论创新及其对思想政治教育管理创新的启示》，《湖北社会科学》2015 年第 7 期。

会控制的功能。充分发挥这一功能，需要建立思想政治工作社会思想控制机制、社会行为控制机制、社会风险控制机制。① 复旦大学盛情则指出，大学生思想政治教育必须与整个社会发展密切联动，有必要吸收借鉴当前社会治理领域的优秀成果。破解当前大学生思想政治教育工作的现实问题，实现学生工作新的质量提升，需要借鉴社会治理领域的创新成果，突破现有思维与框架，对学生工作模式进行系统设计和整体优化。②

三 学科发展与学术研究需注意的问题

2005 年思想政治教育成为马克思主义理论学科独立的二级学科，十年来，经过思想政治教育学界的不懈努力，思想政治教育研究方面取得不小进展。但思想政治教育研究领域中，仍有不少问题需要解决。从理论研究上看，学科基础理论研究已经进入攻坚阶段，制约学科理论研究发展的瓶颈亟待破解。今后思想政治教育研究应在以下几个方面着力加强。③

第一，深化思想政治教育基础理论研究，破解制约思想政治教育学科发展的瓶颈。学科建设必须有理论支撑。思想政治教育学原理在思想政治教育理论研究、学科建设和实践活动中处于基础地位。思想政治教育学科的设立，从制度和学科体系上获得了独立地位。经过学界的努力，目前已初步构建起了思想政治教育学原理的基本结构，思想政治教育学理论体系已基本形成。但是，思想政治教育学的一系列基础理论研究依然需要进一步深化。当下，思想政治教育基础理论研究，从总体上来看还处于“提出问题，论证必要性”的阶段，在研究解决问题的具体思路和途径上，还有些简单化和形式化，研究不够深化。虽然在基本问题上基本达成共识，但在一些问题上依然存在分歧。一系列基础理论问题的研究还需要进一步深化。比如，思想政治教育学原理体系、教材体系、学科体系之间的关系问题；思想政治教育学原理体系的逻辑起点问题；思想政治教育学独立性与学科交叉发展问题；思想政治教育学基本矛盾和基本规律问题，等等，尤其是一些根本性问题成为制约学科跨上新台阶的瓶颈。在如何创新思想政治教育学原理体系的问题上，有的学者提出，构建思想政治教育学原理体系，必须凝练和体现思想政治教育学科的独特对象、概念、范畴、规律、方法和评价体系，即使借鉴了其他学科的知识，也要有效的、有机的融合，从交叉融合中找出学科的真正特质，实现学科的独特性。那么，究竟如何构建这一学科体系，还需要进一步研究。再如，思想政治教育学的研究对象应是思想政治教育学领域中一个根本性问题，目前学界普遍认为，思想政治教育学原理解决“两个规律”，即人的思想品德形成与发展的规律以及对人们进行思想政治教育的规律。但从目前来看，学界对此并没有达成共识。这些问题的存在，导致目前还无法有力回应思想政治教育是不是一门科学的质疑，在一定程度上影响了思想政治教

---

① 程洪宝：《社会治理创新中思想政治工作社会控制功能的实现》，《武警学院学报》2015 年第 9 期。

② 盛情：《大学生思想政治工作的现实问题与优化——以创新社会治理体制为视角》，《思想理论教育》2015 年第 11 期。

③ 王秀阁：《论思想政治教育研究取向的问题——马克思主义实践观视角》，《马克思主义研究》2015 年第 5 期。

育的学科自信。因此，目前需要重新审视思想政治教育的研究状况，切实深化对思想政治教育基础理论问题的研究，解决制约思想政治教育学科发展根本问题，构建起逻辑自洽、语言自洽、体系自洽的思想政治教育理论体系，真正提高思想政治教育学科的科学化水平。

第二，切实坚持马克思主义对思想政治教育研究的指导地位，真正体现思想政治教育的马克思主义学科属性。思想政治教育作为马克思主义理论一级学科之下的二级学科，其马克思主义学科属性是明确的。学界也都认为，马克思主义理论和中国特色社会主义理论是思想政治教育研究的理论基础，思想政治教育理论研究必然要以马克思主义特别是中国化马克思主义创新理论为指导。但是，究竟如何坚持其指导还是一个必须深化研究的重要问题。

当前，马克思主义理论对于思想政治教育研究的作用，有很多还只是流于形式上，停留在“戴帽子”上，即仅仅停留在文章的前言、著作的序言当中，仅仅停留在文章、著作的“冠名”当中，仿佛是不得不捎带提及的一句套话，并未切切实实地体现在思想政治教育的研究方法中。因此，明确我国思想政治教育是以马克思主义理论教育为核心的综合式的，以掌握马克思主义理论的立场、观点、方法为目的的教育，应切切实实在研究中自觉贯彻马克思主义的立场、观点和方法，不但要体现在思想政治教育史的研究中，也要体现在比较思想政治教育研究中。

另外，在中国特色社会主义理论与思想政治教育的关系问题上，也需要进一步深入研究。服务于中国特色社会主义实践无疑是当下我国思想政治教育的实践与研究的任务，与此同时，在学理上，无疑也存在着用马克思主义理论指导思想政治教育实践的需求，问题在于如何处理21世纪中国的马克思主义即中国特色社会主义理论与马克思主义基本原理的关系问题。在这个问题上，不能避重就轻。中国特色社会主义理论本身，是马克思主义的基本方法与中国社会主义初级阶段的实践相结合的产物，其必然要随着中国特色社会主义的实践的变化而变化与发展，如何把握这种变化与发展，无疑是我们首先要注意的问题。

第三，拓展思想政治教育研究的对象领域，加强对重点领域、重点人群思想政治教育的研究。自从思想政治教育学科成立以来，思想政治教育的研究对象主要偏重于学校，尤其是高等院校。于是，“大学生思想政治教育研究”成为思想政治教育研究中关注度最高和研究成果最多的领域，而对其他领域和群体的研究相对较少。改革开放之后，我国社会出现了以往没有的新领域和新群体，其中一些群体对社会的影响很大，思想政治教育实践面临错综复杂的新形势、新情况。如何加强和改进新形势下重点领域、重点人群的思想政治教育工作，成为当前思想政治教育研究的一项重大而紧迫的课题。

因此，当前的思想政治教育研究应加强对社会各领域、各群体的拓展，实现研究领域和研究对象的全覆盖、无死角。特别要重视那些影响力较大的重点人群的教育和引导。包括：党员领导干部、网络意见领袖（公知大V）、公众人物（专家学者、影视明星、体育明星、社会活动者）、自由职业者（媒体人、撰稿人、时评人）、非公企业人士、先富起来的人群，等等。要加强对不同群体思想特征的研究和对社会影响机理与规律的研究，以提高思想工作的针对性和有效性。要研究社会群体的复杂性，研究建立思想统一战线问题，研究如何更好地发挥不同人群的正面作用，并缩小和避免一些群体可能引起负面的影响，为更好地教育引导这些群体提供理论指导。同时通过对这些问题的研究来拓展思想政治教育的研究领域，深化和丰富思想政治教育的理论内容。

第四，应重视思想政治教育批判功能的研究。当前，思想政治教育研究中存在着偏重于思想政治教育教化功能而弱化其批判功能的现象，把思想政治教育当作解决思想问题的救火工具。思想政治教育的教化功能之所以能实现，无疑是以解决思想政治教育对象的现实困惑为根本点的，缺少批判环节或弱化这个功能，思想政治教育活动的效果只能大打折扣。

（供稿：朱亦一、侯为民、李春华）

科学无神论

科学无神论的研究和宣传教育工作，是中国共产党意识形态工作的重要组成部分。党的十八大以来，习近平总书记提出巩固马克思主义在意识形态领域的指导地位。随着马克思主义理论学科建设与研究工程的推进，被列为濒危学科的科学无神论，依托马克思主义研究的大平台，已经迈出坚实的步伐。2015 年科学无神论学科建设进入第六年。

一　学科发展概况

（一）学术活动和学术交流

2015 年，中国社会科学院科学与无神论研究中心与中国无神论学会联合举办一系列的学术研讨会和工作座谈会，继续推动科学无神论的学科建设。

1. 宗教工作形势和政策问题座谈会

2015 年 3 月 18 日，中国社科院信息情报院举办座谈会，邀请中国无神论学会的专家学者，研讨我国的宗教形势与宗教政策。会议决定，将中国无神论学会的研究工作纳入“意识形态智库”。与会学者的发言题目有：《不宜笼统提“发挥宗教和信教群众的积极作用”》（朱晓明）、《当前宗教的新特点与应当注意的问题》（杜继文）、《应当正确认识无神论和宗教研究中的十个关系》（田心铭）、《少数民族地区不信仰宗教群众的现状不容乐观》（习五一）、《关于处理我国宗教事务的几点建议》（张新鹰）、《马克思主义政党不宜特意主张发挥宗教的积极作用》（曾传辉）、《关于增设马克思主义无神论二级学科的建议》（左鹏），等等。有关建议获得中央主要领导的批示，有力地推动科学无神论学科建设的深入发展。

2. 清华大学文化素质讲座

2015 年 4 月 11 日，中国社科院科学与无神论研究中心主任习五一研究员，应清华大学学生时政研究会邀请，为全校文化素质系列讲座授课，题目是《宗教因素与国家安全》。400 多名清华大学师生踊跃参加，互动交流十分活跃。

3. 《任继愈文集》出版座谈会

《任继愈文集》出版是中国学术界翘首以盼的盛事。2015 年 4 月 15 日，任继愈研究会和中国国家图书馆出版社共同举办的“《任继愈文集》出版座谈会”在国图古籍馆举行。中国无神论学会理事长朱晓明在会上作了“认识马克思主义无神论的当代价值”的发言。《科学与无神论》主编杜继文，中国无神论学会副理事长李申、习五一、张新鹰等，承担《文集》（十卷本）的编辑工作。

4. 中国反邪教协会举办的“破除迷信”学术研讨会

2015 年 5 月 3 日，中国无神论学会副理事长兼秘书长习五一应邀参加中国反邪教协会举办的“破除迷信”学术研讨会，作主题发言，题目为《弘扬科学精神，消除愚昧迷信》。

5. 无神论与中国传统文化研讨会

2015 年 5 月 24 日，中国无神论学会和任继愈研究会以“无神论与中国传统文化”为主题召开座谈会。此次会议设两个分题：①中国传统文化的基本精神是什么；②儒家是否为宗教。任继愈研究会理事长杜继文作主题发言，与会专家学者踊跃发言，讨论热烈。

6. 中国社科院科研局双周讲座

2015 年 6 月 17 日，习五一应邀为中国社科院科研局双周讲座作主题报告，题目是《宗教因素与国家安全》，并与科研局领导互动交流。

7. “齐鲁大讲坛”公共讲座

2015 年 6 月 28 日，应山东省委防范办、省社科联等单位邀请，朱晓明出席第 100 期《齐鲁大讲坛》，向公众作了题为“今天的中国需要什么精神——谈谈科学无神论的当代价值”的讲座。来自社会各界的 300 多名听众踊跃参加。

8. 中国无神论学会理事长会议

2015 年 8 月 7 日，中国无神论学会理事长召开会议，浙江省社会科学院哲学研究所所长陈永革应邀列席会议。会上学习讨论习近平同志在中央统战工作会议上的讲话和《中国共产党统一战线工作条例（试行）》。陈永革所长介绍浙江“三改一拆”情况和宗教领域面临的突出问题。与会学者一致认为，“三改一拆”的方向是正确的，我们要进一步完善方法和策略，积极引导宗教与社会主义社会相适应。

9. 《邪教：洗脑背后的真相》出版座谈会

2015 年 7 月 22 日，全国防范与治理邪教办公室和凯风网联合举办《邪教：洗脑背后的真相》出版座谈会，习五一应邀作主题发言，题目是：国际社会寻求共识的有益探索。

10. 共青团中央 2015 年第一期新疆维吾尔自治区和新疆生产建设兵团团干部培训班。

2015 年 7 月 23—25 日，习五一应共青团中央的邀请，赴北戴河基地，为 2015 年第一期新疆维吾尔自治区和新疆生产建设兵团团干部培训班讲课，题目是：宗教因素与国家安全。200 多位团委书记参加培训，来自边疆反恐第一线的同志纷纷表示，获益匪浅。

11. 北京市教工委 2015 年高校马克思主义宗教观专题培训班

2015 年 9 月 25—29 日，应北京市教工委的邀请，中国无神论学会主要专家学者为 2015 年高校马克思主义宗教观专题培训班讲课。题目分别为：校园宗教渗透与大学生思想政治教育（左鹏）；宗教极端主义与“东突”恐怖势力（戴继诚）；中国共产党的宗教理论和宗教政策（加润国）；马克思主义宗教理论概说（习五一）；宗教的起源、本质和类型（李申）；西藏前沿问题报告（朱晓明）；中国无神论的传统和当前无神论的形势（杜继文）。这是中国无神论学会主要专家第一次走上北京高校教师培训的讲台，为扩大科学无神论在高等教育领域的影响，迈出开创性的步伐。

12. 全国防范与处理邪教问题办公室主办的“依法治理邪教”研讨会

全国防范与处理邪教问题办公室主办的“依法治理邪教”研讨会，在中国人民公安大学召开，习五一撰写的论文《警惕打着基督教旗帜的邪教组织——兼论当代中国邪教发展的趋势与特征》，获得研讨会征文特等奖。

13. 第三届科学无神论论坛

2015 年 11 月 1 日，第三届科学无神论论坛在北京召开。此次论坛的主题是“‘四个全面’战略布局与科学无神论”，由中国社会科学院马克思主义理论学科建设与理论研究工作领导小组主办，中国社会科学院科学与无神论研究中心和中国无神论学会联合承办。来自中国社科院、教育部、国家宗教事务局、上海师范大学、北京科技大学、武汉大学等单位的 50 余名学者参加。全国政协民族宗教委员会主任朱维群出席，并发表重要讲话。自 2015 年起，科学无神论论坛被正式列为中国社科院马克思主义理论建设工程“八大论坛”之一。

《科学与无神论》杂志主编杜继文发言，当今我们重提无神论的现实原因有三：一是“特异功能”“人体科学”的兴起引发了对“科学技术是第一生产力”和“科教兴国”战略的冲击；二是与人体科学相应的神化气功和邪教的兴起导致“怪力乱神”风行，直至法轮功冲击中南海；三是海外宗教渗透从占领底层群众的信仰领域到制造恐怖和分裂，从抓头脑、抓脊骨到严重侵蚀国家教育和科研资源。这些都促使我们必须拿起法治武器，贯彻依法治国，高举宗教信仰自由的大旗，实施教育与宗教相分离，让宗教从发挥社会作用的角色回归个人信仰的本位。人本主义是无神论最牢靠的思想基础，也是中华民族的优秀传统。习近平总书记提出的“科技兴则民族兴，科技强则国家强”的重要论断说明抛弃对鬼神的依赖、调动人的大脑和双手、辛勤劳动从而掌握人类自身命运的重要性、必要性和可能性。

朱晓明发言指出，习近平总书记在中央第六次西藏工作座谈会上的讲话中强调：要坚持不懈开展马克思主义祖国观、民族观、宗教观、文化观和唯物论、无神论的宣传教育活动，让人民群众掌握反分裂斗争的思想武器。这对我们加强和推进马克思主义无神论研究和宣传教育，具有重要的指导意义。

习五一发言，“坚持教育与宗教相分离，抵御宗教向大学校园渗透”。首先，应当重视大学校园里传教活动日益增多的现象。基督教在校园传教的重点是大学本科生。大学生基督教团契是当代中国城市家庭教会兴起的重要动力。中国城市家庭教会的兴起是在享受“校园传教士的工作”的“红利”。其次，学术神学、文化神学成为校园里传播宗教的重要渠道。近些年来，在北京著名高校和研究所中，有多位权威人士积极构建“文化神学”和“学术神学”，旨在宣扬基督教文化，推动它成为中国社会公共文化领域中的主导精神。他们在文化教育领域里的影响值得关注。再次，大学生基督徒主要选择城市家庭教会资助的大学生团契。这些团契认为政府依法管理宗教事务是干涉宗教信仰自由，只有参加家庭教会，才能获得“纯正的信仰”。它们是培养当代中国城市家庭教会领袖的基地。此类体制外基督教团契与现实社会之间的张力较大，一直是政府依法管理宗教事务的难题。

上海师范大学李申教授发言，古代没有彻底的无神论者。他们一面否定传统的神祇观念，又创立新的神祇观念。从他们否定传统神祇观念或现存神祇观念的某些部分来说，他们是无神论者；从他们创立新的神祇观念来说，他们又是传统神祇观念的改革者，是有神论者。神祇观念的变化和发展，是人类思想发展、进步的重要组成部分。

教育部高校社会科学研究中心田心铭研究员发言指出，“坚持无神论是全面从严治党的题中应有之义”。“一个共产党员，不同于一般公民，而是马克思主义政党的成员，毫无疑问地应当是无神论者，而不应当是有神论者。”如果像某些人所主张的那样，否定党中央关于“共产党员不得信仰宗教”的规定，允许党员信教、教徒入党，那就既背离了马克思主义的基本原则，又背离了中国的基本国情，势必会侵蚀党的马克思主义世界观基础，使共产党员丧失统一的政治灵魂，破坏党在指导思想和理论基础上的统一性和纯洁性，严重危害党的生命和党所领导的中国特色社会主义事业。

与会学者还围绕“科学无神论是社会主义意识形态的基石”“坚持科学无神论，反对宗教极端主义”“关于中国人民大学发布《中国宗教调查报告（2015）》的思考”等主题进行了热烈的探讨。

14. 南开大学举办“网络时代中华文化自信和青年使命暨第九届全国高校学生课外理论社团研讨会”

2015 年 11 月 7—8 日，南开大学举办“网络时代中华文化自信和青年使命暨第九届全国高校学生课外理论社团研讨会”，习五一应邀发表主题演讲，题目是《坚持教育与宗教相分离，抵御宗教向大学校园渗透》，全国各地 40 多所高校的 200 多师生参加讲座，交流互动踊跃。

15. 中国无神论学会 2015 年学术年会

2015 年 12 月 5—6 日，中国无神论学会 2015 年学术年会在北京召开，由中国无神论学会、中国社会科学院科学与无神论研究中心和北京科技大学联合主办。会议主题是“科学无神论与新形势下的宗教问题”。来自全国 12 个省市 30 余家高等院校和科研机构出席年会的 70 多位学者。

杜继文强调，中国文化的特色是人本主义，它起源于劳动和爱情而非宗教。劳动是维持生命的活动，爱情维持着人类自身的延续，两者都以“重生”为中心。而“重生”表现在两个方面：一是在天人关系中，主张“以人为本”，中国的“天”不同于西方的人格神，它是指我们的祖先；二是在君民关系中，主张“民为贵”，西方注重神性，而中国注重人性，应把研究人性作为中国哲学的一条重要线索。“巫”的精神和对祖先的崇拜构成中国的宗教传统，这个传统有力地将佛教吸纳进来。佛教之所以能够进入中国，一是由于佛教是一种人本主义，二是由于佛教是“无神论”的。进入近代以后，外来的基督教提出“占领中国运动”，在文化、教育、医疗等领域取得一定成效。在 1949 年新中国成立后，这个问题就得到彻底解决，宗教从政治、教育等领域退出，回到信仰的领域。今天中国的宗教形势可以用邪教化、暴恐化和宗教渗透加剧来概括。这正是由一神教的排他性特征所致，所以宣传无神论任重道远。

习五一作大会主题报告《2014 年科学无神论学科研究前沿》。她从科学无神论理论研究、科学无神论与宗教研究、抵御宗教渗透和遏制宗教极端思想、破坏性膜拜团体（邪教）研究、科学无神论宣传教育的等六个专题，概述最新研究成果。她指出，科学无神论是社会主义核心价值体系的哲学基础之一，是一种幸福的生活方式，是构建和谐社会的重要途径；加强科学无神论研究和宣传教育是中国共产党人的一贯方针；建设科学无神论学科在加强国家意识形态建设和维护国家文化安全中将发挥重要作用。

李申阐明，分清什么是有神论、什么是无神论，是从事无神论事业的前提。他具体辨析了“佛是人，不是神”“孔子是人，不是神”“物质的天不是神”等三个在“什么是神”的问题上的认识误区，进而分析中国古代的祭祀制度、无神论和有神论。他认为“中国古代不仅有优秀的无神论传统，也有更加强大的有神论传统”，“批判历史上的有神论传统，是和继承发扬中国无神论传统同样重要的任务”。

田心铭分析列宁论宗教。在《社会主义和宗教》中，列宁基于对宗教社会作用的分析提出宣传无神论、驱散宗教迷雾的任务，阐述宗教与国家的关系，指出教会要与国家相分离，强调解决宗教问题不能离开政治斗争和经济斗争。在《论工人政党对宗教的态度》中，列宁批评在对待宗教问题上的“左”的错误，批评把宣布宗教为私人的事情歪曲为宗教对工人政党来说也是私人事情的错误观点，阐述党在对待宗教问题上的政治路线。在《论战斗唯物主义的意义》中，列宁提出要坚持战斗的唯物主义和战斗的无神论，要同现代自然科学家结成联盟，把 18 世纪末战斗无神论的文献翻译过来，在人民中间广泛传播。

国家宗教事务局宗教研究中心加润国研究员阐述，“四个必须”是以习近平同志为总书记的党中央按照“四个全面”战略布局对党的宗教工作基本方针的新发展，是做好新形势下宗教工作的指南针。我们要认真学习领会其丰富的理论政策内涵，并加以全面贯彻落实。其中，必须坚持中国化方向，为引导宗教指明了根本目的和方向；必须提高宗教工作法治化水平，为加强宗教工作指明了根本道路和基本原则；必须辩证看待宗教的社会作用，为改进宗教工作指出了症结和病根；必须重视发挥宗教界人士作用，为加强宗教工作指明重要抓手。

武汉大学宗教学系段德智教授详细介绍《境外宗教渗透与苏东剧变研究》一书的写作缘起、主要内容和基本思路。境外宗教渗透首先是美国—梵蒂冈“神圣同盟”的宗教渗透，是苏东剧变的一个重要诱因，防范和抵制境外宗教渗透对于维护社会主义国家的意识形态安全和国家安全具有极端重要的意义。唯有坚持马克思主义的宗教观、坚持马克思主义的宗教工作基本方针，才能有效地防范和抵制境外宗教渗透、维护社会主义意识形态安全和国家安全。

此外，与会学者还就青年马克思的宗教思想、马克思主义无神论的中国化、《反杜林论》的科学无神论思想、“一带一路”战略实施中的宗教问题、宗教与科学的对话、宗教与道德的关系等主题展开了广泛深入的研讨。

（二）2015 科学无神论科研项目

2014 年度的国家社科基金委托项目“科学无神论基本理论问题研究”进展顺利。李申承担的专著《科学无神论原理》已经完成。该专著和《科学无神论基本理论问题研究》的论文集已分别与人民出版社签订了出版合同。此项目已经进入结项审核和编辑出版阶段。

2015 年 11 月 5 日，李申领衔申报的《任继愈哲学文献整理与研究》课题，被批准为 2015 年国家社会科学基金重点项目。

（三）科研成果概况

2015 年科学无神论专业相继出版一批学术著作，主要著作简介如下。

任继愈著《宗教学与科学无神论研究》，国家图书馆出版社 2014 年 12 月出版。该书为《任继愈文集》第一册（共十册），收录了任继愈先生的 40 篇文章，其中关于宗教学研究 20 篇，科学无神论 20 篇。关于宗教学研究，任先生将毛泽东对加强宗教问题研究的批示概括为“研究宗教，批判神学”；指出，马克思主义宗教学本质上是一种科学无神论。马克思主义宗教学是在辩证唯物主义与历史唯物主义指导下，研究各种宗教的产生、发展及其走向消亡的规律的科学。其内容不仅包括各种具体宗教的研究，而且还包括与宗教神学相对立的无神论的研究。关于科学无神论的研究，任先生指出，摆脱愚昧的重要举措之一，就是进行科学无神论世界观的宣传和教育。在世界观上，马克思主义者不能和宗教和平共处，不能在世界观上和宗教搞统一战线。在唯物主义和唯心主义之间，在马克思主义无神论和有神论之间，没有中间地带，不能和平共处，它们之间的斗争是不可调和的。任先生还特别重视无神论思想与科学精神、科学知识之间的一致性，认为科学是无神论的天然盟友，科学无神论是社会科学和自然科学天然的结合点。

习五一主编《科学无神论（第一辑）》，中国社会科学出版社 2015 年 1 月出版。该书为 2013 年 12 月召开的第一届科学无神论论坛的论文集。论坛主题为“纪念毛泽东《加强宗教问题的研究》批示 50 周年”。该论文集收录了 27 篇论文，包括科学无神论与宗教研究、教育与宗教相分离、科学无神论宣传教育工作、宗教工作与宗教政策等四个方面的内容。其中有杜继文的《毛泽东关于〈加强宗教问题的研究〉的战略意义》[①]、习五一的《毛泽东关于〈加强宗教问题的研究〉的当代价值》、朱维群的《我们为什么要坚持无神论》、朱晓明的《加强对党员干部科学无神论的宣传教育》等重要文章。

习五一主编《马克思主义无神论研究（2013 · 第 2 辑）》，中国社会科学出版社 2015 年 3 月出版。该书为“马克思主义专题研究文丛”中的一部，收录了 2012 年全国范围内科学无神论学科具有代表性的论文。该书包括两篇特约文稿，以及“科学无神论理论研究”[②]“教育与宗教相分离”“科学无神论宣传教育工作”“科学无神论与宗教研究”“自然科学与无神论”“中外无神论思想源流”等六个主题。

段德智主编《境外宗教渗透与苏东剧变研究》，人民出版社 2015 年 5 月出版。作为教育部哲学社会科学研究重大攻关项目“境外宗教渗透与我国意识形态安全战略研究”的一项重要阶段性成果，该书依据唯物史观，在“历史合力论”视野下，从境外宗教渗透和境内宗教工作失误的角度解读苏东剧变。一方面，通过具体而翔实的材料说明，境外宗教渗透首先是美国—梵蒂冈“神圣同盟”的宗教渗透，是苏东剧变的一个重要诱因，防范和抵制境外宗教渗透对于维护社会主义国家的意识形态安全和国家安全具有极端重要的意义。另一方面，依据史实说明，社会主义国家在宗教问题上无论是采取右的政治路线还是采取“左”的政治路线，都不利于引导宗教与社会主义社会相适应，不利于防范和抵制境外宗教渗透、维护社会主义意识形态安全和国家安全。唯有坚持马克思主义的宗教观、坚持马克思主义的宗教工作基本方针，才能有效地防范和抵制境外宗教渗透、维护社会主义意识形态安全和国家安全。[③]

《启蒙时代（上）：现代异教精神的兴起》，美国耶鲁大学史学家彼得 · 盖伊著，刘北成翻译，世纪文景/上海人民出版社 2015 年 1 月出版。盖伊分析启蒙思想家如何利用古代异教思想家作为资源，以摆脱自身所继承的基督教文化遗产。盖伊笔下，伏尔泰、

① 习五一主编：《科学无神论（第一辑）》，中国社会科学出版社 2015 年版。

② 习五一主编：《马克思主义无神论研究（2013 · 第 2 辑）》，中国社会科学出版社 2015 年版。

③ 段德智主编：《境外宗教渗透与苏东剧变研究》，人民出版社 2015 年版。

狄德罗、孟德斯鸠、卢梭等一大批启蒙哲人统一在一个共同的伟大纲领之下，同自身所处的文化环境又战又和。令人尊崇的古代、可憎的基督教以及新近浮现的现代，这三者之间紧张的互动既决定启蒙哲人在身份认同上的最大危机，也决定危机的解决方式。该书是全面认识“启蒙”的桥梁。①

二　重大问题研究进展

2015 年，科学无神论学科的研究成果可以归为六大主题：科学无神论埋论研究，科学无神论与宗教研究，抵御宗教渗透、遏制宗教极端思想，科学与宗教研究，破坏性膜拜团体（邪教）研究，科学无神论宣传教育工作。

（一）科学无神论理论研究

1. 科学无神论与社会主义核心价值观

杜继文阐明，科学无神论要做社会主义核心价值观的模范。近些年有神论泛滥成灾，特别表现在邪教和宗教极端主义的猖狂上，这显然是对核心价值观的全面反动。邪教和宗教极端主义不是宗教，要在政策界限上严格划清，打击犯罪，维护宗教信仰自由。纵观世界三大宗教的发展历史，任何宗教都不是自古就占据某个特定地区的；任何一个民族也不是天生就信仰某个宗教的；宗教内部从来不是一成不变的。因此，宗教与民族并非一体。民族或部族的形成和发展要远远早于对这三大宗教的接受，这个时间差足以驳倒任何“教族同体”谬说。民族是先天稳定的共同体，而宗教是后天附加给民族的信仰体系或者成为文化形式，不属于民族的骨肉血脉，是既可以接受也可以遗弃的成分。“教族一体”的危害性，在不断发生的暴恐血案中充分显示出来。这些事件不仅败坏相关宗教的声誉，也败坏相关民族的声望。我们从事科学无神论的研究和宣传教育，理应让近些年非正常的宗教热冷下来，让社会主义核心价值观占据舆论的主流。②

习五一阐明，从国家的“富强”和“文明”的角度来说，科学无神论是社会主义核心价值观的应有之义。科学无神论作为马克思主义世界观的出发点和基石，在加强社会主义核心价值体系建设中具有重要作用。实现国家的繁荣富强，就要大力推动科教兴国战略。倡导科学精神，包括科学无神论思想、抵制愚昧迷信，是提高中华民族思想素质的重要途径。文明是社会进步的重要标志，是实现中华民族伟大复兴的精神动力。从中国传统的人本主义走向“科学与民主”的现代精神，是历史发展的大趋势。③

朱晓明阐述，只有坚持科学无神论，才能全面践行社会主义核心价值观，才能实现真正的宗教信仰自由，才能彰显中华传统文化的独特优势，才能实现社会主义文化的历史性超越。而加强科学无神论研究和宣传教育必须破除思想障碍，即片面理解宗教信仰

---

① ［美］彼得·盖伊：《启蒙时代（上）：现代异教精神的兴起》，刘北成译，世纪文景/上海人民出版社 2015 年版。

② 杜继文：《科学无神论要做践行社会主义核心价值观的模范》，《科学与无神论》2015 年第 1 期。

③ 习五一：《科学无神论是社会主义核心价值观的应有之义》，《科学与无神论》2015 年第 4 期。

自由政策，以一般的马克思主义教育代替无神论教育，以及认为无神论思想就是简单浅薄。加强无神论宣传教育与落实宗教信仰自由政策、团结宗教界人士和信教群众并不矛盾。我们在政治行动上与宗教界结成爱国统一战线不等于赞成唯心论。①

中共中央党校龚学增教授阐明，社会主义核心价值观与社会主义核心价值体系体现社会主义意识形态的本质要求和社会主义制度在思想和精神层面的质的规定性，也体现科学无神论精神。中国优秀传统文化包含着唯物论无神论思想，需要批判地研究和继承。要在践行社会主义核心价值观的实践中正确把握科学无神论研究和宣传教育的定位。在中国共产党内、共青团内、国民教育体系、文化宣传领域，应该鲜明地提出无神论宣传教育，抵御各种有神论的影响。在揭批邪教、迷信活动和伪科学的斗争中，应继续充分发挥科学无神论宣传教育的作用。②

有学者阐述，社会主义核心价值观是兴国之魂，而道德在核心价值观中占有重要地位。社会主义核心价值观所涉及的三个层面：核心价值观的内容、培育以及个人价值观的形成，都蕴含着道德的元素。根据社会存在决定社会意识的原理，马克思主义认为道德由社会物质生活条件所决定，绝非人心所固有，亦非“神的启示”，也不是人的感觉欲望的产物。我们应该大力加强道德建设，夯实社会主义核心价值观的科学无神论基础。③

2. 马克思主义无神论研究

李申阐明，无神论是揭示鬼神并不存在的理论。17—18 世纪出现的英国唯物主义思想家霍布斯以及法国百科全书派思想家在自然科学发展的基础上提出彻底的无神论，即否定一切形式鬼神的存在，因此这一思想也被称为“科学无神论”。科学无神论在马克思主义体系中发展到一个新高度。马克思主义不仅彻底否定一切鬼神的存在，而且科学地说明鬼神观念产生的现实基础及其消亡的途径，以及如何科学地对待人民群众中的鬼神观念。因此，科学无神论包含三个方面的内容：一是以科学特别是自然科学为思想基础；二是科学地说明鬼神观念产生和消亡的现实社会条件；三是科学地对待人民群众在短时期内尚不能完全消除的鬼神观念。一切鬼神观念的共同特征都是具有“超自然力”。摆脱鬼神观念，是一个脱除愚昧的过程。任何形式的神祇都是不存在的，“要创造人类的幸福，全靠我们自己”。④

田心铭阐明，坚持无神论是全面从严治党的题中应有之义。全面从严治党，就要全面、严格地坚持党的路线、方针、政策。党中央把宗教工作基本方针概括为四句话，第一句就是“全面贯彻党的宗教信仰自由政策”。宗教信仰自由包括“信仰宗教”的自由和“不信仰宗教”的自由，这就要求我们处理好“公民有宗教信仰自由”和“共产党员不得信仰宗教”的关系，以及坚持无神论思想宣传与尊重保护公民信仰宗教权利的

---

① 朱晓明：《培育和践行社会主义核心价值观，拓展科学无神论研究和宣传教育的新局面》，《科学与无神论》2015 年第 2 期。

② 龚学增：《社会主义核心价值观与科学无神论关系的几个问题》，《科学无神论》2015 年第 1 期。

③ 李春秋、徐国旺：《从道德的起源看核心价值观的科学无神论基础》，《科学与无神论》2015 年第 1 期。

④ 李申：《关于〈科学无神论原理〉的几个问题》，《科学与无神论》2015 年第 2 期。

关系。开展无神论思想宣传，对象主要是不信教的群众；尊重和保护公民信仰宗教的权利，对象是除共产党员之外的公民。只有当共产党员不再是共产党员时，他才当然地享有信仰宗教的权利，也享有在宪法和法律规定的范围内参加宗教活动包括传播宗教的权利，这种权力应该得到人们的充分尊重。不尊重公民信仰宗教的权利，或容许共产党员信仰宗教、替宗教做宣传，都背离了“全面贯彻党的宗教信仰自由政策”，背离了全面从严治党的要求。①

北京科技大学左鹏教授指出，无神论研究是哲学社会科学研究的重要组成部分。21世纪以来，中央的文件以及中央领导同志的批示，都强调无神论研究和宣传教育的重要性。2000—2015年国家社会科学基金项目中无神论研究课题的情况显示，虽每年都有无神论研究的课题规划，但数量严重不足，学科间和学科内的分布严重失衡，更多的是对中央有关文件和批示的回应，远没有形成主动适应现实和理论发展需要、自主成长、循序渐进的课题规划体系，且课题指南和立项结果之间并不存在直接的对应关系。无神论研究要走出困境，需要确立自身独立的学科地位，可以在马克思主义理论一级学科下增设马克思主义无神论二级学科，在坚持宗教学、哲学等学科下的无神论研究方向的同时，建设一门专司无神论基本理论和现实问题研究的学科。要将中央有关文件和批示的精神深入持久地落到实处。也要求有关学者能够苦练内功、多出成果，这样才能共同推动无神论研究的繁荣发展。②

新疆师范大学李建生教授阐明，马克思主义无神论学科的体系建设的主干和关键是马克思主义无神论的理论学科建设，即马克思主义无神论原理的建设。建立科学无神论的理论体系，必须要与科学无神论的宣传教育体系相区别，后者是前者在不同环境下的具体应用。马克思主义宗教观和马克思主义无神论在内在精神实质和内在结论上是一致的，但它们观察问题的视角和所运用的研究方法各有侧重。无神是马克思主义无神论体系建立的逻辑起点。马克思主义无神论应当是关于研究和揭示一切鬼神迷信现象的实质及其产生演变规律、否定一切超自然神灵的科学理论，以及关于这一理论在社会生活中的功能和价值的科学。③

武汉大学黄超副教授阐明，马克思主义无神论是当代中国的文化软实力。马克思主义无神论是一种科学的、先进的现代社会理论，具有宗教神学所没有的开放性和传统无神论所缺乏的现代性；马克思主义无神论是凝聚中国共产党的精神力量，坚持和发展马克思主义无神论是中国政教和谐和宗教健康发展的思想保障；从国际层面来看，马克思主义无神论与中国文化传统深度契合，形成一种以人文关怀为特质的文化软实力，这种文化软实力可以化“文明冲突”的戾气为文化交流的祥和。④

有学者阐明，马克思的科学无神论是马克思主义理论的重要组成部分，是马克思哲学思想乃至整个马克思学说产生的理论起点和逻辑基础。19世纪上半叶费尔巴哈的宗

① 田心铭：《坚持无神论是全面从严治党的题中应有之义》，《科学与无神论》2015年第6期。

② 左鹏：《无神论研究的回顾和思考——基于2000—2015年国家社会科学基金项目的分析》，《科学与无神论》2015年第6期。

③ 李建生：《关于马克思主义无神论学科建设几个问题的思考》，《科学与无神论》2015年第5期。

④ 黄超：《马克思主义无神论是当代中国的文化软实力》，《科学与无神论》2015年第5期。

教批判及其理论局限为马克思科学无神论理论的生成和发展提供了宝贵的理论素材和逻辑起点。马克思发展了历史唯物主义的基本原理，完成了宗教的真正“祛魅”，揭示宗教产生和消亡的社会物质根源。他立足于科学的实践观，阐明宗教的历史命运，实现宗教批判向政治批判和经济批判的理论转向。他高扬共产主义的社会理想，揭示消灭宗教异化的革命力量和现实路径，为实现无产阶级和人类解放指明方向。其理论意蕴为我们今天坚持和发展无神论提供宝贵的启示。①

有学者阐述，马克思主义无神论是世界宗教思想史上最彻底的无神论，影响着世界上广大人民的精神和行动。马克思主义无神论是中国共产党的世界观，它巩固了马克思主义意识形态的指导地位，是我国宗教政策的理论依据，这是它的政治价值所在。马克思主义无神论是一种先进文化，它用科学的方式和途径表达了对人类的终极关怀；在社会主义建设时期，马克思主义无神论与宗教可以共处。马克思主义无神论坚持“人最为天下贵”的人本立场，肯定人的价值和尊严，反对神对人的控制和干预。②

有学者阐明，马克思主义无神论需要根据中国神灵观念进行相应的中国化。这包括在马克思主义无神论基本原理的指导下，立足中西神灵及其文化的区别，利用中国本土的无神论资源和有神论论述，对马克思主义无神论进行话语转换、逻辑论证和丰富创新。我们要从实现人的全面自由发展的高度构建马克思主义中国化的“无神论”，推进马克思主义宗教理论的发展。③

有学者阐述，恩格斯通过批判杜林的世界模式论、自然哲学以及关于人的学说，着重阐释作为自然界规律总结的唯物辩证法思想，以及该思想与形而上学思维方式之间的差异。杜林并不彻底的唯物主义立场以及思维方式上的形而上学特质，导致其学说处处为“创始者”“上帝”“终极真理”等留下余地。《反杜林论》中体现出来的科学无神论思想有助于更好地掌握唯物辩证法，进而深入透彻地分析当今社会各种宗教现象。这样才能以无神论的宣传和研究引导大众舆论。④

有学者从经典著作考察马克思恩格斯的无神论思想与实践观。马恩指出：“全部社会生活在本质上是实践的。凡是把理论引向神秘主义的神秘东西，都能在人的实践中以及对这种实践的理解中得到合理的解决。”无神论只有在实践的基础上才能获得改造世界的真实力量。马恩揭示有神论观念产生存在的认识根源和社会条件，实现无神论由抽象思辨向具体实践的跨越，使其脱离独断的窠臼，赢得科学的性质，进而与全人类解放的伟大事业紧密联系起来。因此，科学无神论者应当从现实社会生活条件出发来决定对待宗教的态度和策略。⑤

有学者阐明，马克思主义宗教观有着丰富的内涵，主要有关于宗教的本质、宗教产

---

① 王祥：《论马克思科学无神论生成的逻辑起点与革命性变革》，《科学与无神论》2015 年第 5 期。

② 林贤明：《马克思主义无神论的当代价值》，《科学与无神论》2015 年第 6 期。

③ 姚洪越：《马克思主义无神论中国化初探》，《太原师范学院学报》（社会科学版）2015 年第 1 期。

④ 韩琪：《〈反杜林论〉的科学无神论思想》，《科学与无神论》2015 年第 6 期。

⑤ 张强：《马克思恩格斯的无神论与实践观——一种基于经典著作的考察》，《科学与无神论》2015 年第 6 期。

生的根源、宗教的发展和消亡、宗教的社会作用和功能等，构成马克思主义宗教观的基本体系。马克思对人本宗教的继承和批判，有着从启蒙无神论到科学无神论的思想转变过程。①

3. 无神论与中国传统文化

中央社会主义学院王珍副教授阐述以马克思主义为指导，焕发中国传统文化活力的重要性，进而分析在西方启蒙运动中中国传统文化因素的影响。中国传统文化中的理性、唯物、自然、无神、人本、人性善等思想曾是西方启蒙运动中极其重要的推动因素。马克思主义继承了启蒙思想中的唯物主义、自然主义、人文主义、无神论等思想，因此，中国优秀传统文化与马克思主义之间是相通的，这为弘扬中国优秀传统文化，推进马克思主义中国化，提供重要的思想资源。②

有学者阐明，中国传统文化重人远神的思想理念足以开出一种真实而坚定的理性主义思维方式，而这种理性主义的世界观与方法论则是一贯而绝对的无神论精神之根源与本质。孔子的思想虽然与有神论观点并不构成直接而公开的对立，但由他所阐述和发扬的思想传统，本质上属于一种无神论的思维方式。遵循这种传统，根本容不下一个外在于人的、人格化的至上神存在，因而儒学按其本质来说必然要与宗教有神论分道扬镳。今天我们弘扬中国传统文化，必须首先要对传统文化这一主流品质有正确的认知和把握。那些假借弘扬传统文化之名而鼓吹占卜、算命、风水、求神拜佛之类风气的人，不是不懂得真正的传统文化，就是别有用心。③

有学者阐述，明清之际的来华传教士出于科学文化的优越感，对中国传统历法中的星占和选择术采取排斥或批判的态度。毕生从事天文学和数学研究的梅文鼎，致力于中西两种天文学传统的沟通和融合，对中华历法中的星占和选择术等神秘主义内容采取拒斥的态度。他指出，星占之术来自中国古代历法的不精密，以及历法之理未获得普及的缘故；选择宜忌等术数，也是术士牵强附会，制造各种惑世诬民的言论。他的无神论思想对其后辈产生影响。④

有学者分析，中国的上古文献中渗透着“天有意志”的思想，有的学者便据此认为中国曾经存在类似希伯来式的上帝信仰，希望由此能把两大文明连接起来。然而通过将轴心时期《希伯来圣经》的“耶和华”形象和道家原初经典《老子》中的“天”的概念相对比，并从汉代道教正式形成时的经典《太平经》入手解读“皇天”的概念，《太平经》中的“皇天”和《老子》中的“天”是一脉相承的。虽然在道教时期“天”表现出相对明显的人格化属性，但它依然无法违背自然之道来创世或影响“道本体”。这与《希伯来圣经》中耶和华介入历史创世、创造奇迹有本质上的不同。所以中国古代的“道”与“天”及相关的概念不是希伯来式的信仰对象，其本身是非人格化的，

① 吴星辰：《从启蒙无神论到科学无神论的转变——论马克思的宗教思想及其内涵》，《湖北省社会主义学院学报》2015年第6期。

② 王珍：《马克思主义视域中的中国传统文化资源》，《科学与无神论》2015年第2期。

③ 杨俊峰：《试论传统文化的无神论倾向》，《科学与无神论》2015年第5期。

④ 张兆鑫、赵万里：《梅文鼎的无神论思想研究》，《自然辩证法通讯》2015年第3期。

具有无神论特质。①

4. 西方无神论思想研究

美国无神论学者迈克尔·马丁阐述，无神论可以分为积极的无神论和消极的无神论。广义上的积极无神论是指不信仰所有的神，狭义上指不信仰一个神性的上帝。消极无神论在广义上指没有对任何神或者诸神的信仰，在狭义上指没有对一个神性上帝的信仰。现实中，人们经常根据不同的神的概念持有不同的无神论观点。不可知论可以分为怀疑型不可知论和抵消型不可知论。如果将神界定为一个全知、全能、全善的宇宙创造者，将无神论者理解为某个不相信这样一个上帝存在的人，将不可知论者理解为某个既非相信也非不相信这个上帝存在的人。那么，如果你是个非信仰者，你不应将信仰悬置起来，相反，做个无神论者将是更合理的选择。此外，既然无神论是真实的见解，那么它是否就应当被所有人接受？有人会认为宗教信仰虽然不正确，却有它的有益之处，马丁深入剖析了这种观点的问题所在。②

有学者考察古希腊罗马哲学家琉善的唯物主义和无神论思想。主要包括三个方面：批判奴隶社会、向往平等社会的社会政治思想；嘲讽和揭露各种唯心主义派别的哲学思想；嘲弄和抨击各种宗教迷信的无神论思想。琉善认为，神并不存在，基督教具有欺诈性，一切宗教迷信都应当反对。琉善的无神论达到了古希腊罗马无神论思想发展的高峰，其著作对于我们今天批判各种唯心主义哲学以及宗教迷信仍不失为一种有力的思想武器。③

有学者阐明，当代美国的无神论者，在宗教图景异常复杂且多元化的文化背景下，是身处受排挤及歧视的亚文化地位的少数派。历史和现实中的无神论者团体在对抗有神论并与宗教竞争的同时，通过各种活动坚持自我身份认同，尤其是在与基督教保守派或福音派的抗争中，逐渐突破学术界和知识分子领域，转向现实的政治思想和行动。调查数据显示，在美国，无神论者所属人群主要是男性、白人、年长者，他们相对富裕且受过良好的教育；他们可能来自非宗教信仰或者宗教信仰较弱的家庭。无神论的最一般特征就是以科学和理性为依托对抗有神论，反思和批判宗教。当代美国的无神论者对美国社会的重要问题有巨大的影响，比如教会和政府分离、堕胎、同性婚姻和公立学校课程等方面。在美国，政治活动是无神论者普遍接受的影响社会的方法。④

（二）科学无神论与宗教研究

1. 无神论与宗教信仰自由

杜继文阐明，我们观察、研究和处理宗教问题时，要遵循两个原则，一是以马克思主义的立场观点和方法为指导，二是贯彻和实行宗教信仰自由。前者坚持马克思主义的辩证唯物主义和历史唯物主义，不能用所谓的“宗教观”“宗教学”抽掉其无神论前提

---

① ［英］龙爱仁（Aaron Kalman）：《试论希伯来“耶和华”与道教“天”的概念异同——“一神论”和“无神论”对比》，《孔子研究》2015 年第 6 期。

② ［美］迈克尔·马丁：《无神论、不可知论和有神论》，韩琪编译，《科学与无神论》2015 年第 4 期。

③ 王永江：《古代杰出的唯物主义者和无神论者——琉善》，《科学与无神论》2015 年第 3 期。

④ 陈卫华：《当代美国无神论者的身份认同及政治取向研究》，《国际论坛》2015 年第 6 期。

和基石；后者坚持“依法治国”，让宗教信仰回归到《宪法》规定的“自由”的权威之下，既保护公民个人充分享受这一自由的权利，也防止宗教被利用于社会政治或渗入文化教育领域，甚至蜕变为邪教和暴恐势力。然而近年来在涉及宗教问题时，主流话语很少提及“宗教信仰自由”。事实上，宗教信仰自由是党关于宗教问题的基本政策。《宪法》关于宗教信仰自由权利的规定，实质在使宗教问题成为个人的私事，去社会职能化、去政治化，实现政教分离、教育与宗教相分离，将一切权利交给国家和公民，让宗教回归信仰的本位。全面推进依法治国，坚持《宪法》的规定，必将使马克思主义政党摆脱宗教问题的羁缚，让宗教歧视、宗教冲突、宗教战争以及宗教暴恐成为不可能，这也是法制社会的基础和文明发展的方向。①

田心铭阐明，坚持科学无神论，需要正确认识和处理无神论研究与宗教研究的关系，无神论研究宣传教育与坚持宗教信仰自由、做好宗教工作的关系。他对十个问题进行了探讨，即维护信教群众利益和维护不信教群众利益的关系；宗教工作与宗教相关工作、宗教事务管理部门与其他部门的关系；公民有宗教信仰自由和共产党员不得信仰宗教的关系；尊重和维护信仰宗教自由与人为地推动宗教发展的区别；宗教与文化的关系；坚持教育与宗教相分离与科学研究、文化活动自由的关系；宗教与社会的关系；宗教的长期性与宗教消亡的关系；无神论与马克思主义宗教观的关系；宗教研究的指导思想和理论基础中马克思主义宗教观和马克思主义科学体系的关系。②

国家宗教事务局宗教研究中心加润国研究员阐明，“信仰”本义是相对于“知识”而言，指自愿地把某些尚未得到理性或经验证明的观点当作真理。它特指对宗教神学的信奉，与科学理性精神相对立，后来也指对“知识”的信奉。宗教信仰中的信仰是本义，政治信仰中的信仰是转义。政治信仰是政治观，宗教信仰是世界观，二者领域不同，但关系复杂，既非并行不悖，也非截然对立。马克思主义政党的政治信仰建立在辩证唯物论和历史唯物论之上，其科学无神论的世界观与以唯心论和形而上学为支柱的宗教有神论的世界观是根本对立的。我们要坚持“政治上团结合作、信仰上互相尊重”的原则，妥善处理党的科学信仰和政治信仰与宗教信仰的关系问题。既要坚持宣传无神论和科学世界观，又要尊重群众的宗教信仰和宗教感情。同时要重视对宗教界人士的政治教育，认真做信教群众的工作，团结带领他们与不信教群众一起走社会主义道路。③

2. 马克思主义宗教观研究

王珍认为，中国特色社会主义宗教理论是对马克思主义宗教理论的继承：在世界本原问题上，它坚持唯物论，反对神创论；在事物演变问题上，坚持辩证法，反对静止观；在人和世界的关系问题上，坚持实践观，拒绝止于解释；在价值追求上，坚持人本观，拒绝依神救赎。同时中国特色社会主义宗教理论还是对马克思主义宗教理论的发展，具体表现在：从西方社会到中国社会的发展，从思想理论到国民实践的发展，从社

① 杜继文：《什么是“宗教信仰自由”？——学习〈全面推进依法治国若干重大问题的决议〉，重读宪法的体会》，《科学与无神论》2015 年第 2 期。

② 田心铭：《无神论和宗教研究的十个关系问题》，《科学与无神论》2015 年第 3 期。

③ 加润国：《政治信仰和宗教信仰关系研究》，《科学与无神论》2015 年第 2 期。

会革命到社会建设的发展。①

中国社会科学院曾传辉研究员阐明，马克思主义政党需要辩证地看待宗教的社会作用。2015 年，习近平在中央统战工作会议上提出“必须辩证看待宗教的社会作用”，对共产党如何看待宗教的社会作用提出了新的要求。从辩证唯物史观来看，关于宗教社会作用的积极性和消极性的主张属于价值判断，会因立论者阶级立场的不同和社会条件的变迁而相互转化。从国际共产主义运动史来看，辩证地看待宗教的社会作用、有区别地对待宗教信仰问题是马克思主义政党思想路线的优秀传统。从法治精神来看，辩证地看待宗教的社会作用体现在政教分离的宪法原则之中。从社会影响来看，只有辩证地看待宗教的社会作用才能倡导科学理性的社会氛围，减少宗教的消极作用。②

3. 宗教研究

加润国阐明，目前全球信教人口比例从 2001 年约 80% 下降到约 60%，发达、较发达国家信教者减少而无神论者增加，极少数欠发达和治理不善国家相反。当前国际宗教形势的基本特征是：世俗化进程加速发展，原教旨主义异军突起，宗教极端主义恶性膨胀，宗教网络化势不可当，宗教非政府组织日益活跃。当前国际宗教形势的地区特征是：欧洲世俗化加速、“恐伊症”凸显，美国新无神论崛起、基督教新右翼过气，俄罗斯东正教复兴、伊斯兰教发展，拉美天主教强大、新教徒增长，非洲传统宗教衰落、基督教和伊斯兰教争锋，中东激进势力上升、宗教矛盾突出，中亚“三股势力”抬头、挑战世俗政权的治理能力，南亚印度教势力上升、宗教冲突加剧，东南亚南传佛教活跃化、伊斯兰教板块化，东亚宗教民族主义崛起、海外传教强劲。③

北京师范大学李志英教授研究民国时期传统妈祖信仰的演变。天后宫作为供奉妈祖的神庙，曾广泛分布于全国各地，在民间有着久远的影响。民国时期由于反迷信运动高涨，国民政府先后出台多项控制迷信活动的相关规定。妈祖信仰因此受到极大冲击，各地不少天后宫或者被捣毁或者被挪作他用。对此福建莆田林氏家族十分痛心，通过地方转呈中央政府，希望能保护供奉林氏祖先的妈祖庙宇。国民政府研究后批准保护，但规定必须改为林孝女祠纳入先哲类供奉。该举措一方面回应社会精英反迷信的诉求，另一方面又适应下层民众的精神需求，达到了去一神而为社会道德建设添一利器的目的。此为国民政府恰当处理民间信仰问题的成功典范，也是迫于社会各方势力的影响而做出的灵活决断。④

有学者分析，目前就全国范围来看，基督教发展的一个比较突出的特点是经济实力强的信徒在逐渐增加，即所谓“老板基督徒”群体的出现，并自发组成“企业家团契”（或“商人团契”），这对基督教的自身建设和社会经济环境都产生了不容忽视的影响。通过对浙江省杭州市基督徒企业家团契情况的调查发现，基督徒企业家团契种类庞杂、

① 王珍：《中国特色社会主义宗教理论对马克思主义宗教理论的继承和发展》，《科学与无神论》2015 年第 3 期。

② 曾传辉：《马克思主义政党须要辩证看待宗教社会作用的缘由》，《科学与无神论》2015 年第 5 期。

③ 加润国：《全球信教人口有多少》，《中国民族报》2015 年 5 月 26 日。

④ 李志英：《从天后宫到林孝女祠——国民政府宗教政策之灵活性探究》，《科学与无神论》2015 年第 3 期。

聚会活动频繁、形式多样，呈现出结构日益复杂、影响日益广泛并与境内外其他相关组织纷繁交织的现象。在我国经济社会的转型时期，应当更加重视对企业家群体的精神关怀，进一步加强党对基督教工作的领导。①

有学者研究闽南基督教会自立运动兴起的原因，指出，闽南独特的自然地理环境和人文历史环境为基督教的生存和发展提供适宜的土壤。但基督教在闽南的传播仍然面临来自地方的强烈排斥。这主要源于中西文化间难以调和的冲突以及近代来华基督教会的侵略性质。为缓和冲突，推进教会事业和平发展，闽南基督教会率先开展自立运动。传教士最初出于摆脱经济压力和方便管理教会事务的考虑，提出由中国人自办教会，客观上为中国人摆脱西方教会的控制提供契机。无论是早期的教会自立运动还是新中国成立后的“三自爱国运动”，共同基调都是“爱国”。早期教会自立运动这一尝试具有深远的积极意义。②

有学者分析，随着大学生信仰宗教的人数增多，大学生信仰宗教的诸多问题日渐凸显，冲击并影响该群体的世界观、人生观和价值观。由于信教者的压力、自身状态以及周围环境的原因，大学生中的信教群体容易孤立化和弱势化。目前，宗教的多元传播日益挑战主流意识形态，大学生群体的宗教观念容易与正常教学过程相冲突，宗教活动也容易影响大学生的政治人格发展与群体团结。而多元社会环境中宽松的宗教信仰氛围、生存的压力、思想政治教育的异化和低效以及宗教传道者对大学社区的渗透，都导致了大学生群体信仰宗教的发展趋势。要推进高校思政工作的有效性，积极引导大学生树立正确的马克思主义宗教观以及共产主义无神论信仰。③

4. 宗教与道德的关系研究

近些年，学术界和宗教界一些学者认为我国存在社会道德危机，原因在于中国人没有信仰，因而需要发挥宗教的社会道德作用，需要建立一个“信仰中国”。对此，有学者分析，这样的观点不仅逻辑前提是不成立的，而且其推理也是站不住脚的。其错误主要在于三个方面，即它将道德的起源神圣化，将世俗的道德神圣化，并且将道德的功能神圣化。而且这一观点的逻辑前提，即“社会道德危机论”的判断也是不成立的。根据唯物史观，社会道德问题产生的根源在于社会的物质生产活动。我国目前仍处于社会主义初级阶段，因此社会的道德问题必然会存在。而且伴随着社会经济转型，某些道德观念之间的碰撞和交替不可避免会出现道德秩序的混乱。因此，要解决我国现阶段的社会道德问题，自然不能求诸宗教信仰，而只能通过社会经济利益的调整和社会主义核心价值观的建设。④

有学者分析，随着现代社会人口流动性大，对个人的约束相对降低，法制的缺陷以及传统道德教育受到冲击等，导致道德领域出现问题。借助宗教提升道德的说法就颇为流行。但是我们不能将提升道德的希望寄托于宗教。因为理论上来说，即便不考虑宗教的排他性，由于爱神和爱邻人之间的张力无法解决，宗教事实上无助于道德的提

---

① 张祝平、章琼：《杭州基督徒企业家团契调查》，《科学与无神论》2015 年第 3 期。

② 刘奕彤：《闽南基督教会自立运动兴起原因研究》，《科学与无神论》2015 年第 5 期。

③ 王新雅：《当前我国大学生群体宗教信仰问题与对策分析》，《中共济南市委党校学报》2015 年第 1 期。

④ 谢新雷：《关于“宗教与道德的关系”问题的思考》，《科学与无神论》2015 年第 1 期。

升。在实际生活中，宗教整体而言无法解决个体的道德问题。更有甚者，不少宗教经典并非只有道德教诲，还有不少鼓动信徒仇视不信仰该宗教的人们的内容。当前一些群体试图通过原教旨主义强化宗教信仰来拯救道德，然而现实中不但没有解决道德问题，反而引发其他领域的问题，比如宗教极端主义等。因此，整体而言，宗教并不能提升道德。①

（三）抵御宗教渗透、遏制宗教极端思想

中国社会科学院俄罗斯东欧中亚研究所苏畅副研究员从中亚伊斯兰复兴、世俗化和全球化、中亚传统社会与传统文化变迁三个角度考察中亚伊斯兰极端主义产生的根源。中亚伊斯兰教的发展存在“文化断层”，导致中亚伊斯兰文化发展缓慢、接受外部伊斯兰世界影响滞后。中亚伊斯兰复兴对中亚伊斯兰极端主义的产生有重要促进作用，推动中亚伊斯兰教发生量变与质变，令伊斯兰激进思想向极端思想演变、原教旨主义组织向极端组织演变。世俗化、全球化对中亚传统伊斯兰社会造成的巨大冲击，“文化全球化”引发出的世俗力量与宗教力量的冲突，成为宗教极端思想、宗教极端势力产生的重要原因。中亚国家独立后，传统社会与传统文化进入解体和重构时期，无论是在价值观方面，还是在伊斯兰信仰方面都出现思想裂痕，让宗教极端主义有机可乘，得以内外结合、滋生。②

有学者阐述，新疆宗教极端主义作为一种社会问题早就存在，但作为一股强大的政治逆流，大范围、长时间、深度影响一个地区，并危害多数群众正常生产生活以及社会秩序，成为具有意识形态特征的社会思潮、政治主张和现实行为，应当是从20世纪80年代开始。30多年来，其演变大致经历了四个阶段：生长与萌发阶段（1980—1989年）、形成与活跃阶段（1990—2001年）、蛰伏与再起阶段（2002—2008年）、蔓延与猖獗阶段（2009年至今）。每个阶段的背景都不尽相同，各阶段的主要表现也各有特点。2009年至今，宗教极端主义的影响日趋意识形态化，其传播手段现代化，宗教极端势力的成员本土化，其政治意图愈发明显。③

有学者分析，冷战结束的近20多年，伊斯兰极端主义在全球范围内抬头，并与民族分裂活动、暴力恐怖活动相结合，对包括中国在内的许多国家构成重大威胁。伊斯兰极端主义是伊斯兰教政治化的最突出表现形式。全球经济发展的不平衡、政治局势的动荡以及西方国家的外交政策等都在一定程度上导致伊斯兰极端主义的迅速抬头。当前我国面临的国际环境以及新疆的内部环境还远未处于理想的稳定状态，对此我们必须防微杜渐，运用综合治理手段对宗教极端主义进行遏制。首先，要大力发展西部地区的经济。其次，继续巩固民族区域自治制度，强调政教分离原则，切断宗教影响政治运作的渠道。再次，要有效占领思想阵地以对抗宗教极端主义，学校要大力开展宪法教育和世俗化公民教育。最后，遏制伊斯兰极端主义的破坏效应要重视国际合作。④

---

① 王奇昌、李士珍：《宗教与道德提升的关系再议》，《科学与无神论》2015年第3期。

② 苏畅：《试析中亚伊斯兰极端主义的历史文化根源》，《俄罗斯东欧中亚研究》2015年第3期。

③ 贾友军：《20世纪80年代以来新疆宗教极端主义的嬗变研究》，《实事求是》2015年第3期。

④ 张昊天：《浅谈伊斯兰极端主义的泛起、威胁及应对》，《科学与无神论》2015年第2期。

有学者分析，新疆宗教极端势力的渗透，严重威胁社会稳定与人民群众的生命财产安全。目前，宗教极端势力在新疆渗透方式更加多样、隐蔽，渗透目标扩大，而且境内外宗教极端势力相互勾结。抵御宗教极端思想渗透既要治标，即暴恐活动，更要治本，即宗教势力渗透的原因。宗教极端势力的渗透有多方面原因，只有对之进行深入分析与剖析，认清其本质与危害，才能有效地震慑与打击。①

有学者阐明，近几十年来，持续升温的宗教文化复兴运动深刻改变了中国社会的文化生态，高等院校面临着严峻的反宗教渗透的压力。针对不同类型的宗教历史特征，我国的反宗教渗透工作也应有不同的重点。针对西藏、新疆等地的渗透，应当重点铲除宗教极端主义思想；针对新兴宗教的发展，应当警惕其蜕变为邪教的可能；针对西方敌对势力的宗教渗透，应该及早警惕，全力抵御“和平演变”的可能。对于宗教一般性问题，高校思政教育应当在马克思主义宗教观的指导下，根据党和国家的宗教政策，制定出一套多学科、多层次、有现实针对性的教育方案，深刻地说明科学世界观的无神论属性。②

有学者阐明，高校是境内外各种敌对势力向新疆渗透的突破口之一，宗教极端主义对新疆高校的渗透不断加剧，如何抵御和防范已是当务之急。当前这项工作面临着如下困境：对我国现阶段宗教问题的复杂性缺乏清醒的认识；境内外敌对势力对我实施“西化”“分化”的政治图谋；宗教传播的社会环境和家庭环境影响因素加大；高校思想政治理论课教育的实效性不足；高校针对大学生的业余文化生活太少；以及学校和大学生自身存在的问题。抵御和防范宗教极端主义渗透，要大力培育和践行社会主义核心价值观，“以现代文化为引领”；要力争完成学校思政课教育的两个根本性转变，即从教材体系向教学能力体系的转变，以及从理论体系向信念体系的转变；坚持依法依规处理校园宗教问题；加强宗教的统一管理，做到全国一盘棋。③

（四）科学与宗教的关系研究

科学与宗教的关系在整个西方文明的进程中呈现出错综复杂的面貌，《中国社会科学报》发起了一场题为“以历史辩证眼光审视西方科学与宗教”的讨论，参加学者有中国社科院习五一研究员、南京大学哲学系蔡仲教授、华东师范大学哲学系安维复教授、北京师范大学科学史与科学哲学研究所刘孝廷教授。刘孝廷认为科学与宗教的关系错综复杂，经历了三个阶段。蔡仲认为，相信上帝按照和谐的数学定律设计并创造了整个世界，这样的信仰对于鼓舞近代科学奠基者们的“科学忠诚”是必要的。安维复认为，西方的科学及其哲学并不是传统定论中所说的“神学婢女”，而是基督教体系中的基本建制。习五一则认为，在中世纪科学与宗教相容的情况下，科学常常局限于对一些具体、局部问题的研究，而不涉及自然界的起源、人类的起源等基本的前沿问题或终极探索。当新的科学发现超出了宗教理念的解释范围时，科学家就会被视为异端或无神论者而遭到迫害。如达尔文进化论否定人和生物是由上帝创造，挑战了基督教的神创论，

---

① 杜娟：《浅析当前新疆宗教极端势力渗透与应对》，《科学与无神论》2015 年第 6 期。

② 杜娟：《宗教渗透的类型与高校思想工作的防范重点》，《科学与无神论》2015 年第 4 期。

③ 李玲、宋新伟：《新疆高校抵御和防范宗教极端主义渗透研究》，《新疆师范大学学报》（哲社版）2015 年第 2 期。

它至今仍为宗教保守势力所攻击。刘孝廷指出，一般说来，科学哲学家们都认为创世论不是科学。蔡仲认为，“创世科学”或“智能设计论”本质上反映出宗教在当下社会中的一种困境。那么，如何处理当代科学与宗教的关系？习五一认为，按照历史唯物主义的观点，科学与宗教的关系应从现实社会关系中寻找原因。安维复则认为，当前关于科学与宗教关系争论的实质主要源自方法论的不同进路。刘孝廷认为人类已经走过了宗教时代，进入了科学时代。①

中央民族大学于祺明教授探讨中国科普事业的先驱者和奠基人高士其先生的无神论思想及其高尚品格。抗战时期，高士其撰写以抗日救亡为主题的科学小品，不仅向读者普及科学知识，还唤起民众的爱国情感。如今有一种流行的说法，即信仰宗教才会使人品德高尚。然而拥有高尚品格的高士其先生却是一个“启蒙愚昧、觉悟思想”的头脑清醒的无神论者。高士其对儒教、基督教和佛教都有深刻了解，却并没有陷入神学的樊篱；他清楚地指出，科学与神学是势不两立的。②

李志英阐明，1956 年召开的青岛遗传学座谈会是中国共产党从思想路线的高度对科学研究的科学态度进行的一次成功的探索。新中国成立后，科学研究与国家指导思想究竟是什么样的关系？应如何处理科学研究中不同理论的争论？对这一问题的处理，中国强烈地受到了苏联的影响，即学习苏联盛行的给科学研究贴政治标签的绝对化思维模式。青岛遗传学座谈会上，学者们深化对毛泽东“双百方针”的理解，提出，百家争鸣的基础是独立思考；提倡学术自由必须将学术与政治分开；开放唯心主义，给予学术充分的自由。这一科学态度事实上是党实事求是思想路线的反映。新中国成立初遗传学的这场争论也表明，自然科学研究并不能天然带来科学态度，仍然存在一个世界观和方法论的问题，即能否解放思想、独立思考、不迷信神圣，能否辩证地看待问题、不简单肯定也不简单否定。如果不解决世界观和方法论的问题，即使从事自然科学研究也仍然有可能陷入形而上学和迷信崇拜的陷阱。③

中国社科院马克思主义研究院黄艳红副研究员通过对近代科学的思想起源进行梳理，指出，近代科学产生的思想文化基础主要是继承自古希腊文化中的哲学和科学思想，以及文艺复兴时期的人文思想。中世纪的大学和世俗学校的发展，培养大批受教育者，为科学思想的产生和传播提供了条件。历史上的基督教，无论天主教还是新教，并没有为近代科学的兴起提供多少在思想上有益的贡献。所谓的基督教为近代科学诞生提供了有秩序的自然观和机械自然观等思想基础的说法，基本上没有什么可靠的依据。④

有学者介绍美国物理学家马特·杨的“客观世界中的科学与宗教”的观点，指出，对宗教及其信仰基础进行的经验性检验表明，各种所谓的超常现象都不能作为“上帝或其他精神力量的证明”。宗教假设与论证都缺少证据；各个哲学流派支持宗教信仰的

① 习五一、蔡仲、安维复、刘孝廷：《以历史辩证眼光审视西方科学与宗教》，《中国社会科学报》2015 年 4 月 29 日。

② 于祺明：《高士其的无神论思想与高尚品格》，《科学与无神论》2015 年第 1 期。

③ 李志英：《青岛遗传学座谈会与对待科学研究的科学态度》，《科学与无神论》2015 年第 2 期。

④ 黄艳红：《谈谈基督教与近代科学的起源》，《科学与无神论》2015 年第 6 期。

观点有着明显的缺陷；只有经过检验的知识才可以被相信。因此，科学事实是一种合理的信念，科学与宗教不可调和。①

有学者通过词频分析、网络统计和个案研究等方法，对迷信与伪科学在网络中的传播状况进行调研，发现迷信和伪科学的网络传播呈现蔓延化、商业化和移动化的发展趋势。分析其原因，主要是迷信和伪科学的传播搭乘了网络的快车，借助信息技术披上了“科学”的外衣，同时监管上的疏失使“网络洪水”的闸门失守。对策建议有三：一要加强科学无神论的教育，特别是针对青少年的科学无神论教育；二要开展针对性的破迷反伪科普活动，特别是要占领网络科普宣传教育阵地；三要加大网络监管力度，特别是要加大对涉迷信和伪科学的电子商务网站的查处力度。②

（五）破坏性膜拜团体（邪教）研究

习五一阐明，从国际学术视野考察，打着基督旗帜的邪教组织，可以称为基督教类型的“破坏性膜拜团体（邪教）”。在国际国内复杂因素的影响下，此类组织将成为影响社会稳定和谐发展的重要因素之一。基督教类型的“破坏性膜拜团体（邪教）”的政治叛逆性和传播方式的草根化，值得深入研究。中西方文化背景不同，“破坏性膜拜团体（邪教）”对发展中国家造成的冲击力，远远超过发达国家。在当代中国开放改革深入发展的形势下，应当高度警惕膜拜团体中的破坏性因素。③

有学者分析，邪教与宗教有着错综复杂的关系。明确地将邪教与宗教，特别是将邪教与非法宗教活动加以界定和区分，既是理论现实问题，也是困扰基层办案单位正确执法的症结所在。一些邪教组织在境内渗透蔓延，并沦为境外反华势力的工具，破坏我国社会的安定团结。以宗教反邪教虽然可能却有限，崇尚科学，树立辩证唯物主义世界观才是消灭邪教的思想路线。加强社会治理，努力推进经济、政治、文化、社会和生态五大建设同步发展，这才能从根本上消除邪教赖以滋生的社会根源和思想根源。④

有学者阐明，科学无神论是反邪教工作的重要思想资源。科学无神论思想符合先进文化的思想方向，在反邪教的具体工作中可以解决信仰追求的实际问题。它可以在以下三个方面帮助人们“挖根断源”和“扶正祛邪”：一是在理论知识层面破除鬼神迷信思想，在“三观”问题上释疑解惑；二是在心理层面摆脱思想束缚和恐惧依赖心理，培养具有独立担当精神的健全人格；三是在思维行为方面培养科学理性和批评质疑精神，以及独立思考、不轻信不盲从的习惯。邪教受害者如果能够学习科学无神论知识，将有助于摆脱邪教的精神控制，过上幸福的生活。⑤

---

① 孙倩：《一位科学家眼中的宗教信仰问题——简介“客观世界中的科学与宗教”观点》，《科学与无神论》2015 年第 4 期。

② 庞晓东：《迷信与伪科学网络传播状况及对策研究》，《科普研究》2015 年第 6 期。

③ 习五一：《警惕打着基督教旗帜的邪教组织——兼论当代中国邪教发展的趋势与特征》，《公安大学学报》2015 年第 5 期。

④ 张祝平：《宗教与邪教关系之研究》，《科学与无神论》2015 年第 2 期。

⑤ 若水、世平：《科学无神论是反邪教工作的重要思想资源》，《科学与无神论》2015 年第 1 期。

有学者分析，心理因素在防范抵御邪教滋生传播上起着重要的作用。为了建立我国邪教治理的长效机制，需要建立全国性的心理救助系统，以防范和抵御邪教的滋生和传播。心理救助可以帮助人们消除心中的痛苦、恐惧，帮助邪教信徒消除心中的怨恨和愤懑，还能降低邪教信徒转化后心理上存在的空虚感和无助感，帮助他们消除唯心主义倾向，树立科学的人生观。在具体措施上需要培训心理救助人员，在社区设置“心理救助中心”，加强农村的邪教防范工作。①

有学者阐明，“门徒会”邪教组织的精神控制手段的迷惑性和欺骗性颇为突出。教主不断地编造神迹谎言，塑造神格形象，借此强化组织的精神控制。他们鼓吹末世论，渲染恐惧氛围，借以对信徒洗脑，符合心理学上的“恐惧操纵理论”。他们最具“特色”的精神控制手段，即所谓的“作见证”，从而使信徒间谎言恶性循环，诱导群体的盲信情绪。这些精神控制手段都是利用普通人与生俱来的心理上的薄弱环节，承诺在虚构的世界中给人以荒诞的希望，从而达到对抗社会、骗取人心和钱财的目的。②

（六）科学无神论宣传教育工作

朱晓明阐明，当今中国需要加强科学无神论的宣传教育。无神论是辩证唯物主义和历史唯物主义的起点和基石，中国文化本身有着深厚的无神论传统。当前各种违背科学理性的现象危害社会，亟需科学无神论在当今时代发挥更大的价值。③

左鹏阐明，在高校思想政治理论课中开展宗教问题教育，是帮助大学生树立马克思主义宗教观、抵御境外利用宗教进行渗透、全面提升大学生文化素质的需要。经过几次修订，马克思主义宗教观、党的宗教政策和国家宗教法规已经不同程度地进入了思想政治理论课的各门教材。但进入教材不等于进入课堂和学生头脑，教师对宗教问题的认知和态度，决定着他们是否及如何讲授宗教问题。在思想政治理论课教学中有效进行宗教问题教育，需要贯彻教育与宗教相分离原则，对教材内容查遗补缺，重点做好教师培训工作，有针对性地教育引导学生。④

中国人民公安大学戴继诚副教授阐述，我国《宪法》第36条明文规定，宗教信仰自由包括“信教”和“不信教”的自由。宣传科学无神论有利于公民完整、准确地理解与贯彻党的宗教信仰自由政策，也是弘扬中华传统文化、倡导社会主义核心价值观的内在要求。贬低无神论宣传是对宗教信仰自由的曲解，矮化无神论宣传是对科学无神论认识的扭曲。正因为中国共产党不信仰任何一种宗教，才能一碗水端平，不厚此薄彼；各种宗教才可能团结合作，共同致力于实现中华民族伟大复兴的中国梦。⑤

---

① 湖北大学反邪教课题组：《建立心理救助系统　防范抵御邪教滋生传播》，《科学与无神论》2015年第3期。

② 姚彬彬、麻天祥、苏凌翔：《“门徒会”精神控制手段及其特点》，《科学与无神论》2015年第6期。

③ 朱晓明：《今天的中国需要什么精神？——谈谈科学无神论的当代价值》，《科学与无神论》2015年第5期。

④ 左鹏：《高校思想政治理论课中宗教问题教育的现状及对策研究》，《思想教育研究》2015年第1期。

⑤ 戴继诚：《宣传科学无神论，合法合理》，《科学与无神论》2015年第4期。

南京政治学院马克思主义学院教授汪维钧阐明，如今有神论的泛滥已经对马克思主义构成严重威胁和挑战，而科学无神论是马克思主义的基石，是共产党人的底线。坚持科学无神论不仅与贯彻宗教信仰自由政策并不矛盾，并且是宗教信仰自由政策得以真正贯彻的保障。科学无神论蕴含着强烈的人文关怀理念，以科学无神论为指引可以更好地彰显社会主义人文关怀。①

黄艳红阐明，作为马克思主义无神论思想的继承和发展，列宁的无神论思想是在俄国革命和苏联社会主义建设的现实中形成的。这一思想既包括对宗教的本质、宗教产生和存在的根源、宗教组织的社会影响的批判，同时也阐明了在社会主义条件下无产阶级政党对待宗教问题的态度和政策。列宁明确提出通过无神论的宣传教育来与宗教迷雾做斗争。列宁关于无神论宣传教育的思想主要包括：要充分重视无神论宣传教育的地位和意义，要结合唯物论的宣传和科学知识的普及、结合现实生活并吸收多种思想资源来进行宣教，要建设好无神论宣传教育的平台。列宁的无神论思想对我国当代具有重要的现实意义。②

有学者指出，马克思主义无神论是马克思主义宗教观的重要内容，新形势下，高校如何对大学生加强马克思主义无神论教育是一个难题。通过调查发现，目前绝大部分大学生对信仰持认可态度；对马克思主义理论缺乏深刻的认识和理解，对宗教信仰的社会影响认识不清；马克思主义无神论成为大学生的盲点，处境尴尬。因此，需要发挥高校思想政治理论课的作用，重视马克思主义无神论宣传教育；利用高校各种组织机构，培养大学生的科学精神。③

三 思考与建议

从2010年起至今，六年来，在中国社科院马克思主义理论学科建设与理论研究工程的大力支持下，科学无神论这个濒危学科复苏，在社会科学研究领域中，特别是在马克思主义研究领域中，科学无神论的声音增多。然而，面对严峻复杂的国际国内形势，进一步加强科学无神论学科建设，任务依然艰巨。

当前，在党中央的坚强领导下，加强科学无神论阵地建设，是加强我国意识形态建设的一项重要而又紧迫的任务，是全面从严治党的必然要求，是在思想文化和意识形态领域采取的一项基础性工作，对于巩固马克思主义在意识形态领域的指导地位，保持党的先进性和纯洁性，提高全民族的思想道德素质和科学文化素质，打牢全党全国人民团结奋斗的共同思想基础，推动社会主义物质文明、政治文明、精神文明、生态文明协调发展，实现中华民族伟大复兴的中国梦，具有深远的历史意义和鲜明的现实意义。

科学无神论研究是无神论宣传教育的学理基础。面对新的形势和需要，作为党中央

① 汪维钧、张强：《我们为什么还要坚持科学无神论》，《南京政治学院学报》2015年第2期。

② 黄艳红：《列宁有关无神论宣传教育的思想及其现实意义》，《科学与无神论》2015年第1期。

③ 林贤明：《高校应重视大学生马克思主义无神论信仰教育》，《电子科技大学学报》（社科版）2015年第3期。

直属的国家哲学社会科学最高研究机构——中国社会科学院，应当创造条件，大力加强科学无神论研究机构建设，增加研究人员，从全国范围和海外调集和选聘无神论方面的专门人才，使其成为我国马克思主义无神论研究的坚强阵地、科学无神论与社会公共政策的国家高端智库。

（供稿：习五一、韩琪）

第四篇

热点聚焦

依法治国的马克思主义解读

党的十八届四中全会提出全面推进依法治国的要求，学者们对依法治国进行了马克思主义的解读。第十二届全国人大常委会委员、内务司法委副主任委员李慎明从10个方面对推进依法治国进行了全面分析。他指出，全面推进依法治国，必须进一步弄清全面推进依法治国中一系列基本理论问题。其中最关键的是弄清“依法治国”中关于党的领导、人民当家做主与依法治国三者的关系，坚持中国特色社会主义制度与建设社会主义法治国家的关系，依宪治国与西方宪政的关系，人治和法治的关系等。这既可以加深对中央作出的关于全面推进依法治国若干重大问题决定的理解，又可以在坚持和拓展中国特色社会主义法治道路上向全党、全社会释放正确而又明确的信号。[①] 武汉大学李龙教授认为，当前依法治国的总原则是党的领导、人民当家做主和依法治国三者的统一。全面推进依法治国的总目标，就是建设中国特色社会主义法治体系，建设中国特色社会主义法治国家。中国特色社会主义法治体系是指完备的法律规范体系、高效的法治实施体系、严密的法治监督体系、有力的法治保障体系、完备的党内法规体系。要全面推进依法治国，建设社会主义法治国家，中国共产党的执政方式也必然面临转变，依法执政就成为当前党执政方式的最佳选择，它是中国共产党对社会发展规律、治国理政规律、法治发展规律和党自身建设规律充分认识和深刻把握的必然结果。必须坚持依法治国、依法执政、依法行政共同推进，坚持法治国家、法治政府、法治社会一体建设，这既是马克思主义关于世界是普遍联系的基本原理的具体应用，也是马克思主义关于上层建筑反作用理论中交互作用理论的生动体现。全面推进依法治国的总纲领是“四个全面”（全面建成小康社会、全面深化改革、全面依法治国、全面从严治党）。[②]

（供稿：彭五堂）

---

① 李慎明：《关于“依法治国”十个理论问题的思考》，《马克思主义研究》2015年第5、6期。

② 《马克思主义法学观与依法治国——访武汉大学人文社科资深教授李龙》，《马克思主义研究》2015年第8、9期。

学好用好政治经济学

习近平总书记提出，各级党委和政府要学好、用好政治经济学，自觉认识和更好遵循经济发展规律，不断提高推进改革开放、领导经济社会发展、提高经济社会发展质量和效益的能力和水平。学者们围绕为什么要和如何学好用好政治经济学，以及学习政治经济学的重点等问题展开了热烈讨论。华东师范大学商学院教授陈伯庚、陈承明从掌握马克思主义理论、指导改革开放和现代化建设、分析当代资本主义、提高各级领导经济管理水平和管理能力、树立正确的世界观人生观等五个方面说明了学好用好政治经济学的意义①。吉林财经大学马克思主义经济学研究中心教授丁堡骏认为学好用好政治经济学，是解决当前中国改革中的许多重大理论和实践问题的需要，对政府与市场的关系、社会主义基本经济制度、国有企业改革、世界经济危机等的分析和阐述，都亟须马克思主义特别是马克思主义政治经济学为其提供理论指导②。卫兴华认为，“学好”是为了“用好”，要能够将学到的经济学理论自觉地运用于社会主义经济发展事业，重点是要掌握、遵循生产关系一定要适应生产力发展状况的规律和生产力自身发展的规律、商品经济和市场经济运行规律、社会主义经济特有的经济规律、资本主义经济发展的规律等经济规律③。厦门大学经济研究所教授吴宣恭认为学好和用好马克思主义政治经济学，实质上就是解决好理论发展和实际应用中存在的问题；强调学好用好政治经济学中要重视所有制的研究；认为随着经济迅速发展，资本主义经济规律的作用范围和力度急剧加大，已经难以只用社会主义经济规律说明我国社会经济状况。只有从现实的所有制状况出发去分析我国的社会经济关系，才能准确了解我国经济规律的二元化特点。④ 西北大学经济管理学院教授任保平认为学好用好政治经济学主要是坚持《资本论》为代表的政治经济学的思想和方法，学好用好中国化的马克思主义政治经济学，也就是学好用好中国特色的社会主义经济理论，把握中国经济发展和改革的规律，加快中国经济发展方式转变，全面深化改革，促进中国经济持续增长。中国改革开放所面临的很多问题，都是政治经济学问题，都需要用现代政治经济学来予以回答，只有学好、用好政治经济学这门工具（学科），才能科学分析当下经济社会现状，

---

① 陈伯庚、陈承明：《创新与发展中国特色政治经济学》，《毛泽东邓小平理论研究》2015 年第 1 期。

② 丁堡骏：《为什么说各级党委和政府要学好用好政治经济学》，载《外国经济学说与中国研究报告（2015）》，社会科学文献出版社 2015 年版。

③ 卫兴华：《关于学好用好政治经济学的几个理论问题》，《光明日报》2015 年 11 月 18 日。

④ 吴宣恭：《重视所有制研究，学好用好政治经济学》，《政治经济学评论》2015 年第 1 期。

提出针对性强的科学应对政策。[1] 南京大学经济学院教授洪银兴认为学好就是认知政治经济学揭示的客观经济规律，用好就是按经济规律办事。学好用好政治经济学就是依据政治经济学原理，实现中国经济发展的知行合一。学好政治经济学，一是学好马克思主义经济学原著，掌握其提供的政治经济学的基本范式、基本立场和基本观点；二是学好中国化的马克思主义经济学，即中国特色社会主义经济理论。用好政治经济学，一是运用生产关系适应生产力发展理论指导经济改革；二是运用政治经济学揭示的经济规律，在不同发展阶段研究反映经济规律的新常态，厘清新常态下合乎规律的新的发展思路，指导经济发展。[2] 南开大学经济学院教授逄锦聚认为坚持对马克思主义政治经济学的理论自信、增强学习马克思主义政治经济学的自觉，是学好用好政治经济学的前提。学好用好政治经济学需要认真地学习政治经济学经典著作，以开放的态度、发展的态度学习政治经济学，坚持理论联系实际的学风，在实践应用上下功夫。高等学校作为政治经济学学科建设、人才培养和科学研究的主力军，对于学好用好政治经济学负有义不容辞的责任，应当纠正忽视政治经济学的不良倾向，为学好用好政治经济学做出贡献。[3]

（供稿：张伟）

① 任保平：《学好用好政治经济学　把握时代发展规律》，《黑龙江社会科学》2015 年第 3 期。

② 洪银兴：《学好用好政治经济学》，《政治经济学评论》2015 年第 1 期。

③ 逄锦聚：《为什么和怎么样学好用好政治经济学》，《政治经济学评论》2015 年第 1 期。

关于《资本论》与《21 世纪资本论》的比较

法国学者托马斯·皮凯蒂的著作《21 世纪资本论》，在全球范围内引起了不小的轰动。从书名来看，人们就容易将该书与马克思的《资本论》联系起来，皮凯蒂似乎认为自己的分析超越马克思《资本论》对资本主义社会的分析。这不免引起学者们对《21 世纪资本论》与《资本论》的比较研究。学者们比较一致的看法是，虽然《21 世纪资本论》具有一定的积极意义，但它与《资本论》在诸多方面存在质的差异，该书的作者对《资本论》存在曲解或误解，在理论深度上无法与《资本论》相提并论。中央编译局研究员李其庆认为，虽然皮凯蒂在汇集长期统计资料的实证研究上揭露了资本主义社会不平等现实，揭露了现代资本主义社会不平等的现象，呼应了马克思的某些基本论断，对当代资本主义起到一定的批判作用，但皮凯蒂试图用一套现象分析代替马克思的科学理论，对《资本论》存在严重误读或曲解，其政策建议也带有空想主义和改良主义的色彩①。中国社会科学院马克思主义研究院研究员余斌认为《21 世纪资本论》与马克思的《资本论》相比，无论是在对历史事实的把握上，还是对经济理论的理解上，都存在重大缺陷，作者对《资本论》中关于资本以及扩大再生产、资本有机构成提高等重要理论均表现出无知和偏见②。南京大学副教授孙乐强通过比较《21 世纪资本论》与《资本论》对贫富差距扩大、金融危机爆发的原因分析的不同，认为《21 世纪资本论》虽然具有重要的理论价值和现实意义，但它并没有真正揭示 21 世纪资本运行的内在机制，也没有从根本上揭示财富分配不平等的内在根源，更无法为我们探寻当前金融危机爆发的原因及其解决路径提供现实可行的道路③。清华大学马克思主义学院教授王峰明基于马克思的《资本论》及其手稿，对皮凯蒂《21 世纪资本论》中有关资本与劳动、资本收入与劳动收入，以及与此相关的资本主义未来走势的论述作分析、比较，发现皮凯蒂的《21 世纪资本论》与马克思的《资本论》之间的相关论述存在着质的差异④。在《21 世纪资本论》中，皮凯蒂以资本收益率持续保持 4%—5% 甚至更

---

① 李其庆：《〈21 世纪资本论〉是本什么样的书？——〈21 世纪资本论〉与〈资本论〉若干理论问题的比较研究》，《政治经济学评论》2015 年第 1 期。

② 余斌：《小资产者的哀怨、无知和偏见——评皮凯蒂的〈21 世纪资本论〉》，《政治经济学评论》2015 年第 1 期。

③ 孙乐强：《皮凯蒂为 21 世纪重写〈资本论〉了吗?》，《天津社会科学》2015 年第 3 期。

④ 王峰明：《资本、资本家与资本主义——从马克思看皮凯蒂的〈21 世纪资本论〉》，《天津社会科学》2015 年第 3 期。

高来说明马克思的利润率趋向下降是错误的历史预言。鲁品越认为，皮凯蒂关于资本收益率高于经济增长率的统计结果，与马克思的利润率下降规律之间的冲突，是资本主义生产方式内在矛盾的表现[①]。

（供稿：张伟）

① 鲁品越：《利润率下降规律下的资本高积累——〈资本论〉与〈21世纪资本论〉的矛盾及其统一》，《财经研究》2015年第1期。

关于历史虚无主义

2015年，意识形态领域斗争尖锐的特点仍然存在。历史虚无主义思潮在所谓“重评历史”“还原历史真相”的幌子下，丑化共产党人物，否定共产党功绩。一些人为以往被批判的历史虚无主义翻案，反诬马克思主义是历史虚无主义，妄图抢夺批判历史虚无主义的旗帜，争夺理论的制高点和话语权。在党中央的指引下，理论界对这股历史虚无主义思潮进行了进一步的深刻批判。

学者们以马克思主义立场观点方法为指导，指出历史虚无主义错误思潮的新表现，并从多角度深入批驳历史虚无主义错误思潮。清华大学刘书林教授总结：2015年历史虚无主义思潮四面出击、乱打乱咬、乱了阵脚，频频踩踏红线，陷入困境；马克思主义理论界对历史虚无主义的批判处处打胜仗。①

我们反对历史虚无主义，首先就是因为它是反历史、反科学的。北京大学梁柱教授指出：一些人不尊重历史事实，片面引用史料，根据他们的政治诉求，任意装扮历史、假设历史，胡乱改变对近现代历史中重大事件、重要人物和重要问题的科学结论。一些人还以“思想解放”“理论创新”的名义糟蹋、歪曲历史。持历史虚无主义观点的人企图按照他们的主观愿望和政治诉求来对待历史，是唯心主义历史观在新的历史条件下的复活和再版，其消解社会主旋律的负面作用是十分明显的。②

中国社会科学院朱佳木研究员指出：历史虚无主义思潮在国史学领域的表现主要集中在三个方面：虚无新中国成立的历史正义性、合理性、合法性；虚无新中国的成立及其对世界发展进步的伟大意义；虚无新中国改革开放前后两个历史时期的内在一致性。要认清历史虚无主义思潮的实质，树立同历史虚无主义思潮斗争的自觉性，增强同历史虚无主义思潮斗争的韧性。③ 中国社会科学院近代史所张海鹏研究员、马克思主义研究院龚云研究员认为：社会主义运动是人类历史上第一次为了绝大多数人谋利益的社会运动。在这个过程中出现失误是难免的。对于世界社会主义运动，中国共产党在探索革命和建设过程中所经历的曲折，必须结合历史条件进行具体分析。历史虚无主义动辄把世界社会主义运动、中国共产党的历史和新中国的历史描绘成“系列错误的堆积”，是十分错误与有害的。④

2015年历史虚无主义思潮集中表现为美化国民党军队在抗战中的作用，否定、抹杀中国共产党在抗日战争中的作用

---

① 刘书林：《2015历史虚无主义思潮方寸大乱》，《人民论坛》2016年第3期。

② 梁柱：《警惕历史虚无主义新变种》，《人民论坛》2015年第1期（下）。

③ 朱佳木：《国史研究要重视同历史虚无主义思潮的斗争》，《中华魂》2015年第2期。

④ 张海鹏、龚云：《马克思主义岂是历史虚无主义》，《求是》2015年第10期。

和中国对世界反法西斯战争胜利的重大贡献。对此，中国社会科学院马克思主义研究院副院长樊建新研究员指出：今年是中国人民抗日战争胜利70周年，一些人美化国民党人物，丑化共产党人物，肯定国民党功绩，否定共产党功绩。比如，抛出“共产党歧视国民党抗战官兵，未给国民党将领应有荣誉”的观点；炒作所谓“抗日名将张灵甫遗骨被埋羊圈”，意在否定解放战争的正义性；有人宣称张灵甫、邱清泉、胡琏等人是“我们的民族英雄”；还有人提出，今年是蒋介石逝世40周年，要客观、全面、公正地评价蒋介石。一些人认为是国民党蒋介石领导了中国抗战，理由是蒋介石是第二次世界大战同盟国中国战区最高统帅，蒋介石是最大的抗日英雄，等等。[①] 对此，国防大学教授李殿仁指出，我们必须用历史事实批驳历史虚无主义对抗战历史的歪曲。[②]

关于当下历史虚无主义泛起的原因，北京师范大学历史学院郑师渠教授认为：除了极个别人有政治企图之外，多数人就其主观因素而言主要有三：一是对当下中国的时代性缺乏正确的体认；二是思想方法上的片面性；三是囿于个人情感，难以保持清醒的理性。[③] 中国社会科学院史学理论研究中心于沛研究员从世界历史的角度指出，历史虚无主义大行其道是后现代主义的具体表现之一。当今中国的社会思潮多元并存、相互激荡，广大群众在接受社会主义核心价值观的同时，也不可避免地受到其他社会思潮的影响。[④]

历史虚无主义并非虚无所有历史，他们虚无和否定的主要是中国共产党领导的社会主义革命和社会主义制度、理论与实践以及作为指导思想的马克思主义。对于如何抵制和消除历史虚无主义的影响，中国社会科学院世界历史研究所陈之骅研究员认为，一是要加强对历史唯物主义的学习。历史唯物主义的立场观点方法是战胜历史虚无主义的强大思想武器。二要加强历史教育、普及历史知识。学好历史特别是中国近现代史，就能理解今天的中国特色社会主义道路是中国共产党人在长期探索中将马克思主义基本原理同中国具体实际相结合、总结和吸取国内外历史经验教训作出的唯一正确选择。有了这样的认识，才能看清历史虚无主义的本来面目，使历史虚无主义不攻自破。[⑤]

（供稿：贾可卿、朱亦一）

---

① 樊建新：《明波暗涌　全线出击　颠倒黑白　历史虚无主义的“蹩脚表现”》，《人民论坛》2016年第3期。

② 李殿仁：《坚决批驳历史虚无主义虚无共产党领导的抗战史》，《红旗文稿》2015年第8期。

③ 郑师渠：《当下历史虚无主义之我见》，《历史研究》2015年第3期。

④ 于沛：《后现代主义历史观和历史虚无主义》，《历史研究》2015年第3期。

⑤ 陈之骅：《历史虚无主义怎样掩人耳目》，《人民日报》2015年11月2日。

关于“普世价值”

近些年，一些国家持续向中国输出所谓的“普世价值”，攻击中国的政治、经济和社会制度，企图把中国拉入西方的发展轨道。在中国特色社会主义核心价值观提出后，其中有关民主、自由、平等的内容被一些人当作对“普世价值”的认同。针对现实中存在的这些问题，马克思主义理论界进行了针锋相对的批判斗争。

学者们普遍认为，“普世价值”不是一个单纯的学术概念，在多重学术外衣层层包裹之下是以美国为首的西方发达国家的话语霸权和政治诉求。中国人民大学汪亭友副教授指出：把西方的民主、自由、人权、宪政等价值观贴上“普世”标签后，就意味着非西方国家不能拒绝，否则就是自外于人类“普世文明”的“地球上的异类”。其目的是使共产党的领导和社会主义制度失去话语基础和精神支柱，接受西方价值观念的改造，成为西方的附庸。[①] 中国人民大学卫兴华教授指出：西方宣扬“普世价值”，实质是推销西方的所谓“民主国家体系”和“自由体制”，是其和平演变策略的重要一环，其本质是要否定中国共产党的领导、否定马克思主义意识形态、否定公有制为基础的社会主义制度。这当然要受到我国人民的抵制。[②]

西方国家自身的一些情况表明，所谓西方价值观并没有人们想象中的魅力，其普适性非常值得怀疑。中国社会科学院何秉孟研究员以美国为例指出：近期以来，美国少数族裔民众争自由、争平等、争民主、争人权的抗争运动席卷全国。透视美国民众的抗争运动，可以看到其所谓“自由”“人权”不过是资产阶级专政机器任意摧残、枪杀弱势群体的自由，是资本残酷榨取广大劳动者，特别是少数族裔的自由。其所谓“民主”，不过是资产阶级金钱政治的遮羞布。其所谓“公正”，是以在法律面前分三六九等为前提的。如此“价值”焉可“普世”?[③]

在当今世界还是阶级社会的历史条件下，根本不存在所谓“普世”的、超阶级的价值观。中国社会科学院马克思主义研究院戴立兴副研究员指出：鼓吹“普世价值”论者，一部分是为时髦所惑，另一部分则别有他图。“普世价值”论甚嚣尘上这个事实，突出表明其中一些人并不认同中国共产党关于中国的发展道路、发展方向的历史总结和重要论断，企图从西方话语体系中捡起所谓“普世价值”的观点，作为鼓吹改旗易帜的思想武器。对此我们必须旗帜鲜明地予以揭露和

---

① 汪亭友：《“普世价值”论隐藏的陷阱》，《中国社会科学报》2015年12月24日。

② 卫兴华：《揭开西方“普世价值”的面纱》，《人民日报》2015年11月30日。

③ 何秉孟：《如此“价值”，焉可“普世”?》，《中国社会科学报》2015年6月29日。

批判。[①]

中国社会科学院马克思主义研究院李春华研究员从实践的角度提出了应对西方意识形态攻势的方略。她认为，社会思潮属于社会意识范畴，而社会意识是由社会存在决定的。理论上的澄清固然很重要，实践上做好自己的事情更重要。应将引领社会思潮与全面深化改革相结合，将批判和抵制错误思潮与解决实际问题紧密结合起来，着力解决现实中存在的重大问题。否则，即使我们在意识形态工作上投入再大，面对现实都是苍白无力的，都无法从根本上消除人们的思想困惑和质疑。只有从根本上解决诸如住房、教育、医疗、贫富差距、腐败、就业等社会问题，把我国的政治体制建设搞好，用强有力的事实证明我们的民主比西方的好，社会主义核心价值观的大厦才能在扎扎实实的基础上巍然屹立。[②]

弘扬并践行社会主义核心价值观，需要吸收世界文明包括西方文明的有益成果。但我们所说的民主是社会主义的民主，是人民当家做主；我们所说的自由是人民当家做主前提下的自由，是同纪律有机统一的自由；我们所说的法治强调党的领导、人民当家做主与依法治国的有机统一。社会主义核心价值观体现了社会主义的本质要求，是全党全国人民团结奋斗的共同思想基础，它同西方的所谓“普世价值”是不同的。

（供稿：贾可卿）

① 戴立兴：《“普世价值”论追求的是别一种价值》，《中国社会科学报》2015 年 12 月 22 日。
② 李春华：《关注“普世价值”思潮新走向》，《人民论坛》2015 年第 1 期（上）。

关于“西式民主”

以美国为代表的一些西方国家，惯于把西式自由民主当作输出品，借以干涉和控制世界其他国家。其针对社会主义国家进行渗透的核心就是极力鼓吹政党轮替、三权分立等模式，试图颠覆共产党的领导。在中国国内，一些人有意无意地与西方的这一意图相呼应，简单、片面地宣扬西方民主的优越性。对此，一些马克思主义学者进行了揭露和批判。

北京外国语大学韩震教授阐明：美国自认为是当今世界的领导者或警察，以为自身的意愿就是文明、就是真理，试图用美式民主改造整个地球。凡不听美国招呼的国家，不是被扣上“邪恶轴心”的帽子，就是被视为“法外国家”，动辄进行制裁或惩罚，甚至进行赤裸裸的颠覆或军事入侵。① 从西方国家输出民主的后果来看，也是问题多多。中国社会科学院哲学研究所徐崇温研究员指出：强制移植民主所带来的只能是政党林立、政局动荡、社会分裂和经济倒退。况且，输出民主、颠覆别国政权的“颜色革命”违反了《联合国宪章》和现行国际法关于国家主权和不干涉别国内政的一系列明确规定，与维护世界和平、促进共同发展的时代潮流背道而驰。②

西方民主本身很不完美，面临诸多挑战。中央对外联络部研究室柴尚金研究员认为：近年来西方国家社会矛盾日益突出，西方代议制民主陷入重重困境。其原因在于西方民主的资本独占性、制度设计上的片面性、西方社会政治生态的变化、非西方民主模式的挑战等方面。③ 天津师范大学徐大同教授认为：资产阶级民主制度有过历史进步性，但资本主义社会的主要矛盾，即资产阶级和无产阶级、广大劳动人民之间的矛盾并没有解决。资本主义社会经常处于分裂之中，不能集中、整合、动员和号令全国力量团结一致解决关系全民族利益的共同事务。这种状况揭露了资产阶级政治民主制度本身所存在的痼疾和缺陷。④

一些学者对民主的普遍性与特殊性做了理论上的总结。复旦大学林尚立教授认为：民主虽然最先出现在西方，但西方只是这种历史必然的第一种表现形式，而绝不是唯一的形式。民主在不同的国家，有不同的表现形式。其所蕴含的普遍性，不是西方民主形式的普遍性，而是民主所体现的人类自我解放的普遍性。⑤ 中国社会科学院马克思主义研究院侯惠勤教授认为：“西式民主”在今天蜕变为纯粹的形

---

① 韩震：《大势所趋：文化霸权的民主扩张终究行不通》，《人民日报》2015 年 6 月 29 日。
② 徐崇温：《民主制度不能强制移植来源》，《人民日报》2015 年 6 月 14 日。
③ 柴尚金：《西方代议制民主陷入重重困境》，《中国社会科学报》2015 年 11 月 17 日。
④ 徐大同：《准确认识西方政治民主制度》，《红旗文稿》2015 年第 15 期。
⑤ 林尚立：《西方民主政治为什么缺乏普适性》，《北京日报》2015 年 1 月 26 日。

式民主，是对民主思想的背离，绝不是真正的人民当家做主，不是“普世民主”。是否实行西式民主绝不是衡量民主与专制的尺度，也不是现代国家和传统国家的划界标准。①

还有一些学者将西式宪政民主与中国的依宪执政进行了比较。中国社会科学院政治学所房宁研究员认为：西方某些势力希望在中国社会转型期、矛盾多发期，以“宪政”名义将个别问题普遍化、将一般问题政治化，扩大分歧，制造对抗，并最终把对抗从法庭引向街头。这样的“戏码”在许多发生“颜色革命”的地方屡见不鲜。中央坚持不搞“宪政”，正是不搞这样的“宪政”。这和主张依法治国、依宪治国不是一回事。② 中国社会科学院马克思主义研究院陈志刚研究员也认为：当前学术界流行的“宪政”一词，经过西方学者的反复阐释和演绎，已经被打上了独特的烙印，包括“三权分立”“多党制”“普选制”“司法独立”“军队国家化”等基本内容，指代的是资产阶级民主制度设计。必须对依宪执政有正确理解，警惕西方“宪政民主”的话语陷阱。③

在经济全球化、政治格局多极化的条件下，只有尊重世界的多样性，才能保证各国相互尊重、和睦相处、共同发展。一个国家的经济、政治制度，归根到底要由各国根据自己的需要来选择，而不能照搬照抄他国，更不允许别国越俎代庖。中国特色社会主义民主政治的建构实践对人类现代政治文明的发展有重大贡献，其理论和现实意义值得世人关注和研究。

（供稿：贾可卿）

① 侯惠勤：《论中国特色社会主义民主制度建设》，《马克思主义研究》2015 年第 12 期。
② 房宁：《“宪政”背后包含政治盘算》，《四川统一战线》2015 年第 4 期。
③ 陈志刚：《依宪执政与“宪政”具有本质区别》，《中国社会科学报》2015 年 11 月 12 日。

关于恩格斯晚年思想研究

2015年是恩格斯诞辰120周年，学术界从多个视角、多条路径对恩格斯晚年思想展开研究，重新阐述恩格斯晚年思想的意义和价值。对于“恩格斯晚年”起点时间的界定，学界虽有不同看法，但大多数学者认同的时间是1883年马克思逝世之后至恩格斯在世的12年。这一时期，恩格斯独自承担了捍卫和发展马克思主义理论、指导国际工人运动、培养各国年轻的社会主义活动家和理论家的重任。由于这一时期西欧资本主义伴随第二次工业革命的兴起，进入新的历史发展阶段，恩格斯的思想发生了一些变化。如何看待恩格斯晚年思想的变化，国内外学术界一直存有争议。争议的焦点在于：恩格斯晚年思想是原则的改变还是策略的改变？

有学者认为恩格斯晚年完全抛弃了他和马克思一道制定的暴力革命斗争策略，转而主张工人阶级通过合法斗争取得政权，和平过渡到社会主义，是和平长入社会主义的首倡者，是一个民主社会主义者。不仅如此，还有人认为恩格斯晚年把关于无产阶级革命和无产阶级专政的理论否定了，把整个共产主义理论体系否定了。恩格斯此举是对马克思主义整个理论体系的彻底“修正”，是抛弃其不成熟时期所憧憬的共产主义幻想的结果。因此，他与伯恩施坦相比，是最大的修正主义者。

中国人民大学马克思主义学院张新教授认为，恩格斯晚年对革命策略的调整，是以欧洲发达国家社会历史条件的变化为依据的，而不是因为他放弃了共产主义目标；恩格斯没有把暴力革命看作根本原则，晚年主张以合法斗争为主也不是根本原则的改变；恩格斯与伯恩施坦的修正主义具有本质区别，后者借口社会历史条件的变化彻底背弃了科学社会主义的根本目标和原则。① 中共中央编译局季正聚研究员从“修正”概念的辨析入手，探讨了修正主义概念的内涵与实质。他结合19世纪70年代以来的科技革命对资本主义的影响，对恩格斯晚年所处的社会状况、历史条件和背景进行了深入分析，提出要将理论放到历史情境之中进行研究，并强调要认识到当代资本主义变化的时代意义，要从实际出发，体现时代的关照性。复旦大学高国希教授从整体性的角度对1883年以后恩格斯的思想与马克思的思想进行了比较，认为恩格斯的思想是根据新的情况作出的与时俱进的发展。通过“理想主义与现实主义”“目的论与科学论”两个维度的理论比较，他提出恩格斯的晚年思想是在马克思、恩格斯整体性思想基础上的新的发展，这既符合社会发展规律，也符合理论发展规律。中共中央编译局张文红研究员基于文本解读，从恩格斯的《卡·马克思〈1848年至1850年的法兰西阶级斗争〉一书导言》以及

---

① 张新：《恩格斯晚年策略思想再研究》，《当代世界与社会主义》2015年第5期。

1893 年对法国《费加罗报》记者谈话等几篇引发思想争议的文本源头入手，分析了恩格斯是否是一名持之以恒的共产主义者的问题。她强调指出，马克思主义不是僵死的教条，而是发展的、与时俱进的科学，其基本立场、观点、方法是我们行动的指南，个别结论的变化要根据变化了的情况进行正确理解。东华大学秦德君教授基于恩格斯的晚年思想变化，重点探讨了恩格斯在晚年发生思想变化的原因。[①]

有学者认为，恩格斯晚年给我们留下了丰富的理论遗产。其中有对唯物主义历史观的重要阐述和补充，有对俄国农村公社未来发展道路的进一步探索，有对欧洲大陆资本主义扩展能力的重新认识，有对股份制资本主义新特征的科学预见，有对资本主义和平发展时期无产阶级斗争策略的重大调整等。[②] 对恩格斯的晚年思想要结合历史背景并回到文本进行分析，要对学术界存在的有意或无意的曲解和误解恩格斯思想的行为进行批评和回应，要关照现实，重新正视恩格斯的历史贡献，坚定马克思主义的信心。

（供稿：任洁）

① 参见王治东《正本清源与现实观照——对恩格斯晚年政治思想及其当代价值的研讨与反思》，《当代世界与社会主义》2015 年第 5 期。

② 徐觉哉：《恩格斯晚年给我们留下了什么理论遗产——1883 年并不是马克思主义发展史上的休止符》，《当代世界与社会主义》2015 年第 5 期。

关于马克思主义与中国传统文化的关系

近年来掀起一股研究和宣传中国传统文化的热潮，儒学重新成为显学。弘扬中国优秀传统文化是中华民族复兴的题中应有之义，然而，在这股中国优秀传统文化的复兴潮流中，有些理论者感到迷茫，意识形态领域中坚持以马克思主义为指导的方针是否发生了变化？随着儒学复兴的强大态势，意识形态领域陷于两难：似乎强调坚持马克思主义思想指导，就是贬低以儒学为主导的中国传统文化，反之，则应把马克思主义请下指导地位的“神坛”，重走历史上尊孔读经、以儒治国的老路。中国人民大学一级教授陈先达在《马克思主义和中国传统文化》① 一文中认为这种非此即彼、冰炭不可同炉的看法，理论上是错误的，实践上是有害的。他认为，不要抽象地争论马克思主义和中国传统文化的关系，尤其是非历史主义地争论马克思主义与儒学的高下优劣抑扬褒贬。一个是中国革命和社会主义建设的思想理论指导，另一个是中华民族的精神血脉和中华民族的文化之根。应该用历史唯物主义观点处理马克思主义与中国传统文化的关系，反对蔑视以儒学为主导的中国传统文化的文化虚无主义，中国的马克思主义可以从中国传统文化的精髓中得到思想资源、智慧和启发，但也要防止以高扬传统文化为旗帜，反对马克思主义、拒斥西方先进文化的保守主义思潮的沉渣泛起。

山东大学哲学与社会发展学院何中华教授认为阐释马克思主义中国化历程，弘扬并光大中国优秀文化传统，必须解决马克思主义与中国传统文化的关系问题。他认为，马克思主义在中国的传播和发展，深刻地改变了中国的历史进程、历史轨迹和历史命运。在参与并指导中国革命和建设的实践过程中，马克思主义不仅融入了中国的本土文化，而且形成了中国文化的新传统。马克思主义中国化的过程，也是马克思主义同中国优秀传统文化互诠互释的契合过程。马克思主义同中国优秀传统文化的契合关系，可以从不同角度、不同视野、不同侧面加以概括。一是拯救意识；二是强调实践；三是人民本位；四是道法自然；五是辩证思维；六是知行合一；七是真善融合。②

《山东社会科学》2015 年第 11 期刊发了一组笔谈，围绕马克思主义与儒学传统的关系展开讨论，认为阐释马克思主义中国化历程，弘扬中国优秀文化传统，无法回避马克思主义与儒学传统的关系问题。这两种既有时代性距离，又有民族性差别的思想和文化，能够融入中国人鲜活的历史实践中，这一事实本身就值得从学理上加以全方位的解答。

---

① 陈先达：《马克思主义和中国传统文化》，《光明日报》2015 年 7 月 3 日。

② 何中华：《马克思主义与中国优秀传统文化的契合》，《学习月刊》2015 年第 7 期上半月。

这不仅是反思历史的需要，更是自觉地推动马克思主义进一步中国化的需要，是在当代语境下实现中华民族伟大复兴的需要。

（供稿：任洁）

关于马克思主义整体性问题的推进

马克思主义整体性研究是近年来马克思主义理论研究的一个热点问题，主要有三方面原因：一方面是由于2005年国家增设马克思主义理论为一级学科并在一级学科下设立了6个二级学科，由此提出马克思主义理论的学科分化与学科整合问题；另一方面是出于主流意识形态建设与深化改革开放的实践需要，巩固和加强马克思主义的指导地位需要一个整体性的马克思主义理论；同时，中国的改革开放实践和社会主义建设想要整体推进，客观上需要打破学科边界、从整体性的视域来探索马克思主义理论，为思考和把握当代中国问题提供一个基础性的理论分析框架。

中共中央党校贾建芳教授认为，整体性本就是马克思主义的内在规定性，之所以近年来成为一个热点问题，起因是马克思主义的研究和教学长期被分割成条条块块，客观上造成一种被分割、裁剪的状况。她认为，长期以来分割马克思主义主要分纵、横两路，最为普遍的做法是把马克思主义裁成哲学、政治经济学、科学社会主义三大“片”，并由此形成三大门户；另一种较为普遍的现象是把马克思主义分成青年、中年、老年马克思思想三段，或者青年、中年、老年恩格斯思想三段，或者马克思思想与恩格斯思想两块，并且挖掘、制造彼此之间的矛盾或对立，让马克思主义“内斗”。从马克思主义理论结构和理论演进动力、马克思主义的主题和基本理论、广义马克思主义整体性等方面阐明整体性马克思主义对重构马克思主义整体性具有重要意义。[①] 中山大学马克思主义学院钟明华教授从发生学角度对马克思主义理论整体性问题进行了解读，他认为，马克思主义在其传播和发展过程中，由于其框架体系新增了许多元素，衍生出了新的线索和诉求，某种分谱系繁衍或“分延”的现象便发生了，主要体现为门类性态、对立性态、割裂性态、断取性态等四大性态，以及对思想发展进程的划断、对理论内容的分解、对思想逻辑的割裂等三大形式。其原因主要有，一是出于政治传播的简明性需要，将马克思主义理论体系简约为三个组成部分；二是出于学术研究的需要，将马克思主义理论划分为学科研究的门类建制。[②]

西安交通大学马克思主义学院马文保副教授认为，从学科维度、历史维度、实践本体维度和问题维度研究马克思主义，造成了马克思主义思想本身的学科化、对立化、本体论化和碎片化，使马克思主义整体性成为一个迫切需要解决的现实问题。从学科维度把握马克思主义整体性，它只能被当作一个学科，而实际上还不是一个学科；从历史维度把握马克思主义整

---

① 贾建芳：《论整体性的马克思主义》，《马克思主义研究》2015年第10期。

② 钟明华：《马克思主义理论整体性问题的发生学解读》，《南京大学学报》（哲学·人文科学·社会科学）2015年第4期。

体性，它只是被判定为一个历史过程或统一整体，而不是被证明为一个历史过程或统一整体。实践维度是在实践基础上内在说明马克思主义的维度，是把握马克思主义整体性的根本维度。①

中国社会科学院马克思主义研究院张建云研究员认为，从根本上说，马克思主义整体性来源于实践，实践整体性决定了马克思主义整体性。实践内容基础性与超越性的统一，实践自身普遍性与具体性、真理性与价值性、创造性与享受性、理想性与现实性的辩证统一决定了马克思主义是强调经济与政治、文化协调发展，哲学、经济学与科学社会主义辩证统一的理论，也是科学性和阶级性、革命性和建设性辩证统一的理论。马克思主义整体性不仅体现在整体性理论来源于整体性实践并随着实践发展而发展，还体现在整体性理论对整体性实践的具体指导和践行，它要求把马克思主义一般原理转化为具体理论、方针和政策，全面推进实践协调发展。以马克思主义指导的社会主义革命和建设实践充分体现了这一整体性原则。②

（供稿：任洁）

① 马文保：《把握马克思主义整体性的根本维度：实践维度》，《教学与研究》2015 年第 11 期。
② 张建云：《实践整体性与马克思主义整体性》，《江汉论坛》2015 年第 10 期。

美国激进政治经济学研究的新进展

美国激进政治经济学是西方“左派经济学派”中的一支重要力量，这一学派积累的社会结构（SSA）理论由于在分析2008年的全球经济危机中贡献突出而获得了全球的注意，这也日益为国内学术界所关注。上海财经大学马艳教授、复旦大学严金强讲师撰文分析了SSA理论对马克思主义研究方法的继承、发展与创新，指出积累的社会结构（SSA）学派是当代西方马克思主义经济学的主要流派之一。该学派秉承了马克思主义分析传统，以唯物史观和唯物辩证法为其核心方法，又继承和发展了马克思主义经济学中的制度分析法，同时在现代资本主义经济社会发展变化的新背景下，大量运用统计分析法、案例分析法和比较分析法等现代具体研究方法。SSA理论对马克思主义研究方法的继承、发展和创新，不仅成就了SSA学派的理论创新，也进一步促进了马克思主义经济学的发展。

西北大学李灵燕讲师、石高宏副教授对美国每月评论学派发展的新马克思主义垄断资本理论进行了批判性研究。通过将该理论与正统马克思主义经济学分析垄断资本主义的立场、观点和方法进行比较，系统梳理了新马克思主义垄断资本理论的分析方法、概念框架和对现实经济运行的解释，检验其理论逻辑与经验证据间的一致性，分析其主要缺陷，并提出改进方向。他们得出的主要结论是：第一，新马克思主义垄断资本理论对当代资本主义运行规律及其后果的分析和批判缺乏坚实的马克思主义政治经济学基础，其分析方法和概念工具主要来自于西方经济学，在科学性上存在缺陷。其对二战以来美国经济运行规律和扩张原因的解释并不令人信服；第二，要正确认识当代资本主义弊病的产生根源和解决途径，探寻更公平和更可持续的经济发展方式，需要回到马克思把资本主义当作一个整体和演化过程来分析的方法，发展更科学和更具实践有效性的马克思主义政治经济学。

河南财经政法大学助理研究员张新宁撰文介绍了美国马克思主义经济学主要学派及其观点。指出自20世纪60年代以来，美国马克思主义经济学经过三个发展阶段，逐步形成了垄断资本学派、价值学派、阶级分析学派、多元决定学派、新左派、分析学派等六大学派，在马克思主义基本理论研究、批判资本主义弊端、探索未来社会发展方向等方面取得了一定的成果，其基本特征是时代背景具有复杂性、思想渊源具有多元性、立论基础具有一元性、基本方法具有集成性、研究内容具有现实性。我们应当辩证地分析美国马克思主义经济学各个学派的研究成果，认识到它的继承性、创新性、修正性、批判性和局限性。美国密歇根大学经济系教授、著名激进经济学家托马斯·E. 韦斯科普夫，撰文探讨了在美国整个政治大气候逐渐右转的背景下，激进政治经济学在过去50年里的发展进程，分析了这种政治转向以及主流经济学的新发展是如何改变激进政治经济学的研究重点和学者们的学术活动的，进而向激进政治经济学家们提出几点建议，并探讨了激进政治经济学未来的发展方向。

（供稿：周淼）

南亚地区共产党研究

南亚地区共产党成为2015年关注的焦点，与该地区共产党的不俗表现不无关系，一是该地区共产党的力量不断增强，二是以印度共产党（马克思主义）为代表的该地区共产党积极将其社会公正理念应用于社会实践，因此吸引了世界多国观察家和学者的目光。本年度有关南亚地区共产党的研究论文发表了5篇。吴国富在《当代南亚地区毛主义及其发展态势》中，对整个南亚地区追求社会主义的共产党进行研究和分析。张万杰在《印共（马）对当代社会公正观的实践及其启示》中，指出“印共（马）”针对资本主义弊端和印度国内社会不公状况，明确提出其实现社会公正的理论主张实践，对社会主义国家执政的共产党以及当代资本主义发展中国家尚在谋求发展的社会主义政党都具有一定启示意义。王静的《印共（毛）的思想理论和战略战术》、韩冰的《南亚五国毛主义共产党的历史发展、特点及动因》、李熠煜的《印共（毛主义）发展的现实困境及未来趋势》都对该地区共产党的状况进行了深入的研究和探讨。

关于南亚地区共产党研究的交锋在于对该地区共产党性质、未来发展趋势问题的认识和解决。对于同一个政党的前景，有时得出了迥然相反的结论。比如，对于南亚地区的毛主义，有学者认为，通过对其思想和理论观点的解析可见，正是出于强调革命指向性十分鲜明的“马列毛主义”这一指导思想，南亚地区毛主义的“历史出场”和“现实在场”都呈现出的一个本质性特征，就是极度注重革命的国际形势和具体任务，并对其不断作出理论化的刻画，却对事关革命前途的“社会主义社会”问题表述不清，没有任何的图景描绘甚至是“肖像勾勒”。这表明在南亚地区毛主义的理论视野中，缺乏对未来革命发展方向的确切把握。也有学者认为，苏联解体以来，整个国际共运陷入了史无前例的低潮，但国际毛主义政党却呈现力量不断增长的“奇观”。纵观全球毛主义运动，南亚地区的毛主义运动规模最大，力量最为集中，成绩也最为显著。南亚毛主义政党在短期内还很难成为该地区支配性力量，但是深受封建残余和新自由主义模式毒害的南亚地区，必然在长期范围内成为毛主义运动的温床。毫无疑问，在全球经济进一步走向大萧条的背景下，未来十几年内毛主义政党在南亚各国和各地区将扮演越来越重要的角色，再次出现类似尼泊尔革命那样的毛主义运动高潮也将是大概率事件。

（供稿：陈爱茹）

如何理解“西方马克思主义”

如何理解“西方马克思主义”始终是西方马克思主义学科的热点问题，从20世纪80年代末至今，围绕“西方马克思主义”是否是马克思主义，学者们各抒己见，但几轮讨论过后，大家在是与否的基本判断方面并没有达成共识。2015年这一问题再掀讨论热潮。徐崇温在《怎样认识“西方马克思主义”——兼谈我国“西方马克思主义”研究的缘起和论争》一文中重申并补充了自己的观点，提出：“‘西方马克思主义’是以现代西方唯心主义流派的精神去解释、发挥、补充、‘结合’马克思主义的一种思潮，因此，彻底弄清楚它的性质，就必须分析它的哲学基础，厘清它同现代西方唯心主义哲学流派的联系。在这方面，我在‘西方马克思主义’的两种思想倾向中，各选一种作为重点来分析其哲学基础：在人本主义思潮倾向中，选择萨特的‘存在主义的马克思主义’，我在《存在主义哲学》等著作中，分析了它的哲学基础；在科学主义思想倾向中，则选择阿尔都塞的‘结构主义的马克思主义’，我在《结构主义与后结构主义》等著作中分析了它的哲学基础。”一些学者则提出不同观点，刘文旋在《哲学研究》上撰文认为，西方马克思主义是马克思主义整个演变史上的一个发展阶段，或者说是一种特殊形态。西方学者的马克思主义首先是一种哲学，一种对社会历史的分析和批判工具，而不是政治性实践指南。但是这并不意味着对西方马克思主义的全然否定。通过把分析扩展到被其先辈忽视了的领域，西方马克思主义产生了许多有价值的文献。这些文献的作者们探索了技术进步造成的冲击、与之伴随的合理化的意识形态，以及这种意识形态所生产和再生产的各种不同的统治形式。这些贡献不仅丰富了马克思主义传统，而且它们所发展起来的独特的社会批判理论至今仍然对世界保持着相当重要的影响。

此外，还有一些学者从各自角度参加了如何理解西方马克思主义的讨论。有学者探讨了西方马克思主义的整体理论指向问题，指出，西方马克思主义所推崇的批判指向，根源上只是对资本主义社会各种丑陋面目的“诊断”，并不是对资本主义社会本质的彻底“治疗”，他们对马克思主义的学术发展和对资本主义的理论解构是十分有限的，因此，更不可能改变资本主义的社会现实。这也是西方马克思主义最大的局限性所在。在西方马克思主义是否是马克思主义这一问题上，有学者认为要抓住具有根本意义的诠释范式进行考察，尤其要从是否坚持马克思主义的唯物辩证法上来具体问题具体分析。在怎样评价西方马克思主义上，有学者指出，对西方马克思主义既不能捧杀，也不能棒杀，而要把它当作发展马克思主义的重要学术资源，用拿来主义方法，为我所用。

（供稿：陈慧平）

关于阶级斗争与无产阶级专政的讨论

在2014年9月《红旗文稿》刊发中国社会科学院王伟光院长的《坚持人民民主专政，并不输理》的署名文章后，国内学界围绕阶级斗争理论与无产阶级专政学说展开了激烈的争论，至今余波未平。2015年，学界争论的焦点主要集中在我国是否还存在阶级斗争、坚持无产阶级专政的合理性及其与建设法治国家的关系上。

中山大学教授袁伟时认为，反右和文革就是履行阶级斗争论的范本，改革开放题中应有之义就是告别用阶级斗争观察一切、分析一切的极端理论，回归建设现代社会的正常轨道；但在中国建设法治国家，一个主要阻力就是“不能放弃国内和国际的阶级斗争”，而法治和阶级斗争论无法并存。① 江苏省社科院哲学研究所应克复研究员认为，“阶级国家”与“阶级专政”在现实中是一种虚幻，无产阶级专政对象（客体）具有非科学性；剥夺资本、对资产阶级实行专政，其合理性不能成立，马克思的无产阶级专政是临时性安排而非长远制度安排。②

针对上述观点，不少学者给予了有力的反驳。中国人民大学周新城教授指出，在人类社会的历史上，阶级斗争是客观存在的社会现象，阶级斗争理论是分析复杂阶级社会现象的指导性线索，但坚持阶级斗争理论不等于以阶级斗争为纲；我国改革开放前，主要的错误倾向是夸大阶级斗争，酿成了严重后果，目前主要的错误倾向则是缩小，甚至否定阶级斗争；法是具有阶级性的，是统治阶级意志和利益的体现，依法治国与阶级斗争是统一的，两者不是对立的关系；阶级斗争理论不仅不是建设法治国家的障碍，而且应当说，掌握马克思主义的阶级斗争理论，是理解和贯彻依法治国的前提。③ 浙江省当代国际问题研究会副会长朱志华认为，人民民主专政是生产力发展和阶级斗争的历史必然，是维护最广大人民利益的护身法宝，我们要抛弃的是那种所谓“全面专政理论”，而绝不是倒洗澡水时把孩子一同泼掉。④

复旦大学当代国外马克思主义研究中心教授陈学明指出，无产阶级专政在当今中国用“人民民主专政”加以表述；坚持人民民主专政，坚持改革开放，两者共同构成了中国特色社会主义道路的重要组成部分；中国道路坚持和继承了马克思主义的阶级斗争理论，也确实在新的历史条件下向前推进了这一理论。这主要表现在：在确认阶级斗争在一定范围内还依然

---

① 袁伟时：《建设法治国家的障碍》，《炎黄春秋》2015年第6期。

② 应克复：《无产阶级专政理论的再思考》，《炎黄春秋》2015年第2期。

③ 周新城：《阶级斗争理论与依法治国》，《马克思主义研究》2015年第12期。

④ 朱志华：《“82宪法”序言不容否定——与袁伟时先生商榷》，《马克思主义研究》2015年第9期。

存在的前提下，否定“以阶级斗争为纲”，坚持“以经济建设为中心”；在确认仍然存在阶级差别，甚至阶级对立的前提下，致力于用和平的，即非暴力的手段来解决这些差别和对立；在确认必须坚持人民民主专政的前提下，科学地确定专政的对象和专政的主体范围。①

总之，对我国现实存在的阶级斗争现象既不能夸大，冲击当前的中心工作，也不能回避，更不应抛弃马克思主义的阶级观点和阶级分析方法。阶级观点和阶级分析方法依然是观察我国社会现象的一个指导性线索。

（供稿：李凯旋）

① 陈学明：《论中国道路对马克思主义阶级斗争理论的继承与发展》，《马克思主义研究》2015年第5期。

学界热议“中国人民抗日战争在世界反法西斯战争中的地位及作用”

2015年是中国人民抗日战争胜利70周年，也是世界反法西斯战争胜利70周年。回顾并正视这段历史，明确中国人民抗日战争在世界反法西斯战争中的地位，以及中国共产党在抗日战争中起到的中流砥柱作用，成为了国内学者探讨热议的问题。

对于在大陆举行包括阅兵式在内的抗战胜利70周年纪念活动，台湾当局表态反对。反对理由一是要求大陆承认抗战是“蒋委员长领导的”，二是要求大陆承认“中华民国政府主导八年抗战”。但实际上大陆民间和官方对国民党当局在抗战期间的作用是充分肯定的，明确表示正面战场和敌后战场相互配合、协同作战，都为抗战胜利做出了重要贡献。反倒是国民党方面一直无法正视共产党军队在敌后战场的贡献。[①] 比如，“台史政局”前局长傅应川在其《抗战期间共军的发展策略及其战略影响》[②] 一文中就引用“共产党军队是‘一分抗日，二分应付，七分发展’”[③] 的失实史料。

鉴于此，大陆一些抗战史研究学者反驳了这些观点。中共中央党史研究室主任曲青山认为，从中国人民抗日战争与世界反法西斯战争的关系看，中国是世界反法西斯战争的东方主战场，中国人民抗日战争是世界反法西斯战争不可分割的重要组成部分，中国人民抗日战争的胜利为世界反法西斯战争的胜利作出了历史性的贡献。从中国人民抗日战争取得胜利的原因看，既有中华民族团结一致奋起抵抗的内在原因，也有世界各国人民给予支持和帮助的外在原因。从两个原因的主次关系看，内在原因起了决定性作用。从中国人民抗日战争的内在原因看，起作用的因素又是多方面的，但历史事实表明，中国共产党的中流砥柱作用是中国人民抗日战争胜利的关键。[④]

中共中央党史研究室副主任张树军认为，中国共产党的中流砥柱作用主要体现在五个方面：第一，中国共产党从中国人民和中华民族根本利益出发，肩负历史重托，最先举起抗日旗帜，积极推动抗日救亡运动发展，直接领导东北人民的抗日武装斗争，成为中国人民奋起反抗日本军国主义侵略的最早宣传者、动员者和抗击

① 张文生：《抬高蒋介石形象改写不了历史》，《环球时报》2015年9月2日。

② 傅应川：《抗战期间共军的发展策略及其战略影响》，“战争的历史与记忆：抗战胜利七十周年国际学术讨论会”论文，2015年7月7—9日。

③ 杨奎松：《抗日战争爆发初期中共对日军事战略方针的演变》，《近代史研究》1988年第1期。

④ 曲青山：《论中国共产党在抗日战争中的历史地位和作用》，《中共党史研究》2015年第8期。

者。第二，中国共产党不仅倡导、推动和促成了抗日民族统一战线的建立，成为凝聚全民族力量的杰出鼓舞者和组织者，而且在抗日战争期间，始终坚持抗战、反对投降，坚持团结、反对分裂，坚持进步、反对倒退，同各爱国党派团体和广大人民一起，共同维护团结抗战大局，成为引领全民族抗战走向胜利的一面旗帜。第三，中国共产党坚持全面抗战路线，提出持久战的战略总方针和一整套人民战争的战略战术，为实行全面的全民族抗战、争取抗战胜利指明了正确方向，提供了战略指导。第四，中国共产党领导抗日根据地军民开辟的敌后战场，在相持阶段到来后逐渐成为全国抗战的主战场，为坚持持久抗战、夺取最后胜利起到了决定性的作用。第五，中国共产党高举抗战、民主旗帜，把争取民族解放的斗争同争取人民民主的斗争有机结合起来，推动民主进步力量的发展，争取抗战胜利成为人民的胜利，逐渐成为人民民主运动的主导力量。①

总之，只有树立并运用正确的历史观，才可以对历史有良性促进作用，才可以让历史学发挥资政育人的社会功能。当下社会上存在的历史虚无主义思潮是错误的历史观。这种思潮以还原历史真相为幌子，挖出历史上一些边边角角的往事以图改写历史。这些观点往往是把历史事件或人物孤立起来看，以偏概全，攻其一点不及其余。这种认识历史的观念和方法是不科学的，也是站不住脚的。

（供稿：遇荟）

① 张树军：《中流砥柱　民族先锋》，《求是》2015年第18期。

拉美左翼退潮了吗？

2015年年底，拉丁美洲接连发生了两次具有历史风向标意义的选举。2015年11月底，因经济不振等原因，阿根廷中右翼领导人马克里以较大优势赢得总统大选，从而终结了阿根廷左翼政权“基什内尔王朝”长达数十年的执政期。2015年12月初，委内瑞拉总统马杜罗领导的执政党联盟在委内瑞拉全国代表大会的中期选举中以55席比112席的大幅落差不敌反对党联盟，从而失去了玻利瓦尔革命十六年以来的国会控制权。舆论普遍认为，随着2015年阿根廷总统大选和委内瑞拉全代会中期选举的落幕，以及近年来拉美“21世纪社会主义”国家间不同程度的政绩分化，始于21世纪初的拉美左翼运动高潮极有可能发生转向，拉美历史上“时左时右”的钟摆效应已初现端倪。围绕左翼是否退潮，存在着两种不同观点。

较为悲观的观点认为，始于20世纪末21世纪初的此轮拉美左翼进步周期已近强弩之末。拉美左翼虽在社会领域取得了一定成就，但其执政纲领却过于激进甚至理想化，既无法改变拉美国家外围资本主义固有的依附性与脆弱性，也无法兑现对人民的承诺。而务实灵活的拉美右翼在拉美民众求新求变的心理预期下改头换面，卷土重来，极有可能打造全新的地区格局和政治气象。①

较为乐观的看法认为，拉美左翼近期遭受的挫折有其必然性，也存在一定的偶然性。必然性在于，遭遇国际经济危机与初级产品价格下行的拉美左翼政府未能及时调整宏观经济结构与政策，未能妥善处理改革、发展与稳定的关系。偶然性在于，拉美民主制度与社会心理的不成熟决定了选举政治的不确定性。当前，局部暂时的退却为拉美左翼赢得了战略反思与调整的时间和空间。20世纪末21世纪初拉美左翼的崛起绝非偶然，是拉美人民谋求替代与发展的历史性选择，尽管拉美“21世纪社会主义”的国家治理体系仍有待完善，但其在社会建设方面的成就有目共睹，其崇尚公平正义的执政理念与价值观已深入人心。拉美右翼的上台不会带来太大惊喜，极有可能继续“换汤不换药”的改良主义或新发展主义道路。②

当前，拉美左翼政权面临空前挑战，受益于上一轮资源红利的拉美“21世纪社会主义”国家在经历了一个难得的发展机遇期后，纷纷遭遇了不同程度的发展瓶颈与执政危机。③ 如委内瑞拉经济早在

---

① 澎湃新闻：《“粉红”拉美正在褪色》，参见 http://www.thepaper.cn/newsDetail_forward_1415059，2016年1月2日。

② Claudio Katz, Desenlaces del ciclo progresista, http://www.rebelion.org/noticia.php?id=208177，2016年1月26日。

③ 徐世澄：《拉美左翼政权面临严峻挑战》，《当代世界》2015年第12期。

查韦斯总统执政后期便初现颓势。自2013年3月查韦斯总统不幸离世后，委内瑞拉经济与社会形势急转直下，其继任者马杜罗领导的执政联盟遭遇了自玻利瓦尔革命以来最为严峻的执政危机。2016年2月，在较高支持率和经济较快增长的背景下，玻利维亚总统莫拉莱斯却在谋求第四任期的修宪公投中失利，拉美左翼式微的“传染效应”可见一斑。但始于20世纪末的拉美左翼进步周期是否就此终结还有待时局的进一步确认。一方面，影响拉美左右翼较量的因素众多，能否拿出有说服力的执政纲领和成绩单成为双方决胜的关键；另一方面，拉美左翼政权在国家治理和执政党建设方面的能力与作为，是校验拉美“21世纪社会主义”未来可能的重要现实基础。

（供稿：贺钦）

加强国有企业党建问题的研究

坚持党的领导，是国有企业的重大特色和独特优势。有人质疑，外国企业实行现代企业制度，没有党组织也能搞好；国有企业既然建立现代企业制度，就应当与外国企业接轨，也可以不要党的领导、不要党组织。事实上，党委会是国有企业法人治理结构的一个不可或缺的组成部分。缺了这个组成部分，国有企业的法人治理结构就不健全，就难以适应我国社会政治结构的要求。2015 年 6 月 5 日，中央深改组第十三次会议审议通过了《关于在深化国有企业改革中坚持党的领导加强党的建设的若干意见》（以下简称《若干意见》），对在深化国有企业改革中坚持党的领导、加强党的建设提出了要求、作出了部署。

关于坚持国有企业党组织的领导地位问题。国家行政学院研究员张春晓认为，由于国有企业的产权属性和党组织的根本属性内在地统一于“人民”，人民投资了国有企业，中国共产党实现人民的利益。因此，在国有企业发展和改革中坚持党的领导加强党的建设是中国共产党坚持全心全意为人民服务、实现全民利益的重要内容。但是，国有企业党组织必须积极适应新形势、新要求，只有把加强党的领导和完善公司治理完全统一起来，明确国有企业党组织在公司法人治理结构中的法定地位，党组织的领导核心作用和政治核心作用、党支部的战斗堡垒作用、党员队伍的先锋模范作用才能得以充分发挥。[①] 中央党校教授辛鸣认为，国有企业不是单纯的经济主体，其社会责任、政治使命甚至更为根本。从导引国家产业发展方向、调节社会经济秩序，到夯实社会主义的经济基础，彰显社会主义的价值导向，皆是国有企业的发展指标，要达到这些目标，不能放松党的领导，更不能离开党的领导。[②] 因此，坚持党的领导，是中国特色社会主义最本质的特征，也是国有企业的独特优势。

关于国有企业党的建设弱化问题。中信集团纪委书记冯光认为，国有企业股权结构和管理体制深刻变革，党的建设任务更加艰巨。但是坚持党的领导，发挥国有企业党组织的重要作用，这是一个重大原则，在任何时候都不能动摇。目前国企党建工作仍存在许多问题，比如：部分企业及其领导人员抓党建的力度不够，存在“一手硬、一手软”问题；党建工作方式方法创新不足，与新形势、新任务不相适应；党务干部队伍建设滞后于党建工作实践；等等。[③] 由于企业及其领导人员愈加强调经营效益和利润，而对党建的重视程

---

① 张春晓：《在深化国企改革中必须坚持党的领导加强党的建设》，《中国组织人事报》2015 年 9 月 23 日。

② 辛鸣：《让独特优势实至名归名副其实》，人民网，2015 年 9 月 22 日。

③ 冯光：《提高国有企业党建科学化水平》，《人民日报》2015 年 10 月 12 日。

度相对不足，部分企业党组织的地位和作用弱化。

关于提高国有企业党建科学化水平的问题。提高国有企业党建科学化水平是一项长期的战略任务，也是一项复杂的系统工程。《若干意见》提出，要根据不同类型混合所有制企业特点，确立不同的党组织设置方式、职责定位和管理模式。冯光认为，当前应重点解决制度保障、考核评价、队伍建设等方面存在的问题。第一，要深化党建工作制度建设；第二，要建立健全党建工作考核评价体系；第三，要培养高素质党务干部队伍。①

（供稿：于晓雷、刘海飞）

① 冯光：《提高国有企业党建科学化水平》，《人民日报》2015年10月12日。

关于国共两党抗日地位作用问题研究

2015年是中国抗日战争胜利70周年。在这场民族解放战争中，国共两党为救亡图存，携手合作，共同筑起中华民族的血肉长城，掀起了一场全民族的反侵略战争。客观评价国共两党在抗日战争中的地位和作用，不仅是对历史事实的尊重，对进一步做好统战工作、增强民族凝聚力，也具有重要的意义。

2015年国内党史研究者发表了一系列的文章，认为中国共产党是抗日的中流砥柱这个结论不容置疑。中共中央党史研究室理论研究中心认为：中国共产党代表了中国人民和中华民族的根本利益，肩负起民族救亡的历史重任；中国共产党在抗日战争中展现了战略领导能力，发挥了政治领导作用；中国共产党放手发动和组织人民群众，推动形成全民皆兵、全民参战的人民战争。① 中国社科院原副院长、研究员朱佳木从八个方面论述了中国共产党在抗日战争中的地位：第一，不是别的政党，而是中国共产党始终高举坚决抵抗日本侵略的大旗；第二，不是别的政党，而是中国共产党积极争取国共两党捐弃前嫌，再次合作，共御外敌；第三，不是别的政党，而是中国共产党明确提出全面抗战的路线和持久战的战略方针；第四，不是别的政党，而是中国共产党广泛动员民众开展抗日救亡运动，支持和帮助一切对日作战的军事力量；第五，不是别的政党，而是中国共产党大力开展敌后游击战争；第六，不是别的政党，而是中国共产党坚决抵制了国民党在全民族抗战中的动摇，揭露了其对日妥协性质的严重性；第七，不是别的政党，而是中国共产党有效收复被国民党军队丢失的大片国土，并在此基础上普遍建立起抗日民主根据地；第八，不是别的政党，而是中国共产党模范发挥中华民族先锋队的作用，以艰苦奋斗、不怕牺牲、扎根群众、官兵平等、严守纪律、顾全大局的实际行动铸就了伟大的抗战精神。②

学者们对于国共两党的作用做出了客观的评价。比如卢毅指出：无论国民党还是共产党都为抗战胜利作出了卓越贡献，都表现出了强烈的爱国激情。正是因为国共两党同仇敌忾，共赴国难，分别承担正面战场和敌后战场的任务，形成了共同抗击日本侵略者的战略态势，中国人民抗日战争才取得了伟大的胜利。③ 中国社会科学院研究员张海鹏则指出：整个抗日战争，是靠两个战场支持的。这就是正面战场和敌后战场。在抗日民族统一战线旗帜

---

① 中共中央党史研究室理论研究中心：《只有中国共产党才能成为中华民族团结抗战的中流砥柱》，《人民日报》2015年9月16日。

② 朱佳木：《充分认识中国共产党在全民族抗战中的中流砥柱作用》，《光明日报》2015年9月19日。

③ 卢毅：《国共两党与抗日战争》，《理论视野》2015年第6期。

下，实际上存在两个领导中心，国民党是一个领导中心，共产党也是一个领导中心。[1]

学者们对于国民党在正面战场的作用也予以充分肯定。比如中央党校教授卢毅指出：在军事上，国民党也在正面战场奋起抵抗，“这个时期中曾有相当数量在前线的国民党军队及地方系军队对敌人进行过积极抵抗”。[2] 再比如中国社会科学院研究员张海鹏指出：国民党政府指挥着国家军队，担负着正面战场的作战任务。没有蒋介石、国民党的参加，单凭共产党的力量，在当时的历史条件下是难以独立支撑全国抗战大局的。[3] 当然，对于国民党在抗战中的消极性也进行了揭示，比如卢毅指出：有不少国民党官员和部队投降当了汉奸。另外，国民党在抗战中还暴露出严重的腐败问题，各级官僚均借抗战之机，倚恃权力，贪污成风。[4]

针对存在问题，国内党史研究者对历史虚无主义等错误思潮和观点纷纷进行了批判。比如张海鹏指出：现在一些“国粉”与国民党的传统观点相呼应，全面美化国民党抗战，否认共产党抗战，是历史虚无主义的表现，只要回归历史事实，抗战时期的领导作用是不难搞清楚的。[5]

（供稿：于晓雷、刘海飞）

---

① 张海鹏：《正确看待抗战，中共是中流砥柱》，《环球时报》2015 年 3 月 23 日。

② 卢毅：《国共两党与抗日战争》，《理论视野》2015 年第 6 期。

③ 张海鹏：《正确看待抗战，中共是中流砥柱》，《环球时报》2015 年 3 月 23 日。

④ 卢毅：《国共两党与抗日战争》，《理论视野》2015 年第 6 期。

⑤ 张海鹏：《正确看待抗战，中共是中流砥柱》，《环球时报》2015 年 3 月 23 日。

关于爱国主义教育落脚点问题的分歧和分析

“爱国”作为社会主义核心价值观的重要内容，也是学界关注度较高的话题。郑州大学李心记认为，在当代中国，弘扬爱国主义精神，践行社会主义核心价值观，就要高举中国特色社会主义伟大旗帜，紧紧围绕坚持和发展中国特色社会主义这一主题，紧紧围绕实现中华民族伟大复兴中国梦这一目标，紧紧围绕“三个倡导”这一基本内容，注重宣传教育、示范引领、实践养成相统一，注重政策保障、制度规范、法律约束相衔接，使社会主义核心价值观融入人们生产生活和精神世界，激励全体人民为夺取中国特色社会主义新胜利而不懈奋斗。这就需要强化知行统一、促使立言立行，强化制度建设、促使中规中矩，加大激励与约束力度、形成正向激励效应。①

但在这个问题上一直存在着如何认识爱国主义与社会主义关系问题。北京大学原副校长梁柱教授指出，爱国是对祖国最深厚的感情与责任担当的统一，爱国主义与社会主义相统一，体现了爱国主义的历史性超越。② 与此同时，一些学者提出国际冲突、国际主义、民族主义和狭隘民族主义③等对爱国主义教育的冲击问题。有来自教学基层的老师通过对不同年龄、不同年级（包括小学、中学、大学）的学生对爱国主义教育的态度所做的问卷调查中认为：随着学生年级越高、年龄越大，爱国主义教育的效果会越差，学生对于爱国主义教育的态度越轻视。④

一些研究者提供了爱国主义教育实践的社会化方式。近来，在纷杂的网络舆论场中出现了以周小平为代表的一批敢于“亮剑”传播正能量的青年，他们用人们熟悉的民意表现形式，通过互联网平台来表达强烈的国家认同感和家国情怀，带来了巨大的影响，逐渐形成了一种“周小平现象”；以张召忠为代表的一批敢于针砭时弊的军事评论员，以专业知识为基础，以国内外军事事件为依据，对国际军事动向和各国政治意图进行评论，引发了关注国防的热潮，形成“张召忠现象”；学者张维为在国内外学术圈和普通大众群体中的影响力逐渐增强，并成为一种现象，颇具时代感的选题、国际比较的视野、鲜明犀利的文风、深厚的民族自豪感均是其突出的特点。上述“周小平现象”“张召忠

---

① 李心记：《当代爱国主义的时代特征和根本要求》，《郑州大学学报》（哲学社会科学版）2015 年第 1 期。

② 梁柱：《爱国：不可移易的圣洁感情与责任担当》，《中国高校社会科学》2015 年第 1 期。

③ 张传忠：《国际冲突视域下的理性爱国主义思考》，《武汉冶金管理干部学院学报》2015 年第 2 期；刘建军：《经济全球化时代的爱国主义教育更自觉》，《北京日报》2015 年 1 月 26 日；徐治国、黄一凡：《青少年爱国主义教育中防范民粹主义思潮的对策思考》，《理论导刊》2015 年第 9 期。

④ 杨彩辉：《“爱自己”的爱国主义教育才可靠》，《思想政治与法律研究》2015 年第 3 期。

现象”“张维为现象”,[①] 对当前我国的爱国主义教育亦有一定的启发意义，启发我们要善于挖掘并整合爱国主义教育的资源力量，运用国际比较的开放视野，优化内容体系，突出中国模式等时代性议题，弘扬民族自信心，直面爱国主义教育领域里的疑难问题，并努力构建具有中国特色的话语体系。

（供稿：朱亦一）

① 吴倩、高艳杰:《爱国主义教育视野下的“周小平现象”探析》,《思想教育研究》2015 年第 3 期；曹金龙、张智:《爱国主义教育视野下“张召忠现象”探析》,《思想教育研究》2015 年第 3 期；李琼、孙清华:《爱国主义教育视野下“张维为现象”探析》,《思想教育研究》2015 年第 3 期。

网络文艺和中国特色社会主义文艺的关系问题论争

近年来，网络文艺成为全社会关注热点。2015年10月习近平在文艺工作座谈会上发表重要讲话，学界围绕这一话题进行热烈讨论。中国社会科学院党圣元认为，改革开放，特别是进入21世纪以来，随着我国社会主义市场经济体制的逐步确立与不断深入，市场、资本、商业等要素在文艺领域大幅介入和渗透，各种新媒体在日常生活中广泛普及，我国的文艺发展状况变得更为复杂，文艺工作的对象、方式、手段、机制出现了许多新情况、新特点，文艺生产格局、文艺传播方式、人民的文化需求、审美习惯等均发生了很大变化，文艺多样化发展的趋向更为明显。在当下中国语境中，在正确把握文艺发展的多样化趋向与规律的同时，人们对文艺"多样化"的理解以及如何通过发展文化产业的方式来满足多样化的文化需求方面，还存在着一些理解上的偏差和值得警惕的问题。①

大力发展网络文艺成为全社会关注热点。网络文艺到底是什么？目前，学界并无精确的定义。而提起它的具体形式——如网络小说（文学）、网络自制剧、网络动漫、依托网络小说改编的影视作品等，大部分网民都不陌生。② 网络文艺的发展还存在一系列问题，如在商业模式推动下，网络文艺"兑水现象"严重，尽管产品数量巨大，但由于缺乏长时间的酝酿和精心打磨，结构简单、技法粗糙，疯狂复制、杂乱拼凑等粗制滥造的现象严重；为了迎合一些网民的需要甚至低级趣味，网络文艺的娱乐功能被刻意放大，大量庸俗的文艺作品充斥其中，甚至出现了不少标榜多元、对抗主流等严重问题，价值导向作用被削弱，等等。③ 繁荣和发展社会主义文艺，坚持文艺为人民服务，为社会主义服务的方向，就必须把以人为本、促进人的全面发展作为出发点和落脚点，文艺工作不仅要注重群众性，大力推出群众喜闻乐见的艺术表现形式和创作内容，同时要努力改造落后文化，抵制腐朽文化。④

有研究者指出，网络文艺成为文化消费主义肆虐的主要场所，具有以粉丝文化为基点、草根性、娱乐性、读者年轻化并日趋与资本对接等特点的网络文艺，⑤ 其所导致的人文精神的沦落、文艺价值的缺失和文艺生态的严重破坏等现象，必须引

① 党圣元：《多样性与社会主义文艺繁荣发展》，《光明日报》2015年11月2日。

② 杨霖怀、吴倩：《中国网络文艺有五大特点》，《人民日报》（海外版）2015年10月12日。

③ 孙守刚：《加强对网络文艺的研究和引导　打造弘扬社会主义核心价值观的新平台》，《百家评论》2015年第2期；孙书文：《论网络文艺发展与社会主义文化的繁荣发展》，《山东社会科学》2015年第2期。

④ 史小亚：《关于推进社会主义文艺繁荣发展的几点思考》，《理论导刊》2015年第6期。

⑤ 杨霖怀、吴倩：《中国网络文艺有五大特点》，《人民日报》（海外版）2015年10月12日。

起读者和研究者的重视。[①] 也有研究者指出，市场化推动了网络文艺生态的繁荣，但网络文艺作品的质量有待提升，网络文艺作品冲击主流文化，导致价值观念的混乱无序，网络提供了便捷多样的文艺生产和消费的传播渠道，但也给管理带来了巨大的挑战。[②]

引导网络文艺成为社会主义文艺的有生力量，就是要将社会主义核心价值观融入并统领网络文艺建设的全方面和全过程。网络文艺建设要成为培育和践行社会主义核心价值观工程的中流砥柱，通过这种大众化的传播形式不断夯实中国特色社会主义的思想道德基础，这就需要我们抓好网络文艺创作队伍建设、建立健全法律制度保障，实现网络文艺作品市场性、社会性和政治性的有机结合。[③]

（供稿：朱亦一）

---

① 程政博：《文化消费主义批判与社会主义文艺价值观的构建——基于文艺座谈会谈话精神的思考》，《大众文艺》2015 年第 2 期。

② 刘胜枝：《当前我国的网络文艺生态及其建设路径分析》，《文艺理论与批评》2015 年第 3 期。

③ 唐文艳、彭福扬：《核心价值观建设之网络文艺路径》，《思想政治工作研究》2015 年第 12 期。

科学无神论与社会主义核心价值观

2014年10月底，第二届科学无神论论坛在京举办，主题为“社会主义核心价值观与科学无神论”。科学无神论与社会主义核心价值观的关系成为学术热点之一。

《科学与无神论》杂志主编杜继文阐明，核心价值观是适应和满足全国各个民族、各种人群在价值诉求上的最大公约数，最广泛的共识，其中唯一的底线是“社会主义”；核心价值观促进在价值观上凝聚民心，团结一致，以反映和保障社会主义的经济基础和社会发展的历史方向。科学无神论学者应从科学和无神论的视角去把握和践行社会主义核心价值观。他认为，目前存在五大问题：一是近些年有神论泛滥成灾，特别表现在邪教和宗教极端主义的猖獗上；二是对宗教问题长期性的这一定性既缺乏历史依据，也罔顾现实社会世俗化与科学普及对宗教体系的冲击和消解；三是“教族一体”说是个绝大的错误；四是对宗教群众性的强调，客观上将信教群众和不信教群众隔离开；五是西方宗教中的宣教学误导了我国不少学者。科学无神论学者有责任提出思考和批评，让核心价值观占据舆论的主流，从而积淀成为我们“国俗民风”的底蕴。①

中央党校教授龚学增认为，社会主义核心价值观体现了社会主义意识形态的本质要求，体现了社会主义制度在思想和精神层面的质的规定性，体现了科学无神论精神。要在践行社会主义核心价值观实践中正确把握科学无神论研究宣传教育的定位。在中国共产党内、共青团内、国民教育体系、文化宣传领域，应该鲜明地提出无神论宣传教育，抵御各种有神论的影响。②

中国无神论学会理事长朱晓明认为，只有坚持科学无神论，才能超越不同信仰的差异，全面地践行社会主义核心价值观；也只有坚持科学无神论，才能实现真正的宗教信仰自由，才能彰显中华传统文化的独特优势，实现社会主义文化的历史性超越。③

中国社科院科学与无神论研究中心主任习五一从国家价值层面的“富强”与“文明”的视角，论述了科学无神论是社会主义核心价值观的应有之义。她阐明，实现国家的繁荣富强，就要大力推动科教兴国的战略。而倡导科学精神，包括科学无神论思想，抵制愚昧迷信，是提高中华

---

① 杜继文：《科学无神论要做践行社会主义核心价值观的模范》，《科学与无神论》2015年第1期。

② 龚学增：《社会主义核心价值观与科学无神论关系的几个问题》，《科学与无神论》2015年第1期。

③ 朱晓明：《培育和践行社会主义核心价值观，拓展科学无神论研究和宣传教育的新局面》，《科学与无神论》2015年第2期。

民族思想素质的重要途径。从中国传统的人本主义走向“科学与民主”的现代精神，是历史发展的大趋势。在社会主义核心价值体系中，无神论的唯物世界观和积极人生观，占有重要的地位。[①]

（供稿：黄艳红）

① 习五一：《科学无神论是社会主义核心价值观的应有之义》，《科学与无神论》2015 年第 4 期。

科学与宗教的关系

科学与宗教的关系，是跨学科的研究领域，也是近十年来国际科学史界的热点研究主题之一。这一问题也引起了无神论学者的关注。2015 年 4 月 29 日，《中国社会科学报》发起一场题为《以历史辩证眼光审视西方科学与宗教》的讨论。参加的学者有中国社会科学院科学与无神论研究中心的习五一研究员、南京大学哲学系的蔡仲教授、华东师范大学哲学系安维复教授和北京师范大学科学史与科学哲学研究所的刘孝廷教授。刘孝廷认为，科学与宗教的关系错综复杂，经历了三个阶段。蔡仲认为，相信上帝按照和谐的数学定律设计并创造了整个世界这样的信仰对于鼓舞近代科学奠基者们的“科学忠诚”是必要的。安维复认为，西方的科学及其哲学并不是传统定论中所说的“神学婢女”，而是基督教体系中的基本建制。习五一则认为，中世纪科学与宗教相容情况下的科学领域，常常是局限于对一些具体的、局部的问题，而不涉及自然界的起源、人类的起源等基本前沿问题或终极探索等。当用宗教理念无法解释新的科学发现时，科学家就会被视为异端或无神论者遭到迫害。如达尔文进化论否定人和生物是上帝创造的，从而对基督教的神创论提出严峻挑战，至今仍是宗教保守势力攻击的主要目标。刘孝廷指出，一般说来，科学哲学家们都认为创世论不是科学。蔡仲认为，“创世科学”或“智能设计论”本质上反映出宗教在当下社会中的一种困境。如何处理当代科学与宗教的关系？习五一认为，按照历史唯物主义的观点，科学与宗教的关系应从现实社会关系中寻找原因。安维复则认为，当前关于科学与宗教关系争论的实质主要源自方法论的不同进路。刘孝廷认为人类已经走过了宗教时代，进入了科学时代。①

中国社科院黄艳红副研究员考察近代科学的起源和基督教的关系，认为历史上的基督教，没有为近代科学的兴起提供多少在思想上有益的贡献。就连通常被看作近代科学的前提条件或思想基础的一种信念，即相信自然界是有秩序和可理解的，也来源于亚里士多德而不是基督教神学。②

（供稿：黄艳红）

① 张清俐：《以历史辩证眼光审视西方科学与宗教》，《中国社会科学报》2015 年 4 月 29 日。

② 黄艳红：《基督教并非近代科学的源头》，《中国社会科学报》2015 年 12 月 22 日。

第五篇

论文荟萃

马克思主义基本原理

【马克思主义基本原理、文本及其解读】

陈先达*，《光明日报》2015年8月12日

学习马克思主义有两种基本方式，一种是精读经典著作，另一种是学习马克思主义基本原理。这两种方式，各有其用，相互促进，不能偏废。

马克思和恩格斯的原著，思想深邃，逻辑严密，文字优美，是传世之作。马克思和恩格斯的文本之所以被奉为经典并不包含任何个人崇拜，而是因为在他们的著作中创造了一种为无产阶级和人类解放指明方向的新的理论，即马克思主义。它的集中表现，就是在他们著作中阐述的基本原理。

马克思主义基本原理当然具有抽象性，但它不是思辨性的原理，而是一种以事实为依据，以规律为内容，以实践为标准的理论，既具实证性又具有高度的理论性。马克思主义经济原理就是从资本主义社会常见的商品入手，从商品两重性到劳动两重性，层层剖析，揭示出资本主义经济社会形态的产生、发展和必然为新的社会形态取代的规律；科学社会主义的基本原理是立足于资本主义现实的阶级矛盾和无产阶级在生产关系中的地位，从资本主义现实矛盾出发揭示出无产阶级历史使命和解放条件的规律；而哲学原理则是对自然科学、社会科学成就的概括和总结。真正使一切资本主义捍卫者和辩护者感到头痛，感到不安的并不是马克思和恩格斯的某部著作，而是包含其中的马克思主义基本原理。原著的可怕性在于其中的原理，而非文本。

马克思主义哲学的每条基本原理，看似简单，实际内容无限丰富，都具有无可辩驳的理论力量和实践力量，只是我们不少理论工作者对这一点并未达到自觉理解的水平。他们不是在原理的应用中理解原理，而是把原理当成教条。大道至简，真理是平凡的，可真理的力量是无穷的。

在意识形态领域，马克思主义与反马克思主义凡是围绕原著的斗争，最终都会归结为其中阐述的马克思主义基本原理的正确与否的争论；所有反对马克思主义的人，都不是只反对某本著作，而是反对马克思主义基本原理。围绕马克思主义基本原理的斗争才是马克思主义理论领域斗争的实质。

经典著作与原理相比，有它不可取代的优越性。在经典著作中，任何基本原理都不是单纯的逻辑性存在，而是与对事实的分析结合在一起的。它具有历史感、具有无可辩驳的说服力和事实依据，它是大量事实分析后的点睛之笔。但必须注意，任何新的重读都不能成为推翻或颠覆马克思主义基本原理的依据，而只能是对马克思主义基本原理内容的丰富和补充。

我们应该坚持马克思主义基本原理，

---

* 陈先达：中国人民大学哲学院教授。

但不能把马克思主义基本原理教条化。坚持和发展应该是统一的。不坚持，当然谈不上发展，如果不发展，所谓坚持往往是教条主义。教条主义是对马克思主义基本原理的背叛，因为马克思主义的精髓、马克思主义活的灵魂，是对具体问题的具体分析。马克思主义基本原理提供的是分析和解决问题的基本观点和方法，而不是答案。

（供稿：张建云）

【把握马克思主义整体性的根本维度：实践维度】

马文保*，《教学与研究》2015 年第 11 期

研究马克思主义实际上已经形成了学科维度、历史维度、实践本体维度和问题维度等四个基本维度，这四个维度可以看作研究马克思主义的传统维度。研究马克思主义的学科维度，是把马克思主义看作由不同学科构成的并分别从不同学科角度加以研究的维度。研究马克思主义的历史维度，主要是把马克思的思想分别作为青年马克思、中年马克思和晚年马克思的思想加以研究的维度。研究马克思主义的实践本体维度，是从本体论意义上把实践作为把握马克思主义的维度。研究马克思主义的问题维度，是把马克思主义化约为一个个问题分别加以研究的维度。这里的问题既包括马克思主义自身所包含的问题，诸如世界历史问题、社会形态问题等，也包括马克思主义与时代特征结合产生的问题，诸如发展问题、文化问题、价值问题、人的问题、现代性问题、全球化问题、公共性问题和公平正义问题等。

从不同学科维度把握马克思主义，虽然在一定程度上深化了对马克思主义的认识，但是，同时也造成了马克思主义学科内部的严重分化和森严壁垒。虽然当前已经从学科建设上把马克思主义提升为一级学科，把马克思主义哲学原理、政治经济学原理和科学社会主义原理三门课程合为马克思主义基本原理概论一门课程，但是并没有达到预期效果，马克思主义基本原理概论依然是从三个学科角度来分别阐释的，缺乏一条清楚的内在主线作统一的说明。由此可见，马克思主义能不能被把握为一个整体，问题并不在于是不是从形式上把它看作一个学科，而在于能不能从内容上把它把握为一个整体，换言之，能不能找到一个统一说明其内容的视角或维度和一种方法。要从内容上把马克思主义把握为一个整体，首先必须寻求一条能够真正统一其内容的内在线索，而这条线索只能从马克思主义本身去找。

从历史维度把握马克思主义的整体性，是统一把握马克思主义思想的一个很好的构想。但是，能不能把马克思主义把握为一个历史过程或统一整体，问题并不在于是不是把马克思主义判定为一个历史过程或统一整体，而在于能不能把它证明为一个历史过程或统一整体。需要一个能够进入马克思主义思想本身的视角或维度和一个对之作出统一说明的方法。这个视角或维度只能是实践维度，这个方法只能是内在说明方法。

要把马克思主义把握为一个思想有机体，或要真正把握马克思主义整体性，唯一可能的维度或根本维度就是实践维度。要把马克思的实践观点贯彻到底，或者要把马克思主义把握为一个思想有机体，仅仅把实践确立为解释世界和改变世界的基础还远远不够，只有通过实践或在实践中实现对感性的人的生活世界的内在说明才

* 马文保：西安交通大学马克思主义学院副教授。

有可能。也就是说，只有通过实践或在实践中根据感性的人的生活世界的内在矛盾运动展开来说明这个世界，马克思主义才能真正被把握为一个思想有机体。马克思正是确立了这样的实践观点（或说明现实的实践基础），他才能够接触到真正的现实：一方面他才可能把感性的人的生活世界作为真正的现实来加以说明，即在被说明的现实上实现根本变革；另一方面他才可能通过感性的人的生活世界自身的矛盾运动展开来说明之，即在说明现实的方式上实现根本变革。

（供稿：张建云）

【论整体性的马克思主义】

贾建芳*，《马克思主义研究》2015年第3期

整体性马克思主义的理论结构。唯物史观、剩余价值学说和科学社会主义既是马克思主义理论演进的三个重要环节，又从不同角度和层面阐明了马克思主义的理论主题，三者共同构成马克思主义的内在结构。唯物史观是关于人及其历史发展的科学，唯物史观是因为人、为了人而产生的，又为人的解放和发展奠定了科学的世界观和方法论。唯物史观不仅确定了“人”的内涵和本质，而且阐明了人的解放和发展与历史发展的关系，揭示了人、自然、社会之间的关系及其发展前景。剩余价值学说揭示了无产阶级解放的根本条件。马克思运用唯物史观研究资本主义社会经济关系，从资本主义社会中“最简单、最普通、最基本、最常见、最平凡、碰到过亿万次的关系：商品交换”出发，从商品二因素到劳动二重性再到劳动价值论，通过劳动价值论发现了剩余价值论，通过剩余价值论揭示了资本积累规律，通过资本积累规律得出“两个必然”的结论。科学社会主义是关于无产阶级解放的学说。科学社会主义是关于无产阶级解放斗争的性质、条件和目的的学说，简言之，是关于无产阶级解放的学说。而科学社会主义是整个马克思主义理论体系的结论部分和核心，因此，马克思恩格斯关于科学社会主义研究对象和历史任务的规定也是整体性马克思主义的旨归。所以，马克思主义就是关于无产阶级解放的学说。由于无产阶级的解放包含着普遍的人的解放，无产阶级只有解放全人类才能最后解放自己，因此，马克思主义也就是关于无产阶级和全人类解放的学说，简言之，马克思主义是人的解放的学说。人的解放与发展互为条件，是统一的过程。因此，马克思主义是人的解放和发展的学说。

整体性马克思主义的基本理论。马克思主义是关于人的解放和发展的理论，是由一系列基本原理构成的逻辑体系，阐明了人的解放和人的自由全面发展的过程、条件等基本问题。整体性马克思主义的核心概念和范畴显然是“人的解放”和“人的自由全面发展”。马克思恩格斯所讲的人的解放是一个自然历史过程。马克思曾把人的解放和发展过程分为三个阶段：人的依赖关系、以物的依赖性为基础的人的独立性、建立在个人全面发展和他们共同的社会生产能力成为他们的社会财富这一基础上的自由个性。马克思恩格斯认为，个人发展和人类解放受制于社会关系和社会历史发展。实现人的解放和发展的条件主要是生产力高度发达、全社会占有生产资料、世界普遍联系、社会物质文明和精神文明高度发展、个人的解放和发展意识觉醒而能力素质全面提高等一系列主客观条件。

* 贾建芳：中共中央党校马克思主义理论教研部教授。

中国共产党把马克思主义和以马克思主义为指导形成的列宁主义、毛泽东思想和中国特色社会主义理论体系统称为马克思主义。这是广义上的马克思主义。广义的马克思主义与马克思恩格斯的思想体系即原义的马克思主义是什么关系？主题一致、思想方法一致，基本原理一致。中国共产党从中国实际出发运用马克思主义基本原理，创立了中国化的马克思主义。中国化的马克思主义绝不是马克思主义理论体系中某些“概念”“范畴”和“原理”的花样翻新，也不是背离原义马克思主义的新的“理论体系”。“化”的源头是整体性的马克思主义，“化”的对象是“中国问题”。

（供稿：张建云）

【马克思劳动价值论研究的历史整体性】

张雷声、顾海良*，《河海大学学报》（哲学社会科学版）2015 年第 1 期

劳动价值论是马克思主义理论的重要组成内容。不仅马克思对劳动价值论的研究过程、理论创新反映了马克思主义理论的整体性，而且它和唯物史观的结合也是研究马克思主义理论整体性的重要基础。马克思关于劳动价值论研究的历史转变、运用唯物史观进行劳动价值论创新的历史过程，反映了马克思对劳动价值论的科学分析是与唯物史观的创立和运用密不可分的，反映了马克思研究劳动价值论的历史整体性，说明了马克思对劳动价值论这一经济问题的分析既是政治经济学理论体系构成中的一个重要问题，更是整个马克思主义理论体系中的一个重要问题。

1843 年 10 月，马克思旅居巴黎创办《德法年鉴》，开始对古典政治经济学和空想社会主义的著名代表人物的著作进行研究。这一时期，直至 1844 年 8 月，马克思对劳动价值论都持有怀疑态度。

从《神圣家族》到《德意志意识形态》，马克思初步完成了他的唯物史观创立工作，并实现了向历史唯物主义者的转变，开始由劳动价值论的怀疑者逐步转向劳动价值论的拥护者。马克思在 1844 年底与恩格斯合作完成的《神圣家族》是这一转变的最早文献。这一文献的写作基本反映出马克思正处于由劳动价值论的怀疑者向拥护者转变的过渡之中，这一文献也就由此成为马克思后来走向发展和创新劳动价值论的起始性标志。

唯物史观与政治经济学研究的结合，使马克思在劳动价值论的研究上有了新的进展。马克思在写于 1847 年的《哲学的贫困》中，公开了自己向劳动价值论发生根本转变的立场。

第一，马克思在剖析蒲鲁东所谓使用价值和交换价值对立的观点基础上，初步阐述了关于商品二因素的原理。第二，马克思在剖析蒲鲁东所谓“科学的发现”即“构成价值”观点基础上，坚持了劳动决定价值的原理。第三，马克思在批判蒲鲁东关于“商品应精确地按其所包含的劳动时间进行交换”论点的基础上，阐释了决定商品价值的劳动的特性。第四，马克思在批判蒲鲁东混淆“劳动价值”和“劳动的价值产品”的基础上，阐明了二者的区别。马克思认为，“劳动价值”是无法用来确定或衡量商品价值的，因为“劳动价值”说明的是生产劳动商品所需要的劳动时间，用“劳动价值”来衡量商品的价值，也就是用价值来衡量商品的价值，这是循环论证，不能说明任何问题。第五，马克思在剖析蒲鲁东关于价值比例规律应用的观点基础上，

* 张雷声：中国人民大学马克思主义学院教授；顾海良：教育部社会科学委员会副主任。

初步阐述了货币的产生及其特性的原理。

马克思运用唯物史观对劳动价值论的探索获得突破性进展，主要表现在《资本论》的创作过程中。一方面，19世纪50年代初的《伦敦笔记》，对价值理论和货币理论做了深入的研究；另一方面，马克思于19世纪50—60年代先后完成的《资本论》手稿，创立了科学的劳动价值论。

唯物史观在政治经济学领域的运用，使马克思真正认识到了劳动价值论的意义，从而也才使马克思真正能够实现劳动价值论与唯物史观的统一。《资本论》整体地展现了这种统一性。

马克思关于劳动价值论的研究过程，是一个由怀疑到靠近、肯定，再到创新的发展过程，也是一个在经济学研究中创立、运用唯物史观、实现了劳动价值论与唯物史观内在结合的过程。考察这一过程，使我们在走向历史深处中可以通过方法的整体性和逻辑的整体性，把握到马克思劳动价值论研究的历史整体性，真正去理解马克思、解读马克思的思想。

（供稿：张建云）

【论中国道路对科学社会主义理论的发展】

陈学明*，《中国浦东干部学院学报》2015年第6期

中国道路把科学社会主义的一般原理运用于当代中国实际，摆脱那种对科学社会主义、马克思主义的教条式的理解，摆脱那种超越历史发展阶段的实践，提出了一系列新的理论和原则，其中许多理论和原则是对科学社会主义的创新和发展。

中国道路确认目前中国处于社会主义初级阶段，这对科学社会主义的社会主义发展阶段理论做出了重大贡献。中共在十一届三中全会以后恢复了解放思想、实事求是的思想路线，一切从实际出发，揭示的中国的现实就是“社会主义初级阶段”。正是基于对“社会主义初级阶段”这一国情的认识，中国才制定了“以经济建设为中心”“坚持四项基本原则和坚持改革开放的两个基本点”的基本路线。也正是在对中国国情是“社会主义初级阶段”这一判断的基础上，中国才坚持和完善以公有制为主体、多种所有制经济共同发展的基本经济制度。正是以“社会主义初级阶段”论为依据，中国才会推出通过让一部分人、一部分地区先富起来，带动大部分地区加速发展、实现共同富裕的政策。

中国道路全面回答了什么是社会主义的本质，在科学社会主义发展史上对什么是社会主义这一最基本的问题第一次做出了最精辟、完整的概括。首先，“解放生产力、发展生产力”是社会主义的根本任务，在社会主义本质中占有首要地位；其次，“消灭剥削、消除两极分化”是实现社会主义本质的基本手段；最后，“最终实现共同富裕”是社会主义的价值目标，是社会主义本质的核心。中国共产党对社会主义本质特征的这一概括，在最深的层次上、在最完整的意义上揭示了社会主义的本质之所在。

中国道路对社会主义动力的探索，引起了科学社会主义关于发展动力观念的升华。邓小平把改革视为社会主义社会发展的动力，这是在社会主义发展动力问题上的理论创新，正是这一理论创新为中国的生产力的发展，为中国社会主义社会的发展，开辟了道路。

中国道路不断增强执政党的阶级基础

---

* 陈学明：复旦大学哲学学院教授。

和扩大执政党的群众基础，丰富和发展了科学社会主义的建党学说。江泽民所提出的“三个代表”的重要思想，通过增强执政党的阶级基础和扩大执政党的群众基础，丰富和发展了科学社会主义的建党学说。

中国道路重塑社会主义与资本主义的关系，改变了科学社会主义理论原先的社会主义与资本主义的对立思维。在与资本主义的相互关系问题上，中国道路既看到了资本主义与社会主义的区别与矛盾，又正视社会主义与资本主义的联系与共存。面对资本主义世界，中国道路既不搞“全盘西化”，也不采取“自我封闭”。中国道路既不放松对资本主义“和平演变”的警惕，又积极地与资本主义进行交往，利用资本主义来建设社会主义。

（供稿：彭五堂）

【恩格斯关于建设未来新社会的构想及其当代意义】

奚广庆*，《江西社会科学》2015 年第 7 期

学习研究恩格斯的深刻论述，人们就会明白，所谓《哥达纲领批判》是建设共产主义的伟大纲领，是科学社会主义理论蓝图，是社会主义的定义和最后结论，按照《哥达纲领批判》把当代中国社会发展阶段界定为“过渡时期”、否定当代中国社会主义性质的观点，都是把马克思和恩格斯的理论以及关于未来新社会构想的教条化、公式化的理解，是与科学社会主义理论逻辑与基本原则格格不入的，必须坚决加以校正。

恩格斯还指出，认为在没有资本主义生产方式的农民小生产社会里更容易建设社会主义的观点是完全错误的。恩格斯也认为，在资本主义生产方式已经确立并向世界广泛推进的时代，那些东方落后国家如果取得人民革命胜利，在发达国家工人阶级革命胜利并给予帮助的条件下，充分吸取资本主义创造的一切肯定成果，就可能跨越资本主义制度的“卡夫丁峡谷”去建设社会主义。

马克思和恩格斯都是从人道主义者和革命的民主主义者转变为共产主义者的。科学社会主义是在批判地吸收资产阶级人道主义这个人类文明重要成果基础上形成发展起来的。恩格斯晚年把他们的历史观明确地概括为“关于现实的人及其历史发展的科学”。依据这样的历史观和对资产阶级人道主义的批判继承，他们把高于资本主义旧社会的未来新社会界定为人的全面而自由发展的社会形式。科学社会主义的实践经验和理论成果都告诉我们，坚持以人为本，实现人的解放和发展，是科学社会主义的核心理论观点和根本价值追求。

1891 年恩格斯在《〈法兰西内战〉一书导言》中尖锐指出，国家最多也不过是无产阶级在争取阶级统治的斗争以后所继承下来的一个祸害；胜利了的无产阶级也将同公社一样，不得不立即尽量除去这个祸害的最坏方面，直到在新的自由的社会条件下成长起来的一代能够把这全部国家废物完全抛掉为止。为了对付旧国家留下的祸害，防止国家和国家机关由社会公仆变为社会主人，他还提出要学习巴黎公社的两个做法。第一，它把行政、司法和国民教育方面的一切职位交给由普选选出的人担任，而且规定选举者可以随时撤换被选举者。第二，它对所有公职人员，不论职位高低，都支付给跟其他工人同样的工资。

---

* 奚广庆：山东大学当代社会主义研究所研究员。

恩格斯关于“分工的规律就是阶级划分的基础”的科学观点，为我们反思与总结苏联和东欧国家政权变质的历史教训，研究和解决如何认识和对待“国家祸害”、国家公职人员和社会精英蜕变的问题提供了理论基础。

（供稿：彭五堂）

【广义政治经济学思想续探——基于《资本论》、手稿及书信集的考证】

卢江、葛扬*，《当代经济研究》2015年第10期

《家庭、私有制和国家的起源》是一部具有广义政治经济学特性的著作，也是马克思的社会形态理论必须予以讨论的问题。马克思本人在政治经济学性质问题上是秉持广义态度的。尽管恩格斯多次提及马克思主义理论是基于历史与逻辑相统一的原则创立的且具有活的灵魂，但是学术界存在一些忽视马克思经济学分析方法并质疑马克思本人在资本主义经济理论研究方面取得成果的观点。

《资本论》是马克思对政治经济学理论研究的最高和成熟之作，因此，广义政治经济学思想文本考证的首要问题是《资本论》是否具有广义特性。一般意义上，学术界认为《资本论》是马克思对资本主义经济制度运行规律的研究，所以它是狭义的。然而，从《资本论》的创作史来看，上述观点有失偏颇。

写于1863年7月至1864年6月的《第六章　直接生产过程的结果》手稿对于理解马克思《资本论》的广义性内涵具有重要的理论意义。在《第六章　直接生产过程的结果》中，马克思首先指明了作为资本产物的商品是和资本的历史发展相一致的，资本的产生离不开商品交换和贸易，而后者恰恰是在历史不同生产阶段的基础上形成，其中，产品只是部分地采取商品的形式而存在。当进入资本主义生产方式以后，马克思指出过去生产时期的经济范畴同时获得了特殊的历史性质，它是由基于自然史发展的科学立场和资本主义生产方式内部的矛盾而得出的结论。

分工作为政治经济学一切范畴的范畴，在《资本论》内容体系中具有双重意义。第一，它是《资本论》狭义内容体系的自然历史在不同阶段的反映标识。第二，分工本身的逻辑演化恰恰体现了《资本论》的广义思想内涵。比如，马克思将私人劳动定义为自然形成的社会分工的一部分，同时将家庭内的分工看成自然形成的分工，这两部分可以统称为自然分工。

《资本论》之所以能够取得如此伟大的成就，关键在于马克思在方法论上实现了转变。恩格斯很早就致信马克思，要求首先在世界观和方法论上从以往的形式中脱离出来，尽管经历了较长时期探索，但是唯物史观的发现使得马克思最终能够深刻揭示人类社会发展的一般规律并形成真正科学的政治经济学理论。对此，恩格斯明确指出，马克思将政治经济学的原理看成一定历史发展的结果。实际上，历史唯物主义的社会历史观一经形成并作为指导思想，《资本论》的内涵就不可能是狭义性的了。

（供稿：张伟）

【论马克思主义公共经济学的研究】

余斌**，《管理学刊》2015年第1期

* 卢江：浙江大学马克思主义学院讲师；葛扬：南京大学经济学院教授、博士生导师。

** 余斌：中国社会科学院马克思主义研究院研究员。

事实上，每一个经济学派和经济学科的发展，都需要巨大的经济力量来推动。西方公共经济学获得较大发展与20世纪70年代初新帝国主义的形成有着直接关系。金融寡头们既要利用国家，又要摆脱国家对他们的束缚，而西方公共经济学正好符合他们的利益，有助于金融寡头们在全球推行方便他们大肆掠夺的新自由主义。

西方公共经济学通过将政府部门称为公共部门而将财政学发展成为公共经济学。于是，其对真正的公共经济，如自原始社会以来，直到资本主义经济成熟之前都存在着的各种非私有制经济和社会主义公有制经济，完全采取漠视态度。不仅如此，西方公共经济学对于政府经济本身也是大加限制。

作为西方经济学的一个分支，西方公共经济学沿用了西方经济学的理论前提和研究方法。因此，西方经济学的局限性，也就成了西方公共经济学的局限性。马克思主义公共经济学的研究对象主要是超出私有制以外的经济活动，同时也包括西方公共经济学所涉及的内容，如财政收支等。

马克思主义公共经济学的研究也可以从分析公共产品和公共物品开始。接下来，还要分析对这些公共产品和公共物品负有责任的公共经济主体。一是要讨论政府与市场的关系，二是要进行阶级分析，讨论政府的阶级性质。然后，讨论公共经济的需求与供给问题，尤其是要讨论被西方经济学刻意回避的最重要的公共产品——纸币的需求与供给问题。接下来，按照先支出后收入的顺序讨论公共收支。

如何正确处理政府和市场的关系也是马克思主义公共经济学研究的重点内容。显然，研究马克思主义公共经济学将有助于人们更好地把握和处理政府与市场的关系。

黄恒学等人认为，研究公共经济学有助于政府更好地进行宏观和微观经济管理，有助于政府更好地参与社会产品的再分配，维持社会公平和社会稳定，有助于在国际经济活动中为本国创建一个良好的国际环境，维护本国的经济利益。显然，这些意义是马克思主义公共经济学研究才具有的。

马克思主义公共经济学是政治经济学在公共经济领域的应用，研究马克思主义公共经济学有助于丰富和发展政治经济学。通过使人们认识到现代社会生活中最重要的问题都同政治经济学有着直接关系，可以使人们对政治经济学发生兴趣，并使他们热心地投身对政治经济学的研究之中。

公共经济学是政治经济学的一个分支，因此，政治经济学的研究方法就是它的研究方法。实际上，公共经济学与一切人文社会科学的研究方法都不外乎历史唯物主义和唯物辩证法。

（供稿：张伟）

【《资本论》是构建当代中国政治经济体系的根本指导思想——端正构建思想应当划清的几个重要界限】

胡钧*，《改革与战略》2015年第8期

政治经济学是指导中国社会主义经济建设的根本理论，是对推动国家经济快速发展、财富极大增长、人民生活更快提高的最有决定意义的一门学科。其之所以最具有决定意义，是因为政治经济学的研究

---

* 胡钧：中国人民大学经济学院教授。

对象是一定阶段的社会生产关系，而适应生产力水平的生产关系是推动社会生产力进一步发展的最有决定性的力量、因素。

马克思继承了斯密的政治经济学理论，包括其著作①的研究对象、研究目的和基本体系，在批判继承的基础上，马克思创作了《资本论》这本无产阶级的政治经济学著作。《资本论》对资本主义生产关系的研究，一方面肯定斯密的认识，认为在当时的历史条件下，的确只有资本主义制度才能推动社会生产力的快速发展，马克思对这个问题作出了比《国富论》更科学细致的分析，详细阐明了从价值规律到剩余价值规律，再到利润率平均化规律等资本主义生产关系的发展和调整，不断推动了社会生产力的迅速发展。但是，马克思是无产阶级革命的理论家，他是以辩证唯物主义和历史唯物主义的方法为指导，来观察社会历史发展的，揭示了社会发展的一般规律。

政治经济学研究对象是社会生产关系，研究的任务就应当是探索构建适合生产力发展的社会生产关系体系以推动生产力大发展，这些是今天学习政治经济学这门科学的根本任务。如果不把社会生产关系作为核心问题并牢牢把握，而把核心任务改变为别的什么，那所搞的就不是政治经济学。

我们今天直面的主要任务，不是动员群众去推翻一个旧制度，而是创建一个新的制度——中国特色社会主义经济制度，以便更快地推动社会生产力的发展，保证和提高全社会成员的物质生活水平和他们的自由全面发展水平。这个现实任务就决定了《资本论》中从正面表述的内容，被提到更突出的地位。

既然某种生产方式是人类社会历史发展的一个必经阶段，有其必然性，从科学的角度看，就没有合理不合理、正义不正义的问题。如果认为小商品经济公平，资本主义的剥削是不公平、不合理的，那就会导致否定小商品经济转化为资本主义经济是一种历史的进步。只要符合历史必然性的就是合理、正义，不符合就是非正义的。除此之外，在政治经济学这门科学中没有别的标准。

《资本论》与资产阶级古典经济学的区别在于，马克思在正面阐述资本主义生产关系推动社会生产力的内容时，用辩证法发展的观点同时阐明了资本主义生产方式的历史过渡性，阐明在资本主义关系下发展起来的社会化大生产，由于该生产关系的狭隘性而导致它必然走向灭亡。

这种对资本主义生产方式从正面和从反面的阐述，是对自然史过程客观的真理性的阐述，这是关于资本主义生产方式与社会主义生产方式运动规律的基本理论，提供了建立中国政治经济学的正确途径。

（供稿：张伟）

① 指《国富论》。

马克思主义中国化

【科学建构中国特色强国理论】

邓纯东*，《人民日报》2015年10月20日

发展21世纪中国马克思主义，应着眼于如期实现“两个一百年”奋斗目标和中华民族伟大复兴的中国梦，紧紧围绕中国特色社会主义事业“五位一体”的总布局，不断推进实践基础上的理论创新，科学建构社会主义现代化强国理论。

一　当今中国正处于由大到强的关键历史阶段

新中国成立以来，在中国共产党的带领下，经过全国各族人民60多年的艰苦努力，我国各项事业取得了举世瞩目的辉煌成就，综合国力大幅提升。当今中国，已到了由大到强的关键节点。

我国已成为名副其实的世界第二大经济体、全球经济增长重要引擎。与此同时，我国文化软实力有了质的突破。可见，当今中国由大到强的总体趋势已经明朗，民族复兴前景空前光明。

在为我国经济社会发展成就而欢欣鼓舞的同时，我们也应清醒地认识到：目前我国所处的国内外环境错综复杂，面对的新情况新问题前所未有。因此，我们的强国之路绝非坦途，建构强国理论任重道远。

二　围绕“五位一体”总布局建构强国理论

围绕适应和引领经济新常态，发展社会主义市场经济理论。在经济新常态下发展社会主义市场经济理论，需要积极探索如何发挥市场配置资源的决定性作用和更好发挥政府作用；探索推动经济结构优化升级的规律，使经济增长由要素驱动、投资驱动转变为创新驱动；探索如何积极稳妥推进国有企业改革，使其进一步明确市场主体地位，完善治理结构，增强创新能力，创新发展新型国有企业理论；探索如何进一步打破行业垄断、消除隐性壁垒，为非公有制经济发展提供广阔空间；等等。

围绕扩大人民有序参与，发展社会主义民主政治理论。在发展中国特色社会主义民主政治过程中，我们一方面要进一步健全发展选举民主，另一方面要充分发挥协商民主搜集民情、集中民智、凝聚民力的强大功能，引导人民通过选举民主和协商民主为国家大政方针制定、国家治理现代化、依法治国实践建言献策，广泛、深度、有序参与民主政治实践，在此基础上不断发展和完善社会主义民主政治理论。

围绕文化大发展大繁荣，建构社会主义文化强国理论。建设社会主义文化强国，必须坚持以中国化马克思主义文化理论为指导，积极探索文化事业、文化产业繁荣发展规律，建构社会主义文化强国理论，不断提高我国文化软实力。

围绕协同共治，建构现代社会治理理

* 邓纯东：中国社会科学院马克思主义研究院党委书记、院长，研究员。

论。建构现代社会治理理论，应进一步探索中国共产党科学执政、民主执政、依法执政的新理念、新思路、新举措；探索政府、社会组织和公民在社会治理中的职能、作用及其有效实现形式。

围绕“五化协同”，建构生态文明理论。建构符合我国现实国情和未来发展要求的生态文明，应以绿色化为核心理念，既加强方向引领，引导人民群众树立科学的生态价值观，坚信“绿水青山就是金山银山”；又加强理论研究，建构科学的生态文明理论，指导相关制度和体制机制建设，推进生态文明建设的具体实践。

围绕推进党的建设新的伟大工程，建构新时期执政党建设理论。应坚持伟大事业与伟大工程有机统一，积极探索协同推进的科学规律。围绕协调推进“四个全面”战略布局，建构新时期执政党建设的科学理论，不断提高我们党执政兴国的本领，不断增强我们党应对各种风险考验的能力，使我们党始终成为中国特色社会主义事业的坚强领导核心。

（供稿：王永浩）

【马克思主义中国化的发生逻辑】

金民卿*，《南京大学学报》（哲学·人文科学·社会科学）2015 年第 6 期

马克思主义是否需要和可能中国化？马克思主义走向中国的内在理论根据是什么？中国是否需要马克思主义？中国人选择和接受马克思主义是否具有内在必然性？马克思主义同中国实际的结合是如何从可能性转化为现实性的？总的来说，这些问题归根结底都是马克思主义中国化何以发生的元问题，对这一元问题的研究也就是马克思主义中国化发生逻辑的分析。

一　马克思主义理论的内在张力：马克思主义中国化的理论依据。马克思主义内在地包含着理论性与实践性、真理性与发展性、世界性与民族性等内在张力，它必须走向生动的社会实践以不断完善自身的理论完整性诉求，不断同各民族的历史、文化及时代特征相结合以展现其真理价值，获得其当代形态，从而实现其改造世界的目的。从这个角度来说，马克思主义走向中国，具有理论上的内在必要性和可能性，这是马克思主义中国化之所以发生的理论依据。

二　近代中国的现实危机与思想裂变：马克思主义中国化的现实依据。马克思主义理论自身有着走向中国的可能性与必要性，这只是问题的一个方面。作为马克思主义中国化过程的另一个客体，中国的实践是否有接受马克思主义的可能性与必要性，是研究马克思主义中国化发生问题的另一个方面。近代以来，中国的社会性质、现实任务以及由此所产生的理论需求，构成了马克思主义中国化发生的实践依据，即实践上的可能性。

三　可能性向现实性的转化：马克思主义中国化的历史性起步。十月革命架起了马克思主义同中国实际相结合的桥梁。五四运动推动了马克思主义中国化内在要素的初步形成，马克思主义中国化开始奠基。中国共产党的成立启动了马克思主义中国化核心要素之间的互动，开启了马克思主义中国化的历史进程。

概括起来说，马克思主义中国化既是马克思主义的理论要求，也是中国具体实际的实践要求，是理论与实践共同作用的产物。马克思主义本身包含着理论性与实践性、真理性与发展性、世界性与民族性等内在张力，构成了马克思主义中国化发生的内在理论依据，即理论上的可能性和

* 金民卿：中国社会科学院马克思主义研究院马克思主义中国化部主任，研究员。

必要性。中国近代社会的危机演变和思想裂变，改造中国的实践任务以及由此产生的理论需求，构成了马克思主义中国化的现实依据，即实践上的可能性和必要性。这两种可能性和必要性通过十月革命、五四运动和中共成立等历史事件转化为现实必然性，十月革命架起了马克思主义同中国实际相结合的桥梁，五四运动推动了马克思主义中国化的初步奠基，中国共产党的成立启动了马克思主义中国化核心要素之间的互动，马克思主义中国化的历史进程由此展开。

（供稿：王永浩）

【在新形势下坚持和运用好毛泽东思想活的灵魂——学习习近平系列重要讲话中的实事求是、群众路线、独立自主思想】

田心铭*，《毛泽东邓小平理论研究》2015 年第 4 期

毛泽东思想活的灵魂有实事求是、群众路线、独立自主三个基本方面。在习近平系列重要讲话中，在十八大以来党和国家的实际工作中，是如何坚持和运用好毛泽东思想活的灵魂的？笔者就此谈谈学习体会。

一　坚持实事求是

习近平在一系列讲话中对坚持实事求是作了多方面的论述。第一，习近平阐明了实事求是在党的理论和实践中极端重要的地位。他指出，实事求是，是马克思主义的根本观点，是中国共产党人认识世界、改造世界的根本要求，是我们党的基本工作方法、领导方法。第二，习近平对坚持实事求是提出了明确要求。他指出，我们要自觉坚定实事求是的信念、增强实事求是的本领，时时处处把实事求是牢记于心、付之于行。第三，习近平对新形势下如何才能做到坚持实事求是作了深入论述。他指出，坚持实事求是，就要深入实际了解事物的本来面貌，透过现象看本质，从凌乱的现象中发现事物内部存在的必然联系，在实践中按照客观规律办事；就要清醒认识和正确把握我国仍处于并将长期处于社会主义初级阶段这个基本国情，坚持一切从这个基本国情出发，努力避免超越现实、超越阶段而急于求成的倾向，坚决纠正落后于实际而因循守旧、故步自封的观念和做法；等等。

二　坚持群众路线

在新形势下坚持和运用好党的群众路线，这一思想贯穿在习近平的系列重要讲话之中，也体现在他的实践活动之中。第一，习近平阐述了党的群众路线的历史观基础。他指出，群众路线本质上体现的是马克思主义关于人民群众是历史的创造者这一基本原理。第二，习近平阐明了坚持群众路线的基本要求。他指出，不论过去、现在和将来，我们都要坚持一切为了群众，一切依靠群众，从群众中来，到群众中去，把党的正确主张变为群众的自觉行动，把群众路线贯彻到治国理政全部活动之中。第三，习近平领导全党开展党的群众路线教育实践活动，使广大党员、干部受到了一次马克思主义群众观点和党的群众路线的深刻教育。

三　坚持独立自主

习近平对独立自主的思想作了深入阐述，并且把它贯彻到党和国家工作的各个方面。第一，习近平明确提出，独立自主是“立党立国的重要原则”。第二，习近平阐明了坚持独立自主原则的基本要求。第三，习近平在一系列重要讲话中把独立自主原则贯彻到建设中国特色社会主义的各个方面。

* 田心铭：教育部高等学校社会科学发展研究中心研究员。

毛泽东思想活的灵魂是其中一脉相承又与时俱进的“脉”，因而也是整个中国化马克思主义的活的灵魂。毛泽东思想活的灵魂是贯穿毛泽东思想各个组成部分的立场、观点、方法，同样也是贯穿十八大以来习近平系列重要讲话全部内容的立场、观点、方法。我们学习贯彻习近平系列重要讲话精神，一定要深入领会和坚持贯穿其中的实事求是的思想路线、群众路线的根本工作路线和独立自主的立党立国原则。

（供稿：王永浩）

【马克思主义哲学中国化的当代思考】

郭建宁*，《哲学研究》2015 年第 9 期

马克思主义哲学中国化是理论界十分关注的学术前沿话题，如何认识马克思主义哲学中国化的重要地位和当代意义？如何进一步推进马克思主义哲学中国化？本文将对这些问题谈谈笔者的看法。

一　马克思主义中国化的关键是马克思主义哲学中国化

马克思主义产生于德国，作为西方的主义要在中国生根，就要由西方形态变为东方形态，由欧洲形态变为亚洲形态，由德国形态变为中国形态，即和中国社会、中国实践、中国文化相结合，实现马克思主义的中国化，而在马克思主义中国化的过程中其关键则是马克思主义哲学中国化。首先，马克思主义中国化、时代化、大众化的核心是中国化。其次，马克思主义哲学中国化在马克思主义中国化中占有关键地位。再次，马克思主义中国化的历史进程从根本上说是马克思主义哲学中国化的历史进程。最后，马克思主义理论创新需要马克思主义哲学创新的引领与滋养。

二　“四个全面”战略布局是马克思主义哲学在当代中国的生动体现

第一，“四个全面”反映了马克思主义哲学的实践性本质。第二，“四个全面”凸显了马克思主义哲学的人民性特征。第三，“四个全面”体现了马克思主义哲学的整体性要求。总之，“四个全面”是当前坚持和发展中国特色社会主义的重大的战略思想、战略部署和战略布局，是治国理政的总方略，也是马克思主义哲学在当代中国的具体运用，体现了马克思主义哲学的立场、观点、方法和思想精髓。全面建成小康社会是目标，全面深化改革是动力，全面依法治国是保障，全面从严治党是关键。“四个全面”相辅相成、相互促进、相得益彰，既有目标又有举措，既有全局又有重点，是有机联系、相互贯通的顶层设计。既在实践中充分体现了唯物辩证法和历史唯物主义，又深化了对共产党执政规律、社会主义建设规律、人类社会发展规律的认识。

三　在理论与实践的互动中进一步推进马克思主义哲学中国化

实践没有止境，认识没有止境，实践创新与理论创新也没有止境。实践、认识、再实践、再认识，是马克思主义实践论的基本观点，也是认识的基本方式。在理论创新与实践创新的辩证统一和良性互动中发展 21 世纪中国的马克思主义，推进马克思主义哲学中国化，是当前理论研究的重大课题，也是理论工作者的光荣使命。第一，在中国特色社会主义伟大实践中推进马克思主义哲学中国化。第二，在汲取和传承中华优秀传统文化中推进马克思主义哲学中国化。第三，在回答时代课题中推进马克思主义哲学中国化。

（供稿：王永浩）

---

* 郭建宁：北京大学中国特色社会主义理论体系研究中心、马克思主义学院教授。

【全面从严治党是中国共产党长期执政实现中国梦之魂】

石仲泉*，《中共党史研究》2015 年第 8 期

在“四个全面”战略思想中，全面从严治党具有特别的重要性。它不仅是一个核心内容，而且是我们党长期执政实现中国梦之魂。

一 “四个全面”是伟大的系统工程

这是因为：第一，“四个全面”既有目标又有举措。第二，“四个全面”既有全局又有重点。第三，“四个全面"之间的关系，是谁也离不开谁，一个也不能少，少一个都不能构成有机整体。第四，就“四个全面”的功能而言，如果说全面深化改革和全面依法治国，是鸟之两翼，那么全面建成小康社会则是主体，全面从严治党是大脑神经中枢所在的头部。因此说，“四个全面”是伟大的系统工程。

二 全面从严治党是“四个全面”的根本关键

“四个全面”展示了未来中国的美好前景。但要实现“四个全面”，最为关键的是要真正做到全面从严治党。因为在当代中国，社会主义事业的核心力量是中国共产党，中国要富强，中国人民要小康，中华民族要崛起，都离不开中国共产党的领导。这不是简单地因为中国共产党是掌握权力的执政党，更重要的是它所以能掌握权力是因为它闹革命得到了人民群众的拥护，以后搞建设特别是改革开放更加得到人民群众拥护。为什么以习近平为总书记的党中央，在当下要全面从严治党呢？这可以从党的历史使命任务和党的现状两方面来看。

三 全面从严治党必须思想建党和制度治党紧密结合

过去的制度建设存在明显不足。现在为了全面从严治党，落实思想建党，就必须狠抓、实抓、长抓制度建设问题。只有这两者紧密结合，中国共产党才能强筋硬骨。从严治党要“坚持思想建党和制度治党紧密结合”。这不仅提升了从严治党的高度，也加大了从严治党的力度。事实上，思想建党和制度治党是两个须臾不可分离的重要环节。尽管两者一柔一刚，但犹如一车二轮，相辅相成，二者缺一不可；一轮硬一轮软、一轮着力一轮不着力也不行。两者不仅要同时、同向发力，而且双方发力还要互相贯通，既要使加强制度治党的过程成为加强思想建党的过程，也要使加强思想建党的过程成为加强制度治党的过程。思想建党必须伴随制度治党，这是全面从严治党的要义所在。全面从严治党具有非常丰富的内涵，也具有非常重要的特殊意义。在四个全面战略布局中，全面从严治党是根本关键。

四 全面从严治党永远在路上，是中国共产党长期执政实现中国梦之魂

为什么全面从严治党永远在路上，只有进行时，没有完成时呢？第一，这与全面从严治党所要求的思想建党解决的根本任务密切相关。第二，这与改革开放根本方针的长期性密切相关。第三，这与市场经济机制的双刃剑效应密切相关。第四，这与党的队伍会不断新陈代谢、更迭流长密切相关。中华民族伟大复兴的中国梦是个需要一代又一代中国共产党人持续接力，不断艰苦奋斗才能实现的美好愿景。只有全面从严治党才能保证一代又一代中国共产党人肩负这一历史重任。有了这个根本保证，全面从严治党就是中国共产党长期执政实现中国梦之魂。

（供稿：王永浩）

* 石仲泉：中共中央党史研究室原副主任，研究员。

【马克思主义中国化与中国文化从传统向现代的转化】

田克勤*，《马克思主义研究》2015年第9期

“五四”以来，马克思主义的中国化与中国文化的现代化紧密伴随、相互渗透。马克思主义特别是其中国化的理论成果，为中国文化的现代化提供了强有力的思想方法论的指导；而中国文化从传统向现代的转化，则为马克思主义的中国化提供了丰厚的民族文化底蕴。其历程经历了以下三个大的发展阶段。

一 马克思主义中国化的起步与中国文化从传统向现代转化的开端

1919年发生的五四运动，不仅促进了马克思主义在中国的广泛传播，促进了中国共产党的建立，开辟了近代中国革命的新时期，而且推动了中国新文化运动的迅猛发展，为中国文化从传统向现代的转化注入了强大动力。中国共产党自成立之日起，就把马克思主义作为自己的指导思想，作为推动中国社会变革的思想武器。从党的二大提出民主革命纲领、党的三大确立国共两党合作统一战线政策，到党的四大以后逐步形成新的资产阶级民主主义革命的基本思想，马克思主义中国化开始起步，并取得明显进展。与中国共产党这一时期对马克思主义、对中国历史状况和社会状况、对革命特点和规律的认识相适应，中国文化由传统向现代的转化虽然已经开始，却未能实现大的突破。

二 马克思主义中国化的奠基与中国文化从传统向现代转化的突破

1927年大革命失败以后，中国共产党紧紧依靠广大农民，成功进行了土地革命斗争。1935年1月，遵义会议结束了“左”倾教条主义在中共中央的统治，马克思主义中国化开始步入健康轨道，并形成了以红军长征精神为显著标志的中国革命优秀传统文化。党领导人民所创造的新民主主义文化，不仅为新民主主义革命的发展提供了强大的精神支撑，而且为后来社会主义文化建设的展开奠定了重要的基础。新中国成立特别是社会主义制度的建立，为中国文化现代化提供了必要的制度前提和政治基础。毛泽东明确提出了“百花齐放、推陈出新”“古为今用、洋为中用”“百花齐放、百家争鸣”“为社会主义服务、为人民服务”等文化建设的方针，领导全党全国人民逐步地将新民主主义文化转变为社会主义的文化，并取得了社会主义文化建设的初步繁荣发展。

三 马克思主义中国化的再创与中国文化从传统向现代转化的推进

1957年夏天特别是1962年八届十中全会重提阶级斗争以后，随着党在指导思想上逐渐偏离正确轨道，党在思想文化领域“左”倾错误进一步发展，最终导致了“文化大革命”的发动。以往社会主义文化建设所取得的成果被看作所谓“黑线”的产物，党培养的大批知识分子被作为“资产阶级知识分子”，在“以阶级斗争为纲”的口号下，“文化”被完全政治化。十一届三中全会标志着中国共产党人在新的历史条件下的伟大觉醒，显示了党顺应时代潮流和人民愿望、勇敢开辟建设社会主义新路的坚强决心。改革开放30多年来，与经济建设快速发展、改革不断深入、思想理论的与时俱进相互伴随，社会主义文化建设取得了显著成就，党对中国特色社会主义建设客观规律的认识也在不断深化。

总之，马克思主义的中国化与中国文化从传统向现代的转化，既推动了马克思主义的理论创新、实践创新和制度创新，

* 田克勤：东北师范大学马克思主义学部教授。

又促进了中国文化从传统向现代的创造性转化。它充分证明：中国文化只有在马克思主义特别是其中国化理论成果的指导下才能实现其在“古今中外”融会贯通中的创造性转化。离开中国特点来谈论马克思主义、谈论中国文化的现代化，都没有实际意义。

（供稿：王永浩）

【马克思主义中国化的新飞跃——学习习近平治国理政论述】

韩庆祥*，《光明日报》2015 年 5 月 27 日

一　历史发展的阶段性本质特征

这是研究习近平治国理政论述的逻辑起点。十八大以来，新一届中央面临一个新的历史发展阶段，且具有阶段性本质特征。总体上，历史发展新阶段的本质特征可概括为：当今中国正处在整体转型升级的新的历史起点上。在奋斗目标上，由实现“总体小康”走向实现“新三步走”战略；在改革上，由“基于解放和发展社会生产力的改革”走向“基于公平正义的改革”；在生产力上，由“投资驱动发展”走向“创新驱动发展”；在生产关系上，由“收入差距过大”走向“分配正义”；在国家权力上，由“国家主导”走向“国家治理”；在文化心理上，由“文化自卑”走向“文化自信”；在外交上，由“回应问题导向”走向“提升话语权导向”；在国际地位上，由“世界第二大经济体”走向“世界强国”。

二　时代性课题

这讲的是“习近平治国理政论述”所要回答的“新课题”。习近平治国理政论述的一个鲜明特征，就是具有问题意识和问题导向。其治国理政论述不仅从破解问题和难题切入，而且是针对问题而进行的。习近平治国理政论述要回答的“时代性课题”是：在中国整体转型升级中实现什么样的现代化和民族复兴？如何实现现代化和民族复兴？我们实现现代化和民族复兴的目标已十分明确；要实现现代化和民族复兴，既要通过全面深化改革破除体制机制弊端和利益固化樊篱，也要基于公平正义推进国家治理现代化和全面依法治国以建构良性社会秩序，二者共同回答如何实现现代化和民族复兴的问题。

三　哲学思维

这讲的是“习近平治国理政论述”蕴含的哲学思维。要实现社会主义现代化和中华民族伟大复兴，需要确立一种全新的哲学思维方式。这种哲学思维方式，在习近平那里，可概括为“战略辩证法”。战略辩证法要求注重历史思维，它既体现战略思维，又体现辩证思维，它力求积极破解战略实践中的种种矛盾关系，同时它还要求并体现创新思维和系统思维。

四　核心理念

习近平把“为人民担当”作为其治国理政的核心理念。这一理念，既与为人民服务一脉相承，又赋予为人民服务时代精神：当今要真正做到为人民服务，就必须担当起发展好、维护好、实现好人民根本利益的责任，以敢于担当的精神真正做到为人民服务。

五　总体思路

十八大以来，新一届党中央形成了“破解难题、建构秩序、唱响中国”的治国理政思路。以全面深化改革来破解难题，是习近平治国理政的第一部曲。在破解难题的同时或之后，应注重建构秩序。因此，建构中国社会新秩序，是习近平治国理政的第二部曲。建构秩序的目的，是

* 韩庆祥：中共中央党校副教育长、教授。

唱响中国梦。所以，唱响中国梦，是习近平治国理政的第三部曲。

（供稿：王永浩）

【“四个全面”战略布局与中国特色社会主义】

韩振峰*，《科学社会主义》2015 年第 5 期

“四个全面”战略布局确立了新形势下党和国家各项工作的战略方向、重点领域、主攻目标，作为马克思主义中国化的最新理论成果，体现了我们党对执政党建设规律、社会主义建设规律和人类社会发展规律的新认识，开辟了我们党治国理政的新境界，实现了马克思主义与中国实践相结合的新飞跃，为实现“两个一百年”奋斗目标和中华民族伟大复兴的中国梦提供了理论指导和实践指南。

一　“四个全面”战略布局的提出体现了发展中国特色社会主义新要求

首先“四个全面”体现了我国社会发展的现实需要。其次“四个全面”适应了人民群众的新期待。最后，“四个全面”适应了解决我们面临的社会矛盾和问题的新要求。“四个全面”战略布局的提出，体现了以习近平为总书记的党中央在新的历史条件下治国理政的战略目标、战略重点和战略举措。

二　“四个全面”战略布局统一于中国特色社会主义建设全过程

全面建成小康社会、全面深化改革、全面依法治国、全面从严治党这“四个全面”是一个有机联系的整体，每个“全面”都有其特定的科学内涵和重大战略意义。作为一个有机联系、相互贯通的顶层设计，全面建成小康社会是处于统领地位的战略目标，全面深化改革、全面依法治国、全面从严治党为实现战略目标提供强大动力、可靠保障和根本支撑。“四个全面”战略布局作为具有内在逻辑联系的统一整体，统一于中国特色社会主义现代化建设全过程，统一于实现中华民族伟大复兴中国梦的全过程。首先，全面建成小康社会是战略目标。其次，全面深化改革和全面依法治国是并驾齐驱的“鸟之两翼”。最后，全面从严治党是根本支撑。

三　“四个全面”战略布局对中国特色社会主义的丰富和发展

在发展中国特色社会主义的关键时刻，习近平总书记适应时代发展和当今中国社会进步的内在需要，适应加快发展中国特色社会主义的现实新要求，适应广大人民群众的新期盼和新期待，明确提出了关于“四个全面”战略布局。“四个全面”战略布局是马克思主义中国化理论的最新成果，它从多方面丰富和发展了中国特色社会主义的科学内涵，开拓了中国特色社会主义新境界。首先，“四个全面”拓展了中国特色社会主义发展战略。其次，“四个全面”揭示了中国特色社会主义发展动力。再次，“四个全面”丰富了中国特色社会主义治国方略。最后，“四个全面”强化了中国特色社会主义根本支撑和政治保障。

总之，“四个全面”战略布局的提出，丰富了我们党治国理政的新思路，拓展了中国特色社会主义关于发展战略、发展动力、基本方略和政治保障等重大问题的科学内涵，是马克思主义基本原理同当代中国现实相结合的最新理论成果，是坚持和发展中国特色社会主义道路、实现中华民族伟大复兴中国梦的科学理论指南。

（供稿：王永浩）

* 韩振峰：北京交通大学马克思主义学院院长、教授。

【科学社会主义基本原则是中国特色社会主义的“源”和“根”】

周新城*,《红旗文稿》2015 年第 23 期

我国社会主义还处在初级阶段，我们还面临很多没有弄清楚的问题和待解的难题，尤其是在思想理论领域，对一些重大而基础性的理论问题的认识还需要不断深化。这其中，对中国特色社会主义源头的理解认识，对中国特色社会主义与科学社会主义关系的把握认知，还存在不少亟待厘清的地方。

一 要认真辨析在中国特色社会主义与科学社会主义关系上的认识误区

科学社会主义与中国特色社会主义是“源”与“流”的关系，离开科学社会主义，就没有中国特色社会主义。学术界对这个问题有不同的看法。总有人想把中国特色社会主义同科学社会主义并列甚至对立起来，把两者看作社会主义的所谓两个不同的流派，不承认两者之间有渊源关系。对此，我们需要明确以下两点认识。第一，必须把马克思主义经典作家著作中阐述的马克思主义基本原理同运用这些原理分析他们面临的形势得出的具体结论区分开来。第二，要把能不能解决中国问题与怎样才能解决中国问题区分开来。

二 要从根本上说清楚中国特色社会主义与科学社会主义到底是什么关系

习近平总书记在新进中央委员会的委员、候补委员学习贯彻党的十八大精神的研讨班上指出，中国特色社会主义是社会主义而不是其他什么主义。科学社会主义基本原则不能丢，丢了就不是社会主义。他还回顾了科学社会主义发展的历史进程，指出社会主义思想从提出到现在，经历了六个时间段。这应该成为我们认识中国特色社会主义与科学社会主义关系的根本依据。第一，它说明了判断一个社会是不是社会主义的标准。第二，它说明了中国特色社会主义的历史渊源。

三 理解中国特色社会主义，关键是要在方法论上把科学社会主义基本原则与它的具体实现形式区分开来

科学社会主义基本原则是社会主义的共性；科学社会主义基本原则怎么在本国具体实现，需要根据本国国情进行探索，基本原则的实现形式，各个国家、各个民族应该是不一样的，照搬别国的模式是不会成功的，这就是社会主义的特殊性。任何国家的社会主义都必须是社会主义的共性与特殊性的统一。党的十七大、十八大都指出，中国特色社会主义，一方面，在本质层次上，坚持和发展了科学社会主义基本原则，所以性质是社会主义的；另一方面，在科学社会主义基本原则的具体实现形式层次上，又根据本国国情和时代特点，具有鲜明的中国特色，这就是社会主义的特殊性。

四 下大力气加强马克思主义经典著作的学习研究是正确认识中国特色社会主义的根本途径

在中国特色社会主义问题上产生混乱认识的根源，很大程度上还在于马克思主义的基础理论欠缺。解决这一问题的办法还是要老老实实地认真读马列经典著作，牢牢把握马克思主义基本原理，然后运用这些基本原理来研究、分析和解决当前中国面临的问题。只有认真学习马克思主义经典著作，系统掌握科学社会主义基本原理，牢牢把握中国特色社会主义的“源头”，才能完整准确地理解中国特色社会主义，才能创造性地运用马克思主义立场观点方法去分析和解决我们面临的实际问题，不断把中国特色社会主义事业推向前进。

（供稿：王永浩）

---

* 周新城：中国人民大学一级教授。

马克思主义发展史

【论历史的价值评价与道德评价】

陈先达*，《毛泽东思想研究》2015年第5期

一　历史的重要性与价值评价

历史的重要性是指历史人物和事件在历史上的地位和作用，历史的价值评价则是指对其作用和意义的评价。历史作为人类创造性活动和产物，包含从物质到文化多方面的意义。而历史价值观则是对历史事件和人物的不同评价。历史价值观具有主体性特点，它主要与自己的立场和历史观不可分，它也受个人偏爱、成见、先入之见与传统观念的影响。历史自身蕴含的实际作用是客观的，而历史的价值评价并非都能与客观历史相合。这种背离，就是价值评价的失衡或混乱。在历史研究中，应该区分历史的重要性与价值评价，否则历史无法研究，而且也不可能有正确的历史评价。在历史研究中，不可能排除历史价值观。历史已经消逝，历史学的复原即历史的书写，必然要根据史料和记载去构思。而历史要靠史学家依据材料重构，历史的书写必然有史学家价值观的参与，从材料的选择到解释到评价，都会受到书写者的时代、政治立场、理论水平的制约。史学、史才、史德、史识的不同，会使同一类著作呈现不同的水平。历史学中不存在价值中立。卡尔在《历史是什么》中说，历史学家毕竟是单个的人，像其他单个人一样，历史学家也是一种社会现象。他不仅是其所属社会的产物，而且也是那个社会自觉或不自觉的代言人。历史学家是历史的组成部分，历史学家在队伍中的位置就决定了他对待过去的视角。

二　历史学与历史的价值评价

历史学有三个重要元素：叙述、理解、解释。叙述是指对历史事实的清理，在史学中它面对的是各种历史资料。研究历史必须从事实出发，资料力求真实、全面。恩格斯说过，历史研究，只说空话是无济于事的，只有靠大量的、批判地审查过的、充分掌握的历史资料才能完成。可只有资料并非史学，即使编年、年谱的编著也有指导原则。因此，理解和解释是以事实为依据的史学中的思想之光。

理解和解释与历史事实的关系，实际上就是历史学中价值与事实的关系。在历史学中，价值中立是不可能的。所谓客观性不是价值中立，而是科学性，是如实地揭示历史真相。可要如实地揭示真相，必须有立场，即有观察问题的价值观念。

三　历史的道德评价

历史价值的评价既包括历史定位的评价，也包括道德评价。当然重点应该是历史事件和历史人物在社会发展中作用的评价，即对于国家和民族的发展起推动作用还是阻碍作用。当然，历史也不能完全排除道德评价。历史人物的道德评价，不能拘于小节而无视大节，或者说苛求私德而

---

* 陈先达：中国人民大学哲学院教授。

忘却公德。当一种品质对历史事件产生影响时，历史学家才会对他的这一性格发生兴趣。历史学家不应关心与历史事件无关的私德，可当他们的残忍和暴虐与反历史的罪行结合在一起时，道德评价则是正当的，是清算罪行的一部分。

（供稿：任洁）

【马克思对唯物主义历史观要点“扼要的阐述”——读马克思《政治经济学批判》序言】

田心铭*，《红旗文稿》2015 年第 5 期

马克思运用“生产关系”概念提出并阐明了“经济基础”和“上层建筑”这一对范畴。社会的经济结构是由这些生产关系的总和构成的，因为在它上面竖立着上层建筑，所以称为经济基础；而所谓上层建筑，就是建立在经济基础之上的法律的和政治的设施以及与之相适应的社会意识形态。

这样，唯物史观最重要的四个范畴都在它们的相互关系中得到了说明，而社会形态的基本结构也被清晰地勾画出来了：一定的生产力决定了一定的生产关系，生产关系的总和构成了一定社会的经济基础，在经济基础之上竖立着法律的、政治的和意识形态的上层建筑。有了这样的认识，就可以在科学地把握人类社会整体的基础上揭示社会发展的客观规律。

构成社会的各种因素在相互作用中推动社会发展，各种因素都起着自己的作用，其中起决定作用的是什么呢？这是社会历史研究中一个根本性的问题。《序言》回答了这个问题：是物质生活的生产方式。1883 年马克思逝世后，恩格斯在马克思墓前对这一思想做了通俗而透彻的阐述：“人们首先必须吃、喝、住、穿，然后才能从事政治、科学、艺术、宗教等等；所以，直接的物质的生活资料的生产，从而一个民族或一个时代的一定的经济发展阶段，便构成基础，人们的国家设施、法的观点、艺术以至宗教观念，就是从这个基础上发展起来的。”① 旧的唯心主义的历史观总是从人们的头脑中，或从社会之外的神秘力量去寻找历史变迁的终极原因，所以不能正确认识社会历史的本质和规律。马克思确立的生产方式在历史发展中起决定作用的原理告诉我们，一切社会关系和国家关系，一切宗教制度和法律制度，一切理论观点，都应该从相应的时代的物质生活条件中去理解。这个原理为科学地研究社会历史奠定了唯物主义的方法论基础，如恩格斯所说，它“对于一切历史科学（凡不是自然科学的科学都是历史科学）都是一个具有革命意义的发现”。②

思维和存在的关系问题是哲学的基本问题，对这个问题的不同回答使全部哲学区分为唯物主义和唯心主义两个基本派别。社会意识和社会存在的关系问题是历史观的基本问题，对这个问题的回答是区分历史唯物主义和历史唯心主义的标准。

马克思确立社会存在决定社会意识这一基本原理，从根本上划清了历史唯物主义与历史唯心主义的界限，标志着在整个世界观史上实现了变革。

物质生活资料的生产是人们以一定的方式结合在一起进行的，所以生产力一直是在生产关系中运动的。随着人们需要的变化和生产的发展，生产力总是处于不断

---

* 田心铭：教育部高等学校社会科学发展研究中心研究员。

① 《马克思恩格斯文集》第 3 卷，人民出版社 2009 年版，第 601 页。

② 《马克思恩格斯文集》第 2 卷，人民出版社 2009 年版，第 597 页。

的发展之中，它是社会发展中最活跃、最革命的因素。不断发展着的生产力必然同相对稳定的生产关系发生矛盾。这是人类社会中最基本的矛盾。适应一定阶段生产力的需要而形成的生产关系是促进生产力发展的形式。当生产力进一步发展到原有的生产关系已经不适合它的性质和发展要求时，生产关系就会从生产力的发展形式变成严重阻碍生产力的桎梏。这时生产力的发展要求从根本上变革旧的生产关系，社会革命的时代就到来了。

（供稿：夏一璞）

【马克思主义与中国优秀传统文化的契合】

何中华*，《学习月刊》2015 年第 7 期

马克思主义在中国的传播和发展，深刻地改变了中国的历史进程、历史轨迹和历史命运。在参与并指导中国革命和建设的实践过程中，马克思主义不仅融入了中国的本土文化，而且形成了中国文化的新传统。马克思主义中国化的过程，也是马克思主义同中国优秀传统文化互诠互释的契合过程。马克思主义同中国优秀传统文化的契合关系，可以从不同角度、不同视野、不同侧面加以概括。

一　拯救意识

马克思主义以人类的历史解放为自己的终极旨趣加以确认并孜孜以求。中国传统文化尤其是儒家思想同样具有“以天下为己任”的强烈使命感。这种诉求乃是马克思主义传入中国并得到认同的深层文化心理原因。

二　强调实践

马克思把自己建立的新哲学叫作“实践的唯物主义”，他特别突出地强调实践的本质地位和前提意义。马克思把“共产主义者”和“实践的唯物主义者”看成同义词。中国传统文化也特别强调“践履”的功夫。中国传统文化的“内圣外王”之道，要求“内圣”只有落实到“外王”才有意义和价值。对于实践的推崇这一共同立场，决定了马克思主义同中国优秀传统文化之间在根本旨趣上的契合。

三　人民本位

马克思主义有一个由人本学立场到人民群众主体性地位之确认的深化。它认为历史活动是群众的事业，随着历史活动的深入必将是群众队伍的扩大。中国传统文化也有一个由“人本”到“民本”的过渡。毛泽东充分地看到并尊重人民群众的历史主体性地位，他提出要“全心全意地为人民服务，一刻也不脱离群众；一切从人民的利益出发”。毛泽东的这种人民本位思想，既体现着马克思主义历史观的人民主体论立场，也凝结着中国传统文化的民本论观念。

四　道法自然

中国传统文化，特别是作为其主干的儒道两家，都有其显著的自然主义倾向。马克思主义不仅以承认并尊重历史的客观逻辑为其基本立场，而且以追求人与自然之间矛盾的最后解决为终极目标。同时，它还认为自然界不过是人的“无机的身体”，这种对人与自然及其关系所做的宏阔理解，同中国传统文化的“天人合一”的基本观念也具有极大的相似性和一致性。

五　辩证思维

马克思批判地继承了黑格尔哲学，将其思辨的辩证法改造成为实践的辩证法，它的根基就在于人的存在本身的辩证性质。在马克思那里，分工、私有制所造成的阶级关系及其极化，以及阶级关系的实际地超越，成为辩证法的历史表征形式。

---

* 何中华：山东大学哲学与社会发展学院教授。

在马克思主义中国化的过程中，“一分为二”和“合二而一”遂成为“对立统一规律”这一辩证法内核的中国式完整表述。

六 知行合一

马克思主义的一个基本原则，就是理论联系实际。中国传统文化追求“知行合一”，讲求“实事求是”，讲究“经世致用”。鄙视凌空蹈虚、反对坐而论道，重视起而施行、主张文德武功，乃是中国文化的基本性格和取向。这同马克思主义的理论联系实际原则也不谋而合。

七 真善融合

马克思主义承认人类社会的发展有其内在的客观逻辑，但是，历史过程本身又是由怀有各自目的的个人通过自己的自觉活动创造出来的。在这个意义上，可以说历史是合规律性与合目的性的统一，也就是真与善的统一。其实，中国古代的历史观也是集“求真”与“求善”于一身的。

（供稿：任洁）

【关于当代中国马克思主义哲学的几个问题】

郭建宁*，《北京大学学报》（哲学社会科学版）2015 年第 4 期

在中国马克思主义哲学发展史上，艾思奇占有十分重要的地位。他的贡献是多方面的，其中开创性的贡献主要体现为以下三个“第一”。

一是艾思奇的《大众哲学》是马克思主义哲学大众化的第一个具有广泛影响力的成功范例。哲学的大众化，是艾思奇哲学思想的基本观点，也是他毕生的追求。

二是艾思奇第一次提出了哲学中国化即马克思主义哲学中国化的任务和命题。艾思奇不仅最早做马克思主义哲学大众化的工作，也最先提出马克思主义哲学的中国化，他对马克思主义哲学大众化、中国化的贡献都是开创性的。

三是艾思奇主编的《辩证唯物主义 历史唯物主义》是新中国成立后我国通用的第一本马克思主义哲学教科书。

马克思主义哲学是认识世界改造世界的世界观和方法论，是我们党的基本功和看家本领。马克思主义哲学必须武装群众，为人民大众接受与把握。因此中国马克思主义哲学工作者一直高度重视与积极践行马克思主义哲学大众化的工作，在这个过程中形成了《大众哲学》《通俗哲学》《新大众哲学》的三部曲。

这三部曲是中国马克思主义哲学大众化的标志性成果，分别出版于 20 世纪 30 年代、80 年代和 21 世纪第二个十年。1936 年艾思奇的《大众哲学》是马克思主义哲学大众化的奠基之作，适应了抗战实践的需要。1982 年韩树英的《通俗哲学》，用马克思主义哲学回答了改革开放初期出现的新情况新问题。2014 年王伟光主编的《新大众哲学》，则是在全面深化改革和全面推进依法治国新形势下的哲学思考。这三部曲充分说明了中国共产党人对马克思主义哲学的高度重视，深刻体现了中国哲学工作者对马克思主义哲学大众化的自觉与执着。

推进马克思主义哲学中国化、时代化、大众化，建构中国马克思主义哲学话语体系，是当前摆在我们面前的重大课题。而其中的关键，就是进一步推进马克思主义哲学的中国化。

马克思主义“三化”的核心是中国化。马克思主义中国化是马克思主义与中国实践、中国文化相结合，马克思主义时代化是马克思主义与时代特征、时代任务相结合，马克思主义大众化是马克思主义

* 郭建宁：北京大学马克思主义学院教授、博士生导师。

与人民群众相结合。在马克思主义的“三化”中核心是中国化，如果说中国化是体，时代化、大众化则是两翼。马克思主义中国化决定了马克思主义的时代化、大众化，而时代化、大众化既是为中国化服务的，也是中国化题中应有之意。

马克思主义中国化的关键是马克思主义哲学中国化。如何推进马克思主义哲学中国化的理论创新，主要有两个维度：一是实践维度。面对着市场经济、改革开放，面对着全球化、数字化、信息化、网络化，面对着多样化的社会思潮，多样化的价值判断，多样化的利益诉求，我们应当以问题为导向，加强中国特色社会主义基本原理基本问题的研究，全面深化改革与国家治理现代化的研究，经济发展新常态的研究，网络条件下政治发展的研究，社会主义法治道路的研究，社会主义核心价值观的研究，社会主义生态文明的研究。在全面建成小康社会，全面深化改革，全面推进依法治国，全面从严治党的实践中推进马克思主义哲学中国化，为坚持和发展中国特色社会主义提供哲学武装与引领。二是文化维度。马克思主义哲学中国化不仅要和中国实践相结合，而且要和中国文化相结合。马克思主义哲学中国化的本质内容要在中国社会实践和中国文化传统两个维度上展开，并由此揭示马克思主义哲学中国化的实践意义和文化意蕴。

（供稿：夏一璞）

【中国版的科学社会主义史论——关于习近平社会主义发展史论述的学习笔记】

严书翰*，《毛泽东研究》2015 年第 1 期

党的十八大以来，习近平发表了一系列重要讲话，涉及我国的改革发展稳定、内政外交国防、治党治国治军，等等。其中关于社会主义发展史的论述，是极其重要的。它关系我们党的指导思想的理论基础，关系中国特色社会主义从何而来，又朝着什么目标而去。这方面的代表作是《习近平同志在新进中央委员会委员、候补委员学习贯彻党的十八大精神研讨班上的讲话》。循着习近平论述社会主义发展史的基本思路和史论分析，我们可以清楚地看出：这实际上是一部中国版的科学社会主义史论。这表明我们党正在续写中国特色社会主义的精彩篇章，这是以习近平为代表的中国共产党人对科学社会主义作出的重要贡献，必将在社会主义发展史上留下浓墨重彩的一笔。

空想社会主义产生于 16 世纪初，经过大约 300 年发展，到 19 世纪出现了圣西门、傅立叶、欧文三大空想社会主义思想家。空想社会主义揭露和批判资本主义，对未来社会提出了某些有价值的猜想和积极主张，启发了工人阶级的觉悟，是科学社会主义的直接思想来源。

19 世纪 30—40 年代，正当空想社会主义江河日下的时候，欧洲资本主义在发展，无产阶级政治运动在兴起，马克思恩格斯在亲自参加工人运动的实践中，在吸收借鉴人类优秀思想成果的基础上创立了科学社会主义，为无产阶级推翻资产阶级统治、解放全人类锻造了锐利的思想武器。马克思恩格斯运用全新的世界观和方法论，阐述了科学社会主义的理论基础、基本原理和实现条件，形成了完备的科学社会主义理论体系。实现了社会主义从空想到科学的历史性飞跃。

马克思恩格斯认为，无产阶级要获得解放，实现社会主义理想社会，需要具备

* 严书翰：中共中央党校教授、博士生导师。

一定的条件。恩格斯在回答什么是科学社会主义时明确指出，它是“关于无产阶级解放的条件的学说”①。当然，无产阶级的解放即科学社会主义的实现，需要包括经济、政治、文化和社会等方面的条件，而科学社会主义，则着重研究其实现的政治条件。

马克思恩格斯逝世以后，世界社会主义运动和马克思主义发展的中心开始从德国转移到俄国。这是由当时俄国所处的国内外环境即历史背景所决定的。国际环境是，自由资本主义发展到垄断资本主义即帝国主义阶段，资本主义所固有的三大矛盾激化了，无产阶级革命在一些国家成为实践问题；国内环境是，俄国国内各种阶级矛盾、民族矛盾相互交织在一起，工人运动已经兴起，俄国正孕育一场革命风暴。在这个社会大变动时代，俄国出现了一位伟大的无产阶级革命家和理论家，这就是列宁。列宁领导俄国布尔什维克党和人民取得了十月革命的胜利，并在实践中探索和总结了经济文化落后的俄国建设社会主义的经验，开创了社会主义发展史上的列宁主义新阶段。

新中国成立后，以毛泽东为核心的党的第一代中央领导集体带领全国各族人民，在迅速医治战争创伤和恢复国民经济的基础上，经过社会主义改造，建立起了社会主义基本制度，开始对我国社会主义道路进行艰辛探索，取得了独创性的理论成果和巨大成就，为开创和发展中国特色社会主义提供了宝贵经验、理论准备、物质基础。

党的十一届三中全会标志着我国社会主义事业的发展进入了新的历史时期。在和平与发展成为时代主题的历史条件下，在我国改革开放和现代化建设的实践过程中，在总结我国社会主义胜利和挫折的历史经验并借鉴其他国家社会主义兴衰成败历史经验的基础上，逐步形成和发展了中国特色社会主义理论体系，开创了中国社会主义建设的新局面。

总之，中国特色社会主义，既坚持了科学社会主义的基本原则，又根据中国国情和时代特征赋予其鲜明的中国特色，以全新的视野深化对共产党执政规律、社会主义建设规律、人类社会发展规律的认识，从理论和实践的结合上系统回答了在中国这样人口多底子薄的东方大国建设什么样的社会主义、怎样建设社会主义这个根本问题，使我们国家快速发展起来，使我国人民生活水平快速提高起来。实践充分证明，中国特色社会主义是当代中国发展进步的根本方向，只有中国特色社会主义才能发展中国。

（供稿：夏一璞）

【恩格斯与马克思主义的自我理解】

胡大平*，《马克思主义与现实》2015年第5期

第二国际之后，人们认为，在马克思主义的自我理解上，恩格斯与马克思之间存在着分歧，甚至对立。由此，绕过恩格斯来理解马克思主义，逐步成为一个相当普遍的现象。这极大地影响了今天的马克思主义认知。对立论也遭到了来自不同立场的批判，不过，许多回应却无意识地分享了论战对象设置的前提，这使得进一步讨论成为必要。实际上，所有试图绕过恩格斯而直接达及马克思主义的理论动向，都包含着一个无

① 《马克思恩格斯选集》第1卷，人民出版社1995年版，第230页。

* 胡大平：南京大学马克思主义研究院副院长，哲学系教授、博士生导师。

意识的政治企图：试图消除工人运动或革命实践与马克思主义之间的关系，从而拯救理论。对欧洲左派来说，这意味着马克思主义理论不应该为革命的失败（恩格斯被认为是指导现实革命实践的马克思主义之奠基者）负责；对于右派来说，正是革命败坏了原本美好的马克思主义（作为对现代性弊端进行抗议的人道主义学说）。然而，这正是需要我们真正反思的问题，如果不能在与无产阶级解放实践的结合中发展自身，马克思主义意味着什么？通过反思恩格斯之马克思主义自我理解，我们把这个命题重新提到当代理论的前沿。

在马克思主义自我认知和定义中，恩格斯始终占据主导地位。为什么？这涉及两位创始人之间的工作分工以及巴黎公社失败后马克思主义传播的独特历史形势。从《论住宅问题》以住宅这样的具体社会问题入手阐明唯物主义历史观基本主张并反思巴黎公社失败之指导思想上的原因，揭示蒲鲁东主义之误，公开打出“科学社会主义”这面旗帜，到1877年系统地批判杜林主义思潮，最后形成《反杜林论》，完整地描述出马克思主义在哲学、政治经济学和社会主义问题上的基本主张，从而确立“三大组成部分和三大来源”之说，再到以关于同盟史的回忆和《路德维希·费尔巴哈和德国古典哲学的终结》等为代表的马克思主义史研究，从历史和逻辑角度阐明马克思主义之形成过程及其科学底蕴，最后是系统地出版马克思的文献（这个计划并没有完成），加上大量的通信对各种关于马克思主义的误解进行澄清，我们看到，恩格斯的工作重心始终是基于工人运动的现实来宣传和捍卫马克思主义。

两位创始人之间的工作分工使得恩格斯主导着马克思主义的自我解释，而他关于马克思主义的理解则始终紧扣无产阶级革命实际。恩格斯理解马克思主义的这个前提，也决定了他阐发马克思主义的形式特点：不仅具有显著的现实针对性，而且始终通俗易懂。

恩格斯不是书斋哲学家，并非按照某种体系在书房里思考世界的规律。与马克思一样，他首先是革命家，当他通过新的历史观理解了现代世界历史运动的大势，便义无反顾地面向无产阶级革命实践进行思考并通过理论实践推进革命实践的深入。在这一过程中，实践语境直接影响了他的写作之主题和表述方式，或许我们可以因为没有达及完美而遗憾，但绝不能轻易地怀疑他的理论道路是错误的。正是通过这种道路，恩格斯与马克思一道创立和发展了马克思主义。在《德意志意识形态》草稿中，他与马克思两人写道：“德国哲学从天国降到人间；和它完全相反，这里我们是从人间升到天国。”① 恩格斯更集中地代表了这一哲学道路，如果把恩格斯的道路堵死，不难设想，马克思主义哲学也就会丧失那种人间才有的生动气象。

（供稿：夏一璞）

【新世纪中国马克思主义哲学发展的突破点、着力点和创新点】

郝立忠*，《东岳论丛》2015年第9期

中国特色的马克思主义哲学，是全中国人民的指导思想，是中国革命和建设取得胜利的理论基础。但进入21世纪

---

① 《马克思恩格斯选集》第1卷，人民出版社1995年版，第73页。

* 郝立忠：山东社会科学院哲学研究所所长、研究员。

以后，随着中国综合国力的迅速提高和对外交流的日益广泛，中国特色的马克思主义哲学受到“儒学热”和“西方中心主义”两个方面的挑战，其发展遇到前所未有的干扰。在这种情况下，正确判断当前中国哲学发展的现状，厘清马克思主义新发展的突破点、着力点和创新点，显得比以往任何时候都更为必要、更为迫切。

一 当前中国哲学发展的现状

当前中国哲学的发展现状，可以用两句话来概括：一是马克思主义哲学是指导思想，占据统治地位；二是西方哲学和中国古代哲学有着重大影响。马克思主义哲学、中国古代哲学、现当代西方哲学的“三足鼎立”，并不是绝对的三分天下。在三者之中，中国特色的马克思主义哲学不仅是中国共产党的指导思想，也是对全体中国人民影响最大的一种哲学形态。中国古代哲学和现当代西方哲学，更多地是属于“学院哲学”，其影响也主要局限于高校和学术机构的范围内。

二 当前马克思主义在中国发展遇到的主要障碍

当前马克思主义在中国发展遇到的主要障碍，表面上看是中国古代哲学、现当代西方哲学对马克思主义哲学产生了严重的冲击，而从本质上看则是形而上学思潮的死灰复燃。它主要表现在以下三个方面。

1. 反辩证法思潮。中国改革开放以后，“和平崛起”“和谐发展”的理念被普遍接受，一些人便随波逐流，片面强调“和平”和“和谐”，否定“矛盾”和“斗争”，否定“矛盾辩证法”，甚至进一步否定整个的辩证法，污蔑辩证法是“变戏法”。

2. 全盘西化思潮。全盘西化思潮在五四运动时期，对于反对儒家思想的统治做出了不可磨灭的贡献。但这种思想既不考虑基本国情，也不考虑时代特点，一味主张生搬硬套西方的经济制度和政治制度，是一种典型的教条主义，对中国特色社会主义建设具有巨大的干扰作用，危害性极大，必须对其保持高度的警惕。

3. 文化复古主义思潮。在当今的“国学热”和“儒学热”当中，一些“儒学家”打着弘扬中国传统文化的旗号，厚古薄今，否定五四运动，否定马克思主义和社会主义，实际上就是这种复古主义思维在作祟。它对于推进中国的改革开放，对于用马克思主义和社会主义巩固我们的思想阵地，对于巩固中国特色的社会主义制度，具有严重的干扰作用，必须引起我们的足够重视。

三 马克思主义在中国发展的突破点、着力点和创新点

寻求21世纪马克思主义在中国发展的突破点、着力点和创新点，必须立足于中国经济社会发展的需要，针对当前马克思主义在中国发展遇到的主要障碍，提出相应的具体措施：把唯物主义辩证法作为推动马克思主义哲学在中国发展的理论基础；把加强哲学形态学研究作为寻求马克思主义哲学在中国发展的突破点；把马克思主义哲学基本精神的凝练作为发展马克思主义哲学的着力点；在理论与实际的动态统一中寻求马克思主义哲学的发展方向和创新点；从社会全面发展的要求中探寻马克思主义哲学的发展动力。

总之，要寻求马克思主义哲学在中国发展的突破点、着力点和创新点，既不能从现当代西方哲学家的哲学著作中去寻找，也不能从中国古代哲学家的哲学著作中去寻找，而应到当代中国的马克思主义中去寻找，到中国特色社会主义建设的伟大实践中去寻找，到中国政治、经济、文

化、军事、生态全面发展的需要中去寻找。只有这样，中国哲学才能走出一条独立发展的道路，成为真正的世界哲学、人民哲学。

（供稿：任洁）

国外马克思主义

【传承还是断裂——对卢卡奇与布达佩斯学派学术关系的考察】

*颜岩**，《教学与研究》2015 年第 11 期

“中介”是《历史与阶级意识》的一个核心范畴，对应于非中介（直接性）这一概念。卢卡奇认为，资产阶级的思想和阶级意识是直接性的，必然陷入拜物教。无产阶级从自身阶级利益出发，能够以中介性的方法超越直接性，揭示出掩藏在物与物背后的人与人的真实关系。

从深层次上看，卢卡奇的中介范畴源于对德国古典哲学的继承和超越。康德无疑在本质与现象之间设置了一道鸿沟，这意味着他必然会否定一切中介的存在，让自由和必然分属于两个截然不同的领域。黑格尔对此提出了批评和质疑，并试图用现象学的方法来统合本质与现象，通过强调意识在自我发展过程中必定会达到现象与本质的同一，他实际上确认了从现象到本质、从相对到绝对必须经历一个“中介过程”这一事实。卢卡奇认为黑格尔比康德高明，但又觉得前者的绝对精神不过是彼岸世界的虚构主体，缺乏现实性和历史感，“不可能在历史本身之中发现和指出同一的主体—客体”。通过研读马克思的著作，他最终找到了无产阶级这个同一的历史主体—客体，超越了德国古典哲学。但是，布达佩斯学派并不认同卢卡奇找到的无产阶级这个现实的革命主体，瓦伊达认为这是一种倒退，在他看来，这不过是用了一个同样虚构的概念（无产阶级）替换了黑格尔的绝对精神。

与卢卡奇一样，瓦伊达意识到直接性是资产阶级社会最大的谎言，因此必须超越它。但他反对黑格尔—马克思—卢卡奇的解决方案，试图寻找“一种指向并超越直接性的具体的力量”。“具体的力量”主要指一切反对资本主义社会的群体和个体，它们分别代表自身的利益，在利益的驱动下促成各种各样的社会运动。

在论述无产阶级意识时，卢卡奇反复强调这是一种“被赋予的意识”。简单说来，“被赋予的意识”是一种客观化的意识，即一个阶级在充分意识到自身利益后必然会拥有的意识。卢卡奇强调阶级意识的客观属性，目的是摆脱实际心理意识对无产阶级的主观影响。他确信，无产阶级的阶级意识一定能够克服个体利益。瓦伊达认为，在“被赋予的意识”和“实际经验层面的意识”之间存在着矛盾，阶级意识应该由不同阶级（层）的具体生活状况决定，由诸如生活标准、历史形成的需要、传统等各种具体因素共同决定。因此，即便是存在阶级意识，也只能是多元的。

总之，布达佩斯学派对卢卡奇思想的解读带有浓厚的后马克思主义色彩，这主要表现在，他们总是设法剔除卢卡奇思想

* 颜岩：中南财经政法大学哲学系教授。

中的马克思主义成分。不过，他们对卢卡奇思想一致性的解读也有一定的合理性，有助于我们重新思考卢卡奇的精神遗产。

（供稿：唐芳芳）

【何为马克思主义的“本体论”？——从西方马克思主义研究的角度看】

陈学明、姜国敏*，《哲学研究》2015 年第 3 期

对“本体论”的第一种理解，以俞宣孟先生《本体论研究》一书中对本体论的定义为代表。在其看来，Ontology 按照其字面的原意乃是一门关于“是”的学问，应当译成“是论”，并且它是超验的、纯粹逻辑的研究，是作为纯粹的哲学原理，而不以任何事物为对象。这种理解是很有道理的，严格的、最狭义的 Ontology 就是如此，在此种对“本体论”的理解下，俞著中反复论证了马克思主义哲学不是本体论，乃至现代西方哲学大部分流派都没有本体论的问题，哲学史上只有像亚里士多德和黑格尔学说这样的少数学说才是作为“第一哲学”的典型的本体论。

第二种，从恩格斯《路德维希·费尔巴哈和德国古典哲学的终结》对哲学基本问题的表述出发来理解“本体论”。恩格斯把全部哲学的基本问题归结为思维和存在的关系问题，讨论世界的本原是精神还是物质，而恩格斯这样的研究，就被一些学者理解为是本体论。这种对于“本体论”的理解，显然是与上一种基于词源义的理解，即与最狭义的、作为“是论”的 Ontology 有差别，“本体论”的词义发生了偏移或发展。

第三种，对于“本体论”的理解更加宽泛，认为可以超越那种把整个世界归结于物质或精神二选一的终极本原的做法，而只要探究世界中某种存在的基本的、重大的地位，就是“本体论”。所以，当今许多学者说“实践本体论”是本体论，实际上对于“本体论”，不仅不是在上述第一种意义，并且也不是在第二种意义上理解它，而是已经赋予了它新的含义。基于“本体论”这个词的第三种含义，然后才称马克思主义哲学是本体论。

该文从西方马克思主义研究的角度认为，上述第三种理解，其重要的源头正是西方马克思主义，而我国当代许多学者对此问题的看法，并非我们全新的创造，乃是由于西方马克思主义理论家的理论阐发，这种阐发于 20 世纪 80 年代起在我国产生了巨大影响，我们将其接受过来并进一步加以发挥，才使得今天“本体论”的概念变得更加宽泛。可以说，如果我们不掌握这些理论家的先行成果，也就不会产生对本体论的新理解。而就本体论的新的第三种意义而言，西方马克思主义已经达成了以下两个基本判断：（1）马克思主义是本体论；（2）马克思主义的本体论是实践本体论。

《关于社会存在的本体论》是卢卡奇对于一生哲学道路的系统总结与积极反思，是留给我们的宝贵哲学遗产。因此，我们要完整准确地理解和评价西方马克思主义在本体论问题上的两个基本判断，完全可以而且应该参考卢卡奇晚年的反思，将卢卡奇的反思作为看待这个问题的重要视角。

卢卡奇该书所作的检讨之一，是针对早年否认马克思主义是本体论的提法，卢卡奇《历史与阶级意识》中认为马克思主义的核心是方法，而在《关于社会存在的本体论》中，则讲要返回到存在，

* 陈学明：复旦大学哲学学院教授；姜国敏：上海财经大学马研部。

存在的概念应该占主导地位。卢卡奇认为，如果只谈认识论方法论而不谈本体论，马克思主义就是一种无根的浮萍。

（供稿：唐芳芳）

【布兰德批判性政治生态理论述评】

郇庆治*，《国外社会科学》2015年第4期

“绿色增长”“绿色经济”与“绿色资本主义”是近年来国际学术界广泛讨论的一个新议题。奥地利维也纳大学乌尔里希·布兰德（Ulrich Brand）教授基于一种“绿色左翼”的立场，提出了“社会生态转型”观点，从而构建了一个相对完整的“批判性政治生态”理论。

布兰德整个理论分析的起点是对欧美社会中关于“绿色增长”或“绿色经济”政策和战略讨论的一种“绿色左翼”的回应。“绿色资本主义”是与“绿色经济”有密切关联但又不同的一个概念。布兰德认为，如果仅仅从“绿色增长”或“绿色经济”（生态现代化）的现实可能性的意义上来谈论绿色资本主义——将它当作一个分析性而不是规范性的概念，那么它至少在像德国和奥地利这样的核心欧盟国家中已经是一个不争的事实。如果遵循历史唯物主义的分析逻辑，必须承认绿色经济战略的实施与推进可以有助于一种特定的社会—自然关系（借助于国家）即绿色资本主义的出现。

“社会生态转型”是一个伞形概念，用以概括从应对社会生态危机实践努力中产生的政治、社会经济与文化的替代性思考。在政治战略层面上，它是指大多数智库与国际机构发表的政策或战略研究报告，提出对危机性质的阐释以及克服危机的建议。在学术讨论层面，它是指以一种根本性的方式来思考与应对危机，不仅挑战现行的技术与市场结构，而且挑战作为其基础的生产与消费结构。

从“绿色资本主义”和“社会生态转型”视角分析对于全球“绿色左翼”最主要的启示是，既要正确认识当代资本主义的反生态和社会不公正本性，又要在这一历史性进程中积极寻求社会生态变革的机遇。在理论层面上，“绿色左翼”要能做到区别对待不同形态的“转型”或“社会生态转型”理论，并坚持一种批判性政治生态学（政治经济学和社会理论）的立场观点。在实践层面上，布兰德认为，推进一种激进的社会生态转型是一个宽泛的“绿色左翼”联盟的历史使命。

作为一种政治生态学，布兰德的理论分析大致属于“绿色左翼”政治理论的范畴。因此，一方面，布兰德的政治生态学分析有助于我们深刻认识当今欧美国家所引领的“绿色”潮流的经济政治本质，认识正在处于政治与力量重组过程中的新左翼或“绿色左翼”的时代特征。另一方面，这是产生于欧美背景和语境的“绿色左翼”话语体系，在当代中国理应有着一种全新的阐释与表达。

（供稿：刘曙辉）

【西方左翼何去何从？——21世纪西方左翼的状况与前景】

姜辉**，《国外社会科学》2015年第3期

苏东剧变之后西方左翼发展历程经历了退却—右转—回归三个阶段。第一阶段（1990—1995年）是苏东剧变后西方左翼溃退、蜕变、分化，为谋求生存而斗争的

* 郇庆治：北京大学马克思主义学院教授。

** 姜辉：中国社会科学院信息情报研究院党委书记，研究员。

时期。在西方右翼高奏凯歌和恣意进攻面前，左翼处于守势和被动局面。第二阶段（1996—2007 年）是西方左翼在经过苏东剧变的大分化、大调整后进行大幅度理论与政策转向并取得一些实际成果的时期。第三阶段（2008—2014 年）是资本主义发生金融危机，西方左翼根据新的环境和条件再调整、再重组、再分化的时期，可以被称为“否定之否定”阶段，呈现出向苏东剧变前左翼传统和理念某种程度的“回归”。其主要标志是在思想理论领域重新兴起的“马克思热”，激进左翼共产党组织和左翼人士在资本主义危机条件下对资本主义及右翼进行猛烈的批判，30 余年来似乎被人遗忘的阶级、工人阶级、社会主义、替代资本主义等概念重新回到政治讨论的话语当中。当前西方左翼的状况可以概括为占据“天时”但缺“人和”、转向激进但失锋芒、积极行动但缺少明确方向、谋求联合但多分裂分化。资本主义遭遇了战后最大的金融危机及其引发的价值危机、合法性危机和信仰危机，然而，在这样的大好机遇面前，西方左翼深感自身之轻，难以承受历史之重。虽然他们也为资本主义危机所激发和鼓舞，也重新燃起了重振左翼的希望，但他们在“整个世界向左转”的大环境中遭遇新的失败，在选举中纷纷败北。西方左翼的难题和困境体现在以下几个方面：（1）身份缺失，“有名而少实”；（2）理论战略准备不足，难以适应重大社会变革；（3）批判有余，建设性方案不足；（4）有联合意愿和行动，但分裂分化严重。21 世纪西方社会主义和左翼的走向与前途，取决于他们在资本主义危机之后实现“否定之否定”的程度和水平，也就是扬弃自己的程度和水平。这不是简单地回归到过去的旧左翼，也不仅仅是在已经向右走了很远的路之后掉过头来往回走几步了事，而是基于资本主义危机之后的新形势和新变化，真正在“否定之否定”的过程中塑造一个全新的左翼、一种有希望的社会主义。在实现新的“否定之否定”的过程中，左翼结合新的历史条件和境况认真处理好以下四个方面的关系：左翼与社会主义的关系，左翼运动与阶级运动的关系，议会选举活动与社会群众运动的关系，民族国家范围内的活动与全球范围内的活动的关系。

（供稿：张剑）

【当代俄罗斯社会主义党派的多样化特征】

李瑞琴*，《社会主义研究》2015 年第 5 期

当代俄罗斯社会主义党派呈现出多样化特征。主要表现为：指导思想上一元化与多元化并存，以劳动群众为主的社会基础各有侧重，新社会主义的目标前景同中有异，合法斗争的政治角色不尽相同，信仰自由适用于俄共党内。社会主义政党于俄罗斯不可或缺但暂无机会执政。各社会主义党派指导思想的多元化：俄罗斯共产党、全联盟布尔什维克共产党等，在自己的纲领中，旗帜鲜明地坚持马列主义，用马克思的方法论研究问题，用马克思主义的理论分析当代世界形势。还有一些社会主义政党指导思想、理论基础呈现出多元化、泛化、抽象化的特点。各社会主义党派以劳动群众为主的社会基础各有侧重：社会主义流派的物质承载，对应于现实社会中特定阶层、阶级和人群。一个政党及其主张的社会主义，必然代表着某一阶级、阶层和群体的利益和政治诉求。换一

* 李瑞琴：中国社会科学院马克思主义研究院国外马克思主义研究部副主任、研究员。

个角度，各政党必须有可依赖的社会基础，需要有拥护和接受其思想的社会群体。各社会主义党派对新社会主义目标前景的表述同中有异：各社会主义党派尽管对资本主义的评判各不相同，但均坚持社会主义方向和前途。一些党派还坚信人类未来将实现共产主义。只是对于新社会主义的目标前景各述其表，异质性较明显。各社会主义党派都坚持合法斗争，但具体的政治角色不尽相同：苏东剧变后，各社会主义政党都放弃了武装斗争、暴力革命，实现社会理想主要以和平方式，走议会道路，在合法的途径和范围开展活动和争取政权的努力。各社会主义党派基本上坚持信仰自由：俄罗斯是一个宗教影响非常深重的国度。苏联解体后，国家遭受巨大磨难、动荡、衰落，宗教复兴运动迅猛发展，宗教成为人们的心灵慰藉。如何寻求广大信教群众的支持，是各社会主义党派必须面对的问题。结合俄罗斯的具体国情以及当前的斗争形势，俄罗斯共产党提出了有关宗教问题的主张，制定了宗教政策。马列主义政党于俄罗斯不可或缺但暂无机会执政：俄共等马列主义政党的地位可概括为：重要角色，不可或缺；力量悬殊，难敌统俄。一方面，俄共是俄罗斯社会上影响力第二大的政党。另一方面，俄共虽处第二大党位置，但与统俄党的实力相差甚远，无以匹敌。

（供稿：沈阳）

【当代共产党和工人党国际团结合作的几个问题】

聂运麟*，《当代世界与社会主义》2015 年第 1 期

近年来，围绕共产党和工人党国际会议的性质和形式问题出现了不同的看法。有观点主张共产党和工人党国际会议进一步发展成为世界各国共产党的一个联合“组织”；也有观点认为共产党和工人党国际会议的“最重要目的是推动建立一种国际主义的合作”。然而，从历史发展来看，世界社会主义运动的发展有赖于各国社会主义革命条件的成熟，共产党和工人党国际团结合作的形式是历史形成的，构建“同质化”理论和“单一革命战略”是不实际的。世界社会主义运动的发展有赖于各国社会主义革命条件的成熟。国际主义的团结与合作固然对当代世界社会主义运动的发展具有重要意义，然而，对这一发展起决定性作用的，是各国革命条件的成熟，是各国党的成熟及其理论与策略的正确，并能够得到广大人民群众的拥护和支持。共产党和工人党国际团结合作的形式是历史形成的。世界社会主义运动团结合作的形式是历史形成的，是那个时期经济政治发展的产物。当代共产党和工人党国际会议是各国共产党和工人党共同努力的一项成果，它是一系列活动和倡议的产物。构建“同质化”理论和“单一革命战略”是不切实际的。有的国家共产党主张，共产党和工人党国际会议应发展成为一个联合的共产党组织，以便构建“同质化”理论和“单一革命战略”。这种愿望是可以理解的，然而却是不可能实现的。共产国际是各国共产党的联合组织，是统一的世界共产党。共产国际的基层组织是各国支部。每个国家只能有一个共产党加入共产国际，并成为它的一个支部。共产国际的最高权力机关是世界代表大会。然而，共产国际不是一个适合当前世界社会主义运动发展的组织形式。加强各国共产党和工人党的团结与合作的建议：对于当前有关世界社会主义运动的理

* 聂运麟：华中师范大学国外马克思主义政党研究中心主任、教授。

论与策略上的分歧，应坚持科学求实的态度。只有坚持正确的方针和政策，才能维护来之不易的世界社会主义运动团结与合作的大局，从而推动世界社会主义运动在低潮中走向复兴。

（供稿：沈阳）

【国外马克思主义突围与坚守】

张一兵*，《人民论坛》2015 年第 3 期

2008 年全球金融危机爆发，尽管新自由主义已经在理论上被普遍宣布为一种已经失败的策略，但全球化资本主义在实践上却似乎远未走到日薄西山的境地，资本主义似乎又一次幸存了下来。对于这一问题的反思，已经开始成为国外马克思主义研究者必须直面的问题和挑战。而在逻辑方法上，有一种明显的“回到马克思”的趋势，那个不断被宣布为过时的马克思总是在历史的危急时刻重新出现。面对自身也在不断调整中的资本主义，特别是 20 世纪 80 年代逐渐兴起的“全球资本主义”，以及 90 年代以来出现的“网络社会”（“赛博空间”），西方马克思主义主要包括三个内在关联而又存在明显差异的逻辑进路。其一是“后马克思思潮”，其二是“晚期马克思主义”，其三是“后现代的马克思主义”。除了上述三种逻辑进路之外，20 世纪 70 年代以来国外马克思主义研究的突围和发展还应充分考虑在法国、意大利兴起的以“生命政治”为核心范畴的激进政治学、作为英美主流学术话语内部变异的分析的马克思主义、激进政治经济学（激进国际政治经济学），以及继承了法兰克福学派遗产并有所发展的德国以“资本逻辑”（价值形式）批判为焦点的“新马克思阅读”运动。从所依托的学术资源、运用的逻辑方法，以及具体理论主题的选取来区分，当前值得我们关注的国外马克思主义研究动向可以概括为以下五个方面。首先是对马克思《资本论》和政治经济学批判的持续关注。其次是对辩证法的高度关注。再次就是作为从“福利国家制度”（福特制、消费社会）批判中生发而来的“生命政治”和激进政治学。还有就是结合现代西方社会问题的展开，以及流行的社会思潮，而形成的从女权主义视角、生态主义视角，分析全球化资本主义何以幸存的思路。最后还必须注意到，出于全球化资本主义矛盾危机的考察，以及二十多年来前苏东社会主义地区发展滞后的反思，以苏东剧变（柏林墙倒塌）25 周年纪念等事件为契机，对于传统社会主义模式的重新思考，包括苏东马克思主义理论研究成果的重新评估，也构成了 2014 年国外马克思主义研究的一个关注热点。这在某种程度上也呼应了“回到马克思”这一理论主题。

（供稿：沈阳）

【瑞典社会民主主义制度的成因】

邹升平**，《扬州大学学报》（人文社会科学版）2015 年第 5 期

瑞典社会民主主义制度是在一定理论指导下、在实践中对历史问题和历史时代的回应，实践、理论、时代的有机统一构成了瑞典社会民主主义制度的生成原因，制度生成逻辑的独特性是社会制度民族性、客观性与不可复制性的重要根源。瑞典社会民主主义制度因其独特的制度生成因素，说明了它仅是社会发展过程中的特例，并不是适合一切国家的“普世价值”。

---

* 张一兵：南京大学党委书记，哲学系教授。

** 邹升平：渤海大学马克思主义学院副教授。

制度的生成绝不是偶然的，一定社会的生产方式是社会制度生成的物质前提。扎根于瑞典资本主义发展的现实国情和社会民主党的改良实践是瑞典社会民主主义制度生成的实践基础。1. 生成起点：资本主义制度的确立与发展。2. 生成动因：克服资本主义经济危机。3. 生成根基：妥协与合作的民族传统文化。4. 生成依托："三足鼎立"的阶级结构。社会制度的形成总是对一定历史问题的呼应和回答，因而社会制度总是随着历史的发展而不断变化与更新。瑞典社会民主主义制度是顺应国际国内环境变化的要求而逐步形成与发展起来的。1. 生成的国际背景：欧洲社会民主主义的改良主义化。2. 生成的国内背景：资本主义经济、政治、文化的发展。瑞典社会民主主义制度的生成既有其客观必然性，又有其坚实的哲学基础与理论根源，历史唯心论和瑞典社会民主党的执政理念构成了其生成的理论基础。1. 生成的哲学基础：历史唯心论。2. 生成的执政理念：瑞典社会民主党改良主义的社会主义观。瑞典社会民主主义制度生成的三维向度昭示了制度生成是一个整体过程，是多种因素的相互作用与内在统一。对瑞典社会民主主义制度生成因素的分析，我们可以得出以下两点启示：第一，瑞典社会民主主义制度是在一定的理论指导下，在实践中对一定历史问题和历史时代的回应，制度生成逻辑的特殊性是社会制度民族性、客观性与不可复制性的重要根源。第二，瑞典社会民主主义因其独特的制度生成，说明了它仅是社会发展过程中的特例，并不是适合一切国家的"普世价值"。

（供稿：沈阳）

【国外共产党加强政治纪律的主要做法及启示】

柴尚金*，《党政研究》2015 年第 5 期

中国共产党与国外共产党同出一源，以马列主义为指导，坚持民主集中制的组织原则。随着 20 世纪国际共产主义运动潮起潮落，苏联共产党和一些社会主义国家执政党从兴旺走向衰亡，一些共产党放弃了共产主义奋斗目标，走多党民主路线，最终不断分裂，一蹶不振。但多数共产党能适应形势变化，坚持共产主义理想信念不动摇，通过强化政治纪律，以维护党的团结与统一，从而实现党的力量不断发展。国外共产党在政治纪律方面的经验教训值得我们总结和汲取。

共产党是靠共产主义理想和严明纪律组织起来的马克思主义政党。以列宁建党原则创建的共产党是以铁的纪律著称的，严明纪律是共产党的光荣传统和政治优势。国外一些共产党在继承和发扬自身政治优势的前提下，加强党的政治纪律，着力维护党的团结与统一。1. 自觉履行党章规定，坚持党的政治路线不动摇。2. 坚持集体领导，维护党的集中统一。3. 遵循优良传统和工作惯例。

共同理想和政治纪律是共产党发展壮大和不断胜利的保证。20 世纪各国共产党基本上是按照列宁建党原则并仿照苏联共产党运作模式而建立起来的。中国共产党无论在体制、制度，还是在所走的道路和所面临的前所未有的境遇上，都与苏联有着相似或者相近乃至相同的地方。我们应汲取苏共及国外一些共产党建设中的经验与教训，通过加强和改进党的政治生活，搞好党的自身建设和改革，走出一条共产党建设的成功之路。1. 维护党章和

---

* 柴尚金：中共中央对外联络部研究室局级参赞、研究员。

党的政治路线的权威性，在政治上同党中央保持一致，保持中央的政令畅通。2. 民主集中制是共产党开展政治生活的重要指导思想和组织原则，必须长期坚持。3. 政治纪律和大是大非问题不能含糊，对违犯者要依纪严惩。

从国外一些政党严肃执行党纪的经验看，加强党的政治纪律应抓铁有痕、踏石留印，重在党纪党规及制度的执行与落实。严明党的组织纪律，就是要严格落实民主集中制、党内组织生活制度和请示报告制度等组织制度，在涉及重大问题、重要事项时按规定向组织请示汇报，加强严格组织管理和组织监督，破除党内“圈子文化”，让经常性批评监督成为增强组织纪律性的有效途径。严明党的政治纪律就是要强化党的意识，要求党员和各级干部政治上讲忠诚、组织上讲服从，行动上讲纪律，坚持党性、根治派性，自觉维护党的团结和统一。对那些利用职权在党内拉私人关系、培植私人势力、立山头、搞派性等行为严厉打击，绝不手软。

（供稿：陈爱茹）

【马来亚共产党及其武装斗争的兴起与沉寂】

于洪君*，《当代世界与社会主义》2015 年第 2 期

该文根据国内外近年披露的新材料，对马来亚共产党及其武装斗争进行全程扫描。

一　马来亚共产党的成立及其早期活动

20 世纪 20 年代，马来亚建立共产主义小组。1930 年，马来亚共产党在森美兰州瓜拉比拉村正式成立。马共成立后因政治上不够成熟，曾犯过盲动主义和“左倾”幼稚病等错误。1937 年，马共以统一战线方式，利用合法渠道开展群众运动，影响逐渐扩大，党在组织上亦有所发展。

二　在反抗日本侵略的斗争中作出重大贡献

1942 年，马共领导的马来亚人民抗日军第一独立部队正式成立。而后，又陆续成立了第二独立部队、霹雳州人民抗日军等。这一时期，马共制定以驱逐日本法西斯、建立马来亚民主共和国为目标的《九大纲领》。在日本占领马来亚期间，马共毙伤日军总共 5500 余人。虽然马共武装伤亡人数超过 4000 人，但总体上还是在发展壮大，成为马来半岛最有组织性和最有战斗力的劲旅，解放并有效控制了超过一半的国土。

三　艰难的和平发展之路与复杂的党内斗争

1945 年 8 月，日本投降，马来半岛形势发生了重大变化。马共接受总书记莱特建议，放弃武装斗争并转向政治发展。在这种情况下，党的中央机构得以重建。1947 年 3 月陈平被推举为马共总书记。陈平后来回忆说，当年莱特倡议的“政治路线，无论是有意还是无意，被证明是非常成功的”。依靠这条路线，“马共控制了全马及新加坡的劳工组织”，马共的“政治影响力及追随者从未那么强大过”。

四　马共的国际联系与艰辛的和谈尝试

1947 年夏，由于多种因素共同作用，英国殖民当局加大了打压马共等进步力量的力度，马来亚的政治空气更趋紧张。1955 年 10 月，马共与政府进行了三轮预谈。双方商定，12 月下旬在华玲举行正式会谈。在华玲会谈中，当局坚持要马共无条件投降。华玲会谈最终以失败告终。

---

* 于洪君：中共中央对外联络部原副部长。

五 在国际共运大分裂背景下重开武装

华玲会谈失败后，马共别无选择，只能继续进行武装斗争。

六 错综复杂的内外环境导致分裂和衰败

1968 年，受多种因素影响，马共领导层内出现了严重的政治分裂。1970 年，革命派公开分裂。1974 年，马列派另立山头。1983 年，马共（革命派）与马共（马列派）合流，成立马来西亚共产党。分裂与内讧的结果是不可避免的衰败。马共各派武装力量总人数最少时已不足千人。

七 马共放弃武装斗争同时终止了革命运动

马共停止武装斗争，同意回归社会，是轰动东南亚和世界的一件大事。文件签字后，陈平对记者宣布这是“光荣的和解”，称协议“符合我们党争取实现和平的政策，符合当前世界人民要求和平与民主的潮流，同时也符合马来西亚和泰国两国人民的利益”。

八 “一心为人民，功绩留青史”

马共领导的武装斗争持续 41 年，终告结束。马共随即解散。马来亚共产主义运动和马共领导的武装斗争如今已成历史。

（供稿：陈爱茹）

【金融危机以来拉美左翼运动和共产党的新动向】

徐世澄*，《求实》2015 年第 4 期

20 世纪末至 21 世纪初，拉美左翼力量出现群体性崛起，影响力快速提升。一些左派掌权的拉美国家明确提出社会主义的口号，其中委内瑞拉和厄瓜多尔提出的“21 世纪社会主义”、巴西提出的“劳工社会主义”、玻利维亚提出的“社群社会主义”或“印第安社会主义”影响较大，拉美这些左翼政党的领导人自称是“社会主义者”，宣称要带领各自国家进行“社会主义建设”。

一 金融危机以来拉美共产党的新动向

到 21 世纪第二个十年，拉美仍有 20 多个共产主义政党。拉美共产党的政治地位可分成以下几种。

1. 执政党。到目前为止，只有古巴共产党是执政党，而且是古巴唯一的政党。古巴共产党长期执政，多年来坚持马克思主义，坚持共产党的领导，坚持社会主义，成为激励和凝聚拉美共产主义运动和左翼力量的一面重要旗帜。

2. 参政党。目前作为参政党的拉美共产党主要有巴西、智利、委内瑞拉、乌拉圭等国的共产党。这 4 国的共产党均是执政联盟的成员，在议会有席位，并有党员在政府中任职。

3. 在野党。多数拉美国家的共产党是在野党。一些国家在野的共产党在议会中占有席位。

当代拉美一些国家的共产党有与本国左翼政党一起参政的经验。拉美独特的地理、历史、政治、经济和社会条件塑造了拉美地区共产党不同于其他国家或地区共产党的特性。但是，由于不少拉美共产党没有将马列主义很好地与本国实际紧密结合，没有很好与本国群众运动紧密结合，致使大多数拉美国家的共产党都未能取得政权。但是，这并不否认拉美共产党在拉美地区的发展进程中曾经发挥并且现在继续发挥着不可抹杀的进步作用。

---

* 徐世澄：中国社会科学院拉丁美洲研究所研究员。

二　金融危机以来拉美左翼运动的新动向

金融危机以来，拉美左翼运动的新动向主要有：

1. 拉美左派领军人物查韦斯逝世；

2. 拉美左派政府执政地位依然相对稳固；

3. 除圣保罗论坛外，拉美左翼又出现了一个新的左翼论坛——拉美进步会见；

4. 美国对拉美左派采取分化瓦解的政策，对古巴伸“橄榄枝”和“胡萝卜”，对委内瑞拉挥舞“剑”和“大棒”。

目前拉美左派执政的国家面临不少困难，正在经受着新的考验。从外部来说，国际金融危机的影响仍在继续发酵，美国千方百计想搞垮委内瑞拉等左派政权，拉美各国国内的右派在利用部分群众的不满情绪，发动进攻，拉美政坛左派占优势的局面正在发生变化，值得关注。

（供稿：于海青）

【西欧共产党的“新国际主义”观及其当代实践与困境】

于海青*，《科学社会主义》2015 年第 3 期

近年来，共产党国际联合问题，成为国内理论界关注的焦点。同时，一些共产党围绕社会主义理论问题的争论，及其在国际和地区性联系与合作中出现的矛盾和分歧，也引发了人们对共产党国际联合未来出路的思考。

一　西欧共产党“新国际主义”观的确立与影响

国际主义，是世界无产阶级从共同的阶级利益和反资本主义斗争需要出发，加强国际团结和联合的根本观点。工人阶级政党自成立后，积累了丰富的国际联合斗争经验，然而，随着社会主义从理论变成现实，尤其是在列宁逝世后，西欧各国共产党建立在平等、合作基础上的联合斗争发生了根本性变化。二战后，一种回归传统国际联合原则的“新国际主义”在实践中悄然萌芽。这种“新国际主义”的发展契机，是 1956 年苏共二十大“去斯大林化”以及与资本主义和平共存等战略的提出，它为确立一种新的党际关系范式营造了相对宽松的环境。在其形成过程中，意大利共产党起到了引领作用。而总的来看，“新国际主义”是当时更具广泛意义的西欧共产主义转型，即“欧洲共产主义”的重要组成部分。它勾勒了“欧洲共产主义”的主要框架，实现了“多样化”“联盟”“自治”的三种发展转向。

二　西欧共产党国际联合的主要形式与现实困境

20 世纪 90 年代以来，秉承“新国际主义”观的西欧共产党，一直在寻找一种能够形成联合斗争力量的行之有效的国际联合形式。从“欧洲联合左翼—北欧绿色左翼”，到欧洲左翼党，再到由其推动召开、每年一次的共产党和工人党国际会议，都体现了西欧共产党在这方面的尝试和努力。这些实践对后冷战时代西欧共产党的生存和发展具有积极意义，但由于在一些根本问题上存在认识分歧，导致联合组织问题重重，各种矛盾不断呈现，制约着“国际联合”实现更大的效能。

三　西欧共产党国际联合的挑战与前景

20 多年来，西欧共产党国际联合实践推动了各共产党之间、共产党同其他各种左翼力量之间的联系和沟通。当前争论

---

* 于海青：中国社会科学院马克思主义研究院国外马克思主义研究部国外共产党研究室主任，副研究员。

的关键问题，是应该如何建立国际联合，实质是共产党内部“改革”与“保守”力量间理论观点的冲突和对立。从理论上说，解决这些矛盾和分歧不难。秉承欧洲共产主义开启的“新国际主义”观，相互尊重，求同存异，显然是问题的根本化解之道，但在实践中的落实仍然面临很大困难和挑战。

（供稿：陈爱茹）

国际共产主义运动

【共产国际在世界反法西斯斗争中的作用及评价】

柴尚金*，《当代世界》2015 年第 8 期

在决定世界前途命运的反法西斯战争中，共产国际实施了建立反法西斯斗争统一战线的战略，动员各国共产党员积极奔赴反法西斯战争前线的同时，号召各国共产党同社会民主党及各种和平与进步力量结成广泛的反法西斯联盟，共同汇入世界反法西斯斗争的历史洪流中。

共产国际在世界反法西斯斗争中发挥了积极作用。首先，倡导在世界范围内建立反法西斯统一战线。共产国际于 1933 年 3 月就开始把建立国际统一战线、积极开展反法西斯斗争作为共产国际主要任务；1935 年 7 月召开的共产国际第七次代表大会通过了“关于法西斯的进攻和共产国际在争取工人阶级、反对法西斯的斗争中的任务”的决议，将建立反法西斯斗争统一战线确定为共产国际的战略目标。其次，动员和支持各国共产党开展反法西斯斗争。面对德意法西斯支持下的西班牙武装颠覆活动，共产国际向世界各国发出了支援西班牙的呼吁书，并在世界许多大城市设立招募站，招募志愿者奔赴西班牙，抗击德、意法西斯。

共产国际和各国共产党积极支持中国人民抗日战争。中国抗日战争全面爆发后，共产国际主席团发表了告国际无产阶级的宣言书，强调“中国人民的解放战争，是世界无产阶级和一切先进人类反对野蛮法西斯主义的压迫的总斗争之最重要的组成部分”，号召各国工人阶级和一切真正拥护民主、和平人士，积极行动起来，帮助中国人民抵抗日本侵略的斗争。为响应这一号召，《共产国际》及苏联《真理报》等报刊，连续在头版显著位置，报道中国抗战的消息并发表文章，谴责日本的侵略行径，给中国人民抗战以巨大的道义上的支持。

辩证地看共产国际在世界反法西斯斗争中的作用。第一，共产国际起到团结与推动各国共产党和世界进步力量形成统一战线的积极作用，但也出现干涉一些党的活动的情况。共产国际一方面对动员、推动和组织各国共产党和世界进步力量建立反法西斯斗争国际统一战线和抗击法西斯侵略斗争发挥了积极作用，做出了应有贡献；另一方面也过多考虑苏联的国家利益，强调配合苏联斗争，而忽视别国无产阶级的利益。第二，共产国际高度集中的组织原则不适应各国独立自主开展反法西斯斗争的实际。共产国际是按照高度集中的原则组织起来的，集中的领导体制对于协调各国无产阶级的革命行动、推动建立国际反法西斯统一战线，确实起到过一定的积极作用。但这种领导体制容易受苏联大国大党主义影响，一定程度上限制了各

---

* 柴尚金：中共中央对外联络部研究室局级参赞，当代世界研究中心研究员。

国党独立自主的发展空间和斗争灵活性。第三，国际主义仍具有生命力，团结与合作是当今世界社会主义运动的发展趋势。许多国家的共产党、工人党都诞生于共产国际时期，与共产国际有着千丝万缕的联系。共产国际虽然解散，但共同斗争并没有就此终止。

（供稿：李凯旋）

【戈尔巴乔夫时期的社会思潮失控与苏联剧变】

王立新*，《南京社会科学》2015 年第 2 期

在任何一个社会的重大变革之际，围绕要不要改革以及如何改革的问题，各种社会思潮总是应运而生，力图影响改革政策和发展走向。因此如何科学合理地调控各种社会思潮，是改革国家领导人面临的一个重大政治问题。戈尔巴乔夫改革时期，苏共对社会思潮失控，导致马克思主义意识形态主导地位的丧失和社会的思想混乱，从而亡党亡国，教训十分深刻。

1985 年戈尔巴乔夫上台后，针对苏联社会的停滞、僵化，立即着手推行激进的改革，推出了“民主化”“公开性”和“多元化”的改革举措。“民主化”和“公开性”激发了人们的独立思考，也为敌对分子大肆批判苏联历史和现实提供了方便之门。在此基础上，戈氏又提出了利益和意见“多元论”。“没过多久，人们几乎是想怎么干就怎么干，这种无限的民主化就连西方有关专家都感到吃惊。”反党反社会主义思潮也趁机出台，并利用苏共过去的历史错误大肆攻击苏共和苏联社会主义制度，马克思主义在意识形态领域中的统治地位受到冲击。在这种背景下，苏联的各种社会思潮纷纷产生并蔓延开来，除了马克思主义主流思潮外，主要包括五大社会思潮：人道的民主的社会主义思潮、新自由主义思潮、历史虚无主义思潮、保守主义思潮以及民族主义思潮。

这五大主要社会思潮对苏联剧变产生了深刻的影响。首先，随着改革的推进，其他社会思潮的传播，人道的民主的社会主义思潮取代了马克思主义的主导地位，各种非马克思主义思潮大行其道，在广大民众中造成了很大的思想混乱。其次，新自由主义思潮的实质是否定生产资料社会主义公有制和国家对经济的干预，摧毁社会主义的经济基础。再次，历史虚无主义思潮对历史的全盘否定，严重损害了苏联共产党和社会主义制度在民众中的美好形象，动摇了人们对社会主义的理想信念，造成了苏联共产党和苏联社会主义制度的“合法性危机”。复次，反对改革的保守主义思潮虽然对戈尔巴乔夫的错误改革路线进行了批判，但是认识不到传统体制的弊端，更无法为苏联社会的改革和发展提供有效的对策建议，实际上起到了阻碍苏联社会发展的作用。最后，民族主义思潮催化了苏联的分裂。戈尔巴乔夫推行的政治民主化改革和多党制又为各种反苏反共的民族主义组织的形成、发展创造了条件，它们否定苏共领导核心作用，为各种分离组织煽动独立提供了可能。

可以说，上述五大社会思潮联合摧毁了马克思主义在苏联的主导地位，教训相当深刻。首先，意识形态政策的调整必须有利于改革、稳定和发展；其次，要坚持马克思主义的主导地位；再次，要科学掌控意识形态。在风云变幻的变革之际，一方面要科学引导、有效管控各种社会思潮；另一方面要在正确的改革路线、方针、政策指引下坚定不移地推进改革，以

---

* 王立新：南京师范大学公共管理学院教授。

改革的实际成效正确影响各种社会思潮，实现两者的良性互动。

（供稿：李凯旋）

【发达国家劳资关系的变奏——罢工的视角】

肖巍、钱箭星*，《国外理论动态》2015 年第 11 期

全球化时代，发达国家纷纷推行新自由主义政策，一个主要方面就是放松对资本的管制，而对于劳动者，则要求以灵活性来适应资本的需要。发达国家的工会力量明显衰落。首先，工会密度下降。其次，工会集体谈判能力也在削弱。为了应对全球化竞争，发达国家的集体谈判制度出现了分散化趋势。这种分散化又可分为有组织和无组织的，前者是指在产业规则和标准框架内企业层面的谈判；后者则是指企业层面的谈判替代产业层面的谈判。最后，工会越来越寻求政府的支持和庇护。另外，工会对外国移民的态度也发生了变化。之所以发生这些变化，一是科学技术在提高劳动生产率的同时也分化了劳动者；二是生产方式的变革使传统产业不再是产业工人的聚集地，这就弱化了劳动者集体的认同感和归属感；三是信息产业和网络技术使许多工作可以遥控进行，从业人员的工作性质越来越灵活，越来越分散，这种情况与大量雇佣兼职人员和临时工、反工会运动、低工资职位重新分配、低工资的外国移民的流入相结合，使得竞相追逐低技能工作岗位的劳动力增加，进而导致低技能劳动力的工资大幅下降。

此外全球化时代发达国家的罢工发生了某些变化，特别是针对政府的政治性罢工增加了。劳动者的诉求从维权扩展到社会保障，对企业他们除了关注工资和福利，还关注工作岗位和企业经营策略。另外，交通运输业等公共部门的罢工越来越令人反感。

综上所述，全球化背景下的企业经营策略调整和政府福利体制改革现在已成为罢工的主要由头。一是如果策略调整和改革政策乃大势所趋，抗议和罢工充其量只能使其延缓实行，但如何减少阻力，仍是企业和政府必须面对的考验。二是这些调整和改革能否达到预期目标主要取决于：（1）方案的选择与执行；（2）方案与影响目标群体行为的其他政策之间的协调；（3）目标群体自身的结构和动态。三是为了保证有关法律的合理性和公正，立法过程不仅要做好制度设计，更须未雨绸缪，预防大范围的冲突和对抗。

（供稿：贺钦）

【论世界资本主义体系危机的持续加剧】

杨艳**，《马克思主义研究》2015 年第 3 期

目前资本主义世界的危机不再仅仅是一场国际金融危机，而是整个世界资本主义体系的危机。在新的阶段，它表现在四个方面：资本主义经济危机进入了第二个阶段，新自由主义经济政策和财政紧缩政策已经破产，战争可能性在激增以及世界无产阶级运动高涨，它们共同促进了世界资本主义体系危机持续加剧，让资本主义体系、新殖民体系和政治体系面临更加严重的问题。

在看待世界资本主义体系的发展态势时，我们应该明确如下三点。

其一，资本的过度积累和信贷投机的巨额扩张，是导致世界资本主义体系危机

---

* 肖巍、钱箭星：复旦大学马克思主义学院教授。

** 杨艳：南阳师范学院政治与公共管理学院讲师。

持续加剧的经济根源。资本家用以救市的新自由主义经济政策丝毫没有减少经济危机的基本特征和延缓社会基本矛盾，财政紧缩和大量使用量化宽松货币政策治标不治本。虽然社会生产有所增加，但国家拨款用于私人使财富更加集聚，更加集中到大银行、企业集团和垄断者手中，而银行和其他金融机构继续参与各种商品、货币和金融工具的大规模投机，对其自由程度却又缺乏有效的制约，从而产生了实际价值生产和虚拟价值流通之间不可调和的矛盾。面对虚拟资本的大量扩张和产品过剩再次引发的资本过度积累，资本主义统治集团找不到任何有效的措施来预防，避免不了更严重的金融危机卷土重来。

其二，世界资本主义体系危机的持续加剧是“垄断”这个帝国主义经济本质发展的必然产物。资本主义国家之间相互争夺资源和能源，对国际市场进行攫取、支配和剥削，通过军事力量完成资本输出以实现其“分化和重新分化”世界的目的，这是垄断资本主义最重要的特征。

其三，资产阶级的阶级本性是世界资本主义体系危机持续加剧的深层原因。虽然伴随经济危机的不断加剧，出现了大规模失业、破产、贫富差距加大、社会生活混乱等严重的经济问题和社会问题，基于资本主义国家的基本矛盾，统治阶级还是通过削减、紧缩等政策，加重了对劳工的剥削，这与广大劳动人民的民主权利、与社会公平的基础都是相悖的。可见，金融资本和生产力之间的矛盾目前仍在资本主义国家各阶级的利益冲突里起着核心作用，资产阶级本质上是反工人、反人民的。所以，抵抗资本家的压迫和剥削，为改革、进步而战，在当前世界资本主义体系危机持续加剧的大背景下就显得更为必要而紧迫。我们同样应该看到，资本主义统治集团在给人民大众制造不安和绝望气氛的同时，也引发了世界各国劳动人民对统治阶级及其政府更激烈的抵抗和斗争。

（供稿：遇荟）

【经济金融化必将加剧资本主义经济社会动荡】

邢文增*，《红旗文稿》2015 年第 20 期

20 世纪 70 年代，资本主义经济陷入滞胀，实体经济的利润率随之大幅下滑。为解决经济停滞和产能过剩、阻止利润率进一步下滑，发达资本主义国家开启了经济金融化的新路径。经济金融化也由此成为资本主义经济的重要特征。金融化首先表现为金融资产的规模空前增大。其次，金融资本日益虚拟化。再次，金融业利润迅速增加。最后，非金融企业的金融化，即非金融企业中金融资产及其创造的利润明显上升。

2008 年国际金融危机发生后，经济金融化成为各界批判的焦点。为遏制金融资本的过度发展，西方国家纷纷把加大对金融资本的监管作为改革重点。一是制定金融监管改革法案，从法律上提供支持和依据；二是设立专门的监管机构，建立新的监管协调机制以防范和监控市场系统性风险；三是加强对信用评级机构的监管；四是对金融企业高管的薪酬进行限制。危机后的金融改革尽管从多方面加强了监管，但效果并不明显，相反，西方政府对金融垄断资本的救助使其顺利度过危机，金融化仍然是资本主义国家经济的重要特征。第一，金融资本总量和金融业利润再创新高。第二，金融衍生品交易并未得到有效控制。第三，影子银行业务增长迅

* 邢文增：中国社会科学院马克思主义研究院助理研究员。

猛。第四，金融资本的垄断有增无减。

在资本主义国家“劫贫济富”的政策下，经济金融化现象更为严重，这不仅将进一步加剧虚拟经济和实体经济之间的脱节，也将加剧资本主义积累的危机和全球的阶级对抗，资本主义经济动荡以及由此引发的社会危机将不可避免：1. 实体经济与虚拟经济的脱节仍然严重。经济金融化空前强化了金融资本的力量，加剧了虚拟经济与实体经济之间的脱节，也使资本主义国家经济空心化现象严重。2. 金融化为引发大规模甚至全球范围的金融危机提供了更多的方式和手段：一是投机性资本对一些国家和地区的金融市场进行冲击，二是金融资本会加剧危机的国际传导和扩散，三是金融市场的羊群效应会造成金融恐慌迅速传播。3. 金融化加剧了资产阶级和工人阶级的矛盾，更易引发全面的社会危机。金融化在加强资本力量的同时，也丰富了资本追求和压榨剩余价值的手段和方式，各种金融创新工具成为新的剥削手段，致使资产阶级和工人阶级之间的矛盾日益加深。随着资本主义经济金融化的加剧，工人阶级所遭受的剥削和压榨也将进一步加强，资产阶级所面临的反抗将日益增强，资本主义国家在未来也必将面临更大规模的全面的社会危机。

（供稿：遇荟）

【新社会运动与劳工运动的起承转合】

张宗峰*，《社会主义研究》2015 年第 6 期

20 世纪末，世界劳工运动呈现出新镜像，不论在内容上还是在形式上都释放出与新社会运动接合的某种信号，且这种政治景观仍在持续发展。而新社会运动正是从劳工运动的母体中孕育出来，并在此基础上不断发展壮大，进而演化为一种新型的社会运动形态。

西方新社会运动的参与主体已经不再以社会阶级来界定，而主要由新中间阶层构成。随着全球化的发展以及新自由主义的强力扩张，劳工阶层内部分化也愈加明显，其中从事科技和管理的新型劳动者所构成的新劳工阶层所要实现的资本主义社会变革也不能简单停留在物质生产层面，而应该拓展到生活方式、行为方式、思维方式等层面，克服各个领域和层面的资本主义异化，确保生产方式和生活样式满足各个层次劳工的形式多样的需求，从而实现对资本主义体系和制度进行结构性改革。

鉴于此，劳工运动与环境运动、女权运动、种族民权运动等新社会运动相结合，投入跨身份社会运动洪流中去。在运动主体上，劳工组织与环境保护主义者、女权主义者、种族民权支持者、青年学生等成员和组织组成了成分复杂的“行动者联盟”。在意识形态上，劳工组织与新社会运动的联盟在价值观和思想基础上形成了共同的身份认同。在运动策略和方式上，劳工组织也采用“权利”“自治”“基层管理”等符号和话语来表达和维护劳工的利益诉求。在组织形式上，劳工组织和新社会运动团体所组成的“行动者联盟”也采用新社会运动所倡导的非正式、非集中化、分散化和基层民主的自治管理模式，以确保运动中劳工组织和各种新社会运动团体的独立性。

总之，纵观西方新社会运动的发展历史，不难发现其与劳工运动具有很大的相关性。新社会运动所关心的问题、所关注的领域在本质上与传统劳工运动的政策是相通的，只不过两者在问题的提出和解决方式上有所区别：新社会运动善于聚焦某

* 张宗峰：上海电力学院社会科学部讲师。

个具体的领域或议题，而劳工运动关注的是总体性目标的宏大叙事。二者的交集是在本质上都主张解决受资本主义所异化的问题和领域，只是在问题的深度、广度、层次等方面各有侧重。劳工运动能否扭转运势很大程度上取决于是否正视并处理好与新社会运动的关系。未来社会主义运动必须正视新社会运动所揭示出的当代资本主义的新矛盾和新冲突，找寻二者接合的契机，从而不断开辟社会主义的未来，使新社会运动在科学社会主义理论的指导下发展为社会主义变革的重要载体。

（供稿：遇荟）

【试析拉美“21 世纪社会主义”的历史源流及其本质】

贺钦*，《当代世界与社会主义》2015 年第 3 期

拉美社会主义传统深厚，源流丰富，但成者寥寥，委内瑞拉、玻利维亚、厄瓜多尔等国各具特色的“21 世纪社会主义”模式何以可能？

拉美“21 世纪社会主义”的历史机遇在于：（1）新自由主义留给拉美的创伤远未弥合，“21 世纪社会主义”在未来相当长一个时期内仍是最具吸引力的后新自由主义道路选择之一；（2）委内瑞拉、厄瓜多尔、玻利维亚三国领导人通过议会道路、修宪立法、重组执政党等手段，为各自的“21 世纪社会主义”实践赢得了至少十年的执政期，从而大大增加了政策的合法性、延续性和深化改革的可能性；（3）以“公平、正义、参与”为核心价值的拉美“21 世纪社会主义”在社会建设方面取得了显著成效；（4）加强地区团结与一体化是“21 世纪社会主义”倡导者的共识。

拉美“21 世纪社会主义”的未来挑战在于：（1）“21 世纪社会主义”的理论内涵、原则和形态庞杂多元，仍需建构具有普遍共识的逻辑和话语体系，替代旗帜虽具备一定号召力，却缺乏对历史和现实的科学关照和分析，更未达成明确统一的指导思想和行动纲领，理想主义浓重，行动力欠缺；（2）通过议会道路夺取政权的委内瑞拉、玻利维亚、厄瓜多尔三国的左翼力量，在推行激进变革的同时，始终面临着国内外反对派、地区寡头和跨国利益集团的高压和阻力，时局错综复杂，社会冲突时有发生，政治稳定和经济秩序均存在一定的风险和变数；（3）“21 世纪社会主义”的创建与初探在很大程度上依赖于左翼领导人的个人威权与影响力，如何将“21 世纪社会主义”的治国理念和方略制度化、法制化，进而增强其合法性与社会认同，是“21 世纪社会主义”能否真正植入现代政治治理体系进而生根发芽的关键；（4）“21 世纪社会主义”从外围资本主义的土壤中破土而出，具有其不可克服的先天脆弱性，以初级产品出口和资源红利为基础的单一经济结构依然难以摆脱其对资本主义世界经济体系固有的依附性，国际经济危机、初级产品价格波动、西方国家制裁等外部因素对“21 世纪社会主义”国家的局势和前景具有不可小觑的影响力；（5）在传统地缘政治视角中，拉美一直是美国的后院，以反美为旗帜的“21 世纪社会主义”发起国向来被美国视为拉美的“邪恶”轴心，以美国为代表的各类颠覆策反活动是威胁“21 世纪社会主义”未来的重要因素。

“21 世纪社会主义”是变化发展中的新政治运动，是更加强调本土特色、替代色彩和地区合作的新社会主义流派。它的

---

* 贺钦：中国社会科学院马克思主义研究院助理研究员。

出现既有历史必然性，也包含一定的历史局限性，因而被拉美学者形象地称之为未曾革命的“革命”。未来，“21 世纪社会主义”仍有待突破和超越外围资本主义的生产关系、经济结构和制度形态。

（供稿：遇荟）

【改革：社会主义国家生存与发展之需——以苏联 74 年历史为鉴】

叶书宗*，《探索与争鸣》2015 年第 8 期

由于历史和时代的制约，马克思主义、列宁主义关于无产阶级专政国家和过渡时期社会的某些理论，以及 19 世纪世界社会主义运动的某些历史传承，与 20 世纪社会主义国家建立后所面对的现实，存在很大差距。此外，进入 20 世纪后，包括资本主义国家在内的客观世界，也发生了很大变化。因此，社会主义国家要生存、求发展，就必须不断改革。

从苏联的 74 年历史来看，无论国家的巩固，还是社会的发展，改革都是社会主义国家的原生性需要。首先，从理论源头上看，马克思主义关于社会主义国家的理论，赋予世界上开创性的社会主义国家苏联改革的现实迫切性。其次，列宁以巴黎公社为理想模板，筹建新型的社会主义国家。可是，公社并不是真正意义上的国家，这就使社会主义苏联国家建立后，改革成为国家得以巩固和逐步完善的起点。此外，马克思把巴黎公社作为无产阶级政权的最初尝试，还给列宁创建社会主义国家留下一个空白点，也是创建社会主义苏联国家的重大难题，即党和国家的关系问题。

马克思主义关于过渡时期国家和社会的某些理论，与社会主义国家建立后必须面对的社会现实之间的差距，使得社会主义国家必须不断改革，才能适应现实的需要。这些理论中，有重大影响的是：其一，实行“两个彻底决裂”。苏联 74 年的历史中，在贯彻“同传统的观念实行最彻底的决裂”方面，关于怎样对待宗教信仰问题，是深刻的教训之一。其二，取消商品货币关系。如果说实行“两个彻底决裂”，曾经给社会主义国家带来严重不良后果的话，那么取消商品货币关系的理论，给社会主义国家带来的则是长期的窒息性折磨。其三，认为无产阶级民主是天然民主，使得社会主义苏联在治国方针上，摆不正“权”与“法”的关系，长期以“权”抑“法”，甚至以“权”代“法”。

社会主义国家之所以必须不断改革，除了原生性需要之外，同时缘于客观世界的发展和变化。首先，资本主义国家在发生变化，工人阶级更已今非昔比。其次，科学技术的飞速发展，也对社会主义国家形成新挑战，促使社会主义国家必须不断改革。再次，不同社会制度国家共处和竞赛的现实，更需要社会主义国家时刻保持忧患意识，不断改革、进取。不同社会制度国家共处和竞赛，是不以人的主观意志为转移的、当今世界的现实。社会主义国家对这一现实的长期性和严峻性，都应有足够的估计。人类社会的历史或许是：“过渡时期”不是全世界都从社会主义社会过渡到共产主义社会，而是通过不同社会制度国家的共处和竞赛，过渡到共产主义社会。这样的“逻辑推理”，总是有利于社会主义国家时刻保持忧患意识，励精图治，改革奋进。

（供稿：贺钦）

* 叶书宗：上海师范大学人文与传播学院历史系教授。

中国近现代史基本问题

【全面从严治党是全党的共同任务】

广东省中国特色社会主义理论体系研究中心，《求是》2015 年第 6 期

党的十八大以来，以习近平同志为总书记的党中央坚持党要管党、从严治党，形成了全面从严治党思想，指导推动党的建设取得明显进展和成效。

一是从严治党是我们党的一贯方针。新民主主义革命时期，我们党通过古田会议、延安整风，解决了当时党内存在的突出问题，积累了从严治党的经验。新中国成立后，我们党果断处理刘青山、张子善腐败案，严肃了党的纪律，树立了从严治党的形象。改革开放以来，我们党明确提出党要管党、从严治党方针，党的建设新的伟大工程同党领导的中国特色社会主义伟大事业紧密结合、相互促进。

近年来，随着市场经济发展、社会转型，价值取向日趋多元化，部分党员、干部理想信念动摇、党性修养弱化；部分地方奉行“上有政策、下有对策”；干部选拔过程中唯票、唯分、唯 GDP、唯学历、唯年龄，一些基层党组织软弱涣散；形式主义、官僚主义、享乐主义和奢靡之风屡禁不止，腐败现象愈演愈烈；制度不完善、制度执行力不够的现象普遍存在。只有全面从严治党，才能解决党自身存在的突出问题。

完成历史使命的必然选择。只有全面从严治党，才能提高党驾驭全局、推动发展、化解矛盾、应对风险的能力，承担起历史赋予我们党的崇高使命。

二是全面从严治党的新内涵新思路。思想建党为根本。思想建设是党的建设的首要任务，贯穿于党的各项建设之中。习近平总书记强调，理想信念是共产党人精神上的“钙”，思想上的滑坡是最严重的病变。

以从严治吏为重点。党要管党，首先是管好干部；从严治党，重在从严管理干部。习近平总书记强调，对干部选拔任用要严格把关，坚决防止带病提拔，要坚持好干部的五条标准，即“信念坚定、为民服务、勤政务实、敢于担当、清正廉洁”，以严的标准要求干部、以严的措施管理干部、以严的纪律约束干部。

以改进作风为突破口。习近平总书记指出，古今中外，因为统治集团作风败坏导致人亡政息的例子多得很！我们一定要引以为戒，以最严格的标准、最严厉的举措治理作风问题。

以反腐肃贪为要务。习近平总书记反复强调，我们党面临的“赶考”远未结束，反腐倡廉必须常抓不懈，拒腐防变必须警钟长鸣。

以制度治党为保障。习近平总书记高度重视制度建设对从严治党的作用，要求通过科学严密的制度安排实现从严治党常态化。习近平总书记尤其重视制度的执行力问题，坚决维护制度的严肃性和权威性，使制度成为硬约束而不是橡皮筋。

三是全面从严治党需要处理好的关系。顶层设计与具体落实的关系。从战略的高度来把握，形成从严治党长效机制。

同时，全面从严治党的举措只有落细落小，才能收到实际效果。

弘扬传统与改革创新的关系。我们党在长期实践中积累了从严治党的宝贵经验，无疑应该继承和弘扬。同时，面对新的时代条件和当前党内存在的突出问题，应以改革创新精神创新理念方法，改革体制机制，实现继承传统与改革创新的有机统一。

宪法法律与党内法规的关系。从严治党首先要求党员、干部遵守宪法和法律，运用法治思维、法治方式深化改革、推动发展、化解矛盾、维护稳定。同时，也要运用党内法规管党治党。

党内与党外的关系。各级党组织在尊重党员主体地位、充分发挥党内民主的同时，对党员、干部严格要求、严格教育、严格管理、严格监督。同时，要注意发挥人民民主对于从严治党的推动作用，发挥社会组织、社会舆论对从严治党的监督作用，通过顺应人民群众的期盼诉求，推进全面从严治党。

（供稿：戴立兴、刘海飞）

【习近平党建思想四大特点】

戴立兴*，《人民论坛》2015 年第 6 期

该文将习近平党建思想概括出四大特点。

牢固的人民主体观是习近平党建思想的最根本要求。牢固树立唯物史观的根本观点和立场，是习近平人民主体观的基础所在。习近平反复强调："人民是历史的创造者，群众是真正的英雄。人民群众是我们力量的源泉。"改进工作作风、净化政治生态是习近平人民主体观的生动体现。中央关于改进工作作风、密切联系群众的"八项规定"，就是对社情民意最直接、最现实、最响亮的回应。实现国家富强、民族振兴、人民幸福，是习近平人民主体观的价值追求。他特别关心社会弱势群体和困难群众的合法权益，表达出心系人民、热爱人民的鲜明立场和真挚情感。

以中国梦统领执政理念是习近平党建思想的突出亮点。中国梦明确了党的执政目标。中国梦的战略构想把"国家富强、民族振兴、人民幸福"确定为"实现全面建成小康社会、建成富强民主文明和谐的社会主义现代化国家"和"实现中华民族伟大复兴的中国梦"的共同奋斗目标，为中国共产党人自觉担当执政使命指明了前进方向。中国梦突出了党的执政宗旨。习近平还强调"中国梦是民族的梦，也是每个中国人的梦"，回答了"为谁执政"的问题；习近平提出，实现中国梦必须依靠全体中国人民，回答了"靠谁执政"的问题，坚持了群众史观的基本立场。中国梦完善了党的执政原则。实现中国梦必须走中国道路，必须弘扬中国精神，必须凝聚中国力量。中国梦丰富了党的执政方略。首先，发展是实现中国梦的根本；其次，人民是实现中国梦的动力源泉；最后，实干是实现中国梦的保障。空谈误国，实干兴邦。

坚持从严管党治党，是习近平党建思想的最大特色。从严管党治党，首先必须坚定理想信念。他反复强调，"理想信念坚定，骨头就硬，没有理想信念，或理想信念不坚定，精神上就会'缺钙'，就会得'软骨病'"。从严管党治党，必须加强党的自身组织建设。一方面，加强党的自身组织建设，首先是管好干部，关键是从严治吏。另一方面，加强党的自身组织建设，必须"充分发挥基层党组织的战

* 戴立兴：中国社会科学院马克思主义研究院党建党史研究室主任、副研究员。

斗堡垒作用”；要“努力建设一支规模适度、结构合理、素质优良、纪律严明、作用突出的党员队伍”。从严管党治党，必须把作风建设作为切入点和突破口。“八项规定”公布后，从整治中秋、国庆期间公款送礼等不正之风，到整治“会所歪风”；从狠刹“舌尖上的浪费”，到禁办奢华晚会……党风政风为之一新，党心民心为之大振。从严管党治党，必须以零容忍态度惩治腐败。党的十八大以来，习近平对反腐倡廉做了比较系统的论述。对清除腐败分子，他旗帜鲜明地提出，“老虎、苍蝇一起打”。

注重党内法规制度建设是习近平党建思想的最重要内容。2014 年 8 月，中央政治局审议通过的《深化党的建设制度改革实施方案》，把加强党的制度建设拓展到全面深化党的建设制度改革，反映了党对自身建设规律认识的深化。2013 年 5 月《中国共产党党内法规制定条例》及《中国共产党党内法规和规范性文件备案规定》的制定和公布，传递出“依法治党”的新信息、新思维。党的十八届三中全会从制度层面对进一步改进作风进行了全面部署，其中一些制度如探索实行官邸制等具有开创性意义。

（供稿：戴立兴、刘海飞）

【贯彻全面从严治党方针的难点与着力点】

桑学成、王同昌*，《中国井冈山干部学院学报》2015 年第 4 期

破解管党治党的难题，必须坚持问题导向，加强对管党治党难点的研究。这些难点包括：

一是长期执政容易产生精神懈怠及其消极影响。长期执政容易产生精神懈怠，这是政党执政的一般规律。我们党执政六十多年来考试是合格的。但是，随着执政时间的延长和执政绩效的成功，一部分党员干部产生了精神懈怠和骄傲自满的情绪，想当然地认为，我们党的江山是铁打的江山，根基很牢固，不会因为精神懈怠这样的“小节”而危及党的执政地和执政根基。如果任由这种情绪发展下去，将给党造成致命的伤害。

二是重发展轻党建等错误观念造成的思想障碍。在一些领导干部眼中，抓党建同抓发展相比要虚一些，不容易出政绩，认为把经济发展指标搞上去才是最大政绩，因而出现了抓发展与抓党建“一手硬、一手软”的现象。

三是党员队伍规模不断扩张带来的管党治党压力。8000 多万的党员规模，是我们党重要的组织资源，为实现党的历史使命奠定了组织基础。但客观地说，组织规模的不断增大，也给管党治党带来一定的难度和压力，如何教育、管理、监督如此众多的党员队伍就是一大难题。

四是干部管理失之于宽、权力监督问题突出。在干部管理方面还存在诸多问题，主要是干部管理失之于宽，权力得不到有效监督。长期以来，一些干部不作为、乱作为的“庸”“懒”“散”“奢”现象一直为人所诟病。

五是制度缺失及制度执行不力。当前在制度建设层面，既有制度缺失的问题，也有制度链条不完整的问题，但最主要的问题是现有制度执行不力，落实不够。

贯彻党要管党、从严治党方针必须坚持以党员队伍先进性纯洁性建设为基础、以干部队伍建设为关键、以制度建设为根本、以作风建设为突破口，明确责任主体，走一条既依靠群众又不搞群众性政治

* 桑学成：中共江苏省委党校副校长，教授；王同昌，河海大学马克思主义学院讲师。

运动、既靠教育更靠制度的管党治党新路子。

（供稿：戴立兴、刘海飞）

【县委书记的时代要求和基本遵循】

何毅亭*，《人民日报》2015年7月14日

县委书记群体肩负着“郡县治，天下安”的使命和重任。在协调推进“四个全面”战略布局的伟大实践中，如何做一名优秀县委书记？习近平总书记提出的“心中有党、心中有民、心中有责、心中有戒”和“做政治的明白人、发展的开路人、群众的贴心人、班子的带头人”的要求，给出了鲜明答案。这些要求是对以往各个时期县委书记楷模基本精神的高度概括，是对新时期优秀县委书记时代特质的深刻揭示，是对新形势下县域治理能力的准确把握，毫无疑问应成为新时代县委书记的基本遵循和最新标尺。

对党忠诚，具有坚强党性，是首要要求。“天下之德，莫过于忠。”县委是我们党执政兴国的“一线指挥部”，县委书记就是“一线总指挥”，是党在一个县的当家人。衡量一个县委书记当得怎么样，可以讲很多条，但最重要的是看是否对党忠诚。当县委书记的党员领导干部应时刻不忘自己对党应尽的义务和责任。这就要解决好世界观、人生观、价值观这个“总开关”问题，坚定理想信念，练就“金刚不坏之身”。尤其要始终同以习近平同志为总书记的党中央在思想上政治上行动上保持高度一致，真正做到头脑始终清醒、立场始终坚定，真正做到带头讲党性、重品行、做表率。

心系群众，树立优良作风，是核心要求。县委书记是直接与群众打交道的“泥腿子干部”，是一个县域内党员干部对照看齐的标杆，是一方百姓追梦致富的领路人，对一方党风政风具有示范作用。县委书记要赢得群众的认可和点赞，心中一定要始终装着老百姓，做到“民之所好好之，民之所恶恶之”，“先天下之忧而忧，后天下之乐而乐”，对个人名誉、地位、利益想得透、看得淡。要按照“三严三实”标准做人做事做官，心系群众、热爱群众、服务群众，真正做到为官一任、造福一方。

恪尽职守，弘扬担当精神，是重要要求。“为官避事平生耻”，当干部就要有担当。县一级领导一般要谋几十万甚至上百万人的改革发展稳定大计，管千头万绪的事务，这个舞台足够大，足够干出一番事业。党把一个干部放在如此重要的岗位上，绝对是信任、是重托，必须恪尽职守、满腔热情地干好。不能两年、三年还是涛声依旧，每年都是重复昨天的故事。面对经济发展新常态，要以新理念、新思路、新举措带领全县转方式、惠民生、促发展；面对工作难题，要积极寻找克服困难的具体对策，豁得出来、顶得上去；面对突发事件，要临危不惧、果断妥善处置，真正成为带领人民群众战风险、渡难关的主心骨。要有“功成不必在我”的境界，还要有“功成一定有我”的担当，久久为功、利在长远，干出一番经得起实践、历史和人民检验的业绩。

心有所畏，严守纪律规矩，是保障要求。心中有戒惧，敬畏组织、敬畏群众、敬畏法纪，才能坚守正道、襟怀坦白，堂堂正正、清清爽爽。如若纪律和规矩的闸门洞开，必然乱心智、弃操守、纵欲念，最终底线失守，人格沦陷，毁了事业，害了自己。县委书记是一个县手握重权的公

* 何毅亭：中共中央党校常务副校长。

众人物，很容易成为“围猎”对象。摆脱“围猎”、拒腐防变，就要时刻牢记头顶上党纪国法的达摩克利斯之剑，把守纪律、守规矩当作一种责任和习惯，心中有敬畏、有底线、有红线，自我警醒、自我约束、自我克制，做人不越界、办事不妄为、用权不违规，慎独慎微，始终抵御特权思想和潜规则的干扰。

（供稿：戴立兴、刘海飞）

【深化群众路线研究的基本着力点】

赵中源*，《广州大学学报》（社会科学版）2015 年第 8 期

深化群众路线研究，应该在以下四个方面做更多的努力。

一要加大对群众路线与保持党的先进性、纯洁性的关系研究。群众路线既是保持党的先进性与纯洁性的条件，也是其追求的结果与价值。如何理清二者的重大关联，以及推进二者的有机互动，是群众路线教育实践需要首先解决好的认识问题。

二要加大对群众路线的制度化同国家治理体系与治理能力现代化的关系研究。一直以来，制度化研究往往会以公式化的方式表达，大而化之或一笔带过。这显然与推进国家治理体系与治理能力现代化的要求不相符合，也与深化群众路线教育实践存在差距。制度化需要探究群众路线的内在规律与时代要求，形成一系列的强制性规范，并保持相应的张力，这方面的研究存在着明显的不足。

三要加大对群众路线涉及的各个主体之间的关系研究。一是群众路线涉及党群关系、干群关系问题，这两个问题是传统的老问题，但二者并非相同问题，应对各自具体内涵加以阐释。二是新形势下群众中各个阶层之间的关系问题，这是新问题，是计划经济时代群众路线没有包含的问题。群众主体构成的新变化，是群众路线首先需要厘清的问题。利益分化与社会分层对群众路线意味着什么？如何弥合阶层之间因利益而导致的隔膜是当下群众路线需要面对的现实问题，也是群众路线适应形势的客观要求。

四要加大对新形势下群众路线的实践创新问题。这是群众路线取得新成效的现实路径，是理论服务于实践的集中体现，需要解决好三方面的问题。一是领导干部层面上，如何建构新形势下密切联系群众的长效机制问题。即建构和完善群众路线的倒逼机制与主动机制。倒逼机制就是如何让群众有效督促干部，主动机制在于如何让领导干部自觉贴近群众、服务群众。二是群众自身层面上，着重建构利益相容、价值相通、情感相惜的社会包容与群体认同机制。利益相容的前提是利益格局合理化，关键在于打破利益樊篱，核心是发展成果的合理共享。价值相通就是既要让全体群众有共同的理想，又要为群众“圆梦”提供机会和条件。情感相惜侧重搭建平等沟通平台，以情感为纽带，增进认识和理解。三是思路与方法层面上，侧重探索新形势下群众普遍接受的方式，解决群众的切身利益与重大关切。在思路方面，一要把握关键点，即现阶段群众的切身利益所在。二要针对关切点，即干群关系。在党群关系与干群关系中，改善干部作风是关键。三要找准着力点，即推进社会治理创新，完善利益协商、民主协商等机制。在方法方面，一要避免零碎化，注重整体性；二要避免套路化，注重创新性；三要避免功利化，注重长效性。

（供稿：戴立兴、刘海飞）

* 赵中源：广州大学马克思主义学院教授。

【执政党意识形态建设基本规律探析】

李俊伟*，《中共中央党校学报》2015年第2期

执政党的意识形态，是政党本质属性的理论形态、是执政功能的集中反映，也是人民群众对政党合法性的认知基础和价值判断标准。

一　执政党意识形态与经济社会发展相适应

作为一种社会历史现象，执政党意识形态的活动特征和发展态势，首先是由经济社会发展的总体状况决定的。因为“物质生活的生产方式制约着整个社会生活、政治生活和精神生活的过程”，即，“不是人们的意识决定人们的存在，相反，是人们的社会存在决定人们的意识”。改革开放以来，执政党意识形态服从和服务于经济建设这个中心工作，找准了意识形态建设的切入点和着力点，展现了新时期意识形态工作的活力。

二　执政党意识形态与政党体制相辅相成

意识形态对政党体制进行目标描述，为政党体制凝聚最大政治共识，并为政党制度建设提供思想支持。意识形态通过解释和分析世界，为体制创新进行科学说明，为体制优化和完善赢得时间，增强制度体制改革的弹性。意识形态通过明辨是非原则、提供价值判断，为政党体制提供评判标准和比对尺度，成为统一政党成员思想和行为的基础。

三　执政党意识形态与社会意识形态相容相通

第一，正视意识形态领域的多样化问题。达到社会成员思想稳定的直接途径是运用马克思主义中国化的最新成果武装党员、教育群众，从而使民众树立起中国特色社会主义的共同政治理想和信念。第二，巩固马克思主义在意识形态领域的指导地位。马克思主义以其自身的科学性、包容性、实践性，在我国意识形态领域处于指导地位，也影响和形成人民共同奋斗的思想认识基础。马克思主义能够在社会主义意识形态中处于指导地位，是由其建立在解释人类社会发展规律基础上的科学合理性和建立在人类的情怀基础上的价值合理性的有机结合所决定。第三，辩证处理好主流意识形态与传统文化、外来文化的关系。马克思主义从产生伊始，就是以代表社会成员大多数利益的社会主义为价值取向，是汲取近现代西方文化的精髓而成，并为中国共产党人结合中国的实际和中国的思想文化进行大量的本土化、中国化和大众化了的理论成果。

四　执政党意识形态与人的认知发展相契合

执政党意识形态既要服务于党的中心任务，提升党的执政能力，也要正面引导群众、提供社会价值理念，提升社会治理能力。当前执政党意识形态建设的核心任务是向群众提出符合他们的根本利益和现实需要的口号，同时要指引人民群众推动社会进步、创造美好生活。

五　执政党意识形态的党性与人民性相统一

执政党意识形态以其包容性体现党性与人民性的一致。执政党意识形态以其广泛的代表性体现党性与人民性的一致；执政党把利益表达功能体现到整个政治过程；共产党的意识形态在解释、动员和服务人民群众方面发挥着独特的优势。

（供稿：戴立兴、刘海飞）

* 李俊伟：中共中央党校马克思主义理论教研部教授。

【中国近代史"重写"之论可以休矣】

张剑平*，《中国社会科学报》2015年3月9日

改革开放30多年来，在中国近代史研究的发展进程中，"重写中国近代史"的声音不绝于耳。这些学者如何"重写"中国近代史，我们应如何看待这股潮流？这是推进中国近代史研究时不容回避的重要问题。对于其中的错误观点，须从学理角度加以批判。

一方面，淡化和否定反帝反封建革命的正义性。倡导"重写中国近代史"的学者认为，过去的中国近代史著作，以"革命史观"为指导，是"革命史范式"主导下的历史。他们指出，以反帝反封建为主线的近代史著作对中国近代史的认识有很大偏颇性，既没有反映历史真实，也不符合当今开放的世界以及着力于现代化建设的中国社会现实。在所谓"告别革命"思想主导和影响下，有人指出要摆脱半殖民地半封建社会的话语体系，有人提出"三座大山"论掩盖中国近代问题的本质，有人提出要摆脱中国近代史认识的"怨妇""泼妇"和"情妇"情结。在这种思想观念指导下"重写"的近代史著作，竭力淡化和否定近代中国人民反帝反封建革命的积极意义。

这些观点看似"新颖"和"深刻"，但与基本事实大相径庭甚至完全背离。中国近代陷入半殖民地半封建社会深渊，中国人民经过几代人的探索和流血奋斗，经过旧民主主义革命和新民主主义革命，最终战胜帝国主义和封建主义，建立中华人民共和国，走上民族复兴道路。面对鸦片倾销带来的严重社会问题，面对列强在中华大地上的烧杀抢掠，中国人民该不该反抗？一个民不聊生、丧权辱国而迟迟拒绝革新的清王朝该不该推翻？袁世凯及其北洋军阀、蒋介石及其四大家族政权相继被推翻，这也是中国人民追求民主与自由，反对独裁与专制的历史选择。可以肯定地说，否定和淡化反帝反封建革命的合理性和正义性，就难以写出科学的中国近代史著作。

另一方面，过分推崇和宣扬近代化。新时期以来，在"现代化"史观启发下，近代史学界对这些问题高度重视，展开广泛深入研究，极大地推动了中国近代史研究的新发展。但与此同时，一些学者走上另一个极端。他们过分推崇和宣扬中国近代化，将"革命"与"近代化"对立起来，推崇改良，否定革命。"现代化"范式的核心，是以是否有利于现代化的工业和民主制度发展为评判历史事件和历史人物的标准。这也是审视中国近代史的一个重要角度。无论是欧美发达资本主义国家，还是历经曲折和艰难的中国，都先后经历了这一历史阶段。但在中国半殖民地半封建社会，现代化发展程度十分有限。

一些"重写"的近代史著作，在关注历史细节时，关注中国现代化道路的艰难和曲折，不断在"假如"中叙说历史发展的可能性。"革命"与"现代化"都是中国近代史的主题，新民主主义革命的胜利，推翻了中国人民头上的三座大山，中华民族走上复兴道路。中国人民在中国共产党领导下，经过社会主义革命和建设，经过改革开放，初步实现中国的现代化，确立人民代表大会制度、政治协商制度等中国特色社会主义民主制度，这就是中国近现代的历史。任何背离这些基本事实、"重写"的近代史著作，都是缺乏科学性的。

（供稿：戴立兴、刘海飞）

---

* 张剑平：河北大学历史学院教授。

【毛泽东对抗日战争的战略领导】

陈晋*，《中共党史研究》2015 年第 9 期

毛泽东和中国共产党在抗日战争中的一个突出贡献，是实施了正确的战略领导，实际担负起了他自己在战前说的“抗日救国的总参谋部”的职责。

一　统一战线：维系之难

1935 年年底，毛泽东对抗日民族统一战线的定位是“反对日本帝国主义的策略”。全民族抗战开始后，他经常用“政策”“方针”“原则”“法宝”“战略”这样一些概念来定位抗日民族统一战线。

大敌当前，民众呼吁，组成以国共两党合作为基础的抗日民族战一战线，势成必然。毛泽东高举的旗帜是，“坚持抗战、反对投降”“坚持团结、反对分裂”“坚持进步、反对倒退”；设定的目标是，“我们要使国民党既不能投降又不能‘剿共’”；我方的根本原则是，“我们一定不要破裂统一战线，但又决不可自己束缚自己的手脚”；同顽固派的斗争策略是，“有理、有利、有节”。

抗日民族统一战线这个政治大战略终究坚持下来，从而巩固了进步力量，拉住了中间势力，限制了国民党在抗日问题上的一些消极和错误的政策。

二　持久战争：分析之透

抗战初期，形成了两种事实上已经影响持久战总战略的时流，这就是“亡国论”和“速胜论”。廓清迷雾，批驳这两种时流，全面阐述敌我双方力量消长的可能性和应该使用的战略战术，清晰而完整地描绘这场持久战争的大致进程，成为实施战略领导的当务之急。毛泽东的《论持久战》，就发表在这个关键节点上，而且是唯一一部全面论述持久战的论著。

作为战略领导者，毛泽东论述持久战最重要的贡献，是明确提出和深入分析了战略防御、战略相持、战略反攻三个阶段。

三　敌后战场：布局之奇

开辟敌后战场，是毛泽东在全民族抗战一开始便确定的一个战略布局。这个布局，解决了中国共产党领导的军队和根据地如何坚持抗战，实现战略展开的根本方向。毛泽东之所以能打破常规做出新的战略布局，是因为他拥有这样的战略思维：日本兵力不足，无法占领全部中国；在敌后，看起来是日军围困我们，但我们建立的一块块根据地，就像下围棋做活的“眼”，反过来又围困着敌军。

进入战略相持阶段后，日军最多时将其在华兵力的 75%（不含关东军部队）和几乎全部伪军，投入敌后战场，进而使敌后战场上升为主战场。

四　游击战略：运用之功

1938 年，他根据局势的变化，在《论持久战》中明确地把八路军的作战方针确定为：“基本的是游击战，但不放松有利条件下的运动战。”实践证明，没有游击战，就没有敌后根据地的开辟、巩固和扩大。没有游击战也不会有持久战。毛泽东在 1938 年 5 月同时发表《抗日游击战争的战略问题》和《论持久战》，不是偶然的。两篇论著的观点相互支撑，互为印证，说明毛泽东一开始就是把游击战作为指导抗战全局的战略来定位的。

当然，抗日战场的战争形式主要的还是运动战，因为它具有决定战争命运的作用。在敌强我弱的情况下，游击战看起来是辅助的，但打到一定程度，随着兵力的增强和作战方式的逐渐正规化，“游击战就变成运动战了”，不可避免地“从战术范围跑了出来向战略敲门”。

---

* 陈晋：中共中央文献研究室副主任。

五 国际战局：预见之切

早在1936年7月，毛泽东同美国记者斯诺谈话时，曾作出几个战略预见：其一，日本帝国主义“是和太平洋有利害关系的各国即美、英、法、苏等国的人民的敌人。日本的大陆政策和海洋政策不仅指向中国，而且也指向这些国家”①。其二，中国和上述国家“能够组成一个反侵略、反战、反法西斯的世界联盟”②。其三，“日本有它潜在的盟国——例如德国与意大利”③。

这些预见，内容毫不含糊，却都一一应验。作为战略领导者，毛泽东作出这些预见，目的是推动国际反法西斯统一战线早些建立。

六 战略领导：启示之深

毛泽东在抗日战争时期的一系列战略预见、判断、构想、部署和推进，是中国共产党奋斗历史上实施战略领导的成功典例，给我们留下很多启示。第一，战略领导要有“战略空气”。第二，战略领导要突出解决现实矛盾问题。第三，战略领导要有“以我为主”的立场。

（供稿：戴立兴、刘海飞）

【遵义会议：党的历史上的转折点——纪念遵义会议80周年】

金冲及*，《人民日报》2015年1月15日

既然遵义会议是党的历史上的转折点，就要用长时段的眼光，从中国共产党整个历史发展进程来考察，对遵义会议以前和以后党的状况进行比较，看发生了怎样的根本性变化，才能更清晰更深刻地认识这次会议的历史地位。

一 分歧的实质

陆定一同志在遵义会议9年后说过一段没有引起人们足够重视的话：“它在党史上是个很重要的关键，在内战时期党内有两条路线：一条是‘左’倾机会主义的路线，一条是以毛主席为代表的正确的路线。遵义会议是由错误路线转变到正确路线的关头。”他所说的“两条路线”是两种指导思想：前者就是把马克思主义教条化，把共产国际的指示和决定神圣化，一切听从它的指挥，在十年内战时期表现为“左”的机会主义错误，王明和早期的博古是它的主要代表；后者是把马克思主义基本原理同中国革命实际相结合，独立自主，坚持一切从中国实际出发，依靠中国人自己的力量去夺取胜利，毛泽东同志是它的主要代表。遵义会议前，前者在中共中央占有优势；遵义会议后，后者在中共中央取得了优势地位。这个变化可以称得上中国共产党历史上的转折点，与党和国家命运的关系太大了；而取得这个变化，实在极不容易。

为什么尽管“左”的错误多次在中共中央居于支配地位，但中国内部仍能出现并发展起一批从中国实际出发、建立农村革命根据地的成功范例？那是因为不少在第一线做实际工作的领导人在实践摸索中积累起新的经验和认识，逐渐明白：只有这样做才能生存和发展，否则只有走向灭亡。而当时中共中央一直留在中心城市上海，工作重心放在城市工作方面，同根据地的通信联系十分不便，因而干预比较少。这样就逐步形成了中国共产党内两种不同指导思想之间的根本分歧。

二 矛盾的激化

从1931年1月中共六届四中全会起，

---

① 《毛泽东文集》第1卷，人民出版社1993年版，第390页。

② 同上书，第391页。

③ 同上书，第400页。

* 金冲及：中共中央文献研究室原常务副主任。

“左”倾教条主义在中央取得统治地位。1933年初，以博古为首的临时中央由于在城市工作中遭到严重失败，被迫迁入中央苏区，直接把持了革命根据地和红军的一切大权。由临时中央召集的六届五中全会是第三次“左”倾错误发展的顶点。会议盲目地判断“中国的革命危机已到了新的尖锐的阶段——直接革命形势在中国存在着”，说第五次反“围剿”斗争“即是争取中国革命完全胜利的斗争”，说这一斗争将决定中国的“革命道路与殖民地道路之间谁战胜谁的问题”。最终，第五次反“围剿”失败，红军被迫长征。

这是中国共产党继大革命失败后一次最重大的失败，使党和红军面临极端严重的危机。但长征开始时，党和红军的领导权仍掌握在“左”倾教条主义者手中。事实是最好的教员。矛盾的激化也表明，长期存在的问题已到了非解决不可的时候了。党和红军中大多数人在惨痛的事实教育下，认识到再也不能照那条错路继续走下去。这时，同共产国际联系的电台已在过湘江时被敌机炸毁。遵义会议就是在这种情况下召开的。这是中国共产党第一次完全独立自主地根据实际情况作出历史性决断的会议。

三　历史的转折

遵义会议直接解决的是军事问题和组织问题，这是当时具有决定意义而又有可能解决的问题，但它的意义并不限于解决这两个问题，这两个问题反映的是两种指导思想、两种方法论的根本对立。毛泽东同志1963年同外宾谈话时更明确地说道：“真正懂得独立自主是从遵义会议开始的。这次会议批判了教条主义。教条主义者说苏联一切都对，不把苏联的经验同中国的实际相结合。”这次会议解决了中国共产党面对的一个根本问题：究竟一切按共产国际和“左”倾教条主义的指挥行事，还是独立自主地从中国国情出发走自己的路。会后，党和红军立刻呈现全新的面貌，显示出强大的生机和活力，四渡赤水，直入云南，抢渡金沙江和大渡河，同红四方面军会合，又摆脱新发生的内部危机，挥师北上，到达陕北，取得长征的胜利。

为什么同样是这支中央红军，在长征初期处处被动挨打，造成重大损失，而在遵义会议后便有如生龙活虎，取得如此巨大的胜利？发生这样令人耳目一新的变化，原因便在于从教条主义的僵硬束缚下解放出来，独立自主地坚持从实际出发，敢于大胆地灵活地采取被实践证明行之有效的决断和行动，冲破万难，终于闯出一条新路来。

四　新传统的形成

当然，不可能在一次会议上解决所有问题，但只要将遵义会议以前和以后对比一下，就会清楚地看到：中国共产党从指导思想到实际工作由什么占主导地位确实已起了根本变化，进入一个新的阶段。

这以后，又经过瓦窑堡会议、抗日战争爆发、六届六中全会、全党整风到党的七大。实事求是、群众路线、独立自主的观念，就这样一步一步地深深镌刻在中国共产党人的心中，成为党内公认的正路，形成全党新的传统。以后，在中国革命、建设、改革的各个时期，它成为一种无形的衡量是非的行为准则。人们有时对事情会有各种不同看法，但最终只能以是否符合这些准则来判断什么是正确的、什么是错误的。这是一份极端宝贵的精神遗产。尽管以后历史发展中还经历过种种困难和曲折，但如果没有遵义会议开始的这个根本变化和它产生的深远影响，就很难想象中国共产党能领导全国人民在此后几十年岁月里取得如此巨大的成就。

正因为这样，遵义会议才称得上第一次历史决议所说的“中国党内最有历史意义的转变”，称得上第二次历史决议所说的“在党的历史上是一个生死攸关的转折点”。

（供稿：戴立兴、刘海飞）

【偏激止于理性，片面止于客观——关于深化中共党史研究的几点思考】

余立新*，《北京日报》2015 年 9 月 7 日

笔者认为深化党史研究有几个问题值得思考。

关于当代人写当代史：关键在于有没有良史之才。有人认为：党史学科政治性太强，不属于纯粹的历史学，因此党史研究很难做好。对此，笔者难以苟同。史学有两种：文化形态史学与意识形态史学。两者定位不同，功能也不同：前者目的在于求真，后者目的在于求善。但两者应该统一起来而非相互对立：意识形态史学要有说服力，必须以文化形态史学为基础；文化形态史学要发挥社会影响力，需要以意识形态史学为旨归。意识形态史学是可以做好的，当代人撰述和研究当代史也是可以做好的，客观条件不是主要因素，关键还在于我们自己有没有良史之才。

关于党史研究的任务：通究古今之变，浑融中西之迹。前人有言：“只读六经则不足以知经。”同样也可以说，只读党史则不足以知史。党史研究者应该努力贯通 90 余年的党史，力求形成一套理论体系或理论观点，以期能够深刻解释党 90 余年来历史变迁的内在动因。笔者以为这应该是党史学界的重要任务之一。当前，三个“30 年”的观点虽然多有引用，然而，毋庸讳言，从理论层面看，这种概括仍停留在描述历史现象的层面，尚未达到深入的理论阐释的层面。自胡乔木、胡绳等先辈之后，党史界虽不乏著名专家，但还没有出现具有他们那样地位的大家，或许是因为人们多局限于自己的领域，而不是像他们那样贯通历史。另一个问题则是党史与世界史的关系问题：如果不能从世界史的视角来看待和审视党史，也容易限制住自己的眼界。中学西学虽有文化特色之异，但文化作为人类群体与群体间生存发展经验的总结，并不冲突，而是趋同。中学要突破自身的传统困境，也必须吸收西学之长。培养党史大家还是要靠毛泽东的“古今中外法”，还是要靠毛泽东那两句话：从孔夫子到孙中山，我们应当总结；从乌龟壳到共产党，这一段历史应该总结。

关于党史研究与实践的关系：增强历史前瞻，鼓励交流创新。党史研究要为资政服务，除了完成各项日常性的党史工作外，另一具有战略意义的重要资政方式就是为民族复兴伟业、为党的未来发展趋向提供理论参考和历史借鉴。这样党史研究才不会只是向后看，而是向前看，才更具有历史前瞻性。意识形态史学虽然创新难，但没有创新，党史研究也不可能发展进步。创新不一定都能成功，但一定会引起争议，因此需要鼓励和宽容。对于意识形态领域，特别是互联网上那些与党史相关的非理性、极端化言论，应该允许研究者尝试以理性客观的态度去引导，破除一些条条框框的束缚；不能一概以敏感为由而禁止公开发表那些基于理性客观研究基础上的成果，否则一个后果便是造成集体失声，陷于被动，在客观上也将此阵地拱手让人。

（供稿：戴立兴、刘海飞）

* 余立新：中央党史研究室二部助理研究员。

思想政治教育

【思想政治教育学科建设存在的若干问题】

张耀灿*，《思想理论教育》2015 年第 5 期

30 多年来，思想政治教育学科建设的成就是显著的，但还存在一些问题，如：思想政治教育基础理论研究有一些问题尚待突破；有的研究者对学科建设之初就已经解决了的问题又重新提出质疑；思想政治教育学科的学术争鸣、学术批评开展还不够；有的研究者认为思想政治教育学科“不科学”“没有科学性”；在思想政治教育调查研究中存在信度效度不强、科学性欠缺的问题；有的研究从书本到书本，不从实际出发，不重视调查研究，不重视先进经验的理论升华；对什么是思想政治教育学科的元问题、元理论认识尚欠一致、清晰；跟踪实践前沿和理论前沿不够，问题意识不强；渗透性思想政治教育研究相对较弱；思想政治教育学科专业课程尚无国家级网络共享精品课程；思想政治教育学科建设标准有待确立。

目前，思想政治教育基础理论的框架已经形成，虽然许多理论认识都还有待深化，但对以下几个问题寻求突破则更为迫切：一是思想政治教育本质问题。关于思想政治教育的本质，研究者从不同角度开展研究，作出了不同的观点提炼、归纳和表述、论证，如认为思想政治教育的本质是“意识形态性”“主流意识形态的灌输和教化”“理论掌握群众”等，研究基础很好。不同的理论表述都有经典著作的理论依据，都揭示了同一实质。二是思想政治教育规律问题。有的研究者认为，思想政治教育规律就是人们思想品德的形成发展规律、服从服务于社会发展要求这两个规律。不少研究者则在研究“思想政治教育过程规律”中，多概括了一个“思想政治教育过程的基本规律”，即适应超越规律。这两种研究是否都有必要，还是只要一种？如果两种观点都正确，那么它们是什么关系？三是思想政治教育学科基本范畴问题。对一个学科的基本范畴达成共识，是该学科理论体系成熟的重要标志。近年来，已有学者对思想政治教育学科的基本范畴开展了一定的学理研究，但对于究竟哪些范畴是学科的基本或主要范畴，有针对性的探讨还不多，因而思想政治教育学科基本范畴研究尚未达成共识。四是思想政治教育研究范式问题。目前，关于思想政治教育方法论的研究成果虽然较多，但多是对思想政治教育各种实施方法的研究，而对思想政治教育研究方法的探讨相对薄弱。同时，学界对思想政治教育“范式”的理解很不一致，也欠科学。近年来发表了一些关于思想政治教育范式研究方面的争鸣文章，但这方面的研究还需要持续深入。

（供稿：朱亦一）

---

* 张耀灿：华中师范大学马克思主义学院教授、博士生导师。

【探寻马克思主义理论教育的文化语境】

杨晓慧*，《马克思主义研究》2015年第6期

马克思主义理论教育在当代中国遭遇到前所未有的复杂情况和困境，各种文化语境使马克思主义理论教育面临各种挑战，必须在当代中国“新的实践和新的发展”中从理论和实践上予以澄清。

首先，学术化的专业语境对当代马克思主义理论教育的误读。马克思主义理论教育出现了简单化的“教科书形态”，以及由于追求回归经典而形成的教条化“文本范式”，产生了“以马解马”或“以西解马”的“学术抑郁”和“学术孤岛”，形成了“理论神话”“政治泛化”“思潮消解”的语境。这些语境往往沉浸于某种思想和理论的解释力，忽略了任何思想和理论都有其产生的现实条件与特定的文化历史语境这个前提。

其次，市场经济的物化语境对马克思主义理论教育的冲击。功利主义、实用主义、个人主义、拜金主义、享乐主义等，影响着人们的价值观念，并以一种文化样态渗透到日常生活中。由市场经济活动（包括商品意识、价值规律、交换关系及活动规范）所蕴含和培育的经济意识，如价值、竞争、利润、利益、交换、金钱、效率、公平观念等无不呈现出一种经济文化语境，它既是孕育现代文明的基础，又是隐含现代危机的根源，使当前马克思主义理论教育的难度加大。马克思主义理论教育不仅越来越成为专业领域和教育系统的事情，并且马克思主义的专业教育和课程教学也不得不面对市场经济的冲击。

再次，社会思潮的多元语境对当代马克思主义理论教育的干扰。目前，在理论界引起极大关注的是“非意识形态化”“普世价值观”“西方宪政思潮”“当代自由主义思潮”。这些思潮的显著特点是以西方文化价值观为基础，向中国输出以西方文化为语境的价值观念，冲击中国国家主流意识形态的安全。这些社会思潮所呈现的西方价值理念及其文化语境，极大地干扰了以马克思主义为核心的一元文化语境。

最后，评价“中国道路”的西方语境对当代马克思主义理论教育的挑战。中国改革开放30多年来取得的理论与实践成就的最大标志，就是中国特色社会主义道路的成功，国际学界开始聚焦中国。在赞誉和研究中，也出现了许多不协调的声音，尤其是西方学者对中国道路的评论，具体有：“中国特色资本主义”论、“后社会主义”发展论、“第三条道路”论、经济发展道路论、市场社会主义论等。

上述种种观点，都是西方学者用西方文化语境对中国特色社会主义的谬谈，在思想上具有极大的迷惑性，动摇了一些人对中国特色社会主义道路的信心，尤其给当代马克思主义理论教育带来了诸多理论冲击。

（供稿：朱亦一）

【坚持高校意识形态工作的领导权与话语权】

郑永廷、林伯海**，《思想理论教育》2015年第4期

当前，我国高校意识形态领域的情况复杂，意识形态工作领导权与话语权虽然把握和运用正确，效果显著，保证了高校

---

* 杨晓慧：东北师范大学党委书记，教授、博士生导师。

** 郑永廷：中山大学马克思主义学院教授、博士生导师；林伯海：西南交通大学马克思主义学院院长，教授、博士生导师。

的顺利发展，但也面临着许多新问题与新挑战，主要表现为以下四方面。

其一，面临文化交汇、思想渗透、主权冲击的挑战。“文化全球化”是西方国家对我国实施思想渗透打出的主要旗号，推行“普世价值”则是渗透的重点。高校有的知识分子，混淆世界范围的经济全球化、政治多极化、文化多元化概念，盲目主张在文化甚至意识形态上与西方“接轨”，认同西方价值观，模糊、抹杀社会主义意识形态与资本主义意识形态的性质，消解、否定社会主义意识形态的主导作用与话语体系，试图以资本主义意识形态挤压甚至替代社会主义意识形态。

其二，面临西方错误思潮与国内错误观点交织的挑战。改革开放以来，西方资本主义国家除了向我国输出文化产品之外，还向我国不断鼓吹各种错误思潮，诸如改革开放初期的资产阶级自由化思潮，苏东发生剧变后的历史虚无主义思潮，我国决定建立社会主义市场经济体制后的新自由主义思潮，进入21世纪后的宪政民主思潮、民主社会主义思潮等。这些思潮蕴涵着资本主义意识形态的世界观与价值观，直接冲击社会主义意识形态。

其三，面临市场经济条件下功利主义、实用主义价值观的挑战。社会主义市场经济体制建立以后，原来计划经济的指令优先转变为市场在资源配置中起决定性作用，增强了利益主体的自主性，形成了社会的竞争机制。这一转变有效催生了全体社会成员的竞争意识、效率意识、平等意识和权利意识，但也诱发了高校一些单位和个人的功利主义、实用主义倾向，对社会主义意识形态领导权与话语权造成不利影响。

其四，面临肢解、遮蔽社会主义意识形态的挑战。社会主义意识形态，是由哲学、政治、道德、文艺等意识形式构成并有着内在联系的思想体系，它既对社会起主导作用，又对个体有教育作用。但高校中有的人肢解了社会主义意识形态的功能，即只强调其对社会发展的导向、整合和调节功能，忽视其对个人树立理想信念、遵循价值规范、建设精神家园的作用，使社会主义意识形态外在于个人发展而难以融入个人内心世界，淡化个人的社会责任，使自己成为意识形态领域纷争的“围观者”和没有精神根底的“漂泊者”。还有的人，肢解社会主义意识形态所包含的意识形式之间的关系，比较突出的是对社会主义政治意识形态冷漠、遮蔽，甚至提出所谓“去政治化”主张，对诸如心理、艺术、宗教等发生兴趣。

（供稿：朱亦一）

【党的十八大以来我国社会主义意识形态理论的新发展研究】

石云霞[*]，《南京政治学院学报》2015年第2期

习近平同志对党和国家面临的意识形态斗争新形势做出了一系列科学论断，主要有以下几点。

第一，从世情来看，世界范围内各种思想文化交流交融交锋更加频繁，国际思想文化领域斗争深刻复杂。西方国家把我国发展壮大视为对其价值观和制度模式的挑战，加紧对我国进行思想文化渗透；西方国家有些人刻意矮化、曲解、抹黑“中国梦”，竭尽挑拨离间、混淆视听之能事，与“国强必霸论”“中国威胁论”“中国崩溃论”等论调遥相呼应，极力“唱衰中国”。

第二，从国情来看，在我国深刻变革

---

* 石云霞：武汉大学马克思主义学院教授、博士生导师。

和对外开放不断扩大的条件下，各种矛盾和社会问题相互叠加、集中呈现，人们思想活动的独立性、选择性、多变性、差异性明显增强，思想道德领域出现了一些不容忽视的现象：一些人理想信念不坚定；一些腐朽落后思想文化沉渣泛起，拜金主义、享乐主义、极端个人主义有所滋长；一些错误观点时有出现，有的宣扬西方价值观，有的专拿党史国史说事，有的以“反思改革”为名否定改革开放，有的否定四项基本原则。在对待中国特色社会主义、中国发展道路、发展模式的问题上，或以偏概全，攻其一点、不及其余，把形势说得一片漆黑；或沽名钓誉，把谩骂作为出名的手段，以博得一些喝彩；或妄自菲薄，总觉得中国什么都不好，外国什么都好，幻想用西方制度改造中国；文艺领域中存在着不同程度的低俗、庸俗、媚俗的现象，等等，不一而足。

第三，从党情来看，在我们的党员干部中，信仰缺失的问题需要引起高度重视。在一些人那里，有的以批评和嘲讽马克思主义为“时尚”，为噱头；有的对党的政治纪律、宣传纪律置若罔闻，根本不当一回事；有的还专门挑那些党已经明确规定的政治原则拨弄是非，口无遮拦，毫无顾忌，受到敌对势力追捧，不以为耻，反以为荣；有的精神空虚，认为共产主义是虚无缥缈的幻想，“不问苍生问鬼神”，热衷于算命看相、求神拜佛，迷信“气功大师”；有的信念动摇，把配偶子女移民到国外，钱存到国外，给自己“留后路”，随时准备“跳船”；有的心为物役，信奉金钱至上、名利至上、享乐至上，心里没有任何敬畏，行为没有任何底线。

第四，互联网已经成为意识形态、舆论斗争的主战场。网上斗争成为一种新的舆论斗争形态，成为我们面临的“最大变量”，搞不好会成为我们的“心头之患”。西方反华势力一直妄图利用互联网“扳倒中国”，有的西方政要声称“有了互联网，对付中国就有了办法”“社会主义国家投入西方怀抱，将从互联网开始”。从美国的“棱镜”“X—关键得分”等监控来看，他们的互联网活动能量和规模远远超出了世人想象。

（供稿：朱亦一）

【高校思想政治理论课发展和建设的四个基本关系】

顾钰民*，《思想理论教育导刊》2015年第1期

高校思想政治理论课的发展和建设是一个系统工程，必须把握好整体建设各个方面的关系，这些方面的基本关系的定位应该是：队伍建设服务于课程建设，方法建设服务于内容建设，科研建设服务于教学建设，学科建设服务于专业建设。

课程建设与队伍建设关系的基本定位是：课程建设是目标，队伍建设要服务于课程建设，为课程建设提供队伍支撑。这就需要在队伍整体建设方面要突出以下几点：一是设计好队伍建设的课程导向和目标；二是创新队伍建设的方式，把提升理论思维能力和科研能力作为建设的重点；三是队伍建设的内容以课程教学要求为着力点，使目前不太符合课程教学要求的教师的知识结构能够不断得到完善。

提高思想政治理论课教育教学的实效性必须研究教学方法。在教学方法建设中，毫无疑问应该注重运用现代化教学手段，但不能把教学方法的建设只是局限于多媒体技术在教学中的运用。从根本意义上说，教学方法是研究如何有效地把教学

---

* 顾钰民：复旦大学马克思主义学院教授、博士生导师。

内容传授给学生的各种教学的做法，它是由教师的教学活动来体现的。

高校思想政治理论课教育教学必须强调和突出科研的地位和作用。教学是本，科研是为教学服务的，科研的目的是更好地提高教学质量和效果。与教学相脱节的科研，不是思想政治理论课提倡和强调的科研。但在现实中，科研游离于教学的现象却是十分普遍的。主要原因在于对科研的定位不明确。以下几种情况有一定的代表性：一是教师主要凭自己的兴趣进行科研，由此产生的问题是科研的分散度比较高，与教学的关联度比较低。二是教师以晋升职称为科研的主要目的，产生的问题是科研动力不足，缺乏可持续性。

必须加强对学科建设本身的研究，学科建设的内容必须具体化，不能把学科建设的内容泛化，学科建设的目标应该定位于为思想政治理论课的本科、硕士、博士专业建设服务。本科的思想政治教育专业，经过多年的发展，已经有了很大的进步，但目前的培养质量以及与思想政治理论课所要求的人才队伍的差距和不适应，是专业建设方面存在的主要问题。目前本科专业教育中存在的问题比较突出。一是师资队伍严重匮乏，大量的师资没有经过专业化的训练，直接来自思想政治理论课现有的教师占比较大，对专业教育缺乏深入研究和长期积累。二是专业课程设置老化，内容陈旧，课程的重复率高，不少课程的名称稍有不同，但实际内容重复较大，引不起学生的兴趣，有理论深度的马克思主义基础理论的相关课程在专业课程中严重不足。三是因人设课的现象还不是个别存在。

（供稿：朱亦一）

【思想政治教育专业课程的规范化建设】

宇文利*，《思想教育研究》2015 年第 6 期

尽管经过了 30 多年的发展，目前我国思想政治教育专业和学科的课程仍有诸多不符合规范、溢出规范边界或需要加以规范的问题。概括而言，这些问题有以下几种表现：一是课程设计不规范；二是科目设置不规范；三是教材实施不规范。

课程是价值和知识的承载者。任何学科和专业都必须依靠课程来传递既定的知识和价值，因此课程在学科化和专业化的教育中的地位至关重要。思想政治教育专业课程具有两种价值：育人价值和育知价值。相比较而言，这门课程由于承担着传导主流意识形态和政治价值观的使命，因而其育人价值要重于育知价值。可以说，思想政治教育专业课程的首要价值是育人，但显而易见，育人并不能够凭空实现，而必须依赖特定的知识。在过去革命战争年代，由于具备了客观生活条件的感受和个体需要的期望，党的思想政治工作只需要在“是”与“非”、“好”与“坏”、“善”与“恶”的价值比较中就能顺利展开。在当时外部恶劣社会发展环境和生活条件的逼迫下，广大劳动群众能够凭借自我感受和共同感受从现实生活中寻找到进行价值比较和价值判断的切入点，也能够比较容易选择跟共产党走革命道路。因此，当时的思想政治工作不需要特别地突出知识的作用。与之相比，当下的时代则大为不同：一方面，今天已经失去了当年两党及其主张和作为的对比，思想政治教育要解决的问题失去了过去那种尖锐的阶级冲突性而呈现为思想对立性。另一方面，由经济全球化、政治自由化、文化多元化所带来的价值多样化已经浸透人

* 宇文利：北京大学马克思主义学院教授、博士生导师。

们的生活，人际依赖的离散、信息和知识的充斥都极大地增加了做好思想政治教育的难度。在这样的情势下，只讲价值、不讲知识的思想政治教育专业课程势必难以吸引处在知识技术崇拜浪潮中的受众。不过，思想政治教育专业课程要倚重的知识并不是纯粹知性、绝对中立的信息流，而是必须包含着特定价值信息的人工化的知识。换言之，思想政治教育专业课程所要传递的知识并不是纯粹技术性的知识，其目的是为了生成教育所期望的价值，这种价值要么是以显性价值判断来呈现的，要么就是隐性的价值基因。因此，思想政治教育专业课程的规范化建设就需要从课程设计、科目设置和教材实施上充分考虑到该课程在这方面的定位、本质和内在要求，考虑到现时代思想政治教育的环境、条件和生态，促使课程在结构体系、思想内容和教学实施上逐步朝规范化靠拢。

（供稿：朱亦一）

【思想政治教育生态相关问题研究的限定条件】

杨增岽*，《学校党建与思想教育》2015 年第 3 期（上）

学科综合研究在思想政治教育创新发展过程中具有非常重要的作用。近年来关注生态学（包括教育生态学、社会生态学）的有关理论和方法，是思想政治教育研究中的一个前沿问题。有两个基本问题需要首先阐释清楚：思想政治教育研究怎样借鉴生态学的有关理论和方法？思想政治教育研究到底借鉴生态学什么？而这两个问题实际又涉及思想政治教育学科交叉研究的方法论问题，特别是交叉研究的原则和条件问题。任何学科交叉研究客观上都是有限度的，这是学科与学科之间的根本差异决定的。鉴于此，该文以思想政治教育生态相关问题研究为例，探讨开展思想政治教育学科交叉研究中的限定问题。从生态学与思想政治教育学的理论基础来看，生态学的理论基础同思想政治教育学的理论基础有着本质的不同，单纯从理论移植、交叉应用方面来说面临诸多限制。

文章先分析了生态学有关原理的构成。生态学的基本原理十分丰富，如生态学的范围、限制因子原理、个体与种群和群落的结构与层次理论、生态系统的发展进化原理、自然界的物质与能量和信息的循环平衡流动原理等。对生态学基本原理常常有许多不同的概括，通常将其概括为“生态发展原理、胜汰原理、拓适原理、生克原理、反馈原理、乘补原理、瓶颈原理、循环原理、多样性与主导性原理、机巧原理、累加效应原理”等。“这些原理都是从某一角度对在不同情形下事物变化与发展规律的阐释，从根本上讲，贯穿于其中的生态学核心思想是两个：生态系统和生态平衡。”而上述涉及的很多生态学原理并非都能够同思想政治教育发生直接的理论联系，或者是可以直接成为思想政治教育理论的某一来源或依据。与之相反，这些原理背后所蕴含的价值和方法，对于思想政治教育这样一门综合性、实践性和超越性很强的学科的理论建构而言，具有非常重要的潜在价值。例如，关于生物的多样性与主导性原理让我们意识到一个生态圈内生物生存与发展的多样性与主导性的客观存在，生态系统的平衡必须保持生物物种多样性，同时又离不开优势物种的存在，主导的一方促进竞争与发展，多样的一面维系平衡与协调。这样一来，这一生态圈才是一个可持续的生态圈。这

* 杨增岽：北京师范大学马克思主义学院副教授、硕士生导师。

一原理对思想政治教育的启示，就在于让我们意识到“一元主导”与“多样并存”的辩证关系，即主导性与多样性之间的辩证关系。再如，如果把思想政治教育看作一个社会生态系统，那么该社会生态系统的动态平衡，自然就是思想政治教育有效运转的良性状态。尝试分析这一社会生态系统的内部结构及其内外的平衡动态，就能对思想政治教育有效性生成路径得出积极启示。

（供稿：朱亦一）

【高校思想政治理论课“05 方案”实施十年来的回顾与展望】

陈占安*，《思想理论教育》2015 年第 9 期

思想政治理论课“05 方案”实施十周年所取得的成绩，反映的是思想政治工作的主导方面，但事情还有另一方面，思想政治理论课教育教学目前依然存在着诸多需要研究和解决的问题。

一是有的教师对教材的修订没有引起足够重视。由于种种原因，有的教师对每次教材修订有哪些体例调整，内容上有哪些变动，教材修订过后对教学提出了哪些新的要求，感到茫然，也不求甚解。思想政治理论课教材是为学生编写的读物，但首先的读者应该是思想政治理论课教师。学习教材，吃透教材，这是思想政治理论课教师的责任所在。有的学校的思想政治理论课教学实行教师个人承包责任制，如果教师不能很好地掌握教材，而是自作主张将教材中的某些章节放大，而把另一些章节缩小，甚至忽略，这样做的结果，就会影响到学生对所学课程内容的整体把握。

二是有的教师教学中的科研含量明显不足。一些思想政治理论课教师没有树立马克思主义理论学科意识，只是就教学论教学，科研投入不够，科研成果不多，课堂讲授中很少有自己对某些重大问题的学术性解读，甚至只能照本宣科，这样的教学效果是不可能好的。有些教师似乎重视了科学研究，但这些科研成果与所承担的思想政治理论课教学任务没有关系，这样就出现了教学与科研两张皮的现象。本来马克思主义理论学科设置的一个重要目的就是为思想政治理论课提供学科支撑，但在有的学校，这种支撑作用很不明显。一些有马克思主义理论学科博士点或硕士点的高校，由于学科研究方向凝练不够，学术研究缺少必要的分工，常常出现教师的科研“打一枪换一个地方”的情况。

三是有的高校的教学管理不利于改革。在有的高校，思想政治理论课教学管理完全由教务部门说了算，思想政治理论课教学科研二级机构没有自主权，思想政治理论课教师的积极性由此也受到很大伤害，这种不是以为思想政治理论课服务为宗旨的管理，无形中限制了思想政治理论课的教学改革。这种情况目前在高校思想政治理论课的教学管理中并不是个别存在，需要引起重视。

四是有的高校放松了理论教学的要求。从实际调查来看，近年来有的学校片面强调实践教学，甚至以实践教学的名义，硬性减少了“05 方案”规定的思想政治理论课各门课程的学时和对应的学分。在有的学校，将本来应该由学生工作系统主管的大学生社会实践全都压给思想政治理论课教学科研二级机构，一些思想政治理论课教师忙于组织实践教学，而很少在理论教学上下气力。由于学生安全和

* 陈占安：北京大学马克思主义学院教授、博士生导师。

活动经费等原因，有的学校在组织实践教学上随意性比较大，出现了不同程度的放松理论教学的错误倾向。

（供稿：朱亦一）

【将立德树人贯穿于马克思主义理论学科与思想政治理论课建设全过程】

秦宣*，《思想理论教育》2015 年第 9 期

如何使马克思主义理论学科建设和思想政治理论课建设真正落实到立德树人、培养高素质人才上，这是当前学科建设和课程建设面临的重大现实问题。解决好这一问题，必须正确处理好二者关系，实现学科建设与课程建设的协同发展。贯彻党的十八大精神和习近平总书记系列重要讲话精神，认真落实《关于进一步加强和改进新形势下高校宣传思想工作的意见》（以下简称《意见》）和《普通高校思想政治理论课建设体系创新计划》（以下简称《计划》），必须着眼于完成以下任务。

第一，要充分认识马克思主义理论学科建设和思想政治理论课建设创新的极端重要性。要认真学习《意见》和《计划》精神，真正懂得：无论是建设好马克思主义理论学科，还是办好思想政治理论课，都是为了巩固马克思主义在高校意识形态领域的指导地位，都是为了落实立德树人的根本任务，培养中国特色社会主义建设者和接班人。

第二，马克思主义理论学科建设必须注重马克思主义基础理论创新，着眼于建立 21 世纪的中国马克思主义。在当前，尤其应该加强我们党在十八大以来的理论创新研究，弄清楚十八大以来以习近平为总书记的党中央在治国理政方面提出的一系列新思想、新论断、新观点，弄清楚这些实践基础上的理论创新在哪些方面坚持、继承、丰富和发展了马克思主义。

第三，要加强马克思主义理论学科建设创新，切实把马克思主义理论学科建成优势学科。要按照《规划》精神，制定马克思主义理论学科发展规划，以马克思主义理论学科的优先发展、优势发展、优质发展带动高校哲学社会科学繁荣发展，充分发挥高校哲学社会科学的育人功能。学科建设必须着眼于立德树人，制定学科人才培养指导方案，规范马克思主义理论学科本科生、硕士生、博士生的培养工作，探索建立本、硕、博相衔接的人才培养体系。通过“长江学者奖励计划”等人才计划，大力培养马克思主义理论学科领军人才。

第四，要加强思想政治理论课建设体系创新。要按照《计划》的要求，坚持思想政治理论课建设体系创新计划的指导思想、基本原则，坚持围绕《计划》确立的目标，科学实施思想政治理论课建设体系创新计划的主要任务。

第五，要加强管理体制创新，形成马克思主义理论学科建设与思想政治理论课建设协调发展的体制机制。要建立健全科学的领导体制，切实加强对学科建设和课程建设的领导；建立健全与法律法规相协调、与高等教育全面发展相衔接、与大学生成长成才需要相适应的学科建设和课程建设的制度体系；建立相应的评价机制、激励机制和保障机制，建立专项评优奖励、职称评聘、科研管理、教师培训等制度。

（供稿：朱亦一）

---

* 秦宣：中国人民大学马克思主义学院教授、博士生导师。

【当前我国意识形态建设亟须澄清的几个理论问题】

李辽宁*，《马克思主义研究》2015年第12期

关于改革开放以来中国现代化进程的性质的判定，是一个重大的理论问题，它既关乎对我国近30多年来社会发展性质的判断，也关乎对未来道路的选择。判断我国改革开放以来的现代化进程是否一个“去政治化”的进程，需要确定好视角，在不同的视角和领域中，对这个问题的理解和回答是有差异的。

从经济社会发展领域来看，改革开放之前确实存在着把经济问题与政治问题混同的现象，比如，在“宁要社会主义的草，不要资本主义的苗”之类的话语中，“草”和“苗”都被政治化了。而社会发展的主旋律从“以阶级斗争为纲”转变为“以经济建设为中心”，就是一个逐步“去政治化”的过程。可见，如果与改革开放以前的“政治挂帅”现象、政治渗透到经济社会发展的各个领域相比，改革开放以来情况确实有很大的改善，不再事事都“上纲上线”，其目的在于让经济社会发展的各个领域回归其应有的状态。比如在对待“市场经济”的态度上，从“有计划的市场经济”到“让市场在资源配置中发挥基础性作用”，再到“让市场在资源配置中发挥决定性作用”，这也是一个越来越尊重市场在经济发展中的作用的过程。在此过程中，政治性话语明显地弱了很多，由此给人的印象是逐步地“去政治化”。

在对外交往中，从改革开放以前的“以意识形态画线”，到改革开放以后“不以意识形态画线”，这种政策基调的变化可以理解为逐步“去政治化”的过程。1990年3月3日，邓小平在谈到国际形势和经济问题时指出：“不管苏联怎么变化，我们都要同它在和平共处五项原则的基础上从容地发展关系，包括政治关系，不搞意识形态的争论。”① 1992年，邓小平在南方谈话时指出：“社会主义要赢得与资本主义相比较的优势，就必须大胆吸收和借鉴人类社会创造的一切文明成果，吸收和借鉴当今世界各国包括资本主义发达国家的一切反映现代社会化生产规律的先进经营方式、管理办法。”② 随着我国经济实力的不断提升，中国企业“走出去”的步伐也在加快，中国与周边国家乃至世界的联系和交往日益密切。2013年9月和10月，习近平分别在哈萨克斯坦和印度尼西亚发表演讲，提出共同建设“丝绸之路经济带”和“21世纪海上丝绸之路”的战略构想。这些战略合作构想和重大举措都大大超越了国家之间社会制度和意识形态的差异。

但是在意识形态领域，改革开放以来的社会进程绝不是一个“去政治化”的过程。如果说我们在意识形态建设方面更加注重形式和方法，更加强调艺术性、隐蔽性和科学性，但是这绝不意味着“去政治化”，更不能因此而忽略马克思主义在意识形态建设中的指导作用。邓小平在强调改革开放的同时也强调要坚持四项基本原则，这两者是相辅相成的。绝不能说改革开放以来的现代化进程是一个“去政治化”的过程，片面强调这种观点很容易误导人。

（供稿：朱亦一）

---

* 李辽宁：海南大学马克思主义学院教授。

① 《邓小平文选》第3卷，人民出版社1993年版，第353页。

② 同上书，第373页。

【高校思想政治理论课教学方法创新体系构建的思考】

郭凤志*，《思想理论教育导刊》2015 年第 11 期

教学方法创新从实质上说是通过“教”与“学”手段、方式的改变，优化高校思想政治理论课的教学方法，以提升教学效果能力的思想观念和实践行为。这里所说的方法是广义的，包括教学组织形式以及教师在课内和课外所使用的各种教学方法、教学手段之和。这些方法有具体的，也有隐性的。教学方法创新是一个多层次、多要素构成的体系结构，其总体框架包括教学方法理念创新、教学方法体制创新、课堂教学方法创新等。研究教学方法创新问题，不能仅仅把教学方法当作手段和工具，而是要立足于如何选择、运用和创新教学方法的理论和实践的双重问题。

比如，开放的“大思政”的教育理念。开放一是指在场域上的开放。思想政治理论课教学方法创新应从课堂的单一空间思考走向更为广阔的舞台构建。全球化、现代化扩展了人们的时空观念，互联网、多媒体使信息海量化，日益凸显出课堂空间的狭小和有限。为了使现代环境中的思想政治理论课与时俱进，必须改变传统的、封闭的教育理念，打破思想政治理论课仅仅限于课堂、书本的模式，确立开放的“大思政”的教育观念，加强实践教学，探索网络教学，开发思想政治理论课在线课程，形成第一课堂与第二课堂、理论教学与实践教学、课堂教学与网络教学相互支撑的完备的教学方法体系。二是指在学科视野上的开放，从单一学科视野走向多学科视域的融合。思想政治理论课作为马克思主义理论学科的重要组成，从教学方法上说有其学科特质，但是，思想政治理论课作为马克思主义理论教育又有教育的一般共性，在开放的社会、开放的时代，融合教育学、传播学与马克思主义学科的方法于一体，将是高校思想政治理论课教学方法创新的趋势。三是指在方法上的开放，从单一方法走向多样化方法组合。教学有法，法无定法。思想政治理论课的教学方法总体说还是比较单一的，这种单一有总体意义上的单一，也有每个教师对不同对象所用方法的单一等。新的形势下，不同层次的学校、不同的教育对象，教学方法应当更加灵活和多样，提倡多种教学方法的组合和优化。四是指在主体上的开放。支持高校有关校领导、哲学社会科学教师、辅导员班主任骨干兼任思想政治理论课教师，鼓励支持推动主渠道与主阵地两支队伍的有机融合。高校要健全组织管理方式，逐步形成学校思想政治理论课教学科研机构、宣传部、教务处、学工部、团委等部门协调配合的实践教学工作机制。

（供稿：朱亦一）

【论思想政治教育的正当性及其类型】

王淑芹**，《思想理论教育导刊》2015 年第 9 期

提高思想政治教育的成效，既需要纠正思想政治教育单纯的知识论倾向，也需要避免把思想政治教育与理论—认知型思想政治教育画等号的窄化倾向。思想政治教育是促进社会意识向个体意识转化，以培养具有正确道德和政治感的合格公民。事实上，对社会成员的政治、道德、法律等思想、态度、行为发生影响的教育因素，绝不只是以教育者为主导的理论认知

---

* 郭凤志：东北师范大学马克思主义学院教授、博士生导师。

** 王淑芹：首都师范大学政法学院教授、博士生导师。

教育，也有以教育对象为主的“实践—反思型思想政治教育”“交往—互动型思想政治教育”以及以环境优化为主的“环境—熏染型思想政治教育”。在新时期，我们不能固守一种教育类型，应该注重发挥不同教育类型的优长。

理论—认知型思想政治教育，是一种价值正当性及其行为要求的说理教育，它主要解决社会成员价值接受和认同的理由以及规范要求问题。它是从人的思想认识入手来解决社会成员的行为问题。社会上开展的各种基于人们思想品德形成的规律、旨在使社会成员形成符合社会需要的思想品德的社会教育活动，都隶属这种理论—认知型思想政治教育之列。理论—认知型思想政治教育往往是靠理论阐释、用道理说服人，使人具有社会主导价值观念并按照规则行事。当前，提高理论—认知型思想政治教育的成效，需要关注三方面的问题。

一是在新的历史条件下，思想政治教育理论需要为社会价值整合提供理论支持或增强对社会现实思想问题的解释力。如何使思想政治教育理论既源于实践又指导实践，尤其是能够对现实重大社会思想问题或社会思潮具有批判力、解释力、引导力，是当前理论—认知型思想政治教育所面临的重要任务。

二是要面对现代性引发的人们精神的分裂现状而开展针对性教育。我们需要正视德国社会学家马克斯·韦伯所指出的现代社会人的精神缺失问题，即许多人只知道物质上“要什么”却不知道精神上“追求什么”。在现代社会，那些终极的、最高贵的价值，已从公共生活中销声匿迹。社会价值的迷失，使许多人产生了缺乏生活意义支撑的浮躁，以至于实用主义大行其道。当代人的这种“价值缺失”和急功近利，使得说理性思想政治教育处在了不被教育对象需要的受拒斥的窘地。

三是要冲破当前理通行不同的理论与现实相脱节的境遇。众所周知，思想政治教育的价值原则为人们接受和认同，不仅关涉价值原则的合理性、教育方式的针对性等，更在于倡导的价值原则是社会通行的实际原则。当前社会一定程度上存在的理论一套、实际一套、说一套、做一套的理通行不同、潜规则打击明规则的社会现实，极大地消解了思想政治教育的说服力和信服力，影响了思想政治教育的成效。

（供稿：朱亦一）

【论社会主义核心价值观的生活化】

张红霞、谭春波*，《学校党建与思想教育》2015 年第 22 期

社会主义核心价值观生活化就是要实现社会主义核心价值观与人们日常生活的紧密结合。生活化是巩固马克思主义意识形态主导地位的必经之路，是抵御西方意识形态霸权的有效方法，是人民大众的迫切需要，也是社会主义核心价值观本身的内在要求。当前，社会主义核心价值观生活化面临着多元文化冲击、表达方式不恰当等困境。因而应找准与社会现实的契合点，引领整合多元文化，创新表达方式等，以化解社会主义核心价值观生活化的困境。

当前，社会主义核心价值观生活化势在必行。但是，由于社会环境的不断变化和客观形势的不断发展，社会主义核心价值观面临着多方面困境：多元文化冲击、社会主义核心价值观生活化的宣传方式不尽恰当都阻碍了社会主义核心价值观的生

* 张红霞：中国石油大学（华东）马克思主义学院教授、博士生导师；谭春波：中国石油大学（华东）马克思主义学院博士研究生。

活化。社会主义核心价值观没有适应宣传领域的转变，进而推动宣传方法的变革，阻碍了社会主义核心价值观的生活化。第一，宣传过程中抽象化的表达方式不适应感性化的日常生活实践。社会主义核心价值观从表述上来看是一种理论抽象，其对现实生活的能动反映是间接的，需要人们深刻反思才能把握，但人民大众的日常生活实践往往是当下直接的，如布尔迪厄所指出的那样，实践依赖于“习性”及对“情境”的当下关注，因此“它排斥反省”。脱离了对日常生活实践中具体情境的理解，人们难以达成对抽象原则的准确把握。第二，说教式的宣传方式与人民大众的接受方式相脱节。在社会主义核心价值观的宣传中，主要采取说教灌输的方式进行口号或者标语式宣传，这往往枯燥而乏味，容易引起人们的警惕和厌烦，达不到对人的价值观念进行熏染的作用，也就无法得到人民大众的认同。所以，宣传方式与接受方式之间的脱节阻碍了社会主义核心价值观的生活化。第三，网络领域的宣传方式还不够合理。网络生活领域是当代日常生活领域的一个重要场所，人们常常在网络上分享信息，表达对各种社会事件的观点和评价，但是，社会主义核心价值观的宣传还没有充分参与到人民大众的网络生活领域中去，表现为社会主义核心价值观面对网络热点问题时的失语。同时，在网络空间中的宣传仍然沿用传统的抽象化、理论化的表达方式，没有采用网民所习惯的在娱乐消遣中获取信息和体验的方式，使现有宣传方式与网民的网络生活方式存在很大差距，阻碍了核心价值观的生活化。

（供稿：朱亦一）

科学无神论

【科学无神论要做践行社会主义核心价值观的模范】

杜继文*，《科学与无神论》2015 年第 1 期

核心价值观这三组 24 个字表述的主张，可能是适应和满足全国各个民族、各种人群在价值诉求上的最大公约数，最广泛的共识；而唯一的底线是“社会主义”。所以也可以说，是在价值观上凝聚民心，团结一致，以反映和保障社会主义的经济基础和社会发展的历史方向。因此，它并不要求在世界观和人生观上的一致，每个人都可以根据自己的世界观和人生观去解读和践行社会主义核心价值观。我们科学无神论的学者，就要从科学和无神论的视角去把握和践行，而且应该成为模范。

第一个问题，近些年有神论泛滥成灾，已经不限于一般性地破坏社会和谐，威胁国家稳定，而且达到了危害每个人的生命安全的程度，特别表现在邪教和宗教极端主义的猖獗上——这显然是对核心价值观三个层面的全面反动。

第二个问题，是宗教的“三性”或“五性”问题。其中最重要的一性是宗教的长期性。这一定性既缺乏历史依据，也罔顾现实社会世俗化与科学普及对宗教体系的冲击和使其衰败。

第三个问题，要特别强调，宗教与民族并非一体。“教族一体”说是个绝大的错误。这从三大宗教的历史演变上看得很清楚：其一，民族或部族的形成和发展要远远早于对这三大宗教的接受（譬如希腊和罗马），这个时间差足以驳倒任何“教族同体”谬说。其二，民族是先天稳定性的共同体，民族成分既不容强制更改，也没有自由选择的权利；宗教则是后天附加给民族的信仰体系，或者成为文化形式，是既可以接受也可以遗弃的成分。

第四个问题，宪法对宗教信仰自由的规定，是覆盖全体公民的，而不是只适用于信教群众，服务信教群众；说宗教具有群众性，客观上将信教群众和不信教群众隔离开了。宗教不能特殊化，没有法外的任何特权。

第五个问题是，西方宗教有门学科叫作宣教学，它能够适应不同的时间、地点和人群，发出不同的声音，与各种话语衔接，而将其宗教观念贯彻于其中。前些年流行的“终极关怀”“普世价值”就很误导了一些时尚学者；而今用自我诠释的“马克思主义宗教观指导”“宗教学研究”也占据了宗教研究上的制高点。至于使概念模糊，制造概念歧义，更为常见。最明显的一例是将“宗教”换成“信仰”所谓没有信仰，人就没精神，文化就没有精髓，而国家就没有灵魂。

从事科学无神论研究和宣传教育的人们，理应让近些年来非正常性的宗教热冷

* 杜继文：中国社会科学院荣誉学部委员、研究员，《科学与无神论》杂志主编。

下来，捍卫“教育与宗教相分离”立法的尊严，让核心价值观占据舆论的主流，积淀成为我们“国俗民风”的底蕴。

（供稿：黄艳红）

【警惕打着基督教旗帜的邪教组织——兼论当代中国邪教发展的趋势与特征】

习五一*，《中国人民公安大学学报》（社会科学版）2015 年第 5 期

应当高度重视打着基督教旗帜的邪教组织危害公共安全。打着基督教旗帜的邪教组织，从国际学术视野考察也可以称为，基督教新教类型的“破坏性膜拜团体”（destructive cult）。

从国际背景分析，美国政府的“信仰外交”成为基督教全球传教战略的重要推动力。以发达国家社会为依托的基督教文化，以强势文化态势，持续地向世界各地传播，信徒遍及全球，继续占据世界第一大宗教的宝座。而各种本土化的“末世论”，容易吸引苦难中的民众加入教会，也容易形成宗教异端，甚至演变滋生邪教组织。并且，国际霸权大力支持基督教新教类型的“破坏性膜拜团体”（邪教）。自 1999 年以来，美国政府发布的历年《国际宗教自由报告》，均指责中国政府“严重侵犯宗教自由”。

基督教新教类型的“破坏性膜拜团体”（邪教）发展的国内因素包括：（1）自改革开放以来，中国大陆的基督教现象不断升温。无论是城市还是农村，基督教人数及教堂、聚会点的数量都呈明显上升的趋势。当代中国的大多数基督教会具有福音派和灵恩派特征，坚守《圣经》字句，热衷强烈的个人神秘体验，强调神迹治病等。这种强烈的灵恩倾向，关注末世的来临，很容易发展为异端，衍生邪教组织。（2）基督教与“破坏性膜拜团体”（邪教）生存的状态。基督教与“破坏性膜拜团体”（邪教）的关系有两种类型。一种类型是，处于矛盾交织生存的状态；另一种类型是，处于“和而不同”的共生状态。在中国大陆基督教的持续发展，特别是在广大乡村地区，为各种基督教类型的“破坏性膜拜团体”（邪教组织）的生存和发展，提供了肥沃的社会土壤。

当前，我们应当高度重视基督教新教类型“破坏性膜拜团体”（邪教）的特征与危害。其中，此类组织政治叛逆性和传播方式的草根化，特别值得深入研究。而且，“破坏性膜拜团体”（邪教）对发展中国家造成的冲击力，远远超过发达国家。在当代西方发达国家中，新兴宗教——膜拜团体大量涌现，它们仍被视为边缘文化，多数团体规模较小，自生自灭。但是，“膜拜团体类型”的宗教团体，在中国社会不能简单地视为“边缘性宗教文化”。在中国社会里，“膜拜团体类型”的宗教团体，是比较普遍的宗教生存方式，因而中国的“膜拜团体”，往往信众数量众多，而且生命力顽强。它们通常温和地生存在基层社会，但遇到社会危机时，有些“膜拜团体”爆发的冲击力，足以震撼主流社会的制度大厦。

（供稿：黄艳红）

【无神论和宗教研究中的十个关系问题】

田心铭**，《科学与无神论》2015 年第 2 期

坚持科学无神论，需要正确认识和处理无神论研究与宗教研究的关系，正确认识和处理无神论研究宣传教育与坚持宗教

---

* 习五一：中国社会科学院马克思主义研究院研究员。

** 田心铭：教育部高校社会科学发展研究中心原主任、研究员。

信仰自由、做好宗教工作的关系，这里就其中的十个问题做一些讨论。

一 维护信教群众利益和维护不信教群众利益的关系

以宗教的群众性为理由，只讲尊重信仰宗教的自由而放松、放弃乃至反对无神论的宣传教育，违背了中国最广大人民的根本利益。

二 宗教工作与宗教相关工作、宗教事务管理部门与其他部门的关系

宣传无神论不属于政府宗教事务管理部门的职责。但是，各级党委和政府，思想宣传文化教育等部门，都负有无神论研究宣传教育的职责，即对宗教相关工作负有职责。

三 公民有宗教信仰自由和共产党员不得信仰宗教的关系

中国共产党规定党员不得信仰宗教，完全符合宪法关于公民有宗教信仰自由的规定。如果否定党组织的这一规定，就意味着共产党员可以拒绝认同以至公开反对党的马克思主义的世界观，必然丧失共产党的历史使命。

四 尊重和维护信仰宗教自由与人为地推动宗教发展的区别

共产党人尊重信教群众的宗教信仰，但绝不是赞同他们的观点。国家保护合法的宗教活动，并不是要提倡宗教，推动宗教发展，扩大有神论、唯心论的思想影响。

五 宗教与文化的关系

宗教作为文化包含多方面复杂的内容，需要具体分析，区别对待。宗教并非仅仅属于文化，它还是一种有组织、有教义、有活动的社会群体，它只能在国家法律、法规规定的范围内活动，不能超出规定的场所。

六 坚持教育与宗教相分离与科学研究、文化活动自由的关系

国家依法保障高校中科学研究的自由，但是学校中的一切活动包括对宗教的研究必须遵循教育与宗教相分离的原则。我国高校的宗教研究决不能成为传播宗教教义的场所。

七 宗教与社会的关系

在宗教与社会的相互作用中，归根到底是社会决定宗教，而不是宗教决定社会。社会主义社会中可以有与社会主义社会相适应的宗教，但不存在也不可能存在什么自身体现了社会主义的制度性质和优越性的社会主义的宗教。

八 宗教的长期性与宗教消亡的关系

宗教的长期性不是永恒性。以宗教的长期性为理由反对无神论的研究宣传教育，实际上是把宗教当成了永恒存在的社会现象。

九 无神论与马克思主义宗教观的关系

马克思主义的宗教观本质上是无神论的宗教观。抛弃“无神”思想而自称以马克思主义宗教观为指导，只能是假马克思主义。

十 宗教研究的指导思想和理论基础中马克思主义宗教观和马克思主义科学体系的观点

马克思主义宗教观不能代替作为整体的马克思主义在宗教研究中的指导思想和理论基础地位。

（供稿：黄艳红）

【马克思主义视域中的中国传统文化资源】

王珍*，《科学与无神论》2015 年第 2 期

焕发中国传统文化的活力，是关涉当

* 王珍：中央社会主义学院副教授。

前文化建设的一个极其重要的方面。问题是，如何结合中国当前实际，充分吸收中国优秀传统文化以及世界文明（尤其是西方文明）的积极成果，进一步推动马克思主义中国化，进而推动中国社会的全面变化发展和进步。马克思主义不是汲取中国优秀传统文化、吸收世界先进文明的一道墙，恰恰相反，它是一条路。

大致讲来，西方启蒙运动中的中国传统文化因素，可以归纳为以下几个方面。

第一，理性的思想。不少启蒙思想家认为，比起当时基督教统治的欧洲现实来说，中国人很少有迷信和偏见。

第二，唯物的思想。那些激烈批判西方基督教传统的思想家，或者与传统西方基督教思想有异的思想家，很多认为中国传统文化，尤其是宋儒理学是唯物论。

第三，自然的思想。当时老子思想已在欧洲流传，西方学者专门考证斯宾诺莎受老子“道法自然”等思想的影响不可低估。

第四，无神的思想。不仅启蒙思想者，包括一些基督教内人士，大都认为中国传统文化的儒家思想是无神论或者是自然神论、泛神论，总之不同于基督教传统的有神论。

第五，人本的思想。以神为本的西方传统基督教文化，使人们看到了以中世纪为典型表现的一系列冲突和战争，而中国的人本思想，则给启蒙运动的思想者解决问题带来新的思路。

第六，人性善的思想。启蒙运动的思想家批判基督教传统的时候，他们对人充满了信心。这种信心的理论来自哪里？中国传统文化资源是其中之一。

马克思主义对启蒙思想运动中的唯物主义、自然主义、人文主义、无神论等思想进行了继承，更表现在人性善方面。马克思主义更对其进行了发展。在唯物论方面，马克思主义是辩证唯物论，超越了之前的机械唯物论；在人本思想方面，马克思主义超越了启蒙思想者抽象地谈论人，创立了唯物史观；在人性善方面，马克思主义从根本上抛弃了神，蕴含着对人的充分信任，并对现实的人进行了深刻批判。

弘扬中国优秀传统文化，至少就精神气质而言，一定层面上也是在弘扬马克思主义；坚持马克思主义，一定层面上也弘扬了中国传统的一些积极因素。尽管在一些方面，比如唯物思想、人文思想、自然思想、无神论思想等方面，中国传统文化经过数千年的发展，已经具有了自己独特的具体内涵，而马克思主义中的科学、民主等精神，很大程度上也正是中国传统文化所欠缺的。但是二者之间的相通性，为我们更好地弘扬中国优秀传统文化、更好地进一步推进马克思主义中国化，消弭二者之间人为的割裂，提供了重要的思想资源。

（供稿：黄艳红）

【无神论研究的回顾与思考——基于2000—2015年国家社会科学基金项目的分析】

左鹏[*]，《科学与无神论》2015年第6期

我们考察了2000—2015年国家社会科学基金项目的课题指南和立项结果（含重点项目、一般项目和青年项目），对其名称中含有“无神论”一词的课题作了频数分析。

纵观2000—2015年16年间国家社会科学基金项目的课题指南，“无神论”一词在13个年度的5个学科中共出现过33

* 左鹏：北京科技大学教授。

次。从年度分布来看，在这16年间，除2001年、2002年、2003年外，13年的课题指南中均设有无神论研究课题，其数量呈现出震荡式上升的态势，先后出现过三个峰值。

纵观2000—2015年国家社会科学基金项目的立项结果，“无神论”一词在6个年度的3个学科中共出现过11次。也就是说，在16年来获准立项的大约3万个国家社会科学基金项目中，专门的无神论研究课题仅有11个。

如果把立项结果和课题指南结合起来分析还可以发现，16年来课题指南中“无神论”一词出现最多的是哲学（14个），其次是宗教学（13个），但在立项结果中，“无神论”一词出现最多的是哲学（6个，立项课题数占指南课题数的42.9%）；再次是马克思主义·科学社会主义（3个，立项课题数占指南课题数的30%）；最后才是宗教学（2个，立项课题数占指南课题数的15.4%）。在峰值之外的其他年份，指南中有“无神论”一词的共计10年，但在立项结果中有“无神论”一词的只有3年。也就是说，7年的指南课题全部落空。

无神论既是一个基础理论问题，也是一个重要现实问题。进入21世纪以来，从中央有关部门下发的多个文件到中央领导同志做出的多次批示，都在强调无神论研究和宣传教育的重要性，并要求将其纳入科学研究规划和宣传思想工作的总体部署。落实到国家社会科学基金项目，差不多每年都有无神论研究的课题规划，但数量严重不足，学科间和学科内的分布严重失衡。并且，规划是规划，立项是立项，有关文件和批示的精神落不到实处，无神论研究长期处于困境之中。

走出困境，无神论首先必须拥有独立的学科地位。在现行的国家学科、专业目录中，无神论属于宗教学。可以在进一步繁荣发展哲学社会科学、加强马克思主义理论学科建设的过程中，在马克思主义理论一级学科下增设马克思主义无神论二级学科。

其次需要把中央有关文件和批示的精神深入持久地落到实处。这就要求国家哲学社会科学规划部门不仅重视年度项目课题指南中无神论条目的编制，而且要考虑到当前我国无神论研究的特殊处境，在创造条件提高年度项目立项率的同时，通过特别委托、专项资助、后期资助等形式，支持更多的无神论课题，推动无神论研究的繁荣发展。

（供稿：黄艳红）

【政治信仰和宗教信仰关系研究】

加润国*，《科学与无神论》2015年第2期

有的学者提出，政治信仰和宗教信仰属于不同层次，可以并行不悖，应该允许宗教信徒中的先进分子入党、允许共产党员信仰宗教，引起党内外、社会各界关注和争论。笔者认为，这根本就不是学术问题，而是政治纪律和组织纪律问题。

马克思主义信仰、政治信仰和宗教信仰虽然都用了“信仰”一词，但具体内涵是不同的。宗教信仰中的“信仰”是本义，即对缺乏理性或经验证明的超自然观念的信奉；而共产党人所谓对马克思主义或共产主义的信仰则是转义，是对经过理性或经验证明的科学知识的坚定信奉。一个是非理性的幻想和迷信，另一个是理性的知识和科学。字面上相同的“信仰”，隐藏着实质上理性与非理性、科学与迷信

* 加润国：国家宗教局研究中心研究员。

的矛盾对立。

宗教信仰是一种世界观，相信世界上存在着某种支配人们日常生活的超自然、超人间力量而加以崇拜。政治信仰则是一种政治观，是关于社会生活中如何生产和分配财富的政治立场、政治观点和政治行动。

我们党是马克思主义执政党，拥有反映广大劳动人民根本利益的独特意识形态，具有内在统一的科学世界观、人生观、价值观和政治观，其哲学基础是辩证唯物主义和历史唯物主义，其逻辑前提和理论基石是彻底否定一切超自然观念的科学无神论。对于宗教信徒来说，只要其宗教信仰和政治经济利益受到尊重和维护，他们既可以跟着共产党走社会主义道路，也可以跟着资产阶级政党走资本主义道路，所以我们党要团结争取宗教界人士，结成爱国民主统一战线，引导他们走社会主义道路。

我们党对马克思主义的信仰、对社会主义和共产主义的信念，是对科学思想的理性信仰和对美好未来的崇高理想，与宗教以鬼神观念为核心的非理性信仰和超自然幻想截然不同。共产党员作为马克思主义政党的成员，是人民群众中有共产主义觉悟的先进战士，应该是马克思主义者，而不应该是宗教徒。

共产党员不但不能信仰宗教，而且要宣传无神论、帮助人民树立科学的世界观。但是，这绝不意味着我们可以不尊重宗教徒的宗教信仰，放弃在政治上团结教育他们的责任。对于中国公民来说，不论其是否信仰宗教，我们党都可以团结带领他们走社会主义道路，让他们在建设中国特色社会主义的伟大事业中发挥作用。对于既有社会主义、共产主义理想又有马克思主义科学世界观的先进分子，经考察合格的可以吸收入党，以发挥工人阶级先锋队的作用。对于虽然有社会主义、共产主义理想却仍保留宗教信仰的积极分子，经过培养可以让其进入爱国宗教组织，发挥他们在引导信教群众方面的积极作用。

（供稿：黄艳红）

【关于《科学无神论原理》的几个问题】

李申*，《科学与无神论》2015 年第 2 期

一　什么是无神论？什么是科学无神论？什么是马克思无神论？

《科学无神论原理》一书的回答是，无神论是揭示鬼神并不存在的理论。历史上，所有的无神论，在揭示鬼神不存在的同时，往往又同时创造或维护着一种新的鬼神理论。所以，它们又是新的有神论。

情况在 17—18 世纪发生了根本变化，出现了以英国唯物主义思想家霍布斯到法国百科全书派思想家所创造的无神论体系。这种新的无神论体系否定一切形式鬼神的存在，并且不再创造新的鬼神观念，所以是彻底的无神论。这种彻底的无神论，我们称之为“科学无神论”。

马克思主义不仅彻底否定一切鬼神的存在，而且科学地说明了鬼神观念产生的现实基础，说明了消除鬼神观念产生的途径。

二　为什么要讨论“什么是神（包括鬼）”？

中国学者接受西方的其中重要的观念之一，就是认为鬼神乃是一种纯粹精神的存在。因此，只要依据唯物主义哲学，说明物质第一性、精神第二性，精神不能离开物质而独立存在，就是完成了否定鬼神存在的理论工作。

然而使这样一种观念感到力不从心、甚至出了问题的事件，就是 20 世纪末风

* 李申：上海师范大学教授。

靡全国20多年的所谓“特异功能热”或说“伪气功热”。直到最后出现了法轮功邪教组织。沉痛的教训告诉我们，如果不弄清“什么是神”，那么，某些诚心诚意地宣传无神论的人们，就有可能成为诚心诚意地宣传有神论的工具。

三　什么是神？

根据《科学无神论原理》一书的考察，神（天神）祇（地神），在人们的观念中，并不都是呈精神形态的存在者。依历史顺序，人类首先是把某些动物当成神，兽神，后来又把某些动物器官组合在一起，成为魔神。魔神之后，就是把人中的种种英雄崇拜为神，这就是人神。人神之后，才逐渐认为神仅仅是个精灵，成精灵神。精灵神之后是超精灵神，超精灵神观念只说神存在着，只有功能，但没有实体。这是当今一些高度发展了的宗教教义中的神祇观念。

社会存在决定社会意识。由于神，特别是起初的神祇，并不是精神存在，所以从人的灵魂起源探讨神祇观念起源的思路是不正确的。

四　神是不存在的

神祇观念的发展史，同时也是一部否定神祇存在的思想史。但是任何宗教家都不会彻底否认神祇的存在，他在否定一种神祇观念的时候，一定会提出一种新的神祇观念，以维护神祇的存在，维持自己宗教的存在和利益。科学无神论者的任务，就是要彻底揭示神祇的不存在，使广大人民群众从神祇观念的蒙蔽和压抑下解放出来。

五　摆脱神祇观念，是一个“脱愚”过程

摆脱有神论观念，就是人类摆脱愚昧状态的重要进程。可以想见，当人类最终不再相信什么神祇，完全依靠自己创造幸福生活的时候，也当是人类新的文明时代的开始。

（供稿：黄艳红）

【20世纪80年代以来新疆宗教极端主义的嬗变研究】

贾友军*，《实事求是》2015年第3期

新疆宗教极端主义作为一种社会问题早就存在，但作为一股强大的政治逆流，大范围、长时间、深度影响一个地区，并危害多数群众正常生产生活以及社会秩序，成为具有意识形态特征的社会思潮、政治主张和现实行为，应当是从20世纪80年代开始的。其演变大致经历了以下四个阶段。

一　新疆地区宗教极端主义的生长与萌发阶段（1980—1989年）

突出表现在：（1）宗教活动急剧升温。具体体现在：第一，信教人数快速增加，群众或党员干部没有不信教的自由。第二，清真寺数量急剧增加。第三，斋月期间封斋人数大大增加。第四，开始出现朝觐热。（2）非法宗教活动泛滥。主要表现为：第一，宗教干预社会事务的现象明显增多。第二，宗教活动超出清真寺范围，干扰影响正常社会秩序。第三，被取缔的地下经文学校死灰复燃，并迅速泛滥。（3）暴力恐怖事件时有发生。

二　新疆地区宗教极端主义形成与活跃阶段（1990—2001年）

主要表现：（1）政治主张趋于系统化；（2）组织体系趋于完备；（3）参与活动的人员与范围进一步扩大；（4）“三股势力”的相互勾连日趋紧密。

三　新疆地区宗教极端主义的蛰伏与再起阶段（2002—2008年）

这一时期最明显的特点就是伊扎布

* 贾友军：新疆农业大学教授。

特、伊吉拉特两大境外宗教极端组织开始进入新疆，并快速发展。（1）伊扎布特于1999年开始在新疆建立分部，其成员主要是青年学生和知识分子。该组织的基本主张是通过“和平圣战”的方式，推翻现政权统治，建立伊斯兰教权国家。（2）“伊吉拉特”又称“迁徙圣战组织”。新疆的“伊吉拉特”主要是进行境外的“迁徙”，并已经形成组织团伙，他们积极投靠境外“东伊运”“基地”等恐怖组织，接受其在境外的指挥、培训和指令，有组织地在境内物色拉拢所谓立志于“民族宗教解放事业”的青年，并向境外输送，经过境外的训练后潜回国内，利用穆斯林群众的宗教感情和宗教认同进行煽动宣传，发展组织成员，实施暴力活动，达到分裂祖国，建立政教合一“哈里发”国家的政治目的。

四　新疆地区宗教极端主义的蔓延与猖獗阶段（2009年至今）

主要表现：（1）宗教极端主义影响日趋意识形态化。主要表现在：第一，极端势力干预社会生活、社会秩序；第二，抵制现代文明，主张回归清教徒式的生活；第三，泛化“清真”概念。（2）宗教极端主义传播手段现代化。（3）宗教极端势力成员本土化。（4）政治意图明显。

（供稿：黄艳红）

【马克思主义无神论中国化初探】

姚洪越*，《太原师范学院学报》（社会科学版）2015年第1期

马克思主义无神论是马克思主义理论大厦的重要基础，马克思主义无神论的中国化也应该是马克思主义中国化的重要基础和内容。但是，十分遗憾的是，与马克思主义其他领域的中国化取得极大发展的状况不同，马克思主义无神论中国化进程十分缓慢，极大地阻碍了马克思主义在中国的指导地位作用的发挥，阻碍了马克思主义理论在涉及神灵的宗教领域、迷信领域的发展，从而对中国的社会主义现代化建设，特别是文化建设、信仰建设等构成了严重的制约。这体现在以下几点。

（一）现有的马克思主义无神论不能很好地解释和应对中国有神论；

（二）马克思主义无神论和以之为基础的马克思主义宗教观没有起到理想的作用和效果；

（三）马克思主义无神论信仰状况对马克思主义的指导地位和信仰普及发展构成了威胁和挑战。

马克思主义无神论要发挥自己的应有作用，其前提必须进行充分的中国化，针对中国社会、中国神灵文化的实际进行话语转换，在坚持马克思主义基本原理的前提下，打造与马克思主义中国化成果整体相适应的马克思主义无神论中国化理论，并以之指导实践，推动中国的全方位进步，推动马克思主义中国化的全面发展。为此，应该从以下几个方面入手。

（一）要客观分析和高度重视中国传统文化和现实中无神论资源的建设性作用；

（二）要充分认识中国传统文化和现实中有神论的复杂特性和社会作用；

（三）从实现人的全面自由发展的高度构建马克思主义中国化的“无神论”和“神灵观”；

（四）推进马克思主义宗教理论的发展，使之实现从批判宗教、改造宗教到整合宗教、推动宗教消亡的转变。

没有马克思主义无神论的中国化，就不会有完整的、坚固的马克思主义中国化

---

* 姚洪越：北京工商大学副教授。

体系；没有对马克思主义无神论的信仰，就不会有对马克思主义的坚定信仰和实践；没有对马克思主义无神论及其中国化的坚持和发展，就不会有科学合理、可信有效的马克思主义宗教理论与实践、马克思主义中国化理论和实践。全党、全体马克思主义理论与教育工作者应该从战略高度的历史使命来认识和对待马克思主义无神论中国化的工作，从学科建设、队伍建设、课题设置、机构设置等方面给予倾斜和照顾，尽快补上这一马克思主义中国化的短板，为更好地整体推进马克思主义中国化，推动中国各项事业的科学发展做出应有的努力。

（供稿：黄艳红）

【我们为什么还要坚持科学无神论】

汪维钧、张强*，《南京政治学院学报》2015 年第 2 期

在全面深化改革、实现中华民族伟大复兴的今天，之所以还要一如既往地坚持科学无神论，笔者认为必须从信仰、政策、价值三个维度来深化解读。

一　坚持科学无神论，才能自觉坚守马克思主义信仰

（一）有神论的泛滥已对马克思主义信仰构成了严重威胁和挑战。共产党员不坚持科学无神论，属于一种极不正常的现象。马克思主义的世界观是辩证唯物主义，而种种有神论世界观无一例外属于唯心主义范畴。

（二）科学无神论是马克思主义信仰的基石。马克思主义信仰的科学性主要来自于马克思主义理论的彻底性和先进性，而科学无神论作为马克思主义理论的逻辑前提，同时也构成了马克思主义信仰的基石。

（三）科学无神论构成了共产党人的信仰底线，能否自觉坚持科学无神论应当成为判定党员在政治上是否合格的刚性标准和基本依据。

二　坚持科学无神论，才能更好贯彻党的宗教信仰自由政策

以无神论为前提的唯物主义世界观是我们党制定宗教信仰自由政策的基础，也是这一政策得以真正贯彻落实的保障。

（一）坚持科学无神论与贯彻党的宗教信仰自由政策并不矛盾。如果只是片面强调“信仰宗教的自由”，闭口不谈“不信仰宗教的自由”，特别是刻意回避坚持和宣传科学无神论的自由，将会严重破坏与损害党的宗教信仰自由政策的真实性和完整性。

（二）坚持科学无神论是宗教信仰自由政策得以真正贯彻的保障。现在社会上有一种观点，认为信仰科学无神论的共产党人不可能真正贯彻宗教信仰自由政策。面对这种毫无理论支撑和现实根据的说法，我们一定要从共产党人的历史使命出发，坚信党所奉行的宗教信仰自由要比某些西方国家的宗教信仰自由更为科学、更为全面，一定要确立起与这一政策的优越性相对应的制度自信。

三　坚持科学无神论，才能更加彰显社会主义人文关怀

（一）科学无神论蕴含着强烈的人文关怀理念。科学无神论体现了马克思主义把人作为出发点的思想，反映了马克思主义对人的本质、人的需要、人的价值的深刻理解，凸显了马克思主义对人的解放、人的发展的高度关注。

（二）以科学无神论为引领彰显社会主义人文关怀

科学无神论及其相关研究和宣传教

* 汪维钧：南京政治学院教授；张强：南京政治学院副教授。

育，要主动承担起构筑中国特色社会主义共同理想信念的社会责任，坚持用马克思主义的立场观点方法影响社会大众，充分发挥引领功能和规范作用，有效应对各种有神论思想的渗透和侵蚀。

当前社会上的种种奇谈怪论挑战着我们党所坚持的科学无神论，有神论的泛滥也在腐蚀着我们的信仰。严峻的现实要求共产党人必须理直气壮地坚持科学无神论，自觉坚守科学无神论宣传教育的主阵地。

（供稿：黄艳红）

第六篇

著作选介

马克思主义基本原理

【人学新论——马克思主义人学基本理论和重大现实问题研究】

陈志尚*等，人民出版社2015年5月版

该书通过梳理马克思人学思想发展历程，力求完整准确地阐明马克思新人学的精华。同时，抓住五个古今中外学术界共同关注，又与当代实践有密切联系和重要价值的课题，即人性和人的本质、人的发展、人的自由、人权和人生观等，通过深入的文献查考和学理研究，展开了新的探索。特别是针对当代现实生活和意识形态领域发生的几个重大理论问题，提出了有说服力的、独到的新见解，力求做到分清是非，推进人学事业的发展。该书分为七章，采取历史和逻辑相结合、理论和实践相结合的研究方法。第一章追溯马克思人学思想的理论来源，阐明马克思主义人学思想的主要内容。第二章至第六章，抓住几个与现实生活关系密切，对当代实践有重要价值，又是学术界长期争论或研究相对薄弱的重大问题，即人性和人的本质、人的发展、人权、人的自由等展开专题研究，以求深入、自觉地运用马克思主义的立场观点方法，确定相关概念的科学内涵，做出严密的逻辑论证，建构新的理论体系。第七章，根据历史经验和中国特色社会主义的实践，针对当前思想界、理论界长期争论的若干重大问题，如以人为本问题、人权问题、人性问题、人道主义问题、异化问题，根据马克思主义人学理论做出了科学回答，具有重要的理论价值和现实意义。

（供稿：张建云）

【马克思主义基本原理前沿问题研究】

孙熙国、孙蚌珠、张守民**，安徽人民出版社2015年版

该书紧紧围绕什么是马克思主义，为什么要始终坚持马克思主义，如何坚持和发展马克思主义这个主题，以阐释马克思主义不仅是工人阶级和社会主义的意识形态，而且是深刻洞察人类社会历史发展进步的科学世界观、方法论，重点以介绍马克思主义所揭示的人类社会发展的基本规律为主线，全面阐明马克思主义的基本理论、基本立场、基本观点和基本方法，及其为人类历史的文明进步所作出的巨大贡献和所形成的巨大影响，了解它之所以今天依然是人们深刻认识人类社会复杂矛盾关系、追求理想社会的科学观点和方法的理论魅力所在。

全书共九章，内容包括：马克思主义的历史使命与本质特征，如何开展马克思主义基本原理的整体性研究，实践范畴与辩证唯物主义，马克思对人类解放道路的

* 陈志尚：北京大学哲学系教授。

** 孙熙国、孙蚌珠、张守民：北京大学马克思主义学院教授。

早期探索，认识的主体性、真理性与价值性，马克思政治经济学的研究出发点和劳动价值论，马克思主义政治经济学的研究对象和剩余价值理论，马克思主义政治经济学的研究任务和“两个必然”结论，物质生产与人的自由、发展和解放，马克思主义新世界观的历史发展等一系列当前马克思主义基本原理前沿问题。

（供稿：张建云）

【马克思主义基本原理专题研究】

张雷声*，中国人民大学出版社2015年版

该书是作者在长期对研究生课程进行专题设计、专题内容研究集体探讨的基础上，对自己长期以来关于马克思主义基本原理专题的研究成果作出的概括和总结，同时，在一定程度上也反映了学术界关于马克思主义基本原理研究的前沿。该书对马克思主义基本原理专题作了创新性的探讨。全书由导论和八个专题构成，分别为：马克思主义基本原理的整体性（包括正确认识和把握马克思主义基本原理、在实践中发展马克思主义基本原理、用发展着的马克思主义基本原理指导实践等）；人类实践活动及其发展规律（包括社会生活的实践本质及人类实践形态的当代发展等）；群众史观与“以人为本”（包括马克思主义群众史观的当代发展、人本意蕴等）；人类社会形态的演进及其发展规律（马克思主义社会形态理念的历史发展、基本内容和基本规律等）；唯物史观与剩余价值学说（包括唯物史观和剩余价值学说的创立、完善及二者关联）；资本主义的基本矛盾及其历史走向；经济文化落后国家走社会主义发展道路的历史必然性；人的全面发展与共产主义社会的实现；等等。作者在写作过程中坚持整体性原则，力求准确阐述马克思主义基本原理，在正确认识和把握基本原理基础上，将其与当今社会发展现实结合起来，体现了马克思主义基本原理的科学性、实践性和时代性。

（供稿：张建云）

【坚持马克思主义在意识形态领域指导地位研究】

陈先达**等，经济科学出版社2015年6月版

该书是陈先达教授主持的教育部哲学社会科学重大课题招标项目的结题成果。它以马克思主义基本原理和方法论审视当前马克思主义意识形态研究的热点难点问题。面对马克思主义在全球化和网络化时代遭遇的挑战，研究当前思想文化的多元化、西方意识形态的渗透以及经济、科技与宗教领域的挑战，研究社会转型提出的挑战以及全球化提出的挑战，思索坚持马克思主义在意识形态领域指导地位的实践基础，探究如何形成应对思想和实践挑战的对策，确认主流意识形态建设的战略视野，研究基于中国社会发展的、顺应时代要求的、面向人民群众的意识形态战略，找到发展马克思主义意识形态的途径与方法。全书共分九章，分别从马克思主义意识形态的内涵、价值与依据，坚持马克思主义在意识形态领域指导地位的历史必然性和现实必要性，马克思主义在意识形态领域面临的思想挑战和实践挑战，坚持马克思主义在意识形态领域指导地位的实践基础、战略视野、对策思路以及途径和方法等方面对如何坚持马克思主义在意识形

* 张雷声：中国人民大学马克思主义学院教授。

** 陈先达：中国人民大学哲学院教授。

态领域的指导地位进行了系统深入的研究。

（供稿：彭五堂）

【中国政治经济学方法论探究】

刘永佶*主编，中国社会科学出版社2015年版

全书共六编30个主题，以对话的形式展现了中国政治经济学雏形。该书强调了政治经济学研究方法和研究内容的统一性，认为方法论并不是政治经济学之外的一个学科、领域或辅助，而是政治经济学的内容，是理论体系形成发展的精神与引导。如果将方法论外在于政治经济学，不仅方法论的研究不能深入、系统，更制约着理论体系的研究。政治经济学具有国度性和世界性，但国度性是政治经济学的基本属性。霸权国家出于扩张的需要，往往掩饰其政治经济学国度性，而强调世界性。中国要摆脱在当今世界秩序中的定位，必须自主发展自身的政治经济学。任何国家的政治经济学在其国度性范围内，都是由主体、主义、主题、主张四要件构成，它们统一的根本和出发点都是主体。中国政治经济学以中国现代劳动者为主体，其主义是劳动者的利益和意识集中概括的基本理念，即劳动社会主义；其主题是现代劳动者自由发展中遇到的问题，即对确立社会主体地位，提高并发挥素质技能进程中矛盾的研究；其主张是现代劳动者主体利益和意愿的集合，是在主义指导下依据对中国经济矛盾的系统规定，探讨并解决矛盾，即确立劳动者的社会主体地位，明确并保证劳动者对劳动力和生产资料的所有权，改革完善规定这两个所有权及其派生出各种权利的制度、体制、结构等。

（供稿：张伟）

【当代中国马克思主义的新发展】

程恩富**，中国言实出版社2015年版

党的十八大以来，以习近平为总书记的党中央在经济、政治、文化、社会、生态和党建等领域，运用马克思主义及其中国化理论，在中国特色社会主义道路、制度和理论三方面都具有新的拓展和创新，从而呈现为当代中国马克思主义的新发展。《当代中国马克思主义的新发展》理论与实际相结合，历史和现实相结合，宣传与探讨相结合，具有如下特色：一是系统性，系统阐述有关中国特色社会主义理论和实践的新发展；二是准确性，准确阐发有关全面深化改革的思想和举措；三是探讨性，探讨各个领域在发展中国特色社会主义上的新问题和新对策。全书按照经济思想、政治思想、文化思想、社会思想、生态思想和党建思想六个层面分章：第一章，介绍党的十八大以来中国马克思主义经济思想新发展，包括完善基本经济制度、完善多种分配制度、完善双重调节体系、完善开放型体系，加快实施创新驱动发展战略；第二章，介绍党的十八大以来中国马克思主义政治思想新发展，包括党领、民权与法治三者统一，人大、政党、区治与群治四大制度，以及国家治理体系；第三章，党的十八大以来中国马克思主义文化思想新发展，包括文化强国与软实力，文化传播体系，文化调节机制；第四章，党的十八大以来中国马克思主义社会思想新发展，包括完善社会保障制度、完善公共服务制

* 刘永佶：中央民族大学教授。

** 程恩富：中国社会科学院学部委员，教授

度等；第五章，党的十八大以来中国马克思主义生态文明思想新发展；第六章，党的十八大以来中国马克思主义党建思想新发展，等等。

（供稿：张建云）

马克思主义中国化

【青年毛泽东的思想转变之路——毛泽东是怎样成为马克思主义者的?】

金民卿*，社会科学文献出版社 2015 年版

该书是对马克思主义中国化发生逻辑的探求，是对马克思主义中国化的精神现象的分析，揭示了毛泽东从改良主义转向马克思主义的社会基础、曲折路径和特色机制。全书正文八章：曲折的求学经历与复合型的知识结构；思想结构的初步建构及发展方向的不确定性；理论视野的急遽开阔与思想结构的内在冲突；多种主义的实践体验与思想方向的逐步确定；思想方向的转换与马克思主义的初步实践；湖南人民自治运动的实践挫折与思想上的自我清算；政治信仰的全新选择与思想转变的彻底完成；青年毛泽东思想转变的特色模式和当代启示。作者认为，毛泽东思想转变的文献标志是 1920 年 12 月 1 日给蔡和森的信、1921 年元旦新民学会大会发言，显在标志是政治信仰上的全新选择，深层标志是实现自身的马克思主义化；毛泽东是一个“自我清算式”的马克思主义者，其思想转变的进程就是使马克思主义从一般性思想要素上升成为主导性思想要素的过程；毛泽东“以理想信念为方向引领、以社会政治实践为根本依据、独立自主进行自我清算”的思想转变模式，浓缩了早期中国马克思主义者的思想足迹，表明中国人接受马克思主义并与中国实际结合，不是自然生成或外来强加的，而是长期求索、反复鉴别和实践检验的结果。该书获中国社科院创新工程资助，被评审专家称为近年来毛泽东思想研究领域“不多见的一部力作”，出版后得到了李捷等学者好评，在同领域产生了较大影响。

（供稿：郑萍）

【邓小平理论的马克思主义解读】

李崇富**等，中国社会科学出版社 2015 年版

该书正文由马克思主义中国化、从毛泽东思想到邓小平理论、邓小平理论的主题——建设有中国特色的社会主义、邓小平理论的哲学基础、从世界观到思想路线，以及社会主义本质论、社会主义初级阶段论、根本任务论、社会主义体制改革论、社会主义对外开放论、社会主义市场经济论、社会主义民主和法治论、社会主义精神文明论、社会主义小康社会论等十五章构成。全书立足于当代中国国情，立足于改革开放和现代化建设的伟大成就，力求从理论与实践结合上，深刻揭示马克思主义中国化“两次飞跃”的历史和逻辑联系，阐明邓小平理论与马克思列宁主义、毛泽东思想在本质上一脉相承的同一性和与时俱进的创新性内在结合的科学品

---

* 金民卿：中国社会科学院马克思主义研究院研究员。

** 李崇富：中国社会科学院学部委员。

质，以论述邓小平理论的思想渊源、实践主题、哲学基础为底蕴，从社会主义的本质论、初级阶段论、根本任务论、改革开放论、市场经济论、民主法治论、精神文明论等十二个基本方面的历史和逻辑展开中，阐述了当代中国社会主义“特色”与科学社会主义“本色”的辩证联结和现实结合。从历史定位和学理定性上，按其原意解读出邓小平开创的中国特色社会主义是科学的、“姓马姓社”，是科学社会主义中国化的新形态。该书被作为中国社会科学院 A 类重大项目“邓小平理论与马克思主义”的最终成果，列入“中国社会科学院文库·马克思主义研究系列”。

（供稿：郑萍）

【历史学者眼中的毛泽东小丛书】

张海鹏*主编，中国社会科学出版社 2015 年版

该套小丛书是为纪念毛泽东诞辰 120 周年推出的简明读物，由中国社会科学院学部委员张海鹏主编、多位知名历史学者撰写，共 9 本专著，每本 10 余万字。包括中共中央党校教授高中华的《毛泽东与新中国政治制度的建立》，北京大学马克思主义学院教授仝华等的《毛泽东对中国社会主义道路的探索》，清华大学马克思主义学院教授、博士生导师王传利的《毛泽东与反腐倡廉》，清华大学马克思主义学院教授、博士生导师刘书林的《毛泽东的民族精神》，中国社会科学院马克思主义研究院研究员龚云的《毛泽东与人民》，中国社会科学院近代史研究所助理研究员郝幸艳博士的《毛泽东与青年》，中国社会科学院近代史研究所党委书记周溯源研究员等的《毛泽东的学风文风》《毛泽东的读书生活》，张海鹏、高中华的《雄才伟略毛泽东》。全套书选题紧密结合当今时代的要求，依据丰富的常见史料和理论文献，从中国近现代史研究出发，以历史学者的眼光和方法，叙述毛泽东一生的事功，有理有例地展现了伟人毛泽东的历史贡献以及历史局限，试图给毛泽东一个符合历史的评价，对当今社会上存在的两极分化的毛泽东评价做出了回应。该套小丛书为中国社会科学院创新工程学术出版资助项目。

（供稿：郑萍）

【实现中国梦的科学指南——马克思主义及其中国化的理论创新成果】

罗文东**，红旗出版社 2015 年版

全书分为五个部分：黑暗中的摸索；迎接思想的曙光；宝贵的精神财富；必须坚持的指导思想；廓清理论的迷雾。作者坚持历史与逻辑相一致、理论与实践相结合、理想与现实相统一的原则，站在中华民族 5000 多年悠久历史和近现代 500 多年大变革大调整的世界格局的高度，回顾了鸦片战争以来中国社会和中国文化嬗变和发展的历史进程，分析仁人志士为追求国家富强、民族振兴和人民幸福的伟大中国梦所取得的理论成果，阐述了历史和人民选择马克思列宁主义、毛泽东思想和邓小平理论、“三个代表”重要思想、科学发展观作为实现中国梦的理论基础和指导思想的必然性、合理性。作者认为，中国梦是中国特色社会主义理论体系的新内容，实现中国梦的精神支柱是中国特色社会主义理论体系，我们必须丢掉儒学复兴论的幻想、抵制历史虚无主义的影响、打

---

* 张海鹏：中国社会科学院学部委员。

** 罗文东：中国社会科学院网络信息管理办公室副主任，研究员。

破新自由主义的神话、防止社会民主主义的干扰，自觉坚定地坚持以马克思列宁主义、毛泽东思想和中国特色社会主义理论体系为指导，沿着中国特色社会主义道路，实现中华民族伟大复兴的中国梦。该书是中国社会科学院马克思主义研究院党委书记、院长邓纯东主编 10 卷本“中国梦与中国特色社会主义研究丛书”之三，丛书其他卷本已于 2014 年出版。

（供稿：郑萍）

【马克思主义中国化史（全 4 卷）】

顾海良*总主编，中国人民大学出版社 2015 年版

该书按照马克思主义中国化的历史逻辑和理论逻辑及其统一性，分作四卷撰写，较系统和完整地阐述了马克思主义中国化的历史发展。第 1 卷（1919—1949）由武汉大学马克思主义学院教授丁俊萍主编，阐述以毛泽东为代表的中国共产党人探索新民主主义革命道路、实现马克思主义与中国实际“第一次结合”的理论成果。第 2 卷（1949—1976）由北京师范大学马克思主义学院院长王树荫主编，阐述新中国成立到“文化大革命”结束这一时期，以毛泽东为核心的党的第一代中央领导集体探索中国社会主义道路、马克思主义基本原理与中国实际“第二次结合”进程中的理论成果。第 3 卷（1976—1992）由清华大学马克思主义学院副院长肖贵清主编，阐述以邓小平为核心的党的第二代中央领导集体，在领导当代中国的改革开放和社会主义现代化建设实践中，不断实现马克思主义中国化的历史进程。第 4 卷（1992 年以来）由中国人民大学马克思主义学院教授张雷声、武汉大学马克思主义学院副院长袁银传教授主编，阐述 1992 年党的十四大召开至 2013 年党的十八届三中全会召开这一时期，以江泽民、胡锦涛、习近平为代表的中国共产党人，围绕中国特色社会主义发展的主题，形成“三个代表”重要思想、科学发展观、“中国梦”等中国特色社会主义理论体系的新成果，推进马克思主义中国化新发展的进程。该书是中国人民大学出版社策划的“马克思主义研究论库”丛书第一辑。

（供稿：郑萍）

---

* 顾海良：全国人大教科文卫委员会委员、教育部社会科学委员会副主任委员。

马克思主义发展史

【马克思主义和中国传统文化】

陈先达*著，人民出版社2015年版

马克思主义与中国传统文化关系问题不是新问题，可以说，自马克思主义传入中国后就已经开始，只是由于时代条件变换，时起时伏，时隐时现，时高时低，但从未断绝。马克思主义与传统文化不是对立的。马克思主义自身就是在人类全部知识基础上，尤其是19世纪德、英、法思想文化成果基础上产生的。马克思主义的创始人马克思和恩格斯从来没有反对过德国的文化遗产，相反强调德国工人阶级要继承德国的传统文化，而且强调德国的工人阶级是德国传统文化的当然继承者。中国共产党从来没有笼统地反对中国传统文化。虽然在实际政策中我们对待中国传统文化有过“左”的错误，但中国共产党人是中国传统优秀文化的当然继承者，这个原则是不会变的。该书认为，在当代，只有坚持中国共产党的领导，坚持社会主义，坚持马克思主义指导地位，才能保证中华民族文化永不断流。该书全面、系统地展现了陈先达先生关于马克思主义和中国传统文化这一重大理论问题的研究成果和理论观点。对正确认识马克思主义和中国传统文化关系，坚持马克思主义在社会主义文化建设和意识形态领域的指导地位，实现中国传统文化的创造性转化、创新性发展做了深刻的理论阐述和学理论证，具有重要的理论价值和现实意义。

（供稿：任洁）

【国外马克思主义意识形态研究著作评析】

侯惠勤**等编著，中国社会科学出版社2015年版

该书精选了国外14部对马克思主义意识形态理论研究有重大影响的论著进行较为深入的评析。入选的主要原则是对马克思主义意识形态理论的阐发具有独到的学术视角，以及对于学界和社会产生的重大影响，属于同一类型的研究名著则选其中最具代表性的。例如，卢卡奇的《历史与阶级意识》《社会存在本体论》也无疑是马克思主义意识形态研究的名著，但因其所论及的马克思主义意识形态思想，不但可以被葛兰西的《狱中札记》、阿尔都塞的《意识形态和意识形态国家机器（研究笔记）》所涵盖，而且未涉及后者的一些重要论题，故而没有选入。该书的编排原则是按思想逻辑展开，而不是按著作的出版年份，目的在于给读者一个涉猎此复杂问题的较为便捷的路径。

（供稿：夏一璞）

---

* 陈先达：中国人民大学一级教授。

** 侯惠勤：中国社会科学院马克思主义研究院教授，中国历史唯物主义学会会长。

【马克思主义民主集中制思想与当代中国政治发展】

辛向阳[*]著，中国社会科学出版社2015年版

该书科学运用文献梳理与实地调研、典型事件分析与理论抽象相结合的研究方法，对民主集中制思想产生的时代条件、基本内涵、精神实质进行多学科的、实践性、综合性阐释。该书还运用比较分析法，以全球性视野来分析国内外学者关于民主集中制的各种不同的观点与思路，把民主集中制放在全球化背景下来考量，较为全面地总结了马克思主义经典作家、苏联共产党、东欧共产党、古巴共产党、越南共产党、朝鲜劳动党、老挝共产党、西欧共产党等的民主集中制理论与实践，系统总结了中国共产党的民主集中制建设的成就和经验，并有针对性地提出了加强民主集中制建设的具体措施，具有较强的理论意义和实践价值。

（供稿：任洁）

【马克思主义中国化发展史概论】

潘利红、李韬[**]著，中共党史出版社2015年版

马克思主义中国化进程就是中国共产党把马克思主义普遍原理与中国具体实际相结合的历史过程。该书梳理了马克思主义普遍原理与中国革命、建设和改革的具体实际相结合的历史进程，归纳了马克思主义普遍原理与中国革命和建设实际相结合的理论成果。该书以中国共产党发展的历史为线索、以大量文献史料为依据，尽可能呈现出马克思主义与中国实际相结合的基本轨迹，一方面总结了马克思主义中国化研究的既有的理论成果，另一方面也深化了马克思主义中国化发展史的研究。

（供稿：任洁）

【马克思主义研究资料（全37卷），第二批（13卷）】

杨金海[***]主编，中央编译出版社2015年版

改革开放30多年来，中央编译局陆续编译出版了大量国外学者关于马克思主义的研究成果。为了满足当前学界的需要，让这些宝贵的研究资料发挥更大的作用，中央编译局《马克思主义研究资料》丛书课题组经过两年多的努力，对这些资料进行了精选，分为“经典著作研究”“基本理论研究”“版本和传播、编译以及生平事业研究”和“国外马克思主义研究”四个部分重新编辑出版。该丛书具有如下四个特点：一是文献性，汇集了改革开放以来中央编译局编写和刊发的有关马克思主义理论编译和研究方面的主要成果；二是编译性，以国外学者的成果为主；三是系统性，按照一定逻辑顺序系统性地展现有关资料；四是权威性，收文力求具有代表性和影响力。

（供稿：任洁）

---

* 辛向阳：中国社会科学院马克思主义研究院研究员。

** 潘利红：华南农业大学思想政治理论部主任，硕士生导师；李韬：白城师范学院思想政治理论教学部讲师。

*** 杨金海：中共中央编译局原秘书长，研究员。

国外马克思主义

【巴西共产党探索“走向社会主义的巴西式道路”研究】

王建礼*，社会科学文献出版社 2015 年版

该书以马克思主义为指导，对巴西共产党的理论发展和实践活动进行了全面的、系统的梳理和研究。全书由绪论、巴西共产党艰难曲折的发展历程、巴西共产党对 20 世纪世界社会主义运动的理论思考、巴西共产党对“走向社会主义的巴西式道路”的探索、巴西共产党争取民主和社会主义的斗争实践以及巴西共产党不断地发展壮大的基本经验教训及其在未来发展进程中所面临的挑战等六部分组成。当前，巴西共产党不仅是巴西国内最大的共产主义政党，而且也是拉美地区除执政的古巴共产党外，规模最大、力量最强的共产党。巴西共产党作为以劳工党为首的左翼执政联盟的成员，在巴西的政治、经济及社会生活中发挥了建设性的作用。巴西共产党非但没有因为苏东剧变而停止发展的脚步，反而在坚持马克思列宁主义的理想信念的基础上，不断地发展壮大，成为巴西国内一支重要的左翼政治力量。在当前世界社会主义运动整体上处于低潮的历史时期，巴西共产党的发展引起了人们的普遍关注和思考。

（供稿：陈爱茹）

【尼泊尔共产党（毛主义者）的历史、执政及其嬗变研究】

汪亭友**，社会科学文献出版社 2015 年版

20 世纪 80 年代末 90 年代初发生的苏东剧变，使世界社会主义运动遭遇重大挫折并陷入低潮。从那以后 20 多年来，资本主义世界各国共产党经过努力度过了困难时期，同时也出现了一些新气象、新发展。一个突出表现，就是个别国家的共产党通过议会道路在本国上台执政。尼泊尔共产党（毛主义者）就是其中之一。尼共（毛）有着独特的历史，经历了从议会道路到武装斗争、从武装斗争到议会道路、从议会党到执政党的三次跨越。该书把尼共（毛）产生、发展、演变作为冷战之后新的历史条件下出现的新情况、提出的新问题，进行了全面的详细的考察和分析，提出三个层面的目标：一是厘清尼共（毛）的历史，搞清期间的基本脉络和发生的主要事件，分析该党的指导思想、基本纲领、路线、方针与政策等；二是以尼共（毛）为切入点，解读尼泊尔复杂多变的局势，分析现象背后带有规律性的特点；三是考察印度、美国等西方国家如何插手尼泊尔内政，探究应对之策；

---

* 王建礼：湖南第一师范学院思政部副教授，华中师范大学国外马克思主义政党研究中心特邀研究员。

** 汪亭友：中国人民大学马克思主义学院副教授。

四是就如何发展中尼两国关系和两国党际交往提出一些建议和思考。

（供稿：陈爱茹）

【建设新世界：通向21世纪社会主义的新道路（*A World to Build：New Paths toward Twenty-First Century*）】

［智利］玛尔塔·哈内克*，每月评论出版社2015年英文版

在《建设新世界》一书中，作者竭力解决长久以来困扰着激进社会变革每一个瞬间的问题：在旧世界的构架内如何建造一个新世界？建设新世界始于今天争取社会主义的斗争。哈内克考察了拉美进步政府发展资本主义替代模式的进程，为我们展示了一幅变革中的拉美政治图景。她从草根民主、国家以及资本设置的障碍的深入理论理解出发，对具体事件进行分析。对于哈内克而言，21世纪社会主义既是一个历史进程也是一个理论课题，它所要求的想象力不亚于勇气。

理解哈内克观点的关键在于，新自由主义在拉美造成的全部人类灾难导致了众多起义和具有重大历史意义的事件。她认为，维护平民大众、反抗新自由主义当然也是反抗美国统治的斗争，更是当前许多正在发生的深刻的政治变革的契机。这些变革在群众性社会运动同这些运动中产生的政治领导结合起来的时候是最卓有成效的，如在厄瓜多尔、玻利维亚和委内瑞拉，在有些地方也代表着巨大的进步，如阿根廷。

哈内克指出，我们需要一个左翼，它能够理解霸权的重要性并建立争取变革的联盟；它能够认识到激进并不是提出最激进的口号或开展最激进的行动，那样只会使多数人望而却步。要为团结最广泛的人民群众创造空间，使人们不仅能心灵相通并且能共同战斗。正如我们在玻利维亚看到的那样，我们需要的是在决定性时刻能协调一致地最有效地打击敌人的战略和战术。此外，如何更快地前进并不像希望的那样简单，国内和国际的各方力量之间的联系都是影响因素。物质力量、劳动人民的运动都需要有施展的舞台。最重要的是，我们需要了解打破新自由主义意识形态的统治地位，并不意味着就会有新的大众领导权自发地取代它。像其他大规模的、广泛的运动一样，我们的斗争需要政治手段。和我们前面讨论过的国家不同，有些国家没有经过深刻的社会变革去夺取政权。争取变革的成功运动的历史（包括如今拉丁美洲的历史）表明，要避免群众力量的浪费，并将其改造成一支能够带来变革的力量，不能离开政治组织及其领导。

（供稿：宋丽丹）

【马克思的阶级概念】

［日］渡边雅男**，李晓魁译，宋丽丹校，社会科学文献出版社2015年版

在新自由主义掌握的现代社会，要认识差别和不平等蔓延的现实，必须用阶级概念来思考这些问题。该书以马克思的阶级论为轴心展开讨论。渡边指出，阶级就是指身处于不平等社会关系下的人类集团。这种不平等的社会关系是以经济的财富、政治的权力、文化的威信、社会的地位（榨取、非榨取的关系、支配、从属的关系、影响力多寡的关系、地位的上下关系）的不平等为基础的。马克思阶级

---

* 玛尔塔·哈内克（Marta Harnecker）：智利女学者，曾担任查韦斯政府顾问和委内瑞拉国家发展研究中心主任。

** 渡边雅男：日本学者，清华大学教授，日本一桥大学名誉教授。

概念的最大特点不是“阶级平等”，而是“阶级消亡”，“无产阶级专政”不过是为了达到这个目的的过渡期。生产力发展这一“人类本身的发展的保证和实现”，实际上是独占生产力发展成果的“阶级”和从中被排除的“阶级”对立，以及从属于后者的个人发展的“极大浪费”。渡边认为，马克思提出“解放”这一问题在于怎样让“生产力归人民所有”，如果不能发现将“生产力归人民所有”的具体方法，那么可以明确指出的是，在此基础上进行的一切消灭阶级的尝试，都将迎来生产力停滞、衰退、崩塌的结局，但并不能因此否认这些尝试留下的经验教训的历史价值。

渡边通过阶级的概念、阶级的分类、阶级的存在诸状况、阶级斗争、国家与阶级、民族与殖民地斗争等章节的内容，在读者面前展现了马克思的阶级论的整体构造。渡边在书中大量引用了马克思的相关论述，不仅加深了读者对马克思阶级概念的理解和认识，也令人更加信服马克思对人类社会发展规律的深刻判断。

渡边强调，马克思的阶级概念作为社会科学方法的概念，以蕴含丰富的内容而值得夸赞，缺少了这种认识，今后马克思主义学问的发展未来就会出现危机。因此，马克思主义者有责任复兴马克思的阶级论，这对人类的解放事业具有十分重要的意义。

（供稿：宋丽丹）

【西方马克思主义哲学研究】

张之沧、张procs*，人民出版社 2015 年版

该书从物质观和时空观、自然观和生态观、认识论、实践论、真理论、辩证法、伦理思想、道德哲学、政治哲学和美学理论等十个方面分析了西方马克思主义的哲学思想。具体内容如下：第一章分析了西方马克思主义的物质观、空间的生产、建构和创造、后现代地理学的空间概念以及后现代地理学和空间论的方法特点；第二章分析了西方马克思主义的自然概念、人和自然以及生态与人道；第三章分析了马克思的科学认识论及其具体应用、认识与兴趣、身体认知的符号化机制等；第四章依次分析了马克思的实践方法论、卢卡奇的实践历史观、葛兰西的实践一元论、科西克的能动实践观以及南斯拉夫实践派；第五章分析了科学与真理的关系、信仰与真理的关系以及检验真理标准的现代诠释；第六章具体分析了总体性辩证法、启蒙辩证法、否定的辩证法以及具体的辩证法；第七章分析了创建合人性的社会、日常生活伦理、交往伦理和包容理性以及后现代伦理和个性解放；第八章对霍克海默的反道德主义、萨特的存在主义道德观、利奥塔的后现代多元道德观以及福柯的性道德虚无主义进行了剖析；第九章梳理了分析派马克思主义的阶级和剥削理论、波普尔逐步的社会工程、后马克思主义的激进政治以及福柯的微观权力分析；第十章分析了马尔库塞的解放美学、福柯的生命之美、日常生活中的审美主义以及身体与美的深层关系。

（供稿：陈慧平）

【重建历史唯物主义——西方马克思主义基础理论研究】

孙承叔**等，复旦大学出版社 2015

---

* 张之沧：南京师范大学哲学系教授、博士生导师；张procs：南京师范大学商学院讲师。

** 孙承叔：复旦大学哲学学院教授、博士生导师，复旦大学国外马克思主义研究基地兼职研究员。

年版

在“重建历史唯物主义”的口号下，西方马克思主义提出许多创见，也在一定程度上歪曲了马克思的观点，该书对照马克思《资本论》及其手稿中的历史观，系统梳理了西方马克思主义者的观点，以推进马克思主义基础理论的建设。具体内容如下：第一章从马克思哲学的性质、原则和立场分析了西方马克思主义的根本分歧；第二章从意识形态分析了西方马克思主义的主要路向；第三章从历史辩证法分析了西方马克思主义的方法论分歧；第四章以马克思和南斯拉夫实践派为例分析了西方马克思主义的历史本体论基础——实践；第五章指出异化理论是西方马克思主义批判的总视角；第六章指出历史的根本动因是主体与主体性；第七章指出西方马克思主义基础理论的革命转向是回到历史的根基——生活世界；第八章分析了西方马克思主义对国家理论的重构；第九章分析了国家的合法性基础——公共领域；第十章分析了社会存在本体论；第十一章分析西方马克思主义的政治思想和民主理论；第十二章分析了科学技术的社会功能；第十三章分析了西方马克思主义者在历史观上的分歧——劳动与交往；第十四章指出生产与消费是主导社会的新领域；第十五章从生态危机入手，分析了生态马克思主义的不同传统；第十六章分析了西方马克思主义的经济理论；第十七章分析了晚期资本主义的主要特征及其与后现代主义文化的关系；第十八章分析了西方马克思主义对于帝国主义之后的思考；第十九章分析了西方马克思主义的视域与局限；结语对西方马克思主义与历史唯物主义进行了概括分析。

（供稿：陈慧平）

【金融危机以来国外马克思主义研究的新进展与启示】

冯颜利*，中国社会科学出版社 2015 年 3 月版

西方的金融危机和经济、社会危机是我们当前所面临的重大现实，是发展中国特色社会主义伟大事业面临的基本国际背景。为了展现金融危机以来西方社会特别是国外马克思主义研究的成果，为发展繁荣中国特色社会主义伟大事业提供有价值的参考和借鉴，该书重点研究了金融危机与经济危机以来国外马克思主义研究的相关成果。该书除导论与后记外，共七章。

第一章“国外对金融危机与经济危机的总体诊断与应对”，探讨了国外关于金融危机和经济危机研究的代表性派别及其观点和对策。

第二章“国外对资本主义经济制度和政策的反思与启示”，是从经济运行层面，探讨国外对资本主义经济制度和政策、特别是“新自由主义”政策与金融危机和经济危机的内在关联的研究。

第三章“国外对资本主义民主和文化制度的反思与启示”，探讨的是国外把对金融危机和经济危机的反思和批判、由经济层面拓展到民主政治和文化观念层面的代表性派别及其观点。

第四章“国外对超越资本主义方式、方法和途径的研究”，探讨的是国外学者由对资本主义的反思和批判发展到对资本主义的失望和否定，进而深入对超越资本主义的必要性、可能性及其路径的探讨。

第五章“国外对中国特色社会主义与未来社会主义的研究”，探讨的是国外马克思主义研究者从“风景这边独好”

* 冯颜利：中国社会科学院马克思主义研究院国外马克思主义研究部主任，研究员。

的中国特色社会主义事业和“中国模式”的成功中寻找金融危机和经济危机的出路与人类未来的美好前景。

第六章“国外学者对中外马克思主义基础理论问题的研究”，探讨了国外马克思主义基础理论研究的新成果，主要是解析国外学者对马克思主义辩证法与不平等等问题的研究状况和理论成果。

第七章“金融危机以来国外马克思主义研究的主要特征与现实意义”，首先阐述了“从经济寻因到综合诊断、从批判反思到建设重构、从精英意识到民众诉求、从书斋理论到现实运动”等不同于以往的主要特征和新走向；其次探讨了分析和借鉴国外马克思主义研究的最新成果，对于维护我国金融安全、促进经济健康发展、坚定人们的社会主义信念和促进马克思主义的研究和发展等，具有的重大理论价值和现实意义。

（供稿：王艳阳）

国际共产主义运动

【苏共二十大：“秘密报告”与赫鲁晓夫的谎言】

［美］格雷弗*著，马维先**译，社会科学文献出版社 2015 年版

赫鲁晓夫在苏共二十大上所做的“秘密报告”，被视为国际共运史乃至世界历史中的划时代性事件。该书通过对大量文献证据、历史事实，特别是对苏联解体后俄罗斯解密档案文件的研究，向读者展现了一个完全不同的，甚至可以称为“颠覆性”的结论，即赫鲁晓夫“秘密报告”中直接“揭露”斯大林或贝利亚的论点，无一与事实相符，整个“秘密报告”是由谎言拼凑而成的。

全书分为两大部分十二章。第一部分（前九章）的主题是“50 年之后真相大白：原来，全部指控都是谎言”，主要研究“秘密报告”中的论据，该书将这些论据（也是赫鲁晓夫“揭发”的精华）归纳为 57 个，并对每一个证据进行了“揭发”。作者先引用“秘密报告”中的说法，然后通过历史证据进行研究，而这些证据大都引自来源于俄罗斯档案部门的第一手资料，且每一章结尾都附有比较详细的文献原文。第二部分（第十章至第十二章）的主题为“赫氏‘揭发’探幽”，主要关注赫鲁晓夫在“秘密报告”中所使用的造假手段（包括“平反造假”——在提到的一些苏共领导人的平反材料上造假），并在最后探讨了“秘密报告”对苏联政治、社会所产生的重大影响。

（供稿：李凯旋）

【变动世界中的国外激进左翼】

吕薇洲***主编，广西师范大学出版社 2015 年版

该书是“国际共产主义运动：变动世界中的国外激进左翼”学术研讨会论文集。全书围绕激进左翼的概念、现状与分类，激进左翼面临的挑战与问题，激进左翼对社会主义与资本主义的理解，国外左翼执政党发展动态等问题进行研讨，对国外激进左翼的重大议题进行把握，丰富了国际共产主义运动相关问题的研究成果。

全书由三大板块 35 篇文章构成。第一板块“国外激进左翼：概念分类与总体状况”收录了李其庆的《“欧洲激进左翼”探析》、聂运麟的《当代非执政共产党的类型及其理论分野》以及姜辉的《处于“否定之否定”变革中的西方左翼：问题与挑战》等多篇对国外激进左

---

* 格雷弗·弗（Grover Furr）：美国蒙特克莱尔州立大学（Montclair State University）教授，博士，历史学家。

** 马维先：中国社会科学院俄罗斯东欧中亚研究所原副所长，研究员。

*** 吕薇洲：中国社会科学院马克思主义研究院国际共运部主任，研究员、博士生导师。

翼基本概念与类型展开深入剖析的文章；第二板块“国外激进左翼对资本主义和社会主义的理解”收录了吕薇洲的《资本主义国家共产党关于社会主义实现形式的论争》、朱可辛的《社会主义的民族化与世界化》、刘春元的《国外共产党对新自由主义的分析和批判》等深入探讨西方激进左翼论争社会主义的实现形式，批判新自由主义的文章；第三板块“各国激进左翼政党的发展现状”所收录的论文，则对欧洲、澳洲、美国、亚洲等地的激进左翼政党，尤其是工人党和共产党的困境与发展现状进行了全景式扫描和分析。

（供稿：李凯旋）

【21世纪资本主义的危机与重构】

［墨］克莱门特·鲁伊斯·杜兰*著，刘学东译，中国大百科全书出版社2015年版

该书分八章对21世纪资本主义的危机和重构进行了研究。第一章着重分析几个受危机影响严重的地区内各个国家应对危机及恢复经济正常运营的能力，从而说明资本主义经济发展模式的异同。第二章旨在通过对资本主义多样性的讨论，进一步表明资本主义的多样性在日益增长。第三章指出，由于决策层同大众群体的互动造成各国发展模式的千差万别，导致社会组织与国家形态的区别。第四章在认识这些差异的基础上，分析政府规模以及围绕国家参与经济所产生的冲突。第五章试图重建资本积累分析之于资本主义分析的重要性。第六章讨论全球经济生产系统如何与当地生产体制相协调。第七章分析资本主义多样性条件下的劳动力市场演变。最后一章试图显示资本主义社会的整个大趋势，以便对21世纪资本主义社会发展模式做进一步研究。

该书旨在通过对资本主义多样性和不同发展模式的讨论，阐明资本主义的结构与制度、国家规模及国家在资本主义多样化中的作用、金融业与个人资产和积累以及中央银行的地位、生产规模，以及当代资本主义模式变化最频繁的一面、资本主义重构中的劳动力市场、资本主义重组的未来趋势。

（供稿：遇荟）

【《资本论》与当代资本主义金融和经济危机研究】

张作云**著，中国社会科学出版社2015年版

该书是作者主持的国家社科基金项目的最终研究成果。全书以马克思的《资本论》及其相关著作为指导，运用《资本论》的立场、观点和方法，联系资本主义金融危机和经济危机的历史，对当代资本主义金融和经济危机的可能性和现实性，危机的根源、原因和实质，危机的影响因素及其运行机制，危机作用的二重性，资本主义发展的历史趋势，以及当代世界经济、政治、国际关系对我国改革发展的影响等问题进行分析。

该书的创新之处主要体现在以下四个方面。（1）指出当代资本主义金融和经济危机由可能化为现实，不仅是资本主义经济过程内在矛盾深化发展的结果，而且也是一定环境和条件的产物。并在此基础上，分析了危机由可能转化为现实的六大

---

* 克莱门特·鲁伊斯·杜兰：墨西哥自治大学经济系终身教授、博士生导师，墨西哥科学技术委员会国家研究员三级。

** 张作云：淮北师范大学当代经济研究所所长，教授、硕士生导师。

条件，以及这些条件在转化过程中所处的不同地位、所承担的不同职能、所起的不同作用——正是这些条件共同构成了危机由可能向现实转化的有机系统。（2）阐明国际金融资本的超级垄断特征使资本主义的基本矛盾及其派生的一系列具体矛盾具有国际化特点。（3）从理论和实践两个不同角度分析了社会主义经济和社会主义市场经济发生危机的可能性和现实性问题。（4）结合中国现实，分析中国改革的两种不同思路的争鸣及其本质以及争鸣涉及的一些原则性问题。

（供稿：遇荟）

【世界社会主义黄皮书：世界社会主义跟踪研究报告（2014—2015）】

李慎明[*]主编，社会科学文献出版社2015年版

该书选取了2014—2015年度世界社会主义研究中心有权威性、前沿性和代表性的研究成果。全书从11个方面对当今世界范围内的社会主义思潮、理论、运动与制度进行了大范围、多视角、深层次的研究与探讨，反映了世界社会主义领域，尤其是亚洲、欧洲、美洲地区社会主义发展和研究的最新动态。与以往不同的是，2014—2015年度的国内部分增加了学习习近平总书记重要讲话专题和纪念邓小平诞辰110周年专题；重点研究了国家与专政学说专题、所有制专题和意识形态专题。

该书共分上下两辑。上册国内辑包括特稿、学习习近平总书记重要讲话专题、纪念邓小平诞辰110周年专题、所有制专题、意识形态专题和历史真相述评专题。其中，“学习习近平总书记重要讲话专题”涉及中国特色社会主义理论体系、深化改革、反腐倡廉、党的建设和国防战略等热点问题。下册国际辑包括理论专题、国际共运专题、美国专题、俄罗斯专题和国别专题。其中，国别专题涉及白俄罗斯共产党、乌克兰动荡、阿塞拜疆共产党、印共（毛）、日本共产党、格鲁吉亚统一共产党、委内瑞拉统一社会主义党、越南共产党等相关议题。该书还收录了“第五届世界社会主义论坛”“国史研究话语权建设”研讨会等重要会议综述。

（供稿：贺钦）

【越南革新与中越改革比较】

潘金娥[**]等，社会科学文献出版社2015年版

该书是中国社会科学院重点课题“越南社会主义体制改革及其与中国的比较”的最终成果，由潘金娥、谷源洋、陈明凡、何胜及张加祥等国内越南问题权威专家撰写。

越南是中国重要的邻邦，也是与中国国情和发展路径最为相似的国家。目前在为数不多的社会主义国家中，越南被认为是除了中国之外，走社会主义道路最为成功的国家。中国与越南同为共产党执政的社会主义国家，两国历史文化背景相近，改革之前都实行过苏联模式的社会主义制度，改革之后，都在积极探索符合本国实际的发展模式和路径，因此研究越南社会主义革新，对中国的社会主义建设和改革开放，有借鉴和启示意义。进入21世纪以来，中国的改革和越南的革新都相继步入深水区，面临许多新问题新情况。该书集数位我国越南问题知名学者智慧之所成，是中国学者对越南社会主义革新最全

---

[*] 李慎明：中国社会科学院世界社会主义研究中心主任、研究员。

[**] 潘金娥：中国社会科学院马克思主义研究院研究员。

面、最深入的权威解读，尤其对越南革新历史背景、指导思想、发展思路、革新内容、革新特点和经验的阐释，对越南政治体制改革及执政党建设的剖析，对越南社会主义理论的再认识，对中越改革开放的比较等研究，具有重要的现实价值。

全书包括导论、第一章“越南社会主义革新的历史沿革”、第二章“越南经济体制改革及其与中国的比较”、第三章“越南政治革新及其与中国的比较”、第四章“越南执政党建设及其与中国的比较”、第五章“越南文化教育医疗卫生体制改革及其与中国的比较”及第六章“革新以来的越南外交与中越关系”。

（供稿：贺钦）

中国近现代史基本问题

【全面从严治党——学习习近平党的建设思想论述】

郭亚丁*主编，中共中央党校出版社2015年版

党的十八大以来，党中央坚持党要管党、从严治党，对党的建设从战略高度进行新谋划、新布局，形成了全面从严治党思想，指导推动党的建设取得明显进展和成效，呈现出全面从严治党新常态。习总书记强调，全面从严治党是推进党的建设新的伟大工程的必然要求，并对推进全面从严治党作出重要部署。习近平同志的全面从严治党的党建思想内容非常系统、丰富、深刻。《全面从严治党——学习习近平党的建设思想论述》是一本深入学习和系统研究习近平同志党建思想的专著，其时间跨度主要是从2002年10月至2015年5月，内容涉及习近平同志从浙江省委书记到党的总书记任职期间有关党的建设方面的文章、讲话、报告、批示等，重点是党的十八大以后习近平同志的有关党的建设论述的内容。认真学习贯彻习近平同志全面从严治党的重要论述，对于坚持和发展中国特色社会主义，对于提高党的建设科学化水平，都具有重大的理论与实践、现实与历史的深远意义。

（供稿：于晓雷）

【中国非公组织党建年鉴】

李慎明**主编，中共中央党校出版社2015年版

年鉴容量达150多万字，区域涵盖除港、澳、台外31个省直辖市自治区。登载内容包括党和国家领导人讲话、中央部委和地方领导讲话及文章、省级重要政策文件、理论热点与难点探讨（理论层面）、非公党建管理机构创新、非公企业党建创新、非公党建的经验总结、加强非公党建的体会（实践层面）、非公党建的地方特色、非公党建大事记等十三个部分。这些内容基本上是按照从“中央”到“地方”，从“理论”到“实践”，从“宏观”到“微观”的逻辑顺序来展开的，具有较强的条理性和明确性。年鉴是1921年中国共产党建党以来，第一份专门关注和聚焦中国非公有制经济领域和社会领域党建工作的中央级大型党史性权威文献。以后将加强对非公组织党建典型案例的专题研究，对党建先进人物和新颖党建模式的深度发掘，对各类新经济组织、新社会组织、协会、私立教育机构、律师事务所、会计师事务所、审计事务所、社会事务所、社会鉴定机构、外资合资独资企业等组织党建经验的动态总结。

（供稿：于晓雷）

---

* 郭亚丁：中共浙江省委党校教授。

** 李慎明：中国社会科学院世界社会主义研究中心主任、研究员。

【中国抗日战争史简明读本】

中央宣传部理论局、解放军军事科学院共同编写，人民出版社2015年版

2015年5月，经中央批准，由中央宣传部理论局组织牵头、联合中国人民解放军军事科学院共同编写的《中国抗日战争史简明读本》一书，由人民出版社出版发行。该书全面回顾了自1931年九一八事变到1945年日本宣布投降14年间，中国抗击日本侵略的艰难曲折的战争历史。该书认为，14年抗日战争是一个整体，前6年局部抗战主要发生在东北、华北及上海等地区，是整个抗日战争的先声和重要组成部分；后8年的全面抗战是局部战争的延伸和发展，也是最终战胜日本侵略者的决战。该书立足于记述真实历史，对国民党军队前期在正面战场的浴血奋战，抗日民族统一战线形成后中国正面和敌后两个战场的战略配合，敌后战场逐步成为全国抗日主战场等重大历史问题作了实事求是的历史还原。对日本侵略者对中国人民犯下的滔天罪行、中国战场与盟军共同对日展开战略反攻、日本投降后的国际格局设计等抗日战争的有关历史细节也都作了详细的记录探讨。该书文字简洁凝练、图文并茂，是截至当前最为真实、全面、可读的中国抗日战争历史的官方读本。

（供稿：于晓雷）

【人民代表大会制度重要文献选编】

全国人大常委会办公厅、中共中央文献研究室编辑，中国民主法制出版社、中央文献出版社2015年版

该书共分4册，共243篇。第一册收入1948年1月至1959年4月这段时间的文献；第二册收入1978年12月至1989年4月这段时间的文献；第三册收入1990年3月至2002年11月这段时间的文献；第四册收入2002年12月至2014年10月这段时间的文献。其中包含毛泽东、邓小平、江泽民、胡锦涛、习近平等中央领导同志的文稿112篇，中共中央有关文件、全国人大及其常委会通过的有关法律和有关法律问题的决定、人民政协有关文件等131篇。有些文献是第一次公开发表。《人民代表大会制度重要文献选编》全面系统、客观准确地反映了60年来党和国家关于我国人民代表大会制度的重要思想理论和重要制度建设成果，对于帮助广大干部群众学习研究我国人民代表大会制度，推进人民代表大会制度理论和实践创新，具有重要意义。

（供稿：于晓雷）

【胡耀邦文选】

中共中央文献编辑委员会编，人民出版社2015年版

为纪念胡耀邦同志诞辰100周年，由中共中央文献编辑委员会编辑的《胡耀邦文选》已由人民出版社出版。这部文选，收入了胡耀邦同志1952年5月至1986年10月这段时间内的重要著作77篇，约49万字，包括文章、讲话、报告、谈话、批示、书信、题词等，相当一部分是首次公开发表。《胡耀邦文选》的出版发行，为党史、国史研究提供了重要的文献资料。

（供稿：于晓雷）

思想政治教育

【马克思主义基本原理与当代中国思想政治教育专题研究】

刘建军[*]，中国人民大学出版社2015年版

该书得到2011年国家社科基金后期资助项目（11FKS004）的立项资助。马克思主义基本原理是当代中国思想政治教育的理论基础。把这个事实反映在理论上，揭示出马克思主义基本原理与当代中国思想政治教育的对应性联系，并建构起一个相应的理论系统，以便于人们去把握，即为该书所做的尝试性工作。在"让马克思主义的思想闪电射入当代中国的人民园地"的主旨意向下，全书通过"世界物质性与唯物主义科学世界观教育""'两个必然'与社会主义理想信念教育""无产阶级历史使命与社会主义意识灌输""意识形态理论与改进意识形态工作""多样性统一与社会主义和谐文化建设""存在决定意识与核心价值观引领""社会发展理论与科学发展观教育""人化自然与生态文明教育""群众观点与做好党的群众工作""'两类矛盾'学说与化解人民内部矛盾""世界交往与全球化时代的爱国主义""商品拜物教批判与反对拜金主义""人的本质与公民社会责任感的培育""人的全面发展与思想政治教育的价值追求"等环节，试图告诉读者：我们现在所从事的许多重要的思想政治教育工作，都有着马克思主义基本原理上的依据，而且都受着马克思主义基本原理的指导。

（供稿：朱亦一）

【思想政治教育现代转型研究】

孙其昂[**]等，学习出版社2015年版

该书系在教育部人文社会科学研究规划基金项目"思想政治教育现代转型研究"（10YJA710055）成果基础上所形成的集体成果。著者通过对思想政治教育的现代化、现代发展、创新和现代转型等问题的学术图景描述，论证了思想政治教育正处于转型中这一现实和理论现象，指出其研究的总体特征为：研究的视野和深度逐步扩展；由经验性研究向现代化发展路径等理论性研究过渡；开始上升到从思想政治教育整体结构上进行系统性把握；为思想政治教育系统发展奠定基础和提供重要启示。通过研讨思想政治教育现代转型研究的论域与论题、学理述评、学术反思、基本概念和目标、内容、方法的基础，集中探讨思想政治教育思维方式转换、思想政治教育主体间性转型、思想政治教育历史转型、思想政治教育现代转型、思想政治教育公共化转型和思想政治教育研究范式转型等问题，重点论述了思想政治教育现代转型的基础，如：社会基础、动力机

---

[*] 刘建军：中国人民大学马克思主义学院教授、博士生导师。

[**] 孙其昂：河海大学教授、博士生导师。

制、结构要件问题，从思想政治教育思维方式、目标结构、职能定位、思想政治教育工作者和工作对象、教育内容和活动方式、话语体系、体制机制等方面论述了思想政治教育现代转型的具体内容，尤其是针对思想政治教育现代转型的路径问题展开了具体论述。

（供稿：朱亦一）

【思想政治教育若干重大问题研究】

李春华*等，中国社会科学出版社2015年版

该书系中国社科院重点课题“当前思想政治教育重大问题研究”的最终成果。书中对当前思想政治教育领域的几个重大理论与实践问题进行了较深入的研究，对一些问题的研究有所突破和深化，澄清了一些模糊认识，拓宽了研究视野。一是“思想政治教育的人学取向研究批判”，认为人学取向研究存在的方法论问题，具体表现在三个方面：割裂个人和集体，为个人主义辩护；割裂个体和社会，抽象孤立地研究人；放弃了阶级分析法等。在具体内容上，它存在的问题表现在四个方面：极端成派——过于抬高人学的地位；“对现实的人”理解偏颇；对“传统思想政治教育”认识的偏颇；陷入抽象、空洞的人道主义等唯心主义历史观等。二是“建设中华民族共有精神家园问题研究”，深入阐述了“共同的文化根基、共同的价值目标、共同的理想信念和共同的时代精神”四个方面。三是“思想政治教育化解社会矛盾的研究”，认为思想政治教育可以提供社会基本价值观的导向、情绪转化与引导的疏导、和谐化社会环境的优化等诸多功能。四是“后金融危机时代思想领域的新变化研究”，认为金融危机进一步印证了马克思“两个必然”结论。五是“苏联解体中思想政治教育的经验启示研究”，认为探讨思想政治教育失误对于苏联解体的作用，是研究苏联解体原因的又一视角。

（供稿：朱亦一）

【解构与诠释：思想政治教育的基本问题研究】

李合亮**，人民出版社2015年版

该书系教育部人文社会科学研究规划基金项目“思想政治教育的基本问题研究”（10YJA710020）的阶段性成果。该书从作为学科的思想政治教育的确立开始，以思想政治教育理论体系的建构与问题分析为背景，开启了思想政治教育学科基本问题的分析与反思。著者将思想政治教育的研究对象界定为“人的思想政治教育问题”，并探讨了思想政治教育基本范畴的建构问题，认为思想政治教育的基本特性在于其具有政治维护性、思想建构性、道德昭示性和外显内隐性等，主张思想政治教育存在着规律体系，在人类活动规律和思想政治教育规律的相关性层面上讨论了唯物辩证法与思想政治教育规律、社会发展规律与思想政治教育规律、人的思想活动规律与思想政治教育规律、教育规律与思想政治教育规律、德育规律与思想政治教育规律等层面的具体问题，并认为思想政治教育的基本规律是在思想政治教育基本矛盾的运行过程中，在处理个人与社会的政治关系中，思想政治教育各要素之间展现出的最本质、最必然和最稳定的联系。论者还就思想政治教育价值内涵与生成根源和表现形态以及思想政治教育

---

* 李春华：中国社会科学院马克思主义研究院研究员。

** 李合亮：聊城大学教授、硕士生导师。

实现的层面讨论了思想政治教育价值问题，并就思想政治教育的基本关系问题展开了辨析。

（供稿：朱亦一）

【改革开放以来马克思主义理论教育思想发展研究】

刘艳*，中国书籍出版社2015年版

该书循历史考察、理论概括和现实反思的逻辑思路，从马克思主义理论教育的形成条件、发展历程、主要成果、突出特色、历史地位和如何在新的实践中坚持和发展等视角，对改革开放以来党的马克思主义理论教育思想的发展进行了整体描述。该书认为：马克思主义理论教育活动是无产阶级及其政党为实现或巩固统治，保障社会和谐有序发展，有计划地向社会成员施加一定的意识形态影响，以引导社会成员形成共有的政治觉悟、政治意识、政治观念和政治信仰，达成普遍的思想共识，并最终实现全体社会成员的全面自由发展的教育活动。改革开放三十多年来，以邓小平、江泽民、胡锦涛和习近平为主要代表的中国共产党人始终把马克思主义理论教育摆在重中之重的位置，在积极汲取马克思主义经典作家的马克思主义理论教育的思想精华的基础上，紧密结合我国改革开放和现代化建设的时代主题，不断根据实际形势的发展变化创新发展马克思主义理论教育思想，创造性地形成一套相对完整、科学和独具中国特色的马克思主义理论教育思想。

（供稿：朱亦一）

【中国大学生思想政治教育发展报告2014】

沈壮海**等，北京师范大学出版社2015年版

《中国大学生思想政治教育发展报告2014》是教育部哲学社会科学发展报告建设项目（该辑是第二部），由三部分构成：第一部分是围绕当代中国大学生思想政治教育状况进行年度问卷调查所形成的综合性研究类报告，抽样时间为2014年5—6月，样本量为3000。该部分以“观念与行为”“学习与生活”和“教育与成效”三个维度（包含十八项具体指标，涵盖人生观与人生追求、价值观与价值选择、政治观与政治行为、道德观与道德行为、婚恋观与婚恋经历、择业观与就业意愿、生活状况与生活态度、学习状况、人际关系、网络运用、身心健康、思想政治理论认知状况等领域），形成报告的主要内容和基本对策建议；第二部分是针对大学生思想政治教育研究的进展所进行的综合性分析类报告，以思想政治理论课教学和日常思想政治教育活动为对象，对2012年以来国内大学生思想政治教育研究的成果进行了较为系统的分析；第三部分是针对大学生思想政治教育的年度大事记及重要文献的选编，较详细地记录了2013年度大学生思想政治教育在政策引导、制度保障、关键举措、实际成效等诸多方面的进展，并附录十篇相关重要指导性文献以供参考。

（供稿：朱亦一）

---

* 刘艳：江南大学马克思主义学院副教授。

** 沈壮海：武汉大学人文社会科学院常务副院长，教授、博士生导师。

科学无神论

【境外宗教渗透与苏东剧变研究】

段德智[*]主编，人民出版社2015年5月版

该书旨在依据辩证唯物史观，在“历史合力论”的视野下，从境外宗教渗透和境内宗教工作的角度解读苏东剧变。该书详细地梳理了苏联从列宁到戈尔巴乔夫时期宗教政策的演变，海外宗教势力的渗透与苏联社会主义意识形态崩溃的过程，以及波兰等东欧社会主义国家遭受宗教渗透而发生剧变的过程，对此进行分析和反思。其基本观点有：（1）境外宗教渗透，首先是美国—梵蒂冈“神圣同盟”的宗教渗透，是苏东剧变的一项极其重要的原因；（2）在苏东剧变过程中，境内宗教工作的失误为境外宗教渗透提供了条件和机缘；（3）境内宗教工作的右的失误有害，“左”的错误也同样有害。该书认为，这些都说明防范和抵制境外宗教渗透对于维护社会主义国家的意识形态安全和国家安全具有极端重要性，社会主义国家在宗教问题上无论是采取右的政治路线还是“左”的政治路线，都不利于引导宗教与社会主义相适应，也都不利于防范和抵制境外宗教渗透、维护社会主义意识形态安全和国家安全，唯有坚持马克思主义的宗教观、坚持马克思主义的宗教工作基本方针，才能有效地防范和抵制境外宗教渗透、维护社会主义意识形态安全和国家安全。

（供稿：黄艳红）

【科学无神论·第一辑】

习五一[**]主编，中国社会科学出版社2015年1月版

该书为2013年12月召开的第一届科学无神论论坛的论文集。论坛的主题为“纪念毛泽东《加强宗教问题的研究》批示50周年”。该论文集收录了27篇论文，包括有科学无神论与宗教研究、教育与宗教相分离、科学无神论宣传教育工作和宗教工作与宗教政策等四个方面的内容。其中，杜继文的《毛泽东关于〈加强宗教问题的研究〉的战略意义》一文中指出，毛主席的批示史无前例地把对宗教的观察和研究纳入了中国共产党人认识世界、判断国际关系和进行决策的视野。任继愈先生曾将其归纳为“研究宗教、批判神学”，这成为我国宗教研究的基本方向。习五一在《毛泽东关于〈加强宗教问题的研究〉的当代价值》中认为，这一批示有三个要点：一是宗教研究要掌握在马克思主义者手中；二是要坚持用历史唯物主义的观点研究宗教；三是要批判宗教神学。坚持这一批示的精神对于纠正当前宗教研究领域出现的危险倾向具有重要的战略指导意义。田心铭还指出，毛泽东要求的是马克思主

---

* 段德智：武汉大学二级教授。

** 习五一：中国社会科学院马克思主义研究院研究员。

义的宗教研究，必须坚持无神论立场，只有这样才能坚持真理和维护最广大人民的根本利益。此外，朱维群的《我们为什么要坚持无神论》、朱晓明的《加强对党员干部科学无神论的宣传教育》等阐明了坚持科学无神论的研究和宣传教育的重要意义。

（供稿：黄艳红）

【马克思主义无神论研究·第2辑】

习五一[*]主编，中国社会科学出版社2015年3月版

该书为“马克思主义专题研究文丛”中的一部，收录的是2012年全国科学无神论学科领域具有代表性的文章。该书除了特约文稿两篇文章以外，其余文章按主题分为“科学无神论理论研究”“教育与宗教相分离”“科学无神论宣传教育工作”“科学无神论与宗教研究”“自然科学与无神论”“中外无神论思想源流”六个板块。

文集重要观点有：李申论述共产党员不应信仰宗教的基本原则。习五一针对有人提出“开放和宽容”党员信教的问题，以西藏为典型案例，论述共产党员必须坚持科学无神论的世界观，因为这既是取得反分裂斗争胜利的根本保证，也是高举还是降下共产主义旗帜的大是大非问题。加润国分析对马克思主义宗教观的歪曲概括，即所谓“鸦片论基石论”的错误及其由来。

关于教育与宗教相分离，主要内容有：新时期党和国家文献中有关宗教与教育相分离的论述，中国近代以来教育与宗教相分离的历程，近现代中国政府应对基督教在校园传播的政策分析，近年来高校大学生信教状况的调查综述。

关于抵御宗教渗透的问题，主要内容有：对新中国成立初期有关反宗教渗透工作的经验教训的总结，新时期美国对华宗教渗透新模式及其形式演变的分析，宗教在苏联解体过程中的作用。

（供稿：黄艳红）

【任继愈文集1：宗教学与科学无神论研究】

任继愈[**]，国家图书馆出版社2014年12月版

该书为《任继愈文集》第1册（共十册），收录了任继愈先生的40篇文章。关于宗教学研究，任先生将毛泽东对加强宗教问题研究的批示概括为“研究宗教，批判神学”，指出，马克思主义宗教学本质上是一种科学无神论。马克思主义宗教学是在辩证唯物主义与历史唯物主义指导下，研究各种宗教的产生、发展及其走向消亡的规律的科学。其内容不仅包括各种具体宗教的研究，而且还包括与宗教神学相对立的无神论的研究。关于科学无神论的研究，任先生指出，摆脱愚昧的重要举措之一，就是进行科学无神论世界观的宣传和教育。在世界观上，马克思主义者不能和宗教和平共处，不能在世界观上和宗教搞统一战线。在唯物主义和唯心主义之间，在马克思主义无神论和有神论之间，没有中间地带，不能和平共处，它们之间的斗争是不可调和的。任先生还特别重视无神论思想与科学精神和科学知识之间的一致性，认为科学是无神论的天然盟友，科学无神论是社会科学和自然科学天然的结合点。

（供稿：黄艳红）

* 习五一：中国社会科学院马克思主义研究院研究员。

** 任继愈：中国哲学家、宗教学家、墨学研究专家，曾任中国国家图书馆馆长。

第七篇

课题概览

2015年度国家哲学社会科学基金课题简介（部分）

【《资本论》语境中马克思的历史决定论及其当代价值研究（重点项目）】

清华大学马克思主义学院　王峰明

研究意义：（1）历史决定论是唯物史观研究中的一个焦点和难点问题，在唯物史观乃至在整个马克思主义理论体系中处于最为基础和根本的位置。与此构成本质性关联的重大问题有三个：一是是否承认历史规律的客观存在；二是是否承认社会基本矛盾运动规律；三是是否承认五种社会形态演进规律。（2）从学术史的角度看，围绕马克思的历史决定论展开的学术争鸣就时断时续，至今交锋频仍。总体情况是：否定和反对者不乏其人，赞成和肯定者却越来越少。总体来看，既往的理解和阐释表现出以下两方面的局限性。其一，文本解读往往止步于《德意志意识形态》，尚不足以达到《资本论》及其手稿的水平。其二，学理阐释中宏观层面的框架性建构有余，微观层面的细节性分析不足；逻辑意义上的推论和演绎有余，立足于具体历史事件和历史过程的实证分析不足；思辨性阐释有余，面向鲜活事例和问题的现实分析不足。

研究内容：（1）对马克思社会历史规律观的阐释。研究认为：马克思在两个不同层面考察社会历史。一个是总体和整体的层面，另一个是个体和局部的层面。前者表现为隐形存在，后者则表现为显性存在。前者需要借助人的抽象思维能力才能加以理解和把握，因而是一种本质抽象；后者则是人们在日常生活中可以体察和感受到的，因而是一种现象具体。（2）对马克思社会基本矛盾运动规律理论的阐释。研究认为：作为历史发展的整体特征和总体趋势，生产力的决定作用是一元的、单向的，而生产力自身的发展则是多元的、复合的。经济基础对上层建筑的决定作用，只是在社会形态层面的本质抽象，它并不排斥在其他层面的本质抽象，也不否认现象具体层面各种经济因素、政治因素和观念因素之间的相互作用。（3）对马克思五种社会形态理论的阐释。研究认为：马克思的五形态理论与社会基本矛盾运动规律具有内在一致性，社会历史发展在总体上表现为五种社会形态的更替。作为五种典型社会形态，它们分别代表了本质抽象层面社会历史发展的五个不同的高度，同时并不排除其他过渡的和非典型形态的存在。在现象具体层面，并不是说每一个地区、国家和民族都必须经历这些社会形态。同时，某种社会形态究竟采取什么样的具体实现方式和表现形式，则取决于各种因素的综合作用。（4）对各种非历史决定论和反历史决定论的回应和评析。研究认为：历史规律不过是在人的能动的活动中形成并表现出来的一种整体特征和总体趋势。历史规律有别于自然规律的特点正在于，历史规律中包含着人的主体性和能动性。只不过，历史的规律性处于本质抽象层面，而人的能动性则处于现象具体层面。（5）对马克思历史决定论的理论和实践意义的阐释。

研究特色：在《资本论》及其手稿

的语境中考察马克思的历史决定论，实现唯物史观与劳动价值论和剩余价值学说的内在对接，体现马克思的哲学与经济学研究的有机统一，这是该研究在方法论上的一个特色。思想观点方面的创新，则主要体现在：（1）提出要在本质抽象层面把握历史过程的必然性和规律性，在现象具体层面把握历史过程的随机性和偶然性。（2）提出作为马克思历史决定论的核心内容，生产力对生产关系、经济基础对上层建筑的线性、单向决定作用，只有在本质抽象层面才是成立的。（3）提出作为马克思历史决定论的重要表现，其社会形态理论与社会基本矛盾运动理论具有内在的一致性。（4）提出各种非历史决定论和反历史决定论的失足之处，就在于混淆了处于不同层面性质不同的问题。（5）提出要把马克思的历史决定论作为重要的方法论指引，重新考察和认识经济社会发展中的种种现实问题。

【政治经济学批判思想史研究（重点项目）】

上海财经大学人文学院　张雄

研究意义：政治经济学批判是以政治经济学为反思对象的哲学批判程式，它既是思辨的政治经济学，更是一种深刻的社会存在论追问，其要义是追求经济的“政治与哲学的实现”。马克思的政治经济学批判有着强大的思想穿透力和实践变革力，其独特优势在于：它始终坚持马克思主义哲学、政治学与经济学互动的传统，对经济所关涉的思想维度、政治维度以及历史价值维度的偏重，使得单一的经济学分析的视角，直接被转入综合系统分析的哲学社会科学的优势学术资源中，从而使理论家和政治家在考量物质生产力的发展、社会财富运动的同时，对追求历史进步的原则和人类自由与解放给予高度关注。政治经济学批判从19世纪发展至今已有200余年的历史，它与古典政治经济学有着深厚的“家族谱系关系”，可以断言，17—18世纪古典政治经济学的诞生与发展，主要与资本主义工业革命高涨期相呼应，其巅峰成果是英国古典政治经济学的集大成。而19世纪政治经济学批判是在古典政治经济学发展进入自我反思阶段应运而生，主要与资本主义现代性矛盾的尖锐化相呼应。其巅峰成果是马克思的《资本论》（副题：政治经济学批判）问世。20世纪50年代兴起的西方马克思主义“政治经济学批判”，主要与战后发达资本主义国家向后工业社会转型相呼应。突出成果是20世纪下半叶西方马克思主义政治经济学批判思想群的出现。政治经济学批判在二百余年历史沧桑中几度唤醒，几度拔新领异，甚至改变了世界历史进程。

研究内容：该课题重点围绕五个子课题展开研究：（1）关于17—18世纪古典政治经济学的哲学查审；（2）19世纪西方政治经济学批判思想史研究；（3）马克思政治经济学批判思想史研究；（4）20世纪以来西方马克思主义政治经济学批判思想史研究；（5）关于中国走向政治经济学批判的哲学在场性研究。课题研究方法体现在：从经济哲学的角度，分析我们较为熟悉的叙事，由此在感性及表象的事实的基础上，再次翻转为新的反思对象，通过对一种“在场形而上学”的文本解构，使马克思政治经济学批判原在思想的预设得到显现，为当下中国改革实践的理路创新提供必要的思想明证和价值导向，为当下中国哲学社会科学进一步获得全面深化改革的话语权提供学科交叉的智力思考。

研究创新：（1）对“政治经济学批判”范畴作探索性的学术梳理和界定，从框架到分析的路径，力求做到在追求历史向度与科学向度相统一的基础上的锐意创新。（2）在国内首次系统地梳理了政治经济学批判思想史。这是一项内容繁杂、思想极为丰富、学科交叉研究有难度、时空跨度较大、可参阅的文献资料相对稀缺的学术创新工程。（3）深入系统地考察了马克思政治经济学批判思想史，重点解读马克思政治经济学批判与唯物史观创立及发展的关系，《资本论》政治经济学批判思想要义及其当代价值。（4）深度解读政治经济学批判视阈中的现代性本质。（5）马克思主义政治经济学批判的思想理论与构建当代中国马克思主义政治经济学的关系。

【后现代历史观冲击下唯物史观的自觉与自信研究（重点项目）】

河北师范大学政法学院　李素霞

研究意义：1. 理论意义：（1）有助于拓展社会历史观的内涵和研究视野，丰富和发展社会历史理论；（2）有助于深化唯物史观理论研究，促进唯物史观理论创新；（3）在后现代主义已经扩展为一种流行性话语的背景下，研究其社会历史观对唯物史观的冲击和对当代中国社会的影响，有助于开展应对策略的理论研究。2. 现实意义："问题是时代的最强音"，该课题直面当前我国意识形态建设面临的深层问题，旨在为建设中国特色社会主义提供"理论思维的有力支撑"，因而具有重要现实意义。（1）有助于克服和应对后现代历史观对唯物史观的冲击和对中国社会的消极影响，保障社会主义意识形态安全；（2）有助于增强人们对马克思主义唯物史观的理论自觉与自信，进而增强对中国特色社会主义的道路自信、理论自信和制度自信；（3）有助于积极探索社会主义核心价值体系引领多样化社会思潮的途径，巩固马克思主义意识形态的主导地位；（4）有助于坚定以马克思主义和历史唯物主义指引中国特色社会主义现代化建设的正确信念，巩固全国人民团结奋斗的思想基础。

研究内容：（1）研究对象和总体框架：课题的核心内容由四部分组成。第一部分，介绍了后现代历史观的基本内容；第二部分，剖析了后现代历史观对唯物史观的批判及其对我国社会的消极影响与挑战；第三部分，揭露了后现代历史观的错误理论实质，并指出唯物史观的优越性与当代性；第四部分，挖掘了后现代历史观冲击下发挥唯物史观在建设中国特色社会主义中作用的路径。（2）重点难点：重点是面对后现代历史观的冲击，唯物史观如何做到自觉与自信。难点是后现代历史观冲击唯物史观和影响我国社会的路径；唯物史观与后现代历史观的比较分析。（3）主要目标：在对后现代历史观基本内容全面梳理总结的基础上，考察其对唯物史观的批判及其对中国社会的影响和挑战，深刻说明唯物史观如何做到自觉与自信，为建设中国特色社会主义提供理论思维的有力支撑。

研究创新：（1）视角创新。在后现代历史观对唯物史观的冲击批判中探讨唯物史观的当代性问题，视角新颖、眼光独具。（2）内容创新。系统归纳整理后现代历史观基本内容，努力对其理论特质进行概括提炼；客观、深入地比较后现代历史观与唯物史观之间的对立；尝试探索了后现代历史观冲击下唯物史观自觉与自信建构的策略。（3）方法创新。理论上凸显历史分析与阶级分析法；实践上注重批判性与建构性相统一的方法。

【马克思主义中国化与当代中国话语体系构建研究（重点项目）】

武汉大学哲学学院　赵士发

研究意义："现代化进程中的当代中国话语建构研究"这一课题具有重要实践意义和理论意义。（1）就实践意义而言，研究这一课题有助于解决当代中国面临的“挨骂”问题。在当代全球化的语境下，西方发达资本主义国家在话语权上占主导地位。它们以自己的价值体系和标准衡量中国，极力推行西方的话语霸权，极力否认中国对世界价值观的贡献。也就是说，我们在国际上处于一个“挨骂”的地位。如何解决这一“挨骂”的问题，是摆在中国领导人与中国人民面前的重要课题。结合现代化的历史进程，建构当代中国的话语体系，就是解决这一问题的重要步骤与措施。（2）就理论意义而言，研究这一课题有助于推进马克思主义中国化的理论事业与促进中国特色社会主义理论体系的完善和发展。自20世纪末苏东剧变以来，随着国际共产主义运动实践陷入低谷，马克思主义理论也面临着巨大的危机，丧失了在世界上的话语权。资本主义新自由主义理论在世界范围内大行其道。在这样的当代语境下，结合现代化的历史进程，建构当代中国话语体系，对于在理论上突破西方话语霸权，坚持和发展马克思主义理论与完善中国特色社会主义理论体系，都是非常重要的。

研究内容：该课题的研究目标一是从理论上回答现代化进程中当代中国如何摆脱挨骂的问题；二是从理论上回答何为当代中国话语体系、如何构建当代中国的话语体系、当代中国话语体系对中国与世界现代化的发展有何重要作用与意义等问题。为达到以上目标，课题总体上分为四个专题展开。

第一个专题是现代化进程中构建当代中国话语体系的必要性与可能性。在必要性方面，这是世界现代化进程与中国特色社会主义现代化实践的根本要求。当代全球化过程中的矛盾集中体现在话语权的争夺。这一斗争的输赢直接关系中国特色社会主义现代化实践的成败。在可能性方面，当代中国特色社会主义现代化实践取得了巨大成就，中国特色社会主义理论体系逐步完善，特别是十八大以来进行的一系列理论创新，为构建当代中国的话语体系提供了可能。

第二个专题是当代中国话语体系的实质与内容。当代中国的话语体系实质上是承载着当代中国的核心利益与价值诉求，体现中国道路和模式的表达系统。当代中国话语体系的实质决定了它的主要内容。首先，当代中国话语系统与汉语的地位。语言是存在的家园，是思想的物质外壳，也是延续传统与开创新思想的重要工具。在当代语境下建构中国话语系统首先要强化汉语的作用和地位。其次，当代中国话语体系与中国特色社会主义现代化实践。话语体系承载的利益诉求与价值观念、表达的制度模式与实践道路，才是话语的真正内涵。这就要求对当代中国话语体系与特色社会主义中国现代化、当代中国话语体系与社会主义核心价值观、当代中国话语体系与中国模式、当代中国话语体系与中国人的生存和发展等问题进行系统研究。再次，当代中国话语体系与马克思主义中国化理论。在当代中国，现代化实践是以马克思主义理论特别是中国化的马克思主义理论为指导的。这决定了当代中国话语体系的构建也不能离开马克思主义理论的基础。无论是中国传统的话语体系，还是从西方引进的话语体系，都应与中国化的马克思主义相结合才能建构起当代中国的话语体系，而这正是一个马克思主义中国化、时代化与大众化的过程。最后，当代中国话语体系与全球化问题。当代世界是一个全球化的世界，中国话语体系离不开全球化的当代语境。中国话语体系本身是相对于西方发达国家主导的世界话语霸权提出来的，这决定了我们必须深入研究当代中国话语体系与西方话语霸权的消解、当代中国话语体系与中华民族的认同、当代中国话语体系与中华文明的世界影响等问题。

第三个专题是建构当代中国话语体系的基本途径。一是从理论与实践上继续推进中国特色社会主义理论与实践的发展。二是加强教育科学文化事业的领导，确立马克思主义中国化的理论研究范式。三是加强对中介即媒体文化的引领。四是对话语主体和受众进行引导，培养一批当代中国语语体系的建设者。

第四个专题是当代中国话语体系的地位与作用，考察当代中国话语体系在世界话语中的地位，及其对中国与世界和平发展的重要意义。

研究特色：该课题不同于以往人们关于当代中国话语体系的研究，以往人们主要是在马克思主义意识形态系统与话语分析理论内部展开的，该课题研究工作的创新之处与主要特色是：（1）将当代中国话语体系置于世界现代化的整体发展进程中考察；（2）从文化哲学的角度研究当代中国话语体系的建构，将当代中国话语体系作为一种广义的文化现象进行反思与研究，重点考察当代中国话语体系与当代中国人生存和发展的关系，突破了以往学者们从纯符号学角度进行话语分析的单一视角。（3）以问题式研究方法对重要问题进行微观分析，将宏观研究与微观研究结合起来，使研究同时兼具高度和深度。

【习近平总书记文艺工作座谈会讲话的理论突破研究（重点项目）】

中国社会科学院文学研究所　丁国旗

研究背景：作为一个新出现的当代马克思主义文艺思想的理论文本，“习近平文艺工作座谈会讲话”是在以习近平为总书记的党中央提出“全面建成小康社会、全面深化改革、全面依法治国、全面从严治党”“四个全面”治国理政的全新布局条件下，在中国特色社会主义建设进入新的阶段，中国人民正走在实现“中国梦”的新的征程这一重大历史转折关头问世的。就现有研究来看，主要有两种情况，一种情况是全国各地的作家协会、文联、文艺团体、宣传部门、研究单位等组织的讲话精神学习活动，这种研究多以表态文章、会议纪要、访谈等形式出现，所思所想多是个人的感受与体验。另一种情况是由报社、杂志社组织“学习习近平文艺工作座谈会讲话”专题栏目，邀请专家学者会谈或笔谈，这类文章一般学术性、理论性相对较强，对问题的研究也相对深入，但实质上仍然以学习为主，很难在理论研究上做出太多建树。近些年来中国特色社会主义文艺理论的话语体系与理论建构，一直都是我国文艺界讨论和研究的重点。从一定程度上讲，“习近平文艺工作座谈会讲话”已经为中国特色社会主义文艺理论话语体系建构指明了方向，框定了思路，它必将引导对中国特色社会主义文艺理论话语体系建构的探讨研究进入到一个新的阶段。深入研究“习近平文艺工作座谈会讲话的理论突破”，将为当前形势下准确定位我国文艺工作的方向、任务、目标，准确把握新形势下我国社会主义文艺的发展规律，提供理论支撑。

研究内容：（1）根据讲话的基本精神，将“人民”作为文学的一个构成要素提出来，从而突破理论界关于文学“四要素”的说法，而成为“五要素”，凸显中国特色社会主义文艺的根本特征，确立中国特色社会主义文艺的准确定位。（2）将“观赏性”作为中国特色社会主义文艺的重要特征作专门论述，将凸显习近平文艺讲话的当下性、时代性，以及对新媒介条件下人民群众文化艺术创作与生活的科学定位，和对人民群众文艺生活的真切关注与尊重。（3）对文艺工作者的身份定位开展专门研究，是对当下浮躁的文艺创作与文艺乱象产生原因的尝试性分析，这将为规范文艺创作队伍与文艺批评工作提供理论支持。（4）关于文艺与市场的关系、文艺对美的表达、文艺批评的开展等研究，也都能反映出“讲话”所具有的突破性见解与看法。

研究创新：该项目立足于对文本的细致研究与分析，同时又始终在马克思主义文艺理论发展的历史主线上展开，在对以往理论的比较与对照中，探讨习近平文艺思想的新发展与新建树。任何理论都是现实的产物，该研究还将始终立足于我国文艺理论与文艺创作实践的基本现实，做到理论与现实的结合，历史与逻辑的统一。

【抗战时期《新华日报》《群众》周刊与马克思主义在国统区的大众化研究（一般项目）】

广西师范大学马克思主义学院　汤志华

研究意义：抗战时期马克思主义在国统区大众化与延安等抗日根据地的马克思主义大众化实践一起，共同构成马克思主义大众化的生动图景。由于国共第二次合作，中共报刊在国统区公开出版发行，为马克思主义大众化提供了可能。但同时国民党实行严格的新闻检查封锁和反马克思主义，又使得马克思主义在国统区的大众化异常艰难特殊。作为整个抗战时期中共在国统区公开出版时间最长、影响最大的党报和理论刊物，《新华日报》和《群众》周刊在中共南方局，特别是周恩来的直接领导下，各有侧重，努力传播马克思主义，成为抗战后方国统区人民“了解真理的窗口”，毛泽东称赞其发挥了“一个方面军的作用”，在马克思主义大众化史上绝无仅有。因此，以《新华日报》《群众》周刊为切入点，探讨马克思主义在国统区的大众化，进而揭示马克思主义话语权建设的基本经验与规律具有重要的研究价值和研究空间。（1）学术价值：将弥补当前学术界对抗战时期国统区马克思主义大众化研究的不足，进一步深化民主革命时期马克思主义大众化史和话语权建设史、中国共产党报刊史等研究。同时，系统分析《新华日报》《群众》周刊在国统区推进马克思主义大众化的作用，为揭示中共如何实现抗日战争领导权，发挥全民族抗战的中流砥柱作用，以及为中华民族伟大复兴中国梦凝聚民族精神力量提供新的依据和理论支撑。（2）应用价值：总结《新华日报》《群众》周刊在特殊局势和复杂社会思潮环境下的马克思主义大众化基本经验，准确把握马克思主义大众化基本规律，以推进当代中国马克思主义话语权建设。

研究内容：以《新华日报》《群众》周刊为考察对象，运用传播学的“5W”理论（传播主体、传播内容、传播媒介、传播受众和传播效果五大方面），探讨国共第二次合作背景下中共在国统区如何利用新闻媒介推进马克思主义大众化宣传，争取马克思主义话语权建设的问题，系统研究国统区马克思主义大众化的主体与受众、内容与形式、特点与效果、经验与启示。

研究创新：（1）学术视角的创新：将马克思主义大众化研究视角从抗战时期中共领导下的政权区域转换至国民党统治的大后方区域，改变了以延安为中心区域的传统研究思维，扩大了学术研究视野。（2）学术观点的创新：提出抗战时期马克思主义在国统区的大众化与延安和其他抗日根据地一起共同构成中共推进马克思主义大众化的全部图景，直接影响到中共抗战领导权和马克思主义话语权建设，为中华民族伟大复兴中国梦凝聚了全民族精神力量的新观点。（3）研究方法的创新：运用中共党史学与传播学交叉分析、宏观综合与微观具体分析、文献研究与知识图谱分析、比较研究和观念史研究等相结合的多学科综合研究方法。

【历史唯物主义视野中的马克思价值哲学思想研究（一般项目）】

中国人民大学马克思主义学院　宋友文

研究背景：中国的价值哲学研究肇始于20世纪80年代的马克思主义哲学界，经过三十多年的发展取得了一系列重要理论成果，对社会发展和人类实践出现的问题进行了批判性反思。进入21世纪，中国社会发展中的公平与正义、人们的精神生活和信仰危机等重大价值问题，成为当前价值哲学研究的现实背景。为此，中国的马克思主义价值哲学研究在关注现实的基础上，要想在学术上取得突破性进展和实现基础理论的创新，就必须改变既有的“原理式”研究范式，注重思想史与社会现实的双重维度。

研究内容：马克思关于价值问题的论述，散见于不同时期的著作中，并且将价值问题与经济、历史、政治、宗教等社会问题联系起来加以考察。这正是以历史唯物主义为方法论原则的马克思主义价值哲学的特色。该课题以马克思的价值哲学思想为研究对象，遵循马克思本人的思想历程演变，以关照现实的理论姿态深化马克思主义价值哲学研究。马克思价值哲学的研究不只是单纯的价值论问题研究，必须把它放在历史唯物主义整体性研究的视域中，开展历史唯物主义与价值哲学双向互动研究。通过研究马克思创立和发展历史唯物主义的过程，考察马克思如何处理历史唯物主义科学维度和价值维度的关系，从思想史上厘清马克思价值哲学思想的理论内涵和精神实质。具体来说就是以历史唯物主义的基本方法审视马克思价值哲学，并以马克思价值理论的精神实质来彰显历史唯物主义的价值维度。在分析马克思的价值概念时，从唯物史观和剩余价值学说相结合的高度，阐明哲学的价值概念和经济学价值概念之区别与联系，完整地阐述马克思的价值思想的总体性，彰显马克思历史唯物主义的科学维度和价值维度的统一，更好地理解马克思主义理论的整体性。

研究创新：该课题研究马克思的价值哲学思想不只是简单地思想史梳理，而是通过马克思创立和发展历史唯物主义的过程，考察马克思如何处理历史唯物主义科学维度和价值维度的关系，证明价值哲学不是独立于历史唯物主义的而是内在于历史唯物主义的。因此，研究马克思的价值哲学思想一方面有助于从思想史上完整地把握历史唯物主义的精神实质，深刻理解其科学性和价值性的统一，回应哈贝马斯等人关于历史唯物主义缺乏规范基础的批评，积极展开与国际哲学的对话，深化马克思主义理论的研究。另一方面，面对当今时代价值多元化的精神状况，作为时代精神精华之体现的马克思主义理论，要在发掘和研究马克思的价值哲学思想的基础上，重视作为规范性理论的价值哲学，不断丰富和发展历史唯物主义，对社会现实问题做出强有力的理论回答。

【当代西方马克思主义失业理论研究（一般项目）】

吉林财经大学马克思主义研究中心　黎贵才

研究意义：西方马克思主义失业理论是马克思主义经济学的重要组成部分，但这些理论文献并没有形成统一的分析体系，学术界对这些理论进行系统研究的文献也相对较少，因此，该课题对这些文献进行系统梳理和评析将有着重要的理论价值。中国作为发展中国家，随着工业化的高速发展，在宏观层面，“资本深化”现象日趋明显，就业的增长日渐滞后于产出的增长；在微观层面，“劳动压榨”现象也日趋突出。西方马克思主义对此类现象作了深入分析，而西方主流文献对此解释乏力，因此，对西方马克思主义失业理论进行梳理和分析，对考察中国劳动市场将有着重要的现实意义。

研究内容：当代西方马克思主义失业理论由于没有形成系统的理论体系，相关文献缺乏可比性。该课题以当代西方马克思主义失业理论为研究对象，其主要目的是对这些理论分宏观和微观进行系统梳理，以凸显各理论的洞见与局限。该课题主要包括六个部分：（1）当代西方马克思主义失业理论各流派与马克思经济学的渊源；（2）当代西方马克思主义宏观失业理论的理论内核及逻辑构架；（3）当代西方马克思主义微观失业理论的理论内核与逻辑构架；（4）当代西方马克思主义宏观、微观失业理论的模型建构与阐释；（5）当代西方马克思主义失业理论与当代主流经济学失业理论的比较；（6）当代西方马克思主义失业理论的现实启示。

研究创新：（1）西方马克思主义失业理论文献庞杂，没有形成系统的理论体系。该课题试图对西方马克思主义失业理论进行系统梳理，以弥补现有文献不足。（2）现有西方马克思主义失业理论由于分析视角不同，分析方法各异，难以相互比较，该课题试图构建统一分析框架，在此框架下对各理论进行阐释，以凸显各理论的洞见和局限。

【中国共产党对台方略研究（一般项目）】

南开大学台湾问题研究所　朱磊

研究意义：新中国成立以来，中国共产党对台方略由“解放台湾”到“和平统一、一国两制”再到“两岸关系和平发展”，不断适应国际国内形势并引领两岸关系的巨大变化，但面对台湾岛内支持独立的人数不断增加并超过支持统一人数的严峻形势，如何适应新形势设计制定一套思路清晰、科学主动、行之有效的对台方略以确保和加快国家统一进程，获得两岸民众对中共维护国家统一的执政能力的支持和肯定，是摆在中国共产党面前具有理论意义和实践价值的重大课题。

研究内容：该研究运用复杂性科学（complexity sciences）思维范式重新审视海峡两岸关系的演变和中共对台方略的历史发展，力求以新的科学视角总结中共对台政策演进规律，为巩固和加强党的执政能力、从根本上扭转岛内统独力量对比、解决台湾问题、实现国家完全统一和中华民族伟大复兴提供具有明确可操作性的系统工作建议。复杂性科学是系统科学发展的新阶段，复杂性思维是属于哲学层次的系统论的应用，是连接复杂性科学与马克思主义哲学的桥梁。因此该课题研究的基本思路是将国家统一问题看作一个自然演化的区域性人类社会系统，从中国共产党的角度出发，研究执政党如何从更加科学综合的角度制定对台方略，通过实施合理的系统性政策，培育系统的自组织能力，使系统在演化过程中具有逐步增强的抵消或排除外界干扰的自我调整能力，确保系统发展是由低级到高级、由简单到复杂、由无序到有序，最终实现复杂有序的稳定的国家统一状态。重点是要通过“策”的运用使未统一国家系统满足耗散结构条件，系统就可以通过自组织功能恢复稳定有序的国家统一状态，完成从分裂或分离到统一的非平衡相变。

研究创新：第一，首次将复杂性思维运用在中共对台方略研究中，提出人类社会复杂巨系统的三个层次：大系统—国际环境、系统—国家和地区、子系统—未统一国家的局部领域，认为按照系统演化规律采取内部逻辑自洽的组合政策，可以推动系统自动向国家统一方向演进。第二，从中外历史纵深的视角，选取了古今中外23个国家统一与分裂的案例在同一个分析范式中进行比较和验证。第三，创造性提出“势、力、策”分析框架，认为运用复杂性思维合理调动自愿与非自愿两种力量是推动国家实现统一的关键。国家系统的演化过程中，“势”决定哪种力量会成为系统演化的主导序参量，“力”决定该序参量向哪个方向运动，“策”决定系统如何优化。主导序参量通过正反馈机制形成自聚集、自生长的自组织结构，就可能迅速壮大，成为挑战和打破现状的新的力量。

【拉美21世纪社会主义研究（一般项目）】

中国社会科学院拉丁美洲研究所　袁东振

研究意义：拉美是社会主义传入和传播较早的地区，拉美社会主义是世界社会主义运动和思潮的重要组成部分，在当今世界社会主义格局中仍占有重要地位。进入21世纪以来，该地区社会主义发展格局出现新变化，出现所谓“拉美21世纪社会主义”思想和实践。最近几年，国内外学界对“拉美21世纪社会主义”思想和实践的发展给予较大关注，相继发表一批颇具研究深度的重要成果。但上述研究还是初步的，对这一问题的许多重要方面还未触及。该项目通过对“拉美21世纪社会主义”的综合和系统研究，客观分析其发展环境和历史条件，探寻其独特的起源、理论特色、地域和民族特性，客观评价其历史地位、实践后果及发展前景，为研究世界社会主义思潮和运动的发展提供有价值的素材。

研究内容：该课题主要研究以下问题：进入21世纪后拉美社会主义发展的新格局：在新历史条件下，拉美各国共产党和其他社会主义政党政治立场、政策主张的变化；新社会主义力量的出现，特别是“拉美21世纪社会主义”思想和运动的兴起和发展；拉美地区社会主义发展格局的新变化及其根源。“拉美21世纪社会主义”的基本理论特色：理论来源的多样性；基本主张中蕴含的社会主义成分；指导思想的多元性取向；理论主张的模糊性特征等。“拉美21世纪社会主义”的主要政策主张：对资本主义的批判；主张国家对经济与社会的干预，以及多种经济成分共存；主张建立参与性民主；探索新的发展模式，探索实现公平分配；反对发达国家主导的全球化和区域一体化进程。“拉美21世纪社会主义”与拉美传统社会主义的区别：重点分析其在指导思想，对马克思主义的态度，对和平、民主、暴力革命等重大问题的态度等。“拉美21世纪社会主义”的基本特征：本土性特征、民众主义倾向、民族主义特色、多模式特点，以及实践的多元性取向等。“拉美21世纪社会主义”实践及其效果：对拉美国家社会、经济和政治的影响；对拉美社会主义发展的影响；面临的主要困难和挑战等。“拉美21世纪社会主义”发展前景及其启示：作为一种政治思想和主张，拉美21世纪社会主义将不断得到发展，但作为一种政治实践，其具有较大的不确定性，将出现反复和波动。

研究创新：（1）研究素材创新：系统梳理“拉美21世纪社会主义”理论和实践的资料，丰富学术资源，为世界社会主义研究提供新素材。思想创新：进一步开拓研究的视野，从多重视角探寻社会主义在拉美地区的生命力和新发展，而不是用其他地区的经验与拉美地区作简单类比。（2）学术观点创新：在“拉美21世纪社会主义”的思想渊源、理论特色、本质特征、历史地位、实践后果、发展前景等问题上，力争提出新见解和新判断。（3）研究方法创新：在秉承辩证唯物主义和历史唯物主义基本方法基础上，采用系统论和比较研究的方法，充分吸收和借鉴近年来世界社会主义和中国特色社会主义研究中的最新方法和理论成果。

【古巴社会主义经济模式更新研究（一般项目）】

中国社科院马克思主义研究院 贺钦

研究意义：自2006年劳尔·卡斯特罗主政古巴以来，古巴各界开始积极酝酿和备战新一轮思想和结构变革。2011年，伴随古共六大的召开，古巴正式进入了社会主义经济模式更新的历史新阶段。古巴社会主义经济模式更新既是半个世纪以来古巴社会主义建设内在逻辑的历史延续，也是古巴社会主义为应对经济全球化挑战做出的时代选择。尽管古巴经济模式更新的未来仍存在诸多不确定性，但古巴高层锐意革新的决心和古巴社会必然经历的转型阵痛却是明晰可见的。面对经济模式更新大刀阔斧的调整和改革，古巴社会在渴求重生的同时，更承受着巨大的张力和考验。能否在理想与现实之间求得公平与效率的统一，将成为决定古巴经济模式更新成败的重要标尺。加强对古巴社会主义经济模式更新的研究，将有助于我们总结社会主义国家的建设规律与改革经验，从而深化对社会主义道路、理论和制度的认识与实践。

研究内容：该课题试图通过对古巴社会主义经济模式更新的历史逻辑、理论基础和实践特色的梳理，总结古巴革命胜利以来古巴社会主义经济建设与改革的基本经验和特点，评述古巴社会主义经济模式更新的前景与挑战。该课题的研究重点包括古巴社会主义经济模式更新的历史背景与依据、理论与政策、原则与方法、方向和目标、路径与特点、成本与收益、前景与挑战等。研究难点在于更新的路线之争、更新的实效评估和更新的前景预判。

研究特色：（1）该课题试图通过对古巴经济体制改革和经济结构调整的历史考察和实证研究，从社会主义基本经济制度和经济体制的核心内涵与主要特征出发，就计划与市场、公平与效率等关乎社会主义国家改革成败的基本理论与政策问题予以阐释。（2）在机遇与挑战并存的历史新时期，尤其是2008年爆发全球资本主义危机以来，社会主义国家的新一轮改革势在必行。该课题力图在充分关照古巴改革社会历史特殊性的基础上，通过历史比较和国际借鉴，就全球化时代社会主义国家深化改革的基本原则、方法论特征和一般路径进行初探。（3）近年来，社会主义国家在全面深化改革的过程中，面对西方国家的和平演变与渗透，均出现了不同程度的意识形态和改革路线之争，对社会主义国家的建设大局与和谐稳定造成了一定的负面影响。该课题试图总结古巴在经济模式更新过程中处理改革、发展、稳定等主要矛盾时采取的相关对策与经验，为社会主义国家构筑团结共识社会和友好互信往来提供参考。

【台湾左翼文艺研究（一般项目）】

中国社会科学院文学研究所 李娜

研究意义：一个有特别企图心的研究，首先要在知识上做出贡献，知识贡献包括两个方面，一是可以还原为具体知识点的知识增量；二是对整个论域的系统性和诠释力有重要推进。而且，在两岸关系的现有局面中，有关台湾的研究工作需要更积极地去承担现实责任。该课题的独到价值正表现于此。（1）该课题是对“台湾左翼文艺”的系统性考察，此前未有。包括对以往视野中淹没、缺失的文艺现象的重新挖掘，包括视角和立场转换之下的经典重读，包括对正在发生的“运动书写”的同步研究。（2）该课题同步考察左翼文艺在台湾社会历史进程中的“位置”和“角色”，也即，通过左翼文艺，带出对台湾历史与社会的整体性把握。（3）以左翼文艺研究为媒介，打破台湾中产阶级审美趣味主导的文学诠释；对大陆来说，也是重塑对台湾文学与历史的诠释。这个诠释不是封闭的，被动的（因应“台独”批判），而是开放性的，主动对话的。（4）在与大陆现当代文学的左翼研究以及大陆新工人文化研究的对话中，探索两岸文化连接的新思路。

研究内容：该课题的研究对象是日据时代以来台湾的左翼文艺，包括文学创作、运动书写、杂志、社团、演剧、纪录片等。总体框架将兼顾历时的线索、文艺的类别和主体的层次，进行系统性地梳理。首先分为四个时期“日据时代、光复初期、1960—1980年代、解严以来”，对各阶段的左翼文艺做资料和历史的爬梳；在此基础上，进一步厘清“台湾左翼文艺”的文学与思想内涵，以及它在台湾社会历史进程中的“位置”和“角色”。重点：在成果累积较多的“日据时代新文学”，看似研究对象的细化已接近饱和，但“农民组合”资料一经发掘，运动中大量对台湾民谣的改编利用，将重新启发对日据时代左翼文艺与社会运动的关系的研究。20世纪90年代以来，有两个新现象，海内外一些资料的开放、台湾官方档案的解密，使有关日据时代农民组合、白色恐怖、保钓运动的历史研究得以推进，也产生了不少对这些“曾经淹没的左翼历史”的文学书写、口述回忆录、纪录片、民众戏剧等。民间力量与社会运动的发展是解严后台湾社会的一大特色，左翼知识分子参与的劳工、移民、环保、女性主义等运动中，产生了大量新的文艺形式。知识分子与群众结合后的文艺，包括明确服务于运动的文艺创造，以及对运动进行反思的书写。前者如原住民组织“飞鱼云豹音乐工团”及其对各族古调和民谣的整理运用，后者如吴永毅作为工运组织者的“出柜书写”；顾玉玲有关台湾外籍工人的报告文学等。

研究创新：（1）学术思想、观点的创新。第一，以左翼文艺独特的美学形式和思想内容，重建台湾的文学与历史叙述。第二，以往在大陆研究成果较多的领域，比如日据时代新文学，对新出的材料未及消化，会造成一些研究视野的缺失，“农民组合”中的大量民谣改编，提示了对台湾左翼文艺的研究，不应只偏重知识分子的、文本的形式，应更重视左翼文艺的“文化主体”与“文化创造”。“运动书写”是该课题提出的新领域，也意味着研究意识的转换。第三，通过台湾左翼文艺研究，提出两岸连接的新思路：在“血缘”之外，让共同的反帝记忆、人民立场出发的文艺叙事、现实关怀以及未来想象，成为两岸连接的新文化基础。（2）研究方法的创新。第一，该课题综合了文学、历史、文化、社会运动议题，需要研究者有综合性的知识积累和训练。因此，该课题不同以往台湾左翼文艺研究的一点，在于不受知识分子的、文本的限制，提出更开阔的、切合实际的研究架构。第二，将思想、意识形态形构的分析和文字文本的分析，以及相关社会历史演进的把握结合起来。将人类学的田野调查与相关文学研究的讨论结合起来。第三，通过对台湾左翼运动的文化工作的参与，获得不同于“旁观的研究者”的“内视”视角，意味着不是直接将研究对象“对象化”，而是从对象的内在经验延展出来，既是客观的，又是批判的视角。

【马克思主义发展史视域中的拜物教批判理论及其当代价值研究（青年项目）】

浙江大学马克思主义学院　刘召峰

研究背景：拜物教批判理论关涉马克思的哲学方法论、经济（学）批判和对未来社会的预见，是马克思思想研究、特别是《资本论》经济哲学研究的前沿课题之一。近年来，研究者们就德文词Versachlichung的翻译与马克思的拜物教概念的具体所指、拜物教批判理论的具体内容与哲学意蕴、马克思的拜物教批判理论与精神分析学的关系、马克思的拜物教批判理论与受其影响的相关理论（卢卡奇的“物化意识”理论、广松涉的物象化论、德波的景观拜物教、鲍德里亚的“能指拜物教”、齐泽克的意识形态理论）之间关系，以及拜物教批判理论的现实意义等问题进行了探究，取得了可喜的研究成果。

研究内容：（1）参照《马克思恩格斯全集》历史考证版第二版（MEGA2）第二部分（《资本论》及其手稿部分），进行拜物教批判理论的文本研究；（2）回顾和反思列宁、斯大林、毛泽东等对于商品生产与社会主义之间关系的认识史和实践决策史；（3）以对马克思的拜物教批判理论的系统把握为基础，评论受其影响的相关理论的得失；（4）阐发拜物教批判理论的当代价值。

研究特色：把拜物教批判理论置于马克思主义发展史的广阔视域中进行考察：（1）把拜物教批判放到马克思的整个思想历程中，追问“马克思对于拜物教现象的批判何以可能”，并在此基础上厘定拜物教批判理论的问题域、独特逻辑和思想史地位；（2）考察对拜物教现象存在条件的认识与社会主义发展史上处理商品生产和社会主义之间关系的实践决策之间的内在关联，以凸显拜物教批判理论的实践意义（社会主义实践中如何对待商品、货币、资本的经济政策问题，就其理论基础而言，是如何看待社会关系物化的存在条件与未来前途的认识问题）；（3）考察马克思剖析拜物教现象的基本逻辑与精神分析学的原则分歧，并在此基础上评析德波的景观拜物教、鲍德里亚的“能指拜物教”、齐泽克的意识形态理论的价值与过失；（4）在研究拜物教批判理论的既有发展史的基础上，着力阐发拜物教批判理论之于剖析资本全球化、虚拟经济和当代中国的“社会主义市场经济”的当代价值。

【关于毛泽东和毛泽东思想的评价（青年项目）】

中国人民大学马克思主义学院　欧阳奇

研究背景：时代虽然一再变迁，毛泽东和毛泽东思想却依然潜在或显性地影响着中国甚至世界。然而，在如何认识和评价这位历史巨人的问题上，至今在功大于过的主流舆论之外，不时泛滥着全盘否定和虚无的倾向。回顾党对毛泽东历史地位和毛泽东思想指导作用的具体评价过程，兼论“非毛化”错误思潮的实质和应对之策，有助于正本清源、明是辨非，掌握社会主义意识形态的主导权和主动权。

如何评价毛泽东和毛泽东思想历来备受国内学界重视，20世纪90年代初，有学者甚至专文论述了开展毛泽东思想认识史研究的必要性。在纪念毛泽东诞辰120周年前后，更是出现了研究毛泽东和毛泽东思想评价问题的热潮，涌现了一批有价值的成果。国外学者对毛泽东和毛泽东思想的评价问题也始终给予了很大关注。然而，总体而言，学界就党对毛泽东和毛泽东思想的评价研究还很不全面和系统，相对于毛泽东思想的其他研究尤其显得薄弱和不够。一是尚未就党对毛泽东和毛泽东思想评价的全程作整体性研究；二是对党评价毛泽东和毛泽东思想的基本特征和主要体系、时代价值等问题还缺乏深入梳理；三是驳斥“非毛化”时很少结合党的相关评价进一步探讨强化毛泽东和毛泽东思想时代认同的有效途径。

研究内容：该课题主要梳理党自20

世纪20年代至今对毛泽东和毛泽东思想的相关评价，探寻党评价毛泽东和毛泽东思想的基本规律和方法，并结合“非毛化”在当前的种种表现，探讨应对毛泽东和毛泽东思想评价中错误倾向的有效方略。实际上，党对毛泽东和毛泽东思想评价呈现出明显的历史轨迹，而且历经了一个不断完善和深化的过程。党对毛泽东和毛泽东思想的评价不仅不可避免地受到多种因素的影响，而且在如何科学评价这一问题上呈现出完整的立场、观点和方法。总结如何评价毛泽东和毛泽东思想的历史经验和科学体系，有助于更好地发挥毛泽东思想的时代价值。毕竟如何评价毛泽东和毛泽东思想，不仅是检验党政治成熟与否的重要标志，而且被学者形容为理解和认识当代中国的“晴雨表”和“参照系”。而全面回顾和总结党对毛泽东和毛泽东思想的系统评价，也是分析“非毛化”错误思潮的实质，并提出有效应对策略的前提和基础。

研究创新：（1）在内容上，对党评价毛泽东和毛泽东思想的来龙去脉作了完整的梳理，并结合“非毛化”的错误思潮凸显科学评价毛泽东和毛泽东思想的时代价值和具体举措；（2）在观点上，提出并探讨了党评价毛泽东和毛泽东思想的基本特征和科学体系等新的命题，强调了毛泽东本人在党的相关评价中自始至终保持着对毛泽东思想的理性态度；（3）在方法上，充分运用《毛泽东年谱》(1949—1976)、《中共中央文件选集》(1949—1966)、《俄罗斯解密档案选编：中苏关系》（1945—1991）等最新文本，对比研究所中国成立之前、之后及改革开放以来三个时段党对毛泽东和毛泽东思想的评价异同，并在对比研究党的科学评价与“非毛化”观点和方法差异的基础上提出应对之策。

【国外左翼学者的社会主义研究及其评析（青年项目）】

对外经济贸易大学思想政治理论课科学教研部　童晋

研究意义：对国外左翼关于社会主义理论观点及思潮流派的集中深入研究，是国外社会主义和马克思主义研究、世界政治问题研究的重要内容，该课题对此进行集中、系统的研究，既不同于一般的信息动态跟踪，也不同于对一些国家地区的左翼学者理论观点或某些流派的局部介绍和分散研究，从而在相关领域研究中具有重要的学术价值、理论意义和实践意义。（1）世界社会主义理论创新的需要。世界社会主义振兴的前提是理论创新，而国外左翼在理论和实践方面关于社会主义的新探索中提出了许多积极的见解，它们是世界社会主义发展的有机组成部分，值得我们重视和关注。他们的理论局限，也值得我们认真分析和总结、作为参照和比较；（2）对当代资本主义国家和一些发展中国家经济状况进行研究的需要。国外左翼理论是其政治理论和社会理论的重要内容，该课题特别对左翼关于社会主义的理论和实践进行系统阐发和深入研究，有助于深入把握当代资本主义国家或一些发展中国家的政治、经济、文化、社会的新情况新变化，有助于把握21世纪初期这些发展变化与世界社会主义运动的关系，与当今世界经济政治发展的关系；（3）该课题关于国外左翼社会主义理论的新探索新发展研究及其评价，对于我们建设社会主义市场经济、民主政治、社会公平、生态文明等，都有启示参考价值，从而为丰富发展中国特色社会主义理论、完善中国特色社会主义制度提供思想理论素材，为全面深化改革，推动国家治理现代化提供比较借鉴，因而具有重要的实践应用价值；（4）通过了解国外左翼学者对社会主义的研究，特别是对中国特色社会主义本身的研究，有助于我们捕捉到国外理论界对中国的关注点，从而有针对性地搭建国际话语权建设的平台，做到有的放矢。

研究内容：该课题以国外左翼学者对社会主义的研究现状为具体研究内容，并对经济危机以来国外左翼学者对社会主义认识的新变化给予特别关注。在对主要左翼学者的研究重点、中心内容译介的基础上对其进行总体性概括和分类，进而运用马克思主义理论加以评析。

创新之处：（1）该课题把国外左翼对社会主义的研究作为一个总体研究对象，也就是作为一个理论与实践探索的整体，置于21世纪初世界社会主义运动的宏大背景中和时代格局的变动中进行全面、深入、系统的研究；（2）该课题研究侧重于21世纪初国外左翼学者的理论与实践新探索，特别是资本主义危机以来的新发展、新动向、新趋势，以及新情况、新问题、新挑战及其新的应对方式与尝试，应该说其所关注研究的宏观走势和具体问题都比较新颖，并得出了一些新的评价概括和研究结论；（3）从新材料和文献的具体运用看，该课题研究大量使用了一手外文资料，这些资料来自新近国外出版的左翼学者的著作和发表的相关文章，他们对当前社会主义历史、理论和实践，对资本主义最新状况和前途及其与社会主义的关系，对中国发展道路和中国模式等都有新的看法和评价。

【新中国成立以来党应对岛屿争端的历史经验研究（青年项目）】

广东省委党校广东党建研究所　刘朋

研究意义：岛屿争端问题是中国学者重点关注的对象之一。深化该课题的研究具有重要的学术价值和实践意义。（1）学术价值。该课题有助于对岛屿争端基本理论的研究。该课题将对岛屿争端的基本理论进行系统研究，以适应当前党应对岛屿争端问题的实践需要。岛屿争端是近年来党执政过程中面临的热点问题。研究岛屿争端国际规则及依据等基本理论问题，有助于提高对岛屿争端问题的理论认识，是党科学应对岛屿争端问题的前提和基础；该课题有助于党应对岛屿争端的历史经验研究。目前国内已有岛屿争端研究成果更多地集中在国际法、对策措施等问题的研究上，党应对岛屿争端的历史和基本经验是目前学术研究中的薄弱环节。该课题将就新中国成立以来党应对岛屿争端的历史脉络和基本经验进行系统梳理和总结，明确党应对岛屿争端的历史态度和指导理念；该课题有助于岛屿争端问题的跨学科研究。该课题将综合运用中共党史学、历史学、政治学、外交学、国际法学、国际关系学、军事学等学科视角进行分析，有助于岛屿争端问题的跨学科研究。（2）实践价值。对现实领土争端的解决提供历史借鉴和参考。历史证明，领土争端并不是国家关系中不可逾越的障碍，如果解决得好，可以成为国家发展的推动者。该课题通过对党应对钓鱼岛和南海诸岛领土争端的历史研究，总结出一些具体历史事件本身的规律与经验启示，为今后的应对提供借鉴与参考；有助于提高党应对纷繁复杂的国际时局的能力和水平。岛屿争端问题的处理是执政党应对国际时局能力的试金石，也是执政能力建设的重要内容。该课题通过总结以往中国处理岛屿争端过程中的利弊得失，找出规律性的规则和做法，对于深化对领土争端问题的认识、优化中国的外交决策、创造永久和平安定的边界线和周边环境，意义重大，同时也是党提高应对国际时局能力的契机；有助于营造有利于我国的周边国际环境。岛屿争端是影响周边国际环境的重要因素，党和国家有效的应对和处理好与日、韩、南海诸岛的争端，对于营造良好的周边国际环境，开展好惠边外交有重要意义。

研究内容：（1）岛屿争端相关理论概述。对岛屿争端产生的原因、内容及依据，以及岛屿主权取得原则等理论进行概述。（2）新中国成立以来党和国家应对岛屿争端的历史回顾。对新中国成立以来中国共产党应对钓鱼岛和南海诸岛争端的历史进行回顾和梳理，并根据阶段性特点对其发展历程进行合理分期。主要经历了四个历史时期：一是新中国成立后至20世纪70年代以前的主权宣示阶段；二是20世纪70年代至90年代的有限自卫和主权宣示阶段；三是20世纪90年代以后，以“搁置争议、共同开发”思想为主导的政策调整阶段；四是21世纪以来的不断加强实际控制和管理阶段。（3）新中国成立以来党应对岛屿争端的政策选择、影响因素及基本原则。中国共产党如何应对和处理这些争端受到国际法、国际关系和周边形势、党和国家中心工作、国家综合实力、经济因素以及领导人指导思想等因素影响。党在应对和处理岛屿争端中要坚持通过和平的外交途径解决的原则、依据国际法和谈解决的原则、在有些难以短期达成共识的情况下搁置争议共同开发管理的原则、守住底线和灵活应对的原则等。（4）世界各国应对岛屿争端的主要做法。全球有近60个国家存在岛屿争端，多诉诸国际法庭，通过司法或仲裁的方法来和平解决；划界谈判；重视舆论宣传等。（5）新中国成立以来党应对岛屿争端的历史经验。在考察中国共产党应对岛屿争端历史进程的基础上，总结出党应对岛屿争端的基本经验，主要包括五个方面：一是注重舆论宣传，澄清主权的历史归属；二是始终以依国际法和国际惯例为准则，捍卫合法权益；三是倡导和平解决，但对外来侵略实行坚决的武装自卫；四是坚持协商谈判、主权宣示和有限自卫等多手段并用；五是不断完善行政区划和开发建设，加强在争议区的实际存在。（6）关于党应对领土争端的启示与思考。通过对中国共产党应对岛屿争端的历史考察和经验总结，提炼出应对的启示，为以后领土争端的处理提供借鉴。这些启示包括：一是要提高经济、军事等国家综合实力；二是进一步加强对争议区的有效控制和实际存在；三是正确处理和平解决与武力解决的辩证关系；四是积极发挥政党外交的功能与作用；五是吃透国际法，加强争议区的法律体系建设；六是坚持双边谈判，争取相关大国中立；七是推动大陆与港台的共识与战略合作，维护中华民族的共同核心利益。

研究创新：（1）研究内容的创新。目前关于岛屿争端研究多以国际法、对策措施具体问题为主，鲜有从历史经验的角度对岛屿争端的应对进行系统性研究（张良福在博士论文中对中国与邻国海洋划界争端问题尝试进行了系统研究，但还需进一步深化）。国外已有的对中国岛屿争端进行研究的成果较少，加之作者立场问题使研究存在较大偏见，缺乏客观性。该课题将对党应对岛屿争端的历史经验进系统的研究尝试，这既是课题研究的动力来源，也是课题研究主要创新之处所在。（2）研究视角的创新。岛屿争端是世界性难题，现有的研究更多的是从策略层面提出应对措施，缺乏政治层面和战略层面的研究和思考。该课题尝试着从政治层面和战略层面对领土争端问题的解决提供超越具体事件和案例的历史借鉴和启示，这对于提升党应对复杂国际时局的能力，更好地处理和解决领土争端，维护好国内和国内两个大局，大有裨益，这也是课题研究的一个新观点、新视角。（3）研究方法的创新。在研究方法上，课题主要运用中共党史学和历史学的理论和方法，同时综合政治学、国际关系学、外交学等学科，弥补现有领土争端研究上的局限和不足，有助于深化和拓展领土争端的研究领域和视野。

【2008 年国际金融危机后马克思主义金融资本理论的新发展研究（青年项目）】

清华大学马克思主义学院 蔡万焕

研究意义：当前资本主义经济中，金融资本迅猛发展，以至于不少学者将当前资本主义称作金融资本主义。在新的历史条件下，马克思主义的金融资本理论，对我们科学认识国际金融危机以及当代资本主义经济的新特征、新矛盾以及新的发展趋势，具有重要意义。（1）从理论上来说，结合 20 世纪 70 年代以来资本主义经济金融资本相对过度膨胀的特征事实，以及西方左翼学者在金融化、金融主导的积累体制、金融垄断资本、金融不稳定假说等方面的研究，深入挖掘理论前沿中的重要思想，可以丰富我们对资本运动新规律的把握，提升马克思主义经济学对当代资本主义经济的解释力，发展具有马克思主义特色的货币金融理论。（2）从实践的角度来看，课题的研究将深化对当前我国金融体系多重结构性矛盾根源的认识，加强对次贷危机和主权债务危机的理解，充分领会党的十八大报告提出的“健全促进实体经济稳定、支持实体经济发展的现代金融体系”的重要意义，为新环境下我国发展战略的选择、金融开放的步骤和经济风险的规避提供参考和借鉴。

研究内容：该课题的研究对象为 2008 年国际金融危机以来国内外包括马克思主义经济学者在内的左翼学者关于金融资本理论的最新论述，以马克思恩格斯在经典著作中关于信用、货币资本和虚拟资本的理论为基础，结合现实中金融资本发展演变的生产力基础、金融资本相对独立膨胀与当前资本主义发展阶段性特征的关系角度来对金融资本理论的最新论述作出评价，吸收其合理成分，以期对马克思主义金融资本理论作出符合时代发展的创新与发展。课题将重点评介积累的社会结构学派（SSA）对金融化、金融自由化的批判、法国调节学派对“金融主导的积累体制”的评析、以 John Foster 为代表的每月评论派关于垄断金融资本的分析、世界体系论关于金融全球化的分析，以及其他左翼学派及学者的相关论述；分析、比较不同学派观点和方法论的异同，指出在哪些方面作出了符合马克思主义的创新和发展，存在哪些不足和缺陷，从而为课题下一步研究奠定基础。同时结合资本主义社会经济发展的特征现实，探讨金融资本作为马克思主义经济学重要范畴和分析工具的理论和现实意义。

研究创新：（1）金融资本相对独立膨胀并取得主导地位的原因。金融不创造价值，但为何能够获得持续的资本注入？金融资本与实体经济存在着竞争还是互补的关系？金融资本为何会逐步取代产业资本成为占据主导地位的资本形态？马克思虽曾提及“货币资本是生产的第一推动力”，但并未展开论述，其他学者的讨论也未深入涉及该问题，这正是课题试图解释的重点。（2）金融资本的界定及其测算。对于资本主义经济中出现的金融资本膨胀等特征现实，西方经济学例如 Ronald McKinnon 的“金融深化”理论、产业经济学的“产融结合”理论将金融业资本等同于金融资本；而一些左翼学者用金融化解释该现象，并未触及资本的形态及其积累层面。根据马克思主义金融资本理论，现代金融资本的发展已经无法完全用列宁所下定义进行解释，该课题将对现代金融资本进行重新定义、界定，并尝试对其规模、数量进行测算。（3）危机后金融资本是否依然占据主导。金融资本的相对独立膨胀使得经济运行风险增大，本轮国际金融危机就是由金融资本引发，然而以美国为首的资本主义经济能否逆转金融资本的主导地位、金融资本是否会受到重创、资本主义发展是否会进行阶段性制度调整、金融资本主义是否宣告结束，这是该课题研究的难点和重点。

【马克思主义城乡关系理论及其在当代中国的发展与实践研究（青年项目）】

西南科技大学马克思主义学院　赵洋

研究意义：（1）理论价值：有助于深化对马克思主义经典作家城乡关系思想及其内在逻辑关系的研究。有助于深化对马克思主义城乡关系理论体系的研究。有助于当前构建中国特色社会主义城乡关系理论体系，进一步阐释马克思主义经典作家城乡关系思想的时代价值。（2）实际应用价值：党的十六大以来，中央始终把统筹城乡发展放在突出的地位，就是要解决发展进程中实际存在的城乡关系不协调的问题，促进经济社会全面、协调、可持续发展。因此，现阶段重新审视马克思主义经典作家的城乡关系思想及其时代价值，有助于解开我国城乡发展问题中许多“结”，对于促进城乡关系良性互动，构建城乡经济社会发展一体化新格局具有重大的现实意义。

研究内容：（1）研究马克思、恩格斯的城乡关系思想。马克思和恩格斯虽然没有专门或直接、明确地论述社会发展中城乡关系的著作，但关于城乡发展问题的大量论述，足以构建马克思、恩格斯的城乡关系思想，这对于我国当前统筹城乡发展具有重要的理论意义和现实指导意义。课题将涉及马克思、恩格斯城乡关系思想的形成、主要内容以及研究城乡关系思想的方法论。（2）研究列宁、斯大林的城乡关系思想。列宁始终关注农业、农村和农民问题，形成了处理城乡关系的重要思想，对中国社会主义革命和建设产生了重要影响。斯大林领导苏联人民走坚持推进重工业优先发展和农业为工业积累资本的工农发展道路，在继承马克思、恩格斯、列宁城乡关系思想的基础上，形成了斯大林的城乡关系思想。（3）聚焦中国共产党的历届中央领导集体及领导人城乡关系思想研究。（4）对马克思主义城乡关系理论在当代中国的发展与实践进行研究。把马克思主义经典作家的城乡关系思想与时代的发展紧密结合起来，用马克思主义基本的立场、观点、方法来观察当代中国城乡关系的新变化，在构建中国特色社会主义城乡关系理论体系的过程中推进马克思主义时代化、中国化。

研究创新：研究马克思主义经典作家城乡关系思想之间的内在逻辑；研究马克思主义城乡关系理论与中国具体实际相结合过程中的本质特征和发展规律。研究马克思主义基本原理对现实问题的分析。基于马克思主义经典作家关于技术、人力、产业、资本等要素配置的基本立场、观点、方法来解析当代中国在城乡发展问题上存在的问题、经验、启示。研究如何构建中国特色社会主义城乡发展理论体系。

【马克思剩余价值理论的数理研究（青年项目）】

福州大学经济管理学院　裴宏

研究意义：与西方经济学的发展趋势相比，我国对马克思经济学剩余价值理论的研究传统上偏重于理论上的分析应用和对经典文本的解读探究；而对剩余价值理论的数学化及模型化的系统研究起步较晚，学术认知度较小，整体上与国际领先水平还有较大的差距，有很大的发展空间。加强对剩余价值理论的数理研究一方面有利于用现代经济学的方法发展马克思经济学；另一方面也有利于我国马克思经济学的传播和学科建设，进一步提高我国的经济学学科水平，因此具有十分重要的理论意义和现实意义。

研究内容：马克思经济学认为，资本

主义生产关系和经济现象都是劳动价值实体的运动形式，而积累、增长、分配及其衍生的金融问题本质上都是剩余价值实体在不同经济问题上的运动形态。所以，如果要用数学形式表达马克思经济学，那么就必须从对剩余价值理论的准确描述开始。并且，这种描述必须能够逻辑一致地演绎出剩余价值概念所囊括的分配、资本积累和增长以及金融问题。马克思在《资本论》中正是用这样一个逻辑展现其经济学框架的。因此，该课题研究的主要内容是，参考马克思在《资本论》中的研究顺序，从抽象到具体，从基本方法到具体应用，先用一个数学模型阐述马克思的劳动价值论和剩余价值理论，再用这个数学模型在剩余价值理论基础上解释和发展马克思经济学对资本积累、利润率、地租和金融收益等问题的研究。这些内容共同呈现了剩余价值理论的全貌。同时，课题在论证数学逻辑的合理性的同时，也注重说明该数学模型与资本主义发展的实际历史过程和特征相吻合，可用以解释当代资本主义的一些新现象。

研究创新：该课题的特色是尝试用数学工具和现代经济学方法对剩余价值理论进行数理描述和现代化研究。与以往的，特别是国外马克思经济学的数学研究不同的是，该研究主张思想史考证和数量分析并重，强调在符合马克思经济学基本观点的原则下研究和发展马克思剩余价值理论。该研究的主要创新之处是：（1）针对性地、系统地研究剩余价值理论，尝试用一个统一的数学框架描述剩余价值的一般概念、具体表现及运动规律；（2）尝试运用拓扑和集合的方法研究劳动价值论中“质”的一面；（3）用凸技术集定义生产过程，以技术集为出发点建立数学模型描述剩余价值理论，并通过劳动时间的货币表示（MELT）将价值体系的问题和货币体系的问题统一起来；（4）批判地吸收主流经济学中的金融分析工具，尝试将金融问题的数量分析纳入马克思经济学的分析框架；（5）批判地借鉴主流经济学的经济增长理论，用现代观点考察马克思经济学的经济增长理论和利润率问题。

【新中国农村分配制度的探索历程与基本经验（1949—1966）（青年项目）】

北京社会科学院科学社会主义研究所
尤国珍

研究意义：新中国成立后农村分配制度经历了一个从生产资料没收和重新分配、生活资料按劳分配直至趋向平等平均的过程，这种演变折射出国家现代化过程中分配制度在实践中摸索前行的历程。研究这个历程，对丰富发展中国化的马克思主义分配理论体系具有重要学术价值。当前，农村分配制度改革受到新一届中央领导集体的格外重视。在新中国成立后较长时期里，按劳分配与平均主义思想相当程度地支配着我国的农村分配政策，对现行分配政策也有直接或间接的影响。全面认识和深刻反思这一探索历程，对当前现代化建设转型时期进行分配制度改革与设计，推进社会主义新农村建设，形成合理有序的收入分配格局具有重要借鉴作用。

研究内容：该课题以马克思主义现代化理论为研究视角，以中国农村传统分配思想与分配制度演变为历史背景，以新中国成立后国家现代化战略模式的转变和农村分配制度的多次反复为主线，通过查阅几个典型地方的档案资料并作比较统计分析，从马克思主义经典作家关于社会主义现代化与分配思想的理论与实践探索、新中国农村分配制度具体案例分析、新中国农村分配制度变动的基本经验和现实思考等七个部分，充分展现了新中国 17 年中央农村分配政策制定、各地政策执行和效果，分析了其中理论逻辑和实践结果的错位，揭示当时历史条件下按劳分配制度趋向平均主义的实际情况，总结新中国农村分配制度变动的特点、原因、基本经验和现实思考。

研究特色：（1）时代气息突出，研究角度新颖。该课题选择现代化视阈来研究新中国农村分配制度，突破了以往大多以革命或阶级斗争为视角分析中国共产党分配政策的理论与实践的传统思维，将当代中国分配制度置于中国现代化的历史进程中去考察，以求在更广阔的视野中理解新中国农村分配制度探索的意义。（2）研究资料系统，准备比较充分。该课题研究要查阅大量文献档案资料，它们均来自国内外权威出版社和学术机构。另外，课题负责人前期已到一些省市档案馆查阅一批新中国成立初的档案资料，这些资料具有很强的权威性和代表性，并且尚未被国内学界系统关注。（3）部分观点创新，开拓思维空间。苏联模式在我国现代化初期发挥了明显的积极作用，但之后弊端日益严重。新中国建设起步于半殖民地半封建社会，在中国这样一个“一穷二白”国家实现社会主义现代化必须保持经济持续快速发展和人民生活水平不断提高，这也是客观衡量农村分配政策效果的标准。新中国成立初期处于中国现代化真正启动探索阶段，应该放在其所处时代和社会历史条件下辩证分析。它启示我们，要通过建立公平合理的分配制度使全社会成员共享发展成果。

2015年度中国社会科学院创新项目简介（部分）

【国际关系民主化研究】

中国社会科学院马克思主义研究院
程恩富

研究背景和意义：全球治理中民主的不足仍然十分严重，在现实中，依然存在诸多制约国际关系民主化的一系列因素，包括发达资本主义国家的意识形态偏见、世界经济政治发展的不平衡、国际社会力量不平衡、国际制度供给不公等问题。总的看来，目前，世界范围内民主化的呼声很高，但霸权主义与强权政治却有所强化，国际关系民主化依然任重而道远。

该课题将在现有研究成果的基础上，从基本理论入手，阐述国际关系民主化的内涵、国际关系民主化对全球治理的意义，以及其探索的艰难历程，分析当前国际关系民主化的现状与影响因素；在此基础上，提出推动国际关系民主化的思路，并思考中国推动国际关系民主化的具体举措，这无论对于弄清国际关系民主化的真正内涵与价值追求，还是对于改进当前全球治理方式都具有重要的理论与实践意义。

研究主要内容：（1）国际关系民主化基本理论概述。主要研究：①国际关系民主化的内涵。在现有学术界研究成果的基础上，对国际关系民主化的内涵进行明确的界定。②国际关系民主化对全球治理的意义。③国际关系民主化的艰难历程。（2）当前国际关系民主化的现状与影响因素分析。主要研究：①当前国际关系民主化的现状分析；改革联合国的要求迫切，但单边主义盛行；国际组织不少，但合理发挥的作用有限等问题。②国际关系民主化的负面影响因素。如意识形态的因素、霸权逻辑与冷战思维、世界经济政治发展的不平衡、国际社会力量不平衡；国际制度供给不公等问题。（3）推动国际关系民主化的思路和路径思考。思考全球化下推进国际关系民主化的基本思路。主要包括促进全球经济均衡发展、维护和尊重世界的多样性、加强以联合国为代表的国际组织的积极作用、尊重国际法和国际关系基本准则等，思考推动上述每一方面的具体举措。（4）中国推动国际关系民主化的具体举措。分析中国当下推动国际关系民主化的举措，如创新思维，树立科学的国际交往意识；深化同发展中国家的合作，维护发展中国家利益；积极推动人民币区域化和国际化；积极参与全球问题的处理；借助新兴大国力量调整，推动全球治理体系的改革等，探索上述每一方面的具体举措。

研究特色：从与时俱进的马克思主义国际关系理论入手，在阐明国际关系民主化的内涵、内容、国际关系民主化对全球治理的意义基础上，充分挖掘、利用现有资料和信息，分析当下国际关系民主化的现状与影响因素。围绕这一问题，分析当前推动国际关系民主化的新思路，以及中国推动国际关系民主化的新举措。在解决朝鲜半岛、联合国机制改革等问题上将有创新之处。

【当代资本主义与世界金融危机研究】

中国社会科学院马克思主义研究院
胡乐明

研究意义：2008 年爆发的国际金融危机，经过不断的演化已逐步发展成为世界性的经济危机，对深陷其中的国家所造成的破坏力远远超过 1929 年的那场大危机。时至今日，这场世界金融经济危机的负面影响还在持续发酵，当前资本主义经济复苏普遍乏力的客观现实和并不乐观的前景预期，凸显出深入研究当代资本主义与世界金融经济危机的重要意义。尤其是从历史的视角切入，从当代资本主义的发展多维趋势解读世界金融经济危机，并从世界金融经济危机中反观当代资本主义的发展趋势，这将有助于我们更加全面、清醒地认识这场金融经济危机和研判当代资本主义的未来发展，为我国更好地在全球化时代把握发展的重要战略机遇期，推进国家治理体系与治理能力的现代化、推进社会主义市场经济的建设完善提供有益的前车之鉴，避免覆辙重蹈。这也正是我们对当代资本主义与世界金融危机进行研究的出发点、视角和意义所在。

研究内容：20 世纪中期以来，伴随着技术革命的不断深化，全球化的不断推进以及全球产业分工体系的不断演变，资本主义的生产力、生产方式发生了巨大变化，资本主义国家的劳资关系、社会矛盾与社会治理体系呈现出新的特点，各国的大众消费行为、文化观念以及政党政治、国家治理体系也出现了新的变化，跨国资本的全球扩展及其与民族国家的关系以及全球治理体系也处于深刻的变化之中。当代资本主义的上述变化深刻影响了本次世界金融经济危机，也正在随危机的深化发展而不断呈现出新的演化方向。因此，该研究的重点聚焦于五个方面：（1）产业革命、发展转型与全球产业分工体系；（2）劳资关系、社会矛盾与西方社会治理体系；（3）文化转型、消费主义与大众消费行为；（4）债务危机、民主政治与西方国家治理体系；（5）跨国资本、民族国家与全球治理体系。

研究特色：已有的研究更多是从危机爆发的原因、机理与对策等角度对世界金融危机进行了研究，或者更多地关注了当代资本主义的发展历程与未来走向，而没有很好地将当代资本主义与世界金融危机两者结合起来，没有从当代资本主义的发展多维趋势解读世界金融经济危机，并从世界金融经济危机中反观当代资本主义的发展趋势。该研究旨在从历史的视角切入，通过研究当代资本主义的发展演变趋势，尤其是通过分析资本主义生产力、生产方式与生产关系之间交互作用，把握 2008 年以来世界金融经济危机爆发、持续的必然性和呈现出的新特点、新动向，并通过深入研究这场危机演化过程与发展机理、实际影响，更加准确的透视、研判资本主义的发展未来和历史走向。资本主义历次重大经济危机都是资本主义基本矛盾与阶段性矛盾的产物，又都导致了资本主义生产方式、经济基础与上层建筑的深刻变化，20 世纪 30 年代的大萧条如此，本次世界金融经济危机也是如此。因此，透过当代资本主义发展的历史趋势审视世界金融经济危机，并透过世界金融经济危机的演化、影响反观资本主义的未来，这种双向互动的研究既是该研究的特色又将为研究的全面深入提供有力支撑，以更好地揭示当代资本主义与世界金融经济危机之间的关系、准确把握资本主义的发展未来。

【当代中国特色社会主义与市场经济研究】

中国社会科学院马克思主义研究院
余斌

研究背景：中国改革开放 30 多年来，

不仅经济社会发展取得巨大成就，而且找到了一条把社会主义基本制度和市场经济有效结合起来、有中国特色的社会主义发展道路。中国过去30年的改革发展是在没有前例可以借鉴的情况下进行的，靠的是实践中的不断探索。时至今日，我们已经积累了较为丰富的经验，但也面临不少问题。比如国企私有化严重、贫富差距扩大、环境污染严重、历史虚无主义盛行、指导思想受到西方资产阶级学说严重干扰，等等，这些都严重威胁着我们国家的社会主义发展，威胁着我们国家的稳定发展。

研究内容：习近平总书记指出，实践是理论的源泉。我国经济发展进程波澜壮阔、成就举世瞩目，蕴藏着理论创造的巨大动力、活力、潜力，要深入研究世界经济和我国经济面临的新情况、新问题，为马克思主义政治经济学创新发展贡献中国智慧。

在中国特色社会主义建设中，市场经济的出现既有其历史必然性和合理性，也有其历史局限性和阶段性。我们要运用马克思主义政治经济学原理来构建当代中国的政治经济学，充分阐释中国特色社会主义与市场经济的历史渊源、现实结合和未来发展。对此，首先要遵从唯物史观，从新中国的相关历史讲起，不能脱离新中国成立前后的国情，要对新中国成立后的前30年有一个清醒的分析。其次，要结合马克思的所有制理论论述中国特色社会主义市场经济下的基本制度、国有企业、分配等问题，结合马克思、列宁关于市场、政府、国家等学说来论述我们国家市场与政府的关系，结合邓小平的“两个飞跃”论述全面深化改革应重视集体经济和公有制经济的建设与发展，结合国际生产价值规律论述我国对外经济发展战略以及世界市场等问题，等等。

研究特色：自从党的十四大报告提出“我国经济体制改革的目标是建立社会主义市场经济体制”以来，众多专家学者围绕社会主义市场经济理论与实践进行了大量的研究，所著专著以及文章不计其数，大致可以归为以下两类：一是从理论、制度、体制三方面探讨社会主义市场经济，第一方面先讲述建立社会主义市场经济理论依据与实践基础；第二方面讲述社会主义市场经济运行特征与机制；第三方面从国有资产管理体制、政府宏观调节、财政税收体制、金融体制、社会保障体制等方面来论述社会主义市场经济体制。二是结合马克思主义政治经济学与社会主义市场经济进行探讨，重点运用马克思主义的具体理论来指导社会主义市场经济的运行与发展，比如劳动价值论、货币理论、资本理论、工资理论、资本循环理论、资本周转理论、社会资本再生产理论等。该项目的研究特色是要运用马克思主义政治经济学原理，结合中国自身的发展道路和世界资本主义的发展情况，对中国社会主义市场经济进行系统的、深层次的研究，充分阐释中国特色社会主义与市场经济的历史渊源、现实结合和未来发展，以构建当代中国的政治经济学。

【社会主义价值体系构建研究】

中国社会科学院马克思主义研究院
张建云

研究意义：社会主义价值体系构建研究的重要意义，首先在于它是深入推进社会主义核心价值体系建设的现实需要。核心价值体系无疑来源于价值体系，社会主义核心价值体系是从社会主义价值体系中提炼出来的，只有明确了社会主义价值体系的完整内容，才能真正理解社会主义核心价值体系的来龙去脉、内容、意义等，从而才能进一步推进社会主义核心价值体系建设。其次，加强社会主义价值体系构建研究是与资本主义价值体系竞争的现实需要。资本主义经过几百年发展，形成了一整套的价值体系原则、内容等，西方国家极力宣扬资本主义价值体系，维护其主导地位。在当前全球化、思想文化剧烈交锋时代，社会主义构建具有自身主体性的、明确而又完善的价值体系，彰显社会主义的优越性和生命力，是当前社会主义建设的一项重要而急迫的任务。最后，加强社会主义价值体系建构研究也是深化马克思主义价值论研究的理论需要。价值论研究既需要从哲学理论层面梳理和探索，同时也需要在对现实问题的解释和解决的过程中得到深化和升华。

研究内容：（1）该项目研究实施思路：在深入探讨、梳理价值问题的基本原理的基础上，全面系统揭示社会主义价值体系的构建原则、本质特征、基本内容以及构建路径和方略，明确社会主义价值体系与传统价值体系、与资本主义价值体系、与社会主义核心价值体系的关系，从而将社会主义核心价值体系建设置于更宽广的背景之下，促进社会主义价值体系的全面建设。（2）关于价值与价值观、价值体系的基本理论研究，既要从哲学层面把握其基本概念内涵，又要明确将价值与价值观、价值体系分开来。关于社会主义价值体系的构建原则，主要把握两点：既要把握其与传统价值体系，特别是资本主义价值体系相区别的独特性，又要把握其相比社会主义核心价值体系的更高层次的普遍性和一般性。关于社会主义价值体系的本质特征，把握两点：一是人民性，社会主义价值体系的主体是工人阶级、劳动人民；二是超越性，它不断超越有限个体、指向人类整体，不断超越现在、指向未来，体现了批判、传承与创新的统一性。关于社会主义价值体系的基本内容，该项目拟从主、客体对象性关系角度全面把握，内容包括：人民主体、劳动至上，集体主义原则、共产主义理想，等等。

研究创新：（1）从马克思主义视角，以马克思主义基本原理为指导，阐明价值、价值观、价值体系及社会价值体系等概念的基本内涵。（2）科学确立概括社会主义价值体系内容的逻辑主线或中心线索，这是全面概括社会主义价值体系内容的关键。只有按照科学的逻辑框架，才能使概括既合理，又周延。（3）全面概括社会主义价值体系的主要内容，明确社会主义价值体系与资本主义价值体系、传统价值体系及社会主义核心价值体系的区别。（4）切实提出构建社会主义价值体系路径和方略。

【当前意识形态形势与对策研究】

中国社会科学院马克思主义研究院
李瑞琴

研究背景：意识形态工作是党的一项极端重要的工作，关乎旗帜、关乎道路、关乎国家政权安全，一刻也不能放松和削弱。党的十八大以来，以习近平同志为总书记的党中央高度重视意识形态工作，习近平总书记发表了包括“8·19”讲话在内的一系列重要讲话，中央于2013年召开了全国宣传思想工作会议，于2013年和2014年分别印发关于意识形态领域形势和问题的中央9号文件和30号文件，为进一步做好意识形态工作指明了方向。

当前，意识形态领域形势尖锐复杂，国外敌对势力加紧渗透，国内各种政治力量竞相发声，不断变换手法，制造思想混乱，与我国争夺人心。中央提出，要牢牢掌握意识形态工作的领导权、管理权、话语权，任何时候都不能旁落。

意识形态工作要打好主动仗、下好先手棋、唱响主旋律，就一刻也离不开对意识形态形势的正确研判与分析，一刻也离不开对意识形态领域倾向性、苗头性问题的及时把握和跟踪研究。因此，全面、系统、准确、及时了解意识形态领域的动态和情况，是做好意识形态工作的一个基础性、前提性的条件，是意识形态工作提高有效性、针对性的重要一环。

研究内容：该项目的根本目的是及时跟踪和研判当下意识形态领域的形势，提出对策建议，为中央决策提供全面准确的信息和材料。项目主要关注理论舆情，即意识形态领域和思想理论领域涉及重大是非原则、事关改革根本方向的重大理论和现实问题。具体主要包括以下方面：第一，关注正面宣传中的问题。第二，对中央文件精神和领导人讲话精神的不同解读，特别是歪曲解读。第三，关注主要思潮的动态动向，特别是2013年中央9号文件和2014年中央30号文件中提及的错误思潮及其新表现。第四，关注倾向性、苗头性问题。第五，一时被炒热的观点、人物、事件。第六，研判形势，分析原因，提出意见建议。

研究特色：（1）具有较强的敏感性和风险性。意识形态形势研判和对策建议的工作会经常性地涉及对一些重大理论和现实问题的看法与意见，会经常性地涉及对一些改革举措得失的分析，会经常性地涉及对相关领导机关和领导人工作和政绩的评价，会经常性地涉及一些相关单位和个人的倾向性观点，这些情况与国内外复杂严峻的意识形态形势和各种政治力量的角力相交织，使得做这项工作具有较强的“敏感性”和较高的“风险性”。（2）需要具有很强的时效性和针对性。一些热点事件、重要舆情，通过互联网可以在短期内迅速传播、扩散、发酵、升级，项目研究必须第一时间进行跟踪和把握，对事物进行定性和定量分析，透过现象分析本质，及时做出正确判断，形成具有对策性建议的报告。（3）需要具有很强的使命感和责任意识。意识形态领域已经成为国内外敌对势力向我党进攻的前沿阵地。近年来大行其道的历史虚无主义，其要害就是要从根本上否定马克思主义指导地位和中国走向社会主义的历史必然性，否定中国共产党的领导。当前意识形态领域斗争呈现出的新特点，无不围绕于此，其进攻性、影响力、破坏性甚于以往。这都需要项目研究工作者具有紧迫感、使命感和责任意识。

【马克思主义哲学中国化与西方哲学中国化的比较研究】

中国社会科学院哲学研究所　李俊文

研究意义：19世纪末马克思主义哲学开始传入中国，揭开了我国马克思主义哲学研究的序幕。正是马克思主义哲学的传播和研究，使中国的命运同马克思主义哲学紧密地联系在一起，深刻地改变了中华民族的历史进程。中国共产党的成立开启了马克思主义哲学中国化的奋斗历程。回顾近现代西学东渐的历史在很大程度上就是一部西方哲学中国化的历史，也是一部中国学者如何自觉地选择中国文化的走向的历史。党的十八大报告明确指出，全面建成小康社会，实现中华民族伟大复兴，建设社会主义文化强国，必须走中国特色社会主义文化发展道路。而建设社会主义文化强国，关键是增强全民族文化创造活力。这为马克思主义哲学中国化与西方哲学中国化的研究提出了要求，指明了方向。

马克思主义哲学中国化与西方哲学中国化的比较研究在学界还是一个新的研究视角，其具有重要的学术价值和现实意义。第一，有利于推进马克思主义哲学、中国哲学与西方哲学研究的整体发展。第二，促进马克思主义中国化和西方哲学中国化进程的相互借鉴、相互补充。第三，揭示马克思主义哲学中国化和西方哲学中国化的普遍性与独特性。第四，对于促进中国的现代化进程、提升理论自信和中国特色哲学新形态的建设具有重要的现实意义。

研究内容：（1）对马克思主义哲学中国化和西方哲学中国化的历史进程考察，揭示马克思主义哲学中国化与西方哲学中国化的基本特征。（2）对马克思主义哲学中国化和西方哲学中国化的理论基点进行分析，围绕中国具体的社会现实与两种哲学的中国化、中国传统哲学的现代化与两种哲学的中国化、马克思主义哲学中国化与西方哲学中国化的辩证关系三个问题展开研究。（3）马克思主义哲学中国化与西方哲学中国化的理论建构。对两种哲学中国化的具体影响因素、路径选择和理论诉求展开论述。

研究特色：（1）立足于马克思主义哲学经典文本，对马克思主义哲学经典著作进行深度解读，做出具有创新意义和时代特色的创新。（2）借鉴国外马克思主义的成果，对国外马克思主义的历史文献和当代发展进行深入发掘和研究。（3）通过对马克思主义哲学、西方哲学在以中国为代表的后发型国家中本土化、民族化进程与特点的考察，研究马克思主义哲学中国化与西方哲学中国化，揭示这两种哲学中国化的特征与未来发展方向。

【习近平外交战略思想研究】

中国社会科学院亚太与全球战略研究院　许利平

研究背景：习近平执政以来，足迹已遍及世界五大洲，其提出的一系列外交理念在深刻影响着中国外交，这包括对中国的外交定位、周边外交、新型大国关系、新型安全观等方面。2012 年 11 月 29 日，中国共产党十八大刚闭幕不久，新任总书记习近平同志率领政治局常委参观《复兴之路》时强调，“到新中国成立 100 年时建成富强民主文明和谐的社会主义现代化国家的目标一定能实现，中华民族伟大复兴的梦想一定能实现”。中华民族伟大复兴也即是中国崛起，习近平主席对中国的外交定位明显转向如何成功实现崛起。从概念分析与历史经验来看，所谓大国崛起不仅仅体现在实力相关指标上从世界第二向第一赶超，也体现在外交上的积极进取。因此，可以初步认为习近平主席在中国的外交定位上从发展性外交战略转向崛起性外交战略。

研究内容：（1）在周边外交上，习近平主席前所未有地重视周边战略，将周边外交与大国外交放到同等重要的位置，由中国外交战略中的“大国外交”一个重心调整为“大国外交和周边外交”两个重心。在这个过程中，中国周边也逐渐成为中国外交的一个独立领域。在这个背景下，习近平主席相继提出“丝绸之路经济带”和“21 世纪海上丝绸之路”的“一路一带”问题，倡议并筹建亚洲基础设施投资银行等。（2）在大国关系上，2013 年 6 月初，习近平在就任中国国家主席后与奥巴马首次会晤时，系统全面阐述了中美如何建立新型大国关系。新型大国关系建设的提出主要是针对中美和平共处，旨在避免崛起大国与守成大国的冲突上。这一思路也得到了美国政府的积极回应，目前已成为中美关系建设的主要目标。这也是首次由中国领导人提出如何处理中美关系的理念，然后得到美国响应、并积极谋划。（3）习近平主席提出了亚洲安全观的理念，这也得到了世界特别是亚洲国家的强烈关注与积极反应。2014 年 5 月 20 日，亚洲相互协作与信任措施会议第四次峰会在上海举行，习近平主席在这次会议上提出应积极倡导共同安全、综合安全、合作安全、可持续安全的亚洲安全观，创新安全理念，搭建地区安全合作新架构，努力走出一条共建、共享、共赢的亚洲安全之路。

研究意义：（1）习近平主席虽然执政仅仅三年，在延续中国外交的基础上，其外交思想的很多方面已经意义深远地影响了新时期的中国外交，某些方面的调整与变化甚至是根本性的。中国社会科学院亚太与全球战略研究院长期以来遵循党中央的对外方针政策，在科研上体现中国意识与全球视角，以我国对外关系领域、国际关系领域中的重大理论与现实问题为主攻方向，以代表国家水准、具有世界影响的研究成果服务于党和国家的决策。因此，习近平主席的外交思想研究应该当仁不让地成为我们重要的研究任务。正是由于习近平主席外交思想的上述重要而深远的意义，课题的研究预计不仅会在政策上对于如何解读、领会及落实新时期中国的外交有着重要意义，而且在学理上对于如何丰富中国外交学研究也将有着深刻而积极的意义。（2）课题采取文献分析、实地调研、访谈和逻辑推演等研究方法，通过比较、综合等手段，系统分析和研究习近平外交战略思想。课题的创新性在于通过对周边国家的实地调研，把习近平外交战略思想理论与周边外交具体实践相结合，提炼出一些重大理论认识和我国经略周边的中长期对策。

2015 年度教育部人文社会科学研究课题简介（部分）

【马克思主义中国化视阈下中共反帝话语范式的建构与演变及其基本经验研究（规划项目）】

对外经济贸易大学思想政治理论课科学科研部　刘建萍

研究意义：在“话语”范式研究日益兴盛的当下，从“中共反帝话语范式的建构、演进及其基本经验”展开研究，开辟“马克思主义中国化”和“中国特色”话语范式研究的新视角，无疑具有重要的理论价值和时代意义。一段时间以来，学术界对中共反帝话语建构的理论基础——列宁“帝国主义论”所含理论价值的时效性产生怀疑，进而对毛泽东时代中共帝国主义观及反帝话语范式的科学性和时效性产生争论和疑问；改革开放以来中共在融入全球化的征程中，逐渐回避“帝国主义”一词，而以“霸权主义、强权政治”“新干涉主义”等词替代，主张积极参与全球治理等，因而，围绕“帝国主义”概念的滥用、混淆，否定实践意义上的帝国主义的存在等现象，有必要对中共所持帝国主义观及其反帝话语范式的建构、特点、内容及逻辑演进，对新时期反帝话语转型和新话语建构的时代性及其特征实质等进行梳理总结研究，厘清新时代下中共对当今世界是否存在帝国主义的论述以及中共的新帝国主义理论的基本内涵及其逻辑结构，总结其基本经验及其规律，更好地回应国际国内对“反帝”话语历史与现实的关切。

研究内容：课题以马克思主义中国化演进为线索，建立起中共反帝话语范式的基本逻辑框架。（1）以全球化视野和马克思主义世界历史理论作为前提背景展开课题的时代性话语逻辑建构；（2）比较不同时期中共反帝话语范式的理论来源及理论基础，厘清古典帝国主义理论群、列宁帝国主义论、“新帝国主义论”“后帝国主义论”对中共帝国主义话语体系的影响；（3）比较不同时期中共反帝话语范式的内容特征，总结“中国化”帝国主义话语体系的创新与失误；（4）研究中共反帝话语范式建构与再建构的路径选择，深刻认识话语主体建构的基本特征。（5）总结中共反帝话语建构及演进的基本经验及规律。

研究创新：（1）通过对时代性前提的分析，正确认识中共反帝话语范式一以贯之的时代价值理想是为最终建立公正合理的国际社会新秩序提供必由之路。（2）通过对理论来源及理论基础的研究，清晰列宁帝国主义理论作为直接理论来源的价值意义。兼批“列宁帝国主义论过时论”。（3）通过研究不同时期中共反帝话语范式、内容、特征，建构“中国化”帝国主义话语体系。（4）通过研究反帝话语范式建构路径，揭示中共反帝话语主体建构之特点。（5）通过总结中共反帝话语范式建构、演进的基本规律及基本经验，为未来中国对外关系话语发展提供借鉴。

【马克思货币哲学及其当代意义研究（青年基金项目）】

重庆大学公共管理学院 陈飞

研究意义：（1）研究马克思货币哲学，有助于历史唯物主义研究向政治经济学和经济哲学领域深化，从而在一定程度上使历史唯物主义由宏大叙事向微观范式转换。（2）由货币切入马克思哲学，有助于突破对马克思哲学的概念式、本体式理解，确立货币在马克思哲学形成史上的地位，从而为本真地理解马克思哲学提供一个新的可能向度。（3）马克思货币哲学思想具有反思和批判现代性的明确立场，为透视和解决当代诸多现代性问题提供了重要的思想资源。（4）研究马克思的货币异化、货币幻象、货币拜物教等思想，有助于澄清鲍德里亚、齐泽克等当代思想家对马克思的误识，从而作出积极的回应。

研究内容：（1）马克思货币哲学与西方货币哲学传统的理论传承关系。马克思货币哲学是在西方货币思想史的土壤中生根、发芽、成长起来的，因此探究二者的理论传承关系将为阐释马克思货币哲学提供必要的理论准备。（2）马克思货币哲学的整体生成过程。马克思货币哲学的生成过程大体上可以划分为三个阶段：第一阶段为早期人本主义视域中的货币异化论；第二阶段为中期历史唯物主义视域中的货币社会关系论；第三阶段为后期政治经济学批判视域中的科学货币论。（3）马克思的货币异化理论。货币导致了人性的扭曲和异化，这种异化主要表现为三个方面：由于货币具有购买一切东西的特性，本来作为手段的货币，却被异化为市民社会“真正的上帝”；货币造成了现代人生活意义的失落和价值的颠倒；在现代社会，本应追求自由全面发展的人却成了片面追求货币的“单向度的人”。（4）马克思的货币文明理论。货币促进了现代社会的自由、平等、契约关系的产生；货币促进了个人意识的觉醒；货币促进了社会结构的变迁和社会经济的发展；“作为资本的货币”具有强大的生产功能，创造了极大的物质财富和自由时间，为人的解放提供了必要的物质前提。（5）马克思货币哲学的当代意义。系统梳理和阐发马克思对货币幻象、货币异化和货币拜物教的分析，有助于在社会主义市场经济条件下培养健康的货币心理，从而树立正确的货币世界观、货币价值观和货币人生观。

研究特色：（1）通过对西方货币哲学发展史的梳理，深入全面地考察马克思货币哲学的各个向度，从而在西方货币哲学的发展脉络中确立马克思货币哲学的核心要义及其历史地位。（2）以马克思的经典著作为依托，把对马克思货币哲学的研究建立在扎实的文本解读的基础之上。（3）与国内外学者相关领域的研究成果进行比较研究，最终形成该课题的研究重点和研究特色。

【跨文化视阈下的法国毛主义研究（青年基金项目）】

北京师范大学哲学与社会学院 徐克非

研究意义：课题研究的是毛泽东思想在海外的传播——法国的毛主义。法国的毛主义可以追溯到1954年萨特和波伏娃访华，1959年中苏论战开始萌芽，60年代科耶夫访华与马尔罗受到毛泽东接见后逐渐发酵，1966年中国“文革”爆发后彻底浮出水面，在1968年五月风暴中总爆发，70年代初期发展到高峰。在那场彻底改变法国政治、社会和文化版图的五月风暴中，毛泽东与马克思、马尔库塞被称为3M，毛主义也成为了众多激进思潮的底色。法国毛主义的影响一直持续到今天，当今最有名的法国哲学家阿兰·巴迪仍然坚称自己为毛主义者。

法国的毛主义与其说是政治运动，不如说是文化创造的潮流。毛泽东思想与法国不同思想流派相结合，发展出极具深度和创新性的哲学和社会批判理论。西方学者深谙毛泽东提倡的“洋为中用”方针，只不过这里变成了“中为洋用”。在我们忙于介绍引进各种新潮的后现代思想时，殊不知很多后现代思想派别中都或隐或现地闪烁着毛泽东思想的影子。

研究内容：毛泽东思想在向海外传播过程中产生了重要影响，主要体现在以下三个方面。第一是推动西方马克思主义哲学的发展。阿尔都塞的“多元决定”思想以及阿兰·巴迪的“结构唯物主义”思想都和毛泽东思想密切相关。《泰凯尔》杂志和拉康主义马克思主义学派也都和毛泽东思想水乳交融。厘清毛主义在西方马克思主义哲学的发展中的作用将是该课题的一个重要内容。第二是对社会批判理论的发展。法国的毛主义者将毛泽东的思想和各种批判理论相结合，批判后现代社会。包括反对官僚制、反思左派政党组织形式、批判资本主义代议制民主、解放妇女、改革大学等，在现实层面产生了重要影响。第三是对中国传统文化传播的促进。法国毛主义者逐渐认识到毛泽东的辩证法与道家思想有密切的关系。于是，他们主动研读了《老子》《庄子》《易经》和《淮南子》等，极大地推动了中国传统文化的传播，即使在毛主义在法国消退后，法国知识分子对于中国文化的热情一直延续到今天。

法国毛主义促进了中国化的马克思主义在海外的传播，这是中国自启蒙运动以来第一次在世界上发出自己的声音，是新中国发挥国际影响的起始。但是法国的毛主义也存在自身的问题。例如，忽视了毛泽东思想产生和发展的社会现实、始终无法摆脱西方中心主义等，这些问题也是需要重点把握的内容。

研究创新：马克思主义中国化是国内学术界的一个重要议题，但是人们似乎已然忘记了中国化的马克思主义的海外传播。该课题的首要创新之处就在于弥补国内的这个空白。毛泽东思想对世界的意义需要引起我们的重视。其次，采用跨文化的研究方法，追求视域的融合。从中国化的马克思主义在海外的传播角度来研究法国化的毛主义，目的就是使之与我们当下的视域相融合，进行新的理论创造。再次，探究中国如何走向世界。当今中国的经济已经崛起，但我们缺少足够的软实力走向世界。毛泽东思想在海外的传播已经为中国走向世界做过铺垫，我们不应该忘记这一宝贵遗产。重新激活毛泽东思想在西方思想文化的影响，借助这一渠道开展与西方的对话或许是我们“走出去”的一座重要桥梁。

【虚无主义思潮对当代中国价值观的影响及其对策研究（青年基金项目）】

北京理工大学马克思主义学院　赵亮

研究意义：（1）理论价值：首先，探究虚无主义在价值观领域的消极影响，有助于反思和批判虚无主义的思想观念，揭示其本质和破坏作用；其次，通过阐释马克思对虚无主义的克服有助于宣传和发扬马克思的积极健康科学的价值观念；最后，有助于从新视角来理解马克思实现的哲学变革，并将为人们解决当下所面临的理论和现实问题提供重要启示。（2）应用价值：首先，有助于转变青年人非科学非理性的价值判断、价值取向和价值观念，进而树立正确的价值追求和人生理想；其次，青年人价值观建设是文化软实力建设的重要方面，因此克服虚无主义的消极影响，有利于文化软实力建设，增强和提高青年人的文化素质、思想修养和精神境界；最后，有助于推动青年人的价值创新工程建设，创造新的价值范式、价值标准和价值理念，健全和完善中国特色社会主义核心价值观体系。

研究内容：（1）虚无主义对中国青年价值观造成强烈冲击。①虚无主义使青年人生活世界平庸化。②虚无主义导致青年人精神家园缺失。③虚无主义使青年的幸福感每况愈下。因为没有人生追求、理想和目标，所以青年人的生活空虚无聊。④虚无主义严重影响青年的价值判断和价值取向。（2）马克思对虚无主义价值观的理论性克服。①马克思揭示了虚无主义价值观产生的根源。②马克思指出克服虚无主义关键在于摧毁资本对人的奴役。③从马克思克服虚无主义的视角来看马克思实现的哲学变革。（3）西方学者回应虚无主义价值观的理论分析。①分析尼采、海德格尔和福柯等西方学者对虚无主义的基本观念及克服虚无主义的对策，指出西方学者对此问题回应的独特性。②西方学者从不同视角探究了克服虚无主义的对策，这些探索在研究的深度、广度和层次，以及研究视角和方法上都是值得我们深入学习和借鉴的。（4）中国特色社会主义价值观消解虚无主义的对策。①积极宣传认真学习马克思对虚无主义消解的理论内涵。②发挥社会主义核心价值观的引领作用。③建设和完善整个社会的思想政治教育。④分析当下出现的多元化价值观的利弊加强文化软实力建设。

研究创新：（1）研究视角的创新。当前对虚无主义的研究主要是在西方哲学的脉络里和纯学理层面进行的。该课题将从中国现实语境出发，探讨虚无主义与中国青年价值观的关系，这一研究视角具有一定创新性。（2）研究方法的创新。运用比较分析方法，通过阐释西方学者对虚无主义的克服，进而比较分析马克思克服虚无主义的独创性和革命性，此种研究方法具有一定创新性。（3）理论观点的创新。由于研究视角和研究方法具有一定创新性，所以在课题的具体论证中将有一些创新性的理论观点。

第八篇

会议综述

金融危机以来的世界社会主义
——第 3 届国际共产主义运动论坛综述

遇　荟　邢文增

为深入了解 2008 年国际金融危机以来世界社会主义运动的现状与发展趋势，探求国际共产主义运动的发展规律，进而为中国特色社会主义建设提供借鉴，2015 年 4 月 25 日，由中国社会科学院马克思主义研究院与华中师范大学主办，中国社会科学院马克思主义研究院国际共产主义运动研究部与华中师范大学政治学研究院共同承办，广西师范大学出版社、《马克思主义研究》杂志社和《社会主义研究》杂志社协办的“第 3 届国际共产主义运动论坛——金融危机以来的世界社会主义”学术研讨会在湖北武汉召开。来自中国社科院、中央编译局、中联部、中央党校、教育部、北京大学、华中师范大学等 50 家单位的 120 多位专家学者参加了研讨会。与会学者围绕会议主题展开了充分的交流与研讨。

一　世界社会主义发展的总体态势

2008 年国际金融危机为世界社会主义的发展提供了机遇。危机使资本主义国家的工人运动和新社会运动重新得以开展，尽管没有动摇资本主义制度的根基，但也构成了一定的冲击与挑战。因此，从总体上把握世界社会主义的发展态势，指出其存在的问题及面临的挑战，具有重要意义。

中国社会科学院马克思主义研究院院长、党委书记邓纯东在致辞中指出，金融危机以来，当代发达资本主义国家仍处于深度调整期，复苏前景不明朗，而大多数社会主义国家及部分左翼政党执政的国家发展良好。当代世界社会主义运动孕育着新的发展内涵，社会主义的历史使命仍在继续，需要我们把握社会主义发展的新态势、新特点，深化对社会主义发展前景和规律的认识。当前世界社会主义出现了以下新特点：发展模式多元化，左翼力量有所壮大，国际合作形式出现新变化，世界社会主义理论研究再次成为各国的新热点。

北京大学马克思主义学院闫志民教授认为，世界社会主义已走出苏东剧变的阴影，进入新的发展时期。具体表现为：一是两种社会制度国家和平共处、互利合作、相互竞争；二是社会主义力量的和平发展；三是各国工人党、共产党独立自主探索解决本国革命和建设问题，呈现出多元化和多样化。世界社会主义进入新阶段后，将进入量变的新常态时期。

中央编译局许宝友研究员认为，世界社会主义的新态势意味着：第一，从内部或主观方面看，苏东剧变后，世界社会主义运动内部正在形成以中国特色社会主义为中流砥柱的新态势，社会主义发展的多元化态势正得到巩固和加强，世界左翼运动也取得了不同程度的发展，社会主义价值观念正在深入人心；第二，从外部或客观方面看，资本主义和社会主义之间的关系正在发生新的变化，社会主义正在得到较好的发展。

华中师范大学国外马克思主义政党研究中心主任聂运麟教授谈道，危机爆发后，资本主义国家共产党积极开展应对危机的斗争，在理论与实践中都迈出了新的步伐。但从总体看，世界社会主义运动仍处于低潮，发达资本主义国家共产党在政治生活中仍处于边缘地位。要解决这一困局，必须从自身存在的问题入手：第一，解决历史遗留的和现实产生的内部分歧，实现社会主义运动自身的团结和统一；第二，排除“左”倾和右倾思潮的干扰，创造性地制定马克思主义的理论与策略；第三，坚持和发展民主集中制；第四，巩固党的阶级基础，扩大党的群众基础；第五，坚持左翼联盟政策；第六，突破现行政治体制的禁锢，扩大共产党的政治影响力，改变被边缘化的状态。

中央编译局马克思主义研究部主任季正矩研究员认为，第一，从总体上看，当前的世界社会主义还处于回升过程中的低潮，但低潮中有亮点，局部上有所建树和突破；第二，工人的国际联合呈现较好的势头；第三，中国特色社会主义的示范效应持续发酵和增强；第四，多样性和自主性等维度正在成为世界社会主义发展的新态势，全球化也正在并日益成为世界社会主义运动变化、发展的平台。

中国社会科学院信息情报研究院党委书记姜辉研究员认为，世界社会主义已进入新的发展时期，即：世界范围内反对和变革资本主义的世界社会主义运动集中开展时期，各具特色的社会主义民族化趋势与加强联合的国际化合作并存发展时期，中国特色社会主义成为世界社会主义的旗帜且引领示范作用上升时期，处于新一轮衰退期的世界资本主义与处于新一轮上升期的世界社会主义之间的竞争和博弈更趋激烈时期。

中共中央党校科社教研部胡振良教授强调了时代变迁与世界社会主义新发展之间的关系，认为应重视从社会技术形态的角度去深化社会主义的研究，重视从社会经济形态的角度去深化社会主义的研究，重视从互联网和社会主义的关系角度深化社会主义的研究，即从互联网是人（自由）的时代、民主的时代、社会的时代、民族和世界历史的新时代的角度去看待和深化互联网和社会主义之间关系的研究。

《社会主义研究》副主编王建国认为，目前世界社会主义发展面临的仍然是在多元化的现实与趋势（国际共运史的常态）的基础上如何取得共识的问题。这不仅包括对资本主义发展特点和趋势的共识，也包括对世界社会主义运动的形式、世界社会主义运动的多元化等取得共识，这样才能深化对国际共产主义及其运动的理解，从而在现实层面上达成合作与联合。

二 国外共产党及左翼运动的发展现状

近年来，国外共产党和左翼政党都对其理论政策进行了调整，呈现出新的发展态势。

中国社会科学院马克思主义研究院李瑞琴研究员认为，危机爆发以来，世界左翼运动发展较快。各国共产党工人党国际会议对资本主义进行了深刻批判；世界各类左翼论坛声势浩大，提出了符合广大劳动人民利益的政策主张。这些都推动了社会主义运动的缓慢复兴。但她同时强调，对于资本主义的生命力也不能低估，未来左翼力量仍然要做好面临长期挑战和困境的准备。

中国社会科学院拉丁美洲研究所徐世澄研究员分析了拉美左翼的情况。他指出，目前拉美国家的左派执政地位虽然相对稳固，但也在经受着新的考验。美国千方百计想搞垮委内瑞拉等左派政权，拉美各国国内的右派也在利用部分群众的不满情绪发动进攻，拉美政坛左派占优势的局面正在发生变化。

中国社会科学院马克思主义研究院刘淑春研究员在分析苏东剧变以来独联体国家共产党的整体情况时指出，目前独联体地区至少有 30 多个以共产党命名或以建设社会主义制度、实现共产主义理想为目标的共产党，总人数达 70 多万。它们坚持以马克思主义为指导，反思苏联社会主义失败的教训，根据国内外形势的变化，制定新的纲领和行动指南。其面临的困境是：一方面，国内政治生态环境艰难，地区地缘政治环境复杂；另一方面，共产党内部存在分歧，选择议会道路令其陷入两难境地。

云南大学马克思主义学院袁群副教授、山东大学（威海）马列部焦佩副教授、湖南第一师范学院马克思主义学院王建礼副教授、山东大学外国语学院李亚洲教授、华中师范大学政治学研究院余维海副教授、中国人民公安大学人文社科教研部禚明亮讲师、中国社会科学院马克思主义研究院李凯旋助理研究员等都就该专题发表了很好的意见。

三　中国特色社会主义的新发展

2008 年国际金融危机爆发以来，中国特色社会主义的发展备受瞩目，并成为世界社会主义运动的中流砥柱。中国特色社会主义的发展也成为与会学者集中讨论的问题。

信阳师范学院副校长李俊教授阐释了习近平总书记提出的“中国共产党的领导是中国特色社会主义最本质的特征”论断的价值，认为这一论断宣告了中国共产党领导的合法性，指出了中国共产党的领导与中国特色社会主义本质特征之间的内在关系，揭示了中国共产党的领导是中国特色社会主义成功的根本原因。

教育部社科司原司长奚广庆教授强调，“科学社会主义基本原则”理论范畴的提出是对科学社会主义理论认识的历史性飞跃。这是我们党 90 多年来坚持正确理解和对待科学社会主义的思想结晶。这个理论集中体现了科学社会主义的本质和逻辑，同时又深深扎根于 20 世纪世界社会主义的历史发展和丰富经验之中，为我们坚持发展和完善中国特色社会主义提供了最锐利的思想武器。

河北省社会科学院郭强副研究员论述了中国国家治理现代化的发展逻辑，指出中国作为一个发展中的社会主义东方大国，其国家治理既要符合现代化的发展逻辑，又要符合社会主义的发展逻辑，还要符合东方文明的发展逻辑。

中国社会科学院马克思主义研究院张福军副研究员对中国道路和中国模式进行了分析，认为中国道路的特点表现为：理论性和实践性的有机统一、特色性和世界性的有机统一、历史性和逻辑性的有机统一。而中国模式是中国特色社会主义的制度模式和发展模式，是中国自己选择的创新模式。习近平总书记提出的“四个全面”作为社会主义建设的总方略，为完善中国道路与中国模式提供了战略指引。

中国社会科学院马克思主义研究院副院长樊建新研究员最后对会议进行了总结。他指出，苏东剧变后，国际共产主义运动学科陷入低潮，研究力量屈指可数。为把该领域的研究力量汇集起来，马克思主义研究院从 2013 年开始筹建此论坛，已举办了 3 届，规模越来越大，议题越来越深入，对推进学科发展、培养研究队伍会起到越来越重要的作用。他指出，本次论坛基本达成共识的问题包括：如何判断当今时代的主题，如何用“新常态”对国际共产主义运动的现状、特点和发展趋势进行概括，如何正确对待马克思主义基本原理和科学社会主义基本原则，如何认识资本主义国家通向社会主义的道路等。总之，对世界社会主义运动的判断既不能盲目乐观，要看到问题；也不能悲观失望，要看到新的变化。

另外，中央编译局林德山研究员、中国社会科学院马克思主义研究院冯颜利研究员、西南财经大学马克思主义学院鲁长安讲师、中国社会科学院马克思主义研究院张剑副研究员等对国外左翼思潮和生态马克思主义作了大会发言。

（原载《马克思主义研究》2015 年第 5 期）

在党的领导下全面推进依法治国

——全国马克思主义青年学者论坛（2015）综述

蔡晓良

由中国社会科学院马克思主义研究院和马克思主义研究学部、福州大学共同主办，福州大学马克思主义学院承办、《马克思主义研究》编辑部协办的“全国马克思主义青年学者论坛（2015）”，于2015年5月30日在福州大学举行。中国社会科学院马克思主义研究院副院长樊建新出席会议并作主题报告。福州大学党委副书记陈少平、福建省委宣传部理论处处长游炎灿出席会议并致辞。中国社会科学院翟胜明研究员和支振锋副研究员、清华大学刘书林教授、福州大学庄穆教授、黑龙江省社会科学院张磊研究员分别作学术报告和专题讲座。来自中国社会科学院、中国人民大学、复旦大学、浙江大学、武汉大学、中山大学等高校和科研机构的近70位青年学者以及《马克思主义研究》《思想理论教育导刊》《学习与探索》《人民日报》《光明日报》等媒体的代表参加了论坛。与会代表围绕“依法治国与党的领导”主题展开了深入而热烈的研讨。

一　依法治国与党的领导

深刻把握依法治国与党的领导的关系，对于建设社会主义法治国家具有重大作用。与会学者一致认为，党的领导是中国特色社会主义法治的本质特征和根本要求，是全面推进依法治国的题中应有之义；党的领导和社会主义法治是一致的，社会主义法治必须坚持党的领导，党的领导必须依靠社会主义法治。

樊建新在主题报告中指出，该次论坛之所以将主题定为依法治国与党的领导，是因为在全国上下热烈讨论全面依法治国的形势下，社会上有不同的声音，有很大的争论，甚至激烈的交锋，这些争论和交锋涉及重大原则是非问题。比如，把依法治国与党的领导对立起来，提出所谓“党大还是法大”“党治还是法治”“《党章》大还是《宪法》大”这样一些伪命题。还有，有些人曲解十八届四中全会决定的精神，把全会决定中的“任何党政机关和领导干部不得违法干预司法活动”歪曲为党不能领导司法；把全会决定中“依法独立公正行使审判权和检察权”说成西方式的“司法独立”，主张司法要脱离党的领导。这些观点的实质，都是用西方政治理论、政治制度来解释和裁剪中国的政治实践，都是西方宪政思潮的观点，本质上就是反对党的领导，反对社会主义制度。在这个问题上，十八届四中全会决定和习近平总书记的相关讲话作了非常明确的回答。习近平提出：“党的领导是中国特色社会主义法治之魂，是我们的法治同西方资本主义国家的法治最大的区别。”所以，全面推进依法治国，绝不是要虚化、弱化甚至动摇、否定党的领导，而是为了进一步巩固党的领导。樊建新指出，“党大还是法大”是个伪命题，党的领导和社会主义法治是一致的，社会主义法治必须坚持党的领导，党的领导必须依靠社会主义法治。不能把坚持党的领导同人民当家做主、依法治国对立起来，更不能用人民当家做主、依法治国来动摇和否定党的领导。

刘书林在报告中强调，坚持党的领导，必须拒斥西方宪政思潮。党的领导是社会主义法治最根本的保证，宣扬西方宪政思潮的人鼓吹法治脱离党的领导。他们以西方资产阶级宪法思想和文本样式为圭臬，攻击我国宪法，特别是关于党的领导的宪法序言。对待西方宪政思潮，我们不能忘记在苏联和东欧国家曾经发生的取消宪法中党的领导这一规定的惨痛教训。必须正本清源批评西方宪政思潮，理直气壮、大张旗鼓地讲清党的领导地位的历史必然性。

武汉大学王会民认为，党的领导与依法治国的关系是社会主义法治建设的根本问题，党的十八届四中全会更加明确了两者的一致性。这种一致性以党与法的统一性为根基，呈现为目的上、关系上与外在功能上的一致性。加强和改进党的领导和全面推进依法治国，需要从思想、制度、人才和实践方面入手，构建社会主义和谐的法律体系，推进法治中国建设。南京航空航天大学查正权提出，“党大还是法大”论争的实质涉及依法治国和党的领导的关系，党和法处于不同的范畴，因而“党大还是法大”是一个伪命题。党和法的关系是统一的关系，在当下中国，这种统一关系便表现为依法治国和党的领导的统一，这种统一在理论上符合历史唯物主义基本原理，在实践上适合中国国情。中国社会科学院孙应帅认为，党的十八届四中全会对全面推进依法治国进行了顶层设计和战略部署，清晰勾画了建设法治中国、推进国家治理体系现代化的宏伟蓝图。在建设法治中国的进程中，党的领导是根本保证。为此，要在依法治国的旗帜下推进依规治党。

二 依法治国与国家治理

“四个全面”是指全面建成小康社会，全面深化改革，全面推进依法治国，全面从严治党。针对“四个方面”的关系，刘书林在报告中指出，全面深化改革的成果需要法治固化，全面依法治国为全面深化改革提供稳定性和规范性。制度和大政方针政策的稳定是人心所向，国家制度的定型需要全面依法治国来保障。制度定型与改革精神并行不悖，正是针对基本制度定型的进程，敌对势力加剧了政治斗争的频率。我们要树立宪法权威，为改革划定法治的边界。河北省社会科学院郭强认为，在马克思看来，现代国家是建立在市民社会基础之上、以人民主权为价值取向的代议制国家。“社会主义”与“市场经济”有机结合，从根本上颠覆了资本支配劳动的逻辑，真正落实了自由、平等、所有权的市场经济准则，成为社会主义法治国家建设的经济引擎。同济大学陈安杰认为，国家治理现代化诠释了一种全新的治国理念，以及在此理念指导下要达到的善治目标，体现了国家治理理论的创新和超越。推进国家治理现代化离不开依法治国和协商民主。依法治国不仅是国家治理现代化和协商民主的必然要求，也是重要保障。国家治理现代化与协商民主、依法治国具有高度的契合性，协商民主与依法治国统一于国家治理现代化的价值诉求、制度安排和程序设计之中。

中国人民大学包大为、孙海洋，重庆工商大学曾晓强，上海大学储德锋，浙江大学卢宁，复旦大学彭德林等都对此问题作了阐述。

三 依法治国的实践探索

与会专家学者还对依法治国的具体实践涉及的一般理论问题和具体现实问题，展开了多维度、全方位的交流和探讨。

庄穆在专家报告中指出：依法治国，建设社会主义法治国家，是我国成为社会主义现代化国家的重要表征。提出依法治国时间较长但法治实践效果不显，实质法治与形式法治不统一是其重要原因。实质法治强调“法律至上”“法律主治”“制约权力”“保障权利”的价值、原则和精神。形式法治强调“以法治国”“依法办事”的治国方式、制度及其运行机制。形式法治应当体现法治的价值、原则和精神，实质法治也必须通过法律的形式化制度和运行机制予以实现，两者均不可或缺。

支振锋在专家报告中认为，中国作为大一统国家，其宪法在本质上与英美等典型西方国家的宪法有很大不同，在大一统的中国，宪法是国家之子，而在美国等契约建国的国家，宪法是国家之父。认识到宪法在本质上的不同，才能理解各国不同的宪制实践。目前在学术界和舆论界流行的关于中国宪法实践的“失败论”是没有依据和道理的。中国有着自己悠久而优秀的宪制传统，我们应该挖掘蕴藏于中国历史与传统之中的民本、德政、大一统、全心全意为人民服务等宪制传统，提炼中国自己的宪法理论。

福建省司法厅黄丽云认为，思想观念的变革在于价值思维向度的转变。法治思维要坚持作为起点的确定性思维、过程的边界思维和结果的底线思维，并通过分层次的尊法、学法、守法、用法来得以实现。现阶段，在很大一部分领导干部中存在的“改革不顾法治，发展不管法治、稳定压倒法治”的思想要通过法治思维的常态化来加以解决。要以法治实践的有效展开来坚守法治思维，以法治思维的常态化作为检验法治建设成效的标准。湖南省委党校祁春雪认为，法治思维是法治实践的重要前提，是实施法治方式的思想基础。社会主义法治思维的形成机理实质上是形式法治思维和实用法治思维的统一，只有将两者结合起来才能培养具有层次化的法治思维。

关于全面依法治国思想的双重理论内核与逻辑结构，西南财经大学鲁长安认为，习近平全面依法治国思想是马克思主义中国化的最新理论成果，其双重理论内核是：建设中国特色社会主义法治体系，建设社会主义法治国家。而中国特色社会主义法治体系的具体内容和建设社会主义法治国家的工作布局构成了其双重逻辑结构，进一步回答了“法治中国往何处去”这一时代课题，深化了引领中国梦的“四个全面”战略布局，实现了中国共产党治国理政思想的重大创新。

关于马克思意识形态理论中的法治观，福州大学张劲松认为，在马克思的社会结构理论中，法治是上层建筑中的一种意识形态，它源自经济生活并且反映着社会的生产方式和生产关系。法治一方面维护着不同的生产资料所有制，在资本主义社会里巩固生产资料私有制并且强化资本对劳动的剥削；另一方面法治是统治阶级意志的集中体现，它通过宣扬“自由”“平等”等观念并且借助国家权力来维持阶级统治。法治是社会主义意识形态的重要组成部分，它维护着生产资料公有制和按劳分配原则，同时代表无产阶级和广大人民群众的根本利益。

兰州大学朱大鹏认为，依法治国是现代政治文明的核心和基本标志，而实现法治教育的社会化，使每一个公民都成为法治国家建设的最终实践者则成为国家法治现代化的重要前提。法治教育社会化应当成为一种具有协同价值的法治实践，基于完善性协同、整合性协同、原生性协同的思维模式，使法治教育社会化的协同实践成为公民法治意识培育的内生动力，重视社会法治共同体的构建，促进社会公众间的法治交流与对接，形成良法、善治的科学视角，努力提升我国法治现代化水平。

华北电力大学马冬、电子科技大学黄冬霞、福州大学姜馨馨等也对此问题作了阐述。

（原载《马克思主义研究》2015 年第 7 期）

中国经济新常态：特征与趋势

——中国经济规律研究会第 25 届年会综述

杨 静 许 敏

由中国经济规律研究会、吉林财经大学主办的中国经济规律研究会第 25 届年会暨“中国经济新常态：特征与趋势”理论研讨会于 2015 年 6 月 6—7 日在吉林财经大学召开。中国社会科学院马克思主义研究学部主任程恩富会长、中国社会科学院学部委员杨圣明名誉会长、首都经济贸易大学文魁教授、武汉大学简新华教授、南开大学何自力教授等著名经济学家及全国 120 多位专家学者出席了会议，吉林财经大学校长宋冬林副会长致辞，中国社会科学院马克思主义研究院教授胡乐明副会长主持了会议。

一 经济新常态：学理界定与理论解读

习近平总书记于 2014 年在河南考察时指出，要从当前我国经济发展的阶段性特征出发，适应新常态，保持战略上的平常心态。这是国家领导人首次运用“新常态”描述中国经济，作为学者应该如何理解新常态？诸多专家学者从不同的视角对此进行了较为深刻的解读。

1. 经济新常态的学理界定

程恩富指出，美国专家首先使用了“经济新常态”一词，是描述金融危机以后西方国家将进入一个增长更慢、失业更多、盈利更难等新的状态和趋势。而中国进入的经济新常态，应以高速增长转向中高速增长、中低端产业转向中高端产业、要素驱动转向创新驱动、粗放发展转向集约发展、数量扩张型开放转向质量效益型、先富型转向共富型、优先做强非公经济转向同时做强公有经济为特征。为此，应处理好国家调节的主导性作用与市场在一般资源中的决定性作用、按劳分配主体与按资分配辅体、公有制主体与非公有制辅体、自力自主开放与依赖依附被控等重大关系。文魁教授认为，在不同的语境下新常态具有不同的语义。作为第一种语义，新常态就是对经济增长进入减速常态的一种客观判断，是对经济发展趋势的客观描述，没有价值判断。而作为第二种语义的新常态，是对经济发展状态的主观追求，有价值判断，这与科学发展观有着相同的内涵和相继性，即在经济增长减速的背景下，科学发展观为新常态提供了理论准备。简新华教授认为，中国经济发展新常态应该是从 2012 年开始的中国经济发展新阶段的新状态。这一年中国告别了原来 10% 左右的高速增长，进入 7% 左右的中高速增长阶段。新常态应该实行三大战略转变和新战略。第一个战略转变要求转向更重视做大做强公有制经济、公有制经济比重开始止跌回升的新战略；第二个战略转变要求转向强调合理缩小贫富差距、逐步走向共同富裕的新战略；第三个战略转变要求转向逐步实现“第二个飞跃”的新战略，即中国农业要走规模化、集体化的道路。中国人民大学邱海平教授认为，“新常态”不是一个学术范畴，只是对一段时间以来我国经济增长中出现的新情况和新现象的一个概括。作为学者，应该从经济发展规律的高度和角度出发对新常态进行学理性的研究，应该从政治经济学的角度和经济发展规律的角度出发来理解新常态，且需要深入探讨中国特色社会主义如何从初级阶段向中高级阶段发展这一核心问题。南开大学何自力教授指出，中国经济新常态应是更加重视经济运行的质量和效率，要将增长和速度放在更高质量和效率的基础上；造成中国经济持续下行的主要原因是国际经济因素，对经济下行趋势不能听之任之，主动出击才是上策。具体措施应该包括两个方面：一是充分发挥改革开放以来所形成的制度优势；二是实施积极的经济政策。

2. 经济新常态的相关理论解读

中共广东省委党校郑志国教授根据中国经济新常态发展要求，探讨了国民经济核算指标和方法改进问题。他强调，应当建立和完善以 GNI 为中心指标的国民经济核算体系，注重国民实际收入增长，解决固定资产消耗的重复计算、存货和环境核算等问题。购买力平价法和汇率法各有局限，对中国经济总量分别存在高估和低估，中国要想形成经济新常态，经济质量赶超美国等发达国家依然任重道远。中国人民银行南京分行陶为群研究员强调，在对外贸易新常态下，出口约束成为导致对外贸易增速较大下降的重要因素。需要运用马克思社会再生产理论较完整地形成关于出口约束状态下的社会再生产和经济增长研究框架与方法。通过拓展社会再生产公式，可以建立有对外贸易的两大部类社会再生产公式。根据这个公式，分别获得生产资料、消费资料出口约束条件下有对外贸易的两大部类再生产的充分必要条件与具体的解析解公式，以及经济增长率。中国地质大学黄娟教授分析了生态文明、经济新常态与“四个全面”三者之间的内在联系。她认为，建设生态文明、走向生态文明新时代，是我国党和政府作出的重大战略决策，引导经济绿色发展新常态是建设生态文明的根本途径，贯彻落实“四个全面”是建设生态文明的战略布局。江苏理工学院李济广教授也强调，正确把控经济新常态离不开对新常态经济与生态文明建设关系的把握。维护生态文明是新常态经济的基本约束之一，走向生态平衡是新常态经济的基本特征之一，提升生态效率是新常态经济的基本动力之一。

二　经济新常态：全面深化改革与中国现实经济问题研究

习近平总书记在2014年亚太经合组织工商领导人峰会的《谋求持久发展　共筑亚太梦想》主题演讲中强调，新常态下中国经济增长更趋平稳，增长动力更为多元。能不能适应新常态，关键在于全面深化改革的力度。对此，与会学者纷纷建言献策，提出独到见解。

1. 经济新常态下全面深化改革研究

南京财经大学何干强教授认为，衡量和判断各级领导干部是否依宪治国、依宪执政，基本的尺度就是看其是否真正维护宪法关于以社会主义公有制为主体的重要规定。制定具体政策要贯彻依宪治国、依宪执政的精神，关键在于确立唯物史观指导思想；从经济体制改革的角度看，当前最重要的是推进各级干部自觉地用马克思主义经济学指导改革和管理。南开大学刘凤义教授认为，混合所有制的发展应遵循“三大规律和一个主观能动性”。一个国家的所有制结构是这个国家生产力发展水平、社会制度体系和制度结构、社会发展目标等多种因素共同决定的，不是市场机制选择的结果。我们国家应该发挥“顶层设计功能”，完善我国基本经济制度。中国民航大学王勇教授指出，当前要适应新常态、引领新常态，要更加科学地处理好市场与政府之间的关系。武汉大学王今朝教授认为，当前的政府与市场二分法不准确，关键的区分应是合理市场和不合理市场。

2. 经济新常态下中国具体现实问题研究

吉林大学纪玉山教授指出，“中国模式”在引领中国经济取得长期持续高速增长的巨大成就的同时，其所存在的问题和缺陷也是导致当前中国经济步入“新常态”的一个主要因素。转变经济改革的驱动机制、具体方式与策略，以及经济增长方式和宏观经济政策，是推动经济“新常态”背景下“中国模式”转型升级的主要途径。胡乐明教授认为，劳动者的维权意识在很大程度上影响工资集体协商的实施过程以及最终的结果。数学模型估计结果显示，随着劳动者受教育程度的提高、职位级别的提高，认知程度也逐渐加深；劳动者认知程度的提高和工资集体协商制度的严格实施整体对工资增长均有显著正效应。吉林大学李政教授运用现代效率及其分解测度理论，选择2005年至2012年的22个行业作为研究对象，分析了我国不同类型所有制企业在不同行业的创新效率、规模效率和创新资源拥挤度情况。研究结果显示：要提高国企整体创新效率，就要鼓励引导国企创新资源从投入过于拥挤的行业向投入不足的行业流动，实现国企创新资源配置的帕累托改进。上海财经大学马艳教授探讨了新常态背景下的劳资关系问题，指出市场化过程中劳资关系呈现多元复杂化特征，全球化过程中劳资关系呈现出不平等化特征，虚拟化过程中劳资关系呈现时空错位化的特征，生态化过程中劳资关系呈现成本转嫁化的新特征。福建三明学院钟卫华教授指出，目前我国财富实际占有在公民之间、城乡之间、地区之间极为不平等，国家要更加重视财富分配的公平公正。淮北师范大学段学慧教授系统梳理了我国学术界对城镇化进程中“农村病”问题的现有研究状况，指出对其重视程度不够。

三　经济新常态：马克思主义经济学的坚持和西方经济学的批判与借鉴

2014年习近平总书记强调：“各级党委和政府要学好用好政治经济学，自觉认识和更好遵循经济发展规律，不断提高推进改革开放、领导经济社会发展、提高经济社会发展质量和效益的能力和水平。”这段讲话促使众多学者对马克思主义经济学基本理论的研究更加深入，同时也更加注重马克思主义经济学与西方经济学的比较研究。

1. 新常态下坚持与发展马克思主义经济学

国家统计局赵华荃高级统计师详细论述了社会主义的基本社会经济规律，认为它是由众多规律组成的系统，由总系统和四个分系统组成。总系统属于最高层次的规律。第一个分系统包括生产关系适合生产力状况规律、生产力规律、社会主义条件下剩余产品规律、按劳分配规律、社会再生产规律、价值规律、按比例协调发展规律、对外经济发展规律；第二个分系统包括上层建筑适合经济基础规律、中国共产党发展规律；第三个分系统包括人口规律、经济和自然资源、环境协调发展规律；第四个分系统包括对立统一规律、社会经济统计规律。这四个分系统中的规律分别属于高层次规律、次高层次和一般层次规律。吉林财经大学丁堡骏教授揭示了许多党政干部长期忽视马克思主义理论的学习，盲目崇拜西方经济学的现象，而我国作为社会主义国家，公有制占主体和共同富裕的社会主义的根本原则不能丢，这两条原则归根结底是经济原则，西方经济学不会为我们提供论证。

2. 新常态下对西方经济学的批判与借鉴

吉林财经大学郭殿生教授批判了后凯恩斯主义货币内生理论，这一理论认为现代市场经济运行中的货币供给是由经济体系内的多种因素决定的，是由一国经济活动内生决定的。但是，近年来我国存在货币过度供给情况，导致资本市场几近失控，通货膨胀蔓延，也增加了本币贬值的风险，影响对外发展战略的实施效果。人民币贷款连年增加既有供给的因素，也有需求的原因。货币过度供给给宏观经济调控带来较大压力。

（原载《马克思主义研究》2015 年第 7 期）

马克思主义理论学科设立10周年暨全国高校马克思主义理论学科研究会第19次学科论坛综述

韩昌跃　董璐璐

2015年6月12—13日，“纪念马克思主义理论学科设立10周年暨全国高校马克思主义理论学科研究会第19次学科论坛”在中国人民大学召开，论坛主题是“马克思主义：学院与学科建设”。来自中国社会科学院、中国人民大学、北京大学、清华大学、北京师范大学、武汉大学、复旦大学、南开大学、吉林大学、中山大学等单位的200多名专家学者围绕论坛主题，梳理并总结了马克思主义理论学科设立10周年以来所取得的成就和经验，对学院和学科的未来发展作出了规划和展望，并着重就马克思主义理论学科建设、马克思主义学院建设、高校思想政治理论课课程建设等方面进行了深入交流和探讨。

一　关于马克思主义理论学科设立10周年的成就、经验和未来展望

与会专家一致认为，马克思主义理论一级学科的设立、高校思想政治理论课“05方案”的实施，以及中央马克思主义理论研究和建设工程的开展，奠定了马克思主义理论学科发展的基础。10年来，马克思主义理论学科在自身发展、促进思想政治理论课教学改革、引领哲学社会科学发展等方面都取得了显著成绩，学科发展呈现出光明的前景。

1. 马克思主义理论学科迅速发展

南开大学逄锦聚教授从四个方面概括了学科发展状况：一是基本建立起了马克思主义理论学科体系。迄今已经建立起了马克思主义基本原理、马克思主义发展史、马克思主义中国化研究、国外马克思主义研究、思想政治教育、中国近现代史基本问题研究六个二级学科，形成了相对完整的学科体系。二是学科的凝聚力和吸引力增强，形成了一支相对稳定的马克思主义理论教研队伍。不仅队伍规模扩大了，而且队伍素质也有明显提高，培养了一批马克思主义理论学科专业人才，提高了全体大学生的马克思主义基本理论素养。三是在高校构筑起马克思主义理论学科建设的高地。学科思想和水平有了大幅提高，科研成果显著，人才培养和服务社会的能力大大增强。四是建立起了比较完整的组织机构和比较顺畅的体制。

2. 推动思想政治理论课教学改革取得重大进展

全国人大科教文卫委员会顾海良教授把学科设立以来思想政治理论课教学改革成就归纳为三个方面：一是表现在“05方案”实施以来的教师队伍建设、教学方法改革、

教学研究创新以及马克思主义学院建设取得了巨大进展。二是表现在对马克思主义理论学科的思想政治教育等功能的认识更加明确。三是表现在学科发展观念发生的转变对马克思主义理论学科建设与高校思想政治理论课课程建设的推进上，还表现在马克思主义学院作为高校思想政治理论课的教学科研单位，已成为马克思主义理论学科建设主导的教学科研机构，以及马克思主义理论学科建设与相关学科建设等诸多关系的认识更加深入。

3. 在引领哲学社会科学发展方面取得重要成就，学科的“领航”作用日益突出

顾海良教授指出，马克思主义理论学科的“领航”作用。一是表现为办好高校思想政治理论课，在实现立德树人社会主义教育这一根本任务上发挥了垂范作用。二是建设好教师队伍，在练成“四有”（“有理想信念、有道德情操、有扎实学识、有仁爱之心”）教师上发挥了先进作用。三是发展好马克思主义理论学科各专业学科，在培养马克思主义理论教学、研究、思想理论宣传及相关人才中发挥了主导作用。四是以马克思主义为指导的哲学社会科学各学科建设，在高校马克思主义理论学科群的协调发展、协同创新中发挥了主力作用。五是加强和完善高校思想政治教育、校园文化和高校党的建设理论研究，在国家意识形态安全、高校思想理论宣传、教职工思想政治教育、高校党的建设理论和高校党校建设上发挥了先锋作用。

在肯定马克思主义理论学科建设成就的基础上，与会专家总结了10年来学科建设的经验。逄锦聚教授把学科建设经验概括为四个方面：一是适应国家急需，把学科建设与中国特色社会主义建设事业紧密联系在一起。二是坚持问题导向，把学科建设与科学研究紧密结合在一起。三是坚持育人为本，把学科建设与人才培养紧密结合在一起。四是坚持党的领导，把学科建设与队伍建设、制度建设、组织保证结合在一起。在肯定成绩的同时，与会专家也提出了学科建设面临的主要问题。北京大学陈占安教授提出了要认识到马克思主义理论学科在马克思主义学科中的重要地位，加强学科建设要注意区分马克思主义学科与马克思主义理论学科、注意区分马克思主义学科群与马克思主义理论学科群等各种关系的观点。逄锦聚教授提出了学科建设的总体水平需要进一步提高、马克思主义理论有关课程的教学效果需要进一步提升，以及马克思主义理论学科的带动力、辐射力和队伍的影响力需要增强等观点。

在如何推动马克思主义理论学科发展问题上，与会专家积极建言，提出新的构想。中国人民大学党委书记、全国高校马克思主义理论学科研究会会长靳诺提出了必须以马克思主义理论为指导、必须提升马克思主义理论学科的引领作用等进一步加强学科建设的建议。教育部社会科学司陈矛副巡视员和教育部社科中心主任王炳林教授提出了以制定和实施马克思主义理论学科领航为新的契机，全面推进马克思主义理论学科科学发展等观点。教育部社会科学司副司长徐艳国阐述了自己关于马克思主义理论学科发展要处理好教学与科研等几个关系的看法，提出了在探讨“马克思主义学院”和“马克思主义理论学科”建设时要有更宽广的视野和更宏大的格局等观点。中国社会科学院靳辉明教授提出，一定要克服把学科建设作为目的的做法，着重对马克思主义理论学科进行规范化建设、重视马克思主义理论学科的整体性研究。

二　关于马克思主义理论学科建设

在马克思主义理论学科如何建设的问题上，与会专家就马克思主义理论学科建设的

整体性推进、马克思主义理论学科建设中的学术研究等问题交流了意见。

1. 关于马克思主义理论学科建设的整体性推进

华中师范大学张耀灿教授提出，马克思主义理论学科建设要注重学科特色，突出整体性，为此，进一步推进马克思主义理论学科发展，需要正确认识和处理从整体上研究马克思主义理论与分门别类研究马克思主义理论、马克思主义理论学科与政治学和公共管理等相关学科、马克思主义理论专业人才培养与思想政治理论课教学，以及马克思主义理论一级学科与所属二级学科等方面的关系；需要增强马克思主义理论学科意识，进一步明确学科研究对象意识、一级学科意识、系统学科建设意识和学科实践意识。

2. 关于马克思主义理论学科建设中的学术研究

北京大学李翔海教授、中国人民大学郝立新教授等提出，马克思主义理论学科建设要增强学术意识，建立起具有自身学科特色的学术传统，注重前沿对话、文献支撑、历史因素、科学态度、问题意识，同时要更加重视问题意识和现实意识，要在理论创新与实践创新的良性互动中推进21世纪中国马克思主义理论学科建设。山东大学徐艳玲教授强调，提升马克思主义理论学科的引领作用，需要强化马克思主义文献学、马克思主义范畴学、马克思主义谱系学、马克思主义传播学、马克思主义方法论、马克思主义精神等方面的研究，要在学术研究中处理好政治性与学术性、科学性与意识形态性、民族性与世界性、传统性与现代性、理论性与实践性等各种关系。

3. 关于马克思主义理论学科建设的重点

华南师范大学陈金龙教授提出，针对当前马克思主义理论学科在学科定位、二级学科设置、社会认同等方面存在的不适应现象，推进马克思主义理论学科建设应把提升学术底蕴、加强学术规范建设、提升社会认同度等作为重点。南京大学王建华教授则就马克思主义理论学科存在的六个二级学科比较复杂、本学科与其他学科交流沟通过少等问题提出了要区别对待、因材施教、兼容并包的思路。清华大学肖贵清教授就马克思主义理论学科建设的规范化问题阐述了关于马克思主义理论学科队伍建设规范化、学术研究规范化、人才培养规范化的认识，提出了要走内涵式发展道路；要招收马克思主义理论本科生，逐步完善层次递进的人才培养体系等意见建议。

4. 关于马克思主义理论学科建设中的话语权问题

南昌大学胡伯项教授就构建具有马克思主义理论学科特色的话语体系阐述了关于话语体系建设主题、建设目标、建设方向等问题的认识，提出了建构马克思主义理论学科话语体系要坚持生产力维度、公平正义和人的发展的维度；要将发展话语体系与中国文化相结合，与中国实际相结合，与中国的发展地位相吻合等观点。在如何提升马克思主义理论学科国际话语权的问题上，大连理工大学魏晓文教授提出了要从开阔中国马克思主义理论学科的世界视域、以"中国道路"来构建马克思主义理论学科的知识体系、以人类发展问题为中心来构建马克思主义理论学科体系，以及实现马克思主义理论时代化、大众化、中国化与国际话语权的结合等方面入手的观点。

三　关于马克思主义学院建设

在聚焦马克思主义理论学科发展的同时，与会专家还就马克思主义学院的建设与发展问题展开了讨论。

1. 关于马克思主义理论学科发展与马克思主义学院建设的关系

中国人民大学张雷声教授阐释了学科发展与学院建设的四个关系，即学科发展的专业性与学院发展的专业化、学科发展的学术权力与学院建设的行政权力、学科发展的累积性与学院建设的跨越性、学科发展的外放性与学院建设的内敛性等方面的关系，提出了把学科发展的专业化与学院建设的综合性统一起来协调发展、学科发展的学术权力与学院建设的行政权力统一起来形成发展合力等，是从加强学院建设角度推进马克思主义理论学科发展的观点。山东大学王韶兴教授强调，从深层次来说，还要注重马克思主义理论学科和马克思主义学院的内涵发展和质量建设，总的思路就是由基本建设向质量建设转变；由以规模为主要支撑的影响力到以质量为主要支撑的影响力转变；由一般化同类型的发展方式向突出专长和特色的发展方式转变；由外生动力驱动到自我动力不断加强的发展机制转变。

2. 关于马克思主义学院建设的方向

郑州大学于向东教授指出，要始终以马克思主义思想为指导，引领马克思主义学院的发展。要加强“三主建设”，即把马克思主义学院作为“主阵地”建设，要加强马克思主义学院的思想政治理论课教学等三大职能建设，明确马克思主义学院建设的职责任务；把思想政治理论课教师作为“主力军”建设，思想政治理论课教师发展的方向是“一岗多能”“一身多任”；把思想政治理论课教学作为“主渠道”建设。

3. 关于马克思主义学院建设的重点

西安交通大学王宏波教授、中国石油大学张荣华教授等强调，规范化与特色化是当前马克思主义学院建设的紧迫任务，为此，一方面要加强马克思主义学院的规范化建设，如学院名称的规范、学院班子建设的规范、师资队伍建设的规范、学科建设的规范等；另一方面要加强马克思主义学院的特色化建设，如马克思主义学院应该要有区别于其他学院的特色、不同类型学校的马克思主义学院也应该有相互区别的特色，各学校要从固本强基、传承创新、融合专业学科，与文化素质教育相结合等方面着手。

四　关于高校思想政治理论课课程建设

在探讨马克思主义理论学科建设和学院建设的同时，专家们还就高校思想政治理论课程与学科的一体化建设等问题进行了讨论，提出了关于加强高校思想政治理论课课程建设的意见建议。

1. 关于高校思想政治理论课程与学科一体化建设

广西大学雷德鹏教授、黄东桂教授、肖安宝教授等指出，依据2005年高校思想政治理论课“05方案”，以及2012年国务院学位委员会“17号文件”等精神，高校思想政治理论课建设与马克思主义理论学科建设应该是同步的，并且是一体化的。这不仅表现为学科与新课程体系共生、学科体系与课程体系内连，而且表现为学科建设与课程建设互动。他们认为，当前高校思想政治理论课与学科一体化建设的重点问题表现在三个方面：一是体制机制问题；二是队伍交叉、渗透、融合度问题；三是学术研究成果向教材体系、教学体系转化问题。

2. 关于高校思想政治理论课课程的教育科学化建设

中山大学李萍教授、复旦大学吴海江教授、河海大学孙其昂教授等指出，加强高校思想政治理论课课程的教育科学化，首先必须要对马克思主义及其中国化基本理论问题进行科学研究，发挥马克思主义理论的引领作用，为思想政治理论课提供理论支撑。其次要进行马克思主义理论教育的科学研究，要懂规律、讲方法，落细、落小，更好地发挥马克思主义在意识形态领域的领导作用。再次要进行思想政治教育实践的科学研究，即加强思想政治理论（意识形态）工作、人的思想政治教育工作、人才培养工作等方面的科学研究，以便更好地服务于思想政治教育的育人工作需要。

3. 关于高校思想政治理论课的教学实效性建设

提升思想政治理论课教学实效，可以从改革教学方法、提高教师水平、完善教材体系等多方面下功夫，但创新思想政治理论课建设思路是最首要的，也是最基础的。吉首大学肖映胜教授、吕学芳教授等提出了“五全育人”，即全新育人理念、全面育人举措、全程育人模式、全员育人格局、全心育人精神的思路，强调要实现“供给者本位”向“需求者本位”范式转换、推行“精、准、新、实、活、管用”的教学效果衡量标准、全程教育与全程考核相结合等观点。与会专家还强调，高校思想政治理论课教学实效性建设还要提高研究生培养质量，提升研究生导师“导”的体系和能力，从研究生的课程设置、选题、论文发表、学术平台、创新基地和最后的学位论文等一系列环节抓水平的提升。

（原载《思想理论教育导刊》2015 年第 8 期）

研究阐释“四个全面”战略布局 开辟党的治国理政新境界

——全国第2届中国特色社会主义发展论坛综述

刘须宽

2015年6月26日，以“‘四个全面’与发展中国特色社会主义”为主题的全国第2届中国特色社会主义发展论坛（2015）在山东济南成功举行。论坛由中国社会科学院马克思主义研究院、山东社会科学院、山东省马克思主义研究中心和广西师范大学出版社集团有限公司联合举办。出席论坛的专家学者，围绕“四个全面”战略布局提出的现实背景、科学内涵、指导作用等重大问题进行了深入讨论。山东社会科学院党委书记、院长唐洲雁，中国社会科学院马克思主义研究院党委书记、院长邓纯东出席会议并致辞。来自山东社会科学院、重庆邮电大学、湖北工业大学、南昌工程学院、桂林航天工业学院等20多所高校和科研机构的70余人出席研讨会。

一 认真学习、研究和宣传“四个全面”战略布局

邓纯东在致辞中指出，为了加大马克思主义中国化成果在全党全国的宣传力度，从2014年开始，中国社会科学院马克思主义研究院决定，开办马克思主义及其中国化系列论坛，中国特色社会主义发展论坛是其中一个十分重要的论坛。“四个全面”是我们党推进中国特色社会主义伟大事业战略布局的新概括、新抓手，是我们党作为执政党在面对国内外前所未有的、空前复杂的局面作出的科学应对，是在总结国内外社会主义建设的经验和教训基础上，对中国特色社会主义建设规律的新把握、新表述；是实现中华民族伟大复兴中国梦的根本前提和根本保证。这“四个全面”有一个“全面”没有落实好，中国梦就很难实现。

唐洲雁认为，“四个全面”蕴含着深刻的战略思想，其中每一个全面都是自成一体、结合实际、继往开来、勇于创新的，也是独具特色的战略思想体系。“四个全面”相互叠加，相辅相成，相得益彰，既是我们党治国理政的方略和与时俱进的创造，又是马克思主义基本原理和中国特色社会主义实践相结合的一个飞跃，在全面建成小康社会的基础上，接力实现中华民族的伟大复兴。从长远来看，“四个全面”战略布局无疑是托起中国梦的基础性工程。其中全面建成小康社会是实现中国梦的关键一步，全面深化改革是实现中国梦的必由之路，全面依法治国是实现中国梦的法治保障，全面从严治党是实现中国梦的根本保证。协调推进“四个全面”，推动改革开放和社会主义现代化建设迈上新台阶。可以说，中央的决心之大、国家的变革之深、影响之广是前所未有的，也是举世瞩目的。面对新形势、新任务，要破解各种难题，化解各种风险和挑战，着力

解决我国在一系列的发展中面对的各种突出矛盾和问题，推动中国特色社会主义事业的不断深入和发展。不仅需要大胆探索，而且需要科学的理论支撑。深入研讨“四个全面”与中国特色社会主义理论创新，对于更好地学习习近平总书记的系列重要讲话精神，更好地推进“四个全面”协调发展，推动实现两个一百年的奋斗目标和实现中华民族伟大复兴都具有十分重要的理论和现实意义。

二　“四个全面”战略布局开辟了我们党治国理政的新境界

中国社会科学院马克思主义研究院发展部主任辛向阳在发言中指出，“四个全面”战略布局紧紧抓住中国改革发展稳定面临的深层次问题，始终以解决现实问题为导向，破解各种难题，不断开创治国理政的新局面。比如在对政府审批权力的改革上就是“刀刀见血”。全面依法治国就是要解决群众反映强烈的执法和司法问题，全面从严治党就是要彻底医治损害党的先进性和纯洁性的各种病症、坚决祛除滋生在党的健康肌体上的毒瘤、坚决消除影响党的战斗力的沉疴。“四个全面”战略布局紧紧抓住影响中国发展的陷阱问题，不断实现治国理政的新气象。“四个全面”战略布局就是寻找陷阱、跨越“中等收入陷阱”、国强必霸的“修昔底德陷阱”以及“党大还是法大”的政治陷阱。党的领导是中国特色社会主义的法治之魂，是中国特色社会主义法治与资本主义法治最根本的区别。“四个全面”战略布局紧紧抓住经济社会发展的客观趋势，不断探索治国理政新规律。把握改革开放的规律就要遵循市场经济的一般规律，不断提高驾驭市场经济的能力；还要把握对外开放的规律，不断增强中国的国际竞争力。全面依法治国要认识和把握人类法治建设的一般规律，坚定不移地深化司法体制改革，不断促进社会公平正义。深化对从严治党规律的认识，就要深化对中国共产党执政规律的认识，要深化对“历史周期律”的认识。

唐洲雁认为，全面建成小康社会在“四个全面”布局中具有极为重要的战略地位。必须有三个准确把握：第一，要准确把握从十八大到二十大这十年间我们的历史定位和历史任务。这个阶段是一个承上启下的阶段，“承上”是要完成全面建成小康社会的任务，“启下”是要全面开启现代化的新征程。在这个关键的历史时期，我们党不仅要率领人民完成第一个一百年的伟大任务，而且要率领中国人民开启现代化的新征程，基本实现现代化，完成第二个一百年的伟大目标。

安徽省社会科学院邸乘光研究员认为，“四个全面”与坚持和发展中国特色社会主义是不可分割地联系在一起的。坚持和发展中国特色社会主义是提出“四个全面”战略布局的根本出发点，同时也是“四个全面”战略布局的鲜明主题。“四个全面”相互联系、相辅相成，内在地统一于中国共产党治国理政的伟大实践之中，统一于坚持和发展中国特色社会主义的伟大实践之中，是中国共产党治国理政方略的升华，是中国特色社会主义理论体系的最新成果。

中国社会科学院马克思主义研究院刘志昌认为，“四个全面”战略布局提出了党在新时期的发展目标，明确了实现这一发展目标的基本动力、法治支撑和政治保障。履行和完成党的历史使命，协调推进“四个全面”战略布局，推进中国特色社会主义伟大事业，必须抓住坚持和发展中国特色社会主义这一主题，坚定中国特色社会主义的道路自信、制度自信、理论自信；必须坚持人民主体地位，确保人民当家做主，让人民监督政府，实现广大人民群众在经济、政治、文化和社会权利上的平等，最大限度地改善人民生活，推进中国人的自由全面发展；必须坚持和改善党的领导，坚持党的群众路线，坚持从严治党，确保党的性质、宗旨、理想和目标体现在各个方面，各项工作之中；必须坚持社会主义的基本原则，坚持改革的社会主义方向，坚持共同富裕的方向；必须坚持公平正义的价值取向。

三 深化细化“四个全面”战略布局，不断完善和发展中国特色社会主义

辛向阳指出，全面建成小康社会要求我们要建设创新型国家、服务型政府、学习型社会、“三型”马克思主义执政党、两型社会等，这都要求我们的治国理政要有新的方式，就是推进国家治理体系和治理能力现代化。实现这一目标，就要靠全面深化改革、全面推进依法治国、全面从严治党。全面深化改革的总目标是完善和发展中国特色社会主义制度，推进国家治理体系和治理能力现代化。全面推进依法治国的总目标也同样包含促进国家治理体系和治理能力现代化的要求。全面从严治党对其起着引导和架构作用，离开了党的领导，就会走弯路、走邪路。南京师范大学孟先平教授也指出，国家治理是一项复杂的系统工程，需要通过物质调节、精神调节、制度调节综合推进。法律制度是国家治理体系的重要依托，是社会各阶层、各部门、各环节良性运行的基本保障。国家治理中重大事项的协调，包括思想建党与制度建党的协调、社会主体思想与行为的协调等，都需要以法律制度为依据。由于对极端利益的追求、制度约束和监督缺位、文化陋俗以及价值观变异等原因，社会生活中的非制度化生存引发了一些非制度化运作，其危害在于颠覆道德理念、诋毁民主政治、侵蚀制度规则、危害社会生态，在人的发展中形成诸多悖论。治理非制度化行为需要政治、经济、文化、社会教育多管齐下。

现在大家关注全面建成小康社会，还要不要提中等发达国家这个概念？武汉大学马克思主义学院孙来斌以“中国梦视野中的‘中等发达国家’再认识”为题，指出对“中等发达国家”的准确把握是实现中国梦的重要认识前提。他指出：低收入国家一定是发展中国家，但高收入国家并不一定是发达国家。中等发达国家不等于中等收入国家；中国实现中等发达时也不再是发展中国家，而属于中等水平发达国家的范畴；中等发达国家不是某些发达国家的平均水平，而是所有发达国家各项经济社会指标的平均值。之所以要用“中等”或者“中等水平”的限定，一是体现社会主义优越性，二是考虑中国的基本国情。评价中等发达国家需要经济标准和非经济标准，经济标准始终是衡量和判断一个国家是否是发达国家的硬件条件。经济标准还可以细化为资源利用率、环境友好度和经济动力源等标准。非经济标准是指全面发达，而不仅仅是经济发达。

空军指挥学院王寿林教授指出，必须坚持依法执政、依法治党，建设与法治国家相适应的法治政党，要科学把握全面推进依法治国总目标的丰富内涵。解决党内的腐败问题，根本在法治，核心在于对权力实施有效的制约监督。这就必然提出依法治党，建设与法治国家相适应的法治政党问题。

北京社会科学院杨奎教授认为，推进社会主义伟大事业关键在党。“四个全面”的战略布局和战略任务提出的理论与逻辑前提，正是我们党对新时期中国经济“新常态”的科学研判，围绕服务于中国经济发展这个“大逻辑”，全面推进从严治党。必须着眼

于从严治党与组织关怀相结合，着眼于制度建党与思想建党相结合，着眼于服务大局与重点突破相结合，着眼于对党忠诚与敢于担当相结合，着眼于净化党风与净化社会风气相结合。

另外，很多专家学者还就“新常态”、全面深化改革视域下的社会公平正义、依法治国与以德治国、“四个全面”的历史渊源、“四个全面”的源与流以及历史定位、“四个全面”与发展21世纪马克思主义的关系、“四个全面”的规律和“四个全面”的落实等问题发表了很好的见解。

（原载《马克思主义研究》2015年第8期）

制度反腐与国家治理现代化

——“中国社会发展高端论坛·2015”会议综述

张 源 陈 氚 陈明珠 张 雪

2015年6月27日，“中国社会发展高端论坛·2015”在中共中央党校育园楼召开。论坛以“制度反腐与国家治理现代化”为主题，由中共中央党校科学社会主义教研部、中共中央党校社会发展研究所主办。中共中央党校副校长黄浩涛研究员出席论坛并致辞，中共中央党校校委委员、组织部部长黄宪起出席会议。中共中央党校副教育长兼科学社会主义教研部主任、中国科学社会主义学会会长王怀超教授主持论坛开幕式并做会议总结。来自中共中央党校、国家行政学院、中央编译局、北京大学、中国人民大学、中国纪检监察学院等单位的专家学者参加了这次高层论坛。与会专家学者围绕加强制度反腐、推进国家治理现代化的重大意义、路径选择和未来发展进行了广泛深入的交流和研讨。

一　制度反腐是推进国家治理现代化题中应有之义

在国家治理现代化框架下思考反腐的制度化问题，才能更加深入地理解制度反腐的重大意义，进而思考其可行路径。与会专家认为，制度反腐与国家治理现代化之间存在着必然的关联。制度反腐是国家治理现代化的要求，制度反腐也是最终实现国家治理现代化的重要途径。

黄浩涛副校长提出，国家治理现代化和制度反腐都是我党“四个全面”战略布局的重要组成部分。他提出，国家治理体系现代化为全面深化改革和全面推进依法治国指明了方向，确定了全面建成小康社会的重要路径，应当把全面深化改革上升到“四个全面”战略布局高度，把全面深化改革的目标明确为完善和发展中国特色社会主义制度。应当推进治理能力和治理体系现代化，将全面依法治国确定为全面深化改革的姊妹篇，形成鸟之两翼，把依法治国和全面深化改革联系起来。制度反腐，就是从制度上遏制腐败，是全面从严治党的具体体现。全面从严治党要求体现系统性、预见性、创造性和实效性，其实质要求就是从制度上遏制腐败。因此，应当从全面从严治党的角度来理解制度问题，不仅将查处腐败分子作为反腐的使命，而且要把反腐上升到全面从严治党的高度。

王怀超教授指出，中共十八大的顺利召开，标志着中国的改革开放和现代化建设进入了一个新的发展阶段。习近平总书记多次提出，社会主义革命的成果不容抹杀，社会主义建设的成就不容否定，改革开放的发展态势不容逆转！中国特色社会主义是一篇大文章，要义无反顾地坚持做下去，并且要做好。我国改革的目标就是实现国家治理现代化。在这样一个新时期，加强制度反腐，正是恰逢其时，这是国家治理现代化的客观要求，是发展中国特色社会主义的必由之路。

李永忠教授认为，在制度反腐和国家治理现代化之间存在着三个倒逼机制，制度化反腐最终会导致国家现代治理体制的改革和确立，倒逼实现国家治理的现代化。这三个机制包括：第一，高压反腐有利于倒逼国家纪检体制改革；第二，纪检体制改革有利于倒逼权力监督和制约制度改革；第三，权力监督和制约制度改革有利于倒逼国家治理现代化，实现党的执政能力和治理能力现代化，最终将我们党变为更好的执政党。

李良栋、竹立家等多位学者指出，国家治理现代化的要求是民主和法治，民主和法治贯穿其中的权力制约机制，是解决中国腐败问题的关键。因此，国家治理现代化的发展方向，最终发展出合理的社会主义民主、法治和权力制约机制。

燕继荣教授提出，反腐败是国家治理现代化的门槛。反腐是现代化的标志，是国家转型的关键，一个国家从传统到现代国家的转变，需要重构价值体系和经济社会秩序，而反腐败则是这一转变的标志。从这一点来出发，他认为反腐的意义不是从亡党亡国的角度来考虑，而是从国家治理现代化的角度来理解，将反腐视为常规化和持久化的问题，这是一项需要长期规划的任务。

许耀桐教授提出，与反腐相比，国家治理现代化是一项更重要和根本的问题。反腐败可以作为国家治理的突破口，但是不能作为治理国家的依靠，而是应当纳入常规的制度轨道上，从民主、法治和权力制约的角度去解决。坚持发展社会主义民主、法治和权力的制约，这是构成国家治理现代化的重要部分。

何增科教授认为，国家治理现代化与国家政治改革应当包括两个层面：一方面是国家治理体制的现代化，另一方面是国家政体改革和国家政体现代化。汪玉凯教授同样探讨了国家治理现代化的顶层设计问题。他认为，国家治理现代化应当包含国家治理体系的现代化和国家治理能力现代化两个维度。国家治理体系现代化包括民主法治现代化、组织体系现代化、国家制度体制现代化、国家价值体系现代化。国家治理能力现代化包括国家战略谋划能力现代化、决策施政能力现代化、维护国家安全和应对危机能力的现代化。

竹立家认为，反腐败是实现国家治理现代化的一个前提。我国要推进国家治理现代化至少有下面五个体系非常关键：第一，价值体系。目前没有分清楚普世价值和核心价值的关系。学术界对核心价值的定位不是很准确。首先，核心价值一定是政治价值，是终极价值；其次，必须反映这个社会的本质；再次，必须能够逻辑排序。第二，权力体系。权力体系的现代化，是任何现代化的前提。一般来说从政治学来讲，现代治理体系的三个标准是廉洁、廉价、有效。虽然这条路很艰难，但这是我们国家的必经之路。第三，依法治国。人治大于法治这个问题如果不解决，国家治理现代化就无从谈起。第四，民主治理体系现代化。民主治理可以说是现代社会的一个主要特征。第五，民生服务体系的现代化。

二 由传统反腐走向制度反腐

在制度反腐和传统反腐的关系上，与会学者一致认为，应当避免采用运动式反腐、权力式反腐、选择式反腐等措施，要将反腐败从传统反腐转向制度化和常态化。不少学者指出了传统反腐的弊端，认为制度反腐也是国家治理能力提升，国家走向治理能力现代化的必然要求。运动式反腐也许会取得短期的效果，但是没有能够针对腐败发生的制度性根源，从长远来看，制度性反腐应当成为主流。

李永忠教授回顾了中国共产党探索反腐的道路：我们曾经进行过战争反腐、运动式反腐，这些在国家治理现代化的今天，都是应当避免的；这些方法尽管可能解决一时的问题，却不能从根本上解决腐败问题，应当从这些传统的反腐方式转向制度反腐，防止权力式反腐。缺乏相应的制度建设，权力式反腐尽管有可能应对一些当务之急，但是无法从长远和根本解决问题，容易形成一种“割韭菜”的反腐败。

许耀桐教授就运动式反腐与制度反腐、短期反腐与长期反腐、反腐最终的走向问题进行了探讨。他认为，当下许多国外学者将中国的反腐定义为运动式反腐，我们应当避免落入这种定义，要将现在的反腐加以法治化，强调依法反腐的重要性。严格法律的依据进行反腐，破除反腐的神秘化，将反腐法制化和程序化。同时，应当避免反腐的选择性。在反腐未来的走向上，他认为，不应当将反腐视为暂时性的反腐，而国家也应当回到制度的角度上，树立长期制度化反腐的态势。

针对这一问题，汪玉凯教授指出，当下反腐应当从制度反腐的角度出发，运动反腐难以撼动腐败的制度性基础，反腐败取得了重大进展，但是并未取得压倒性胜利。腐败具有渗透性，大规模的运动式反腐虽然遏制腐败之势，但是没有动摇腐败产生的根基，腐败的根源不解决，腐败还是会产生。运动式反腐可以为国家治理现代化争取时间，但是目前我国构建制度性的反腐框架还是非常的滞后。

燕继荣教授认为，要把运动式反腐转向制度反腐，这就需要引入新的要素。他从国际比较视野出发，理解当下中国反腐的方向选择问题。他认为人类世界范围内的反腐，从宏观的角度来看，主要有三种模式，第一种是强人主导的统治模式，以古代帝王、现代军事铁腕统治为代表；第二种是简单模式，亦即民主模式，是美国、韩国等选择的道路，通过立法选举、政党辩论、舆论开放、司法独立、民众参与等途径实现；第三种是法治模式，例如新加坡，主要特点是领导人的坚强意志和立法选举与司法独立的结合。中国应当根据自己的实际情况，选择适合自身发展的反腐模式。

封丽霞教授提出，党的十八届四中全会决定强调用法治思维和法治的程序方式来反腐，并且通过严格公正司法，保证人人平等，法外没有特权。因此简单来看，有权不能任性，反腐也是，反腐也不能任性。法治反腐要做两件事：首先，要把反腐的规范制度建立起来，良好的制度是成功的前提；第二，用这些优良的制度来推进反腐。法治反腐跟运动反腐格格不入。虽然现在这种随手拍之类的方法可以带来立竿见影的效果，但是使用起来也要小心。反腐败一旦成为干部之间攻击的手段，转变为窝里斗，不但不能实现法治反腐升级，而且会使得我们的反腐陷入无限政治化，使得反腐泛道德化，甚至走入民粹主义。选择式反腐与法治反腐也不合拍。法治的权威不在于严酷，而在于它的不可避免性。选择性反腐导致一些人心理不平衡，对于被查处的人来说，觉得不公平，认为自己八字不好；没有被查处的干部则消极怠工，不敢做事；好干部也不满意。所以说，没有法治反腐大家都没有安全感，法治反腐是未来制度反腐的方向。

孙劲松教授提出，腐败关乎私利和公权力的关系。公权力必须公用，介入私利就会侵害公共利益。腐败行为具有人性基础，我们要做的是把它限制在最小范围之内。我国政治体制中，权力比较集中，这是一把双刃剑。好的一面，我们的社会主义能够集中力量办大事，老百姓得到了实惠；但不好的一面，老百姓又觉得权力任性，让人不舒服。我们到了社会转型的重要时期，必须重视制度设计的重要性，这需要高超的政治智慧。只有如此才能从源头上解决腐败问题。

三　制度反腐的模式选择和具体实现途径

围绕如何建构反腐制度问题，与会学者从不同的学科角度和不同的理论视角展开论述，既包括关于制度反腐和国家治理能力现代化的总体模式选择，又涉及反腐制度的具体实现途径。多位专家学者提到要借鉴全人类文明成果来解决这一问题。

1. 规范权力运行、完善权力制衡

李永忠教授认为，制度反腐最终要依赖权力制衡机制的建立。而权力制衡机制与制约机制不同，制约只有量的规定，没有质的规定性，要把权力平衡，从权力的来源、结构、监督和共治四点出发。在具体的方案上，需要做到五个方面，这五个方面也是其对制度反腐的定义，包括：第一，设立地方性的政治体制改革特区，建立地方的权力制衡和监督机制，遏制腐败。第二，改革沿袭自苏联的不合理的权力结构。对需要监督和制约的权力，进行有效的制度制衡。第三，进一步改革党的人才选用体制，改革当前用人体制中不合理的成分。第四，积极稳妥地解决腐败呆账，对此设立相应的改善模式。第五，应当动员和组织民众广泛、积极、有序地参与反腐。符合这五方面的反腐，就是制度反腐。李良栋教授则强调了制度反腐的核心是权力制约，只有真正建立有效的权力制约机制，将权力锁进制度的笼子里，才是真正的推进制度反腐。当下探讨制度反腐，就是要探讨如何在中国特色的社会主义制度下，解决权力制约的问题。

李良栋教授分别从微观、中观和宏观层面论述了制度反腐的基本构想，涉及干部的任用制度改革，财产公示制度改革，党内部门间的权力制约，社会主义执政的长期蓝图和规划等问题。首先，从微观的层面，解决反腐问题，从解决干部的任用问题开始。在干部选拔任用时，就建立相应的权力制约机制，把民主和科学结合起来，处理好二者的关系。在人选确定之后，应当有任前财产公开制度等一系列制度制约。从中观的层面上，权力制约应当考虑政党内部的权力制约，包括人民代表大会和党委、党的纪律检查委员会和执行委员会之间的关系，都应当认真思考。从长远的宏观角度，权力制约应当规划好社会主义执政的未来蓝图，在不搞西方宪政的同时，我们应当组织力量研究社会主义执政的具体方式，例如执政党的执政权和人民代表大会的立法权、监督权如何交叉，怎样制约。贯穿在权力制约体制的建构中，应当是民主与法治的基本价值要素。民主就是要公众参与，在整体的权力制约体系中体现；而法治，是国家治理现代化的重要途径，权力制约机制和制度最终都要上升到法律规范来确认，来维护。

秦刚教授认为，中国制度反腐的前提一是一党领导，二是行政权、司法权从属于立法权。明确了这两个前提，才能谈制度设计。西方制度设计基于两个理论假设：第一，人是自私的，第二，国家权力是恶的。国家权势是强势的，本来权力就应该受制约，所以从防范着眼。但是这一套拿到共产党执政国家就说不通了。因为共产党的理论起点是为人民服务的。因此，制定制度时就信任它是为国为民的，出现问题时的应对办法就是加强道德教育和修养。现在必须考虑权力怎么制约的问题，共产党人首先是人，是人就有人性的弱点；权力不受制约就会有危害，有了这个考虑之后，应该做到两点：一是要把权力关进笼子里；二是要让权力在阳光下运行。

许耀桐教授提出，借鉴新加坡模式不失为一项好的选择，具体落实到几项制度设计上。现代分权体制是现代国家治理的基本经验，未来我国可以建构合理的分权机制。同时，也应当从更加具体的实践上设计反腐制度，从腐败发生的步骤上考虑，同时司法的权威性要独立，舆论监督和官员申诉制度、官员分类和退出机制等具体的制度要逐步建立起来。从更长远的时期来看，监督权力的笼子钥匙，还是应当掌握在人民手中，应当逐步进行制度建设。

汪玉凯教授则提出制度反腐需要进行顶层设计，通过制度创新来构建一党体制下的反腐框架，通过法治手段来打造制度的笼子。要做到这一点，需要解决三个问题：第一，中国一党执政环境要有一个权力制约权力的框架；第二，推进国家权力监督的分化和权力监督的制衡；第三，建立严格的管人责任机制。同时要落实中央已经实行的关于制度反腐的构想，如横向派出结构等。在更具体的制度建设上，他提出了一些长期的构想，要解决中央和地方两个层面的制度缺失。第一，最高权力的交替需要法治化和制度化。第二，中纪委本身要被纳入监督框架之中。第三，在干部任用制度上，由党来推荐候选人，由选举代表投票产生，进一步整合干部任用制度。同时，在权力监督机制上，要实现两条线同时监督，发挥人大对政府和党的监督作用，发挥党员和民众的巨大监督功能。

何增科教授指出，建构反腐制度，需要避免出现官员廉而不为的情况。他提出近些年来，国家为了减少腐败陆续出台了一些规定，有些制度是由于对官员的不信任设立的长期针对个人的程序性反腐。这些反腐引发的后果是，缺乏对官员干事的正向激励机制，有很多制度的陷阱，造成一些官员为了避免腐败而不作为的情况。解决这一问题的关键在于一手抓惩治，一手抓激励。对有能力的官员应设立正向激励制度，鼓励官员既有所作为，又清正廉洁。在惩治和预防腐败方面，增加两个方面的透明度和参与性，分别是官员财产申报制度和民众举报制度。官员财产申报制度不应当仅在体制内申报，而应当面向全社会申报，向民众传递出清廉的信号。民众举报制度应当更透明，举报必受理，投诉必反馈，全程可查询。

竹立家教授认为，要将反腐上升到国家体系层面的问题来解决，要规范权力运行，优化制度体系。一方面，现在中国谈论政治制度权力运行时基本上在三个框架中：第一，西方的话语体系中原封不动的用词；第二，从古代中国传统的话语体系中来；第三，在现有社会主义框架中研究。国家治理体系的现代化应当是规范权力运行的最根本的框架。另一方面，反腐一定要依赖一个制度体系来完成，这不是单一的制度甚至某一机制就能解决的问题。必须和国家行政体系联系起来，必须通过制度组合，必须有理论高度，不能就现实论现实。

2. 反腐法治化

许耀桐教授提出要将现在的反腐加以法治化，强调依法反腐的重要性。严格法律的依据进行反腐，破除反腐的神秘化，将反腐法治化和程序化。同时，应当避免反腐的选择性。在反腐未来的走向上，他认为不应当将反腐视为暂时性的反腐，而国家也应当回到制度的角度上，树立长期制度化反腐的态势。

就制度反腐的立法方面，刑法问题专家何家弘教授专门就反腐败如何立法进行了探讨。何教授通过对 34 个国家和地区的反腐法律的实证研究，归纳出国际反腐立法的基本模式，包括集中立法模式和分散立法模式。从具体内容上可以分为三类，分别是预防类法律，惩罚类法律和两者结合的全面型法律。他认为，中国的主要问题在于党纪在一定程度上代替了国法，应当借鉴反腐败的国际经验，将反腐败立法提到日程上来。

封丽霞教授提出，法律是具有基础意义的正式制度，推进反腐法制化面临两大难题。第一个难题是，怎么完善反腐的制度体系？第一，现在我们有两套体系：法律的规范体系和党内的法规体系。要实现两者之间的协调统一，如何让党规与公务员法衔接，如何实现中纪委和司法的协调，比如双规的问题。第二，我们还有立法的空白。譬如，官员的财产立法、财政相关立法、重大决策相关立法。第二个难题是，怎么增强制度的执行力？没有相对独立的司法体制，查处贪腐依靠自上而下的纠错，这样社会代价很是高昂。司法改革是十八届三中全会和十八届四中全会中的亮点，比如设立巡回法院、领导干部干预的追究制度等，这些精细化的制度有利于形成相对独立有权威的司法体系。高效的司法体系对于反腐极其必要。此外，还有一些制度的细节设计很重要。比如我们现在贪污罪的5000元起刑，这种设置太低不科学，并且客观上导致涉及人数太多，法不责众，我们执法和司法力量有限而只能选择性地去查处。

3. 从严治党、从严执纪

周淑真教授认为，从某种意义上而言，国家治理现代化和制度反腐是同一个问题。而在中国目前的历史条件和时代背景之下，这个问题的推进，关键在党。

第一是当代世界政党纪律的规范问题。政党主要是承载国家政治制度运行的重任，在国家的内政外交中起决定性作用。政党不同于国家机关和国家机构，是一部分人的组织，通过组织纪律约束成员，纪律是政党开展活动的一个组织保障，它的内容和形式是由党的性质决定的。政党成员接受党的纪律约束是政治正常存续都应该有的内在逻辑。一般而言，政党纪律关系到一个人的政治生命，而法律关系才关系到自然生命。在这个角度上，法治的意义就是对于政党的运行起到规范性作用。第二是中国共产党纪律要求的特殊性。一方面，中国共产党是全世界规模最大的政党，党员人数相当于某些欧洲大国的国家人口；另一方面，我们党长期执政。因此，对于党的组织纪律的要求就更加重要。党员加入政党应该是自觉自愿的行为，因此一旦加入政党，就意味着接受党的组织纪律。第三是汲取我们党治乱兴替的经验教训。十八大之前，有纪律不执行、有制度不尊重，这是产生腐败的一个重要原因。这里面存在理论和实践相互脱离的问题，党的纪律问题没有得到应有的关注和重视。在大规模发展党员的同时，忽视了党要管党、从严治党，组织涣散，纪律松弛，使党的各种规章纪律变成形式主义的一纸空文。第四是反腐的关键在于从严治己。总体目标是要建立一套符合国家治理能力现代化要求的干部队伍和政治运行模式。党的执政理念等方面，要进行一场革新，在严格执行党纪的过程中，要更好的体现法治精神，深化改革要进一步地解放思想，才能走出困境，为实现国家治理现代化提供实实在在的构想。

4. 完善社会主义市场经济

胡振良教授提出要考虑反腐败的特殊的背景，要有历史感。亨廷顿说现代性和传统都有稳定，在现代化过程中才有不稳定。同样的，计划经济下不会出现严重腐败，市场经济下也不会。但问题就出在，我们是以计划经济为起点，开始搞市场经济的。计划经济就是资源都在国家手里，而市场经济就是国家把资源放给市场，在这一过程中，就出现了权力寻租。这是腐败产生的客观历史背景，是特殊历史阶段的产物。因此，我们反腐败的关键就是完善社会主义市场经济，这是我们的基本经济制度，同时要创新社会制度。各方面制度都成型成熟了，搞社会主义市场经济才可以避免腐败。

刘俊杰教授分析了腐败的本质，其实就是权力的异化，就是公权转化为私权，用财富来交换剥夺国家和社会的剩余利益和价值。自古以来，尤其是工业革命以来，腐败号称政治之癌。每个国家都存在腐败，腐败是世界性的，阶段性的。为什么是世界性的呢？因为权力具有两重性，一个是公众性，另一个是巨大的私人利益性，掌握权力就容易产生腐败，这就是权力的本质和本性。因此，真正治理中国的腐败，必须完成我们国家治理结构的根本转型，就是国家治理现代化。这要求市场、政府、社会组织、公民各个方面的共同努力，这其中强调完善的市场经济是基石。

5. 重视非正式制度作用

向春玲教授提醒我们也要重视非正式制度反腐和社会力量的反腐。制度分两个层面：一种是具有成文规定的正式制度，比如法律、法规和各种有严格惩奖措施的制度安排；另一种是非正式制度，即人们在长期社会交往过程中逐步形成的并得到社会认可的约定俗成的行为准则。比如价值信念、意识形态、道德规范、文化传统、风俗习惯、社会舆论等。我们国家是一个转型的社会，从历史发展来看，在传统的社会，道德伦理在国家治理中发挥着更大的作用；而现代社会，一些人为了利益会突破各种道德规范，这需要法律对突破道德规范的行为进行严厉的制裁，特别是转型的社会，法律强制性约束人的行为作用更大。道德只有对遵守道德的人才起作用，对于突破道德规范的行为，严重伤害社会和他人的行为，需要法律来惩治和约束。正式制度与非正式制度在国家治理中是相辅相成，法治和德治是任何一个社会常规治理不可忽视的两个方面，只是在不同的历史阶段作用的强度不一样。另外，从治理的角度，党委政府是反腐的领导力量、主导力量，同时也要重视社会的力量，群众反腐的力量。韩云川教授也认为改良政治生态，让权力在阳光下运行对于制度反腐是根本性的力量。

何增科教授赞同非正式制度反腐的路径，但他认为官员的道德约束、官德建设、自律力度不够。他认为，讲非正式制度，通过道德立法和非正式制度防微杜渐更重要。公职人员有自己的伦理要求，这就要求他们在履行职责的时候，要遵守基本的道德规范。

冉昊博士则提出意识形态反腐。诺贝尔经济学家诺斯说过，意识形态可以阻止搭便车、寻租等行为。他的理论是，人的本性都是做利益大于成本的事情，违法也是做利益大于成本的事情。在一些有宗教信仰的国家，做违法勾当的人相对比较少，原因就是意识形态会阻止他们做利益大于成本的事情，甚至会让他们做成本大于收益的事情。比如，世界廉政排名中，北欧社会民主主义意识形态掌控的斯堪的纳维亚国家的排名尤其高。再比如，在天主教这一宗教意识形态影响之下，智利的廉政排名比美国还高。

（原载《科学社会主义》2015 年第 4 期）

加强高校意识形态阵地建设

——“第6届中国特色社会主义论坛”会议综述

王　霞　孟宪生

2015年7月4—6日，由求是杂志社《红旗文稿》编辑部、高等教育出版社《思想理论教育导刊》编辑部和东北师范大学共同主办的“第6届中国特色社会主义论坛”高层研讨会在东北师范大学召开。求是杂志社社长李捷、《思想理论教育导刊》主编阎志坚、《红旗文稿》杂志社社长李菱、东北师范大学党委书记杨晓慧以及吉林省省委宣传部、教育厅主管领导出席了论坛。论坛的主题为“加强高校意识形态阵地建设”，共有来自全国高校系统的主管校领导、马克思主义学院院长和专家学者60余人参加了会议。李捷社长以“做政治过硬、学术精湛的马克思主义研究教学宣传工作者”为题作了主题报告。与会代表围绕会议主题就如何加强党对高校意识形态工作的领导，如何做好高校宣传思想工作，如何办好高校思想政治理论课，如何提高教师队伍思想政治素质等问题进行了广泛交流和深入讨论。

一　加强高校意识形态阵地建设的重要性和紧迫性

习近平总书记在2013年全国宣传思想工作会议上明确指出，意识形态工作是党的一项极端重要的工作。中共中央办公厅、国务院办公厅印发的《关于进一步加强和改进新形势下高校宣传思想工作的意见》（以下简称《意见》）强调，高校作为意识形态工作前沿阵地，肩负着学习研究宣传马克思主义，培育和弘扬社会主义核心价值观，为实现中华民族伟大复兴的中国梦提供人才保障和智力支持的重要任务。加强高校意识形态阵地建设，是一项战略工程、固本工程、铸魂工程，事关党对高校的领导，事关全面贯彻党的教育方针，事关中国特色社会主义事业后继有人，对于巩固马克思主义在意识形态领域的指导地位，巩固全党全国人民团结奋斗的共同思想基础，具有十分重要而深远的意义。在论坛上，与会代表以习近平系列重要讲话特别是关于加强意识形态工作的重要思想为指导，贯彻落实《意见》精神，一致认为加强高校意识形态阵地建设是一项重大而紧迫的战略任务。

李捷社长在主题报告中系统阐述了我国高校意识形态阵地建设的紧迫性。他认为，当今世界各国对意识形态解释权和话语权的争夺愈演愈烈，受民主社会主义、新自由主义以及普世价值等西方社会思潮的冲击和影响，高校意识形态阵地建设面临着严峻挑战。他认为，部分党员同志、领导干部对共产主义、马克思主义、中国特色社会主义以及自己所从事的事业信仰不坚定；有些学者表面上打着马克思主义的旗号，实际是在否定马克思主义和中国特色社会主义最本质、最核心的东西；马克思主义在中国高校哲学社会科学体系的系统指导地位亟须巩固。同时，他特别强调要把培养新一代马克思主义事业接班人，作为高校意识形态阵地建设的一项重要而紧迫的工作来抓。他认为，当前我国马克思主义人才队伍面临“青黄不接”的严重问题，老一辈马克思主义骨干专家相继从工作岗位退下去，但新一代马克思主义接班人在知识能力、思想信仰等方面还存在明显的不足。

《红旗文稿》杂志社李菱社长在致辞中也指出，受经济全球化和市场经济的影响，我国社会主义意识形态建设面临着来自各种错误思潮的挑战：在政治上，一部分人鼓吹西方宪政民主、普世价值，以否定中国特色社会主义制度；在经济上，鼓吹新自由主义、国企私有化，以改变中国特色社会主义经济制度；在文化上，鼓吹西方文化，用西方话语体系否定中国共产党的理论与实践，以腐蚀党的信仰；在历史上，倡导历史虚无主义，以否定中国共产党和中国的历史。这些思潮对我们坚持马克思主义的指导地位和进行社会主义现代化建设是极为不利的。

有的专家认为，从整个意识形态主导权来看，我国高校在意识形态方面仍然处于“倒逼发声”的不利局面，在整个意识形态上极为被动。我们总是在一些错误思潮产生作用后，才开始回应；总是在反动思想造成影响后，才开始回击，始终处于疲于应对、被动回击的不利局面。因此，巩固党对高校意识形态的领导权、管理权、话语权，进一步加强和改进高校意识形态阵地建设迫在眉睫。

二　当前高校意识形态阵地建设面临的主要问题

伴随着经济全球化深入发展和文化多样化、社会信息化持续推进，我国高校意识形态阵地建设不断面临着新的形势和新的问题。对此，与会代表进行了全面分析和深刻的讨论。

第一，高校宣传思想工作有待加强。华东交通大学党委副书记汪立夏详细分析了当前高校宣传思想工作中存在的问题。他指出，一些高校理论与实践相脱节，忽视学生的认识发展规律，“该上的课没上好”“该管的事没管好”“该种的地没种好”导致主渠道和主阵地衔接不够，难以发挥合力作用。南开大学马克思主义教育学院副院长寇清杰认为，有些高校领导缺乏相应的政治责任担当和历史使命感，在宣传思想工作中存在“仪式化”现象，致使实际工作流于形式。

第二，高校教师队伍理想信念有待巩固。苏州大学马克思主义学院副院长陆树程认为，我国高校意识形态阵地建设一个突出问题是马克思主义理论课和网络信息平台两大阵地相对弱化。其中，马克思主义理论课这一主渠道的弱化是高校宣传思想工作最大的挑战，集中体现为部分教师对马克思主义和中国共产党的认可度不够，对社会主义认同度不足。有些专家认为，受市场经济逐利性、功利性的影响，一些高校教师日渐对共产主义和社会主义事业失去信心。在复杂社会背景下，如何使广大高校教育工作者坚定社会主义理想信念是我国高校意识形态阵地建设面临的一个重大课题。

第三，高校思想政治理论课实效性有待增强。《思想理论教育导刊》主编阎志坚指出，如何推进思想政治理论课建设与教学方法改革，编好与用好马克思主义理论研究和建设工程教材，实现教材体系向教学体系、知识体系向信仰体系的转化是增强思想政治理论课实效性要解决的核心问题。还有的专家认为，在一些高校，思想政治理论教育与马克思主义经典理论教育相脱离是普遍存在的现象；思想政治理论课教学“娱乐化”倾向愈演愈烈，思想性、政治性逐渐被淡化与消解，有些老师为了迎合学生的兴趣只重教学形式而忽视课程内容，导致教学目标一再“空场”。

第四，高校意识形态话语体系有待完善。西南交通大学政治学院院长林伯海认为，生活在一个经济全球化、政治民主化、社会世俗化、生活科技化、交往网络化的时代，多维环境的参照与比较，竞争环境的强烈激发与推动，信息环境的流通与更新，网络环境的多重影响与诱导，造成整个环境多样、多变、多重，复杂化、形象化、感情化，高校意识形态话语体系亟待调试与转换。东北林业大学马克思主义学院院长刘经纬认为，当前高校意识形态话语权建设存在的问题，主要体现在：一是主体责任缺乏；二是学生受碎片化信息的影响大，受系统化知识学习的影响小；三是意识形态理论研究和创新跟不上时代发展要求；四是话语权体系建设未能与话语权需求相吻合。东北师范大学马克思主义学部副部长郭凤志认为，在话语权上，如果我们不能做到用自己的话说自己的事，就难以实现用中国话语向世界讲好中国故事，传播好中国声音。

三　加强高校意识形态阵地建设的途径

为深入贯彻落实习近平关于宣传思想工作重要讲话精神，破解高校意识形态阵地建设中的诸多问题，为高校意识形态阵地建设营造良好的环境与构筑畅通的渠道，与会代表就加强高校意识形态阵地建设的途径问题做了深入研讨。

第一，坚持党的政治引领和阵地管理。《思想理论教育导刊》常务副主编、清华大学马克思主义学院教授刘书林提出，实践中大量事实证明，一个高校的党委，特别是校长和书记，这些发挥主心骨作用的人决定了一个学校的思想政治阵地建设的存亡。如果这些党员、领导干部沾染邪气、去意识形态化，那么高校中的意识形态阵地就会失守。因此，要实现党对意识形态阵地建设的政治引领与阵地管理，就需要确立高校领导干部考核、选拔、任用与监督机制，接受具有马克思主义理论的知识分子的民主考评，接受上级党委的认真考察。吉林省高校工委专职副书记李彧威指出，高校思想政治阵地建设需要深入学习贯彻习近平关于宣传思想工作的重要讲话精神，强化政治意识，强化守土责任，加强党对高校意识形态的领导权。东北师范大学马克思主义学部教授田克勤从党的意识形态工作历史经验的角度出发，强调高校意识形态阵地建设需要坚持党的政治引领。他认为，党对意识形态领域的斗争应该保持清醒的认识，对存在的突出问题要做出准确的判断；把握新的历史条件下意识形态工作的特点和规律，处理好经济建设与意识形态工作、社会科学研究与宣传思想政治工作、政治问题与学术问题等方面的关系；提高做好意识形态工作的本领，掌握党的相关方针政策，以高度的政治责任感和使命感，积极投入意识形态领域的斗争。哈尔滨金融学院党委书记邓福庆也认为，要在高校意识形态阵地建设中加强党的思想政治引领，推进“四进”“四信”。学校领导干部要抓好三项基本工作：一是要注重思想政治引领的责任担当；二是要注重思想政治引领的重点把握；三是要注重思想政治引领的方式创新。

第二，支持宣传部门敢于“发声”、正确“发声”。长春师范大学宣传部长陈爱梅认为，高校党委越重视宣传思想工作，就越有利于充分发挥思想政治理论课与宣传部门在高校意识形态阵地建设中的主力军作用。辽宁师范大学副校长刘向军教授指出，宣传工作必须落到实处，尤其要落实党的基本工作原则。还有的专家认为，凝聚共识是目前加强高校宣传思想工作最重要、最迫切、最艰难也是最基础的任务。

第三，打造一支信仰坚定、素质过硬的教师队伍。与会代表一致认为，马克思主义理论队伍建设关键是要把好入口关、把好政治关、把好学术关，同时有必要建立淘汰机制。长春理工大学马克思主义学院院长张淑东指出，青年教师要树立阵地意识、政治意识、斗争意识、自信意识，增强对职业的自信。大连理工大学马克思主义学院教授魏晓文强调，青年教师要正确处理好政治自觉与学术自由之间的关系，重视对重大理论与现实问题的研究，要做到真学、真讲、真懂、真用、真教。河北师范大学党委副书记赵月霞指出，要铸牢青年教师的精神支柱，从根本上解决青年教师的思想问题，强化青年教师的责任感与使命感。

第四，加强高校思想政治理论课的改革。山东大学马克思主义学院副院长徐艳玲指出，高校思想政治理论课要加强教学的针对性，探究学生的现实需求；要实现教学生活化，让大学生对生活有正确的认知，将意识形态教育灌输到大学生的生活中并使其内化于心、外化于行；要用生活化的仪式去感动、触动大学生的心灵，潜移默化地影响学生。有的专家认为，做好思想政治理论课建设关键要做好学科定位，高校思想政治理论课不仅是向学生宣传思想的工作，也是全党进行意识形态建设的重要工作；高校所有学科都应该尊重和关注马克思主义理论教育。还有的专家从创新话语体系角度探讨了高校思想政治理论课改革问题，认为只有在遵循继承性、时代性、合适性、深入性、形象性原则的基础上采用通俗化、大众化、时代化的现代话语，实现意识形态话语体系的调试与转换，才能把教材体系、知识体系有效转化成教学体系、信仰体系。

第五，加强网络话语权建设。与会代表普遍认为，网络新媒体技术快速发展，互联网日渐成为意识形态争夺的主战场，谁掌握了网络话语权谁就在意识形态竞争中占有绝对优势。有些学者认为，随着自媒体时代的到来，网络日渐深度影响学生的生活方式和学习方式，微博、微信已成为学生表达自我思想的主要平台。高校意识形态阵地建设，要高度重视网络信息对学生思想意识的深刻影响，注重加强网络话语建设。一是加强网络治理，规范网络话语。面对纷繁复杂的网络信息，大学生难以甄别优劣，很容易受一些不良信息的影响，要重视网络话语治理，对于那些反动、消极的信息必须加以剔除，实行网络话语责任制。二是坚持以人为本，积极疏通引导。学校要关注学生的需求，对学生的自我表达要进行积极有效的引导，培养学生对网络信息的甄别能力和抵御风险的能力。三是传统与现代相结合，创新话语表达方式。加强学生思维接受习惯的研究，创新话语表达方式，建立与学生畅通的对话与交流机制。四是利用高新技术传播思想政治意识。充分利用微博、微信等自媒体，扩大马克思主义主流意识形态的传播力和影响力。

东北师范大学马克思主义学部党委书记程舒伟对论坛作了总结。他认为，“层次高、水平高、平台高”是此次高层论坛的突出特点，通过会议的交流和研讨，分享了彼此的工作经验与探索成果，深化了对“加强高校意识形态阵地建设”的认识，对今后进一步做好高校宣传思想工作，具有十分重要的促进作用。

（原载《思想理论教育导刊》2015 年第 9 期）

坚持经典与现实相结合，推动马克思主义哲学创新发展

——中国马克思主义哲学史学会2015年年会综述

程 平

由中国马克思主义哲学史学会、中国马克思主义研究基金会主办，安徽大学马克思主义研究院承办的“中国马克思主义哲学史学会2015年年会”于7月4—6日在安徽大学召开。来自全国70多所高校和有关单位的150多位专家学者围绕着“马克思主义研究：经典与现实”这一主题展开了深入而热烈的讨论。会议主要议题有马克思主义经典著作研究、马克思主义理论问题研究、中国化马克思主义研究、国外马克思主义研究，并就此进行了分组讨论。

一 马克思主义经典著作研究

马克思主义经典著作的理解、阐释的方法论颇受关注。南京大学张一兵教授围绕“方法决定视域”这一主题，强调“方法论自觉”，主张从文本类型上加深对马克思主义基本文献的梳理，文本类型应该经历从公开文献回到手稿再回到笔记三个阶段，要从作者的意图反观文本本身的视域。他还从史论角度提出概念史研究的方法，以及在思想史研究中应重视话语分析和考古学的方法。安徽大学许俊达教授、任暟教授认为解读经典著作必须忠于原著，不能脱离经典著作所提供的意义的可能性空间和经典作家当时所处的历史背景与文化语境，不能随意解读和过度诠释，同时又要联系现实，站在今天的时代高度来挖掘经典著作的当代价值。南京大学唐正东教授以马克思的“物质生产”概念为例，说明历史唯物主义的基础性概念需要回到马克思那个年代的语境才能得到准确的理解，才能给我们提供重要的思想支撑。很多学者还就《巴黎手稿》《英国工人阶级状况》《关于费尔巴哈的提纲》《德意志意识形态》和《〈政治经济学批判〉导言》等重要著作中的理论建构、诠释方法、概念解读、文献版本及后世影响等进行了广泛而深入的讨论。

马克思主义经典著作的现实性是会议的焦点话题。中国马克思主义研究基金会郝时晋副理事长认为，把握经典与现实的关系，应从历史和学科两个维度阐释马克思主义哲学在当代面临的一些问题。马克思主义理论研究只有进行时，没有完成时，应将马克思主义理论研究时代化、大众化。中共中央党校韩庆祥教授紧扣“回归哲学的本质”这一主题，指出马克思主义哲学经典研究尚可而现实研究不足。哲学本质上是对现实逻辑的把握，马克思主义哲学就是要在经典与现实的互动中把握现实生活的逻辑。他还认为，当代中国的现实逻辑体现为结构转型、领域分离、力量转移和利益博弈四个环节，

由此带来的多元纷争和社会变化需要马克思主义哲学更好地发挥功能。复旦大学吴晓明教授认为，马克思主义哲学研究的基本对象是深入社会现实当中，在经典与现实的对话中实现“视域融合”。讲汉语的马克思主义哲学更要研究当今中国社会现实，只有这样才能形成中国理论、中国经验。

二　马克思主义理论问题研究

马克思主义学科化问题和整体性问题受到重视。中国人民大学梁树发教授对马克思主义发展中的学科化现象做了分析，既肯定了它在推动马克思主义研究、教育和传播方面的积极作用，也指出了它可能的消极影响。为推进马克思主义学科化的健康发展，他提出一个以“大马克思主义”观为基础，建立马克思主义理论的多学科多层次立体结构的“路径思考”。中山大学钟明华教授阐述了马克思主义理论整体性的隐没之状和裂解之路，从马克思主义政治传播和学科建制的角度分析了马克思主义理论整体性问题的由来，提出重构马克思主义理论整体性的两种视向——结构主义和视角转换，三个前提——去学科化、回归文本和关注现实，并指出这种重构要把握两个关键词——“新唯物主义”和“历史科学”，消除人本与科学的逻辑对立。一些学者通过研究经典文本（如《反杜林论》和1871年后恩格斯的相关“序言”“导言”）来论证马克思主义整体性。

实践唯物主义和实践哲学是与会者热烈讨论的问题。北京大学教授丰子义认为，实践唯物主义是改革开放以来最为主导的哲学话语，它以哲学形态和思想方法两种形态呈现出来；实践唯物主义是中国道路的哲学理念和基础，对中国道路的影响主要体现在实践理性、实践的主体性、实践的价值指向、实践的辩证法、实践的合理性以及实践的探索精神六个方面；同时中国道路和中国经验使我们提出许多新的观点，丰富和完善了实践唯物主义。黑龙江大学丁立群教授通过对西方实践哲学传统的追溯深刻阐述马克思解读社会历史的理论框架，指出马克思的实践哲学区别于传统哲学。传统哲学立足于政治实践和人的政治解放，属于政治层面，而马克思的实践哲学立足于劳动实践和人的社会解放，属于社会层面。此外，很多学者对创新实践范畴在马克思主义哲学创新中的作用、实践本体论与共产主义的关系、马克思的“实践的自然生产力”思想以及马克思实践哲学视野下“科学与人文”的统一等问题进行了阐述。学者们还就马克思主义哲学视角、辩证法、唯物史观、共产主义思想以及人学、经济哲学、政治哲学、伦理学等领域的理论问题做了具体深入的探讨，特别在中国的实践唯物主义研究的实际影响和理论贡献问题上进行了集中讨论和精彩的争论。

三　中国化马克思主义研究

中国化马克思主义哲学的建构问题被提上日程。江西省社会科学院余品华教授认为，中国特色社会主义是中国对世界的历史性贡献，这一伟大实践呼唤中国化马克思主义哲学新形态的出现。她比较了马克思主义哲学中国化的两次历史性飞跃——毛泽东哲学和中国特色社会主义哲学的区别，并提出建构中国特色社会主义哲学必须是对中国特色社会主义的概括和凝练，必须是对毛泽东思想的继承和发展，必须是对中国传统哲学精华的汇集，必须回到马克思主义经典文本。中国人民大学郝立新教授认为，马克思主义哲学史是史与论、原生形态与发展形态的统一，我们要在理论创新与实践创新的良性互动中推进当代中国马克思主义的发展，为此需要面向现代化、面向世界和面向未来。华东师范大学郑忆石教授指出，当下中国马克思主义哲学在研究内容和研究形式上都存在重微观轻宏观的偏颇，我们需要认识整体性方法的价值。不少学者还就新文化运动以来的马克思主义哲学在中国的传播历程、毛泽东哲学思想的经典著作（如《实践论》《矛盾论》和《论持久战》等）表达了自己的观点。

运用马克思主义哲学对当代中国重大现实问题进行哲学思考也是该年会的一个亮点。武汉大学骆郁廷教授运用社会意识与社会存在的辩证关系来解释核心价值观的根源和实质，指出核心价值观既要从古今中外价值观念中获得借鉴，更要从经济关系尤其是所有制关系中凝练、萃取，就此比较了社会主义和资本主义在核心价值观上的本质区别，并提出社会主义核心价值观要做到三个结合：弘扬与深化相结合、培育与践行相结合、经济实践与价值引领相结合。贵州师范大学蔡永生教授从中国特色社会主义是科学社会主义理论逻辑与中国特色社会发展的历史逻辑的辩证统一、矛盾普遍性与特殊性的辩证统一的高度，指出了习近平同志治国理政的主题和价值取向，并全面阐述了习近平同志创新的治国理念和高超的执政方略。上海财经大学张雄教授认为，21 世纪资本金融的发展导致人类生活世界被深度金融化，金融危机和欧债危机深刻显示了马克思在《资本论》中揭示的资本具有内在否定性的哲学真谛，同时中国特色社会主义要在应对资本金融化及其对人类生活世界的侵扰中发挥自己的制度优势和精神优势。在全面推进依法治国大背景下，中国政法大学李凯林教授谈到中国的法治建设问题，他根据马克思和恩格斯有关法和权利的历史唯物主义论述，指出权利受社会经济结构及文化发展的制约，不能离开社会经济结构谈“法治的真谛是人权”，同时中国的法治建设是服务于振兴中华的历史过程，该过程包含对既有人治资源在法治建设中的合理利用和转化。

四　国外马克思主义研究

关于国外马克思主义重要派别、人物的研究取得进展。复旦大学王凤才教授介绍了国外马克思主义研究的四种路径：正统马克思主义、东欧新马克思主义、“西方马克思主义”和西方“马克思学”，特别谈到了法兰克福学派批判理论的三期发展和当前的政治伦理转向，引起大家的热烈讨论。他还概括了西方学界关于马克思和恩格斯的关系问题的四种观点：对立论、一致论、差异论和多变论，并认为在马恩关系的讨论中衍生出两个关键性问题：利润率趋于下降的规律和资本主义必然崩溃的问题。北京大学黄小寒教授以卢卡奇和霍耐特为例，阐述“西方马克思主义”与黑格尔哲学的关系，认为黑格尔哲学的哲学方法、时代意识和批判精神深刻影响了马克思，从而影响到“西方马克思主义”基于反思西方现代社会问题而提出的社会批判理论和建设理论。中国人民大学张秀琴教授从直面“什么是真正的马克思主义”问题入手，深入辨析了“西方马克思主义”形成期的理论主题，阐发其文化批判转向对后世的重要影响。一些学者还对第二国际马克思主义的历史地位，对哈贝马斯、德里达、马尔库什等人的思想，以及英国新马克思主义理论、当代德国“新马克思阅读”运动和 21 世纪法国“马克思学”政治研究做了有益的探讨。

关于苏联领导人思想和苏联哲学的研究受到一定的关注，中国社会科学院单继刚研究员梳理了托洛茨基“不断革命论”的基本主张，它对中国革命的指导性意见，以及它在中国革命过程中的遭遇，考察了“不断革命论”在新时期对于中国特色社会主义理论和实践的可能意义。南京大学周嘉听副教授以苏联哲学家伊里因科夫为例，通过考察苏联哲学家对《资本论》中辩证法的研究、苏联学者对 MEGA2 的巨大贡献以及苏联哲学在教科书体系之外的其他成果，强调了苏联学者对西方学者的重要影响。

此次年会以“马克思主义研究：经典与现实”为主题，既回归经典传统又走向现实创新，具有广泛的理论探讨意义。与会者普遍认为，马克思主义经典理论与当代社会现实的互动和结合，是马克思主义哲学创新发展的根本途径。会议还采取主题发言、分组讨论、大会总结相结合的方式，有利于大家畅所欲言、深入交流，使年会取得了丰硕的成果。

（原载《山东社会科学》2015 年第 8 期）

当前条件下如何提高党的执政能力和国家的管理能力

——第 3 届社会主义国际论坛综述

潘金娥

2015 年 7 月 12—16 日，由越南社会科学翰林院、老挝国家社会科学院和中国社会科学院马克思主义研究院联合主办的第 3 届“社会主义国际论坛”在越南古城顺化召开，论坛由越南社会科学翰林院哲学所承办。来自中、越、老三国的 60 余位专家学者，围绕“当前条件下如何加强党的执政能力和提高国家的管理能力”的主题进行了热烈的讨论。中国社科院马克思主义研究院副院长樊建新、越南社会科学翰林院副院长范文德、老挝国家社会科学院副院长坎蓬·本纳迪分别在开幕式上致辞并在闭幕式上作了总结。

一 社会主义国家执政党能力建设：目标一致，路径有别

中、越、老三国都是由共产党（老挝称人民革命党）一党执政的社会主义国家，党在国家政治生活中处于最高的领导地位，因而执政党建设具有至关重要的意义。在论坛中，三国学者用大量篇幅介绍了各国执政党在这方面的做法及其经验与教训。

中国社会科学院马克思主义研究院副院长樊建新研究员以“共产党如何防范蜕化变质”为主题作了发言。他提出，在当前国际共产主义运动处于低潮、“资强我弱”的历史时期，共产党如何防范自身蜕变和政权变色，是社会主义国家执政党面临的共同考验。社会主义国家一是要高度重视从思想上建党，防止指导思想改旗易帜，防止指导思想的分裂和对立；二是要夯实思想防线的物质基础，尤其是在社会主义市场经济条件下要利用市场机制壮大公有制经济，为社会主义意识形态的稳固提供坚实的物质基础。而保证上述工作落到实处的关键在人，即保证“关键的少数”干部不出问题，因此必须重视干部队伍的教育工作，包括加强对党员干部的理想信念教育、深入开展党风廉政建设和反腐败斗争、开展舆论斗争、保证高校的社会主义办学方向等。中国社会科学院马克思主义研究院陈志刚研究员介绍了十八大以来中国共产党领导方式和执政方式的变革，包括重建政治局常委会的权力结构，由分权转变为领导小组的体制集权；坚持全面从严治党，自上而下推进党的建设；以全面推进依法治国为重要依托，推进国家治理体系和治理能力现代化等三个方面。中央编译局、复旦大学、武汉大学和中国社会科学院马克思主义研究院的其他学者还介绍了中国共产党从严治党的历史经验、中国共产党处理非主流意识形态的基本原则以及改革开放以来中国共产党的党内民主建设等情况。

越南社会科学翰林院哲学所所长阮才东副教授在主旨报告中提出：社会主义国家执

政党的权力来自人民，为了人民是其唯一的宗旨，而党对政治的领导最重要的是保证国家的稳定和发展。然而，在一党执政的条件下，易于产生诸如滥用权力、不民主、不透明、贪污腐败、宗派主义等消极现象，如果不采取正确的方法加以杜绝，共产党将可能失去民心，偏离最终目标。越南共产党认为，干部工作是最为紧要的问题，是决定革命成败的决定因素，是党的建设工作的关键。因此，不断革新和提高党员干部的业务素质和道德修养，使之具备领导能力、革命道德、组织纪律、团结精神，尤其是能够密切联系人民群众，真正成为社会精英和国家的栋梁。越共中央理论委员会委员黎德胜教授作了题为“革新干部工作、建设骨干干部战略是提高党的领导能力和执政能力的紧迫要求”的报告，提出：越南革命的实践证明了胡志明主席“干部是所有事情的根本”“任何事情的成功或者失败都是由干部的好或坏决定的”判断的正确性。他还介绍了前不久刚刚结束的越共中央十一届十一中全会通过的关于越共十二届中央委员、中央政治局委员以及总书记、国家主席、总理和国会主席等国家领导人的具体标准，认为这些标准是越南革新30年来的干部选拔工作的经验总结，也是今后选拔干部的标准。越南的其他学者还从扩大党内民主和社会民主、革新党的领导与政府的管理之间的关系、发挥政治—社会组织的监督作用等方面提出改革党对国家的领导的各种方式和途径。越南学者尤其强调：党必须在国家的宪法和法律的框架下活动，接受人民、政治—社会组织的监督、检查和质询；党的路线方针必须经过法律程序转化为国家的法律、政策，并通过国家系统中的党员干部加以贯彻和落实。

老挝学者在会上详细介绍了老挝人民革命党的性质、思想路线、组织原则和最终目标，以及当前人民革命党面临的问题及相应的改革措施。老挝国家社会科学院历史研究所副所长丰沙旺·翁成在题为“建设和发扬党内民主”的报告中提出：民主集中制、集体领导、个人负责是人民革命党的基本原则。“集中”是党的一条严格纪律，体现在党的所有活动都要按照党提出的路线方针政策和作出的决议统一行动，体现在党在组织上的统一和党对各个领域的领导权的统一；“民主”则是要发挥集体的创造性智慧和当家做主精神，是党内团结一致的保障，尤其是要保障各级党的统一领导。人民革命党以民为本，目标是建设属于人民、来自人民和为了人民的党，以民为本就是要走群众路线，忠诚地为人民群众服务，依靠群众并通过群众运动来建设和发展党。人民革命党认为，批评和自我批评是党建工作中不可缺少的环节，是党得以存在和发展的规律，目的是更好地完成党和人民交给的任务，履行好党员干部的本职工作。老挝国家社会科学院政治研究所副所长优尼科·思帕索认为，应从以下几个方面革新党的领导方式：一是路线的正确性与战术的灵活性；二是重视党内团结，保证民主集中制原则；三是密切党与各族群人民群众的关系，绝对地相信和依靠群众；四是注重各级干部的政治、思想、专业知识、领导能力和解决问题能力的教育和培养；五是不断提高各级党员干部的道德品质，发挥模范带头作用；六是必须加强干部下到基层去锻炼和了解情况。老挝国家政治行政学院赛克汉·蒙·马尼旺博士在“党和国家的关系问题”发言中提出：党与国家的关系体现在二者的职能中。其中，党的任务是领导国家，而国家则要按照党的路线和方针来运行；国家的任务是把党的路线和主张落实到实践中去。此外，还有老挝学者在发言中强调要警惕和抵制西方“和平演变”图谋，加强党对国内媒体的控制和管理。

综观三国学者的观点不难看出，大家一致认为，社会主义事业离不开党的领导，当前条件下必须通过各种方式提高党的领导能力。与此同时，三国学者对于如何发挥执政党的作用的观点有所不同。其中，中国学者更多地强调如何加强党的思想建设、组织建设、制度建设、作风建设和党风廉政建设，以提高党的领导能力和保证社会主义建设的成功；越南学者更多地关注如何革新党对国家的领导方式，如何加强党内和社会民主；老挝学者则更强调党内团结、民主集中制和加强同人民群众的联系等。

二　社会主义经济体制：如何处理政府和市场的关系仍须探讨

中、越、老三国都把建设和完善社会主义市场经济体制作为经济改革的目标，如何处理政府与市场的关系问题在此次研讨会上引起学者们的强烈关注。中国共产党第十八届三中全会通过的《中共中央关于全面深化改革若干重大问题的决定》强调："经济体制改革是全面深化改革的重点，核心问题是处理好政府和市场的关系，使市场在资源配置中起决定性作用和更好发挥政府作用。"越南和老挝都确立了建设社会主义定向的市场经济体制的目标，然而如何处理市场机制与政府的作用问题依然是一个理论和实践上都未能解决好的问题。

中国社会科学院马克思主义研究院潘金娥研究员在题为"社会主义市场经济：政府与市场的结合抑或较量?"的报告中阐述了中国社会主义市场经济的发展历程，并介绍了当前中国学者的不同观点，引起了与会学者广泛的兴趣和讨论。实际上，在越共和老挝人民革命党即将于2016年年初召开的新一届党代会已将此问题作为重要议题的背景下，越南和老挝理论界正对此问题进行热烈的讨论。

越南社会科学院哲学所阮氏兰香博士在报告中提出，自越共九大确立社会主义定向的市场经济体制以来，越南经济发展成绩显著，越南已成功地从最不发达国家上升为中等收入国家。然而过去几年来，越南经济体制改革进展缓慢，出现了国有企业亏损、贪污腐败和利益集团、贫富分化差距加大等问题，如不加以解决，将严重打击越南经济体制改革的成果，甚至造成政治和社会的不稳定。社会主义定向的市场经济离不开国家的管理，然而国家对市场干预的程度、方法和范围如何把握，这是一个棘手的问题。与其他资本主义市场经济不同的是，社会主义国家除了要发挥稳定宏观经济、保证经济运行效率等经济职能以外，还需要发挥好利益协调的作用、保障每个公民都能享有发展机会等社会职能。如何同时发挥好上述职能，是当前越南社会主义定向的市场经济面临的重要挑战。

老挝国家社会科学院政治研究所所长冯旺斯·老冯博士在题为"国家在管理和发展现代经济中的作用"的报告中介绍了老挝的国家管理体系、自1986年实行革新以来所取得成就、当前老挝实行社会主义定向的市场经济的一些具体措施和问题。其中，国家对经济管理的任务体现在几个方面：一是颁布市场经济的相关政策并鼓励各种经济成分的参与；二是投资基础设施，解决社会治安问题；三是发展科技，鼓励科研活动和可持续发展生产；四是对货币金融市场进行管理，鼓励进出口；五是对劳动力进行管理，均衡各地的劳动力需求。自2000年以来，老挝经济发展取得了显著成就，人均GDP从1986年的114美元上升到2014年的1671美元。与此同时，老挝经济制度仍不完善，法律系统不健全，市场机制带来了欺诈、打压、混乱等消极现象，贪污腐败、贫富分化等问题越来越严重。如何发挥国家对经济的指导和管理作用，也是老挝面临的紧要问题。

综观中、越、老三国学者的发言可见，三国实行社会主义市场经济体制的改革都已经取得了显著成就，但还不完善；在建设社会主义市场经济过程中，都出现了贫富差距拉大、发展不平衡、环境污染和贪污腐败等问题，而当前处理政府与市场的关系成为大家共同关注的紧要问题。

除了集中讨论执政党建设和社会主义市场经济两个问题外，各国学者的发言还涉及党政关系、法治国家建设和社会建设等问题。越南、老挝学者尤其对我国提出的“国家治理”理念表现出浓厚兴趣，对我国当前反腐工作大加赞赏。越南学者认为本国的反腐力度远远不如中国，他们倾向于扩大和加强党内民主和社会民主，通过提高社会和舆论的监督来达到防止腐败的目的。

三 社会主义改革目标一致，发展道路呈现差异性

樊建新研究员在闭幕式上对论坛作了总结。他认为，社会主义国际论坛办得很成功，三国学者对如何加强党的执政能力和国家的管理能力进行了广泛而深入的讨论。他就讨论中的不同观点进行了总结，并阐明了中国学者的观点。他说，首先，处理好党政关系，目的是要加强党的领导，而不是削弱甚至抛弃党的领导。其次，在社会主义国家讲政府与市场的关系问题，更核心的是公有制和市场经济如何有效结合的问题。再次，执政党建设要抓住“人”这个核心问题，防止出现苏共“雅科夫列夫”那样的人物。最后，共产党执政要把当前工作任务和共产主义远大目标衔接起来，而不能背道而驰。越南社会科学院副院长范文德教授也表示，三国的改革和革新的目标是一致的，但思路和实践并不完全相同，而所有的理论和思想，必须经过实践的检验，因此这种差异性还有待实践过程的检验并作出判断。老挝社会科学院副院长坎蓬·本纳迪表示，中国和越南走在社会主义改革和革新的前面，老挝的社会主义革新刚刚开始，中国和越南的经验值得老挝学习和借鉴。

综上所述，由于中、越、老三国执政党都以马克思列宁主义及其本土化的马克思主义为指导原则，因而党的建设和加强社会主义改革所要达到的目标是一致的。与此同时，各国也强调，应结合当前条件和本国的具体情况，不断对改革的实践进行总结，探索出符合本国实际的发展道路和步骤，因而越来越体现出自身的特点。这符合马克思关于社会主义发展道路具有多样性的观点。

（原载《马克思主义研究》2015 年第 9 期）

中国科学社会主义学会2015年年会综述

2015年8月2日，由中国科学社会主义学会、中共中央党校科学社会主义教研部和中共吉林省委党校联合举办的社会主义理论前沿问题高层论坛2015、中国科学社会主义学会2015年年会暨第17次全国党校系统科学社会主义学科教学科研座谈会，在吉林省长春市吉林省委党校召开。来自中共中央党校、中共中央文献研究室、中国社会科学院、国家行政学院、国防大学等单位，北京大学、吉林大学等高校，以及全国党校系统、宣传思想工作系统、社会科学界共200多名专家学者参加会议。

中共中央党校副校长黄浩涛，中共吉林省委常委、宣传部部长高福平出席并讲话。中国科学社会主义学会会长、全国政协委员、中共中央党校副教育长兼科学社会主义教研部主任王怀超教授主持会议并致辞。王怀超会长向大会介绍了会议准备、与会代表的选择、会议议程、会议主题等信息，作为会议主办方热烈欢迎并诚挚感谢与会代表的到来。中国科学社会主义学会副会长、中共中央党校科学社会主义教研部常务副主任秦刚教授、中国科学社会主义学会副会长、国家行政教授许耀桐教授参与会议主持。

中共中央党校副校长黄浩涛指出，此次研讨会以党的十八大和十八届三中、四中全会精神为指导，聚焦研讨科学社会主义学科建设基本问题，深入探讨中国特色社会主义理论与实践问题，研究学科发展大计，交流教学科研成果，积极推进教学科研工作迈向新台阶，具有重要意义。改革开放以来，科学社会主义学科在理论研究和教学实践方面都取得了显著成绩，对中国特色社会主义理论体系的研究、阐释和学习宣传，做出了独特贡献。当前，坚持和发展中国特色社会主义，实现中华民族伟大复兴中国梦，正在成为凝聚中国人民共同意志，并为之不懈奋斗的时代主旋律。在这一新的历史时期，科学社会主义学科建设大有可为。从党校系统而言，科学社会主义的学科建设主要体现在教学与科研两个方面。在教学方面，要主动探索党校教学规律，坚定党校姓党原则，自觉将党的理论创新成果融入课堂。教学讲题的设计要具有价值引领和问题意识，注重培育精品课，抓好案例教学、研讨式教学，重视集体备课、专题讨论和竞争上岗。在科研方面，既要研究科学社会主义基本理论问题，也要关注当代中国社会发展进程中的重大现实问题。既要明确学术评价标准，健全激励奖励机制，也要鼓励扎根稳定的研究领域，矢志不渝的责任心、事业心，同时还要注重培育学术共同体，形成良好的学术氛围。

与会专家紧紧围绕会议主题，就中国特色社会主义的新认识、科学社会主义的基本原则、推进科学社会主义学科建设的思路与建议等问题进行了热烈讨论。

一　中国特色社会主义的新认识

关于中国特色社会主义道路，济南大学包心鉴教授着重阐述了关涉中国特色社会主义道路若干重大问题的学术辨析。一是中国特色社会主义道路的起源和起点问题。以毛泽东为代表的党的第一代中央领导集体的艰辛探索是中国特色社会主义道路的“起源”，而中国特色社会主义道路的“逻辑起点”是邓小平领导开创的马克思主义中国化的第二次飞跃，“实践起点”是以党的十一届三中全会为突出标志的新时期改革开放。二是中国特色社会主义道路对科学社会主义的传承和超越。首先表现在开辟道路的正确方向和正确路线，同时还突出表现在道路发展的主题和目标。三是中国特色社会主义道路的文化依赖与时代视野。既要清醒地看待中国特色社会主义道路中蕴含着深厚的中华民族传统文化因素，并加以深入研究，同时，中国特色社会主义道路必须面对全球化时代，回答人类社会发展中的共性问题。四是中国特色社会主义道路的本质和真谛。中国特色社会主义道路包含五个方面的本质特征，即和平与发展的时代主题、社会主义初级阶段的历史方位、人民主体的本质要求、“五位一体”的全面推进、独立自主与开放包容相统一。在以上四方面认识的基础上，包心鉴教授认为所谓“中国模式”是关于中国道路的一种误读和误导，或者说是一个背离中国道路本质与真谛的伪命题。强调必须从学理上厘清中国道路与“中国模式”的区别，弱化“中国模式”声音而强化中国道路共识，不仅不会削弱当代中国对国际社会的影响，而且会极大地增强当代中国在国际上的良好印象，充分释放中国道路的当代价值和意义。

南京政治学院孙力教授概括了中国特色社会主义制度创新的普遍意义。他指出，社会主义的制度建构是社会主义从理论向实践飞跃的关键环节，中国特色社会主义的发展过程同时也是社会主义制度创新的过程。中国特色社会主义的制度建构是对社会主义制度建设的崭新贡献。具体来讲，一是中国特色社会主义制度凸显了社会主义的空间维度，赋予制度更多的民族性。马克思主义经典作家是在普遍性的意义上阐述社会主义制度的，而在社会主义运动中创立与自己国情相适应的制度模式是中国共产党人的贡献，即把社会主义制度落脚到具体的空间范围内和民族国家基础上。这体现了中国共产党人对社会主义制度建设的一个基本取向：与共同的社会主义价值追求和最终目标相契合的，是具有不同民族特色的社会主义制度。同时中国共产党人正是从民族特色的角度来阐释中国特色社会主义制度建设的伟大成就。二是中国特色社会主义制度凸显了社会主义制度的时间维度，赋予制度更多的成长性。社会主义的制度需要不断地发展完善，这是中国共产党人在社会主义实践基础上确立起来的重要思想，也是对当代社会主义运动的重大贡献。改革开放三十多年来，中国共产党人创造了中国特色社会主义的制度体系，已经取得了稳定的和决定性的成就，经实践证明也是卓有成效的制度模式。在此基础上，党的十八届三中全会吹响了全面深化改革的进军号，要求进一步深化改革，不断完善和发展中国特色社会主义制度。中国共产党人呈献给当代社会主义运动的，是一个活生生的、不断成长的社会主义制度，赋予社会主义制度成长性，带给社会主义运动的将是适应于时代的、不断完善的、卓有成效的社会主义制度模式。三是中国特色社会主义制度凸显了社会主义本质和基本原则，赋予制度更多的灵活性。中国的社会主义改革和制度创新取得伟大成就的重要原因，其中一点在于中国确立了社会主义本质和基本原则，这是在社会主义终极目标之下，又在社会主义的制度建构之上的社会主义规定性，从而为改革和制度创新牢牢把握了方向，同时又赋予制度创新更多的灵活性。社会主义本质的揭示、坚持四项基本原则的提出，既为制度创新提供了明确的规范，也为制度创新提供了强大的支撑。

十八大以来，习近平一系列重要讲话既是对中国特色社会主义的理论认识，也是中国特色社会主义理论发展的最新成果。学习和贯彻习近平系列重要讲话精神既是当前重要的政治任务，也是重要的理论任务。国防大学肖冬松教授认为，十八大以来习近平系列重要讲话逐步形成了逻辑结构严密、比较系统完整的科学理论体系。首先，十八大以来，习近平立足坚持和发展中国特色社会主义这一主题，着眼实现民族复兴中国梦的目标，聚焦全面建设小康社会的战略目标，提出了一系列新思想观点论断。基本上涉及了经济政治文化生态社会党的建设等各个方面，治党治国治军各个领域，而且从问题的反映深度看，揭示了中国特色社会主义的发展规律，一系列观点之间形成了完整的逻辑链条，构成了科学的理论体系。其次，以党的历史上关于毛泽东思想体系的概括从“并列式”向“立体式”的发展为标准，肖冬松教授将习近平系列重要讲话精神概括为七个方面，即：一是以造福人民、务实创新、问题导向和学习实践为内容的立场观点方法论；二是以中国梦为引领的目标任务论；三是以坚持和发展中国特色社会主义为坚定指向的发展道路论；四是以“四个全面”为事业抓手的战略布局和治国方略论；五是以社会主义核心价值观为灵魂的精神支撑论；六是以总体国家安全观为指导的安全保障论；七是以建设人类文明共同体和“一带一路”战略为内容的新型国际关系和国际格局论。其中，“造福人民、务实创新、问题导向、学习实践”是习近平系列重要讲话精神的精髓。

就如何认真研究和系统概括习近平总书记对科学社会主义的创新发展，国家行政学院许耀桐教授认为，十八大以来，党中央高度关注科学社会主义理论与实践的发展问题，提出很多新思想、论断观点，推进了中国特色社会主义的创新发展。与20世纪90年代以来的历史党代会之后的同期相比，当前是最快的、最好的发展时期。关于以习近平总书记为核心的党中央对科学社会主义和中国特色社会主义的创新发展，许耀桐教授将其概括为“六、四、三、一”。即社会主义发展历史的六个阶段、“四个全面发展”战略部署、中国特色社会主义的道路、理论和制度的“三位一体”、推进国家治理体系和治理能力的现代化。

习近平总书记提出“四个全面”战略布局以来，又多次阐述了“四个全面”的重要地位、内在联系、客观依据、实现途径和重大意义等。“四个全面”成为当前科学社会主义学界关注和研究的重要主题。在针对理论界研讨“四个全面”总体布局和战略思想的热潮中，北京大学孙代尧教授着重回应和强调了“四个全面”的全面性、长远性和理论性三个方面。他指出，一是全面性。“四个全面”的每一方面都是一个大系统，都具有全面性的特点，都是一套结合实际、内容丰富的体系。尤其从整体上看，“四个全面”具有更加鲜明的系统性、全面性特点。“四个全面”是在中国特色社会主义“五位一体”布局上提炼出来的，有机统一于建设现代化国家和中华民族伟大复兴的全过程，作为引导人民贯彻全面发展、根本发展的指导思想具有重要意义。二是长远性。“四个全面”既立足于社会主义初级阶段的基本国情、立足于解决当前社会主义建设中的突出矛盾和重大问题，同时也对中国特色社会主义的长远发展做出了战略部署。

“全面建成小康社会”既是贯穿“两个百年”目标的关键环节，同时对于建设富强民主文明和谐的社会主义现代化国家、实现中华民族伟大复兴的中国梦也具有意义。“全面建成小康社会”应该放到新“三步走”战略——全面建成小康社会、21世纪中叶全面建成社会主义现代化国家、全面实现中华民族伟大复兴中来理解。三是理论性。一方面，要认识到同任何理论一样，“四个全面”经历了从战略布局到理论指导和实践指南、逐渐上升的理论自觉过程。另一方面，“四个全面”是与马克思主义、中国特色社会主义一脉相承的。马克思主义是在经典文本逻辑和现实逻辑的互动中形成的。中国特色社会主义是科学社会主义理论逻辑和中国社会发展历史逻辑的辩证统一。而以“四个全面”战略思想为核心的习近平治国理政思想则体现了问题逻辑和实践逻辑的辩证统一。“四个全面”既来自实践、具有整套的战略布局，也鲜明地体现了人民主体的科学社会主义价值取向，同时秉承了马克思主义一贯的问题意识和实事求是精神，因而具备了理论化、体系化成为指导思想的可能。理论界应该深入研究“四个全面”的理论逻辑，以理论话语和学术表达，使之成为中国特色社会主义理论体系的有机组成部分。

关于“四个全面”的认识和评价，更多的专家学者发表了观点。包心鉴教授梳理和评价了当前学界对“四个全面”地位的不同观点，有的将“四个全面”等同于中国特色社会主义思想，有的认为“四个全面”是马克思主义中国化的“第三次飞跃”等等。在他看来，这些高度评价还值得进一步深入研讨。邸乘光教授首先澄清了“第三次飞跃”是指在中国特色社会主义理论之中、继江泽民“三个代表”重要思想和胡锦涛“科学发展观”之后的“第三次飞跃”，同时强调“四个全面”不只是战略布局，不只具有操作性、工具性的价值，更应该把“四个全面”视为具有思想性、理论性和目的性价值的战略思想。战略布局和战略思想的统一，就是实践指南和指导思想的统一。王公龙教授将此概括为“四个全面”是战略形态和理论形态的“二位一体”，并指出“四个全面”还需要在理论与实践的不断转换中继续丰富和完善。蓝蔚青教授则强调要从历史纵向维度、理论自身的层次感和理论宽度的延展性三个维度出发充分认识和解读“四个全面”。郭丽兰副教授认为把握“四个全面”的理论特质，要着重“四个统一”，即实践性与科学性相统一、系统性与协调性相统一、继承性与创新性相统一、民族性与国际性相统一。

二 科学社会主义的基本原则

科学社会主义的基本原则既是科学社会主义学科建设的重大问题，也是中国特色社会主义理论与实践的重要基础性问题。

辽宁省委党校宋萌荣教授认为科学社会主义的基本原则是马克思主义的核心内容，它同马克思主义基本原理的关系是密不可分的。科学社会主义的基本原则，是以马克思主义基本原理为基础和根据，贯穿于科学社会主义的理论、运动、制度形态中的必须遵守的规则。这些规则体现的是马克思主义理论的核心、价值和目标归宿，同时在这些核心、价值、目标归宿的指向中体现原则的规范性规定。科学社会主义的基本原则是基本稳定的，构成了科学社会主义之为科学社会主义、马克思主义之为马克思主义的最本质的内容。离开了基本原则，就不是科学社会主义、不是马克思主义。

在此基础上，宋萌荣教授将科学社会主义的基本原则区分为科学社会主义的总原则、价值原则、主体原则、根本经济改造原则和过程原则五个方面。一是科学社会主义的总原则是否定资本主义，创建新的社会主义文明。要正确认识当代资本主义的发展态势，从世界的角度看，我们仍然处在资本主义占统治地位的世界体系的时代，这是我们理解今天的世界及其变化的客观基础和历史定位；从资本与劳动的关系看，今天资本的统治、主宰的力量通过经济全球化、信息化和网络化，达到了全覆盖的程度。尤其金融化成为资本实现全球控制和剥夺劳动者的主要工具。同时当代资本主义没有改变其资本增值的本性，资本主义生产方式全球扩张的动力源泉没有改变，资本主义的内在矛盾和自我否定的发展趋势没有改变。在对当代资本主义客观认识的基础上，我们对资本主义的否定既不应该是绝对的、毫无继承性的否定，更不应该是只讲吸纳、融入，从而被资本力量所吞噬和裹挟，而应该秉持辩证否定的立场和原则。二是科学社会主义的价值原则。科学社会主义的价值原则是人的自由、全面的发展，实现人与自然、人与社会、人与自身的和谐发展，最终实现“自由人的联合体”。三是科学社会主义的主体原则，即以工人阶级政党为领导核心、以工人阶级为物质力量的主体原则。四是根本经济改造原则，即生产资料的社会所有和支配的原则，通过生产资料的社会所有、经济民主，最终实现全体人民对经济发展成果的共享。五是过程原则。即随着生产力的发展和世界普遍联系的推进，实现经济社会全面进步和人的自由全面发展的社会主义必然要经历一系列的、分阶段的过渡过程。

在中共中央党校王怀超教授看来，科学社会主义的基本原则是指科学社会主义基本原理中蕴含的世界观和方法论，它比科学社会主义的基本原理更接近社会主义本质、更具有概括性。因此，科学社会主义的基本原则大致可以概括为：一是人民主体原则。与“以人为本”“以民为本”比较来看，人民主体原则更加体现了社会主义的本质属性。二是公平正义原则。三是普惠共享原则。四是社会和谐原则。五是人的自由全面发展原则。

三　科学社会主义的学科建设

就科学社会主义的学科建设问题，黄浩涛校长提出了四点建议：一是夯实基础问题研究。包括科学社会主义的基本理论、基本范畴、基本方法、逻辑起点等基础问题。二是坚持对重点、难点、热点问题的深入研究。中国特色社会主义理论体系研究是科学社会主义研究的重中之重。中国特色社会主义伟大实践既丰富了科学社会主义理论的内容，也不断提出新的重大问题，需要做出新的回答。在一定意义上，科学社会主义学科研究重点的演变能够清晰地反映我国改革开放和社会主义现代化实践不断深化和发展的历史进程。三是加强对社会主义前沿问题跟踪研究，有助于科学社会主义理论的丰富和发展。这些问题包括中国特色社会主义的基本内涵及其历史地位、中国特色社会主义的发展前景、中国特色社会主义的基本价值、“中国道路”的世界意义、世界社会主义的发展趋势、当代资本主义社会新变化、信息技术与社会主义等。四是加强理论人才队伍建设，为中青年学者的成长和充分发挥作用创造良好的氛围、机制和条件。同时，黄浩涛校长还指出，繁荣和发展科学社会主义学科，必须突出强调三种意识，一是阵地意识。科学社会主义是党校的优势学科，也是党校教师的主要阵地。保持和发展科学社会主义的学科优势，既是科学社会主义学者安身立命的基础，也是科学社会主义研究者的历史使命。二是学科意识。科学社会主义的教学科研要深入研究学科思维和学科规律，深化和加强学理支撑，突出运用科学社会主义的基本原理、话语体系和理论框架来分析问题。三是创新意识。创新是学科发展的灵魂。从事科学社会主义教学和研究的学者，一定要着眼于新的时代、新的发展，要把研究阐释当代中国马克思主义作为主攻方向，为推进马克思主义中国化、时代化、大众化，坚持和发展中国特色社会主义做出应有贡献。

关于科学社会主义的学科建设，中共中央党校王怀超教授首先突出强调要下大气力推进科学社会主义学科建设。他指出，总体上看，科学社会主义学科还处于初创时期，尤其作为学科根基的研究对象、基本范畴、逻辑起点、研究方法、学科框架等基础理论问题、学科元问题需要加强研究。其次，王怀超教授还提出加强当前科学社会主义研究的三个重点领域。一是加强科学社会主义的基础理论研究，包括科学社会主义的基本原则等问题。二是加强和深化中国特色社会主义的基本原理和理论研究，为中国特色社会主义提供更多学理支撑和理论提升。尤其需要把中国特色社会主义作为一种理论形态、作为一门学科来研究，着重思考中国特色社会主义的学科性质、研究对象、逻辑起点、框架结构等理论问题。在王怀超教授看来，中国特色社会主义理论的研究对象是经济文化落后的中国建设社会主义的规律性，其学科性质是综合性的政治理论学科，逻辑起点在于对社会主义本质的再认识。三是加强对当代世界社会主义发展态势的跟踪研究，清醒认识准确把握当代世界社会主义的发展特点。王怀超教授强调，科学社会主义的基础理论研究是学科建设的立足点，中国特色社会主义理论研究是学科建设的重中之重，当代世界社会主义发展态势的跟踪研究是科学社会主义学科建设的生长点。最后，王怀超教授还指出，目前制约学科建设的核心问题是人才队伍建设，教学科研队伍后继乏人。尤其是缺乏中青年领军人才，必须采取切实措施，花大力气，造就一批科学社会主义学科的学术带头人，这是学科建设的当务之急。

科学社会主义的学科建设问题也受到来自高校、党校等专家学者的关注。专家们普遍反映了科学社会主义专业在高校中的边缘化趋势，从专业招生到教学安排等持续弱化。这一现象在全国党校系统的教研机构调整和教学工作安排中也有所体现。有专家指出，在学科建制上，科学社会主义教研部应当在学科建设中起中坚作用，尤其各省级党校不能没有科学社会主义学科，社会科学研究不能代替或取消科学社会主义研究。在重点研究领域和研究方向上，既不能脱离政策形势空讲理论，也不能脱离学术理论只关注时政；既要研究深刻的理论问题，也要研究和解决现实敏感问题；既要研究具体问题，更要研究基础问题；既要研究专门问题，也要加强研究整体问题。在研究方法上，既要重视现实情况，又要注意回到理论原典；既要理论与实践相结合，也要批判性思维与建设性思维相结合；在学科归属上，专家们普遍认为科学社会主义是马克思主义的同义语，应该归入马克思主义理论的二级学科，而不应是政治学的二级学科。也有专家建议使用“科学社会主义的理论与实践”名称，并进一步协调中国特色社会主义与科学社会主义的关系及其重要地位。在学术规范建设上，既要注意学科的自主性和互补性，从其他社会科学中吸收成熟经验，也要独立探索科学社会主义学科的研究规律。在当前的理论创新趋势面前，尤其需要创新中国特色社会主义的话语体系，在科学社会主义研究中体现中国特色、中国风格和中国气派。

此次会议不仅设置了大会主题发言，而且创新了分会场模式。在五个分会场的讨论中，共有不少于百人次的代表充分表达了自己的观点。中国科学社会主义学会副会长秦刚教授总结会议成果时指出，此次会议聚焦了科学社会主义学科建设问题，议题集中；参会人数众多、范围广泛，涉及全国党校、高校、社科院、军队院校、思想宣传工作领域等五大系统的众多专家学者；会议安排合理、分合有序，给每个与会者提供了自由表达的充分空间；会议成效显著、超过了预期目标。中国特色社会主义实践在不断发展，实践发展到新的层次，理论创新也要达到新的高度。创新中国特色社会主义理论，是科学社会主义学界理论工作者的共同使命。

（原载《科学社会主义》2015 年第 5 期）

21世纪中国的马克思主义与历史唯物主义

——2015年中国历史唯物主义学会年会综述

李　艳　马荣华　张泽强

2015年8月22—23日，由中国历史唯物主义学会、东北师范大学和中国社会科学院国家文化安全与意识形态研究中心联合主办，东北师范大学马克思主义学院承办的“2015年中国历史唯物主义学会年会暨21世纪中国的马克思主义与历史唯物主义”理论研讨会，在吉林省长春市举行。来自中国社会科学院、国防大学、北京大学、南京大学、中国人民大学等科研机构和高校的100余位专家学者出席了研讨会。东北师范大学党委书记杨晓慧出席开幕式并致欢迎词，中国历史唯物主义学会会长、中国社会科学院国家文化安全与意识形态研究中心主任侯惠勤作主题发言。

杨晓慧在致辞中指出，在新的历史起点上，21世纪的中国马克思主义发展面临着新的任务和新的挑战，马克思主义理论教育呈现出前所未有的复杂性，如何根据时代变化和实践发展深刻领会和贯彻落实习近平总书记系列重要讲话精神，用中国理论阐释中国实践，立足中国实践升华中国理论，如何加强和改进马克思主义理论教育，赋予其更加鲜明的时代特征，更加深刻的思想品格，更加深远的文化境界，更加显著的实践成效，是我们需要进一步思考和探索的重大问题，也是我们应有的思想自觉和使命担当。侯惠勤在发言中提出，要以我国正在进行的改革开放和社会主义现代化建设为中心，注重对马克思主义的运用，注重对实际问题的理论思考，注重新的实践与发展；历史唯物主义研究要特别关注当代中国的理论问题、实践问题和重大经验的概括；理论工作者要增强历史使命感，加强理论研究与创新，把握大势，为党和国家的发展作出更大的贡献。

此次理论研讨会对一些理论及现实问题展开了多视角的深入探讨与交流，形成了一些重要成果。

一　巩固马克思主义的指导地位

侯惠勤教授指出，马克思主义话语权有所丢失的原因是西方国家无论是在社会、经济、科技等发展方面，还是在思想、意识形态等方面都处于强势地位，而社会主义国家处于劣势地位。西方思潮消解马克思主义意识形态的方法主要是将唯物论、唯心论的划分排斥出哲学视野，首先混淆物质世界和精神世界，否定世界的统一性；其次强调历史的人的本体性，否定物质的制约性；最后用生活取代了物质生产活动的基础地位，没有把生活的生产作为基础，用生活取代了生产。要想获得意识形态话语权就必须要以马克思主义为指导，占领理论的制高点，立足于现在，放眼未来，强化理想信念，承认社会历史发展客观规律，引领社会发展；要处理好如何研读马克思主义经典著作的问题，既不能搞纯文本研究，否则会误读马克思主义理论；也不能以错误的立场观点来学习，否则就会误入歧途。

中国历史唯物主义学会副会长尚金锁教授提出，现在马克思主义被边缘化的原因之一是没有真正搞清楚马克思主义理论本身，要加强理论研究，同时要切中中国现实。西华师范大学张晓明认为，话语权问题的解决需要认清对内话语权和对外话语权的问题，需要正确看待资本主义的合理性因素，加强包容性和主导性。社会主义社会就是社会主义因素占主导，资本主义因素占次要地位。在当今中国，马克思主义是灵魂，中国传统文化是体系，西方思想是实用内容。

对如何解决青年学生漠视甚至排斥马克思主义理论教育，加强学生的主流意识形态教育，河南师范大学青少年问题研究中心闫立超提出，要从青少年心理成长规律和成长成才规律切入，提高学生对马克思主义的认同；还有的学者提出，将马克思主义教育从知识体系转化到价值体系，从生命体验教育入手加强马克思主义教育。

二　以唯物史观推动中国马克思主义的新发展

关于为什么坚持马克思主义，坚持什么马克思主义，怎么坚持马克思主义这个基本问题，中国历史唯物主义学会副会长、国防大学原副校长许志功认为，在21世纪，之所以继续坚持以马克思主义为指导不动摇，是因为马克思主义具有科学性，是关于自然、社会和思维发展的普遍规律的学说，是关于资本主义发展和转变为社会主义以及社会主义和共产主义发展规律的学说；是因为马克思主义和共产党的领导、社会主义发展方向和基本制度是有机联系的，它们是一个有机的不可分割的整体，马克思主义是党的根和灵魂，否定马克思主义就是否定共产党的领导和社会主义制度；是因为马克思主义所代表所反映的大的时代没有改变，即人类从资本主义向社会主义逐步过渡的时代没有改变，社会主义和资本主义两种制度长期存在和历史性竞争是我们这个大的时代的最重要的基本特征，从资本主义向社会主义过渡是这个时代最基本最重要的发展趋势。坚持马克思主义就是要从改造世界观入手，坚持伟大的社会理想、人民群众的政治立场、既唯物又辩证的科学思维、求真务实、真抓实干的革命精神。我们坚持马克思主义首先要用马克思主义理论改造生活，必须将马克思主义中国化，必须要以正确的立场观点研究马克思主义文献和经典著作。

中国历史唯物主义学会秘书长金民卿认为，21世纪中国的马克思主义就是中国特色社会主义发展时代的马克思主义，从实践上来看中国特色社会主义经历了探索、开创和深入发展三个阶段：第一个是毛泽东开启了中国特色社会主义的探索和奠基的时代，形成了毛泽东思想；第二个是邓小平开启了中国特色社会主义的开创时代，形成了邓小平理论、“三个代表”重要思想、科学发展观等；第三个是经过多年发展，基本形成了一整套中国特色社会主义制度，即将迎来深入发展的时代，形成了习近平系列重要讲话等理论成果。习近平总书记提出“坚持和发展21世纪中国的马克思主义”的命题，标志着我们党在新的历史条件下坚持和发展马克思主义的高度的理论自觉，同时也是对当代中国共产党人理论创新的一个历史和理论的定位。21世纪中国的马克思主义就是中国特色社会主义发展时代的马克思主义。

山东社会科学院哲学所李明副研究员提出，一是从学理角度上看关于中国马克思主义的三种理解；二是从历史角度来看，即中国传统文化内在的继承与外来马克思主义的植入问题；三是中国的马克思主义理论工作者如何客观地对待传统文化与外来文化，如何科学地界定社会主义的核心价值观与西方的价值观区别。河南省委党校副校长梁周敏认为，推进马克思主义中国化须做好马克思主义话语体系的转化、马克思主义对人类发展规律和对社会主义现代化建设启示的发掘和马克思主义的大众化。

三　习近平总书记系列重要讲话精神的学习和贯彻

国防大学许志功认为，政治理论工作者应该维护以习近平为总书记的党中央，维护人民的根本利益。第一，应坚持以科学的态度积极热忱、实事求是地维护党中央，实事求是地宣传习近平总书记的系列重要论述。第二，政治理论工作是党的事业，理论宣传要与解决人们的切实问题紧密结合起来，否则就没有说服力。

湖南科技大学罗建文认为，在党的十八大提出要坚定道路自信、理论自信、制度自信的基础上，还应该提出第四个自信，即“价值自信”。价值自信是实现价值目标的保障，价值自信源于价值自觉。中国特色社会主义的价值自信是中华民族在中国特色社会主义价值实践基础上，通过价值对象化而凝练的关于中国特色社会主义理论体系、制度体系、基本任务和主要战略等内涵的一种意识形态，是对中国特色社会主义理论、道路和制度所蕴含的价值精神的高度信任和充分肯定。只有实现对中国特色社会主义制度的价值自觉，才能实现高度的价值自信。东北师范大学胡海波认为，习近平总书记曾提出过“第四个自信”，即“文化自信”。当代的中国文化是对传统文化扬弃后的结果，是优秀的文化；中国当代文化是以马克思主义为指导的先进的文化，更是与社会主义发展相适应的文化；中国当代文化是具有革命抗争性的文化，更是经过实践验证的文化。我们应该对中国当代的价值文化充分自信，并实现文化的传承与发扬。

河北师范大学代俊兰认为，针对部分基层党员干部缺乏理想信念，习近平总书记提出三方面指导意见：第一，原原本本地学习马列原著；第二，学好历史唯物主义，用唯物史观看待和解决社会问题；第三，践行为人民服务的宗旨。

中国社会科学院朱继东认为，新中国成立以来的历史可以分为三个阶段。以党的十八大召开为标志，从“第三个30年”开始。习近平总书记的讲话是中国政治新发展的信号。第一，指导思想的变与不变。马列主义、毛泽东思想在指导思想中的地位不能变，但这不代表指导思想内容一成不变，习近平总书记系列重要讲话思想要进入党的指导思想。第二，社会主义的自我完善。社会主义发展道路和方向不能变，但坚持社会主义方向不能因循守旧，要进行全面改革。第三，要拥护党中央和以习近平为总书记的领导核心，描绘好新的蓝图。当前中国社会各阶层对以习近平为总书记的党中央衷心拥护，习近平总书记的核心地位日益加强和巩固。没有坚强的领导核心，无法在世界上和平崛起。因此，党注意总结历史经验，着手作出“关于改革开放以来党的若干历史问题的决议”。第四，多方面改善政治生态。从“党的群众路线教育实践活动”到“‘三严三实’教育实践活动”，我们党已经形成一整套保证风清气正政治新发展的得力措施，这些也是我们党的执政地位不断巩固的保证。

最后，中国历史唯物主义学会副会长、北京大学马克思主义学院执行院长孙熙国教授对大会进行了总结。他强调，参加会议的各位专家学者都具有强烈的问题意识和社会责任感，围绕着国家、社会和人民群众关注的热点、难点、困惑点问题进行了深入思考与交流探讨。应进一步增强忧患意识，结合理论与现实，努力创新历史唯物主义研究，努力推动中国马克思主义理论的新发展。

（原载《马克思主义研究》2015 年第 10 期）

学者聚焦15届马克思哲学论坛探索破解现代性问题之策

王海锋

一　构建当代中国现代性理论

2015年9月18—20日，由中国社会科学杂志社主办，山西大学哲学与现代性协同创新中心、哲学社会学院、科学技术哲学研究中心、马克思主义哲学研究所等单位联合承办的第15届“马克思哲学论坛”在山西太原举行。学者们从多个角度对现代性问题进行了深入讨论。有学者认为，作为发展中国家，中国只有依循中国特色社会主义现代化之路真正实现现代化，才能谈论“超越”现代性的问题。

二　马克思哲学内蕴现代性思想

马克思哲学中是否蕴含着现代性的思想，成为学者们热议的首要论域。

吉林大学哲学基础理论研究中心教授孙利天提出，虽然马克思的经典文本中并没有关于现代性及其概念的直接表述，但在思想与实践的历史语境中，《共产党宣言》和《1844年经济学哲学手稿》等关于“资本主义社会”以及“异化”的分析，就深刻体现了马克思揭示现代性的本质、有力批判现代性负面效应的建构逻辑。中国人民大学哲学院教授安启念强调，马克思的现代性思想主要体现为对现代性的批判，其哲学基础是超越旧唯物主义和唯心主义哲学所创立的实践唯物主义。

从内在结构分析的角度，华中师范大学马克思主义学院教授林剑认为，马克思所谈论的现代性主要包含三方面：大工业的生产方式；近代以来占主导地位的商品经济（市场经济）；由于工业化生产以及市场经济所导致的经济、政治以及法律等层面的现代性问题。

马克思哲学论域中的现代性思想，既包含着基于现代化进程中人类社会发展的肯定，也包含着对资本主义现代性的批判和否定，深入挖掘马克思思想资源中的现代性理论，对于今天中国现代化进程的发展意义重大。对此，苏州大学教授任平强调，考察中国现代化道路的创新，不能简单套用西方启蒙现代性、经典现代性、后现代和后现代性的各种理论，必须以马克思唯物史观和现代性思想为指导，深入分析中国特色社会主义重写现代性的必然性，在复杂现代性的语境中根据“中国新现代性”坐标加以阐释。

三 探索破解现代性问题之策

改革开放以来，中国特色社会主义现代化的历史性推进，展示了中国道路的独特性。切实推进当代中国现代性的理论构建，积极探索破解现代性问题的中国方案，是中国学者的责任担当与学术使命。山西大学马克思主义哲学研究所教授乔瑞金认为，追求现代性，必然成为相当长历史时期内中国社会发展的重大主题。

基于对现代性的中国内涵分析，中共中央党校哲学教研部教授韩庆祥认为，中国现代性的未来走向是，以人为本促进人的全面发展，实现公平正义，培育健全的人格和公民意识；以法治规范市场的力量，限制和约束日益膨胀的物欲；建立中国特色社会主义现代化治理模式。北京大学哲学系教授丰子义提出，中国的现代性建构成效直接决定着中国现代化发展的方向，从根本上讲，当代中国乃至人类社会所面临的现代性危机，说到底就是人的生存危机。实现人类解放与人的自由全面发展，是解决现代性危机的首要目标。

南开大学哲学院教授王南湜认为，只有回归思想史，探索现代实践观念及其起源，才能真正探索到现代性问题的破解之法。浙江师范大学法政学院、马克思主义学院教授叶险明提出，实现现代性问题研究的中国理论表达，推动中国社会乃至人类文明的发展，构建当代中国的现代性理论，有助于推动马克思主义哲学创新。武汉大学哲学学院教授赵士发也强调，在理论资源上，我们不仅要关注马克思主义经典作家对现代性问题的反思，更要在马克思主义中国化过程中，注重中国化马克思主义理论所蕴含的现代性思想。首都师范大学政法学院教授杨生平提出，当代中国最需要的是实现中国特色的现代性，并充分认识到这是个漫长的过程，在原则上要始终以马克思主义为指导，借鉴西方现代性理论和实践的优秀成果，继承中国优秀传统文化的成果。

四 关注人文理性的建构

研究现代性问题，除了要关注马克思主义的思想资源，也要关注西方现代性理论的思想资源。复旦大学哲学学院教授王凤才提出，法兰克福学派的“启蒙现代性批判”，实则是对科学技术滥用、工具理性膨胀、工业文明的弊端的批判和矫正。这启示我们，中国现代化的建设过程应克服技术理性的负面效应，关注人文理性的建构。上海社会科学院哲学研究所研究员陈忠认为，研究现代性问题离不开研究空间问题，不能忽视城市和空间地理变迁引发的问题联动。上海财经大学人文学院教授张雄提出，分析21世纪现代性问题，应关注资本金融对整个世界的锁定、资本金融体系对现代社会的控制，从而为推进社会公平公正而努力。

该论坛主题为“唯物史观视域中的现代性问题”，来自中国社会科学院、北京大学、中国人民大学等国内主要学术机构和高校的160余位专家学者，围绕“马克思哲学与现代性批判”“现代性的中国内涵”等议题展开了较为全面的讨论。“马克思哲学论坛”是中国社会科学杂志社联合国内高校马克思主义哲学专业博士点创办的年度学术论坛。第16届“马克思哲学论坛”将于2016年在辽宁大学举行。

（原载《中国社会科学报》2015年9月21日）

全国高校马克思主义理论学科研究会第20次学科论坛综述

周　福　朱　喆

为进一步推进马克思主义理论学科发展，提升马克思主义理论学科引领作用，实施马克思主义理论学科领航计划，由全国高校马克思主义理论学科研究会、武汉理工大学、《思想理论教育导刊》编辑部、《江汉论坛》杂志社、武汉科技大学联合主办，武汉理工大学马克思主义学院承办的全国高校马克思主义理论学科研究会第20次学科论坛暨“意识形态安全与马克思主义理论学科建设”学术研讨会于2015年9月18日在武汉理工大学召开。教育部社科司副司长徐艳国出席论坛开幕式并作了讲话。来自中国社会科学院、中国人民大学、武汉大学等全国部分科研机构、高等院校和学术刊物的100余名专家学者参加了论坛。论坛主要围绕意识形态安全与马克思主义理论学科建设、马克思主义意识形态基础理论和社会主义意识形态建设的发展与创新进行了研讨。

一　关于意识形态安全与马克思主义理论学科建设

论坛首先围绕意识形态安全与马克思主义理论学科建设之间的辩证关系进行了深入研讨。

第一，要发挥马克思主义理论学科在哲学社会科学学术话语创新中的领航功能。学者们认为，马克思主义理论学科要充分发挥马克思主义理论创新和理论武装的领航功能，要争做哲学社会科学学术话语创新的领头羊，要面向大学生，面向社会，不断推进我国社会主义意识形态建设，做好全党、全社会的马克思主义理论创新和理论武装工作。

第二，要辩证地处理好政治与学术之间的关系。学者们认为，建设好马克思主义理论学科，搞好主流意识形态建设，要辩证地处理好政治与学术之间的关系，必须将两者有机地统一起来。有学者特别提出了西方的学术思考中意识形态具有很强的隐蔽性，中国学者面临着来自西方意识形态的挑战，必须思考学术背后的国家利益和安全，进而提出应对的有效策略是要反思文化安全，从“洋文本”依赖中解脱出来。

第三，要扩大马克思主义理论学科的影响力，进一步发挥其维护我国意识形态安全的功能。有学者认为必须加强对中国实践的学理解读，建立学术观点、政策取向与意识形态取向之间的内在联系，并要展开不同学术观点及其社会效应的对话与讨论，要敢于“亮剑”，发声于意识形态之纷争，不断增强社会主义意识形态的解说力和吸引力，同时也要挖掘民族文化资源，生成具有中国特色的文化软性力量，提升社会主义意识形态的亲和力与同化力；也有学者认为需要进一步构建马克思主义理论学科体系，通过学科分离、交叉和创新，加强马克思主义理论学科的覆盖力、渗透力、包容力、整合力、融合力等能力建设，提升马克思主义理论学科的整体水平。还有学者认为网络文化传播的多元性和开放性严重影响意识形态安全，提出维护网络意识形态安全，马克思主义理论学科建设必须加强对中国特色社会主义理论体系等主流意识形态案例库的建设，加强网络意识形态安全评价体系的建设等，掌握网络意识形态话语权。

二　关于马克思主义意识形态基础理论

在马克思主义意识形态基础理论方面，学者们主要围绕马克思主义意识形态理论的基本维度及其与相关理论的关联关系等问题进行了深入研讨。

第一，马克思主义意识形态理论的基本维度。一是马克思主义意识形态理论的内涵，有学者认为它是以马克思主义的立场、观点和方法科学阐明意识形态内容、形式、来源、特征、作用及形成过程与演化规律的思想体系。二是马克思主义意识形态理论的性质，有学者认为它具有阶级性和实践性，体现的是无产阶级的利益和要求，给无产阶级为实现彻底解放而进行的斗争以理论指导。它的价值还在于其实践性，它给人类提供行动指南，要把科学的行动指南变成正确的现实行动需要每一个历史时期社会主义的创立者、建设者根据实际条件进行积极探索，不断了解新情况，解决新问题，在社会实践的行动当中，使马克思主义意识形态理论的价值得以充分展现。三是马克思主义意识形态理论的地位和作用，有学者认为它的地位是社会主义的主流意识形态，属于社会主义社会上层建筑的重要组成部分，必须充分发挥马克思主义意识形态理论对其他社会意识形态的统摄和引导作用，坚持马克思主义意识形态理论作为社会主义主流意识形态的地位不动摇。

第二，马克思主义意识形态理论与相关理论的关联关系。一是马克思主义意识形态理论与思想政治教育之间的关联。有学者认为，二者同属社会主义思想理论体系，是密切联系、不可分割的，一方面，马克思主义意识形态理论是思想政治教育的基础，为思想政治教育奠定科学的世界观，确立进步的政治理念，树立崇高的人生目标；另一方面，思想政治教育是马克思主义意识形态理论的价值体现，它内在地体现并实现马克思主义意识形态理论的目的和效能，为社会主义意识形态及其建设服务。二是意识形态与政治话语之间的关联。有学者认为，二者有着密切的内在逻辑关联，政治话语是构成意识形态的关键要素和基本内容，意识形态则是蕴含着政治意义的结构化的政治话语。三是意识形态与思想体系之间的关联，有学者认为，意识形态问题不仅仅是一个政治问题，而且是一个文化问题，从人类文化的总体背景去审视意识形态问题，真正的意识形态都是一定的思想体系，而主导性的意识形态是一个时代主导性的思想体系，是时代精神的体现。

三　关于社会主义意识形态建设的发展与创新

在社会主义意识形态建设的发展与创新方面，学者们主要围绕主流意识形态的建设和教育及意识形态的社会管理等问题进行了深入研讨。

第一，关于主流意识形态的建设。学者们一致认为，主流意识形态的建设是重中之重，马克思主义特别是中国化的马克思主义，是我们国家的主流意识形态，要坚持和发展马克思主义，加强我国社会主义意识形态建设，培养广大人民特别是青年学生的社会主义精神和道德情操。在此基础上，有学者提出，新时期维护国家意识形态安全，要从社会思潮、社会心理和主流意识形态三者之间的联动关系入手，去把握我国当前社会思潮及意识形态变化发展的特点和趋势。也有学者认为，社会主义核心价值观是社会主义意识形态的核心和集中体现，要提高社会主义核心价值体系建设效果，消除非意识形态化思潮对社会主义核心价值体系建设的负面影响。有学者还认为，“媒介帝国主义”是西方发达国家利用文化渗透对不发达国家进行意识形态控制的一种文化霸权现象，它严重威胁不发达国家的意识形态安全。加强我国意识形态建设，既要大力发展文化产业，提高自身文化产品的竞争力，占据文化生产和传播的制高点，从而掌握国际话语权，掌握意识形态斗争的主动权，也要学习借鉴西方发达国家有效的意识形态隐性传播方式，从而反抗“媒介帝国主义”。

第二，关于主流意识形态的教育。有学者认为，社会主义核心价值观的养成教育是维护国家意识形态安全的战略之需，必须构建实践育人、以文化人等社会主义核心价值观养成教育的长效机制，要把社会主义核心价值观贯彻到人们的日常生活领域，从而巩固马克思主义意识形态的主导地位。也有学者在分析当代社会思潮对青年学生影响的新趋向后，提出要通过加强中国特色社会主义理论体系的宣传教育、加强对各种社会思潮的实质和危害的分析及重视对社会思潮在青年学生中演变趋势的监控等方式来应对和消除社会思潮的负面影响。还有学者认为，要加强对马克思主义理论教学的研究，处理好马克思主义大众化与马克思主义化大众的关系。

第三，关于意识形态的社会管理。学者们认为，加强我国意识形态的社会管理，一是要理直气壮地坚守社会主义意识形态主阵地，进一步加强党对意识形态的一元化领导；二是要建立严格过滤资产阶级政治文化的社会管理机制，坚决抵制西方价值观的渗透；三是要加速社会主义意识形态社会管理现代化的进程，构建“渗透—反渗透”的技术系统，实现意识形态社会管理的科学化。

（原载《思想理论教育导刊》2015 年第 12 期）

汇聚世界马克思主义最强音

——首届世界马克思主义大会综述

沈　聪

首届由中国主办的“世界马克思主义大会”于2015年10月10日在京召开。大会的召开，得到了世界各国马克思主义研究学者和中国问题研究专家的热烈响应，共有来自五大洲的400余位中外学者与会。大会的主题是“马克思主义与人类发展”，其宗旨是直面当今人类社会面临的复杂问题，研究和分享中国经验，促进马克思主义在世界范围内的交流、传播与发展，推动世界文明的进步和人类命运共同体的建设。会议共设马克思主义的起源和发展、马克思主义文本研究及其编译、中国道路与中国话语体系、习近平治国理政思想与中国马克思主义的发展、马克思主义与世界文明的未来走向等8个分论坛。还特别安排了“落后国家发展道路与马克思主义”“中国道路与市场社会主义”“中国近现代发展与马克思主义”三个专场，由中外著名学者发表专题讲演和进行高端对话。

一　打造世界马克思主义学术交流的平台和高地

世界马克思主义大会组委会主任、北京大学党委书记朱善璐指出，马克思主义在中国的创新发展和成功实践已成为当代世界普遍关注的热点。中国共产党不断丰富和发展的马克思主义，已成为国际马克思主义研究领域的重要课题。当今的人类社会正处在一个历史的十字路口，我国正处在实现中华民族伟大复兴中国梦的关键时期，面临着复杂的新情况、新问题、新挑战，需要马克思主义作出创造性回应。举办“世界马克思主义大会”，有利于世界了解中国马克思主义的研究状况，提升中国马克思主义研究的世界影响，占据马克思主义理论研究制高点。作为中国马克思主义研究、传播的最早策源地和重要阵地，北京大学具有学习、研究、传播和践行马克思主义的光荣传统。举办首届世界马克思主义大会，是北京大学对马克思主义光荣传统的历史接续，更是对中国特色社会主义建设事业的现实响应。

大会汇聚世界各国各地区马克思主义理论研究和实践领域的领军人物，共同探讨马克思主义、中国道路与21世纪人类文明走向。中国社会科学院党组书记、院长王伟光指出，“马克思主义始终是我们党的思想基础和理论指南。马克思主义的生命力是由其科学性决定的”。马克思主义永不过时，因为它是实践的、发展的、创新的。实践的观点是马克思主义根本的首要的观点。实践推动理论创新，同时又需要创新的理论指导。正因为有实践作源泉、作动力、作检验标准，马克思主义才永葆生机活力。北京大学马克思主义学院执行院长孙熙国认为，国家富强、民族振兴、人民幸福，是中国人民的不懈追求，也是全世界劳动人民的奋斗目标。只要追求和目标没有改变，马克思主义就不会过时。马克思主义之所以具有强大生命力和持久影响力，关键在于其立场、价值观和方法论。中共中央党校副教育长、哲学教研部主任韩庆祥认为，马克思主义在立场、价值观和方法论上既符合历史发展规律，又符合人性规律。这是马克思主义在资本主义国家和社会主义国家，特别是在社会主义国家有着强大生命力和持久影响力的深层原因。美国马萨诸塞州立大学教授大卫·科兹认为，马克思主义为我们提供了强大的工具来分析经济增长让整个经济体系更好地满足人类各方面的需求。“苏东剧变使社会主义处于低潮，马克思主义在世界的影响力有所减弱。如何应对?”北京外国语大学党委书记韩震指出，应正视当今发展中面临的问题，立足理论创新，把批判思维和现实批判重新纳入马克思理论当中，变革和完善话语方式，让人民群众真正理解马克思主义。只有这样，才能超越认识的局限性，把现实推向更加理想的未来。中共中央党校副校长徐伟新认为，一方面要用不断深化和丰富的人类实践滋养、拓展、创新马克思主义理论，另一方面要在马克思主义指引下开创社会发展新格局。

世界马克思主义大会为不同国家学者呈现出阅读马克思的不同视角和方法。在复旦大学哲学学院教授陈学明看来，西方马克思主义研究将为分析中国马克思主义发展提供重要思想资料。“希望通过与世界马克思主义学者的交流和探讨，借鉴他们的眼光和方法来进一步探寻马克思主义发展和人类文明走向。”中共中央编译局秘书长杨金海在“马克思主义文本研究及其编译”分论坛上指出，马克思主义文本研究及编译对理解马克思主义的生命力和影响力十分重要。在此项工作中，中外学者应加强交流互鉴，推动文本研究及编译向更高水平发展。中国人民大学马克思主义学院教授秦宣认为，马克思主义必须面向未来，为发展指明方向。法国《马恩大典》主编伊莎贝尔·嘉罗认为，“学术性和可读性的统一”是法国《马恩大典》的编辑原则，一方面坚持文本的“原汁原味”，另一方面杜绝过于晦涩的专业名词，以满足各个层次读者的需求。这次大会还在北大理科 5 号楼三层专设了一个“世界马克思主义大会专题书展”，中外学者在休会时纷纷前往，以了解中国马克思主义理论研究者的最新成果。

二　中国实践彰显马克思主义强大生命力

在各个分论坛的发言中，“中国”都是高频词。“中国道路深刻改变了当代中国面貌，中国理论使马克思主义焕发生机，中国经验对世界的影响日益凸显。”这是许多学者的共同认识。

国防大学副政委吴杰明宣读国防大学政委刘亚洲发言表示，马克思主义的传入给近代中国带来了革命性变化，唤醒了中国人追求自由平等的现代意识，找到了一条从革命化走向现代化的民族复兴之路，中华民族由此开启了全新历程。山东大学马克思主义学院院长王韶兴在“中国道路和中国话语体系”分论坛上，表达了学者们的共识：中国特色社会主义道路的成功既有时代背景，也有主观努力；既有外部原因，也有独特的内部条件。

埃及经济学家萨米尔·阿明对马克思主义中国化对人类文明的贡献表示认同：“对于马克思主义的探讨和思索无法绕开中国化的马克思主义。因为它是马克思主义强大生命力和广泛影响力的现实体现。”俄罗斯科学院哲学研究所研究员舍甫琴科的观点在国外学者中颇具代表性。她认为，马克思主义为我们改造世界提供了重要的方法和指南，为人类未来实践展示了光明的方向，而汲取中国特色社会主义和中国马克思主义的理论成果，更有利于推动世界文明发展。

中国的发展不仅聚焦着世界的目光，更吸引着思想的碰撞。习近平治国理政思想成为讨论焦点。中共中央党校常务副校长何毅亭撰写文章提到，在马克思主义中国化历程中，实现了两次历史性飞跃，产生了两大理论成果——毛泽东思想和包括邓小平理论、“三个代表”重要思想、科学发展观等新成果的中国特色社会主义理论体系。党的十八大以来，以习近平同志为总书记的新一届中央领导集体紧紧扣住坚持和发展中国特色社会主义这一主题，锐意进取、继往开来，围绕治党治国治军提出了一系列新思想新理念，是马克思主义中国化的最新成果。中共中央党校副教育长、科学社会主义教研部主任王怀超认为，“习近平治国理政思想与中国马克思主义的发展”分论坛的讨论，促进与会学者对社会主义最本质特征形成了新的认识：以人为本、社会公正。这两个特征在经济、政治、文化、社会上的表现分别是共同富裕、平等、包容、和谐。中共中央党校严书翰教授用三个“一”和一个“三”概括其逻辑框架：三个“一”，即一条主线，坚持和发展中国特色社会主义；一个奋斗目标，实现中华民族伟大复兴的中国梦；一个总体布局，“四个全面”战略布局。一个“三”，就是贯穿于习近平治国理政思想体系全过程的马克思主义立场、观点、方法。武汉大学马克思主义学院院长佘双好指出，习近平总书记关于中华民族伟大复兴中国梦的系列重要论述，描述了当代中国人的精神追求和理想信念，用中华优秀传统文化滋润了当代中国人的精神基因，增强了我们走好中国道路的自觉与自信。

三 马克思主义理论研究只有进行时，没有完成时

马克思主义理论研究永无止境。“要加强中国道路的哲学自觉。中国道路所蕴含的哲学智慧就是实践理性。”北京大学哲学系教授丰子义认为，中国发展成就令世界刮目相看，我们应进一步向世界揭示中国道路的哲学理念，真正讲好中国故事，增强对中国道路的认同。“今天需要政治经济学，特别需要马克思主义政治经济学。”北京大学常务副校长刘伟对中国特色社会主义市场经济制度的优越性、必然性进行了分析论证。

经广泛讨论，世界马克思主义大会学术委员会主任、北京大学中国道路与中国化马克思主义协同创新中心主任顾海良在闭幕式上宣读了与会学者一致通过的《首届世界马克思主义大会学者共识》（简称《共识》）。

《共识》指出，马克思主义是人类文明发展的产物，它揭示了社会历史发展的一般趋势，指明了人类文明发展的方向，也是影响当今世界最重要的思想之一；马克思主义具有鲜明的实践品格和时代精神；中国化马克思主义是对马克思主义的创造性发展；面对困扰当今国际社会的各种复杂问题，马克思主义是引领人类走出困境、走向光明未来的指路明灯。《共识》倡议，面对各种误解、非议和挑战，马克思主义研究者需要直面人类发展的尖锐问题，高扬马克思主义固有的批判精神与变革意识，把马克思主义同各国具体实际和时代精神相结合，在对现实问题做出创造性回应中实现重大理论突破。

根据《共识》，北京大学将在会后出版中英文《世界马克思主义研究》期刊和“世界马克思主义研究文库”，紧密跟踪中国理论界和国际马克思主义理论研究者对重大理

论和实践问题的看法和观点，及时反映21世纪中国马克思主义和世界马克思主义的研究成果及研究动态；下一届世界马克思主义大会将在2018年马克思诞辰200周年之际召开。

与此同时，中国计划用20年时间，编纂一部在世界范围内较为齐备和完整的马克思主义研究文献总汇《马藏》，通过搜集汇编与马克思主义发展相关的各类文献，再现马克思主义发展历程，促进马克思主义学术理论研究。

《马藏》编纂中心主任顾海良认为，马克思主义经典文献的搜集、编纂与出版，一直受到国际社会和学术界重视，但始终未能将相关文献编纂为一体，这不仅与马克思主义在世界的影响力和在当代中国思想意识形态中的指导地位不相称，也不能满足马克思主义理论研究和创新、形成中国化马克思主义学派和话语体系的需要。顾海良表示，《马藏》是“一项重大的基础性工程”，要“去粗取精，编研并举”，将马克思主义及其发展过程通过文献再现出来。这一编纂工程的完成，将使中国成为世界马克思主义文献编纂与研究中心。

（原载《前线》2015年第11期）

“马克思恩格斯与当代社会主义暨纪念恩格斯逝世120周年国际学术研讨会”综述

洪光东　刘旺旺

由中国马克思恩格斯研究会和南京师范大学联合主办，南京师范大学公共管理学院和南京师范大学马克思主义研究院承办的“马克思恩格斯与当代社会主义暨纪念恩格斯逝世120周年国际学术研讨会”于2015年10月14—15日在南京师范大学举行。来自美国、英国、德国、法国、俄罗斯、日本、澳大利亚、比利时等国的10余名外国专家学者和来自中共中央党校、中央编译局、北京大学、中国人民大学、复旦大学、浙江大学、武汉大学、中山大学、东南大学、河海大学、苏州大学等20多所高等院校以及社会科学研究机构的30余名专家学者出席了会议。与会学者主要就以下问题进行了热烈的讨论。

一　关于恩格斯生平及其贡献的评价

恩格斯一直谦虚地自称为“第二小提琴手”，但是他伟大的历史功绩绝不能被掩盖。因此，关于恩格斯的生平及其贡献成为研讨会的重点之一。有学者指出，恩格斯将自己的一生献给了马克思主义的创立事业和全人类的解放事业。恩格斯的三大理论贡献将被历史铭记，第一，与马克思共同创立新唯物主义世界观；第二，全力支持马克思完成《资本论》；第三，恩格斯晚年的理论创新，主要集中在《反杜林论》《自然辩证法》《家庭、私有制和国家的起源》和《路德维希·费尔巴哈和德国古典哲学的终结》等著作中。因此，马克思主义与恩格斯精神，至今仍是开创中国特色社会主义的宝贵遗产和源头活水。有学者指出，恩格斯晚年大放异彩，一是提出历史合力论，丰富和发展了唯物史观；二是编辑出版《资本论》，使马克思主义政治经济学得以完整呈现；三是与时俱进评判资产阶级议会民主制度，用发展着的马克思主义指导革命实践。恩格斯与时俱进的精神激励着后人不断开创马克思主义发展的新境界。

二　关于恩格斯著作的文本解读

纪念恩格斯逝世120周年，离不开对恩格斯著作的研读。与会的部分学者就恩格斯的著作进行了深入的文本解读。有学者通过对恩格斯于1894年写的《〈论俄国的社会问题〉跋》的研读，详细阐述了恩格斯关于俄国走向社会主义“先决条件”的思想。有学者通过对恩格斯在1886年为《英国工人阶级状况》在美国出版时所写的“美国版附录”和1895年1月所写的《卡·马克思〈1848至1850年的法兰西阶级斗争〉一书导言》进行详细解读，证实了恩格斯到了晚年没有离开马克思主义的基本立场，更没有放弃共产主义的世界观。有学者通过研读恩格斯晚年的书信，阐述了恩格斯晚年书信中的党内民主思想。有学者指出，“文本”和“解读”日益成为马克思主义研究的重点之一，应该谨慎区别和严肃对待马克思与恩格斯的文本归属问题，这既是可能的也是必要的。他认为，马克思和恩格斯的文本可以归纳为以下几种类型：第一种类型是马克思独著的文本；第二种类型是恩格斯独著的文本；第三种类型是由马克思恩格斯合作完成的文本。在现实的语境中讨论马克思和恩格斯的文本归属问题，恰恰反映出马克思主义强大的生命力所在，也是马克思主义实事求是的精髓所内在要求和极力倡导的。

三　关于恩格斯思想的当代价值研究

深入研究恩格斯的思想对于回答当前世界发展变化和我国社会主义建设提出的重要课题，推动21世纪马克思主义的发展具有重要意义。有学者提出，把恩格斯晚年思想作为相对独立的阶段加以研究具有重要意义。作为理论工作者，一要深入研究和把握恩格斯始终坚持为实现无产阶级和人民群众彻底解放而奋斗的政治立场；二要深入研究和把握恩格斯晚年坚持和发展了历史唯物主义的观点；三要解放思想，与时俱进地研究和阐释重要的理论课题。有学者提出，恩格斯的理论贡献不仅在于系统提出了“自然辩证法”思想，而且突出地表现在深刻阐述了“历史辩证法”的思想。有学者提出，恩格斯的国家理论对当今国家治理和治理国家有重要的价值，国家作为一种历史的产物，具有阶级性、工具性、超越性等特性，国家治理与治理国家应该有机结合并沿着同一方向推进，实现国家治理体系和治理能力的现代化。有学者通过对恩格斯晚年三部哲学著作的反思，认为恩格斯晚年高扬主体性，是与马克思一致的，是对马克思主义的丰富和发展。

有学者提出，从恩格斯晚年的思想中可以看出，资本主义和社会主义不是简单的替代关系，因此怎样对待资本主义和社会主义之间的关系仍将是今后应该关注和需要处理好的重要问题。有学者指出，恩格斯早在100多年前，就发出了“自然界的内在报复”的警告，今天人类面临的生态危机、资源短缺、环境污染等威胁，再次证明了恩格斯的卓越见识：人类在肉体与精神上都是隶属于自然系统的，人类对自然系统每一次干预的巨大成功都会招致自然系统的报复和自我修复。当前，应该把恩格斯当年的“警告”作为研究主题，立足当代科学与哲学，面对现实，解决问题。

综上所述，与会的国内外学者围绕着大会主题，进行了充分的思想交流。此次国际学术研讨会的圆满召开，必将推动国内外学者对马克思恩格斯与当代世界社会主义的研究，同时也将深化对中国特色社会主义发展道路的理解和认识。

（原载《马克思主义与现实》2015年第6期）

中国发展道路和中国梦的理论与实践
——“第8届全国马克思主义院长论坛”综述

吴　茜

由中国社会科学院马克思主义研究学部、中国社会科学院马克思主义研究院、厦门大学、广西师范大学出版集团有限公司共同主办，中国社会科学院马克思主义研究院国外马克思主义研究部、厦门大学马克思主义学院承办的“第8届全国马克思主义院长论坛”，于2015年10月31日至11月1日在厦门大学隆重举行。厦门大学马克思主义学院院长白锡能教授主持开幕式，厦门大学党委书记张彦、福建省委宣传部副部长张萍致开幕词。中国社会科学院马克思主义研究学部主任程恩富研究员、中国社会科学院马克思主义研究院党委书记、院长邓纯东研究员作大会重要发言。来自全国80多所高校和科研机构的马克思主义学院院长、专家学者150余人，围绕论坛主题“中国发展道路和中国梦的理论与实践”展开了广泛而深入的研讨。

邓纯东在大会发言中指出，全国马克思主义院长论坛属于马克思主义中国化系列论坛之一，是促进马克思主义理论学科教学和研究工作、扩大马克思主义理论研究专业的影响以及宣传马克思主义中国化成果的载体。加强新形势下党的意识形态工作，关系到党的事业兴衰成败、关系到国家长治久安、关系到民族凝聚力和向心力、关系到全局工作，要将其提到新的认识高度。在同各种反马克思主义、非马克思主义错误思潮的斗争中，马克思主义理论学科还有很大的提升空间，论坛将进一步发挥推进马克思主义的学习、研究和宣传的功能。在马克思主义理论学科队伍中也有少数人缺乏学科自信，认为马克思主义已被边缘化，自轻、自贱，套用西方学术语言和学术规范来装扮自己，随意裁剪马克思主义。这种错误倾向要坚决摈弃。马克思主义是指导哲学社会科学构建自己的学术话语体系的重要指导思想。他对高校马克思主义理论学科教学、科研工作语重心长地谈了“三句话”。第一句话是“这项工作非常有意义，利在当前，功在千秋”。苏联解体东欧剧变悲剧的教训之一就是苏联国家意识形态被西方敌对势力和平演变，而意识形态载体正是苏联高级党政干部，这些人在大学阶段受赫鲁晓夫秘密报告的影响，被种下反共、西方资产阶级意识形态的种子。所以马克思主义理论学科对树立大学生正确的价值观，利在当前，功在千秋。第二句话是“马克思主义理论学科工作者要理直气壮”。西方国家都极其重视国民教育体系中对大、中、小学学生价值观的教育。我们要不断加强马克思主义理论学科在国民教育体系中的地位。第三句话是“思想政治教育课大有作为”。马克思主义中国化成果是近代以来改变中华民族前途、命运，实现国家富强、民族振兴、人民幸福的科学指南，思想政治教育工作者要加强理论研究和理论创新，为贯彻落实党关于意识形态工作的指导方针、深化中国化马克思主义的宣传教育奉献自己的力量。

程恩富指出，历史不能假设，历史研究可以有假设。通过假设能推进历史和现实的比较研究，有利于学术争鸣，这样才能真正驳倒历史虚无主义。以苏联解体东欧剧变的直接原因为例，俄罗斯莫斯科大学经济系弗加林教授认为苏联传统模式的体制必然崩溃。而现存的五个社会主义国家都是斯大林体制，都是苏联模式的变种，但这五个社会主义国家没有必然崩溃。假设苏联当年由另外的人来领导改革，苏联的结局会怎样呢？历史研究表明，苏联解体的直接原因是过度否定斯大林以及西方“和平演变”战略引发长期的思想混乱，党的组织管理机制存在严重弊端，提拔了大批非马克思主义干部，以及戈尔巴乔夫和叶利钦集团利用高度集权和缺乏约束的传统政治体制背叛了马克思主义与苏联社会主义制度。因此，运用历史学假设的方法更有利于说服群众相信马克思主义及其马克思主义中国化的理论成果。

一　中国发展道路的理论和实践研究

学习、贯彻落实习近平总书记关于道路问题是党的事业兴衰成败第一位的重要讲话精神，探索中国道路在各个领域的具体实践形式，成为论坛的热点论题之一。

厦门大学马克思主义学院副院长张有奎教授谈了关于“中国道路”的五点认识：(1) 关于“中国道路”的起点，现在有六七种不同说法。习近平总书记提出的“中国道路”即中国特色社会主义道路是我国学术界的主流提法。邓小平是中国特色社会主义道路的开创者，而毛泽东开启了中国特色社会主义道路的奠基时代，为中国特色社会主义奠定了政治前提、制度基础、物质条件。(2)“中国道路”的指导思想，即中国化的马克思主义，尤其是指中国特色社会主义理论体系。理论体系与道路二者是互生关系。(3) 关于“中国道路”在经济、政治、文化、社会、生态等各个领域的理论和实践研究还在探索、深化过程中，尚有很多问题值得思考和商榷。(4)“中国道路”是和平发展的道路，但我们的和平发展道路绝不是无原则妥协以及牺牲国家主权的和平发展道路。(5) 探讨“中国道路”的文化意义。我们坚持中国特色社会主义道路所取得的巨大成就有助于中国人自信心的增强，有助于其马克思主义信仰的养成，有助于摆脱西方价值观的束缚，有助于反对资本逻辑对情感领域和道德领域的侵蚀。

湖南大学马克思主义学院院长陈宇翔教授指出，中国化马克思主义是从整体性上不断解决中国革命、建设和改革问题的科学理论，是中国文化软实力的精髓和核心。我们必须充分发挥中国化马克思主义的吸引力和感召力，使中国化马克思主义文化软实力的作用充分彰显出来。

在中国发展道路的理论和实践研究方面，与会学者还就马克思世界历史理论视野下“中国道路”的生成逻辑、历史思维中的中国道路、古田会议与中国革命道路的探索、中国整体转型发展的目标和原则等论题进行了会议发言和讨论。

二　“中国梦”的理论和实践研究

为了深入学习领会习近平总书记关于中国梦的内容和实质、实现途径、依靠力量、外部环境等一系列新思想、新论断，本届论坛将“中国梦”的理论与实践作为重要议题展开讨论。

程恩富指出，（1）价值观有阶级性、政治性。美国所谓的民主、人权、人道、自由、公平、正义，代表的是资产阶级价值观。只有马克思主义的价值观，比如公平、自由、民主、人权等，才是人民性的价值观。他强调指出，学术理论界不仅要加强对中国特色社会主义理论的正面阐释，也要加强在意识形态层面同各种错误思潮的斗争。（2）于当前国内阶级阶层和阶级斗争的理论与实践问题。我们运用毛泽东关于正确处理人民内部矛盾的理论，就能够比较容易地认识中国当前社会阶级阶层的分化问题，以及正确判断和处理敌我矛盾与人民内部矛盾。

安徽大学马克思主义研究院副院长吴学琴教授认为，习近平总书记在国内外多次阐述“中国梦”以后，引起了广泛关注，但一些人对“中国梦”有曲解：一是复制美国论；二是威胁扩张论；三是官民对立论；四是乌托邦空想论。面对外国媒体对“中国梦”的质疑，应积极构建“中国梦”的海外话语体系。为了增强“中国梦”在国际上的说服力：（1）国内学者需要加大研究力度，积极构建关于“中国梦”的话语体系；（2）组织专家学者专门研究“中国梦”的对外宣传策略；（3）提升“中国梦”的国际影响力，不仅要大力发展我国经济、军事和科技实力，还要增强我国的文化软实力。

三　“四个全面”战略思想研究

“四个全面”战略思想为推动改革开放和社会主义现代化建设迈上新台阶、开创新局面，提供了顶层设计和战略指导。论坛对“四个全面”战略思想进行了深入研讨。

中央编译局马克思主义研究部部长季正聚研究员指出，全面从严治党要做到以下几点：一是坚持思想建党与制度建党的辩证统一；二是坚持党委主体责任和纪委监督责任的辩证统一；三是坚持从严管理干部与发挥人民监督作用的辩证统一；四是坚持治标与治本的辩证统一；五是坚持和发扬党内民主与严明党的纪律的辩证统一；六是坚持攻坚战与持久战的辩证统一。

华东师范大学马克思主义学院院长宋进教授认为，“四个全面”的历史生成、理论架构和思维模式蕴含着严密的逻辑：（1）作为战略布局，以合目的性为起始点，以合规律性为中心点，以人民主体性为落脚点是“四个全面”生成的历史逻辑；（2）作为系统思想，理论内部的结构逻辑与中国特色社会主义理论体系的关系逻辑构成了“四个全面”的理论逻辑；（3）作为实践纲领，以解决问题为中心、以问题意识为思维方式彰显了“四个全面”的实践逻辑。

河南大学马克思主义学院院长张兴茂教授认为，“四个全面”针对的都是一些涉及面广、耦合性强、影响力大的深层次的矛盾与问题，我们只有树立大局思维、辩证思维与战略意识，才能提高驾驭复杂局面、处理复杂问题的本领。

与会学者还围绕“四个全面”战略布局的形成脉络、内在逻辑与现实价值、“四个全面”视阈下全面建成小康社会面临的问题与对策等问题进行了讨论。

（原载《马克思主义研究》2015 年第 12 期）

发展理念、哲学创新与中国实践

——“十三五”发展战略与马克思主义哲学中国化理论研讨会综述

陈少雷

2015年11月28日，由中国辩证唯物主义研究会、中共中央党校哲学教研部、中国社会科学院哲学研究所、中共深圳市委党校共同主办的“十三五”发展战略与马克思主义哲学中国化理论研讨会暨第3届马克思主义哲学中国化·深圳论坛在深圳市委党校召开。大会的主题是深入学习贯彻党的十八届五中全会精神，研究“十三五”经济社会发展的重大理论现实问题，推进中国特色社会主义事业发展和马克思主义哲学中国化。会议共收到论文34篇，来自全国高校、党校、军队院校、科研院所的70多名专家学者围绕主题进行了深入探讨和交流。

开幕式上，深圳市委常委、组织部长、党校校长郑轲发表了热情洋溢的致辞。郑轲指出，来自全国各地的专家学者就“十三五”发展战略与马克思主义哲学中国化在深圳市委党校进行深入研讨，这是贯彻落实党的十八届五中全会精神的一项具体举措，也是对新时期深圳改革开放事业的指导与促进。深圳经济特区成立35年以来，创造了工业化、城市化、现代化发展的奇迹。深圳取得的成就，是改革开放以来我国实现历史性变革和取得伟大成就的缩影，本身就是马克思主义中国化的实践产物。当前深圳正在深入学习贯彻党的十八届五中全会和习近平总书记系列重要讲话精神，聚焦现代化国际化创新型城市的建设目标，大胆探索、真抓实干，努力推动经济特区不断争创新优势，迈上新台阶。希望通过马克思主义哲学中国化·深圳论坛这一重要平台，学好、用好马克思主义哲学，汇集各方智慧，为深圳担当时代重任、走在时代前列提供精神力量。

中共中央委员、中国社会科学院院长、党组书记、中国辩证唯物主义研究会会长王伟光向大会提交了题为《用马克思主义世界观方法论指导中国特色社会主义伟大实践——深入学习贯彻党的十八届五中全会精神》的书面报告。报告强调了六点：一是坚持运用马克思主义世界观方法论，深刻理解把握习近平总书记系列重要讲话，这是我们做好一切工作的前提和基础；二是坚持运用马克思主义世界观方法论，全面深化改革，不断激发全社会的发展动力和创造活力，推动经济社会持续健康发展；三是坚持运用马克思主义世界观方法论，全面依法治国，建设中国特色社会主义法治体系，建设社会主义法治国家；四是坚持运用马克思主义世界观方法论，加强宣传思想工作，牢牢掌握意识形态工作领导权管理权话语权；五是坚持运用马克思主义世界观方法论，加强党的建设和反腐倡廉建设，切实提高从严管党治党的能力和水平；六是坚持运用马克思主义世界观方法论，立足时代和实践，不断推进理论创新、思想创新，发展21世纪中国的马克思主义。

中共中央党校副校长、中国辩证唯物主义研究会副会长徐伟新在讲话中指出，党的十八届五中全会提出的“创新、协调、绿色、开放、共享”五大发展理念，是我们实现“十三五”目标的主线，树立好、落实好这“五大发展理念”，是关系我国发展全局的一场深刻的变革。“五大发展理念”体现了对经济社会发展规律的新认知，是关于发展的一次深刻思想解放和观念的变化。基于历史和现实逻辑的导向，中国未来发展要沿着两个维度坚定地前行，一个就是要更加独立自主，走一条依靠自身内在动力、推动发展之路；另一个就是更加开放包容，走一条与世界经济深度融合发展之路。树立和落实好“五大发展理念”，取得全面建成小康社会决胜阶段的新胜利，关键在党，关键在人，关键在提高党领导经济社会发展的能力，每一个党员领导干部都要按照中央的要求，积极作为、善于作为、依法作为。

国防大学原教育长、中国辩证唯物主义研究会副会长夏兴有少将，中国社会科学院哲学所研究员、中国辩证唯物主义研究会顾问陈中立，中国社会科学院文哲学部副主任、学部委员李景源，中国社会科学院直属机关党委副书记、中国辩证唯物主义研究会副会长孙伟平，深圳市委党校常务副校长李永华等32位专家代表作了精彩的大会发言，为深入学习贯彻党的十八届五中全会精神，研究“十三五”经济社会发展的重大理论现实问题，推进中国特色社会主义事业发展和马克思主义哲学中国化积累了丰硕成果。

第一，深入探讨了马克思主义世界观方法论，及其对中国特色社会主义伟大实践的重大作用。与会专家代表指出，马克思主义哲学深刻揭示了客观世界特别是人类社会发展一般规律，在当今时代依然有着强大生命力，依然是指导我们共产党人前进的强大思想武器。坚持运用马克思主义的科学世界观方法论，深入学习习近平总书记的系列重要讲话精神是做好一切工作的源泉，是推进全面深化改革、不断激发社会活力、推动经济社会健康持续发展的理论指南，是全面依法治国、建设社会主义法治体系和法治国家的基本遵循。

与会专家学者一致认为，十八届五中全会提出的“创新、协调、绿色、开放、共享”五大发展理念，为实现“十三五”时期发展目标、破解发展难题、厚植发展优势指明方向，为我们提供了成功运用马克思主义世界观方法论的范例。坚持马克思主义，坚持社会主义，一定要有发展的观点，一定要以我国改革开放和现代化建设的实际问题、以我们正在做的事情为中心，要着眼于马克思主义理论的运用，着眼于对实际问题的理论思考，着眼于新的实践和新的发展，始终坚持随着时代变化和实践发展，不断开辟马克思主义的新境界。

第二，深入探讨了《中共中央关于制定国民经济和社会发展第十三个五年规划的建议》（简称《建议》），特别是《建议》提出的“五大发展理念”的形成过程。与会专家学者探讨了“五位一体”“四个全面”“五大发展理念”的内在联系，指出了“五大发展理念”是我党对经济社会发展规律和自然规律的深入的不断深化，是发展理念的新提升、新变革。“五大发展理念”指引了中国经济社会发展的方向和路径，是当代中国由大变强的战略转折点，是加强党的建设，加强党的领导能力和领导水平，引导中国改革发展前行的关键所在。从哲学视角来看，“五大发展理念”的提出与《建议》的起草原则内在一致、高度统一，科学解答了我国经济社会发展过程中“破与立”“内与外”“点与面”“上与下”等基本问题。学习党的十八届五中全会精神、践行“五大发展理念”的过程，既是一次深化认识、解放思想的过程，更是一次凝聚共识、形成合力的过程。

与会专家认为，“五大发展理念”的提出，并以之为“十三五”规划的谋篇布局，是实施“四个全面”战略布局的路线图，将进一步推动经济政治文化社会生态“五位一体”的总体布局的各个领域突出问题和明显短板问题的解决。同时，“五大发展理念”和社会主义价值观也是紧密相连的，通过党的十八届三中、四中、五中全会变得明晰、变得明确、变得具体。在“四个全面”和“五大发展理念”的关系上，“四个全面”战略布局是治党、治国、治军的指导思想，从战略目标和战略举措相统一的高度来治国理政。“五个发展理念”主要是从引领经济社会发展的根本理念提出的，它的特点是适应我国经济社会进入新常态，体现了发展的客观规律，它的意义主要是引领“十三五”，也包括以后一个时期内我国发展的思路、方向，二者是相互联系和内在统一的。

第三，从哲学的层面全方位多视角地探讨了贯彻落实“五大发展理念”必须正确处理好的若干重大问题。与会专家学者从经济、政治、文化等层面对“五大发展理念”进行了深入探讨，强调要正确处理好创新驱动与要素驱动的关系、政府和市场的关系、党和人民群众的关系、人与自然的关系、国内和国际的关系等。在探讨中还特别强调要充分尊重人民的核心理念，无论是发展、改革、社会治理，都要凸显人民的主体地位，在发展中既要有人民共建，也要有人民公平共享，要使人民在共建、共享发展中实现自身价值，以增强发展动力，增强人民的团结。与会专家强调，“五大发展理念”集中体现了马克思主义关于发展的价值观与方法论，集中体现了人民主体、全面协调、人与自然和谐的发展观，蕴含了人民至上、协调发展、人天和谐、合作共赢的价值取向。牢固树立“五大发展理念”，对于贯彻落实“十三五”发展战略，实现全面建成小康社会奋斗目标，具有极为重要的意义。与会学者指出，要处理好当代中国社会发展的动力问题。具体来说，要明确新常态下我国经济发展表现出的速度变化、结构优化、动力转换三大特点。从政治的角度看，要解决好党和群众的关系。从文化的角度看，要解决好马克思主义理论与中国传统文化的关系。从生态角度来看，要处理好经济发展和自然环境的关系。也有学者强调，生态文明或生态城市应该以一种后工业生态文明的方式来进行建设，这需要一种全新的发展理念来引领。

第四，与会专家学者还特别探讨了发展实践与哲学创新的关系。创新实践为理论创新提供了前提条件和客观需要，而理论创新又为创新实践提供了理论指引和理论支撑。与会专家指出，理念是变革的先导，思想是行动的指南。战略定位催生新变革、观念变迁引领新时代、核心价值塑造新风尚，改革创新成就新未来。理论创新和实践是相辅相成的。与会学者提出，创新和发展是活动的两个方面，一个是就过程而言，一个是就结果而言，过程、手段就是创新，结果就是发展，确实地说，发展的本质是新事物的产生和旧事物的灭亡，这本身就是一个创新，而创新的结果肯定是质的飞跃。

与会专家学者普遍认为，所谓马克思主义哲学中国化，一个最根本的问题，就是把马克思主义的普遍原理和中国具体的实际相结合。十八届五中全会的召开，是对改革开放以来的伟大实践的全面总结，也是站在一些具体问题和突出问题上提出的新的发展的思路。有学者指出，对创新发展理念要进行辩证的理解，把创新发展理念作为发展的第一动力，必须认识到由于我国还处在发展阶段，与发达国家相比，我国的创新能力不足，在一定时期、一定阶段，人员还是社会发展的依托力量。许多专家学者还深入探讨了哲学创新与马克思主义哲学中国化等相关问题，特别探讨了如何在当今时代、当代中国进一步创新发展马克思主义的问题。有些学者还深入探讨了马克思主义哲学的核心问题，人是马克思主义哲学的核心，反思性、批判性、超越性是马克思主义理论的基本特点，未完成性与开放性是马克思主义的特有品格。还有一些学者介绍了国外有关马克思主义的一些研究，如有机马克思主义等。

与会专家学者一致认为，“十三五”规划建议提出的“创新、协调、绿色、开放、共享”五大发展理念，是“十三五”规划的“纲”与“魂”，是十八届五中全会的突出亮点和重大贡献，是在新的历史起点上我们党对发展问题思考的最新成果，蕴含着深刻的哲学思维和原则方法，在理论和实践上都有新的突破，集中体现了“十三五”乃至更长时期我国的发展思路、发展方向、发展着力点，彰显了中国共产党人的辩证思维和哲学智慧，为我们党团结和带领全国人民夺取全面建成小康社会决战阶段的伟大胜利，不断开拓发展新局面、开创发展新境界，提供了强大的理论遵循和思想武器。马克思主义哲学中国化的展开和深入，需要不断关注时代现实、把握时代脉搏、破解时代难题、引领时代发展，运用马克思主义哲学的立场观点方法，审视、反思和解决当代中国的重大理论和现实问题，进而不断丰富和开拓马克思主义哲学新论域、新形态、新境界。

（原载《特区实践与理论》2015 年第 6 期）

大 事 记

2015 年 1 月 10 日，由清华大学比较文学与文化研究中心举办的“马克思主义与世界文学”学术研讨会暨国家社科基金重大招标项目开题报告会在北京举行。来自中国社会科学院、清华大学、北京大学、上海交通大学、南京大学、华东师范大学等科研院所和高校的 20 多位文学理论研究专家学者围绕会议主题展开了学术探讨与思想交流。会上各位专家一致认为，进行具有中国特色的马克思主义世界文学研究是时代赋予的重任，希望通过课题研究能够给学界一个关于马克思主义与世界文学的系统的思想总结与阐释。

2015 年 1 月 23 日，中共中央政治局就辩证唯物主义基本原理和方法论进行第二十次集体学习。中共中央总书记习近平在主持学习时强调，辩证唯物主义是中国共产党人的世界观和方法论，我们党要团结带领人民协调推进全面建成小康社会、全面深化改革、全面依法治国、全面从严治党，实现“两个一百年”奋斗目标、实现中华民族伟大复兴的中国梦，必须不断接受马克思主义哲学智慧的滋养，更加自觉地坚持和运用辩证唯物主义世界观和方法论，增强辩证思维、战略思维能力，努力提高解决我国改革发展基本问题的本领。吉林大学孙正聿教授就这个问题进行讲解，并谈了意见和建议。中共中央政治局各位同志认真听取了他的讲解，并就有关问题进行了讨论。

2015 年 1 月 26 日，由中国社会科学院马克思主义研究院主办的第 3 届马克思主义基本原理学科学术年会在北京举行。来自中国社会科学院、北京大学、中国人民大学、南京大学、武汉大学、中山大学、中共中央党校等全国 80 多所高等院校和科研院所的 90 多名专家学者围绕“马克思主义整体性研究”“马克思主义基础理论及具体原理研究”“马克思主义基本原理应用研究”等主题展开了研讨。

2015 年 1 月 28 日，根据《高校思想政治理论课教材修订工作方案》的工作部署，高校思想政治理论课教材修订工作启动会在京召开。中宣部、教育部决定 2015 年对高校思想政治理论课教材进行修订，目的在于切实加强高校思想政治理论课建设，推动马克思主义中国化最新成果进教材、进课堂、进头脑，进一步增强思想政治理论课教材的学理性和可读性。启动会就教材修订的前期准备情况、教材修订工作的动员部署、教材修订的思路、教材修订中的重大问题、修订重点和总体进度安排等进行了充分的介绍和研讨，进一步明确了修订的思路和工作任务。

2015 年 2 月 1 日，“马克思主义与当代中国”研讨会在上海财经大学举行。研讨会由中国社会科学院马克思主义研究学部、《毛泽东邓小平理论研究》杂志社和上海财经大学马克思主义研究院共同主办。来自复旦大学、华东师范大学、上海社会科学院、上海市中国特色社会主义理论体系研究会、中共上海市委党校、上海财经大学等单位的 20 余名学者共聚一堂，就如何在新形势下进一步推进马克思主义理论研究，引领中国发展道路进行了探讨，就全面深化改革的价值观内涵、马克思主义理论在中国扎根的逻辑与特质、马克思主义研究的立场与方法等问题展开了热烈的讨论。

2015 年 3 月 14 日，“中国道路与中国化马克思主义”协同创新中心工作会议在北京召开。中心聘请顾海良教授担任协同创新中心联合主任。在原有协同单位的基础上，新增求是杂志社等为协同单位。协同创新中心计划认真做好正在推进的几件大事，包括“马克思楼”的建设、筹办首届“世界马克思主义大会”、《马藏》编纂工程、建设国际马克思主义文献中心等。未来四年，中心将按照“以国家急需为根本出发点，以协同创新模式为合作纽带，以体制机制改革为突破重点，以人才、学科、科研三位一体的创新能力提升为核心任务”的要求，建立以国家亟须解决的重大理论问题和现实问题为引领，涵盖本科、硕士、博士及博士后、留学生、研修学员的一整套新型人才培养模式，构建多层次、多学科、复合型的跨学科综合研究平台，凝聚国际、国内优秀学术力量，将中心建设成为国内高水平、国际知名的综合性研究机构、人才培养基地、高端国家智库和国际交流平台。

2015 年 3 月 29 日，北京大学《马藏》编纂工程启动工作咨询会议在北大博雅国际会议中心召开。来自中国社会科学院、中央编译局、中央档案馆、国家图书馆和北京大学等单位的 50 余名专家学者出席了会议。《马藏》编纂中心主任兼总编纂顾海良教授介绍了启动《马藏》工程的缘由、意义、思路和规划。这一工程将使中国拥有一部比较齐备和完整的马克思主义研究文献的总汇，使中国成为世界马克思主义文献的编纂与研究中心。

2015 年 3 月 30 日，第 4 届全国高校马克思主义学院院长论坛在北京大学举行。全国高校 150 余位马克思主义学院院长参加了论坛。论坛的主题是围绕习近平总书记系列讲话精神和《关于进一步加强和改进新形势下高校宣传思想工作的意见》，思考探讨当前形势下如何加强高校马克思主义学院和思想政治理论课建设，探讨研究如何讲好思想政治理论课。论坛就巩固高校马克思主义意识形态主导权，加强社会主义核心价值观教育，加强思想政治理论课建设等问题展开了深入的探讨，提升了认识，达成了共识。

2015 年 4 月 3 日，由中国社会科学院世界社会主义研究中心和社会科学文献出版社共同举办的《2014—2015 世界社会主义黄皮书》《世界社会主义小丛书（第三辑）》发布暨“时代、霸权与历史虚无主义”学术研讨会在京举行。来自中央有关部委、国内外科研机构、高校的专家学者近 200 人围绕会议主题“时代、霸权与历史虚无主义”展开深入研讨。此次出版的《2014—2015 世界社会主义黄皮书》是该系列的第十一本。该书在国内辑、国际辑的框架下又设立若干专题，对当今世界范围的社会主义思潮、理论、运动与制度进行了多视角、深层次的研究讨论，反映了世界社会主义研究领域的最新发展动态。同时出版的《世界社会主义小丛书（第三辑）》共计 10 本，有刘国光的《中国经济体制改革的方向问题》、有林等的《抽象的人性论剖析》、侯惠勤的《中国道路和中国模式》、顾玉兰的《列宁帝国主义论及其当代价值》、刘淑春的《俄罗斯联邦共产党二十年》等。

2015 年 4 月 11 日，由中国社会科学院马克思主义理论学科建设与理论研究工程领导小组主办，中国社会科学院马克思主义研究院承办的第 2 届中国社会科学院毛泽东思想论坛在北京召开。论坛的主题是“毛泽东与中国特色社会主义道路”。来自全国各地的八十余位专家学者围绕论坛主题进行了深入而广泛的探讨。专家们或从人类发展视野角度，或从理想型与现实性的双重维度，或从毛泽东政治遗产的当代价值进行了探讨。也有学者对毛泽东与传统文化的关系等进行了探讨。与会专家一致认为，要继续深化毛泽东与中国特色社会主义关系的研究，深度理解毛泽东与中国特色社会主义道路、毛泽东思想与中国特色社会主义理论体系的关系。

2015 年 4 月 25 日，第 3 届国际共产主义运动论坛“金融危机以来的世界社会主义”在华中师范大学举行。论坛由华中师范大学和中国社会科学院马克思主义研究院联合主办，华中师范大学政治学研究院和中国社会科学院马克思主义研究院国际共产主义运动部承办，《社会主义研究》杂志社、《马克思主义研究》杂志社和广西师范大学出版社协办。来自中共中央对外联络部、中共中央编译局、中共中央党校、中国社会科学院、北京大学和武汉大学等 50 家单位 120 多位代表参加论坛。论坛主要围绕金融危机以来的世界社会主义运动、国外共产党的发展动态、当代国外主要社会主义流派的发展现状与前景、世界左翼思潮与左翼运动以及中国特色社会主义的新发展等五个主题展开研讨。

2015 年 4 月 25—26 日，由全国高校马克思主义理论学科研究会、《思想理论教育导刊》编辑部共同主办，山东师范大学社科处、马克思主义学院承办的全国高校马克思主义理论学科研究会第 18 次学科论坛暨“传统文化与中国特色社会主义”学术研讨会在山东师范大学召开。来自全国 23 个省市 80 余所高校和科研单位的 150 余名专家学者参加了研讨会。与会专家围绕着对传统文化的历史唯物主义考评，优秀传统文化的创造性转化和创新性发展，儒家思想的现代价值与传承意义，优秀传统文化、马克思主义与中国特色社会主义关系，优秀传统文化对中国特色社会主义的精神滋养和思想营养等议题展开讨论。

2015 年 4 月 25—26 日，由中国高等教育学会马克思主义研究分会、《红旗文稿》杂志社和重庆邮电大学主办的“学习习近平总书记系列重要讲话，加强和改进高校马克思主义理论教育研讨会”在重庆邮电大学召开。中国人民大学、北京大学、清华大学等高等院校、《思想理论教育导刊》等杂志社和有关科研院所 150 余人参加了会议。与会学者围绕会议主题，多角度地对加强和改进高校的马克思主义理论教育问题进行了深入的探讨和交流。

2015 年 4 月 28—30 日，全国邓小平理论研究会 2015 年年会暨“四个全面”战略布局对邓小平理论的继承与发展学术研讨会在重庆社会主义学院举行。来自全国社会主义学院、党校、高校以及社科院等研究机构的专家共 78 人参加了会议。与会专家一致认为，“四个全面”战略布局思想不仅与邓小平理论一脉相承，又是在新的历史条件的创新和发展，是新一届党中央对几代中国共产党人治国执政经验的历史总结，标志着新一届党中央领导集体治国理政总体方略臻于成熟，“四个全面”提法既表达了理论的继承性，又表达了实践的彻底性。

2015年5月5日，在马克思诞辰197周年纪念日，“《马克思恩格斯列宁哲学论述摘编》出版座谈会”在中央编译局召开。来自中共中央党校、中共中央文献研究室、中共中央党史研究室、中国社会科学院、北京大学、清华大学、中国人民大学、北京师范大学等单位长期从事马克思主义哲学研究的专家学者等70余人参加座谈和研讨。中央编译局秘书长杨金海介绍了该书编选和出版情况，与会领导和专家学者围绕《马克思恩格斯列宁哲学论述摘编》（党员干部读本）的出版以及马克思主义哲学的学习和运用进行了研讨。

2015年5月9—10日，由中国社会科学院经济研究所主办，浙江财经大学经济与国际贸易学院承办，浙江省高校产业发展与财政金融政策研究创新团队协办的中国政治经济学论坛第17届年会在浙江杭州举行。来自中国社会科学院经济研究所、清华大学、南开大学等高校和科研机构，以及《求是》《经济学动态》、社会科学文献出版社、中国社会科学出版社等新闻出版机构的100多位专家学者参加会议。会议围绕中国经济新常态这一主题，分四项议题展开学术交流：一是中国经济发展的阶段性特征；二是中国经济发展的机遇和挑战；三是深化改革，为中国经济新常态奠定体制机制基础；四是“十二五”回顾和“十三五”展望。专家学者就增长动力转换、结构调整和产业转型升级、城乡关系与城镇化、提升制度质量等与经济新常态有关的重要理论和实践问题进行了广泛深入的研讨。

2015年5月11日，由中国社会科学出版社主办的“21世纪中国的马克思主义——学习习近平总书记系列重要讲话精神座谈会”在京召开。来自中国社会科学院、北京大学、中国人民大学、中共中央党校等科研机构的10多位专家学者围绕这一问题进行深入研讨。与会专家认为，在21世纪，马克思主义依然是指导中国特色社会主义事业的伟大旗帜，“发展21世纪中国的马克思主义”这一命题的提出，标志着我们党在新的历史条件下坚持和发展马克思主义的高度理论自觉。任何理论都源于现实，是思想中所表达的时代，21世纪中国的马克思主义必然是在时代的变迁和历史的发展中不断形成的。

2015年5月16日，第9届浙江省马克思主义理论研讨会暨浙江省马克思主义学会年会在宁波大学召开。会议以“马克思主义与中国特色的国家治理创新”为主题，由浙江省哲学社会科学发展规划领导小组办公室、浙江省教育厅宣传教育处、宁波大学、浙江省马克思主义学会、浙江省中国特色社会主义理论研究中心等五家单位共同主办。来自浙江省宣传、党校、社科院、高校系统的180余名专家和学者参会。研讨会深入研讨和分析马克思主义基本理论及其创新发展成果，深入研究中国特色社会主义在浙江实践过程中所面临的理论和实际问题。

2015年5月21—23日，由中国社会科学院马克思主义研究院、浙江大学宁波理工学院、宁波市社会科学院（社科联）主办的“学习习近平系列重要讲话学术论坛（2015）”在浙江大学宁波理工学院举行。来自中国社会科学院、中国人民大学、武汉大学等高校和科研机构的50多位专家学者参加了论坛。论坛的主题是“培育和弘扬社会主义核心价值观——理论研究与实践探索”。与会专家学者就社会主义核心价值观的生命力、凝聚力、感召力，社会主义核心价值观与中国特色社会主义道路，马克思主义理论与社会主义核心价值观，社会主义核心价值观与中华优秀传统文化，社会主义核心价值观与国家文化软实力，社会主义核心价值观与国家治理体系和治理能力，社会主义核心价值观与全面推进依法治国，如何把社会主义核心价值观融入社会生活等问题，展开了深入的研讨与交流。

2015 年 5 月 21 日，“学习习近平系列重要讲话学术论坛（2015）”在浙江省舟山市举办了“首届习近平海洋思想学术研讨会”。会议由中国社会科学研究院马克思主义研究院、浙江出版联合集团、浙江海洋学院主办。来自中共中央党校、中国社会科学院、浙江大学、南京大学等院校的 30 余位专家和学者参加研讨会。研讨会以“推动海洋强国建设”为主题，围绕海洋经济建设、海洋安全、海洋法律体系的构建等议题展开研讨。

2015 年 5 月 23—24 日，由全国当代国外马克思主义研究会、华南师范大学政治与行政学院、华南师范大学马克思主义学院联合主办的“第 10 届国外马克思主义论坛（广州分会）——国外马克思主义语言哲学研讨会”在广州召开。来自中国社会科学院、中央编译局、中国人民大学、南京大学、上海交通大学、华中科技大学、中山大学、黑龙江大学等单位的专家学者 50 多人出席会议。会议是国内马克思主义学界首次举办的语言哲学专题研讨会，与会学者广泛深入地探讨了国外马克思主义语言哲学理论的相关问题。讨论在语言哲学理论和实践两个层面上展开，有共识也有思想交锋，有效推进了国外马克思主义语言哲学的研究。

2015 年 5 月 30 日，由中国社会科学院马克思主义研究院和马克思主义研究学部、福州大学共同主办，福州大学马克思主义学院承办、《马克思主义研究》编辑部协办的“全国马克思主义青年学者论坛（2015）”在福州大学举行。来自中国社会科学院、中国人民大学、复旦大学、浙江大学、武汉大学、中山大学等高校和科研机构的近 70 位青年学者以及《马克思主义研究》《思想理论教育导刊》《学习与探索》《人民日报》《光明日报》等媒体的代表参加了论坛。与会代表围绕“依法治国与党的领导”主题展开了深入而热烈的研讨。

2015 年 6 月 6—7 日，由中国经济规律研究会与吉林财经大学主办，吉林财经大学经济学院和马克思主义经济学研究中心承办的中国经济规律研究会第 25 届年会暨“中国经济新常态：特征与趋势”理论研讨会在吉林财经大学举行。来自中国社会科学院、中国人民大学、复旦大学、南开大学、光明日报社、高等教育出版社等全国 30 多所高等院校、科研院所及学术报刊的 120 多位专家学者参会。大会围绕经济新常态与中国经济的改革和发展、全面深化改革的理论研究、马克思主义基本经济理论研究和中国现实经济问题研究等重要议题进行了广泛深入的学术交流。

2015 年 6 月 8—13 日，第 2 届“中国—俄罗斯”“中国—白俄罗斯”国际学术论坛分别在圣彼得堡、莫斯科、明斯克举行。会议由中国社会科学院马克思主义研究院联合俄罗斯制度创新中心、俄罗斯社会现实哲学协会、俄罗斯科学院经济研究所、白俄罗斯国立大学等主办，俄罗斯“民族社会”国际出版中心、中国广西师范大学出版集团协办。会议主题为“合作与发展：中国与俄罗斯、白俄罗斯”。来自中国科研机构及高校的50余位专家学者，《人民日报》、广西出版集团等媒体记者，以及俄罗斯、白俄罗斯的科研机构及高校的专家学者出席了会议。经过此次的研讨和交流，各国学者普遍认为，在当今时代，人类社会稳定和发展的因素在于以和平与发展为出发点的合作与共赢，包括中国、俄罗斯和白俄罗斯在内的绝大多数国家正成为新型国际关系和全球治理体系的参与者、完善者和创新者，因此中、俄、白三国应当在倡导建立求同存异、聚同化异的新型国际关系格局，容纳和引导不同文明、不同发展道路和社会制度共同参与、共同发展的全球治理结构上加强合作、共同努力，促进世界多样性和各国差异性、复杂性转化为发展活力和动力。

2015 年 6 月 9—12 日，由法国社会动态和空间重构实验室与法国国立东方语言文化学院主办的“调节学派 2015 年国际大会”在巴黎举行。创立于 1976 年的法国调节学派以马克思经济学为学理基础，提出了较为系统的概念体系和分析框架，对当代资本主义研究作出了重要贡献。来自世界各地的将近 200 位学者出席了此次盛会。大会的主题是“经济危机与调节理论”。围绕这一主题，大会着重讨论了以下内容：经济学方法论的反思与批判、劳资关系与资本主义危机、后危机时代的金融体制和发展模式、可持续发展与全球治理、资本主义多样性与东亚经济。

2015 年 6 月 13 日，由中国人民大学马克思主义学院、全国高校马克思主义理论学科研究会等单位主办的“马克思主义：学院与学科建设——纪念马克思主义理论学科设立 10 周年暨全国高校马克思主义理论学科研究会第 19 次学科论坛”在京举行。来自教育部、中国社会科学院以及全国上百家高校的马克思主义学院学者代表参会。专家们对全国马克思主义理论学科与马克思主义学院十年来的建设成绩给予充分肯定，也客观分析了现有不足与面临挑战，展望了学科创新发展的繁荣前景。与会学者表示，马克思主义理论一级学科设立以来，在凝集马克思主义理论研究学术队伍、引领哲学社会科学发展方向、支撑国家主流意识形态建设和高校思想政治理论课教育教学等方面发挥了不可替代的重要作用，正从起航阶段走向领航阶段。同时，学科“大而不强”、中青年优秀人才缺乏、学科研究不够深入、教学质量不高、学科影响力尚不够深广等诸多不足也仍然存在。今后马克思主义理论学科要在高校人才培养、教师队伍建设、学科自身发展、学科群建设、思想政治教育和意识形态建设等方面发挥领航作用。

2015 年 6 月 19—21 日，由南非克里斯·哈尼研究所（Chris Hani Institute）和夸祖鲁—纳塔尔大学（University of Kwazulu-Natal）共同承办的“资本主义的不均衡发展与危机——世界政治经济学学会第 10 届论坛”在南非约翰内斯堡举行，来自中国、南非、美国、日本、英国、德国、爱尔兰、奥地利、印度、巴西、津巴布韦、澳大利亚等 10 多个国家的百余名学者出席。专家学者对当代资本主义的新现状及社会主义的新发展作了认真的分析，特别是围绕当代资本主义的不均衡发展及面临的危机作了热烈的研讨，许多新见解、新思路、新方法令人耳目一新。学会发表的第 10 届论坛共识宣言提出，进一步强化发展中国家的经济、政治和外交合作，增强发达国家和发展中国家劳工组织之间的联合，加强对国际金融资本的管制，增强发展中国家在国际组织的领导权和决策权等建议，提出最终目标是超越资本主义的历史限制，实现人类的可持续发展。学会颁发了 2015 年度（第 5 届）“世界马克思经济学奖”，中国社会科学院荣誉学部委员项启源研究员获此殊荣。

2015 年 6 月 26 日，由北京大学马克思主义哲学研究中心和北京大学中国特色社会主义理论体系研究中心联合主办的“历史唯物主义与中国道路”学术研讨会北京大学召开。来自中国社会科学院、中共中央党校、中国政法大学、中国人民大学、北京师范大学等单位的 20 余位专家学者参加了会议。与会专家学者结合各自的研究领域和学术专长，就历史唯物主义的学术热点与理论反思、历史唯物主义的理论创新与方法论自觉、历史唯物主义的当代诠释与中国道路的理论自信三个专题展开了广泛而深入的研讨，从热点到问题，再到理论与现实的互动，深入研讨了历史唯物主义的当代诠释与中国道路的内在关系。

2015 年 6 月 26 日，以“‘四个全面’与发展中国特色社会主义”为主题的全国第 2 届中国特色社会主义发展论坛（2015）在山东济南召开。论坛由中国社会科学院马克思主义研究院、山东社会科学院、山东省马克思主义研究中心和广西师范大学出版社集团有限公司联合主办。来自中国社会科学院、山东社会科学院、安徽省社会科学院、北京市社会科学院、武汉大学、南京师范大学等科研机构和高校的 70 多位专家学者与会。与会专家认为，“四个全面”战略布局的提出，是马克思主义与中国实际相结合的新飞跃，是我们党推进中国特色社会主义伟大事业的新概括、新抓手，开辟了我们党治国理政的新境界。我们必须立足大时代，保持大视野，俯瞰大局势，为协调推进“四个全面”战略布局努力奋斗。

2015 年 6 月 29 日，由求是杂志社、光明日报社、浙江省委宣传部、浙江省委党史研究室、浙江省社会科学界联合会、中共嘉兴市委联合主办的“红船精神”研讨会在浙江省嘉兴市召开。来自中共中央党校、中共中央党史研究室、国防大学、浙江大学、武汉大学、浙江省委党校、浙江师范大学等高校和科研机构的专家学者以及浙江省、嘉兴市有关部门负责同志 100 余人参加会议。与会专家指出，以“开天辟地、敢为人先的首创精神，坚定理想、百折不挠的奋斗精神，立党为公、忠诚为民的奉献精神”为核心内涵的“红船精神”是中国革命精神之源，继承和弘扬以“红船精神”为源头的一系列革命精神是从全面从严治党，保持党的先进性，使之走在时代前列的根本举措。

2015 年 7 月 4—6 日，由中国马克思主义哲学史学会、中国马克思主义研究基金会主办，安徽大学马克思主义研究院承办的“马克思主义研究：经典与现实”学术研讨会暨中国马克思主义哲学史学会 2015 年年会在合肥举行。来自中国社会科学院、中共中央党校、中国人民大学、北京大学、南京大学、人民出版社、《教学与研究》等单位的专家学者参加会议。与会学者立足当今中国的历史语境，围绕马克思主义经典著作的现实性问题研究、马克思主义整体性问题研究、当代中国重大现实问题的哲学思考、全面深化改革与当代中国马克思主义及其哲学的创新研究等议题进行了学术探讨和思想交流。

2015 年 7 月 5—6 日，由《红旗文稿》编辑部、《思想理论教育导刊》编辑部、东北师范大学联合举办的第 6 届中国特色社会主义论坛——“加强高校意识形态阵地建设”高层研讨会在吉林长春召开。来自全国 40 多所高校的 60 余名专家学者参加了论坛。与会代表围绕论坛主题，就如何做好高校宣传思想工作、推动中国特色社会主义理论体系进教材进课堂进头脑、切实增强思想政治理论课实效性、提高高校教师队伍思想政治素质建设等问题展开研讨。

2015 年 7 月 10—12 日，由中国社会科学院马克思主义研究院、湖南省社会科学院、湖南科技大学、湖南省毛泽东研究中心联合主办，中国社会科学院马克思主义研究院国外部、湖南省社会科学院中国马克思主义研究所、湖南科技大学马克思主义学院共同承办的第 2 届中国特色社会主义道路、理论体系、制度论坛——“毛泽东与中国特色社会主义道路”研讨会在湖南湘潭召开。来自中国社会科学院马克思主义研究院、湖南省社会科学院、吉林大学、兰州大学、河南科技大学、中南大学、《人民日报》理论部、《光明日报》理论部及湖南科技大学等近 60 家科研院所、高校、党校及媒体的百余名专家学者参会。与会专家学者从现实性和理想性的关系、毛泽东对苏联模式的突破、毛泽东对中国社会主义道路的前期探索等不同视角和维度发表了各自的见解。大会形成了一个重要共识，那就是决不能把改革开放的前后两个时期割裂开来、对立起来，决不能否定毛泽东对中国特色社会主义道路创立的奠基之功。

2015 年 7 月 10—11 日，由中共中央编译局、江苏师范大学、美国过程研究中心、《江海学刊》杂志社共同发起，由江苏师范大学承办的中国马克思哲学高峰论坛（2015）暨中美哲学家论坛在江苏徐州举行。来自中美 20 余所大学、杂志社和研究机构的 50 余位国内外知名专家学者参加了会议。“中国马克思哲学高峰论坛”由江苏师范大学哲学范式研究中心于 2011 年首次举办，每两年举办一次。今年是第三次举办，以“有机马克思主义出场与生态文明建设”为主题，参会专家学者就为什么需要有机马克思主义、资本创新逻辑批判与有机马克思主义、有机马克思主义对西式 GDP 崇拜的哲学反思、关于生态文明研究的相关问题、有机马克思主义与马克思的马克思主义、马克思的人化自然观与有机哲学结合的别种可能等话题进行了深入交流。

2015 年 7 月 11 日，中国社会科学院第 2 届“马克思主义文艺理论论坛”暨“马克思主义文学批评的理论与实践”学术研讨会在山东威海举行。此次论坛由中国社会科学院马克思主义理论学科建设与理论研究工作领导小组主办，中国社会科学院文学研究所与山东大学（威海）文化传播学院联合承办。来自中国社会科学院、中国人民大学、中共中央党校、南京大学、华东师范大学、山东大学等科研机构和高校的马克思主义文艺理论家、文学批评家 50 余人参加会议。会议就马克思主义文艺理论与文学批评的理论指导作用、对国外马克思主义文学理论前沿研究的有益借鉴、对西方文论的系统阐述与研究、当代中国文学理论建设的正确途径和应注意的问题等展开研讨。

2015 年 7 月 12—16 日，由越南社会科学翰林院、老挝国家社会科学院和中国社会科学院马克思主义研究院联合主办，越南社会科学翰林院哲学所承办的第 3 届“社会主义国际论坛”在越南古城顺化召开。来自中、越、老三国的 60 余位专家学者围绕“当前条件下如何加强党的执政能力和提高国家的管理能力”的主题进行了热烈的讨论。中、越、老三国学者认为，社会主义事业离不开党的领导。但三国学者对于如何发挥执政党的作用在观点上有所不同：中国学者更多地强调如何加强党的思想建设、组织建设、制度建设、作风建设和党风廉政建设，目的是提高党的领导能力；而越南和老挝学者更多地关注如何革新党对国家的领导方式、如何加强党内民主。可见，社会主义国家在各自的改革实践中，越来越体现出各自的特点。

2015 年 7 月 13 日，教育部社科司发布《关于高校思想政治理论课 2015 年修订版教材和教学大纲使用的通知》，要求从 2015 年秋季开学起，统一使用由中宣部、教育部组织修订的，由高等教育出版社出版的马克思主义理论研究和建设工程高校思想政治理论课 2015 年修订版教材和教学大纲。2015 年修订版教材和教学大纲充分体现了十八大以来党的理论创新成果，经中央马克思主义理论研究和建设工程咨询委员会专家审议，报中央审定，具有很强的科学性、权威性和严肃性。

2015 年 7 月 16 日，由《中国社会科学》杂志社、中央党校科社部、哲学部和马理部联合举办的“十八大以来中国特色社会主义的发展”小型专题座谈会在中共中央党校召开。来自中共中央党校、中共中央文献研究室、中国社会科学院、北京大学、中国人民大学、中组部党建研究所等机构的 11 位学者出席会议。围绕“十八大以来党的文献整理与理论创新”“十八大以来中国特色社会主义理论的拓展”“习近平治国理政思想与中国特色社会主义理论发展”“习近平治国理政思想的哲学基础和方法论原则”“习近平经济思想的基本内核和逻辑框架”等议题，与会专家一致认为，党的十八大以来开辟了中国特色社会主义理论发展的新篇章，为不断开创中国特色社会主义新局面提供了思想武器。深化十八大以来中国特色社会主义的学理探讨，是学术界的时代使命。

2015 年 7 月 17—18 日，马克思主义哲学中国化、时代化、大众化理论研讨会暨《新大众哲学》出版发布会在云南举行。此次会议由中国辩证唯物主义研究会、中共云南省委宣传部、中国社会科学院哲学研究所主办，中国社会科学出版社、云南省社会科学院、云南日报报业集团、中共保山市委、腾冲县委协办。会议主题为：深入学习贯彻习近平总书记系列重要讲话精神，学习贯彻中央关于坚持运用辩证唯物主义、历史唯物主义世界观和方法论的要求，深入探讨新形势下推进马克思主义哲学中国化时代化大众化的重大意义、具体内涵、主要任务、路径举措，在全社会营造学哲学用哲学的良好氛围，增强辩证思维能力和战略思维能力，提高解决改革发展基本问题的本领。与会学者结合《新大众哲学》所做出的重要贡献和积极探索，从不同角度、不同层面对新形势下推进马克思主义哲学中国化时代化大众化所面临的问题及其对策等进行了研讨。

2015年7月18—19日，由中共中央党校哲学教研部与中共吉林省委党校共同主办的“2015全国党校系统哲学年会”在吉林长春举行。全国各省、自治区和直辖市党校以及副省级城市党校的哲学教研人员近230人参加了会议。年会主题为“面向中国问题的哲学——中国整体转型升级与哲学创新发展”。代表们围绕“哲学创新认识论”“社会转型升级与马克思主义哲学学术走向”“哲学关注现实的方式和特点”“马克思主义生态哲学与人类文明转型”“传统与现代的关系”“中国话语与话语中国”等问题进行了深入研讨。与会者认为，应创建面向中国问题的哲学，应立足中国整体转型升级进行哲学创新，应进一步发挥哲学的思想引领作用。

2015年7月18—19日，由辽宁省委宣传部、省教育厅、省人社厅、团省委、省社科联主办，省哲学学会、大连海事大学承办的“2015辽宁省哲学学会年会暨当代中国哲学与社会主义核心价值观”研讨会在大连海事大学召开。来自辽宁省内外的100多位专家学者围绕开展“学讲话、讲诚信、守纪律、鼓士气、促振兴”大学习、大讨论活动进行了深入研讨。

2015年7月19—20日，由中国社会科学院马克思主义研究院、辽宁师范大学马克思主义学院主办的“马克思主义国家学说与国家治理体系和治理能力现代化”学术研讨会在辽宁省大连市召开。来自中国社会科学院、北京大学、清华大学、吉林大学、浙江财经大学、辽宁师范大学等高校和《求实》杂志社等科研机构的80多位专家学者出席了会议。会议主要围绕马克思主义国家学说与国家治理体系和治理能力现代化相互关系等议题展开学术研讨。

2015年7月25—26日，全国高等财经院校《资本论》研究会第32届学术年会（2015）在广东财经大学召开。年会由全国高等财经院校《资本论》研究会和广东财经大学共同主办，广东财经大学经济贸易学院和国民经济研究中心承办。来自全国各财经院校和科研院所的100余名专家学者，运用《资本论》基本原理，围绕党中央“四个全面”战略布局与新常态下中国经济的发展，特别是关于“全面深化改革”中的重大理论与实践问题展开研讨，就《资本论》新发展问题，对“四个全面”战略布局的认识、中国经济新常态发展问题等进行了深入探索、交流、碰撞。

2015年7月26—27日，由全国毛泽东哲学思想研究会主办、中共南京市委党校承办的“毛泽东思想与中华民族解放和复兴”学术研讨会暨全国毛泽东哲学思想研究会第22次年会在中共南京市委党校召开。会议旨在纪念中国人民抗日战争胜利70周年，进一步凝聚实现中华民族伟大复兴“中国梦”和协调推进“四个全面”的共识与力量，增强中国特色社会主义“三个自信”。来自中共中央文献研究室、中共中央党史研究室和党校系统、高等院校、科研院所的100余名专家学者参加了会议。与会专家学者围绕“毛泽东思想与中华民族解放和复兴”会议主题，就毛泽东思想与抗日战争伟大胜利、毛泽东思想与中华民族伟大复兴、毛泽东及毛泽东思想的历史评价等问题，开展了热烈讨论与深入交流，取得丰硕学术成果，反映了近年来国内学术界毛泽东思想研究最新成果。

2015年7月27日，中宣部、教育部制订并发布了《普通高校思想政治理论课建设体系创新计划》（简称《计划》）。《计划》的目标在于整体推进教材、教师、教学等方面综合改革创新，编写充分反映马克思主义中国化最新成果、教师好用学生爱读的系列教材，建设一支对马克思主义理论真学、真懂、真信、真用的教师队伍，培育推广理论联系实际、富有吸引力感染力的多种教学方法，重点建设一批教学科研皆强的马克思主义学院，逐步构建重点突出、载体丰富、协同创新的思想政治理论课建设体系，不断深化中国特色社会主义和中国梦教育，深入开展社会主义核心价值观教育，加强法治教育，坚持不懈地推动中国特色社会主义理论体系进教材、进课堂、进头脑，不断改善思想政治理论课教学状况，努力把思想政治理论课建设成为学生真心喜爱、终身受益、毕生难忘的优秀课程。为实现以上目标，《计划》提出了包括建设思想政治理论课立体化教材体系、教学人才体系、课堂教学体系、第二课堂教学体系、学科支撑体系、综合评价体系和条件保障体系在内的7个方面的重点建设内容。

2015年7月29日，第2届中国特色社会主义理论与实践论坛——中国特色社会主义与“四个全面”理论研讨会在山东烟台举办。论坛由中国特色社会主义理论研究会和中共山东省委党校联合举办。与会专家学者交流了研究中国特色社会主义理论和实践所取得的最新成果，深入探讨了“四个全面”战略布局的历史定位、科学内涵和时代使命，特别是习近平总书记治国理政的鲜明特点、政治品格的重大贡献，认为问题意识、直面难题、敢于担当、辩证思维、刚性执行、战略定力，是习近平总书记最为鲜明和突出的治国理政品格，尤其是在全面从严治党中，要用习近平总书记的政治品格培育干部。

2015年7月30日，中共中央政治局就中国人民抗日战争的回顾和思考进行第二十五次集体学习。中共中央总书记习近平在主持学习时强调，深入开展中国人民抗日战争研究，必须坚持用唯物史观来认识和记述历史，把历史结论建立在翔实准确的史料支撑和深入细致的研究分析的基础之上。要加强规划和力量整合、加强史料收集和整理、加强舆论宣传工作，让历史说话，用史实发言，着力研究和深入阐释中国人民抗日战争的伟大意义、中国人民抗日战争在世界反法西斯战争中的重要地位、中国共产党的中流砥柱作用是中国人民抗日战争胜利的关键等重大问题。军事科学院军事历史和百科研究部部长曲爱国就这个问题进行讲解，并谈了意见和建议。中共中央政治局各位同志认真听取了他的讲解，并就有关问题进行了讨论。

2015年8月2日，由中国科学社会主义学会、中共中央党校科学社会主义教研部和中共吉林省委党校联合举办的社会主义理论前沿问题高层论坛2015、中国科学社会主义学会2015年年会暨第17次全国党校系统科学社会主义学科教学科研座谈会在吉林长春召开。来自中共中央党校、中共中央文献研究室、中国社会科学院、国家行政学院、国防大学等单位，北京大学、吉林大学等高校，以及全国党校系统、宣传思想工作系统、社会科学界共200多名专家学者参加会议。与会专家紧紧围绕会议主题，就中国特色社会主义的新认识、科学社会主义的基本原则、推进科学社会主义学科建设的思路与建议等问题进行了热烈讨论。

2015年8月6—8日，由黑龙江大学哲学学院、黑河学院思政部承办的东北三省马克思主义哲学年会暨“马克思主义哲学与当代中国”学术研讨会在黑龙江省黑河市举办。来自东北三省及京津地区的40余位学者围绕马克思主义哲学与理论创新、马克思主义与社会公平正义、马克思主义与核心价值建构等前沿问题展开了深入而热烈的讨论。与会学者提出，将当代中国面临的新问题作为马克思主义哲学研究的立足点和出发点，切实推进和深化马克思主义哲学中国化，寻求马克思主义哲学与当代中国现实的结合点，马克思主义哲学理论本身要产生与时俱进的时代形式才能符合中国现实。

2015年8月11—12日，由广西科技大学承办的第10届全国高校马克思主义基本原理暨第33届马克思主义哲学教学与学术研讨会在广西柳州举行。来自上海交通大学、华中科技大学、西安交通大学、吉林大学、厦门大学等60多所高校的100余名代表参加会议，就马克思主义理论学术问题、马克思主义基本原理前沿问题、马克思主义基本原理教育教学经验、思想政治理论课教学改革等议题进行了深入交流和研讨。

2015年8月22—23日，由中国历史唯物主义学会、东北师范大学和中国社会科学院国家文化安全与意识形态建设研究中心联合主办，东北师范大学马克思主义学部、思想政治教育研究中心院承办的“2015年中国历史唯物主义学会年会暨21世纪中国的马克思主义与历史唯物主义”理论研讨会在长春召开。来自中国社会科学院、北京大学、国防大学、南京大学、中国人民大学等科研机构和高校的100余位专家学者参加了研讨会。研讨会以“21世纪中国的马克思主义与历史唯物主义”为主题，围绕“历史唯物主义的基本原理”“习近平总书记系列重要讲话精神”“21世纪的中国马克思主义”以及“马克思主义意识形态思想与发展”等理论及现实问题，展开了多视角的深入探讨与交流，对推动历史唯物主义研究和马克思主义理论教育稳步发展产生了积极影响。

2015年8月22—23日，由中国人学学会和《山东社会科学》杂志社共同主办的“经济社会发展新常态与人的发展”学术研讨会暨中国人学学会第17届学术年会在山东烟台举行。来自全国各地高校、党校、社科研究机构、部分学术期刊、党政部门的专家学者及领导干部共100余人参加了会议。年会以大会主题发言和分论坛讨论的形式，围绕“经济社会新常态与人的发展”的学术主题，就经济社会发展新常态的人学内涵，如何从人学视角看待经济社会发展新常态，新常态下人的发展的新变化、新形势、新特点，新常态与社会发展规律、人的发展规律，新常态与以人为本，新常态与科学发展，新常态与人的素质，新常态与人力资源、人力资本，新常态与文明建设等人学发展中的前沿热点问题，进行了广泛的交流。

2015年8月29—30日，中共中央编译局、中国浦东干部学院、上海市中国特色社会主义理论体系研究中心和光明日报社联合主办的第2届“当代世界与社会主义研讨会”在中国浦东干部学院召开。来自中共中央对外联络部、中共中央编译局、中共中央党校、国家行政学院、中国浦东干部学院、中国延安干部学院、中国社会科学院、求是杂志社、北京大学、复旦大学、山东大学、上海市委党校、山东省委党校、上海社会科学院等 30 多个单位 70 多位专家学者围绕“时代发展与社会主义理论创新”的主题展开研讨。与会专家学者就“中国特色社会主义理论的创新发展”“‘四个全面’战略布局与治国理政新实践”“中国特色社会主义理论问题探讨”等专题展开了热烈的交流发言。与会专家表示，研讨会深入研讨中国特色社会主义相关重大理论问题和实际问题，有助于我们从世界潮流发展的高度来看待社会主义发展，也有助于我们从中国发展的视角去思考世界发展的问题。

2015 年 9 月 5—6 日，由中共中央编译局《当代世界与社会主义》杂志编辑部与东华大学人文学院联合主办的“恩格斯晚年政治思想及其当代价值”学术研讨会在东华大学举行。来自中共中央编译局、中国人民大学、复旦大学、山东大学、上海师范大学、上海社会科学院等单位的几十名专家学者参加会议。

2015 年 9 月 6 日，由中国第二次世界大战史研究会与光明日报社共同主办的“学习习近平在纪念中国人民抗日战争暨世界反法西斯战争胜利 70 周年系列活动上的讲话座谈会”在北京召开。来自国防大学、北京航空航天大学、后勤学院、首都师范大学等高校和中国第二次世界大战史研究会的专家学者一致认为，习近平在系列活动上的讲话，站在民族复兴的历史高度，心系人类前途命运，贯通历史和未来，连接中国与世界，倡导和平与发展，体现了中国共产党对历史的深刻认识，是马克思主义战争观、历史观、和平观、人类观的新发展。

2015 年 9 月 11 日，中共中央政治局就践行“三严三实”进行第二十六次集体学习。中共中央总书记习近平在主持学习时强调，党中央在部署这次专题教育时明确提出要以上率下，中央政治局这次集体学习以“三严三实”为题，就是落实这一要求的行动。中央政治局每位同志都要以身作则，为全党做好示范。“三严三实”是我们天天要面对的要求，大家要时时铭记、事事坚持、处处上心，随时准备坚持真理、随时准备修正错误，凡是有利于党和人民事业的，就坚决干、加油干、一刻不停歇地干；凡是不利于党和人民事业的，就坚决改、彻底改、一刻不耽误地改。这次中央政治局集体学习，由中央政治局同志自学并交流体会，马凯、王沪宁、许其亮、李建国、赵乐际就这个问题作了重点发言，中央政治局各位同志听取了他们的发言，并就有关问题进行了讨论。

2015 年 9 月 12 日，由中国社会科学杂志社和四川大学共同主办的第 9 届中国社会科学前沿论坛在四川成都召开。来自 50 余所高校和科研机构的 120 余位代表围绕“新型智库建设与哲学社会科学研究”的主题展开深入交流。与会代表还探讨了我国新型高校智库建设的路径、智库服务现实世界的方式、国外智库建设的经验及对我国的启示等议题。

2015 年 9 月 18 日，由中国社会科学院历史学部、马克思主义研究学部联合主办，中国社会科学院世界历史研究所承办的中国社会科学院首届唯物史观与马克思主义史学理论论坛在京举行。论坛聚焦唯物史观的基本理论问题，对历史虚无主义及其危害性进行有力批判。来自中国社会科学院和地方社会科学院、全国高等院校、中共中央党校和地方省委党校等单位的近百名学者围绕当今历史虚无主义及其危害性、社会形态理论、阶级斗争理论、唯物史观在中国的传播与发展等主题进行了深入研讨，就如何在新的历史条件下坚持和发展唯物史观贡献智慧。

2015 年 9 月 18 日，由全国高校马克思主义理论学科研究会、武汉理工大学、《思想理论教育导刊》编辑部、湖北省社会科学院《江汉论坛》杂志社等单位主办，武汉理工大学马克思主义学院承办的全国高校马克思主义理论学科研究会第 20 次学科论坛暨“意识形态安全与马克思主义理论学科建设”学术研讨会在湖北武汉召开。来自中国社会科学院及全国 52 所高校的相关专家学者，部分高校马克思主义学院院长，有关报刊编辑部负责人以及武汉理工大学马克思主义学院师生等参加。论坛旨在推动马克思主义理论学科领航计划的实施，提升马克思主义理论学科的引领作用，进一步促进马克思主义理论学科的建设发展。

2015 年 9 月 18—20 日，由中国社会科学杂志社主办，山西大学哲学与现代性协同创新中心、哲学社会学院、科学技术哲学研究中心、马克思主义哲学研究所等单位联合承办的第 15 届“马克思哲学论坛”论坛在山西太原举行。论坛的主题为“唯物史观视域中的现代性问题”，来自中国社会科学院、北京大学、中国人民大学、复旦大学、吉林大学、南开大学等国内主要高校和学术机构的 130 余位专家学者与会，围绕“马克思哲学与现代性批判”“现代性的中国内涵”“国外马克思主义现代性理论研究”“全球化背景下民族国家与现代性社会的关系问题”“现代性理论的挑战、困境与分析视角”“我国现代性理论研究的进展及存在的问题”等议题展开全面讨论。

2015 年 9 月 20 日，由中国社会科学院马克思主义研究院和浙江省社会科学院联合举办的“执政党建设理论与实践研讨会”在杭州举行。来自全国各地社会科学院、党校和高校等教学研究机构的专家以及党建工作者 140 多人参加了会议。会议认为，党的十八大以来，以习近平同志为总书记的党中央，聚精会神抓党建，在全面从严治党方面取得显著成效。办好中国的事情，关键在党。在“四个全面”战略布局之中，“全面从严治党”具有特殊重要的地位作用，它为其他三个“全面”提供坚强的领导力量，从思想上、政治上、组织上保证其正确方向，凝聚起强大合力。会议还对下一步党建研究的方向、研究方法等问题进行了广泛的研讨。

2015 年 9 月 27 日、9 月 30 日、10 月 2 日，中国社会科学院马克思主义研究院和德中协会、德国左翼党、法国共产党、法国加布里埃尔·佩里基金会、意大利共产党人党、意大利二十一世纪马克思政治文化协会等共同主办的第 2 届中国道路欧洲论坛分别在德国柏林、法国巴黎、意大利罗马举行。该论坛由《人民日报》理论部、《马克思主义研究》杂志社、广西师范大学出版社和东方毅拓展文化协会等单位协办。论坛的主题为“中国道路：成就、原因、问题、对策”。与会中国学者与欧洲议会议员、德法意三国国会议员、政党成员、欧洲多所大学及研究机构的学者围绕这一主题进行了深入研讨，在许多问题上取得广泛共识，增进了欧洲社会对中国道路的认知和认同。

2015 年 10 月 10 日，由北京大学主办的首届世界马克思主义大会在京举行。来自世界近 20 个国家的 400 多名马克思主义研究学者和中国问题研究专家与会。大会的主题是“马克思主义与人类发展”，力求直面当今人类社会的复杂问题，促进马克思主义在世界范围内的交流、传播与发展，推动世界文明的进步和人类命运共同体的建设。大会共设八个分论坛，分别是：马克思主义的起源和发展、马克思主义文本研究及其编译、中国道路与中国话语体系、习近平治国理政思想与中国马克思主义的发展、马克思主义与世界文明的未来走向、马克思主义与科学文化、马克思主义与经济全球化、马克思主义与人类命运共同体。大会还特别安排了三个高端演讲与对话专场，主题分别为落后国家发展道路与马克思主义、中国道路与市场社会主义、中国近现代发展与马克思主义。与会学者一致通过《首届世界马克思主义大会学者共识》（简称《共识》），指出：马克思主义是人类文明发展的产物，它揭示了社会历史发展的一般趋势，指明了人类文明发展的方向，也是影响当今世界最重要的思想之一；马克思主义具有鲜明的实践品格和时代精神；中国化马克思主义是对马克思主义的创造性发展；面对困扰当今国际社会的各种复杂问题，马克思主义是引领人类走出困境、走向光明未来的指路明灯。根据《共识》，北京大学将在会后出版中英文《世界马克思主义研究》期刊和“世界马克思主义研究文库”，今后世界马克思主义大会将每两年左右举办一次。

2015 年 10 月 13 日，陕西省委、人民日报社联合举办的全面从严治党与延安精神研讨会在人民大会堂召开。陕西省委书记赵正永、人民日报社社长杨振武、中央党校常务副校长何毅亭、中组部副部长陈向群出席并讲话。与会者表示，推进全面从严治党必须坚持继承和创新相结合，继续从延安精神中汲取理想信念的力量、追求真理的力量、人民至上的力量、矢志奋斗的力量，结合时代条件发扬党的光荣传统和优良作风。

2015 年 10 月 14—15 日，由中国马克思恩格斯研究会和南京师范大学主办，南京师范大学公共管理学院和南京师范大学马克思主义研究院承办的“马克思恩格斯与当代世界社会主义暨纪念恩格斯逝世 120 周年国际学术研讨会”在江苏南京举行。来自美国、英国、德国、法国、俄罗斯、澳大利亚、日本、比利时等国的 10 余名国外专家学者和来自中共中央党校、中共中央编译局、北京大学、中国人民大学、复旦大学等 20 多所高等院校以及社会科学研究机构的专家学者出席了会议。与会学者围绕会议主题，从马克思恩格斯的重要著作与重要理论、中国特色社会主义理论与实践、当代西方资本主义的演进趋势等方面进行了深入的研讨和交流。在发言中，专家们分析了恩格斯的早期思想和晚期思想，并对其整个生平思想做了高度评价；探讨了恩格斯的思想与中国特色社会主义实践的关系，并阐述了中国道路的现状与未来；对恩格斯思想中包含的当代理论价值、实践价值进行了深入探讨；就一些争论问题，比如马恩对立论、由资本主义向共产主义进行转变的理论与实践的反差等进行了研讨。

2015 年 10 月 15—17 日，由中国国际共运史学会与宁夏理工学院共同主办的中国国际共运史学会 2015 年年会暨学术研讨会在宁夏理工学院举行。研讨会的主题为“二战胜利与战后世界社会主义的新发展和新亮点”。来自中共中央编译局、中共中央对外联络部、中共中央党校、北京大学、中国人民大学、中国社会科学院等全国各科研机构和高等院校的130余名代表参加了会议。研讨会采用大会主题发言和分组讨论相结合的方式进行。与会代表本着勇于探索、求真务实的精神，围绕“二战胜利”“战后世界社会主义的发展”“马克思的资本主义观及其当代意义”“中国特色社会主义”“不同社会主义国家历史实践比较”“西方国家左、右翼思潮与运动”等方面的问题进行探讨。

2015年10月15—19日，第4届“中日社会主义学者论坛”在日本举行。论坛旨在促进中日两国社会主义学者的交流，研讨宣传中国特色社会主义道路及其世界意义。中国社会科学院马克思主义研究院赴日参会。论坛以“中国道路及其世界意义”为主题，围绕这一主题，中日学者就十八大以来中国的经济发展、国企改革、反腐败、外交政策及生态环境等问题进行了广泛而深入的交流。

2015年10月16—17日，由中国社会科学院世界社会主义研究中心、中联部当代世界研究中心和中国文化软实力研究中心联合举办的“第6届世界社会主义论坛：话语权与领导权——‘颜色革命’与文化霸权国际学术研讨会”在北京举行。来自中国、越南、老挝、古巴、埃及、美国、俄罗斯、英国、法国、德国等20多个国家和中组部、中宣部、中央政策研究室、中央文献研究室、中央党史研究室、中国社会科学院、中联部、中国文化软实力研究中心、中央编译局、中央党校、新华社、北京大学、清华大学、中国人民大学、复旦大学、南开大学、《人民日报》《光明日报》、中新社、《红旗文稿》等单位的200多位专家学者参会，就如何看待话语权与领导权、发展中国家怎样防范“颜色革命”、西方文化霸权的危害等议题进行了深入探讨。

2015年10月17日，由中国科学社会主义学会、中共中央党校科学社会主义教研部主办的“中国社会主义理论研究30人论坛”2015年学术年会在中央党校召开。“中国社会主义理论研究30人论坛”成员和特邀的中青年学者共50多名专家参加会议。年会设置了科学社会主义的理论框架和中国特色社会主义的理论形态两个主题。关于科学社会主义的理论框架，与会专家的讨论集中在思想方法、理论前提、研究重点、创新转换等几个方面。关于中国特色社会主义的理论形态，与会专家进行了视角更加多维、内容更加丰富的讨论。

2015年10月18—19日，由全国青年哲学论坛、《哲学研究》编辑部和《哲学动态》编辑部主办，安徽师范大学马克思主义学院（政治学院）承办的第12届全国马克思主义哲学创新论坛在安徽芜湖召开。来自中国社会科学院、北京大学、复旦大学、南京大学等高校和科研机构的90余位专家学者围绕“发展21世纪中国的马克思主义”的主题展开深入讨论，论题包括哲学的价值和未来、马克思主义的理论创新、马克思主义视域中的政治哲学以及构建马克思主义话语体系等。会议认为，发展21世纪中国的马克思主义首先必须全面总结改革开放以来马克思主义理论的发展，系统总结成果和问题必须切中社会现实，回应现实问题离不开马克思主义基础理论的创新，推进基础理论创新必须构建中国特色的马克思主义理论话语体系。

2015 年 10 月 18—20 日，由中国社会科学院马克思主义研究院、宁波大学、广西师范大学出版社集团主办，中国社会科学院马克思主义研究院国外马克思主义研究部、宁波大学马克思主义学院承办，《马克思主义研究》杂志、《光明日报》理论部等单位协办的第 2 届全国国外马克思主义年会（2015）在宁波大学召开。会议以“国外马克思主义若干前沿问题研究”为主题，来自中国社会科学院、光明日报社、北京大学、复旦大学等研究机构和高校的 100 余位专家学者参会，深入广泛交流各自在国外马克思主义领域的学术成果与研究心得。为充分进行专题交流，大会还设三个分论坛，分别围绕“国外马克思主义的哲学与文化思想研究”“国外马克思主义的生态与政治思想研究”“国外马克思主义的经济与社会思想研究”等主题开展了深入研讨。

2015 年 10 月 23—24 日，由中共中央编译局和山东师范大学联合主办的第 12 届全国马克思主义论坛“马克思主义与中国传统文化”研讨会在山东师范大学召开。论坛由中国马克思恩格斯研究会、中央马克思主义理论研究和建设工程“马克思主义经典著作基本观点研究”课题组、中共中央编译局马克思主义研究部、山东师范大学马克思主义学院共同承办。与会学者围绕“马克思主义与中国传统文化”这一论坛主题，就“马克思主义基本理论研究”“充分汲取中国优秀传统文化精华创新发展马克思主义”“以马克思主义为指导促进中国传统文化创造性转化与创新性发展”“马克思主义中国化最新成果研究”等方面的问题，进行了深入研讨和交流。

2015 年 10 月 24 日，“2015 年全国思想政治教育学术研讨会”在江苏扬州举行。研讨会由中国社会科学院马克思主义研究院、扬州大学、广西师范大学出版社集团联合主办，《马克思主义研究》《思想理论教育导刊》《扬州大学学报》（人文社科版）等学术期刊协办，扬州大学马克思主义学院承办。来自中国社会科学院、清华大学、中国人民大学等国内高校和科研院所的 200 余位专家、学者参会。研讨会以“立德树人与高校思想政治教育”主题，分设 5 个会场，围绕“培育和践行社会主义核心价值观研究”“宣传思想工作的理论与实践创新研究”“思想政治教育基地理论与学科建设研究”“新媒体与高校思想政治教育研究”“高校思想政治理论课教学改革研究”等主题进行分组讨论。

2015 年 10 月 25 日，由中国社会科学院马克思主义研究院与曲阜师范大学共同举办的“第 6 届马克思主义中国化学术论坛”在山东日照召开。论坛主题为“马克思主义与中国优秀传统文化”。来自中国社会科学院、中共中央党校、中国人民大学等国内高校与科研机构的百余位学者围绕马克思主义与中国传统文化的比较、中国特色社会主义的文化支撑、社会主义核心价值观与中国优秀传统文化的关系等问题展开讨论。他们认为，马克思主义研究者要主动承担起鉴别和界定中国传统文化的精华与糟粕的责任，根据时代需要和人民需求将其精华部分创造性地转化为中国特色社会主义文化，不断推动马克思主义与中国优秀传统文化相结合。

2015 年 10 月 31 日，由中国社会科学院经济研究所、《经济研究》编辑部、河南大学经济学院联合主办的第 9 届全国马克思主义经济学发展与创新论坛在河南大学举行。来自中国社会科学院和全国各高等院校科研院所的近百名专家学者参加论坛，围绕马克思主义经济学的中国化、时代化及改革与发展、新常态下中国经济增长与经济发展、马克思主义经济学与金融体制改革、马克思经济危机理论与当代经济危机等问题进行了深入讨论。

2015 年 10 月 31 日至 11 月 1 日，由中国当代世界社会主义专业委员会主办的 2015 年年会暨学术研讨会在广东肇庆举行。来自中国社会科学院、中共中央党校、中共中央编译局、北京大学等单位的 100 余名专家学者参加了会议。年会的主题是“时代变迁与当代世界社会主义”。与会专家围绕马克思主义的时代观及其当代价值，时代变迁的阶段、特征、影响，时代发展与资本主义、时代发展与世界社会主义，时代发展与中国特色社会主义创新等议题进行了深入的探讨，形成了诸多共识。

2015 年 10 月 31 日至 11 月 1 日，由中国社会科学院马克思主义研究院、中国社会科学院马克思主义研究学部、厦门大学、广西师范大学出版社集团有限公司共同主办的第 8 届全国马克思主义院长论坛在福建厦门召开。会议由中国社会科学马克思主义研究院国外马克思主义研究部、厦门大学马克思主义学院、福建省社会科学研究基地厦门大学中国特色社会主义研究中心、厦门大学马克思主义与中国发展研究所承办。来自 80 多所科研单位及高校马克思主义学院的 150 多位院长、学者，围绕“中国发展道路和中国梦的理论与实践”的主题，就“中国发展道路的理论与实践研究”“中国特色社会主义道路、理论制度及其关系”“中国梦与‘四个全面’战略思想”“‘四个全面’战略思想和‘五位一体’总体布局的关系”等议题展开深入交流。

2015 年 10 月 31 日—11 月 1 日，社会主义核心价值观协同创新中心、教育部人文社科百所重点研究基地清华大学高校德育研究中心、清华大学马克思主义学院与东北师范大学马克思主义学院联合主办的“全国思想政治教育高端论坛（长春）暨社会主义核心价值观学术研讨会”在东北师范大学举行。来自清华大学、北京大学等 59 所高校，以及《光明日报》等新闻媒体单位的专家学者 150 余人出席论坛。与会专家学者们认真学习领会党的十八大精神，十八届三中、四中、五中全会精神和习近平总书记的系列重要讲话精神，聚焦社会主义核心价值观研究的前沿问题，通过主题发言、小组讨论、大会交流形式，相互切磋探讨，在“社会主义核心价值观与社会主义核心价值体系的关系研究”“社会主义核心价值观的本质特性研究”“社会主义核心价值观的内在逻辑研究”“社会主义核心价值观在‘四个全面’战略布局中的地位研究”等重大理论和实践问题的研究上，达成了许多共识，产生了一些创新思考。

2015 年 11 月 7 日，由全国高校马克思主义理论学科研究会主办，江西师大马克思主义学院承办的 2015 年全国高校马克思主义理论学科博导论坛在江西南昌举行。来自中国社会科学院、北京大学、浙江大学、中国人民大学、中山大学及江西师范大学、《思想理论教育导刊》杂志社等全国 70 余所高校博导教授、杂志社编辑共计 130 多人参加了论坛。论坛围绕“加强马克思主义理论学科规范性建设”这一主题，就马克思主义理论学科学术规范、人才培养、课程体系建设、学科建设的经验教训和展望以及与思想政治理论课的关系等问题展开深入交流与研讨。

2015 年 11 月 8—9 日，2015 年全国党校系统科技哲学年会暨“新常态下科学技术与社会发展”学术研讨会在广东省委党校举行。来自 19 个省市、29 个单位的专家学者共 50 多人参加会议。与会代表围绕会议主题，从对新常态的理解，新常态下的科技创新、科技体制改革、创新驱动发展战略、科技与道德、科技进步与社会发展的互动分析等角度展开讨论，还就党校系统科技哲学及相近领域的教学与科研情况作了交流。

2015 年 11 月 10 日，由中国社会科学院中国社会科学评价中心主办的第 2 届全国人文社会科学评价高峰论坛在北京举行。论坛主题为“全球智库评价报告发布暨智库问题研讨”。来自全国社会科学研究机构、高等院校及美国、德国、日本、韩国、阿塞拜疆、新加坡等国家的专家学者共 100 余人参加论坛。会议期间，与会专家学者围绕顶级智库的经验、专业技术、对外宣传等诸多热点话题进行了交流探讨。会议期间还发布了由中国社会科学评价中心完成的全球智库百强排行榜。

2015 年 11 月 13 日，由求是杂志社和中国浦东干部学院主办的改革开放理论与实践研讨会在中国浦东干部学院隆重举办。研讨会旨在深入学习党的十八大和十八届三中、四中、五中全会精神，深入总结改革开放 37 年以来在理论和实践创新上的成功经验，进一步探讨“十三五”时期深化改革、扩大开放的基本思路和重大举措，与会专家学者就改革开放 37 年的成功经验、全面深化改革的紧迫性与艰巨性、改革为“创新、协调、绿色、开放、共享”发展提供持续动力等三方面问题展开深入研讨交流并达成共识。中国浦东干部学院省部级干部深化改革开放专题研讨班全体学员，有关省市宣传部分管副部长，求是杂志社、人民网、中国浦东干部学院专家学者和部分教师参加会议。

2015 年 11 月 14—15 日，由中华外国经济学说研究会主办，西南财经大学经济学院、马克思主义经济学研究院共同承办的中华外国经济学说研究会第 23 届年会在成都举办。来自北京大学、中国人民大学、南开大学、中国社会科学院等国内知名高校与科研机构以及《经济学家》《当代经济研究》《经济科学》等学术期刊和出版单位的 150 名代表参加会议。会议召开正值全国各地学习贯彻党的十八届五中全会精神之际，会议以“坚持和发展马克思主义经济学，深入研究和正确借鉴外国经济学说”为宗旨，就马克思主义经济理论研究、西方经济理论研究、中国经济问题、国际经济问题进行了深入的探讨和交流。

2015 年 11 月 18 日，由中国政法大学过程马克思主义与实践哲学研究中心和中国自然辩证法研究会联合举办的“过程马克思主义与生态文明论坛”在北京召开。与会专家学者就过程马克思主义的内涵、理论特色、核心价值观及其与生态文明的关系等问题进行了探讨，将过程马克思主义解读为对机械马克思主义的超越和对解构性的后现代马克思主义的扬弃，认为在根底上它是一种建设性的后现代马克思主义，是一种厚道马克思主义，追求人与自然共同福祉的马克思主义，它有三个基本的范畴和向度，即怀特海的过程哲学、马克思主义和中国自己的文化传统。

2015 年 11 月 21 日，“2015 · 学术前沿论坛”在北京师范大学开幕。论坛由北京市社会科学界联合会和北京师范大学联合主办，以“中国梦：创新型国家与创新人才”为主题，力求从多学科、多角度探讨转型期的人才培育与创新型国家建设等相关问题。该论坛下设近三十个分论坛，研讨历时约半年，主题涉及习近平“四个全面”战略思想研究、社会主义核心价值观与当代中国哲学、大数据时代社科信息服务决策的重点和方法探讨、京津冀协同发展与金融支持、创业创新与生态文明建设等学术热点领域，近百名学者参与讨论。

2015 年 11 月 21—22 日，由马克思主义理论与中国实践协同创新中心和武汉大学马克思主义学院共同主办的第 2 届“马克思主义与 21 世纪社会主义”国际学术研讨会在武汉大学召开。来自德国、英国、波兰、比利时、美国、日本、澳大利亚、越南以及中国的 110 余位专家学者与会。会议搭建了中外学者共商马克思主义与 21 世纪社会主义大计的学术交流平台。大会分别就“马克思主义经典作家的社会主义思想及其当代价值”“当代世界社会主义思潮与运动”以及“中国特色社会主义理论与实践”三个主题进行了深入而全面的研讨。

2015 年 11 月 23 日，中共中央政治局就马克思主义政治经济学基本原理和方法论进行第二十八次集体学习。中共中央总书记习近平在主持学习时强调，要立足我国国情和我国发展实践，揭示新特点新规律，提炼和总结我国经济发展实践的规律性成果，把实践经验上升为系统化的经济学说，不断开拓当代中国马克思主义政治经济学新境界。习近平指出，实践是理论的源泉。我国经济发展进程波澜壮阔、成就举世瞩目，蕴藏着理论创造的巨大动力、活力、潜力，要深入研究世界经济和我国经济面临的新情况新问题，为马克思主义政治经济学创新发展贡献中国智慧。教育部社会科学委员会顾海良教授就这个问题进行讲解，并谈了意见和建议，中共中央政治局各位同志认真听取了他的讲解。

2015 年 11 月 24 日，由中国马克思主义研究基金会和中共中央党校培训部共同主办的“中国马克思主义论坛 2015 暨中央党校培训部学员论坛”在中央党校举办。论坛围绕“创新 · 协调 · 绿色 · 开放 · 共享——马克思主义与发展新理念”这一主题展开了深入研讨。论坛开幕式上还举行了第 4 届马克思主义研究优秀成果奖颁奖仪式。6 名作者获优秀著作奖，4 名作者获优秀论文奖，3 家出版社获优秀组织奖。中国马克思主义论坛是中国马克思主义研究基金会主办的大型思想理论性交流平台，创办于 2009 年，以马克思主义中国化为总主题，结合重大理论和现实问题每年确定一个分主题，每年一届。

2015 年 11 月 27 日，由中国社会科学院马克思主义理论学科建设与理论研究工作领导小组和山东师范大学主办，中国社会科学院马克思主义研究院、山东师范大学社会科学处和山东师范大学马克思主义学院承办的中国社会科学院第 3 届科学社会主义论坛

(2015）暨科学社会主义视野下的“四个全面”战略布局研讨会在山东济南召开。与会专家围绕科学社会主义的基本原则、全面深化改革与社会主义建设规律、社会主义国家依法治国的经验教训、全面从严治党与中国特色社会主义的未来发展、“四个全面”战略布局的科学内涵、理论和实践意义、21世纪世界社会主义的新格局和新走向等领域，进行了深入研讨和交流。

2015年11月27日，由北京市委宣传部、北京市中国特色社会主义理论体系研究中心、北京市社会科学界联合会、北京大学马克思主义学院、清华大学马克思主义学院、中国人民大学马克思主义学院、北京师范大学马克思主义学院联合主办，北京交通大学马克思主义学院承办的“马克思主义中国化论坛·2015——‘四个全面’：中国特色社会主义的理论与实践创新”在北京召开。与会专家认为，“四个全面”战略布局是我国在新的历史条件下治国理政的重大方略，为实现“两个一百年”奋斗目标和中华民族伟大复兴的中国梦提供了理论指导和实践指南。协调推进“四个全面”战略布局，把中国特色社会主义伟大事业不断推向前进，关键在于妥善处理好战略布局中战略目标与战略举措的关系，使其相辅相成、相互促进、相得益彰。

2015年11月28—29日，由全国当代国外马克思主义研究会与福建师范大学马克思主义学院承办的第10届国外马克思主义论坛在福建师范大学召开。来自中共中央编译局、中国社会科学院及北京大学、南京大学等高校的200多位专家学者参会。论坛以“生态学马克思主义与国外马克思主义新发展”为主题，与会者围绕“生态学马克思主义与生态哲学”“国外马克思主义新思潮、新流派、新动向、新人物”以及“西方马克思主义国家理论与社会治理理论”等前沿理论问题展开深入研讨。

2015年12月4—6日，由中国政治学会主办，中共上海市委党校、上海市政治学会承办的中国政治学会2015年年会暨“四个全面”战略布局与中国政治发展学术研讨会在上海召开。与会专家认为，广大政治学理论工作者要深入理解和把握“四个全面”战略布局的重要意义、丰富内涵，认真学习贯彻习近平总书记系列重要讲话精神和党的十八大以及十八届三中、四中、五中全会精神，以推动政治学学科发展为己任，坚持实事求是的科学态度，围绕党和国家关注的重大战略性、前瞻性问题开展学术研究。

2015年12月5—6日，由暨南大学社会科学部举办的“马克思主义与当代中国”全国性学术研讨会在广州召开。来自全国各地50多所高校、研究机构的60余位专家学者前来参会，以“文化认同与理论自信”为主题，就马克思主义前沿理论与当代中国社会发展面临的问题进行研讨。与会学者就意识形态问题、马克思主义与认同问题、中国特色社会主义“三个自信”问题、多元文化与价值共识、思想教育与理论发展、网络文化与理论传播等问题展开交流和讨论。

2015年12月6日，由吉林大学中国国有经济研究中心、中国社会科学院马克思主义学部联合主办，吉林大学经济学院、国务院国有资产管理委员会《国资报告》杂志社协办的2015中国国有经济发展论坛暨国有企业深化改革学术研讨会在北京召开。中国国有经济发展论坛以繁荣学术研究、促进学术交流为宗旨，重点围绕中外国有经济改革与发展过程中的重大理论与现实问题进行深入研讨，自2000年以来，已连续主办了15届。此次论坛以中国国有经济改革与发展为主题，聚焦重大社会科学问题，围绕国有企业深化改革、公司治理、国有经济理论等相关重点、难点和疑点问题进行了深入探讨。

2015年12月11—12日，全国党校工作会议在北京召开。中共中央总书记、国家主席、中央军委主席习近平发表重要讲话。他强调，实现全面建成小康社会奋斗目标、实现中华民族伟大复兴的中国梦，关键在于培养造就一支具有铁一般信仰、铁一般信念、铁一般纪律、铁一般担当的干部队伍。党校承担着为领导干部补钙壮骨、立根固本的重要任务，必须坚持党校姓党这个党校工作根本原则，更加重视干部教育培训工作，切实做好新形势下党校工作。中共中央政治局常委李克强、张德江、俞正声、王岐山、张高丽出席会议，中共中央政治局常委、中央党校校长刘云山作总结讲话。

2015年12月12日，"'四个全面'与中国特色社会主义"理论研讨会暨上海马克思主义研究季度论坛在南京政治学院上海校区召开。会议由上海市中国特色社会主义理论体系研究中心、上海市马克思主义研究会和南京政治学院上海校区共同主办。来自中共上海市委党校、同济大学等单位的60余人参加会议。与会学者围绕"四个全面"战略布局的理论意义和时代价值，重点领域和关键环节等方面进行了深入研讨交流。会议认为，"四个全面"是中国共产党把马克思主义基本原理和中国实际相结合的又一次突破，是党坚持和完善中国特色社会主义道路，立足中国实际、回应时代关切、实现人民福祉的基本方略，是国家由大到强，从胜利走向新胜利的行动指南。要以"四个全面"战略布局为指引，谋小康之业、扬改革之帆、行法治之道、筑执政之基，为实现"两个一百年"奋斗目标、实现中华民族的伟大复兴努力奋斗。

2015年12月17日，第2届全国高校马克思主义学院院长高端论坛暨马克思主义理论一级学科建设10周年、高校思想政治理论课"05方案"实施10周年总结研讨会在吉林大学召开。来自北京大学、清华大学、中国人民大学等100多家高校马克思主义学院院长，以及马克思主义理论研究领域的专家共计200多人参加了会议。论坛以"马克思主义学院建设与发展、马克思主义理论学科建设、思想政治理论课建设"为主题，来自全国各高校马克思主义学院的负责人就如何进一步推进马克思主义学院建设，尤其是如何进一步推动全国高校马克思主义学院之间的合作交流和充分发挥重点马克思主义学院的示范作用等问题进行了充分的研讨和交流。论坛还发布了《高校马克思主义理论学科发展报告（2014）》《全国高校思想政治理论课教学方法改革年度发展报告（2014）》和《全国高等学校思想政治理论课教师队伍发展报告（2014）》。

2015年12月19日，以"毛泽东思想的时代意义研究——从全面小康看毛泽东防止两极分化思想"为主题的第8届全国"毛泽东论坛"在韶山召开。论坛由全国毛泽东哲学思想研究会、湘潭大学毛泽东思想研究中心、韶山毛泽东同志纪念馆、中国深圳·民族精神与中国发展研究中心、湖南省毛泽东思想研究会联合主办。来自高校和科研机构的70余位专家学者参与研讨。专家学者们紧紧围绕论坛主题，从两极分化发生的过程、原因和消退办法、道路，毛泽东关于防止两极分化的担忧和底线，农业合作化运动与毛泽东防止两极分化的关系，毛泽东关于社会主义时期党群关系和干群关系的思考，全面小康思想与毛泽东防止两极分化理论的关系等方面进行了深入交流与热烈讨论。

2015年12月26日，中共中央党校马克思主义学院成立大会在北京召开。来自中共中央宣传部、中共中央党校、教育部、中国社会科学院等部门的相关领导及高校马克思主义学院的代表等近200人出席会议，共同庆祝我国党校系统的第一所马克思主义学院成立。中共中央党校马克思主义学院，是中央党校为深入贯彻落实党中央要求，更好地整合校内马克思主义理论学科资源，更好地聚集党校系统马克思主义理论学科的建设优势，更好地发挥中央党校乃至整个党校系统在马克思主义理论教学、研究、宣传和人才培养等方面的重要作用，经党中央批准同意，在中央党校原马克思主义理论教研部基础上成立的。成立后的中央党校马克思主义学院，保留中央党校原马克思主义理论教研部职能任务，主要负责马克思主义理论、改革开放和社会主义现代化建设重大理论和现实问题的研究、决策咨询及相关学科的教学科研工作，培养本学科的博士、硕士研究生。

2015年12月29日，《高校马克思主义理论研究》《社会主义核心价值观研究》创刊座谈会在清华大学召开。来自清华大学、北京大学、中国人民大学、复旦大学等高等院校及研究机构的近百位专家学者参加研讨。与会专家认为，在我国马克思主义理论学科建设取得重要进展之际，创办这两本学术刊物将对马克思主义理论研究和高校思想政治教育工作产生重要的推动作用。这两本学术刊物由教育部主管、清华大学主办、清华大学马克思主义学院承办。

（供稿：荀寿潇）

附 录

2015年新书索引

中文著作（含译著）

1. ［美］理查德·沃尔夫、斯蒂芬·雷斯尼克著：《相互竞争的经济理论：新古典主义、凯恩斯主义和马克思主义》，孙来斌、王今朝、杨军译，社会科学文献出版社2015年版。

2. ［美］菲利普·克莱顿、贾斯廷·海因泽克著：《有机马克思主义：生态灾难与资本主义的替代选择》，孟献丽、于桂凤、张丽霞译，人民出版社2015年版。

3. ［美］格尔森·舍尔编：《马克思主义的人道主义与实践：实践派论文集》，姜海波、刘欣然、宋铁毅译，黑龙江大学出版社2015年版。

4. ［美］罗伯特·布伦纳著：《马克思社会发展理论新解》，张秀琴等译，中国人民大学出版社2015年版。

5. ［美］诺曼·莱文著：《马克思与黑格尔的对话》，周阳等译，中国人民大学出版社2015年版。

6. ［美］斯蒂芬·A. 雷斯尼克、理查德·D. 沃尔夫编著：《马克思主义理论的新起点》，王虎学译，中国人民大学出版社2015年版。

7. ［英］乔纳森·沃尔夫著：《21世纪，重读马克思》，范元伟译，清华大学出版社2015年版。

8. ［法］罗南·奥贾兰著：《马克思的誓言》，多纳斯严·玛丽绘、胡庆余译，浙江少年儿童出版社2015年版。

9. ［捷］伊凡·斯维塔克著：《人和他的世界：一种马克思主义观》，员俊雅译，黑龙江大学出版社2015年版。

10. ［波］亚当·沙夫著：《马克思主义与人类个体》，杜红艳译，黑龙江大学出版社2015年版。

11. ［南斯拉夫］加约·彼得洛维奇著：《二十世纪中叶的马克思：一位南斯拉夫哲学家重释卡尔·马克思的著作》，姜海波译，黑龙江大学出版社2015年版。

12. ［南斯拉夫］普雷德拉格·弗兰尼茨基著：《马克思主义史·第1卷》，胡文建等译，黑龙江大学出版社2015年版。

13. ［南斯拉夫］普雷德拉格·弗兰尼茨基著：《马克思主义史·第2卷》，胡文建等译，黑龙江大学出版社2015年版。

14. ［南斯拉夫］普雷德拉格·弗兰尼茨基著：《马克思主义史·第3卷》，胡文建等译，黑龙江大学出版社2015年版。

15. ［日］渡边雅男著：《马克思的阶级概念》，李晓魁译，社会科学文献出版社

2015 年版。

16. 安启念：《新编马克思主义哲学发展史》，中国人民大学出版社 2015 年版。

17. 安帅领：《马克思生产方式二重性理论研究》，社会科学文献出版社 2015 年版。

18. 白钢：《中国道路与马克思主义》，中国人民大学出版社 2015 年版。

19. 卜祥记：《青年黑格尔派与马克思》，商务印书馆 2015 年版。

20. 曹泳鑫：《马克思主义中国化：基本认识和实践》，社会科学文献出版社 2015 年版。

21. 陈先达：《马克思早期思想研究》，中国人民大学出版社 2015 年版。

22. 陈先达：《被肢解的马克思》，中国人民大学出版社 2015 年版。

23. 陈先达：《马克思与马克思主义》，中国人民大学出版社 2015 年版。

24. 陈先达：《走向历史的深处：马克思历史观研究》，中国人民大学出版社 2015 年版。

25. 陈先达：《坚持马克思主义在意识形态领域指导地位研究》，经济科学出版社 2015 年版。

26. 陈锡喜：《马克思告诉了我们什么》，江苏人民出版社 2015 年版。

27. 陈建兵：《马克思产权社会化思想及其当代价值》，中国社会科学出版社 2015 年版。

28. 陈尚伟：《马克思哲学中的“以人为本”研究：对马克思人本思想的文本解读》，学习出版社 2015 年版。

29. 陈荣富、陈昊：《意识形态领域的一场严肃斗争：驳〈卡尔·马克思的成魔之路〉》，浙江人民出版社 2015 年版。

30. 陈荣阳：《马克思主义文学批评的新中国路径：以 20 世纪 50—70 年代的〈红楼梦〉研究为例》，厦门大学出版社 2015 年版。

31. 陈学明：《中国正道》，人民出版社 2015 年版。

32. 程恩富主编：《当代中国马克思主义的新发展》，中国言实出版社 2015 年版。

33. 程建宁、丁宏远、刘常仁、袁德金编著：《活着的马克思》，中央编译出版社 2015 年版。

34. 崔凤梅、毛自鹏：《左翼文化运动与马克思主义中国化研究》，人民出版社 2015 年版。

35. 常宏：《马克思主义宗教观》，中国民主法制出版社 2015 年版。

36. 戴晖：《费尔巴哈、马克思和尼采》，人民出版社 2015 年版。

37. 党圣元主编：《马克思主义与文化研究：“马克思主义与文化研究”学术研讨会》，中国社会科学出版社 2015 年版。

38. 党彦虹：《坚持与创新：马克思主义中国化与大众化研究》，吉林大学出版社 2015 年版。

39. 邓纯东主编：《毛泽东与马克思主义中国化：首届“全国马克思主义理论博士后论坛”文集》，中国社会科学出版社 2015 年版。

40. 邓晓臻：《马克思的正义思想探究》，中国社会科学出版社 2015 年版。

41. 丁柏铨、双传学主编：《马克思主义新闻观：理论与实践》，江苏人民出版社 2015 年版。

42. 董强：《马克思主义生态观研究》，人民出版社2015年版。
43. 方松华、姜佑福、陈祥勤：《近现代中国马克思主义哲学研究》，上海古籍出版社2015年版。
44. 冯颜利：《金融危机以来国外马克思主义研究的新进展与启示》，中国社会科学出版社2015年版。
45. 范春燕：《普兰查斯国家理论研究》，中国社会科学出版社2015年版。
46. 范畅：《马克思主义理论的科学性问题》，武汉大学出版社2015年版。
47. 顾海良：《马克思经济思想史论》，经济科学出版社2015年版。
48. 顾海良主编：《百年论争：20世纪西方学者马克思经济学研究述要》，经济科学出版社2015年版。
49. 郭德钦：《延安时期知识分子与马克思主义大众化研究》，中央文献出版社2015年版。
50. 江楠、牟岱：《当代中国马克思主义生态文明理论与实践研究》，辽宁大学出版社2015年版。
51. 贾轶：《马克思主义经济学：唯物史观方法及运用研究》，中国社会科学出版社2015年版。
52. 蒋荣：《马克思主义信仰的现代困境及出路：基于高校师生的经验证据》，中央编译出版社2015年版。
53. 金元浦：《继承与反思：马克思主义文艺美学观念对中国当代文艺学建设的影响》，群言出版社2015年版。
54. 韩毓海：《伟大也要有人懂：一起来读马克思》，光明日报出版社2015年版。
55. 韩毓海：《伟大也要有人懂：少年读马克思》，中国少年儿童出版社2015年版。
56. 侯惠勤编著：《国外马克思主义意识形态研究著作评析》，中国社会科学出版社2015年版。
57. 侯惠勤主编：《马克思主义基本原理研究·第4辑》，中国社会科学出版社2015年版。
58. 洪波：《马克思个人理论的整体性与当代性研究》，浙江大学出版社2015年版。
59. 胡贤鑫、石春霞：《马克思经济伦理思想研究：马克思资本主义经济伦理批判理论》，湖北人民出版社2015年版。
60. 胡伟：《真思想：马克思哲学的超越之维》，红旗出版社2015年版。
61. 何华征：《现代化语境下的两性和谐问题：马克思主义妇女观和西方女性主义比较研究》，九州出版社2015年版。
62. 何鹏举：《当代中国马克思主义大众化路径研究》，广东人民出版社2015年版。
63. 黄建都：《“苦恼的疑问”及其解决：〈莱茵报〉——〈德法年鉴〉时期马克思文献及思想再研究》，中国人民大学出版社2015年版。
64. 李兰芬：《百年中国马克思主义伦理思想研究述要》，苏州大学出版社2015年版。
65. 李广昌：《中国化的马克思主义哲学与中国现代思想研究》，辽宁大学出版社2015年版。
66. 李彬彬：《思想的传承与决裂：以“犹太人问题”为中心的考察》，中国人民大学出版社2015年版。

67. 李江凌主编：《马克思主义的民生思想与实践》，中央编译出版社2015年版。

68. 李玲：《马克思实践范畴的人本价值研究》，中国社会科学出版社2015年版。

69. 刘会强主编：《马克思主义现代性批判理论简明读本》，长春出版社2015年版。

70. 刘子阳、薛忠义：《当代中国马克思主义大众化研究》，吉林人民出版社2015年版。

71. 刘学礼主编：《〈马克思主义基本原理概论〉难点解析》，复旦大学出版社2015年版。

72. 刘岱：《新时期马克思主义大众化传播研究》，中国商业出版社2015年版。

73. 刘志扬：《马克思主义与儒家文化：当代中国文化的传统与展望》，山东人民出版社2015年版。

74. 刘敬东：《理性、自由与实践批判》，北京师范大学出版社2015年版。

75. 刘维兰：《马克思主义大众化实现路径研究》，中国社会科学出版社2015年版。

76. 刘艳：《改革开放以来马克思主义理论教育思想发展研究》，中国书籍出版社2015年版。

77. 柳平生：《当代马克思主义经济正义理论及其实践价值》，社会科学文献出版社2015年版。

78. 吕守军：《法国调节学派理论与马克思主义经济学创新》，上海人民出版社2015年版。

79. 马拥军：《马克思主义与中国梦：从“天下大同”到“全球一体”的科学发展历程》，天津人民出版社2015年版。

80. 苗贵山：《马克思唯灵论批判思想研究》，中央编译出版社2015年版。

81. 倪志安：《马克思主义哲学中国化的方法论问题研究》，人民出版社2015年版。

82. 牛俊伟：《城市中的问题与问题中的城市：卡斯特〈城市问题：马克思主义的视角〉研究》，社会科学文献出版社2015年版。

83. 欧阳向英、刘国平、李燕：《马克思主义世界政治经济基础理论研究》，中国社会科学出版社2015年版。

84. 彭坤：《马克思恩格斯民生思想及其当代发展》，东北大学出版社2015年版。

85. 沈轩里主编：《永恒的光辉：马克思主义经典漫读》，浙江教育出版社2015年版。

86. 佘双好、陈占安主编：《马克思主义理论学科研究·第13辑》，高等教育出版社2015年版。

87. 孙世强、大西广：《马克思经济学：基于最优经济增长理论与模型视角》，中国经济出版社2015年版。

88. 孙承叔、韩欲立、钱厚诚、罗富尊：《重建历史唯物主义》，复旦大学出版社2015年版。

89. 孙熙国、孙蚌珠、张守民：《马克思主义基本原理前沿问题研究》，安徽人民出版社2015年版。

90. 孙麾、丁立群主编：《马克思主义文化哲学研究》，中国社会科学出版社2015年版。

91. 孙麾、郝立新主编:《唯物史观与中国问题》,中国社会科学出版社 2015 年版。

92. 孙麾、何怀远主编:《马克思主义哲学与中国共产党 90 年》,中国社会科学出版社 2015 年版。

93. 孙麾、丰子义主编:《经典与当代:马克思主义哲学史研究》,中国社会科学出版社 2015 年版。

94. 孙麾、林剑主编:《马克思的文化观与当代中国文化建设》,中国社会科学出版社 2015 年版。

95. 申文杰:《马克思主义意识形态政治功能及实现形式研究》,中国社会科学出版社 2015 年版。

96. 魏继昆:《延安时期马克思主义大众化研究》,中国社会科学出版社 2015 年版。

97. 王丰:《马克思主义农业现代化思想演进论》,中国农业出版社 2015 年版。

98. 王凤:《重新发现马克思:柏林墙倒塌后德国马克思主义发展趋向》,人民出版社 2015 年版。

99. 王刚:《马克思主义中国化的初始形态研究》,人民出版社 2015 年版。

100. 王向明:《雄关漫道:马克思主义中国化的历史进程及其理论成果》,中国人民大学出版社。

101. 王幸平:《马克思主义与大众意识》,知识产权出版社 2015 年版。

102. 王艳:《生态文明:马克思主义生态观研究》,南京大学出版社 2015 年版。

103. 吴家华:《马克思恩格斯思想比较研究》,中国人民大学出版社 2015 年版。

104. 王幸平:《马克思主义与大众意识》,知识产权出版社 2015 年 12 月版。

105. 吴少进:《马克思民生思想及其中国化探论》,合肥工业大学出版社 2015 年版。

106. 吴易风:《吴易风文集·第一卷,马克思经济学来源研究:英国古典经济理论》,中国人民大学出版社 2015 年版。

107. 吴易风:《吴易风文集·第二卷,马克思经济学来源研究:空想社会主义》,中国人民大学出版社 2015 年版。

108. 吴易风:《吴易风文集·第三卷,马克思经济学和中国社会主义经济理论》,中国人民大学出版社 2015 年版。

109. 吴易风、白暴力:《吴易风文集·第四卷,马克思经济学数学模型研究》,中国人民大学出版社 2015 年版。

110. 吴潜涛:《中国化马克思主义伦理思想研究》,中国人民大学出版社 2015 年版。

111. 吴珏:《马克思主义理论教育的历程与规律研究:1919—1949》,人民出版社 2015 年版。

112. 吴长青:《分析学马克思主义哲学的"语言学转向"研究》,湖北人民出版社 2015 年版。

113. 谢仁生:《民生改善与马克思主义大众化》,人民出版社 2015 年版。

114. 辛向阳:《马克思主义民主集中制思想与当代中国政治发展》,中国社会科学出版社 2015 年版。

115. 邢荣:《马克思的现代性与中国社会转型》,中央编译出版社 2015 年版。

116. 肖燕飞：《马克思社会发展规律思想及当代价值研究》，武汉大学出版社 2015 年版。

117. 薛勇民：《走向社会现实的深处：马克思主义实践理性的当代反思》，中国社会出版社 2015 年版。

118. 徐方平、陈翠芳主编：《马克思主义理论前沿问题研究》，人民出版社 2015 年版。

119. 许俊达：《马克思主义哲学范畴史述要》，上海社会科学院出版社 2015 年版。

120. 许庆朴：《马克思主义中国化新绎》，中国社会科学出版社 2015 年版。

121. 闫艳：《马克思交往理论视界中的思想政治教育创新探究》，南开大学出版社 2015 年版。

122. 闫虹珏、彭兴伟编著：《马克思主义核心概念的中国化进程及其当代价值》，清华大学出版社 2015 年版。

123. 阎国忠：《作为科学与意识形态的美学：中西马克思主义美学比较》，商务印书馆 2015 年版。

124. 严春红、孟琦、高永主编：《中国化马克思主义理论研究及其当代发展》，中国水利水电出版社 2015 年版。

125. 叶政：《中苏关系演变与马克思主义中国化的发展：兼论中苏论战的历史》，合肥工业大学出版社 2015 年版。

126. 杨志：《经济学方法论比较——基于〈资本论〉的视角》，中国人民大学出版社 2015 年版。

127. 杨国华：《劳动与人的自由全面发展：马克思的劳动概念及其当代意义》，上海人民出版社 2015 年版。

128. 杨彬：《马克思主义发展历程中的两种形态问题研究：兼论非正统马克思主义的历史意义和价值》，中央编译出版社 2015 年版。

129. 杨松：《中国作风与中国气派：毛泽东对马克思主义中国化的开拓》，辽宁大学出版社 2015 年版。

130. 杨照：《资本主义浩劫时聆听马克思》，中信出版集团股份有限公司 2015 年版。

131. 杨虎得：《马克思主义民族理论研究》，民族出版社 2015 年版。

132. 杨锦英、肖磊：《马克思分配理论新探》，西南财经大学出版社 2015 年版。

133. 岳强：《民主革命时期马克思主义中国化主体生成与演进研究》，人民出版社 2015 年版。

134. 于希勇：《马克思恩格斯伦理思想的展开维度》，中国社会科学出版社 2015 年版。

135. 袁文彬：《马克思主义和语言问题：詹明信的文学批判》，中山大学出版社 2015 年版。

136. 庄福龄：《老祖宗不能丢：学习和掌握马克思主义十讲》，中国人民大学出版社 2015 年版。

137. 庄福龄：《中国马克思主义哲学传播史论》，中国人民大学出版社 2015 年版。

138. 查正权：《何以成人：马克思关于人的范畴研究》，南京大学出版社 2015

年版。

139. 詹王镇：《马克思主义土地产权理论及其在中国的实践研究》，合肥工业大学出版社 2015 年版。

140. 张亮主编：《马克思主义哲学前沿问题导引》，北京师范大学出版社 2015 年版。

141. 张国宏：《马克思主义中国化与中国特色社会主义研究》，安徽师范大学出版社 2015 年版。

142. 张泽民、孙慧主编：《当代中国马克思主义大众化个案研究》，中州古籍出版社 2015 年版。

143. 张雷声主编：《马克思主义基本原理专题研究》，中国人民大学出版社 2015 年版。

144. 张雷声主编：《马克思主义政治经济学原理》，中国人民大学出版社 2015 年版。

145. 赵义良主编：《中国马克思主义与当代》，北京师范大学出版社 2015 年版。

146. 赵健君：《马克思主义民族理论中国化问题研究》，中国社会科学出版社 2015 年版。

147. 赵庆元：《政治经济学与马克思原生态思想研究》，学习出版社 2015 年版。

148. 赵欣：《崇高的理想：马克思共产主义思想研究》，南京大学出版社 2015 年版。

149. 周丹：《马克思主义现代性思想研究》，中国社会科学出版社 2015 年版。

150. 周和军：《西方新马克思主义空间理论与当代都市文化研究》，四川大学出版社 2015 年版。

151. 周尚君：《自由的德性：马克思早期法哲学思想研究》，知识产权出版社 2015 年版。

152. 周霞、曾长秋编著：《毛泽东与马克思主义大众化》，湖南人民出版社 2015 年版。

153. 曾文婷、郭剑仁、徐艳梅、钱振华：《“生态学马克思主义”与马克思主义比较研究》，社会科学文献出版社 2015 年版。

154. 曾枝盛：《后马克思主义：解构还是僭越?》，北京师范大学出版社 2015 年版。

155. 郑保卫：《马克思主义新闻理论与实践研究》，中国人民大学出版社 2015 年版。

156. 郑冬芳：《大学生马克思主义理想信仰研究》，中国社会科学出版社 2015 年版。

157. 钟明华主编：《马克思主义政治理论研究》，中国人民大学出版社 2015 年版。

（整理：陈硕颖）

英文著作

1. 卡尔·马克思的社会思想 *The social thought of Karl Marx*/Justin P. Holt. [mono-

graph］. Thousand Oaks：SAGE Publications，2015.

2. 马克思与恩格斯的“共产党宣言”：一个导读 *Marx and Engels' ‘Communist manifesto'：A reader's guide*/Peter Lamb. London；New York，NY：Bloomsbury Academic，2015.

3. 重思数字时代的价值与劳动 *Reconsidering value and labour in the digital age/*［edited by］Eran Fisher，Christian Fuchs. Houndmills，Basingstoke，Hampshire；New York，NY：Palgrave Macmillan，2015.

4. 马克思与电影激进主义：用镜头记录另一个世界 *Marx and film activism：screening alternative worlds/*edited by Ewa Mazierska and Lars Kristensen. New York：Berghahn Books，2015.

5. 塑造马克思的“资本”：一个学术自传 *The formation of Marx's “capital”：An essay in intellectual biography/*Marcello Musto. Routledge，2015.

6. 马克思、身体与人性 *Marx，the body，and human nature/*John G. Fox. New York：Palgrave Macmillan，2015.

7. 政治哲学的重要文献：一个导读 *The key texts of political philosophy：An introduction/*Thomas L. Pangle，University of Texas at Austin，Timothy W. Burns.［monograph］. New York，NY：Cambridge University Press，2015.

8. 全球化与政治经济批判：源于马克思著作的新视角 *Globalization and the critique of political economy：New insights from Marx's writings/*Lucia Pradella.［monograph］. Abingdon，Oxon；New York，NY.：Routledge，2015.

9. 经典的社会理论与现代社会：马克思、涂尔干与韦伯 *Classical social theory and modern society：Marx，Durkheim，Weber/*Edward Royce.［monograph］. Lanham：Rowman & Littlefield，2015.

10. 教育领域的批判现实马克思主义 *Critical realist Marxism of education/*Grant Banfield.［S. l.］：Routledge，2015.

11. 马克思主义与女权主义 *Marxism and feminism/*edited by Shahrzad Mojab.［monograph］. London，UK：Zed Books Ltd.，2015.

12. 马克思主义与 20 世纪加拿大小说：一个研究社会现实主义的新视角 *Marxism and 20th – century English-Canadian novels：A new approach to social realism/*John Z. Ming Chen，Yuhua Ji.［monograph］. Heidelberg：Springer，2015.

13. 厄内斯特·拉克劳：后马克思主义、民粹主义与批评 *Ernesto Laclau：Post-marxism，populism and critique/*edited by David Howarth.［monograph］. London；New York：Routledge，2015.

14. 生态社会主义政治：福利转型 *The politics of ecosocialism：Transforming welfare/*edited by Kajsa Borgnäs，Teppo Eskelinen，Johanna Perkiö and Rikard Warlenius.［monograph］. LinkAbingdon，Oxon；New York，NY：Routledge，2015.

15. 费边社会主义 *Fabian socialism/*G. D. H. Cole.［S. l.］：Routledge，2015.

16. 重返社会主义的未来 *Back to The future of Socialism/*Peter Hain. Bristol，UK；Chicago，IL：Policy Press，2015.

17. G. A. 柯亨的政治哲学：回归社会主义的基本原则 *The political philosophy of*

G. A. Cohen：*Back to socialist basics*/Nicholas Vrousalis.

18. 创造新世界：通向21世纪社会主义的新道路*A World to Build*：*New Paths toward Twenty-first Century Socialism*/by Marta Harnecker；translated by Fred Fuentes. New York：Monthly Review Press，2015

19. 政治思想与中国转型：塑造毛时代之后改革的思想 *Political thought and China's transformation*：*Ideas shaping reform in post-Mao China*/He Li. Basingstoke，Hampshire：Palgrave Macmillan，2015.

20. 古巴革命史 *A history of the Cuban Revolution*/Aviva Chomsky. Chichester，West Sussex，UK ；Malden，MA：Wiley Blackwell，2015.

21. 从民粹自由主义到国家社会主义：从1860到1920年代西南德国的宗教、文化与政治 *From popular liberalism to National Socialism*：*Religion*，*culture and politics in southwestern Germany*，*1860s – 1920s*/by Oded Heilbronner. Farnham，Surrey，England Ashgate，2015.

22. 墨西哥的批判马克思主义：阿道夫·桑切斯与玻利瓦尔·埃切维里亚 *Critical Marxism in Mexico*：*Adolfo Sánchez Vázquez and Bolivar Echeverria*/by Stefan Gandler. [monograph]. Leiden；Boston：Brill，2015.

23. 种族、意识形态与加勒比马克思主义的衰落 *Race*，*ideology*，*and the decline of Caribbean Marxism*/Anthony P. Maingot. Gainesville：University Press of Florida，2015.

24. 马克思主义在非洲的衰落 *Marxism's retreat from Africa*/Arnold Hughes. [S. l.]：Routledge，2015.

25. 后殖民时期的坦桑尼亚非洲社会主义：游走于世界与村落之间 *African socialism in postcolonial Tanzania*：*Between the village and the world*/Priya Lal，Boston College. New York，NY：Cambridge University Press，2015.

26. 种族、阶级与去殖民化的政治：牙买加杂志，1961和1968 *Race*，*class*，*and the politics of decolonization*：*Jamaica journals*，*1961 and 1968*/Colin Clarke. New York City：Palgrave Macmillan，2015.

27. 西方如何统治世界：资本主义起源的地缘政治 *How the West Came to Rule*：*The Geopolitical Origins of Capitalism*/Alexander Anievas and Kerem Nisancioglu. Pluto Press，2015.

28. 资本主义之后的经济学：通向毁灭与通向未来 *Economics after capitalism*：*a guide to the ruins and a road to the future*/Derek Wall；forewords by David Bollier and Nandor Tanczos. [monograph]. London：Pluto Press，2015.

29. 繁荣的阴暗面：晚期资本主义的负债文化 *The dark side of prosperity*：*Late capitalism's culture of indebtedness*/Mark Horsley，University of the West of England，UK. [monograph]. Farnham，Surrey ；Burlington，VT：Ashgate，2015.

30. 全球的宗教分层与经济不平等：剥削与驱逐的终结？*Ethnic stratification and economic inequality around the world*：*the end of exploitation and exclusion*？/Max Haller in collaboration with Anja Eder. [monograph]. Burlington，VT：Ashgate Pub.，c2015.

31. 后殖民资本主义：正义、全球劳工与种族暴力 *Postcolonial capitalism*：*Justice*，*global labour and racial violence*/Denise Ferreira Da Silva. [S. l.]：Routledge，2015.

32. 为可持续的世界变革法律与经济：动荡时代的批判思考 *Reforming law and economy for a sustainable earth：Critical thought for turbulent times*/Paul Anderson. [monograph]. New York，NY：Routledge，2015.

33. 棉花国王们：20 世纪之交纽约与新奥尔良的资本主义和腐败 *The cotton kings：Capitalism and corruption in turn-of-the-century New York and New Orleans*/Bruce E. Baker and Barbara Hahn. New York：Oxford University Press，2015.

34. 网络中的激进主义：反抗数字资本主义的日常斗争 *Activism on the web：Everyday struggles against digital capitalism*/by Veronica Barassi. New York：Routledge，2015.

35. 陷入危机的欧洲：问题、挑战与多元观点 *Europe in crisis：Problems，challenges，and alternative perspectives*/edited by Aristidis Bitzenis，Nikolaos Karagiannis，John Marangos. New York，NY：Palgrave Macmillan，2015.

36. 文化产业、信息与资本主义 *The culture industry，information and capitalism*/César Bolaño，Universidade Federal de Sergipe，Brazil，translated by John Penney. New York：Palgrave Macmillan，2015.

37. 金融危机史：金融中的批判概念 *The history of financial crises：Critical concepts in finance*/edited by D' Maris Coffman and Larry Neal. [monograph] . London；New York：Routledge，Taylor & Francis Group，2015.

38. 拥有思想世界：知识产权与全球网络资本主义 *Owning the world of ideas：Intellectual property and global network capitalism*/Matthew David，Debora Halbert. Los Angeles：Sage Publications，[2015] .

39. 我们无法逃避历史：国家与革命 *We cannot escape history：States and revolutions*/Neil Davidson. Chicago，Illinois：Haymarket Books，[2015] .

40. 改变欧洲与美国的资本主义模式 *Changing models of capitalism in Europe and the US*/edited by Richard Deeg and Gregory Jackson. [monograph] . London：Routledge，c2015.

41. 紧缩时代的社会运动：将资本主义重新纳入抗议分析 *Social movements in times of austerity：Bringing capitalism back into protest analysis*/Donatella della Porta. Cambaridge，UK ；Malden，MA：Polity，[2015] .

42. 碳资本主义：权力、社会再生产与世界秩序 *Carbon capitalism：power，social reproduction and world order*/Tim Di Muzio. London ；New York：Rowman & Littlefield International，[2015] .

43. 重构资本主义：从工业革命转向可持续发展 *Reengineering capitalism：From industrial revolution towards sustainable development*/Jan Emblemsvag. [S. I.]：Springer，International Publishing，2015.

44. 批判理论与当代资本主义危机 *Critical theory and the crisis of Contemporary Capitalism*/Heiko Feldner and Fabio Vighi. [monograph] . New York，NY：Bloomsbury Academic，2015.

45. 超越全球资本主义 *Beyond global capitalism*/Satoshi Fujii，editor. [monograph]. Tokyo：Springer，c2015.

46. 金融主导的资本主义：影子银行、再管制与全球市场的未来 *Finance-led capital-*

ism：*Shadow banking*，*re-regulation*，*and the future of global markets*/Robert Guttmann. New York，NY：Palgrave Macmillan，［2015］.

47. 再生产的博弈：解密日本资本主义 *The reproductive bargain*：*Deciphering the enigma of Japanese capitalism*/by Heidi Gottfried. Leiden；Boston：Brill，［2015］.

（整理：陈硕颖）

2015 年论文索引

1. 安世遨：《对话：马克思交往理论的时代化路径》，《贵州大学学报》（社会科学版）2015 年第 6 期。

2. 艾伦·伍德、赵亚琼：《马克思论平等》，《国外理论动态》2015 年第 3 期。

3. 敖叶湘琼、谭元亨：《抗战时期延安文艺工作与马克思主义大众化的关系演变》，《广西社会科学》2015 年第 11 期。

4. B. 柯布、陈伟功：《论有机马克思主义》，《马克思主义与现实》2015 年第 1 期。

5. 白冰：《五四时期毛泽东对多种社会思潮的比较与对马克思主义的最终选择》，《党的文献》2015 年第 6 期。

6. 包桂芹：《历史唯物主义解释原则与马克思主义意识形态话语权的主导作用》，《思想理论教育导刊》2015 年第 6 期。

7. 鲍金红、郭广迪：《西方经济学者视角中科斯经济思想与马克思的关系》，《马克思主义研究》2015 年第 7 期。

8. 包明德：《对马克思主义文艺理论的继承与创新——学习习近平“10·15”讲话的体会》，《南京社会科学》2015 年第 1 期。

9. 程恩富：《为马克思主义政治经济学创新发展贡献中国智慧》，《光明日报》2015 年 12 月 2 日。

10. 程恩富：《“四个全面”：治国理政的重要遵循》，《人民日报》2015 年 5 月 28 日。

11. 蔡青竹：《马克思公共性思想的四大理论来源》，《社会主义研究》2015 年第 1 期。

12. 崔朝栋、崔翀：《马克思分配理论与当代中国收入分配制度改革》，《经济经纬》2015 年第 2 期。

13. 崔文奎、李慧成：《暴力的政治之维——马克思与阿伦特暴力观比较》，《山西大学学报》（哲学社会科学版）2015 年第 2 期。

14. 崔泽田、李庆杨：《马克思科技创新驱动生产力发展思想及其当代价值》，《理论月刊》2015 年第 5 期。

15. 陈力丹：《马克思和恩格斯的政治传播思想》，《北京理工大学学报》（社会科学版）2015 年第 3 期。

16. 陈明凡：《毛泽东的民族复兴思想与实践——纪念毛泽东同志诞辰 122 周年》，《前线》2015 年第 12 期。

17. 陈树文、侯菲菲：《以马克思恩格斯社会发展动力观透视全面深化改革》，《中国社会科学院研究生院学报》2015 年第 5 期。

18. 陈学明：《论中国道路对马克思主义阶级斗争理论的继承和发展》，《马克思主义研究》2015 年第 5 期。

19. 陈颖、韦震、王明初：《毛泽东生态文明思想及其当代意义》，《马克思主义研究》2015 年第 6 期。

20. 陈志刚、黄建安：《现代性批判：权力和资本的不同视角——福柯与马克思现代性批判思想的比较》，《浙江社会科学》2015 年第 1 期。

21. 臧峰宇：《马克思正义论研究的两种进路及其中国语境》，《中国人民大学学报》2015 年第 3 期。

22. 常宴会：《马克思正义观研究的回顾与前瞻》，《理论月刊》2015 年第 8 期。

23. 邓纯东：《自信源于马克思主义正确指导》，《人民日报》2015 年 12 月 27 日。

24. 邓纯东、辛向阳：《马克思主义国家学说的基本内涵及现实价值》，《理论参考》2015 年第 8 期。

25. 大卫·英格拉姆、李旸、林进平：《权利与特权——马克思和〈论犹太人问题〉》，《国外理论动态》2015 年第 11 期。

26. 段忠桥：《历史唯物主义与马克思的正义观念》，《哲学研究》2015 年第 7 期。

27. 范畅：《科学的，还是批判的？——关于马克思主义理论科学性问题的再探讨》，《学术界》2015 年第 4 期。

28. 冯大彪、李晓光：《马克思人性观的内在逻辑与当代价值》，《思想教育研究》2015 年第 9 期。

29. 房广顺、郑宗保：《马克思主义与中国传统文化相契合的当代选择》，《社会主义研究》2015 年第 2 期。

30. 方世南：《马克思唯物史观中的生态文明思想探微》，《苏州大学学报》（哲学社会科学版）2015 年第 6 期。

31. 高长武：《理解马克思主义与中国传统文化关系的三个维度——学习习近平关于中国传统文化的重要论述》，《党的文献》2015 年第 1 期。

32. 高广旭：《〈资本论〉的正义观与马克思的现代政治批判》，《哲学动态》2015 年第 12 期。

33. 郭广迪：《马克思与凯恩斯学术研究规范的比较》，《经济纵横》2015 年第 3 期。

34. 郭广迪：《西方经济学者视角中马克思的创新及其启示》，《经济学家》2015 年第 4 期。

35. 郭建宁：《关于当代中国马克思主义哲学的几个问题》，《北京大学学报》（哲学社会科学版）2015 年第 4 期。

36. 郭正红：《马克思主义自我批判精神及其当代价值》，《马克思主义研究》2015 年第 5 期。

37. 宫敬才：《论马克思的政治经济学研究与世界观形成的关系》，《马克思主义研究》2015 年第 1 期。

38. 葛宇宁：《马克思正义理论的伦理特质》，《理论探索》2015 年第 3 期。

39. 韩步江、尚庆飞：《历史唯物主义视角下的马克思实践概念探析》，《中国社会科学院研究生院学报》2015 年第 5 期。

40. 韩立新：《论青年马克思的黑格尔转向》，《清华大学学报》（哲学社会科学版）2015 年第 4 期。

41. 黄文义、杨继国：《马克思经济学的劳动力供求曲线模型探析》，《经济学家》2015 年第 12 期。

42. 黄力之：《实践、文本与马克思主义——从邓小平回溯毛泽东》，《毛泽东邓小平理论研究》2015 年第 5 期。

43. 胡梅叶：《论马克思学说的绿色生态思想》，《江淮论坛》2015 年第 6 期。

44. 何悦：《马克思生态经济理论中国化困境与展望》，《中国人口·资源与环境》2015 年第 12 期。

45. 何萍：《阿多尔诺与马克思的批判的历史哲学传统》，《哲学研究》2015 年第 5 期。

46. 何萍、骆中锋：《国外生态学马克思主义的新发展》，《吉林大学社会科学学报》2015 年第 6 期。

47. 韩淑梅、刘同舫：《马克思对资本逻辑的批判及其边界意识》，《天津社会科学》2015 年第 5 期。

48. 贺翠香：《马克思〈1844 年经济学哲学手稿〉中的劳动概念探微——从 MEGA2 的视角看》，《黑龙江社会科学》2015 年第 2 期。

49. 黄文义、杨继国：《马克思经济学的劳动力供求曲线模型探析》，《经济学家》2015 年第 12 期。

50. 黄志斌、沈琳、袁蛟姣：《毛泽东的绿色发展思想及其时代意义》，《毛泽东邓小平理论研究》2015 年第 8 期。

51. 葛玉海、曹志平：《生产力与座架：马克思与海德格尔在技术决定论上的异同》，《自然辩证法研究》2015 年第 4 期。

52. 胡大牛：《毛泽东与人民代表大会制度——兼谈毛泽东的法治思想》，《党的文献》2015 年第 1 期。

53. 胡为雄：《毛泽东对英、美可以和平进到社会主义的思考简析》，《马克思主义研究》2015 年第 5 期。

54. 华章琳：《论习近平“生态环境生产力”——当代中国马克思主义生产力观》，《学术论坛》2015 年第 9 期。

55. 贾建芳：《论整体性的马克思主义》，《马克思主义研究》2015 年第 3 期。

56. 金民卿：《马克思主义中国化的发生逻辑》，《南京大学学报》（哲学·人文科学·社会科学版）2015 年第 6 期。

57. 金民卿：《马克思主义与中国文化关系演变的反思与展望》，《中国特色社会主义研究》2015 年第 6 期。

58. 蒋海松、付子堂：《马克思东方观对当代中国社会转型与法治建设之启迪》，《马克思主义与现实》2015 年第 2 期。

59. 蒋敏、张圣兵：《马克思主义阶级观与“中产阶级化”》，《马克思主义研究》2015 年第 10 期。

60. 蒋继华：《社会权力视域下的意识形态生产——论伊格尔顿意识形态批评的演进》，《学术交流》2015 年第 12 期。

61. 靳诺：《加强马克思主义理论学科建设，提升马克思主义理论学科引领作用》，《思想理论教育导刊》2015 年第 4 期。

62. 季水河：《论马克思艺术生产论的现实价值与当代艺术生产》，《中国人民大学学报》2015 年第 2 期。

63. 鲁克俭：《超越传统主客二分——对马克思实践概念的一种解读》，《中国社会科学》2015 年第 3 期。

64. 刘同舫：《启蒙理性及现代性：马克思的批判性重构》，《中国社会科学》2015 年第 2 期。

65. 刘森林：《切入现实：马克思对德国早期浪漫派的批判与超越》，《中国社会科学》2015 年第 8 期。

66. 刘森林：《马克思现实观的四个维度》，《马克思主义与现实》2015 年第 5 期。

67. 刘文旋：《论作为哲学的西方马克思主义》，《哲学研究》2015 年第 7 期。

68. 刘明明：《为什么马克思是对的：论卡利尼科斯的三个辩护》，《马克思主义研究》2015 年第 5 期。

69. 刘顺、胡涵锦：《从马克思到吉登斯：现代性批判的生态维度——兼论对中国生态文明建设的启示》，《东北大学学报》（社会科学版）2015 年第 2 期。

70. 刘秀萍：《财产关系为什么会成为理解现代社会的“斯芬克斯之谜”？——重温〈神圣家族〉对〈蒲鲁东〉的分析和评判》，《天津社会科学》2015 年第 6 期。

71. 刘宁宁、陈雪峰：《马克思生态思想研究述评》，《重庆社会科学》2015 年第 10 期。

72. 刘银钱：《毛泽东思想对实现中国梦的现实价值》，《人民论坛》2015 年第 36 期。

73. 刘毅强：《习近平为什么高度重视马克思主义哲学的学习和运用》，《党的文献》2015 年第 3 期。

74. 林进平：《马克思如何看待宗教批判——基于对〈论犹太人问题〉的解读》，《马克思主义与现实》2015 年第 5 期。

75. 李滨：《马克思主义的国际政治经济学研究逻辑》，《世界经济与政治》2015 年第 7 期。

76. 李超群：《经典解释与人权正当性的中国证成——以对马克思〈论犹太人问题〉的解读为例》，《云南社会科学》2015 年第 1 期。

77. 李亚彬：《马克思主义中国化中的话语和话语权问题——以两次飞跃为例》，《哲学研究》2015 年第 6 期。

78. 李陈、李家祥：《马克思经济发展方式思想的时代价值》，《学术月刊》2015 年第 4 期。

79. 李佃来：《理解马克思实践概念的政治哲学向度》，《哲学研究》2015 年第 10 期。

80. 李佃来：《历史唯物主义与马克思正义观的三个转向》，《南京大学学报》（哲学·人文科学·社会科学）2015 年第 5 期。

81. 李娟娟、赵景峰、湛爽：《马克思经济周期理论与中国经济新常态》，《经济学家》2015 年第 9 期。

82. 李慧娟、白宇：《启蒙的三重困境与马克思的超越》，《吉林大学社会科学学报》2015 年第 6 期。

83. 李连波、谢富胜：《马克思有人力资本理论吗？——与顾婷婷、杨德才商榷》，《当代经济研究》2015 年第 2 期。

84. 李龙、凌彦君：《马克思主义法学的发源地——〈黑格尔法哲学批判〉解读》，《理论月刊》2015 年第 3 期。

85. 李康平、李杨：《论当代中国马克思主义德育思想的整体性》，《江淮论坛》2015 年第 6 期。

86. 李彦如：《马克思主义哲学与黑格尔、费尔巴哈哲学的本质联系》，《郑州大学学报》（哲学社会科学版）2015 年第 5 期。

87. 李雅兴：《爱国：毛泽东社会主义核心价值观的基础》，《湖南社会科学》2015 年第 4 期。

88. 李洋：《马克思资本主义批判的时间向度》，《社会主义研究》2015 年第 4 期。

89. 李昭亮、龚安仁：《开掘西方马克思主义的伦理之维——〈伦理批判与道德乌托邦——西方马克思主义伦理思想研究〉评介》，《伦理学研究》2015 年第 6 期。

90. 李慧娟、白宇：《启蒙的三重困境与马克思的超越》，《吉林大学社会科学学报》2015 年第 6 期。

91. 李晓敏：《马克思主义哲学与当代中国学术研讨会综述》，《学术交流》2015 年第 12 期。

92. 李晓梅、程显波：《马克思主体性思想的生态维度》，《学术交流》2015 年第 12 期。

93. 李欢、周建超：《论习近平的文化建设思想——基于马克思社会有机体理论的视阈》，《广西社会科学》2015 年第 7 期。

94. 李洪峰：《习近平治国理政思想是马克思主义中国化的新境界》，《求是》2015 年第 21 期。

95. 郎廷建：《马克思恩格斯的生态文明思想》，《上海财经大学学报》2015 年第 5 期。

96. 梁宇：《马克思的国家治理思想探析》，《哲学研究》2015 年第 5 期。

97. 吕世荣：《马克思经济全球化思想的哲学阐释逻辑》，《中国社会科学》2015 年第 4 期。

98. 孟捷、冯金华：《部门内企业的代谢竞争与价值规律的实现形式——一个演化马克思主义的解释》，《经济研究》2015 年第 1 期。

99. 毛娟：《“创造性的破坏”：理解戴维·哈维空间理论的关键词》，《学习与探索》2015 年第 11 期。

100. 莫雷：《鲍德里亚与齐泽克：后马克思主义政治经济学批判的新维度》，《学习与探索》2015 年第 11 期。

101. 莫凡、李惠斌：《提升当代中国国际话语权的若干思考——基于马克思破解西方话语的历史考察》，《郑州大学学报》（哲学社会科学版）2015 年第 5 期。

102. 孟宪平：《论马克思恩格斯文化动力观的话语叙事及其谱系》，《社会科学研究》2015 年第 3 期。

103. 马艳、严金强：《论 SSA 理论对马克思主义研究方法的继承、发展与创新》，《上海财经大学学报》2015 年第 1 期。

104. 闵雪：《毛泽东与习近平从严治党对比研究》，《探索》2015 年第 5 期。

105. 尼克·奈特、张明：《重新思考毛泽东》，《中共党史研究》2015 年第 4 期。

106. 尼克·奈特、王晓峰：《毛泽东与历史：谁评价？如何评价？》，《毛泽东研究》2015 年第 1 期。

107. 倪志安：《论“马克思主义哲学中国化”的理论逻辑根据——关于“马克思主义哲学何以能够进行中国化”问题的思考》，《山东社会科学》2015 年第 1 期。

108. 潘中伟：《论历史唯物主义理论性质歧见产生的三种境域》，《郑州大学学报》（哲学社会科学版）2015 年第 5 期。

109. 潘灵威：《“中国梦”思想——从毛泽东到习近平》，《理论观察》2015 年第 12 期。

110. 彭臻：《评析毛泽东研究中的历史虚无主义——第七届全国“毛泽东论坛”综述》，《思想理论教育导刊》2015 年第 4 期。

111. 邱海平、李民圣：《马克思的资本流通理论与政府经济职能》，《经济学家》2015 年第 1 期。

112. 熊久勋、李晓阳：《从马克思主义基本特征看“马克思主义为什么是对的”》，《党政论坛》2015 年第 12 期。

113. 秦正为、秦文晋：《恩格斯论马克思主义生命力》，《西南交通大学学报》（社会科学版）2015 年第 6 期。

114. 孙正聿：《毛泽东的“实践智慧”的辩证法——重读〈实践论〉〈矛盾论〉》，《哲学研究》2015 年第 3 期。

115. 孙应帅：《马克思恩格斯阶级阶层理论与当代中国工人阶级新变化》，《马克思主义研究》2015 年第 7 期。

116. 孙亮：《〈资本论〉与“景象社会”——基于“表现”到“景象”逻辑生成的批判性考察》，《天津社会科学》2015 年第 6 期。

117. 孙海洋：《国外马克思主义者论马克思与黑格尔的关系：一种谱系学分析》，《国外理论动态》2015 年第 9 期。

118. 邵发军：《马克思早期政治共同体思想中的国家治理理论及其当代价值研究》，《社会主义研究》2015 年第 3 期。

119. 史小宁：《马克思主义语境中“意识形态”概念考辨》，《广西社会科学》2015 年第 11 期。

120. 师吉金：《对马克思主义中国化史的学科性质、研究对象和分期的思考》，《探索》2015 年第 3 期。

121. 沈聪：《唱响马克思主义的理论话语——第六届世界社会主义论坛综述》，《前线》2015 年第 12 期。

122. 沈慧：《马克思法哲学本体论思想的人本研究》，《广西社会科学》2015 年第 11 期。

123. 沈文玮：《马克思劳动过程理论发展新动向及其启示——兼论创新劳动关系协调机制的思考》，《中国特色社会主义研究》2015 年第 1 期。

124. 石仲泉：《中国抗日战争胜利的伟大设计师——对于毛泽东在抗日战争历史作用的定位》，《毛泽东邓小平理论研究》2015 年第 8 期。

125. 唐正东：《马克思意识形态理论的双重维度：政治的及历史观的》，《哲学研究》2015 年第 8 期。

126. 覃正爱：《论马克思主义哲学的精神实质》，《马克思主义研究》2015 年第 8 期。

127. 唐爱军：《马克思关于意识形态的分析框架及其拓展》，《中共中央党校学报》2015 年第 2 期。

128. 田克勤：《马克思主义中国化与中国文化从传统向现代的转化》，《马克思主义研究》2015 年第 9 期。

129. 田心铭：《在新形势下坚持和运用好毛泽东思想活的灵魂——学习习近平系列重要讲话中的实事求是、群众路线、独立自主思想》，《毛泽东邓小平理论研究》2015 年第 4 期。

130. 唐丕跃：《习近平对马克思主义文艺理论的新贡献》，《毛泽东研究》2015 年第 4 期。

131. 王伟光：《深入学习习近平总书记系列重要讲话，不懈探索马克思主义哲学中国化、时代化、大众化——在〈新大众哲学〉出版云南（昆明）发布会上的讲话》，《哲学研究》2015 年第 9 期。

132. 王伟光：《马克思主义中国化的当代理论成果——学习习近平总书记系列重要讲话精神》，《中国社会科学》2015 年第 10 期。

133. 王向清、谢红：《毛泽东的批评与自我批评理论及其现实价值》，《北京大学学报》（哲学社会科学版）2015 年第 2 期。

134. 王峰明：《资本、资本家与资本主义——从马克思看皮凯蒂的〈21 世纪资本论〉》，《天津社会科学》2015 年第 3 期。

135. 王凤翔：《略论马克思、恩格斯的广告批评思想》，《新闻与传播研究》2015 年第 6 期。

136. 王鲁玉：《习近平的语言风格及其对马克思主义中国化的启示》，《宁夏大学学报》（人文社会科学版）2015 年第 4 期。

137. 王跃、孙长斌：《“马克思主义在中国传播”研究的五个理论问题》，《江苏社会科学》2015 年第 1 期。

138. 王建民：《马克思主义与中华传统文化的关系论纲》，《当代世界社会主义问题》2015 年第 3 期。

139. 王南湜：《解释“时空压缩”现象需要“空间转向”吗？——一种基于扩展马克思剩余价值论的透视》，《学习与探索》2015 年第 1 期。

140. 王焕成、夏东民：《马克思意识形态话语权理论研究》，《广西社会科学》2015 年第 4 期。

141. 王天恩、李梅敬：《从理论层次入手　理解马克思的道德哲学——反观马克思道德理论争论》，《理论视野》2015 年第 4 期。

142. 王遂昆：《论马克思的会计思想及其当代价值》，《理论月刊》2015 年第 2 期。

143. 王大春、高军：《马克思实践主体思想及其当代价值》，《学习与探索》2015

年第 4 期。

144. 王广：《马克思身份的危机：学者形象对革命家身份的遮蔽》，《马克思主义研究》2015 年第 11 期。

145. 王芹、颜岩：《第二国际理论家对唯物史观的基本理解》，《学术交流》2015 年第 12 期。

146. 汪信砚：《有机马克思主义与马克思的马克思主义》，《哲学研究》2015 年第 11 期。

147. 汪信砚、程通：《马克思论伊壁鸠鲁哲学中偏斜与自由的关系》，《北京大学学报》（哲学社会科学版）2015 年第 1 期。

148. 汪青松：《论中国共产党人对马克思主义整体性的全面把握》，《马克思主义研究》2015 年第 7 期。

149. 汪正龙：《福柯与马克思：一个思想史的考察》，《安徽师范大学学报》（人文社会科学版）2015 年第 3 期。

150. 吴易风、朱勇：《经济增长理论：马克思经济学与西方经济学的比较》，《当代经济研究》2015 年第 4 期。

151. 吴春梅、张贻龙：《中国马克思主义启蒙与社会主义核心价值观》，《马克思主义研究》2015 年第 1 期。

152. 吴宣恭：《对马克思“重建个人所有制”的再理解》，《马克思主义研究》2015 年第 2 期。

153. 吴建国、萧玲：《马克思对伊壁鸠鲁自然哲学的撷取》，《自然辩证法研究》2015 年第 1 期。

154. 吴宁、石裕东：《论恩格斯和马克思在自然观上的一致与互补》，《理论学刊》2015 年第 2 期。

155. 吴辉：《论唯物史观研究范式中的社会思想史视角——兼论马克思与迪尔凯姆、韦伯的理论范式的关联和区分》，《学术交流》2015 年第 12 期。

156. 韦建桦：《马克思和恩格斯怎样看待中国——答青年朋友问》，《马克思主义与现实》2015 年第 1 期。

157. 魏强：《论毛泽东对思想疏导的探索》，《思想理论教育导刊》2015 年第 2 期。

158. 徐丹：《马克思分工理论的演变逻辑及其学术意义》，《江苏社会科学》2015 年第 5 期。

159. 许斗斗：《论马克思的生产、技术与生态思想》，《马克思主义研究》2015 年第 5 期。

160. 徐奉臻：《马克思现代化思想显性化的应然性与实然性》，《吉林大学社会科学学报》2015 年第 2 期。

161. 徐国松、乌斯曼·尼牙孜：《时间和空间：马克思经济学分析的两个核心维度》，《当代世界社会主义问题》2015 年第 3 期。

162. 徐海红：《马克思的劳动概念：反自然还是亲自然——鲍德里亚〈生产之镜〉的批判性解读》，《当代世界与社会主义》2015 年第 1 期。

163. 徐淑贞：《从〈德意志意识形态〉看马克思恩格斯的意识形态理论》，《教学与研究》2015 年第 12 期。

164. 熊小果、李建强：《马克思历史唯物主义的空间在场》，《广西社会科学》2015 年第 11 期。

165. 于春玲、陈凡：《马克思技术批判视野中现代性追问的逻辑进程》，《中国社会科学》2015 年第 10 期。

166. 尹树广：《国外马克思主义语言哲学发展概况》，《国外理论动态》2015 年第 9 期。

167. 易金华：《以红色资源推动马克思主义大众化》，《湖南社会科学》2015 年第 6 期。

168. 叶险明：《马克思的世界历史理论与他的民族观——马克思思想研究中一个被忽略的重要问题》，《天津社会科学》2015 年第 5 期。

169. 尹树广：《马克思与现代政治》，《哲学研究》2015 年第 2 期。

170. 杨静哲、李其瑞：《在马克思主义与自然法理论之间——马克思主义自然法理论的当代研究》，《哲学动态》2015 年第 2 期。

171. 杨峻岭、何一婷：《马克思恩格斯生态哲学思想及其对高校生态文明教育的启示》，《思想理论教育导刊》2015 年第 3 期。

172. 杨晓慧：《探寻中国马克思主义理论教育的文化语境》，《马克思主义研究》2015 年第 6 期。

173. 杨志华：《何为有机马克思主义？——基于中国视角的观察》，《马克思主义与现实》2015 年第 1 期。

174. 杨俊：《论毛泽东时代的政治建设：开创、奠基和探索》，《马克思主义研究》2015 年第 6 期。

175. 杨军红：《马克思主义文艺理论的创新与发展——学习〈习近平在文艺座谈会上的讲话〉》，《理论导刊》2015 年第 5 期。

176. 杨玉凤：《从毛泽东到习近平：中国道路自信的力量源泉和现实支点》，《东南学术》2015 年第 6 期。

177. 严书翰：《习近平治国理政思想是当代中国马克思主义的新发展》，《红旗文稿》2015 年第 20 期。

178. 张雷声、韩昌跃：《近年来关于马克思经济学手稿的研究述要》，《山东社会科学》2015 年第 7 期。

179. 张明：《尼克·奈特“重思毛泽东”的理论规划及其思想效应》，《国外理论动态》2015 年第 11 期。

180. 张文喜：《论马克思与以国家理性为依据的治理问题》，《哲学动态》2015 年第 1 期。

181. 张奎良：《人的本质：马克思对哲学最高问题的回应》，《北京大学学报》（哲学社会科学版）2015 年第 5 期。

182. 张奎良：《马克思对人类社会原生形态的执着探索》，《马克思主义与现实》2015 年第 3 期。

183. 张陶、刘俊杰：《基于人民主权的马克思恩格斯民主思想及其现实意义》，《理论与改革》2015 年第 1 期。

184. 张曦：《马克思、意识形态与现代道德世界》，《马克思主义与现实》2015 年第4期。

185. 张秀琴：《直面“什么是真正的马克思主义”问题——西方马克思主义“形成期”主题辨析》，《学习与探索》2015年第11期。

186. 张秀琴：《第二、三国际理论家与西方马克思主义的形成——一个思想史关系视角下的探讨》，《教学与研究》2015年第12期。

187. 张秀芬、包庆德：《马克思物质变换范畴的生态维度研究评析》，《中国社会科学院研究生院学报》2015年第6期。

188. 张一兵：《马克思：自在之物与事物自身之谜的破解——历史唯物主义的构境论阐释》，《南京大学学报》（哲学·人文科学·社会科学）2015年第2期。

189. 张志丹：《阶级意识：马克思意识形态概念的精神实质》，《社会科学》2015年第11期。

190. 章玉丽：《习近平文艺座谈会讲话与毛泽东文艺思想的共性探究》，《广西社会科学》2015年第6期。

191. 周秀红、王正夫：《论马克思主义与儒家文化的融合》，《广西社会科学》2015年第11期。

192. 周光迅、胡倩：《从人类文明发展的宏阔视野审视生态文明——习近平对马克思主义生态哲学思想的继承与发展论略》，《自然辩证法研究》2015年第4期。

193. 周良书：《早期马克思主义者对新文化运动的反思》，《前线》2015年第12期。

194. 周凡：《后马克思主义的政治本体论（上）——以穆芙的对抗概念为中心的学术史考察》，《学术月刊》2015年第4期。

195. 周全华、侯红莲：《聆听与对话：孙中山论三民主义与马克思主义》，《湖南社会科学》2015年第6期。

196. 周新城：《关于怎样理解马克思主义的几个问题》，《思想教育研究》2015年第8期。

197. 周璐瑶、王曼莹：《英国何以能够成为〈资本论〉研究对象的典型》，《当代经济研究》2015年第12期。

198. 赵敦华：《黑格尔的法权哲学和马克思的批判——两种政治哲学观念的交锋》，《哲学研究》2015年第6期。

199. 赵海洋：《马克思正义思想的逻辑结构》，《毛泽东邓小平理论研究》2015年第1期。

200. 赵立、刘雨琦、史晨、孙乐强、张亮：《〈马克思恩格斯选集〉的学术影响力分析——基于CSSCI数据（2002—2012）的实证研究》，《马克思主义与现实》2015年第3期。

201. 郑士鹏：《马克思恩格斯的公正观及其启示》，《中国社会科学院研究生院学报》2015年第4期。

202. 朱佳木：《深刻领会习近平纪念陈云诞辰110周年的讲话与他纪念毛泽东和邓小平的讲话中所蕴含的三个重要观点》，《毛泽东邓小平理论研究》2015年第7期。

203. 朱继东：《毛泽东意识形态思想中突出强调的三大特性及启示》，《思想教育研究》2015年第4期。

204. 朱杨芳、黄伟力：《论马克思的意识形态批判理论的三大转向》，《马克思主义与现实》2015 年第 1 期。

205. 邹诗鹏：《虚无主义的极致与人的解放问题——重思马克思对虚无主义的批判》，《复旦学报》（社会科学版）2015 年第 5 期。

206. 庄忠正：《马克思政治经济学批判的逻辑进路》，《理论探索》2015 年第 1 期。

（整理：陈硕颖）

主题索引

A

B

C

D

E

F

G

H

J

K

L

M

N

O

P

Q

R

S

T

W

X

Y

Z